LOCANDE
d'Italia

⦿ Slow Food Editore

LOCANDE
d'Italia

*Übernachten in den
schönsten Hotels, Pensionen
und Bauernhöfen*

Liebe Leserin und lieber Leser,

wir freuen uns, dass Sie sich für ein HALLWAG-Buch entschieden haben. Mit Ihrem Kauf setzen Sie auf die Qualität, Kompetenz und Aktualität unserer Bücher. Dafür sagen wir Danke! Ihre Meinung ist uns wichtig, daher senden Sie uns bitte Ihre Anregungen, Kritik oder Lob zu unseren Büchern. Haben Sie Fragen oder benötigen Sie weiteren Rat zum Thema? Wir freuen uns auf Ihre Nachricht!

GRÄFE UND UNZER Verlag
Leserservice
Postfach 86 03 13
81630 München

Wir sind für Sie da!
Montag – Donnerstag: 8.00 – 18.00 Uhr
Freitag: 8.00 – 16.00 Uhr

Tel.: 0180-5 00 50 54*
Fax: 0180-5 01 20 54*
*(0,14 €/Min. aus dem dt. Festnetz / Mobilfunkpreise maximal 0,42 €/Min.)

E-Mail: leserservice@graefe-und-unzer.de

Inhalt

Locande d'Italia 7
Benutzerhinweise 12
Aostatal (Valle d'Aosta) 14
Piemont (Piemonte) 30
Lombardei (Lombardia) 102
Trentino 140
Südtirol (Alto Adige) 166
Venetien (Veneto) 182
Friaul-Julisch Venetien (Friuli-Venezia Giulia) 226
Ligurien (Liguria) 254
Emilia-Romagna 284
Toskana (Toscana) 316
Umbrien (Umbria) 368
Marken (Marche) 388
Latium (Lazio) 412
Abruzzen (Abruzzo) 442
Molise (Molise) 464
Apulien (Puglia) 472
Kampanien (Campania) 500
Basilikata (Basilicata) 534
Kalabrien (Calabria) 546
Sizilien (Sicilia) 558
Sardinien (Sardegna) 602
Verzeichnis der Unterkünfte 619
Verzeichnis der Orte 641
Impressum 656

Locande d'Italia

»Die Hotelbranche hat in den letzten Jahren bemerkenswerte Fortschritte gemacht: Nahezu alle Hotels wurden mit den wesentlichen modernen Einrichtungen ausgestattet. Zahlreich sind Pensionen jeder Kategorie, von denen einige besonders von Gästen aus bestimmten Ländern frequentiert werden.« – »Im Allgemeinen hat die Branche, kleine wie größere Hotels, keine großen Initiativen gesetzt ... In manchen Dörfern bieten das Höchste an Gastlichkeit nach wie vor die Pfarreien.« So schilderten die »Guide Rosse«, die roten Reiseführer des Touring Clubs, in der Zwischenkriegszeit die Verhältnisse, die einen in Rom und im Aostatal erwarteten. Dieses sehr uneinheitliche Bild der italienischen Beherbergungsbetriebe hat unbestritten seine Gültigkeit verloren. Gewiss – und verständlicherweise – überzieht das Netz der touristischen Übernachtungsbetriebe die Halbinsel nicht überall in gleicher Dichte. Aber im Großen und Ganzen ist es in der Lage, einen Wirtschaftszweig zu bedienen, der trotz Konjunkturschwierigkeiten 90 Milliarden Euro Umsatz pro Jahr macht, und doppelt so viel, wenn man die Zulieferbetriebe mit einrechnet. Und es gibt kein Alpendorf und keinen abgelegenen Weiler auf dem Land, der nicht mit einem kleinen Hotel aufwarten kann, einem Agriturismo, einer Herberge, einem Ferienhaus, einem Bed & Breakfast. Die Zahl der Übernachtungsbetriebe in Italien beläuft sich auf 140.000 mit zusammen über viereinhalb Millionen Betten.

Was erwarten die Gäste von diesem dichten und vielfältigen Angebot? In einer vom Nationalen Institut für Tourismusforschung im Auftrag des »Osservatorio Nazionale del Turismo« durchgeführten Untersuchung zum Zufriedenheitsgrad in Bezug auf Ferien in Italien wurden italienische und internationale Gäste in Interviews gebeten, die Wichtigkeit von Faktoren zu bewerten, die ihnen den Aufenthalt angenehm machen. Am höchsten bewertet wurde dabei die Freundlichkeit der lokalen Bevölkerung, gefolgt von der Qualität des Essens und Trinkens, der Sauberkeit und dem Empfang in den Quartieren sowie der Rücksicht auf die Umwelt. Diese Variablen überwogen sogar die Kosten für Zimmer und Essen. Die wichtigste Erwartung betrifft also die Aufnahme des Gastes im weitesten Sinn: Er möchte sich in gutem Einvernehmen mit der Bevölkerung des Ortes – in dem er vor allem die Küche schätzt – fühlen und freundlich in einer ordentlichen und gemütlichen Unterkunft willkommen geheißen werden. Auf genau diese Elemente legen auch wir bei der Zusammenstellung dieses Buchs Wert. Es ist dieser ursprüngliche, aber immer noch gültige Sinn für Gastfreundschaft, für Offenheit dem anderen gegenüber, für Begegnung und Austausch zwischen Gast und Gastgeber, den wir bei unserer Auswahl von Locande hervorheben wollen.

Der Begriff Locande hat für uns, wie schon an anderer Stelle geschrieben und hier noch einmal wiederholt, im Wesentlichen evokativ-symbolische Bedeutung. Auf den folgenden Seiten werden verschiedenste Betriebe bewertet: Vermieter von Einzelzimmern, Bed & Breakfasts, kleine Hotels mit oder ohne Restaurant, Agriturismi und Ferienbauernhöfe, Apartmenthotels, Ferienhäuser, Jugendherbergen, Gästehäuser religiöser und nichtreligiöser Vereinigungen. Sie alle zeichnen sich – unabhängig von der jeweiligen Rechtsform wie auch vom Niveau des gebotenen Komforts, das selbst innerhalb ein und derselben Kategorie sehr unterschiedlich sein kann – durch den oben erwähnten Sinn für Gastfreundschaft aus. Konkret bedeutet das eine ausgewogene Mischung aus Gastkultur, einer aus Einfachheit und Freundlichkeit entspringenden Gemütlichkeit und vernünftigen Preisen. Wir wollten diese Betriebe Locande nennen, um einem Ausdruck Ehre zu erweisen, der Jahrhunderte hindurch ein Segment der typischen italienischen Hotellerie bezeichnet hat und unserer Meinung nach – genau wie der Begriff Osteria – vom verdient schlechten Ruf der Vergangenheit und dem ungenauen Gebrauch, der ihn heute zu verfälschen droht, befreit werden sollte.

Bei der (aufgrund des großen Angebots schwierigen) Auswahl haben wir uns vor allem vorgenommen, Orte mit einer »Seele« ausfindig zu machen: Betriebe, die in der Lage sind, einen angenehmen Rahmen zu bieten, einen herzlichen Empfang, ein erfreuliches Ambiente, Umweltbewusstsein und einwandfreien Service, und das alles zu Preisen, die nicht im Missverhältnis zur Qualität stehen. Von Fällen saisonaler Öffnungszeiten absehend und die sachlichen oder rechtlichen Beschränkungen für Agriturismi und Bed & Breakfasts berücksichtigend, empfehlen wir bevorzugt Betriebe, die eine Garantie auf Kontinuität und die nötigen Kapazitäten bieten. Da das Buch in erster Linie Orte auflisten soll, die für nicht allzu lange dauernde Aufenthalte gedacht sind – die Ruhepause nach einem Arbeitstag, einen Kurzurlaub, einen Zwischenstopp auf einer Reise –, haben wir (von einigen Ausnahmen in der Hochsaison abgesehen) Betriebe ausgeschlossen, in denen man länger als eine Nacht bleiben muss, ebenso wie solche, die nur Halbpension anbieten. Was das Frühstück betrifft, so haben starre und ganz verschieden interpretierte Regeln uns dazu gezwungen, unsere Abneigung gegen abgepacktes Essen hintanzustellen; bei ansonsten gleichen Merkmalen allerdings haben wir jenen Locande den Vorzug gegeben, die ein reichhaltiges und vielfältiges Frühstück mit besten Produkten, möglichst aus der Umgebung und hausgemacht, bieten.

Das Preislimit für ein Doppelzimmer mit Frühstück wurde – mit einigen kleinen Überschreitungen in begrenzten Zeiten des Jahres in Gegenden mit dem meisten Tourismus – auf 130 Euro festgelegt. Diese hohe Obergrenze hat sich als notwendig erwiesen, um in großen Städten und wichtigen Urlaubsorten wenigstens ein Minimum an Angebot sicherzustellen; der allergrößte Teil der empfohlenen Unterkünfte hat weitaus niedrigere Preise. Tatsache bleibt jedoch, dass 130 Euro für ein Doppelzimmer in einer Locanda, auch in dem erweiterten Sinn, wie wir ihn hier umrissen haben, ein sehr hoher Preis sind, den man in anderen Teilen Europas kaum findet. Die italienische Hotellerie – auch die gewissermaßen »alternative«, die in diesem Buch vertreten ist –, ihre Geschäftsführer und die Mitarbeiter der offentlichen Tourismusbehörde sollten sich die Frage stellen, ob bestimmte Preise berechtigt sind, ebenso wie die Frage nach der typisch italienischen Unsitte, zwischen offiziellen, inoffiziellen und praktizierten Preisen (die, einer nicht nachzuvollziehenden Logik folgend, unvergleichlich niedriger sind) zu unterscheiden. Die Tatsache, dass in der Erwartung der Gäste ein freundlicher Empfang vor einem preiswerten Aufenthalt steht, bedeutet nicht, dass der Kostenfaktor eine unerhebliche Größe ist – schon gar nicht in einer Locanda.

Daniela Battaglio und Grazia Novellini

Mitarbeiter und Autoren

Aostatal
Simona Alaimo, Flavio Martino, Letizia Palesi.

Piemont
Stefano Barolo, Maria Edi Bevilacqua, Gabriella Chiusano, Pierottavio Daniele, Gianni Ferrero, Paola Gho, Augusto Lana, Serena Milano, Franco Pippione, Italo Seletto, Gabriele Varalda, Eric Vassallo.

Lombardei
Enrica Agosti, Francesco Amonti, Antonietta Barzan, Lorenzo Berlendis, Paolo Bolzacchini, Marco Brogiotti, Carlo Casti, Alessandro Cecchini, Silvia Ceriani, Nadia Confalonieri, Alessio Iori, Isa Maggi, Ezio Marossi, Alessandra Mastrangelo, Marco Monzeglio, Stefania Pampolini, Orietta Piva, Enrico Radicchi, Claudio Rambelli, Ivan Rovetta, Massimo Scarlatti, Ivan Spazzini, Silvia Tropea, Massimo Truzzi, Gilberto Venturini, Carlo Veronese, Angelo Viola.

Trentino
Nereo Pederzolli, Sergio Valentini.

Südtirol
Karin Huber, Alessandra Mastrangelo.

Venetien
Sara Azzalini, Antonella Bampa, Giuseppe Bedin, Livia Besek, Letizia Bonamigo, Gino Bortoletto, Gianni Breda, Sanzio Folli, Paola Giagulli, Fabio Giavedoni, Sandra Longo, Matteo Merlin, Mauro Pasquali, Renato Peron, Luca Pessot, Fabio Pogacini, Luigi Poloni, Paolo Rigoni, Morena Sacchetto, Attilio Saggiorato, Piero Sardo, Silvano Sguoto, Galdino Zara.

Friaul-Julisch Venetien
Giuliano Bardi, Giorgio Dri, Mariagrazia Gerardi, Renzo Scarso, Franco Zanini.

Ligurien
Piero Arnaudo, Luciano Barbieri, Maria Cristina Cavallo, Edmondo Colliva, Paola Gho, Monica Maroglio, Alessandro Scarpa, Attilio Venerucci.

Emilia-Romagna
Antonio Cherchi, Paola Gho, Gianpiero Giordani, Stefania Pampolini, Claudia Piva, Simone Ravaioli, Pierluigi Tedeschi, Luisella Verderi, Francesco Paolo Vignocchi, Mauro Zanarini.

Toskana
Susanna Angeleri, Mauro Bagni, Alberto Baraldi, Gabriele Bartalena, Loriano Benassi, Massimo Bernacchini, Luciano Bertini, Danilo Berton, Catia Bovi Campeggi, Giuliano Calvetti, Lauro Camparini, Sara Carnati, Marco Cavellini, Massimo Cirri, Leonardo Dell'Aiuto, Marco Del Pistoia, Carlo Eugeni, Elena Favilli, Riccardo Guardabasso, Marino Lencioni, Alessio Lombardini, Marco Minetto, Marco Mucci, Giovanna Pizzinelli, Ilenia Primavera, Daniela Radiconi, Maria Pia Rosi, Giancarlo Russo, Ettore Salti, Benedetto Squicciarini, Andrea Tongiani, Pasquale Varriale.

Umbrien
Fabio Canneori, Sergio Consigli, Paolo Olivero.

Marken
Giocondo Anzidei, Antonio Attorre, Massimo Bergamo, Carlo Cleri, Alessia Consorti, Franco Frezzotti, Stefania Pampolini, Francesco Quercetti, Ugo Pazzi, Antonio Santini.

Latium
Enrico Amadori, Paolo Battimelli, Sandra Ianni, Ines Innocentini, Felice Maiucci, Patrizio Mastrocola, Matteo Rugghia.

Abruzzen
Anna Berghella, Giorgio Chiarini, Massimo Di Cintio, Eliodoro D'Orazio, Raimondo Pascale, Francesca Piccioli.

Molise
Massimo Di Cintio, Fabio Riccio.

Apulien
Marcello Avantaggiato, Francesco Biasi, Angelo Costantini, Nicola De Corato, Angelo Iaia, Francesco Paolo Lauriola, Marcello Longo, Salvatore Pulimeno, Flora Saponari, Gregorio Sergi, Salvatore Taronno.

Kampanien
Franco Archidiacono, Giancarlo Capacchione, Giustino Catalano, Marco Contursi, Antonino Corcione, Patrizia Della Monica, Maria Giovanna De Lucia, Rosamaria Esposito, Sergio Galzigna, Rosanna Mazzeo, Maria Elena Napodano, Giuseppe Orefice, Giuseppe Paladino, Antonio Pasqua, Angelo Petillo, Antonio Puzzi, Nicola Sorbo, Erasmo Timoteo, Vito Trotta.

Basilikata
Francesco Linzalone.

Kalabrien
Raffaele Cavallo, Marisa Gigliotti, Giuseppe Giordano.

Sizilien
Aldo Bacciulli, Massimo Brucato, Marina Carrera, Nanni Cucchiara, Emmanuele Gandolfo, Salvatore Giuffrida, Annamaria Grasso, Rosario Gugliotta, Carmelo Maiorca, Stefania Mancini Alaimo, Franco Pecoraro, Francesco Pensovecchio, Franco Saccà, Pasquale Tornatore.

Sardinien
Gavina Carboni, Dolores Demuro, Luca Galassi, Giulio Quadrelli, Anna Sulis, Federica Vargiu.

Benutzerhinweise

Aufbau

Jeder Betrieb ist unter der Ortschaft, zu der er gehört, angeführt. Die Ortschaften sind innerhalb der einzelnen Regionen alphabetisch geordnet. Zudem ist der Ortsteil oder das Viertel etc. angegeben, in dem der Betrieb angesiedelt ist.
Von jeder Ortschaft ist die Entfernung vom Hauptort der Provinz, von der nächsten Autobahnausfahrt bzw. vom nächsten Bahnhof angegeben.
Bei jedem Lokal sind Name, Adresse, Telefon, Fax, E-Mail, Website und Öffnungszeiten angegeben.

Typologie

Die wichtigsten Bezeichnungen sind: Hotel, Zimmervermietung, Agriturismo, Bed & Breakfast.

Informationen

 Neueintrag im Vergleich zur letzten Ausgabe

- Anzahl und Art der Zimmer sowie deren Ausstattung
- Preise: Für jede Art von Zimmer wird ein (von den Betreibern angegebener) Von-bis-Preis angeführt, wobei zu berücksichtigen ist, dass diese saisonal variieren können.
- ob Kreditkarten angenommen werden
- ob der Betrieb barrierefrei zugänglich ist
- ob Parkplatz bzw. Garage vorhanden sind
- ob nach vorheriger Absprache Haustiere willkommen sind
- Rezeptionsdienst und dessen Öffnungszeiten
- Gemeinschaftsbereiche und -räume (Frühstücksraum, Bar, Restaurant, Konferenzraum ...) und vorhandene Einrichtungen (Schwimmbad, Park, Wellnessbereich, Spielplatz ...)

Symbole

🍲 Zum jeweiligen Betrieb gehöriges Restaurant, zu empfehlen wegen der Qualität des kulinarischen Angebots

⊶ Unterkunft von hervorragender Qualität in Infrastruktur und Unterbringung

Abkürzungen

EZ   Einzelzimmer
DZ   Doppelzimmer
3BZ Dreibettzimmer usw.

Redaktionsschluss der italienischen Ausgabe: 31. März 2010.
Änderungen nach diesem Zeitpunkt konnten nicht mehr berücksichtigt werden.

Notre Maison – Cogne (Ao), 18

L'Ombra della Collina – Bra (Cn), 42

Walser Schtuba – Formazza (Vb), 62

Tenuta Guazzaura
    Serralunga di Crea (Al), 89

Antico Borgo del Riondino
    Trezzo Tinella (Cn), 95

La Valletta – Bergamo, 108

L'Airone – Drizzona (Cr), 117

Casa Margherita – Mantova, 123

D&D – Nogaredo (Tn), 151

Fuchiade – Soraga (Tn), 156

Kürbishof
    Altrei – Anterivo (Bz), 167

Biohotel Panorama
    Mals – Malles Venosta (Bz), 174

Gastaldo di Rolle
    Cison di Valmarino (Tv), 191

Le Fate Corbezzole
    Romano d'Ezzelino (Vi), 206

Al Vescovo-Skof – Pulfero (Ud), 246

I Freschi
    San Bartolomeo al Mare (Im), 280

Al Convento
    Vezzano Ligure (Sp), 283

Al Gambero Rosso
    Bagno di Romagna (Fc), 287

Da Amerigo – Savigno (Bo), 311

Locanda del Povero Diavolo
    Torriana (Rn), 313

Casanova – Asciano (Si), 319

Villa Clodia – Manciano (Gr), 341

Casale nel Parco dei Monti Sibillini
    Norcia (Pg), 379

Fattoria dei Comignoli
    Perugia, 381

Locanda Marchese del Grillo
    Fabriano (An), 397

La Luma – Montecosaro (Mc), 403

Romantica Pucci
    Bagnoregio (Vt), 417

Casale Tancia – Monte San
    Giovanni in Sabina (Ri), 430

Zunica 1880
    Civitella del Tronto (Te), 448

Rocca Lorenzo
    Pacentro (Aq), 454

Locanda del Parco
    Carovilli (Is), 465

Masseria Appidè
    Corigliano d'Otranto (Le), 481

Abate Masseria – Noci (Ba), 492

Tenuta Deserto
    San Vito dei Normanni (Br), 498

L'Alloggio dei Vassalli – Napoli, 521

La Vecchia Quercia
    San Cipriano Picentino (Sa), 530

Masseria Cardillo
    Bernalda (Mt), 536

Palazzo Marzano
    Briatico (Vv), 549

La Casa di Gianna
    Gerace (Rc), 551

Terra di Pace – Noto (Sr), 582

BB22 – Palermo, 584

Gutkowski – Siracusa, 596

Il Giardino Segreto – Cagliari, 606

I Glicini – San Vito (Ca), 612

Antica Dimora del Gruccione
    Santu Lussurgiu (Or), 613

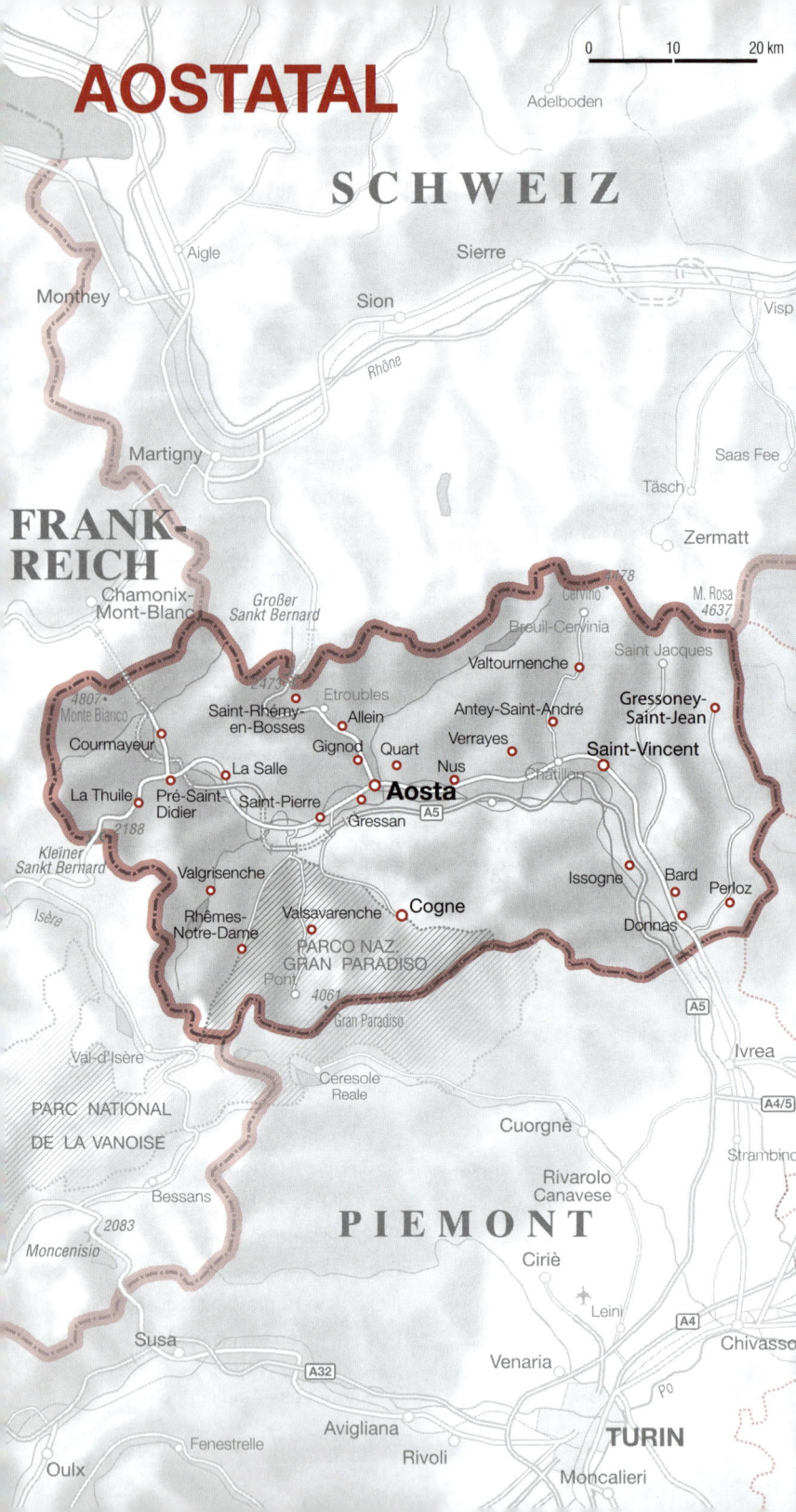

Allein
Ville

15 km vom Bahnhof Aosta; 15 km nördlich von Aosta
12 km von der Ausfahrt Aosta der A 5, S.S. 27 bis Gignod, dann in Richtung Allein, 2 km nach dem Zentrum

Lo Ratelé

Agriturismo
Ortsteil Ville, 2
Tel./Fax (+39) 01 65 / 782 65
info@agriturismoloratele.it
www.agriturismoloratele.it
Ferien: Dreikönig–Ostern, Ende Oktober–Weihnachten

Zwischen dem Tal des Großen Sankt Bernhard und dem Valpelline steht auf über 1.400 Meter Seehöhe ein schönes Steingebäude aus dem 19. Jahrhundert: Es handelt sich um den Hof der Familie Conchâtre, die Kühe, Ziegen, Schafe, Pferde, Hühner und Kaninchen hält und Butter, Eier, Käse, Würste, Konfitüren und Honig erzeugt. Die Zimmer des Agriturismo, mit holzgetäfelten Wänden und alpenländischem Interieur, sind schlicht und doch gemütlich. Zum Frühstück, aber auch als Nachmittagsimbiss kann man die von Signora Paola gebackenen Kuchen probieren, ferner Milch, Butter, Obst, Honig, Konfitüren, Aufschnitt und Käse vom Hof. Halbpension kostet 40 bis 50 Euro. Fazit: Erholung pur in einem wirklich angenehmen Ambiente.

♦ 5 DZ und 2 3BZ, alle mit Bad und WC (4 Zimmer mit Balkon) ♦ DZ in Einzelbelegung € 50, DZ € 60, 3BZ € 90 (alle mit Frühstück) ♦ keine Kreditkarten ♦ Parkplatz gegenüber, Haustiere nicht erlaubt, Betreiber immer erreichbar ♦ Restaurant, Frühstücksraum, Leseraum, TV-Raum, Terrassen, Liegewiese

🍴 Die hauseigene Gaststätte bietet vorzügliche regionale Küche. Sonntagmittag ist sie auch für externe Gäste geöffnet (25 bis 30 Euro ohne Wein).

Antey-Saint-André
Poutaz

1 km vom Zentrum
9 km vom Bahnhof Châtillon
32 km nordöstlich von Aosta, S.R. 406
10 km von der Ausfahrt Saint-Vincent-Châtillon der A 5

Hotel des Roses

2-Sterne-Hotel
Ortsteil Poutaz, 5
Tel. (+39) 01 66 / 54 85 27
Fax (+39) 01 66 / 54 82 48
info@hoteldesroses.com
www.hoteldesroses.com
Ferien: Mai, Mitte September–Ende November

Das im Valtournenche an der Straße zum Matterhorn gelegene kleine Hotel der Familie Grange ist ein recht neuer Bau, der jedoch nach den klassischen Maßstäben der alpenländischen Architektur errichtet wurde. Die Zimmer wirken mit den Holzmöbeln und den in warmen Farben gehaltenen Stoffen sehr behaglich. Gepflegt sind auch die Gemeinschaftsbereiche, und im schönen Garten kann man einen Imbiss einnehmen oder in der Sonne liegen. Im Restaurant, das gegen Vorbestellung auch externe Gäste bewirtet, kocht der Besitzer italienische und Aostataler Traditionsgerichte (20 bis 25 Euro mit Wein). Wer im Doppelzimmer wohnt, zahlt für Halbpension 43 bis 63 Euro pro Person, für Vollpension 46 bis 70 Euro pro Person. Die Bergbahnen des Valtournenche sind bequem erreichbar, selbst nach Breuil gelangt man mit dem Auto in einer knappen halben Stunde. Klettern, Rafting, Paragliding, Tennis und Reitsport sind im Sommer im Umkreis von wenigen hundert Metern möglich.

♦ 2 EZ und 19 DZ, alle mit Bad und WC, Safe, Telefon, Sat-TV (einige Zimmer mit Balkon) ♦ EZ € 37–45, DZ € 55–72 (Frühstück € 7 pro Person) ♦ alle Kreditkarten, Bankomat ♦ Anlage barrierefrei zugänglich, 2 Zimmer behindertengerecht ausgestattet, Parkplatz, Garage (3 Plätze), kleine Haustiere willkommen, Betreiber immer erreichbar ♦ Bar, Restaurant, Frühstücksraum, Aufenthaltsraum mit Leseecke, TV-Raum, Garten, Sonnenterrasse, Kinderspielplatz

Aosta

Am Ostrand der Altstadt
In der Nähe des Augustusbogens, an der römischen Brücke

Cecchin

3-Sterne-Hotel
Via Ponte Romano, 27
Tel. (+39) 01 65 / 452 62
Fax (+39) 01 65 / 317 36
info@hotelcecchin.com
www.hotelcecchin.com
Ganzjährig geöffnet

NEU

Das Hotel gehört zu den vor Kurzem renovierten Gebäuden an der römischen Brücke; diese war ursprünglich über den Buthier-Bach gebaut worden, der jedoch im Mittelalter seinen Verlauf änderte. Der Zauber der Vergangenheit ist im Hotel Cecchin vor allem in den Räumen spürbar, wo das Frühstück serviert wird: Die Steineinlagen in der Wand sind die Brückengeländer. Die geräumigen Zimmer sind klassisch und funktional eingerichtet; jene in der Mansarde, deren Decken und Wände aus Holz bestehen, verfügen über Aircondition. Im Restaurant, das auch externen Gästen offensteht, wird vorrangig Aostataler Küche geboten (etwa 18 bis 20 Euro); Halbpension im Doppelzimmer kostet je nach Saison 58 bis 71 Euro pro Person.

♦ 10 DZ mit Bad und WC, Telefon, Sat-TV (2 Zimmer mit Balkon, 2 Zimmer mit Aircondition) ♦ DZ in Einzelbelegung € 65–75, DZ € 80–100 (Aufpreis Zusatzbett € 24–30, alle mit Frühstück) ♦ Kreditkarten: CartaSi, DC, MC, Visa; Bankomat ♦ Garage (€ 6 pro Tag), Haustiere nicht erlaubt, Rezeptionsdienst rund um die Uhr ♦ Bar, Restaurant, Frühstücksräume, Leseraum, TV-Raum, Außenbereich, Garten

Aosta
Saraillon

2 km vom Zentrum
2 km von der Auffahrt auf die S.S. 27 zum Großen Sankt Bernhard

Le Charaban

3-Sterne-Hotel
Ortsteil Saraillon, 38
Tel. (+39) 01 65 / 23 82 89
Fax (+39) 01 65 / 36 12 30
info@lecharaban.it
www.lecharaban.it
Ferien: Anfang November–Anfang Dezember

Das Hotel in Panoramalage und doch in der Nähe der Stadt und der Seilbahn in das Skigebiet Pila wird von der Familie Ernesto Margueret betrieben. Der Hausherr ist auch Gastwirt und Maler, als solcher bekannt unter dem Künstlernamen Etto. Die Zimmer und Gemeinschaftsräume sind schlicht eingerichtet, wirken aber durch das viele Holz sehr heimelig. Als Frühstück gibt es verschiedene Kaffeezubereitungen und andere klassische Morgengetränke, frisches Brot, Zerealien, Obst und Süßes, auf Anfrage auch pikante Speisen. Die Halbpension (Mindestaufenthalt drei Tage) kostet im Einzelzimmer 68 bis 85 Euro, im Doppelzimmer 55 bis 68 Euro pro Person. Kinder unter zwei Jahren wohnen gratis. Im Valle di Cogne vermietet die Familie zudem drei Apartments für sechs Personen.

♦ 2 EZ und 20 DZ, alle mit Bad und WC, Minibar, Telefon, TV ♦ EZ € 50–80, DZ € 83–94 (Aufpreis Zusatzbett € 12–22, alle mit Frühstück) ♦ alle Kreditkarten, Bankomat ♦ 2 Zimmer behindertengerecht ausgestattet, Privatparkplatz, kleine Haustiere willkommen, Rezeptionsdienst 7.30–24 Uhr ♦ Bar, Restaurant (für Individualreisende nur von Juni bis September, für Gruppen ganzjährig), Frühstücksraum, Aufenthaltsraum, Garten, Sonnenterrasse

Bard

Im Zentrum
47 km südöstlich von Aosta, S.S. 26
Ausfahrt Pont-Saint-Martin der A 5, S.S. 26 in Richtung Aosta

Le Bon Reveil

Bed & Breakfast
Via Vittorio Emanuele II, 85
Tel. (+39) 01 25 / 80 39 86,
(+39) 340 / 511 67 25
bonreveil@libero.it
www.bonreveil.valleaosta.it
Ferien: November

Die Festung von Bard, ein grandioses Beispiel der Militärarchitektur des 19. Jahrhunderts, wurde bemerkenswert renoviert: Die Anlage soll nun für Kulturevents, Gastronomie und die Förderung von Nahrungsmitteln und handwerklichen Produkten des Vallée verwendet werden. Im alten Städtchen, das sich an die Festung schmiegt, werden Sie im Bed & Breakfast von Anita Treves und Cesare Bottan herzlich empfangen. Man schläft in behaglichen Zimmern und nimmt das Frühstück (frische süße Backwaren, auf Wunsch auch Pikantes) am offenen Kamin in einem netten Raum ein, in dem man tagsüber Karten oder Dame spielen, lesen oder Musik hören kann. Die Bibliothek und die CD-Sammlung der Gastgeber stehen zur freien Verfügung. Der Hausherr, ein geschickter Handwerker im Umgang mit Holz und Speckstein, gibt auf Anfrage Kurse in Bildhauerei, Basrelief und Schnitzen.

♦ 2 DZ und 1 3BZ, alle mit Bad und WC (bei einigen Zimmern direkt daneben gelegen) ♦ DZ in Einzelbelegung € 40–45, DZ € 50–60, 3BZ € 65–75 (alle mit Frühstück) ♦ keine Kreditkarten ♦ öffentlicher Gratisparkplatz 30 Meter entfernt, kleine Haustiere willkommen, Betreiber stets anwesend ♦ Aufenthaltsraum, TV- und Leseraum, Terrasse

Cogne

23 km vom Bahnhof Sarre
27 km südlich von Aosta, S.R. 47
21 km von der Ausfahrt Aosta Ovest der A 5

La Madonnina del Gran Paradiso

3-Sterne-Hotel · Rue Laydetré, 7
Tel. (+39) 01 65 / 740 78
Fax (+39) 01 65 / 74 93 92
hotel@lamadonnina.com
www.lamadonnina.com
Ferien: Ostern–Ende Mai, Anfang Oktober–Weihnachten

Das zum internationalen Netzwerk Relais du Silence gehörende Hotel wird seit 1975 von der Familie Chillod betrieben. Das typisch alpenländische Gebäude hat eine beneidenswerte Lage: Es befindet sich gegenüber der Sant'Orso-Wiese an der Straße ins Valnontey, das Herzstück des Nationalparks Gran Paradiso. Im Inneren, wo Holz vorherrscht, ist es warm und gemütlich, die Gästezimmer sind geräumig, hell und komfortabel. Das im Haus zubereitete Frühstück umfasst unter anderem Konfitüren und Obst, Milch und Kaffee. Das kleine Restaurant, das auch externe Gäste bedient, bietet eine überwiegend kreative Küche (25 bis 30 Euro ohne Wein). Zu gewissen Zeiten in der Winterhochsaison gibt es ausschließlich Halbpension (75 bis 95 Euro pro Person bei Übernachtung im Doppelzimmer). Für Sommer 2011 ist die Eröffnung einer Dependance mit zwölf Zimmern, Gemeinschaftsräumen und einem Wellnessbereich geplant.

♦ 3 EZ, 16 DZ und 3 Minisuiten, alle mit Bad und WC, Balkon, Telefon, TV ♦ EZ € 60–80, Standard-DZ € 80–100, Superior-DZ € 90–110, Minisuite € 120–140 (alle mit Frühstück) ♦ Kreditkarten: AE, CartaSi, MC, Visa; Bankomat ♦ Minisuiten behindertengerecht ausgestattet, Parkplatz, Garage (19 Plätze), kleine Haustiere willkommen, Rezeptionsdienst 8–24 Uhr ♦ Bar, Restaurant, Frühstücksraum, Leseraum, TV-Raum, Kinderspielzimmer, Taverne, Außenbereich, Garten

Cogne
Cretaz

22 km vom Bahnhof Sarre
26 km südlich von Aosta, S.R. 47
20 km von der Ausfahrt Aosta Ovest der A 5

Notre Maison

3-Sterne-Hotel
Ortsteil Cretaz, 8
Tel. (+39) 01 65 / 741 04
Fax (+39) 01 65 / 74 91 86
hotel@notremaison.it
www.notremaison.it
Ferien: Mai–10. Juni, Oktober–20. Dezember

Ein weitläufiger englischer Rasen umgibt das Hotel der Familie Celesia, das im Inneren elegante Gemeinschaftsbereiche und sehr geräumige Gästezimmer (verteilt auf zwei Gebäudetrakte) bietet. Zum Spazierengehen lädt der Park ein, in dem der Besitzer Naturkundepfade angelegt und seltene Gewächse gepflanzt hat. Erholung findet man auch im Wellnessbereich des Hauses. Zum Frühstück gibt es eine üppige Auswahl regionaler Produkte. Im Restaurant (vorwiegend Aostataler Küche, 25 bis 45 Euro ohne Wein) sind nicht nur Hausgäste willkommen. Im Sommer speist man auf der Sonnenterrasse. Wer sich für Halbpension (Aufpreis 25 Euro pro Person) entscheidet, kann à la carte bestellen.

♦ 21 DZ mit Bad und WC, Telefon, TV (einige Zimmer mit Balkon, Safe, Hi-Fi-Anlage); 3 Suiten mit Bad und WC, Schlafzimmer, Wohnbereich, Minibar, Telefon, TV, Kamin ♦ DZ in Einzelbelegung € 64–90, Standard-DZ € 86–126, Superior-DZ € 126–166, Suite € 206–246 (alle mit Frühstück) ♦ Kreditkarten: CartaSi, DC, MC, Visa; Bankomat ♦ 2 Zimmer behindertengerecht ausgestattet, Privatparkplatz, Garage (12 Plätze), kleine Haustiere willkommen, Betreiber immer erreichbar ♦ Bar, Restaurant, Frühstücksraum, Aufenthaltsraum, Leseraum, Taverne, Park, Sonnenterrasse, Wellnessbereich mit Schwimmbad, Dampfbad, Sauna, Whirlpool

Cogne
Valnontey

3 km vom Zentrum
26 km vom Bahnhof Sarre
30 km südlich von Aosta, S.R. 47
24 km von der Ausfahrt Aosta Ovest der A 5

Petit Dahu

2-Sterne-Hotel
Ortsteil Valnontey, 27
Tel. (+39) 01 65 / 741 46
Fax (+39) 01 65 / 74 95 64
cusiniero@libero.it
www.hotelpetitdahu.com
Ferien: Mai, Oktober

»Dahu« bedeutet in den frankoprovenzalischen Dialekten »Gämse«. Dieses Tier gilt zusammen mit dem Steinbock als Symbol des Nationalparks Gran Paradiso. Daran erinnert das Schild des im Nationalpark liegenden kleinen Hotels mit Restaurant (bestehend aus einem Steinhaus und einem Holzchalet gegenüber). Es handelt sich um einen Familienbetrieb. Fünf der kleinen, aber hübschen Gästezimmer befinden sich im ersten Stockwerk des Haupthauses, über der Rezeption; die anderen sind im Chalet untergebracht, zwei im Erdgeschoss, eines im Stockwerk darüber. Durch die kürzlich erfolgte Renovierung einer ehemaligen Scheune ist der Speisesaal des Restaurants Lou Talapen entstanden, wo Tiziano gute traditionelle und andere Gerichte empfiehlt. Das reichhaltige Frühstücksbüfett verlockt mit selbst gebackenem Brot und hausgemachten süßen Speisen. Halbpension mit Abendessen à la carte kostet 55 bis 70 Euro.

♦ 1 EZ und 7 DZ (3 Zimmer in der Dependance), alle mit Bad und WC, Telefon, TV ♦ EZ € 50–65, DZ € 80–110 (Aufpreis Zusatzbett € 32–44, alle mit Frühstück) ♦ Kreditkarten: CartaSi, DC, MC, Visa; Bankomat ♦ Privatparkplatz, kleine Haustiere willkommen, Betreiber stets anwesend ♦ Bar, Restaurant, Frühstücksraum, Salon, Veranda, Garten, Sonnenterrasse

Courmayeur
La Palud

35 km nordwestlich von Aosta, S.S. 26 und S.S. 26d
Ausfahrt der A 5, S.S. 26d in Richtung Montblanc-Tunnel, gleich nach Entrèves nach rechts auf die Val-Ferret-Straße, 400 m von der Abzweigung

Dente del Gigante

3-Sterne-Hotel
Strada La Palud, 42
Tel. (+39) 01 65 / 891 45
Fax (+39) 01 65 / 896 39
info@dentedelgigante.com
www.dentedelgigante.com
Ferien: Mai–Ende Juni, Oktober, November

Der Dente del Gigante (frz. Dent du Géant, dt. etwa Zahn des Riesen) ist der berühmteste Gipfel nicht nur des Montblanc-Massivs, sondern aller Gebirge Europas, vielleicht sogar der Welt. An seinem Fuße liegt das gleichnamige Hotel, das seit Jahrzehnten von der Familie Angelini betrieben wird und derzeit nur Übernachtung und Frühstück anbietet. Das charakteristische Gebäude ist bei Schneelage ebenso beeindruckend wie im Sommer, wenn die Blumenkästen auf den Balkonen vor Blüten geradezu strotzen. Holz und Stein dominieren auch im Inneren des Hauses, in den wohnlichen Zimmern und in den nicht minder gepflegten Gemeinschaftsräumen. Zum Entspannen gibt es ein schönes Kaminzimmer mit bequemen Sofas, in der warmen Jahreszeit lädt die Sonnenterrasse zum lustvollen Nichtstun ein. Die Station der Seilbahn nach Chamonix ist knapp 200 Meter vom Hotel entfernt.

♦ 3 EZ, 8 DZ und 2 Minisuiten, alle mit Bad und WC (Minisuiten mit Whirlpool), Telefon, TV ♦ EZ € 55–75, DZ € 80–110, Minisuite € 140 (Aufpreis Zusatzbett € 21–43, alle mit Frühstück) ♦ Kreditkarten: CartaSi, DC, MC, Visa; Bankomat ♦ Parkplatz gegenüber, kleine Haustiere willkommen, Betreiber immer erreichbar ♦ Bar, Frühstücksraum, Aufenthaltsraum, Terrasse, Liegewiese

Donnas
Grand Vert

1 km vom Zentrum
52 km südöstlich von Aosta, S.S. 26 oder A 5
4 km von der Ausfahrt Pont-Saint-Martin der A 5

La Maison des Vignerons

Zimmervermietung
Ortsteil Grand Vert, 100
Tel. (+39) 347 / 433 49 36
Fax (+39) 01 25 / 80 76 37
info@lamaisondesvignerons.it
www.lamaisondesvignerons.it
Ganzjährig geöffnet

Wir sind in den Hügeln des DOC-Anbaugebiets Donnas, und jedes der »chambres d'hôtes« dieses »Winzerhauses« ist nach einer Aostataler Rebsorte benannt. Das Gebäude aus dem späten 18. Jahrhundert wurde sorgfältig renoviert: Steine und Ziegel alter Machart erzählen eine Geschichte von Heiterkeit, Wärme und Lebensfreude. In zwei der Gästezimmer, die alle mit Antiquitäten eingerichtet sind und teilweise im ausgebauten Dachgeschoss liegen, wurden auch die alten Kamine instandgesetzt. Ein beeindruckender Raum mit vollständig erhaltenem Ziegelgewölbe, wo noch zu Beginn des letzten Jahrhunderts die Volksschule des Dorfes untergebracht war, dient als Frühstücksraum. In den wärmeren Monaten verlagert sich das Leben in den Außenbereich, wo es auch einen Grillplatz gibt; dann wird das hervorragende, von Hausherrin Lea Costabloz zusammengestellte Frühstück in der Laube serviert: Bergbutter, Honig und Konfitüren, Apfelsaft, Roggenbrot, Wurstwaren, verschiedene Käsesorten und nach Familienrezepten zubereitete süße Sachen. Auf Anfrage werden Degustationen veranstaltet. Imbisse sind auch zu anderen Tageszeiten möglich.

♦ 6 DZ mit Bad und WC (5 Zimmer mit Balkon oder Terrasse) ♦ DZ in Einzelbelegung € 55, DZ € 70–100 (Aufpreis Zusatzbett € 10–20, alle mit Frühstück) ♦ Kreditkarten: MC, Visa; Bankomat ♦ Privatparkplatz, kleine Haustiere willkommen, Betreiber immer erreichbar ♦ Frühstücksraum, Laube, Garten

Gignod
La Clusaz

8 km vom Bahnhof Aosta
8 km nördlich von Aosta, S.S. 27
5 km von der Ausfahrt Aosta der A 5

La Clusaz

3-Sterne-Hotel
Ortsteil La Clusaz, 1
Tel. (+39) 01 65 / 560 75
Fax (+39) 01 65 / 564 26
info@laclusaz.it
www.laclusaz.it
Ferien: Mai, Juni, November

Wir sind in einem der Aostataler Tempel der Haute Cuisine, aber auch in einem fast tausendjährigen Hospiz, das bereits im 12. Jahrhundert durchreisende Händler und Pilger auf dem Weg über den Großen Sankt Bernhard beherbergte. Die Wiederbelebung dieser Stätte ist das Verdienst von Maurizio und Sevi Grange: Die beiden haben es verstanden, die Wahrung des Bestehenden auf wunderbare Weise mit zeitgemäßen Annehmlichkeiten zu verbinden, sodass sich das Clusaz heute als äußerst angenehmer Ort präsentiert. Die Räume sind heimelig und gepflegt und stehen in Einklang mit der herben Schönheit der umliegenden Berge. Zwei der Zimmer (die ruhigeren schauen auf den Kiefernwald) sind mit themenbezogenen Wandmalereien hübsch dekoriert. Halbpension kostet bei Unterbringung im Doppelzimmer und einem Mindestaufenthalt von drei Nächten 62 bis 85 Euro pro Person.

♦ 114 DZ mit Bad und WC, Telefon, TV (2 Zimmer mit Sauna und Minibar) ♦ DZ in Einzelbelegung € 50–82, DZ € 68–120 (Frühstück € 7 pro Person) ♦ alle Kreditkarten, Bankomat ♦ Parkplatz, Garage (6 Plätze), kleine Haustiere willkommen (€ 5 pro Tag), Betreiber stets anwesend ♦ Restaurant, Frühstücksraum, Leseraum, Terrasse

🍲 Im Restaurant, das auch externe Gäste willkommen heißt, wird herrliche regionale, aber auch moderat kreative Küche geboten (Degustationsmenüs für 35, 38, 40 und 50 Euro, jeweils ohne Wein).

Gressan
Champlan Dessous
6 km vom Zentrum
8 km südlich von Aosta, 10 km von Pila, S.R. 20 und S.R. 40
Ausfahrt Aosta Est der A 5

Il Giardino dell'Artemisia

NEU

Bed & Breakfast
Ortsteil Champlan Dessous, 8
Tel. (+39) 01 65 / 353 41,
(+39) 348 / 235 23 50
Fax (+39) 01 65 / 353 41
gerbelle@tiscali.it
www.artemisia-beb.it
Ganzjährig geöffnet

Beifuß (Artemisia), Geißblatt und viele andere Pflanzen werden Sie im Terrassengarten der Villa von Cesare Gerbelle entdecken, der eine große Leidenschaft für Botanik hegt. Das romantische Haus ist zwar nicht weit vom Talgrund entfernt, liegt aber bereits auf etwa 1.000 Meter Seehöhe und bietet eine herrliche Aussicht auf Aosta und den Grand Combin. Jedes der elegant eingerichteten Zimmer, die zu Suiten zusammengelegt werden können, verfügt über einen eigenen Außenbereich. Zu den Annehmlichkeiten der Ausstattung gehört unter anderem ein Wasserkocher, mit dem die Gäste Tee und andere heiße Getränke zubereiten können. Das reichhaltige Frühstück besteht überwiegend aus regionalen Produkten. Im Winter kann man sich nach dem Skilaufen vor dem Kamin entspannen und dabei lesen oder Musik hören (der kleine Salon verfügt über eine Stereoanlage).

♦ 1 EZ und 3 DZ, alle mit Bad und WC (1 Zimmer mit Whirlpool), Terrasse, Innenhof oder Garten, TV, WLAN ♦ EZ € 50–60, DZ € 75–95 (Aufpreis Zusatzbett € 15–20, alle mit Frühstück) ♦ keine Kreditkarten ♦ 1 Zimmer behindertengerecht ausgestattet, Privatparkplatz, Garage (2 Plätze), kleine Haustiere willkommen, Betreiber immer erreichbar ♦ Frühstücksraum, Salon, Terrassen, Garten

Gressoney-Saint-Jean
Bielciuken
2 km vom Zentrum
25 km nördlich von Pont-Saint-Martin, 77 km östlich von Aosta
Ausfahrt Pont-Saint-Martin der A 5, S.R. 505

Issogne
Im Zentrum
40 km südöstlich von Aosta, S.S. 26 oder A 5
2 km von der Ausfahrt Verrès der A 5

La Genzianella

Zimmervermietung
Ortsteil Bielciuken-Bieltschocke, 16
Tel./Fax (+39) 01 25 / 35 51 78
Ferien: Mai/Juni, November

La Locanda del Maniero

Zimmervermietung
Ortsteil Pied de Ville, 58
Tel. (+39) 01 25 / 92 92 19, (+39) 338 / 466 02 83, (+39) 348 / 287 28 93
Fax (+39) 01 25 / 92 92 19
info@ristorantealmaniero.it
www.ristorantealmaniero.it
Ferien: zweite Junihälfte

Das Genzianella liegt im Herzen des von den Walsern geprägten Lystals, an der Talstation der Weissmatten-Bergbahnen und nur wenige Schritte von der Haltestelle der Shuttlebusse ins Skigebiet Monterosa Ski entfernt. Das charmante Haus verbindet die alte Tradition der Gastlichkeit mit zeitgemäßem Komfort. Die auf zwei Gebäude verteilten Zimmer sind in warmen Farben gehalten und mit viel Holz eingerichtet. Eine gute Lösung für Familien ist das Vierbettzimmer, das eigentlich aus zwei miteinander verbundenen Räumen besteht (jedes mit eigenem Bad). Das Restaurant bietet auch externen Gästen eine schlichte, aber gute Aostataler Küche (20 bis 25 Euro ohne Wein, Halbpension 45 bis 55 Euro). Das Sportzentrum des Ortes (Schwimmbad, Sauna, Dampfbad, Fitnesscenter, Kino, Veranstaltungssaal) ist zu Fuß in zwei Minuten erreichbar. Im Winter besteht überdies die Möglichkeit, den Snowpark gleich neben dem Gästehaus zu besuchen.

Als typisches Beispiel eines herrschaftlichen Wohnsitzes im Stilmix von Gotik und Renaissance ist die Burg von Issogne (errichtet von Giorgio di Challand um 1480) eine der schönsten und meistbesuchten der Region. Von ihr leitet sich der Name des Restaurants Il Maniero ab (der nichts anderes als »Burg« bedeutet), das 1984 von Emanuela und Giovanni Paladini eröffnet und 20 Jahre später durch sechs freundliche, gemütliche Gästezimmer ergänzt wurde: Terrakottaböden, Holzdecken, Holzmobiliar, weiße Vorhänge, farbenfrohe Behänge, geräumige Badezimmer. Man frühstückt bei frischen, selbst zubereiteten Speisen, entweder im Kaminzimmer oder (in den Sommermonaten) auf der Terrasse. Halbpension im Doppelzimmer kostet 45 bis 65 Euro pro Person. Ein wichtiges Ziel für Wanderungen ist der Parco Naturale del Mont Avic. Im Ort gibt es zudem zwei leichte Radwege.

♦ 8 DZ (5 Zimmer in der Dependance) und 1 4BZ, alle mit Bad und WC (1 Zimmer mit Terrasse), TV ♦ DZ in Einzelbelegung € 40–45, DZ € 70–85, 4BZ € 112–136 (alle mit Frühstück) ♦ Kreditkarten: CartaSi, DC, MC, Visa; Bankomat ♦ 1 Zimmer barrierefrei zugänglich, Privatparkplatz, Haustiere nicht erlaubt, Betreiber immer erreichbar ♦ Bar, Restaurant, Spielezimmer mit Leseecke, Veranda, Garten, Sonnenterrasse

♦ 6 DZ mit Bad und WC, Minibar, Safe, TV, WLAN ♦ DZ in Einzelbelegung € 40, DZ € 70–90 (Aufpreis Zusatzbett € 15, alle mit Frühstück) ♦ keine Kreditkarten ♦ Privatparkplatz, Haustiere nicht erlaubt, Betreiber immer erreichbar ♦ Restaurant, Terrasse, Garten, Sonnenterrasse

🍲 Im Restaurant wird vorwiegend traditionell gekocht (etwa 20 bis 30 Euro ohne Wein).

La Salle
Cheverel

7 km vom Bahnhof La Salle
30 km westlich von Aosta, S.S. 26 oder A 5
9 km von der Ausfahrt Morgex der A 5

Les Combes

3-Sterne-Hotel
Ortsteil Le Combe
Tel. (+39) 01 65 / 86 39 82
Fax (+39) 01 65 / 86 19 32
info@lescombes.it
www.lescombes.it
Ferien: Oktober

La Salle
Challancin

7 km vom Bahnhof La Salle
34 km westlich von Aosta, S.S. 26 oder A 5
7 km von der Ausfahrt Morgex der A 5

Lo Fòo

Zimmervermietung
Ortsteil Chez les Monnet
Tel. (+39) 329 / 165 10 67
info@lofoo.it
www.lofoo.it
Ganzjährig geöffnet

NEU

Gemeinsam mit Morgex ist La Salle das höchstgelegene Weinbaugebiet des Aostatals und – angeblich – sogar ganz Europas. Etwa sechs Kilometer vom Hauptort entfernt, auf einer Seehöhe von knapp 1.500 Metern, wurde in einem Dorf mit herrlichem Blick auf das Montblanc-Massiv ein altes Gebäude unter Bewahrung der Originalarchitektur revitalisiert und zum Hotel umgebaut. Es wird als Familienbetrieb geführt. Vom Garten bis zu den Terrassen, von der Bar bis zum Leseraum erweisen sich die zahlreichen Gemeinschaftsbereiche als überaus gepflegt. Die mit viel Holz und Stein stilvoll gestalteten Zimmer sind sehr heimelig und gemütlich. Auf Wunsch gibt es einen Babysitterservice. Im Restaurant wird traditionelle Küche geboten (etwa 35 Euro ohne Wein). Die Halbpension kommt auf 60 bis 80 Euro pro Person. Das Hotel ist ein Partnerbetrieb der Thermen von Pré Saint-Didier.

Der »fòo« ist in den frankoprovenzalischen Dialekten der »forno«, also der Ofen. Das junge Ehepaar Henriod verwendet ihn nach wie vor zum Backen von Brot und Keksen. Das frische Gebäck gibt es natürlich zum Frühstück, zusammen mit hausgemachten Konfitüren, Fruchtsäften, Milch, Bergbutter und -joghurt, Fontinakäse und Speck (Lardo) aus Arnad. Die Locanda trägt das Gütesiegel »Saveurs du Val d'Aoste«, das Betriebe auszeichnet, in denen man regionale Qualitätsprodukte mit garantierter Herkunft erhält. Das auf 1.550 Meter Seehöhe gelegene Haus ist ein schön renovierter charakteristischer Steinbau aus dem 18. Jahrhundert. Die warmen, gemütlichen Zimmer haben Lärchenholzböden und sind mit Möbeln von Aostataler Tischlern aus dem 19. Jahrhundert eingerichtet. Die Gegend ist angenehm ruhig, die Gästebetreuung herzlich und zuvorkommend.

♦ 8 DZ mit Bad und WC, Telefon, TV (einige Zimmer mit Galerie oder kleinem Balkon) ♦ DZ in Einzelbelegung und DZ € 80–99 (mit Frühstück) ♦ Kreditkarten: AE, Visa; Bankomat ♦ 2 Zimmer behindertengerecht ausgestattet, Privatparkplatz, kleine Haustiere willkommen, Rezeptionsdienst rund um die Uhr ♦ Bar, Restaurant, Leseraum, TV-Raum, Taverne, Terrassen, Garten, Spielplatz

♦ 6 DZ mit Bad und WC (3 Zimmer mit Balkon, 2 Zimmer mit Kamin) ♦ DZ in Einzelbelegung € 49–56, DZ € 70–90 (Aufpreis Zusatzbett € 35, alle mit Frühstück) ♦ keine Kreditkarten ♦ Privatparkplatz (2 Plätze überdacht), Haustiere nicht erlaubt, Betreiber immer erreichbar ♦ Frühstücksraum, Garten, Sonnenterrasse

La Thuile
Thovex
1 km vom Zentrum
40 km westlich von Aosta, S.S. 26
Ausfahrt Morgex der A 5, über die S.S. 26 auf den Kleinen Sankt Bernhard

Le Thovex

Zimmervermietung
Ortsteil Thovex, 188
Tel. (+39) 01 65 / 88 48 06, (+39) 347 / 421 12 33, Fax (+39) 01 65 / 88 48 06
info@lethovex.it
www.lethovex.it
Ferien: Mitte Mai–Mitte Juni, Oktober, November

Das Restaurant mit Gästezimmern der Familie Bovio ist ein typisches Hochgebirgshaus (wir sind auf über 1.500 Meter Seehöhe) mit gemütlichem Interieur und heimeligem Flair. Die Zimmer haben französische Tiernamen und sind alle unterschiedlich, jedoch durchweg mit viel Holz, edlen Dekorstoffen und hochwertiger Bettwäsche geschmackvoll gestaltet. Das kontinentale Frühstück wird als Büfett vorbereitet. Das angeschlossene Restaurant bietet für etwa 25 Euro ohne Wein nicht nur traditionelle Küche. Die Pisten des Skigebiets Piccolo San Bernardo sind sehr bequem zu erreichen: Der Skibus hält direkt vor dem Haus.

♦ 5 DZ mit Bad und WC, Sat-TV, Internetanschluss; 1 Minisuite mit Bad und WC, Aufenthaltsraum ♦ DZ in Einzelbelegung € 40–80, DZ und Minisuite € 60–120 (alle mit Frühstück) ♦ Kreditkarten: MC, Visa; Bankomat ♦ Privatparkplatz, überdachte Plätze für Motorräder, Haustiere nicht erlaubt, Betreiber immer erreichbar ♦ Bar, Restaurant, Aufenthaltsraum, Terrasse, Liegewiese

Nus
Saint-Barthélemy
16 km vom Bahnhof Nus
28 km östlich von Aosta
17 km von der Ausfahrt Nus der A 5

Cuney

2-Sterne-Hotel
Ortsteil Lignan, 36
Tel./Fax (+39) 01 65 / 77 00 23
marisagrun@libero.it
Ferien: Oktober

Nach Lignan (ein Dorf der Talschaft Saint-Barthélemy im Gemeindegebiet Nus) fährt man zum Skilaufen (schöne Langlaufloipen), aber auch um am Tag oder in der Nacht eines der klarsten Himmel Europas zu betrachten. Deshalb gibt es hier eine Sternwarte, die intensive wissenschaftliche und didaktische Arbeit betreibt. Und wenn Sie nach dem Bewundern des Sternenhimmels keine Lust mehr haben, die Spitzkehren wieder hinunter ins Tal zu fahren, finden Sie in der Locanda der Familie Grun eine günstige, aber behagliche Bleibe. Die Zimmer sind schlicht und ruhig, und zum Frühstück bekommen Sie frisches Brot, Butter, Konfitüren, Biofruchtsäfte und von Signora Marisa selbst gemachtes Feingebäck. Das Restaurant (auch für externe Gäste, eine Mahlzeit ohne Wein 18 bis 23 Euro) bietet unter anderem biologische und vegetarische Menüs. Die Halbpension kostet 45 Euro, wenn man nur eine Nacht bleibt; wer länger hier wohnt, zahlt 43 Euro pro Tag. Für die Vollpension werden bei nur einer Nächtigung 52 Euro, bei mehrtägigen Aufenthalten 50 Euro berechnet.

♦ 3 EZ und 5 DZ, alle mit Bad und WC (außer 1 EZ) ♦ EZ € 29, DZ € 50 (alle mit Frühstück) ♦ alle Kreditkarten, Bankomat ♦ Privatparkplatz, kleine Haustiere willkommen, Betreiber immer erreichbar ♦ Bar, Restaurant, Aufenthaltsraum, Garten, Kinderspielplatz

Perloz
Marine

2 km vom Zentrum
58 km südöstlich von Aosta, S.R. 505
7 km von der Ausfahrt Pont-Saint-Martin der A 5

A Masoun dou Caro

Zimmervermietung
Ortsteil Marine, 56
Tel. (+39) 01 25 / 80 74 91,
(+39) 347 / 410 15 83
Fax (+39) 01 25 / 80 14 47
willymarine@libero.it
www.masoundoucaro.it
Ganzjährig geöffnet

Das Haus der Familie Vuillermoz ist ein schöner Bau mit Balkonen und Treppen aus Holz in sonniger Lage auf 850 Meter Seehöhe. Man erreicht es über die Strada Comunale nach Perloz oder die Strada Regionale nach Gressoney. Trotz der Nähe zum Tal und zu den Skipisten des Monte Rosa erweist sich der Ort als abgeschieden und ruhig. Signor Alfredo und Familie empfangen die Gäste herzlich im gemütlichen Aufenthaltsraum mit Decke und Fußboden aus Holz, Ofen und Blick auf die Bergwelt. In diesem Ambiente wird das Frühstück serviert, das sich durch eine große Auswahl auszeichnet. Auch die komfortablen Zimmer im alpenländischen Stil sind mit viel Holz eingerichtet und eignen sich bestens zum Ausruhen nach einer Wanderung im Naturschutzgebiet Mont Mars (sechs Kilometer) oder nach einem Besuch des Klettergartens von Arnad (zwölf Kilometer).

♦ 3 DZ mit Bad und WC ♦ DZ in Einzelbelegung € 30–50, DZ € 50–70 (alle mit Frühstück) ♦ keine Kreditkarten ♦ Privatparkplatz, Garage, kleine Haustiere willkommen, Betreiber stets anwesend ♦ Frühstücks-, Aufenthalts- und Leseraum, Terrasse, Garten

Pré-Saint-Didier

1 km vom Bahnhof Pré-Saint-Didier
30 km nordwestlich von Aosta, S.S. 26 oder A 5
2 km von der Ausfahrt Courmayeur Sud der A 5;
5 km von der Ausfahrt Morgex der A 5

Edelweiss

2-Sterne-Hotel
Viale Monte Bianco, 1–3
Tel. (+39) 01 65 / 870 24
Fax (+39) 01 65 / 870 25
info@albergo-edelweiss.it
www.albergo-edelweiss.it
Ferien: Mai, Oktober, November

Das Edelweiss ist auf halbem Weg zwischen La Thuile und Courmayeur ideal gelegen und bietet sich als Ausgangspunkt für Wanderungen in den beiden bekanntesten touristischen Gebieten des Aostatals an. Pré-Saint-Didier selbst ist ein renommierter Fremdenverkehrsort, und das schon seit mehr als zwei Jahrhunderten. Doch nicht nur Skiurlauber wissen die Destination zu schätzen, seinen guten Ruf verdankt der Ort auch dem bekannten Thermalbad. Die Gästezimmer des Edelweiss sind gemütlich und ruhig. Wenige Meter vom Hotel entfernt findet man zahlreiche Möglichkeiten, sich sportlich zu betätigen: ein Hallenbad, eine Fußballwiese, einen Tennisplatz, Angelplätze, Wildwasser zum Paddeln, einen Reitstall und Angebote für Reitausflüge. Im Restaurant, das von Mitte Juni bis Mitte September auch externe Gäste willkommen heißt, zahlt man für eine Mahlzeit ohne Wein 20 bis 25 Euro. Halbpension kostet 55 bis 65 Euro, Vollpension 65 bis 80 Euro pro Person.

♦ 4 EZ und 34 DZ, alle mit Bad und WC, Sat-TV ♦ EZ € 40–55, DZ € 80–110 (alle mit Frühstück) ♦ Kreditkarten: AE, Carta-Si, MC, Visa; Bankomat ♦ Privatparkplatz, kleine Haustiere willkommen, Betreiber immer erreichbar ♦ Bar, Restaurant (nur im Sommer), Frühstücksraum, Aufenthaltsraum mit Leseecke, Sauna, Terrasse, Garten, Liegewiese

Quart
Villair
3 km vom Zentrum
11 km östlich von Aosta, S.S. 26 oder A 5
Ausfahrt Aosta Est der A 5 aus Richtung Montblanc-Tunnel/Aosta

Village (früher Bouriccot Fleuri)
3-Sterne-Hotel
Ortsteil Torrent de Maillod, 1
Tel. (+39) 01 65 / 77 49 11
Fax (+39) 01 65 / 77 49 99
info@hotelvillageaosta.it
www.hotelvillageaosta.it
Ganzjährig geöffnet

Das Besondere an diesem Hotel vor den Toren Aostas ist die Wahlmöglichkeit zwischen verschiedenen Unterkunftsarten: Im Haupthaus gibt es fünf Gästezimmer unterschiedlicher Größe und Ausstattung, während im großen Park zehn Chalets aus Holz und Stein verstreut sind, von denen jedes eine geräumige, elegant eingerichtete Suite bietet. Das im Preis inbegriffene Frühstück wird in einem eigenen Raum serviert. Den Gästen stehen überdies ein gemütlicher Salon, ein Zimmer zum Lesen und Entspannen sowie ein Raum für Arbeitstreffen zur Verfügung. Weil das Hotel Partnerbetrieb diverser Verbände ist, genießt man als Gast Vergünstigungen bei Ski-, Golf- und Reitsportangeboten.

♦ 1 EZ, 3 DZ und 1 Suite, alle mit Bad und WC, Aircondition, Minibar, Safe, Telefon, TV, WLAN; 10 Chalets (2–4 Personen) mit Bad und WC, Schlafzimmer, Aufenthaltsraum ♦ EZ € 60–80, DZ € 100–125, Suite € 110–145, Chalet in Einzelbelegung € 90–115, Chalet € 130–220 (alle mit Frühstück) ♦ alle Kreditkarten, Bankomat ♦ Privatparkplatz, kleine Haustiere willkommen, Rezeptionsdienst 7.30–23.30 Uhr ♦ Bar, Frühstücksraum, Leseraum, TV-Raum, Salon, Tagungsraum, Terrasse, Park

Rhêmes-Notre-Dame
Chanavey

1,5 km vom Zentrum
15 km von Villeneuve, 29 km südwestlich von Aosta
25 km von der Ausfahrt Aosta Ovest der A 5

Grande Rousse
2-Sterne-Hotel
Ortsteil Chanavey, 22
Tel. (+39) 01 65 / 93 61 05
Fax (+39) 01 65 / 93 61 91
info@granderousse.it
www.granderousse.it
Ferien: Mai, Oktober–Mitte November

Die Grande Rousse ist die höchste Erhebung zwischen Val di Rhêmes und Valgrisenche. Am Fuße der Ostflanke des Berges, der zum Teil von ewigem Eis bedeckt ist, liegt das Hotel der Familie Berard, das in Haupthaus und Dependance eine stattliche Zahl geräumiger, behaglicher Zimmer bietet. Die Gegend ist angenehm ruhig und eignet sich auch für Urlaube mit Kleinkindern. Wenige Meter vom Hotel entfernt befinden sich die Langlaufloipen und Liftanlagen, die ein kleines, nie überlaufenes Skigebiet erschließen, sowie ein Besucherzentrum des Nationalparks Gran Paradiso. Das Restaurant bietet auch externen Gästen traditionelle Gerichte zu günstigen Preisen (12 bis 20 Euro ohne Wein). Bei Unterbringung im Doppelzimmer kostet die Halbpension 36 bis 52 Euro, die Vollpension 40 bis 60 Euro pro Person.

♦ 36 DZ (11 Zimmer in der Dependance) mit Bad und WC, Safe, Telefon, TV ♦ DZ in Einzelbelegung € 48–56, DZ € 60–80 (Aufpreis Zusatzbett € 30–40, Frühstück € 5 pro Person) ♦ Kreditkarten: AE, Carta-Si, MC, Visa; Bankomat ♦ Parkplatz gegenüber, kleine Haustiere willkommen, Rezeptionsdienst 7–24 Uhr ♦ Bar, Restaurant, Frühstücksraum, Aufenthaltsraum, Kinderspielzimmer, Terrasse, Liegewiese

Rhêmes-Notre-Dame
Chanavey
1,5 km vom Zentrum
29 km südwestlich von Aosta
15 km von Villeneuve, 25 km von der Ausfahrt Aosta Ovest der A 5

Saint-Pierre
Homené Dessus

15 km vom Bahnhof Aosta
15 km westlich von Aosta
17 km von der Ausfahrt Aosta der A 5

Granta Parey

3-Sterne-Hotel
Ortsteil Chanavey, 23
Tel. (+39) 01 65 / 93 61 04
Fax (+39) 01 65 / 93 61 44
info@rhemesgrantaparey.com
www.rhemesgrantaparey.com
Ferien: Mitte September–Anfang Dezember

Les Écureuils

Agriturismo
Ortsteil Homené Dessus, 8
Tel. (+39) 01 65 / 90 38 31
Fax (+39) 01 65 / 90 98 49
lesecureuils@libero.it
www.lesecureuils.it
Ferien: Dezember

Die Granta Parey, eine 3.387 Meter hohe Felspyramide, die das Val di Rhêmes beherrscht, ist vom Hotel der Familie Berthod aus gut zu sehen. Die Langlaufloipen und Skipisten befinden sich ganz in der Nähe des Hauses, das in den 1920er-Jahren errichtet und in der Folge mehrmals umgebaut und modernisiert wurde. Die neueste Errungenschaft ist ein Wellnessbereich mit Sauna, Dampfbad, Whirlpool, Solarium und Fitnessraum. Zusätzlich machen die zahlreichen Spiel- und Sporteinrichtungen im Freien das Hotel auch für junge Gäste interessant. Die Zimmer sind behaglich und gut ausgestattet. Zum Frühstück werden frische Produkte und regionale Erzeugnisse serviert. Das Restaurant bietet typische Aostataler Küche zu günstigen Preisen (20 bis 25 Euro ohne Wein). Für die Halbpension werden bei Übernachtung im Doppelzimmer 60 bis 83 Euro pro Person verrechnet.

Der nach den Eichhörnchen benannte Agriturismo in prächtiger Panoramalage ist Teil eines landwirtschaftlichen Betriebes, der Gemüse, Beeren und Futterkräuter anbaut, aber auch Ziegen, Gänse und anderes Geflügel züchtet. Zum Übernachten stehen in einem hübsch renovierten alten Holzhaus einfache, aber behagliche Zimmer mit holzgetäfelten oder hübsch tapezierten Wänden zur Verfügung. Frühstück und Imbisse fallen stets üppig aus, das Abendessen (Halbpension für 38 bis 45 Euro) überzeugt durch gediegene Hausmannskost. Wurstwaren und Käse stammen aus eigener Erzeugung. Auf Wunsch kann man bei der Herstellung der Milchprodukte zusehen. Von der nicht weit entfernten Talsohle aus sind sowohl die Stadt Aosta als auch die Skipisten und alpinistischen Routen der Region leicht erreichbar.

♦ 4 EZ, 26 DZ und 3 Suiten, alle mit Bad und WC, Minibar, Sat-TV (einige Zimmer mit Balkon) ♦ EZ € 50–80, DZ € 70–110, Suite € 150–220 (Frühstück € 10 pro Person) ♦ Kreditkarten: Visa; Bankomat ♦ 1 Zimmer behindertengerecht ausgestattet, Privatparkplatz, kleine Haustiere willkommen (€ 2 pro Tag), Betreiber immer erreichbar ♦ Bar, Restaurant, Frühstücksraum, Salon, TV- und Leseraum, Kinderspielzimmer, Tagungs- und Vorführungsraum, Wellnessbereich, Garten, Fußballwiese, Volleyballplatz

♦ 5 DZ mit Bad und WC im Flur ♦ DZ in Einzelbelegung € 23–30, DZ € 46–60 (alle mit Frühstück) ♦ keine Kreditkarten ♦ Parkplatz, Haustiere nicht erlaubt, Betreiber stets anwesend ♦ Restaurant (nur für Hausgäste oder gegen Vorbestellung), Bibliothek, Terrasse, Garten

Saint-Rhémy-en-Bosses
Bourg

13 km vom Großen Sankt Bernhard, 22 km nordwestlich von Aosta, S.R. 27
25 km von der Ausfahrt Aosta Est der A 5

Suisse

2-Sterne-Hotel
Via Roma, 26
Tel. (+39) 01 65 / 78 09 06
Fax (+39) 01 65 / 78 00 63
info@hotelsuisse.it
www.hotelsuisse.it
Ferien: Mai, 15. Oktober–30. November

Das Städtchen Saint-Rhémy ist der letzte Ort vor dem Großen Sankt Bernhard. Hier haben die Erben von Anselmo Marcoz (er war Hauptmann der »Soldats de la Neige«, die den Reisenden über den Pass Geleit gaben) den seit dem 17. Jahrhundert bestehenden Gasthof der Familie renoviert. Heute ist das Haus ein gepflegtes kleines Hotel mit Restaurant. Die mit alten Holzmöbeln eingerichteten Zimmer sind eine ideale Bleibe für erholsame Aufenthalte inmitten uralter Wälder. Zum Frühstück gibt es regionale Produkte, für Halbpension zahlt man 62 bis 72 Euro. Der nahe der Schweizer Grenze gelegene Ort ist für die Erzeugung des hervorragenden Jambon de Bosses bekannt und bietet darüber hinaus zahlreiche Möglichkeiten zur Freizeitgestaltung: Wintersportfreunde (alpiner Skilauf und Langlauf) kommen hier ebenso auf ihre Rechnung wie Wanderer und Mountainbiker (historische Route entlang der Napoleonstraße).

♦ 3 EZ und 5 DZ (1 EZ und 1 DZ in der Dependance), alle mit Bad und WC, Telefon ♦ EZ € 45–50, DZ € 65–72 (Frühstück € 7,50 pro Person) ♦ Kreditkarten: CartaSi, MC, Visa; Bankomat ♦ öffentlicher Parkplatz 50 Meter entfernt, kleine Haustiere willkommen (in der Dependance), Rezeptionsdienst 8–23 Uhr ♦ Restaurant

🍴 Das Restaurant legt bei der Gestaltung der festgelegten Menüs und der Speisen à la carte besonderes Augenmerk auf die Qualität der Zutaten und die lokale Tradition (30 bis 35 Euro ohne Wein).

Saint-Vincent

1 km vom Zentrum
27 km östlich von Aosta
3 km von der Ausfahrt Saint-Vincent-Châtillon der A 5

Le Rosier

Bed & Breakfast
Ortsteil Romillod Crotache, 1
Tel. (+39) 01 66 / 53 77 26, (+39) 333 / 238 44 01, Fax (+39) 01 66 / 53 77 26
ada@lerosier.it
www.lerosier.it
Ganzjährig geöffnet

Nicht weit von den Thermen von Saint-Vincent hat Ana Vesan einen Teil ihres Hauses (ein typischer Steinbau, der auf das Jahr 1755 zurückgeht) zu einem Bed & Breakfast umgestaltet. Die beiden Zimmer und das kleine Apartment (Schlafzimmer und Wohnbereich mit Couch) sind behaglich und freundlich. Beeindruckend ist der Raum mit den Steingewölben und den alten Möbeln von lokalen Handwerkern, wo das traditionelle Frühstück mit Schwarzbrot, Weißbrot und Rosinenbrot, Torten, Marmeladen, Honig, Cornflakes, Müsli, Joghurt und Fruchtsäften serviert wird. Das Zentrum und das Kasino sind über einen Spazierweg bequem erreichbar. In der näheren Umgebung erheben sich Massive wie der Monte Rosa und das Matterhorn, liegen die wichtigsten Burgen des Aostatals und lädt der Parco Naturale del Mont Avic zu Wanderungen ein.

♦ 2 DZ mit Bad und WC, Minibar, TV; 1 Zweizimmerapartment (2–4 Personen) ♦ DZ in Einzelbelegung € 40–50, DZ € 60–75 (Aufpreis Zusatzbett € 10–20), Zweizimmerapartment € 75–110 (alle mit Frühstück) ♦ keine Kreditkarten ♦ Parkplatz gegenüber, kleine Haustiere willkommen, Betreiber stets anwesend ♦ Frühstücksraum, Garten, Sonnenterrasse

Valgrisenche
Bonne
2 km vom Zentrum
18 km vom Bahnhof Arvier, 32 km südwestlich von Aosta
22 km von der Ausfahrt Aosta Ovest der A 5

Perret

2-Sterne-Hotel
Ortsteil Bonne, 2
Tel. (+39) 01 65 / 971 07
Fax (+39) 01 65 / 972 20
info@hotelperret.com
www.hotelperret.com
Ferien: 10. Mai–1. Juli, 10. Oktober–26. Dezember

Das kleine Hotel der Familie Gerbelle befindet sich auf 1.800 Meter Seehöhe auf einem Gebirgskamm, von dem der Blick über das gesamte Valgrisenche schweift. In dieser abgeschiedenen Lage (das Dorf Bonne zählt nicht mehr als 25 Einwohner) genießt man eine unglaubliche Ruhe. Die intimen, behaglichen Zimmer des Perret sind mit Telefon ausgestattet, auf Wunsch ist auch ein Internetanschluss möglich. Im Restaurant bekommt man typische Kost, die von den Betreibern selbst zubereitet wird (Tagesmenü für 18 bis 25 Euro, Spezialitäten gegen Vorbestellung). Halbpension kostet 52 bis 58 Euro, Vollpension 62 bis 68 Euro pro Person. Sie kann ab einem Mindestaufenthalt von drei Tagen bestellt werden. Die Skipisten, Trekkingrouten, Wanderwege und Kletterpfade der Gegend sind bequem erreichbar.

♦ 2 EZ und 16 DZ, alle mit Bad und WC, Telefon ♦ EZ € 33, DZ € 62–68 (Frühstück € 10 pro Person) ♦ Kreditkarten: CartaSi, DC, MC, Visa ♦ 2 Zimmer behindertengerecht ausgestattet, Parkplatz angrenzend, Haustiere nicht erlaubt, Betreiber immer erreichbar ♦ Restaurant, Aufenthaltsraum, Tagungsraum, Sauna (im Winter), Garten

Valsavarenche
Eau-Rousse

3 km vom Zentrum
20 km von Villeneuve, 30 km südwestlich von Aosta
30 km von der Ausfahrt Aosta Ovest der A 5

A l'Hostellerie du Paradis

3-Sterne-Hotel
Ortsteil Eau-Rousse
Tel. (+39) 01 65 / 90 59 72
Fax (+39) 01 65 / 90 59 71
info@hostellerieduparadis.it
www.hostellerieduparadis.it
Ferien: November, Dezember

Neben traditionellen Bergsportarten kann man im Valsavarenche, einem der Täler des Gran Paradiso, in Hochseilgärten sein akrobatisches Geschick unter Beweis stellen und im Winter auf vereisten Wasserfällen klettern. Ein guter Ausgangspunkt für solche und andere Aktivitäten ist dieses Hotel, das zudem über einen gut ausgestatteten Wellnessbereich verfügt (Sauna, Hallenbad mit Massagedüsen und Gegenstromanlage etc.). Die Zimmer, von denen einige im Dachboden liegen, sind mit gediegenen Holzmöbeln eingerichtet. Das hauseigene Restaurant bietet vom Küchenchef fantasievoll interpretierte Gerichte der Aostataler Tradition (20 bis 40 Euro). Als Büfett angeboten werden sowohl das Frühstück als auch der nachmittägliche Imbiss, der in der Halbpension (60 bis 90 Euro pro Person) inkludiert ist. Vom gepflegten Garten und von der Sonnenterrasse aus genießt man einen herrlichen Blick auf das Tal.

♦ 7 EZ und 23 DZ (12 Zimmer in der Dependance), alle mit Bad und WC, Telefon, TV ♦ EZ € 60, DZ € 90, DZ in Dreierbelegung € 135, DZ in Viererbelegung € 180 (Frühstück € 8 pro Person) ♦ alle Kreditkarten, Bankomat ♦ 3 Zimmer behindertengerecht ausgestattet, Parkplatz gegenüber, kleine Haustiere willkommen, Betreiber immer erreichbar ♦ Bar, Restaurant, Frühstücksraum, Leseraum, Aufenthaltsraum, Taverne, Garten, Sonnenterrasse, Sauna, Hallenbad mit Massagedüsen

Valtournenche
Crépin

1 km vom Zentrum
43 km nordöstlich von Aosta, S.R. 406
Ausfahrt Saint-Vincent-Châtillon der A 5, S.R. 406

Pankeo

Bed & Breakfast
Ortsteil Crépin
Tel. (+39) 01 66 / 929 56,
(+39) 338 / 902 53 05
Fax (+39) 01 66 / 920 49
info@pankeo.com
www.pankeo.com
Ferien: unterschiedlich

Pankeo ist der frankoprovenzalische Name des Berges Pancherot, der sich westlich von Pâquier, dem Hauptort der Gemeinde Valtournenche, erhebt. Es ist aber auch der Name des Bed & Breakfast, das die Familie Maquignaz in ihrem Haus aus dem 18. Jahrhundert betreibt: Der dreistöckige Steinbau, in den die Holzstruktur des Getreidespeichers eingebunden ist, wurde nach ökologischen Maßstäben renoviert. Jedes der heimeligen und gemütlichen Zimmer verfügt über einen kleinen Salon oder Wohnbereich, wo das reichhaltige Frühstück auf der Basis von Aostataler Produkten serviert wird. Diese Räumlichkeiten stehen den Gästen den ganzen Tag zur Verfügung. Als Abwechslung zur Muße ist es gleichsam Pflicht, die zahlreichen Möglichkeiten, die das Matterhorntal bietet, zu nutzen: Alpinismus, Trekking, alpiner Skilauf und Skitouren, Eislaufen, Sportklettern, Eisklettern, Paddeln, Fischen, Natur- und Tierfotografie.

♦ 3 DZ mit Bad und WC, Kühlschrank, TV ♦ DZ in Einzelbelegung € 30–40, DZ € 60–80 (alle mit Frühstück) ♦ keine Kreditkarten ♦ Parkplatz angrenzend, Garage für Motorräder und Fahrräder, kleine Haustiere willkommen, Betreiber stets anwesend ♦ Frühstücks- und Leseräume, Außenbereich

Verrayes

10 km vom Bahnhof Chambave
21 km östlich von Aosta, S.S. 26 oder A 5
10 km von der Ausfahrt Nus der A 5

La Vrille

Agriturismo
Ortsteil Grangeon
Tel. (+39) 01 66 / 54 30 18,
(+39) 333 / 239 36 95,
(+39) 347 / 116 59 45
lavrille@tiscali.it
www.lavrille-agritourisme.com
Ganzjährig geöffnet

Der Agriturismo ist von Weingärten umgeben, die einem Flickenteppich gleich die Berge über Chambave im mittleren Abschnitt des Aostatals (nur wenige Kilometer von Nus entfernt) überziehen. Er steht im Zeichen der Nachhaltigkeit, wovon Bioarchitektur, Sonnenkollektoren und die konsequente Verwendung traditioneller Baustoffe zeugen. Hervé Deguillame und seine Frau Luciana bringen ihre Gäste in einfachen, aber komfortablen Zimmern unter, die mit altem Mobiliar eingerichtet sind. Das reichhaltige Frühstück ist ein kulinarischer Streifzug durch die Berge. Es umfasst von Signora Luciana selbst gemachte Kuchen und Feingebäck sowie typische Aostataler Wurst- und Käsesorten. Zum Abendessen (Halbpension für 48 bis 65 Euro pro Person) kann man Weine aus eigener Erzeugung genießen: Fumin, Cornalin, Gamay, Muscat de Chambave.

♦ 4 DZ, 1 3BZ und 1 4BZ, alle mit Bad und WC ♦ DZ in Einzelbelegung € 45–55, DZ € 60–88, 3BZ € 90–132, 4BZ € 120–176 (alle mit Frühstück) ♦ keine Kreditkarten ♦ 1 Zimmer behindertengerecht ausgestattet, Parkplatz gegenüber, Haustiere willkommen (in 1 Zimmer), Betreiber stets anwesend ♦ Restaurant (abends geöffnet, gegen Vorbestellung auch mittags), Aufenthaltsraum, Außenbereich

🍲 Das Restaurant bietet traditionelle Hausmannskost für 28 Euro ohne Wein.

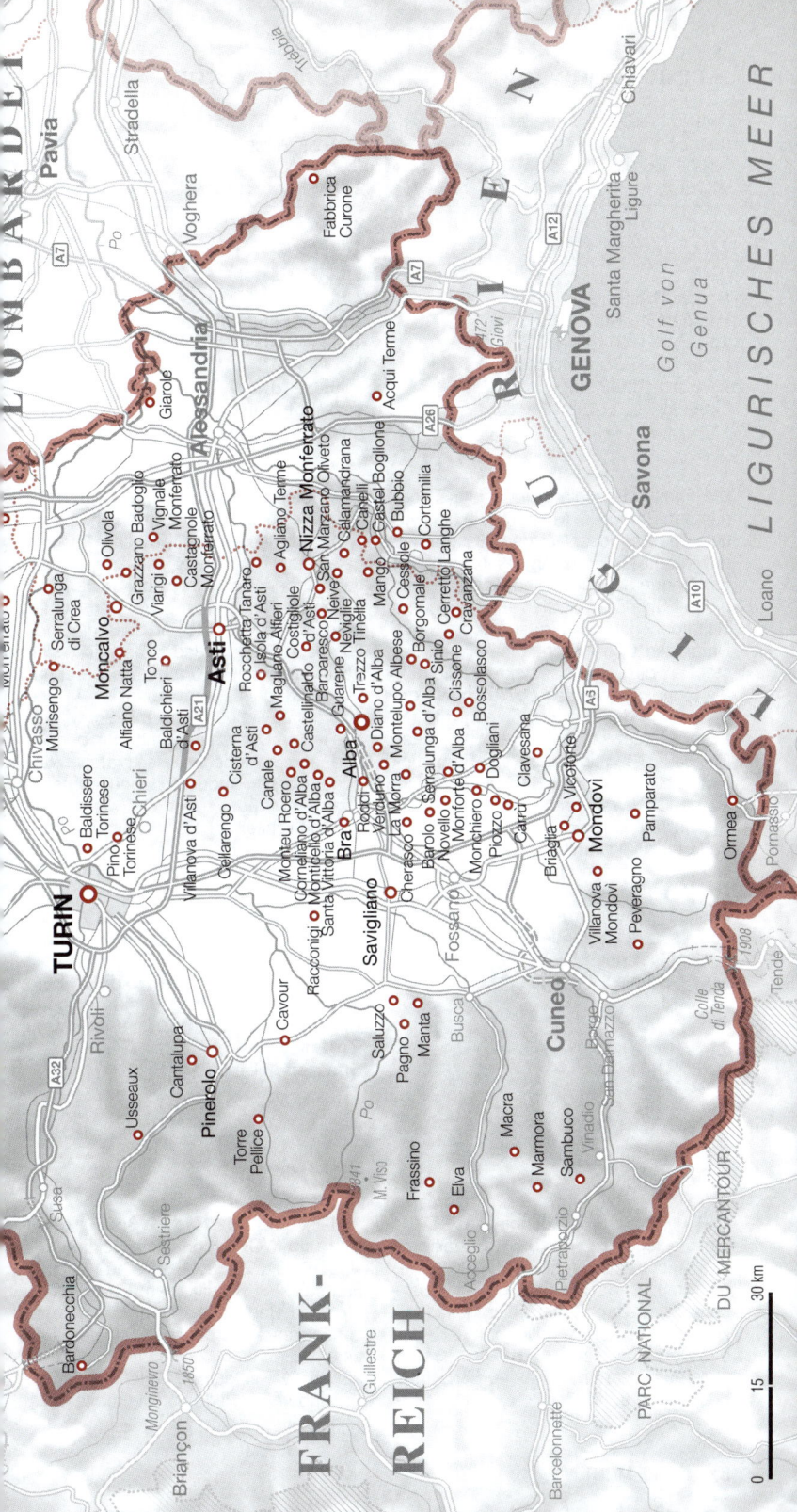

Acqui Terme

2 km vom Zentrum; 35 km südwestlich von Alessandria, S.P. 30, S.P. 334 und S.P. 456
Ausfahrt Alessandria Sud der A 21; Ausfahrt Ovada der A 26

Il Cartino

Bed & Breakfast
Passeggiata Bellavista, 36
Tel./Fax (+39) 01 44 / 32 34 83
baccalario@ilcartino.com
www.ilcartino.com
Ganzjährig geöffnet

Die Familie Baccalario führt diesen gepflegten Betrieb im Monferrat, in den Hügeln des Acquese. Der dem Gastbetrieb gewidmete Teil des Anwesens umfasst drei bequeme, geräumige Gästezimmer, die mit Stilmöbeln, edlen Teppichen und Dekorgegenständen ausgestattet sind. Unter den Gemeinschaftsbereichen bestechen die reich bestückte Bibliothek, die Zeugnis von der Leidenschaft der Eigentümer für Literatur ablegt, und die Aussichtsterrasse mit einem herrlichen Blick auf die Weingärten. Das Frühstück bietet eine gute Auswahl an frischem süßem Backwerk und zahlreiche pikante Spezialitäten, darunter Robiola, Formaggette aus Ziegenmilch und Wurst dieser Gegend, serviert mit frischem Brot, Focacce und den üblichen warmen Getränken. Für einen Aufenthalt im Winter gibt es zwei reizende Apartments. Sie sind im gleichen Stil eingerichtet und mit einer Kochnische ausgestattet.

♦ 3 DZ mit Bad und WC; 2 Apartments (2–4 Personen) mit Kochnische ♦ DZ in Einzelbelegung € 60, DZ € 90 (alle mit Frühstück); Apartment € 100–120 ♦ Kreditkarten: CartaSi, DC, MC, Visa; Bankomat ♦ Privatparkplatz, Garage (5 Plätze), kleine Haustiere willkommen, Betreiber stets anwesend ♦ Frühstücksraum, Leseraum, Garten, Terrasse, Schwimmbecken, Badmintonplatz

Agliano Terme
Fons Salutis

1 km vom Zentrum
16 km südöstlich von Asti, S.S. 456
Ausfahrt Isola d'Asti der A 33

Fons Salutis

NEU

3-Sterne-Hotel
Via alle Fontane, 125
Tel. (+39) 01 41 / 95 40 18
Fax (+39) 01 41 / 95 45 54
f.salutis@tin.it
www.hotelfonssalutis.it
Ganzjährig geöffnet

Das Hotel verdankt seinen Namen einer Schwefelquelle, die im Garten entspringt und den in einer grünen Talsohle gelegenen Ort bereits seit knapp zwei Jahrhunderten zu einem bekannten und beliebten Reiseziel macht. Der Beherbergungsbetrieb entstand zu Beginn des 20. Jahrhunderts und präsentiert sich heute nach einem Umbau als beschauliches Landhaus. Umgeben ist es von einem weitläufigen Park mit Schwimmbecken, ausgestattet mit Sitzbänken und abgeschiedenen Rastplätzen. Die geräumigen, modern eingerichteten Zimmer verfügen über die wichtigsten Annehmlichkeiten. Das Frühstück wird in der warmen Jahreszeit im Freien serviert und umfasst süße und pikante Spezialitäten, die großteils im Haus hergestellt werden. Interessante Anreize sind das Restaurant, wo Sie die lokale Küche probieren können (überarbeitete piemontesische Rezepte, 25 bis 28 Euro ohne Wein), und der direkte Zugang zur Therme und zum Wellnesszentrum. Ein Shuttlebus bringt die Gäste in die Ortschaft Agliano.

♦ 4 EZ und 25 DZ oder 3BZ, alle mit Bad und WC, Aircondition, Telefon, TV ♦ EZ € 53, DZ € 85, 3BZ € 100 (alle mit Frühstück) ♦ Kreditkarten: CartaSi, DC, MC, Visa; Bankomat ♦ Anlage barrierefrei zugänglich, Privatparkplatz, kleine Haustiere willkommen, Rezeptionsdienst 7–22 Uhr ♦ Restaurant, Aufenthaltsraum, Außenbereich, Park, Schwimmbecken

Alba
Altavilla-Ressia
4 km von der Altstadt
30 km südwestlich von Asti, 62 km nordöstlich von Cuneo, A 33 und S.S. 231
Ausfahrt Castagnito der A 33

Alba
Scaparone
6 km vom Zentrum
55 km nordöstlich von Cuneo, S.S. 231
Ausfahrt Castagnito der A 33; Ausfahrt Marene der A 6, S.S. 231

Casa Ressia

Agriturismo
Ortsteil Altavilla, 42
Tel. (+39) 01 73 / 29 30 58
Fax (+39) 01 73 / 22 83 28
casaressia@casaressia.com
www.casaressia.com
Ferien: Januar

NEU

Casa Scaparone

Agriturismo
Ortsteil Scaparone, 8
Tel. (+39) 01 73 / 339 46
Fax (+39) 01 73 / 22 05 12
info@casascaparone.it
www.casascaparone.it
Ferien: Januar, Anfang Februar

Jenseits des Hügels von Altavilla, nahe der Straße nach Barbaresco und Neive, hat die Weinbauernfamilie Beccaris ihren Hof im ortstypischen Stil renoviert und einen Teil davon zu einem Agriturismo umgestaltet. Sie erreichen ihn über eine Straße, die ein schönes Anwesen mit Weingärten und Haselnusshainen durchquert. Vor dem Haus spendet ein prachtvoller Maulbeerbaum Schatten für einen reizenden Gastgarten, wo Sie in Gesellschaft der Besitzer einen feinen selbst gemachten Dolcetto oder Grappa genießen können. Die Gästezimmer sind mit edlen Stilmöbeln eingerichtet, an den Wänden hängen nette Familienfotos. Bei den Apartments wird die wochenweise Vermietung bevorzugt (400 Euro). Das Frühstück unterliegt keiner zeitlichen Einschränkung und umfasst neben den klassischen Backwaren hausgemachte Pfirsich- und Pflaumenkonfitüre und vom Hausherrn Alessandro zubereitete Kuchen, aber auch Wurst und Käse aus der Region.

Nach ihrer Rückkehr von einem langen Aufenthalt an der Elfenbeinküste begannen Alessandra und Giovanni Battista mit dem Umbau eines großen alten Hauses im Ortsteil Scaparone am linken Ufer des Tanaro. Der Kern des Gebäudes geht auf das 16. Jahrhundert zurück. Sie schufen eine »Osteria mit Bauernhof«, einen Betrieb mit Übernachtungsmöglichkeit, den sie geschmackvoll und etwas exzentrisch ausstatteten. Das reichhaltige Frühstück umfasst Butter und Käse, Honig und sechs Arten von Konfitüren, alle vom Bauernhof, und manchmal auch Kuchen, die Alessandra selbst bäckt. Im Restaurant, das auch externe Gäste zu einem Preis von 30 Euro ohne Wein bedient, können Sie die Küche dieser Gegend genießen. Die Halbpension wird für 70 Euro pro Person angeboten. Battista, eine echte Persönlichkeit, organisiert für die Gäste Führungen und Kutschenfahrten.

♦ 6 DZ mit Bad und WC, Balkon, TV; 2 Miniapartments (2–4 Personen) mit Kochnische ♦ DZ in Einzelbelegung € 60, DZ € 80 (Aufpreis Zusatzbett € 20, alle mit Frühstück); Miniapartment € 80 ♦ alle Kreditkarten, Bankomat ♦ einige Zimmer barrierefrei zugänglich, Privatparkplatz, kleine Haustiere willkommen, Betreiber immer erreichbar ♦ Frühstücksraum, Barbereich, Lese- und TV-Raum, Arkaden, Gartenhaus, Garten

♦ 2 DZ und 3 4BZ, alle mit Bad und WC, Aircondition, Terrasse oder Balkon ♦ DZ in Einzelbelegung € 55, DZ € 85–90 (Aufpreis Zusatzbett € 15–20, alle mit Frühstück) ♦ keine Kreditkarten; Bankomat ♦ Gemeinschaftsbereiche barrierefrei zugänglich, 1 Zimmer behindertengerecht ausgestattet, Privatparkplatz angrenzend, kleine Haustiere willkommen (nach Absprache), Betreiber immer erreichbar ♦ Barbereich, Restaurant, Salon mit Internetstation, Außenbereich, Garten, Kinderspielplatz, Schwimmbecken

Alba
San Rocco Seno d'Elvio
6 km von der Altstadt
38 km südwestlich von Asti, 68 km nordöstlich von Cuneo, A 33 und S.S. 231
Ausfahrt Castagnito der A 33

Alba
Altavilla
1 km von der Altstad; 30 km südwestlich von Asti, 62 km nordöstlich von Cuneo, S.S. 231
Ausfahrt Marene der A 6; Ausfahrt Castagnito der A 33, S.S. 231

Cascina Barac

Agriturismo
Ortsteil San Rocco Seno d'Elvio, 40
Tel. (+39) 01 73 / 36 64 18
Fax (+39) 01 73 / 22 05 45
www.barac.it
Ganzjährig geöffnet

La Meridiana Ca' Reiné

Agriturismo
Ortsteil Altavilla, 9
Tel./Fax (+39) 01 73 / 44 01 12
cascinareine@libero.it
www.villalameridianaalba.it
Ganzjährig geöffnet

Das Barac (sprich: Baràk, die Italianisierung eines in der Langa sehr verbreiteten Nachnamens) ist ein mächtiges Landhaus am äußersten Rand der Gemeinde Alba, an der Grenze zu Treiso, umgeben von 15 Hektar Weingärten. Die Besitzer Wilma Piazzo und Albino Bonelli renovierten das Gebäude und schufen eine Unterkunft von schlichter Eleganz. Es wurden ausschließlich Materialien aus der Region verarbeitet, aber als Vorbild für den Umbau dienten die Ferienbauernhöfe der Toskana. Sowohl im Innen- als auch im Außenbereich (Zimmer unterschiedlicher Art und diverse Gemeinschaftsbereiche, darunter ein weitläufiger Aufenthaltsraum mit Rezeption) ist jedes Detail mit Sorgfalt gewählt. Der Empfang ist herzlich, der Service effizient und das süße und pikante Frühstücksbüfett üppig.

La Meridiana ist ein Agriturismo im Ortsteil Altavilla, umgeben von Grün, nicht weit von der Altstadt des Hauptortes der Langhe. Die Familie Giacosa hat ein aus dem 18. Jahrhundert stammendes, im Jugendstil umgebautes Landhaus renoviert und wunderschöne, helle und geschmackvoll eingerichtete Gästezimmer geschaffen. Der Hof liegt inmitten von Weinbergen und einem Wald mit dem richtigen Boden für das Wachstum von Trüffeln. Das üppige Frühstück, das Signora Giuliana für die Gäste bereitet, besteht aus heißen Getränken und frischen Säften, hausgemachten Konfitüren und Kuchen, Eiern sowie ortstypischen Wurst- und Käsespezialitäten. Den Gästen stehen die Bücher aus der familieneigenen Bibliothek sowie Fahrräder für erholsame Ausflüge in die Natur zur Verfügung.

♦ 5 DZ, 3 Minisuiten und 1 Suite, alle mit Bad und WC, Balkon, Aircondition, Kühlschrank, Telefon, TV, WLAN; 1 Apartment (4 Personen) mit Kochnische ♦ DZ in Einzelbelegung € 75, DZ € 98 (Aufpreis Zusatzbett € 35), Superior-DZ € 120, Minisuite € 135, Suite € 160 (alle mit Frühstück); Apartment € 190 ♦ alle Kreditkarten, Bankomat ♦ Anlage barrierefrei zugänglich, 1 Zimmer behindertengerecht ausgestattet, Privatparkplatz, Haustiere nicht erlaubt, Betreiber immer erreichbar ♦ Frühstücksraum, Aufenthaltsraum mit Leseecke, Arkaden, Garten, Park

♦ 5 DZ mit Bad und WC, Telefon, TV; 4 Apartments (2–4 Personen) mit Küche ♦ DZ in Einzelbelegung € 70, DZ € 90 (alle mit Frühstück); Apartment € 130 ♦ Kreditkarten: MC, Visa; Bankomat ♦ Privatparkplatz, kleine Haustiere willkommen, Betreiber immer erreichbar ♦ Frühstücksraum, Lese- und TV-Raum, Billardzimmer, Bibliothek, Garten, Schwimmbecken, Fitnessraum

Alba

In der Altstadt
29 km südwestlich von Asti, 61 km nordöstlich von Cuneo, S.S. 231
Ausfahrt Marene der A 6; Ausfahrt Castagnito der A 33

San Lorenzo

2-Sterne-Hotel
Piazza Rossetti, 6
Tel. (+39) 01 73 / 36 24 06
Fax (+39) 01 73 / 36 69 95
info@albergo-sanlorenzo.it
www.albergo-sanlorenzo.it
Ferien: 2 Wochen im August

Das Hotel San Lorenzo ist ein renoviertes Gebäude aus dem 18. Jahrhundert mitten in der Altstadt, ganz in der Nähe des Doms. Die Gemeinschaftsbereiche sind komfortabel ausgestattet, die Gästezimmer liegen im ersten Stock und sind mit dem Lift erreichbar. Die Einrichtung ist modern und funktional. In einigen Zimmern und in den Gemeinschaftsbereichen sind Werke lokaler Künstler ausgestellt. Das Frühstücksbüfett wird in der Konditorei Golosi di Salute im Erdgeschoss des gleichen Gebäudes vorbereitet. Man findet hier neben heißen Getränken und Säften Croissants, Kuchen und Konfitüren, die Luca Montersino selbst zubereitet. Den Gästen steht ein Leseraum zur Verfügung.

♦ 9 DZ und 2 3BZ, alle mit Bad und WC, Telefon, Sat-TV, WLAN (einige Zimmer mit Aircondition und Terrasse) ♦ DZ in Einzelbelegung € 65–75, DZ € 95–100, 3BZ € 120–125 (alle mit Frühstück) ♦ alle Kreditkarten, Bankomat ♦ Gemeinschaftsbereiche barrierefrei zugänglich, Privatparkplatz, kleine Haustiere willkommen, Rezeptionsdienst 7–21 Uhr ♦ Aufenthaltsraum mit Leseecke

Alfiano Natta
Sanico
2 km vom Zentrum
22 km nördlich von Asti, 28 km südwestlich von Casale Monferrato, 42 km nordwestlich von Alessandria

Da Nonna Carla

NEU

Zimmervermietung
Via Vittorio Emanuele, 11
Tel. (+39) 320 / 389 56 75
info@danonnacarla.it
www.danonnacarla.it
Ganzjährig geöffnet

Paolo und Stefania Molino, zwei Computerfachleute (er aus dem Piemont, sie aus dem Gebiet des Oltrepo Pavese in der Lombardei), sind zu ihren ländlichen Wurzeln zurückgekehrt. In Sanico, einer Ortschaft an der Grenze zur Provinz Asti, in der Nähe von Moncalvo, bauten sie mit tatkräftiger Unterstützung von Oma Carla das Landhaus Ada um und schufen fünf hübsche Gästezimmer und ein hervorragendes Restaurant (den Hausgästen vorbehalten, von Freitag bis Montag oder gegen Vorbestellung geöffnet, ortstypisches Menü für 20 Euro). Ruhe bietet der große Obstgarten, wo man einen herrlichen Ausblick auf den Monferrat und die Alpenkette genießen kann. Als Frühstück werden frisches Obst, Feingebäck, Kuchen und Konfitüren aus eigener Produktion, Eier sowie Wurst und Käse aus der Region serviert. Für Gäste mit eigenem Pferd stehen Einstellboxen zur Verfügung. Radfahrer können die Duschen und das bereitgestellte Werkzeug benutzen und Ersatzteile bekommen.

♦ 1 DZ, 3 3BZ und 1 4BZ, alle mit Bad und WC, TV ♦ DZ in Einzelbelegung € 50, DZ € 60, 3BZ € 75, 4BZ € 90 (alle mit Frühstück) ♦ keine Kreditkarten ♦ 1 Zimmer behindertengerecht ausgestattet, Privatparkplatz teilweise überdacht, Haustiere nicht erlaubt, Betreiber immer erreichbar ♦ Restaurant, Aufenthaltsraum, Konferenzraum (30 Plätze), Terrasse, Arkaden, Garten

Asti

In der Altstadt
2,5 km von der Ausfahrt Asti Ovest der A 21

Al Castello

3-Sterne-Hotel
Via Testa, 47
Tel. (+39) 01 41 / 185 65 00
Fax (+39) 01 41 / 35 10 94,
(+39) 349 / 580 80 05
info@locandaalcastello.it
www.locandaalcastello.it
Ganzjährig geöffnet

Im Herzen der mittelalterlichen Stadt liegt dieses frisch renovierte hübsche Gebäude aus dem 19. Jahrhundert mit der faszinierenden Atmosphäre eines Privathauses. Geführt wird der Betrieb von der Familie Tedeschini, die seit mehr als 40 Jahren in der Hotellerie tätig ist. Die Gäste können zwischen der klassischen Unterbringung im Hotel und längeren Aufenthalten mit Unterbringung in einem der elf unterschiedlichen Apartments wählen. Diese sind großzügig, einladend und modern eingerichtet und mit einer schrankartig eingebauten Küche ausgestattet und bieten sämtliche Annehmlichkeiten. Das Frühstücksbüfett wird in den beiden Räumen des Restaurants Cambiocavallo vorbereitet, das nicht nur Hausgäste empfängt und traditionelle ebenso wie innovative Speisen serviert (30 bis 45 Euro ohne Wein). In der Mittagspause werden feine, preisgünstige Speisen angeboten. Das Restaurant verfügt auch über eine begrünte Terrasse, wo die Gäste einen Aperitif und in der warmen Jahreszeit ihr Mittag- und Abendessen genießen können.

♦ 4 Miniapartments (1–2 Personen) und 7 Zweizimmerapartments/Suiten (1–4 Personen), alle mit Bad und WC, Airconditon, Safe, Telefon, Sat-TV, WLAN (einige Apartments mit Terrasse oder Balkon) ♦ Miniapartment € 65–130, Zweizimmerapartment/Suite € 90–150 (Aufpreis Zusatzbett 20 Prozent, alle mit Frühstück) ♦ Kreditkarten: CartaSi, MC, Visa; Bankomat ♦ 1 Zweizimmerapartment/Suite behindertengerecht ausgestattet, öffentlicher Parkplatz 10 Meter entfernt, kleine Haustiere willkommen, Rezeptionsdienst 8–22 Uhr ♦ Bar, Restaurant, Garten

Asti
Quarto Inferiore

3 km vom Zentrum
Ausfahrt Asti Est der A 21 in Richtung Alessandria, S.S. 10

Antica Dogana

3-Sterne-Hotel
Ortsteil Quarto Inferiore, 5
Tel. (+39) 01 41 / 29 37 55
Fax (+39) 01 41 / 29 38 03
info@albergoanticadogana.it
www.albergoanticadogana.it
Ferien: 2 Wochen im August,
24.–31. Dezember

Dieses Hotel liegt sehr günstig, wenn man von der Autobahn Turin-Piacenza-Brescia abfährt. Der Name bezieht sich auf das alte Zollamt, das hier am Stadtrand einst seinen Sitz hatte. Das Landhaus aus dem 19. Jahrhundert, erworben von der branchenerfahrenen Familie Amalberto, verfügt über traditionell eingerichtete Zimmer (einige mit Stilmöbeln und Fresken an der Decke) mit zahlreichen Annehmlichkeiten und einen hübschen Aufenthaltsraum mit Ziegelgewölbe für das Frühstück, das als abwechslungsreiches Büfett vorbereitet wird und unter anderem hausgemachte Speisen bietet. Der Familienbetrieb wird von Carla und Luisa geleitet. Die Grünflächen hinter dem Haus, die es von der Strada Statale abschirmen, und einige Neuerungen, darunter ein kürzlich eingerichteter Seminarraum und ein Wellnessbereich mit Dampfbad, bieten zusätzliche Anreize und erweitern das Angebot.

♦ 1 EZ, 21 DZ und 3 3BZ, alle mit Bad und WC, Aircondition, Minibar, Telefon, Sat-TV, WLAN ♦ EZ oder DZ in Einzelbelegung € 52–77, DZ € 78–98, 3BZ € 90–120 (alle mit Frühstück) ♦ Kreditkarten: AE, CartaSi, MC, Visa; Bankomat ♦ Anlage barrierefrei zugänglich, 1 Zimmer behindertengerecht ausgestattet, Privatparkplatz, kleine Haustiere willkommen, Rezeptionsdienst rund um die Uhr ♦ Bar, Frühstücksraum, Seminarraum mit Audio-/Videoanlage, Wellnessbereich, Gartenhaus, Garten

Asti

Im Zentrum
500 m vom Bahnhof

Reale

3-Sterne-Hotel
Piazza Alfieri, 6
Tel. (+39) 01 41 / 53 02 40
Fax (+39) 01 41 / 343 57
info@hotelristorantereale.it
www.hotelristorantereale.it
Ferien: Weihnachten–Dreikönig

Das Hotel liegt im Herzen von Asti in einem historischen Gebäude, das seit 1793 als Beherbergungsbetrieb geführt wird. Unter den berühmten Persönlichkeiten, die hier wohnten, war Giuseppe Garibaldi. Eine Tafel neben dem Eingang erinnert daran, dass er vom Balkon des Hotels eine Rede an die Bevölkerung von Asti hielt. Das Haus wurde im Lauf der Jahre mehrmals umgebaut. Der derzeitige Besitzer Agostino Oddone stattete die hübschen, hellen und ausreichend großen Zimmer mit modernem Komfort aus, bewahrte dabei aber wertvolle Elemente wie das schöne Jugendstilportal und den eindrucksvollen Stiegenaufgang aus Marmor, der zu den oberen Stockwerken führt. An das Hotel angeschlossen sind verschiedene Restaurationsbetriebe: das Restaurant Il Flauto Magico (30 bis 40 Euro ohne Wein, piemontesische Küche) in einem weitläufigen Saal im umbertinischen Stil im ersten Stock, eine zwanglose Taverne im Erdgeschoss, eine Bar, ein Selbstbedienungslokal und eine Pizzeria.

♦ 6 EZ und 22 DZ, alle mit Bad und WC, Aircondition, Minibar, Safe, Telefon, Sat-TV, Internetanschluss (viele Zimmer mit Balkon) ♦ EZ € 65, DZ in Einzelbelegung € 75, DZ € 90–110, Superior-DZ € 130 (alle mit Frühstück) ♦ alle Kreditkarten, Bankomat ♦ 1 Zimmer behindertengerecht ausgestattet, Vertragsgarage (€ 10 pro Tag), kleine Haustiere willkommen, Rezeptionsdienst rund um die Uhr ♦ Bar, Restaurant, Frühstücksraum

Baldichieri d'Asti

10 km westlich von Asti, S.S. 10
Ausfahrt Asti Ovest der A 21

Cascina Lané

Agriturismo
Via Nazionale, 120
Strada Statale 10, km 49/IX
Tel./Fax (+39) 01 41 / 665 12
Ganzjährig geöffnet

Der Bauernhof in ruhiger Lage im Hügelland stammt aus dem Jahr 1921 und wurde unter Bewahrung der ursprünglichen Architektur renoviert. Die Familie Mottura baut hier Getreide und Gemüse nach biologischen Methoden an und züchtet Tiere. Ein Korridor mit Holzbalken führt zu den geräumigen Zimmern der Locanda (aber auch zu dem reizenden kleinen Nebengebäude im Hof), die mit Möbeln aus Familienbesitz eingerichtet sind. Als Frühstück werden frische Brioches, Brot, Butter und Konfitüre, auf Wunsch auch Toastbrot, Eier und Wurst serviert. In der warmen Jahreszeit wird im Freien in der Nähe des Kräutergartens gedeckt. Das Restaurant kocht typisch piemontesische Gerichte (30 Euro mit Wein, Halbpension 60 Euro pro Person). Als Ausflugsziele locken der Fossilpark von Valleandona und das Bottotal.

♦ 1 EZ, 9 DZ und 1 4BZ, alle mit Bad und WC, TV, Internetanschluss (einige Zimmer mit kleinem Salon) ♦ EZ € 45, DZ € 90, 4BZ € 160 (alle mit Frühstück) ♦ alle Kreditkarten, Bankomat ♦ 2 Zimmer behindertengerecht ausgestattet, Privatparkplatz teilweise überdacht, kleine Haustiere willkommen, Betreiber stets anwesend ♦ Restaurant, Frühstücksraum, Leseraum, Bibliothek, Konferenzsaal, Garten

Baldissero Torinese

14 km östlich von Turin
Vom rechten Ufer des Po über den Corso Casale und die Straße nach Superga; Autobus und Zahnradbahn vom Bahnhof Sassi

Ai Guiet

Agriturismo
Via Superga, 48 I
Tel./Fax (+39) 011 / 940 75 60
aiguiet@libero.it
www.aiguiet.it
Ferien: Mitte Oktober–Mitte November

Der Betrieb in wunderschöner Lage im Naturpark von Superga, geführt von Laura mit Unterstützung ihrer Mutter Valentina, bewährt sich seit vielen Jahren als Adresse für einen angenehmen, zwanglosen Ferienaufenthalt. Die hellen, gepflegten Zimmer sind mit einfachen, aber geschmackvollen Möbeln eingerichtet. Ihren Namen (nach Blumen) ist der jeweils passende Farbton zugeordnet: lila, gelb und grün. Zum Haus gehört ein Restaurant, das traditionelle piemontesische Speisen für etwa 25 Euro pro Person ohne Getränke anbietet. Das Frühstück wird im Zimmer serviert und besteht aus einer guten Auswahl von Produkten dieser Gegend: frisches Brot, hausgemachte Konfitüren, Feingebäck und leckere Kuchen mit Füllung. Zu den zusätzlichen Angeboten zählt ein kleiner Laden, in dem Sie in Öl eingelegtes Gemüse und andere eingelegte Produkte, Konfitüren und frische Eier kaufen können.

♦ 3 DZ mit Bad und WC, TV € EZ € 55, DZ ♦ 68 (Aufpreis Zusatzbett € 10, alle mit Frühstück) ♦ keine Kreditkarten ♦ Privatparkplatz, kleine Haustiere willkommen, Betreiber stets anwesend ♦ Restaurant, Garten, Park

Barbaresco
Tre Stelle
5 km vom Zentrum
6 km von Alba, 68 km nordöstlich von Cuneo, S.P. 3 Ausfahrt Castagnito der A 33; Ausfahrt Marene der A 6, S.S. 231

Vecchio Tre Stelle

3-Sterne-Hotel
Ortsteil Tre Stelle, 21–23
Tel. (+39) 01 73 / 63 81 92
Fax (+39) 01 73 / 63 82 82
albergo@vecchiotrestelle.it
www.vecchiotrestelle.it
Ferien: 2 Wochen im Juli, 23. Dezember–15. Januar

Wir befinden uns wenige Kilometer vom Hauptort der Langhe entfernt an der Straße von Barbaresco nach Treiso. Der Blick schweift über eine charakteristische Landschaft mit gepflegten Reihen von üppigen Weinstöcken. In den Räumlichkeiten des Gebäudes, einst eine Locanda und Trattoria, wo Reisende die Kutschpferde wechseln konnten, schufen die Brüder Daniele und Flavio Scaiola 1987 ein kleines Hotel mit elegantem Restaurant; dessen Küche, die Tradition und Kreativität verbindet, ist weithin bekannt. Die kürzlich renovierten Zimmer sind komfortabel und mit alten Möbeln und in warmen Farbtönen eingerichtet. In einem Saal des stilvollen Restaurants wird das Frühstück mit süßen und pikanten Spezialitäten serviert. Für 75 bis 85 Euro pro Person können Sie Halbpension in Anspruch nehmen.

♦ 1 EZ und 6 DZ, alle mit Bad und WC, Aircondition, Minibar, Telefon, Sat-TV ♦ EZ € 80, DZ € 90–110 (Aufpreis Zusatzbett € 10, alle mit Frühstück) ♦ alle Kreditkarten, Bankomat ♦ Gemeinschaftsbereiche barrierefrei zugänglich, Parkmöglichkeit gegenüber, kleine Haustiere willkommen, Betreiber immer erreichbar ♦ Bar, Restaurant, Frühstücksraum

🍴 Der Chefkoch beweist eine glückliche Hand bei der Adaptierung der lokalen Gerichte (40 bis 50 Euro ohne Wein).

Bardonecchia

300 m vom Bahnhof
90 km nordwestlich von Turin, S.S. 24 und S.S. 335
A 32 Turin-Bardonecchia

Villa Myosotis

3-Sterne-Hotel
Via General Cantore, 2
Tel. (+39) 01 22 / 99 98 83
Fax (+39) 01 22 / 99 92 15
info@biovey.it
www.villamyosotis.it
Ferien: 2 Wochen im Juni

In der Nähe der Olympia-Skipisten von Bardonecchia bietet die Villa Myosotis Gastlichkeit in »märchenhaftem« Rahmen. In diesem Gebäude aus den 1930er-Jahren führt das Ehepaar Paolo und Iole Romano ein Hotel mit acht komfortablen Zimmern (benannt nach Schneewittchen und den sieben Zwergen), von denen sechs mit einer Massagedusche ausgestattet sind. Die Drei- und Vierbettzimmer sind eigentlich kleine Apartments, die aus zwei verbundenen Zimmern bestehen. Der Garten lockt mit Obstbäumen, Liegewiese, Kinderspielplatz und einem schönen Panoramablick bis zu den Alpen. Das reichhaltige Frühstücksbüfett umfasst Süßes und Pikantes, frische Säfte und in Alkohol eingelegten Würfelzucker. Halbpension für 48 bis 80 Euro pro Person.

♦ 22 EZ, 4 DZ, 1 3BZ und 1 4BZ, alle mit Bad und WC (6 Zimmer mit Massagedusche), Telefon, Sat-TV, WLAN ♦ EZ € 40–55, DZ € 58–90, 3BZ € 90–125, 4BZ € 100–144 (alle mit Frühstück) ♦ Kreditkarten: Visa; Bankomat ♦ Privatparkplatz, kleine Haustiere willkommen, Rezeptionsdienst 8–24 Uhr ♦ Restaurant, Frühstücksraum, Leseraum, Garten, Liegewiese, Kinderspielplatz

🍴 Kreative Küche im Restaurant Biovey, das nicht nur Hausgäste empfängt: 40 Plätze und Preise von etwa 35 bis 40 Euro ohne Wein.

Barolo
Vergne
4 km vom Zentrum
16 km von Alba, 51 km nordöstlich von Cuneo, S.P. 3
Ausfahrt Castagnito der A 33; Ausfahrt Marene der A 6, S.S. 231 oder S.P. 661

Cà San Ponzio

Zimmervermietung
Via Rittane, 7
Tel. (+39) 01 73 / 56 05 10,
(+39) 339 / 783 45 06
Fax (+39) 01 73 / 56 05 10
info@casanponzio.com
www.casanponzio.com
Ferien: Januar

Wenige Meter von der Straße entfernt, die vom Talgrund des Tanaro hinauf nach Vergne, dem Vorposten des Barolo-Gebietes, führt, haben die Geschwister Bianco ein typisches piemontesisches Bauernhaus mit umlaufendem Holzbalkon und grünen Fensterläden renoviert. Die Zimmer sind geräumig und freundlich und mit Antiquitäten oder Tischlermöbeln ausgestattet; das dritte und vierte Bett befinden sich auf einer Galerie. Das Frühstück, das in einem eigenen Raum eingenommen wird, besteht aus einem Büfett mit süßen und pikanten Leckerbissen aus lokaler Produktion. Durch eine sorgfältige Renovierung konnten auch die ehemalige Scheune und der alte Weinkeller für die Gäste nutzbar gemacht werden. Abends kann man hier lange bei einer guten Flasche Wein beisammensitzen. Luciano und Maurizio, die sympathischen Besitzer, beraten Sie gerne bei der Auswahl kulturell oder kulinarisch interessanter Ausflugsziele. Wer einen Urlaub im Wohnwagen oder im Zelt bevorzugt, kann einen der 30 Standplätze auf dem gut ausgestatteten Campingplatz im Nusswäldchen hinter dem Haus benutzen.

♦ 6 DZ, 3BZ oder 4BZ mit Bad und WC ♦ DZ in Einzelbelegung € 52, DZ € 68, 3BZ € 87, 4BZ € 101 (Frühstück € 6–8 pro Person); Zeltplatz € 7 zzgl. € 7 pro Person und Tag ♦ alle Kreditkarten, Bankomat ♦ Privatparkplatz, kleine Haustiere willkommen, Betreiber immer erreichbar ♦ Frühstücksraum, Aufenthaltsraum, Degustationsstube, Garten, Sonnenterrasse

Barolo

14 km südwestlich von Alba, 51 km nordöstlich von Cuneo
2 km vor Barolo in Richtung Barolo Centro abbiegen, nach 50 m rechts Hinweisschild zum Agriturismo

Il Gioco dell'Oca

Agriturismo
Via Alba, 83
Tel. (+39) 01 73 / 562 06,
(+39) 338 / 599 94 26
Fax (+39) 01 73 / 562 06
gioco-delloca@piemonte.com
www.gioco-delloca.it
Ferien: Mitte Dezember–1. März

Am Fuße des berühmten Hügels der Cannubi, an der Straße hinauf nach Barolo, empfängt Sie Raffaella Pittatore in einem mit Feingefühl renovierten typischen Landhaus der Langa aus dem 19. Jahrhundert. Rings herum die Weinberge und Haselnusspflanzungen des Betriebs. Die Zimmer und die Gemeinschaftsbereiche sind mit rustikalen Bauernmöbeln eingerichtet und haben eine warme, freundliche Atmosphäre. Den Gästen stehen verschiedene Einrichtungen zur Verfügung: ein Leseraum mit zahlreichen Büchern über die Sehenswürdigkeiten der Region, Arkaden mit einem Grillplatz für gesellige Abende, ein Garten mit Liegen, kleinen Tischen und Stühlen sowie ein Kinderspielplatz. Wenn das Wetter es zulässt, kann das Frühstück auch im Freien eingenommen werden. Verwöhnt werden Sie mit Brot, Butter, Konfitüren, hausgemachten Kuchen, Joghurt, Wurst und Käse, Obstsäften und heißen Getränken.

♦ 5 DZ und 1 3BZ, alle mit Bad und WC; 1 Apartment (2–3 Personen) mit Kochnische ♦ DZ in Einzelbelegung € 40–50, DZ € 60–70, 3BZ € 75 (alle mit Frühstück); Apartment € 60–70 ♦ Kreditkarten: MC, Visa; Bankomat ♦ Anlage barrierefrei zugänglich, Privatparkplatz, kleine Haustiere willkommen, Betreiber immer erreichbar ♦ Frühstücksraum, Leseraum, ausgestattete Küche, Garten, Kinderspielplatz

Baveno

200 m vom Bahnhof
11 km südwestlich von Verbania, S.S. 33
Ausfahrt Baveno der A 26; Autobus und Schifffahrtslinie auf dem Lago Maggiore

Villa Azalea

3-Sterne-Hotel
Via Domo, 6
Tel. (+39) 03 23 / 92 43 00
Fax (+39) 03 23 / 92 20 65
info@villaazalea.com
www.villaazalea.com
Ganzjährig geöffnet

Nur wenige Schritte vom Ufer des Lago Maggiore entfernt findet man dieses freundliche Hotel mit zwangloser Atmosphäre, das zwei Arten von Unterbringung bietet: geräumige Gästezimmer, ausgestattet mit jedem Komfort (verfügbar von Mitte März bis Anfang November), und bequeme Apartments, die auch im Winter bewohnt werden können und für die ein Mindestaufenthalt von einer Woche vorgesehen ist (350 bis 550 Euro für zwei Personen). Die ruhige Lage ist ideal für Gäste, die einen erholsamen Aufenthalt abseits vom Trubel der Stadt suchen. Das Frühstück wird in einem eigenen Raum serviert. Das üppige Büfett bietet Backwaren, Croissants, Konfitüren, Wurst und Käse, heiße Getränke und Säfte. Als weitere Annehmlichkeiten stehen eine Sonnenterrasse und ein Schwimmbecken für Hausgäste zur Verfügung.

♦ 4 EZ, 19 DZ und 9 3BZ, alle mit Bad und WC, Aircondition, Minibar, Safe, Telefon, TV, WLAN ♦ EZ € 50–60, DZ € 75–120, 3BZ € 95–120 (alle mit Frühstück) ♦ alle Kreditkarten, Bankomat ♦ 2 Zimmer behindertengerecht ausgestattet, Privatparkplatz, Garage (15 Plätze, € 5 pro Tag), kleine Haustiere willkommen, Betreiber stets anwesend ♦ Bar, Frühstücksraum, Aufenthaltsraum mit TV-Ecke und Bar, Garten, Terrasse, Schwimmbecken mit Massagedüsen

Borgomale
Manera
1 km vom Zentrum
17 km südlich von Alba, 69 km nordöstlich von Cuneo, S.S. 231 und S.S. 429
Ausfahrt Castagnito der A 33; Ausfahrt Marene der A 6

Bossolasco
Bossolaschetto
4 km vom Zentrum; 25 km südlich von Alba, 55 km nordöstlich von Cuneo, S.P. 32; Ausfahrt Castagnito der A 33, S.S. 231, S.P. 429 und S.P. 32; Ausfahrt Mondovì oder Ceva der A 6, S.P. 32 oder S.P. 28 D

Montemarino

3-Sterne-Hotel
Via Alba, 66
Tel. (+39) 01 73 / 52 95 21
Fax (+39) 01 73 / 52 93 03
info@relaismontemarino.it
www.relaismontemarino.it
Ferien: unterschiedlich

La Cascina

Agriturismo
Ortsteil Bossolaschetto, 9
Tel. (+39) 01 73 / 79 32 25,
(+39) 340 / 731 45 70
lucia@agriturismolacascina.com
www.agriturismolacascina.com
Ganzjährig geöffnet

Valter Dotta widmete sich mit besonderer Hingabe der Renovierung des einstigen Bagnolo-Hofs, eines alten Steinhauses mit Holzbalken, das aus dem 18. Jahrhundert stammt. Entstanden ist ein elegantes Landhaus, das Hotel Montemarino, in einem kleinen Ort der Alta Langa. In den komfortablen Räumen dominiert der typische Stil dieses Landstrichs: Jedes Zimmer hat eine eigene Note. Die Möbel sind aus Birnenholz, die Betten aus Schmiedeeisen (einige mit Baldachin). Das üppige Frühstück wird im ehemaligen Dörrboden serviert. Sie bekommen Haselnuss-, Apfel- oder Walnusskuchen, lokal hergestellte Konfitüren, Brioches und frisches Brot, Speck und Käse aus der Gegend. Den Gästen stehen auch ein überdachtes, beheiztes Schwimmbad mit aufklappbarer Seitenverglasung und eine Sonnenterrasse zur Verfügung.

Signora Lucia gestaltete das hübsche Familienhaus gemeinsam mit ihrem Ehemann Franco zu einem Agriturismo um. Castagna, Mandorla, Nespola, Nocciola, Noce (Edelkastanie, Mandel, Mispel, Haselnuss und Walnuss): Nach den charakteristischen Früchten des Landstrichs sind die fünf Zimmer benannt, von denen jedes eine eigene Note hat und mit handbestickten Betttüchern ausgestattet ist. Die Wände und Kamine der reizenden Gemeinschaftsbereiche sind mit Malereien des lokalen Künstlers Luigi Carbone verziert. Bis Mittag serviert Lucia im Garten oder in einem kleinen rustikalen Saal das feine Frühstück. Sie können zwischen hausgemachtem Brot und Butter, Konfitüren, Obstsäften, Honig, Kuchen (exquisit der Haselnusskuchen), Joghurt, Ricotta und zwei oder drei Arten Käse aus lokalen Käsereien wählen.

♦ 16 Standard-DZ, 8 Superior-DZ, 2 Juniorsuiten und 2 Suiten, alle mit Bad und WC, Minibar, Safe, Telefon, Sat-TV, Internetanschluss (3 Zimmer/Suiten mit Terrasse) ♦ DZ in Einzelbelegung € 70–85, DZ € 97–115, Superior-DZ € 120–145, Juniorsuite € 140–165, Suite € 165–185 (Aufpreis Zusatzbett € 30–35, alle mit Frühstück) ♦ alle Kreditkarten, Bankomat ♦ 3 Zimmer behindertengerecht ausgestattet, Privatparkplatz, kleine Haustiere willkommen, Rezeptionsdienst 7.30–21 Uhr ♦ Bar, Frühstücksraum, Leseraum, TV-Raum, Konferenzraum, Garten, Schwimmbecken, Sonnenterrasse

♦ 5 DZ mit Bad und WC, Sat-TV (2 Zimmer mit Balkon); 2 Zweizimmerapartments (1–4 Personen) mit Küche (1 Zweizimmerapartment mit Balkon) ♦ DZ in Einzelbelegung € 50, DZ € 80 (Aufpreis Zusatzbett € 10, alle mit Frühstück); Zweizimmerapartment € 90 (Frühstück € 5 pro Person) ♦ Kreditkarten: CartaSi, MC, Visa; Bankomat ♦ Gemeinschaftsbereiche barrierefrei zugänglich, 1 Zweizimmerapartment behindertengerecht ausgestattet, Privatparkplatz, Garage für Motorräder, kleine Haustiere willkommen, Betreiber stets anwesend ♦ Frühstücksraum, Salon mit Lese- und TV-Ecke, Garten, Sonnenterrasse

Bra
Pollenzo
5 km vom Zentrum
45 km nordöstlich von Cuneo, 53 km südlich von Turin, S.S. 231
Ausfahrt Marene der A 6; Ausfahrt Castagnito der A 33

Carpe Noctem et Diem

Zimmervermietung
Via Amedeo di Savoia, 5
Tel. (+39) 339 / 101 92 33
info@carpenoctemetdiem.it
www.carpenoctemetdiem.it
Ferien: 15. Februar–10. März

Im Herzen von Pollenzo, in einem Gebäudekomplex, den Karl Albert von Savoyen erbauen ließ (Hauptplatz mit Säulengang, Kirche San Vittore, Agenzia und Schloss), schufen Giambattista und Alessia Asteggiano im Trakt der ehemaligen königlichen Stallungen ein elegantes Restaurant mit Locanda. Ein spezielles Merkmal des Restaurants mit Weinstube (abends geöffnet, Samstag und Sonntag auch mittags, Montag geschlossen; eine Mahlzeit ohne Wein etwa 25 Euro) sind die mächtigen unverputzten Ziegelgewölbe und -säulen aus dem 19. Jahrhundert. Jedes Zimmer ist in einem anderen Farbton getüncht, die Einrichtung ist klassisch, die Böden bestehen aus Lärchenholz, die Decken haben alte Holzbalken. Das Frühstück – süß oder pikant – ist jeweils am Vorabend zu bestellen, womit die absolute Frische der Zutaten garantiert ist. Zum Preis von 60 Euro pro Person bekommen Sie die Unterkunft mit Halbpension.

♦ 2 EZ und 4 DZ oder 3BZ, alle mit Bad und WC, Aircondition, Sat-TV, WLAN ♦ EZ € 50, DZ in Einzelbelegung € 65, DZ € 80, 3BZ € 105 (alle mit Frühstück) ♦ alle Kreditkarten, Bankomat ♦ Gemeinschaftsbereiche barrierefrei zugänglich, Privatparkplatz teilweise überdacht, kleine Haustiere willkommen, Betreiber stets anwesend ♦ Barbereich, Enoteca, Restaurant, Außenbereich, Garten

Bra
In der Altstadt
45 km nordöstlich von Cuneo, 48 km südlich von Turin, S.S. 231
Ausfahrt Marene der A 6; Ausfahrt Castagnito der A 33

L'Ombra della Collina

Zimmervermietung
Via della Mendicità Istruita, 47
Tel. (+39) 01 72 / 448 84, (+39) 328 / 964 44 36, Fax (+39) 01 72 / 448 84
info@lombradellacollina.it
www.lombradellacollina.it
Ganzjährig geöffnet

In der Via Mendicità, wenige Schritte vom Slow-Food-Büro entfernt, nutzt die Familie Chiesa ihr hübsch renoviertes, für das 19. Jahrhundert typische Haus (mit Innenhof und Außenkorridor zu den einzelnen Zimmern) als Locanda. Das Ombra della Collina (der Name spielt auf den Titel eines Romans von Giovanni Arpino an, der 1964 den Strega-Literaturpreis gewann) besticht durch schlichte Eleganz und ist mit wertvollen alten Möbeln eingerichtet, was die Besitzer als Kenner von Antiquitäten ausweist. Den Gästen stehen sechs bequeme Zimmer mit Blick auf den hübschen Hof zur Verfügung. Der Frühstücksraum wurde einst als Stall für die Zugpferde genutzt, heute noch sieht man die Futterrinne. Am Morgen kümmert sich John um die Gäste und versorgt sie mit Kaffee, Milch, Tee und duftenden Croissants aus einer Konditorei, auf Wunsch auch mit frischem Obst oder Konfitüren, Joghurt und pikanten Spezialitäten. Bei längeren Aufenthalten werden Rabatte gewährt. Für Kinder unter zwölf Jahren wird nichts verrechnet.

♦ 5 DZ und 1 3BZ, alle mit Bad und WC, Sat-TV ♦ DZ in Einzelbelegung € 62, DZ und 3BZ € 78 (alle mit Frühstück) ♦ Kreditkarten: CartaSi, DC, MC, Visa; Bankomat ♦ Privatparkplatz, kleine Haustiere willkommen, Betreiber immer erreichbar ♦ Frühstücksraum, Garten

Briaglia

7 km östlich von Mondovì, 34 km östlich von Cuneo
S.S. 564 und S.S. 28 in Richtung Vicoforte; Ausfahrt
Niella Tanaro der A 6

Marsupino

3-Sterne-Hotel
Via Roma, 20
Tel. (+39) 01 74 / 56 38 88
Fax (+39) 01 74 / 56 30 35
www.trattoriamarsupino.it
Ferien: 7. Januar–7. Februar, 2 Wochen im Sommer

Ganz in der Nähe der Stadt Mondovì und des Wallfahrtsortes Vicoforte, zwei der wichtigsten Sehenswürdigkeiten des Monregalese, liegt die kleine Ortschaft Briaglia. Seit 1984 führt Pier Vincenzo, unterstützt von seiner Ehefrau Franca, in dritter Generation diesen Betrieb, eine der verlässlichsten Adressen der lokalen Gastronomieszene. Seit einigen Jahren bietet man auch sieben großzügige, schön renovierte Zimmer, die mit jedem Komfort ausgestattet und mit Möbeln vom Ende des 19. Jahrhunderts eingerichtet sind. Eine besondere Attraktion ist das üppige Frühstück mit naturbelassenen Produkten. Es umfasst von Franca gebackene Kuchen, verschiedene hausgemachte Konfitüren, die üblichen heißen Getränke, aber auch Wurst und Käse aus der Gegend.

♦ 5 DZ und 2 Suiten, alle mit Bad und WC, Airconditon, Minibar, Safe, TV, Internetanschluss ♦ DZ in Einzelbelegung € 60, DZ € 110 (Aufpreis Zusatzbett € 15), Suite € 160 (alle mit Frühstück) ♦ alle Kreditkarten, Bankomat ♦ Anlage barrierefrei zugänglich, 1 Zimmer behindertengerecht ausgestattet, Privatparkplatz, öffentlicher Gratisparkplatz, kleine Haustiere willkommen, Betreiber stets anwesend ♦ Bar, Restaurant, Leseraum, Terrasse

🍲 Im gleichnamigen Restaurant werden die traditionellen Gerichte der Region angeboten (30 bis 35 Euro ohne Wein).

Bubbio

Im Zentrum
17 km westlich von Acqui Terme, S.P. 228; 36 km südöstlich von Asti, S.S. 456

Castello di Bubbio

3-Sterne-Hotel
Piazza Castello, 1
Tel. (+39) 01 44 / 85 21 23
Fax (+39) 01 44 / 85 29 90
info@castellodibubbio.it
www.castellodibubbio.it
Ganzjährig geöffnet

NEU

Bubbio ist ein Ort in der Langa Astigiana im oberen Teil des Bormidatals. Das Hotel wird von einem Turm überragt, dem letzten Überrest der Festung aus dem 13. Jahrhundert, der im 19. Jahrhundert renoviert wurde. Geführt wird der Betrieb von Alberto und Sandra Masoello. Die Zimmer sind elegant-rustikal eingerichtet und mit jedem Komfort ausgestattet. Im Restaurant werden feine Gerichte nach piemontesischer Tradition serviert. Der Preis liegt bei etwa 30 Euro ohne Wein. Das Frühstücksbüfett umfasst Produkte aus der Region, Konfitüren, Käse (Robiola aus Roccaverano), Haselnusskuchen, Wurst und Obstsäfte. Einen Besuch wert ist der Weinkeller unterhalb des Turms. Durch den prachtvollen Garten im italienischen Stil führen Kieswege zu lauschigen Plätzen wie dem Brunnen, dem Zitronenhain und der kleinen Kirche. Den Gästen werden auch geführte Besichtigungen lokaler Kellereien und Kochkurse angeboten.

♦ 2 EZ, 7 DZ, 1 3BZ und 2 Juniorsuiten, alle mit Bad und WC, Airconditon, Minibar, Safe, Sat-TV, Internetanschluss (4 Zimmer mit Terrasse) ♦ EZ € 50–75, DZ € 90–110, 3BZ € 120, Juniorsuite € 110 (Aufpreis Zusatzbett € 30) ♦ alle Kreditkarten, Bankomat ♦ Anlage barrierefrei zugänglich, Privatparkplatz, kleine Haustiere willkommen, Rezeptionsdienst rund um die Uhr ♦ Bar, Restaurant, Aufenthaltsraum, Leseraum, Terrasse, Garten

PIEMONT

Calamandrana
San Vito

3 km vom Zentrum; 22 km nordwestlich von Acqui Terme, 26 km südöstlich von Asti; Ausfahrt Asti der A 21, S.S. 231 und S.S. 456 bis Nizza Monferrato, dann 4 km auf der S.P. 592 in Richtung Canelli

Bianca Lancia dal Baròn

3-Sterne-Hotel
Regione San Vito, 14
Tel. (+39) 01 41 / 71 84 00
Fax (+39) 01 41 / 71 88 00
www.biancalancia.com
Ferien: unterschiedlich

Ein Tor, ein blühender Vorgarten, dann steht man vor dem Restaurant und dem kleinen Hotel von Beppe Gallese (bekannt als Baròn) und seiner Ehefrau Giovanna, die über langjährige Erfahrung in der Gastronomie verfügen. Der Betrieb liegt an einer ruhigen Gemeindestraße, die in der Nähe der kleinen Ortschaft Calamandrana Bassa – auf halbem Weg zwischen Nizza und Canelli – in Richtung Rocchetta Palafea führt. Die Räume im traditionellen Stil wurden kürzlich modernisiert. Die Gästezimmer sind einfach und schlicht, bieten aber den nötigen Komfort für einen ruhigen Aufenthalt an einem Ort, der sich perfekt als Ausgangspunkt für Ausflüge in den Monferrat im Zeichen guter Küche und Weine anbietet. Das Frühstück verbindet die italienische Tradition (frische Brioches und heißer Cappuccino) mit internationalen Elementen wie pikanten Spezialitäten und Joghurt. Sehr zu empfehlen ist das Restaurant, das mit seinem hervorragenden Preis-Leistungs-Verhältnis eine überaus angenehme kulinarische Erfahrung garantiert.

♦ 7 DZ mit Bad und WC, Aircondition, Safe, Minibar, Telefon, TV, Internetanschluss ♦ DZ in Einzelbelegung € 55, DZ € 70 (alle mit Frühstück) ♦ alle Kreditkarten, Bankomat ♦ Garage (8 Plätze), kleine Haustiere willkommen, Betreiber stets anwesend ♦ Bar, Restaurant, Leseraum, Garten

🍲 Das Restaurant (25 bis 32 Euro ohne Wein, Dienstag geschlossen) setzt auf das bewährte Repertoire des Chefkochs Baròn, das auf meisterhaft zubereiteten Gerichten der lokalen Tradition basiert.

Calamandrana
Quartino

Im Zentrum; 5 km von Canelli, 22 km nordwestlich von Acqui Terme, 26 km südöstlich von Asti, S.S. 592 Ausfahrt Alessandria Sud der A 26, S.S. 30; Ausfahrt Asti Est der A 21, S.R. 456

La Corte

Agriturismo
Regione Quartino, 7
Tel. (+39) 01 41 / 76 91 09
Fax (+39) 01 41 / 76 99 91
lacorte@agrilacorte.com
www.agrilacorte.com
Ganzjährig geöffnet

Im Ortsteil Quartino, in der Nähe des Belbo (jenes Flusses, der die Langhe durchquert, bevor er diesen Vorposten des Monferrat erreicht), liegt auf der Bergflanke ein schönes Bauernhaus aus dem 18. Jahrhundert. Die Familie Cusmano hat dieses Gebäude, das einstige »Bürgermeisterhaus«, renoviert und teils zu einer Privatwohnung, teils zu einem Agriturismo umgestaltet. Die Zimmer und Suiten sind traditionell eingerichtet und präsentieren sich elegant, hell und komfortabel. Der Frühstücksraum und das Restaurant (Degustationsmenü für 30 Euro, Aufpreis für Halbpension 20 Euro) sind in der alten Scheune untergebracht. Das kulinarische Angebot basiert auf regionalen Produkten. Für die Gäste werden Degustationen, Kochkurse und Ausflüge in Begleitung der ortskundigen Trüffelsucher organisiert.

♦ 12 DZ, 4 3BZ, 3 Juniorsuiten (3–4 Personen) und 3 Suiten (4–5 Personen), alle mit Bad und WC, Aircondition, Minibar, Safe, Sat-TV ♦ DZ in Einzelbelegung € 65–75, DZ € 85–110, 3BZ € 100–135, Juniorsuite € 110–140, Suite € 125–160 (alle mit Frühstück) ♦ alle Kreditkarten, Bankomat ♦ 2 Zimmer behindertengerecht ausgestattet, Privatparkplatz gegenüber, kleine Haustiere willkommen (€ 5 pro Tag), Betreiber immer erreichbar ♦ Bar, Restaurant, Degustationsstube, Frühstücksraum, Konferenzsaal, Terrasse, Kinderspielplatz, Schwimmbecken

Camino
Castel San Pietro

2 km vom Zentrum; 19 km westlich von Casale Monferrato, 48 km nordwestlich von Alessandria
Ausfahrt Casale Monferrato Nord der A 26 in Richtung Trino Vercellese

Ca' San Sebastiano

Agriturismo
Via Ombra, 50
Tel. (+39) 01 42 / 94 59 00,
(+39) 339 / 503 05 45
info@casansebastiano.it
www.casansebastiano.it
Ganzjährig geöffnet

Zwölf Apartments mit Aufenthaltsraum und Kochnische (mit jedem modernen Komfort, mit Fernseher und DVD-Player) und großzügige Gemeinschaftsbereiche, in denen Degustationen und musikalische Abende veranstaltet werden: Mit diesem Angebot präsentiert sich der reizende Agriturismo, bestehend aus zwei miteinander verbundenen und kürzlich unter Bewahrung der alten Bauweise renovierten Gebäuden. Die Mauern zeigen eine interessante Kombination aus Ziegelwerk und Tuffstein, in einigen Zimmern sind Originalfresken an der Decke erhalten. Die Gäste können das Schwimmbecken und den Grillplatz benutzen, Fahrräder ausleihen oder Anwendungen der Aroma- oder Weintherapie buchen. Das Frühstück ist italienisch, umfasst auf Wunsch aber auch Zerealien und Pikantes. Das Restaurant (30 Euro pro Person ohne Wein) ist gegen Vorbestellung nicht nur für Hausgäste geöffnet und bietet hochwertige lokale Küche.

♦ 8 Zweizimmerapartments und 4 Dreizimmerapartments, alle mit Bad und WC, Küche, Minibar, TV, WLAN ♦ DZ in Einzelbelegung € 60–70, DZ € 90–120, 4BZ € 100–160 (Aufpreis Zusatzbett € 30, alle mit Frühstück) ♦ alle Kreditkarten, Bankomat ♦ 4 Apartments behindertengerecht ausgestattet, Privatparkplatz, kleine Haustiere willkommen, Betreiber 9–18 Uhr erreichbar ♦ Bar, Restaurant, Frühstücksraum, Konferenzsaal, Garten, Gartenhaus, Schwimmbecken, Dampfbad, Fitnessraum

Canale

1,5 km vom Zentrum
15 km von Alba, 55 km südöstlich von Turin, 69 km nordöstlich von Cuneo, S.S. 29

Villa Cornarea

Agriturismo
Via Valentino, 150
Tel. (+39) 01 73 / 97 90 91,
(+39) 01 73 / 44 04 15
Fax (+39) 01 73 / 958 99
info@villacornarea.com
www.villacornarea.it
Ferien: Januar

Dieser Agriturismo liegt etwas abseits vom Zentrum des kleinen Städtchens und garantiert einen ruhigen Aufenthalt im Grün der Weinberge, die dieses Gut als schöner, eleganter Rahmen umgeben. Das Gebäude wurde zu Beginn des 20. Jahrhunderts im Jugendstil errichtet. Die überaus bequemen, einfach und geschmackvoll eingerichteten Zimmer sind mit jedem Komfort ausgestattet, was den Besuch in diesem Haus angenehm macht. Im landwirtschaftlichen Betrieb dreht sich alles um den Weinbau, der seit je das Aushängeschild der Familie Bovone ist. Das Frühstücksbüfett bietet eine schöne Auswahl an süßen und pikanten Leckereien der Region, durchweg Produkte aus biologischem Anbau. Sportliche können Fahrräder ausleihen und damit die Gegend erkunden oder den Trekkingwegen folgen.

♦ 7 DZ und 2 Suiten, alle mit Bad und WC, Minibar, Telefon, TV (4 Zimmer mit Terrasse, 2 Zimmer mit Aircondition) ♦ DZ in Einzelbelegung € 75–85, DZ € 79–99, Suite € 120–130 (Aufpreis Zusatzbett € 20, Frühstück € 6 pro Person) ♦ alle Kreditkarten, Bankomat ♦ 1 Zimmer behindertengerecht ausgestattet, Privatparkplatz, kleine Haustiere willkommen (€ 8 pro Tag), Betreiber immer erreichbar ♦ Frühstücksraum, Terrasse, Garten, Park, Schwimmbecken

Candia Canavese

500 m vom Bahnhof und von der Haltestelle der Autobuslinie Turin-Ivrea-Aosta
35 km nordöstlich von Turin, S.S. 26 oder A 5
7 km von der Ausfahrt San Giorgio der A 5

Residenza del Lago

3-Sterne-Hotel
Via Roma, 48
Tel. (+39) 011 / 983 48 85
Fax (+39) 011 / 983 48 86
info@residenzadelago.it
www.residenzadelago.it
Ganzjährig geöffnet

Das Städtchen Candia Canavese liegt im Herzen des Anbaugebietes des DOC-Weines Erbaluce di Caluso, in der Moränenlandschaft der Hügel, die sanft zu den Ufern des Lago di Candia hin abfallen. Hier an diesem ruhigen Ort liegt das Hotel, das von Elena Ferrari gemeinsam mit ihrem Sohn Federico und Nella Mancini geführt wird. Die Zimmer verbreiten Behaglichkeit und Wärme und sind mit Stilmöbeln eingerichtet. Alle Räume sind optimal genutzt: Einige verfügen über einen schönen Kamin, manche bieten einen Zugang zur Terrasse, andere wiederum haben eine Galerie als Schlafbereich. Zu den Gemeinschaftsräumen zählt ein Restaurant, das ein komplettes Menü für 28 bis 32 Euro ohne Wein anbietet. Halbpension kostet 60 Euro pro Person. Das üppige Frühstücksbüfett, das ebenfalls in den Speisesälen vorbereitet wird, besteht aus süßen und pikanten Produkten aus der Gegend, heißen Getränken und Säften, frischem Obst und den üblichen Backwaren.

♦ 11 DZ mit Bad und WC, Minibar, Safe, Telefon, Sat-TV, Internetanschluss ♦ DZ in Einzelbelegung € 75, DZ € 90 (Aufpreis Zusatzbett € 25–30, alle mit Frühstück) ♦ Kreditkarten: AE, CartaSi, MC, Visa; Bankomat ♦ 2 Zimmer barrierefrei zugänglich, öffentlicher Gratisparkplatz 50 Meter entfernt, kleine Haustiere willkommen (€ 9 pro Tag), Betreiber stets anwesend ♦ Restaurant, Lese- und TV-Raum, Garten

Canelli
Sant'Antonio

2,5 km vom Zentrum
25 km südlich von Asti, S.S. 456
Ausfahrt Isola d'Asti der A 33

La Casa in Collina

Agriturismo
Regione Sant'Antonio, 54
Tel. (+39) 01 41 / 82 28 27
Fax (+39) 01 41 / 82 35 43
casaincollina@casaincollina.com
www.casaincollina.com
Ferien: Januar

NEU

Das Anwesen der Familie Amerio liegt hoch oben auf den Hügeln hinter dem Städtchen Canelli in einem Gebiet, das für den Anbau von Wein, insbesondere Moscato d'Asti, die besten Voraussetzungen bietet. Seit einiger Zeit wird hier neben dem Weinbau auch ein hübscher Agriturismo betrieben, wo Giancarlo sich um die Gäste kümmert. Durch einen Umbau des Bauernhofs entstanden sechs geräumige, im Sommer angenehm kühle Zimmer mit Ausblick auf die Weingärten in den Hügeln. Sie sind stilvoll mit Elementen aus Holz, Ziegeln und Schmiedeeisen ausgestattet und mit Möbeln aus Familienbesitz eingerichtet und verfügen über komfortable Badezimmer. Zu den Gemeinschaftsbereichen zählen ein Salon zum Lesen, zum geselligen Gespräch und zum Fernsehen sowie ein weiterer Raum für das Frühstücksbüfett. Im Sommer kann man das Frühstück auch draußen im Garten (mit Schwimmbecken, Whirlpool in Vorbereitung) genießen: Frische Brioches aus einer Konditorei in Canelli, hausgemachte Kuchen und typische Wurst- und Käsespezialitäten runden das umfassende Angebot ab. Ein ruhiger, charmanter Platz für einen Urlaub in einem Landstrich, den der Schriftsteller Cesare Pavese in vielen seiner Werke beschreibt, wie eine Gedenktafel am Haus erzählt.

♦ 3 DZ und 3 3BZ, alle mit Bad und WC, Minibar, TV, WLAN ♦ DZ in Einzelbelegung € 80, DZ € 80–110, 3BZ € 130 (alle mit Frühstück) ♦ alle Kreditkarten, Bankomat ♦ Privatparkplatz, kleine Haustiere willkommen, Betreiber immer erreichbar ♦ Frühstücksraum, Aufenthaltsraum, Garten, Schwimmbecken

Cannero Riviera

22 km vom Bahnhof Verbania-Pallanza
7 km von Cannobio, 13 km nordöstlich von Verbania, S.S. 34
15 km von der Ausfahrt Verbania der A 26; Autobus und Schifffahrtslinie auf dem Lago Maggiore

La Rondinella

2-Sterne-Hotel
Via Sacchetti, 50
Tel. (+39) 03 23 / 78 80 98
Fax (+39) 03 23 / 78 83 65
hrondine@tin.it
www.hotel-la-rondinella.it
Ferien: 2 Wochen im November,
3 Wochen im Januar

In günstiger Lage etwas außerhalb des Zentrums liegt diese Villa aus den 1930er-Jahren am nordwestlichen Ufer des Lago Maggiore. Bei der Renovierung wurde darauf geachtet, das ursprüngliche Aussehen weitgehend zu erhalten, ein Bemühen, das sich auch in den schönen Dekorelementen im Inneren widerspiegelt. Die Zimmer sind hell, geschmackvoll eingerichtet und mit allem Komfort ausgestattet, der den Aufenthalt angenehm macht. Durch den Garten führt ein gepflegter Pfad zum See, wo zahlreiche Bootsausflüge stattfinden. Bei Schönwetter wird das Frühstück mit süßen und pikanten Spezialitäten, heißen Getränken und Säften auf der Terrasse serviert. Das angeschlossene Restaurant bietet eine ganze Reihe regionaler Gerichte in kreativen Überarbeitungen: Der Preis für das festgelegte Menü liegt bei 22 Euro, für ein À-la-carte-Essen bei etwa 30 Euro ohne Wein.

♦ 13 DZ mit Bad und WC, Safe, Telefon, Sat-TV; 3 Apartments (2–4 Personen) mit Kochnische ♦ DZ in Einzelbelegung € 45–54, DZ € 86–96, Apartment (4 Personen) € 100–113 (alle mit Frühstück) ♦ alle Kreditkarten, Bankomat ♦ Privatparkplatz teilweise überdacht, Garage (8 Plätze), kleine Haustiere willkommen, Rezeptionsdienst 7–24 Uhr ♦ Bar, Restaurant (nur für Hausgäste), Garten, Terrasse, öffentlicher Strand 100 Meter entfernt

Cannobio

20 km nordöstlich von Verbania, S.S. 34
20 km von der Ausfahrt Verbania der A 26; Autobus und Schifffahrtslinie auf dem Lago Maggiore

Antica Stallera

3-Sterne-Hotel
Via Zaccheo, 3
Tel. (+39) 03 23 / 715 95
Fax (+39) 03 23 / 722 01
info@anticastallera.com
www.anticastallera.com
Ferien: Mitte Januar–Mitte Februar

Fabrizia Soncini und ihr Ehemann Ferdinando Frisoli empfangen Sie in diesem reizenden Hotel, das vor etwa zehn Jahren umgebaut wurde, um mehr Zimmer mit höherem Komfort zu schaffen. Die Zimmer sind geräumig und gepflegt und gewährleisten eine bequeme, gastfreundliche Unterbringung. Ein wahres Kleinod stellt der hübsche Garten dar, den die Gäste nutzen können, um sich im Schatten der jahrhundertealten Bäume der Muße hinzugeben. Das Frühstück entspricht dem Geschmack der Gäste aus dem nördlichen Europa und bietet verschiedene Arten von frischem Brot, hausgemachte Konfitüren (auch für Diabetiker), Joghurt, Milch und eine Auswahl an lokalem Käse (teils Frischkäse, teils gereifte Sorten). Das angeschlossene Restaurant setzt auf gute regionale Küche, wobei besonderer Wert auf die Qualität der Zutaten gelegt wird. Eine Mahlzeit ohne Wein kostet etwa 30 Euro, der Aufpreis für Halbpension beläuft sich auf 20 Euro pro Person.

♦ 2 EZ und 16 DZ, alle mit Bad und WC, TV (einige Zimmer mit Balkon) ♦ EZ € 70, DZ € 95–105 (Aufpreis Zusatzbett € 15–25, alle mit Frühstück) ♦ alle Kreditkarten, Bankomat ♦ 2 Zimmer behindertengerecht ausgestattet, Privatparkplatz, kleine Haustiere willkommen (€ 5 pro Tag), Betreiber immer erreichbar ♦ Bar, Restaurant, Frühstücksraum, Lese- und TV-Raum, Garten

Cantalupa

10 km vom Bahnhof Pinerolo
33 km südwestlich von Turin
S.S. 589 nach Pinerolo, den Hinweisschildern folgen

La Locanda della Maison Verte

3-Sterne-Hotel
Via Rossi, 34
Tel. (+39) 01 21 / 35 46 10
Fax (+39) 01 21 / 35 46 14
information@maisonvertehotel.com
www.maisonvertehotel.com
Ferien: 2.–9. Januar

Inmitten der Wälder und Weingärten im oberen Piemont treffen wir auf dieses hübsch renovierte Landhaus aus dem 19. Jahrhundert. Der ideale Ort für einen erholsamen Aufenthalt mit langen Spaziergängen in der Natur und diversen Anwendungen im Wellnesszentrum. Die Familie Ferrero verfügt über lange Erfahrung mit Kräuterbehandlungen. Die 28 Zimmer mit Blick auf den Park sehen alle unterschiedlich aus und zeigen eine besondere Sorgfalt bei der Wahl der Einrichtung. Das Frühstücksbüfett lockt mit hausgemachten Kuchen, Konfitüren, Wurst und Käse. Im Restaurant werden Speisen nach piemontesischer Tradition, begleitet von einer großen Auswahl an Weinen, serviert. Die Halbpension wird im Einzelzimmer für 86 bis 96 Euro und im Doppelzimmer für 65 bis 70 Euro pro Person angeboten. Unter der gleichen Führung steht auch Il Furtin, ein nettes Bed & Breakfast mit sechs Doppelzimmern (Via Rocca, 28).

♦ 3 EZ, 21 DZ, 3 Juniorsuiten und 1 Suite, alle mit Bad und WC, Aircondition, Minibar, Safe, Telefon, Sat-TV, Internetanschluss ♦ EZ € 65–80, DZ € 85–108, Juniorsuite € 120, Suite € 160 (alle mit Frühstück) ♦ alle Kreditkarten, Bankomat ♦ Gemeinschaftsbereiche und 2 Zimmer behindertengerecht ausgestattet, Privatparkplatz, kleine Haustiere willkommen, Rezeptionsdienst 7–0.30 Uhr ♦ Bar, Restaurant, Salons, Konferenzsaal, Park, Terrasse, Schwimmbecken, Sauna, Dampfbad, Fitnessraum

Carrù
Sant'Anna
3 km vom Zentrum
30 km nordöstlich von Cuneo, 70 km südöstlich von Turin
1 km von der Ausfahrt Carrù der A 6

Il Bricco

Bed & Breakfast
Strada Sant'Anna, 5
Tel. (+39) 01 73 / 755 58,
(+39) 333 / 346 44 85
Fax (+39) 01 73 / 755 58
info@ilbriccodicarru.it
www.ilbriccodicarru.it
Ferien: Mitte November–Ende März

Wilma Calleri und ihr Ehemann Pier Luigi Berbotto bereiten den Gästen in diesem hübschen Gebäude aus dem 18. Jahrhundert einen herzlichen Empfang. Die Unterbringung erfolgt in den beiden schönen Gästezimmern mit heimeliger, freundlicher Atmosphäre und in einem Apartment, das Platz für bis zu sechs Personen bietet (wochenweise Vermietung um 500 bis 850 Euro). Sämtliche Räume sind mit Geschmack und Sinn für schöne Details eingerichtet. Sorgfalt wird auch auf die Zubereitung des Frühstücks verwendet, das hausgemachte Süßspeisen und einige pikante Spezialitäten umfasst. Die Gäste können den weitläufigen Garten und die reizenden Arkaden nutzen, wo Stühle und Tische zum Verweilen einladen. Hier genießt man in der schönen Jahreszeit den Aufenthalt im Freien und lässt sich die von der Wirtin zubereiteten Leckerbissen schmecken.

♦ 2 DZ mit Bad und WC; 1 Apartment (4–6 Personen) mit Kochnische, Aufenthaltsraum, Terrasse ♦ DZ in Einzelbelegung € 50–60, DZ € 75–90, DZ in Dreierbelegung € 100–115, Apartment € 160 (alle mit Frühstück) ♦ keine Kreditkarten ♦ Privatparkplatz gegenüber, kleine Haustiere willkommen, Betreiber stets anwesend ♦ Frühstücksraum, Salon, Leseraum, Garten, Sonnenterrasse

Carrù

30 km nordöstlich von Cuneo, 70 km südöstlich von Turin
Ausfahrt Carrù der A 6

Palazzo di Mezzo

3-Sterne-Hotel
Via Garibaldi, 4
Tel. (+39) 01 73 / 77 93 06
Fax (+39) 01 73 / 75 99 96
info@palazzodimezzo.com
www.palazzodimezzo.com
Ferien: 2 Wochen im Januar

Im Zentrum des kleinen Städtchens in den Hügeln der Langa, bekannt für das Mastochsenfest und das diesem Tier gewidmete Denkmal, steht auf einem lauschigen Platz dieses kürzlich renovierte Hotel. In dem Gebäude aus dem späten 18. Jahrhundert sind im ersten und zweiten Stockwerk bequeme, geräumige Gästezimmer untergebracht, die mit Stilmöbeln eingerichtet sind und eine Atmosphäre von angenehmer Eleganz verströmen. Der breite Außenlift macht die Räume auch für gehbehinderte Gäste leicht zugänglich. Die gut bestückte Bibliothek in den Gemeinschaftsbereichen ist als weiterer Pluspunkt dieses verlässlichen und aufmerksam und sehr herzlich geführten Betriebs zu werten. Das Frühstück ist traditionell. Sie bekommen das übliche süße Backwerk, auf Wunsch aber auch Eier, Käse und Wurst.

♦ 9 DZ und 2 3BZ, alle mit Bad und WC, Aircondition, Balkon, Minibar, Safe, Telefon, TV, Internetanschluss ♦ DZ in Einzelbelegung € 55, DZ € 75, 3BZ € 105 (alle mit Frühstück) ♦ Kreditkarten: AE, CartaSi, MC, Visa; Bankomat ♦ Anlage barrierefrei zugänglich, 2 Zimmer behindertengerecht ausgestattet, Garage, Haustiere nicht erlaubt, Rezeptionsdienst 7.30–21.30 Uhr, Betreiber immer erreichbar ♦ Bar, Frühstücksraum, Leseraum, Konferenzsaal (30 Plätze)

Castagnole Monferrato

14 km nordöstlich von Asti, 30 km nordwestlich von Alessandria
10 km von der Ausfahrt Asti Est der A 21; 15 km von der Ausfahrt Felizzano der A 21

Locanda dei Musici

Zimmervermietung
Via al Castello, 40
Tel. (+39) 01 41 / 29 22 83,
(+39) 335 / 832 74 50
Fax (+39) 01 41 / 29 22 83
info@locandadeimusici.com
www@locandadeimusici.com
Ferien: Januar, 21. Juli–19. August

Chiara Zumaglini hat für ihre Locanda ein Gebäude aus dem 17. Jahrhundert mitten im Zentrum gewählt und einen Ort der Ruhe und Erholung geschaffen. Die Definition »Bed & Wine« sagt bereits alles aus über das Angebot, das die Gäste nutzen können: Wir befinden uns hier in einem Landstrich mit langer Tradition im Weinbau, wo Ruché (der Hauptwein der Gegend), Barbera und Grignolino erzeugt werden und wo es wahrlich nicht an Möglichkeiten für Kellereibesichtigungen und Degustationen mangelt. Sogar das Frühstück, bestehend aus süßem Backwerk (Kuchen, Croissants) und pikanten Spezialitäten (Käse und Wurst), wird in den historischen Kellergewölben des Hauses serviert, wo auch die Degustationen von Weinen und Spirituosen stattfinden. Auf Wunsch können Selbstversorger für ihr Mittag- und Abendessen eine gut ausgestattete Küche benutzen. Eine zusätzliche Attraktion ist die umliegende Hügellandschaft, die man erkunden (eventuell auf den für die Gäste bereitgestellten Fahrrädern) und auch von den Terrassen einiger Zimmer aus bewundern kann.

♦ 5 DZ mit Bad und WC, Terrasse oder Balkon, TV (auf Wunsch) ♦ DZ in Einzelbelegung € 65–75, DZ € 75–85 (Aufpreis Zusatzbett € 20, alle mit Frühstück) ♦ Kreditkarten: Visa; Bankomat ♦ Privatparkplatz, kleine Haustiere willkommen, Betreiber immer erreichbar ♦ Leseraum, Küche, Konferenzsaal, Garten, Terrasse

Castel Boglione
Gianola

12 km nordwestlich von Acqui Terme, 31 km südöstlich von Asti, S.P. 456
Von Nizza Monferrato 4 km in Richtung Acqui Terme

La Carlotta

Agriturismo
Ortsteil Gianola, 28
Tel. (+39) 01 41 / 76 24 96,
(+39) 347 / 162 70 05
Fax (+39) 01 41 / 76 24 96
cascinalacarlotta@interfree.it
www.agriturismocascinalacarlotta.com
Ferien: 7. Januar–Ende Februar

Ein vornehmes Haus mit Innenhof, auf den die Kellerräume, die Rezeption, die Gästezimmer und der Frühstücksraum gehen, geschützt, aber dennoch gut sichtbar an der Straße von Nizza Monferrato nach Acqui Terme. Es erwartet uns hier ein Agriturismo, wo DOC- und DOCG-Weine hergestellt werden. Der große rechteckige Innenhof ist in der schönen Jahreszeit mit Blumentrögen, Tischen und Lehnstühlen ausgestattet. Bei der Renovierung wurde auf jedes Detail geachtet und in allem erkennt man den Hang von Carla Bellotti zur schlichten Eleganz. Die Zimmer sind geräumig, die Einrichtung beschränkt sich auf das Wesentliche: Betten aus Schmiedeeisen im klassischen wie modernen Stil, einzelne Antiquitäten und Designerlampen. Das Frühstücksbüfett umfasst eine Auswahl an süßen und pikanten Leckerbissen: hausgemachte Kuchen, Konfitüren, eingelegte Früchte, Wurst und Käse aus der Region; auf Wunsch Joghurt und frisches Obst. Amaretti aus Mombaruzzo und ein Gläschen Brachetto sind ein angenehmer Willkommensgruß.

♦ 2 DZ und 2 3BZ, alle mit Bad und WC, Safe, TV (2 Zimmer mit Sat-TV); 1 Apartment (2–4 Personen) mit Kochnische ♦ DZ in Einzelbelegung € 50, DZ € 70, 3BZ € 85, Apartment € 70–85 (alle mit Frühstück) ♦ alle Kreditkarten, Bankomat ♦ Privatparkplatz teilweise überdacht, kleine Haustiere willkommen, Betreiber stets anwesend ♦ Frühstücksraum, Hof mit Gartenmöbeln, Schwimmbecken

Castellinaldo

Im Zentrum; 13 km nordwestlich von Alba, 70 km nordöstlich von Cuneo
Von Alba S.S. 29 in Richtung Canale, in Borbore rechts auf die S.P. 50

Il Borgo

Agriturismo
Via Trento, 2
Tel./Fax (+39) 01 73 / 21 40 17
agriturismoilborgo@tiscali.it
www.ilborgoagriturismo.it
Ganzjährig geöffnet

Castellinaldo ist ein reizendes Dorf im Herzen des Roero, überragt von einer gut erhaltenen mittelalterlichen Burg. Nicht weit davon liegt der von Patrizia Ferrero geführte Agriturismo, der teilweise zu einer Ferienunterkunft umgebaut wurde. Die Zimmer sind geräumig und geschmackvoll mit edlen Bauernmöbeln eingerichtet und mit Textilien in lebhaften Farben ausgestattet, die ein behagliches, angenehm zwangloses Ambiente schaffen. Ein zusätzlicher Anreiz sind die kleinen Balkone, die einen schönen Ausblick auf die Dächer der umliegenden Häuser und die Hügelkette bieten. Das Frühstück wird in einem Saal eingenommen, der aus dem alten Tuffsteinkeller gestaltet wurde. Dort werden eine feine Auswahl an süßen und pikanten Leckereien von ausgewählten Betrieben der Region, aber auch das übliche Backwerk, heiße Getränke und Säfte serviert. Man kann lokale Weine in der angeschlossenen Enoteca probieren oder eine der zahlreichen Kellereien des Ortes besuchen.

♦ 5 DZ mit Bad und WC, Terrasse, Minibar, Telefon, TV; 2 Apartments (2–4 Personen) mit Aufenthaltsraum und Kochnische ♦ DZ in Einzelbelegung € 50, DZ € 70, Apartment € 85–130 (alle mit Frühstück) ♦ alle Kreditkarten, Bankomat ♦ Privatparkplatz, Haustiere nicht erlaubt, Betreiber stets anwesend ♦ Frühstücksraum, Enoteca

Cavour

10 km südöstlich von Pinerolo, 18 km nordwestlich von Saluzzo, 48 km südwestlich von Turin, S.S. 589 Autobus von Turin oder Pinerolo

La Posta

3-Sterne-Hotel
Via dei Fossi, 4
Tel. (+39) 01 21 / 699 89
Fax (+39) 01 21 / 697 90
posta@locandalaposta.it
www.locandalaposta.it
Ganzjährig geöffnet

In der Ebene zwischen Saluzzo und Pinerolo erhebt sich die Festung von Cavour, der mächtige »König aus Stein«, Zentrum eines Naturparks. Am Fuß des bewaldeten Hügels empfängt die in der Hotellerie sehr erfahrene Familie Genovesio ihre Gäste in einem Gebäude aus dem 17. Jahrhundert. Die bequemen Zimmer sind mit Möbeln früherer Epochen eingerichtet und bieten einen Ausblick auf die Festung und den Monviso. Das Frühstücksbüfett wird im Kaminzimmer vorbereitet: Konfitüren, Feingebäck und Kuchen, alles hausgemacht. Auf Wunsch wird auch ein englisches Frühstück serviert. Das Restaurant bietet piemontesische Gerichte für 35 Euro ohne Wein; Halbpension gibt es für 60 Euro pro Person. Wurst, Süßwaren, eingelegte Produkte, Wein, Grappa und andere Spezialitäten aus eigener Produktion werden im Hotel zum Kauf angeboten.

♦ 18 DZ, 2 3BZ und 1 4BZ, alle mit Bad und WC, Aircondition, Minibar, Telefon, Sat-TV, WLAN ♦ DZ in Einzelbelegung € 55–80, DZ € 80–120, 3BZ € 120, 4BZ € 130 (alle mit Frühstück) ♦ alle Kreditkarten, Bankomat ♦ 1 Zimmer behindertengerecht ausgestattet, Privatparkplatz innerhalb (2 Plätze) und außerhalb der Anlage, kleine Haustiere willkommen, Rezeptionsdienst rund um die Uhr ♦ Bar, Restaurant, Frühstücksraum, Konferenzräume, Raucherzimmer, Terrassengarten

Cellarengo

3 km vom Zentrum
29 km westlich von Asti, 35 km von Turin
Ausfahrt Villanova d'Asti der A 21

Cascina Papa Mora

Agriturismo
Via Ferrere, 16
Tel. (+39) 01 41 / 93 51 26
Fax (+39) 01 41 / 93 54 44
papamora@tin.it
www.cascinapapamora.it
Ferien: Januar, 2 Wochen Anfang Februar

Dieser Betrieb, ein richtiger Agriturismo, wo Obst, Wein und eingelegte Spezialitäten nach biologischen Methoden hergestellt werden, wird von Adriana und Maria Teresa Bucco geführt. Die Schwestern sind auch mit viel Elan und Sympathie um die Gäste bemüht, die das Restaurant (lokale Küche für 24 bis 28 Euro, gegen Vorbestellung nicht nur für Hausgäste geöffnet) und die Locanda besuchen. Zum Freizeitangebot zählt seit Kurzem ein sonntägliches Animationsprogramm für Kinder. Sehr gepflegt und einladend sind die bunt getünchten Zimmer im ersten Stock und im Dachgeschoss. Die Badezimmer sind großzügig und verfügen über Fenster. Behaglichkeit findet der Gast auch in den Gemeinschaftsbereichen. Das reichhaltige Frühstücksbüfett wird auf der Veranda vorbereitet: selbst gemachte Konfitüren, Zerealien, Brot, Brioches, hausgemachtes Feingebäck und Kuchen, Milch und Joghurt aus der Molkerei in Valfenera; auf Wunsch gibt es auch Pikantes.

♦ 3 DZ, 1 3BZ und 1 4BZ, alle mit Bad und WC ♦ DZ in Einzelbelegung € 35–40, DZ € 60–70, 3BZ € 70–85, 4BZ € 80–95 (alle mit Frühstück) ♦ alle Kreditkarten, Bankomat ♦ Privatparkplatz, Haustiere nicht erlaubt, Betreiber immer erreichbar ♦ Restaurant, TV- und Leseraum, Veranda, Garten, Sonnenterrasse, Schwimmbecken, Tischtennis, Reitstall

Cerretto Langhe
Cavallotti

22 km von Alba, 57 km nordöstlich von Cuneo, S.S. 29, S.P. 32 und S.P. 57

Trattoria del Bivio

Zimmervermietung
Ortsteil Cavallotti, 9
Tel. (+39) 01 73 / 52 03 83,
(+39) 339 / 229 94 74
Fax (+39) 01 73 / 52 03 83
info@trattoriadelbivio.it
www.trattoriadelbivio.it
Ferien: Januar, 10 Tage im Juli

Monica und Selia Promio haben vor einigen Jahren ihr hübsches Landhaus umgebaut. Sie schufen einen Beherbergungsbetrieb und ein Restaurant, das ganz im Zeichen einer guten regionalen Küche mit erlesenen Zutaten steht (etwa 40 Euro ohne Wein). Die Gästezimmer liegen im ersten Stock, sind schlicht eingerichtet und mit dem notwendigen Komfort für einen ruhigen, erholsamen Aufenthalt ausgestattet. Das Frühstück wird im Speisesaal des Restaurants eingenommen. Der Tradition entsprechend gibt es süßes Backwerk, Croissants, frisches Brot und hausgemachte Konfitüren, begleitet von Säften und heißen Getränken. Der Betrieb ist ein idealer Ausgangspunkt für Entdeckungsfahrten durch die Langhe mit ihren gepflegten Weingärten und den vielen kleinen Dörfern mit fantastischem Panoramablick.

♦ 5 DZ und 1 Suite, alle mit Bad und WC, Minibar, Sat-TV, Internetanschluss (2 Zimmer mit Balkon) ♦ DZ in Einzelbelegung € 70, DZ € 80 (Aufpreis Zusatzbett € 20), Suite € 90 (alle mit Frühstück) ♦ Kreditkarten: CartaSi, DC, MC, Visa; Bankomat ♦ Gemeinschaftsbereiche und 1 Zimmer behindertengerecht ausgestattet, Privatparkplatz, kleine Haustiere willkommen, Betreiber immer erreichbar ♦ Barbereich, Restaurant, Garten

Cessole
Madonna della Neve
1,5 km vom Zentrum
26 km nordwestlich von Acqui Terme, 45 km südöstlich von Asti
Vom Zentrum nach 1,5 km über die Bormida-Brücke

Madonna della Neve

1-Stern-Hotel
Regione Madonna della Neve, 2
Tel. (+39) 01 44 / 85 04 02
Fax (+39) 01 44 / 802 65
info@ristorantemadonnadellaneve.it
www.ristorantemadonnadellaneve.it
Ferien: 10 Tage Anfang September, Weihnachten–Ende Januar

Bereits in der zweiten Generation führt die Familie Cirio diese historische Trattoria in einer winzigen Ortschaft, die nach dem hiesigen Wallfahrtsort benannt ist. Vor einigen Jahren wurden zusätzliche Zimmer geschaffen: Diese sind in einem renovierten Steinhaus untergebracht (jedes in einer anderen Farbe getüncht und mit modernen, aber komfortablen Möbeln ausgestattet), ein wunderbarer Platz für einen geruhsamen Aufenthalt in der Langa Astigiana. Das Frühstück, als Büfett vorbereitet, wird im Speisesaal des Restaurants und nicht im Hotelgebäude eingenommen. Das Angebot umfasst Brioches und hausgemachte Kuchen, Obst, Eier, Wurst und Käse aus der Region, darunter die DOP-Sorte Robiola di Roccaverano. Halbpension (Mindestaufenthalt drei Tage) im Doppelzimmer 53 Euro pro Person, im Einzelzimmer 56 Euro; Vollpension im Doppelzimmer 65 Euro, im Einzelzimmer 70 Euro.

♦ 9 DZ mit Bad und WC, Aircondition, Minibar, Telefon, Sat-TV ♦ DZ in Einzelbelegung € 40, DZ € 75 (Aufpreis Zusatzbett € 15, alle mit Frühstück) ♦ alle Kreditkarten, Bankomat ♦ 1 Zimmer behindertengerecht ausgestattet, Privatparkplatz, kleine Haustiere willkommen, Betreiber stets anwesend ♦ Restaurant, Leseraum, Garten, Bocciafeld

🍲 Das Restaurant, das nicht nur Hausgäste empfängt, ist wegen seiner gepflegten traditionellen Küche eine gute Adresse (35 Euro ohne Wein).

Cherasco

In der Altstadt
46 km nordöstlich von Cuneo, S.S. 231 oder S.P. 3
Ausfahrt Cherasco der A 33; Ausfahrt Marene der A 6

Il Portico

Bed & Breakfast
Via Nostra Signora del Popolo, 9
Tel. (+39) 01 72 / 48 81 88,
(+39) 334 / 333 20 74
info@ilporticobeb.it
www.ilporticobedandbreakfast.com
Ferien: Januar, August

NEU

In Cherasco, wohl einem der interessantesten unter den historischen Stadtzentren im südlichen Piemont, finden wir dieses Bed & Breakfast von Clara Racca in einem renovierten ehemaligen Kollegium der Somasker, gleich hinter der Barockkirche Madonna del Popolo. Der Frühstücksraum (süßes Büfett, auf Wunsch auch Pikantes) liegt im Erdgeschoss und ist von den Arkaden des großen Hofes aus zugänglich. Im zweiten Stock sind die eleganten, modernen Gästezimmer untergebracht, jeweils dominiert von einem bestimmten Farbton (violett, rosa, taubengrau), während die Suite mit Stilmöbeln und einem Bett mit Baldachin eingerichtet und die Wände, Vorhänge und Stoffbezüge in zarten Farben gehalten sind. Im Apartment überwiegt die Farbkombination Weiß und Rot: Schlafzimmer mit Doppelbett, Wohnküche mit Schlafsofa, Fenster mit Blick auf den Garten des monumentalen Komplexes. Einen Internetzugang gibt es im Aufenthaltsraum.

♦ 3 DZ und 1 Minisuite, alle mit Bad und WC, TV; 1 Zweizimmerapartment (4 Personen) mit Kochnische ♦ DZ in Einzelbelegung € 60–100, DZ € 80–130, Minisuite € 130–150 (alle mit Frühstück); Zweizimmerapartment € 120–170 ♦ alle Kreditkarten, Bankomat ♦ öffentlicher Gratisparkplatz in der Nähe, Privatgarage (2 Plätze), kleine Haustiere willkommen, Betreiber immer erreichbar ♦ Frühstücksraum

Cherasco
San Michele

45 km nordöstlich von Cuneo
Ausfahrt Marene der A 6, S.P. 662 und S.P. 7

La Spiga

3-Sterne-Hotel
Strada San Michele, 55 B
Tel./Fax (+39) 01 72 / 48 90 46
franco@albergoristorantelaspiga.it
www.albergoristorantelaspiga.it
Ferien: 8. Januar–8. Februar

Nicht weit von La Morra, dem charakteristischen Städtchen im Herzen der Langhe, liegt dieses hübsche Hotel. Gastlichkeit auf hohem Niveau, das bedeutet großzügige, elegante Zimmer, die mit allen Annehmlichkeiten für einen sorgenfreien, ruhigen Aufenthalt ausgestattet sind. Das Restaurant bietet für 20 Euro pro Person Halbpension mit regionalen Spezialitäten, vegetarischen Speisen und Fischgerichten (Mindestaufenthalt drei Tage). Das Frühstück besteht vor allem aus süßem Backwerk, Kuchen und Croissants aus eigener Herstellung, auf Wunsch bekommt man aber auch pikante Leckerbissen. Im Freien ist ein hübscher Bereich mit Stühlen und Liegen rund um den Pool eingerichtet. In unmittelbarer Nähe des Hauses befindet sich ein Golfplatz.

♦ 4 DZ und 4 Superior-DZ, alle mit Bad und WC, Aircondition, Minibar, Telefon, Sat-TV, Internetanschluss (einige Zimmer mit Balkon) ♦ DZ in Einzelbelegung € 85–95, DZ € 90–95, Superior-DZ € 100–135 (Aufpreis Zusatzbett € 20–25, alle mit Frühstück) ♦ Kreditkarten: CartaSi, DC, MC, Visa; Bankomat ♦ Anlage barrierefrei zugänglich, Privatparkplatz teilweise überdacht, kleine Haustiere willkommen, Rezeptionsdienst rund um die Uhr ♦ Bar, Restaurant, Leseraum, Terrasse, Garten, Schwimmbecken

Cissone

Im Zentrum
23 km von Alba, 50 km nordöstlich von Cuneo
Ausfahrt Castagnito der A 33; Ausfahrt Carrù der A 6

Locanda dell'Arco

Zimmervermietung
Piazza dell'Olmo, 1
Tel./ Fax (+39) 01 73 / 74 82 00
info@lodarc.com
www.lodarc.com
Ferien: Winter

Auf dem Dorfplatz, wo man einen herrlichen Blick über die Langhe bis zu den weiter entfernten Alpen genießen kann, liegt diese Locanda, die von Maria Piera Querio und Giuseppe Giordano geführt wird. Die Zimmer sind in einem renovierten Gebäude aus dem 19. Jahrhundert untergebracht und mit modernen Möbeln und alten Stücken eingerichtet. Den Gästen steht ein großer Mehrzweckraum zur Verfügung, wo Zeitungen und Informationsmaterial zu den interessantesten Zielen in der Alta Langa aufliegen. In diesem Haus wird ein traditionelles Frühstück mit Kaffee, Milch, Tee, Konfitüren, Honig, Kuchen und Feingebäck, frischem Obst, Wurst und Käse serviert. Es werden Besuche in Kellereien organisiert.

♦ 7 DZ mit Bad und WC € DZ in Einzelbelegung ♦ 40–50, DZ € 70–90 (alle mit Frühstück) ♦ keine Kreditkarten ♦ öffentlicher Gratisparkplatz, kleine Haustiere willkommen, Betreiber immer erreichbar ♦ Restaurant, Frühstücksraum, Aufenthaltsraum, Terrasse

🍲 In der Küche von Maria Piera Querio werden Speisen ganz in der Tradition der Langa zubereitet (26 bis 36 Euro ohne Wein).

Cisterna d'Asti

13 km vom Bahnhof Villafranca-Cantarana
17 km nördlich von Alba, 23 km südwestlich von Asti
19 km von der Ausfahrt Villanova d'Asti der A 21

Garibaldi

3-Sterne-Hotel
Via Italia, 1
Tel. (+39) 01 41 / 97 91 18
Fax (+39) 01 41 / 97 91 88
ilgaribaldi.vaudano@libero.it
Ferien: je 2 Wochen im Januar und nach dem 15. August

Die Familie Vaudano, die diesen Betrieb seit den 1940er-Jahren führt, empfängt ihre Gäste in einem hübschen Haus mit Freskenfassade aus dem Jahr 1885. In den netten Speisesälen des Restaurants sind die Stuckverzierungen und die Originalausstattung aus jener Zeit erhalten, als ein aus dem Piemont stammender Soldat der Garibaldi-Truppen hier die Gastwirtschaft betreute. Die Zimmer sind einfach, aber modern und bequem. Das Frühstück ist traditionell italienisch, wobei nur Hausgemachtes serviert wird. Das Restaurant (mit drei kleinen Räumen und einem großen Salon) ist einen Besuch wert. Wenn möglich, vermeiden Sie den Trubel des sonntäglichen Mittagessens. Halbpension wird um 50 Euro angeboten. Der Wirt versieht Sie mit allen möglichen Informationen über die Geschichte dieser Gegend und die interessante Sammlung des Museums alter Künste und Handwerksberufe mit Sitz in der mittelalterlichen Burg, die er aktiv fördert.

♦ 3 EZ und 4 DZ, alle mit Bad und WC, Telefon, TV ♦ EZ € 40, DZ € 60 (alle mit Frühstück) ♦ alle Kreditkarten, Bankomat ♦ öffentlicher Gratisparkplatz gegenüber, kleine Haustiere willkommen, Rezeptionsdienst 7–23 Uhr ♦ Bar, Restaurant, Frühstücksraum, Konferenzraum, Terrasse

🍲 Im Restaurant wird nach traditionellen Rezepten der Region gekocht (eine Mahlzeit ohne Wein kostet 24 bis 28 Euro).

Clavesana
Palazzetto
3 km vom Zentrum
37 km nordöstlich von Cuneo, S.S. 22
11 km von der Ausfahrt Carrù der A 6, vom Zentrum 3 km in Richtung Ghigliani

Il Palazzetto

Agriturismo
Borgata Palazzetto, 18
Tel. (+39) 01 73 / 79 03 81,
(+39) 333 / 428 58 96
info@agriturismoilpalazzetto.it
www.agriturismoilpalazzetto.it
Ferien: 2 Wochen im Januar/Februar

Die Lage dieses Betriebs ist atemberaubend: Auf einer Anhöhe, deren Hänge mit Dolcetto-Reben bebaut sind, bietet sich ein Panoramablick über das ganze Tal und die umliegenden Hügel. Durch die behutsame Renovierung eines ehemaligen Klosters wurden helle Gästezimmer geschaffen, die sehr geschmackvoll mit altem Mobiliar eingerichtet und mit modernem Komfort ausgestattet sind. Das Frühstück wird im Speisesaal eingenommen. Angeboten werden neben einer guten Auswahl an süßen und pikanten Spezialitäten (Wurst und Käse aus der Gegend) auch frische Säfte und heiße Getränke. Das Restaurant serviert eine meisterhaft zubereitete lokale Küche, wobei der Preis für eine komplette Mahlzeit ohne Wein bei 25 bis 35 Euro liegt. Das vielfältige Angebot an Freizeitaktivitäten reicht von schönen Spaziergängen in der Umgebung bis zur Teilnahme an Lernwerkstätten über die Zubereitung von Brot und Grissini und zur Suche nach Pilzen und Trüffeln.

♦ 5 DZ und 1 Suite, alle mit Bad und WC, Balkon, Minibar, Safe, Telefon, TV, Internetanschluss; 1 Apartment (2–5 Personen) mit Küche ♦ DZ in Einzelbelegung € 40–50, DZ € 70–90, Suite € 90 (alle mit Frühstück); Apartment € 280–400 pro Woche ♦ Kreditkarten: MC, Visa; Bankomat ♦ Gemeinschaftsbereiche und 1 Zimmer behindertengerecht ausgestattet, Privatparkplatz, kleine Haustiere willkommen, Betreiber immer erreichbar ♦ Restaurant, Taverne, Garten, Terrasse

Corneliano d'Alba
Im Zentrum
8 km nordwestlich von Alba, 60 km nordöstlich von Cuneo, S.S. 29
Ausfahrt Marene der A 6; Ausfahrt Castagnito der A 33, S.S. 231

Locanda dei Vagabondi

Zimmervermietung
Via Ruata, 6
Tel. (+39) 01 73 / 61 05 90,
(+39) 339 / 593 80 99
Fax (+39) 01 73 / 61 47 31
locandadeivagabondi@tiscali.it
Ferien: 2 Wochen im Sommer

Stefano und Chiara Giraudo führen seit einigen Jahren diese Locanda im Zentrum von Corneliano. Das Gebäude liegt in einer Querstraße zum Hauptplatz: Es ist einfach und hübsch, besitzt die typischen galerieartigen Balkone und einen ruhigen Hof mit Schotterbelag sowie Arkaden, wo man in der schönen Jahreszeit im Freien speisen kann. Im ersten Stock sind die vier Gästezimmer untergebracht, im Erdgeschoss die Trattoria, die nicht nur Hausgäste bedient. Das Frühstück wird serviert und umfasst heiße Getränke und Säfte, Butter, Konfitüren, Brioches und Feingebäck. Ein reichhaltiges Menü mit vier Antipasti, zwei Primi, zwei Secondi und einer Nachspeise (24 Euro ohne Wein) bekommen Sie im angeschlossenen Restaurant.

♦ 3 DZ und 1 3BZ, alle mit Bad und WC, Balkon, TV ♦ DZ in Einzelbelegung € 45, DZ € 60, 3BZ € 75 (alle mit Frühstück) ♦ Kreditkarten: CartaSi, MC, Visa; Bankomat ♦ öffentlicher Parkplatz 30 Meter entfernt, kleine Haustiere willkommen, Betreiber stets anwesend ♦ Restaurant, Außenbereich

PIEMONT

Cortemilia

30 km südöstlich von Alba, 75 km nordöstlich von Cuneo, S.S. 29
Ausfahrt Niella Tanaro, Ceva oder Millesimo der A 6

Villa San Carlo

3-Sterne-Hotel
Corso Divisioni Alpine, 41
Tel. (+39) 01 73 / 815 46
Fax (+39) 01 73 / 812 35
info@hotelsancarlo.it
www.hotelsancarlo.it
Ferien: 4. Januar–28. Februar, 20.–28. Dezember

Das Hotel ist ein modernes Gebäude am Rand der Ortschaft Cortemilia, geführt von Carlo Zarri, einem leidenschaftlichen Weinkenner. Die Zimmer sind hübsch eingerichtet und bequem. Sehr großzügig sind die Gemeinschaftsräume und der Park mit separatem Bereich für Vierbeiner. Das Frühstücksbüfett (auch Frühstücksservice im Zimmer ist möglich) umfasst eine große Auswahl an pikanten Leckerbissen wie Käse, Eier und Wurst, aber auch Joghurt, Zerealien, Brot, Butter, Konfitüren, Brioches, hausgemachte Kuchen und verschiedene Getränke. Im Restaurant, das nicht nur Hausgäste empfängt und von der gleichen Familie geführt wird, liegt der Preis für eine Mahlzeit ohne Wein bei etwa 40 bis 45 Euro. Für Ausflüge in die Umgebung stehen den Gästen Fahrräder zur Verfügung. Unter anderem werden Koch- und Degustationskurse angeboten.

♦ 7 EZ, 14 DZ und 2 Minisuiten (2–4 Personen), alle mit Bad und WC, Minibar, Safe, Telefon, Sat-TV (einige Zimmer mit Aircondition und Terrasse) ♦ EZ € 60–65, DZ in Einzelbelegung € 65–75, DZ € 88–108, Minisuite € 120–160 (alle mit Frühstück) ♦ alle Kreditkarten, Bankomat ♦ Privatparkplatz, Garage (€ 10 pro Tag), kleine Haustiere willkommen (außer in den Zimmern), Rezeptionsdienst 7–24 Uhr ♦ Bar, Restaurant, Frühstücksraum, TV-Raum, Garten, Park, Terrasse, Schwimmbecken

Costigliole d'Asti
Traniera

15 km südöstlich von Asti
Ausfahrt Isola d'Asti der A 33, in Costigliole Hinweisschildern nach Loreto folgen

Cascina Collavini

Zimmervermietung
Strada Traniera, 24
Tel. /Fax (+39) 01 41 / 96 64 40
info@ristorantecollavini.it
www.ristorantecollavini.it
Ferien: je 2 Wochen im Januar und August

Die Gastronomie war seit je der berufliche Schwerpunkt von Bruno Collavini. Auch in diesem Betrieb, den er mit seiner Ehefrau und den beiden Kindern führt, gilt seine Leidenschaft der Küche und dem Keller (ein schöner Raum aus der Mitte des 19. Jahrhunderts). Aber dieser Ort mitten auf dem Land ist in seiner Gesamtheit eine Oase der Gastlichkeit mit zwei Speisesälen im Erdgeschoss – im kleineren Kaminzimmer wird das Frühstück serviert, in der schönen Jahreszeit sind die Tische im Freien gedeckt – und modern eingerichteten Gästezimmern im ersten Stock. Die Sanitärausstattung ist auf das Wesentliche beschränkt; sehr hübsch ist der Ausblick auf das Hügelland. Für das Frühstück ist Cristina verantwortlich, die den Gästen süße Produkte (frisches Brot, Brioches aus der Bäckerei, Butter und Konfitüren) und pikante Leckereien (Wurst, Käse, Eier) serviert. Das Restaurant (30 bis 35 Euro ohne Wein, Dienstagabend und Mittwoch geschlossen) bietet eine gepflegte piemontesische Küche.

♦ 5 DZ mit Bad und WC, WLAN (einige Zimmer mit Balkon) ♦ DZ in Einzelbelegung € 60, DZ @ € 90 (Aufpreis Zusatzbett € 18, alle mit Frühstück) ♦ Kreditkarten: CartaSi, MC, Visa; Bankomat ♦ Privatparkplatz, Haustiere nicht erlaubt, Betreiber stets anwesend ♦ Frühstücksraum, Restaurant, Garten, Terrasse

Cravanzana

25 km südöstlich von Alba, 61 km nordöstlich von Cuneo
Ausfahrt Niella Tanaro oder Ceva der A 6 in Richtung Murazzano-Bossolasco

Da Maurizio

2-Sterne-Hotel
Via Luigi Einaudi, 5
Tel. (+39) 01 73 / 85 50 19
Fax (+39) 01 73 / 85 50 16
ristorantedamaurizio@libero.it
www.ristorantedamaurizio.it
Ferien: Januar, 1 Woche Anfang Juli, 1 Woche um Weihnachten

Cravanzana ist ein kleines Dorf in der Alta Langa (wir befinden uns auf 600 Meter Seehöhe), umgeben von Haselnusshainen. Das Hotel mit Restaurant, das seit 1902 mit Engagement und Beständigkeit von der Familie Robaldo geführt wird, befindet sich in herrlicher Panoramalage. Von den freundlichen Zimmern hat man einen prachtvollen Ausblick auf die Hügel zwischen Belbo und Bormida. Die Minisuiten mit Galerie sind mit jedem modernen Komfort ausgestattet. Das Frühstück mit süßen und pikanten Spezialitäten bietet auch hausgemachte Kuchen. Im gegenüberliegenden Garten werden in der schönen Jahreszeit Liegestühle und Spielgeräte für die Kleinsten aufgestellt.

♦ 9 DZ und 3 Minisuiten, alle mit Bad und WC (Suiten mit Minibar, Safe, Telefon, TV) ♦ DZ in Einzelbelegung € 45, DZ € 60, Minisuite € 85 (alle mit Frühstück) ♦ Kreditkarten: MC, Visa; Bankomat ♦ Anlage barrierefrei zugänglich, 1 Zimmer behindertengerecht ausgestattet, Privatparkplatz, Haustiere nicht erlaubt, Rezeptionsdienst 8–24 Uhr ♦ Bar, Restaurant, Garten, Sonnenterrasse, Kinderspielplatz

🍴 Das Restaurant bietet typisch piemontesische Spezialitäten in guter Qualität und eine große Auswahl an Weinen aus der Region (30 bis 35 Euro ohne Wein).

Cureggio
La Capuccina

30 km nördlich von Novara
Ausfahrt Novara der A 4, S.S. 229; Ausfahrt Borgomanero der A 26, S.S. 229

La Capuccina

Agriturismo
Via Novara, 19 B
Tel. (+39) 03 22 / 83 99 30,
(+39) 335 / 628 38 27
Fax (+39) 03 22 / 88 36 91
info@lacapuccina.it
www.lacapuccina.it
Ganzjährig geöffnet

Jedes der hübschen Zimmer dieses Betriebs trägt den Namen eines Weinberges der Umgebung. Durch die Fenster sehen Sie diese Weinberge. Das Gebäude diente einst als Raststation für die Mönche auf dem Pilgerweg in das Gebiet des Vercellese. Bei der Renovierung wurde darauf geachtet, die Originalarchitektur so weit wie möglich zu erhalten. Es entstanden freundliche Räume, die zur Beherbergung der Gäste und als Restaurationsbetrieb genutzt werden. Das Frühstück setzt auf hausgemachte Produkte, süß oder pikant, serviert mit heißen Getränken und Säften. Das angeschlossene Restaurant steht von Donnerstag bis Sonntag nicht nur Hausgästen offen; man kocht hier mit großem Geschick regionale Gerichte. Der Preis für eine Mahlzeit beläuft sich auf 26 Euro ohne Wein.

♦ 4 DZ und 3 3BZ, alle mit Bad und WC, Aircondition, Balkon, Minibar, Telefon, TV, WLAN ♦ EZ € 60, DZ € 80, 3BZ € 95 (Aufpreis Zusatzbett €10, alle mit Frühstück) ♦ alle Kreditkarten, Bankomat ♦ Anlage barrierefrei zugänglich, Privatparkplatz, kleine Haustiere willkommen, Betreiber stets anwesend ♦ Bar, Restaurant, Leseraum, Konferenzsaal (60 Plätze), Billardzimmer, Wellnessbereich, Garten

🍴 Das Restaurant serviert typische Gerichte dieser Gegend, für die erstklassige Zutaten verwendet werden. Der Preis für eine Mahlzeit liegt bei etwa 29 Euro ohne Wein.

Desana

Im Zentrum
8 km südwestlich von Vercelli, S.P. 455
Autobahnverbindung Stroppiana-Santhià

Oryza

Agriturismo
Piazza Castello, 8
Tel. (+39) 01 61 / 31 85 65
Fax (+39) 01 61 / 31 68 12
info@oryzariso.it
www.oryzariso.it
Ferien: 2 Wochen im August, 3 Wochen im Januar

Wir befinden uns hier in der Bassa Vercellese, jenem Gebiet, in dem die besten Reissorten Italiens angebaut werden. Der Betrieb, Teil des Gutshofes Castello, entstand 2005 durch einen klugen Umbau der ehemaligen Stallungen. Im Erdgeschoss liegen neben der Verkaufsstelle für die hofeigenen Produkte die drei kleinen, klimatisierten Speisesäle und die Veranda des Restaurants (geschützt durch Fliegengitter). Hier dreht sich natürlich alles um die traditionellen Reisgerichte (20 bis 25 Euro ohne Wein). Im oberen Stockwerk sind acht geschmackvoll eingerichtete Gästezimmer untergebracht. Die Zimmer haben Verbindungstüren und können daher auch als Miniapartments vermietet werden. In der einstigen Scheune wurden zwei hübsche Säle, der »Salone delle capriate« mit großen Bogenfenstern und das Rosenzimmer, eingerichtet, die für Kongresse, Bankette, Feiern und Veranstaltungen genutzt werden können. Das traditionelle Frühstück umfasst Feingebäck aus Getreide und Reis des Produktionsbetriebs, der, wie auch das Schloss und der umliegende Park, besichtigt werden kann.

◆ 8 DZ mit Bad und WC, Aircondition, Balkon, Kühlschrank, Sat-TV, Internetanschluss ◆ DZ in Einzelbelegung € 60, DZ € 70–80 (Aufpreis Zusatzbett € 21–24, alle mit Frühstück) ◆ Kreditkarten: MC, Visa; Bankomat ◆ Anlage barrierefrei zugänglich, öffentlicher Gratisparkplatz gegenüber, kleine Haustiere willkommen, Betreiber immer erreichbar ◆ Restaurant, Aufenthaltsraum, Veranstaltungssäle (50 und 200 Plätze), Veranda, Park

Diano d'Alba
Carzello

3 km vom Zentrum
8 km von Alba, 63 km nordöstlich von Cuneo, S.S. 231 oder S.P. 422

Tenuta Ottocento

Zimmervermietung
Via Carzello, 17
Tel. (+39) 01 73 / 46 80 02,
(+39) 338 / 220 50 80
tenuta800@gmail.com
www.tenuta800.it
Ferien: Dreikönig–Ostern

Das Haus von Matteo Fieno und Elisabetta Perrone liegt im Ortsgebiet von Diano, ist aber leichter über den zum Talloriatal ausgerichteten Hang zu erreichen. Man fährt über die Straße nach Sinio und biegt bei der ersten Gelegenheit links ab: Auf der Anhöhe überragt das Schloss von Grinzane Cavour die umliegenden Weingärten. Es handelt sich um ein solides Quartier in einem schön renovierten alten Landhaus, zu dessen Eingang eine hübsche Wiese führt. Daneben liegt ein von Hecken umgebenes Schwimmbecken, dahinter ein kleiner Wald. Die Gäste sind in zwei Zweizimmerapartments im Erdgeschoss des Haupthauses und in Zimmern und Suiten in den ehemaligen Stallungen untergebracht, wo auch ein großer Gemeinschaftsraum zum Verweilen einlädt. Die Räume sind großzügig, hell und mit edlem Mobiliar und Ziergegenständen eingerichtet. Sehr gepflegt ist auch das Frühstück: hausgemachte Kuchen und Konfitüren, Croissants aus der Bäckerei, Murazzano-Brot aus dem Holzkohlenofen, Obst, Wurst, Käse und Eier.

◆ 2 DZ und 3 Suiten, alle mit Bad und WC; 2 Apartments (2–4 Personen) mit Küche ◆ DZ in Einzelbelegung € 70, DZ € 80, Suite € 90–110 (alle mit Frühstück); Apartment € 110–150 (Frühstück bei Bedarf) ◆ alle Kreditkarten, Bankomat ◆ Anlage barrierefrei zugänglich, Privatparkplatz, kleine Haustiere willkommen, Betreiber immer erreichbar ◆ Frühstücksraum, Aufenthaltsraum mit Leseecke und Küche, Garten, Gartenhaus, Schwimmbecken, Sonnenterrasse

Dogliani

40 km nordöstlich von Cuneo, 75 km südöstlich von Turin, S.P. 661
Ausfahrt Castagnito der A 33 in Richtung Alba-Barolo-Dogliani; Ausfahrt Marene der A 6 in Richtung Roreto-Fondovalle Tanaro

Dogliani
Madonna delle Grazie

340 km nö. v. Cuneo, 75 km sö. v. Turin, S.P. 661; Ausfahrt Castagnito der A 33 in Richtung Alba-Barolo-Dogliani; Ausfahrt Marene der A 6 in Richtung Roreto-Fondovalle Tanaro, vom Zentrum 3 km, dann in Richtung Savona

Cascina Martina

Agriturismo
Ortsteil Martina III, 12
Tel./Fax (+39) 01 73 / 72 12 39
cascinamartina@yahoo.it
www.cascinamartina.net
Ganzjährig geöffnet

Enolocanda del Tufo

Agriturismo
Borgata Gombe, 33
Tel./Fax (+39) 01 73 / 706 92
deltufo@deltufo.it
www.deltufo.it
Ganzjährig geöffnet

Wir befinden uns auf einem Hang im Ortsteil Martina auf einer Höhe von 460 Metern. Dieses typische Steinhaus der Langa liegt auf einem drei Hektar großen Grundstück, auf dem Wein und Haselnüsse angepflanzt werden; in den Weingärten erntet der Betrieb die Trauben für den hauseigenen Dolcetto. Der nette Agriturismo unter der Leitung von Ettore Scaglione und Alessia Milanese wurde kürzlich renoviert und verfügt über freundliche, geräumige Zimmer, die von hübschem Dekor, Kaminen und alter Einrichtung aufgewertet werden. Das Restaurant empfängt gegen Vorbestellung auch externe Gäste und bietet ein Degustationsmenü mit traditionellen Gerichten für 28 Euro. Im gleichen Saal wird das Frühstück serviert: Säfte, hausgemachte Kuchen und Konfitüren, auf Wunsch auch Käse und Wurst.

Auf einem Hügel inmitten der Weinberge der Langa liegt dieser landwirtschaftliche Betrieb von Bruno Del Tufo. Von hier aus hat man einen herrlichen Ausblick auf die umliegenden Ortschaften und Burgen sowie einen langen Abschnitt der Seealpen. Die Zimmer sind unterschiedlich, aber alle geschmackvoll eingerichtet. Das Frühstücksbüfett lockt mit Honig, Konfitüren, Feingebäck, Kaffee, Milch, Früchten, Wurst und Käse. Als Ausflugsziele in der Umgebung lohnen die Dörfer der Langa und des Roero; auch die wichtigsten Skiorte des Cuneese sind leicht erreichbar. Wer Sport betreiben will, kann das Schwimmbad in einem Kilometer, die Tennisplätze in zwei Kilometer und den Golfplatz in 15 Kilometer Entfernung besuchen. Nutzen Sie Ihren Aufenthalt, um die Weingärten des Betriebs zu besichtigen, die Anbautechniken kennenzulernen, bei der landwirtschaftlichen Arbeit zu helfen und die Produkte des Betriebs zu probieren. Auf Wunsch kann die Küche verwendet werden.

♦ 3 DZ und 2 Einzimmerapartments, alle mit Bad und WC, Balkon; Einzimmerapartment mit Kochnische, Kühlschrank ♦ DZ in Einzelbelegung € 55, DZ € 65 (alle mit Frühstück); Einzimmerapartment € 70 ♦ keine Kreditkarten ♦ 1 Zimmer behindertengerecht ausgestattet, Parkplatz 20 Meter entfernt, kleine Haustiere willkommen, Betreiber stets anwesend ♦ Restaurant, Leseraum, Musikzimmer, Veranda, Garten

♦ 6 DZ und 2 Suiten, alle mit Bad und WC (2 Zimmer mit Gemeinschaftsbad), Terrasse oder Balkon, Kühlschrank, Minibar, TV, Internetanschluss ♦ DZ in Einzelbelegung € 45–55, DZ € 55–70, Suite € 60–80 (alle mit Frühstück) ♦ alle Kreditkarten, Bankomat ♦ 2 Zimmer barrierefrei zugänglich, Privatparkplatz, Haustiere nicht erlaubt, Betreiber stets anwesend ♦ Frühstücksraum, Garten, Park, Terrasse

Dogliani

40 km nordöstlich von Cuneo, 75 km nordöstlich von Turin, S.P. 661
Ausfahrt Castagnito der A 33 in Richtung Alba-Barolo-Dogliani; Ausfahrt Marene der A 6 in Richtung Roreto-Fondovalle Tanaro

Il Giardino

3-Sterne-Hotel
Viale Gabetti, 106
Tel. (+39) 01 73 / 74 20 05
Fax (+39) 01 73 / 74 20 33
info@ilgiardinohotel.it
www.ilgiardinohotel.it
Ganzjährig geöffnet

Dieses Hotel haben Savio und Graziella Camia renoviert und vor einigen Jahren eröffnet. Das Haus, eine der verlässlichsten Adressen in der Stadt, liegt nur wenige Meter vom Zentrum entfernt, das daher leicht zu Fuß erreichbar ist. Das Hotel verfügt über einen weitläufigen Garten und einen bequemen Parkplatz. Der Service ist pünktlich, genau und korrekt. Die Zimmer sind schlicht und modern eingerichtet. Das traditionelle Frühstück umfasst Backwaren, auf Wunsch bekommen Sie auch Wurst und Käse. Den Gästen steht ein Gratis-Fahrradverleih zur Verfügung. Es werden regelmäßig Besichtigungen von regionalen Kellereien organisiert. Nur wenige hundert Meter vom Hotel entfernt gibt es für Sportbegeisterte diverse Möglichkeiten: Schwimmbad, Fitnesscenter, Tennisplätze.

♦ 4 EZ, 6 DZ und 2 3BZ, alle mit Bad und WC, Aircondition, Minibar, Telefon, TV, WLAN (6 Zimmer mit Balkon) ♦ EZ € 30–45, DZ € 50–65, 3BZ € 60–75 (alle mit Frühstück) ♦ alle Kreditkarten, Bankomat ♦ Privatparkplatz, öffentlicher Parkplatz gegenüber, kleine Haustiere willkommen, Betreiber stets anwesend ♦ Bar, TV-Raum, Garten

Dogliani

40 km nordöstlich von Cuneo, 75 km südöstlich von Turin, S.P. 661
Ausfahrt Castagnito der A 33 in Richtung Alba-Barolo-Dogliani; Ausfahrt Marene der A 6, in Richtung Roreto-Fondovalle Tanaro

La Pieve

Agriturismo
Via Torino, 353
Tel. (+39) 01 73 / 74 25 54,
(+39) 335 / 131 30 06
Fax (+39) 01 73 / 74 25 54
agriturismo_la_pieve@alice.it
www.agriturismolapieve.eu
Ferien: Januar, Februar

In einer Talmulde, nur wenige Schritte von der Strada Provinciale zwischen Dogliani und Monchiero entfernt, liegt der geschichtsträchtige Komplex von Santa Maria della Valle del Rea. Zu der gewaltigen Anlage gehört das Gotteshaus, nach dem sie benannt ist, ein Bau mit uralten Wurzeln: Er entstand im 7. Jahrhundert und wurde bis in das 18. Jahrhundert mehrmals erweitert und umgebaut. Durch eine feinfühlige Renovierung wurde der Wirtschaftstrakt zu einem Agriturismo umgestaltet. Antonia Peyro leitet den Betrieb, der aus sieben schlicht eingerichteten Zimmern besteht. Der Speisesaal und der Salon entstanden aus alten Lagerräumen und Stallungen und sind ganz bewusst den Locande von anno dazumal nachempfunden. Von Freitag bis Sonntag kann man mittags und abends gegen Vorbestellung die gute Küche dieser Gegend genießen (Degustationsmenü für 25 Euro). Frühstück mit hausgemachten Kuchen und Konfitüren, aber auch Eiern sowie lokalen Wurst- und Käsespezialitäten.

♦ 1 EZ, 4 DZ, 1 3BZ und 1 4BZ, alle mit Bad und WC ♦ EZ € 30–35, DZ € 50–60, 3BZ € 75–80, 4BZ € 95–110 (alle mit Frühstück) ♦ Kreditkarten: AE, Visa; Bankomat ♦ 1 Zimmer behindertengerecht ausgestattet, Privatparkplatz, kleine Haustiere willkommen, Betreiber immer erreichbar ♦ Restaurant, Leseraum, Salon, Garten

Elva
Serre

54 km nordwestlich von Cuneo, S.S. 22
Strada Statale bis Stroppo, rechts in Richtung Cucchiales abbiegen oder über das Elvatal

Locanda San Pancrazio di Hans Clemer

Zimmervermietung
Borgata Serre, 10
Tel. (+39) 01 71 / 99 79 86
Fax (+39) 01 71 / 99 79 89
locandasanpancrazio@tiscali.it
www.lalocandadielva.it
Ferien: November

Der Name des Betriebs erinnert an den französischstämmigen Maler Hans Clemer, der die Pfarrkirche aus dem 13. Jahrhundert mit Fresken im flämischen Stil schmückte. Die Locanda bietet verschiedene Arten der Unterbringung. Es gibt zehn Doppelzimmer mit eigenem Bad (bei fünf Zimmern im Flur) und einige Mehrbettzimmer (zwei Dreibettzimmer, drei Vierbettzimmer, ein Siebenbettzimmer) mit Gemeinschaftsbad, die mit Halbpension zum Preis von 40 Euro pro Person angeboten werden. Dazu kommen zwei Schlafsäle (acht bis neun Schlafplätze) als Übernachtungsmöglichkeit auf GTA-Wandertouren: mit Halbpension zum Preis von 38 Euro pro Person (ohne Bettwäsche). Ideal für Gäste, die Trekkingtouren unternehmen, aber auch für Freunde von Spaziergängen in den Bergen, Skilanglauf oder Schneeschuhwanderungen. Der Schwerpunkt des Restaurants liegt auf der provenzalischen Küche, wobei das reichhaltige Menü 25 Euro kostet. Im Rahmen der Halbpension (50 bis 55 Euro pro Person) bekommen Sie auch feine Lunchpakete.

♦ 10 DZ mit Bad und WC (bei 5 Zimmern auf dem Flur), TV (einige Zimmer mit Minibar und Balkon) ♦ DZ in Einzelbelegung € 30–35, DZ € 60–70 (alle mit Frühstück) ♦ alle Kreditkarten, Bankomat ♦ Restaurant barrierefrei zugänglich, öffentlicher Gratisparkplatz, kleine Haustiere willkommen, Betreiber immer erreichbar ♦ Bar, Restaurant, Leseraum, Terrasse

Fabbrica Curone
Selvapiana

62 km südöstlich von Alessandria
36 km von der Ausfahrt Tortona der A 7 oder der A 21 in Richtung Val Curone

La Genzianella

3-Sterne-Hotel
Via Forotondo, 7
Tel. (+39) 01 31 / 78 01 35
Fax (+39) 01 31 / 78 00 04
richieste@lagenzianella-selvapiana.it
www.lagenzianella-selvapiana.it
Ferien: September

Cristiana Rolandi leitet diesen reizenden Betrieb mit Restaurant, wobei sie von Mitgliedern ihrer Familie unterstützt wird. Die Zimmer sind geschmackvoll und freundlich mit hübschen Bauernmöbeln eingerichtet. Die schönen Farbtöne der Ausstattung schaffen eine behagliche, zwanglose Atmosphäre, in der die Gäste sich wohlfühlen. Auf der geschlossenen, beheizten Veranda wird jeden Morgen der Frühstückstisch mit vielen feinen Spezialitäten gedeckt, darunter hausgemachte Konfitüren und Kuchen. Für Sportler, die vor dem Aufbruch in die Berge einen gehaltvollen Brunch bevorzugen, gibt es auch zahlreiche pikante Leckereien. Zu den angebotenen Annehmlichkeiten zählen ein kleiner Laden, wo Sie handgemachte Spezialitäten aus der Gegend kaufen können, und für Wochenendgäste Besichtigungen von Kellereien und Handwerksbetrieben der Umgebung.

♦ 2 EZ, 6 DZ und 2 3BZ, alle mit Bad und WC, Telefon, TV ♦ EZ € 50, DZ € 70, 3BZ € 90 (Frühstück € 3–15 pro Person) ♦ Kreditkarten: CartaSi, DC, MC, Visa; Bankomat ♦ Anlage barrierefrei zugänglich, öffentlicher Parkplatz 100 Meter entfernt, kleine Haustiere willkommen, Rezeptionsdienst rund um die Uhr ♦ Bar, Restaurant, TV-Raum, Veranda, Garten, Sonnenterrasse, Kinderspielplatz

🍲 Wurst aus eigener Erzeugung, traditionelle Bauerngerichte und Wild sind die wichtigsten Angebote auf der Speisekarte des guten Restaurants, das dem Hotel angeschlossen ist (28 bis 32 Euro ohne Wein).

Formazza
Riale

47 km nördlich von Domodossola, 89 km nordwestlich von Verbania, S.P. 659; Ausfahrt Gravellona Toce der A 26, S.S. 33 und S.P. 659; 8 km nördlich von Ponte di Formazza in Richtung Toce-Wasserfall

Walser Schtuba

Zimmervermietung
Ortsteil Riale
Tel. (+39) 03 24 / 63 43 52,
(+39) 339 / 366 33 30
info@locandawalser.com
www.locandawalser.com
Ferien: Mai, Oktober

Frassino
Im Zentrum
28 km von Saluzzo, 41 km nordwestlich von Cuneo, S.R. 589 und S.P. 8

Barba Bertu

Bed & Breakfast
Piazza Marconi, 1
Tel. (+39) 01 75 / 97 61 02,
(+39) 347 / 582 55 66
info@barbabertu.com
www.barbabertu.com
Ferien: Januar, Februar, November

Wir befinden uns am nördlichen Rand des Piemonts, nahe der Grenze zur Schweiz. In dieser prachtvollen Umgebung in unmittelbarer Nähe der Berge, inmitten endloser Wälder, führen Matteo und Francesca Sormani ihren Betrieb. Die freundlichen Dachzimmer sind geräumig und lichtdurchflutet, mit hellem Holz vertäfelt und rustikal eingerichtet. Das üppige Frühstück umfasst, passend zu dieser Bergregion, eine ganze Reihe von regionalen Produkten, süßes Backwerk, Kuchen, Joghurt, aber auch Käse und Wurst aus lokaler Produktion. Das angeschlossene Restaurant setzt auf typische Rezepte der Walser (einer germanischen Minderheit, die seit vielen Jahrhunderten in diesem Gebiet lebt), wobei die Kosten für eine Mahlzeit bei etwa 30 Euro ohne Wein liegen. Die Halbpension wird für 60 Euro pro Person bei Übernachtung im Doppelzimmer und für 75 Euro bei Übernachtung im Einzelzimmer angeboten. Im Sommer werden zahlreiche geführte Wanderungen oder Mountainbiketouren organisiert, im Winter eignet sich der Ort perfekt für den Skilauf und für Schneeschuhwanderungen.

In Frassino, im Mittelteil des Varaitals, führt »Barba« (Onkel) Bertu ein reizendes Bed & Breakfast. Bei diesem »Onkel« handelt es sich um Alberto Burzio, einen Journalisten und Schriftsteller, der von tiefer Liebe zu seiner Heimat beseelt ist. Sitz des Betriebs ist ein typisches Berglandhaus, das er mit großer Sorgfalt und gutem Geschmack renoviert hat. Die Zimmer sind einfach, bequem und mit Möbeln von lokalen Tischlern und schmiedeeisernen Betten eingerichtet. Der schöne alte Stall mit Steinwänden wurde renoviert und schallgedämmt. Er steht nun den Gästen für Feiern, Feste und Veranstaltungen verschiedener Art zur Verfügung. Auf dem Frühstückstisch erwarten Sie typische Kuchen und Feingebäck dieses Tals, Berglandbrot mit Butter und Konfitüren, Säfte und die üblichen heißen Getränke; auf Wunsch bekommen Sie auch Pikantes. Trattorie und Restaurants bieten als Partnerbetriebe ein Barba-Bertu-Menü an: Gerichte nach provenzalischer Tradition für 13 bis 18 Euro mit Wein. Man kann auch Ausflüge in größere Höhen unternehmen (auf den Colle dell'Agnello zur Quelle des Po). Lohnende Sehenswürdigkeiten sind die Pfarrkirche von Elva, die Schlösser von Lagnasco und Manta und das hübsche Städtchen Saluzzo.

♦ 6 DZ mit Bad und WC (Whirlpool), Sat-TV ♦ DZ in Einzelbelegung € 48, DZ € 76 (Aufpreis Zusatzbett € 23–25, alle mit Frühstück) ♦ keine Kreditkarten ♦ Gemeinschaftsbereiche barrierefrei zugänglich, Privatparkplatz, Haustiere nicht erlaubt, Betreiber immer erreichbar ♦ Bar, Restaurant, Frühstücksraum, Garten

♦ 1 EZ, 1 DZ und 1 3BZ, alle mit Bad und WC ♦ EZ € 35, DZ € 59, 3BZ € 75 (alle mit Frühstück) ♦ keine Kreditkarten ♦ 1 Zimmer barrierefrei zugänglich, Parkplatz gegenüber, kleine Haustiere willkommen (nach Absprache), Betreiber immer erreichbar ♦ Frühstücksraum, Taverne

Gattinara

34 km nördlich von Vercelli, S.S. 230 und S.R. 594
Ausfahrt Romagnano Sesia-Ghemme der A 26

Anzivino

Agriturismo
Corso Valsesia, 162
Tel. (+39) 01 63 / 82 71 72
Fax (+39) 01 63 / 82 09 10
anzivino@anzivino.it
www.anzivino.it
Ganzjährig geöffnet

Bramaterra, Gattinara, Faticato, Tarlo Rosso: Das sind nur einige der renommierten Weine des Betriebes Anzivino im Besitz einer bekannten Winzerfamilie. Im Jahr 2001 schlossen Emanuele und seine Ehefrau Sabrina die Renovierung des alten Bauernhauses ab und eröffneten einen Agriturismo: Es entstanden fünf Doppelzimmer (auch als Dreibettzimmer verwendbar) und ein Apartment, die dank alter Möbel eine warme, heimelige Atmosphäre haben. Es stehen auch großzügige Gemeinschaftsbereiche wie der Garten, die Terrassen und der Platz im Freien zur Verfügung, der für Momente der Ruhe und der Entspannung mit Sitzgelegenheiten und Sonnenschirmen ausgestattet ist. Das Frühstück im italienischen oder deutschen Stil umfasst Süßes (Kuchen, Brioches, Honig, Konfitüren) und Pikantes (Eier, Aufschnitt, lokale Käsesorten). Das Restaurant ist nur am Wochenende gegen Vorbestellung geöffnet (28 Euro mit Wein).

♦ 5 DZ mit Bad und WC, Aircondition, Telefon, Sat-TV; 1 Apartment (2–4 Personen) mit Küche ♦ DZ in Einzelbelegung € 65, DZ € 75 (Aufpreis Zusatzbett € 15), Apartment € 75–120 (alle mit Frühstück) ♦ alle Kreditkarten, Bankomat ♦ Restaurant barrierefrei zugänglich, Privatparkplatz teilweise überdacht, kleine Haustiere willkommen, Betreiber immer erreichbar ♦ Bar, Restaurant, Frühstücksraum, Außenbereich, Garten, Terrasse

Giarole

In der Altstadt
20 km nördlich von Alessandria, S.S. 31
Ausfahrt Alessandria Ovest der A 21 oder der A 26;
Ausfahrt Casale Monferrato der A 26

Castello Sannazzaro

Bed & Breakfast
Via Roma, 5
Tel. (+39) 01 42 / 681 24,
(+39) 347 / 250 55 19
Fax (+39) 01 42 / 681 24
info@castellosannazzaro.it
www.castellosannazzaro.it
Ferien: Januar–März

Giarole ist ein kleines Dorf in der Ebene zwischen Monferrato Casalese und Lomellina, ganz in der Nähe des Po und gleich weit von Turin, Mailand und Genua entfernt (knapp eineinhalb Stunden). Letizia und Giuseppe Sannazzaro haben hier ihr Bed & Breakfast in einem außergewöhnlichen Gebäudekomplex eröffnet, der seit dem 12. Jahrhundert im Besitz der Familie ist. Die Zimmer sind mit Stilmöbeln eingerichtet. Am Morgen wird alles Notwendige für das Frühstück bereitgestellt (hausgemachte Crostate und Kuchen, Brot, Käse, Wurst, Kaffee, Milch und Joghurt), wobei Sie die Leckereien im Zimmer, in der Küche oder im wunderschönen Hof am Eingang des Schlosses, gleich neben der herrlichen romanisch-gotischen Kirche, genießen können. Die Schlosssäle, prachtvoll erhalten und eingerichtet, und der Park sind häufig Schauplatz für öffentliche und private Veranstaltungen. Die Gäste werden von den Besitzern gerne durch die Räumlichkeiten geführt.

♦ 3 DZ mit Bad und WC ♦ DZ in Einzelbelegung € 70, DZ € 100 (alle mit Frühstück) ♦ keine Kreditkarten ♦ öffentlicher Gratisparkplatz gegenüber, kleine Haustiere willkommen, Betreiber stets anwesend ♦ Frühstücksraum, Aufenthaltsräume, TV-Raum, Park

Grazzano Badoglio
Madonna dei Monti

5 km vom Bahnhof Moncalvo
22 km nördlich von Asti, S.R. 457
Ausfahrt Vercelli Ovest der A 26

L'Albergotto

3-Sterne-Hotel
Viale Pininfarina, 43
Tel. (+39) 01 41 / 92 51 85,
(+39) 329 / 222 06 16
Fax (+39) 01 41 / 92 52 52
info@albergotto-natalina.com
www.albergotto-natalina.com
Ferien: Januar

Francesco Redoglia eröffnete das Hotel Albergotto in seinem Geburtshaus, einem Gebäude mit dem Aussehen eines alten Landhauses. Typische Elemente sind die Fassade aus Tuffstein und die rustikale Stube, in der das klassische süße Frühstück (Brot, Butter, hochwertige Konfitüren und Brioches) und auf Wunsch auch Pikantes serviert wird. Das Hotel pflegt die traditionelle Gastlichkeit, ohne es an Bequemlichkeit und Service mangeln zu lassen, wie das kleine Schwimmbecken im Park und die Whirlpools in den Suiten beweisen. Die Zimmer sind sehr bequem mit Stilmöbeln eingerichtet; es gibt auch fünf Apartments in 300 Meter Entfernung vom Hotel. Im Restaurant Natalina (35 Euro ohne Wein) wird die typische Küche der Region in heimeliger, familiärer Atmosphäre serviert. Man kann Scooter und Fahrräder ausleihen; Tennisplätze sind in der Nähe.

♦ 1 EZ, 5 DZ und 3 Suiten, alle mit Bad und WC, Aircondition, Minibar, Safe, Telefon, Sat-TV; 5 Apartments (2–4 Personen) mit Küche ♦ EZ € 60, DZ € 75, Suite (2–4 Personen) € 105 (Aufpreis Zusatzbett € 30, alle mit Frühstück); Einzimmerapartment € 75 ♦ alle Kreditkarten, Bankomat ♦ 2 Apartments behindertengerecht ausgestattet, Privatparkplatz, kleine Haustiere willkommen, Personal immer erreichbar ♦ Bar, Restaurant, Frühstücksraum, Konferenzsaal, Park, Schwimmbecken

Guarene
Lora

6 km n. v. Alba, 52 km sö. v. Turin, 62 km nö. v. Cuneo; Ausfahrt Castagnito der A 33, S.S. 231, Abzweigung von Vaccheria nach Guarene, S.P. 50; Ausfahrt Marene der A 6, S.S. 231 bis Mussotto, S.S. 29 und S.P. 50

Casalora

Zimmervermietung
Ortsteil Lora, 3
Tel. (+39) 334 / 829 93 39
info@casalora.it
www.casalora.it
Ganzjährig geöffnet

Guarene liegt ideal für alle, die einen erholsamen Aufenthalt mit kulturellen Besichtigungen und Streifzügen durch Küche und Keller verbinden wollen. Casalora, ein von Maurizio Perucca geführter Betrieb, ist ein umgebautes altes Landhaus, dessen ursprüngliche Architektur erhalten geblieben ist. Blickfang in den heimeligen, hellen Räumen sind die edlen Holzböden, die Holzbalken an den Decken und die Kombination von alten Möbeln und modernen Designerstücken. Sehr schön ist die Suite, wo das Licht durch hohe Bogenfenster hereinströmt. Die Zimmer werden regelmäßig mit Werken zeitgenössischer Künstler geschmückt und bekommen dadurch eine individuelle Note. In der schönen Jahreszeit wird das Frühstücksbüfett in den Arkaden neben der alten Scheune vorbereitet. Das Angebot umfasst Kuchen, Käse, Wurst, Joghurt, Obst und verschiedene Konfitüren. Die Hochsaisonpreise gelten zur Zeit der Trüffelmesse und an verlängerten Wochenenden.

♦ 5 DZ und 1 Suite, alle mit Bad und WC, Terrasse, TV, WLAN ♦ DZ in Einzelbelegung € 65–70, DZ € 85–105, Suite € 100–125 (alle mit Frühstück) ♦ alle Kreditkarten, Bankomat ♦ 1 Zimmer behindertengerecht ausgestattet, Privatparkplatz, kleine Haustiere willkommen, Betreiber immer erreichbar ♦ Frühstücksraum, TV-Raum, Garten, Terrasse

Guarene
Coscia
6 km n. v. Alba, 52 km sö. v. Turin, 62 km nö. v. Cuneo;
Ausfahrt Castagnito der A 33, S.S. 231, Abzweigung von Vaccheria nach Guarene, S.P. 50; Ausfahrt Marene der A 6, S.S. 231 bis Mussotto, S.S. 29 und S.P. 50

Solestelle

Agriturismo
Ortsteil Coscia, 1
Tel. (+39) 01 73 / 61 17 18, (+39) 329 / 222 01 88
info@solestelleonline.it
www.solestelleonline.it
Ganzjährig geöffnet

Inmitten der Weinberge und Haselnusshaine auf einem der Hügel rund um Alba liegt der Agriturismo Solestelle, wo Sie von Marinella Delpiano mit großer Herzlichkeit empfangen werden. Der Betrieb befindet sich außerhalb von Guarene an der Grenze zwischen den Langhe und dem Roero und entstand aus dem Umbau eines Bauernhauses vom Beginn des 19. Jahrhunderts. Die hellen Zimmer sind wie die Gemeinschaftsbereiche mit Bildern und Skulpturen geschmückt und tragen Blumennamen: »Primel« und »Sonnenblume« sind Apartments mit Küche, wo ganz bequem vier Personen untergebracht werden können. Das Frühstück mit Süßem und Pikantem wird als Büfett vorbereitet. Ein Verleih von Fahrrädern und Vespas, geführte Touren und Antistressmassagen runden das umfangreiche Angebot des Agriturismo ab. Es wird ein Shuttledienst zum Bahnhof von Alba und zu den Flughäfen von Turin und Mailand angeboten.

♦ 2 DZ und 2 3BZ, alle mit Bad und WC, Minibar, Telefon, Sat-TV, Internetanschluss; 2 Apartments (4 Personen) mit Kochnische ♦ DZ in Einzelbelegung € 50–60, DZ € 70–80, 3BZ € 90–100 (alle mit Frühstück); Apartment € 100–120 ♦ Kreditkarten: CartaSi, DC, MC, Visa; Bankomat ♦ 1 Zimmer behindertengerecht ausgestattet, Privatparkplatz, kleine Haustiere willkommen, Betreiber immer erreichbar ♦ Barbereich, Leseraum, Terrasse, Garten, Kinderspielplatz

Isola d'Asti

1,5 km vom Zentrum
10 km südwestlich von Asti, S.S. 231
Ausfahrt Isola d'Asti der A 33; Ausfahrt Asti Est der A 21

Bricco San Giovanni

NEU

Agriturismo
Via Bricco San Giovanni, 13
Tel. (+39) 01 41 / 96 06 03
Fax (+39) 01 41 / 38 49 67
info@briccosangiovanni.com
www.briccosangiovanni.com
Ganzjährig geöffnet

Dieses kürzlich renovierte Bauernhaus aus dem 19. Jahrhundert liegt in den Weinbergen zwischen den Gemeinden Isola und Costigliole d'Asti in einem Landstrich von nüchterner Schönheit. Mit seinen Aussichtsterrassen an drei Seiten bewahrt das Gebäude den Charme längst vergangener Zeiten. Das Haus ist mit alten Möbeln eingerichtet und bis ins kleinste Detail gepflegt. Die Zimmer sind geräumig und hell und jeweils nach einem typischen Wein der Gegend benannt. Das abwechslungsreiche Frühstück wird als Büfett vorbereitet. Es stehen ferner ein großzügig angelegtes Restaurant (35 Euro für eine komplette Mahlzeit ohne Wein), eine Bar und ein Lese- und TV-Raum zur Verfügung. Um das Wohl der Gäste kümmert sich Kerstin Wendel, eine Schwedin, die ihre Liebe zu Italien hierher verschlagen hat. Im Winter schafft sie mit wohlig warmen Kaminzimmern und im Sommer mit einem großen Schwimmbecken in den Weingärten eine Atmosphäre, in der sich jeder wie zu Hause fühlt. Das ganze Jahr über stehen verschiedene Veranstaltungen auf dem Programm.

♦ 10 DZ und 1 4BZ, alle mit Bad und WC, Minibar, TV, Internetanschluss (einige Zimmer mit Balkon) ♦ DZ € 90–120, 4BZ € 108–134 (alle mit Frühstück) ♦ alle Kreditkarten, Bankomat ♦ Privatparkplatz, kleine Haustiere willkommen, Betreiber stets anwesend ♦ Bar, Restaurant, Lese- und TV-Raum, Terrasse, Garten, Schwimmbecken

La Morra
Rivalta
4 km vom Zentrum; 9 km von Bra, 12 km von Alba, 54 km nordöstlich von Cuneo, S.P. 7 und S.P. 58 Ausfahrt Marene der A 6; Ausfahrt Castagnito der A 33, S.S. 231

La Morra
8 km vom Bahnhof von Cherasco
15 km südwestlich von Alba, 50 km nordöstlich von Cuneo
Ausfahrt Marene der A 6

Bricco dei Cogni

Zimmervermietung
Ortsteil Bricco Cogni, 39
Tel. (+39) 01 73 / 50 98 32,
(+39) 335 / 649 75 32
Fax (+39) 01 73 / 50 98 32
info@briccodeicogni.it
www.briccodeicogni.it
Ganzjährig geöffnet

Corte Gondina

3-Sterne-Hotel
Via Roma, 100
Tel. (+39) 01 73 / 50 97 81
Fax (+39) 01 73 / 50 97 82
info@cortegondina.it
www.cortegondina.it
Ferien: Januar, Februar

Bricco dei Cogni heißt das stimmungsvolle Landhaus der Familie Bollano, das durch die Liebe zu Stilmöbeln und Antiquitäten, mit denen alle Räume eingerichtet sind, zu einer wahren Traumresidenz geworden ist. Alle Räume, unter anderem die großzügigen Zimmer, sind heimelig und elegant, wozu die Böden, die Decken, die renovierten Tür- und Fensterstöcke, die alten Möbel, die Teppiche und edlen Einrichtungsgegenstände beitragen. Livio, seine Gattin Claudia und Mama Vittorina übertreffen einander an Aufmerksamkeit für die Gäste. Das Frühstück (hausgemachte Konfitüren und Kuchen, aber auch Käse und Wurst) wird in einem Kaminzimmer mit Blick auf die Hügel der Langa serviert. Der Komplex, der in Panoramalage zwischen den Weinbergen liegt, ist nicht weit vom Hauptplatz von Rivalta, einem Ortsteil von La Morra zwischen Verduno und Pollenzo, entfernt.

Nach einer sorgfältigen Renovierung präsentiert sich der Wohnsitz von Radegonda Oberto, Gondina genannt, nun als freundliches Hotel mit 14 bis ins kleinste Detail gepflegten Zimmern (Standard und Superior). Es verfügt über Gemeinschaftsbereiche zur Erholung, wo man eine ruhige Ecke zum Lesen finden kann, und einen Keller aus dem 19. Jahrhundert, in dem ein Konferenzsaal untergebracht ist. Das Frühstücksbüfett setzt sich aus einer Vielfalt von Speisen zusammen, die jedem Geschmack gerecht werden: Konfitüren, Honig, Brioches, Süßes aus der Bäckerei, hausgemachte Kuchen, süß und salzig, Joghurt, Zerealien, frisches Obst, Rohschinken und typische Käsesorten wie Raschera, Bra und Testun. Des Weiteren werden Milch, Kaffee, Tee und Fruchtsäfte serviert. In den warmen Monaten kann man das Schwimmbad im Freien benutzen. Ein angenehmer Zeitvertreib, bevor man den berühmten Kellereien und Crus der Langa einen Besuch abstattet.

♦ 6 DZ mit Bad und WC, Sat-TV, WLAN ♦ DZ in Einzelbelegung € 67–97, DZ € 77–107 (Aufpreis Zusatzbett € 25, Frühstück € 7,50 pro Person) ♦ Kreditkarten: CartaSi, MC, Visa; Bankomat ♦ Privatparkplatz, kleine Haustiere willkommen, Betreiber stets anwesend ♦ Frühstücksraum, Lese- und TV-Raum, Garten, Schwimmbecken, Sonnenterrasse

♦ 14 DZ mit Bad und WC, Airconditlon, Minibar, Telefon, Sat-TV, Internetanschluss (12 Zimmer mit Balkon) ♦ DZ in Einzelbelegung € 85–110, Standard-DZ € 95–120, Superior-DZ € 115–130 (Aufpreis Zusatzbett € 25–35, alle mit Frühstück) ♦ alle Kreditkarten, Bankomat ♦ 1 Zimmer behindertengerecht ausgestattet, Privatparkplatz, kleine Haustiere willkommen, Betreiber bis 24 Uhr anwesend ♦ Café, Frühstücksraum, Leseraum, Keller mit Konferenzsaal, Garten, Schwimmbecken

La Morra

15 km südwestlich von Alba, 50 km nordöstlich von Cuneo
Ausfahrt Marene der A 6, S.S. 662 in Richtung Roreto, S.P. 661 und S.P. 58

Rocche Costamagna Art Suites

Zimmervermietung
Via Vittorio Emanuele, 8
Tel. (+39) 01 73 / 50 92 25
Fax (+39) 01 73 / 50 92 83
barolo@rocchecostamagna.it
www.rocchecostamagna.it
Ferien: 15. Dezember–15. März

Rocche Costamagna ist eine der geschichtsträchtigsten Kellereien der Langa. Durch die Renovierung des alten Landhauses in der Altstadt von La Morra schufen Claudia Ferraresi und ihr Sohn Alessandro Locatelli vier elegante, großzügige Zimmer: Sie sind mit Stilmöbeln eingerichtet und mit Bildern und Kunsthandwerk von Claudia geschmückt. Alle Zimmer verfügen über eine große Terrasse (etwa 20 Quadratmeter), wo man ein prachtvolles Panorama von Roddi bis Barolo genießen kann. Im oberen Stockwerk des historischen Gebäudes befindet sich ein großer Gemeinschaftsraum, der als Leseraum mit einer Bibliothek zum Thema Küche und Keller sowie zu dieser Gegend genutzt wird. In den zwei Räumen der Enoteca, wo die Besichtigungstour des Weinkellers ihren Ausgang nimmt, kann man Degustationen durchführen. Gegen Abgabe eines Vouchers bekommen Sie in einem Café in 30 Meter Entfernung Ihr Frühstück. Zu jeder Tageszeit können Sie sich im Zimmer Tee oder Kaffee zubereiten.

♦ 4 DZ mit Bad und WC, Aircondition, Terrasse, Minibar, Safe, Telefon, Sat-TV ♦ DZ in Einzelbelegung € 90, DZ € 110, Superior-DZ € 130 (Aufpreis Zusatzbett € 25, alle mit Frühstück) ♦ Kreditkarten: CartaSi, MC, Visa; Bankomat ♦ öffentlicher Parkplatz gegenüber, Haustiere nicht erlaubt, Betreiber 8–18 Uhr anwesend ♦ Leseraum, Bibliothek, Degustationsstuben

Macra
Camoglieres

38 km nordwestlich von Cuneo, S.S. 22
Von Dronero 18 km in Richtung Acceglio

Locanda del Silenzio

Zimmervermietung
Borgata Camoglieres
Tel./Fax (+39) 01 71 / 99 93 05,
(+39) 346 / 841 96 80
info@locandadelsilenzio.com
www.locandadelsilenzio.com
Ferien: unterschiedlich

Die Locanda del Silenzio, umgeben von mächtigen Bergen, ist ein hübsches Steinhaus, das außen wie innen mit großer Sorgfalt renoviert wurde. Wie der Name verspricht, können Sie hier einen Aufenthalt in einer Oase der Ruhe verbringen. Empfangen werden Sie von Nanni, die auch für die Küche verantwortlich ist. Der Schlafsaal (für Gruppen) und die Zimmer sind auf das Wesentliche beschränkt. Das üppige Frühstück umfasst Joghurt, Müsli, hausgemachte Konfitüren und Kuchen, Feingebäck, Brot, Bergbutter, Getränke und Säfte. Eine Mahlzeit im Restaurant (nicht nur für Hausgäste geöffnet) kostet 27 Euro ohne Getränke; die Halbpension, vorzugsweise im Winter, kostet 70 Euro pro Person im Doppelzimmer und 45 Euro im Schlafsaal. Während Ihres Aufenthaltes können Sie zahlreiche Sportarten praktizieren: je nach Jahreszeit Ausflüge auf Naturlehrpfaden, Fischen, Klettern, Alpinskilauf, Langlauf und Schneeschuhwanderungen.

♦ 3 DZ mit Bad und WC, Internetanschluss; 1 Schlafsaal (10 Personen) ♦ DZ in Einzelbelegung € 75, DZ € 110 (Aufpreis Zusatzbett € 35), Bett im Schlafsaal € 25 (alle mit Frühstück) ♦ Kreditkarten: MC, Visa; Bankomat ♦ öffentlicher Gratisparkplatz, kleine Haustiere willkommen, Betreiber immer erreichbar ♦ Bar, Restaurant, Frühstücksraum, Leseraum, Garten

Magliano Alfieri

800 m vom Zentrum
9 km von Alba, 71 km nordöstlich von Cuneo, S.S. 231
Ausfahrt Castagnito der A 33; Ausfahrt Marene der A 6

Cascina San Bernardo

Agriturismo
Via Adele Alfieri, 31
Tel./Fax (+39) 01 73 / 664 27
info@cascinasanbernardo.com
www.cascinasanbernardo.com
Ferien: 15. Dezember–1. März

Ein Landhaus aus dem 19. Jahrhundert, sachkundig renoviert und eingebettet in ein großes Gut (mehr als drei Hektar), auf dem Haselnüsse und Obst – Aprikosen und Pfirsiche – angebaut werden: der Agriturismo von Silvia Raballo. Den Gästen stehen sechs Doppelzimmer (zwei mit der Möglichkeit eines Zusatzbettes) zur Verfügung. Sie sind großzügig, hell und mit alten Betten und modernem Komfort ausgestattet. Im weitläufigen Frühstücksraum, der in einer alten Laube neben der Scheune untergebracht ist, wird jeden Morgen ein üppiges Büfett mit süßen und pikanten Spezialitäten (Käse und Wurst aus der Gegend) vorbereitet. In der Umgebung des Hauses können Sie Spaziergänge auf markierten Wegen durch die zauberhaften Hügel des Roero unternehmen. Den Gästen steht ein Schwimmbecken im Freien zur Verfügung.

♦ 4 DZ und 2 3BZ, alle mit Bad und WC, TV (1 Zimmer mit Balkon) ♦ DZ in Einzelbelegung € 70, DZ € 80–90, 3BZ € 100 (alle mit Frühstück) ♦ keine Kreditkarten ♦ 1 Zimmer behindertengerecht ausgestattet, Privatparkplatz, Haustiere nicht erlaubt, Betreiber immer erreichbar ♦ Frühstücksraum, Leseraum, Konferenzraum (25 Plätze), Garten, Terrasse, Schwimmbecken

Mango
San Donato
4 km vom Zentrum; 16 km östlich von Alba, 74 km nordöstlich von Cuneo, S.P. 270
Ausfahrt Castagnito der A 33; Ausfahrt Marene der A 6, S.S. 231

All'Ombra del Pero

Zimmervermietung
Ortsteil Torretta, 5
Tel. (+39) 01 41 / 83 98 34
Fax (+39) 01 41 / 184 01 42
info@allombradelpero.it
www.allombradelpero.it
Ferien: Dezember–März

Ein majestätischer Birnbaum spendet diesem Landhaus Schatten, das von Susanne Klieber bewohnt und als Locanda bewirtschaftet wird. Susanne, eine Deutsche, die es nach Mailand verschlagen hat, entdeckte die Langa, als sie an den Wochenenden aus der Großstadt floh. Sie verliebte sich in dieses Gebäude und beschloss, sich hier niederzulassen. Von diesem Platz aus – dem Torretta-Pass zwischen Belbo und Tinella – bietet sich ein atemberaubender Blick über das Land mit seinen unzähligen Hügeln und seinen Dörfern und Städtchen bis hin zur Lombardischen Tiefebene, den Alpen und den Apenninen. In den hübschen Zimmern wurden Antiquitäten mit modernen Stücken kombiniert. Der Sinn für das Gesamtbild zeigt sich in kleinen Details wie den Fliegengittern vor den Fenstern. Im Frühstücksraum, der mit einem Kühlschrank und einer Kochnische ausgestattet ist, können Sie sich naturgesäuertes Brot, handgemachte Brioches, Biokonfitüren, Fruchtsäfte, Joghurt und auf Wunsch auch Käse schmecken lassen.

♦ 5 DZ oder 3BZ, alle mit Bad und WC (1 Zimmer mit Terrasse) ♦ DZ in Einzelbelegung € 75, DZ € 80 (Aufpreis Zusatzbett € 15, alle mit Frühstück) ♦ Kreditkarten: MC, Visa; Bankomat ♦ Gemeinschaftsbereiche barrierefrei zugänglich, 1 Zimmer behindertengerecht ausgestattet, Privatparkplatz, kleine Haustiere willkommen, Betreiber immer erreichbar ♦ Frühstücksraum, Lese-, Musik- und TV-Raum, Außenbereich, Garten, Terrasse, Sonnenterrasse

Manta

500 m vom Zentrum
500 m von der Autobushaltestelle
4 km südlich von Saluzzo, 28 km nördlich von Cuneo, S.S. 589

Il Giardino dei Semplici

Bed & Breakfast
Via San Giacomo, 12
Tel. (+39) 01 75 / 857 44,
(+39) 347 / 761 79 87
info@giardinodeisemplici.eu
www.giardinodeisemplici.eu
Ferien: Januar, Februar

Im Giardino dei Semplici, im »Garten der Einfachen«, erwartet Sie ein altes Haus in einem weitläufigen Park – ein Ambiente fast surreal anmutender Stille. Und dennoch sind wir hier fast im Zentrum von Manta, wenige Schritte von der berühmten Burg aus dem 15. Jahrhundert entfernt (für Besichtigungen geöffnet). Das Ehepaar Dematteis lebt hier mit seinen sechs Kindern. Über einen hübschen kleinen Garten kommt man zu jenem Teil des Hauses, der für die Gäste bestimmt ist: ein großer Aufenthaltsraum und drei Zimmer, die jeweils nach einer typischen Blume der umliegenden Wiesen benannt und im passenden Farbton gestrichen sind. Man kann auch in einem hübschen Baumhaus mit Bad und WC, Terrasse und Panoramablick (120 bis 140 Euro) wohnen. Nach dem Aufstehen erwartet Sie ein Frühstück mit hausgemachten Kuchen, aber auch der allgegenwärtige Toumin del Mel und die erlesenen Ziegenkäsesorten des Mairatals. Signora Maria, eine leidenschaftliche Blumenzüchterin, hat den Garten durch eine stimmungsvolle Ecke mit alten Rosenstöcken verschönert.

♦ 1 DZ und 2 3BZ, alle mit Bad und WC (bei 2 Zimmern auf dem Flur) ♦ DZ in Einzelbelegung € 40, DZ € 60, 3BZ € 80 (alle mit Frühstück) ♦ keine Kreditkarten ♦ Privatparkplatz, kleine Haustiere willkommen, Betreiber stets anwesend ♦ Frühstücksraum, Aufenthaltsraum, Garten, Park

Marmora
Finello

51 km nordwestlich von Cuneo, S.S. 22
Strada Statale bis Ponte Marmora, dann in Richtung Marmora und Finello

Lou Pitavin

Zimmervermietung
Borgata Finello, 2
Tel./Fax (+39) 01 71 / 99 81 88
info@loupitavin.it
www.loupitavin.it
Ferien: Anfang Oktober–Weihnachten

Um zu dieser von Valeria und Marco Andreis geführten Locanda zu gelangen, müssen Sie hinter Stroppo in Richtung Acceglio weiterfahren; in Ponte Marmora biegen Sie links ab. 500 Meter vor der Siedlung stoßen Sie auf dieses Haus aus dem 19. Jahrhundert. Im Jahr 2000 wurden die Umbauarbeiten abgeschlossen, wobei die Originalmaterialien weitgehend erhalten blieben. Die Zimmer im Dachgeschoss sind geschmackvoll und einfach eingerichtet und bieten Platz für zwei bis fünf Personen. Sehr angenehm sind die Gemeinschaftsbereiche wie das Restaurant, das auch externe Gäste bedient (Menü mit sieben Gängen für 26 Euro ohne Getränke). Geboten wird provenzalisch-piemontesische Küche. Die Gäste speisen in den ehemaligen Stallungen oder im Außenbereich, wo Tische und Holzbänke aufgestellt sind. Ausflüglern verrät Marco mit Freude die besten Ziele: Wir empfehlen einen Ausflug nach Rocca la Meja.

♦ 4 DZ mit Bad und WC, Telefon (2 Zimmer mit Terrasse); 1 Schlafsaal (8 Personen) ♦ DZ in Einzelbelegung und DZ € 68–76 (Aufpreis Zusatzbett € 20–23), Bett im Schlafsaal € 20–23 (alle mit Frühstück) ♦ Kreditkarten: CartaSi, DC, MC, Visa; Bankomat ♦ Restaurant barrierefrei zugänglich, öffentlicher Gratisparkplatz, kleine Haustiere willkommen, Betreiber immer erreichbar ♦ Bar, Restaurant, Frühstücksraum, Garten, Terrasse

Mergozzo

12 km nordwestlich von Verbania, S.S. 33
Ausfahrt Gravellona Toce der A 26

La Quartina

3-Sterne-Hotel
Via Pallanza, 20
Tel. (+39) 03 23 / 801 18
Fax (+39) 03 23 / 807 43
info@laquartina.com
www.laquartina.com
Ferien: Januar–Mitte Februar

Mergozzo ist eine romantische Ortschaft in der Provinz Verbano. Ihre wichtigsten Siedlungskerne, Riva und Sasso, blicken auf einen kleinen See bzw. liegen an den Ausläufern des Monte Orfano, wo sich einst die alte Burg erhob. Dieses Hotel mit Restaurant am Seeufer wird von Laura Profumo und ihren Mitarbeitern sehr professionell geführt. Es ist der richtige Ort für Urlauber, die Ruhe und Erholung suchen. Die Zimmer sind mit Sorgfalt eingerichtet und verfügen über jeden modernen Komfort. Sowohl das Frühstück als auch das Mittag- und Abendessen (30 bis 50 Euro ohne Wein, Halbpension 35 Euro pro Person) werden im hellen Speisesaal des Restaurants mit Blick auf den See und bei Schönwetter auch auf der schönen Aussichtsterrasse serviert. Ausfluge in das Ossolatal und die umliegenden Naturoasen bieten sich ebenso an wie ruhige Spaziergänge in den Wäldern.

♦ 2 EZ und 8 DZ, alle mit Bad und WC, Minibar, Safe, Telefon, Sat-TV; 5 Apartments (2–5 Personen) mit Kochnische ♦ EZ € 65, DZ € 90–110 (Aufpreis Zusatzbett € 20, Frühstück € 10 pro Person); Apartment € 120–180 ♦ Kreditkarten: AE, CartaSi, MC, Visa; Bankomat ♦ Privatparkplatz, kleine Haustiere willkommen, Betreiber stets anwesend ♦ Bar, Restaurant, Lese- und TV-Raum, Terrasse, Sonnenterrasse, öffentlicher Strand

Mombello Monferrato

44 km nordwestlich von Alessandria, S.S. 31 und S.S. 590
Ausfahrt Casale Monferrato Sud der A 26

Cà Dubini

Via Roma, 17
Tel. (+39) 01 42 / 94 41 16
Fax (+39) 01 42 / 94 49 28
info@cadubini.it
www.cadubini.it
Ferien: je 2 Wochen im Januar und August

Das Cà Dubini ist von Turin, Mailand und Genua leicht über die Autobahn zu erreichen. Dieser Platz eignet sich ideal für ein ruhiges Wochenende im Monferrato Casalese. Die Familie Dubini führt hier seit 1888 ein bekanntes Restaurant. Erst kürzlich wurde das dahinterliegende Bauernhaus renoviert, und es entstanden Gästezimmer, in denen die alte Architektur erhalten blieb. Die vier Zimmer in warmen, wohltuenden Farben sind mit Stilmöbeln eingerichtet. Das Frühstück besteht in erster Linie aus süßen Spezialitäten (Kuchen, Brioches, Säfte, Joghurt, Milch, Kaffee), es gibt aber auch Käse und Wurst aus der Region. Das nahe gelegene Restaurant serviert für 25 Euro ohne Wein typische Gerichte des Monferrat. Als Alternative steht den Gästen eine schöne große Küche zur Verfügung, wo sie sich selbst ein Frühstück oder Mittagessen zubereiten können.

♦ 4 DZ mit Bad und WC, Minibar, Sat-TV ♦ DZ in Einzelbelegung € 50, DZ € 80 (alle mit Frühstück) ♦ Kreditkarten: CartaSi, DC, MC, Visa; Bankomat ♦ 1 Zimmer behindertengerecht ausgestattet, Privatparkplatz teilweise überdacht, Haustiere nicht erlaubt, Betreiber stets anwesend ♦ Restaurant, Leseraum, Garten

Moncalvo

Im Zentrum
20 km nordöstlich von Asti, S.S. 457
Ausfahrt Asti Est der A 21; Ausfahrt Casale Monferrato Sud der A 26

Locanda del Melograno

3-Sterne-Hotel
Corso Regina Margherita, 36–38
Tel. (+39) 01 41 / 91 75 99
Fax (+39) 01 41 / 92 12 49
info@lalocandadelmelograno.it
www.lalocandadelmelograno.it
Ganzjährig geöffnet

Das hübsche Schild, das Gebäude vom Ende des 19. Jahrhunderts, das mit viel Geschmack und ohne unnötiges Beiwerk renoviert wurde, und die gepflegte, familiäre Atmosphäre machen diese Locanda zum Inbegriff der Gastlichkeit. Geführt wird sie von Marina und Mauro Cerruti, die nach einem mehrjährigen Aufenthalt in Mailand zu ihren Wurzeln in das ruhige Hügelland zurückkehrten. Die Zimmer sind geräumig, hell und ansprechend eingerichtet (auf zwei Stockwerken und jedes in einem anderen Stil möbliert) und können mit einem Lift vom Privatparkplatz aus leicht erreicht werden. Die Bäder und Gemeinschaftsbereiche bieten jeden Komfort. Das kontinentale Frühstück umfasst Kuchen, Joghurt, auf Wunsch auch Käse, Wurst und gute hausgemachte Produkte. In einem angeschlossenen kleinen Laden können die Gäste diese Spezialitäten sowie Weine lokaler Winzer kaufen.

♦ 7 DZ und 2 Suiten, alle mit Bad und WC, Airkondition, Minibar, Telefon, Sat-TV (6 Zimmer mit Terrasse) ♦ DZ in Einzelbelegung € 70, DZ € 85, Suite € 105 (Aufpreis Zusatzbett € 26–32, alle mit Frühstück) ♦ Kreditkarten: MC, Visa; Bankomat ♦ Anlage barrierefrei zugänglich, 3 Zimmer behindertengerecht ausgestattet, Privatparkplatz, kleine Haustiere willkommen, Betreiber stets anwesend ♦ Bar, Lese- und TV-Raum, Veranda

Monchiero
Monchiero Alto-Santuario
1 km vom Zentrum; 44 km nordöstlich von Cuneo, 70 km südöstlich von Turin; Ausfahrt Castagnito der A 33 über Alba-Barolo-Monforte; Ausfahrt Marene der A 6 über Roreto-Fondovalle Tanaro

Tra Arte e Querce

Zimmervermietung
Via Monchiero Alto, 11
Tel. (+39) 01 73 / 79 21 56,
(+39) 335 / 575 03 85
Fax (+39) 01 73 / 79 21 56
ezioetclelia@tiscali.it
www.traarteequerce.com
Ferien: Januar–Mitte März

Wir sind in der kleinen Ortschaft, in der der neoimpressionistische Maler Eso Peluzzi einen Großteil seines langen Lebens verbrachte. Als er mit dem Zug auf dem Weg von seiner Heimatstadt Savona nach Turin hier vorbeifuhr, verliebte er sich unsterblich in diesen Ort. Inmitten einer Handvoll Häuser, die sich um die Kirche Santuario della Madonna del Rosario aus dem 18. Jahrhundert drängen, gestalteten Clelia Vivalda und ihre Familie ein charakteristisches Landhaus zu einer Trattoria und Locanda um. Die eleganten, großzügigen Zimmer sind mit jedem Komfort ausgestattet; die Gemeinschaftsbereiche präsentieren sich freundlich und gepflegt. Das Frühstücksbüfett bietet Honig, Konfitüren, Feingebäck, Kaffee, Milch, Obst und Produkte aus der Region (Wurst, Käse und als Spezialität getrüffelte Eier: Die Betreiber sind begeisterte Trüffelsucher und nehmen die Gäste auf Wunsch gerne mit in die Wälder). Im kleinen Restaurant bekommen Sie mittags und abends gegen Vorbestellung typische piemontesische Gerichte (ein Degustationsmenü kostet 26 Euro ohne Wein).

♦ 6 DZ mit Bad und WC (2 Zimmer mit Whirlpool), Minibar, Telefon (auf Wunsch), Sat-TV, Internetanschluss (einige Zimmer mit Balkon) ♦ DZ in Einzelbelegung € 50–60, DZ € 90–110 (alle mit Frühstück) ♦ alle Kreditkarten, Bankomat ♦ Anlage barrierefrei zugänglich, 1 Zimmer behindertengerecht ausgestattet, öffentlicher Gratisparkplatz, kleine Haustiere willkommen, Betreiber immer erreichbar ♦ Restaurant, Leseraum

Mondovì
Piazza

In der oberen Altstadt
27 km östlich von Cuneo, S.P. 564
Ausfahrt Mondovì der A 6

Casa del Canonico

Zimmervermietung
Via Giolitti, 3
Tel. (+39) 01 74 / 33 00 26
Fax (+39) 01 74 / 48 10 32
casadelcanonico@gmail.com
www.casadelcanonico.it
Ganzjährig geöffnet

NEU

Piazza ist der älteste Siedlungskern von Mondovì, den man von Breo mit der erneuerten Standseilbahn erreicht. Wenige Meter von der Station entfernt liegt ein kürzlich renoviertes ehrwürdiges Gebäude aus dem 17. Jahrhundert, das teilweise zu einer Locanda umgestaltet wurde. Die Zimmer und Gemeinschaftsbereiche sind mit schlichter Eleganz eingerichtet: Möbel und Ziergegenstände aus Familienbesitz, Antiquitäten, moderne Elemente und Keramik. Die Gäste werden sehr herzlich empfangen, das Ambiente ist wohltuend ruhig. Großen Wert legen die Betreiber auf die Qualität und Herkunft der Produkte, die zum Frühstück serviert werden: hausgemachte Konfitüren, feine Backwaren, darunter Maisgebäck aus dem Monregalese (Slow-Food-Förderkreis), sowie Käse und Wurst aus der Region. Die Besitzerin, Tochter des Dialektdichters Carlo Regis, gibt gerne Auskunft über sehenswerte Ausflugsziele.

♦ 3 DZ mit Bad und WC, Safe, Telefon, TV, WLAN (1 Zimmer mit Balkon) ♦ DZ in Einzelbelegung € 50–55, DZ € 70–80 (alle mit Frühstück) ♦ Kreditkarten: AE, CartaSi, MC, Visa; Bankomat ♦ Anlage barrierefrei zugänglich, öffentlicher Gratisparkplatz und gebührenpflichtiger Parkplatz in der Nähe, kleine Haustiere willkommen, Betreiber immer erreichbar ♦ Frühstücksraum, Leseraum

Mondovì
Piazza

In der oberen Altstadt
27 km östlich von Cuneo, S.P. 564
Ausfahrt Mondovì der A 6

Lo Studiò di Piazza

Gästehaus
Via delle Scuole, 2
Tel. (+39) 01 74 / 33 08 87,
(+39) 335 / 605 89 79
Fax (+39) 01 74 / 56 79 93
info@lostudiodipiazza.it
www.lostudiodipiazza.it
Ganzjährig geöffnet

NEU

Der Garten ist wahrscheinlich das wertvollste und sicher das eindrucksvollste Element dieses Betriebs (Gästehaus und Zimmervermietung). Es handelt sich um ein altes Herrschaftshaus auf der Piazza Maggiore mit Blick auf den Alpenbogen, die Langhe und die Ausläufer der Ebene von Cuneo. Die Einrichtung ist sehr gepflegt und zeichnet sich durch Stilmöbel, Antiquitäten, edle Teppiche und Vorhänge aus. Neben der Küche oder einer Kochnische verfügen die Apartments über eine Theke. Alle Zimmer sind mit einer Maschine zur Zubereitung von Kaffee und anderen heißen Getränken ausgestattet. Das Frühstück wird in einer benachbarten Bar serviert: Cappuccino, Brioches oder Kuchen und Fruchtsaft.

♦ 3 DZ, 1 3BZ und 1 4BZ, alle mit Bad und WC, Minibar, Sat-TV (1 Zimmer mit Balkon, 2 Zimmer mit Aircondition); 5 Miniapartments (2–4 Personen) mit Küche oder Kochnische ♦ DZ in Einzelbelegung € 50, DZ € 70–90 (Aufpreis Zusatzbett € 14–18, alle mit Frühstück); Miniapartment € 80–112 ♦ alle Kreditkarten, Bankomat ♦ 1 Zimmer behindertengerecht ausgestattet, öffentlicher Gratisparkplatz und kostenpflichtiger Parkplatz in der Nähe, kleine Haustiere willkommen, Betreiber immer erreichbar ♦ Aufenthaltsraum, Arkaden, Gartenhaus, Garten

Monforte d'Alba

Im Zentrum; 48 km nordöstlich von Cuneo, 74 km südöstlich von Turin
Ausfahrt Castagnito der A 33 über Alba-Barolo-Monforte; Ausfahrt Marene der A 6 über Roreto-Fondovalle Tanaro

Montelupo Albese

3 km vom Zentrum
62 km nordwestlich von Cuneo, S.P. 422 oder S.S. 231, S.P. 7 und S.P. 32

Giardino da Felicin

3-Sterne-Hotel
Via Vallada, 18
Tel. (+39) 01 73 / 782 25
albrist@felicin.it
www.felicin.it
Ferien: unterschiedlich

Aria di Langa

NEU

Zimmervermietung
Via Mortizzo, 13
Tel. (+39) 01 73 / 61 73 82
info@ariadilanga.com
www.ariadilanga.com
Ferien: 7. Januar–13. Februar

Nur wenige Schritte von der Piazza Umberto entfernt, im unteren Teil des historischen Zentrums, führt die Familie Rocca seit drei Generationen dieses renommierte Hotel mit Restaurant. Von den Fenstern der Zimmer und der drei Apartments aus (die anderen 15 sind in einer Dependance im oberen Teil der Ortschaft untergebracht) können Sie die prachtvolle Aussicht auf die Langhe genießen. Die Zimmer sind mit Möbeln aus Familienbesitz aus dem 19. Jahrhundert und mit Teppichen und Stoffen nach klassischem Geschmack eingerichtet. Ein kleines Frühstück ist im Preis inbegriffen, für eine üppigere Variante (fast ein Mittagessen) zahlt man einen Aufpreis von 10 Euro pro Person. Bei der Reservierung können Sie auch Halbpension (110 bis 120 Euro) buchen, die ein Abendessen mit großem kulinarischem Angebot umfasst.

Abgesehen vom (gut integrierten) Liftschacht entspricht das Äußere ganz einem typischen Landhaus der Langa in L-Form. Das Innere hingegen ist überraschend modern und funktional gestaltet. Im Erdgeschoss liegen die Rezeption, die Bartheke und der Speisesaal (Degustationsmenü oder À-la-carte-Essen 35 bis 40 Euro, Mahlzeit für Hausgäste 25 Euro ohne Wein), der in der Aussichtsterrasse seine Fortsetzung findet. Im ersten Stock sind die großzügigen, hellen Zimmer, einige mit großer Glasfront, die den Blick auf die herrlichen Weingärten und Wälder freigibt. Das kontinentale Frühstück umfasst zahlreiche hausgemachte Produkte (darunter Brot). Das Schwimmbad kann von den Gästen der Locanda und des Restaurants benutzt werden. Um den herzlichen Empfang kümmern sich Angelica D'Alessandro und die Inhaberin Daniela Gomba.

♦ 11 DZ und 18 Apartments, alle mit Bad und WC, Minibar, Safe, Telefon, TV ♦ DZ in Einzelbelegung € 85, DZ € 95–120, Apartment € 140 (alle mit Frühstück) ♦ Kreditkarten: AE, CartaSi, MC, Visa; Bankomat ♦ 3 Apartments behindertengerecht ausgestattet, Privatparkplatz, Garage (12 Plätze), kleine Haustiere willkommen, Rezeptionsdienst 8–24 Uhr ♦ Restaurant, Außenbereich, Garten

🍲 Restaurant mit klassischer Küche der Langa (eine komplette Mahlzeit ohne Wein kostet 35 bis 60 Euro).

♦ 6 DZ oder 3BZ mit Bad und WC, Aircondition, Balkon, Minibar, Safe, Telefon, Sat-TV, WLAN ♦ DZ in Einzelbelegung € 70–90, DZ € 90–130, 3BZ € 115–155 (alle mit Frühstück) ♦ alle Kreditkarten, Bankomat ♦ Anlage barrierefrei zugänglich, 1 Zimmer behindertengerecht ausgestattet, Privatparkplatz, kleine Haustiere willkommen, Betreiber immer erreichbar ♦ Barbereich, Restaurant, Terrasse, Hof, Gartenhaus, Schwimmbecken.

Monteu Roero

13 km nordwestlich von Alba, 64 km nordöstlich von Cuneo
Ausfahrt Marene der A 6, S.P. 662, S.S. 231 und S.P. 29; Ausfahrt Asti Ovest der A 21, S.P. 58 und S.P. 29

Monticello d'Alba
Bricchi

11 km nordwestlich von Alba, 55 km nordöstlich von Cuneo
Ausfahrt Marene der A 6; Ausfahrt Castagnito der A 33, S.S. 231 und S.P. 142

Cascina Vrona

Agriturismo
Ortsteil Sant'Anna, 6
Tel./Fax (+39) 01 73 / 906 29,
(+39) 338 / 644 85 52
cascinavrona@cascinavrona.it
www.cascinavrona.it
Ganzjährig geöffnet

Rifugio dell'Anima

NEU

Agriturismo
Ortsteil Bricchi, 1
Tel./Fax (+39) 01 73 / 643 85,
(+39) 335 / 646 89 55
info@rifugiodellanima.it
www.rifugiodellanima.it
Ferien: Dezember–März

Die Gegend am linken Ufer des Tanaro, gegenüber den Langhe, ist ein Landstrich mit Hügeln und Burgen. Die Rocche, ein unwegsames geologisches System von Schluchten, steilen Hängen und Gräben, befinden sich ganz in der Nähe dieses professionell und herzlich geführten Betriebes der Familie Sandri. Das reizende, stilvoll und unaufdringlich renovierte Bauernhaus bietet einen herrlichen Ausblick auf Wälder und Weinberge. Die Zimmer sind geräumig und hell. Neben dem Schwimmbecken gibt es ein Tiergehege (Ziegen, Kaninchen, Hühner, Schweine) – von hier bezieht Rino einen Teil seiner Zutaten für das Restaurant. Dort werden nicht nur Hausgäste empfangen und mit einer üppigen gepflegten Mahlzeit ganz nach der Tradition (25 Euro ohne Wein, Halbpension 55 Euro pro Person) verwöhnt. Trekking in den Rocche, Kutschenfahrten, Ausflüge mit der Vespa oder dem Fahrrad, Besichtigungen und Kochkurse runden das Angebot ab.

An der Straße von Villa hinunter nach Valdozza biegt man in einen nicht asphaltierten, aber gut mit dem Auto befahrbaren Forstweg ein. Wer den Blick schweifen lässt, sieht ordentliche Reihen von Weinstöcken, die üppigen Wälder des Roero, eine schöne mittelalterliche Burg und an klaren Tagen die mächtige Kette der Alpen rund um den Monviso. In einem kürzlich renovierten Landhaus mit der charmanten Atmosphäre von anno dazumal werden Sie von Adriano und Gabriella Chiesa empfangen. Hier können Sie einen beschaulichen Aufenthalt genießen. Die Zimmer mit Panoramablick wurden unter Verwendung natürlicher Materialien gebaut und mit Massivholzmöbeln eingerichtet. Das Frühstücksbüfett umfasst unter anderem Haselnusskuchen, frisches Obst und hausgemachte Konfitüren. Man kann herrliche Wanderungen und Ausflüge mit dem Fahrrad (vom Betrieb zur Verfügung gestellt) oder zu Pferd auf dem 23 Kilometer langen Weg durch den zentralen Teil des Roero (S. 4) von Vezza nach Santa Vittoria d'Alba unternehmen.

♦ 6 DZ und 1 Apartment (2–4 Personen), alle mit Bad und WC, TV (2 Zimmer mit Aircondition) ♦ DZ in Einzelbelegung € 45, DZ € 60 (Aufpreis Zusatzbett € 20), Apartment € 100 (alle mit Frühstück) ♦ Kreditkarten: CartaSi, MC, Visa; Bankomat ♦ Restaurant barrierefrei zugänglich, Privatparkplatz, kleine Haustiere willkommen, Betreiber stets anwesend ♦ Restaurant, Frühstücksraum, Lese- und TV-Raum, Terrasse, Garten, Schwimmbecken

♦ 2 DZ und 1 3BZ, alle mit Bad und WC, Balkon, Safe, Telefon, TV ♦ DZ in Einzelbelegung € 35, DZ € 60, 3BZ € 85 (Aufpreis Zusatzbett € 20, alle mit Frühstück) ♦ Kreditkarten: AE, MC, Visa; Bankomat ♦ Anlage barrierefrei zugänglich, Privatparkplatz, Haustiere nicht erlaubt, Betreiber immer erreichbar ♦ Frühstücksraum, Leseraum, Garten, Kinderspielplatz, Schwimmbecken

Murisengo
Corteranzo
4 km vom Zentrum; 52 km nordwestlich von Alessandria, S.S. 31 und S.S. 590; Ausfahrt Casale Monferrato Sud der A 26; Ausfahrt Chivasso der Superstrada Turin-Chivasso, S.S. 590 nach Asti

Canonica di Corteranzo

Agriturismo
Via Recinto, 15
Tel. (+39) 01 41 / 69 31 10
Fax (+39) 01 41 / 69 30 00
info@canonicadicorteranzo.it
www.canonicadicorteranzo.it
Ferien: 1. Januar–15. Februar

Gabriele Calvo, ein wichtiger Weinbauer des Monferrat, hegte einen großen Wunsch: in der Nähe seiner Kellerei einen Agriturismo aufzubauen und Touristen und Durchreisenden Momente der Ruhe und Entspannung zu bieten. Im Jahr 2003 machte er sich gemeinsam mit seiner Ehefrau Emma ans Werk, wobei die Ausführung mit viel Geschmack und Leidenschaft erfolgte. Es entstanden zehn Zimmer, mit Antiquitäten möbliert und mit erlesenen Stoffen und Ziergegenständen eingerichtet. Eine Scheune wurde in einen Konferenzraum mit Ausblick umgestaltet. Der Sitz des Betriebs ist ein Jagdhaus aus dem 17. Jahrhundert, das durch eine Erbschaft an die Kurie von Casale fiel und als Pfarrhaus des Ortsteils Corteranzo di Murisengo diente. Auf dem Frühstückstisch erwarten Sie hausgemachte Kuchen und Konfitüren, dazu Kaffee und Milch, Joghurt und Zerealien. Auch die pikanten Spezialitäten dieser Gegend sollten Sie sich nicht entgehen lassen: Ziegenkäse aus Murisengo, verschiedene Wurstsorten und gereifter Toma.

♦ 10 DZ mit Bad und WC, Safe, Minibar, WLAN ♦ DZ in Einzelbelegung € 92, DZ € 125 (alle mit Frühstück) ♦ Kreditkarten: MC, Visa; Bankomat ♦ Anlage barrierefrei zugänglich, öffentlicher Gratisparkplatz, Haustiere nicht erlaubt, Betreiber stets anwesend ♦ Bar, Frühstücksraum, Leseraum, Konferenzsaal, Degustationsstube, Terrasse, Garten, Schwimmbecken

Neive
In der Altstadt
13 km von Alba, 73 km nordöstlich von Cuneo
Ausfahrt Castagnito der A 33; Ausfahrt Marene der A 6, S.S. 231

Castelbourg

3-Sterne-Hotel
Via Cocito, 1
Tel. (+39) 01 73 / 673 80
Fax (+39) 01 73 / 67 98 42
castelbourg@castelbourg.com
www.castelbourg.com
Ferien: Mitte Januar–Ende Februar

NEU

Das Hotel, ein Gebäude aus dem 17. Jahrhundert, befindet sich im Zentrum von Neive, einer der schönsten Ortschaften Italiens. Bei der stilvollen Renovierung blieb die ursprüngliche Architektur erhalten; an der Gestaltung der Innenräume ist die große Liebe zum Detail zu erkennen. Die Zimmer sind großzügig, hell, mit alten Möbeln eingerichtet und mit jedem Komfort ausgestattet. Die Suite im obersten Stock bietet einen prachtvollen Ausblick auf die umliegenden Dächer und die Hügelkette. Um den Empfang der Gäste kümmert sich herzlich und zuvorkommend Grazia Celoria. Das Frühstück wird in der reizenden Weinbar im Erdgeschoss als Büfett vorbereitet und überrascht mit feinen Leckerbissen: Backwaren aus lokalen Zutaten, Fruchtsäfte, Kaffee, Milch, Zerealien, Joghurt, Obst, Wurst und Käse. In der Nähe stehen Tennis- und Golfplätze zur Verfügung.

♦ 6 DZ und 1 Juniorsuite, alle mit Bad und WC, Telefon, Sat-TV, WLAN ♦ DZ in Einzelbelegung € 80–110, DZ € 90–120, Juniorsuite € 120 (alle mit Frühstück) ♦ alle Kreditkarten, Bankomat ♦ Anlage barrierefrei zugänglich, 2 Zimmer behindertengerecht ausgestattet, Parkplatz angrenzend, Haustiere willkommen (nach Absprache), Personal immer erreichbar ♦ Weinbar

Neive

In der Altstadt
13 km von Alba, 73 km nordöstlich von Cuneo
Ausfahrt Castagnito der A 33; Ausfahrt Marene der A 6, S.S. 231

L'Aromatario

Zimmervermietung
Piazza Negro, 4
Tel. (+39) 01 73 / 67 72 06, (+39) 338 / 424 81 31
Fax (+39) 01 73 / 59 07 76
aromatario@libero.it
www.aromatario.com
Ferien: Januar

Auf dem Hauptplatz von Neive Alta (mit diesem Zusatz bezeichnet man hier erhöht gelegene Dörfer aus dem Mittelalter, um sie von der späteren Siedlung im Talgrund zu unterscheiden) beherbergt ein schönes altes Gebäude die Locanda von Agnese Rita Pastura. Schon der Name des Betriebs nimmt auf die Leidenschaft der Besitzer für Küchen- und Heilkräuter Bezug. Die Zimmer sind klassisch mit alten Holzmöbeln und Betten aus Schmiedeeisen eingerichtet. Zwei der bequemen Badezimmer sind mit Dusche, das dritte mit Wanne ausgestattet. Im Aufenthaltsraum steht den Gästen eine Bibliothek mit Belletristik und Literatur über die Langhe zur Verfügung. Der Empfang ist herzlich und nimmt vor allem auf die Bedürfnisse der Radtouristen Rücksicht. Man kann Vereinbarungen für den Fahrradverleih, Reparaturen und die Reinigung von Rädern treffen. Das Aufstehen am Morgen wird durch die Freude auf hausgemachte Kuchen und typische (auch pikante) Produkte aus der Region erleichtert.

♦ 3 DZ und 1 Miniapartment, alle mit Bad und WC (Miniapartment mit Balkon und kleinem Hof) ♦ DZ in Einzelbelegung € 60, DZ € 80 (Aufpreis Zusatzbett € 15), Miniapartment (2–4 Personen) € 80–110 (alle mit Frühstück) ♦ Kreditkarten: CartaSi, DC, MC, Visa; Bankomat ♦ Gemeinschaftsbereiche barrierefrei zugänglich, öffentlicher Gratisparkplatz, kleine Haustiere willkommen, Betreiber stets anwesend ♦ Frühstücksraum, Aufenthaltsraum, Garten

Neive

In der Altstadt
13 km von Alba, 73 km nordöstlich von Cuneo
Ausfahrt Castagnito der A 33; Ausfahrt Marene der A 6, S.S. 231

La Contea

1-Stern-Hotel
Piazza Cocito, 8
Tel. (+39) 01 73 / 671 26, (+39) 67 75 58
Fax (+39) 01 73 / 673 67
lacontea@la-contea.it
www.la-contea.it
Ferien: 15. Februar–15. März, 1 Woche zu Weihnachten

La Contea in Neive, bekannt als exzellentes Restaurant, ist auch ein reizendes Hotel, das bei der Klassifizierung nur wegen seltsamer Kriterien schlechter abschneidet. So ist etwa der Empfang in der Fläche zu klein für eine höhere Klassifizierung. Da aber eine Erweiterung mit der Zerstörung der alten Strukturen des Gebäudes einherginge, geben Tonino und Claudia Verro sich mit einem Stern zufrieden – und wir schließen uns an. In dem Palazzo der Fürsten Cocito aus dem 15. Jahrhundert waren im 16. Jahrhundert eine Werkstatt zur Herstellung von Arzneimitteln und ein Beherbergungsbetrieb untergebracht. Heute liegen die ruhigen, schön eingerichteten Zimmer teils im Adelspalazzo, wo auch das Restaurant untergebracht ist, teils in sehr netten Dependancen. Unter den Gemeinschaftsbereichen stechen die Speisesäle mit verzierten Decken und romantischen Kaminen hervor. Das Frühstück bietet eine große Auswahl an süßen und pikanten Leckerbissen.

♦ 21 DZ mit Bad und WC, Minibar, TV ♦ DZ in Einzelbelegung € 70, DZ € 90 (alle mit Frühstück) ♦ alle Kreditkarten, Bankomat ♦ 2 Zimmer behindertengerecht ausgestattet, öffentlicher Gratisparkplatz, Garage (1 Platz), kleine Haustiere willkommen, Rezeptionsdienst 7.30–24 Uhr ♦ Bar, Restaurant, Enoteca, Frühstücksraum, Garten

🍴 Das Restaurant (35 bis 75 Euro ohne Wein) ist ein Klassiker der Langa und bietet fein überarbeitete Gerichte dieses Landstrichs.

Neive

13 km von Alba, 73 km nordöstlich von Cuneo
Ausfahrt Castagnito der A 33; Ausfahrt Marene der A 6, S.S. 231

Villa Lauri

3-Sterne-Hotel
Via Fausoni, 7
Tel. (+39) 01 73 / 67 98 74
Fax (+39) 01 73 / 67 81 41
info@hotelvillalauri.com
www.hotelvillalauri.com
Ferien: 2 Wochen im Januar/Februar

Das dem Jugendstil nachempfundene, schön renovierte Gebäude ist wenige Schritte vom Ortszentrum entfernt. Der frühere Name, »Hotel dei Quattro Vini«, bezog sich auf die Weine, für die Neive bekannt ist: Nebbiolo, Barbera, Dolcetto und Moscato. Die Zimmer sind noch immer nach den guten Tropfen der Langa benannt und mit klassischen Möbeln und edlen Stoffen eingerichtet; die Suiten verfügen auch über eine Terrasse mit Ausblick auf die Weinberge. Am Morgen gibt es eine große Auswahl an Süßem und Salzigem (von Kuchen bis zu Konfitüren, von Wurst bis zu verschiedenen lokalen Käsesorten). Das Frühstück wird in einem eleganten Saal hinter der Aussichtsterrasse serviert, wo in Kürze ein Wintergarten eingerichtet werden soll.

♦ 9 DZ und 2 Juniorsuiten, alle mit Bad und WC, Minibar, Sat-TV, WLAN (einige Zimmer mit Airconditon, Suiten mit Terrasse) ♦ DZ in Einzelbelegung € 80–100, DZ € 100–120, Juniorsuite € 120–140 (alle mit Frühstück) ♦ Kreditkarten: AE, CartaSi, MC, Visa; Bankomat ♦ 7 Zimmer barrierefrei zugänglich, Privatparkplatz, kleine Haustiere willkommen, Rezeptionsdienst 7.30–24 Uhr ♦ Bar, Frühstücksraum, Terrasse

Neviglie
Castellero
3 km vom Zentrum

12 km von Alba, 74 km nordöstlich von Cuneo, S.P. 51
Ausfahrt Castagnito der A 33, S.S. 231; Ausfahrt Marene der A 6, S.S. 231 oder S.P. 662

San Giorgio

Agriturismo
Ortsteil Castellero, 9
Tel. (+39) 01 73 / 63 01 15,
(+39) 340 / 832 82 11
Fax (+39) 01 73 / 63 01 15
reception@locandasangiorgio.it
www.locandasangiorgio.it
Ferien: Januar–April

Neviglie, 460 Höhenmeter und etwa gleich viele Einwohner, in den Hügeln des Moscato: Das Dorf ist bekannt für die Erzeugung dieses süßen Weins (neben Dolcetto und Barbera) und dafür, dass in seiner Pfarrkirche ein Gemälde des Meisters Macrino d'Alba aus dem 16. Jahrhundert hängt. Als dritter Grund für seine Bekanntheit etabliert sich nun dieser Gastbetrieb (Übernachtung und Küche) von Adelia und Massimo Sandri in einem schönen Landhaus in Panoramalage auf einem Hügel. Die verputzten Wände sind mit Ziegelprofilen aufgelockert. Die Zimmer sind alle unterschiedlich und von klassischer Eleganz: Wände und Vorhänge in Pastellfarben, schöne Möbel und gedämpftes Licht. In einer Suite steht ein Bett mit einem Baldachin. Zum Frühstück gibt es Kuchen und Konfitüren, aber auch hausgemachte Omeletts sowie Käse und Wurst aus der Region. Im Restaurant bekommen Sie gegen Vorbestellung typische lokale Küche für 30 bis 35 Euro ohne Wein; die Halbpension wird für 78 bis 100 Euro pro Person angeboten.

♦ 2 EZ, 5 DZ oder 3BZ und 3 Suiten, alle mit Bad und WC, Aircondition, TV (2 Zimmer mit Balkon) ♦ EZ und DZ in Einzelbelegung € 75, DZ € 95, 3BZ und Suite € 130 (alle mit Frühstück) ♦ alle Kreditkarten, Bankomat ♦ Gemeinschaftsbereiche barrierefrei zugänglich, Privatparkplatz, kleine Haustiere willkommen, Betreiber stets anwesend ♦ Barbereich, Restaurant, Veranda, Terrasse, Schwimmbecken

Nizza Monferrato
San Nicolao
2 km vom Zentrum
28 km südöstlich von Asti, S.R. 456
25 km von der Ausfahrt Alessandria Sud der A 26 und der Ausfahrt Asti Est der A 21

Novello
18 km südwestlich von Alba, 48 km nordöstlich von Cuneo
Ausfahrt Marene oder Fossano der A 6; Ausfahrt Castagnito der A 33

Cascina Monsignorotti

Agriturismo
Regione San Nicolao, 87
Tel. (+39) 01 41 / 72 11 00
Fax (+39) 01 41 / 09 80 51
info@monsignorotti.it
www.monsignorotti.it
Ganzjährig geöffnet

Al Castello

3-Sterne-Hotel
Piazza Marconi, 4
Tel. (+39) 01 73 / 74 45 02
Fax (+39) 01 73 / 73 12 50
info@castellodinovello.com
www.castellodinovello.com
Ferien: Mitte Dezember–Anfang März

Auf dem hübschen Hügel von San Nicolao, den man erreicht, wenn man in Nizzas Zentrum die Straße nach Acqui nimmt und gleich nach dem Bahnhof rechts abbiegt, liegt der landwirtschaftliche Betrieb von Marisa und Carlo Lacqua. Es handelt sich um ein renoviertes Landhaus, eingebettet in die Weinberge, welche die Familie seit vier Generationen bebaut. Alles steht im Zeichen der Reben und des Weins: von der Landschaft, die aus langen Reihen von Weinstöcken besteht, bis zu den Zimmern des Agriturismo, die nach den Produkten des Betriebs benannt sind. Sie tauchen schon am Morgen in das bäuerliche Leben ein, wenn Sie sich ein gutes Landfrühstück mit Brot, Wein, Wurst, Käse und Obst gönnen (es gibt aber auch Süßes, mehr nach »städtischem« Geschmack) und sich dann einer von Carlo geführten Besichtigung der Weinberge und Kellereien anschließen. Neben den Zimmern verfügt der Betrieb über zwei Apartments, die um 500 Euro pro Woche vermietet werden.

Unter den zahlreichen echten mittelalterlichen Burgen, die auf den Hügeln der Langa thronen, gibt es auch eine Nachbildung: eine Ansammlung von Türmchen, Fialen und Spitzbogen, errichtet im Jahr 1880 auf den Resten einer Ritterburg aus dem 13. Jahrhundert auf dem Felsen von Novello. Es handelt sich um ein Werk von Giovanni Battista Schellino aus Dogliani, dem genialen Vertreter des neugotischen Eklektizismus. Der einzigartige Bau, der von überall sichtbar ist, wird seit Jahrzehnten als Beherbergungsbetrieb geführt und bietet rundum einen herrlichen Ausblick auf die Hügel des Tanaro-Beckens und die weiter entfernte Alpenkette. Die bequemen Zimmer und Suiten, allesamt mit Stilmöbeln eingerichtet, verfügen über einen Zugang zur großen Terrasse, wo man sich im Sommer sonnen kann. Das Frühstücksbüfett umfasst die üblichen Kaffeevarianten, Fruchtsäfte, Konfitüren und andere süße Verlockungen (exzellent sind die Haselnusskuchen), aber auch Wurst und Käse.

♦ 1 EZ und 12 DZ, alle mit Bad und WC, TV; 2 Apartments (4–6 Personen) mit Kochnische ♦ EZ € 40–50, DZ € 60–70 (alle mit Frühstück); Apartment € 20–35 pro Person ♦ Kreditkarten: CartaSi, MC, Visa; Bankomat ♦ 1 Zimmer behindertengerecht ausgestattet, Privatparkplatz, kleine Haustiere willkommen, Betreiber stets anwesend ♦ Degustationsstube, Frühstücksraum, Terrasse, Garten, Schwimmbecken

♦ 7 DZ und 3 Suiten (1–4 Personen), alle mit Bad und WC, Minibar, Safe, Telefon, Sat-TV; 1 Dependance (1–4 Personen) ♦ DZ in Einzelbelegung € 80, DZ € 100, DZ in Dreierbelegung € 120, Suite € 140–200, Dependance € 100–150 (alle mit Frühstück) ♦ Kreditkarten: CartaSi, MC, Visa; Bankomat ♦ Privatparkplatz, kleine Haustiere willkommen, Betreiber immer erreichbar ♦ Restaurant, Frühstücksraum, Salon mit Barbereich, Terrasse, Sonnenterrasse, Garten

Olivola

15 km vom Bahnhof Casale Monferrato
29 km nordwestlich von Alessandria
18 km von der Ausfahrt Casale Monferrato Sud der A 26

La Presidenta

Agriturismo
Via Vittorio Veneto, 23
Tel. (+39) 01 42 / 93 88 85
Fax (+39) 01 42 / 92 80 86
info@aicedri.it
www.aicedri.it
Ferien: Januar, 1 Woche im August

Der Agriturismo La Presidenta ist ein Herrenhaus der Grafen Callori aus dem 18. Jahrhundert: eine große Villa, die man über eine Allee (Privatstraße) erreicht. Den Gästen stehen vier bequeme Zimmer zur Verfügung, die mit alten Möbeln eingerichtet und jeweils mit eigenem Bad ausgestattet sind. Der Außenbereich umfasst einen großen Garten und eine Terrasse, von der aus Sie das eindrucksvolle Panorama der umliegenden Hügel genießen können. Das Frühstück ist traditionell: Brot, Butter, Konfitüren, heiße Getränke und Fruchtsäfte. Fabio Aterelli und Emanuele Monzeglio sind die zwei Besitzer; Emanuele kümmert sich persönlich um die Mahlzeiten im angeschlossenen Restaurant Ai Cedri. Dabei stützt er sich auf die Erfahrungen, die er zuvor in Restaurants im Monferrat und in Asti gesammelt hat (eine Mahlzeit kostet 35 bis 40 Euro ohne Wein). Es besteht die Möglichkeit, alte Kellereien zu besichtigen.

♦ 1 EZ und 4 DZ, alle mit Bad und WC (2 Zimmer mit Gemeinschaftsbad), Aircondition, Telefon, TV ♦ EZ € 60, DZ € 80 (alle mit Frühstück) ♦ Kreditkarten: CartaSi, DC, MC, Visa; Bankomat ♦ 1 Zimmer behindertengerecht ausgestattet, Privatparkplatz, kleine Haustiere willkommen, Betreiber immer erreichbar ♦ Restaurant, Konferenzraum, Garten, Terrasse

Ormea

500 m vom Zentrum
84 km südöstlich von Cuneo, S.P. 178
Ausfahrt Ceva der A 6, S.S. 28

Villa Pinus

Zimmervermietung
Viale Piaggio, 33
Tel. (+39) 01 74 / 39 22 48,
(+39) 348 / 670 18 78
Fax (+39) 01 74 / 39 22 48
marco.costalla@libero.it
Ferien: Mitte November–Mitte Mai

Der Sitz dieses Beherbergungsbetriebs ist ein wahres Juwel: eine eindrucksvolle Villa vom Anfang des 20. Jahrhunderts, die einst einem russischen Grafen gehörte und dann in ein Hotel umgewandelt wurde, wobei die Architektur und Einrichtung im Jugendstil und der Park mit jahrhundertealten Pinien erhalten blieben. Der von Marco Costalla geführte Betrieb hat nur vier Zimmer (alle mit Doppelbett), die komfortabel und schön eingerichtet sind und über Holzböden und hell getünchte Wände verfügen. Das traditionelle Frühstück bietet Süßes und Pikantes. Von Ormea, der kleinen Hauptstadt des oberen Tanarotals auf 750 Meter Seehöhe, durch die die Strada Statale des Colle di Nava führt, erreicht man mit dem Auto in knapp 45 Minuten die Badeorte der Riviera di Ponente, der ligurischen Küste. Noch näher sind die »Alpi del mare« (Seealpen), wo man Wintersport betreiben und in jeder Jahreszeit Ausflüge in die Natur unternehmen kann.

♦ 4 DZ mit Bad und WC, TV ♦ DZ in Einzelbelegung € 40, DZ € 50 (alle mit Frühstück) ♦ keine Kreditkarten ♦ Anlage barrierefrei zugänglich, Privatparkplatz, kleine Haustiere willkommen, Betreiber immer erreichbar ♦ Frühstücksraum, Aufenthaltsraum, Park

Orta San Giulio

2 km vom Bahnhof Orta-Miasino
27 km südwestlich von Verbania-Intra, 45 km nordwestlich von Novara, S.R. 229
12 km von der Ausfahrt Borgomanero, 18 km von der Ausfahrt Arona der A 26

Pagno

7 km südwestlich von Saluzzo, 39 km nordwestlich von Cuneo
S.S. 589 bis Saluzzo, S.P. 47

Santa Caterina

3-Sterne-Hotel
Via Marconi, 10
Tel. (+39) 03 22 / 91 58 65
Fax (+39) 03 22 / 903 77
orta@email.it
www.orta.net/s.caterina
Ferien: November–März

La Canonica

Zimmervermietung
Via Provinciale, 20
Tel. (+39) 01 75 / 763 33,
(+39) 338 / 139 31 45
info@lacanonicadipagno.it
www.lacanonicadipagno.it
Ganzjährig geöffnet

Der Lago di Cusio gilt als romantischster Alpensee. In Orta San Giulio, von Gozzano kommend, finden Sie in einer Querstraße diese Unterkunft mit Garten und blumengeschmückten Balkonen, Zimmern verschiedener Art und Suiten, die wie die Gemeinschaftsbereiche geschmackvoll möbliert sind. In der Dependance, einer Villa mit Blick auf den See in 400 Meter Entfernung, sind sieben Apartments, alle mit Küche und Balkon oder Garten, eingerichtet, die für längere Aufenthalte geeignet sind (buchbar auch für eine Nacht). Unter der gleichen Führung stehen weitere Quartiere in der Altstadt und eines auf dem Hügel des Sacro Monte. Das Frühstück im amerikanischen Stil, als Büfett vorbereitet, kann im Speisesaal des Hotels eingenommen werden, die Mahlzeiten im angeschlossenen Restaurant Olina (Via Olina, 40, in der Altstadt). Jeden Nachmittag werden den Gästen Kaffee, Tee und hausgemachtes Gebäck angeboten.

Pagno im Herzen des Brondatals liegt nicht weit von Saluzzo entfernt, in der Nähe der Abtei Staffarda und der Burgen von Manta und Castellar. Das Pfarrhaus der Ortschaft (aus dem 18. Jahrhundert) wurde umgebaut und teils als Wohnung für die neuen Inhaber Daniela und Robert Cortese, teils als Gästequartier gestaltet. Im Inneren großzügige Räume, eingerichtet, wie es sich für ein herrschaftliches Landhaus geziemt. Draußen ein schöner Garten – wo im Sommer das Frühstück serviert wird – mit einem speziellen »Lesehäuschen«, einem Baumhaus auf einer 200 Jahre alten Hainbuche. Das Frühstück umfasst Kuchen und Feingebäck, das Daniela persönlich zubereitet, Honig, Butter und feine Konfitüren; auf Wunsch wird auch Pikantes serviert (Eier und lokaler Käse).

♦ 28 DZ oder 3BZ und 2 Suiten, alle mit Bad und WC (Suiten mit Whirlpool), Telefon, Sat-TV; 7 Apartments (2–6 Personen) mit Küche ♦ DZ in Einzelbelegung € 58–75, DZ € 90–105, 3BZ € 105–125, Suite € 130–150 (Frühstück € 7 pro Person); Apartment € 145–220 ♦ alle Kreditkarten, Bankomat ♦ 2 Zimmer behindertengerecht ausgestattet, Gratisgarage, kleine Haustiere willkommen, Rezeptionsdienst 15–22 Uhr ♦ Frühstücksraum, Aufenthaltsraum, Garten

♦ 3 DZ und 1 Suite, alle mit Bad und WC (bei 2 Zimmern auf dem Flur), TV ♦ DZ in Einzelbelegung € 50–55, DZ € 55–65, Suite € 70 (Aufpreis Zusatzbett € 25, alle mit Frühstück) ♦ keine Kreditkarten ♦ öffentlicher Gratisparkplatz, kleine Haustiere willkommen, Betreiber stets anwesend ♦ Frühstücksraum, Leseraum mit Internetanschluss, Hof, Garten, Schwimmbecken

Pamparato
Serra

3 km vom Zentrum; 12 km vom Bahnhof San Michele Mondovì, 26 km südöstlich von Mondovì, 48 km südöstlich von Cuneo, S.P. 35 und S.P. 178 Ausfahrt Niella Tanaro der A 6

Residenza Pietrabruna

Zimmervermietung
Via Chiesa, 36 A
Tel. (+39) 01 74 / 35 12 68,
(+39) 01 74 / 450 41,
(+39) 338 / 560 99 05
pietrabruna3@virgilio.it
Ganzjährig geöffnet

Auf 800 Meter Seehöhe, in den Kastanienhainen der Berge im Monregalese, hat Giovanna Ferrua einen Teil seines Hotels umgebaut und einige freundliche Zimmer geschaffen, die mit alten Möbeln von lokalen Tischlern eingerichtet sind. Das überwältigende Frühstück umfasst Milch, Tee und Kaffee aus fairem Handel, Akazien-, Kastanien- und Blütenhonig, Focacce, Crostate, Schokoladen- und Mandelkuchen, Konfitüren aus Ramassin (kleinen Pflaumen), Pfirsichen, Äpfeln und Weichseln, alle hausgemacht, und Mürbeteiggebäck aus Maismehl (Slow-Food-Förderkreis). Pamparato ist ein historisch und kulturell bedeutender Ort. Dazu ein paar Schlagwörter: die geradezu legendäre Belagerung durch die Sarazenen, drei Burgen, eine Kartause, 27 Kirchen und Kapellen, die blutige Schlacht von Val Casotto (Frühling 1944), ein ethnografisches Museum, das Festival für alte Musik, die Forellen aus dem Wildbach, die Lagerung des Raschera-Käses.

♦ 1 EZ und 2 DZ, alle mit Bad und WC, Terrasse, TV ♦ EZ € 40, DZ € 60–80 (alle mit Frühstück) ♦ keine Kreditkarten ♦ 1 Zimmer behindertengerecht ausgestattet, Privatparkplatz teilweise überdacht, kleine Haustiere willkommen, Betreiber immer erreichbar ♦ Frühstücksraum, Garten, Terrasse

Peveragno
Santa Margherita

11 km südöstlich von Cuneo
S.S. 564 bis Beinette, S.P. 5 und S.P. 42

Cascina la Commenda

Agriturismo
Via Vecchia di Santa Margherita, 5
Tel. (+39) 01 71 / 38 53 51,
(+39) 340 / 974 64 58,
Fax (+39) 01 71 / 38 53 51
cpeano@tiscali.it
www.paginegialle.it/cascinalacommenda
Ganzjährig geöffnet

Mariangela und Claudia Peano eröffneten diesen freundlichen Agriturismo und ließen damit den Traum von Papa Michele Wirklichkeit werden. Dieser hatte lange Zeit die umliegenden Felder gepachtet und erwarb dann das bedeutendste Bauernhaus des Ortsteils. Das Haus wurde renoviert und es entstanden neun Zimmer auf zwei Ebenen, ein Salon mit einer kleinen Bibliothek und ein Wellnessbereich mit Sauna, Whirlpool und einem kleinen Fitnessraum. Die Zimmer sind mit allem Komfort ausgestattet. Das Frühstücksbüfett bietet hausgemachte Kuchen und Konfitüren, Fruchtsirup sowie Wurst und Käse aus der Region. In einem kleinen Laden kann man Konfitüren und eingelegte Spezialitäten aus eigener Erzeugung sowie Obst und Gemüse aus Betrieben der Umgebung kaufen. Ab der zweiten Nacht ist das Frühstück im Preis inbegriffen, bei einem Aufenthalt von mehr als drei Nächten wird ein Rabatt von zehn Prozent gewährt.

♦ 5 EZ und 4 DZ, alle mit Bad und WC, Kühlschrank, TV, WLAN (4 Zimmer mit Aircondition, 3 Zimmer mit Kochnische) ♦ EZ € 35, DZ € 55–65 (Aufpreis Zusatzbett € 10–20, Frühstück € 3–5 pro Person) ♦ Kreditkarten: CartaSi, MC, Visa; Bankomat ♦ Gemeinschaftsbereiche und 1 Zimmer behindertengerecht ausgestattet, überdachter Privatparkplatz, kleine Haustiere willkommen, Betreiber immer erreichbar ♦ Frühstücksraum, Leseraum, Sauna, Fitnessraum

Pinerolo

Im Zentrum
37 km südöstlich von Turin, S.S. 23 oder S.S. 589
Wenige Minuten von der Endstation der Autobusse und vom Bahnhof

Pino Torinese

25 km vom Flughafen Caselle
10 km östlich von Turin (Corso Casale-Corso Chieri), S.S. 10
22 km von der Ausfahrt Villanova d'Asti der A 21; Autobuslinie 30 Turin-Chieri

Regina

3-Sterne-Hotel
Piazza Barbieri, 22
Tel. (+39) 01 21 / 32 21 57
Fax (+39) 01 21 / 39 31 33
info@albergoregina.net
www.albergoregina.net
Ferien: ersten 2 Augustwochen

Pino Torinese

3-Sterne-Hotel
Via Roma, 34
Tel. (+39) 011 / 84 34 04
Fax (+39) 011 / 84 26 55
info@hotelpinotorinese.it
www.hotelpinotorinese.it
Ferien: 2 Wochen im Juli

Seit 1927 leitet die Familie Rissolo das Hotel auf diesem Platz, wo sich im 19. Jahrhundert eine Pferdewechselstation für Kutschen auf dem Weg nach Frankreich befand. Seit den 1980er-Jahren ist in dritter Generation Michele mit der Führung betraut. Das Regina fügt sich harmonisch in das architektonische Bild der Piazza Barbieri und in die Atmosphäre des alten Piemont ein, die in dieser Stadt herrscht. Es bietet wenige Zimmer, die klassisch eingerichtet und mit jedem Komfort ausgestattet sind, darunter ein kostenloser ADSL-Anschluss. Im Erdgeschoss liegt der Speisesaal: Die Küche (eine Mahlzeit kostet etwa 30 Euro) lässt sich von der Tradition der Region am Rand der Alpen inspirieren. Hausgäste können Halbpension (68 bis 78 Euro pro Person) oder Vollpension wählen. Das Frühstücksbüfett bietet heiße und kalte Getränke, hausgemachte Kuchen, Konfitüren, Zerealien, Wurst und Käse. In einem nahe gelegenen Gebäude sind seit einiger Zeit auch acht Einzimmerapartments mit Kochnische (280 Euro pro Person und Woche) verfügbar.

Wir befinden uns an der Hauptstraße des Städtchens Pino, in einem schönen renovierten Gebäude aus dem 19. Jahrhundert. Gegenüber der öffentlichen Gartenanlage führt von der Via Molina ein Nebeneingang in das Haus. Als dieser Ort noch eine beliebte Sommerfrische war, hieß das Hotel »Albergo Nazionale con Stallaggio«, ein Name, der auf die Kutschen und den Pferdewechsel hier auf dem Hügel anspielte. Nun liegt an der Stelle der einstigen Stallungen der Privatparkplatz. Die Zimmer des von Renato Ferrauto geführten Betriebs erinnern mit ihrer rustikalen Einrichtung an alte Zeiten. Das Frühstücksbüfett lockt mit hochwertigen Produkten. Auf der Homepage des Hotels finden Sie günstige Angebote.

♦ 8 EZ und 7 DZ, alle mit Bad und WC, Minibar, Telefon, Sat-TV, WLAN (einige Zimmer mit Safe) ♦ EZ € 62, DZ in Einzelbelegung € 77, DZ € 96 (alle mit Frühstück) ♦ alle Kreditkarten, Bankomat ♦ Gemeinschaftsbereiche barrierefrei zugänglich, Privatparkplatz, gebührenpflichtiger öffentlicher Parkplatz, kleine Haustiere willkommen, Rezeptionsdienst 6.30–24 Uhr ♦ Bar, Restaurant, Salon, Seminarraum

♦ 7 DZ mit Bad und WC, Terrasse oder Balkon, Minibar, Safe, Telefon, Sat-TV, WLAN ♦ DZ in Einzelbelegung € 60, DZ € 70 (Aufpreis Zusatzbett € 10, Frühstück € 5 pro Person) ♦ Kreditkarten: AE, CartaSi, MC, Visa; Bankomat ♦ überdachter Privatparkplatz (8 Plätze, € 5 pro Tag), Haustiere nicht erlaubt, Rezeptionsdienst 7.30–20.30 Uhr ♦ Bar, Frühstücksraum, Garten, Terrasse

Piode

Im Zentrum
20 km von Varallo, 82 km nordwestlich von Vercelli
Ausfahrt Romagnano Sesia der A 26, S.S. 229

Giardini

3-Sterne-Apartmenthotel
Via Umberto I, 9
Tel./Fax (+39) 01 63 / 711 35
info@ristorantegiardini.it
www.ristorantegiardini.it
Ferien: ersten 2 Septemberwochen

Wir befinden uns in Piode, einem Dorf am linken Ufer des Sesia in 750 Meter Seehöhe. Seit einigen Jahren führen Mauro Alberti und seine Ehefrau Antonella Zucchelli diesen Betrieb in einer alten Poststation aus dem 19. Jahrhundert, die in den 1990er-Jahren komplett renoviert wurde. Es gibt Ein- und Zweizimmerapartments, die rustikal und komfortabel eingerichtet sind und über eine Kochnische verfügen. Das Frühstück umfasst neben den üblichen heißen Getränken hausgemachte Konfitüren und Kuchen sowie Brot und Grissini aus einer Bäckerei im Dorf. Freunde des Paddelns und des Angelns können ihren Sport am Fluss Sesia ausüben. Bei Aufenthalten von einer Woche werden besonders günstige Preise verrechnet.

♦ 7 Einzimmer- und 3 Zweizimmerapartments, alle mit Bad und WC, Minibar, Telefon, Sat-TV, Internetanschluss, Kochnische (einige Apartments mit Balkon) ♦ DZ in Einzelbelegung € 50, DZ € 70, 4BZ € 75 (alle mit Frühstück) ♦ Kreditkarten: CartaSi, DC, MC, Visa; Bankomat ♦ Gemeinschaftsbereiche und 5 Apartments barrierefrei zugänglich, öffentlicher Gratisparkplatz, kleine Haustiere willkommen, Betreiber stets anwesend ♦ Bar, Restaurant, Terrasse

🍲 Im Restaurant bietet das Ehepaar Alberti typische Speisen des Sesiatals und eine große Auswahl an Weinen (30 bis 35 Euro ohne Wein).

Piozzo

Im Zentrum
35 km nordöstlich von Cuneo, S.P. 422
Ausfahrt Carrù der A 6

Casa Baladin

NEU

Zimmervermietung
Piazza 5 luglio 1944, 34
Tel. (+39) 01 73 / 79 52 39
info@casabaladin.it
www.casabaladin.it
Ferien: 1 Woche im September,
3 Wochen im Januar

Auf dem Hauptplatz dieser Ortschaft hat Teo Musso in einem Gebäude aus dem 18. Jahrhundert gegenüber der Birreria eine Locanda eröffnet. Bei der Renovierung hat er auf jedes kleinste Detail geachtet. Im Erdgeschoss befinden sich ein Schauraum, wo Biere und Aspikspezialitäten sowie eine Auswahl exzellenter Teesorten ausgestellt sind, ein Comicarchiv mit Audioanlage, wo man sich zum Lesen und Musikhören zurückziehen kann, sowie zwei Zimmer. Im Zwischengeschoss sind ein Dampfbad und ein Bierlokal untergebracht, das nicht nur Hausgäste bedient (kreative italienische Küche für 60 Euro mit Bier und Tee, im Sommer Degustationsmenü für 35 Euro ohne Getränke), im oberen Stockwerk liegen die restlichen Zimmer, von denen jedes einem anderen Ort, einem Thema oder einer Epoche zugeordnet ist: Afrika, China, die 1970er-Jahre oder Juwelen (mit Fresken aus dem 18. Jahrhundert). Das traditionelle Frühstück wird im Speisesaal serviert und umfasst Produkte aus der Region, Konfitüren, Backwaren, Kaffeevarianten und Fruchtsäfte.

♦ 5 DZ mit Bad und WC ♦ DZ in Einzelbelegung € 80–100, DZ € 120 (alle mit Frühstück) ♦ Kreditkarten: CartaSi, DC, MC, Visa; Bankomat ♦ Garten und 2 Zimmer barrierefrei zugänglich, öffentlicher Parkplatz gegenüber, kleine Haustiere willkommen, Personal immer erreichbar ♦ Barbereich, Restaurant, Garten

Racconigi

39 km von Turin, 47 km nordöstlich von Cuneo, S.S. 20
12 km von der Ausfahrt Carmagnola der A6 in Richtung Savigliano-Cuneo

Casale

Bed & Breakfast
Corso Regina Elena, 1
Tel. (+39) 01 72 / 864 79,
(+39) 348 / 882 32 38
giulianna@bbcasale.com
www.bbcasale.com
Ferien: August

Das prächtige Bed & Breakfast, geführt von Signora Giulianna Casale, befindet sich ganz in der Nähe von Park und Schloss des Hauses Savoyen. Es liegt im ersten Stock eines großen Gebäudes, das einst der Sitz der königlichen Jagd war. Die Zimmer sind mit schlichter Eleganz eingerichtet: eines mit Möbeln im Stil von Ludwig Philipp, ein weiteres im Jugendstil, das dritte mit einem Stilmix, möbliert und dekoriert von Tochter Serena, die Architektin ist. Der schöne Salon und der weitläufige Hof dienen als Gemeinschaftsbereiche. Das Frühstück, ein Reigen von Leckereien, wird mit Silberbesteck genossen: Konfitüren und Crêpes, von den Hausherrinnen selbst zubereitet, aber auch Pikantes. Einen Besuch wert sind das Schloss, der Park und die Nebengebäude (Eigentum des Staates), die man besichtigen kann und die häufig Schauplatz von Ausstellungen, Aufführungen und anderen kulturellen Veranstaltungen sind.

♦ 3 DZ mit Bad und WC auf dem Flur, Terrasse, TV ♦ DZ in Einzelbelegung € 35, DZ € 60 (alle mit Frühstück) ♦ keine Kreditkarten ♦ bewachter Privatparkplatz, kleine Haustiere willkommen, Betreiber immer erreichbar ♦ Frühstücksraum, Aufenthaltsraum, Garten

Rocchetta Tanaro

15 km südöstlich von Asti, S.S. 10
Ausfahrt Felizzano-Quattordio der A 21 in Richtung Felizzano, S.S. 10 und S.P. 27

I Bologna

NEU

Zimmervermietung
Via Sardi, 4
Tel. (+39) 01 41 / 64 46 00
Fax (+39) 01 41 / 64 41 05
info@trattoriaibologna.it
www.trattoriaibologna.it
Ferien: 10. Januar–10. Februar

Die Trattoria der Familie Bologna, eine der besten Adressen für gutes Essen im Piemont, wurde 1992 gebaut und kürzlich erweitert (und renoviert). Es entstanden fünf schöne Gästezimmer im oberen Stockwerk: Die schlicht und rustikal eingerichteten Räume sind über eine Außengalerie mit Blick auf den Garten verbunden und bieten Komfort und Ruhe. Auf der großen Terrasse oder im Gartenhaus kann man einen Aperitif genießen und sich der Muße hingeben. Das Frühstück besteht aus pikanten Produkten und Backwerk aus eigener Erzeugung (Kuchen, frisches Brot, Konfitüren). Die Besitzer Carlo Bologna und Cristina bereiten den Gästen einen familiären Empfang und sorgen für eine gesellige Atmosphäre.

♦ 5 DZ mit Bad und WC, Balkon, Aircondition, Minibar ♦ DZ in Einzelbelegung € 80, DZ € 100 (alle mit Frühstück) ♦ Kreditkarten: CartaSi, DC, MC, Visa; Bankomat ♦ Privatparkplatz, öffentlicher Parkplatz, Haustiere nicht erlaubt, Betreiber stets anwesend ♦ Restaurant, Frühstücksraum, Terrasse, Garten

🍲 Sehr empfehlenswert ist das Restaurant mit gepflegter piemontesischer Küche (30 bis 45 Euro ohne Wein).

Roddi
Toetto

1 km vom Zentrum; 7 km von Alba, 57 km nordöstlich von Cuneo; von der Tangenziale di Alba den Hinweisschildern nach Roddi-Barolo-La Morra folgen; von Turin Ausfahrt Marene der A 6

Cascina Barin

Agriturismo
Ortsteil Toetto, 21
Tel./Fax (+39) 01 73 / 61 51 59
cascinabarin_roddi@libero.it
Ganzjährig geöffnet

1999 wurde der Umbau dieses hübschen Bauernhauses auf zwei Ebenen abgeschlossen. Der Betrieb von Giuseppina Nervo und Giulio Baracco, die sich vor allem dem Anbau von Trauben und Haselnüssen widmen, wurde damit um sieben Gästezimmer erweitert. Sie sind einfach und mit schön restaurierten alten Möbeln ausgestattet. Alle Zimmer haben große Fenster mit Blick auf den Garten, wo die Gäste an Tischen und unter Sonnenschirmen Erholung finden. Giuseppina bereitet das üppige Frühstück mit Omeletts aus Gemüse der Saison, Focacce und Quiches, Crostate und hofeigenem Obst (frisch und als Sirup) vor. In der entsprechenden Jahreszeit sollten Sie sich Giulio, einem erfahrenen Trüffelsucher, anschließen und nach den berühmten weißen Trüffeln aus Alba suchen.

♦ 1 EZ, 5 DZ und 1 3BZ, alle mit Bad und WC (einige Zimmer mit Balkon) ♦ EZ € 43, DZ € 70, 3BZ € 90 (alle mit Frühstück) ♦ Kreditkarten: CartaSi, MC, Visa; Bankomat ♦ 1 Zimmer behindertengerecht ausgestattet, Privatparkplatz, kleine Haustiere willkommen, Betreiber immer erreichbar ♦ Aufenthaltsraum, Garten, Veranda

Saluzzo

1 km vom Zentrum
13 km von Savigliano, 32 km nördlich von Cuneo, S.S. 589
23 km von der Ausfahrt Marene der A 6, S.S. 662

Antico Podere Propano

3-Sterne-Hotel
Via Torino, 75
Tel. (+39) 01 75 / 24 80 87,
(+39) 01 75 / 24 96 73
Fax (+39) 01 75 / 24 05 56
info@anticopoderepropano.com
www.anticopoderepropano.com
Ganzjährig geöffnet

Die Familie Camisassi ließ dieses riesige, geschichtsträchtige Gut renovieren und teilweise in ein Hotel, teilweise in einen Agriturismo umgestalten. Im alten Herrenhaus sind die Suiten untergebracht, rund um den großen Hof liegen die rustikalen und eleganten Zimmer des Hotels. Die Gästezimmer des Agriturismo sind in lebhaften Farben getüncht und mit einfachen Möbeln eingerichtet. Das Frühstück ist den Hotelgästen vorbehalten und umfasst hausgemachte Kuchen, Croissants, Konfitüren und Feingebäck; auf Wunsch gibt es auch Eier, Wurst und Käse aus der Region. Das Hotelrestaurant ist nur für Gruppen von Hausgästen geöffnet.

♦ 25 DZ und 5 Suiten, alle mit Bad und WC, Aircondition, Minibar, Telefon, Sat-TV, Internetanschluss (3 Suiten mit Balkon); im Agriturismo 10 DZ mit Bad und WC, Telefon, Sat-TV, Internetanschluss (1 Zimmer mit Kochnische) ♦ DZ in Einzelbelegung € 77–87, DZ € 98–105, Suite in Einzelbelegung € 110–140, Suite € 120–150 (Aufpreis Zusatzbett € 25, alle mit Frühstück); im Agriturismo DZ in Einzelbelegung € 47–57, DZ € 64–74 (Aufpreis Zusatzbett € 20) ♦ alle Kreditkarten, Bankomat ♦ Anlage barrierefrei zugänglich, 2 Zimmer behindertengerecht ausgestattet, Parkplatz angrenzend, kleine Haustiere willkommen (€ 10 pro Tag), Rezeptionsdienst rund um die Uhr ♦ Bar, Restaurant, Hof, Garten

Sambuco

37 km vom Bahnhof Borgo San Dalmazzo
46 km westlich von Cuneo, S.S. 21

Pace

3-Sterne-Hotel
Via Umberto I, 38
Tel. (+39) 01 71 / 966 28, (+39) 01 71 / 965 50, Fax (+39) 01 71 / 966 28
info@albergodellapace.com
www.albergodellapace.com
Ferien: 10 Tage im Frühling, 4 Wochen im Herbst

Sambuco, ein ideales Ausflugsziel, ist ein kleines Bergdorf an der Grenze zwischen Italien und Frankreich, wo man einen herrlichen Ausblick auf die Wiesen und den Fluss im Tal genießen kann. Um hierherzukommen, muss man durch das Sturatal fahren, bis man an Pietraporzio vorbeikommt; hier sehen Sie rechts die entsprechenden Hinweisschilder. In der Nähe des Rathauses steht ein Gebäude im Berglandstil, in dem eine echte Institution des Tals ihren Sitz hat, Osteria und Hotel Pace (seit 1880 von der gleichen Familie geführt). Die Zimmer, die man über einen Aufgang außen und einen im Inneren betreten kann, sind mit einfachen Massivholzmöbeln eingerichtet. Das Frühstücksbüfett lockt mit Konfitüren, Butter, Brioches, Joghurt, Käse und Schinken. Halbpension wird für 55 Euro pro Person angeboten.

♦ 1 EZ, 8 DZ, 2 3BZ und 1 4BZ, alle mit Bad und WC, Telefon, TV (einige Zimmer mit Terrasse) ♦ EZ € 35, DZ € 65, 3BZ € 80, 4BZ € 95 (alle mit Frühstück) ♦ Kreditkarten: AE, CartaSi, MC, Visa; Bankomat ♦ 1 Zimmer behindertengerecht ausgestattet, öffentlicher Gratisparkplatz, kleine Haustiere willkommen, Rezeptionsdienst 6.30–23 Uhr ♦ Bar, Restaurant, Lese- und TV-Raum, Terrasse

🍲 In der Küche setzt Bartolo Bruna auf Spezialitäten aus Schaffleisch, Kräutern und Gemüse der Saison (27 bis 30 Euro ohne Wein).

San Marzano Oliveto
Mariano

25 km südlich von Asti
Ausfahrt Isola d'Asti der A 33, S.P. 456; alte Straße Canelli-Nizza Monferrato

Le Due Cascine

Agriturismo
Regione Mariano, 22
Tel. (+39) 01 41 / 82 45 25
Fax (+39) 01 41 / 82 90 28
info@leduecascine.com
www.leduecascine.com
Ganzjährig geöffnet

Der Landstrich, in dem dieser gepflegte Agriturismo seinen Sitz hat, gilt als eines der bedeutendsten Weinbaugebiete rund um Asti. Wir befinden uns auf halbem Weg zwischen Nizza und Canelli, den zwei kleinen Hauptstädten des Weins in diesem Teil des Monferrat: Freunde von gutem Wein, die im Le Due Cascine wohnen, können sich die Erzeugnisse dieses Guts und der zahlreichen umliegenden Betriebe schmecken lassen. Die bequemen Zimmer sind stilvoll eingerichtet. Das Frühstück bietet pikante und süße Spezialitäten aus dem Bioobst- und -gemüsegarten des Hauses. Im Restaurant können Sie traditionelle Gerichte der Region probieren, wobei der Preis für eine Mahlzeit bei 25 Euro ohne Wein liegt (Halbpension 45 bis 65 Euro pro Person).

♦ 10 DZ, 3BZ oder 4BZ mit Bad und WC, Telefon, Sat-TV, Internetanschluss (einige Zimmer mit Balkon) ♦ DZ in Einzelbelegung € 60, DZ € 90, 3BZ € 110, 4BZ € 120 (alle mit Frühstück) ♦ Kreditkarten: CartaSi, DC, MC, Visa; Bankomat ♦ Privatparkplatz, kleine Haustiere willkommen, Betreiber stets anwesend ♦ Bar, Restaurant, Frühstücksraum, Konferenzraum, Garten, Schwimmbecken, Kinderspielplatz

Santa Vittoria d'Alba
Villa

11 km von Alba, 53 km nordöstlich von Cuneo
Ausfahrt Marene der A 6; Ausfahrt Castagnito der A 33, S.S. 231

Cascina Valdispinso

Agriturismo
Via Rolfi, 5
Tel. (+39) 01 72 / 47 92 54,
(+39) 01 72 / 47 81 98
Fax (+39) 01 72 / 47 84 65
info@valdispinso.it
www.valdispinso.it
Ferien: Januar

Das Valdispinso, heute eine Dependance des 800 Meter entfernten 4-Sterne-Hotels Castello, blickt auf eine lange, interessante Geschichte zurück. Das Bauernhaus, in dem der Weinbaubetrieb von Antonella Chiarlone seinen Sitz hat, gehörte einst zur Burg Santa Vittoria und teilte ihr Schicksal vor und nach dem Jahr 1838, als Karl Albert von Savoyen die Lehen der Romagnano (Pollenzo, Verduno und Santa Vittoria) erwarb. Zu den Gästezimmern im alten Haus kamen einige Apartments im neuen Teil. Das üppige Frühstücksbüfett umfasst pikante und süße Leckereien. In der neuen Trattoria wird traditionelle piemontesische Küche serviert (25 bis 30 Euro ohne Wein); dazu bietet Piero Bergese die passenden Weine aus der Region an. Im Freien gibt es neben dem Ofen und dem Grillplatz auch ein kleines Schwimmbecken.

♦ 2 DZ und 1 3BZ, alle mit Bad und WC, Aircondition, Safe, TV; 3 Apartments (3–4 Personen) mit Küche ♦ DZ in Einzelbelegung € 70, DZ € 120, 3BZ € 135 (alle mit Frühstück); Apartment € 150 ♦ alle Kreditkarten, Bankomat ♦ Parkplatz gegenüber, kleine Haustiere willkommen, Rezeptionsdienst 9–23 Uhr ♦ Restaurant, Frühstücksraum, Aufenthaltsraum, Garten, Schwimmbecken

Savigliano
Santa Rosalia
2 km vom Zentrum

33 km nordöstlich von Cuneo, 53 km von Turin, S.S. 20
15 km von der Ausfahrt Marene der A 6

Santa Rosalia

Zimmervermietung
Strada Santa Rosalia, 1
Tel. (+39) 01 72 / 72 63 86
santarosaliacamere@libero.it
www.santarosaliacamere.it
Ganzjährig geöffnet

Gewölbe aus unverputzten Ziegeln, Cottoböden und Holzbalken kennzeichnen dieses schön renovierte Bauernhaus, das von einem Garten mit einem Teich und Obstbäumen umgeben ist. Man stößt gleich nach der Abzweigung von der stark befahrenen Straße zwischen Savigliano und Turin in Richtung Santa Rosalia darauf. Vom reizenden kleinen Empfangssalon gelangt man in den Speisesaal, den ein 100 Jahre alter Gusseisenofen ziert. Die Zimmer sind geräumig und blicken alle auf einen kleinen Park. Die Pastellfarben der Wände, die Betten aus Schmiedeeisen und die alten Schränke erzeugen eine Atmosphäre wie im alten Piemont. Zum Abendessen können Sie Hausmannskost, Bauernsalami und einen prächtigen Castelmagno probieren (25 bis 30 Euro ohne Wein). Familienfrühstück mit Milchkaffee oder Tee, frischen Brioches, Kuchen und Konfitüren von Signora Loredana.

♦ 1 EZ und 5 DZ, alle mit Bad und WC, Minibar, TV, Internetanschluss ♦ EZ € 48, DZ € 72 (Aufpreis Zusatzbett € 12–24, alle mit Frühstück) ♦ Kreditkarten: Carta-Si, MC, Visa; Bankomat ♦ Anlage barrierefrei zugänglich, Privatparkplatz (für Motorräder überdacht), kleine Haustiere willkommen, Betreiber stets anwesend ♦ Restaurant, TV-Raum bei der Rezeption, Garten, Park

Serralunga d'Alba
Fontanafredda

12 km von Alba, 56 km nordöstlich von Cuneo, S.P. 125
Ausfahrt Castagnito der A 33; Ausfahrt Marene der A 6,
S.S. 231 oder S.P. 661

Foresteria delle Vigne

3-Sterne-Hotel
Via Alba, 15
Tel. (+39) 01 73 / 62 61 91,
(+39) 01 73 / 62 61 84
Fax (+39) 01 73 / 62 61 94
villacontessarosa@fontanafredda.it
www.villacontessarosa.com
Ferien: unterschiedlich

Auf diesem Hof, einem Geschenk von Viktor Emanuel II. an seine Söhne aus der nicht standesgemäßen Ehe mit Rosa Vercellana, Gräfin von Mirafiori und Fontanafredda, werden seit 1878 große Weine gekeltert. Die typischen Häuser des Dorfes wurden als Kellereisitze und Büros, aber auch als Kongresszentren und Beherbergungsbetriebe adaptiert. Das Gästehaus, das in einem kleinen Gebäude hinter der Villa der Schönen Rosin mit dem Restaurant des Hotels und der Villa Contessa Rosa von Cesare Giaccone (90 Euro ohne Wein) eingerichtet wurde, ist ein komfortables Hotel mit elf hübsch eingerichteten Zimmern, jedes nach einer Rebe benannt. In der Königsvilla werden gegen Vorbestellung typische piemontesische Gerichte serviert (eine Mahlzeit ohne Wein ab 35 Euro). Das kontinentale Frühstück wird als Büfett in einem Saal im ersten Stock vorbereitet. Es werden Besichtigungen von Kellereien angeboten. Auf dem Gut erwartet Sie auch der »Bosco dei Pensieri«, der Wald zum Nachdenken: Spaziergänge und Tafeln mit philosophischen Gedanken und einer Beschreibung von Flora und Fauna.

♦ 11 DZ mit Bad und WC, Minibar, Telefon, TV ♦ DZ in Einzelbelegung € 90, DZ € 110 (alle mit Frühstück) ♦ Kreditkarten: CartaSi, MC, Visa; Bankomat ♦ Anlage barrierefrei zugänglich, Privatparkplatz, Haustiere nicht erlaubt, Rezeptionsdienst 8–21 Uhr ♦ Frühstücksraum, Restaurant, Kongresszentrum, Park

Serralunga d'Alba
Im Zentrum

14 km von Alba, 58 km nordöstlich von Cuneo, S.P. 125
Ausfahrt Castagnito der A 33; Ausfahrt Marene der A 6,
S.S. 231 oder S.P. 661

L'Antico Asilo

Zimmervermietung
Via Mazzini, 13
Tel. (+39) 01 73 / 61 30 16,
(+39) 348 / 045 84 48
Fax (+39) 01 73 / 21 60 91
elena@anticoasilo.com
www.anticoasilo.com
Ferien: 3 Wochen im Januar/Februar

Wir befinden uns in den Hügeln des Barolo, in einem Dorf am Fuße der mittelalterlichen Burg von Serralunga: Das Haus der Familie Picedi, ein schöner Jugendstilbau, wurde von 1901 bis 1963 als Kindergarten genutzt. Der Teil des Hauses, in dem die Gäste untergebracht sind, liegt im Erdgeschoss. Von einem hellen Eingangsbereich und einem Gang mit Intarsienböden gelangt man in die geräumigen, eleganten Zimmer: drei sind mit einer Galerie ausgestattet, vom vierten kommt man direkt in den Garten. Der Höchstpreis für das Doppelzimmer in Einzelbelegung wird im September und Oktober verrechnet, der Hochsaison im Trüffelgebiet und im Landstrich der großen Weine aus Alba. Im freundlichen Frühstücksraum bereitet Elena jeden Morgen ein üppiges Büfett vor: Kaffeevarianten, hausgemachte Kuchen und Quiches, Wurst, Käse und andere Spezialitäten aus der Langa.

♦ 4 DZ oder 3BZ mit Bad und WC, Minibar, WLAN ♦ DZ in Einzelbelegung € 100, DZ € 100, 3BZ € 135 (alle mit Frühstück) ♦ alle Kreditkarten, Bankomat ♦ Anlage barrierefrei zugänglich, Privatparkplatz vor dem Haus, kleine Haustiere willkommen, Betreiber immer erreichbar ♦ Frühstücksraum, Garten

Serralunga d'Alba
Parafada
1,5 km vom Zentrum
14 km von Alba, 58 km nordöstlich von Cuneo, S.P. 125
Ausfahrt Castagnito der A 33; Ausfahrt Marene der A 6,
S.S. 231 oder S.P. 661

La Rosa dei Vini

Zimmervermietung
Ortsteil Parafada, 4
Tel. (+39) 01 73 / 61 32 19
Fax (+39) 01 73 / 61 30 12
info@larosadeivini.com
www.larosadeivini.com
Ganzjährig geöffnet

Wenn Sie von Gallo Grinzane nach Serralunga hinauffahren und schon von Weitem die Burg bewundern, die über dem Dorf thront, sehen Sie rechts das Hinweisschild zum Rosa dei Vini: ein schlichtes, hallenartiges Gebäude neueren Datums, das sich jedoch gut in die Landschaft und die architektonische Typologie der umliegenden Häuser einfügt. Der Vorplatz bietet einen Ausblick, den Sie in der schönen Jahreszeit auch beim Essen im Freien genießen können. Die beiden Schwager Giorgio Fontana und Giancarlo Vioglio besitzen eine lange Erfahrung in der Gastronomie und eröffneten dieses Lokal im Jahr 2001. Auch Elisa, Giorgios Schwester und Giancarlos Gattin, ist an dem Unternehmen beteiligt. Die Zimmer im ersten Stock sind schlicht und freundlich; jene mit Galerie können bequem eine dritte Person aufnehmen. Die Fenster gehen auf das Tal, wo sich die Reihen der Weinstöcke bis zum Horizont mit dem Alpenmassiv erstrecken. Im Restaurant werden Spezialitäten aus der Langa serviert (etwa 24 bis 28 Euro ohne Wein).

♦ 3 DZ und 3 3BZ, alle mit Bad und WC, Minibar, Telefon, Sat-TV ♦ DZ in Einzelbelegung € 60, DZ € 80, 3BZ € 110 (alle mit Frühstück) ♦ Kreditkarten: CartaSi, DC, MC, Visa; Bankomat ♦ Anlage barrierefrei zugänglich, 1 Zimmer behindertengerecht ausgestattet, Privatparkplatz vor dem Haus, kleine Haustiere willkommen, Betreiber immer erreichbar ♦ Restaurant, Außenbereich

Serralunga di Crea
Madonnina
2 km vom Zentrum
28 km von Asti, 40 km nordwestlich von Alessandria
Ausfahrt Casale Sud der A 26; Ausfahrt Alessandria Ovest der A 21

Tenuta Guazzaura

Agriturismo
Ortsteil Madonnina
Tel./Fax (+39) 01 42 / 94 02 89
info@guazzaura.it
www.guazzaura.it
Ferien: 9. Dezember–Ende Februar

Die bevorzugte Lage des Agriturismo von Luca und Marie-Helen Brondelli ermöglicht es den Besuchern, die Ausflugsstrecken des Programms »Camminare nel Monferrato« zu nutzen und Golf zu spielen (ein Golfplatz befindet sich in der Nähe). Eine Allee mit jahrhundertealten Platanen führt zu dem Betrieb, der 1998 auf dem schönen Gut der Familie am Fuß des Sacro Monte di Crea eröffnet wurde. Er verfügt über fünf freundliche Apartments, wo jeder Gast völlig unabhängig wohnen und kochen kann. Die Räume sind mit alten Möbeln eingerichtet, wunderbar hell und äußerst bequem. Für das Frühstück kann man selbst sorgen: Den Gästen wird ein Korb mit Wurst, Käse, Obst, Kaffee, Tee, Butter, Brot und Backwaren zur Verfügung gestellt. Zur Entspannung gibt es ein Schwimmbad. Im Herbst stehen Ausflüge zur Trüffelsuche, die von den Gastgebern organisiert werden, und Besichtigungen von Kellereien in der Region auf dem Programm.

♦ 5 Miniapartments mit Bad und WC, Telefon, Minibar, Kochnische ♦ DZ in Einzelbelegung € 65–70, DZ € 80–90 (Aufpreis Zusatzbett € 25, Frühstück € 5 pro Person) ♦ keine Kreditkarten ♦ 1 Zimmer behindertengerecht ausgestattet, Privatparkplatz, kleine Haustiere willkommen (€ 8 pro Tag), Betreiber stets anwesend ♦ Terrasse, Park, Schwimmbecken

Sinio

418 km von Alba, 48 km nordöstlich von Cuneo
Ausfahrt Marene der A 6; Ausfahrt Castagnito der A 33

Osteria del Maiale Pezzato

Zimmervermietung
Via Carlo Coccio, 2
Tel./Fax (+39) 01 73 / 26 38 45
info@maialepezzato.it
www.maialepezzato.it
Ganzjährig geöffnet

Die Zimmer und die Gemeinschaftsbereiche dieses reizenden Restaurants mit Gästezimmern an der Ortseinfahrt von Sinio im Talloriatal sind bis ins kleinste Detail gepflegt. Die Gäste können gar nicht anders als sich wohlfühlen. In diesem kleinen Bauerndorf aus dem Mittelalter verfügen die Inhaber über eine schöne Obstplantage, weshalb beim Frühstück neben den verschiedenen süßen Verführungen immer frisches Obst der Saison auf den Tisch kommt; auf Wunsch können Sie sich auch Pikantes schmecken lassen. Im Restaurant, das nicht nur Hausgäste empfängt, wird Küche der Langhe angeboten, aufgefrischt mit etwas Kreativität (27 bis 30 Euro ohne Wein). Besichtigen sollte man die Burg aus dem 15. Jahrhundert, die der Marquis Franceschino Del Carretto erbauen ließ, die Pfarrkirche, die dem heiligen Frontinianus geweiht ist, und das Oratorium der Bruderschaft der Büßer aus dem 17. Jahrhundert, das als Theater adaptiert wurde und wo nun die von Oscar Barile geleitete Theatergruppe spielt.

♦ 4 DZ, 3 3BZ und 2 4BZ, alle mit Bad und WC, TV ♦ DZ in Einzelbelegung € 80, DZ € 95, 3BZ € 120, 4BZ € 140 (alle mit Frühstück) ♦ Kreditkarten: CartaSi, DC, MC, Visa; Bankomat ♦ öffentlicher Parkplatz angrenzend, Haustiere nicht erlaubt, Betreiber immer erreichbar ♦ Bar, Restaurant, Garten, Schwimmbecken

Stresa
Vedasco

2 km vom Zentrum
18 km südlich von Verbania, S.S. 33 und S.P. 39

Villa la Camana

Bed & Breakfast
Via per Gignese, 10
Tel./Fax (+39) 03 23 /315 53
villalacamana@libero.it
www.villalacamana.it
Ferien: Mitte Oktober–Mitte März

NEU

Dieses Bed & Breakfast, das 2001 vom Ehepaar Piera und Pierrenato Severino eröffnet wurde, ist das ideale Quartier für einen Besuch des malerischen Gebiets der piemontesischen Seen. Nur zwei Kilometer von Stresa entfernt, in einer Atmosphäre von Ruhe und Harmonie, stoßen wir auf diese moderne Villa, die in einem blühenden Garten und einem Park mit Azaleen und Rhododendren liegt und einen herrlichen Ausblick auf den Lago Maggiore und die Borromäischen Inseln bietet. Den Gästen stehen zwei großzügige, helle Gästezimmer und ein Apartment im Dachgeschoss (50 Quadratmeter) mit Blick auf den See zur Verfügung. Das Frühstück mit frischem Backwerk, Konfitüren, Honig aus dem Gebiet von Verbano-Cusio-Ossola, Wurst, Eier, Kaffeevarianten und Milchprodukten wird in der warmen Jahreszeit im Garten und im Winter in einem Salon mit schöner Glasfront serviert. Auf Wunsch kann der Außenbereich für Feiern in kleinem Rahmen genutzt werden.

♦ 2 DZ mit Bad und WC, Balkon; 1 Apartment (3–4 Personen) mit Kochnische ♦ DZ in Einzelbelegung € 80–90, DZ € 90–110 (alle mit Frühstück); Apartment € 130–140 ♦ keine Kreditkarten ♦ überdachter Privatparkplatz, kleine Haustiere willkommen (nach Absprache), Betreiber immer erreichbar ♦ Frühstücksraum, Aufenthaltsraum, Lese- und TV-Raum, Garten, Park

Tonco

17 km nördlich von Asti, S.R. 457
Ausfahrt Asti Est der A 21

Villa Belforte

NEU

Bed & Breakfast
Via Asti, 29
Tel. (+39) 01 41 / 99 14 22,
(+39) 335 / 744 48 48
Fax (+39) 01 41 / 99 14 22
info@villabelforte.it
www.villabelforte.it
Ferien: November–März

An der Straße hinauf nach Tonco liegt kurz vor der Ortseinfahrt ein Bauernhaus aus dem 19. Jahrhundert, die Villa Belforte. Vor dem Haus erstreckt sich ein hübscher Garten, dahinter ein weitläufiger Park für erholsame Spaziergänge. Die drei Gästezimmer (benannt nach Blumen: Lavendel, Narzisse, Calla) sind mit Stilmöbeln eingerichtet. Dem gepflegten Ambiente verleihen frische Blumen und geschmackvolle Ziergegenstände Charme. Den Gästen steht ein Leseraum mit einer kleinen Bibliothek und einem Kamin zur Verfügung. Das Frühstücksbüfett umfasst süße und pikante Leckereien. Für Aufenthalte von mehr als drei Nächten werden spezielle Preise vereinbart. Eine besondere Attraktion dieser Gegend sind die Wege, die an den zahlreichen stimmungsvollen romanischen Kirchen vorbeiführen. Bitten Sie die Gastgeber um Auskunft. Die Villa Belforte ist gegen Vorbestellung auch an den Wochenenden im Winter geöffnet.

♦ 3 DZ mit Bad und WC, Minibar, Sat-TV ♦ DZ in Einzelbelegung € 60, DZ € 80 (alle mit Frühstück) ♦ keine Kreditkarten ♦ 1 Zimmer barrierefrei zugänglich, Privatparkplatz, kleine Haustiere willkommen, Betreiber immer erreichbar ♦ Frühstücksraum, Leseraum, gut ausgestatteter Fitnessraum, Gartenhaus, Garten, Park

Torino

Im Zentrum
500 m von der Piazza Castello, 1,5 km vom Bahnhof Porta Nuova

Ai Savoia

Zimmervermietung
Via del Carmine, 1 H
Tel. (+39) 339 / 125 77 11
Fax (+39) 011 / 521 28 48
aisavoia@libero.it
www.aisavoia.it
Ferien: August

Im Herzen von Turin führt Roberto Pavone diesen Betrieb, der teils als Bed & Breakfast, teils als Zimmervermietung dient: Da der Komplex in zwei getrennte Trakte unterteilt ist, kann dem Inhaber keiner Hotellizenz ausgestellt werden. Die Zimmer – drei der acht Räume mit Zugang über die Via del Carmine, die anderen über die Via della Consolata – stehen jenen eines erstklassigen Hotels in nichts nach. Der Palazzo Saluzzo di Paesana, eines der prunkvollsten Barockbauwerke Turins, erstreckt sich über einen ganzen Häuserblock. Die wirklich edlen Gemächer sind mit Kassettendecken, Stilmöbeln und Gemälden ausgestattet. In zwei Prunksälen werden reichhaltige Frühstücksbüfetts mit Obst, Konfitüren, Honig, Brioches aus einer Bäckerei und Kuchen vorbereitet. Gegen einen geringen Aufpreis erhalten Sie auf Wunsch das »höfische Frühstück«, das nach den Gepflogenheiten des Hauses Savoyen wie einst im Schloss von Racconigi zusammengestellt ist.

♦ 8 DZ mit Bad und WC, Aircondition, Safe, TV ♦ DZ in Einzelbelegung € 75–95, DZ € 115–125 (alle mit Frühstück) ♦ alle Kreditkarten, Bankomat ♦ öffentlicher Parkplatz (gebührenpflichtig bis 19.30 Uhr) und Vertragsgarage (€ 20 für 24 Stunden) in der Nähe, kleine Haustiere willkommen, Betreiber immer erreichbar ♦ 2 Frühstücksräume, Konferenzsaal

Torino

Im Zentrum
800 m von der Piazza Castello, 1,5 km vom Bahnhof Porta Nuova

Amadeus

3-Sterne-Hotel
Via Principe Amedeo, 41 bis
Tel. (+39) 011 / 817 49 51
Fax (+39) 011 / 817 49 53
info@hotelamadeustorino.it
www.turinhotelcompany.com
Ganzjährig geöffnet

Wir befinden uns hinter der Piazza Vittorio und der Via Po – in einem Viertel mit zahlreichen Cafés, Restaurants und Kneipen für die Jugend – und wenige hundert Meter vom Ufer des Po entfernt. Die Gegend zieht an den Sommerabenden viele Menschen an, die in den Lokalen der Murazzi einkehren. Hier liegt das von Luisa Balbo geführte Hotel, das ruhige Gastlichkeit bietet. Die Zimmer sind funktional und hübsch eingerichtet, einige verfügen über eine Kochnische. Besonders gepflegt sind die fünf Zimmer im Dachgeschoss (fünfter Stock). Interessant sind die Sonderangebote für das Wochenende: Bei einem Mindestaufenthalt von zwei Nächten kostet das Doppelzimmer 98 Euro inklusive Frühstück und Torino Card (Eintritt in die Museen der Stadt und Benutzung der öffentlichen Verkehrsmittel). Während der großen Veranstaltungen in Turin steigt der Preis für das Doppelzimmer auf 166 Euro. Das Frühstücksbüfett umfasst süße und pikante Köstlichkeiten.

♦ 10 EZ, 16 DZ und 2 Suiten (2–4 Personen), alle mit Bad und WC (Dusche oder Wanne mit Massagefunktion), Aircondition, Minibar, Safe, Telefon, Sat-TV (einige Zimmer mit Kochnische) ♦ EZ € 70–80, DZ € 90–110, Suite € 120–150 (alle mit Frühstück) ♦ alle Kreditkarten, Bankomat ♦ Privatparkplatz (2 Plätze), Vertragsgarage 200 Meter entfernt (€ 15 pro Tag), kleine Haustiere willkommen, Rezeptionsdienst rund um die Uhr ♦ Frühstücksraum, Salon mit TV-Ecke

Torino
Collina di Sassi

7 km vom Zentrum
Vom rechten Ufer des Po auf dem Corso Casale in Richtung Sassi

Casaale

Bed & Breakfast
Strada Mongreno, 341
Tel. (+39) 011 / 899 08 08,
(+39) 333 / 437 62 20
info@casaale.it
www.casaale.it
Ferien: 7. Januar–Mitte Februar

Die Villa geht auf das beginnende 19. Jahrhundert zurück. Sie liegt in einem schönen, ruhigen Park, wenige Minuten vom Zentrum entfernt. Einst diente sie als Wohnsitz der Gräfin von Castiglione und als Zuflucht des Malers Angelo Ruga, der hier sein Atelier hatte. Alessandra baute das seit etwa 30 Jahren von ihrer Familie bewohnte Haus Casaale in ein gastliches Bed & Breakfast um: Im ersten Stock gibt es drei nette Zimmer mit eigenem Bad und WC, TV und gemeinsamem Kühlschrank. Die lichtdurchflutete Dependance verfügt über ein Schlafzimmer mit Doppelbett, ein Bad, eine gut ausgestattete Küche und die Möglichkeit, zwei Zusatzbetten aufzustellen. Das reichhaltige Frühstück wird in der großen Küche oder im Sommer im Garten serviert: Lassen Sie sich die herrliche Schokolade aus Turin und Konfitüren von kleinen Herstellern aus der Region schmecken. Im Gartenhaus werden verschiedene Veranstaltungen zum Thema Küche und Weine abgehalten. In der entsprechenden Saison können Sie sich unter Anleitung eines Fachmanns an der Ernte im Garten beteiligen.

♦ 3 DZ mit Bad und WC, TV; 1 Apartment (2–4 Personen) mit Küche ♦ EZ € 50, DZ € 85 (Aufpreis Zusatzbett € 35, alle mit Frühstück); Apartment € 100–160 ♦ keine Kreditkarten ♦ Privatparkplatz, kleine Haustiere willkommen, Betreiber immer erreichbar ♦ Garten, Gartenhaus, Park

Torino

Ilm Zentrumt
300 m vom Bahnhof Porta Nuova, 1,5 km von der Piazza Castello

Conte di Biancamano

3-Sterne-Hotel
Corso Vittorio Emanuele II, 73
Tel. (+39) 011 / 562 32 81
Fax (+39) 011 / 562 37 89
info@hotelcontebiancamano.it
www.hotelcontebiancamano.it
Ferien: August, 2 Wochen zu Weihnachten

Das Hotel befindet sich im Stadtzentrum, ganz in der Nähe des Bahnhofs Porta Nuova, der Haltestelle der Busse zum Flughafen von Caselle, der historischen Cafés und der interessanten Galerie moderner Kunst. Über die breiten Arkaden des Corso Vittorio Emanuele II, fast an der Ecke des Corso Re Umberto, gelangt man in die Beletage eines eleganten Palazzos vom Ende des 19. Jahrhunderts, den die Grafen von Barbaroux erbauen ließen. Dort erwarten Sie eine kleine Rezeption und im Erdgeschoss ein Salon mit prachtvollen Fresken und Stuckverzierungen. Die renovierten und mit eleganten Vorhängen ausgestatteten Schlafzimmer verteilen sich auf drei Stockwerke. Einige Badezimmer sind etwas klein, aber das historische Gebäude erlaubt keine Alternativen. Das Frühstücksbüfett ist klassisch, auf Wunsch umfasst es auch pikante Köstlichkeiten.

♦ 10 EZ, 10 DZ und 4 Suiten (2–3 Personen), alle mit Bad und WC, Minibar, Sat-TV, WLAN ♦ EZ € 70–85, DZ € 90–120, Suite in Einzelbelegung € 110, Suite € 110–140 (alle mit Frühstück) ♦ alle Kreditkarten, Bankomat ♦ Privatparkplatz (2 Plätze), Vertragsgarage 200 Meter entfernt (€ 5 pro Tag), kleine Haustiere willkommen, Rezeptionsdienst rund um die Uhr ♦ Bar, Frühstücksraum, Salons, Konferenzsaal

Torino
Superga
10 km vom Zentrum
Vom rechten Ufer des Po über den Corso Casale und die Straße nach Superga; Autobus und Zahnradbahn vom Bahnhof Sassi

Foresteria della Basilica di Superga

Gästehaus
Strada della Basilica di Superga
Tel. (+39) 011 / 898 00 83
Fax (+39) 011 / 898 70 24
Ganzjährig geöffnet

Die Basilika von Superga aus dem 18. Jahrhundert (ein Werk des Architekten Filippo Juvarra) erhebt sich in 670 Meter Seehöhe auf einem der höchsten Punkte in den Hügeln östlich von Turin. Sie gilt als eines der Wahrzeichen des Barocks im Piemont. Seit Jahrhunderten wird der Komplex von den Mönchen des Ordens der Diener Mariens gehütet. Seit einiger Zeit wird die Möglichkeit zur Übernachtung in einem Gästehaus geboten. Der Ort eignet sich gut für Gäste, die absolute Ruhe suchen, nur wenige Minuten Autofahrt von Turin entfernt und zu wirklich günstigen Preisen. Die großzügigen Zimmer sind mit Stilmöbeln eingerichtet und mit soliden Holzböden und Kassettendecken ausgestattet. Das einfache Frühstück umfasst Kaffee, Tee, Milch, Brot, Konfitüren und Obst. Abends kann man zu jeder Zeit ins Haus, sofern man sich die Zimmerschlüssel vor 20.30 Uhr geholt hat. Jeder ist hier als Gast willkommen, man muss keiner Religionsgemeinschaft angehören, wenngleich ein dem Ort angemessenes Benehmen vorausgesetzt wird.

♦ 22 DZ mit Bad und WC ♦ DZ in Einzelbelegung € 25, DZ € 50 (alle mit Frühstück) ♦ keine Kreditkarten ♦ 2 Zimmer behindertengerecht ausgestattet, Privatparkplatz und öffentlicher Gratisparkplatz 30 Meter entfernt, Haustiere nicht erlaubt, Betreiber immer erreichbar ♦ Frühstücksraum, TV-Raum

Torino

Im Zentrum
300 m vom Bahnhof Porta Nuova, 1,2 km von der Piazza Castello

Piemontese

3-Sterne-Hotel
Via Berthollet, 21
Tel. (+39) 011 / 669 81 01
Fax (+39) 011 / 669 05 71
info@hotelpiemontese.it
www.hotelpiemontese.it
Ganzjährig geöffnet

In einer ruhigen Straße des multiethnischen Viertels von San Salvario, nicht weit vom Parco del Valentino und von der Via Roma, liegt ein Palazzo aus dem 19. Jahrhundert, das Hotel Piemontese. Die Zimmerkategorien (Standard, De luxe, Juniorsuite und Suite) unterscheiden sich im Komfort und im Preis: In einigen Bädern gibt es einen Whirlpool oder eine Schwallbrause; sehr freundlich sind die Zimmer im minimalistischen Stil. Das Frühstück, als Büfett vorbereitet, kann in einem der beiden kleinen Salons eingenommen werden und umfasst heiße Getränke, Fruchtsäfte, Obst der Saison und Trockenfrüchte, Konfitüren, Honig, Brioches, Kuchen, Wurst, Käse und einige Bioprodukte. An der Rezeption und in der bequemen Eingangshalle liegen Tageszeitungen auf, an der Hinterseite befindet sich ein netter Raum mit Bibliothek. Wenige Schritte vom Hotel entfernt gibt es ein Fitnesscenter (Partnerbetrieb).

♦ 32 DZ und 5 Suiten, alle mit Bad und WC, Aircondition, Minibar, Sat-TV, Internetanschluss (einige Zimmer mit Balkon) ♦ DZ in Einzelbelegung € 70–105, DZ € 90–130, Suite € 120–160 (alle mit Frühstück) ♦ alle Kreditkarten, Bankomat ♦ 2 Zimmer behindertengerecht ausgestattet, überdachter Vertragsparkplatz angrenzend (€ 15 pro Tag), kleine Haustiere willkommen, Rezeptionsdienst rund um die Uhr ♦ Frühstücksraum, Lese- und Konferenzraum, TV-Raum, Garten

Torre Pellice

500 m vom Bahnhof und von der Haltestelle der Autobusse aus Pinerolo und Turin
13 km von Pinerolo, 50 km südwestlich von Turin, S.S. 23

Flipot

3-Sterne-Hotel
Corso Gramsci, 17
Tel. (+39) 01 21 / 912 36
Fax (+39) 01 21 / 95 34 65
flipot@flipot.com
www.flipot.com
Ferien: unterschiedlich

Aus einem alten Bauernhaus aus dem 18. Jahrhundert entstand 1903 die Locanda del Persico; bald jedoch verschwand der alte Name, überstrahlt von der Persönlichkeit des ersten Inhabers Filippo Gay. 1981 übernahmen Walter und Gisella Eynard den Betrieb. Umsichtig bewahrten sie den Charme einer Locanda im Stil des alten Piemont und schufen ein wirklich komfortables Ambiente. Für das Frühstück bieten sich zwei Möglichkeiten: auf amerikanische Art mit Wurst und Käse aus den Tälern oder italienisch mit Süßspeisen, selbst gemachten Gelees und Konfitüren. Wenige Meter vom Hotel entfernt eröffneten die Eheleute Eynard, basierend auf ihren Erfahrungen mit dem mehrfach prämierten Flipot, ein Restaurant mit ungezwungener Atmosphäre.

♦ 8 DZ mit Bad und WC (1 Zimmer mit Whirlpool), Telefon, Sat-TV, Internetanschluss ♦ DZ in Einzelbelegung € 90, DZ € 100 (alle mit Frühstück) ♦ alle Kreditkarten, Bankomat ♦ Restaurant barrierefrei zugänglich, Privatparkplatz, Haustiere nicht erlaubt, Rezeptionsdienst 9–24 Uhr (außer Montag und Dienstag) ♦ Restaurant, Frühstücksraum, Leseraum, Garten

🍲 Die Küche des Crota dl'Ours in der Via della Repubblica 6 ist tief in der lokalen Tradition verwurzelt und setzt auf Produkte aus der Region. Der Preis für eine Mahlzeit liegt bei 30 bis 33 Euro ohne Wein.

Trezzo Tinella

15 km von Alba, 75 km nordöstlich von Cuneo
Ausfahrt Castagnito der A 33; Ausfahrt Marene der A 6

Antico Borgo del Riondino

Agriturismo
Via dei Fiori, 13
Tel. (+39) 01 73 / 63 03 13, (+39) 349 / 429 05 34, Fax (+39) 01 73 / 63 03 29
borgodelriondino@libero.it
www.riondino.it
Ferien: Mitte Dezember–Ende März

Das Bauernhaus aus dem 17. Jahrhundert liegt etwas außerhalb von Trezzo Tinella. Die Zimmer sind jeweils mit Doppelbett und alten Möbeln eingerichtet, wobei jedes in einem unterschiedlichen Farbton gehalten ist. Zu den Gemeinschaftsbereichen zählt die »Sala nera« (schwarzer Salon) mit Blick auf einen innen gelegenen Garten. Der Raum ist mit bequemen Sofas ausgestattet und lädt zur Lektüre und Konversation ein. Das Frühstück wird in einem eigenen Raum serviert: jeden Tag ein anderer Kuchen, Brioches, Brot, Konfitüren, Butter und gegen einen kleinen Aufpreis verschiedene Arten von Wurst und Käse aus der Region. Das Restaurant bietet lokale Gerichte; der Preis für eine Mahlzeit ohne Wein liegt bei 35 bis 37 Euro pro Person. Die Halbpension wird für 80 Euro pro Person angeboten (von Juni bis September, Mindestaufenthalt drei Tage). Vor Kurzem wurde der Garten um einen Badeteich erweitert. Es sei noch erwähnt, dass als Haustiere nur Hunde willkommen sind.

◆ 5 DZ und 1 3BZ, alle mit Bad und WC ◆ DZ in Einzelbelegung € 110–130, DZ € 130, 3BZ € 150 (alle mit Frühstück) ◆ Kreditkarten: CartaSi, MC, Visa; Bankomat ◆ Privatparkplatz, kleine Hunde willkommen, Betreiber immer erreichbar ◆ Restaurant (nur für Hausgäste), Frühstücksraum, Leseraum, Park, Bioteich

Trezzo Tinella

15 km von Alba, 75 km nordöstlich von Cuneo
Ausfahrt Castagnito der A 33; Ausfahrt Marene der A 6

Cascina Bricchetto

Agriturismo
Via Naranzana, 22
Tel. (+39) 01 73 / 63 03 95, (+39) 339 / 393 21 89
Fax (+39) 01 73 / 63 03 95
cascinabricchetto@gmail.com
www.cascinabricchetto.it
Ganzjährig geöffnet

Wir befinden uns in Trezzo Tinella, in jener Langa, die der Schriftsteller Beppe Fenoglio in »La Malora« (1954) beschrieben hat: Hier machen sich Glanz und Bekanntheit des Gebietes um Alba noch nicht bemerkbar. Auf einem Hügel in etwa 650 Meter Seehöhe renovierte Giovanna Oliveri ein altes Bauernhaus aus Stein, das sie vor zehn Jahren erworben hat, um daraus zwei »case nel cielo delle Langhe« (Häuser im Himmel der Langhe) zu machen: Der Blick schweift über Weinberge, Haselnusshaine und die Wälder der umliegenden Hügel. In der Ferne ist die unverwechselbare Silhouette des Monviso und des Monte Rosa zu erkennen. Das Cà der Forn (zwei Zimmer) und das Cà dra Tòpia (drei Zimmer) können auch als ganzes Haus gemietet werden. In beiden gibt es eine Küche und einen Aufenthaltsraum mit Kamin. Wer möchte, kann sich den Morgen verschönern, indem er sich ein Frühstück servieren lässt: unter anderem Honig, Butter, Joghurt, hausgemachte Kuchen und Konfitüren, Feingebäck und Brot aus Sauerteig, das im Holzkohlenofen gebacken wird. Auf den Wiesen stehen Liegen, Liegestühle, Tischchen, Spielgeräte für Kinder und ein Grillplatz zur Verfügung.

◆ 5 DZ mit Bad und WC (bei 3 Zimmern auf dem Flur), Balkon, WLAN ◆ DZ in Einzelbelegung € 55, DZ € 80–100 (Aufpreis Zusatzbett € 20, Frühstück € 5–8 pro Person) ◆ keine Kreditkarten ◆ Privatparkplatz, kleine Haustiere willkommen (nach Absprache), Betreiber stets anwesend ◆ Aufenthaltsraum, Garten, Kinderspielplatz

Usseaux
Laux
3 km vom Zentrum; 75 km westlich von Turin
Tangente bis Pinerolo, S.S. 23 in Richtung Sestriere, hinter Fenestrelle den Hinweisschildern links nach Laux folgen

Lago Laux

3-Sterne-Hotel
Via al Lago, 7
Tel./Fax (+39) 01 21 / 839 44
laux@charmerelax.com
www.charmerelax.com/laux
Ferien: 2 Wochen im Mai, Ende September–Mitte Oktober

Der Betrieb, derzeit geführt von Marinella Canton und Gianfranco Aimo, war einst ein Haus für die Sommerfrische. Es wurde im Krieg beschädigt und 1984 als Hotel wieder aufgebaut. Die Doppelzimmer sind komfortabel und einfach eingerichtet und bieten einen schönen Ausblick auf den See und den Park. Im Sommer steht der Platz rund um das Hotel für Wohnwagen zur Verfügung, die Zimmerpreise können bis auf 126 Euro steigen (auch in den Weihnachtsfeiertagen). In unmittelbarer Nähe befinden sich ein Paraglidingfeld, eine Mountainbikestrecke und Skianlagen. Das Frühstück umfasst die üblichen Kaffeevarianten, Honig, Konfitüren, Brot, Feingebäck und hausgemachte Kuchen. Das Restaurant, das nicht nur Hausgäste bedient, legt den Schwerpunkt auf piemontesische und provenzalische Gerichte (25 bis 40 Euro ohne Wein). Für Aufenthalte von mindestens drei Tagen wird Halbpension für 74 bis 84 Euro und Vollpension für 95 bis 105 Euro pro Person angeboten.

♦ 7 DZ mit Bad und WC, Minibar, Telefon, TV (5 Zimmer mit Kochnische) ♦ DZ in Einzelbelegung und DZ € 105–126 (Aufpreis Zusatzbett € 15, alle mit Frühstück) ♦ alle Kreditkarten, Bankomat ♦ öffentlicher Gratisparkplatz, Haustiere nicht erlaubt, Rezeptionsdienst 8–24 Uhr ♦ Restaurant, Frühstücksraum, TV-Raum, Park

Varallo
Sebrey
1 km vom Zentrum
10 km von Borgosesia, 62 km nordwestlich von Vercelli, S.P. 299
Ausfahrt Romagnano Sesia-Ghemme der A 26

Monte Rosa

1-Stern-Hotel
Via Regaldi, 4
Tel./Fax (+39) 01 63 / 511 00
info@albergomonterosa.it
www.albergomonterosa.it
Ganzjährig geöffnet

Das kleine Hotel der Familie Del Boca, erbaut 1908 vom Urgroßvater Annibale, befindet sich in hervorragender Lage im Herzen des Valsesia, am Fuß des Monte Rosa und des ältesten unter den Naturschutzgebieten der »Sacri Monti Piemontesi«. Der Betrieb liegt in einer Parklandschaft, an einer Nebenstraße der Via Brigate Garibaldi, wenn man das Städtchen in Richtung Civiasco-Lago d'Orta verlässt. Ein einfaches Hotel, das einen angenehmen Aufenthalt verspricht, wozu die enorme Gastfreundlichkeit von Signora Maria Paola und ihrer Familie viel beitragen. In den Gemeinschaftsbereichen und den Zimmern wurde die Originaleinrichtung bewahrt: Parkettböden, Stoffe und Möbel vom Beginn des 20. Jahrhunderts. Das Frühstück wird serviert und kann auf Wunsch um Pikantes erweitert werden. Nur im Sommer kann man bei Wahl der Halbpension (50 Euro pro Person) die schmackhafte Hausmannskost des Hotels genießen.

♦ 5 EZ und 10 DZ, alle mit Bad und WC, TV ♦ EZ € 35–40, DZ € 65–70 (Aufpreis Zusatzbett € 10–15, alle mit Frühstück) ♦ keine Kreditkarten ♦ Privatparkplatz, Garage (bei Bedarf), kleine Haustiere willkommen, Betreiber stets anwesend ♦ Bar, Frühstücksraum, Aufenthaltsraum, Außenbereich, Garten, Park

Veglio
Le Piane
2 km vom Zentrum
17 km nordöstlich von Biella, S.P. 105
Ausfahrt Carisio der A 4, weiter über Cossato und das Mossotal

Vercelli

Im Zentrum
In der Nähe des Bahnhofs

Baitanella

Zimmervermietung
Ortsteil Le Piane, 11
Tel. (+39) 015 / 74 81 58
(+39) 338 / 664 60 72
baitanella@tiscali.it
web.tiscali.it/baitanella
Ferien: Januar

NEU

Il Giardinetto

3-Sterne-Hotel
Via Sereno, 3
Tel. (+39) 01 61 / 25 72 30
Fax (+39) 01 61 / 25 93 11
giardi.dan@libero.it
Ferien: 1 Woche im Januar, August

Von der Textilindustrie zum Abenteuer im Grünen: Mit diesem intelligenten Programm der sozialwirtschaftlichen Neuordnung von Veglio, einem kleinen Dorf im Mossotal, wurde auf die Landflucht reagiert. Der Ort etablierte sich als wichtiges Zentrum für Extremsportarten (Klettern auf hohen Bäumen, Bungee-Jumping von der Brücke über den Poala). Die Berghütte aus dem 19. Jahrhundert in 1.000 Meter Seehöhe bietet einen freundlichen Empfang und einen preisgünstigen Aufenthalt. Vittorina Botto Corsi baute den Betrieb zu einer Locanda mit einfachen Zimmern, einem Aufenthaltsraum mit Bibliothek und hübschen Möbeln aus Familienbesitz um. Es gibt auch ein Restaurant (20 bis 22 Euro ohne Wein, Halbpension 50 Euro). Serviert werden neben den klassischen piemontesischen Gerichten auch einige Speisen aus dem Latium, eine Hommage an die römischen Wurzeln der Familie Corsi. Das Frühstück lockt mit ofenfrischen Croissants, feinen Konfitüren und frischem Obst. Wer vor Extremsportarten zurückschreckt, dem schlägt Andrea etwas ruhigere Freizeitaktivitäten vor: Spaziergänge in den Wäldern und Forellenangeln im Wildbach.

Renata Belloli und Roberto Siviero wählten für ihr Hotel ein kleines, hübsch renoviertes Palais aus dem 19. Jahrhundert in der Nähe der Basilika Sant'Andrea. Die Kirche ist typisch für die schönen Bauten von Vercelli: Das kleine Städtchen ist zu Unrecht bei Touristen noch kaum bekannt, hält es doch für Freunde von Kunst und Architektur wahre Juwelen bereit. Die Zimmer des Hotels sind bequem und mit Möbeln im altvenezianischen Stil eingerichtet, das Personal ist aufmerksam und freundlich. Im Restaurant können Sie für 35 bis 45 Euro ohne Wein speisen. Das traditionelle Frühstück umfasst die üblichen heißen Getränke, Fruchtsäfte, Joghurt, Konfitüren, Toast und hausgemachte Kuchen. Neben der bereits erwähnten Basilika, einem der gelungensten Bauten des Übergangs von der Romanik zur Gotik, verdient auch die Pinacoteca Borgogna mit ihrer reichen Sammlung von piemontesischer Malerei eine Erwähnung.

♦ 1 DZ, 1 3BZ und 1 4BZ, alle mit Bad und WC (3BZ mit Kochnische) ♦ DZ in Einzelbelegung € 35, DZ € 70, 3BZ € 105, 4BZ € 140 (alle mit Frühstück) ♦ keine Kreditkarten ♦ Gemeinschaftsbereiche barrierefrei zugänglich, Privatparkplatz gegenüber, kleine Haustiere willkommen, Betreiber immer erreichbar ♦ Restaurant, Aufenthaltsraum, Leseraum, Park

♦ 18 DZ mit Bad und WC, Aircondition, Minibar, Safe, Telefon, Sat-TV ♦ DZ in Einzelbelegung € 75, DZ € 90 (alle mit Frühstück) ♦ alle Kreditkarten, Bankomat ♦ öffentlicher Gratisparkplatz, kleine Haustiere willkommen, Rezeptionsdienst 7.30–23 Uhr ♦ Bar, Restaurant, Frühstücksraum, Lese- und TV-Raum, Konferenzsaal, Garten

Verduno

10 km von Bra, 16 km von Alba, 54 km nordöstlich von Cuneo
Ausfahrt Marene der A 6 in Richtung Roreto-Pollenzo

Real Castello

2-Sterne-Hotel
Via Umberto I, 9
Tel. (+39) 01 72 / 47 01 25
Fax (+39) 01 72 / 47 02 98
info@castellodiverduno.com
www.castellodiverduno.com
Ferien: 1. Dezember–18. März

Das Schloss von Verduno, erbaut im 16. Jahrhundert und zwei Jahrhunderte später nach einem Entwurf von Filippo Juvarra umgebaut, wurde 1838 von Karl Albert von Savoyen erworben und 1909 an die Winzerfamilie Burlotto verkauft, der es heute noch gehört. Die Zimmer und Suiten des romantischen Hotels sind auf drei Gebäude aufgeteilt: auf den Haupttrakt des Schlosses, den Verwaltungstrakt und das Gästehaus, ein Landhaus aus dem 18. Jahrhundert. Am Morgen werden die Gäste mit einem üppigen süßen und pikanten Frühstücksbüfett verwöhnt. Der Familie Burlotto gehört auch der nahe gelegene Agriturismo Ca' del Re (Tel. (+39) 01 72 / 47 02 81; geöffnet von Mitte Februar bis Mitte Dezember, fünf Zimmer mit Bad und WC und ein Apartment mit Küche; Doppelzimmer in Einzelbelegung 60 Euro, Doppelzimmer 70 Euro mit Frühstück, Apartment 100 Euro).

♦ 10 DZ, 2 Superior-DZ, 5 Juniorsuiten und 2 Suiten, alle mit Bad und WC (bei 3 DZ auf dem Flur) ♦ DZ in Einzelbelegung € 105, DZ € 115, Superior-DZ € 135, Juniorsuite € 160–180, Suite € 220–240 (Aufpreis Zusatzbett € 45, alle mit Frühstück) ♦ alle Kreditkarten, Bankomat ♦ 2 Suiten behindertengerecht ausgestattet, Privatparkplatz teilweise überdacht, kleine Haustiere willkommen (in 2 Zimmern), Betreiber immer erreichbar ♦ Restaurant, Enoteca, Salon mit TV-Ecke, Garten, Park

🍲 Hervorragende regionale Küche in den beiden Restaurants (45 bis 50 Euro ohne Wein im Schloss, 25 Euro ohne Wein im Agriturismo).

Viarigi

Im Zentrum
30 km nordöstlich von Asti, S.S. 457
Ausfahrt Asti Est der A 6

Locanda del Monacone

Zimmervermietung
Via Roma, 12
Tel./Fax (+39) 01 41 / 61 14 07
info@locandadelmonacone.it
www.locandadelmonacone.it
Ganzjährig geöffnet

Ein großes Holztor an der Hauptstraße des Dorfs führt in den intimen Innenhof des Monacone – eines eleganten Herrenhauses vom Ende des 19. Jahrhunderts –, auf den die Zimmer und die Speisesäle des angeschlossenen Restaurants blicken (die Küche, nur abends geöffnet, bietet regionale Gerichte, zum Teil kreativ interpretiert; der Preis liegt bei 27 Euro). In der Mitte des Hofes ist ein großes Schwimmbad angelegt. Von der hübschen Terrasse hat man einen prachtvollen Ausblick auf die Hügel des Monferrat. Jedes der großzügigen Zimmer trägt den Namen einer Blume, ist geschmackvoll im rustikal-eleganten Stil eingerichtet und bietet jeden Komfort. Das Frühstück wird in den Speisesälen des Restaurants eingenommen. Es umfasst unter anderem süßes Backwerk, Brot, feine Konfitüren und auf Wunsch auch Pikantes. Ab der dritten Nacht wird ein Preisnachlass von zehn Prozent gewährt, Halbpension ist möglich.

♦ 3 DZ und 2 Suiten, alle mit Bad und WC (1 Zimmer mit Whirlpool), Terrasse, Telefon (3 Zimmer mit Minibar); 1 Zweizimmerapartment mit Kochnische ♦ DZ in Einzelbelegung € 80, DZ € 80–85, Suite € 110–120 (alle mit Frühstück); Zweizimmerapartment € 95 ♦ alle Kreditkarten, Bankomat ♦ Gratisparkplatz außerhalb der Anlage, kleine Haustiere willkommen, Betreiber 8–22.30 Uhr anwesend ♦ Restaurant, Lese- und TV-Raum, Park, Terrasse, Schwimmbecken

Vicoforte
Bricco Mollea

1 km vom Zentrum
32 km östlich von Cuneo, S.S. 564 und S.S. 28
Ausfahrt Mondovì Ovest oder Niella Tanaro der A 6

Vicoforte
Santuario di Vicoforte
2 km vom Zentrum
4 km vom Bahnhof San Michele Mondovì
32 km östlich von Cuneo, S.S. 564 und S.S. 28
Ausfahrt Mondovì Ovest der A 6

Antica Meridiana

NEU

Agriturismo
Via Montex, 1
Tel. (+39) 01 74 / 56 33 64,
(+39) 333 / 209 00 02,
(+39) 335 / 575 96 09
meridiana@relais-art.com
www.relais-art.com
Ganzjährig geöffnet

Portici

3-Sterne-Hotel
Piazza Carlo Emanuele, 47
Tel. (+39) 01 74 / 56 39 80
Fax (+39) 01 74 / 56 90 27
info@hotelportici.com
www.hotelportici.com
Ganzjährig geöffnet

Knapp oberhalb der Wallfahrtsstätte von Vicoforte liegt der Agriturismo von Angioletta De Giorgis und Massimo Martinelli, der aus ihrem Landhaus aus dem 18. Jahrhundert entstand. Mitten im Grün der Langhe rund um Mondovì empfangen sie ihre Gäste in wenigen Zimmern. Die Räume sind alle in einem anderen Farbton und Stil eingerichtet. Neben diesem Teil des Betriebes mit traditioneller und durch Designerstücke aus den 1970er-Jahren aufgelockerter Ausstattung gibt es den Hitechtrakt mit Turm. In der großen Scheune befindet sich ein netter Aufenthaltsraum mit Leseecke. Die Gemälde von Massimo Martinelli dienen als Verkleidung für Innentüren, werden aber auch als Dekor in Badezimmerböden eingearbeitet oder schmücken die Wände in den Zimmern. Eine lobende Erwähnung verdient das Frühstück, das im Sommer auf der Terrasse mit Blick auf die Weingärten serviert wird: Konfitüren und hausgemachte Kuchen, Bergbrot und auf Wunsch ein exzellenter Dolcetto des Betriebs.

Das Hotel Portici mit 23 eleganten, komfortablen Zimmern ist Teil eines monumentalen Komplexes aus mehreren kirchlichen Gebäuden, begrenzt von der Palazzata. Der Bau wurde im 17. Jahrhundert vom Bischof von Mondovì und dem Haus Savoyen als Herberge für die Gläubigen errichtet, die zum Marienheiligtum der Stadt pilgerten. Er hat die größte ovale Kuppel Europas. Die Gemeinschaftsbereiche sind großzügig und klug eingerichtet. Das Hotel eignet sich für Gäste, die die Nähe zur Natur und absolute Ruhe suchen. Das Frühstück bietet nach italienischer Tradition Süßes, darunter Produkte einer angeschlossenen Konditorei sowie »Santuariesi« mit Rum oder Haselnüssen, Blätterteigtäschchen, Maisgebäck, Polentabrot und die klassischen Brioches.

♦ 1 DZ und 3 Suiten, alle mit Bad und WC, Minibar (1 Suite mit Kochnische); 1 Apartment (2–4 Personen) mit Kochnische, Terrasse, Turm ♦ DZ in Einzelbelegung € 60, DZ € 100, Suite in Einzelbelegung € 70–75, Suite € 120–140, Apartment € 150–180 (alle mit Frühstück) ♦ keine Kreditkarten ♦ einige Zimmer barrierefrei zugänglich, Privatparkplatz, Haustiere willkommen (nach Absprache), Betreiber stets anwesend ♦ Frühstücksraum, Aufenthalts- und Leseraum, Garten, Terrasse

♦ 1 EZ, 17 DZ, 1 3BZ, 1 4BZ, 1 5BZ und 2 Suiten (2–4 Personen), alle mit Bad und WC, Minibar, Safe, Telefon, Sat-TV, Internetanschluss ♦ EZ € 45–50, DZ in Einzelbelegung € 51–56, DZ € 75–82, 3BZ € 93–102, 4BZ € 118–130, Suite € 99–137 (alle mit Frühstück) ♦ alle Kreditkarten, Bankomat ♦ Anlage barrierefrei zugänglich, 2 Zimmer behindertengerecht ausgestattet, öffentlicher Gratisparkplatz, kleine Haustiere willkommen (€ 3,50 pro Tag), Rezeptionsdienst rund um die Uhr ♦ Bar, Frühstücksraum, Leseraum, Konferenzsaal angrenzend, Garten

Vignale Monferrato
Ca' Cima
2 km vom Zentrum
25 km nordwestlich von Alessandria, 29 km von Asti
Ausfahrt Casale Sud der A 26; Ausfahrt Felizzano der A21

Vignale Monferrato
Borgo Intersenga
2 km vom Zentrum
25 km nordwestlich von Alessandria, 29 km von Asti
Ausfahrt Casale Sud der A 26; Ausfahrt Felizzano der A 21

Accornero

Agriturismo
Ortsteil Ca' Cima, 1
Tel. (+39) 01 42 / 93 33 17
Fax (+39) 01 42 / 93 35 12
info@accornerovini.it
www.accornerovini.it
Ferien: Weihnachten–Anfang März

Cascina Intersenga

Agriturismo
Cascina Intersenga, 1
Tel. (+39) 01 42 / 93 34 15
Fax (+39) 01 42 / 93 09 42
czarnetta@vignale.de
www.vignale.de
Ganzjährig geöffnet

Der Agriturismo der Familie Accornero, bekannte Weinbauern der Provinz Alessandria, entstand durch einen stilvollen Umbau des Familienhauses. Rund um das Gebäude breiten sich die Weinberge des Betriebs und anderer renommierter Winzer aus. Die Gäste wohnen in drei Zimmern und einem Apartment (in der ehemaligen Kornkammer) mit hübscher Möblierung. Das Frühstück ist sehr üppig: hausgemachte »Krumiri«, Kuchen, Brot, Konfitüren, Milch, Kaffee, aber auch Wurst und Käse aus der Gegend. Den Gästen in den Doppelzimmern steht eine perfekt ausgestattete Gemeinschaftsküche zur Verfügung, während zum Apartment eine eigene Küche gehört. Es gibt viele Möglichkeiten der Freizeitgestaltung: herrliche Spaziergänge in den umliegenden Hügeln, Degustationen in der Kellerei der Inhaber oder in anderen Betrieben der Gegend.

Rena Czarnetta und Uwe-Jenz Burchard verließen Bremen und übersiedelten nach Vignale Monferrato, wo sie diesen Bauernhof zu einem Agriturismo umgestalteten. Ein Teil des Hauses beherbergt drei Zimmer mit Bad und WC (vermietet vom 15. März bis 31. Oktober), der Rest wurde in sechs Apartments – zwei davon behindertengerecht ausgestattet – unterteilt, die das ganze Jahr über vermietet werden. Zum Frühstück werden hofeigene Produkte serviert und in der Degustationsstube bekommen Sie den von den Burchards gekelterten Wein, aber auch Weine anderer Winzer in der Region. Ein weiterer Raum in der ehemaligen Kornkammer ist mit Musikinstrumenten bestückt und lädt zum entspannten Musizieren ein. Vom Schwimmbad aus bietet sich ein schöner Blick auf die Weinberge. Es können Ausflüge zu den historischen Zentren von Casale und Asti oder zum Parco di Crea sowie Fahrten in den Monferrat organisiert werden.

♦ 3 DZ mit Bad und WC; 1 Miniapartment (3–6 Personen) mit Salon, Küche ♦ DZ in Einzelbelegung € 60, DZ € 84, Miniapartment € 42 pro Person (alle mit Frühstück) ♦ alle Kreditkarten, Bankomat ♦ Privatparkplatz, Haustiere nicht erlaubt, Betreiber stets anwesend ♦ Bar, Frühstücksraum, Lese- und TV-Raum, Garten

♦ 3 DZ mit Bad und WC, Minibar; 6 Apartments mit Aufenthaltsraum, Küche ♦ DZ in Einzelbelegung € 50, DZ € 70 (alle mit Frühstück); im Apartment DZ in Einzelbelegung € 60, DZ € 100 ♦ keine Kreditkarten ♦ Anlage barrierefrei zugänglich, 2 Apartments behindertengerecht ausgestattet, Parkplatz außerhalb der Anlage, kleine Haustiere willkommen, Betreiber stets anwesend ♦ Degustationsstube, Frühstücksraum, Küche, Lese- und Musikraum, Garten, Schwimmbecken

Villanova d'Asti

Im Zentrum
24 km nordwestlich von Asti, 25 km von Turin, S.S. 10 Ausfahrt Villanova d'Asti der A 21

Albergo del Muletto

3-Sterne-Hotel
Via Roma, 86
Tel. (+39) 01 41 / 94 65 95
Fax (+39) 01 41 / 94 66 34
info@albergodelmuletto.com
www.albergodelmuletto.com
Ganzjährig geöffnet

An der Hauptstraße von Villanova, einem Städtchen auf halbem Weg zwischen Asti und Turin, fällt das Schild des Hotels Muletto ins Auge: Es erinnert daran, dass sich hier einst eine Locanda und eine Poststation für den Pferdewechsel befanden. Der derzeitige Besitzer Giuseppe Vergnano ließ das Hotel umbauen, wobei er die alte Substanz und die Fassade in Ziegelfarbe mit der hübschen Aufschrift und dem mächtigen Eingangstor weitgehend erhalten konnte. Die Gemeinschaftsbereiche – Rezeption, Salon, Bar und Frühstücksraum – und die Gästezimmer auf zwei Stockwerken wurden dagegen den heutigen Anforderungen angepasst: Sie sind klassisch-modern eingerichtet und mit dem notwendigen Komfort ausgestattet. Das Frühstück umfasst frische Brioches und einige abgepackte Produkte. Das Hotel ist ein idealer Ausgangspunkt für Ausflüge nach Turin und schöne Fahrten durch die Hügel um Asti.

♦ 12 DZ und 3BZ, alle mit Bad und WC, Aircondition, Minibar, Telefon, Sat-TV, WLAN ♦ DZ in Einzelbelegung € 60, DZ € 80, 3BZ € 100 (alle mit Frühstück) ♦ alle Kreditkarten, Bankomat ♦ 1 Zimmer behindertengerecht ausgestattet, Privatparkplatz, kleine Haustiere willkommen, Rezeptionsdienst 6–24 Uhr ♦ Bar, Frühstücksraum

Villanova Mondovì

Im Zentrum
7 km von Mondovì, S.P. 5, 21 km südöstlich von Cuneo, S.P. 564 und S.P. 37

Albergo della Ceramica

NEU

3-Sterne-Hotel
Via XX Settembre, 2
Tel. (+39) 01 74 / 59 73 31
Fax (+39) 01 74 / 69 90 18
info@albergodellaceramica.it
www.albergodellaceramica.it
Ganzjährig geöffnet

Es handelt sich hier um eine ehemalige Keramikfabrik des Monregalese, das Haus Silvestrini, das 1980 geschlossen und zu einem Hotel umgebaut wurde. Das Äußere blieb erhalten – die Fenster stammen vom Ende des 19. Jahrhunderts –, im Inneren ist eine interessante Ausstellung von Tellern aus historischen Fabriken dieser Gegend zu bewundern. Jeder Gast erhält als Erinnerungsstück einen Keramikgegenstand. Die Gemeinschaftsbereiche sind in den ehemaligen Fabrikhallen untergebracht, die Gästezimmer sind geräumig und modern eingerichtet. Das Frühstücksbüfett umfasst Wurst und Käse aus der Region, frisches Obst, Apfelsaft, Kuchen und Crostate sowie Maisgebäck. Von hier aus sind die Skigebiete dieser Gegend leicht zu erreichen. Als nettes Ausflugsziel bietet sich auch die mittelalterliche Siedlung von Villavecchia an.

♦ 1 EZ, 5 DZ, 2 3BZ und 2 4BZ, alle mit Bad und WC, Minibar, Safe, Telefon, Sat-TV, Internetanschluss ♦ EZ € 60, DZ € 75–90, 3BZ € 100–110, 4BZ € 120–135 (alle mit Frühstück) ♦ alle Kreditkarten, Bankomat ♦ Anlage barrierefrei zugänglich, 2 Zimmer behindertengerecht ausgestattet, Privatparkplatz teilweise überdacht (mit Überdachung € 5 pro Tag), kleine Haustiere willkommen, Rezeptionsdienst 7–22 Uhr ♦ Barbereich, Leseraum, Konferenzsaal (35 Plätze), Veranda, Garten

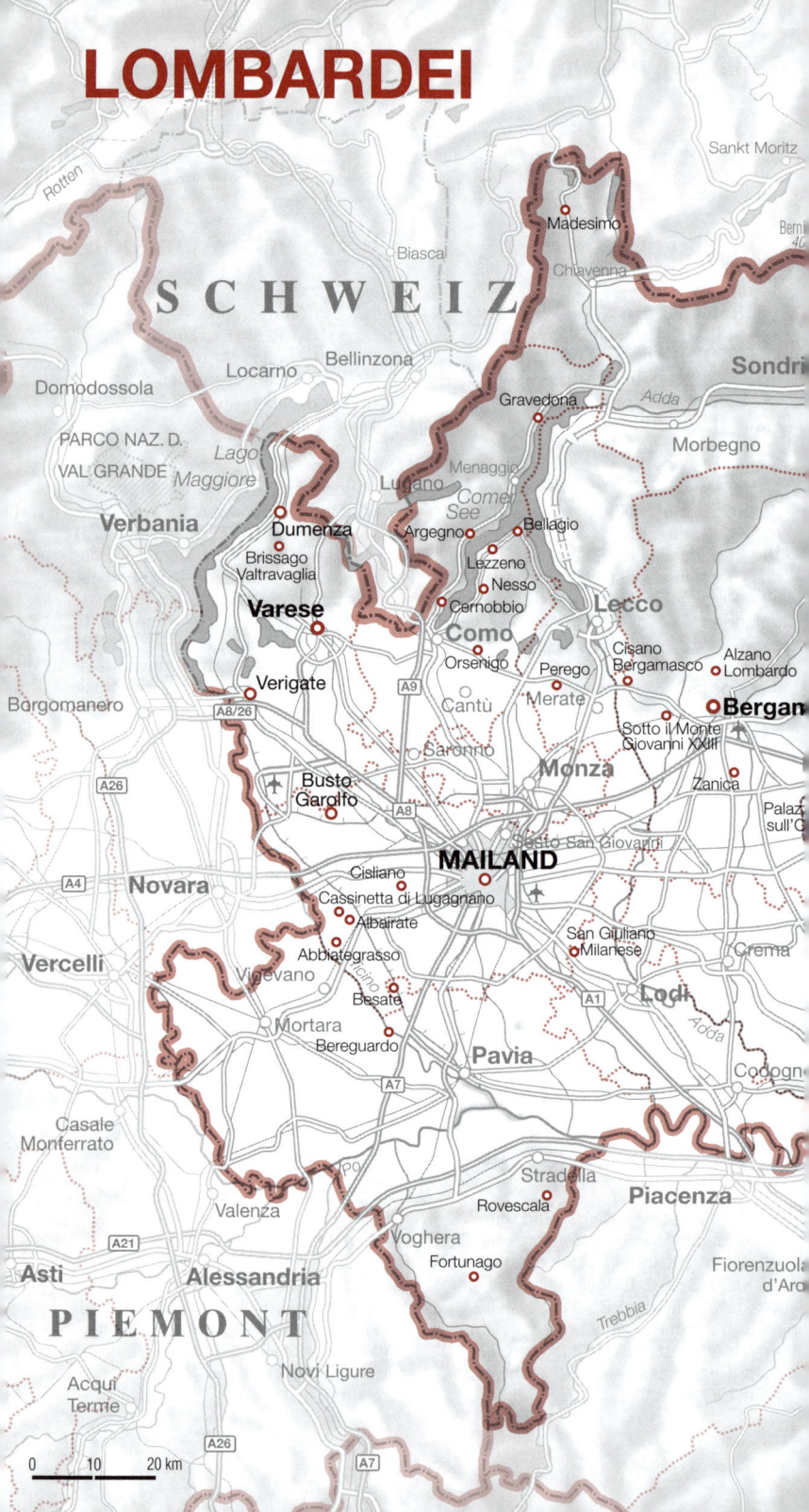

Abbiategrasso

23 km südwestlich von Mailand
Ausfahrt Abbiategrasso der Tangenziale Ovest, S.S. 494 und 526

I Leprotti

Agriturismo
Via Canova
Tel. (+39) 02 / 94 60 26 85,
(+39) 347 / 462 58 80
Fax (+39) 02 / 94 05 00 98
info@leprotti.com
www.leprotti.com
Ganzjährig geöffnet

NEU

Barbara Bianchi führt diesen Betrieb im Parco del Ticino. Hier können Sie entspannende Spaziergänge zwischen kleinen Karstquellenseen und durch Wälder unternehmen und dabei Reiher und andere Wildtiere beobachten. Der Agriturismo liegt in einem sorgfältig renovierten Bauernhaus. Die Zimmer im ersten Stock und in der Mansarde sind schlicht und bis ins kleinste Detail gepflegt. Den Gästen – Touristen und Geschäftsreisenden – ist ein guter Tagesbeginn mit hausgemachten Konfitüren und Torten, Kaffee in unterschiedlichen Zubereitungsarten, Fruchtsäften und vielem mehr sicher. Der nachhaltig wirtschaftende autonome Betrieb nimmt an Projekten zur Wiederaufzucht von vom Aussterben bedrohten Säugetier- und Fischarten teil, außerdem ist er als Lehrbauernhof eingerichtet. Probieren Sie biologische Schwarz- und Früchtetees und erholen Sie sich bei Aromatherapie und Schönheitsbehandlungen mit natürlichen Produkten. Im Hofladen können Sie Honig, Konfitüren, Obst, Mehl, Wurstwaren und Käse kaufen.

♦ 12 DZ (einige mit kleinem Balkon), alle mit Bad und WC, Aircondition, TV ♦ DZ in Einzelbelegung € 70, DZ € 90 (alle mit Frühstück) ♦ alle Kreditkarten, Bankomat ♦ Anlage barrierefrei zugänglich (1 Zimmer behindertengerecht ausgestattet), Privatparkplatz, Haustiere nicht erlaubt, Betreiber immer erreichbar ♦ Frühstücksraum, Wellnessbereich

Albairate

22 km westlich von Mailand
Ausfahrt Baggio-Cusago der Tangenziale Ovest, S.P. 114 in Richtung Abbiategrasso

Cascina Isola Maria

Bed & Breakfast
Cascina Isola Maria, 1
Tel. (+39) 02 / 940 69 22,
(+39) 338 / 730 94 60
info@isolamaria.com
www.isolamaria.com
Ferien: Ostern

Dieses Bed & Breakfast liegt auf dem Gelände eines landwirtschaftlichen Betriebs im Parco Agricolo Sud Milano. Hier werden Rinder der Rasse Frisona gezüchtet sowie das entsprechende Viehfutter angebaut. Seit 1999 folgen die Betreiber Renata Lovati und Dario Olivero den regionalen Programmen für umweltfreundlichen Anbau, in denen die Regeln für integrierte Landwirtschaft mit schonender Bodenbearbeitung festgelegt sind, seit Herbst 2009 arbeitet man nach biologischen Anbaumethoden. Die geräumigen, schön eingerichteten Zimmer befinden sich im Wohnbereich des sorgfältig restaurierten Gebäudes. Am Morgen erwartet Sie ein reichhaltiges Frühstück, das in der Küche im Erdgeschoss oder, wenn es das Wetter erlaubt, im Freien serviert wird. Es besteht aus dem, was auf dem Bauernhof erzeugt wird: Konfitüre, Honig, Eiern, Milch, Fruchtsäften, Käse aus der Milch der eigenen Tiere – hervorragend schmecken Gorgonzola und Taleggio – sowie Wurstwaren der Genossenschaft Consorzio del Parco. Nur wenige Kilometer entfernt finden Sie herrliche Naturoasen wie die Wälder von Riazzolo und Cusago.

♦ 3 DZ (1 Zimmer mit Bad und WC, 2 Zimmer mit gemeinsamem Bad auf dem Flur) ♦ DZ in Einzelbelegung € 25–28, DZ € 50–56 (alle mit Frühstück) ♦ keine Kreditkarten ♦ Privatparkplatz, kleine Haustiere willkommen, Betreiber immer erreichbar ♦ Frühstücksraum, Leseraum

Alzano Lombardo
Nese

7 km nördlich von Bergamo
12 km vom Flughafen Orio al Serio, S.P. 116 und 35

Al Vecchio Tagliere

NEU

Bed & Breakfast
Via Marconi, 87
Tel. (+39) 035 / 428 69 86
Fax (+39) 035 / 412 34 87
beb@alvecchiotagliere.it
www.alvecchiotagliere.it
Ganzjährig geöffnet

Das Bed & Breakfast liegt etwa zehn Minuten von Bergamo entfernt. Es ist die ideale Lösung, wenn Sie an einem Wochenende die Städte und Täler des Umlands entdecken möchten. Die Zimmer sind gemütlich und sehr schlicht eingerichtet. Das Frühstück sieht ein reiches Sortiment an hausgemachten süßen Backwaren vor, das im Winter in der angeschlossenen Osteria serviert wird, im Sommer im Innenhof. Die Küche ist ursprünglich – es gibt Bretter mit Käse, Wurstwaren und Gemüse sowie lokale Gerichte (20 Euro ohne Wein) –, Sie können auch Halb- oder Vollpension in Anspruch nehmen. Regelmäßig werden Musikabende und Kurse für Keramik, Kochen oder Gärtnern organisiert. Unter demselben Namen führen die Besitzer drei weitere Bed & Breakfasts in Bergamo, Gaverina Terme und Zanica.

♦ 3 DZ, 1 3BZ, 1 4BZ, alle mit Bad und WC, TV, WLAN ♦ DZ in Einzelbelegung € 35, DZ € 60, 3BZ € 90, 4BZ € 120 (alle mit Frühstück) ♦ Kreditkarten: MC, Visa; Bankomat ♦ öffentlicher Parkplatz in unmittelbarer Nähe, kleine Haustiere willkommen, Rezeptionsdienst 8–15 und 18–24 Uhr ♦ Bar, Restaurant, Konferenzraum (40 Plätze), Innenhof, Bocciafeld

Argegno

20 km nordöstlich von Como
Ausfahrt Como Nord der A 9, S.S. 340 »Regina« in Richtung Menaggio, nach etwa 10 km links in Richtung Schignano

Sant'Anna

3-Sterne-Hotel
Via per Schignano, 1
Tel. (+39) 031 / 82 17 38
Fax (+39) 031 / 82 20 46
locandasantanna@libero.it
www.locandasantanna.it
Ferien: 18.–28. Dezember

Einst im Besitz der Kurie, steht das Hotel nun seit Jahrzehnten im Eigentum der Familie Peroni. Celestina, Elena, Paolo und Alberto haben das Gebäude schön renoviert, wobei sie dessen Originalstruktur beibehalten und es dabei gleichzeitig mit jedem möglichen Komfort ausstatten wollten. Einige Zimmer blicken auf den Comer See. Sie sind mit bäuerlichem Mobiliar eingerichtet und tragen die Namen von typischen Blumen des Valle Intelvi, einem Ziel für entspannende Ausflüge. Das Frühstücksbüfett bietet heiße Getränke und Säfte, selbstgemachte Konfitüren und Süßspeisen, Croissants, Wurst und Käse. Im Sommer ist es im großen, gepflegten Garten aufgebaut. Im Restaurant werden die guten Gerichte der Umgebung zubereitet, begleitet werden diese von ausgewählten Etiketten aus ganz Italien, der durchschnittliche Preis für ein Mahlzeit ohne Wein liegt zwischen 30 und 35 Euro. Der Service ist professionell und höflich. Im Büro stehen den Gästen ein Safe und Informationsmaterial mit Plänen der Umgebung zur Verfügung.

♦ 8 DZ und 1 Suite (4 Personen), alle mit Bad und WC, Telefon, TV ♦ DZ in Einzelbelegung € 50–80, DZ € 60–105, Suite € 90–140 (alle mit Frühstück) ♦ Kreditkarten: AE, CartaSi, MC, Visa; Bankomat ♦ Privatparkplatz vor dem Hotel, kleine Haustiere willkommen, Rezeptionsdienst 7.30–0.30 Uhr ♦ Bar, Restaurant, Garten, Terrasse

Bagolino

In der Altstadt
61 km nördlich von Brescia
Von Brescia S.S. 45 bis und S.S. 237 in Richtung Lago d'Idro, dann weiter auf der Straße des Val di Caffaro

Al Tempo Perduto

3-Sterne-Hotel
Via San Rocco, 46
Tel. (+39) 03 65 / 991 45
Fax (+39) 03 65 / 996 65
info@altempoperduto.it
www.altempoperduto.it
Ganzjährig geöffnet

Bagolino, eine kleine Berggemeinde im Hinterland von Brescia, stellt eine interessante Möglichkeit für den Winterurlaub dar, liegt es doch nur wenige Kilometer vom Schigebiet von Gaver entfernt, aber auch für einen Aufenthalt im Sommer eignet sich der Ort gut. Wanderfreunde können vom leicht erreichbaren Passo Croce Domini und vom Manivapass aus interessante Ausflüge unternehmen. An einem Fluss in einem wenige Kilometer entfernten Pinienwald ist es möglich zu fischen, hier werden Forellen gezüchtet. Zur Zeit des Karnevals verwandelt sich das Dorf, dann lassen kostümierte Tänzer und lokale Maskenträger altertümliche Traditionen aufleben. Die Zimmer sind einfach, aber mit jedem Komfort ausgestattet, einige verfügen über die für die Gegend typischen Holzbalkone. Im Restaurant können Sie die lokale Küche kennenlernen, der Preis für eine Mahlzeit ohne Wein beträgt 20 bis 30 Euro. Morgens starten Sie gut in den Tag mit Cappuccino, Brioche sowie Brot mit Butter und Konfitüre.

♦ 10 EZ und 3 DZ, alle mit Bad und WC, Safe, TV, Internetanschluss ♦ EZ € 40–50, DZ € 70–90 (alle mit Frühstück) ♦ alle Kreditkarten, Bankomat ♦ Anlage barrierefrei zugänglich, kostenloser Privatparkplatz 50 Meter vom Hotel, kostenpflichtige Garage 700 Meter entfernt (20 Plätze), Haustiere nicht erlaubt, Rezeptionsdienst rund um die Uhr ♦ Bar-Gelateria (8–24 Uhr), Restaurant, Gaststube

Bellagio
Loppia

An der Hauptstraße, knapp außerhalb des Zentrums
30 km nordöstlich von Como, 21 km von Lecco, S.S. 583; Ausfahrt Como Sud der A9; Fähre von Cadenabbia und Varenna

Silvio

3-Sterne-Hotel
Via Carcano, 12
Tel. (+39) 031 / 95 03 22
Fax (+39) 031 / 95 09 12
info@bellagiosilvio.com
www.bellagiosilvio.com
Ferien: Mitte Januar–Mitte März, Mitte November–Mitte Dezember

Das Hotel von Silvio Ponzini liegt wenige Schritte vom Zentrum Bellagios entfernt, zwischen den Gärten der Villa Melzi und der kleinen Kirche Santa Maria di Loppia. Es präsentiert sich heuer nach einigen Renovierungsarbeiten noch angenehmer und gemütlicher. Es gibt verschiedene Zimmertypen – zwei Suiten sind dazugekommen –, alle sind hell und schön eingerichtet, mit Blick auf die Gärten der Villa, auf den See und die umliegenden Berge. Auf dem Frühstücksbüfett warten Brot mit Butter und Konfitüre, hausgemachte Torten, Fruchtsäfte, Tee, Kaffee, Milch, Wurst und Käse. Den Gästen wird die Möglichkeit geboten, die Fischer zu begleiten, am Nachmittag, wenn sie ihre Netze ausbreiten, oder in der Nacht, wenn sie diese wieder einholen.

♦ 15 DZ, 3 3BZ und 2 Suiten, alle mit Bad und WC, Aircondition, Telefon, Sat-TV, Safe, WLAN ♦ DZ in Einzelbelegung € 60–115, DZ € 80–125, 3BZ € 105–125, Suite € 130–160 (alle mit Frühstück) ♦ Kreditkarten: AE, CartaSi, MC, Visa; Bankomat ♦ Gratisparkplatz neben der Anlage, Garage kostenpflichtig, kleine Haustiere willkommen, Rezeptionsdienst 8–23 Uhr ♦ Bar (nur für Hausgäste), Restaurant, Garten, Sonnenterrasse, Terrasse

🍲 Im Restaurant bereitet man traditionelle Gerichte der Gegend und innovative Rezepte (35 Euro ohne Wein).

Bereguardo

700 m von der Altstadt
13 km nordwestlich von Pavia
2 km von der Ausfahrt Bereguardo der A 7

Hotel de la Ville

3-Sterne-Hotel
Via Ticino, 44
Tel./Fax (+39) 03 82 / 92 80 97
info@hotel-delaville.com
www.hotel-delaville.com
Ferien: 1 Woche zu Weihnachten,
2 Wochen im August

Dieses Hotel inmitten des Parco del Ticino bietet eine hervorragende Möglichkeit für Ferien im Zeichen der Ruhe und Entspannung. Es gibt viele Radwege, auch das Naturschutzgebiet des Bosco della Zelata mit seinem Fischreiherreservat lädt zu einem Besuch ein. Schon der Name des Ortes (Bereguardo, von Beau Regard, angenehmer Ort) lässt darauf schließen, dass Sie sich hier wohlfühlen werden. Die Atmosphäre ist einfach, aber die geräumigen und hellen Zimmer bieten jeden Komfort. Im Sommer stehen den Gästen ein Schwimmbecken und eine Sonnenterrasse sowie ein Tennisplatz und eine kleine Fußballwiese zur Verfügung. Auf dem Frühstücksbüfett warten heiße und kalte Getränke, Brot mit Butter und Konfitüre, Torten und auf Anfrage lokale Wurstwaren und Käse. Im Umkreis von wenigen Kilometern befinden sich die Ponte in chiatte, eine aus Booten bestehende Brücke, und im Zentrum von Bereguardo das Schloss aus der ersten Hälfte des 19. Jahrhunderts.

♦ 1 EZ, 16 DZ und 2 Suiten, alle mit Bad und WC, Aircondition, Minibar, Safe, TV, Internetanschluss ♦ EZ € 58, DZ in Einzelbelegung € 68, DZ € 85, Suite € 105 (alle mit Frühstück) ♦ alle Kreditkarten, Bankomat ♦ einige Zimmer barrierefrei zugänglich, Privatparkplatz, kleine Haustiere willkommen (nach Absprache), Rezeptionsdienst rund um die Uhr ♦ Bar, Billardzimmer, Konferenzraum (50 Plätze), Garten mit Kinderspielplatz, Schwimmbecken, Tennis, kleine Fußballwiese

Bergamo

In der Altstadt der Città Alta (Oberstadt)
2,5 km vom Bahnhof, 6,5 km vom Flughafen Orio al Serio
3 km von der Ausfahrt Bergamo der A 4

Agnello d'Oro

2-Sterne-Hotel
Via Gombito, 22
Tel. (+39) 035 / 24 98 83
Fax (+39) 035 / 23 56 12
hotel@agnellodoro.it
www.agnellodoro.it
Ganzjährig geöffnet

Das Agnello d'Oro in der Altstadt der Città Alta liegt wenige Minuten von der wunderschönen Piazza Venezia und dem Parco delle Rimembranze entfernt, von dem aus man ganz Bergamo bewundern kann. Das Hotel bietet Gastlichkeit in gepflegtem und gemütlichem Ambiente. Das Gebäude aus dem 17. Jahrhundert blickt auf eine kleine Piazza, die ihren Namen von der Kirche San Pancrazio bezieht. Die Zimmer sind schlicht eingerichtet, einladend und persönlich gestaltet, Fotografien erzählen von den Reisen des Inhabers Pino Capozzi. Das Frühstück wird im Erdgeschoss eingenommen, in einem mit Kesseln, Masken und verschiedensten anderen Kupferobjekten dekorierten Raum. Es gibt Kaffee, Tee, Fruchtsäfte, Konfitüren, Torten, Brot, Aufschnitt und Käse. Im Restaurant kocht der Patron für seine Gäste Spezialitäten der Umgebung (Degustationsmenü für 35 Euro).

♦ 4 EZ und 16 DZ, alle mit Bad und WC, Sat-TV, einige Zimmer mit kleinem Balkon ♦ EZ € 55, DZ € 92 (Frühstück € 6 pro Person) ♦ Kreditkarten: AE, CartaSi, MC, Visa; Bankomat ♦ Anlage teilweise barrierefrei zugänglich, kostenpflichtiger Parkplatz in unmittelbarer Nähe, kleine Haustiere willkommen, Rezeptionsdienst 6–1 Uhr ♦ Bar (für Hotelgäste), Restaurant

Bergamo

In der Altstadt der Città Bassa (Unterstadt)
1,9 km vom Bahnhof, 4,9 km vom Flughafen Orio al Serio
2,5 km von der Ausfahrt Bergamo der A 4

Angolo del Poeta

NEU

Bed & Breakfast
Borgo Palazzo, 39
Tel./Fax (+39) 035 / 23 76 31
paolo.prestini@libero.it
www.angolodelpoeta.com
Ganzjährig geöffnet

Das Bed & Breakfast befindet sich in einem Palazzo aus dem 17. Jahrhundert und verspricht seinen Gästen einen angenehmen und ruhigen Aufenthalt. Beherbergt werden Sie in kürzlich im Respekt gegenüber der ursprünglichen Struktur renovierten Zimmern, in denen die Balken an der Decke freigelegt und die Böden mit Cotto oder Marmor verfliest wurden. Eingerichtet sind sie mit Stilmöbeln. Das reichhaltige Frühstück wird im Saal oder im Zimmer serviert, es beinhaltet Brot, Butter und Konfitüre, Joghurt, Zerealien, Fruchtsäfte, Kaffee, Milch, Tee, Eier, Käse und Wurst. Der Betrieb bietet einen Zubringerdienst vom und zum Flughafen, dem nahen Bahnhof und der Busstation, bestellt werden muss dieser bei der Reservierung.

♦ 5 DZ, 3 3BZ, 2 4 BZ und 1 Suite, alle mit Bad und WC, Balkon, TV, Minibar, Internetanschluss; 1 Miniappartement (4 Personen) mit Küche ♦ DZ in Einzelbelegung € 50–60, DZ € 70–85 (Aufpreis Zusatzbett € 10), 3BZ € 75–90, 4 BZ € 90–100, Suite € 80–95 (alle mit Frühstück) ♦ Kreditkarten: CartaSi, MC, Visa; Bankomat ♦ Parkplatz außerhalb der Anlage, 1 Garage, kleine Haustiere willkommen, Betreiber immer erreichbar ♦ Frühstücksraum, Terrasse

Bergamo

In der Città Alta (Oberstadt), 3 km von der Altstadt
5,5 km vom Bahnhof, 9 km vom Flughafen Orio al Serio
3 km von der Ausfahrt Bergamo der A 4

La Valletta ⚷

3-Sterne-Hotel
Via Castagneta, 19
Tel. (+39) 035 / 24 27 46
Fax (+39) 035 / 228 12 17
info@lavallettabergamo.it
www.lavallettabergamo.it
Ferien: Mitte Dezember–Ende Januar

Das Hotel liegt nur drei Kilometer von der Altstadt der Città Alta mitten im grünen Parco dei Colli di Bergamo. Die schönen, großzügigen Zimmer sind mit altem Mobiliar eingerichtet. Das kontinentale Frühstück basiert auf hausgemachten Torten und Keksen, Zerealien, Joghurt, Wurst und Käse, heißen und kalten Getränken. Es wird von April bis September auf der großen Terrasse serviert. Den Gästen stehen Mountainbikes für angenehme Ausflüge zur Verfügung sowie Informationsmaterial zur Entdeckung der Stadt und ihrer Umgebung. Interessant sind auch die Wanderrouten entlang des Parco dei Colli, deren Ausgangspunkt nur ein paar hundert Meter entfernt liegt.

♦ 4 DZ, 2 4BZ und 2 Suiten (4 Personen), alle mit Bad und WC, Aircondition, Minibar, Safe, Telefon, Sat-TV, Internetanschluss (einige Zimmer mit Balkon) ♦ DZ in Einzelbelegung € 70–80, DZ € 85–95 (Aufpreis Zusatzbett € 30), 4BZ € 100–120, Suite € 120–140 (Frühstück € 7 pro Person) ♦ Kreditkarten: CartaSi, DC, MC, Visa; Bankomat ♦ Anlage barrierefrei zugänglich, Privatparkplatz, Haustiere nicht erlaubt, Rezeptionsdienst 7–24 Uhr ♦ Barbereich, Salon, Garten, Terrasse

Besate

28 km südwestlich von Mailand
Ausfahrt Binasco der A7 in Richtung Casorate und Besate; Ausfahrt Boffalora der A 4 in Richtung Magenta, Abbiategrasso und Besate

Cascina Caremma

Agriturismo
Via Cascina Caremma, 2
Tel. (+39) 02 / 905 00 20
Fax (+39) 02 / 90 50 41 81
info@caremma.com
www.caremma.com
Ferien: ersten 3 Augustwochen

Dieser Bauernhof mit Gästezimmern im Gebiet des Parco del Ticino ist Teil eines landwirtschaftlichen Betriebs. Dessen biologisch angebaute Produkte können Sie im Hofladen kaufen oder im Restaurant probieren, wo kräftige lombardische Gerichte in Form zweier Degustationsmenüs für 20 und 28 Euro angeboten werden. Die Zimmer sind einladend, auf dem Frühstücksbüfett finden Sie hausgemachte Kuchen und Konfitüren, Zerealien, heiße Getränke und Säfte. Ein ruhiger Aufenthalt und der Genuss direkten Naturkontaktes sind garantiert. Kinder können hier laufen, spielen und sich mit den Tieren des Bauernhofs anfreunden, Erwachsene Ausflüge zu Fuß oder mit dem Fahrrad unternehmen, mit einem Kanu fahren oder sich im Wellnesscenter entspannen. Auch die nahe gelegene Zisterzienserabtei im mittelalterlichen Dorf Morimondo lohnt einen Besuch.

♦ 13 DZ und 1 6BZ, alle mit Bad und WC, Aircondition, TV ♦ DZ in Einzelbelegung € 50–70, DZ € 80–120 (Aufpreis Zusatzbett € 30), 6BZ € 200–240 (alle mit Frühstück) ♦ Kreditkarten: AE, CartaSi, MC, Visa; Bankomat ♦ Anlage barrierefrei zugänglich, 1 Zimmer behindertengerecht ausgestattet, Privatparkplatz, kleine Haustiere willkommen, Betreiber 9–24 Uhr erreichbar ♦ Restaurant, Konferenzsäle (40–100 Plätze), Wellnessbereich, Hallenbad, Whirlpool, Sauna, Dampfbad, Tennisplatz, kleine Fußballwiese

Bianzone

21 km östlich von Sondrio, S.S. 38
Von Sondrio in Richtung Tirano fahrend das Ortsgebiet von Bianzone durchqueren, weiter bis ganz hinauf auf die Anhöhe

Altavilla

1-Stern-Hotel
Via ai Monti, 46
Tel. (+39) 03 42 / 72 03 55
Fax (+39) 03 42 / 72 16 26
benvenuti@altavilla.info
www.altavilla.info
Ganzjährig geöffnet

Das Hotel von Anna Bertola liegt nur wenige Kilometer vom Nationalpark Stilfser Joch (Parco Nazionale dello Stelvio) und von den historischen Ortskernen von Teglio, Tirano und Grosio entfernt. Trotz nur eines Sterns bieten die Zimmer jeden erdenklichen Komfort: einziger Wermutstropfen ist, dass sie über kein Telefon verfügen. Das Frühstück wird von Giuseppe Bona zubereitet und im Winter im Restaurant, im Sommer auf der schönen Terrasse unter farbenprächtigen Geranien und duftenden Glyzinien serviert. Die Auswahl reicht von Süßem – hausgemachten Kuchen, traditionell zubereiteten Konfitüren, Keksen – zu einer guten Auswahl an lokalen Wurstwaren und Käse. Es gibt die Möglichkeit, Halbpension für 45 bis 58 Euro und Vollpension für 50 bis 62 Euro zu buchen. Zutaten für das Restaurant kann man auch zum Mitnehmen kaufen. Das Hotel ist ein hervorragender Ausgangspunkt, um die besten Winzereien des Tals zu besuchen, und Wanderer kommen leicht in die Berge des Valtellina.

♦ 4 EZ und 10 DZ, alle mit Bad und WC (9 Zimmer mit TV, 4 Zimmer mit Minibar) ♦ EZ € 25–40, DZ € 45–68 (Frühstück € 8 proPerson) ♦ Kreditkarten: AE, CartaSi, MC, Visa; Bankomat ♦ Parkplatz vor dem Haus, Garage, Haustiere willkommen ♦ Restaurant, Terrasse

🍲 Mittags und abends bietet das Restaurant gepflegte traditionelle Küche (25 bis 35 Euro ohne Wein).

LOMBARDEI

Bormio

Im Zentrum
22 km von Stilfser Joch
64 km nordöstlich von Sondrio, S.S. 38

Vecchio Borgo

Zimmervermietung
Via Monte Braulio, 1–3
Tel. (+39) 03 42 / 90 44 47
Fax (+39) 03 42 / 91 15 22
www.bormio.it
Ganzjährig geöffnet

Alberto Crapacher und seine Mutter führen auf liebenswürdige und professionelle Weise diese Ferienunterkunft. Das Gebäude aus dem 18. Jahrhundert liegt im Zentrum von Bormio. In der angeschlossenen Osteria mit der alten Theke und einem kleinen Saal, in dem die Stammgäste immer noch Karten spielen, können Sie die Spezialitäten aus dem Valtellina für rund 20 bis 30 Euro (ohne Wein) probieren. Die Zimmer sind schlicht und angenehm. Morgens bekommen die Gäste Brot mit Butter und Konfitüre, Wurst, Käse, heiße Getränke und Säfte. Vom Vecchio Borgo aus können Sie gut Wanderungen und Klettertouren unternehmen, auch anspruchsvollerer Natur, etwa den Weg auf den Ortles-Cevedale im Nationalpark Stilfser Joch. Nur wenige Schritte entfernt befindet sich eine Thermalanlage, Hausgäste erhalten eine Ermäßigung von zehn Prozent in den alten und neuen Bädern.

♦ 1 EZ, 14 DZ und 1 3BZ, alle mit Bad und WC, TV (3 Zimmer mit Balkon) ♦ EZ € 35–40, DZ € 70–80, 3BZ € 90–105 (alle mit Frühstück) ♦ alle Kreditkarten, Bankomat ♦ Privatparkplatz, Haustiere nicht erlaubt, Betreiber immer erreichbar ♦ Bar, Restaurant, Garten

Brescia
San Polo
5 km vom Zentrum
Ausfahrt Brescia Centro der Tangenziale Sud, A 4, Via Borgosatollo; vom Bahnhof mit der Linie 1, Ausstieg in der Nähe des Rugbyplatzes

Cascina Maggia

Ferienhaus
Via della Maggia, 3
Tel. (+39) 030 / 353 07 35
Fax (+39) 030 / 346 94 62
cascinamaggia@coopcer.it
www.coop-cer.it
Ganzjährig geöffnet

Die Restaurierung der Cascina Maggia durch die Gemeinde von Brescia, bei der die Originalstruktur erhalten geblieben ist, hat einen gemütlichen Beherbergungsbetrieb mit 17 Zimmern in schlichtem, modernem Stil hervorgebracht. Das reichhaltige kontinentale Frühstück (für die pikante Variante ist ein Aufpreis vorgesehen), bietet neben abgepackten Produkten hausgemachte Kekse, Kuchen und Crostata aus biologischem Vollkornmehl sowie traditionell hergestellte Konfituren. Das Restaurant ist mittags und abends nicht nur für Hausgäste geöffnet. Die Küche der Umgebung wird im großen Saal und einem kleineren, gemütlicheren Saal serviert, im Sommer unter den breiten Arkaden. Manche Speisen sind kreativ interpretiert (Durchschnittspreis 25 Euro ohne Wein; von Montag bis Freitag gibt es Mittagsmenüs für 10 Euro). Zwei Säle stehen für Verlagspräsentationen, für Reisevorträge oder für Versammlungen und Ähnliches zur Verfügung. Gleich angrenzend liegt ein Wohnmobilplatz mit entsprechender Infrastruktur.

♦ 2 EZ, 4 DZ und 11 4BZ, alle mit Bad und WC (einige Zimmer mit TV) ♦ EZ € 40, DZ € 60, 4BZ € 110 (alle mit Frühstück) ♦ Kreditkarten: CartaSi, MC, Visa; Bankomat ♦ Gemeinschaftsräume und 2 Zimmer barrierefrei zugänglich, Gästeparkplatz gegenüber und direkt auf dem Areal, kleine Haustiere willkommen, Rezeptionsdienst 8–23 Uhr ♦ Bar, Restaurant, 2 Konferenzräume, Garten, Arkaden

Brissago Valtravaglia

21 km nordwestlich von Varese
Ausfahrt Varese der A 8, S.S. 233 und S.P. 43

Le Camelie

NEU

Bed & Breakfast
Via XXV Aprile, 2
Tel. (+39) 03 32 / 57 60 32,
(+39) 333 / 380 44 05
bblecamelie@gmail.com
www.bblecamelie.it
Ganzjährig geöffnet

Dieses Bed & Breakfast liegt in der Nähe des Lago Maggiore in einem Herrenhaus aus dem 18. Jahrhundert. Bei der Renovierung wurde die schlichte ursprüngliche Architektur beibehalten, die Einrichtung besteht aus Stilmöbeln. Neben den einladenden, geräumigen Doppelzimmern – von denen eines auch als Dreibettzimmer und eines als Fünfbettzimmer genutzt werden kann – verfügt der Betrieb über ein Apartment mit zwei Zimmern und Küchenbenutzung, weiter über ein unabhängiges Miniapartment mit Küche. Aushängeschild ist das Frühstück, das auf Wunsch im Zimmer serviert wird. Es besteht aus Milch, Tee, Kaffee, hausgemachten Süßspeisen und Konfitüren, lokalem Honig, Brot, Keksen und Joghurt mit verschiedenen Zerealien, auf Anfrage bekommen Sie auch Obst. Im Sommer gibt es zusätzlich Gemüsetorten, Aufschnitt, Käse und der Jahreszeit entsprechendes Gemüse. Die Gäste können den gepflegten Garten gegenüber dem Haus benutzen, hier steht ein großer Magnolienbaum, Kamelien duften und ein kleiner See mit Wasserpflanzen lädt zum Verweilen ein. Im Sommer kann man dort auch im Gartenhaus frühstücken.

♦ 3 DZ, alle mit Bad und WC, TV, WLAN (1 Zimmer mit Balkon) ♦ DZ in Einzelbelegung € 35, DZ € 55–65 (Aufpreis Zusatzbett € 10, alle mit Frühstück) ♦ keine Kreditkarten ♦ öffentlicher Gratisparkplatz 50 Meter entfernt, kleine Haustiere willkommen, Betreiber 7–24 Uhr anwesend ♦ Frühstücksraum, Garten, Gartenhaus

Busto Garolfo

10 km vom Flughafen Malpensa
28 km nordwestlich von Mailand
Ausfahrten Legnano der A 8 oder Arluno der A 4 in Richtung Inveruno

A Casa di Alice

Bed & Breakfast
Via Espinasse, 12
Tel. (+39) 03 31 / 53 61 65,
(+39) 347 / 244 22 37
Fax (+39) 03 31 / 53 61 65
acasadialice@hotmail.com
www.acasadialice.it
Ferien: Februar, November

Maria Giovanna Savaris hat aus einer kleinen Villa dieses gemütliche Bed & Breakfast geschaffen. Das Haus verwöhnt seine Gäste mit grüner Umgebung und der Stille eines Landaufenthalts, obwohl es ganz in der Nähe von Mailand und etwa zehn Kilometer vom Flughafen Malpensa entfernt liegt. Die Zimmer sind gepflegt und mit Geschmack eingerichtet, im Erdgeschoss steht den Gästen eine ausgestattete Küche zur Verfügung. Das kontinentale Frühstück besteht aus heißen Getränken und Säften, Brot mit Butter und verschiedenen Konfitüren, Keksen, Croissants, Joghurt, frischem Obst und auf Wunsch auch Wurst und Käse. Im Sommer wird es im Garten unter den Schatten spendenden Bäumen serviert. Leicht mit dem Fahrrad erreichbar ist der Parco del Roccolo, der seinen Namen von der – heute verbotenen – Vogeljagd bezieht und dessen Besuch wegen der kreisförmig gepflanzten Bäume und der zahlreichen Tier- und Vogelarten zu empfehlen ist.

♦ 3 DZ mit Bad und WC, TV ♦ DZ in Einzelbelegung € 40, DZ € 60 (alle mit Frühstück) ♦ keine Kreditkarten ♦ Privatparkplatz (1 Platz), kleine Haustiere willkommen, Betreiber immer erreichbar ♦ Garten

LOMBARDEI

Canneto sull'Oglio

39 km westlich von Mantova, S.S. 343
23 km von der Ausfahrt Cremona der A 21

9 Muse

NEU

Bed & Breakfast
Via Giordano Bruno, 42 A
Tel. (+39) 335 / 80 06 01
info@9muse.it
www.9muse.it
Ferien: unterschiedlich

Das Bed & Breakfast 9 Muse empfehlen wir als idealen Ausgangspunkt, um eine an kulturellen und gastronomischen Schätzen reiche Gegend zu erkunden. Bei der Renovierung des Landhauses aus dem Beginn des 20. Jahrhunderts ist die ursprüngliche Bauweise erhalten geblieben. Es verfügt über drei große, funktionelle und ruhige Zimmer im ersten Stock und einen Gemeinschaftsbereich, der als das Herz des Gebäudes angesehen werden kann – einen Treffpunkt, der die Idee von Gastlichkeit der Inhaber Caterina und Alberto widerspiegelt. Hier wird auch das Frühstück eingenommen, es gibt heiße Getränke, frisches Brot, hausgemachte Konfitüren, Süßspeisen und Kranzkuchen, Kekse, Joghurt, frisches Obst oder auf Wunsch Lambrusco, Ziegenkäse und Wurst. Man kann Fahrräder mieten und den Zubringerservice von und zum Bahnhof und zu den nahe gelegenen Restaurants in Anspruch nehmen.

♦ 3 DZ mit Bad und WC, Balkon, Aircondition, TV, WLAN ♦ DZ in Einzelbelegung € 40, DZ € 65–70 (Aufpreis Zusatzbett € 20, alle mit Frühstück) ♦ keine Kreditkarten ♦ Gemeinschaftsbereich barrierefrei zugänglich, öffentlicher Gratisparkplatz, kleine Haustiere willkommen, Betreiber immer erreichbar ♦ Frühstücks- und TV-Raum, Park, Terrasse

Cassinetta di Lugagnano

25 km westlich von Mailand
Ausfahrt Baggio-Cusago der Tangenziale Ovest, S.P. 114 in Richtung Abbiategrasso bis Albairate, dann in Richtung Cassinetta di Lugagnano

L'Aia

Agriturismo
Ortsteil Cascina dei Piatti
Tel. (+39) 02 / 94 24 90 90,
(+39) 347 / 002 31 21
agriturismoaia@hotmail.it
www.agriturismoaia.it
Ganzjährig geöffnet

Etwa zwanzig Kilometer von Mailand entfernt liegt am Naviglio Grande der Ferienbauernhof von Anna Baroni. Er ist Teil eines nach ökologischen Methoden geführten landwirtschaftlichen Betriebs, der auch die Funktion eines Lehrbauernhofs hat. Für Gruppen von 10 bis 20 Personen werden Seminare über den Anbau von medizinisch wirksamen und aromatischen Kräutern, Kurse für botanisches Zeichnen mit natürlichen Farben und für Töpferei organisiert. Die Zimmer sind nach der Renovierung des Bauernhauses entstanden, sie sind schlicht eingerichtet, einladend und gemütlich. Das auf einem Büfett aufgebaute Frühstück besteht aus Produkten des Betriebs: Honig, Konfitüren, Kuchen, heißen Getränken und Säften. Im Sommer nimmt man unter der schattigen Laube entspannt eine kleine Zwischenmahlzeit ein oder trinkt einfach Kräutertee oder anderes. Gäste können die auf den zehn Hektar erzeugte Getreide-, Mehl-, Obst- und Kräuterangebot auch kaufen. Zahlreiche Wanderungen in den nahe gelegenen Gebieten Parco del Ticino und Parco Agricolo Sud Milano können gebucht werden. Wer zu Fuß oder mit dem Fahrrad hier ankommt, darf mit einer Ermäßigung des Preises rechnen.

♦ 4 DZ mit Bad und WC, TV ♦ DZ in Einzelbelegung € 40–60, DZ € 70–80 (Aufpreis Zusatzbett € 20, alle mit Frühstück) ♦ keine Kreditkarten ♦ Privatparkplatz, Haustiere nicht erlaubt, Betreiber immer erreichbar ♦ Frühstücksraum, Sitzgelegenheit im Freien

Castelleone
Santa Maria di Bressanoro
2 km vom Zentrum
31 km nordwestlich von Cremona, 10 km südöstlich von Crema, S.S. 415; von Castelleone Straße in Richtung Romanengo

Cernobbio
In der Altstadt
5 km nördlich von Como
5 km von der Ausfahrt Como Nord der A 9
Schifffahrtsverkehr auf dem See; in der Nähe der Anlegestelle

Santa Maria Bressanoro

Agriturismo
Via San Lorenzo, 1
Tel. (+39) 03 74 / 35 11 31,
(+39) 333 / 903 22 05
Fax (+39) 03 74 / 584 97
info@agriturismosantamaria.com
www.agriturismosantamaria.com
Ganzjährig geöffnet

Giardino

2-Sterne-Hotel
Via Regina, 73
Tel. (+39) 031 / 51 11 54
Fax (+39) 031 / 34 18 70
albergogiardino@tin.it
www.giardinocernobbio.com
Ganzjährig geöffnet

Dieser Ferienbauernhof liegt für eine Besichtigung der Kunstschätze in den nahen Städten sehr günstig. Abgesehen davon bietet der Betrieb selbst seinen Gästen einen Salon mit Fresken, welche Eindrücke des klösterlichen Lebens wiedergeben – denn das Land gehörte einst Franziskanerbrüdern. Die Zimmer sind mit Stilmöbeln, modernen oder bäuerlichem Interieur eingerichtet und mit jedem Komfort ausgestattet (in einigen Zimmern befindet sich sogar ein CD-Player mit guter Musikauswahl). Das Frühstücksbüfett, süß oder pikant, bietet viele Erzeugnisse des eigenen Betriebs. Es gibt Wurst, Käse, Butter, Milch, Kuchen, Konfitüren, Honig, frisch gepresste Fruchtsäfte und Obst. Das alles können Sie im umgebauten ehemaligen Stall auch kaufen. Regelmäßig finden Mal-, Bastel-, Koch- und Önologiekurse statt. Der Betrieb stellt Fahrräder zur Verfügung, die zu einem schönen Ausflug in die Umgebung einladen.

Cristino De Cillis sorgfältig renoviertes Haus aus dem letzten Jahrhundert liegt in der Altstadt. Von hier kann man gut das Westufer des Comer Sees sowie die Altstadt erkunden. Die Zimmer sind gemütlich und einladend, im großen gepflegten Innenhof duften im Sommer Blumen und Kräuter. Das Restaurant mit Pizzeria ist auf traditionale Gerichte spezialisiert (rund 25 bis 30 Euro ohne Wein). Das Frühstück ist klassisch italienisch: Kaffee in verschiedenen Zubereitungsarten, Croissants, Brot mit Butter und Honig oder Konfitüren. Ganz in der Nähe befinden sich die wunderbare Seepromenade und wenige Meter entfernt die Villa d'Este mit ihrem weitläufigen Park sowie der Ausstellungsbereich der Villa Erba. Deren Veranstaltungen werden von Touristen aus aller Welt besucht.

♦ 7 DZ und 3 Juniorsuiten (3 Personen), alle mit Bad und WC, Aircondition, Minibar, Telefon, TV, Internetanschluss ♦ DZ in Einzelbelegung € 55–60, DZ € 70–80, Suite € 100 (Aufpreis Zusatzbett € 15, alle mit Frühstück) ♦ alle Kreditkarten, Bankomat ♦ Gemeinschaftsräume und einige Zimmer behindertengerecht ausgestattet, Privatparkplatz, kleine Haustiere willkommen (nicht in allen Zimmern), Betreiber immer erreichbar ♦ Frühstücksraum, Salon, Konferenzraum (40 Plätze), Park

♦ 3 EZ, 11 DZ und 4 3BZ oder 4BZ, alle mit Bad und WC, Aircondition, Minibar, Telefon, TV, WLAN (2 Zimmer mit Balkon) ♦ EZ € 65–100, DZ € 90–120, 3BZ € 110–120, 4BZ € 110–130 (alle mit Frühstück) ♦ alle Kreditkarten, Bankomat ♦ kostenpflichtige Garage 20 Meter entfernt, Haustiere nicht erlaubt, Betreiber immer erreichbar ♦ Bar, Restaurant-Pizzeria, Tagungsraum (20 Plätze), Garten

Cisano Bergamasco

2 km vom Zentrum
18 km nordwestlich von Bergamo, S.S. 342
Ausfahrt Dalmine der A 4

La Sosta

3-Sterne-Hotel
Via Sciesa, 3
Tel. (+39) 035 / 436 42 32
Fax (+39) 035 / 78 14 69
info@hotellasosta.it
www.hotellasosta.it
Ganzjährig geöffnet

Das kleine Hotel der Familie Comi liegt auf etwa halbem Weg zwischen Lecco und Bergamo im Valle San Martino. Ganz in der Nähe befindet sich die Ponte di Brivio über den Fluss Adda. Das Hotel liegt auf dem gegen Bergamo gerichteten Ufer. Eine kürzlich vorgenommene Renovierung machte es noch viel angenehmer und gemütlicher, ohne dabei die charakteristische Struktur zu verändern. Alle Zimmer verfügen über Parkettboden und blicken auf den Fluss und den Park. Sie sind hell, einladend und mit jedem Komfort ausgestattet. Das Frühstück ist vielfältig, es gibt süßes Gebäck, Honig, Konfitüren, frisches Obst, Käse, Wurst, heiße und kalte Getränke. Das Restaurant bietet Gerichte mit Fisch aus dem Fluss und den nahen Seen für 33 bis 35 Euro (ohne Wein). Für zusätzlich 20 Euro pro Person genießen Sie Halbpension. Besuchen Sie in der Umgebung Bellagio und den Comer See sowie den See von Lecco.

♦ 9 DZ und 2 Juniorsuiten, alle mit Bad und WC, Aircondition, Telefon, WC, Sat-TV, WLAN (einige Zimmer mit Terrasse) ♦ DZ in Einzelbelegung € 80–130, DZ € 100–130, Juniorsuite € 150–180 (Aufpreis Zusatzbett € 20–35, alle mit Frühstück) ♦ alle Kreditkarten, Bankomat ♦ Anlage barrierefrei zugänglich, 1 Zimmer behindertengerecht ausgestattet, Privatparkplatz, Haustiere willkommen, Rezeptionsdienst 7–21.30 Uhr ♦ Bar, Restaurant, Park

Cisliano

17 km westlich von Mailand
Ausfahrt Baggio-Cusago der Tangenziale Ovest, S.P. 114 in Richtung Abbiategrasso

Cascina Forestina

Agriturismo
Cascina Forestina
Tel. (+39) 02 / 90 38 92 63,
(+39) 339 / 770 30 98
Fax (+39) 02 / 90 38 92 63
info@laforestina.it
www.laforestina.it
Ganzjährig geöffnet

Der Betrieb liegt im Parco Agricolo Sud Milano zwischen den Gemeinden Cisliano und Corbetta. Nicolò Reverdini baut nach biologischen Methoden Gemüse, Getreide und Hülsenfrüchte an, weiter das Futter für seine eigene Viehzucht. Der Wald Bosco di Riazzolo erstreckt sich über einen Großteil des Guts. Er birgt verschiedenste Pflanzen wie Haselnusssträucher, Eichen, Holunder und Weißdorn sowie einen großen Tierreichtum (Dachse, Füchse, Igel, Hasen, Spechte, Fischreiher …). Die hellen, einladenden Zimmer sind in den ehemaligen Wohnungen der Landarbeiter in Diensten des Großbauern eingerichtet. Das reichhaltige und traditionelle Frühstück wird im Restaurant serviert, vorgesehen sind die klassischen Kaffeearten, hausgemachte Kuchen, Kekse, Fruchtsäfte und Äpfel aus eigener Erzeugung, auf Wunsch auch lokale Wurstwaren und Käse. Im Restaurant können Sie zwischen zwei Degustationsmenüs für 25 oder 30 Euro ohne Wein wählen. An Privatkunden verkauft der Betrieb direkt oder über die Organisation GAS (eine selbstorganisierte Verbrauchergruppe für biologisches Obst und Gemüse). Die Cascina Forestina ist auch ein Lehrbauernhof.

♦ 8 DZ mit Bad und WC ♦ DZ in Einzelbelegung € 50, DZ € 80 (Aufpreis Zusatzbett € 30, alle mit Frühstück) ♦ Kreditkarten: CartaSi, DC, MC, Visa; Bankomat ♦ Anlage barrierefrei zugänglich, 1 Zimmer behindertengerecht ausgestattet, Privatparkplatz, kleine Haustiere willkommen, Betreiber immer erreichbar ♦ Restaurant, Konferenzraum (15 Plätze), Tenne

Cisliano

17 km westlich von Mailand
Ausfahrt Baggio-Cusago der Tangenziale Ovest in Richtung Abbiategrasso; nahe der Kreuzung zwischen S.P. 114 und 227

Cascina Scanna

Agriturismo
Cascina Scanna, 8–12
Tel. (+39) 388 / 060 20 03,
(+39) 340 / 290 30 96
Fax (+39) 02 / 901 84 08
info@cascinascanna.it
www.cascinascanna.it
Ganzjährig geöffnet

Dieser Betrieb liegt etwa eineinhalb Kilometer vom Wohngebiet entfernt im Parco Agricolo Sud Milano, Chiara Dufour betreut ihn mit hoher Professionalität. Das zweistöckige Landhaus wurde mit Bedacht auf die ursprüngliche Struktur renoviert und dabei mit modernem Komfort ausgestattet. Die Zimmer sind hell und einladend, verfügen über Cotto-Böden und Holzdecken, individuell regelbare Heizungen und einen Internetzugang. Eine große Scheune, Obstbäume, der Gemüsegarten und die vielen Haus- und Wildtiere vervollständigen den guten Eindruck. Das traditionelle Frühstück sieht Kaffee in klassischen Zubereitungsarten vor, Joghurt, Fruchtsäfte, Zerealien, Croissants, Brot mit Butter und Honig oder Konfitüren. Auf dem Bauernhof werden Reis, Maismehl und Honig verkauft. Die Cascina Scanna gehört der Genossenschaft Consorzio Agrituristico Terre d'Acqua an.

♦ 5 DZ mit Bad und WC, TV; 1 Zweizimmerapartment (4–5 Personen) mit Küche ♦ DZ in Einzelbelegung € 45–80, DZ € 60–100 (Aufpreis Zusatzbett € 15–20), Apartment € 100–180 (alle mit Frühstück) ♦ Kreditkarten: CartaSi, DC, MC, Visa; Bankomat ♦ Anlage barrierefrei zugänglich, 1 Zimmer und Apartment behindertengerecht ausgestattet, Privatparkplatz, kleine Haustiere willkommen (nach Absprache), Betreiber immer erreichbar ♦ Frühstücksraum, Tenne, Arkaden

Corte de' Frati
Alfiano Nuovo

4,5 km vom Zentrum; 16 km nordöstlich von Cremona
Von Cremona S.S. 45 bis, nach 8 km den Schildern nach Corte de' Frati folgen, dann in Richtung Scandolara, anschließend in Richtung Alfiano Nuovo

Colombarotto

Agriturismo
Ortsteil Alfiano Nuovo, 1
Tel. (+39) 328 / 248 15 46
Fax (+39) 03 72 / 931 38
info@colombarotto.com
www.colombarotto.com
Ganzjährig geöffnet

Die Cascina Colombarotto besteht aus einem geschlossenen Hof mit langen Arkaden, dazu einer keinen, den Heiligen Sofia und Damaso geweihten Kirche. Die Unterkünfte liegen im ehemaligen Herrenhaus mit dem Taubenschlag und im früheren Jagdhaus, beide können auch für Bewirtung und Empfänge genutzt werden. Die im Country-Stil eingerichteten Zimmer sind gemütlich und angenehm. Auf dem Frühstücksbüffet warten heiße Getränke, Säfte und hausgemachte Süßspeisen. Im Restaurant bekommen Sie typische Gerichte der Umgebung für einen Preis von 20 bis 25 Euro ohne Wein. Ausflüge entlang der Wanderwege zwischen den Pappelwäldern und entlang des Flusses – wir sind hier im Parco Oglio Nord – können zu Fuß, mit dem Pferd oder mit den Fahrrädern des Bauernhofs unternommen werden. Colombarotto ist auch Lehrbauernhof.

♦ 2 EZ, 6 DZ, 2 3BZ und 1 4BZ, alle mit Bad und WC, Aircondition, Minibar, TV (einige Zimmer mit Kochnische oder Küche, WLAN, Balkon) ♦ EZ € 45, DZ € 60, 3BZ € 70, 4BZ € 80 (Aufpreis Zusatzbett € 10, alle mit Frühstück) ♦ Kreditkarten: MC, Visa; Bankomat ♦ 2 Zimmer barrierefrei zugänglich, davon eines behindertengerecht ausgestattet, Privatparkplatz teilweise überdacht, kleine Haustiere willkommen, Betreiber immer erreichbar ♦ Restaurant, Konferenzsaal (80–100 Plätze), Garten

Cremona

7 km vom Zentrum
Ausfahrt Cremona der A 21

Al Carrobbio

3-Sterne-Hotel
Via Castelverde, 54
Tel. (+39) 03 72 / 56 09 63,
(+39) 333 / 382 19 55
Fax (+39) 03 72 / 56 20 40
info@carrobbio.com
www.carrobbio.com
Ganzjährig geöffnet

Das Hotel liegt im Herrenhaus eines für das Umland von Cremona typischen Bauernhofs mit geschlossenem Innenhof. Möglicherweise war es einst eine Poststation (der Name »Carrobbio« ist Synonym für eine Kreuzung von vier Straßen). Der eigentliche Gutshof existiert heute nicht mehr, aber die drei Schwestern Torrisi, die das Hotel betrieben haben, versuchten die einstige Struktur mit den Marmorsäulen am Eingang, den hundertjährigen Eichen und Eiben im Park und dem Gemüse- und Obstgarten mit einigen alten Sorten zu bewahren. Sieben Zimmer sind mit jeglichem Komfort ausgestattet, sie unterscheiden sich voneinander in Farbe und Einrichtung. Das Frühstück wird im Sommer im Garten serviert und besteht aus Süßspeisen nach Hausfrauenart, auf Wunsch gibt es auch Pikantes. Im Restaurant bekommen Sie die typische Küche der Umgebung, lokale Zutaten werden bevorzugt verwendet, der Durchschnittspreis beträgt 28 Euro ohne Wein. Das Hotel bietet einen Zubringerservice ins und vom Zentrum von Cremona (5 Euro pro Person) und Gratisfahrräder, auf denen Sie die Gegend erkunden können.

♦ 7 DZ mit Bad und WC, Telefon, TV, WLAN ♦ DZ in Einzelbelegung € 45, DZ € 70 (Aufpreis Zusatzbett € 20, alle mit Frühstück) ♦ alle Kreditkarten, Bankomat ♦ Anlage barrierefrei zugänglich, 1 Zimmer behindertengerecht ausgestattet, Privatparkplatz teilweise überdacht, kleine Haustiere willkommen (nach Absprache), Betreiber immer erreichbar ♦ Bar, Restaurant, Salon und Leseraum, Park

Desenzano del Garda
San Martino della Battaglia

35 km südöstlich von Brescia, 35 km von Verona, S.S. 11 und 572 oder A 4
800 m von der Abfahrt Sirmione der A 4

Cascina le Preseglie

NEU

Agriturismo
Ortsteil Le Preseglie
Tel. (+39) 030 / 910 81 95,
(+39) 335 / 720 13 88
Fax (+39) 030 / 910 87 68
info@agriturismolepreseglie.com
www.agriturismolepreseglie.com
Ganzjährig geöffnet

Cristina Bordignon hat ihren Beruf als Übersetzerin und das Ausland hinter sich gelassen und ist nach Italien zurückgekehrt, um diesen Ferienbauernhof auf den Colline Moreniche vier Kilometer vom Gardasee entfernt zu führen. Die Gäste werden in Miniapartments untergebracht, die durch die kluge Renovierung eines Landhauses aus dem 19. Jahrhundert entstanden sind. Die Einrichtung ist schön und bietet allen Komfort. Ruhe ist hier garantiert, rundherum befinden sich nur die Weinhänge der DOC-Weine Lugana und San Martino della Battaglia. Das Frühstück ist traditioneller Art und wird im Zimmer serviert. Das Restaurant im einen Kilometer entfernten Gutshof bietet ein Menü der lokalen Küche für 25 Euro ohne Wein. Es werden Kurse für Yoga und Kochen angeboten, weiter Führungen durch die Winzerei mit Verkostungen.

♦ 1 Miniapartment mit 1 Zimmer (2 Personen), 8 Zweizimmerapartments (2 Personen) und 2 Dreizimmerapartments (2–4 Personen), alle mit Bad und WC, Kochnische, Aircondition, Kühlschrank, Telefon, Sat-TV, Internetanschluss (einige Apartments mit Balkon) ♦ DZ in Einzelbelegung € 66–88, DZ € 88–120 (Aufpreis Zusatzbett € 15, Frühstück € 5 pro Person) ♦ alle Kreditkarten, Bankomat ♦ Anlage teilweise barrierefrei zugänglich, Privatparkplatz, kleine Haustiere willkommen, Betreiber immer erreichbar ♦ Restaurant, Konferenzsaal (60 Plätze), Ruheraum, Garten, Arkaden, Schwimmbecken

Desenzano del Garda

In der Altstadt
28 km südöstlich von Brescia, 35 km von Verona, S.S. 11 und S.S. 572 oder A 4; Ausfahrt Desenzano der A 4 Schifffahrtsverkehr auf dem Gardasee

Piroscafo

3-Sterne-Hotel
Via Porto Vecchio, 11
Tel. (+39) 030 / 914 11 28
Fax (+39) 030 / 991 25 86
info@hotelpiroscafo.it
www.hotelpiroscafo.it
Fereien: Januar, Februar

Das Hotel ist seit den ersten Jahrzehnten des vorigen Jahrhunderts im Eigentum der Familie Segattini. Es befindet sich in der Fußgängerzone und garantiert einen erholsamen Aufenthalt im Zeichen absoluter Entspannung. Die Zimmer – einige mit Blick auf den See – sind hell und einladend, das Frühstücksbüfett befriedigt jeden Geschmack mit Kuchen, Keksen, Brot, Konfitüren, Kaffee in verschiedenen Zubereitungsarbeiten, Obst, Wurst und Käse. In Desenzano, einem von Touristen gut besuchten Ort, sollten sie den Dom besichtigen, das archäologische Museum Giovanni Rambotti, die Villa Romana, die Thermen von Sirmione sowie die Stätten der Kämpfe des Risorgimento von San Martino und Solferino. Auch andere Städte mit interessanten Kunstschätzen, wie Brescia, Mantova und Verona, sind leicht erreichbar. Nur ein paar Meter vom Hotel entfernt befindet sich eine Segelschule sowie ein schöner Strand mit Infrastruktur.

♦ 2 EZ und 30 DZ, alle mit Bad und WC, Aircondition, Safe, Telefon, Sat-TV (einige Zimmer mit kleinem Balkon) ♦ EZ € 60–80, DZ € 90–130 (alle mit Frühstück) ♦ Kreditkarten: CartaSi, MC, Visa; Bankomat ♦ Vertragsbindung mit öffentlicher kostenpflichtiger Parkgarage, kleine Haustiere willkommen, Rezeptionsdienst rund um die Uhr ♦ Bar, Lese- und TV-Raum, Terrasse, Solarium

Drizzona
Castelfranco d'Oglio

2 km von Isola Dovarese
28 km östlich von Cremona, S.S. 10
23 km von der Ausfahrt Cremona der A 21

L'Airone

Agriturismo
Strada Comunale per Isola Dovarese, 2
Tel. (+39) 03 75 / 38 99 02
Fax (+39) 03 75 / 38 98 87
info@laironeagriturismo.com
www.laironeagriturismo.com
Ganzjährig geöffnet

Dieser Bauernhof mitten auf dem Land der Poebene gibt Ihnen die Möglichkeit, problemlos die Kunststädte Mantova, Cremona und Sabbioneta zu besuchen und gleichzeitig einen vollkommen entspannten Aufenthalt zu verbringen. In einem Bauenhaus aus dem Ende des 19. Jahrhunderts befinden sich 14 helle und in bäuerlichem Stil eingerichtete Zimmer. Die Scheune wurde zu einem Konferenzsaal umgebaut, entsprechend ausgestattet und mit großen Fensterfronten versehen, die auf den Garten blicken. Zum Frühstück gibt es vor allem Süßes aus eigener Landwirtschaft und von Betrieben der Umgebung, die nach traditionellen Methoden arbeiten. Das Restaurant bietet lokale Küche für etwa 30 Euro, für Hausgäste gibt es ein eigenes Menü zu 15 Euro. Auf der Anlage können Sie auch das Museum für bäuerliche Kultur besuchen. Von hier aus lässt sich im Kanu den Fluss entlangfahren und die Umgebung auf dem Rücken eines Pferdes oder auf einem Fahrrad des Bauernhofs erforschen. Kinder werden die für sie erdachte Spielzone lieben.

♦ 1 EZ, 9 DZ, 2 3BZ, 1 Juniorsuite und 1 Suite (6 Personen), alle mit Bad und WC, Minibar, Sat-TV, WLAN ♦ EZ € 55, DZ in Einzelbelegung € 55, DZ € 75, 3BZ € 90, Juniorsuite € 100, Suite € 150 (alle mit Frühstück) ♦ alle Kreditkarten, Bankomat ♦ Anlage barrierefrei zugänglich, Privatparkplatz, kleine Haustiere willkommen, Betreiber stets anwesend ♦ Restaurant mit Barbereich, Frühstücksraum, Konferenzsaal (80 Plätze), Garten, Spielplatz, Tischtennis

Dumenza

5 km von Luino, 34 km nördlich von Varese
Von Luino den Hinweisschildern nach Dumenza und Curiglia bis zur Abzweigung nach Alpe Pradecolo folgen

Campiglio Monte Lema

Berghütte·Ortsteil Alpe Pradecolo, 1
Tel. (+39) 03 32 / 57 31 09,
(+39) 348 / 333 61 66
Fax (+39) 03 32 / 57 31 09
www.rifugiocampiglio.it
Ferien: November–März (außer an Wochenenden und Feiertagen sowie gegen Vorbestellung)

Die Familie Amoruso führt diese gemütliche Hütte auf etwa 1200 Metern Höhe inmitten von Lärchen- und Buchenwäldern. Das Haus bietet sich als ausgezeichnete Basis für Ausflüge mit Mountainbikes, Pferden und im Winter mit Schneebrettern (alle Wege sind gut beschildert). Die Atmosphäre ist herzlich und familiär, Kinder haben viel Platz, um zu jeder Jahreszeit in aller Ruhe zu spielen. Die gemütlichen, gepflegten Zimmer sind mit bäuerlichen Möbeln ausgestattet. Die Küche ist typisch für die Umgebung – der Preis für eine Mahlzeit beträgt rund 20 Euro, Sie können auch ein Auflugsmenü (Menù escursionistico) für 10 Euro bestellen. Das Frühstück ist traditionell und beinhaltet Brot, Butter und Konfitüre, Honig aus handwerklicher Erzeugung, Fruchtsäfte, Milch, Tee und Kaffee. Von November bis März ist die Hütte nur an Wochenenden und Feiertagen sowie gegen Vorbestellung geöffnet.

♦ 7 DZ und 2 4BZ, alle mit Bad und WC (4 DZ mit gemeinsamem Bad) ♦ DZ in Einzelbelegung € 25–30, DZ € 50–60, 4BZ € 100–112 (alle mit Frühstück) ♦ keine Kreditkarten ♦ einige Zimmer barrierefrei zugänglich, Privatparkplatz, kleine Haustiere willkommen, Betreiber immer erreichbar ♦ Bar, Restaurant, Terrasse

Fortunago
Casareggio

10 km südöstlich von Voghera, 38 km südlich von Pavia; Ausfahrten Bereguardo oder Tortona der A 7 und Casteggio der A 21; von Montebello della Battaglia den Hinweisschildern nach Schizzola folgen

Cascina Casareggio

Agriturismo
Ortsteil Casareggio, 1
Tel. (+39) 03 83 / 87 52 28
Fax (+39) 03 83 / 87 56 37
info@cascinacasareggio.it
www.cascinacasareggio.it
Ganzjährig geöffnet

Der landwirtschaftliche Betrieb von Lucia Rossotti fügt sich wunderbar zwischen Wäldern, Wiesen, Weinhängen, Obstpflanzungen und Gemüsegärten in die Landschaft. Er ist der ideale Ort, um in aller Ruhe seine Ferien zu verbringen. Die Zimmer sind einladend und angenehm, die Atmosphäre familiär, die Küche des Restaurants ursprünglich und abwechslungsreich (Degustationsmenü für 40 Euro). Zutaten aus dem eigenen Betrieb garantieren beste Qualität der Gerichte und des Frühstücksbüfetts. Dort finden Sie Zerealien, Konfitüren, hausgemachte Kuchen und Obst. In gut ausgestatteten Laden können Sie Wurstwaren, Käse, Eier, Kekse, Honig, Wein, Grappa und vieles mehr kaufen. Viel Platz gibt es im Sommer im Freien für Frühstück, Mittagessen und Empfänge, den Gästen steht auch ein schönes Schwimmbecken zur Verfügung. Die Cascina Casareggio ist ein perfekter Ausgangspunkt für Ausflüge zu Fuß, mit dem Fahrrad oder zu Pferd.

♦ 12 DZ und 1 3BZ, alle mit Bad und WC, Minibar, TV ♦ DZ € 50–60, € 80–90 (Aufpreis Zusatzbett € 20), 3BZ € 100–110 (alle mit Frühstück) ♦ Kreditkarten: CartaSi, DC, MC, Visa; Bankomat ♦ Anlage barrierefrei zugänglich, Privatparkplatz, kleine Haustiere willkommen, Rezeptionsdienst 7.30–1 Uhr ♦ Restaurant, Konferenz- und Kongresssäle (max. 150 Plätze), Schwimmbecken

Gardone Riviera
Gardone Sopra

In der Altstadt
34 km nordöstlich von Brescia, S.S. 45 bis
25 km von der Ausfahrt Desenzano del Garda der A 4

Gargnano
Bogliaco

2 km südlich vom Zentrum
45 km nordöstlich von Brescia, S.S. 45 bis
36 km von der Ausfahrt Desenzano del Garda der A 4

Agli Angeli

2-Sterne-Hotel
Via Caduti, 1
Tel. (+39) 03 65 / 209 91,
(+39) 03 65 / 208 32
Fax (+ 39) 03 65 / 207 46
info@agliangeli.com
www.agliangeli.com
Ferien: Dezember, Januar, Februar

Bogliaco

3-Sterne-Hotel
Via Battisti, 3
Tel. (+39) 03 65 / 714 04
Fax (+39) 03 65 / 727 80
info@hotelbogliaco.it
www.hotelbogliaco.it
Ferien: Januar, Februar

Das Hotel liegt zwischen dem Botanischen Garten von André Heller und dem Vittoriale von Gabriele D'Annunzio. Es besteht aus dem Hauptsitz und einer zehn Meter weiter gelegenen Dependance, klassifiziert als 3-Sterne-Hotel und entstanden aus der Renovierung eines alten Hauses. Alle Zimmer sind gepflegt und einladend. Patrizia und Elisabetta Pellegrini sind für die Gastlichkeit verantwortlich, am Herd steht der tüchtige Stefano De Michelis. Zum Frühstück gibt es außer traditionellen heißen Getränken und Säften Bauernbrot, Konfitüren, Kuchen und Crostata, Obst sowie Joghurt. Sportlichen Gästen empfehlen wir den Tennisplatz in Gardone und den Golfplatz in Bogliaco.

Seit 1975 führen Noemi Zanini und ihr Mann dieses Hotel in der Villa Teodora, einem Gebäude aus dem 19. Jahrhundert. Es liegt wenige Meter von der Piazza von Bogliaco. Die Anlage wurde vergrößert und verfügt heute über 15 neue Zimmer, von denen einige einen kleinen Garten haben, andere Balkon. Die Suite bietet ein Bett mit Baldachin, Stilmöbel und entsprechendem Boden, außerdem eine kleine Terrasse mit Blick auf den See. Im Restaurant werden Gerichte der Umgebung zu einem Preis von etwa 30 Euro serviert, auf dem Frühstücksbüfett warten hausgemachte Kuchen und Crostate, frisches Obst, Milch, Joghurt, Zerealien sowie Pikantes. Besuchen Sie Riva del Garda sowie die Burgen und Schlösser des Trentinos. Ganz in der Nähe finden Golffreunde den Circolo del Golf Bogliaco, passionierte Segler werden sich die Regatta Centomiglia del Garda nicht entgehen lassen.

♦ 1 EZ, 6 DZ und 1 3BZ im Hauptsitz, 8 DZ in der Dependance, alle mit Bad und WC, TV, Safe (einige Zimmer mit Aircondition) ♦ EZ € 50–70, DZ 85–100, 3BZ € 120, in der Dependance € 95–150 (alle mit Frühstück) ♦ Kreditkarten: CartaSi, DC, MC, Visa; Bankomat ♦ 6 kostenpflichtige Parkplätze beim Vittoriale, öffentlicher Parkplatz 100 Meter entfernt, kleine Haustiere willkommen, Betreiber immer erreichbar ♦ Restaurant, Leseraum, Garten, Schwimmbecken in der Dependance

🍴 Anspruchsvolles Restaurant mit lokaler und kreativer Küche für etwa 35 bis 40 Euro ohne Wein.

♦ 4 EZ, 36 DZ, 3 3BZ, 3 4BZ und 1 Suite, alle mit Bad und WC, Aircondition, Safe, Telefon, Sat-TV (Suite und 1 Mehrbettzimmer mit Whirlpool) ♦ EZ € 60–70, DZ € 90–110, 3BZ € 120–130, 4BZ € 140–160, Suite € 180–210 (alle mit Frühstück) ♦ Kreditkarten: CartaSi, MC, Visa; Bankomat ♦ Anlage barrierefrei zugänglich, 4 Zimmer behindertengerecht ausgestattet, Privatparkplatz (30 Plätze), kleine Haustiere willkommen (außer in den Gemeinschaftsräumen), Rezeptionsdienst 7.30–24 Uhr ♦ Bar, Restaurant, Leseraum, Terrasse, Pavillon, Schwimmbecken, Strand mit Infrastruktur

Goito
Carlongo

4 km vom Zentrum
20 km nordwestlich von Mantova, S.P. 236

La Corte del Conte

Bed & Breakfast
Piazzale San Pio X, 8 A
Tel. (+39) 339 / 184 96 03
info@lacortedelconte.biz
www.lacortedelconte.biz
Ganzjährig geöffnet

Durch eine sorgfältige Renovierung wurde die Schlichtheit der ehemaligen Dienstbotenräume beibehalten, aber aufgewertet. Im angrenzenden Schloss residierten die Grafen Cocastelli und Magnaguti. In den Zimmern befinden sich immer noch die originalen Cotto-Böden, Decken mit Hourdisteinen in Cotto, freiliegende Deckenbalken, ein Bett mit Baldachin, ein anderes aus weiß lackiertem Eisen … Am ersten Abend werden sie im Zimmer ein Tablett mit Kräutertees, Keksen, Schokolade und Obst finden. Das Frühstück bereitet die Inhaberin selbst zu, es wird im Sommer im schattigen Garten serviert und könnte aus einem Handbuch für das perfekte Frühstück stammen: biologische Konfitüren, Joghurt, Milch und Zerealien, frisch getoastes Briochebrot und, außer sonntags, frisch beim nahen Bäcker gekauftes Brot sowie kleine Fladenbrote namens Schiacciatine; außerdem heiße Getränke und frisch gepresster Orangensaft, eben aus dem Ofen geholte Croissants und Süßspeisen, für die Laura einen Applaus verdient.

♦ 1 EZ und 2 DZ, alle mit Bad und WC (1 Zimmer mit Whirlpool) ♦ EZ € 40–60, DZ € 70–120 (Aufpreis Zusatzbett € 10, alle mit Frühstück) ♦ keine Kreditkarten ♦ Privatparkplatz, Haustiere nicht erlaubt, Betreiber immer erreichbar ♦ Frühstücksraum, Salon, Konferenzsaal (150 Plätze), Garten

Gravedona

52 km nordwestlich von Como, S.S. 36
Ausfahrt Como Nord der A 9, S.S. 340 in Richtung Menaggio; Ausfahrt Como Sud, Fähren von Cadenabbia und Varenna

La Villa

3-Sterne-Hotel
Via Regina Ponente, 21
Tel. (+39) 03 44 / 890 17
Fax (+39) 03 44 / 890 27
info@hotel-la-villa.com
www.hotel-la-villa.com
Ferien: 20. Dezember– 20. Januar

Wenige Minuten vom Comer See und von der Altstadt von Gravedona mit den schönen Kirchen Santa Maria del Tiglio und Santa Maria delle Grazie sowie dem historischen Palazzo Gallio befindet sich dieses sorgfältig restaurierte Hotel in einer Villa, professionell geführt von Martina und Franco Mallone. Die Zimmer, einige mit Blick auf den See, sind modern und mit jedem Komfort ausgestattet. Das Frühstück wird im Sommer im Freien in der Nähe des Schwimmbeckens eingenommen. Auf einem reichhaltigen Büfett finden Sie Süßes und Pikantes, Fruchtsäfte, Tee, Milch und Kaffee. Die Küche des Restaurants bereitet Gerichte der lombardischen Tradition und anderer italienischer Regionen für 25 Euro ohne Wein. Die Gäste können die Seepromenade entlangspazieren, Rad fahren oder ein Boot nehmen. Zur Entspannung gibt es das Schwimmbecken.

♦ 15 DZ mit Bad und WC, Minibar, Sat-TV (einige Zimmer mit Balkon) ♦ DZ in Einzelbelegung € 65–95, DZ € 90–130 (alle mit Frühstück) ♦ alle Kreditkarten, Bankomat ♦ Anlage barrierefrei zugänglich, 1 Zimmer behindertengerecht ausgestattet, Privatparkplatz gegenüber dem Hotel, Haustiere nicht erlaubt, Rezeptionsdienst 7–23 Uhr ♦ Bar, Restaurant, Garten, Schwimmbecken

Iseo

23 km nordwestlich von Brescia, S.S. 510
Ausfahrten Ospitaletto oder Brescia Ovest der A 4

Rosa

3-Sterne-Hotel
Via Roma, 47
Tel. (+39) 030 / 98 00 53
Fax (+39) 030 / 982 14 45
albergorosa@tiscalinet.it
Ganzjährig geöffnet

Ganz nahe dem Zentrum lässt sich hier ein angenehmer und erholsamer Aufenthalt verbringen. Dieser einladende Betrieb verfügt über modern eingerichtete Zimmer mit besonders gepflegten Bädern. Das Restaurant steht nicht nur Hausgästen offen und bietet eine traditionelle und kreative Küche zum Preis von 35 bis 38 Euro ohne Wein. Schon beim Frühstücksbüfett merkt man, dass Qualität und Herkunft der Produkte hier eine große Rolle spielen: Es gibt Kaffee, Tee, Milch, Zerealien, Konfitüren und Honig aus lokaler Erzeugung, Croissants und Butter. Eine Alternative stellt das klassische Frühstück an der Bar dar. Interessante Ausflüge in die Umgebung können zu Fuß oder mit den von den Betreibern zur Verfügung gestellten Fahrrädern unternommen werden.

♦ 7 EZ und 8 DZ, alle mit Bad und WC, Safe, Telefon, TV, WLAN (einige Zimmer mit Balkon) ♦ EZ € 42, DZ € 53 (Frühstück € 2–8 pro Person) ♦ alle Kreditkarten, Bankomat ♦ 1 Zimmer behindertengerecht ausgestattet, Privatparkplatz, Haustiere nicht erlaubt, Betreiber stets anwesend ♦ Bar, Restaurant, TV-Raum, Garten, Terrasse

Lezzeno

20 km nordwestlich von Lecco, 23 km nordöstlich von Como
Ausfahrt Como Sud der A 9

Aurora

3-Sterne-Hotel
Via Sossana, 2
Tel./Fax (+39) 031 / 91 46 45
info@hotelauroralezzeno.com
www.hotelauroralezzeno.com
Ferien: Ende Oktober–Ende März

Das Hotel der Familie Gregorio blickt auf den Comer See und liegt gegenüber der Insel Comacina und Punta Balbianello. Es ist von den Flughäfen Malpensa, Linate und Orio al Serio leicht erreichbar. Die Zimmer sind geräumig, hell und angenehm, einige bieten See-, andere Bergblick. Auf dem Frühstücksbüfett erwarten Sie heiße Getränke und Säfte, Croissants, Konfitüren, Kuchen, Wurstwaren und Käse. Im Sommer werden auf der schönen Veranda des Restaurants mit Blick auf den See gute lokale Gerichte und anderes für etwa 30 bis 35 Euro ohne Wein serviert. Die Gäste können Ausflüge zu Fuß oder mit Mountainbikes unternehmen, Kanus oder Motorboote mieten, Wasserski und Wakeboard fahren oder Tennis spielen. Besuchen Sie auch die herrlichen Villen am See – Carlotta, Giulia, Melzi, Balbianello – und in der Umgebung die Orte Varenna, Bellagio, Tremezzo und Menaggio.

♦ 2 EZ und 20 DZ, alle mit Bad und WC, Safe, Telefon, Sat-TV, WLAN (einige Zimmer mit Balkon) ♦ EZ € 40–45, DZ € 70–110 (Aufpreis Zusatzbett € 20, alle mit Frühstück) ♦ alle Kreditkarten, Bankomat ♦ Privatparkplatz, Garage (15 Plätze), kleine Haustiere willkommen, Rezeptionsdienst 8–23 Uhr ♦ Bar, Restaurant, Frühstücksraum, Landungssteg mit Sonnenterrasse, Strand

Madesimo

Im Ortskern
An der Straße über den Splügenpass
13 km nördlich von Pianazzo, 78 km nordwestlich von Sondrio, S.S. 36

Posta

2-Sterne-Hotel
Via Dogana, 8
Tel. (+39) 03 43 / 542 34
Fax (+39) 03 43 / 534 39
salafaustoenoteca@tiscalinet.it
Ferien: Januar, Februar

Das gemütliche Hotel von Fausto Sala liegt im alpinen Teil der Gemeinde Madesimo, an der Straße, die von Chiavenna über den Splügenpass führt. Einst war das Gebäude die Raststation für den Wagen- und Pferdewechsel, heute steht es für Gastlichkeit in ruhigen und komfortablen Zimmern. Ganz in der Nähe gibt es zahlreiche Pisten für Anfänger und erfahrene Skifahrer, beim Sport lässt sich die Schönheit des wunderbaren Val di Lei genießen. Gäste, die mindestens drei Tage bleiben, können Halbpension für 69 Euro pro Tag in Anspruch nehmen. Zum Frühstück gibt es heiße Getränke und Säfte, Brot mit Butter und verschiedenen Konfitüren, Wurst, Käse, Eier. In das gute Gesamtbild fügt sich das Restaurant mit fantasievoll neuinterpretierten Gerichten der Tradition des Valtellino und Valchiavenna (Durchschnittspreis 28 bis 32 Euro ohne Wein), einer reichhaltigen Weinkarte und einer Enoteca.

♦ 10 DZ mit Bad und WC, TV ♦ DZ in Einzelbelegung € 45, DZ € 75 (Frühstück € 10 pro Person) ♦ alle Kreditkarten, Bankomat ♦ Privatparkplatz, Haustiere nicht erlaubt, Betreiber immer erreichbar ♦ Bar, Restaurant, Enoteca

Manerba del Garda

32 km östlich von Brescia, S.P. 572
20 km von der Ausfahrt Desenzano der A 4 in Richtung Salò-Riva, beim Kreisverkehr Manerba 1 km rechts in Richtung San Felice

Villa Schindler

2-Sterne-Hotel
Via Bresciani, 68
Tel. (+39) 03 65 / 65 10 46
Fax (+39) 03 65 / 55 48 77
info@villaschindler.it
www.villaschindler.it
Ferien: Mitte Oktober–Ende März

Früher gehörte die Villa Schindler zu einem Landwirtschafsbetrieb. Daran erinnern die verschiedenen Sorten von jahrhundertealten Olivenbäumen, Grundlage eines hervorragenden biologischen nativen Olivenöls extra. Der alte Ansitz liegt inmitten der grünen Landschaft des Hinterlands von Brescia mit herrlicher Sicht auf die Gardaseebucht. Die Künstlerin Anna Brotto, die für Interessierte Kurse in Kunst und Restaurierung anbietet, hat die Renovierung der Villa betreut und die wertvollen Decken, Böden und Fresken erhalten. Sie hat das Haus nicht nur in ein Hotel verwandelt, sondern auch in eine Kunstgalerie: Bilder und Skulpturen bereichern die mit wertvollen Möbeln eingerichteten Zimmer und die allgemein zugänglichen Räume. Das Frühstücksbüfett ist traditionell und besonders vielfältig: Es bietet Kaffee, Milch, Tee, Fruchtsäfte, Kuchen, Croissants, Brot, Butter, Eier, Aufschnitt und Käse.

♦ 5 EZ und 5 DZ, alle mit Bad und WC ♦ EZ € 53–80, DZ € 70–105 (Aufpreis Zusatzbett € 20–30, alle mit Frühstück) ♦ keine Kreditkarten ♦ Privatparkplatz, kleine Haustiere willkommen, Rezeptionsdienst 8.30–19 Uhr ♦ Frühstücksraum, Barbereich, Park, Terrasse, kleiner Strand

Mantova

In der Altstadt, Ecke Piazza delle Erbe
S.S.10 oder Ausfahrt Mantova Nord der A 22
Bahnhof der Linien Cremona-Padova und Verona-Modena

Casa Margherita

Zimmervermietung
Via Portici Broletto, 44
Tel. (+39) 349 / 750 61 17
infotiscali@lacasadimargherita
www.lacasadimargherita.it
Ganzjährig geöffnet

Im Zentrum von Mantova, gleich bei der charakteristischen Piazza delle Erbe, bietet Barbara Fregna Unterkunft in einer typischen »casa di ringhiera«, einem Haus mit Geländerbalkonen. Es wurde mit großem Sachverstand renoviert. Nur ein paar Schritte entfernt befinden sich historisch und architektonisch interessante Gebäude wie das Kastell von San Giorgio, Wohnsitz der Gonzaga, der Palazzo del Podestà mit dem Gemeindeturm und der Palazzo Ducale. Die Atmosphäre ist familiär, die eleganten Zimmer sind modern und mit einigen Stilmöbeln eingerichtet, alle blicken auf die Piazza delle Erbe. Das gepflegte Frühstück umfasst Kaffee, Tee, Milch, Fruchtsäfte, Joghurt, hausgemachte Kuchen, Croissants und auf Wunsch Pikantes. Während der Woche des Literaturfestivals kann der Preis für ein Doppelzimmer auf 125 Euro steigen.

♦ 2 Suiten (2–4 Personen) und 1 Apartment (5 Personen), alle mit Bad und WC, kleinem Balkon, Aircondition, Minibar, TV ♦ DZ in Einzelbelegung € 60–65, DZ € 80–120 (Aufpreis Zusatzbett € 25, alle mit Frühstück) ♦ keine Kreditkarten ♦ öffentlicher Parkplatz 50 Meter entfernt, kleine Haustiere willkommen, Betreiberin immer erreichbar ♦ Frühstücksraum

Milano

Piazza Wagner, 3 km von der Piazza del Duomo
15 Minuten zu Fuß von den Haltestellen der Metropolitana Pagano (Linie 1) und Sant'Agostino (Linie 2)
Straßenbahnlinien 29, 30; Autobuslinien 50, 58, 61, 68

Bed and Bread

Bed & Breakfast
Via Vetta d'Italia, 14
Tel. (+39) 02 / 46 82 67,
(+39) 333 / 839 64 41
info@bedandbread.it
www.bedandbread.it
Ferien: Juli, August

Das Bed and Bread liegt nicht weit vom Messezentrum, in einem Viertel der Innenstadt, das gern von typischen Mailändern besucht wird. Hier gibt es zahlreiche Kunstausstellungen, eine Buchhandlung für Design, die rund um die Uhr geöffnet ist, sowie ein Bikesharing. Donata Giovannettis Betrieb liegt in einer kleinen Villa im späten Jugendstil. Wie schon der Name erahnen lässt, können sie hier ruhig schlafen in der Erwartung eines reichen, traditionellen Frühstücks mit heißen Getränken und Säften, Brot und hausgemachten Süßspeisen, handwerklich erzeugten Konfitüren, Joghurt und auf Wunsch Käse und Wurst. Die Zimmer sind gemütlich und verschiedenfarbig, eines ist rot, eines blau und eines violett. In einem Gemeinschaftsraum mit Tonnengewölbe aus Ziegeln, in dem ein gut bestücktes Bücherregal steht, kann man sich gut beim Lesen, Fernsehen oder Internetsurfen entspannen. Wer Bedarf anmeldet, bekommt eine steuerlich vergütbare Rechnung.

♦ 3 DZ mit Bad und WC ♦ DZ in Einzelbelegung € 70, DZ € 110 (alle mit Frühstück) ♦ Kreditkarten: CartaSi, MC, Visa; Bankomat ♦ kleine Haustiere willkommen, Betreiber stets anwesend ♦ Frühstücksraum, Entspannungsraum mit TV, DVD, Büchern und WLAN

Milano

Porta Genova, 3 km von der Piazza del Duomo
Haltestelle der Metropolitana Sant'Agostino (Linie 2)
Autobuslinien 14, 50, 61, 90, 91

La Dolce Vite

Bed & Breakfast
Via Cola di Rienzo, 39
Tel. (+39) 02 / 48 95 28 08
info@ladolcevite.net
www.ladolcevite.net
Ferien: August

Das einladende Bed & Breakfast von Signora Enrica liegt nur wenige Kilometer von der Piazza del Duomo entfernt. In dieser Gegend wagen es nur ganz Mutige, nach einem Parkplatz Ausschau zu halten, aber zum Glück erreicht man das Haus ganz leicht mit öffentlichen Verkehrsmitteln. Es stammt aus den ersten Jahren des 20. Jahrhunderts und hat drei Stockwerke, im obersten befinden sich die einfachen hellen Zimmer, die mit alten, zum Haus passenden Möbeln eingerichtet sind. Der Salon, der den Gästen zur Verfügung steht, wird dominiert von einer Bibliothek und einem Kamin, in dem im Winter stets ein Feuer brennt. Das Haus ist von einem gepflegten Garten umgeben, im Sommer wird dort das kontinentale Frühstück serviert. Es beinhaltet Brot, Butter, traditionell erzeugte Konfitüren, Honig, Kuchen, Croissants, Kaffee, Milch, Tee, heiße Schokolade und Fruchtsäfte. Hier leben auch ein Hund und zwei Katzen. Gästen, die Internet benutzen oder Wertgegenstände in den Safe legen möchten, stellt Signora Enrica ihr Büro zur Verfügung.

♦ 3 DZ mit Bad und WC, Aircondition, TV ♦ DZ in Einzelbelegung € 80, DZ € 120 (alle mit Frühstück) ♦ Kreditkarten: CartaSi, MC, Visa; Bankomat ♦ Haustiere nicht erlaubt, Betreiber stets anwesend ♦ Frühstücksraum, TV-Raum, Garten, Terrasse

Milano

In der Nähe von Piazza Sicilia, südlich des Messezentrums Fiera Campionaria
Haltestellen der Metropolitana Wagner und De Angeli

Piemonte

3-Sterne-Hotel
Via Ruggiero Settimo, 1
Tel. (+39) 02 / 46 31 73
Fax (+39) 02 / 48 19 33 16
info@hotelpiemonte.it
www.hotelpiemonte.it
Ferien: unterschiedlich

Das Hotel ist leicht vom Flughafen Linate, von den Autobahnen und mit der Metropolitana erreichbar und liegt wenige Minuten von der Piazza del Duomo – eine ausgezeichnete Unterkunft für Touristen und Messebesucher. Trotz seiner Zentrumsnähe sind die Zimmer (besonders zwei davon) doch ganz ruhig, dazu sind sie geräumig und mit jedem Komfort ausgestattet. Leider sind die Preise zum Zeitpunkt verschiedener Messen (vor allem jener für Möbel und jener für Lederwaren im März, April und September) zu hoch. Das Frühstück wird in einem schönen Raum serviert und bietet jedem Geschmack etwas: Torten, Croissants, Brot, Butter und Konfitüre, Obst, Joghurt, Milch, Tee, Kaffee, Fruchtsäfte, Wurst und Käse. Die Bar bietet rund um die Uhr Zimmerservice.

♦ 3 EZ, 13 DZ, 1 3BZ, 1 4BZ und 1 Suite (3 Personen), alle mit Bad und WC, Safe, Telefon, TV, Internetanschluss ♦ EZ € 60, DZ € 80, 3BZ € 100, 4BZ € 120, Suite € 120 (Frühstück € 5 pro Person) ♦ alle Kreditkarten, Bankomat ♦ Privatparkplatz (€ 16–20 pro Tag), Rezeptionsdienst rund um die Uhr ♦ Bar, Frühstücksraum

Monte Isola
Peschiera Maraglio
Im Zentrum
4 km von Senzano, 23 km nordwestlich von Brescia
Ausfahrt Brescia Ovest, Rovato oder Palazzolo der A 4, dann S.S. 510 und Fährboot von Sulzano

Monzambano
Castellaro Lagusello
32 km südwestlich von Verona, 33 km nordwestlich von Mantova
13 km von der Ausfahrt Peschiera del Garda der A 4
14 km vom Bahnhof Peschiera del Garda

La Foresta

1-Stern-Hotel
Via Peschiera Maraglio, 174
Tel. (+39) 030 / 988 62 10
Fax (+39) 030 / 988 64 55
foresta@montisola.it
Ferien: 21. Dezember–Anfang März

Antico Borgo

2-Sterne-Hotel
Via Castello, 56
Tel./Fax (+39) 03 76 / 889 78
info@anticoborgosas.it
www.anticoborgosas.it
Ferien: Januar

Monte Isola ist einer der schönsten Orte Italiens. Den Ortsteil Peschiera Maraglio erreicht man mit dem Fährboot vom Festland von Sulzano oder anderen Häfen aus. Touristen können hier einen angenehmen Urlaub verbringen, sich auf dem Landungssteg oder den dafür ausgestatteten Bereichen sonnen, die Burgen und die Wallfahrtskirche Madonna della Ceriola oder das Sportzentrum Sassabanek besuchen. Das Hotel wird von einer Familie geführt, seit Silvano Novali, ein ehemaliger Koch auf Kreuzfahrtschiffen, 1974 das Hotel eröffnet hat. Heute stehen ihm sein Bruder, der Fischer Alessandro, zur Seite sowie Nichte Nicola. Die Zimmer sind einfach und einladend, das traditionelle Frühstück besteht aus Kaffee, Milch, Tee, Croissants und Konfitüren. Auf Wunsch bekommen die Gäste auch die ausgezeichnete Wurst von Monte Isola, die mit dem Messer geschnitten wird, und anderes Pikantes. Die Küche ist vor allem am Seefisch orientiert – die örtlichen Fischer hängen hier immer noch Sardinen aus dem See und für dieses Gewässer typische Fische namens Agoni zum Trocknen in der Sonne auf. Dazu passen gut die Weine aus den besten Gegenden (35 bis 40 Euro ohne Wein).

In unmittelbarer Umgebung der Kunststädte Brescia, Mantova und Verona befindet sich dieser kleine Ortsteil, der auf der Liste der schönsten Plätze Italiens steht. Mitten auf dem Land bietet das Gebäude aus dem 15. Jahrhundert seinen Gästen ein entspannendes, angenehmes Ambiente. Die Zimmer sind ausnahmslos einladend und vornehm, die Einrichtung gibt die Atmosphäre vergangener Jahrhunderte wieder. Das reichhaltige traditionelle Frühstücksbüfett erwartet Sie im hellen Saal. Wenn Sie andere als süße Speisen bevorzugen, fragen Sie einfach danach. Das Restaurant bietet die klassische Küche der Gegend von Mantova (etwa 30 bis 35 Euro ohne Wein), sie lässt sich gut mit der mit 250 Weinetiketten aus Italien bestückten Karte kombinieren. Besuchen Sie den Parco Natura Viva, eine Oase, in der im Aussterben begriffene Tierarten weiterleben sollen. Für Reisende mit Kindern sind Gardaland und Canevaworld unumgänglich.

♦ 10 DZ mit Bad und WC, Balkon ♦ DZ in Einzelbelegung € 80–90, DZ € 90 (mit Frühstück) ♦ alle Kreditkarten, Bankomat ♦ vertragsgebundener kostenpflichtiger Parkplatz, Haustiere nicht erlaubt, Betreiber immer erreichbar ♦ Bar für Hotelgäste, Restaurant, TV-Raum Veranda

♦ 7 DZ mit Bad und WC, Aircondition, Telefon, Sat-TV ♦ DZ in Einzelbelegung € 55, DZ € 70 (alle mit Frühstück) ♦ Kreditkarten: AE, CartaSi, MC, Visa; Bankomat ♦ blaue Zone auf dem Parkplatz vor dem Gebäude reserviert für Hotelgäste, Haustiere nicht erlaubt, Betreiber 7–2 Uhr erreichbar ♦ Bar, Restaurant, Frühstücksraum, Garten

Monzambano
Castellaro Lagusello
32 km südwestlich von Verona, 33 km nordwestlich von Mantova
13 km von der Ausfahrt Peschiera del Garda der A 4
14 km vom Bahnhof Peschiera del Garda

Monzambano
Olfino
30 km südwestlich von Verona, 35 km nordwestlich von Mantova
9 km von der Ausfahrt Peschiera del Garda der A 4
10 km von der Bahnstation Peschiera del Garda

Il Filos

Agriturismo
Ortsteil Perini-Strada Nuvolino, 19
Tel./Fax (+39) 03 76 / 80 01 97
info@ilfilos.it
www.ilfilos.it
Ferien: 6. Januar–Ende Februar

Lupo Bianco

Agriturismo
Strada dei Colli, 94
Tel./Fax (+39) 03 76 / 80 01 28
info@agriturlupobianco.it
www.agriturlupobianco.it
Ferien: November–Februar

Nur ein paar Kilometer von Mantova und Verona entfernt befindet sich einer der schönsten Orte Italiens, das kleine Castellaro Lagusello. Es verdankt seinen Namen dem herzförmigen See, an dem Rebhühner und Reiher leben, auch eine Burg hat hier ihren Sitz. Die Zimmer in der ehemaligen Scheune des Ferienbauernhofs sind groß und bequem, die einstigen Stallungen bilden die beiden Speisesäle. Auf einem Teil des Geländes wird Obst angebaut: Äpfel, Birnen, Kiwis, Pflaumen und Pfirsiche werden Ihnen zum Frühstück und mittags angeboten, Sie können sie auch kaufen. Auch kleine Hoftiere, die halbwild auf dem Gut leben, finden in der Küche des Restaurants Verwendung – Truthähne, Pfaue, Lämmer, Esel, Hühner, Gänse (der durchschnittliche Preis für eine Mahlzeit beträgt 20 bis 25 Euro ohne Wein). Von hier können Sie schöne Ausflüge mit dem Fahrrad oder Ausritte unternehmen, interessant sind Besuche der Städtchen Desenzano, Peschiera und Sirmione.

Der Bauernhof, auf dem Daniele Ramponi mit seiner Familie Obst und Wein anbaut, liegt nur acht Kilometer vom Gardasee entfernt und vier Kilometer von zwei der schönsten Orte Italiens, Castellaro Lagusello und Borghetto di Valeggio sul Mincio. Hier sind Sie hervorragend untergebracht, wenn Sie einen entspannenden Urlaub am See verbringen oder die Kunststädte der Lombardei und des Venetos besuchen wollen. Zum Betrieb gehören zweieinhalb Hektar Wald, Wiese und Obstpflanzungen. Über einen schönen bäuerlichen Innenhof betritt man die aus hellen, mit Holzmöbeln eingerichteten Zimmer. Viele Erzeugnisse der Landwirtschaft finden Sie sowohl im gepflegten Frühstück als auch im Menü wieder, das in der zweiten Wochenhälfte im angeschlossenen Restaurant angeboten wird (Küche der Umgebung zu einem Durchschnittspreis von 25 Euro ohne Wein). Für Unterhaltung der Kinder ist in den nahen Actionparks Gardaland und Canevaworld gesorgt.

♦ 3 DZ mit Bad und WC, Aircondition, TV; 2 kleine Apartments (2–3 Personen) mit Kochnische ♦ DZ in Einzelbelegung € 62, DZ € 62 (alle mit Frühstück); Apartment € 31 pro Person ♦ keine Kreditkarten ♦ 1 Apartment barrierefrei zugänglich, Privatparkplatz, kleine Haustiere willkommen (außer in den Zimmern und im Restaurant), Betreiber immer erreichbar ♦ Restaurant, Garten, Laube

♦ 4 DZ, 1 3BZ und 5 4BZ, alle mit Bad und WC ♦ DZ in Einzelbelegung € 45, DZ € 75, 3BZ € 90, 4BZ € 100 (alle mit Frühstück) ♦ Kreditkarten: CartaSi, DC, MC, Visa; Bankomat ♦ 1 Zimmer behindertengerecht ausgestattet, Privatparkplatz, kleine Haustiere willkommen ♦ Restaurant (Donnerstag–Sonntag geöffnet), Frühstücksraum, Park

Nesso

16 km nordöstlich von Como, S.S. 583
Ausfahrt Como Sud der A 9 in Richtung Bellagio

Tre Rose

3-Sterne-Hotel
Via Borgonuovo, 4
Tel. (+39) 031 / 91 01 37
Fax (+39) 031 / 91 06 78
info@trerosehotel.com
www.trerosehotel.com
Ferien: Dezember

Bei der Renovierung dieses kleinen Hotels wurde die Originalstruktur beibehalten. Es befindet sich zwischen Como und Bellagio und bietet einen atemberaubenden Blick auf den See. Die in zwei Stockwerken liegenden Zimmer sind hell und einladend. Frühstück ist nicht im Preis enthalten, man wählt im Sommer von einem Büfett im Garten, das jeden Geschmack zufriedenstellt. Es reicht vom einfachen Caffè Latte mit Croissant über unterschiedliche heiße Getränke und Säfte bis zu Kuchen, Konfitüren, Käse, Wurst und Eiern. Das Restaurant steht nicht nur Hotelgästen offen. Im Mittelpunkt stehen die lokale Küche des Sees sowie internationale Menüs, der Preis liegt zwischen 25 und 35 Euro ohne Wein. Besuchen Sie die Kirche Santissimi Pietro e Paolo. In fünf Kilometern Entfernung wandern Sie auf den Piani di Nesso und Piano del Tivano in den schönsten Berggebieten der Gegend mit einem ungewöhnlichen Blick auf den Comer See. Im Winter fährt man dank einiger Lifte Ski oder benutzt Langlaufpisten oder Kinderhänge.

♦ 8 DZ mit Bad und WC, Telefon, Sat-TV, WLAN (einige Zimmer mit Balkon) ♦ DZ in Einzelbelegung € 40, DZ € 55 (Frühstück € 8 pro Person) ♦ alle Kreditkarten, Bankomat ♦ öffentlicher Gratisparkplatz außerhalb der Anlage, kleine Haustiere willkommen, Rezeptionsdienst rund um die Uhr ♦ Bar, Restaurant, Leseraum, TV-Raum, Garten

Orsenigo

10 km südöstlich von Como, S.S. 342
Ausfahrt Como Sud der A 9 in Richtung Bergamo

Cassinazza

Agriturismo
Cascina Cassinazza, 2
Tel./Fax (+39) 031 / 63 14 68
info@cassinazza.it
www.cassinazza.it
Ganzjährig geöffnet

Etwa zehn Kilometer von Como bietet die Cassinazza 15 Gästezimmer. Das gänzlich revitalisierte Bauernhaus ist vierhundert Jahre alt und liegt zwischen Wäldern, Feldern und Weiden inmitten eines Anwesens, auf dem Rinder, Schweine und Hoftiere gezüchtet sowie Obst, Gemüse und Viehfutter biologisch angebaut werden. Die Zimmereinrichtung ist einfach und aufs Wesentliche beschränkt, das traditionelle Frühstück ist großzügig, es sieht Kaffee in klassischen Zubereitungsarten vor, hausgemachte Crostata mit Obst oder Konfitüre sowie selbst gemachten Käse aus der Milch der im Betrieb gezüchteten Tiere. Im Restaurant können Sie eine vielfältige Küche für alle Gelegenheiten kennenlernen, basierend auf den ausgezeichneten Zutaten aus eigener Erzeugung, zu einem Preis von 25 bis 30 Euro. Der Agriturismo ist auch Lehrbauernhof.

♦ 2 EZ, 10 DZ und 3 Suiten, alle mit Bad und WC, Minibar, Telefon, Sat-TV, WLAN ♦ EZ € 42, DZ € 70, Suite € 80 (alle mit Frühstück) ♦ alle Kreditkarten, Bankomat ♦ einige Zimmer behindertengerecht ausgestattet, Privatparkplatz, kleine Haustiere willkommen (€ 10 pro Tag) ♦ Bar, Restaurant, Frühstücksraum, Konferenzraum

Palazzolo sull'Oglio
Calci
100 m vom Bahnhof
22 km südöstlich von Bergamo, 28 km nordwestlich von Brescia
2 km von der Ausfahrt Palazzolo der A 4

Alloggio della Villetta

Zimmervermietung
Via Marconi, 116
Tel. (+39) 030 / 73 23 16,
(+39) 348 / 040 78 16
Fax (+39) 030 / 740 18 99
info@alloggiovilletta.com
www.alloggiovilletta.com
Ganzjährig geöffnet

Die Locanda der Familie Rossi befindet sich ganz nahe am Lago d'Iseo und eine halbe Stunde Autofahrt von den Städten Bergamo und Brescia entfernt. Das Herzstück der Osteria della Villetta, die schon als Gasthaus mit Unterkunft seit Beginn des vorigen Jahrhunderts existiert, ist ein einladendes und familiäres Gebäude mit einfachen, rustikal eingerichteten Zimmern. Das Frühstück ist traditionell mit Kaffee, Tee, Milch, Croissants und auf Wunsch auch pikanten Speisen. Sportliche Gäste wissen die Golfplätze, das Erlebnisbad Acquasplash und die Tennisplätze in Franciacorta zu schätzen sowie das Sportzentrum Sassabanek in Iseo. Naturliebhaber besuchen das Reservat Torbiere del Sebino.

♦ 1 EZ und 4 DZ, alle mit Bad und WC, TV
♦ EZ € 45, DZ € 65 (Aufpreis Zusatzbett € 10, alle mit Frühstück) ♦ Kreditkarten: Visa; Bankomat ♦ Anlage teilweise barrierefrei zugänglich, 1 Zimmer behindertengerecht ausgestattet, Privatparkplatz, kleine Haustiere willkommen, Betreiber immer erreichbar ♦ Restaurant, Frühstücks- und Leseraum, Garten

🍲 In der Osteria bekommen Sie Traditionsgerichte der Umgebung von Brescia (35 Euro ohne Wein), dazu Weine aus einem gut bestückten Keller.

Pegognaga

28 km südöstlich von Mantova
1,5 km von der Ausfahrt Pegognaga der A 22 in Richtung San Benedetto Po

Ca' Rossa

Agriturismo
Strada Provinciale Est, 6
Tel. (+39) 03 76 / 55 90 72,
(+39) 348 / 692 93 58
agriturcarossa@libero.it
www.agriturcarossa.it
Ganzjährig geöffnet

Seit 2002 führt Patrizia Lasagna diesen Agriturismo. Zu dem schön renovierten Bauernhof gehören ein großer Obstgarten – auch kleines Obst wie Johannisbeeren, Brombeeren und Himbeeren wächst hier – und ein Gemüsegarten. Die Zimmer sind schlicht und in bäuerlichem Stil eingerichtet. Ein schöner Saal mit Kamin, in dem im Winter stets ein Feuer brennt, erwartet die Gäste zum Frühstück mit Milch, Kaffee, Tee, Joghurt, Keksen, Croissants und Kuchen, Konfitüren und Fruchtsäften, alle hausgemacht. Wandern Sie zu Fuß oder fahren Sie mit vom Betrieb verliehenen Rädern in den Parco San Lorenzo, dort befinden sich drei kleine Seen und die Oasi Falconiera, eine Station zur Vogelbeobachtung. Besuchen Sie auch das etwa zehn Kilometer entfernte San Benedetto Po mit der berühmten Abtei Polirone.

♦ 4 DZ mit Bad und WC, Aircondition, TV; 1 Apartment (3 Personen) mit Kochnische ♦ DZ in Einzelbelegung € 43, DZ € 64 (Aufpreis Zusatzbett € 25, alle mit Frühstück); Apartment € 65 (Frühstück € 3 pro Person) ♦ keine Kreditkarten ♦ privater überdachter Parkplatz, kleine Haustiere willkommen, Rezeptionsdienst rund um die Uhr ♦ Frühstücksraum, Leseraum, Garten

Pegognaga

28 km südöstlich von Mantova
1 km von der Ausfahrt Pegognaga der A 22

Novecento

3-Sterne-Hotel
Via Nazario Sauro, 1
Tel. (+39) 03 76 / 55 06 35
Fax (+39) 03 76 / 55 06 34
info@hotelristorantenovecento.it
www.hotelristorantenovecento.it
Ganzjährig geöffnet

Das einstige Obstlager wurde 2003 einer sorgfältigen Renovierung unterzogen, bei der die ursprünglichen architektonischen Besonderheiten bewahrt, aber auch energiesparende Technologie installiert wurden. So ist eine angenehme, einladende Unterkunft entstanden, die Zimmer sind mit Sorgfalt eingerichtet. Inhaber Edi Mora ist für die Küche verantwortlich, er bietet Traditionelles und Kreatives zu einem Preis von rund 27 Euro ohne Wein. Seine Frau Monica empfängt die Gäste und ist stets um sie bemüht. Auf dem Frühstücksbüfett befinden sich Kaffee, Milch und Tee, Zerealien, Brot und hausgemachte Kuchen, Joghurt, frisches oder eingemachtes Obst, Käse und Wurst.

♦ 18 DZ und 2 Juniorsuiten, alle mit Bad und WC, Aircondition, Minibar, Telefon, Sat-TV, WLAN ♦ DZ in Einzelbelegung € 75, DZ € 128, Juniorsuite € 145 (Aufpreis Zusatzbett € 30, alle mit Frühstück) ♦ Kreditkarten: CartaSi, MC, Visa; Bankomat ♦ Anlage barrierefrei zugänglich, 2 Zimmer behindertengerecht ausgestattet, Privatparkplatz, Haustiere nicht erlaubt, Rezeptionsdienst täglich 18 Stunden ♦ Barbereich, Restaurant, Lese- und TV-Raum, Konferenzsaal (90 Plätze), Besprechungszimmer (15 Plätze), Garten

Perego

17 km südlich von Lecco, 27 km von Como, S.S. 342
In Perego den Hinweisschildern nach Perego Centro folgen, anschließend zum Agriturismo La Costa

La Costa

Agriturismo
Via Curone, 15
Tel. (+39) 039 / 531 22 18
Fax (+39) 039 / 531 22 51
info@la-costa.it
www.la-costa.it
Ganzjährig geöffnet

Der Parco di Montevecchia e della Valle del Curone wird wegen seiner Patriziervillen und der römischen und keltischen Fundstätten gern besucht. Hier führen die Schwestern Clara und Claudia Crippa die im Respekt gegenüber der ursprünglichen Struktur renovierten Bauernhäuser Costa, Scarpata und Galbusera Nera, sie betreuen den Anbau der Landwirtschaft, die Weinpflanzungen sowie die Weiden und Wälder. Im ersten Haus befinden sich die geräumigen, hellen und bequemen Apartments. Die Gäste bekommen hier alles Notwendige, um ein gutes Frühstück in den eigenen Räumen zu genießen. Im zweiten Haus ist von Donnerstag bis Sonntag das Restaurant mittags und abends geöffnet, hier bekommen Sie unverfälschte Mahlzeiten zu rund 35 Euro ohne Wein. Das dritte Haus Galbusera Nera ist für seine hervorragende Weinproduktion bekannt. Hier können Sie die Gerätschaften zur Weinerzeugung und ein kleines landwirtschaftliches Museum besichtigen.

♦ 8 Miniapartments mit kleinem Wohnzimmer, Kochnische, Kühlschrank, Telefon, TV, Internetanschluss ♦ DZ in Einzelbelegung € 40–50, DZ € 90–100 (alle mit Frühstück) ♦ Kreditkarten: CartaSi, MC, Visa; Bankomat ♦ 1 Miniapartment behindertengerecht ausgestattet, Privatparkplatz, Haustiere willkommen (kleine im Zimmer, größere in einer entsprechenden Anlage außerhalb), Betreiber immer erreichbar ♦ Restaurant in einem angrenzenden Haus, Leseraum, TV-Raum

Ponti sul Mincio

27 km östlich von Verona, 28 km nördlich von Mantova
10 km von der Ausfahrt Peschiera del Garda der A 4

Corte Salandini

Agriturismo
Strada della Colombara, 7
Tel. (+39) 03 76 / 881 84
Fax (+39) 03 76 / 81 31 47
info@agriturismosalandini.com
www.agriturismosalandini.com
Ferien: November–vor Ostern

Die Corte Salandini im Hinterland Mantovas ist die ideale Lösung für alle, die einen Urlaub im Zeichen absoluter Entspannung verbringen wollen. Hier können Sie spazieren gehen und Ausflüge mit vom Bauernhof zur Verfügung gestellten Fahrrädern, zu Pferd oder mit dem Boot unternehmen. Die Familie Fontana vermietet einladende helle Zimmer mit Blick auf den Hof und auf die Obstpflanzungen, Weinreihen, Getreidefelder und Tierzüchtungen. Im Freien ist es ideal für Kinder, die übrigens bis zu drei Jahren kein Aufpreis verrechnet wird, im Sommer können sie sich unbeschwert auf dem Spielplatz vergnügen. Ein Salzwasserschwimmbad mit Unterwassermassage und der Grillplatz vervollständigen das Angebot der Anlage. Das Frühstück ist traditionell, auf den Tisch kommen selbst verarbeitete Erzeugnisse des Betriebs und vieles mehr, sodass jeder Geschmack befriedigt wird.

♦ 4 DZ mit Bad und WC, Aircondition, Minibar, Schließfach, Sat-TV; 10 Apartments mit Küche ♦ DZ in Einzelbelegung € 40–50, DZ € 79–94 (alle mit Frühstück); Apartment € 35–48 (Frühstück € 7,50 pro Person) ♦ alle Kreditkarten, Bankomat ♦ Anlage barrierefrei zugänglich, 1 Apartment behindertengerecht ausgestattet, Privatparkplatz, kleine Haustiere willkommen, Betreiber immer erreichbar ♦ Frühstücksraum, Kongresssaal, Garten, Spielplatz, Schwimmbad, Whirlpool, Tischtennis

Pozzolengo
Martelosio di Sopra

28 km westlich von Verona, 33 km nördlich von Mantova, 40 km südöstlich von Brescia
5 km von der Ausfahrt Sirmione der A 4

Antica Locanda del Contrabbandiere

Bed & Breakfast
Ortsteil Martelosio di Sopra, 1
Tel. (+39) 030 / 91 81 51, (+39) 333 / 795 80 69, Fax (+39) 030 / 91 81 51
info@locandadelcontrabbandiere.com
www.locandadelcontrabbandiere.com
Ferien: 2 Wochen im Januar

Wer Stille und Entspannung sucht und gleichzeitig die Möglichkeit haben möchte, die nahen Kunststädte zu besuchen, für den ist das Bed & Breakfast von Imerio und Lorenzo Bonato in der Nähe von Sirmione und dem Gardasee zu empfehlen. Die Zimmer sind angenehm, groß und mit alten Möbeln eingerichtet. Das traditionelle Frühstück berücksichtigt die Vorlieben der Gäste, es wird im Sommer auf der Terrasse serviert. Wählen Sie zwischen hausgemachter Crostata und Kuchen, Brot mit Konfitüre aus kleinen Betrieben, lokalen Wurstwaren und vielen anderen Produkten aus der Umgebung, die mit Bedacht ausgewählt wurden. In den beiden Sälen des Restaurants im Erdgeschoss hängen Bilder aus Imerios Sammlung, denn er ist nicht nur Gourmet, sondern auch Kunstkenner.

♦ 3 DZ mit Bad und WC, Aircondition, Minibar, Sat-TV ♦ DZ in Einzelbelegung € 80, DZ € 100–120 (alle mit Frühstück) ♦ keine Kreditkarten ♦ Privatparkplatz, Haustiere nicht erlaubt, Betreiber immer erreichbar ♦ Restaurant, Terrasse

🍲 Im Restaurant bekommen Sie die typische Küche der Gegend und einige Neuinterpretationen (etwa 30 bis 35 Euro ohne Wein).

Quistello

35 km südöstlich von Mantova, S.S. 496
14 km von der Ausfahrt Pegognaga der A 22 in Richtung San Benedetto Po, S.S. 413 und 496

Villa Rovere

Zimmervermietung
Via Cantone, 60
Tel. (+39) 03 76 / 61 94 16
info@villarovere.org
www.villarovere.org
Ganzjährig geöffnet

Die Anlage der Villa Rovere zeigt den Stil der alten Herrschaftssitze des Hinterlands von Mantova: eine beeindruckende Einfahrt, ein großer, gepflegter Garten, die Decken der Räume haben freiliegende Balken und Kamine aus Marmor, die Zimmer laden zum Verweilen ein. Darüberhinaus wird eine einfache, traditionelle Küche mit Menüs für etwa 25 Euro ohne Wein geboten. Im Sommer entspannen sich die Gäste am Schwimmbecken im Freien und frühstücken auf der Veranda bei Milch, Kaffee, Tee, Joghurt, Fruchtsäften, Kuchen, Brot, Käse und Wurstwaren. In der Umgebung laden das Museo Gorni und die Pinacoteca comunale in Quistello zu einem Besuch ein. Mit den von der Villa verliehenen Fahrrädern kann man die Dämme des Flusses Secchia erkunden.

♦ 4 DZ und 1 4BZ, alle mit Bad und WC, Aircondition, TV ♦ DZ in Einzelbelegung € 60, DZ € 100, 4BZ € 120 (alle mit Frühstück) ♦ Kreditkarten: CartaSi, MC, Visa; Bankomat ♦ Anlage barrierefrei zugänglich, Privatparkplatz, kleine Haustiere willkommen, Rezeptionsdienst rund um die Uhr ♦ Bar, Restaurant, Lese- und TV-Raum, Garten, Veranda, Schwimmbecken

Rezzato

8 km östlich von Brescia
Ausfahrt Brescia Est der A 4, Superstrada in Richtung Salò, nach 3 km Ausfahrt Mazzano-Rezzato

La Pina

3-Sterne-Hotel
Via Garibaldi, 98
Tel. (+39) 030 / 259 14 43
Fax (+39) 030 / 259 19 37
info@lapina.it
www.lapina.it
Ganzjährig geöffnet

Giuseppina Merlo gründete dieses nach ihr benannte Hotel mit Restaurant im Jahr 1949. Die aktuellen Inhaber, die Familien Abruzzese und Franzoni, haben es 1995 übernommen und so revitalisiert, dass Touristen und Geschäftsleuten ein angenehmer Aufenthalt sicher ist. Die Zimmer, einige mit Balkon, sind modern und gepflegt. Auf dem Frühstücksbüfett finden die Gäste Joghurt, Zerealien, traditionell gemachte Kuchen, Croissants, Kaffee in klassischen Zubereitungsarten, Fruchtsäfte und auf Wunsch Pikantes. Das Restaurant ist abends geöffnet, nicht nur für Hausgäste. Es bietet mediterrane Rezepte der Umgebung zu einem Preis von 25 bis 30 Euro ohne Wein. Im Ort gibt es Tennis- und Bocciaplätze sowie ein Schwimmbad. Wer sich weiter weg bewegt, findet in zehn Kilometern Entfernung in Carzago di Calvagese die wunderbar gepflegten Golfplätze der Hotelanlage Palazzo Arzaga. Brescia ist nicht weit entfernt und der Gardasee in einer halben Stunde erreichbar.

♦ 6 EZ, 11 DZ und 4 3BZ, alle mit Bad und WC, Aircondition, Minibar, Sat-TV, Internetanschluss (einige Zimmer mit Balkon) ♦ EZ € 55–70, DZ € 75–90, 3BZ € 85–95 (alle mit Frühstück) ♦ alle Kreditkarten, Bankomat ♦ Anlage barrierefrei zugänglich, 1 Zimmer behindertengerecht ausgestattet, Privatparkplatz, Haustiere nicht erlaubt, Rezeptionsdienst 6.45–24 Uhr ♦ Bar, Restaurant, Lese- und TV-Raum, Konferenzraum (40 Plätze), Garten, Terrasse

Rovescala
Luzzano

38 km südöstlich von Pavia
15 km von der Ausfahrt Castel San Giovanni oder 20 km von der Ausfahrt Broni-Stradella der A 21

Castello di Luzzano

Agriturismo
Ortsteil Luzzano, 5
Tel. (+39) 05 23 / 86 32 77
Fax (+39) 05 23 / 86 59 09
info@castelloluzzano.it
www.castelloluzzano.it
Ganzjährig geöffnet

Der Landwirtschaftsbetrieb befindet sich zwischen den Hügeln des Oltrepò Pavese und den Colli Piacentini. Auf dem etwa 90 Hektar großen Gut (davon 37 Hektar mit Wein bepflanzt) befinden sich die schöne Unterkunft und das Restaurant in einem entsprechend renovierten Herrschaftshaus und den angrenzenden Bauernhäusern. Im Weinbau werden moderne Techniken eingesetzt und so entsteht ein ausgezeichneter Rotwein, der, wie auch die Küche, den Einfluss zweier Kulturen widerspiegelt, nämlich jener der Provinzen von Pavia und Piacenza. Im Hofladen können Sie die Produkte aus eigener Erzeugung kaufen. Die Zimmer sind gepflegt und geschmackvoll eingerichtet, das Frühstück wählen Sie an einem Büfett mit Zerealien, Konfitüren und hausgemachten Kuchen. Im Restaurant werden Mahlzeiten nach lokalen Rezepten zubereitet, die Sie für etwa 30 Euro ohne Wein kennenlernen können. In den Eingangsräumen zum alten Keller wurde ein Museum für die Geschichte von Luzzano eingerichtet, durch das die Schwestern Maria Giulia und Giovannella Fugazza führen.

♦ 2 DZ und 2 Miniapartments (2 Personen), alle mit Bad und WC, TV ♦ DZ in Einzelbelegung € 85, DZ € 95 (Aufpreis Zusatzbett € 30, alle mit Frühstück); Miniapartment € 90–105 (Frühstück € 10 pro Person) ♦ Kreditkarten: AE, CartaSi, MC, Visa; Bankomat ♦ Privatparkplatz, Haustiere willkommen (in den Miniapartments € 5 pro Tag) ♦ Restaurant, Veranda

San Benedetto Po
San Siro

6 km vom Zentrum; 30 km südöstlich von Mantova, S.S. 413; Ausfahrt Pegognaga der A 22 in Richtung San Benedetto Po, S.P. 49 und 413; Ausfahrt Mantova Sud der A 22 in Richtung San Benedetto Po

Corte Bertoia

Agriturismo
Strada Bertoia, 4
Tel./Fax (+39) 03 76 / 61 20 12,
(+39) 328 / 416 10 38,
(+39) 340 / 483 05 23
cortebertoia@libero.it
www.cortebertoia.it
Ferien: Januar, Februar

Hier werden die Gäste auf einem für die Gegend des Oltrepò Mantovano typischen, mit Sorgfalt renovierten Gehöft willkommen geheißen. Drei große Zimmer – in zweien kann man ein zusätzliches Bett in die Mansarde stellen – befinden sich in einem unabhängig zu betretenden Stockwerk, drei weitere liegen in der aus der Mitte des 19. Jahrhunderts stammenden ehemaligen Käserei des Betriebs. Signora Valeria serviert im großen Salon das Frühstück mit unverfälschten Produkten: Brot, hausgemachte Konfitüren und Kuchen, Butter aus einer nach traditionellen Methoden arbeitenden nahen Käserei, Eier, lokale Wurstwaren und Käse, auf Wunsch auch Diätprodukte und glutenfreie Speisen. Für Ausflüge in die Umgebung stellt der Betrieb Fahrräder zur Verfügung, so können Sie hübsche kleine Kirchen entdecken oder der nahen Benediktinerabtei von Polirone einen Besuch abstatten.

♦ 6 DZ mit Bad und WC, Kühlschrank und TV (1 Zimmer mit Lesebereich und Balkon) ♦ DZ in Einzelbelegung € 50, DZ € 65–70 (Aufpreis Zusatzbett € 20, alle mit Frühstück) ♦ Kreditkarten: CartaSi, MC, Visa; Bankomat ♦ Privatparkplatz im Freien und überdacht, Haustiere nicht erlaubt, Betreiber stets anwesend ♦ Frühstücksraum, Lesezimmer, Garten

San Benedetto Po

22 km südöstlich von Mantova, S.S. 413
Ausfahrt Pegognaga der A 22 in Richtung San Benedetto Po; Ausfahrt Mantova Sud der A 22 in Richtung San Benedetto Po-Quistello

Corte Medaglie d'Oro *NEU*

Agriturismo
Via Argine Secchia, 63
Tel. (+39) 03 76 / 61 88 02, (+39) 335 / 587 95 95, (+39) 338 / 140 18 56
Fax (+39) 03 76 / 61 88 02
cobellini.claudio@virgilio.it
www.cortemedagliedoro.it
Ferien: 2 Wochen im Januar

Claudio und Claudia Cobellini führen den Agriturismo auf dem Gelände des Parco delle Golene Foce Secchia. Hier ist ein Aufenthalt in Kontakt mit der Natur und den Hof- und Waldtieren garantiert. Die gemütlichen Zimmer sind mit Möbeln aus den 1930er Jahren und Familienbildern eingerichtet, der äußerst angenehme Leseraum bietet eine kleine Bibliothek. Das Frühstück beinhaltet Milch und Kaffee, hausgemachten Kuchen, biologische Konfitüre und Honig sowie Joghurt. Im Restaurant lernt man die lokale Küche zu einem Preis von rund 25 Euro kennen. Die Gäste können sich in der Kunst des Bogenschießens üben, mit der Axt arbeiten oder die Umgebung mit den Fahrrädern des Agriturismo erkunden, während die Kinder im Bambuswald und mit den jungen Ziegen spielen. Claudio begleitet Sie gern in der Anlage und zeigt Ihnen historische Obstbäume, Eichen und jahrhundertealte Maulbeerbäume, mit Claudia können Sie Yoga betreiben.

♦ 2 DZ, 1 3BZ und 1 4BZ, alle mit Bad und WC, TV (auf Anfrage), WLAN (1 Zimmer mit Aircondition) ♦ DZ in Einzelbelegung € 40, DZ € 64 (Aufpreis Zusatzbett € 25), 3BZ € 90, 4BZ € 110 (alle mit Frühstück) ♦ keine Kreditkarten ♦ Anlage teilweise barrierefrei zugänglich, Privatparkplatz im Freien und überdacht, kleine Haustiere willkommen, Betreiber immer erreichbar ♦ Restaurant, Leseraum, Konferenzzimmer, Park

San Giorgio di Mantova

3 km nordöstlich von Mantova
100 Meter von der Ausfahrt Mantova Nord der A 22
Autobus von und nach Mantova

Locanda dell'Opera

Zimmervermietung
Via Bachelet, 12
Tel. (+39) 03 76 / 37 14 14, (+39) 339 / 315 04 94
locandadellopera@libero.it
www.locandadellopera.it
Ganzjährig geöffnet

Diese familiär geführte Locanda befindet sich in günstiger Lage für Besuche Veronas und des Gardasees, auch liegt es nur ein paar Minuten von der Altstadt Mantovas entfernt. Das PalaBam, eine neue Anlage für Sportevents, Konzerte, Theateraufführungen und Messen können Sie leicht mit dem Fahrrad oder dem Autobus erreichen. Das Gebäude, in dem sich die Zimmer befinden, ist vier Jahre alt und von einem schattenspendenden Garten mit vielen Blumen umgeben. Das Frühstück können Sie im Sommer auf der Terrasse einnehmen, es ist traditionell und bietet Kaffee, Tee, Milch, hausgemachte Crostata und Kuchen mit selbst gemachter Konfitüre, Joghurt, frisches Obst, auf Nachfrage bekommen Sie auch lokale Wurstwaren und Käse. Für Kinder unter zehn Jahren kostet ein Zusatzbett nur zehn Euro.

♦ 6 DZ mit Bad und WC, Aircondition, TV ♦ DZ in Einzelbelegung € 50, DZ € 80 (Aufpreis Zusatzbett € 20, alle mit Frühstück) ♦ alle Kreditkarten, Bankomat ♦ Privatparkplatz im Freien und Garage gegenüber, kleine Haustiere willkommen, Betreiber immer erreichbar ♦ Frühstücksraum, Garten, Terrasse

San Giuliano Milanese

11 km südöstlich von Mailand
3 km von der Ausfahrt Melegnano der A 1

Cascina Santa Brera *NEU*

Agriturismo
Via Cascina Santa Brera
Tel./Fax (+39) 02 / 983 87 52
info@cascinasantabrera.it
www.cascinasantabrera.it
Ganzjährig geöffnet

Im Herzen des Parco Agricolo Sud Milano liegt ein altes Bauernhaus, reich an Geschichte, das nach den Prinzipien und mit den Materialien der biologischen Bauweise renoviert wurde. Es steht inmitten von 25 Hektar geschütztem Land, auf dem Bioanbau betrieben wird. Hier, am Rand von Mailand, findet intensive Landwirtschaft statt, Honig, Eier, Obst und Gemüse werden ab Hof verkauft. Die gemütlichen Zimmer sind in bäuerlichem Stil eingerichtet. Das Frühstück ist reichhaltig und unverfälscht, die Gäste bekommen hausgemachtes Brot und Bio-Konfitüren, Kekse, selbst erzeugten Honig und auf Wunsch Eier und biologische Wurstwaren aus eigenem Betrieb. Unter den breiten Arkaden finden im Sommer üppige Grillfeste für die Gäste statt.

♦ 24 DZ, 1 3BZ und 10 Miniapartments (9 Einzimmerapartments und 1 Zweizimmerapartment für 4 Personen), alle mit Bad und WC, Balkon, TV, WLAN ♦ DZ in Einzelbelegung € 60, DZ € 75–90, 3BZ € 90, Miniapartments € 80–120 (alle mit Frühstück) ♦ keine Kreditkarten ♦ Anlage teilweise barrierefrei zugänglich, Parkplatz im Freien, kleine Haustiere willkommen, Betreiber stets anwesend ♦ Frühstücksraum, Konferenzsaal (50–80 Personen), Garten, Tischtennis, Arkaden

Sirmione
Rovizza

40 km westlich von Verona, 43 km östlich von Brescia
4 km von der Ausfahrt Sirmione der A 4, S.S. 11

La Cascina *NEU*

Agriturismo
Via Rovizza Vecchia, 19
Tel./Fax (+39) 030 / 990 67 43
www.agriturismolacascina.it
Ganzjährig geöffnet

Nicla und Adriano Lorenzet betreiben diesen kleinen Agriturismo in einem Bauernhaus aus dem 18. Jahrhundert, der im Hinterland Sirmiones an der Grenze zur Provinz Verona liegt. Der einladende Speisesaal im Erdgeschoss wird im Winter von einem Kamin erwärmt. Die komfortablen Zimmer – in rustikalem Stil und mit schmiedeeisernen Betten eingerichtet – befinden sich im oberen Stockwerk, in der einstigen, wunderbar revitalisierten Scheune. Ein traditionelles Frühstück bietet frische Produkte und hausgemachte Kuchen. Vervollständigt wird das Ganze von einem Restaurant, das den Gästen und ihren Freunden eine gepflegte Küche mit lokalen Rezepten zu rund 20 Euro inklusive Wein des Betriebs (Lugana DOC und Rosso Riviera DOC) bietet. Besuchen Sie Sirmione, Desenzano, Salò und Peschiera del Garda, alle Orte sind in wenigen Minuten mit dem Auto erreichbar oder mit den Fahrädern, die der Agriturismo zur Verfügung stellt. Außerdem gibt es in der Umgebung Landstraßen ohne Autoverkehr, die zum Joggen einladen.

♦ 4 DZ mit Bad und WC, Aircondition, TV (2 Zimmer mit Balkon) ♦ DZ in Einzelbelegung € 70–100, DZ € 70–100 (alle mit Frühstück) ♦ keine Kreditkarten ♦ Privatparkplatz, kleine Haustiere willkommen, Betreiber immer erreichbar ♦ Restaurant nur für Hausgäste, Lese- und TV-Raum, Garten

Sirmione

In der Altstadt
36 km westlich von Verona, 40 km östlich von Brescia
Ausfahrt Sirmione der A 4

Marconi

3-Sterne-Hotel
Via Vittorio Emanuele, 51
Tel. (+39) 030 / 91 60 07,
(+39) 030 / 919 75 74
Fax (+39) 030 / 91 65 87
info@hotelmarconi.net
www.hotelmarconi.net
Ferien: Dezember, Januar, Februar

Das Hotel der Familie Visani liegt bestens in der für den Autoverkehr gesperrten Altstadt (die Gäste bekommen eine Durchfahrterlaubnis). Es bietet einen Urlaub in absoluter Ruhe und gleichzeitig die Möglichkeit zu Ausflügen an den See, zu den Thermalquellen von Sirmione, zur Villa von Catull, in den Landschaftspark Sigurtà di Valeggio sul Mincio in der Provinz Verona und vieles mehr. Das Ambiente ist angenehm einfach und familiär, im Sommer genießen Sie den gepflegten, am See hin gelegenen Garten. Patron Giampaolo ist unter anderem ein großartiger Zuckerbäcker, auf dem Frühstücksbüfett sind daher viele verführerische Süßspeisen angerichtet. Die familiäre Küche ist einfach, aber gepflegt, eine Mahlzeit ohne Wein kostet 15 bis 20 Euro.

♦ 5 EZ und 18 DZ, alle mit Bad und WC, Balkon, Aircondition, Safe, Telefon, Sat-TV, Internetanschluss (einige Zimmer mit Minibar) ♦ EZ € 36–65, DZ € 62–115 (Aufpreis Zusatzbett € 20–30, alle mit Frühstück) ♦ alle Kreditkarten, Bankomat ♦ Privatparkplatz, kleine Haustiere willkommen, Rezeptionsdienst rund um die Uhr ♦ Bar, Restaurant (nur für Hausgäste), Garten, Sonnenterrasse, Terrasse, private Anlegestelle für Boote

Solferino
Sorgive
5 km vom Zentrum
30 km südöstlich von Brescia, 35 km nordwestlich von Mantova; Ausfahrt Desenzano del Garda der A 4, S.S. 567 bis Castiglione delle Stiviere

Le Dorgive-Le Volpi

Agriturismo
Via Piridello, 6
Tel. (+39) 03 76 / 85 42 52
Fax (+39) 03 76 / 85 52 56
info@lesorgive.it
www.lesorgive.it
Ganzjährig geöffnet

Vittorio Serenelli und seine Schwester Anna führen diesen umweltfreundlich arbeitenden landwirtschaftlichen Betrieb unter Nutzung erneuerbarer Energiequellen. Hier erzeugen sie zertifizierte Bioprodukte. Im ersten der beiden Bauernhäuser befinden sich die ruhigen, einladenden Zimmer, im zweiten die Bar und das Restaurant, in dem es der Umgebung verbundene Küche gibt (eine Mahlzeit ohne Wein kostet 20 bis 30 Euro). Die Gebäude befinden sich auf einem weitläufigen Landgut, auf dem vor allem Obst, Gemüse und Kräuter angebaut sowie kleine Hoftiere gezüchtet werden. Außerdem ist der Betrieb auf Imkerei spezialisiert. Die Gäste können die Pferde des hofeigenen Stalls reiten. Auf dem Frühstücksbüfett finden Sie neben heißen Getränken die Produkte der Landwirtschaft, die Sie auch kaufen können: Fruchtsäfte, Honig, Konfitüren, Torten und auf Anfrage Pikantes.

♦ 8 DZ, 3BZ oder 4BZ, alle mit Bad und WC, Telefon, TV ♦ DZ in Einzelbelegung € 55–65, DZ € 80–105 (Aufpreis Zusatzbett € 13–23, alle mit Frühstück) ♦ alle Kreditkarten, Bankomat ♦ Anlage barrierefrei zugänglich, Privatparkplatz, kleine Haustiere willkommen, Betreiber immer erreichbar ♦ Restaurant, Frühstücksraum, Garten, Schwimmbecken, Fitnessraum, Mountainbikestrecken, kleine Fußballwiese, Tischtennis, Bogenschießen

Sotto Il Monte Giovanni XXIII

16 km westlich von Bergamo, 30 km von Como und Bellagio
Ausfahrt Capriate der A 4 in Richtung Suisio, weiter in Richtung Calusco

Casa Clelia

Agriturismo
Via Corna, 1–3
Tel. (+39) 035 / 79 91 33
Fax (+39) 035 / 79 17 88
info@casaclelia.com
www.casaclelia.com
Ganzjährig geöffnet

Das Herrschaftshaus, in dem sich die Zimmer befinden, ist umgeben von Obst- und Gemüsefeldern, Scheunen und Ställen. Es wurde nach Kriterien der Bioarchitektur und unter Verwendung von umweltverträglichen Materialien renoviert. Hier herrscht ein vollkommen entspannendes Ambiente, das zu angenehmen Ausflügen in die Umgebung, zu Fuß oder auf dem Rücken der Pferde, einlädt. Die Zimmer sind verschieden groß und in unterschiedlichen Farben gestaltet, einladend sind sie alle. Es gibt gutes Essen (Degustationsmenü für 22 Euro ohne Wein) aus den Produkten des Bauernhofs, die Sie auch kaufen können. Mehr als reichhaltig ist das Frühstück mit Brot und hausgemachten Konfitüren, selbst gemachten Muffins und Kuchen, Tee, Milch, Kaffee und auf Wunsch Wurstwaren, Käse und Eiern. Nicht weit entfernt befinden sich gepflegte Golfplätze und der Naturpark Le Cornelle.

♦ 7 DZ und 3 Suiten, alle mit Bad und WC, TV, WLAN (einige Zimmer mit Balkon) ♦ DZ in Einzelbelegung € 55–70, DZ € 95, Suite (2–3 Personen) € 105–120 (Aufpreis Zusatzbett für Kinder über 3 Jahren € 20, alle mit Frühstück) ♦ Kreditkarten: CartaSi, MC, Visa; Bankomat ♦ Anlage barrierefrei zugänglich, Privatparkplatz angrenzend, kleine Haustiere willkommen (nach Absprache, € 5 pro Tag), Rezeptionsdienst rund um die Uhr ♦ Restaurant, Frühstücksraum, 2 Seminarräume (40 und 60 Plätze), Gartenhaus, Kinderspielplatz

Stagno Lombardo

10 km südöstlich von Cremona, S.P. 59
Von Cremona über Giuseppina in Richtung Parma, dann Pieve d'Olmi

Lago Scuro

Bed & Breakfast
Via Pagliari, 54
Tel./Fax (+39) 03 72 / 574 87
lagscuro@tin.it
www.lagoscuro.net
Ganzjährig geöffnet

Paola Quaini und Fabio Grasselli führen etwa zehn Kilometer von Cremona entfernt diesen Agriturismo inmitten der fruchtbaren lombardischen Landschaft. Hinter dem Bauernhaus beginnt ein sehr großer Park mit vielen Eichen, Haselnusssträuchern und Magnolien, der zu erholsamen Ausflügen zu Fuß und auf dem Fahrrad einlädt. Der Namensstifter für das Bed & Breakfast (»dunkler See«) ist der schöne kleine See in diesem Park. Die Atmosphäre ist herzlich und familiär, die komfortablen Zimmer mit Stilmöbeln laden zum Verweilen ein. Von Frühling bis Herbst stehen auf den Weiden italienische Braunviehrinder. Deren Milch wird in der kleinen Käserei in der ehemaligen Melkstelle zu ausgezeichnetem zertifiziertem Biokäse verarbeitet, den Sie auch kaufen können. Auf Wunsch können Sie ihn zum Frühstück probieren, gemeinsam mit guten lokalen Wurstwaren und mit Konfitüren, hausgemachten Torten, heißen Getränken und Säften. In der Kapelle des Anwesens finden oft Literaturabende oder Konzerte für die Gäste statt.

♦ 2 DZ und 1 3BZ, alle mit Bad und WC, gemeinsamem Balkon ♦ DZ in Einzelbelegung € 40, DZ € 60, 3BZ € 75–85 (alle mit Frühstück) ♦ keine Kreditkarten ♦ Privatparkplatz, kleine Haustiere willkommen, Betreiber stets anwesend ♦ Frühstücksraum, Lesezimmer, Park

Sustinente

22 km südöstlich von Mantova, S.S. 482
8 km von der Ausfahrt Mantova Sud der A 22,
S.P. 413 in Richtung Ostiglia

Ca' Guerriera

Agriturismo
Via Martini, 91
Tel. (+39) 03 86 / 43 73 43
Fax (+39) 03 86 / 43 73 42
infocaguerriera@corterestara.com
www.caguerriera.com
Ganzjährig geöffnet

Diese einladende Unterkunft befindet sich im Gutshof der Anlage des landwirtschaftlichen Betriebs Corte Restara. Früher waren hier die Landarbeiter untergebracht, nun wurde das Gebäude mit Sorgfalt unter Aufsicht der Tochter von Inhaber Marchese Odoardo Guerrieri Gonzaga, einer Architektin, renoviert. Die Böden in den mit schönen alten Möbeln eingerichteten Zimmern sind aus rotem Stein. Als Frühstück sind frisches Obst des eigenen Betriebs, Kekse, Kuchen, Fruchtsäfte, Milch, Tee und Kaffee vorgesehen. Den Gästen stehen ein großes Schwimmbecken im Freien zur Verfügung, ein Volleyballfeld, ein Tischtennisbereich, Einrichtungen für Kinder und Fahrräder für Ausflüge in die Umgebung. Eine Vereinbarung mit dem angrenzenden Restaurant, das im beeindruckenden Stall eingerichtet wurde, gibt den Gästen des Agriturismo die Möglichkeit zur Halbpension.

♦ 10 DZ und 2 3BZ, alle mit Bad und WC, Aircondition, Telefon, Sat-TV, WLAN ♦ DZ in Einzelbelegung € 55, DZ € 90, 3BZ € 128 (Aufpreis Zusatzbett € 25, alle mit Frühstück) ♦ Kreditkarten: CartaSi, MC, Visa; Bankomat ♦ Anlage barrierefrei zugänglich, 1 Zimmer behindertengerecht ausgestattet, Privatparkplatz, kleine Haustiere willkommen (nicht in den Zimmern), Rezeptionsdienst rund um die Uhr ♦ Salon, Konferenzsaal (180 Plätze), Ausstellungsraum, Garten, Kinderspielplatz, Schwimmbecken

Toscolano Maderno
Maderno

39 km nordöstlich von Brescia, S.S. 45 bis
30 km von der Ausfahrt Desenzano del Garda der A 4

San Marco

3-Sterne-Hotel
Piazza San Marco, 5
Tel. (+39) 03 65 / 64 11 03
Fax (+39) 03 65 / 54 05 92
info@hsmarco.com
www.hsmarco.com
Ferien: Anfang November–Mitte Dezember

Das Gebäude stammt aus dem 19. Jahrhundert. 1945 wurde es von der Familie Gabardi, Hotelbetreiber seit drei Generationen, bestmöglich zugunsten der Bedürfnisse und Wünsche der Gäste renoviert. Die Zimmer sind schlicht und modern eingerichtet, angenehm und komfortabel. Das Frühstücksbüfett bietet Brot mit Butter und Honig oder Konfitüre, Kuchen, Croissants, Focaccia, Wurstwaren und Käse, heiße Getränke und Säfte. Im Restaurant bekommen Sie Gerichte aus Produkten zertifizierten Ursprungs inklusive Wein zu Preisen zwischen 15 und 40 Euro. Das Hotel eignet sich als Ausgangspunkt für Ausflüge in die Umgebung und viele andere sportliche Aktivitäten: Fischen, Reiten, Rafting, Tennis, Golf. Nur 200 Meter entfernt liegt ein Strand mit Infrastruktur.

♦ 20 DZ mit Bad und WC, Telefon, Sat-TV (einige Zimmer mit Balkon) ♦ DZ in Einzelbelegung € 35–50, DZ € 70–90 (alle mit Frühstück) ♦ Kreditkarten: CartaSi, DC, MC, Visa; Bankomat ♦ Anlage barrierefrei zugänglich, Parkplatz gegenüber und 20 Meter vom Eingang entfernt (5 Plätze kostenlos), kleine Haustiere willkommen, Betreiber stets anwesend ♦ Bar, Restaurant, Lese- und TV-Raum, Veranda

Varese

Am nördlichen Stadtrand, 600 m von der Piazza Beccaria, in der Nähe der Villa Ponti

Art Hotel Varese

4-Sterne-Hotel
Via Bertini, 3/Viale Aguggiari, 26
Tel. (+39) 03 32 / 21 40 00
Fax (+39) 03 32 / 23 95 53
info@arthotelvarese.it
www.arthotelvarese.it
Ganzjährig geöffnet

Dieses leicht erreichbare Hotel präsentiert sich als alte Villa mitten im Grünen, sie wurde in Hinblick auf die Bedürfnisse der Gäste renoviert und bietet jeden Komfort. Überall ist die herzliche und gastliche Atmosphäre spürbar: schon in der Eingangshalle mit WLAN, im Lesebreich, in der Winebar und natürlich in den großen, praktischen Zimmern mit Stilmöbeln. Auf dem Frühstücksbüfett warten Torten, Kekse, Konfitüren, Fruchtsäfte, Obstsalat, Käse, Eier und Wurstwaren. Ausgezeichnet ist auch die Küche des Restaurants (eine Mahlzeit ohne Wein kostet rund 35 Euro). Überdies gibt es einen gepflegten Garten und einen schönen Versammlungsraum, der an Feiertagen für Ausstellungen genutzt wird. Besuchen Sie die historischen Villen von Varese und ihre wunderschönen Gärten, die Basilika San Vittore und das Taufbecken von San Giovanni.

♦ 24 DZ und 2 3BZ, alle mit Bad und WC, Aircondition, Minibar, Safe, Telefon, Sat-TV (2 Suiten mit Kochgelegenheit) ♦ DZ in Einzelbelegung € 95, DZ € 115, 3BZ € 135, Suite € 120 (alle mit Frühstück) ♦ Kreditkarten: CartaSi, MC, Visa; Bankomat ♦ Anlage barrierefrei zugänglich, Privatparkplatz im Freien und überdacht, kleine Haustiere willkommen, Rezeptionsdienst rund um die Uhr ♦ Bar, Leseraum, Versammlungsraum, Garten

Vergiate
Corgeno

18 km südwestlich von Varese
Ausfahrt Vergiate-Sesto Calende der A26, S.S. 629 in Richtung Laveno, bei der ersten Ampel rechts

La Cinzianella

3-Sterne-Hotel
Via Lago, 26
Tel. (+39) 03 31 / 94 63 37
Fax (+39) 03 31 / 94 88 90
info@lacinzianella.it
www.lacinzianella.it
Ferien: Januar

Im ruhigen Hotel der Familie Gnocchi blicken alle gemütlichen, mit Stilmöbeln eingerichteten Zimmer auf den Lago di Comabbio. Nicht weit entfernt sind auch der Lago Maggiore, die Seen von Varese und von Monate, alles gut besuchte Urlaubsorte. Das Kloster Santa Caterina, Stresa, die Borromäischen Inseln und die Schlösser von Cannero laden zu einem Besuch ein. Das Frühstück wird nach den Wünschen der Gäste zubereitet, sie haben große Auswahl zwischen Süßem und Pikantem: Kaffee, Tee, Milch, Obst, hausgemachte Kuchen und Konfitüren, Aufschnitt, Eier und Käse. Im Restaurant gibt es ein Degustationsmenü für 45 bis 50 Euro ohne Wein. Es besteht die Möglichkeit zum Windsurfen, Kanufahren, Reiten oder nur zehn Kilometer entfernt Golf zu spielen.

♦ 2 EZ, 5 DZ und 3 3BZ, alle mit Bad und WC, Balkon, Aircondition, Minibar, Telefon, Sat-TV ♦ DZ in Einzelbelegung € 65–75, DZ € 90–100, 3BZ € 130–140 (alle mit Frühstück) ♦ alle Kreditkarten, Bankomat ♦ Anlage barrierefrei zugänglich, Privatparkplatz, kleine Haustiere willkommen (größere Haustiere € 10 pro Tag), Betreiber immer erreichbar ♦ Bar (nur für Hausgäste), Restaurant, TV-Raum, Terrasse, Sonnenterrasse

Virgilio
Pietole

4 km südlich von Mantova, S.P. 413
Ausfahrt Mantova Sud der A 22, S.P. 413 in Richtung Mantova

Corte Virgiliana

Agriturismo
Via Virgiliana, 13
Tel. (+39) 03 76 / 44 80 09,
(+39) 328 / 426 92-3(7/8/9)
Fax (+39) 03 76 / 28 24 83
info@cortevirgiliana.it
www.cortevirgiliana.it
Ganzjährig geöffnet

Der Agriturismo liegt im historisch bedeutsamen Ortsteil Pietole, hier wurde nämlich der lateinische Dichter Publius Virgilius Marone, bekannt als Vergil, geboren. Die Lage im Parco del Mincio – wo Sie das Naturschutzgebiet Riserva Naturale della Vallazza besuchen sollten – garantiert einen Aufenthalt in totaler Ruhe, schließt aber die Möglichkeit eines Besuchs der Altstadt von Mantova (auch mit dem Fahrrad) nicht aus. Im Betrieb werden Getreide angebaut, Tiere gezüchtet und die Erzeugnisse des Hofes verkauft: Grana Padano, Fleisch, Konfitüren und eingemachte Senffrüchte. Die Zimmer sind elegant, groß und mit alten Möbeln eingerichtet. Das Frühstück wird im Zimmer eingenommen, die Gäste verfügen über Tee oder Kaffee, Konfitüre, Butter und Joghurt aus dem eigenen Betrieb und bekommen am Morgen frisches Brot und Milch von Kühen des Bauernhofs. Unternehmen Sie einen interessanten Ausflug in die Umgebung zu Fuß, mit dem Fahrrad oder zu Pferd.

♦ 1 Einzimmerapartment und 5 Zweizimmerapartments, alle mit Bad und WC, Küchenbenutzung, Kühlschrank ♦ DZ in Einzelbelegung € 50, DZ € 80, 3BZ € 100, 4BZ € 110 (alle mit Frühstück) ♦ keine Kreditkarten ♦ Anlage barrierefrei zugänglich, Privatparkplatz, kleine Haustiere willkommen, Betreiber immer erreichbar ♦ Garten, Spielplatz, kleine Fußballwiese

Zanica

7 km südlich von Bergamo
Ausfahrt Bergamo der A 4 in Richtung Crema

Cascina Buona Speranza

NEU

Agriturismo
Via Pradone, 17
Tel./Fax (+39) 035 / 67 13 01
info@cascinabuonasperanza.it
www.cascinabuonasperanza.it
Ganzjährig geöffnet

Unweit des Zentrums von Bergamo und doch schon auf dem Land liegt inmitten von Feldern der schöne Gutshof der Familie Nosari, wo Sie einen Urlaub verbringen und die lokale Küche kennenlernen können. Sara und Chiara führen mit Mutter Natalina den Betrieb. Die Zimmer sind groß und hell, rustikal und mit einigen Stilmöbeln eingerichtet. Der Preis für ein Essen ohne Wein im Restaurant liegt bei 20 Euro für die Hausgäste (ansonsten 27 Euro gegen Vorbestellung). Das traditionelle Frühstück besteht aus Brot, Butter und Honig oder Konfitüre, Keksen, hausgemachter Crostata und Kuchen, Focaccia, Wurstwaren und Käse, alles aus eigener Erzeugung und biologisch. Für Kinder werden viele lehrreiche Aktivitäten mit Tieren, im Gemüsegarten und auf den Feldern veranstaltet.

♦ 3 DZ mit Bad und WC, TV; 2 Miniapartments (5 Personen) mit Kochnische und Kühlschrank ♦ EZ € 50, DZ € 60 (Aufpreis Zusatzbett € 10, alle mit Frühstück); Miniapartment € 85–95 (Frühstück € 4 pro Person) ♦ keine Kreditkarten ♦ Anlage teilweise barrierefrei zugänglich, Privatparkplatz, kleine Haustiere willkommen (nach Absprache), Betreiber immer erreichbar ♦ Restaurant, Tenne, Terrasse

Baselga di Piné

18 km nordöstlich von Trient
Ausfahrt Trento Centro der A 22, S.S. 47 »Valsugana« in Richtung Padua, nach 8 km in Mochena Abzweigung nach Altopiano di Pinè

Due Camini

3-Sterne-Hotel
Via XXVI Maggio, 65
Tel. (+39) 04 61 / 55 72 00
Fax (+39) 04 61 / 55 88 33
info@albergo2camini.com
www.albergo2camini.com
Ferien: Ende Oktober–Mitte November

In diesem Berghotel mit großem offenem Kamin in der Halle befinden sich die Gästezimmer fast alle in der Mansarde und verfügen über Holzbalkendecken und maßgefertigtes Holzinterieur, einschließlich Dielenböden. Die Pflege und Achtung der Traditionen hat zu einer besonderen Sorgfalt geführt, was die Vorhänge im Tiroler Stil und die Drucke an den Wänden erklärt. Inhaberin Franca Merz kümmert sich persönlich um alle Belange des Hauses, auch um die Zubereitung des Frühstücks: viel frisches Obst, Joghurt, Früchte in Sirup, feine Konfitüren, einheimische Wurst- und Käsesorten (Kenner werden den Vezzena zu schätzen wissen). Halbpension kostet 55 bis 78 Euro pro Person. Der nahe Wald lädt zum Pilzesuchen ein, das neue Olympiastadion zum Schlittschuhlaufen.

Bleggio Superiore
Cavrasto

2 km vom Zentrum
32 km südwestlich von Trient
Ausfahrt Trento Centro der A 22, S.S. 45 bis und S.S. 237

Maso alle Rose

NEU

Agriturismo
Ortsteil Al Canal, 1
Tel. (+39) 04 65 / 77 97 80,
(+39) 333 /388 08 65
Fax (+39) 04 65 / 77 97 80
diego@masoparadiso.com
www.masoallerose.com
Ganzjährig geöffnet

Der von der Familie Pederzolli betriebene Bioferienhof befindet sich in 800 Meter Seehöhe im Ortsteil Cavrasto, knapp zwei Kilometer von Bleggio Superiore: Der Hauptort gilt als eine der schönsten Kleinstädte Italiens und gehört deshalb auch dem Verband »Borghi più belli d'Italia« an. Das mit hochwärmeisolierenden und umweltschonenden Techniken errichtete Haus verfügt über großzügige, individuell gestaltete Zimmer. Jedes ist in einer bestimmten Farbe gehalten und nach einer von sechs Rosensorten benannt: Miss Paris, Anastesia, Brenda, Belle Epoque, Savoy, Natacha. Das Restaurant serviert regionale Küche aus Produkten vom Hof. Die Umgebung bietet zahlreiche Ausflugsmöglichkeiten zu Fuß, mit dem Pferd oder dem Mountainbike. Der Gardasee und die Thermen von Comano sind nicht weit entfernt.

♦ 10 DZ mit Bad und WC, TV ♦ DZ in Einzelbelegung € 45–60, DZ € 90–110 (alle mit Frühstück) ♦ alle Kreditkarten, Bankomat ♦ Speisesaal im Restaurant barrierefrei zugänglich, Privatparkplatz, kleine Haustiere willkommen, Betreiber 7.30–24 Uhr anwesend ♦ Restaurant, TV-Raum, Garten

🍲 Im Restaurant kommt man in den Genuss einer vorzüglichen Regionalküche (32 Euro ohne Wein).

♦ 6 4BZ mit Bad und WC, Balkon oder Terrasse, TV, Internetanschluss ♦ 4BZ in Einzelbelegung € 35–42, 4BZ in Zweierbelegung € 70–84, 4BZ in Dreierbelegung € 105–126, 4BZ € 140–168 (alle mit Frühstück) ♦ keine Kreditkarten ♦ Anlage barrierefrei zugänglich, Privatparkplatz, kleine Haustiere willkommen, Betreiber immer erreichbar ♦ Restaurant

Brentonico
San Giacomo
6 km vom Zentrum; 23 km von Rovereto, 45 km südlich von Trient; Von der Ausfahrt Rovereto Sud der A 22 etwa 4 km auf der S.S. 240, hinter Mori nach links in Richtung Brentonico

Mas dei Girardei

Bed & Breakfast
Via Peneze, 4
Tel. (+39) 04 64 / 39 15 41,
(+39) 347 / 220 83 15
Fax (+39) 04 64 / 39 15 41
info@masdeigirardei.it
www.masdeigirardei.it
Ferien: 2 Wochen im November

Nachdem Elio Girardelli jahrelang Wirt gewesen war, beschloss er, sich auf den alten Hof der Familie in den Wäldern über dem Vallagarina zurückzuziehen. Das abgelegene Haus aus Stein und Holz, das sorgfältig renoviert wurde, ist ein idealer Ausgangspunkt für Wanderungen und andere sportliche Aktivitäten wie Radfahren, Skilaufen und Schneeschuhwandern (die Ausrüstung dafür wird den Gästen zur Verfügung gestellt). Eine Oase in der Natur, um den Alltagsstress hinter sich zu lassen, die entspannte Atmosphäre auf dem Brentonico-Hochplateau zu genießen oder den botanischen Garten auf dem Monte Baldo zu besuchen. Der Betrieb erweist sich zudem als sehr familienfreundlich: Kinder bis drei Jahre wohnen gratis, und für Vier- bis Zehnjährige zahlt man nur die Hälfte. Das ausgiebige Frühstück umfasst zahlreiche erstklassige Erzeugnisse aus der Gegend (süß und pikant). Für die anderen Mahlzeiten empfiehlt sich die Trattoria Maso Palù in Brentonico (30 Euro ohne Wein) oder das Albergo San Giacomo (25 Euro ohne Wein).

♦ 2 DZ oder 3BZ und 1 4BZ, alle mit Bad und WC ♦ DZ in Einzelbelegung € 35, DZ € 60, 3BZ € 85, 4BZ € 100 (alle mit Frühstück) ♦ keine Kreditkarten ♦ Privatparkplatz, kleine Haustiere willkommen, Betreiber stets anwesend ♦ Frühstücksraum, Aufenthaltsraum, Garten, Sonnenterrasse

Calavino
Lagolo
25 km westlich von Trient
Ausfahrt Trento Centro der A 22, in Richtung Riva del Garda bis Vezzano, an der Abzweigung links nach Lagolo

Floriani

3-Sterne-Hotel
Via Coste de Lagol, 2
Tel. (+39) 04 61 / 56 42 41,
(+39) 04 61 / 56 42 50
Fax (+39) 04 61 / 56 31 17
info@albergofloriani.it
www.albergofloriani.it
Ferien: April, November

Hoch über dem Gardasee, abgeschieden in 1.000 Meter Seehöhe, ist dieses Hotel ein Refugium zum Wohlfühlen. Domenica und Stefano Floriani heißen Sie in ihrem liebevoll gepflegten Haus willkommen. Die Zimmer, von denen sich einige im ausgebauten Dachgeschoss befinden, sind im alpenländischen Stil gehalten. Den Gästen stehen Gemeinschaftsbereiche im Erdgeschoss sowie reservierte Plätze im Strandbad am See und auf der Wiese gegenüber zur Verfügung. Das traditionelle Frühstück umfasst hausgemachte Kuchen und Kekse sowie Joghurt von Kleinbetrieben in der Gegend. Die Mahlzeiten werden in der drei Gehminuten entfernten Stube Maria serviert, die sich im 2007 eröffneten und ebenfalls von der Familie Floriani geführten Hotel Piccolo Principe befindet. Halbpension kostet 51 bis 77 Euro pro Person. Im August beträgt der Preis für ein Doppelzimmer 140 Euro.

♦ 22 DZ mit Bad und WC, Safe, Telefon, TV ♦ DZ in Einzelbelegung € 66–105, DZ € 88–120 (alle mit Frühstück) ♦ alle Kreditkarten, Bankomat ♦ Anlage barrierefrei zugänglich, 1 Zimmer behindertengerecht ausgestattet, Privatparkplatz, kleine Haustiere willkommen (in den Zimmern, € 10 pro Tag), Betreiber stets anwesend ♦ Bar, Restaurant, TV-Raum, Terrasse, Strand am See

🍴 Das Restaurant serviert Fisch aus dem See und Wildbret (28 bis 30 Euro ohne Wein).

Carano

Aguai

58 km nordöstlich von Trient
Ausfahrt Egna-Ora der A 22, S.S. 48 in Richtung Cavalese-Val di Fiemme, von der Abzweigung nach Aguai noch etwa 1,5 km

Maso el Giata

Agriturismo
Ortsteil Aguai, 3
Tel. (+39) 04 62 / 23 14 56,
(+39) 339 / 120 26 91
info@masoelgiata.it
Ferien: November

Ein vorbildlich renovierter Hof aus dem Jahr 1842 mit Steinmauern und viel Holz, fernab des Wirbels und inmitten idyllischer Stille, nicht weit vom San-Lugano-Sattel. Das Haus bietet eine schlichte, ursprüngliche Gastlichkeit und verfügt über einen kleinen, zeitgemäß ausgestatteten Wellnessbereich (Sauna, Kaltnebel etc. sind allerdings extra zu bezahlen). Die Zimmer ermöglichen einen ungestörten Rückzug und sind im alpenländischen Stil eingerichtet. Die umliegenden Wiesen und Wälder bieten unzählige Möglichkeiten für Wanderungen und Radtouren. Andreina Degiampietro kümmert sich um den Betrieb und bereitet das Frühstück zu: Kuchen und Feingebäck aus der eigenen Backstube, Joghurt, trentinische Wurst- und Käsespezialitäten, diverse Bioprodukte, Kräutertees und gesunde Morgengetränke.

♦ 5 DZ mit Bad und WC ♦ DZ in Einzelbelegung € 80, DZ € 120 (alle mit Frühstück) ♦ keine Kreditkarten ♦ Anlage barrierefrei zugänglich, 1 Zimmer behindertengerecht ausgestattet, Privatparkplatz, Haustiere nicht erlaubt, Betreiber stets anwesend ♦ Frühstücksraum, TV-Raum, Salon, Garten, Sonnenterrasse, Wellnessbereich, Fitnessraum

Cavalese

53 km nordöstlich von Trient
Ausfahrt Egna-Ora der A 22, S.S. 48 delle Dolomiti

Laurino

3-Sterne-Hotel
Via Antoniazzi, 14
Tel. (+39) 04 62 / 34 01 51
Fax (+39) 04 62 / 23 99 12
info@hotelgarnilaurino.it
www.hotelgarnilaurino.it
Ferien: 10 Tage im Juni

Das Hotel der Familie Chelodi im historischen Zentrum von Cavalese ist ein Gebäude aus dem 17. Jahrhundert, das über Innenhöfe verfügt und von baumbestandenen Grünflächen mit einem Kinderspielplatz umgeben ist. Die Zimmer sind teils modern, teils im traditionellen Tiroler Stil gestaltet und verteilen sich auf die drei Stockwerke des Hauptgebäudes und das Eckürmchen. Besonders gepflegt ist das Interieur der Suiten, für die der Dachboden ausgebaut wurde. Das Frühstück, das hauptsächlich auf Bioprodukten basiert, besteht unter anderem aus selbst gebackenem Brot und Kuchen. Das Apartment in einem Nebengebäude hat eine eigene Küche. Überdies wurde ein moderner Wellnessbereich eingerichtet, und im Garten steht den Gästen ein ausgestatteter Grillplatz zur Verfügung.

♦ 12 DZ und 2 Suiten, alle mit Bad und WC, Minibar, Safe, TV (einige Zimmer mit Balkon); 1 Apartment (2–5 Personen) mit Küche ♦ DZ in Einzelbelegung € 45–60, DZ € 76–90, Suite € 96 (alle mit Frühstück); Apartment € 48 pro Person ♦ Kreditkarten: AE, CartaSi, MC, Visa; Bankomat ♦ Gemeinschaftsbereiche barrierefrei zugänglich, 2 Zimmer behindertengerecht ausgestattet, Privatparkplatz, kleine Haustiere willkommen, Betreiber stets anwesend ♦ Bar, Frühstücksraum, TV- und Leseraum, Kinderspielplatz, Wellnessbereich

Cavedine
Vigo

18 km von Riva del Garda, 28 km südwestlich von Trient
Ausfahrt Trento Centro der A 22, S.P. Valle di Cavedine

Campo Fiorito

Agriturismo
Via Masi di Sopra, 9–2
Tel. (+39) 04 61 / 56 60 71,
(+39) 340 / 097 12 97
Fax (+39) 04 61 / 56 60 71
info@campofiorito.net
www.campofiorito.net
Ganzjährig geöffnet

Der neue Schaubauernhof befindet sich im oberen Cavedinetal, am Übergang in das Tal der unteren Sarca und zum Gardasee. Das von Wäldern und den bekannten Kastanienhainen von Drena umgebene Anwesen wird von der Familie Bonomi mit Hingabe geführt. Die schlichten Zimmer im rustikalen Stil sind blitzsauber und behaglich; alle sind behindertengerecht ausgestattet und zudem für Familienurlaube gut geeignet (Sonderrabatte für Kinder bis zwölf Jahre). Das Restaurant, das nicht nur Hausgäste bedient, bietet typische Gerichte, die von Signora Ivana zubereitet werden. Bei warmem Wetter kann man auf der großen Veranda essen. Das Frühstück wird im Haus zubereitet: Brot, Fruchtsäfte, Konfitüren, Honig, Joghurt, Frischkäse und Aufschnitt – alles aus eigener Erzeugung. Der Agriturismo ist ein idealer Ausgangspunkt für Wanderungen auf den Monte Stivo, den Monte Bondone und zu den vielen Seen des Valle dei Laghi.

♦ 2 EZ und 3 DZ, alle mit Bad und WC ♦ EZ € 35, DZ € 70 (Aufpreis Zusatzbett € 35, alle mit Frühstück) ♦ keine Kreditkarten; Bankomat ♦ Anlage barrierefrei zugänglich, Privatparkplatz, Gratisgarage, kleine Haustiere willkommen, Betreiber immer erreichbar ♦ Restaurant

Cavizzana

52 km nördlich von Trient
Ausfahrt Bozen Süd der A 22, S.S. 43 und S.S. 42

Locanda San Martino

Zimmervermietung
Ortsteil Cavizzana, 31
Tel./Fax (+39) 04 63 / 90 02 22
Ganzjährig geöffnet

Der ganz aus Stein und Holz errichtete Hof befindet sich am rechten Ufer des Noce-Bachs, in abgeschiedener und sehr sonniger Lage. Lina und Fabrizio Franceschi bieten Kost und Logis. Im ersten Stockwerk ihres Hauses haben sie vier schöne große Gästezimmer eingerichtet. Das Ambiente ist rustikal, alpin, in seiner Schlichtheit sehr ansprechend. Das reichhaltige Frühstück umfasst viele hausgemachte Süßspeisen, aber auch trentinische Wurstspezialitäten aus eigener Erzeugung. Die Familie Franceschi betreibt überdies einen kleinen Reitstall (wo man im Sommer für 5 Euro pro Tag sein Pferd einstellen kann) und gibt gerne Tipps für Ausflüge und Wanderungen in der Gegend, Paddel- und Reitmöglichkeiten, Mountainbike- und Skitouren. Im Restaurant kann man abends der traditionellen trentinischen Küche zusprechen (etwa 22 bis 25 Euro ohne Wein).

♦ 2 DZ und 2 3BZ, alle mit Bad und WC ♦ DZ in Einzelbelegung € 30, DZ € 45–50, 3BZ € 66–75 (Frühstück € 3–4 pro Person) ♦ Kreditkarten: CartaSi, MC, Visa; Bankomat ♦ Anlage barrierefrei zugänglich, 1 Zimmer behindertengerecht ausgestattet, Privatparkplatz, kleine Haustiere willkommen, Betreiber stets anwesend ♦ Restaurant, Garten, Terrasse

Condino
Sorino

78 km südwestlich von Trient
S.S. 237 del Caffaro

Borgo Antico

Zimmervermietung
Ortsteil Mon, 11
Tel. (+39) 04 65 / 62 21 29,
(+39) 328 / 827 62 57
Fax (+39) 04 65 / 62 16 86
info@borgoanticosorino.it
www.borgoanticosorino.it
Ganzjährig geöffnet

Im Herbst verwandeln sich die Häuser von Storo in charakteristische Kornspeicher: Auf den Holzbalkonen werden die Maiskolben für die Herstellung des bekannten Polentamehls aus Storo zum Trocknen aufgehängt. Und auch dieser Hof ist in der Kultur rund um die Polenta verwurzelt: Er liegt mitten in den Maisfeldern, die sich in der Condino-Senke am Chiese-Bach erstrecken. Das Gästehaus in ruhiger Lage befindet sich in der Nähe eines landwirtschaftlichen Betriebes und besticht durch seine typisch alpenländische Architektur. Im Erdgeschoss ist man in der Osteria Fra' Dolcino auf einen Aperitif willkommen, während das elegante Restaurant im Stockwerk darüber exquisite Menüs, häufig mit Fisch, anbietet (30 bis 35 Euro ohne Wein, Halbpension 40 bis 52 Euro bei einem Mindestaufenthalt von drei Nächten). Die gepflegten, geräumigen Zimmer sind im alpin-rustikalen Stil gehalten. Ein Ort der Beschaulichkeit, perfekt zum Ausspannen. Das ausgiebige Frühstück umfasst unter anderem hausgemachtes süßes Gebäck, und die Küche stellt sich gerne auf Sonderwünsche ein, einschließlich vegetarischer Speisen.

♦ 4 DZ mit Bad und WC, Telefon, TV, Internetanschluss ♦ DZ in Einzelbelegung € 38–48, DZ € 60–80 (alle mit Frühstück) ♦ Kreditkarten: CartaSi, MC, Visa; Bankomat ♦ Privatparkplatz, kleine Haustiere willkommen, Betreiber immer erreichbar ♦ Bar, Restaurant, Frühstücksraum, Garten, Kinderspielplatz

Coredo
Tavon

39 km nördlich von Trient
Ausfahrt San Michele all'Adige der A 22, S.S. 43 bis Dermulo, rechts abbiegen in Richtung Passo Mendola, nach 300 m rechts nach Coredo

Pineta

3-Sterne-Hotel
Via al Santuario, 17
Tel. (+39) 04 63 / 53 68 66
Fax (+39) 04 63 / 53 61 15
info@pinetahotels.it
www.pinetahotels.it
Ferien: Juni, November

Eine Hotelanlage mitten im Wald, durch den der Weg zur Wallfahrtskirche San Romedio führt. Die Gastlichkeit der Familie Sicher, die gepflegten Zimmer mit dem alpenländischen Interieur, der Wellnessbereich, die Philosophie der Schlichtheit und Unverfälschtheit bei der Auswahl der Zutaten in der Küche und bei der Zubereitung der Speisen, die im Restaurant serviert werden, machen dieses kleine Ferienresort zu einer wahren Wohlfühloase. Das Frühstück wartet mit frischen Produkten aus dem Umland auf: Bergbutter, frisch gemolkene Milch, feine Konfitüren von kleinen Erzeugern, hausgemachte Süßspeisen. Die Anlage verfügt zudem über ein Sportzentrum, ein Hallenbad, eine Sauna und ein Beauty-Center. Zusätzlich zum Hotel gibt es auf dem Areal des Pineta zwei Häuser mit Ferienwohnungen. Die fakultative Halbpension kommt bei Übernachtung im Doppelzimmer auf 60 bis 106 Euro pro Person.

♦ 96 EZ und 25 DZ, alle mit Bad und WC, Telefon, TV ♦ EZ und DZ € 60–90 mit Frühstück ♦ alle Kreditkarten, Bankomat ♦ Anlage barrierefrei zugänglich, 3 Zimmer behindertengerecht ausgestattet, Privatparkplatz, Garage (€ 3 pro Tag), kleine Haustiere willkommen, Rezeptionsdienst 7.30–22 Uhr ♦ Bar, Restaurant, Leseraum, TV-Raum, Garten, Sportzentrum, Wellnessbereich, Dampfbad, Hallenbad

🍴 Im Restaurant wird nach alten Familienrezepten gekocht (28 bis 30 Euro ohne Wein).

Dro

30 km südwestlich von Trient
Ausfahrt Rovereto Sud-Lago di Garda Nord der A 22
in Richtung Lago di Garda, Trento, Arco und Madonna di Campiglio

Maso Lizzone

Agriturismo
Ortsteil Maso Lizzone
Tel. (+39) 04 64 / 50 47 93,
(+39) 333 / 523 28 46
Fax (+39) 04 64 / 50 47 93
info@masolizzone.com
www.masolizzone.com
Ferien: 4. November–1. März

Der Hof, der nur wenige Kilometer von Arco und vom Gardasee entfernt liegt, ist ein Ort von unbestrittenem Zauber: ruhig und luftig, umgeben von Ölbäumen und Gewürzpflanzen. Das reichhaltige Frühstück, mit süßen und pikanten Genüssen, wird in der schönen Jahreszeit im Freien serviert. Praktisch ist die Küchenausstattung: In jedem Zimmer gibt es eine Kochnische und einen Kühlschrank (nur der Geschirrspüler wird gemeinsam benutzt); so kann der Gast seinen Aufenthalt vollkommen unabhängig, ganz nach Lust und Laune gestalten. Eine weitere Unterkunft bietet der Hof in Form einer kleinen Ferienwohnung. Das Anwesen ist von alten Mauern begrenzt, innerhalb deren Wein und Oliven angebaut werden. Die Erzeugnisse, die daraus entstehen, kann man auf dem Hof kaufen. Auf dem Terrassengelände am Rand des Besitzes gibt es außerdem sieben Plätze für Wohnmobile oder Zelte.

♦ 5 DZ und 1 Apartment, alle mit Bad und WC ♦ DZ in Einzelbelegung € 50–70, DZ € 78–88 (alle mit Frühstück); Apartment € 95–105 (Mindestaufenthalt 3 Nächte); Platz für Wohnmobil € 8 zzgl. € 7 pro Person und Tag ♦ Kreditkarten: AE, CartaSi, MC, Visa; Bankomat ♦ Anlage barrierefrei zugänglich, 2 Zimmer behindertengerecht ausgestattet, überdachter Privatparkplatz, kleine Haustiere willkommen (im Apartment), Betreiber immer erreichbar ♦ ausgestattete Küche, Frühstücksraum, Leseraum, Schwimmbecken, Park

Faedo

30 km nördlich von Trient
Ausfahrt San Michele all'Adige der A 22

Ai Molini

Agriturismo
Via Molini, 8
Tel. (+39) 04 61 / 65 10 88,
(+39) 347 / 237 15 77
agrituraimolini@virgilio.it
www.agrituraimolini.it
Ganzjährig geöffnet

Die ganze Familie Caldonazzi ist in den Beherbergungs- und Bewirtungsbetrieb eingebunden und bietet einen stets aufmerksamen, jovialen Service. Die Gegend blickt auf eine lange Wein- und Gastronomietradition zurück, in der die Kultur des guten Essens eng mit dem Genuss edler Tropfen und zünftiger Gesellschaft verbunden ist. Die schlicht eingerichteten Zimmer des Hauses verfügen über einigen Komfort und sind ideal für Ruhesuchende, die die schöne Aussicht auf die Weingärten an der Etsch zu schätzen wissen. Das Frühstück lässt keine Wünsche offen: Apfelkuchen, hausgemachte Kekse, frisches Obst, Früchte in Sirup, Joghurt, Honig, frische Eier von den eigenen Hühnern. Für einen Aufpreis von 14 Euro pro Person kann man Halb- oder Vollpension vereinbaren. Bei längeren Aufenthalten werden diverse Vergünstigungen gewährt.

♦ 5 DZ mit Bad und WC, TV ♦ DZ in Einzelbelegung € 26–28, DZ € 46–50 (alle mit Frühstück) ♦ keine Kreditkarten ♦ Anlage barrierefrei zugänglich, 1 Zimmer behindertengerecht ausgestattet, Privatparkplatz, Garage für Motorräder, kleine Haustiere willkommen (nach Absprache), Betreiber immer erreichbar ♦ Restaurant, Frühstücksraum, Garten

🍲 Im Restaurant wird unverfälschte regionale Küche für etwa 20 bis 25 Euro ohne Wein geboten (Tel. (+39) 04 61 / 65 08 17).

Giustino

60 km nordwestlich von Trient, Val Rendena
Ausfahrt Trento Centro der A 22 in Richtung Madonna di Campiglio

Casa al Campo

Agriturismo · Viale Dolomiti, 3
Tel. (+39) 04 65 / 50 02 90,
(+39) 338 / 500 84 38
Fax (+39) 04 65 / 50 02 90
info@casalcampo.com
www.casalcampo.com
Ferien: nach Ostern–Ende Mai, Mitte September–Ende November

Auf einem Anwesen inmitten der Felder am Kiesbett des Sarca-Bachs hat Stefano Tisi das von Wäldern und Wiesen umgebene Bauernhaus seiner Familie renoviert und in ein gemütliches Feriendomizil verwandelt. Daneben bewirtschaftet er Äcker und Gemüsefelder nach biologischen Kriterien. Die behaglichen Zimmer wurden mit viel Holz hübsch gestaltet und haben das typische Flair der Dolomiten. Zum Komfort des Hauses kommt die Möglichkeit, das nahe gelegene Kurbad Terme Val Rendena Fonte Sant'Antonio zu nutzen. Das Frühstück umfasst hausgemachte Kuchen und selbst gebackenes Brot, Waldbeerenkonfitüren, Apfelsaft, Eier und Speck. Im Restaurant werden mehrgängige Menüs für 34 Euro pro Person ohne Wein angeboten; die fakultative Halbpension kostet 60 bis 75 Euro pro Person. Stefano Tisi, der auch Bergführer ist, veranstaltet Anfängerkurse im Langlaufen und im alpinen Skilauf sowie geführte Hochgebirgswanderungen. Es gibt einen kostenlosen Fahrradverleih.

♦ 1 EZ, 2 DZ und 5 3BZ, alle mit Bad und WC, TV (4 Zimmer mit Balkon) ♦ EZ € 45–60, DZ € 90–120 (Aufpreis Zusatzbett € 40–55) ♦ Kreditkarten: CartaSi, MC, Visa; Bankomat ♦ Anlage barrierefrei zugänglich, 2 Zimmer behindertengerecht ausgestattet, Parkplatz, kleine Haustiere willkommen, Betreiber immer erreichbar ♦ Restaurant

Isera
Folaso

21 km südlich von Trient
Ausfahrt Rovereto Nord der A 22

Maso Carpenè

Agriturismo
Ortsteil Carpenè, 1
Tel. (+39) 335 / 592 62 27
claudia@masocarpene.com
www.masocarpene.com
Ganzjährig geöffnet

Eine Art Adlerhorst in einer relativ unbekannten, ruhigen Gegend mit einem unvergleichlich schönen Blick auf das Tal. Der Hof wurde auf ökologisch nachhaltige Weise vorbildlich renoviert und ist von biologisch bewirtschafteten Obstgärten und Gemüsefeldern umgeben. In den Räumen über den Arkaden wurde eine Gastwirtschaft eingerichtet: Steinmauern und viel Holz, alte Gegenstände des bäuerlichen Lebens und große Tische ergeben ein rustikales Ambiente. Was kulinarische Genüsse betrifft, werden typische Gerichte des Vallagarina geboten: hausgemachte Teigwaren, Braten, Strudel, dazu lokale Weine, vor allem Marzemino. Die Zimmer verfügen über ein eigenes Bad, schmiedeeiserne Betten, Bettwäsche und Dekorstoffe mit Spitzen und Stickereien sowie Antiquitäten. Das Frühstück entspricht ganz der Agriturismo-Philosophie: süßes Gebäck nach Hausfrauenart, selbst gemachte Konfitüren und Fruchtsäfte. Auf Anfrage bekommt man auch Pikantes.

♦ 5 DZ und 1 3BZ, alle mit Bad und WC, TV ♦ DZ in Einzelbelegung € 40, DZ € 60 (alle mit Frühstück) ♦ alle Kreditkarten, Bankomat ♦ Anlage barrierefrei zugänglich, Privatparkplatz, kleine Haustiere willkommen, Betreiber immer erreichbar ♦ Restaurant, Terrasse, Kinderspielplatz

Isera

27 km südwestlich von Trient
Ausfahrt Rovereto Nord der A 22, S.P. 90

Maso Fiorini

Agriturismo
Via Maso Fiorini, 1
Tel. (+39) 339 / 426 16 30
info@masofiorini.it
www.masofiorini.it
Ganzjährig geöffnet

Wir sind im Vallagarina, einer besonders fruchtbaren Gegend: Mitten im Grünen, zwischen prächtigen Marzemino-Weingärten, werden Sie den schönen Agriturismo entdecken, den Lara und Davide mit Sorgfalt und Hingabe betreiben. Die Zimmer sind behaglich, bequem und hell, mit Schreinermöbeln eingerichtet; alle blicken auf das wunderschöne Tal. Der große Garten um das Haus ist ideal für Kinder, die dort frei und sicher spielen können. Das reichhaltige Frühstück umfasst zahlreiche süße und pikante Speisen. Den Gästen steht ein kostenloser Fahrradverleih zur Verfügung. Wenige Minuten vom Maso Fiorini entfernt liegt die geschichtsträchtige Kulturstadt Rovereto, wo man dem bekannten MART (Museum für moderne und zeitgenössische Kunst) einen Besuch abstatten sollte. Gut zu erreichen sind auch der Gardasee und andere touristisch interessante Orte wie Folgaria, Lavarone oder das Brentonico-Hochplateau.

♦ 8 DZ mit Bad und WC, Balkon, Aircondition, TV ♦ EZ € 45, DZ € 70 (alle mit Frühstück) ♦ keine Kreditkarten ♦ Privatparkplatz, kleine Haustiere willkommen, Betreiber stets anwesend ♦ Frühstücksraum, Garten

Lasino

20 km südwestlich von Trient
Ausfahrt Trento Centro der A 22, S.S. 45 bis und S.P. 84

Dosila

Agriturismo
Ortsteil Dosila
Tel. (+39) 339 / 336 25 09
Fax (+39) 04 61 / 56 30 95
sibilla93@libero.it
Ganzjährig geöffnet

Der Agriturismo befindet sich auf einem Hügel in einer ruhigen, wald- und wiesenreichen Gegend. Das neu erbaute Haus wurde aus traditionellen Werkstoffen wie Holz und regionalem Stein errichtet. Die großzügigen Zimmer verfügen über Bad und Balkon und sind mit restaurierten rustikalen Möbeln, natürlichen Materialien und Stoffen ausgestattet. Jede Einrichtung hat eine andere Blume zum Thema. Zum Frühstück werden fast ausschließlich Produkte aus eigener Erzeugung oder von benachbarten Höfen serviert (Milch, Ziegenjoghurt und -käse, Aufschnitt, Konfitüren, Sirupe, frisches Saisonobst). Der Hof Dosila ist auch ein Schaubauernhof, und so werden regelmäßig lehrreiche Besichtigungen und Kreativwerkstätten veranstaltet (Milchverarbeitung, Wolle- und Filzerzeugung, Herstellung von Seifen und Kerzen).

♦ 1 DZ, 1 3BZ und 4 4BZ, alle mit Bad und WC, Balkon ♦ DZ in Einzelbelegung € 40–50, DZ € 70–80, 3BZ € 98–112, 4BZ € 113–140 (alle mit Frühstück) ♦ keine Kreditkarten ♦ Anlage barrierefrei zugänglich, Privatparkplatz, kleine Haustiere willkommen, Betreiber stets anwesend ♦ Bar, Seminarraum, Garten

Lavis

Pressano
3 km vom Zentrum
15 km nördlich von Trient, S.S. 12 »dell'Abetone e del Brennero«
8 km von der Ausfahrt Trento Nord der A 22

Maso Grener

Agriturismo
Via Masi, 21
Tel. (+39) 04 61 / 87 15 14,
(+39) 340 / 779 40 91
Fax (+39) 04 61 / 87 16 42
info@masogrener.it
www.masogrener.it
Ferien: Januar, Februar, November

Pressano ist einer der renommiertesten Weinbauorte des Trentino. Mitten in den Weinbergen befindet sich auch der alte Bauernhof, den Cinzia Giacomoni und Fausto Peratoner renoviert und in einen Agritour-Betrieb umgewandelt haben. Die sechs luftigen Gästezimmer sind mit Tannenholzmöbeln, bequemen Betten und vielen Annehmlichkeiten ausgestattet. Das Frühstück, das auch im Freien serviert wird, ist sehr reichhaltig: hausgemachte Kuchen, aber auch pikante Angebote nach bester trentinischer Art. Der spektakuläre Blick auf das Etschtal und der Wellnessbereich des Hauses sorgen für Entspannung und Wohlbehagen. Der leicht zu erreichende Ferienbauernhof ist ein idealer Ausgangspunkt für Ausflüge, etwa auf den Pfaden der Weinstraße.

♦ 5 DZ und 1 3BZ, alle mit Bad und WC, Telefon, TV, Internetanschluss (5 Zimmer mit Balkon) ♦ DZ in Einzelbelegung € 55, DZ € 82 (alle mit Frühstück) ♦ Kreditkarten: CartaSi, MC, Visa; Bankomat ♦ Anlage barrierefrei zugänglich, Privatparkplatz, kleine Haustiere willkommen (nach Absprache), Betreiber immer erreichbar ♦ TV- und Leseraum, Garten, Wellnessbereich, Fitnessraum

Levico Terme

20 km südöstlich von Trient
Ausfahrt Trento der A 22, etwa 20 km auf der S.S. 47 in Richtung Padua

Romanda

Via Garibaldi, 7
Tel. (+39) 04 61 / 70 71 22
Fax (+39) 04 31 / 70 17 10
info@hotelromanda.it
www.hotelromanda.it
Ganzjährig geöffnet

Das mitten im Zentrum, in der Nähe der Thermen gelegene Hotel der Familie Bosco ist im Palazzo Giannettini, einem Gebäude aus dem 16. Jahrhundert, angesiedelt. Die geräumigen Zimmer sind geschmackvoll eingerichtet und sehr zweckmäßig ausgestattet. In unmittelbarer Nähe befindet sich eine der schönsten Parkanlagen des Trentino, die zum Flanieren und zu sportlichen Aktivitäten einlädt. Das Frühstück bietet eine breite Palette an unverfälschten traditionellen trentinischen Erzeugnissen mit einem Schwerpunkt auf Bioprodukten. Brot und Gebäck werden im Haus hergestellt. Das Romanda verfügt über ein eigenes Restaurant (Halbpension 43 bis 63 Euro pro Person) und ein uriges Kellerlokal namens Boivin, das ebenfalls von der Familie Bosco geführt wird.

♦ 3 EZ, 31 DZ und 3 3BZ, alle mit Bad und WC, Minibar (auf Wunsch), Safe, Telefon, Sat-TV, WLAN ♦ EZ € 45–58, DZ € 72–98, 3BZ € 108–147 (alle mit Frühstück) ♦ alle Kreditkarten, Bankomat ♦ Privatparkplatz, kleine Haustiere willkommen, Betreiber immer erreichbar ♦ Bar, Restaurant, TV-Raum, Garten

🍲 Im Boivin wird traditionelle Küche mit kreativen Anklängen geboten (30 Euro ohne Wein).

Luserna

43 km südöstlich von Trient, S.S. 349 und S.P. 9
Ausfahrt Trento oder Rovereto Nord der A 22

Lusernarhof

2-Sterne-Hotel
Via Tezze, 43
Tel. (+39) 04 64 / 78 80 10
Fax (+39) 04 64 / 78 82 35
info@lusernarhof.it
www.lusernarhof.it
In der Hochsaison durchgehend geöffnet, sonst gegen Vorbestellung

Das alte Volk der Zimber kam zum Holzfällen auf das Hochplateau von Lavarone und Luserna und hat sich hier niedergelassen und eine kleine Gemeinschaft gebildet. Der Hotelbetrieb der Familie Zotti entstand durch die Renovierung dreier zimbrischer Steinhäuser, die 2001 abgeschlossen wurde. Die Einrichtung besticht durch Schlichtheit und helles Holz, was auch für den großen Frühstücksraum gilt, der im Dachboden ausgebaut wurde. Dort steht morgens ein reichhaltiges Büfett mit süßen und pikanten Spezialitäten bereit, das den Wünschen der italienischen und deutschen Gäste gleichermaßen gerecht wird. Im Restaurant wird traditionelle trentinische Küche geboten (15 bis 24 Euro ohne Wein, Halbpension 50 Euro pro Person). Im Winter laden die umliegenden Langlaufloipen zu langen Runden ein, und im Sommer kann man auf ebendiesen Strecken Ausflüge mit dem Mountainbike oder zu Pferd unternehmen.

♦ 11 DZ mit Bad und WC, Telefon (auf Wunsch), WLAN ♦ DZ in Einzelbelegung € 35, DZ € 70 (Aufpreis Zusatzbett € 32) ♦ keine Kreditkarten; Bankomat ♦ Anlage barrierefrei zugänglich, 2 Zimmer behindertengerecht ausgestattet, Privatparkplatz, öffentlicher Parkplatz, kleine Haustiere willkommen, Betreiber 7–24 Uhr anwesend ♦ Bar, Restaurant, Foyer mit TV, Sonnenterrasse

Molina di Ledro

15 km von Riva del Garda, 70 km südwestlich von Trient
Ausfahrt Rovereto Sud-Lago di Garda Nord, S.S. 240 in Richtung Riva del Garda, Molina

Locanda le Tre Oche

3-Sterne-Hotel
Via Maffei, 37
Tel. (+39) 04 64 / 50 90 62
Fax (+39) 04 64 / 50 81 77
info@treoche.it
www.treoche.it
Ganzjährig geöffnet

Die Straße, die von Riva del Garda zum Lago di Ledro führt, wurde ausgebaut und verläuft nun größtenteils durch Tunnels, außer im letzten Abschnitt des Ledrotals, kurz vor dem gleichnamigen See: Dort wird Ihnen diese Locanda mit ihrer auffälligen Fassade gleich ins Auge springen. Von außen wirkt sie wie ein Berggasthaus, innen gibt es ein schönes Restaurant und im Freien eine kleine Veranda. Die Zimmer sind gepflegt und wohnlich. Üppig fällt das Frühstück aus: selbst gemachtes Feingebäck, Obst der Saison, aber auch pikante Speisen. Die Küche des Hauses bietet trentinische Spezialitäten für 15 bis 20 Euro ohne Wein; Halbpension kostet 45 Euro pro Person. Die Haus ist günstig gelegen, wenn man die Gegend mit dem Fahrrad erkunden möchte, vom See durch die Wälder bis hinauf zu den Gipfeln.

♦ 4 EZ und 15 DZ, alle mit Bad und WC, Telefon, Sat-TV; 1 Apartment (2–4 Personen) mit Kochnische ♦ EZ € 39–45, DZ € 60–90 (alle mit Frühstück); Apartment € 250 pro Woche ♦ alle Kreditkarten, Bankomat ♦ Anlage barrierefrei zugänglich, Privatparkplatz, kleine Haustiere willkommen ♦ Bar, Restaurant, Terrasse, Veranda

Nogaredo
Sasso

1 km vom Zentrum
25 km südwestlich von Trient
Ausfahrt Rovereto Nord der A 22

D&D

Zimmervermietung
Via Maso, 2
Tel. (+39) 04 64 / 41 07 77
Fax (+39) 04 64 / 41 01 90
info@locandaded.it
www.locandaded.it
Ganzjährig geöffnet

Wir befinden uns genau zwischen den Ortsteilen Sasso und Noarna. Umgeben von fünf Hektar Weingärten, aber nur wenige Kilometer von der Autobahnausfahrt Rovereto Nord entfernt, bietet das Restaurant Maso Sasso von Ivano und Sandrine Dossi traditionelle trentinische Gerichte, für die diverse biologische Zutaten verwendet werden. Die angeschlossene Locanda D&D wird ebenfalls von den beiden geführt. Durch einen uralten Eichenhain gelangt man zu den gemütlichen Gästezimmern, die in einem rustikalen und zugleich eleganten Stil mit schönen Holzmöbeln eingerichtet sind. Jedes verfügt über ein eigenes Bad, TV und eine ADSL-Internetverbindung. Als Schlüssel für Zimmer und Haupteingang werden Magnetkarten verwendet. Von den Fenstern kann man das gesamte Vallagarina mit seinen prächtigen Burgen – von Avio bis Besenello – überblicken. Das Frühstücksbüfett bietet unverfälschte lokale Produkte.

♦ 7 DZ mit Bad und WC, TV, Internetanschluss ♦ DZ in Einzelbelegung € 50–65, DZ € 80–100 (Aufpreis Zusatzbett € 20, alle mit Frühstück) ♦ alle Kreditkarten, Bankomat ♦ Privatparkplatz, Haustiere nicht erlaubt, Betreiber immer erreichbar ♦ Restaurant

Nogaredo

24 km südwestlich von Trient
Ausfahrt Rovereto Nord der A 22

Relais Palazzo Lodron

Zimmervermietung
Via Conti Lodron, 5
Tel. (+39) 04 64 / 41 31 52
Fax (+39) 04 64 / 49 87 72
info@relaispalazzolodron.it
www.relaispalazzolodron.it
Ganzjährig geöffnet

Der Südflügel des Palazzo Lodron, ein historischer Wohnsitz aus dem 16. Jahrhundert mit Fresken des Renaissancemalers Donato Mascagni, wurde von den Erben der Familie in ein elegantes Gästehaus verwandelt. Wir befinden uns in den Marzemino-Weingärten des Vallagarina. Die recht geräumigen Zimmer – mit Kassettendecken, Holzmöbeln, Himmelbetten, Antiquitäten und Gemälden aus Familienbesitz – sind alle unterschiedlich groß, die meisten bestehen aus einem Schlaf- und einem Wohnbereich oder haben ein getrenntes Wohnzimmer. Das behindertengerecht ausgestattete Zimmer verfügt über elektrisch verstellbare Betten und ferngesteuerte Fenster. Zu den Gemeinschaftsbereichen gehören zwei Leseräume und der Frühstücksraum, in dem sich ein imposanter Renaissancekamin aus Stein befindet. Den Gästen stehen überdies ein Hallenbad (mit langer Fensterfront, die im Sommer geöffnet wird) und zwei Saunen zur Verfügung.

♦ 1 EZ, 6 DZ und 2 Suiten, alle mit Bad und WC, Aircondition, Minibar, Safe, TV, WLAN ♦ EZ € 80, DZ € 120–140, Suite € 170–240 (alle mit Frühstück) ♦ alle Kreditkarten, Bankomat ♦ 1 Zimmer barrierefrei zugänglich, Garage, Haustiere nicht erlaubt, Betreiber immer erreichbar ♦ Frühstücksraum, Leseräume, Park, Hallenbad, Sauna

Palù del Fersina

30 km nordöstlich von Trient
Ausfahrt Trento oder Rovereto Nord der A 22

Scalzerhof

Agriturismo · Ortsteil Frotten, 108
Tel. (+39) 04 61 / 55 00 74,
(+39) 338 / 959 19 87
Fax (+39) 04 61 / 55 00 74
scalzerhof@virgilio.it
www.agriturscalzerhof.it
Ferien: 7. Januar–vor Ostern, Oktober–25. Dezember

Der Hof ist ein ruhiges, beschauliches Refugium in einem Tal zwischen Pergine Valsugana und Lagorai, das als Sprachinsel einer ethnischen Minderheit die besondere Verwaltungsautonomie der Provinz Trient genießt. In dieser Gegend, in der nach wie vor Abkömmlinge von Einwanderern aus Nordeuropa leben, werden Traditionen bewahrt und lebendig gehalten. Der in jeder Hinsicht überaus gepflegte Agriturismo bietet einen erstklassigen Service. An Wochenenden hat auch die Gaststätte geöffnet, in der typische Gerichte wie Cuccalar (traditionelles Fladenbrot) oder Krapfen serviert werden. Das reichhaltige Frühstück umfasst selbst gebackenes Brot, Beerenkonfitüren und Butter aus eigener Erzeugung. Für eine Mahlzeit im Restaurant zahlt man etwa 27 Euro ohne Wein.

♦ 1 EZ und 4 DZ, alle mit Bad und WC (3 Zimmer mit Balkon) ♦ EZ € 21–27, DZ € 42–54 (Frühstück € 4,50 pro Person) ♦ Kreditkarten: CartaSi, MC, Visa; Bankomat ♦ Anlage barrierefrei zugänglich, 1 Zimmer behindertengerecht ausgestattet, Privatparkplatz außerhalb der Anlage, Haustiere nicht erlaubt, Betreiber stets anwesend ♦ Restaurant, Garten

Pejo
Cogolo
77 km nordwestlich von Trient
Ausfahrt San Michele all'Adige der A 22, S.S. 43 und S.S. 42; Ausfahrt Seriate der A 4 in Richtung Passo Tonale

Chalet Alpenrose

1-Stern-Hotel
Via Malgamare
Ortsteil Masi Guilnova
Tel./Fax (+39) 04 63 / 75 40 88
alpenrose@tin.it
www.chaletalpenrose.it
Ganzjährig geöffnet

Das Chalet befindet sich im nordwestlichen Teil des Val di Sole, am Fuß der Gebirgsgruppe Ortler-Cevedale. Tiziano und Martina, die Betreiber, haben es 1998 eröffnet, nach vier Jahren Umbauarbeiten, bei denen der Altbestand aber erhalten blieb. Die im Stil des 18. Jahrhunderts eingerichteten Zimmer verfügen über Bäder mit Massageduschen; in einigen Zimmern schläft man in Himmelbetten. Das angrenzende Gebäude beherbergt das Spielzimmer und den Leseraum. Das Restaurant bietet regionale Küche für 35 Euro ohne Wein. Das Frühstücksbüfett umfasst Milch, Honig, Käse und Aufschnitt; sämtliche Produkte sind lokaler Herkunft. Die Gäste können die Sauna benutzen, Fahrräder ausleihen oder an geführten Besichtigungen teilnehmen.

♦ 9 DZ und 1 4BZ, alle mit Bad und WC, Safe, Sat-TV, Internetanschluss ♦ DZ in Einzelbelegung € 50, DZ € 80, 4BZ € 120 (alle mit Frühstück) ♦ alle Kreditkarten, Bankomat ♦ Anlage barrierefrei zugänglich, Privatparkplatz, Garage (€ 3–5 pro Tag), kleine Haustiere willkommen, Rezeptionsdienst 8–24 Uhr ♦ Bar, Restaurant, Spielzimmer, Leseraum, Konferenzraum, Garten, Gartenhaus, Terrasse

Pergine Valsugana

11 km östlich von Trient
Ausfahrt Trento Centro oder Trento Nord der A 22,
Hinweisschilder nach Padua; S.S. 47 »Valsugana«,
Abfahrt Pergine Centro

Castello

1-Stern-Hotel
Via al Castello, 10
Tel. (+39) 04 61 / 53 11 58
Fax (+39) 04 61 / 53 13 29
verena@castelpergine.it
www.castelpergine.it
Ferien: Dezember–März

Das Castel Pergine dominiert vom Tegazzo-Hügel aus das Tal. Dass es mehrmals umgebaut wurde, ist am Mix der Stilrichtungen unterschiedlicher Epochen zu erkennen. Von den Herzögen von Österreich errichtet, wurde die Burg im 15. Jahrhundert erstmals umgestaltet, und auch im 16. und 17. Jahrhundert kam es zu baulichen Veränderungen. Im 20. Jahrhundert gelangte sie schließlich in Privatbesitz. Zum historischen Charme der Zimmer gesellen sich die Effizienz und Energie der Gastgeber, die stets zuvorkommend, aufmerksam und herzlich sind. Das Frühstücksbüfett, für das lokale Produkte verwendet werden, umfasst feine hausgemachte Kuchen. Das Restaurant, ein idealer Ort für ein Dinner bei Kerzenlicht, bietet regionale Gerichte und eine schöne Weinkarte (34 Euro ohne Wein, Halbpension 56 bis 77 Euro pro Person). Das Castel Pergine beherbergt jedes Jahr Einzelausstellungen von Bildhauern oder Installationen namhafter Avantgardekünstler.

♦ 4 EZ und 17 DZ, alle mit Bad und WC (bei 7 Zimmern auf dem Flur) ♦ EZ € 36–56, DZ € 72–104 (Aufpreis Zusatzbett € 30, alle mit Frühstück) ♦ Kreditkarten: Visa; Bankomat ♦ Privatparkplatz, kleine Haustiere willkommen (in den Zimmern), Betreiber bis 24 Uhr erreichbar ♦ Bar, Restaurant, Frühstücksraum, TV-Raum, Leseraum, Garten innerhalb und außerhalb der Burgmauern

Pinzolo
Sant'Antonio di Mavignola

60 km nordwestlich von Trient
Ausfahrt Trento Centro der A 22, S.S. 237 und S.S. 239 in Richtung Pinzolo

Maso Mistrin

1-Stern-Hotel
Viale Dolomiti di Brenta, 93
Tel. (+39) 04 65 / 50 72 93
Fax (+39) 04 65 / 32 88 99
info@masomistrin.com
www.masomistrin.com
Ganzjährig geöffnet

Alice Bugna Collini und ihre Familie leiten dieses schöne Haus vor den Toren von Madonna di Campiglio, in einer Gegend, die von großen touristischen Anlagen bislang verschont geblieben ist. Das neue, gut gepflegte Haus in schöner Lage zeichnet sich durch erlesenes Holzinterieur aus. Die acht Zimmer und drei Apartments sind alle unterschiedlich eingerichtet und unverwechselbar gestaltet. Der Service ist tadellos, das Personal gewandt und höflich. Das Frühstücksbüfett wird bei schönem Wetter im Garten vorbereitet und umfasst mindestens drei verschiedene hausgemachte Torten, Krapfen, Kleinpatisserie, viele Sorten Joghurt, Pudding, Früchtekompott, Honig, selbst gemachten Holundersaft, aber auch einheimischen Käse und typische Würste, heiße Crêpes und unterschiedlich zubereitete Eier.

♦ 1 EZ und 7 DZ oder 3BZ, alle mit Bad und WC, Safe, Telefon, TV, Internet (7 Zimmer mit Balkon); 3 Apartments (4–5 Personen) mit Kochnische ♦ EZ € 30–60, DZ € 60–120, 3BZ € 80–160 (alle mit Frühstück); Apartment € 30–60 pro Person (Küchenbenutzung € 12 pro Tag) ♦ alle Kreditkarten, Bankomat ♦ Anlage barrierefrei zugänglich, 2 Zimmer behindertengerecht ausgestattet, Privatparkplatz, Garage (8 Plätze), kleine Haustiere willkommen (nach Absprache), Betreiber immer erreichbar ♦ Frühstücksraum, Garten, Sonnenterrasse

Predazzo

75 km nordöstlich von Trient
Ausfahrt Egna-Ora der A 22, S.S. 48

Maso Lena

Agriturismo
Ortsteil Löze
Tel. (+39) 340 / 592 31 04
info@masolena.it
www.masolena.it
Ganzjährig geöffnet

Die Familie Dellagiacoma, die sich der Zucht von Norikerpferden widmet, wird Sie in diesem gastlichen Agriturismo inmitten der Pracht des Fleimstals begrüßen. Die gemütlichen, ganz in Holz gehaltenen Zimmer sind rustikal eingerichtet. Das Frühstücksbüfett umfasst verschiedene selbst gebackene Kuchen, frisch gemolkene Milch und Joghurt aus eigener Erzeugung. Das Restaurant bietet regionale Gerichte (22 bis 24 Euro ohne Wein, Halbpension 60 bis 70 Euro pro Person), die hauptsächlich aus Produkten vom Hof zubereitet werden. Nach 16 Uhr werden in der Stube süße Speisen und heiße Getränke serviert. Von Juni bis September kann man die Küche der Malga Bocche probieren (15 Euro ohne Wein): Die ebenfalls von der Familie Dellagiacoma betriebene Gaststätte befindet sich in 1.950 Meter Seehöhe. Auf dem Maso Lena, der auch ein Schaubauernhof ist, werden übrigens Kutschen- und Schlittenfahrten sowie Schneeschuhwanderungen organisiert. Von Weihnachten bis Neujahr steigt der Preis für das Doppelzimmer auf 150 Euro.

♦ 8 DZ mit Bad und WC, Balkon, Safe, Sat-TV ♦ DZ in Einzelbelegung € 55–66, DZ € 100–120 (alle mit Frühstück) ♦ alle Kreditkarten, Bankomat ♦ Gemeinschaftsbereiche und 2 Zimmer barrierefrei zugänglich, überdachter Privatparkplatz, kleine Haustiere willkommen, Betreiber stets anwesend ♦ Barbereich, Restaurant, Garten, Reitstall

Riva del Garda

21 km vom Bahnhof Rovereto
41 km südwestlich von Trient, S.S. 45 B
19 km von der Ausfahrt Rovereto Sud-Riva del Garda Nord der A 22; Boote nach Desenzano del Garda und Gardone Riviera

Restel de Fer

1-Stern-Hotel
Via Restel de Fer, 10
Tel. (+39) 04 64 / 55 34 81
Fax (+39) 04 64 / 55 27 98
info@resteldefer.com
www.resteldefer.com
Ferien: November–Ostern

Die Familie Meneghelli hat ihr Landhaus – seit 1400 in ihrem Besitz – zu einem komfortablen Hotel umgebaut, das sich etwas außerhalb des Zentrums, aber nicht weit vom See befindet. Das Haus, dessen Name sich auf das Gittertor am Eingang bezieht, verfügt über einen Wintergarten, in dem man essen kann, und eine große Wiese für den Sommer mit einem schattigen Gartenhaus zum Entspannen. Die wenigen Zimmer sind geräumig und individuell eingerichtet: restaurierte Antiquitäten, schmiedeeiserne Betten. Das sorgfältig zubereitete, reichhaltige Frühstück umfasst trentinische Produkte wie Käse, Wurstwaren und hausgemachte Konfitüren (Pflaume, Feige, Kaki). Ennio und Ida, die Besitzer, bieten einen dezent-eleganten Service. Die Küche des Hauses schöpft aus alten Rezeptbüchern, bietet aber auch zeitgemäße regionale Gerichte (ab 10 Euro pro Person ohne Wein).

♦ 7 DZ mit Bad und WC, Telefon, TV; 3 Apartments (4–5 Personen) mit Küchenbenutzung ♦ DZ in Einzelbelegung € 70, DZ € 90 (Aufpreis Zusatzbett € 10–20, alle mit Frühstück); Apartment € 110 ♦ alle Kreditkarten, Bankomat ♦ Privatparkplatz, Garage für Fahrräder, Motorräder und 4 Autos, kleine Haustiere willkommen, Rezeptionsdienst 7–24 Uhr ♦ Restaurant, Enoteca, Salon, Wintergarten, Raucherbereich

Romeno
Malgolo

45 km nördlich von Trient
Ausfahrt San Michele all'Adige der A 22, S.S. 43 bis Dermulo und S.S. 43 dir

Nerina

2-Sterne-Hotel
Via Salter, 33
Tel. (+39) 04 63 / 51 01 11
Fax (+39) 04 63 / 51 00 01
info@albergonerina.it
www.albergonerina.it
Ferien: letzten 2 Oktoberwochen

Das Hotel gehört zur Geschichte dieser Familie: Gründer war der Vater von Sandro Di Nuzzo, der es nach seiner Frau benannte; heute führen die Kinder den Betrieb zuvorkommend und hingebungsvoll. Die schlichten, informellen Zimmer sind auf zwei Stockwerke verteilt; diejenigen, die über Balkone verfügen, haben einen schönen Blick auf das Tal. Im Speisesaal des Restaurants im Erdgeschoss wird eine Küche geboten, deren kulinarisches Repertoire vom Trentino bis nach Kampanien reicht. Bei einem Aufenthalt von mindestens drei Nächten kann man die Halbpension für 50 Euro pro Person in Anspruch nehmen. Das Frühstück umfasst Gebäck, Konfitüren, selbst gebackene Kuchen und Kekse, Bergbutter und Obst aus dem eigenen Garten. Das Personal spricht mehrere Sprachen, und die Besitzer, die selbst begeisterte Bergsteiger sind, geben den Gästen gerne Tipps zu Spazier- und Wanderwegen in der Umgebung.

♦ 12 DZ mit Bad und WC, Telefon, TV (9 Zimmer mit Balkon) ♦ DZ in Einzelbelegung € 45–50, DZ € 66–70 (alle mit Frühstück) ♦ alle Kreditkarten, Bankomat ♦ Privatparkplatz, kleine Haustiere willkommen (außer in den Gemeinschaftsbereichen), Betreiber 7.30–24 Uhr anwesend ♦ Restaurant, TV-Raum, Terrasse

🍲 In der Trattoria wird im saisonalen Wechsel nicht nur traditionelle Kost geboten (28 Euro ohne Wein).

Segonzano
Piazzo

3 km vom Zentrum
25 km nordöstlich von Trient, Zimmertal
Ausfahrt Trento Centro der A 22 del Brennero

Locanda dello Scalco

Zimmervermietung
Ortsteil Piazzo, 51
Tel. (+39) 04 61 / 69 60 44
Fax (+39) 04 61 / 69 62 91
info@locandadelloscalco.it
www.locandadelloscalco.it
Ferien: Oktober–April

Zwischen den Überresten einer alten Burg und einem als Wohnsitz dienenden Palazzo steht ein Steinhaus aus dem späten 17. Jahrhundert, das jahrhundertelang als Bauernhaus der Gutsverwalter und Pächter der Burgherren diente. Cristoforo und Francesca haben es in eine charmante Locanda umgewandelt, die in diesem schönen Winkel des Zimmertals zwischen Terrassenweingärten, Dörfern und schmalen, steilen Straßen gehobene Gastlichkeit bietet. Die acht Zimmer, von denen keines dem anderen gleicht, sind mit jedem erdenklichen Komfort ausgestattet, einige haben direkten Zugang zum Garten. In den Stockwerken darunter befindet sich das Restaurant, dessen Küche trentinischer und toskanischer Prägung auf die Wurzeln der Gastgeberfamilie verweist (35 Euro ohne Wein, Aufpreis für Halbpension 23 Euro). Die Locanda bietet einen Wäscheservice und einen Fahrradverleih. Das reichhaltige Frühstück, das selbst gebackenes Brot und hausgemachte Kuchen umfasst, wird in der schönen Jahreszeit im Garten serviert.

♦ 5 Standard-DZ und 3 Superior-DZ, alle mit Bad und WC (Whirlpool), Minibar, Safe, Telefon, Sat-TV, WLAN ♦ DZ in Einzelbelegung € 88–110, Standard-DZ € 98, Superior-DZ € 120 (Aufpreis Zusatzbett € 10, alle mit Frühstück) ♦ alle Kreditkarten, Bankomat ♦ Privatparkplatz, kleine Haustiere willkommen, Rezeptionsdienst 8–23 Uhr ♦ Restaurant, Bar, Garten

Soraga

96 km nordöstlich von Trient
Ausfahrt Egna-Ora der A 22, S.S. 48 und S.S. 346

Arnica

3-Sterne-Hotel
Strada de Parlaut, 4
Tel. (+39) 04 62 / 76 84 15
Fax (+39) 04 62 / 76 82 20
info@hotelarnica.net
www.hotelarnica.net
Ferien: Ostern–1. Mai, Mitte Oktober–1. Dezember

Das kleine Haus im alpinen Stil besticht durch die großzügige Verwendung von Holz, ganz nach ladinischer Tradition. Marco Pederiva, talentierter Koch und Hotelier, leitet diesen Betrieb, der mit schlichtem Interieur – das aber keineswegs auf Annehmlichkeiten verzichtet – Komfort und Tradition vereint. Im Foyer fällt die schöne Holzdecke mit den Einlegearbeiten auf; ebenfalls zu den Gemeinschaftsbereichen gehört eine typische Tiroler Stube. Sämtliche Zimmer zeichnen sich durch ein prächtiges Dolomitenpanorama aus. Den Gästen steht überdies ein Gesundheitszentrum mit Sauna und Whirlpools zur Verfügung. Zum Frühstück gibt es Zerealien, Brötchen, Croissants, Joghurt, feine Konfitüren, Kuchen und Obst der Saison. Das Restaurant, das auch externe Gäste bedient, bietet eine zeitgemäß interpretierte Regionalküche (Degustationsmenü 45 Euro, Aufpreis für Halbpension 10 Euro pro Person). An den großen Feiertagen beträgt der Preis für das Doppelzimmer 140 Euro.

♦ 2 EZ, 14 DZ und 8 Juniorsuiten, alle mit Bad und WC, Safe, TV ♦ EZ € 35–70, DZ € 70–130, Juniorsuite € 80–180 (alle mit Frühstück) ♦ Kreditkarten: CartaSi, MC, Visa; Bankomat ♦ Anlage barrierefrei zugänglich, überdachter Privatparkplatz, kleine Haustiere willkommen (nach Absprache), Betreiber bis 24 Uhr anwesend ♦ Bar, Restaurant, TV-Raum, Leseraum, Garten, Sonnenterrasse, Wellnessbereich

Soraga
Fuchiade

96 km nordöstlich von Trient
Ausfahrt Egna-Ora der A 22, S.S. 48 und S.S. 346

Fuchiade

Schutzhütte
Ortsteil Fuchiade
Tel. (+39) 04 62 / 57 42 81,
(+39) 04 62 / 76 81 94
www.fuciade.it
Ferien: nach Ostern–Ende Mai, November

Die abgelegene Hütte hat einen ganz besonderen Charme. Erreichbar ist sie nur zu Fuß, im Winter mit den Skiern oder dem von den Wirtsleuten angebotenen Shuttledienst (unter anderem mit dem Motorschlitten). Das vor Kurzem renovierte Haus zeigt sich nun nicht nur als Speiselokal in neuem Gewand (das Fuchiade ist jedem Fan der authentischen ladinischen Küche längst ein Begriff), sondern auch als Herberge für erholsame Aufenthalte in einer verschneiten Bergkulisse fernab von Wirbel und Stress. Im Sommer führt der Weg zu diesem kleinen Paradies über blühende Almwiesen. Sergio Rossi, ein ausgezeichneter Koch, kümmert sich gemeinsam mit seiner Frau sowohl um die Übernachtungsgäste als auch um die Küche, in der er Hervorragendes zaubert. Zum Frühstück bekommt man ausschließlich lokale Erzeugnisse, frisch gemolkene Milch und hausgemachte Butter. Wer Halbpension wünscht, bezahlt dafür 80 Euro pro Person.

♦ 2 DZ, 2 3BZ und 2 4BZ, alle mit Bad und WC ♦ DZ in Einzelbelegung € 50, DZ € 100 (alle mit Frühstück) ♦ Kreditkarten: CartaSi, DC, MC, Visa; Bankomat ♦ öffentlicher Parkplatz 3,5 Kilometer entfernt, kleine Haustiere willkommen (außer in den Zimmern), Betreiber stets anwesend ♦ Restaurant, Garten

🍲 Die Küche des Hauses bietet Gerichte aus typischen Produkten der Bergregion (35 Euro ohne Wein).

Spera

42 km östlich von Trient
Ausfahrt Trento der A 22, S.S. 47 in Richtung Venedig, Abzweigung in Strigno

Spera

3-Sterne-Hotel
Via Carzano, 7
Tel. (+39) 04 61 / 76 20 42,
(+39) 04 61 / 76 37 10
Fax (+39) 04 61 / 78 27 81
hotelspera@crucolo.it
www.hotelspera.it
Ganzjährig geöffnet

Das neu errichtete Hotel befindet sich nicht weit von der Ortschaft, in wunderschöner sonniger Lage mit Blick auf das Valsugana. Das schlichte Haus ist ein hervorragender Ausgangspunkt für leichte und anspruchsvollere Wanderungen auf die umliegenden Almen und für Mountainbiketouren. Seit Jahren leitet die Familie Purin nunmehr dieses Hotel und die nicht weit davon entfernte geschichtsträchtige Osteria namens Crucolo. Die Zimmer sind geräumig und sehr zweckmäßig ausgestattet, der Service ist tadellos und ungezwungen. Das opulente Frühstück basiert auf lokalen Produkten. Die Halbpension ist mit 49 bis 53 Euro pro Person wohlfeil. Im Hotel kann man außerdem einige typische gastronomische Spezialitäten des Valsugana zum Mitnehmen kaufen.

◆ 35 DZ mit Bad und WC, Telefon, TV
◆ DZ in Einzelbelegung € 43, DZ € 74 (alle mit Frühstück) ◆ Kreditkarten: CartaSi, MC, Visa; Bankomat ◆ Anlage barrierefrei zugänglich, Privatparkplatz, kleine Haustiere willkommen (in den Zimmern), Betreiber 7.30–24 Uhr anwesend ◆ Bar, Restaurant, Terrasse

🍴 Die Angebote des Restaurants Crucolo basieren auf traditionellen trentinischen Rezepten und werden von erlesenen Weinen aus der Region begleitet (20 bis 25 Euro ohne Wein).

Spiazzo
Borzago

5 km vom Zentrum
52 km westlich von Trient, S.S. 237 und S.S. 239

Baite di Prà

Agriturismo
Ortsteil Prà
Tel. (+39) 348 / 002 57 07
info@baitedipra.it
www.baitedipra.it
Ferien: November–April

Patrizia und Michele Ongari haben einige bäuerliche Gebäude im oberen Borzagotal in eine kleine idyllische Insel des Wohlbehagens verwandelt. Jedes Detail wurde unter Verwendung umweltverträglicher Materialien gestaltet. Holz dominiert, sogar bei den Dachrinnen. Im größten Gebäude wurde das Speiselokal eingerichtet. Die sieben Gästezimmer verfügen über bequeme Betten, weiche Daunendecken, farbenfrohe Dekorstoffe und komfortable Bäder. Den Strom erzeugt man selbst mit einem Wasserkraftwerk am mächtigen Wildbach, der in der Nähe der Hütten talwärts stürzt. Das ausgiebige Frühstück bietet Erzeugnisse der eigenen Landwirtschaft: Heidelbeeren, Himbeeren und Erdbeeren, Milch von der Alm, selbst gerührten Joghurt, Kuchen, Kekse, Konfitüren, aber auch Deftig-Pikantes für all jene, die gleich danach den Aufstieg auf den Adamello wagen möchten. In der Gastwirtschaft werden traditionsreiche Menüs mit hausgemachten Nudeln, Klößchen, Wildbret und vor allem Pilzen angeboten. Große Auswahl an einheimischen Würsten und Bergkäse (27 Euro ohne Getränke).

◆ 4 DZ, 2 3BZ und 1 4BZ, alle mit Bad und WC ◆ DZ € 80, 3BZ € 90, 4BZ € 100 (alle mit Frühstück) ◆ keine Kreditkarten ◆ 2 Zimmer behindertengerecht ausgestattet, Privatparkplatz, kleine Haustiere willkommen, Betreiber stets anwesend ◆ Restaurant

Spiazzo
Mortaso

52 km westlich von Trient
Ausfahrt Trento der A 22, S.S. 237 und S.S. 239 in Richtung Sarche-Tione

Mezzosoldo

3-Sterne-Hotel
Via Nazionale, 196
Tel. (+39) 04 65 / 80 10 67
Fax (+39) 04 65 / 80 10 78
info@mezzosoldo.it
www.mezzosoldo.it
Ferien: Ostern–Juni, Mitte September–November

Dem unermüdlichen Wirken von Noris und Rino Lorenzi ist es zu verdanken, dass der kleine Gasthof der Familie auf dem Weg nach Madonna di Campiglio zu einer fixen Anlaufstelle für Feinschmecker geworden ist. Ihr Haus ist innen ein richtiggehendes Museum, das sich auf faszinierende Weise ständig weiterentwickelt. Und jedes Gästezimmer erweist sich als Unikat: Betten im Empirestil und rustikales Mobiliar mit orientalischen Einflüssen ergeben eine attraktive Mischung. Das Frühstück wird in einem Raum mit maßgefertigten Tischen und Stühlen aus Nussholz serviert: Die Zahl der köstlichen Muntermacher ist groß, es gibt unter anderem Wildfrüchte, Bergbutter, trentinische Würste und zweimal täglich frisch gebackenes Brot. Halbpension kostet 45 bis 64 Euro pro Person. Auf dem Dach wurde ein kleines Schwimmbad mit Massagedüsen und Sonnenterrasse angelegt.

♦ 2 EZ, 21 DZ und 3 3BZ, alle mit Bad und WC, Telefon, TV, WLAN ♦ EZ € 50, DZ € 82, 3BZ € 100 (alle mit Frühstück) ♦ Kreditkarten: CartaSi, DC, MC, Visa; Bankomat ♦ Anlage barrierefrei zugänglich, Privatparkplatz, kleine Haustiere willkommen (nach Absprache), Betreiber stets anwesend ♦ Bar, Restaurant, Leseraum, TV-Raum, Garten, Sonnenterrasse, Schwimmbecken

🍲 Das Restaurant bietet auf stets hohem Niveau neben kreativer Küche traditionelle Gerichte (33 bis 35 Euro ohne Wein).

Tassullo

37 km nördlich von Trient
Ausfahrt San Michele all'Adige der A 22, S.S. 43

Renetta

NEU

Agriturismo
Via di Campo, 10
Tel./Fax (+39) 04 63 / 45 07 94
info@agritur-renetta.it
www.agritur-renetta.it
Ganzjährig geöffnet

Tasullo, ein kleines Zentrum im Nontal, liegt mitten im Grün der Obsthaine und wird von der imposanten Gebirgskette der Brenta-Gruppe eingerahmt. Der Ort ist ein beliebtes Ziel sportbegeisterter Bergfreunde, die hier unterschiedlichsten Outdooraktivitäten nachgehen können: Bergsteigen, Reiten, Skitouren, Schneeschuhwandern, Mountainbiketouren. Schneeschuhe und Fahrräder werden den Gästen auf Anfrage gratis zur Verfügung gestellt, auf diesem idyllischen Hof, auf dem vor allem Äpfel angebaut werden. Das Ambiente ist familiär; die Gästezimmer und das Apartment, das für Aufenthalte von mindestens einer Woche vermietet wird, sind geräumig, hell und im Tiroler Stil eingerichtet. Das reichhaltige Frühstück umfasst Konfitüren, Süßspeisen, Gebäck, Kekse, Säfte und frisches Obst (alles aus eigener Erzeugung) sowie Honig, Milch und Butter von lokalen Produzenten.

♦ 11 DZ mit Bad und WC, Balkon, Minibar, TV, Internetanschluss (einige Zimmer mit Safe); 1 Miniapartment (4 Personen) mit Küche ♦ EZ € 35–40, DZ € 56–70 (alle mit Frühstück) ♦ Kreditkarten: CartaSi, MC, Visa; Bankomat ♦ 1 Zimmer behindertengerecht ausgestattet, Privatparkplatz, Gratisgarage, kleine Haustiere willkommen, Betreiber 8–22 Uhr erreichbar ♦ Frühstücksraum, Leseraum, Garten, Terrasse

Terlago

90 km westlich von Trient
6 km von der Ausfahrt Trento Centro der A 22 in Richtung Valle dei Laghi, S.S. 45 bis »Gardesana«

Lillà

3-Sterne-Hotel
Ortsteil Maso Travolt, 14
Tel. (+39) 04 61 / 86 80 27
Fax (+39) 04 61 / 86 86 05
info@hotellilla.com
www.hotellilla.com
Ganzjährig geöffnet

Wir entdecken dieses vor Kurzem komplett umgebaute Hotel direkt am See in isolierter, ruhiger Lage, obwohl es nicht weit weg vom Ort ist. Das im frühen 19. Jahrhundert als Herrschaftssitz errichtete Gebäude hat seine strenge Fassade bewahrt, die durch die Blumenbeete und den Baumbestand aufgelockert wird. Mauro und Elena Bonetti kümmern sich um die Leitung des Hauses, das sämtliche Annehmlichkeiten bietet. Die ebenso geräumigen wie gepflegten Zimmer sind mit viel hellem Holz eingerichtet und haben alle einen Balkon mit Seeblick. Die Suite verfügt zudem über ein Bad mit Massagedusche und Whirlpool mit Dampfbadfunktion. Das Frühstück umfasst unter anderem hausgemachte süße und pikante Speisen, ofenwarme Brötchen und frisch gemolkene Milch. Das Restaurant empfiehlt traditionelle Menüs (25 Euro pro Person ohne Wein), ist aber auch eine Pizzeria. Das Lillà ist ein hervorragender Ausgangspunkt für Wanderungen.

♦ 5 EZ, 15 DZ, 4 3BZ oder 4BZ und 1 Suite, alle mit Bad und WC, Balkon, Aircondition, Minibar, Safe, Sat-TV, WLAN ♦ EZ € 50, DZ in Einzelbelegung € 55, DZ € 85, 3BZ € 96, 4 BZ und Suite € 110 (alle mit Frühstück) ♦ Kreditkarten: CartaSi, MC, Visa; Bankomat ♦ Anlage barrierefrei zugänglich, Privatparkplatz, Garage (3 Plätze, € 5 pro Tag), kleine Haustiere willkommen, Rezeptionsdienst bis 24 Uhr ♦ Bar, Restaurant, Frühstücksraum, Konferenzraum, Terrasse, Liegewiese

Tesero

65 km nordöstlich von Trient
Ausfahrt Egna-Ora der A 22, etwa 30 km auf der S.S. 48 delle Dolomiti

Darial

Agriturismo
Via Cavada, 61
Tel. (+39) 04 62 / 81 47 05
Fax (+39) 04 62 / 81 40 84
info@agriturdarial.it
www.agriturdarial.it
Ferien: Frühling, Herbst

Dieser Agriturismo im typischen Fleimstaler Stil gehört der Familie Volcan. Auf dem Hof werden unter anderem Ziegen der Edelrasse Saanen gezüchtet, die wegen ihrer für die Käseherstellung bestens geeigneten Milch gefragt sind. Die Ferienunterkünfte befinden sich in einem dreistöckigen Neubau in sonniger Lage in 1.100 Meter Seehöhe. Die Zimmer sind großzügig und luftig, das Frühstück besteht aus Hausgemachtem: von Kuchen, Marmeladen und Honig über heimischen Käse bis zu typischen Würsten und Gemüsesorten. Auf Vorbestellung kann man die Wirtsleute auch für sich kochen lassen (Aufpreis für Halbpension 14 Euro pro Person). Für Kinder wurde ein Spielzimmer eingerichtet, während den Erwachsenen ein Wellnessbereich mit finnischer Sauna und Dampfbad, Kaltnebel und Whirlpool zur Verfügung steht. Geboten werden darüber hinaus geführte Besichtigungen der Hütten und Almwirtschaften, welche die Familie betreibt.

♦ 6 DZ, 2 3BZ und 2 4BZ, alle mit Bad und WC, TV (8 Zimmer mit Balkon) ♦ DZ in Einzelbelegung € 43, DZ € 70, € 105, 4BZ € 137 (alle mit Frühstück) ♦ Kreditkarten: CartaSi, MC, Visa; Bankomat ♦ Anlage barrierefrei zugänglich, 2 Zimmer behindertengerecht ausgestattet, Privatparkplatz, kleine Haustiere willkommen, Betreiber stets anwesend ♦ Restaurant, TV-Raum, Spielzimmer, Garten, Kinderspielplatz, Wellnessbereich

TRENTINO

Ton
Toss

30 km nördlich von Trient
Ausfahrt San Michele all'Adige der A 22, S.S. 43

Golden Pause

Agriturismo
Via Verdi, 16
Tel. (+39) 04 61 / 65 76 88
Fax (+39) 04 61 / 65 71 77
scrivi@goldenpause.it
www.goldenpause.it
Ganzjährig geöffnet

Am Fuße des monumentalen Castel Thun, einer Burg aus dem 16. Jahrhundert im gotischen Stil, zu der man auf einer schmalen Straße gelangt, entdecken wir diesen Familienbetrieb: Der von Buchen- und Fichtenwäldern umgebene Ferienbauernhof liegt inmitten von Apfelgärten und bietet eine herrliche Aussicht auf das obere Nontal und die Brenta-Dolomiten. Sowohl die Zimmer als auch das Apartment (das meist nur wochenweise vermietet wird) sind gepflegt und rustikal eingerichtet. Zum Frühstück genießt man die von Signora Carla erzeugten Konfitüren, Strudel und Torten und kann ihren selbst gemachten Apfelsaft probieren. Der weitläufige Garten ist dank entsprechender Ausstattung zum Entspannen wie geschaffen, falls man einmal nicht die diversen Ausflugsmöglichkeiten in der näheren Umgebung nutzen möchte (Mountainbikes können vor Ort ausgeliehen werden). Das beliebte Skigebiet auf dem Paganella-Hochplateau liegt nur wenige Autominuten entfernt.

♦ 4 DZ mit Bad und WC, Balkon, TV; 1 Miniapartment (2–3 Personen) mit Küche ♦ DZ in Einzelbelegung € 32–37, DZ € 56–60 (alle mit Frühstück) ♦ keine Kreditkarten ♦ Anlage barrierefrei zugänglich, Privatparkplatz, Gratisgarage für Motorräder, Haustiere nicht erlaubt, Betreiber stets anwesend ♦ Frühstücksraum, Garten, Veranda

Tonadico
Sabbionade

95 km nordöstlich von Trient
Ausfahrt Egna-Ora der A 22, S.S. 48 delle Dolomiti

Cant del Gal

2-Sterne-Hotel
Ortsteil Sabbionade, 1
Tel. (+39) 04 39 / 629 97
Fax (+39) 04 39 / 76 55 39
cantdelgal@primieroiniziative.it
Ferien: 3. November–8. Dezember

Diese Hütte im Val Canali wurde mit Beharrlichkeit und Leidenschaft erst zur Gastwirtschaft und dann zur Pension ausgebaut. Das Ambiente ist rustikal und wirkt durch das Holz warm und einladend, wie es sich für eine zünftige Hütte gehört. Die Zimmer im Obergeschoss bzw. in der Mansarde wurden vor Kurzem adaptiert, um mehr Komfort zu bieten. Das Frühstück ist gehaltvoll, die anderen Mahlzeiten bestehen aus bäuerlichen Gerichten und regionalen Milchprodukten, unter anderem dem klassischen Frischkäse namens Tosèla. Für 39 bis 51 Euro pro Person kann Halbpension vereinbart werden. Das Lokal wird auch von Wanderern, Skiläufern und Klettersportlern gerne besucht.

♦ 9 DZ mit Bad und WC, Safe, Telefon, Sat-TV, WLAN ♦ DZ in Einzelbelegung € 40, DZ € 64 (alle mit Frühstück) ♦ Kreditkarten: CartaSi, MC, Visa; Bankomat ♦ Anlage barrierefrei zugänglich, 1 Zimmer behindertengerecht ausgestattet, Privatparkplatz, kleine Haustiere willkommen (außer in den Gemeinschaftsbereichen), Betreiber stets anwesend ♦ Bar, Restaurant, Garten, Sonnenterrasse, Kinderspielplatz

🍲 In der Gastwirtschaft bekommt man ehrliche Traditionskost (28 bis 30 Euro ohne Wein).

Tonadico

95 km nordöstlich von Trient
Ausfahrt Egna-Ora der A 22, S.S. 48 und S.S. 50 in Richtung Fiera di Primiero, dann S.S. 347 in Richtung Passo Cereda

Dalaip dei Pape

NEU

Agriturismo
Ortsteil Dalaibi
Tel. (+39) 329 / 191 54 45
Fax (+39) 04 39 / 199 01 10
info@agriturdalaip.it
www.agriturdalaip.it
Ferien: Januar–März, November–Dezember

Wir befinden uns am Rande des Naturparks Paneveggio-Pale di San Martino in 1.200 Meter Seehöhe. Der Agriturismo, der 2006 durch den Umbau eines alten Bergbauernhofes entstanden ist, wird von Giampietro und Luciana Scalet geführt. Die vier geräumigen, komfortablen Zimmer haben Holzbalken und verfügen alle über ein eigenes Bad. Luciana widmet sich der Zubereitung typischer Gerichte des Tals und verwendet dafür viele Zutaten vom Hof. Beeren und Konfitüren kann man auch zum Mitnehmen kaufen. Giampietro, der Bergführer ist und an einer Expedition auf den Dhaulagiri teilgenommen hat, stellt den Gästen seine Erfahrung im Wandern und Klettern auf den Bergen der Palagruppe zur Verfügung. Im Juli und im September, also in der Erntezeit, dürfen die Gäste bei der Feldarbeit helfen.

♦ 4 DZ mit Bad und WC, TV ♦ EZ € 40–46, DZ € 60–72 (alle mit Frühstück) ♦ keine Kreditkarten ♦ Privatparkplatz, kleine Haustiere willkommen, Betreiber stets anwesend ♦ Restaurant, Garten

Transacqua

95 km östlich von Trient
Ausfahrt Egna-Ora der A 22, S.S. 48 delle Dolomiti

Baita Zeni

Bed & Breakfast
Ortsteil Pezze Alte
Tel. (+39) 04 39 / 648 13,
(+39) 333 / 474 93 82
Fax (+39) 04 39 / 648 13
baitazeni@libero.it
www.baitazeni.altervista.org
Ganzjährig geöffnet

Alba Salvatori betreibt mit ihrer Familie diesen renovierten Bauernhof, der auf einer natürlichen Terrasse hoch über dem Primierotal liegt. Die Panoramalage macht die etwas abenteuerliche Anfahrt wieder wett: Da ein Kilometer des Weges nur mit Geländewagen befahren oder zu Fuß bewältigt werden kann, bieten die Betreiber einen Shuttledienst an. Das Schauspiel, das man von hier oben genießt, ist diese kleine Unannehmlichkeit aber allemal wert. Von der Hütte aus kann man Wanderungen oder Mountainbiketouren in der Natur unternehmen, fernab von Chaos und Lärm der Stadt. Zum Frühstück bieten die ungemein gastfreundlichen Wirtsleute verlockende Kuchen, Obstsalat, Joghurt, Honig, selbst gemachte Konfitüren, aber auch Wurst und Käse aus dem Trentino. Für den Sommer wurde in einem Häuschen im großen Garten ein Fitnessbereich eingerichtet. Die fakultative Halbpension kostet 50 bis 60 Euro pro Person.

♦ 3 DZ mit Bad und WC, Sat-TV ♦ DZ in Einzelbelegung € 30–40, DZ € 60–80 (Aufpreis Zusatzbett € 20–30, alle mit Frühstück) ♦ keine Kreditkarten ♦ öffentlicher Parkplatz 1 Kilometer entfernt, kleine Haustiere willkommen, Betreiber immer erreichbar ♦ Restaurant (nur für Hausgäste), Frühstücksraum, Leseraum, Garten, Liegewiese, Terrasse

Trient
Cognola

3 km östlich vom Zentrum
Ausfahrt Trento Nord oder Trento Centro der A 22, Umfahrung in Richtung Padua

Alle Coste

Bed & Breakfast
Via alle Coste, 24
Tel. (+39) 04 61 / 98 37 83,
(+39) 346 / 230 91 85
lorenza.paris@bedandbreakfastallecoste.it
www.bedandbreakfastallecoste.it
Ferien: unterschiedlich

Seine Lage, die Streifzüge zu Fuß oder mit dem Fahrrad ebenso erlaubt wie einfache Bergtouren in der Umgebung (und das, obwohl man nur wenige Minuten in die Altstadt von Trient braucht), ist eines der interessantesten Merkmale dieses Betriebes. Er wird seit Jahren von der Familie Dallapè geführt. Zwei komfortable Doppelzimmer (in die problemlos ein drittes Bett passt) bilden die Beherbergungskapazität dieses Hauses in den Hügeln, in dessen Nachbarschaft sich eine wissenschaftlich-universitäre Einrichtung, aber auch Weinkeller und sonnige Weingärten befinden. Der Komplex ist im Landhausstil gehalten, die Zimmer sind hell und überaus ruhig. Gäste werden wie Freunde begrüßt und mit sehr viel Herzlichkeit und Sympathie aufgenommen. Der rustikale, schlicht eingerichtete Frühstücksraum befindet sich in der Dependance, wo auch die Zimmer liegen. Wer möchte, ist aber auch in einem Raum im Hauptgebäude, dem Wohnhaus der Besitzer, zum Frühstück willkommen.

♦ 2 DZ mit Bad und WC ♦ DZ in Einzelbelegung € 35–39, DZ € 65 (Aufpreis Zusatzbett € 15, alle mit Frühstück) ♦ keine Kreditkarten ♦ überdachter Privatparkplatz, Haustiere nicht erlaubt, Betreiber immer erreichbar ♦ Frühstücksraum, Garten, Terrasse

Trient
Martignano

3 km vom Zentrum
Ausfahrt Trento Centro der A 22 in Richtung Valsugana

Maso Wallenburg

Agriturismo
Via Bassano, 3
Tel. (+39) 04 61 / 82 15 13
Fax (+39) 04 61 / 83 09 01
info@masowallenburg.it
www.masowallenburg.it
Ganzjährig geöffnet

Das sonnige Anwesen in den Hügeln von Trient ist von Weingärten umgeben, die von der Stadtentwicklung verschont geblieben sind. Hier hat die Familie Montresor einen alten Bauernhof mit Sorgfalt renoviert und im ländlichen Stil eingerichtet. Der Außenbereich lädt zur stimmungsvollen Entspannung mit Blick auf die Weinberge ein. Als besonders gepflegt erweist sich das Frühstück, mit verschiedenen Sorten frischen Brotes, süßen und pikanten Speisen: Würste nach Tiroler Art, Brioches mit selbst gemachter Marmelade, Müsli, trentinischer Joghurt, frische Milch, Saisonobst. Kinder unter zehn Jahren wohnen gratis; Fahrräder können von allen Gästen kostenlos ausgeliehen werden. Das Haus wird von Signora Bruna Montresor und einem Mitarbeiterteam geleitet, das sich auch um den landwirtschaftlichen Betrieb und die Weinkellerei kümmert. Man spricht Englisch und Deutsch.

♦ 1 EZ, 5 DZ, 2 3BZ und 1 4BZ, alle mit Bad und WC, Airconditon, TV, WLAN ♦ EZ und DZ in Einzelbelegung € 60–65, DZ € 90–100, 3BZ € 120–135, 4BZ € 150–170 (Aufpreis Zusatzbett € 30–35, alle mit Frühstück) ♦ alle Kreditkarten, Bankomat ♦ Anlage barrierefrei zugänglich, 2 Zimmer behindertengerecht ausgestattet, Privatparkplatz, Haustiere nicht erlaubt, Betreiber stets anwesend ♦ Frühstücksraum, Konferenzsaal (50 Plätze), Garten, Sonnenterrasse

Trient
Romagnano

5 km südwestlich vom Zentrum
Von der Ausfahrt Trento der A 22 etwa 1,5 km in Richtung Verona

Prà-Sec'

Agriturismo
Via di Malebis, 1 A
Tel. (+39) 04 61 / 34 92 04,
(+39) 328 / 115 74 27
Fax (+39) 04 61 / 34 92 04
info@agriturpra-sec.it
www.agriturpra-sec.it
Ganzjährig geöffnet

Der nicht weit von der Stadt in Richtung Aldeno gelegene Agriturismo bietet eine unverfälschte, familiäre Gastlichkeit. Das Haus ist gemütlich, die Zimmer äußerst gepflegt und der Service tadellos. Die Apartments, die alle über Küche und Waschmaschine verfügen, sind insbesondere für Kleinfamilien gut geeignet. Das Frühstück wird aus eigenen Produkten zubereitet. Auf Anfrage kann man die Erzeugnisse des landwirtschaftlichen Betriebes, unter anderem Wein, probieren und kaufen. Zum Ausspannen bieten sich der vor Kurzem eingerichtete Aufenthaltsraum und die weitläufige Grünzone an. Trekkingfans können Wanderungen oder Moutainbiketouren unternehmen. Nicht weit vom Hof befindet sich ein Klettergarten mit Routen unterschiedlicher Schwierigkeitsgrade.

♦ 3 DZ, 4 3BZ und 1 4BZ, alle mit Bad und WC, TV; 4 Apartments (2–4 Personen) mit Küche ♦ DZ in Einzelbelegung € 45, DZ € 65–74, 3BZ € 85–90, 4BZ € 95–100 (alle mit Frühstück); Apartment € 380–450 pro Woche ♦ Kreditkarten: CartaSi, MC, Visa; Bankomat ♦ Anlage barrierefrei zugänglich, 2 Zimmer behindertengerecht ausgestattet, Privatparkplatz, kleine Haustiere willkommen, Betreiber immer erreichbar ♦ Frühstücksraum, Aufenthaltsraum, Degustationsstube, Garten

Trient

2 km vom Zentrum
Ausfahrt Trento Centro der A 22 in Richtung Riva del Garda

San Giorgio alla Scala

3-Sterne-Hotel
Via Brescia, 133
Tel. (+39) 04 61 / 23 88 48
Fax (+39) 04 61 / 23 88 08
info@garnisangiorgio.it
www.garnisangiorgio.it
Ganzjährig geöffnet

Dieses Hotel garni, ein renoviertes ländliches Gebäude aus dem späten 19. Jahrhundert, befindet sich in den Hügeln von Trient, zwischen dem Monte Bondone und dem Ortsteil Sardagna. Neben dem Haus, das durch seine verkehrsarme Lage zwischen Weingärten und jahrhundertealten Bäumen besticht, gibt es eine kleine Kirche und ein für Empfänge und Tagungen ausgestattetes Gebäude. Alle Zimmer sind geschmackvoll gestaltet und mit eleganten, nüchternen Möbeln eingerichtet. Die Leitung ist familiär, aber sehr professionell. Zur gepflegten Gastlichkeit gehört natürlich auch ein ebensolches Frühstück, das hier gleich dreierlei hausgemachte Kuchen, frisch gepresste Fruchtsäfte, Joghurt, frisch gemolkene Milch, Brötchen und regionale Spezialitäten umfasst. Aufgrund der Ostlage ist das Haus nachmittags von der Sonne geschützt und somit einer der kühlsten Orte, wenn die Senke von Trient unter der Sommerhitze stöhnt.

♦ 2 EZ und 12 DZ, alle mit Bad und WC, Telefon, TV, Internetanschluss ♦ EZ € 57, DZ in Einzelbelegung € 65, DZ € 90 (Aufpreis Zusatzbett € 12, alle mit Frühstück) ♦ alle Kreditkarten, Bankomat ♦ 2 Zimmer barrierefrei zugänglich, Privatparkplatz, kleine Haustiere willkommen, Rezeptionsdienst 6.30–24 Uhr ♦ Frühstücksraum, Leseraum, Terrasse

Trient
Cognola

3 km vom Zentrum
Ausfahrt Trento Nord oder Trento Centro der A 22, Umfahrung in Richtung Padua

Villa Madruzzo

3-Sterne-Hotel
Ortsteil Ponte Alto, 26
Tel. (+39) 04 61 / 98 62 20
Fax (+39) 04 61 / 98 63 61
info@villamadruzzo.it
www.villamadruzzo.it
Ganzjährig geöffnet

Das außerhalb des Zentrums, nicht weit vom Wasserfall Ponte Alto gelegene Hotel ist von einem Park mit uralten Bäumen, Bambus, Magnolien und Rosenstöcken umgeben. Die Anlage besteht aus zwei miteinander verbundenen Gebäuden: einer Villa aus dem 16. Jahrhundert und einem Zubau, der in den 1950er-Jahren errichtet wurde. Der ältere Teil bewahrt den Charme eines der bedeutendsten historischen Wohnsitze der Stadt. Die geräumigen Zimmer sind gut eingerichtet (jene im oberen Stockwerk haben Holzbalkendecken) und bieten alle ein erstklassiges Niveau in Sachen Komfort. Das Frühstück umfasst Süßes und Pikantes und wird in einem der Säle des Restaurants serviert. Eine Mahlzeit im Hotelrestaurant kostet ohne Wein etwa 38 Euro, für die Halbpension wird ein Aufpreis von 22 Euro pro Person verrechnet. An Feiertagen und im Juni kostet das Doppelzimmer 140 Euro.

♦ 5 EZ, 25 DZ, 15 3BZ und 5 4BZ, alle mit Bad und WC, Aircondition, Minibar, Safe, Telefon, TV, WLAN ♦ EZ € 65–85, DZ in Einzelbelegung € 80–100, DZ € 100–130, 3BZ € 115–150, 4BZ € 128–170 (alle mit Frühstück) ♦ alle Kreditkarten, Bankomat ♦ Anlage barrierefrei zugänglich, 2 Zimmer behindertengerecht ausgestattet, Privatparkplatz, kleine Haustiere willkommen, Rezeptionsdienst rund um die Uhr ♦ Bar, Restaurant, Konferenzsaal (80 Plätze), Park, Außenbereich

Valfloriana

40 km nordöstlich von Trient
Ausfahrt Egna-Ora der A 22, S.S. 48 delle Dolomiti

Fior di Bosco

Agriturismo · Ortsteil Comuni
Tel. (+39) 04 62 / 91 00 02,
(+39) 329 / 012 53 49
Fax (+39) 04 62 / 91 00 02
info@agriturfiordibosco.com
www.agriturfiordibosco.com
Ferien: Oktober–Mitte Juni (außer an Wochenenden)

Gemeinsam mit seiner Frau Isabella und der Familie führt Graziano Lozzer diesen Vorzeigebetrieb in Sachen biologische Landwirtschaft. Der Hof befindet sich in über 1.000 Meter Seehöhe. Die Zufahrt ist kein leichtes Unterfangen, doch die Mühe wird reich belohnt. Die Familie Lozzer hält Rinder der einheimischen Grauviehrasse (Slow-Food-Förderkreis), macht Käse und bietet Urlaub auf dem Bauernhof in einem komplett neuen und sehr gepflegten Ambiente. Die Zimmer haben den rustikalen Charme eines Bergbauernhofes, sind aber mit zeitgemäßen Annehmlichkeiten ausgestattet. Das Frühstück ist köstlich, die Küche des Hauses unverfälscht: lokale Gerichte, Butter, Würste aus eigener Erzeugung, frisch gemolkene Milch, selbst gebackenes Brot und hausgemachte süße Sachen (Menü ohne Wein 30 Euro, Halbpension 50 Euro pro Person). Auch eine Almwirtschaft in der Nähe, die im Sommer geöffnet ist, gehört zum Hof.

♦ 1 EZ und 9 DZ, alle mit Bad und WC (einige Zimmer mit Balkon) ♦ EZ € 30, DZ € 60 (alle mit Frühstück) ♦ Kreditkarten: CartaSi, Visa; Bankomat ♦ Anlage barrierefrei zugänglich, 2 Zimmer behindertengerecht ausgestattet, Privatparkplatz, kleine Haustiere willkommen, Betreiber stets anwesend ♦ Restaurant, Leseraum, Garten

Vigo di Fassa
Tamion

85 km nordöstlich von Trient
Ausfahrt Egna der A 22, S.S. 48 delle Dolomiti

Weiss

Agriturismo
Strada de Pozat, 11
Tel. (+39) 04 62 / 76 91 15,
(+39) 338 / 434 06 96
info@agriturweiss.com
www.agriturweiss.com
Ganzjährig geöffnet

NEU

Der Agritur Weiss ähnelt den vielen Bergbauernhöfen, die überall im oberen Fassatal verstreut liegen. Die Dolomiten sind hier zum Greifen nah: Langkofel, Col Rodella, Rotwand, Rosengarten, Latemar und Sella, um nur die beeindruckendsten Massive nennen. Die Landschaft ist unter einer Schneedecke im Winter ebenso faszinierend wie im Sommer, wenn sich die Wiesen in üppiges Grün kleiden. Luigi Weiss und seine Frau Monica Brunel widmen sich neben der Landwirtschaft und Viehzucht (in ihrem Vorzeigestall stehen etwa 30 Rinder) der Gastlichkeit: Die luftigen, gemütlichen Zimmer sind mit alten Holzmöbeln, handbestickter Bettwäsche und sämtlichen Annehmlichkeiten ausgestattet, sogar Skischuhtrockner gibt es. Milch, Joghurt und Käse für das Frühstück werden auf dem Hof erzeugt, das Gleiche gilt für Fleisch (Geflügel), Eier und Würste. In der guten Stube kann man der ehrlichen Fassataler Kost zusprechen, dafür sorgt der junge Küchenchef Peter Brunel, Monicas Bruder. Ein gut ausgestatteter Wellnessbereich ergänzt das Angebot.

♦ 4 DZ, 3 3BZ und 1 Suite (4 Personen), alle mit Bad und WC, Safe, Sat-TV, WLAN ♦ DZ € 80 (Aufpreis Zusatzbett € 40, alle mit Frühstück) ♦ alle Kreditkarten, Bankomat ♦ Anlage barrierefrei zugänglich, Parkplatz, Garage, kleine Haustiere willkommen, Betreiber immer erreichbar ♦ Bar, Restaurant, Ruheraum, Terrasse, Wellnessbereich

Villa Lagarina
Pedersano

3 km vom Zentrum
26 km südwestlich von Trient
Ausfahrt Rovereto Nord der A 22, S.P. Lago di Cei

Al Ghiro

Bed & Breakfast
Ortsteil Frata Riolfa
Tel. (+39) 04 64 / 82 01 48, (+39) 339 / 657 52 13, (+39) 368 / 66 97 92
Fax (+39) 04 64 / 82 01 48
info@alghiro.it
www.alghiro.it
Ganzjährig geöffnet

NEU

Pedersano ist ein kleiner Ort im Vallagarina, dem Tal der Weingärten und Burgen. Hier betreibt Monica unterstützt von Ehemann Mario und Tochter Caterina dieses gefällige, ruhige Bed & Breakfast mitten im Grünen. Die sehr gepflegten Zimmer sind mit Holzmöbeln eingerichtet und mit Liebe zum Detail gestaltet. Ein jedes zeichnet sich durch eine andere Farbgebung aus und verfügt über ein eigenes Bad und einen Gartenzugang oder einen Balkon. Das Frühstück wird in einer schön renovierten typischen Stube aus dem späten 19. Jahrhundert serviert und umfasst hausgemachte Süßspeisen, selbst gebackenes Brot und regionale Produkte wie Honig, Konfitüren, Speck und Käse. Einen Ausflug wert ist der fünf Kilometer entfernte Lago di Cei, der mitten in einem Wald aus Nadelbäumen und jahrhundertealten Buchen liegt. Etwa gleich weit ist es in die Stadt Rovereto mit dem sehenswerten MART (Museum für moderne und zeitgenössische Kunst). Das Castel Beseno, wohl eine der imposantesten Burgen des Trentino, liegt vier Kilometer entfernt, an der Straße nach Folgaria.

♦ 1 DZ, 1 3BZ und 1 4BZ, alle mit Bad und WC, Garten oder Balkon ♦ DZ in Einzelbelegung € 45, DZ € 65, 3BZ € 90, 4BZ € 115 (Aufpreis Zusatzbett € 25, alle mit Frühstück) ♦ keine Kreditkarten ♦ Privatparkplatz, Garage für Motorräder, Haustiere nicht erlaubt, Betreiber immer erreichbar ♦ Frühstücksraum, Leseraum

Algund – Lagundo
Vellau – Velloi

7 km vom Zentrum, 39 km nordwestlich von Bozen
Ausfahrt Bozen Süd der A 22, S.S. 38 bis kurz vor Töll, dann auf der Straße oder mit dem Sessellift ab Algund nach Vellau

Oberlechner

2-Sterne-Hotel
Vellau 7
Tel. (+39) 04 73 / 44 83 50
Fax (+39) 04 73 / 22 25 57
oberlechner@rolmail.net
Ferien: Ende Januar–Mitte März

In der auf 900 Meter Seehöhe in den Bergen von Burggrafenamt gelegenen Ortschaft Vellau betreibt die Familie Gamper diesen bildhübschen Gasthof. Die Zimmer sind schlicht und im klassischen Tiroler Stil eingerichtet. Das Gleiche gilt für die fünf Miniapartments, die sich für längere Aufenthalte eignen. Das Frühstück wird in einer der Stuben des Restaurants serviert, das mittags und abends auch externe Gäste empfängt. Vellau ist sowohl mit dem Auto über eine schmale und steile Bergstraße als auch mit dem Sessellift erreichbar, was die Gegend vor Trubel und Hektik bewahrt. Wer die Stille der Berge sucht, ist hier richtig. Die bevorzugte Lage macht das Haus Oberlechner zu einem idealen Ausgangspunkt für Klettertouren und Wanderungen im Naturpark Texelgruppe.

♦ 5 DZ mit Bad und WC, TV; 5 Miniapartments (2 Personen) mit Aufenthaltsraum und Küche ♦ DZ in Einzelbelegung € 37, DZ € 64 (alle mit Frühstück); Miniapartment € 55 (Mindestaufenthalt 3 Tage, Aufpreis Zusatzbett € 15, Frühstück € 10 pro Person) ♦ Kreditkarten: MC, Visa; Bankomat ♦ Anlage barrierefrei zugänglich, Parkplatz gegenüber, kleine Haustiere willkommen, Betreiber immer erreichbar ♦ Bar, Restaurant, Aufenthaltsraum, Außenbereich

🍲 In der Gastwirtschaft können Sie die Tiroler Traditionsküche genießen (30 Euro ohne Wein).

Altrei – Anterivo
Guggal

2 km vom Zentrum
42 km südlich von Bozen
Ausfahrt Neumarkt-Auer/Egna-Ora der A 22

Kürbishof

Zimmervermietung
Guggal 23
Tel. (+39) 04 71 / 88 21 40,
(+39) 338 / 437 88 17
info@kuerbishof.it
www.kuerbishof.it
Ferien: 2 Wochen im November, 3 Wochen im April

Die Anfahrt zum Kürbishof ist nicht gerade einfach: Nachdem man die verkehrsreiche Dolomitenstraße hinter sich gelassen hat, die Neumarkt mit dem Fleimstal und dem Fassatal verbindet, gilt es, den San-Lugano-Sattel zu erreichen und den Schildern nach Altrei zu folgen. Vor der Ortseinfahrt biegen Sie links zum winzigen Ortsteil Guggal auf 1.206 Meter Seehöhe ab. Auf dem alten Hof der Familie, der seit 1772 besteht, haben Hartmann Varesco und seine Frau für die Bewirtung zwei Stuben und für die Übernachtung drei Gästezimmer im Südtiroler Stil mit viel naturbelassenem altem Holz und Schnitzereien eingerichtet. Das Frühstück umfasst hausgemachte süße Sachen, lokale Wurstwaren und Käse, der im beeindruckenden Keller des Hofes reift. Probieren Sie den Altreier Kaffee, der aus gerösteten Lupinensamen zubereitet wird. Einfache Wanderwege führen in Richtung Zimmertal, das für den Müller-Thurgau und die trentinischen Grappas bekannt ist.

♦ 3 DZ mit Bad und WC, Balkon, Sat-TV ♦ DZ in Einzelbelegung € 64–72, DZ € 80–90 (Aufpreis Zusatzbett € 32–36, alle mit Frühstück) ♦ keine Kreditkarten ♦ Privatparkplatz außerhalb der Anlage, Haustiere nicht erlaubt, Betreiber stets anwesend ♦ Restaurant, Aufenthaltsraum, Garten

🍲 Das angeschlossene Gasthaus (30 Plätze) bietet traditionelle Südtiroler Küche auf der Basis erstklassiger Produkte. Für eine Mahlzeit ohne Wein zahlt man 35 Euro.

Bozen – Bolzano
Kohlern – Colle

12 km südöstlich vom Zentrum
Ausfahrt Bozen Nord der A 22, S.S. 12, in Virgl Abzweigung nach Kohlern

Kohlern

3-Sterne-Hotel
Kohlern 11
Tel. (+39) 04 71 / 32 99 78
Fax (+39) 04 71 / 32 99 66
info@albergocolle.com
www.albergocolle.com
Ferien: Anfang Januar–vor Ostern

Eine Terrasse hoch über der Bozner Senke zeichnet dieses schöne Gebäude aus, das zu Beginn des 20. Jahrhunderts entstand und zu Recht als Panoramahotel bezeichnet wird. Es ist sowohl über die Straße als auch mit der Seilbahn erreichbar. Die geräumigen, behaglichen Zimmer, die mit jedem Komfort ausgestattet sind, wurden kürzlich renoviert, haben dadurch aber nichts von ihrem nostalgischen Charme eingebüßt. Morgens steht ein reichhaltiges Büfett bereit, mit Obst, Säften, Joghurt, Kuchen, gutem frischem Brot, Milch und Butter; auf Wunsch kann man sich mit Wurst, Käse und Eiern für den Tag stärken. Bei einem Aufenthalt von mindestens vier Nächten kann Halbpension in Anspruch genommen werden (65 bis 100 Euro pro Person).

♦ 5 Economy-DZ, 5 Standard-DZ, 6 Superior-DZ, alle mit Bad und WC, TV (10 Zimmer mit Balkon) ♦ Economy-DZ in Einzelbelegung € 70–100, Economy-DZ € 90–130, Standard-DZ € 120–160, Superior-DZ € 140–170 (alle mit Frühstück) ♦ Kreditkarten: CartaSi, MC, Visa; Bankomat ♦ 2 Zimmer behindertengerecht ausgestattet, Parkplatz in unmittelbarer Nähe, kleine Haustiere willkommen, Rezeptionsdienst 7–23 Uhr ♦ Restaurant, Frühstücksraum, 3 Tagungsräume, Terrasse, Schwimmbecken, Sauna

🍲 Das Kohlern ist auch ein gutes Restaurant, das eine leichte Regionalküche bietet und über einen gut bestückten Weinkeller verfügt (35 Euro ohne Wein).

Bruneck – Brunico

75 km nordöstlich von Bozen
Ausfahrt Brixen der A 22, S.S. 49

Goldene Rose

3-Sterne-Hotel
Graben 36
Tel. (+39) 04 74 / 41 30 00
Fax (+39) 04 74 / 41 30 99
info@hotelgoldenerose.com
www.hotelgoldenerose.com
Ferien: 4.–28. Juni, 1.–25. Oktober

Das Hotel der Familie Hinterhuber – ein altes Gebäude, das 1999 komplett renoviert wurde – verfügt über acht Zimmer und 13 Suiten. Alle haben große Fenster mit Blick auf die Altstadt, sind sehr geräumig und mit hellen Holzmöbeln stilvoll eingerichtet. Die Betten sind wie in dieser Gegend üblich mit Daunendecken versehen. Das Frühstück wird im ersten Stock serviert und bietet eine große Vielfalt von heißen und kalten Getränken, Kompott, Müsli und Zerealien, Honig- und Marmeladensorten, Käse und Aufschnitt. Durch die Nähe zur lebendigen Brunecker Altstadt ist das Haus ein idealer Ausgangspunkt für Spaziergänge, auf denen man die bezaubernden Häuser mit der typischen Südtiroler Architektur bewundern kann.

♦ 8 DZ und 13 Suiten, alle mit Bad und WC, Minibar, Sat-TV (Suiten mit Balkon) ♦ DZ in Einzelbelegung € 65–85, DZ € 94–124, Suite in Einzelbelegung € 85–105, Suite € 124–156 (Aufpreis Zusatzbett € 21–41, alle mit Frühstück) ♦ Kreditkarten: AE, CartaSi, MC, Visa; Bankomat ♦ Anlage barrierefrei zugänglich, 1 Zimmer behindertengerecht ausgestattet, Garage (€ 7 pro Tag), Gratisgarage 150 Meter entfernt, kleine Haustiere willkommen (€ 10 pro Tag), Rezeptionsdienst 7–23 Uhr ♦ Bar, Frühstücksraum, Konferenzraum

Bruneck – Brunico
Amaten – Ameto

75 km nordöstlich von Bozen
Ausfahrt Brixen der A 22, S.S. 49

Oberraut

1-Stern-Hotel
Amaten 1
Tel./Fax (+39) 04 74 / 55 99 77
gasthof.oberraut@dnet.it
Ferien: 15.–31. Januar, 20. Juni–Anfang Juli, 20.–30. September

Dieser Gasthof zeichnet sich durch nüchterne Eleganz und eine herzlich-familiäre Atmosphäre aus. Hierher kommt man nicht nur um der guten Küche zuzusprechen, sondern auch um sich von den Schönheiten einer respektvoll gepflegten Kulturlandschaft bezaubern zu lassen. Die zweckmäßig eingerichteten Zimmer sind behaglich und für mehrtägige Aufenthalte geeignet. Neben dem Gasthof betreibt die Familie eine kleine Landwirtschaft, was die Wiederentdeckung eines vergessenen Lebensrhythmus erlaubt. Das zünftige Frühstück nach Südtiroler Art umfasst ein süßes und pikantes Büfett, frisches Brot, Milch, Joghurt, Marmeladen, Fruchtsäfte und, wenn gewünscht, frische Eier. Bei einem Aufenthalt von mindestens drei Tagen kann Halbpension vereinbart werden (47 Euro pro Person).

♦ 6 DZ mit Bad und WC (2 Zimmer mit Gemeinschaftsbad) ♦ DZ in Einzelbelegung € 37, DZ € 64 (alle mit Frühstück) ♦ Kreditkarten: AE, CartaSi, Visa; Bankomat ♦ Privatparkplatz, kleine Haustiere willkommen, Betreiber immer erreichbar ♦ Restaurant, Frühstücksraum

👉 Einen Besuch im Restaurant sollten Sie sich nicht entgehen lassen, denn die hier gebotene Traditionsküche ist bemerkenswert (35 bis 38 Euro ohne Wein).

Dorf Tirol – Tirolo

35 km nordwestlich von Bozen
Ausfahrt Bozen Süd der A 22, S.S. 38 (Vinschgauer Straße)

Mair am Turm

3-Sterne-Hotel
Hauptstraße 3
Tel. (+39) 04 73 / 92 33 07
Fax (+39) 04 73 / 92 34 32
info@mairamturm.it
www.mairamturm.it
Ferien: Dezember–Februar

Dorf Tirol hat ein fast schon exklusives Flair, so schön sind die Häuser und Hotels des Städtchens. Das Haus der Familie Prantl geht zurück auf das Jahr 1420 und war immer schon ein Gastbetrieb für angenehme Aufenthalte in Südtirol. Die Zimmer sind mit allen Annehmlichkeiten für erholsame Tage und Nächte ausgestattet und haben eine herrliche Aussicht auf Meran, die Texelgruppe und das Etschtal. Die Küche hält ansprechende Überraschungen bereit, auch vegetarische und glutenfreie Menüs (25 bis 30 Euro ohne Wein, Halbpension 55 bis 67 Euro pro Person). An Aktivitäten bieten sich lange Spaziergänge an, aber auch Museumsbesuche oder eine Besichtigung des Schlosses und des einzigartigen Vogelpflegezentrums: Dort werden hilflos und verletzt aufgefundene Greifvögel aufgenommen, gesund gepflegt und wieder in die freie Wildbahn entlassen. Es gibt auch Flugvorführungen.

♦ 3 EZ und 8 DZ, alle mit Bad und WC, Safe, Radio, Sat-TV ♦ EZ € 42–53, DZ € 84–105 (alle mit Frühstück) ♦ Kreditkarten: CartaSi, DC, MC, Visa; Bankomat ♦ Privatparkplatz, kleine Haustiere willkommen, Betreiber immer erreichbar ♦ Bar, Restaurant, Frühstücksraum, Garten, Terrasse

Eppan an der Weinstraße –
Appiano sulla Strada del Vino
Berg – Monte

2 km vom Zentrum
12 km südwestlich von Bozen, S.S. 38
Ausfahrt Bozen Süd der A 22

Turmbach

3-Sterne-Hotel
Turmbachweg 4
Tel. (+39) 04 71 / 66 23 39
Fax (+39) 04 71 / 66 47 54
gasthof@turmbach.com
www.turmbach.com
Ferien: Weihnachten–Ostern

In Berg bei Eppan waren jahrhundertelang Thermalbäder in Betrieb, die das klare Wasser nutzten, Kräuter- und Kiefernharzaufgüsse anboten und so zum Renommee der Region beitrugen. Die Familie Wörndle führt diesen typischen Gasthof, der sich im Ortsteil Berg befindet. Der gemütliche, überaus gepflegte Betrieb mit den im Sommer in voller Blütenpracht stehenden Balkonblumen hat seinen Gastronomiebereich saisonabhängig geteilt: Im Sommer speist man im Garten unter Apfelbäumen am Bachufer, wo es auch Plätze zum Entspannen gibt. Wenn es kalt wird, isst man im Haus. Die Gästezimmer sind komfortabel und kunterbunt eingerichtet, indes durchweg charakteristisch. Das Frühstücksbüfett umfasst süße und pikante Speisen, die alle hausgemacht sind. Im Restaurant werden fantasievoll interpretierte Gerichte der Regionalküche für 30 bis 45 Euro (ohne Wein) geboten; Halbpension kostet 58 bis 68 Euro pro Person.

♦ 15 DZ mit Bad und WC, Balkon ♦ DZ in Einzelbelegung € 49–61, DZ € 86–106 (alle mit Frühstück) ♦ Kreditkarten: AE, CartaSi, MC, Visa; Bankomat ♦ Privatparkplatz, kleine Haustiere willkommen, Rezeptionsdienst 8–23 Uhr ♦ Bar, Restaurant, Garten, Schwimmbecken

Glurns – Glorenza

84 km nordwestlich von Bozen
Ausfahrt Bozen Süd der A 22, S.S. 38 und S.S. 40

Post

3-Sterne-Hotel
Florastraße 15
Tel. (+39) 04 73 / 83 12 08
Fax (+39) 04 73 / 83 04 32
info@hotel-post-glurns.com
www.hotel-post-glurns.com
Ferien: Januar–1 Woche vor Ostern

Der geschichtsträchtige Gasthof, der auf das 15. Jahrhundert zurückgeht, wurde komplett renoviert, sein altes Flair hat aber die Jahrhunderte überdauert. Weitläufige Säle, Antiquitäten und Gewölbedecken vermitteln den Eindruck, sich in einem Schloss zu befinden. Die Zimmer des Hotels Post sind im Grunde luftige Stuben mit Komfort und entsprechen der unverfälschten Vinschgauer Tradition; in den bequemen Betten schläft man unter weichen Daunendecken. Das Frühstück, das in den Räumen des Restaurants serviert wird, umfasst heiße und kalte Getränke, ferner Weiß- und Schwarzbrot, Marmeladen, Strudel und pikante Speisen (Eier, Käse, Salami und Schinken). Hervorragend ist die Traditionsküche des Hauses (eine Mahlzeit ohne Wein kostet 21 bis 26 Euro): Bergkäse, Süßwasserfische, Obst aus der Gegend. Für 70 bis 80 Euro pro Person kann man Halbpension in Anspruch nehmen.

♦ 29 DZ mit Bad und WC, Sat-TV, Safe (einige Zimmer mit Balkon) ♦ DZ in Einzelbelegung € 50–65, DZ € 80–100 (alle mit Frühstück) ♦ Kreditkarten: CartaSi, MC, Visa ♦ Anlage barrierefrei zugänglich, Parkplatz angrenzend, kleine Haustiere willkommen (außer in den Gemeinschaftsbereichen), Betreiber immer erreichbar ♦ Bar, Restaurant, Frühstücksraum, Garten, Kinderspielplatz, Sauna, Whirlpool

Gsies – Valle di Casies
Sankt Martin – San Martino

99 km nordöstlich von Bozen
Ausfahrt Brixen der A 22, S.S. 49 in Richtung Lienz

Kahnwirt

2-Sterne-Hotel
Sankt Martin 19
Tel. (+39) 04 74 / 97 84 09
Fax (+39) 04 74 / 97 80 13
info@kahnwirt.it
www.kahnwirt.it
Ferien: ersten 3 Juniwochen,
9.–25. Dezember

Die Zimmer des kleinen Hotels sind nach Pustertaler Tradition eingerichtet. Die schlichten Räume, die ein ganz besonderes Flair haben, stehen vollkommen im Einklang mit der herzlichen Gastlichkeit, die Ihnen hier entgegengebracht wird. Auch der kulinarische Aspekt ist nicht zu unterschätzen: traditionelle Kost, frisch gemolkene Milch, Joghurt, Marmeladen und andere Spezialitäten zum Frühstück. Viele der Zutaten, die in der Küche verwendet werden (Menü ohne Wein 17 Euro, Halbpension 35 bis 50 Euro), stammen aus eigener Erzeugung, denn auf dem angeschlossenen Bauernhof wird Groß- und Kleinvieh im Stall und im Freiland gehalten. Vor Kurzem wurde eine kleine Anlage mit Apartments errichtet, die ab drei Tagen Mindestaufenthalt vermietet werden.

♦ 3 DZ, 2 3BZ und 1 4BZ, alle mit Bad und WC, Balkon ♦ DZ in Einzelbelegung € 18–35, DZ € 32–64, 3BZ € 48–96, 4BZ € 64–128 (alle mit Frühstück) ♦ keine Kreditkarten ♦ Privatparkplatz, kleine Haustiere willkommen, Betreiber immer erreichbar ♦ Restaurant (im Winter nur für Hausgäste), Terrasse

Jenesien – San Genesio Atesino

Im Zentrum
10 km nordwestlich von Bozen
Ausfahrt Bozen Süd der A 22

Hirschenwirt
Antica Locanda al Cervo

3-Sterne-Hotel
Schrann 9 C
Tel. (+39) 04 71 / 35 41 95
Fax (+39) 04 71 / 35 40 58
info@hirschenwirt.it
www.hirschenwirt.it
Ferien: Mitte Februar–Mitte März

Haben Sie je die Stadt Bozen, das Gebirgsmassiv Rosengarten und die Dolomiten insgesamt mit einem einzigen Blick erfasst? Obwohl sich der Hirschenwirt mitten in Jenesien befindet, bietet er dieses phänomenale Panorama. Die schlicht eingerichteten, behaglichen Gästezimmer verfügen über jeden Komfort. Das Büfettfrühstück nimmt man auf der Veranda ein: Marmeladen, Kuchen, Fruchtsäfte, Würste, Schinken, Eier – alles aus der Gegend. Wer möchte, kann den vor Kurzem angelegten Wellnessbereich mit Sauna, Dampfbad und Kneippbecken nutzen. Der Hirschenwirt verfügt auch über ein Restaurant: In der urigen Stube erwarten Sie Gerichte der Südtiroler Tradition (eine Mahlzeit ohne Wein kostet 22 Euro). Für Halbpension zahlt man 10 Euro Aufpreis pro Person.

♦ 1 EZ, 16 DZ und 4 Suiten, alle mit Bad und WC, Aircondition, Balkon, Safe, Telefon, TV ♦ EZ € 55–75, DZ € 80–132, Suite € 106–158 (alle mit Frühstück) ♦ Kreditkarten: CartaSi, MC, Visa; Bankomat ♦ Anlage barrierefrei zugänglich, Garage (€ 5 pro Tag), kleine Haustiere willkommen (€ 4 pro Tag), Rezeptionsdienst 7–1 Uhr ♦ Bar, Restaurant, Leseraum, Veranstaltungsraum (40 Plätze), Garten, Wellnessbereich, Reitstall

Kastellbell-Tschars – Castellbello-Ciardes

9 km vom Zentrum
23 km von Meran, 52 km nordwestlich von Bozen, S.S. 38

Juval

Agriturismo
Juval 2
Tel. (+39) 04 73 / 66 80 56
info@schlosswirtjuval.it
www.schlosswirtjuval.it
Ganzjährig geöffnet

NEU

Das Schloss Juval, Sommerresidenz von Reinhold Messner und Museum, dominiert den Berg auf der Sonnenseite des Vinschgaus. Die wenige Meter unterhalb des Schlosses gelegenen Ferienwohnungen sind Teil des Anwesens. Zu diesem gehört auch eine Weinkellerei, die vor allem für ihren Riesling bekannt ist. Die Gastlichkeit der Familie Schölzhorn spiegelt die alte Beherbergungstradition wider: Gisela ist stets zugegen und informiert Sie über die vielen Ausflugsziele in der Umgebung. Die Apartments (zwei befinden sich im Gärtnerhäuschen, ein weiteres im ehemaligen Heubad) sind hell und gut ausgestattet. Das Frühstück (Müsli, Joghurt, lokale Käsesorten, hausgemachte Wurstwaren) wird im Gasthaus nebenan serviert. Auf dem Areal gibt es in den Fels gehauene Gärten; es werden Schafe, Schweine, Gänse und Pferde gehalten und man genießt einen Blick über beinahe den gesamten Vinschgau.

♦ 4 Apartments (1–6 Personen) mit Bad und WC, Aufenthaltsraum, TV (3 Apartments mit Küche oder Kochnische, 1 Apartment mit Sauna) ♦ Apartment (1–2 Personen) € 50–70, Apartment (3 Personen) € 60–80, Apartment (4 Personen) € 70–90, Apartment (5 Personen) € 80–100, Apartment (6 Personen) € 90–110 (Frühstück € 7 pro Person) ♦ Kreditkarten: CartaSi, DC, MC, Visa; Bankomat ♦ Privatparkplatz, kleine Haustiere willkommen (€ 5 pro Tag), Betreiber immer erreichbar ♦ Bar, Restaurant, Garten

🍲 Das Restaurant bietet traditionelle Küche für 35 Euro ohne Wein.

Kastelruth – Castelrotto

26 km nordöstlich von Bozen
Ausfahrt Bozen Nord der A 22, S.S. 12 bis Waidbruck/Ponte Gardena, S.S. 242

Binterhof

Agriturismo
Panider Straße 49
Tel./Fax (+39) 04 71 / 70 00 71
info@binterhof.com
www.binterhof.com
Ganzjährig geöffnet

Der Hof der Familie Plunger befindet sich auf dem sonnigsten Hochplateau Südtirols, auf halbem Weg zur Seiser Alm bzw. ins Grödner Tal. Für die Gestaltung der mit allen Annehmlichkeiten ausgestatteten Zimmer wurden biologische Materialien verwendet. Das bodenständige Frühstück, das in der Bauernstube eingenommen wird, bietet eine große Auswahl an einfachen, stets frischen Speisen. Etliche Produkte stammen aus eigener Erzeugung: Selbst gebackenes Brot, feinste Butter, bäuerliche Marmeladen und viele andere Südtiroler Spezialitäten werden auf zuvorkommend-herzliche Weise serviert. Für längere Aufenthalte (mindestens drei Nächte) gibt es komfortable Ferienwohnungen, von denen zwei mit einer Waschmaschine ausgestattet sind. Der Hof ist ein ideales Quartier, um sich auf einer Rundreise zu entspannen oder bis zur nächsten Bergwanderung oder Radtour zu erholen (Fahrradvermietung vor Ort).

♦ 2 DZ mit Bad und WC; 4 Apartments (2–5 Personen) mit Küche ♦ DZ in Einzelbelegung € 30–50, DZ € 60–90 (alle mit Frühstück); Apartment € 50–120 ♦ keine Kreditkarten ♦ überdachter Privatparkplatz, Garage (€ 4 pro Tag), kleine Haustiere willkommen, Betreiber stets anwesend ♦ Frühstücksraum, TV- und Leseraum, Garten

Kastelruth – Castelrotto
Sankt Oswald – Sant'Osvaldo

32 km nordöstlich von Bozen
Ausfahrt Bozen Nord der A 22, S.S. 12 bis Waidbruck/Ponte Gardena, S.S. 242

Tschötscherhof

2-Sterne-Hotel
Sankt Oswald 19
Tel. (+39) 04 71 / 70 60 13
Fax (+39) 04 71 / 70 48 01
info@tschoetscherhof.com
www.tschoetscherhof.com
Ferien: Dezember–Februar

In einem der renommiertesten Feriengebiete der Alpen, dem Schlerner Hochplateau, befindet sich dieser kleine Gasthof mit seinen anheimelnden, luftigen und hellen Räumlichkeiten. Das Dorf Sankt Oswald hat mittelalterliches Flair, wunderschöne Bergbauernhöfe und eine lange landwirtschaftliche Tradition, die in mustergültigem Einklang mit den touristischen Angeboten hochgehalten wird. Auf dem Hof wurde ein kleines Bauernmuseum eingerichtet. Die schlichten Gästezimmer befinden sich in den Stockwerken über den Gemeinschaftsbereichen. In der Gastwirtschaft werden traditionelle Gerichte (eine Mahlzeit ohne Wein kostet etwa 20 Euro, Aufpreis für Halbpension sechs Euro; Mittwoch geschlossen) und zünftige Imbisse auf der Basis eigener Produkte serviert. Der Hof in ruhiger Lage, nicht weit vom Wald, ist Ausgangspunkt für Wanderungen, nachdem man sich beim Frühstück mit typischen Süßspeisen und Produkten von der Alm gestärkt hat.

♦ 1 EZ und 7 DZ, alle mit Bad und WC, Balkon; 2 Apartments (2–4 Personen) mit Kochnische ♦ EZ und DZ in Einzelbelegung € 30–43, DZ € 60–85 (alle mit Frühstück); Apartment € 50–100 ♦ Kreditkarten: MC, Visa; Bankomat ♦ Parkplatz gegenüber, kleine Haustiere willkommen (€ 4 pro Tag), Betreiber immer erreichbar ♦ Restaurant, Frühstücksraum, Garten

Klausen – Chiusa
Gufidaun – Gudon
5 km vom Zentrum

30 km nordöstlich von Bozen, S.S. 12 oder A 22
3 km von der Ausfahrt Klausen-Gröden/Chiusa-Val Gardena der A 22

Unterwirt

3-Sterne-Hotel
Gufidaun 45
Tel. (+39) 04 72 / 84 40 00
Fax (+39) 04 72 / 84 40 65
info@unterwirt-gufidaun.com
www.unterwirt-gufidaun.com
Ferien: je 2 Wochen Ende Januar und Ende Juni

Die Familie Haselwanter führt diesen bezaubernden Gasthof seit vielen Generationen. Die Apartments sind geräumig und sehr edel, die Zimmer verfügen über jeden erdenklichen Komfort und bieten eine herrliche Aussicht auf die umliegenden Gipfel. Die Voraussetzungen für einen wirklich erholsamen Aufenthalt sind somit gegeben. Das Frühstück ist vielseitig und gediegen: Konfitüren, Joghurt, selbst gebackenes Brot und hausgemachte Kuchen, aber auch Eier, einheimische Wurstwaren und Käsesorten, Müsli und Obst der Saison. Der Unterwirt ist ein beliebter Treffpunkt von Freunden guten Essens: Bereits als Gastwirtschaft unter Feinschmeckern als Geheimtipp gehandelt, präsentiert er sich heute als niveauvolles Speiselokal (38 bis 55 Euro ohne Wein).

♦ 2 DZ und 1 Suite, alle mit Bad und WC, Balkon; 4 Apartments (2–6 Personen) mit Kochnische ♦ DZ in Einzelbelegung € 41–44, DZ € 82–88, Suite € 98–104 (alle mit Frühstück); Apartment € 34–37 pro Person (tägliche Reinigung € 8, Endreinigung € 30) ♦ Kreditkarten: CartaSi, DC, Visa; Bankomat ♦ Privatparkplatz, kleine Haustiere willkommen (€ 8 pro Tag), Betreiber immer erreichbar ♦ Restaurant, Garten, Schwimmbecken

Lana
Völlan – Foiana

5 km vom Zentrum; 14 km von Meran, 31 km nordwestlich von Bozen, S.S. 238
Ausfahrt Bozen Süd der A 22, Superstrada in Richtung Meran bis Lana, S.S. 238

Mals – Malles Venosta

500 m vom Bahnhof
95 km nordwestlich von Bozen, S.S. 38 und S.S. 40

Kirchsteiger

NEU

3- und 4-Sterne-Hotel
Propst-Wieser-Weg 5
Tel. (+39) 04 73 / 56 80 44
Fax (+39) 04 73 / 56 81 98
info@kirchsteiger.com
www.kirchsteiger.com
Ferien: Mitte Januar–Mitte Februar

Biohotel Panorama

3-Sterne-Hotel
Staatsstraße 5
Tel. (+39) 04 73 / 83 11 86
Fax (+39) 04 73 / 83 12 15
info@biohotel-panorama.it
www.biohotel-panorama.it
Ferien: Dezember–März

Auf dem sonnigen Hochplateau von Völlan, im Grün der Wiesen und Obsthaine des Vinschgaus, führen Lenka und Christian Pircher einen zweigeteilten Betrieb: Das Haupthaus ist ein 3-Sterne-Hotel mit renommiertem Restaurant (Christian gehört der Vereinigung »Jeunes Restaurateurs d'Europe« an), die Dependance namens Villa Birkenhof auf dem nahen Badlweg ist hingegen mit vier Sternen klassifiziert. Zimmer und Suiten sind mit nüchterner Eleganz eingerichtet, verfügen über Parkettböden, Betten und Einbaumöbel in hellem Holz, weiß getünchte Wände sowie Dekorstoffe und Bettwäsche von guter Qualität. Das Frühstück wird als reichhaltiges Büfett mit süßen und pikanten Speisen vorbereitet: Wurstwaren, Käse und Obst werden von Bauern aus der Umgebung geliefert.

Das Gebäude ist ein wenig speziell: Doch wenn man von Friedrich Steiner erfährt, dass die gesamte Anlage nach Energiesparkriterien errichtet wurde, ist man gerne bereit, den »Kubismus« zu verzeihen. Auch die Zimmer und der Wellnessbereich entsprechen einer umweltbewussten Philosophie: Böden und Möbel aus geöltem Holz, Lehmziegelwände mit eingebauter Wandheizung. Das Frühstücksbüfett umfasst selbst gemachte Produkte wie Fruchtsäfte, Brötchen, Marmeladen, Müsli und Zerealien. Außerdem kann man Käse und frische Milch von benachbarten Bauern genießen. Das Haus verfügt auch über ein Restaurant, das traditionelle und kreative Küche auf der Basis von Bioprodukten, unter anderem aus Friedrichs Hausgarten, bietet (25 Euro ohne Wein, Halbpension 65 bis 95 Euro pro Person). Im August gelten für einige Zimmer höhere Preise.

♦ 7 DZ im Haupthaus, 2 DZ und 5 Suiten (2–5 Personen) in der Dependance, alle mit Bad und WC, Balkon, Safe, Telefon, Sat-TV, WLAN ♦ DZ in Einzelbelegung € 49–65, DZ € 78–120, Suite € 98–225 (alle mit Frühstück) ♦ Kreditkarten: CartaSi, MC, Visa; Bankomat ♦ Privatparkplatz, kleine Haustiere willkommen (€ 4–8 pro Tag), Betreiber 7–23 Uhr anwesend ♦ Bar, Restaurant, Garten, Schwimmbecken (bei der Dependance)

🍲 Die Küche des Restaurants verarbeitet regionale Produkte auf innovative Weise; eine Mahlzeit ohne Wein kostet etwa 50 Euro.

♦ 2 EZ und 24 DZ, alle mit Bad und WC, Aircondition, Balkon, Safe, Telefon, TV, Internetanschluss ♦ EZ € 45–75, DZ € 90–130 (Aufpreis Zusatzbett € 14–38) ♦ Kreditkarten: CartaSi; Bankomat ♦ Anlage barrierefrei zugänglich, einige Zimmer behindertengerecht ausgestattet, Privatparkplatz, kleine Haustiere willkommen, Rezeptionsdienst 8–22 Uhr ♦ Bar, Restaurant, Aufenthaltsraum, Garten, Terrasse, Wellnessbereich

Moos in Passeier – Moso in Passiria
Stuls – Stulles
4 km vom Zentrum
27 km von Meran, 55 km nordwestlich von Bozen, S.S. 38 und S.S. 44

Stullerhof

3-Sterne-Hotel · Stuls
Tel. (+39) 04 73 / 64 95 43,
(+39) 347 / 030 44 84
Fax (+39) 04 73 / 64 95 45
info@stullerhof.com,
www.stullerhof.com
Ferien: 11. Januar–22. März, 2. November–25. Dezember

Stuls hat den Charme von anno dazumal, liegt fernab vom Gedränge und bietet noch unberührte Plätze, wo die Zeit stehen geblieben scheint. Dabei muss man sich vorstellen, dass diese Gegend über Jahrhunderte eines der bedeutendsten Bergbaugebiete der Alpen war, wo erst Silber, später Blei und Zink abgebaut wurden. Wer den Stullerhof als Bleibe wählt, hat eine gute Ausgangsbasis für unzählige Wanderungen oder kulinarische Genusstouren. Auf die Gäste warten behagliche, geräumige Zimmer, die alle über Balkon und jeden erdenklichen Komfort verfügen. Das Frühstück ist feudal: Auf dem Büfett werden Sie Brötchen, allerlei süßes Gebäck und Marmeladen von örtlichen Kleinbetrieben entdecken. Als Krönung gibt es einen gut ausgestatteten Wellnessbereich und einen Garten mit Schwimmbecken.

♦ 17 DZ mit Bad und WC, Balkon, Safe, Telefon, Radio, Sat-TV; 2 Apartments (2–4 Personen) mit Kochnische ♦ DZ in Einzelbelegung € 44–58, DZ € 68–106 (Aufpreis Zusatzbett € 10, alle mit Frühstück); Apartment € 53–80 (Endreinigung € 25–28) ♦ Kreditkarten: Visa; Bankomat ♦ 2 Zimmer behindertengerecht ausgestattet, Privatparkplatz, kleine Haustiere willkommen, Betreiber stets anwesend ♦ Bar, Frühstücksraum, Leseraum, Garten, Schwimmbecken, Sauna, Dampfbad, Whirlpool

Olang – Valdaora
Geiselsberg – Sorafurcia

95 km nordöstlich von Bozen
Von Bruneck 15 km in Richtung Furkelpass

Bad Bergfall

3-Sterne-Hotel
Bad-Bergfall-Weg 5
Tel. (+39) 04 74 / 59 20 84
Fax (+39) 04 74 / 59 21 50
info@badbergfall.com
www.badbergfall.com
Ganzjährig geöffnet

Die Familie Pörnbacher führt dieses kleine Hotel mit 14 Zimmern und einer Dependance mit fünf Apartments, die beinahe ausschließlich den Kurgästen des nahen Schwefelbades vorbehalten sind. Das am Waldrand gelegene Hotel ist ein charakteristisches Pustertaler Haus, das ringsum für Kinder viel Platz zum Spielen bietet. Die vor Kurzem renovierten Zimmer sind geräumig und komfortabel. Das Frühstück wird als Büfett vorbereitet: heiße und kalte Getränke, süße und pikante Speisen. Das hoteleigene Restaurant ist für seine Diät- und Schonkostrezepte ebenso bekannt wie für typische Gerichte der traditionellen Dolomitenküche: Menüpreis 15 Euro ohne Wein, Halbpension 56 bis 66 Euro pro Person.

♦ 14 DZ mit Bad und WC, Telefon (einige Zimmer mit Balkon); 5 Apartments (2–6 Personen) ♦ DZ in Einzelbelegung € 53–58, DZ € 90–100 (Aufpreis Zusatzbett € 23–35, alle mit Frühstück); Apartment (2 Personen) € 48–68 ♦ alle Kreditkarten, Bankomat ♦ einige Zimmer behindertengerecht ausgestattet, Privatparkplatz, kleine Haustiere willkommen, Betreiber immer erreichbar ♦ Bar, Restaurant, TV-Raum, Tagungsraum, Kinderspielwiese, Tischtennis, Terrasse, Sauna

Rasen Antholz – Rasun Anterselva
Niederrasen – Rasun di Sotto

85 km nordwestlich von Bozen
Ausfahrt Brixen der A 22, S.S. 49 in Richtung Lienz

Adler

3-Sterne-Hotel
Kirchenweg 32
Tel. (+39) 04 74 / 49 61 17
Fax (+39) 04 74 / 49 82 42
info@hotel-adler.it
www.hotel-adler.it
Ganzjährig geöffnet

Umgeben vom Naturpark Rieserferner-Ahrn, der sich vom Ahrntal bis zum Antholzertal mit seinem idyllischen See erstreckt, bietet dieses Hotel gemütliche, zweckmäßig eingerichtete Zimmer und ein modernes Thermalzentrum. Dort kann man die unterschiedlichsten Entspannungsbehandlungen genießen. Sie empfehlen sich insbesondere nach einer der vielen Wanderungen, die man im Tal unternehmen kann. Die Kulisse der uralten Wälder, die sich dem Betrachter in den Zimmern und den Speiseräumen bietet, ist schlichtweg atemberaubend. Frühstück, Mittagessen und Abendessen werden mit größter Sorgfalt aus erstklassigen Produkten zubereitet. In der Weihnachtszeit kostet das Doppelzimmer 150 bis 160 Euro.

♦ 2 EZ und 23 DZ, alle mit Bad und WC, Safe, TV, Internetanschluss (DZ mit Balkon) ♦ EZ € 55–79, DZ € 80–124 (alle mit Frühstück) ♦ alle Kreditkarten, Bankomat ♦ Anlage barrierefrei zugänglich, Privatparkplatz, Garage, kleine Haustiere willkommen (€ 5 pro Tag), Betreiber immer erreichbar ♦ Bar, Restaurant, Frühstücksraum, TV-Raum, Garten, Kinderspielplatz, Thermalzentrum

Ritten – Renon
Oberbozen – Soprabolzano

15 km nordwestlich von Bozen
Ausfahrt Bozen Nord der A 22, auf der Ritten-Straße nach Oberbozen

Schluff

2-Sterne-Hotel
Maria Himmelfahrt 2
Tel./Fax (+39) 04 71 / 34 51 39
contatto@albergo-schluff.it
www.albergo-schluff.it
Ferien: Februar

Am Ende der Straße, die von Bozen auf den Ritten führt, steht am Waldesrand ein renovierter alter Bauernhof. In diesem Haus bietet die Familie Unterhofer professionellen Service in nostalgisch-beschaulicher Atmosphäre. Die acht schlichten Zimmer, von denen einige Balkone haben, wurden alle mit viel Holz und Möbeln im Tiroler Stil eingerichtet; die Betten sind mit Daunendecken versehen. Der Außenbereich bietet einen angenehmen Mix aus Freiheit für die Kinder zum Herumtollen und Ruhe für Erholungsuchende. Das Restaurant serviert Klassiker der Region: Eine Mahlzeit à la carte kommt ohne Wein auf 23 bis 25 Euro, die Halbpension kostet 43 bis 45 Euro pro Person. Ein Ort für Romantik, zum Spazierengehen im Wald oder für winterliche Schneeschuhwanderungen und Eislaufvergnügen: Wer die Natur hautnah genießen möchte, hat hier ein kleines Märchenland gefunden.

♦ 2 EZ, 4 DZ und 2 3BZ, alle mit Bad und WC, Sat-TV (einige Zimmer mit Balkon) ♦ EZ € 33–35, DZ € 66–70, 3BZ € 89–95 (alle mit Frühstück) ♦ alle Kreditkarten, Bankomat ♦ Privatparkplatz teilweise überdacht, kleine Haustiere willkommen (€ 3 pro Tag), Betreiber immer erreichbar ♦ Bar, Restaurant, Frühstücksraum, Garten, Kinderspielplatz

Ritten – Renon
Signat – Signato

6 km nordwestlich von Bozen
Ausfahrt Bozen Nord der A 22, Ritten-Straße

Signaterhof

3-Sterne-Hotel
Signat 166
Tel. (+39) 04 71 / 36 53 53
info@signaterhof.it
www.signaterhof.it
Ferien: 10. Januar–14. Februar,
10. Juni–5. Juli

Das winzige Dorf besteht aus einigen Häusern, einer Kirche und einem Gasthof, der Ihnen in dieser etwas verschlafenen Gegend als charakteristische Herberge dienen kann. Der Signaterhof ist ein angenehmer, gemütlicher Ort, an dem sich zahlreiche Wander- und Ausflugsmöglichkeiten bieten. Die schönen Zimmer sind sehr gepflegt, im traditionellen Südtiroler Stil eingerichtet, mit viel Holz an den Wänden und breiten Betten mit dicken Daunendecken; einige verfügen über Balkone mit Geranien. Für gesellige Runden im Freundeskreis und tüchtige Esser ist im Herbst zum Törggelen bei Kastanien und Traubenmost bestens gesorgt. Das ausgiebige Frühstück ist erstklassig und umfasst Milch, Joghurt, Kaffee (nach deutscher Manier), frische Fruchtsäfte, ofenwarmes Brot sowie süße und pikante Speisen vom Büfett, um italienische und deutsche Gäste gleichermaßen zufriedenzustellen.

♦ 7 DZ mit Bad und WC, TV (3 Zimmer mit Balkon) ♦ DZ in Einzelbelegung € 40, DZ € 76 (Aufpreis Zusatzbett € 19–38, alle mit Frühstück) ♦ Kreditkarten: CartaSi, DC, MC, Visa; Bankomat ♦ Parkplatz in unmittelbarer Nähe, kleine Haustiere willkommen (€ 3–4 pro Tag), Betreiber immer erreichbar ♦ Bar, Restaurant, Frühstücksraum, Terrasse, Garten

🍲 In der Stube aus dem 18. Jahrhundert oder auf der Terrasse des Restaurants genießt man hervorragende Tiroler Küche für 28 bis 30 Euro ohne Wein.

Salurn – Salorno
Gfril – Cauria

35 km südlich von Bozen
Ausfahrt Sankt Michael an der Etsch/San Michele all'Adige der A 22, S.S. 12

Fichtenhof

2-Sterne-Hotel · Gfrill 23
Tel. (+39) 04 71 / 88 90 28, (+39) 04 71 / 88 47 48, (+39) 338 / 302 86 53
Fax (+39) 04 71 / 88 47 48
uli.pardatscher@rolmail.net
www.fichtenhof.it
Ferien: 20.–30. November, in der Vorweihnachtszeit nur an Wochenenden geöffnet

Dieser vor Kurzem renovierte, über 300 Jahre alte Hof verfügt über sehr einfache, aber im hübschen Tiroler Stil gehaltene Zimmer. Das Haus ist eine ideale Stätte für alle, die Naturbelassenes auch bei Tisch zu schätzen wissen: Die Frauen der Familie Pardatscher haben eine besondere Vorliebe (und Fachwissen) in Sachen Kräuter, und so werden Ihnen zum Frühstück neben köstlichen hausgemachten Marmeladen, ofenwarmem Brot, Joghurt und Eiern mit Speck diverse Kräutertees aus dem Hausgarten angeboten. Auch Vegetarier und Menschen mit Nahrungsmittelunverträglichkeiten werden entgegenkommend und aufmerksam bewirtet. Für Halbpension zahlt man pro Person 42 bis 45 Euro. Bisweilen werden Kochkurse abgehalten, bei denen man unter anderem in die Gewürz- und Heilkräuterkunde eingeführt wird.

♦ 2 EZ und 8 DZ, alle mit Bad und WC; 1 Miniapartment (2–5 Personen) mit Bad und WC, Küche, Aufenthaltsraum ♦ EZ € 35, DZ € 70 (alle mit Frühstück); Miniapartment € 50 ♦ keine Kreditkarten; Bankomat ♦ Privatparkplatz, Garage (4 Plätze), kleine Haustiere willkommen, Betreiber immer erreichbar ♦ Restaurant, Frühstücksraum, TV-Raum, Terrasse, Sauna

🍲 Die Küche des angeschlossenen Restaurants ist bemerkenswert. Die Karte zeugt von der Nähe zur Provinz Trient (28 Euro ohne Wein).

Sand in Taufers – Campo Tures
Ahornach – Acereto
5 km vom Zentrum; 96 km nordöstlich von Bozen, S.S. 12 und S.S. 49, Ausfahrt Brixen-Pustertal der A 22, S.S. 49 bis Bruneck, S.S. 621

Mair zu Hof

NEU

4-Sterne-Residenz
Sankt Moritzen 22
Tel. (+39) 04 74 / 67 80 98
Fax (+39) 04 74 / 68 74 24
info@mairzuhof.com
www.mairzuhof.com
Ganzjährig geöffnet

Sankt Leonhard in Passeier – San Leonardo in Passiria
Walten – Valtina
29 km nördlich von Meran, 58 km nordwestlich von Bozen; Ausfahrt Bozen Süd der A 22, S.S. 38 bis Meran Süd, Abzweigung ins Passeiertal

Jägerhof

3-Sterne-Hotel
Walten 80
Tel. (+39) 04 73 / 65 62 50
Fax (+39) 04 73 / 65 68 22
info@jagerhof.net
www.jagerhof.net
Ferien: 5. November –15. Dezember

Im Tauferer Tal, einem Seitental des Pustertals, kommen das Reintal und das Ahrntal zusammen. Das zusammenfassend als Tauferer Ahrntal bezeichnete Tal endet am nördlichsten Punkt Italiens, in einer faszinierenden Landschaft aus Gletschern, Dolomitengipfeln und Wäldern. Nicht weit vom Zentrum des zu jeder Jahreszeit attraktiven Fremdenverkehrsortes Sand in Taufers haben Norbert und Claudia Leiter einen Herrensitz, einst Stammhaus der Ritter von Sankt Mauritzien, in biologischer Bauweise zu einer Ferienresidenz umgestaltet. Die stilvollen Apartments (46 bis 55 Quadratmeter, einige als doppelstöckige Mansardenwohnungen) haben Decken und Balken aus einheimischem Lärchenholz und charakteristische Südtiroler Öfen und sind mit massiven Holzmöbeln eingerichtet. Jedes Apartment verfügt über eine eigene Küche. Für das Frühstück werden auf Anfrage frische Brötchen und anderes Gebäck gebracht, die von den Betreibern in der Dorfbäckerei gekauft werden. Im Sommer besteht zudem die Möglichkeit, sich auf einer Alm in 1.800 Meter Seehöhe einzuquartieren.

Der alte Landgasthof mitten im Grün der Berge präsentiert sich heute als behagliches Hotel mit Flair. Die Zimmer, die alle renoviert wurden, sind sehr gemütlich und mit jedem Komfort ausgestattet: bequeme Betten, viel Holz und eine schöne Aussicht von den kleinen Balkonen. Auch ein Wellnessbereich wurde angelegt, der Heublumenbäder, ein Dampfbad und anderes bietet. Der Jägerhof ist für Familienurlaube ebenso geeignet wie für Paare auf der Suche nach Entspannung und Romantik. Im Restaurant wird die Südtiroler Traditionsküche auf eine innovative Weise interpretiert, die Geschmack und Natur in den Vordergrund stellt und tief in einer an Spezialitäten reichen Gegend verwurzelt ist. Zum Frühstück erwartet Sie ein exzellentes, reichhaltiges Büfett mit einheimischen Produkten: süße und pikante Köstlichkeiten, Milch, Joghurt, Marmeladen, guter Käse von der Alm. Die Halbpension kostet 53 bis 85 Euro pro Person.

♦ 2 EZ, 1 DZ, 8 3BZ und 2 4BZ, alle mit Bad und WC, Safe, TV (fast alle Zimmer mit Balkon) ♦ EZ € 49–56, DZ € 60–96, 3BZ € 135–195, 4BZ € 180–260 (alle mit Frühstück) ♦ Kreditkarten: MC, Visa; Bankomat ♦ Privatparkplatz, kleine Haustiere willkommen (€ 5 pro Tag), Rezeptionsdienst 8–24 Uhr ♦ Bar, Restaurant, Frühstücksraum, Wellnessbereich

🍲 Die Speisekarte im Restaurant empfiehlt typische Genüsse der Region, etwa Wildbret (30 bis 34 Euro ohne Wein).

♦ 8 Apartments (2–6 Personen) mit Bad und WC, Balkon oder Veranda, Küche, Sat-TV, WLAN ♦ Apartment (1–2 Personen) € 68–131, Apartment (3 Personen) € 83–146, Apartment (4–6 Personen) € 98–191 (Frühstück gemäß Inanspruchnahme) ♦ alle Kreditkarten, Bankomat ♦ Privatparkplatz, kleine Haustiere willkommen, Betreiber immer erreichbar ♦ Sauna, Garten

Sankt Lorenzen – San Lorenzo di Sebato

Saalen – Sares
4 km vom Zentrum
7 km von Bruneck, 75 km nordöstlich von Bozen
Ausfahrt Brixen der A 22, S.S. 49

Maria Saalen

3-Sterne-Hotel
Saalen 4
Tel. (+39) 04 74 / 40 31 47
Fax (+39) 04 74 / 40 30 21
info@saalerwirt.com
www.saalerwirt.it
Ferien: 2 Wochen im Frühling, Anfang November–Mitte Dezember

Dieser historische Gasthof, der als Herberge für die Pilger auf dem Weg zur nahen Wallfahrtskirche entstand, befindet sich an der alten Straße, die das Pustertal mit dem Gadertal verbindet und nunmehr Radfahrern und Fußgängern vorbehalten ist. Die Familie Tauber, die den Betrieb führt, hat die Räumlichkeiten renoviert; nur die unter Denkmalschutz stehenden ehrwürdigen Stuben der Gastwirtschaft blieben unangetastet. Die reizvollen Gästezimmer sind geräumig und mit allen Annehmlichkeiten ausgestattet. Der angrenzende Wellnessbereich wurde vor Kurzem um neue Behandlungsformen bereichert, sodass man Badespaß und Saunagänge nun unter anderem durch Massagen ergänzen kann. Das opulente Frühstück basiert auf erlesenen, selbst gemachten Spezialitäten. Im Restaurant werden traditionelle Gerichte nach überlieferten Rezepten gekonnt zubereitet; eine Mahlzeit kostet etwa 20 bis 25 Euro ohne Wein (Halbpension 53 bis 80 Euro pro Person).

♦ 22 DZ mit Bad und WC, Safe, Telefon, TV, Internetanschluss (7 Zimmer mit Balkon, 4 Zimmer mit Garten) ♦ DZ in Einzelbelegung € 45–72, DZ € 70–120 (alle mit Frühstück) ♦ Kreditkarten: CartaSi, MC, Visa; Bankomat ♦ 2 Zimmer behindertengerecht ausgestattet, Parkplatz gegenüber, kleine Haustiere willkommen, Betreiber immer erreichbar ♦ Bar, Restaurant, Leseraum, Lounge, Wellnessbereich mit Sauna, Massagen und Naturbadeteich

Sexten – Sesto

105 km nordöstlich von Bozen
Ausfahrt Brixen der A 22, S.S. 49 in Richtung Lienz, in Innichen Abzweigung nach Sexten

Holzer

3-Sterne-Hotel
St.-Josef-Straße 18
Tel. (+39) 04 74 / 71 03 40
Fax (+39) 04 74 / 71 06 02
info@hotelholzer.it
www.hotelholzer.it
Ferien: nach Ostern–Mitte Juni, November

Das vom jungen Stefan auf vorbildliche Weise geführte Hotel liegt in der Nähe der Dolomitenstraße. Die Zimmer sind sehr komfortabel, in der Küche werden Brot und duftende Kuchen gebacken, und im angeschlossenen Feinkostladen findet man ein großes Sortiment von bäuerlichen Spezialitäten aus der Gegend. Für eine Mahlzeit zahlt man etwa 25 Euro ohne Wein, der Aufpreis für Halbpension beträgt 20 Euro. Das Frühstücksbüfett umfasst heiße und kalte Getränke sowie süße und pikante Speisen: hausgemachte Kuchen, Eier, Wurstwaren. Die Familie Holzer ist stets sehr zuvorkommend, gibt Ihnen Tipps für Ausflüge und Wanderungen und verrät Ihnen so manche Kuriosität ebenso wie gute Bezugsquellen für typische, unverfälschte Pustertaler Erzeugnisse. Eine Reservierung ist unerlässlich. In der absoluten Hochsaison (August, hohe Feiertage) kann sich der Preis für ein Doppelzimmer auf 140 Euro erhöhen.

♦ 2 EZ, 13 DZ und 5 3BZ, alle mit Bad und WC, Safe, Sat-TV ♦ EZ € 35–60, DZ € 70–120, 3BZ € 105–180 (alle mit Frühstück) ♦ alle Kreditkarten, Bankomat ♦ Privatparkplatz, kleine Haustiere willkommen, Betreiber immer erreichbar ♦ Bar, Restaurant, Frühstücksraum, Spielzimmer, Garten, Sauna

Toblach – Dobbiaco

5 km vom Zentrum
100 km nordöstlich von Bozen
Ausfahrt Brixen der A 22, S.S. 49 in Richtung Lienz

Seiterhof

Agriturismo
Kandellen 7
Tel. (+39) 04 74 / 97 91 14
Fax (+39) 04 74 / 97 90 49
info@seiterhof.info
www.seiterhof.info
Ferien: letzten 3 Januarwochen

Auf dem vor Kurzem renovierten schönen Hof werden mit Erfolg Angusrinder gezüchtet und zahlreiche Spezialitäten der Südtiroler Gastronomie, etwa Marmeladen und Milch, erzeugt. Vorzüglich ist auch die Küche der angeschlossenen Gaststätte, die nicht nur Hausgästen traditionelle Gerichte serviert. Zum Übernachten stehen sechs große, sehr gemütliche Zimmer mit heimeligem Holzinterieur und neuen Bädern, TV und einer bestrickend schönen Aussicht zur Verfügung. Kindern bietet der Betrieb die Möglichkeit, auf Lehrpfaden die Tiere des Hofes kennenzulernen. Zum Frühstück ist die Auswahl an Süßem und Pikantem riesig: Fruchtsäfte, Käse, Schinken, frisches Brot, hiesige Butter, aber auch hausgemachte Marmeladen und stets frische Eier.

♦ 6 DZ mit Bad und WC, Balkon, Telefon, Sat-TV ♦ DZ in Einzelbelegung € 28, DZ € 56 (alle mit Frühstück) ♦ Kreditkarten: CartaSi, MC, Visa; Bankomat ♦ Privatparkplatz, kleine Haustiere willkommen, Betreiber immer erreichbar ♦ Restaurant, Frühstücksraum, Garten, Terrasse

🍴 Das Restaurant bietet gute Südtiroler Küche (30 bis 35 Euro ohne Wein).

Villanders – Villandro
Sankt Stefan – Santo Stefano

32 km nordöstlich von Bozen
Ausfahrt Klausen/Chiusa der A 22

Steinbock

3-Sterne-Hotel
F.-v.-Defreggergasse 14
Tel. (+39) 04 72 / 84 31 11
Fax (+39) 04 72 / 84 34 68
info@zumsteinbock.com
www.zumsteinbock.it
Ganzjährig geöffnet

In Villanders angekommen, werden Sie einen Herrensitz entdecken, der zu den beeindruckendsten in Südtirol zählt. Das früher als Gericht verwendete Gebäude verfügt über wirklich einzigartige Räume, Säle, Gänge, Balkone und Kellergewölbe und beherbergt nunmehr stilvolle Speisesäle und zauberhafte Gästezimmer, von denen jedes in einem anderen Stil eingerichtet ist: Es gibt die Adelssuite, die Grafenzimmer und auch die Herrenzimmer. Größte Sorgfalt wurde auf die Einrichtung mit Antiquitäten verwendet. Im vorzüglichen Restaurant (eine Mahlzeit ohne Wein kostet 40 bis 60 Euro) werden kreative Gaumenfreuden und ein großes Weinsortiment geboten; die Weine lagern in einem Keller, der einst als Kerker diente. Die schöne Gartenterrasse lädt zum Frühstück mit süßen und pikanten Leckerbissen ein: hausgemachte Kuchen, selbst gebackenes Brot, eine große Auswahl an Kaffee und Tee, Eier, lokale Wurst- und Käsespezialitäten.

♦ 18 DZ und 1 Suite, alle mit Bad und WC, Telefon, Sat-TV (6 Zimmer mit Balkon) ♦ DZ in Einzelbelegung € 65–75, DZ € 80–110, Suite € 92–112 (alle mit Frühstück) ♦ alle Kreditkarten, Bankomat ♦ Parkmöglichkeit auf dem weiter unten gelegenen Platz, kleine Haustiere willkommen, Rezeptionsdienst 7–24 Uhr ♦ Bar, Restaurant, Leseraum, TV-Raum mit Internetanschluss, Garten, Terrasse, Veranda

Villanders – Villandro
Sankt Valentin – San Valentino
32 km nordöstlich von Bozen
Von der Ausfahrt Klausen-Gröden/Chiusa-Val Gardena der A 22, 8 km auf der Brennerstaatsstraße in Richtung Bozen

Röckhof

Agriturismo
Sankt Valentin 22
Tel./Fax (+39) 04 72 / 84 71 30
roeckhof@rolmail.net
Ferien: Mitte Dezember–März

lAuf der Sonnenseite von Villanders gibt es trotz der Seehöhe (700 Meter) immer noch Weingärten. Die Familie Augschöll hat sich dem Weinbau verschrieben und keltert erlesene Tropfen: fruchtige Weißweine und einen körperreichen Rotwein aus Lagrein-Trauben und anderen heimischen Rebsorten. Die Gästezimmer sind schlicht und gemütlich. Die Gastwirtschaft des Hauses besteht im Grunde aus der guten Stube und bietet Gerichte mit besonderem Augenmerk für die lokale Tradition, etwa das Törggelen, bei dem auf den Höfen junger Wein zu gerösteten Esskastanien gereicht wird. Auf dem Röckhof stellt man ferner Würste aus Schweinefleisch her und lässt guten Almkäse reifen. Das ausgiebige Frühstück, das größtenteils aus eigenen Produkten besteht, wird freundlich und zuvorkommend serviert. Für längere Aufenthalte gibt es zwei komfortable Apartments (für zwei bis vier Personen) mit Kochnische.

♦ 4 DZ mit Bad und WC; 2 Apartments (2–4 Personen) mit Kochnische ♦ DZ in Einzelbelegung € 20, DZ € 40 (Aufpreis Zusatzbett € 10–15, alle mit Frühstück); Apartment € 38 pro Person ♦ keine Kreditkarten ♦ Privatparkplatz, Garage, kleine Haustiere willkommen, Betreiber immer erreichbar ♦ Restaurant (nur für Hausgäste), Frühstücksraum, Terrasse

Welschnofen – Nova Levante

20 km von Bozen
Ausfahrt Bozen Nord der A 22, S.S. 241

Berghaus Rosengarten

3-Sterne-Hotel
Pretzenbergstraße 12
Tel./Fax (+39) 04 71 / 61 31 23
info@berghaus-rosengarten.com
www.berghaus-rosengarten.com
Ferien: 11. April–9. Mai, 26. Oktober–19. Dezember

Das Rosengartenmassiv und sämtliche Gipfel der Latemargruppe scheinen zum Greifen nah. Eine unglaublich faszinierende Kulisse bietet sich dem Betrachter, wie man sie nur in diesem Abschnitt der Dolomiten findet. Daneben bestimmen Wälder und Wasserflächen das Landschaftsbild. Der Karersee ist ein Anziehungspunkt der Extraklasse. Auf den sonnigen Wiesen von Welschnofen entdecken wir das Berghaus der Familie Gapp, einen kleinen Gasthof: gemütliche Zimmer mit Balkon, TV auf Anfrage und schlichter Einrichtung ganz im Stil der typischen Südtiroler Traditionsherbergen. Das gepflegte Frühstücksbüfett umfasst hausgemachte Marmeladen und selbst gebackenes Brot. Das Hotel verfügt über Räumlichkeiten zum Lesen und Entspannen und über ein Restaurant, das den Hausgästen vorbehalten ist. Bei längeren Aufenthalten werden Rabatte gewährt. Die Halbpension kommt auf 46 bis 58 Euro pro Person.

♦ 3 EZ und 10 DZ, alle mit Bad und WC, Balkon ♦ EZ € 35, DZ € 60–70 (alle mit Frühstück) ♦ Kreditkarten: CartaSi, MC, Visa; Bankomat ♦ Privatparkplatz, kleine Haustiere willkommen, Betreiber immer erreichbar ♦ Bar, Restaurant, Aufenthaltsraum, Leseraum, Terrasse, Sauna

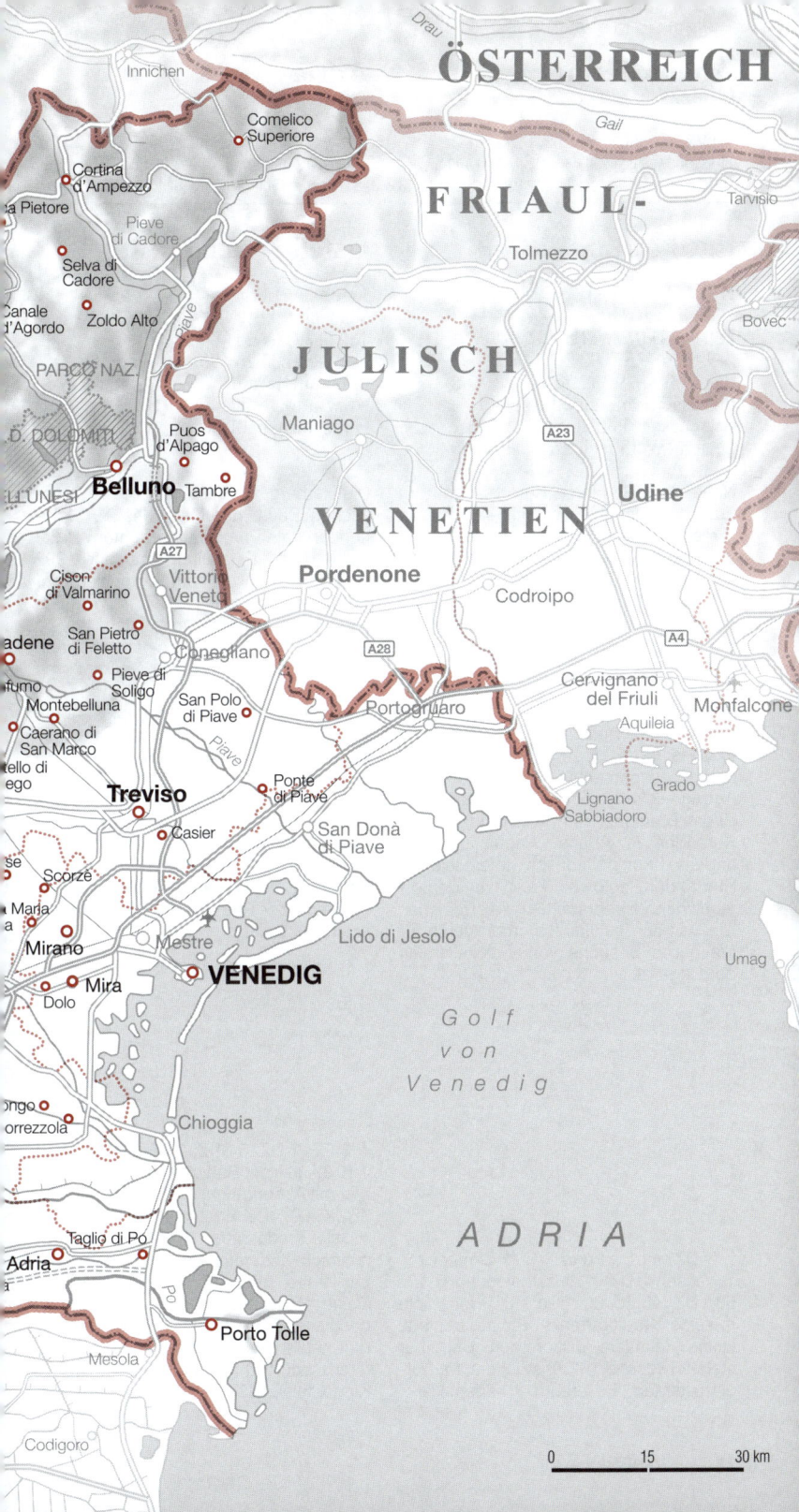

Abano Terme
Guazzi

4 km vom Zentrum
11 km südwestlich von Padua, S.S. 250 und S.P. 2
Ausfahrt Padova Ovest der A 4 oder Padova Sud der A 13

Casa Ciriani

Bed & Breakfast
Via Guazzi, 1
Tel. (+39) 049 / 71 52 72,
(+39) 368 / 377 92 26
Fax (+39) 049 / 71 52 72
bb.casaciriani@gmail.com
www.casaciriani.com
Ferien: Weihnachten

Nahe dem eleganten Kurort Abano am Fuße der Euganeischen Hügel finden Sie in dieser nicht alten, aber edel wirkenden Villa inmitten eines weitläufigen Parks komfortable Gastlichkeit vor. Zimmer wie auch Gemeinschaftsbereiche sind großzügig und ruhig, sie wurden von den freundlichen Besitzerinnen Mariantonietta und Silvana geschmackvoll gestaltet. Zum Frühstück, das unter den charakteristischen Arkaden oder im Speisesaal serviert wird, gibt es Brot, Brioches, frisches Obst, Joghurt, Zerealien, mitunter hausgemachte Kuchen und auf Anfrage lokaltypische Käsesorten. Das Bed & Breakfast ist Partnerbetrieb eines Kurbades in Abano. Padua und die anderen kunsthistorisch interessanten Städte der Region sind auch mit den öffentlichen Verkehrsmitteln gut erreichbar. Die Damen des Hauses organisieren für Sie gerne Besuche von Weinkellereien der Gegend.

♦ 3 DZ mit Bad und WC (1 Zimmer mit Terrasse) ♦ DZ in Einzelbelegung € 40–50, DZ € 65–80 (alle mit Frühstück) ♦ keine Kreditkarten ♦ Privatparkplatz, kleine Haustiere willkommen, Betreiber stets anwesend ♦ Frühstücksraum, Aufenthaltsraum, Leseraum, Arkaden, Park

Adria
Amolara

2 km vom Zentrum
25 km östlich von Rovigo, S.R. 443 und S.R. 516

Ostello Amolara

NEU

Jugendherberge
Via Capitello, 2
Tel. (+39) 04 26 / 94 30 35
Fax (+39) 04 26 / 90 21 74
info@amolara.it
www.amolara.it
Ganzjährig geöffnet

Die Herberge ist Teil eines neoklassizistischen Baus, der Mitte des 19. Jahrhunderts als Pumpwerk errichtet wurde. Nach deren Einstellung im Jahr 1992 wurde die Anlage auf Vorschlag der Kooperative Turismo & Cultura vom Sanierungskonsortium Adige-Canalbianco revitalisiert. Neben den touristischen Einrichtungen (Hotel, Restaurant mit regionaler Küche für 13 bis 15 Euro, Vinothek) umfasst der Komplex heute das Museum Septem Maria über die Kulturgeschichte des Wassers, ein biotechnisches Forschungslabor und ein Veranstaltungszentrum. Das Areal ist auch auf dem Wasserweg erreichbar. Die Zimmer sind einfach, aber behaglich. Ausflugsmöglichkeiten ins Podelta mit dem Boot sind ebenso möglich wie per Fahrrad oder Pferd (in der Nähe gibt es einen Reitstall).

♦ 3 EZ, 2 DZ, 5 3BZ, 2 4BZ, 2 5BZ und 1 10BZ, alle mit Bad und WC (einige Zimmer mit Aircondition) ♦ EZ € 43, DZ € 60, 3BZ € 80, 4BZ € 90 (alle mit Frühstück) ♦ alle Kreditkarten, Bankomat ♦ Gemeinschaftsbereiche und einige Zimmer barrierefrei zugänglich, Privatparkplatz, kleine Haustiere willkommen, Rezeptionsdienst 7.30–24 Uhr ♦ Bar, Restaurant, Aufenthaltsraum, Leseraum, Konferenzsaal (100 Plätze), Garten, Pavillon, Kinderspielplatz

Badia Polesine

24 km westlich von Rovigo, S.R. 88
Von der Ausfahrt Rovigo der A 13 in Richtung Lendinara-Badia Polesine; Hinweisschilder 1 km nach dem Ort

Le Clementine

Agriturismo
Via Colombano, 1239 B
Tel./Fax (+39) 04 25 / 59 70 29
agriturismo@leclementine.it
www.leclementine.it
Ganzjährig geöffnet

Das Anwesen von Luciana Clementina Vallese erstreckt sich entlang der Etsch und hat seinen Mittelpunkt in einem Gebäude aus dem 19. Jahrhundert, das zu Beginn des 20. Jahrhunderts mit Jugendstilelementen veredelt wurde. Es gibt einen schönen Salon mit Deckenmalereien, die Zimmer mit den warmen Parkettböden sind alle unterschiedlich mit eleganten Stilmöbeln eingerichtet. Auf dem Gut bauen Signora Luciana und ihr Mann Getreide und Gemüse an, halten Schweine (im Freien), Kaninchen und Geflügel (Hühner, Enten, Kapaune, Truthähne, Perlhühner). All dies kommt im hauseigenen Restaurant auf den Tisch (Menüpreis etwa 25 Euro, Hausgäste zahlen weniger). Das reichhaltige Frühstück verlockt mit selbst gebackenem Brot, Honig und hausgemachten Konfitüren. Den Gästen stehen Gratisfahrräder für Ausflüge entlang der Etsch zur Verfügung.

♦ 5 DZ, 2 3BZ und 1 4BZ, alle mit Bad und WC, Airconditon, TV ♦ DZ in Einzelbelegung € 44, DZ € 55 (Aufpreis Kinderbett € 5), 3BZ € 70, 4BZ € 80 (alle mit Frühstück) ♦ Kreditkarten: Visa; Bankomat ♦ Gemeinschaftsbereiche barrierefrei zugänglich, Privatparkplatz, Haustiere nicht erlaubt, Betreiber 7–22 Uhr anwesend ♦ Restaurant, Barbereich (8–10, 19–23 Uhr), Aufenthaltsraum, Tagungsraum (40 Plätze), Garten

Bagnolo di Po
Runzi

3 km vom Zentrum
32 km südwestlich von Rovigo, S.P. 12
Ausfahrt Occhiobello der A 13

Valgrande

Agriturismo
Via Riviera, 849
Tel. (+39) 04 25 / 70 40 86
Fax (+39) 04 25 / 71 50 56
info@agrivalgrande.it
www.agrivalgrande.it
Ferien: 10.–31. Januar

NEU

Der als Agriturismo geführte Betrieb befindet sich in dem von weiten Grünflächen umgebenen Herrenhaus eines typischen Landgutes der Polesine-Gegend: Ringsum erstreckt sich das seit Jahrhunderten von Trockenlegungen charakterisierte Land zwischen den Flüssen Po, Etsch und Tartaro. Monica und Alberto halten für ihre Gäste fünf hübsche Zimmer bereit, die alle unterschiedlich eingerichtet sind (das mit Namen »dell'usignolo« hat einen schönen offenen Kamin und eine große Terrasse). Die Gemeinschaftsbereiche sind ebenso gepflegt wie der Garten, die Arkaden und das zum Anwesen gehörende Wäldchen. Das Frühstück umfasst heiße und kalte Getränke, Brot, Butter, Konfitüren und selbst gebackene Kuchen. Im Restaurant (30 Plätze) wird traditionelle Küche geboten (Menüpreis 18 bis 20 Euro ohne Wein). Das Gut Valgrande ist zudem Lehrbauernhof für Gemüseanbau und Pferdezucht.

♦ 2 EZ, 2 DZ und 1 4BZ, alle mit Bad und WC, Airconditon, TV, Terrasse oder Balkon ♦ EZ € 35–40, DZ € 40–60 (Aufpreis Zusatzbett € 10), 4BZ € 80 (alle mit Frühstück) ♦ Kreditkarten: DC, MC, Visa; Bankomat ♦ Gemeinschaftsbereiche barrierefrei zugänglich, Privatparkplatz, kleine Haustiere willkommen, Betreiber immer erreichbar ♦ Restaurant (gegen Vorbestellung auch für nicht im Haus wohnende Gäste), Tagungsraum (30 Plätze), Garten, Arkaden, Terrasse

VENETIEN

Baone

Im Zentrum
30 km südwestlich von Padua, S.S. 16
Von der Ausfahrt Monselice der A 13 in Richtung Arquà Petrarca-Baone

Brolo di Ca' Orologio

Agriturismo
Via Ca' Orologio, 7 A
Tel. (+39) 04 29 / 500 99,
(+39) 336 / 37 61 00
Fax (+39) 04 29 / 61 08 75
caorologio@tin.it
www.caorologio.com
Geöffnet Ende März–Mitte November

Der faszinierende Komplex besteht aus Villa und bäuerlichen Nebengebäuden. Einst gehörte er der Mediziner-, Astronomen- und Literatenfamilie Dondi dall' Orologio, die zu den Pionieren der Entwicklung von Zeitmessgeräten zählt. Heute ist er Sitz des Gutes Maria Gioia Rosellini: 31 Hektar werden biologisch bewirtschaftet, sind überwiegend mit Weinstöcken, zu einem kleinen Teil auch mit Ölbäumen bebaut. Die Gästezimmer wurden in einem schön renovierten Bau eingerichtet, der früher als Getreidespeicher diente. Zimmer und Apartments haben Parkettböden und Sichtgebälk und sind mit antiken Möbeln und raffinierten Details eingerichtet. Das Frühstücksbüfett umfasst Produkte aus eigener Erzeugung (Eier, Konfitüren), hausgemachtes süßes Backwerk und Brot.

♦ 2 DZ mit Bad und WC, Kühlschrank, TV; 2 Miniapartments (2 Personen), 2 Zweizimmerapartments (2–4 Personen) und 1 Dreizimmerapartment (4–7 Personen) mit Kochnische ♦ DZ und DZ in Einzelbelegung € 77–90, Apartment € 88–168 (Frühstück € 12 pro Person) ♦ Kreditkarten: MC, Visa; Bankomat ♦ Privatparkplatz, Haustiere nicht erlaubt, Betreiber immer erreichbar ♦ Frühstücksraum, Salon, Garten, Park, Sonnenterrasse

Bardolino

2 km vom See
28 km nordwestlich von Verona, S.S. 12
8 km von der Ausfahrt Affi-Lago di Garda Sud der A 4;
15 km von der Ausfahrt Peschiera del Garda der A 4

Costadoro

Agriturismo
Via Costabella, 29 A
Tel. (+39) 045 / 621 04 93,
(+39) 045 / 721 16 68
Fax (+39) 045 / 622 73 30
info@agriturismocostadoro.com
www.agriturismocostadoro.com
Ganzjährig geöffnet

Der Agriturismo in Panoramalage gehört zum landwirtschaftlichen Betrieb der Familie Lonardi, die seit mehr als einem Jahrhundert auf den Hügeln an der Ostseite des Gardasees Wein anbaut; neben diversen DOC-Weinen (Bardolino und Garda) sowie Grappasorten werden kleine Mengen Olivenöl mit der geschützten Ursprungsbezeichnung Garda DOP erzeugt. Die Zimmer, viele mit Seeblick, wurden stilsicher modern eingerichtet, die Betten sind aus Schmiedeeisen. Das Frühstück nimmt man in einem Raum im Souterrain ein; auf dem Büfett stehen hausgemachtes süßes Backwerk, Fruchtsäfte, Joghurt und Aufschnitt bereit. Hausgäste bekommen im benachbarten Ristorante Costadoro (anderer Betreiber, regionaltypische Küche) zehn Prozent Rabatt. Im Garten wurde ein Barbecue-Bereich eingerichtet. Den Weinkeller kann man besichtigen, auch Verkostungen werden geboten.

♦ 10 DZ mit Bad und WC, Airconditon, Kühlschrank, Safe, Sat-TV (fast alle Zimmer mit Balkon); 2 Miniapartments (2 Personen) mit Wohnbereich und Kochnische ♦ DZ in Einzelbelegung € 65–85, DZ € 85–110 (Aufpreis Zusatzbett € 15–20, alle mit Frühstück); Apartment € 650–800 pro Woche ♦ Kreditkarten: CartaSi, DC, MC, Visa; Bankomat ♦ 1 Zimmer behindertengerecht ausgestattet, Privatparkplatz, Haustiere nicht erlaubt, Betreiber stets anwesend ♦ Frühstücksraum, Teesalon, Garten, Sonnenterrasse, Schwimmbecken

Belluno
Castion

3 km vom Zentrum
12 km von der Ausfahrt Belluno der A 27, S.S. 50

Tenuta di Nogherazza

Zimmervermietung
Via Gresane, 78
Tel. (+39) 04 37 / 92 74 61
Fax (+39) 04 37 / 92 58 82
info@nogherazza.it
www.nogherazza.it
Ferien: 3 Wochen im Februar

Eines der südöstlich von Belluno, am anderen Piave-Ufer gelegenen Landgüter der Adelsfamilie Miari-Fulcis wurde zu einem eleganten Beherbergungsbetrieb umfunktioniert. Die sorgfältig renovierten Zimmer sind gepflegt bis ins letzte Detail: Wandvertäfelungen, Böden und Möbel aus handgehobeltem Holz, Teppiche, Bilder und Vorhänge in warmen Farben, Leinenbettwäsche. Jedes Zimmer verfügt über Sat-TV und Hi-Fi-Anlage. Im Sommer kann man auf einer schönen Terrasse mit Blick auf die Dolomiten essen (Preis à la carte 20 bis 40 Euro). Auf dem Anwesen wurden Stellplätze für Wohnmobile eingerichtet. Darüber hinaus gibt es eine Golfanlage und einen Bogenschießplatz, Pferdeboxen und einen Hubschrauberlandeplatz.

♦ 6 DZ mit Bad und WC, Minibar, Sat-TV, WLAN ♦ DZ und DZ in Einzelbelegung € 80–100 (Aufpreis Zusatzbett € 20, alle mit Frühstück) ♦ Kreditkarten: AE, CartaSi, MC, Visa; Bankomat ♦ Gemeinschaftsbereiche barrierefrei zugänglich, Privatparkplatz, kleine Haustiere willkommen, Betreiber immer erreichbar ♦ Bar, Restaurant, Frühstücksraum, Konferenz- und Veranstaltungsräume (12, 35, 50, 200 Plätze), Terrasse, Kinderspielplatz, Bogenschießen, Golfanlage

Brentino Belluno
Rivalta

37 km nordwestlich von Verona, 39 km von Rovereto
17 km von der Ausfahrt Ala-Avio, 16 km von der Ausfahrt Affi-Lago di Garda Sud der A 22, S.P. 11

Olivo

2-Sterne-Hotel
Via Don Scala, 35
Tel. (+39) 045 / 727 00 39
Fax (+39) 045 / 727 08 49
info@albergo-olivo.it
www.albergo-olivo.it
Ganzjährig geöffnet

Die Zimmeranzahl im Hotel der Familie Castelletti-Spiller wurde vor kurzem verdoppelt, doch die ruhige Schlichtheit, die das Haus schon immer ausgezeichnet hat, ist erhalten geblieben. Die klassisch eingerichteten Zimmer und Gemeinschaftsbereiche sind komfortabel und heimelig. In der schönen Jahreszeit kann man im Gastgarten mit Tischen und Sonnenschirmen sitzen. Auf dem Frühstücksbüfett werden eine reichhaltige Auswahl an regionalen Wurst- und Käsesorten geboten, hausgemachte Kuchen und Brioches; Butter und Früchtekonfitüren genießt man auf stets frischem Brot. Im Restaurant, das nicht nur Hausgästen offensteht, gibt es zu günstigen Preisen (etwa 18 Euro) venetisch-trentinische Traditionsgerichte von Signora Noris Caporali. Alessandro, der freundliche Hausherr, hat stets Tipps für Ausflüge rund um den Gardasee, auf den Monte Baldo und in die Terra dei Forti bereit.

♦ 14 DZ mit Bad und WC, Balkon, Telefon, TV, Internetanschluss ♦ DZ in Einzelbelegung € 40, DZ € 60 (alle mit Frühstück) ♦ Kreditkarten: AE, CartaSi, MC, Visa; Bankomat ♦ Privatparkplatz (8 Plätze) und Parkmöglichkeit gegenüber, Haustiere nicht erlaubt, Betreiber immer erreichbar ♦ Bar, Restaurant, Frühstücksraum, Aufenthaltsraum, Sitzgelegenheit im Freien

Brentino Belluno
Belluno Veronese
4 km vom Zentrum

35 km von Rovereto, 41 km nordwestlich von Verona
13 km von der Ausfahrt Ala-Avio, 20 km von der Ausfahrt Affi-Lago di Garda Sud der A 22, S.P. 11

Caerano di San Marco

4 km von Montebelluna in Richtung Bassano del Grappa, 10 km von Asolo
25 km nordwestlich von Treviso, S.R. 348 und S.P. 248

Roeno

Agriturismo
Via Mama, 5
Tel./Fax (+39) 045 / 723 01 10
info@cantinaroeno.com
www.agriturismofugattirolando.com
Ganzjährig geöffnet

Col delle Rane

Agriturismo
Via Mercato Vecchio, 18
Tel. (+39) 04 23 / 65 00 85
Fax (+39) 04 23 / 85 70 04
info@coldellerane.it
www.coldellerane.it
Ganzjährig geöffnet

Rolando Fugatti hat diesen landwirtschaftlichen Betrieb gegründet, nun wird er von seinen Kindern geführt, die sowohl das Gut (Wein- und Gemüseanbau) als auch den Beherbergungsbetrieb ausgebaut haben. Roberta kümmert sich um die Gäste und, mit ihrer Mutter Giuliana Dal Fior (einer großartigen Köchin), um das Restaurant. Cristina und Giuseppe betreuen vor allem den Weinkeller. Die Zimmer sind in warmen Farben gehalten und mit rustikal-modernen Möbeln behaglich eingerichtet. Das Frühstück wird serviert: selbst gemachte Kuchen, Konfitüren und Fruchtsäfte, auch Wurstwaren aus eigener Erzeugung. Für Ausflüge in die Weinberge und auf den Monte Baldo werden Fahrräder vermietet. Der Gardasee ist mit dem Auto in wenigen Minuten erreichbar, zwei Kilometer vom Agriturismo entfernt findet man in einem Schwimmbad sommerliche Entspannung.

Das Gebiet am Fuße des Montello ist von besonderer landschaftlicher und kunsthistorischer Bedeutung (Weingärten, Olivenhaine und Zypressen, Palladio-Villen, Erinnerungen an den Bildhauer Antonio Canova …). Hier betreibt die Familie Gallina in einem schönen Herrschaftshaus aus dem 18. Jahrhundert, das umsichtig renoviert wurde, einen Agriturismo. Einige der durchwegs gemütlichen und geräumigen Zimmer verfügen über eine Galerie. Die Apartments in einem Nebenhaus liegen inmitten einer Wiese, sie werden zu attraktiven Preisen vermietet, wenn man länger als eine Nacht bleibt. Zwischen dem großen Garten und dem Obsthain wurde ein natürliches Schwimmbecken mit Kiesboden und ungechlortem Wasser angelegt. Das als Büfett angebotene Frühstück beinhaltet hochwertige Naturprodukte: Konfitüren, Fruchtsäfte und süße Sachen, selbst die Wurstwaren sind hausgemacht.

♦ 2 EZ, 2 DZ und 3 3BZ, alle mit Bad und WC, Terrasse oder Balkon, TV, Internetanschluss ♦ EZ € 33–40, DZ € 50–70, 3BZ € 70–80 (alle mit Frühstück) ♦ Kreditkarten: CartaSi, DC, MC, Visa; Bankomat ♦ Anlage barrierefrei zugänglich, Privatparkplatz, Haustiere nicht erlaubt, Betreiber immer erreichbar ♦ Barbereich, Restaurant, Frühstücksraum, Leseraum, Sitzgelegenheit im Freien, Garten

🍲 Das Restaurant bietet gepflegte Küche der Tradition (25 Euro ohne Wein).

♦ 4 EZ und 10 DZ, alle mit Bad und WC, Aircondition, Kühlschrank, Telefon, Sat-TV, WLAN (einige Zimmer mit Balkon); 4 Apartments (2–4 Personen) mit Küche ♦ EZ € 39–41, DZ in Einzelbelegung € 45, DZ € 67–70 (Aufpreis Zusatzbett € 10, alle mit Frühstück) ♦ alle Kreditkarten, Bankomat ♦ 1 Apartment behindertengerecht ausgestattet, Privatparkplatz teilweise überdacht, kleine Haustiere willkommen (nicht in den Zimmern), Betreiber 7.30–23 Uhr anwesend ♦ Frühstücksraum, Leseraum, Garten, Schwimmbecken, Sonnenterrasse

Canale d'Agordo

Im Zentrum
12 km vom Passo di San Pellegrino, 45 km nordwestlich von Belluno, S.S. 203 und S.S. 346

Alle Codole

3-Sterne-Hotel
Via XX Agosto, 27
Tel. (+39) 04 37 / 59 03 96
Fax (+39) 04 37 / 50 31 12
info@allecodole.eu
www.allecodole.eu
Ferien: 1.–20. Juni, November

Ein typisches Berghaus ist Sitz dieses Hotelrestaurants. Das Haus besteht seit Mitte des 19. Jahrhunderts, vor gut 50 Jahren haben die Schwestern Lorenzi (Spitzname »le Codole«, von »codoi«, dem hiesigen Dialektwort für Steine) den Hotelbetrieb aufgenommen. Mittlerweile leiten ihn die Söhne einer der beiden. Oscar, Diego und Livio Tibolla haben sowohl das kulinarische Angebot als auch die Unterkünfte aufgewertet. Die Zimmer sind schlicht eingerichtet, verfügen aber über jeden erdenklichen Komfort. In den Gemeinschaftsbereichen (Restaurant, Bar, Stube) herrscht wohlig-behagliche Atmosphäre. Das köstliche Büfettfrühstück umfasst hausgemachte Konfitüren und Süßspeisen, Berghonig, Käse- und Wurstspezialitäten aus dem Tal. Canale d'Agordo gilt als beliebter Sommerfrische- und Wintersportort (Skigebiet Dolomiti Superski-Tre Valli) und bietet Wanderern und Bergsteigern faszinierende Routen.

♦ 3 EZ, 6 DZ und 1 4BZ, alle mit Bad und WC, Safe, Telefon, TV (einige Zimmer mit Balkon) ♦ EZ € 25–40, DZ € 50–80, 4BZ € 100–160 (alle mit Frühstück) ♦ Kreditkarten: CartaSi, MC, Visa; Bankomat ♦ Privatparkplatz gegenüber, Haustiere nicht erlaubt, Rezeptionsdienst 8–22 Uhr ♦ Bar, Restaurant, Salon, Sitzgelegenheit im Freien

🍲 Im Restaurant wird hervorragende, saisonal variierende regionale Küche geboten (33 bis 35 Euro ohne Wein).

Casier
Dosson

3 km südöstlich von Treviso
Ausfahrt Mogliano Veneto der A 27, Ausfahrt Quarto d'Altino der A 4

Alla Pasina   *NEU*

Zimmervermietung
Via Marie, 3
Tel. (+39) 04 22 / 38 21 12
Fax (+39) 04 22 / 49 23 22
pasina@pasina.it
www.pasina.it
Ganzjährig geöffnet

Ein imposantes Gehöft aus der Mitte des 19. Jahrhunderts, das sehr harmonisch renoviert wurde, beherbergt nunmehr den aus Osteria und Zimmervermietung bestehenden Betrieb der Pasin. Die Familie zählt zu den umsichtigen Interpreten und Förderern der regionalen Traditionen. Die Gästezimmer sind im ehemaligen Kornspeicher mit Sichtgebälk eingerichtet, mit Stoffen in unterschiedlichen Farben dekoriert und tragen alle Mädchennamen. Das Frühstück mit süßen und pikanten Produkten ist reichhaltig und gepflegt. Gleiches gilt für die Verkostungen, die in der ehemaligen Scheune stattfinden, und für die Hauptmahlzeiten in den Speisesälen des Restaurants. Vom hübschen Garten hat man freien Blick auf ein wasserreiches Land. All dies trägt zu einer entspannten Atmosphäre bei. In der Umgebung liegen das Naturschutzgebiet Parco del Sile und unzählige Villen, die man besichtigen kann.

♦ 7 DZ mit Bad und WC, Balkon, Aircondition, Minibar, Safe, Telefon, TV, Internetanschluss ♦ DZ in Einzelbelegung € 55, DZ € 80 (Aufpreis Zusatzbett € 20, alle mit Frühstück) ♦ alle Kreditkarten, Bankomat ♦ Anlage barrierefrei zugänglich, Gratisparkplatz gegenüber, kleine Haustiere willkommen, Betreiber immer erreichbar ♦ Bar, Restaurant, Tagungsraum (60 Plätze), Garten, Pavillon

🍲 Das Restaurant bietet gepflegte regionale Küche (33 bis 35 Euro ohne Wein), der Weinkeller ist mit 400 Etiketten bestens bestückt.

VENETIEN

Castegnero
Villaganzerla
1 km vom Zentrum
15 km südöstlich von Vicenza, S.P. 247
11 km von den Ausfahrten Vicenza Ovest oder Grisignano der A 4

L'Albara

Agriturismo
Via Pasine, 18–22
Tel. (+39) 04 44 / 63 97 15
Fax (+39) 04 44 / 73 85 95
postmaster@agriturismoalbara.com
www.agriturismoalbara.com
Ganzjährig geöffnet

Eine uralte Schwarzpappel (im Dialekt »albara«) heißt Sie in diesem Agriturismo willkommen. Seit 1998 führen die Besitzer des gleichnamigen landwirtschaftlichen Betriebs das schön renovierte Landhaus an den Hängen der Monti Berici. Die neun Hektar des Gutes sind mit Weinstöcken, Ölbäumen, Gemüse, Getreide und Futterkräutern bepflanzt, das auf dem Hof gehaltene Vieh (vor allem Geflügel und Pferde) wird mit dem eigenen Anbau gefüttert. Die Zimmer sind schlicht, aber mit jedem Komfort ausgestattet; auch die Gemeinschaftsbereiche sind sehr ansprechend, angefangen beim Speisesaal, in dem man morgens ein reichhaltiges Frühstück genießt und abends essen kann (traditionelle vicentinische Küche, Durchschnittspreis 20 Euro). Ein Schwimmbecken und ein Kinderspielplatz machen den Aufenthalt in der warmen Jahreszeit zusätzlich angenehm.

♦ 5 DZ, 3 3BZ und 1 4BZ, alle mit Bad und WC, Aircondition, Terrasse oder Balkon, TV ♦ DZ in Einzelbelegung € 40–55, DZ € 50–75, 3BZ € 60–85, 4BZ € 70–100 (alle mit Frühstück) ♦ Kreditkarten: MC, Visa; Bankomat ♦ Gemeinschaftsbereiche barrierefrei zugänglich, 2 Zimmer behindertengerecht ausgestattet, überdachter Parkplatz gegenüber, Haustiere nicht erlaubt, Betreiber rund um die Uhr anwesend ♦ Restaurant (nur abends geöffnet, nicht im Haus wohnende Gäste sind an Wochenenden gegen Vorbestellung willkommen), Lese- und TV-Raum, Garten, Schwimmbecken, Sonnenterrasse, Kinderspielplatz, Laufstrecke

Castello di Godego

31 km nordwestlich von Treviso, S.R. 245
4 km von Castelfranco Veneto in Richtung Bassano del Grappa

Al Sole

3-Sterne-Hotel
Via San Pietro, 1
Tel. (+39) 04 23 / 76 04 50
Fax (+39) 04 23 / 76 83 99
info@locandaalsole.it
www.locandaalsole.it
Ganzjährig geöffnet

Die Lage ist typisch für einen klassischen Gasthof: Das Hotel steht dort, wo die Straßen in den nördlichen Teil der Provinz Treviso, nach Castelfranco, Padua und Bassano del Grappa zusammenlaufen. Das Al Sole war schon zur Zeit der österreichischen Herrschaft eine Anlaufstelle für Reisende. Luigi Baggio und Gianni Martinello haben das Gebäude renoviert und ausgebaut. Die 20 Zimmer sind unterschiedlich gestaltet, allen gemein sind die Decken mit Sichtgebälk und die Detailsorgfalt in der Einrichtung. Das im kleinen Gemeinschaftsraum an die Tische servierte Frühstück umfasst heiße Getränke, Fruchtsäfte, Brioches, Brot, Butter und abgepackte Konfitüren. Im Restaurant nebenan sind nicht nur Hausgäste allabendlich außer montags willkommen, mittags nur an Sonn- und Feiertagen. Geboten wird traditionelle Küche in neuer Interpretation, die Preise liegen bei 25 bis 30 Euro (ohne Wein).

♦ 8 EZ und 12 DZ, alle mit Bad und WC, Aircondition, Minibar, Telefon, Sat-TV, WLAN, (einige Zimmer mit Balkon) ♦ EZ € 42–52, DZ 62–72 (Aufpreis Zusatzbett € 13–15, alle mit Frühstück) ♦ alle Kreditkarten, Bankomat ♦ Gemeinschaftsbereiche und 6 Zimmer barrierefrei zugänglich, überdachter Privatparkplatz, Garage, Haustiere nicht erlaubt, Rezeptionsdienst 6.30–24 Uhr ♦ Bar, Restaurant, TV-Raum, Leseraum, Veranda, Pavillon

Cazzano di Tramigna
Cambran

1,3 km vom Zentrum
25 km nordöstlich von Verona, S.R. 11
10 km von der Ausfahrt Soave der A 4, S.P. 37

Cison di Valmarino
Rolle
3 km vom Zentrum
42 km nordwestlich von Treviso, 17 km südwestlich von Vittorio Veneto, S.P. 152
Ausfahrt Vittorio Veneto der A 27

Corte Verzè

Agriturismo
Via Cambran, 5
Tel. (+39) 045 / 782 08 55,
(+39) 368 / 24 38 77
Fax (+39) 045 / 782 08 55
info@corteverze.it
www.corteverze.it
Ganzjährig geöffnet

Gastaldo di Rolle *NEU*

Bed & Breakfast
Vicolo Carducci, 1
Tel. (+39) 04 38 / 97 57 61,
(+39) 04 38 / 857 61
Fax (+39) 04 38 / 97 70 28
andreetta@andreetta.it
www.andreetta.it
Ganzjährig geöffnet

Cazzano di Tramigna (römischer Flurname) ist eine kleine Ortschaft in der östlichen Lessinia. Einen guten Kilometer außerhalb des Ortes in nördlicher Richtung verweist eine kleine Kirche rechter Hand auf die schmale Straße zu diesem schönen Agriturismo. Im hauseigenen Wellnesszentrum wird eine breite Palette an regenerierenden Therapien angeboten, von Biosauna und Tropenduschen über Wasserstrahlbehandlungen bis hin zu Schönheitskuren. Die rustikal-eleganten Zimmer und Apartments sind mit Möbeln aus dem späten 19. Jahrhundert und ein paar noch älteren Einzelstücken eingerichtet. Zum Munterwerden genießt man Feines aus hauseigener Erzeugung (selbst gebackenes Süßes, Früchtekonfitüren, Honig, aber auch Wurstwaren) oder von anderen bäuerlichen Betrieben der Provinz (typische Käsesorten). Im Restaurant, das nicht nur Hausgäste begrüßt, besteht eine umfangreiche Auswahl (Durchschnittspreis 30 bis 35 Euro).

Eine auf dem Hügelkamm aneinandergereihte Handvoll Häuser – das ist das Städtchen Rolle, das unter dem Schutz des italienischen Umweltfonds FAI steht. Großvater Lorenzo, der Gutsverwalter der Grafen Brandolini d'Adda war, errichtete hier in den 1930er-Jahren ein großes Steinhaus. In ebendiesem betreiben heute die Enkel Andreetta ein renommiertes Restaurant und dieses Bed & Breakfast. Die stilvoll eingerichteten Zimmer bieten alle eine herrliche Aussicht auf das Tal, ein wahres Meer aus Prosecco- und Verdiso-Reben (wir sind im Herzen der wichtigsten DOC-Anbaugebiete der trevisanischen Mark). Das Frühstück ist ausgiebig und abwechslungsreich: hausgemachtes süßes Backwerk, Honig aus der Gegend, Joghurt, Fruchtsäfte, aber auch typische Wurst- und Käsesorten der Region.

♦ 5 DZ mit Bad und WC, Aircondition, Minibar, Safe, Sat-TV, Internetanschluss; 4 Miniapartments mit Küche ♦ DZ in Einzelbelegung und DZ € 100, Miniapartment € 120 (alle mit Frühstück) ♦ Kreditkarten: CartaSi, DC, MC, Visa; Bankomat ♦ Anlage barrierefrei zugänglich, 1 Zimmer behindertengerecht ausgestattet, Privatparkplatz, kleine Haustiere willkommen, Besitzer rund um die Uhr erreichbar ♦ Restaurant, Seminarraum (40 Plätze), Terrasse, Veranda, Garten, Wellnesszentrum

♦ 3 DZ mit Bad und WC, Aircondition, Minibar, Sat-TV ♦ DZ in Einzelbelegung € 50, DZ € 80 (Aufpreis Zusatzbett € 15–25, alle mit Frühstück) ♦ alle Kreditkarten, Bankomat ♦ Parkplatz vor dem Haus, kleine Haustiere willkommen, Betreiber immer erreichbar ♦ Frühstücksraum, Aufenthaltsraum, Terrasse

🍽 Das Restaurant nebenan bietet traditionelle Küche (28 bis 35 Euro ohne Wein) und eine große Weinauswahl.

Comelico Superiore
Padola

4 km vom Zentrum
15 km von Auronzo di Cadore, S.P. 532; 67 km nordöstlich von Belluno, S.S. 51

Correzzola

28 km südöstlich von Padua, S.S. 516
Ausfahrt Padova Est der A 4 oder Ausfahrt Monselice der A 13

Moiè

Agriturismo
Via Valgrande, 54
Tel. (+39) 04 35 / 47 00 02
virginia89d@libero.it
Ferien: 15.–30. Juni, 15.–30. Oktober

La Corte

NEU

1-Stern-Hotel
Via Petit Foret, 6
Tel. (+39) 049 / 580 72 77
Fax (+39) 049 / 976 41 61
lacortehotel@gmail.com
Ganzjährig geöffnet

Germano De Martin hat seinen Obstanbau- und Viehzuchtbetrieb um einen Agriturismo erweitert. Der Hof liegt in 1.227 Metern Seehöhe, an einer Straße, die parallel zur prächtigen Panoramaroute über den Kreuzbergpass verläuft. Die schlichten und doch behaglichen Gästezimmer befinden sich im Obergeschoss eines entzückenden Chalets mit großem Garten; das Erdgeschoss beherbergt die Reception und einen rustikalgemütlichen Speisesaal. Zum Frühstück genießen Sie die von Germanos Frau Loretta fabrizierten Konfitüren, Butter und Joghurt von der Genossenschaftsmolkerei Padola, hiesigen Honig, auf Wunsch auch Käse und Speck. Die Umgebung lädt zum Wandern, Reiten und Biken ein, und nicht weit entfernt liegt die Terme delle Dolomiti mit Schwimmbad und Wellnesszentrum.

Die Römer nannten die Gegend Corrigium, was einen sich aus dem Wasser erhebenden Landstreifen bezeichnete. Ebendieser wurde später von den Benediktinermönchen der Paduaner Abtei Santa Giustina trockengelegt. Das Hotel nimmt einen Teil des imposanten, von langen Arkaden gesäumten Gehöfts ein, in dem im 16. Jahrhundert Mönche, aber auch Bauern und Handwerker lebten. Die mit Mobiliar im Stil der Arte Povera eingerichteten Zimmer sind einfach, aber behaglich. Wer Entspannung sucht, kann von der Präsenz eines Chiropraktikers und Naturheilkundlers profitieren. Padua ist mit dem Bus erreichbar, Venedig mit den Zügen der Bahnstrecke von und nach Adua; von dort lassen sich die Fahrräder, die das Hotel vermietet, mit in den Zug nehmen.

♦ 6 DZ mit Bad und WC, Terrasse, TV ♦ DZ in Einzelbelegung € 40, DZ € 70 (Aufpreis Zusatzbett € 10, alle mit Frühstück) ♦ alle Kreditkarten, Bankomat ♦ Parkplatz angrenzend, kleine Haustiere willkommen, Betreiber stets anwesend ♦ Bar, Restaurant (nur Freitag–Sonntag), Garten, Sonnenterrasse, Kinderspielplatz

🍲 Das Restaurant bietet sehr gute traditionelle Küche zu durchschnittlich 25 Euro ohne Wein.

♦ 3 DZ, 8 3BZ und 2 5BZ, alle mit Bad und WC im Zimmer oder angrenzend, Balkon, Telefon (7 Zimmer mit Aircondition) ♦ DZ in Einzelbelegung € 37, DZ € 65–74, 3BZ € 70–89, 5BZ € 97 (alle mit Frühstück) ♦ alle Kreditkarten, Bankomat ♦ Anlage barrierefrei zugängliche, öffentlicher Gratisparkplatz gegenüber, kleine Haustiere willkommen, Rezeptionsdienst 7–19 Uhr ♦ Bar (7–19 Uhr), Leseraum, TV-Raum, Arkaden, Garten

Cortina d'Ampezzo
Fraina

3 km vom Zentrum
1,2 km von der Strada Statale
68 km nördlich von Belluno, S.S. 51

Baita Fraina

Zimmervermietung
Via Fraina, 1
Tel. (+39) 04 36 / 36 34
Fax (+39) 04 36 / 87 62 35
info@baitafraina.it
www.baitafraina.it
Geöffnet 20. Juni–30. September,
1. Dezember–Ostern

NEU

Die zum Restaurant gehörenden Gästezimmer der Familie Menardi bieten einen angenehmen Aufenthalt, befindet sich das Haus doch an einer der schönsten Stellen des von den Ampezzaner Dolomiten umschlossenen Talkessels. Die Baita Fraina ist gut erreichbar, liegt aber abseits der verkehrsreichen Durchzugsstraße »Alemagna« und des mondänen Cortina. Holz ist das vorherrschende Element, sowohl an der Fassade als auch in den Räumlichkeiten, die dadurch warm und behaglich wirken. Das Büfettfrühstück beinhaltet Konfitüren und hausgemachte süße Backwaren (köstlicher Plumcake), frisches Obst, Eier, Joghurt, regionale Wurst- und Käsesorten. Das Restaurant offeriert typische Regionalküche (Durchschnittspreis 38 Euro ohne Wein). Es gibt zwar einen Kinderspielplatz, doch die Besitzer bevorzugen es, Familien mit Kindern unter fünf Jahren nicht zu beherbergen. Neben Bergsportarten kann man in nächster Umgebung reiten und Golf spielen.

◆ 1 EZ und 5 DZ, alle mit Bad und WC, Balkon, Telefon, Sat-TV ◆ EZ € 44–65, DZ € 88–130 (alle mit Frühstück) ◆ Kreditkarten: CartaSi, DC, MC, Visa; Bankomat ◆ Privatparkplatz, Haustiere nicht erlaubt, Betreiber immer erreichbar ◆ Bar, Restaurant, Salon, Terrasse, Garten, Gartenhaus, Kinderspielplatz, Liegewiese, Sauna, Whirlpool

Costabissara
Motta

2 km vom Zentrum
9 km nordwestlich von Vicenza, S.P. 46
Ausfahrt Vicenza Ovest der A 4

Il Grande Portico

Agriturismo
Via San Cristoforo, 44
Tel. (+39) 04 44 / 97 07 18
info@ilgrandeportico.it
www.ilgrandeportico.it
Ganzjährig geöffnet

An der Straße, die an der Kirche des Ortsteils Motta vorbeiführt, liegt ein imposantes Gutshaus aus dem 18. Jahrhundert, das vorbildlich restauriert wurde. Die Zimmer des nunmehrigen Agriturismo der Familie Forte sind geschmackvoll eingerichtet und bieten einen schönen Blick auf das fruchtbare Umland. Zum Frühstück genießt man unter anderem hausgemachte Konfitüren und Aufschnitt. Freitag- und Samstagabend sowie Sonntagmittag wird auch anderen als Hausgästen eine Küche geboten, die auf den Erzeugnissen vom Hof und aus der Gegend basiert (Durchschnittspreis 22 bis 27 Euro). Ab Hof verkauft werden Wurstwaren wie Soppressa, die allesamt selbst gemacht sind. Besonders einladend an heißen Sommertagen: der schattige Garten. Das Haus organisiert viele Freizeitaktivitäten, und ein paar Kilometer entfernt gibt es Tennisplätze und ein Schwimmbad.

◆ 4 EZ und 4 DZ, alle mit Bad und WC, Aircondition, TV; 2 Zweizimmerapartments mit Kochnische ◆ EZ € 36–55, DZ € 60–85 (Aufpreis Zusatzbett € 15), (alle mit Frühstück); Apartment € 80 ◆ keine Kreditkarten ◆ Gemeinschaftsbereiche barrierefrei zugänglich, Privatparkplatz im Hof und vor dem Haus, Haustiere nicht erlaubt, Betreiber stets anwesend ◆ Restaurant (im August geschlossen), TV-Raum, Konferenzraum, Garten

Costabissara

Im Zentrum
7 km nordwestlich von Vicenza, S.P. 46
Ausfahrt Vicenza Ovest der A 4

Lovise

2-Sterne-Hotel
Via Marconi, 22
Tel. (+39) 04 44 / 97 10 26
Fax (+39) 04 44 / 97 14 02
loviseilaria@alice.it
Ferien: 10 Tage im Januar, 3 Wochen im August

Antonio Attilio Lovise beschloss anno 1893, neben seiner Landwirtschaft eine Gaststätte zu führen. Die älteren Einheimischen geben die Adresse der Trattoria noch immer mit »drio la cesa« an (dt.: hinter der Kirche). Im Fahrwasser des Gründers haben die Erben die Traditionsküche zu ihrem Aushängeschild gemacht und sind insbesondere kämpferische Verfechter des Stockfisches nach dem Originalrezept »Baccalà alla vicentina« geworden. Das Haus Lovise ist heute zudem Garant für erholsame Aufenthalte: Dazu tragen die von Signora Sandra geschmackvoll eingerichteten Zimmer ebenso bei wie der nette kleine Salon im ersten Stock und der weitläufige Garten, der vor ein paar Jahren durch einen Swimmingpool aufgewertet wurde. Das Frühstücksbüfett wartet mit hausgemachten Spezialitäten auf. Eine Mahlzeit im Restaurant (200 Plätze) kostet ohne Wein ungefähr 30 Euro.

♦ 6 EZ, 11 DZ und 1 4BZ, alle mit Bad und WC, Airconditioning, Minibar, Telefon, TV, Internetanschluss ♦ EZ € 45–65, DZ € 65–90, 4BZ € 140, (alle mit Frühstück) ♦ alle Kreditkarten, Bankomat ♦ 1 Zimmer behindertengerecht ausgestattet, Privatparkplatz, kleine Haustiere willkommen, Rezeptionsdienst 6–24 Uhr (Montag 7–19.30 Uhr) ♦ Bar, Restaurant, Salon, Garten, Laube, Park, Schwimmbecken

Dolo

3 km vom Zentrum
22 km westlich von Venedig, S.R. 11 oder A 4
5 km von der Ausfahrt Doro-Mirano der A 4

Villa Alberti

3-Sterne-Hotel
Via Ettore Tito, 90
Tel. (+39) 041 / 426 65 12
Fax (+39) 041 / 560 88 98
info@villalberti.it
www.villalberti.it
Ganzjährig geöffnet

Zwischen Dolo und Mira, in einer noch intakten Gegend am verkehrsärmeren Ufer der Brenta, befindet sich diese Villa aus dem 18. Jahrhundert mit Park. Die Familie Malerba hat sie mit Liebe zum Detail renoviert: Böden, Türen und Fenster wurden originalgetreu restauriert und die Räumlichkeiten mit erlesenen antiquarischen Möbeln eingerichtet. Der herrliche Park ist eine klassische Anlage mit einem zentralen, von alten Bäumen gesäumten Weg, einem Gewächshaus und einer Altane, von der man einen schönen Blick ins Land hat; im dazugehörigen Obstgarten darf man als Gast die reifen Früchte selbst pflücken. Die geräumigen Zimmer, von denen die Hälfte in der Dependance (einem ehemaligen Wirtschaftsgebäude) untergebracht ist, verfügen über jeden Komfort. Zum Frühstück bauen die Betreiber ein üppiges Büfett mit süßen und pikanten Speisen auf, und zu den Hauptmahlzeiten bereiten sie gepflegte Menüs zu (etwa 25 Euro ohne Wein).

♦ 22 DZ (davon 11 in der Dependance), alle mit Bad und WC, Aircondition, Minibar, Telefon, Sat-TV, Internetanschluss (einige Zimmer mit Balkon) ♦ DZ in Einzelbelegung € 70–80, DZ € 90–120 (Aufpreis Zusatzbett € 15, alle mit Frühstück) ♦ alle Kreditkarten, Bankomat ♦ Anlage barrierefrei zugänglich, 2 Zimmer behindertengerecht ausgestattet, Privatparkplatz, kleine Haustiere willkommen, Rezeptionsdienst 5–1 Uhr ♦ Bar, Restaurant (nur für Hausgäste), Veranstaltungsraum, Park

Fumane

17 km nordwestlich von Verona, S.S. 12 und S.P. »Valpolicella«
14 km von der Ausfahrt Verona Nord der A 4

La Meridiana

Zimmervermietung
Via Osan, 48
Tel. (+39) 045 / 683 91 46,
(+39) 045 / 683 92 28
lameridiana@valpolicella.it
www.lameridiana-valpolicella.it
Ganzjährig geöffnet

Die auf die Fassade gemalte Sonnenuhr (it.: meridiana) trägt die Jahreszahl 1879, das Haus selbst am Rand der Ortschaft Fumane wurde bereits im 17. Jahrhundert erbaut. Das Meridiana mit seinem idyllischen Innenhof bietet sechs schöne, große und helle Gästezimmer, von denen einige kürzlich renoviert wurden: Die Decken weisen Sichtholzbalken auf (der im Erdgeschoss in einem ehemaligen Stall eingerichtete Raum hat eine steinerne Decke), die Einrichtung besteht aus schmiedeeisernen Betten und schönen alten Schränken. Ein Zimmer hat sogar einen offenen Kamin, den man an Winterabenden anfachen kann. Zum Frühstück sind die Gäste in die benachbarte Enoteca della Valpolicella geladen, wo hausgemachte Kuchen, Konfitüren und verschiedene lokale Honigsorten, Käse aus der Lessinia, Eier, Wurstwaren und frisch gepresste Fruchtsäfte bereitstehen. Die Betreiber organisieren Besuche der Weinkellereien der Valpolicella und Ausflüge in den Naturpark der Molina-Wasserfälle. Einen Kilometer weiter gibt es ein Schwimmbad mitten im Grünen.

♦ 5 DZ und 1 3BZ, alle mit Bad und WC, TV (1 Zimmer mit Terrasse) ♦ DZ in Einzelbelegung € 60, DZ € 70, 3BZ € 100 (Frühstück € 10 pro Person) ♦ alle Kreditkarten, Bankomat ♦ 2 Zimmer barrierefrei zugänglich, Privatparkplatz, kleine Haustiere willkommen, Betreiber immer erreichbar ♦ Leseraum, Garten

Garda

Im Zentrum
31 km westlich von Verona
10 km von der Ausfahrt Affi-Lago di Garda Sud der A 22

Silvestro

3-Sterne-Hotel
Via San Giovanni, 19
Tel. (+39) 045 / 725 55 22
Fax (+39) 045 / 627 84 42
info@hotelsilvestro.com
www.hotelsilvestro.com
Ferien: November

Das kleine Hotel in der Altstadt liegt nur wenige Schritte vom See und von der Promenade Regina Adelaide entfernt. Das Silvestro bietet herzliche Gastlichkeit und Komfort zu wahrlich bescheidenen Preisen, vor allem im Vergleich zu den überzogenen Tarifen der viel zu vielen Hotels an den Gestaden des Gardasees in der Provinz Verona, die von nordeuropäischen Touristen massenhaft frequentiert werden. Die anständigen Zimmer sind schlicht eingerichtet und wirken recht modern, Details wie die Sichtbalken an den Decken verleihen edles Flair. Das Frühstück ist typisch italienisch, im Restaurant (in der Nebensaison mittwochs geschlossen) bekommt man komplette Mahlzeiten für durchschnittlich 25 Euro ohne Wein. Nicht entgehen lassen sollte man sich einen Ausflug zur Punta San Vigilio, einer zu Recht berühmten Stätte am Gardasee mit einem bezaubernden kleinen Hafen, einer Kapelle, alten Gewächshäusern und der Villa Brenzoni-Guarienti (16. Jahrhundert).

♦ 2 EZ und 10 DZ, alle mit Bad und WC, Aircondition, Minibar, Safe, Telefon, Sat-TV (2 Zimmer mit Balkon) ♦ EZ € 45–55, DZ € 80–90 (Aufpreis Zusatzbett € 15–25, alle mit Frühstück) ♦ alle Kreditkarten, Bankomat ♦ Anlage barrierefrei zugänglich, 2 Zimmer behindertengerecht ausgestattet, gebührenpflichtiger öffentlicher Parkplatz in der Nähe, kleine Haustiere willkommen (€ 7 pro Tag), Betreiber immer erreichbar ♦ Barbereich, Restaurant

Grancona
Pederiva
1 km vom Zentrum
24 km südwestlich von Vicenza, S.P. 12 »Bocca d'Ascesa«
15 km von der Ausfahrt Montecchio Maggiore der A 4

Isetta

2-Sterne-Hotel
Via Pederiva, 96
Tel. (+39) 04 44 / 88 95 21
Fax (+39) 04 44 / 88 99 92
info@trattoriaalbergoisetta.it
www.trattoriaalbergoisetta.it
Ganzjährig geöffnet

Dieser Gasthof ist typisch für die Colli Berici und wird seit 1950 von der Familie Gianesin geführt. Das Haus ist gut erreichbar (über die Strada Provinciale 12 »Bocca d'Ascesa«), liegt dennoch in einem abgeschiedenen kleinen Tal und bietet Erholungsuchenden und Naturliebhabern ruhige Nächte und Gastlichkeit. Die Zimmer, alle mit Blick auf die Colli Berici, sind schlicht und funktionell ausgestattet. Das Frühstück erweist sich als abwechslungsreich und großzügig bemessen, Süßes ist ebenso selbst gemacht wie das pikante Angebot. Als Ausflüge empfehlen sich ein Besuch des Bauernmuseums in Grancona (Via Cà Vecchia 10) oder ein Abstecher nach Pederiva zu den zwei alten Mühlen – eine davon, die auf das Jahr 1410 zurückgeht, wurde vor ungefähr zehn Jahren restauriert.

♦ 4 EZ und 5 DZ, alle mit Bad und WC, Aircondition, Telefon, Sat-TV, Internetanschluss (2 Zimmer mit Balkon)
♦ EZ € 36, DZ € 46 (Aufpreis Zusatzbett € 13, Frühstück € 8 pro Person)
♦ Kreditkarten: AE, CartaSi, MC, Visa; Bankomat ♦ Gemeinschaftsbereiche barrierefrei zugänglich, Privatparkplatz, kleine Haustiere willkommen, Betreiber immer erreichbar ♦ Bar, Restaurant, Frühstücksraum, Veranda

🍲 Empfehlenswertes Restaurant mit guter regionaltypischer Küche (32 bis 35 Euro ohne Wein).

Grezzana
Romagnano
5 km vom Zentrum
17 km nordöstlich von Verona, S.P. 6
Ausfahrt Verona Est der A 4

La Costa

NEU

Agriturismo
Ortsteil Costa, 86
Tel. (+39) 045 / 865 01 11
Fax (+39) 045 / 554 25 91
info@agricosta.it
www.agricosta.it
Ganzjährig geöffnet

Der Agriturismo liegt auf dem Kamm eines mit Weinstöcken und Ölbäumen bewachsenen sanften Hügels. Das schöne, vor kurzem sanierte und modernisierte Bauernhaus ist auch Sitz der Kellerei der Familie Zecchini, die hervorragenden Wein keltert und erlesenes natives Olivenöl extra erzeugt. Hier lebt man inmitten des grünen Idylls eines 100 Hektar großen Gutes, das nur 20 Autominuten vom Zentrum von Verona entfernt liegt. Empfang und Betreuung sind familiär und herzlich, sehr auf die Bedürfnisse der Gäste bedacht. Die Zimmer sind in elegant-modernem Stil eingerichtet und mit den wichtigsten Annehmlichkeiten ausgestattet. In dem Raum, der auch als Lokal für Verkostungen des hauseigenen Weins (Valpolicella, Amarone, Recioto) dient, wird das reichhaltige, gepflegte Frühstück serviert: Brioches, Kuchen und Konfitüren holt man vom Büfett, Kaffee und andere heiße Getränke werden frisch zubereitet.

♦ 1 EZ und 11 DZ, alle mit Bad und WC, Aircondition, Safe, TV, WLAN ♦ EZ € 40–70, DZ € 70–110 (Aufpreis Zusatzbett € 20–30, alle mit Frühstück) ♦ alle Kreditkarten, Bankomat ♦ 1 Zimmer behindertengerecht ausgestattet, Privatparkplatz, kleine Haustiere willkommen, Betreiber immer erreichbar ♦ Frühstücksraum, Salon, Hof, Garten

Guarda Veneta
Quarti

1 km vom Zentrum
14 km südlich von Rovigo, S.S. 16 und S.P. 33

Lazise
1 km vom Gardasee
23 km nordwestlich von Verona, S.S. 12
8 km von der Ausfahrt Affi-Lago di Garda Sud der A 22, 10 km von der Ausfahrt Peschiera del Garda der A 4

I Quarti

Agriturismo
Via Kennedy, 1290
Tel. (+39) 04 25 / 980 22,
(+39) 348 / 225 80 09
Fax (+39) 04 25 / 980 22
info@agrituriquarti.com
www.agrituriquarti.com
Ferien: Januar, Februar

NEU

Al Vajo

Agriturismo
Via San Martino, 86
Tel. (+39) 045 / 758 12 48
agriturismo@alvajo.com
www.alvajo.com
Ganzjährig geöffnet

Der Agriturismo in der Nähe des linken Po-Damms ist von einem jahrhundertealten Park umgeben, in dem man Ruhe und Erholung findet. Die Gegend eignet sich für Spaziergänge, Radtouren und Reitausflüge. Das Gebäude, ein imposantes Herrenhaus aus dem frühen 20. Jahrhundert, ist mit rustikalen antiquarischen Möbeln eingerichtet und bietet den Gästen großzügige Räume. Das typisch italienische Frühstück umfasst hausgemachte Konfitüren und Kuchen sowie regionaltypische Wurst- und Käsesorten. Im Restaurant werden traditionelle Gerichte der Küche des Polesine (18 bis 20 Euro ohne Wein) geboten, aus Geflügel vom eigenen Hof und anderen regionalen Produkten zubereitet. Die Betreiber bauen Getreide, Obst und Gemüse nach biologischen Methoden an. Sie organisieren für ihre Gäste geführte Touren und andere sportliche wie lehrreiche Aktivitäten (Jogging, Fahrradverleih).

Zwei Zimmer mehr und ein Schwimmbecken, das sind die Neuheiten dieses Agriturismo, der zum landwirtschaftlichen Betrieb von Esterina Gregori gehört. Auf dem Anwesen im unmittelbaren Hinterland des hübschen, einst von den Scaligern befestigten Städtchens Lazise werden Trauben und Oliven angebaut. Die neuen Zimmer sind noch geräumiger als die anderen und können problemlos als Dreibettzimmer genutzt werden; alle sind mit bequemen Betten und einigen Stücken aus dem Mobiliarfundus der Familie eingerichtet. Das Frühstück nimmt man in einem Raum im Erdgeschoss ein. Die Konfitüren und Süßspeisen macht Signora Esterina selbst (wenn sie Zeit hat, bäckt sie auch Brot), die Eier kommen aus dem hauseigenen Hühnerstall, auf Anfrage gibt es auch Aufschnitt und Käse. Den Gästen stehen zwei Kühlschränke – einer im Erdgeschoss, der andere im ersten Stock – zur Verfügung. In der schönen Jahreszeit kann man sich als Abwechslung von den Ausflügen an den Gardasee im Garten niederlassen, in Ruhe ein Buch lesen, ein Sonnenbad nehmen oder im Schwimmbecken planschen.

♦ 1 EZ, 3 DZ, 1 3BZ und 1 4BZ, alle mit Bad und WC, TV ♦ EZ € 28, DZ € 52 (Aufpreis Zusatzbett € 15), 3BZ € 67, 4BZ € 80 (Frühstück € 3 pro Person) ♦ keine Kreditkarten; Bankomat ♦ Anlage barrierefrei zugänglich, Privatparkplatz, kleine Haustiere willkommen, Betreiber immer erreichbar ♦ Restaurant (30 Plätze, an Wochenenden nicht nur für Hausgäste geöffnet), Salon, Aufenthaltsraum, Park, Garten, Laube, Fitnessparcours, Laufstrecke

♦ 4 DZ und 2 3BZ, alle mit Bad und WC, Sat-TV (5 Zimmer mit Balkon oder Terrasse), Kühlschrank im Gemeinschaftsraum ♦ DZ in Einzelbelegung € 50, DZ € 70, 3BZ € 85 (alle mit Frühstück) ♦ keine Kreditkarten ♦ Privatparkplatz teilweise überdacht (3 Plätze), Haustiere nicht erlaubt, Betreiber stets anwesend ♦ Frühstücksraum, Garten, Sonnenterrasse, Schwimmbecken

Longare
Lumignano

4 km vom Zentrum
17 km südöstlich von Vicenza, S.P. 247
Ausfahrt Vicenza Est der A 4

Longare

3 km vom Zentrum
5 km südöstlich von Vicenza, S.P. 247
Ausfahrt Vicenza Est der A 4 in Richtung Riviera Berica, dann in Richtung Vicenza

In Valle

Bed & Breakfast
Via La Vallà
Tel. (+39) 04 44 / 95 82 23,
(+39) 328 / 743 75 59
Fax (+39) 04 44 / 95 82 23
info@bebinvalle.it
www.bebinvalle.it
Ganzjährig geöffnet

NEU

Le Vescovane

Agriturismo
Via San Rocco, 19
Tel. (+39) 04 44 / 27 35 70
Fax (+39) 04 44 / 27 32 65
info@levescovane.com
www.levescovane.com
Ganzjährig geöffnet

Lumignano liegt an den Hängen der Monti Berici und ist nicht nur für »pisi« (dt.: Erbsen; ein großes Erbsenfest findet im Mai statt) bekannt: Es gibt hier auch für Spezialisten interessante Höhlen und eine bei Klettersportlern beliebte Felswand. Das Bed & Breakfast in einem charakteristischen Landhaus wurde nach dessen Renovierung im Jahr 2005 eröffnet. Neben dem Haus steht das Kirchlein Madonna della Neve, überragt wird es von der Einsiedelei San Cassianio aus dem 15. Jahrhundert. Im rosafarbenen Zimmer (es ist das größte) stehen zwei uralte Holzbetten, die Doppelbetten im grünen und im blauen Zimmer sind aus Schmiedeeisen. Küche und Waschmaschine stehen den Gästen zur Verfügung. Das Gebäude beherbergt zudem die moderne Kunstgalerie Neithea.

Dieser gediegene Agriturismo ist Teil eines 13 Hektar großen Gutes, auf dem Wein, Oliven, Getreide, Obst und Gemüse angebaut werden. Das Herzstück des Anwesens ist ein Gebäude aus dem 16. Jahrhundert, das etliche Male erweitert wurde und im 19. Jahrhundert in den Besitz einer venezianischen Adelsfamilie überging. Hier befinden sich die eleganten Gästezimmer, das Apartment mit Galerie (für 600 bis 1.000 Euro wochenweise zu mieten) blickt auf den Rasen des großen Parks. Die hofeigenen Erzeugnisse genießt man als Frühstück (Konfitüren, Kuchen) und zu den Hauptmahlzeiten (typische lokale Gerichte, Preis à la carte etwa 30 Euro, Menü für Hausgäste 20 Euro, jeweils ohne Wein). Küchenchef Amedeo Sandri leitet hier beliebte Kochkurse.

♦ 3 DZ bzw. 3BZ mit Bad und WC, Aircondition, TV, Internetanschluss (1 Zimmer mit Terrasse) ♦ DZ in Einzelbelegung € 40, DZ € 60, 3BZ € 75 (alle mit Frühstück) ♦ keine Kreditkarten ♦ Gemeinschaftsbereiche barrierefrei zugänglich, Privatparkplatz, kleine Haustiere willkommen, Betreiber immer erreichbar ♦ Salon, Kunstgalerie, Küche, Waschmaschine, Speisesaal, Arkaden, Garten

♦ 8 DZ mit Bad und WC, Aircondition, Minibar, Telefon, TV; 1 Apartment mit 2 Zimmern, Wohnbereich und Kochnische ♦ DZ in Einzelbelegung € 55–73, DZ € 86–110 (Aufpreis Zusatzbett € 25–32, alles mit Frühstück); Apartment € 130–200 ♦ Kreditkarten: CartaSi, MC, Visa; Bankomat ♦ Privatparkplatz, Haustiere nicht erlaubt, Betreiber immer erreichbar ♦ Restaurant, Aufenthaltsraum, Leseraum, Salon, Garten, Arkaden, Park

Mira

1 km vom Zentrum
19 km westlich von Venedig, S.R. 11 oder A 4
5 km von der Ausfahrt Dolo-Mirano der A 4

Isola di Caprera

3-Sterne-Hotel
Riviera Silvio Trentin, 13
Tel. (+39) 041 / 426 52 55
Fax (+39) 041 / 426 53 48
info@isoladicaprera.com
www.isoladicaprera.com
Ferien: erste August-, letzte Dezemberwoche

Das Hotel von Roberto und Orvieta Frezza grenzt an die Villa Contarini, genannt »dei Leoni«, die nunmehr Sitz des Teatro Comunale von Mira ist. Das Haus gehört zum historischen Erbe der Riviera del Brenta und wird wegen seiner Lage am Kanal geschätzt. Es ist ein idealer Ausgangspunkt für Abstecher zu den venetischen Villen, nach Venedig und Padua (bequeme Busverbindungen). Das exklusive Interieur der Zimmer und Gemeinschaftsbereiche steht im Einklang mit der Geschichte des Hauses: Man merkt sofort, wie viel Wert auf jedes noch so kleine Detail gelegt wird. Zum Frühstück gibt es Biokonfitüren und Biohonigsorten, feine Mürbeteigkuchen nach Hausfrauenart, Pasteten, Käse, erlesenen Aufschnitt, Obst, Brot, Brioches und frische Milch. Das Hotel ist Partnerbetrieb eines Wellnesszentrums, wenige Kilometer entfernt kann man Golf spielen.

♦ 1 EZ und 13 DZ, alle mit Bad und WC, Airconditon, Terrasse oder Balkon, Minibar, Sat-TV, Internetanschluss ♦ EZ € 55, DZ in Einzelbelegung € 60–80, DZ € 85–120 (Aufpreis Zusatzbett € 20, alle mit Frühstück) ♦ alle Kreditkarten, Bankomat ♦ Anlage barrierefrei zugänglich, Privatparkplatz, Haustiere nicht erlaubt, Rezeptionsdienst 7–1 Uhr ♦ Bar, Frühstücksraum, Lese- und TV-Raum, Tagungsraum (50 Personen), Garten, Schwimmbecken

Mirano
Scaltenigo

4 km vom Zentrum
24 km westlich von Venedig
5 km von der Ausfahrt Dolo-Mirano der A 4

Casa Country

Bed & Breakfast
Via Formigo, 22
Tel. (+39) 041 / 48 80 05,
(+39) 338 / 153 74 90
Fax (+39) 041 / 48 80 05
casacountry@libero.it
www.bbcasacountry.it
Ferien: Dezember, Januar

Maria und Paolo Talamini haben einen Teil ihres Wohnhauses zu einem Bed & Breakfast umfunktioniert. Das schön restaurierte jahrhundertealte Bauernhaus liegt ausgesprochen ruhig, aber mitten in einem touristisch hochinteressanten Gebiet: in der Nähe der Riviera del Brenta zwischen Venedig und Padua; beide Städte sind auch per Bahn oder Bus in einer knappen halben Stunde erreichbar. Die geräumigen, gemütlichen Zimmer sind liebevoll und elegant eingerichtet. Das klassische italienische Frühstück, das zur warmen Jahreszeit im Freien serviert wird, umfasst Kaffee, Brioches, Fruchtsäfte, Butter, Konfitüren, Honig sowie für die Region typische traditionelle Süßspeisen und Kekse. Im Sommer steht den Gästen in einem der Gemeinschaftsbereiche eine Kochecke zur Verfügung.

♦ 1 EZ, 1 DZ und 1 3BZ bzw. 4BZ, alle mit Bad und WC, Balkon (2 Zimmer mit Aircondition) ♦ EZ € 45–55, DZ € 65–75, 3BZ bzw. 4BZ € 95–125 (alle mit Frühstück) ♦ keine Kreditkarten ♦ Privatparkplatz, kleine Haustiere willkommen, Betreiber stets anwesend ♦ Frühstücksraum, Aufenthaltsraum, Leseraum, Garten mit Ruhezone

VENETIEN

Mirano

3 km vom Zentrum
20 km nordwestlich von Venedig, S.P. 32

Vineria Mirano

NEU

Locanda
Via Cavin di Sala, 384
Tel. (+39) 041 / 48 77 05
Fax (+39) 041 / 576 90 48
mirano@vineria.it
www.vineria.it
Ganzjährig geöffnet

Das Haus steht inmitten eines harmonischen Landstrichs, der noch immer die bäuerlichen Aromen und Düfte der Jahreszeiten hervorbringt. Es ist das neueste einer Reihe von Lokalen, die vor allem bei jungen Menschen den Brauch des guten Essens nach traditioneller Manier wieder in Mode gebracht haben. Die von Venedig, Padua und Treviso nur 35 Autominuten entfernte Vineria Mirano hat ihren Sitz in der Villa Clelia aus dem 19. Jahrhundert, mitten im Grün eines gepflegten Gartens im italienischen Stil. Im Erdgeschoss befindet sich das gemütliche Restaurant. Die Gästezimmer liegen im ersten Stockwerk, ihre moderne Designereinrichtung bildet einen ansprechenden Kontrast zum historischen Kontext der Villa. In perfektem Einklang mit dem Ambiente steht auch die Küche der Vineria (30 bis 35 Euro ohne Wein, Samstagmittag geschlossen), die sich eines exzellenten Weinkellers rühmen darf (600 lagernde Positionen). Slow-Food-Mitgliedern wird auf den Zimmerpreis 20 Prozent Rabatt gewährt.

♦ 3 DZ und 1 Suite, alle mit Bad und WC, Aircondition, Safe, TV, WLAN ♦ DZ in Einzelbelegung € 60–80, DZ € 80–100, Suite € 60–200 (alle mit Frühstück) ♦ Kreditkarten: AE, MC, Visa; Bankomat ♦ Anlage barrierefrei zugänglich, Privatparkplatz, Haustiere nicht erlaubt, Betreiber immer erreichbar ♦ Bar (7–14.30, 18.30–24 Uhr), Restaurant, Tagungsraum (20–30 Plätze), Terrasse, Garten

Molvena
Mure
2 km vom Zentrum
28 km nordöstlich von Vicenza
25 km von der Ausfahrt Thiene-Schio der A 31 in Richtung Breganze

Al Pozzetto

Agriturismo
Via Michelina, 1
Tel./Fax (+39) 04 24 / 41 90 51
info@agriturismoalpozzetto.it
www.agriturismoalpozzetto.it
Ganzjährig geöffnet

Die fraglos schönste Zeit für einen Aufenthalt auf diesem Hof ist die Kirschblüte im Frühjahr – ein Schauspiel von außergewöhnlichem Zauber. Die Orte Pianezze, Crosara di Marostica und Molvena, gebettet in eine herrliche Landschaft, bilden das tragende Dreigespann des venetischen Kirschanbaus, der aber auch in anderen Gemeinden der Provinz Vicenza Bedeutung hat. Die Familie Càneva kultiviert ebenfalls dieses Obst, außerdem Spargel (eine der Spargelmetropolen Venetiens, Bassano del Grappa, liegt nur zehn Kilometer entfernt) und anderes Gemüse, Wein, Oliven, Marano-Mais. Um die Feriengäste kümmert sich Floris, der von seiner Frau und den Eltern unterstützt wird; Mamma Rosina kocht im Restaurant (geöffnet von Donnerstag bis Sonntag, Durchschnittspreis 25 Euro). Die Zimmer sind wunderbar ruhig, blitzsauber und behaglich. Denkwürdig das Frühstück: frisch gemolkene Milch von einem benachbarten Hof, Tee und Kaffee, hausgemachte Dolci und Konfitüren, frisches Obst, Eier, Omeletts, lokale Wurst- und Käsesorten.

♦ 4 DZ mit Bad und WC, Aircondition, Balkon, TV ♦ DZ in Einzelbelegung € 45, DZ € 60 (Aufpreis Zusatzbett € 17, alle mit Frühstück) ♦ Kreditkarten: CartaSi, DC, MC, Visa; Bankomat ♦ Privatparkplatz, Haustiere nicht erlaubt, Betreiber stets anwesend ♦ Restaurant (nur an Wochenenden oder gegen Vorbestellung geöffnet), Gemeinschaftraum mit Kühlschrank, Garten, Sonnenterrasse

Monfumo

Im Zentrum
42 km nordwestlich von Treviso, S.R. 348, S.P. 23

Da Gerry

Zimmervermietung
Via Chiesa, 6
Tel. (+39) 04 23 / 54 50 82
Fax (+39) 04 23 / 94 58 18
info@ristorantedagerry.com
www.ristorantedagerry.com
Ganzjährig geöffnet

NEU

Im Zuge des Umbaus des Ristorante da Gerry wurden im ersten Stock des Hauses fünf Gästezimmer eingerichtet, die mit dem Aufzug auch von der Tiefgarage zugänglich sind. Die Zimmer mit dem gepflegten Interieur sind geräumig und mit sämtlichen Annehmlichkeiten ausgestattet. Das reichhaltige Frühstück umfasst Kaffee, Milch, Tee, Fruchtsäfte, Zerealien, frisches Brot, Butter und Konfitüren, Brioches, auf Wunsch auch typischen Aufschnitt und Käse der Region. In der schönen Jahreszeit wird die erste Mahlzeit des Tages auf der an das Restaurant angrenzenden Terrazza Duse serviert, von der Sie einen herrlichen Blick auf die umliegenden Hügel genießen. Zu den Hauptessenszeiten kann man eine raffinierte lokale Küche mit kreativen Akzenten probieren (Durchschnittspreis 35 bis 40 Euro ohne Wein). Einen Besuch wert ist der Weinkeller mit Taverne, wo Sie Gerry und Maurizio bei der Verkostung eines Glases aus dem umfangreichen Sortiment fachkundig beraten.

♦ 5 DZ mit Bad und WC, Aircondition, Minibar, Safe, Telefon, TV, WLAN ♦ DZ in Einzelbelegung € 65, DZ € 80 (Aufpreis Zusatzbett € 30, alle mit Frühstück) ♦ Kreditkarten: CartaSi, MC, Visa; Bankomat ♦ Anlage barrierefrei zugänglich, 1 Zimmer behindertengerecht ausgestattet, öffentlicher Gratisparkplatz 50 Meter entfernt, Privatgarage, kleine Haustiere willkommen, Betreiber 7–23.30 Uhr anwesend ♦ Bar, Restaurant, Taverne, Terrasse

Montagnana

Im Zentrum
47 km südwestlich von Padua, S.R. 10
30 km von der Ausfahrt Monselice der A 13

Aldo Moro

3-Sterne-Hotel
Via Marconi, 27
Tel. (+39) 04 29 / 813 51
Fax (+39) 04 29 / 828 42
info@hotelaldomoro.com
www.hotelaldomoro.com
Ferien: 2.–12. Januar, 8.–18. August

Montagnana zählt zu den interessantesten befestigten Städten Europas, nicht zuletzt wegen der außerordentlich gut erhaltenen Stadtmauern und der inneren Stadtanlage. Das Hotel der Familie Moro mitten in der Altstadt ist ein klassisches 3-Sterne-Haus mit elegantem Flair. Zimmer und Suiten weisen Decken mit Sichtbalken auf, nüchterne Holzmöbel sowie edle Teppiche und Vorhänge. Auf dem Frühstücksbüfett stehen Brot, Butter und Konfitüren, selbst gebackene Kuchen, frisches Obst der Saison und allerlei Getränke. Das Restaurant, das auch für Empfänge und Bankette gerüstet ist, bietet regionale und internationale Küche für etwa 35 Euro ohne Wein (Doppelzimmer mit Halbpension 85 Euro pro Person).

♦ 24 DZ mit Bad und WC, Aircondition, Kühlschrank, Telefon, Sat-TV; 10 Suiten (2–4 Personen), (5 Suiten mit Kochnische) ♦ DZ in Einzelbelegung € 70, DZ € 100, Suite € 120, Frühstück € 9 pro Person ♦ alle Kreditkarten, Bankomat ♦ Anlage barrierefrei zugänglich, 2 Zimmer behindertengerecht ausgestattet, Privatparkplatz teilweise überdacht, kleine Haustiere willkommen, Rezeptionsdienst 7–1 Uhr ♦ Bar, Restaurant, Leseraum, TV-Raum, Konferenzsaal (70 Plätze), Garten

Montebelluna
Busta

6 km vom Zentrum
29 km nordwestlich von Treviso, S.R. 348 und S.P. 248
34 km von der Ausfahrt Treviso Nord der A 27

Villa Busta

3-Sterne-Hotel
Via Busta, 39
Tel. (+39) 04 23 / 28 90 60,
(+39) 04 23 / 30 92 31
Fax (+39) 04 23 / 30 92 31
info@villabustahotel.it
www.villabustahotel.it
Ganzjährig geöffnet

Das Ehepaar Baggio-Zanin hat einen Teil seiner Villa aus dem 17. Jahrhundert in ein Hotel von raffinierter Eleganz umgestaltet. Die beiden wohnen ebenfalls in dieser ehemaligen »Casa da statio«, also dem herrschaftlicher Ansitz des landwirtschaftlichen Gutes des Grafen Paolo Pola. Der Gast schläft in sehr geräumigen Zimmern (22, 30, 50 und 60 Quadratmeter, das Einzelzimmer hat ein französisches Bett) mit Holzdecken, Parkettböden, wundervollen Möbeln und Teppichen aus Familienbesitz. Auch die Gemeinschaftsbereiche sind prachtvoll eingerichtet. Das Frühstück wird an schön gedeckten Tischen im Kaminzimmer serviert.

♦ 1 EZ, 7 Juniorsuiten und 1 Suite, alle mit Bad und WC, Aircondition, Telefon, Sat-TV, Internetanschluss ♦ EZ € 60, Juniorsuite in Einzelbelegung € 70, Juniorsuite € 95, Suite € 135 (alle mit Frühstück) ♦ alle Kreditkarten, Bankomat ♦ 1 Zimmer barrierefrei zugänglich, Privatparkplatz, Haustiere nicht erlaubt, Betreiber immer erreichbar ♦ Bar, Frühstücksraum, Leseraum, Salons, Garten

Pieve di Soligo
Solighetto

2 km vom Zentrum
35 km nördlich von Treviso
Ausfahrt Conegliano der A 27

Da Lino

3-Sterne-Hotel
Via Roma, 19
Tel. (+39) 04 38 / 821 50
Fax (+39) 04 38 / 98 05 77
info@locandadalino.it
www.locandadalino.it
Ferien: 1 Woche Januar/Februar,
2 Wochen im Juli

1961 eröffnete der bravouröse Koch, Künstler- und Literatenfreund Lino Toffolin mitten in der trevisanischen Mark eine Osteria mit Gästezimmern. Der Ruf des Lokals und des Patrons schallte bald weit über die Grenzen der Region hinaus; in den 1970er-Jahren avancierte Lino als kluger Interpret und Hüter der kulinarischen Traditionen Venetiens gar zum Fernsehstar und wurde auch in den internationalen Medien bekannt. Nach seinem Tod im Jahr 2000 übernahmen Sohn Marco und Tochter Chiara den Betrieb. Die beiden haben das Speiselokal mit Antiquitäten noch reizvoller gestaltet und jedes Gästezimmer individuell eingerichtet. Das Frühstück – hausgemachte Süßspeisen, auf Anfrage auch Eier, Wurst, Käse – kann man sich aufs Zimmer servieren lassen oder im Speisesaal vom Büfett holen. Im Restaurant werden typische Spezialitäten der Region für 45 bis 55 Euro ohne Wein geboten.

♦ 2 EZ, 8 DZ und 7 Suiten (2–4 Personen), alle mit Bad und WC, Balkon, Aircondition, Minibar, Sat-TV, Internetanschluss ♦ EZ € 70, DZ € 95, Suite € 120–144 (alle mit Frühstück) ♦ alle Kreditkarten, Bankomat ♦ Anlage barrierefrei zugänglich, 1 Zimmer behindertengerecht ausgestattet, überdachter Privatparkplatz, kleine Haustiere willkommen, Rezeptionsdienst 7.30–24 Uhr ♦ Restaurant, Konferenzsaal (100 Plätze), Pergola, Garten

Piombino Dese

Im Zentrum, wenige hundert Meter von der Villa Cornaro
27 km nordöstlich von Padua, 10 km von Castelfranco Veneto, S.R. 245

Ca' de Memi

Agriturismo
Via Roma, 4 B
Tel./Fax (+39) 049 / 936 65 16
info@cadememi.it
www.cadememi.it
Ganzjährig geöffnet

NEU

Nach mehr als 25 Jahren Erfahrung als Modedesignerin hat Michela Tasca vor einiger Zeit mit Geschmack und Hingabe ein großes Herrschaftshaus renoviert. Das Haus, seit eh und je Wohnsitz der Familie Scquizzato, vereint den Charme der Tradition mit zeitgemäßem Komfort und liegt nur wenige hundert Meter von der Palladio-Villa Cornaro entfernt. Unterstützt von den Töchtern und ihrem Mann Ottorino bietet Michela Gastlichkeit in einem ruhigen, entspannten Ambiente. Die mit dem Aufzug erreichbaren Zimmer befinden sich alle im ersten Stockwerk, haben Sichtbalken an den Decken und sind in Sachen Einrichtung und Dekor individuell gestaltet. Eine feine Sache ist das Frühstück mit hausgemachten Konfitüren und Kuchen, Joghurt, Fruchtsäften, Eiern und frischem Obst; auf Wunsch gibt es Käse und Wurstwaren aus eigener Erzeugung. Mittag- und Abendessen sind gegen Vorbestellung möglich (25 bis 30 Euro ohne Wein).

♦ 3 EZ und 6 DZ, alle mit Bad und WC, Aircondition, Telefon, TV ♦ EZ € 38–48, DZ € 64–70 (Aufpreis Zusatzbett € 16–18, alle mit Frühstück) ♦ Kreditkarten: CartaSi, MC, Visa; Bankomat ♦ Gemeinschaftsbereiche und 2 Zimmer barrierefrei zugänglich, Privatparkplatz, kleine Haustiere willkommen, Betreiber immer erreichbar ♦ Restaurant, Frühstücksraum, Leseraum mit WLAN, Konferenzsaal (60 Personen), Garten

Ponte di Piave
San Nicolò
6 km vom Zentrum
25 km nordöstlich von Treviso, S.R. 53
8 km von der Ausfahrt San Donà di Piave-Noventa der A 4

Rechsteiner

Agriturismo
Via Montegrappa, 3
Tel. (+39) 04 22 / 80 71 28,
(+39) 04 22 / 75 20 74
Fax (+39) 04 22 / 80 80 84
rechsteiner@rechsteiner.it
www.rechsteiner.it
Ganzjährig geöffnet

Der 1881 gegründete Landwirtschaftsbetrieb Rechsteiner ist ein Erbe der Barone Stepski Doliwa. Das Gut umfasst 230 Hektar, von denen 46 mit Wein bebaut werden; Hauptsitz der Ländereien ist eine prächtige Villa mit Park in Piavon di Oderzo. Feriengäste wohnen wenige Kilometer weiter, in San Nicolò, einem Ortsteil von Ponte di Piave, in einem wunderschön restaurierten Bauernhaus. Die geräumigen Zimmer haben Sichtgebälk, edle Parkettböden, breite Betten, vorrangig aus dem späten 19. Jahrhundert stammende Möbel und bieten ebenso wie die Apartments einen schönen Blick auf das umliegende Land. Auf dem Hof werden Hühner, Enten und Gänse gehalten; diese sowie der Gemüseanbau liefern gute Grundzutaten für die Küche des Restaurants (etwa 25 Euro inklusive Wein aus Eigenanbau).

♦ 1 EZ, 9 DZ und 1 3BZ, alle mit Bad und WC, Aircondition (fast alle Zimmer mit TV); 4 Apartments (2–4 Personen) mit Kochnische ♦ EZ € 30–45, DZ € 45–71, 3BZ € 60–90 (alle mit Frühstück); Apartment € 60–130 ♦ Kreditkarten: CartaSi, MC, Visa; Bankomat ♦ Gemeinschaftsbereiche barrierefrei zugänglich, Privatparkplatz, kleine Haustiere willkommen (€ 5 pro Tag), Betreiber immer erreichbar ♦ Restaurant, Aufenthaltsraum, Tagungsraum (100 Plätze), Arkaden, Garten

Pontelongo

24 km südöstlich von Padua, S.S. 516
Ausfahrt Padova Est der A 4; Ausfahrt Monselice der A 13

Trieste

1-Stern-Hotel
Via Roma, 26
Tel./Fax (+39) 049 / 977 50 72
info@albergo-trieste.com
www.albergo-trieste.com
Ganzjährig geöffnet

NEU

Einst diente Pontelongo als Hafen und Warenumschlagplatz für die gesamte Saccisica, dem südöstlichen Teil der Provinz Padua, denn der den Ort durchfließende Bacchiglione war ein wichtiger Verkehrsweg zwischen Festland und Venedig. Dieser Umstand bedingte die Ansiedlung einer großen Zuckerfabrik, die hier nun – inmitten ausgedehnter Anbauflächen – seit 1910 steht. Fünf Jahre später zogen Elena und Lazzaro Siviero aus Triest hierher: Die beiden übernahmen eine bescheidene Gaststätte und machten daraus eine bedeutende Poststation mit Trattoria, Herberge und Stallungen. Das Haus wurde später modernisiert und zu einem Hotelrestaurant ausgebaut, es wird immer noch von der Gründerfamilie geführt. Das moderne Interieur der Gästezimmer besticht durch nüchterne Eleganz. Das Restaurant ist in der Gegend bekannt für die Spezialitäten von Piergiorgio, der als Küchenchef internationale Erfahrungen gesammelt hat.

♦ 10 DZ mit Bad und WC, Telefon, TV ♦ DZ in Einzelbelegung € 40, DZ € 60 (Frühstück bei Aufenthalt von mehr als einer Nacht inklusive, ansonsten € 2 pro Person) ♦ alle Kreditkarten, Bankomat ♦ Gemeinschaftsbereiche barrierefrei zugänglich, öffentlicher Gratisparkplatz, kleine Haustiere willkommen, Rezeptionsdienst rund um die Uhr ♦ Bar, Restaurant, Lese- und TV-Raum

Porto Tolle
Ca' Venier-San Giorgio

7 km vom Zentrum in Richtung Boccasette
56 km südöstlich von Rovigo, S.R. 443

Rugiada

Agriturismo
Via Trento, 97
Tel. (+39) 04 26 / 39 30 36,
(+39) 328 / 013 89 45
Fax (+39) 04 26 / 39 30 36
agriturismorugiada@libero.it
www.agriturismorugiada.it
Ganzjährig geöffnet

NEU

Ca' Venier ist eine von den Flussarmen Po di Maestra und Po di Venezia gebildete Insel im Delta. Die von Überschwemmungsgebieten und Fischgründen geprägte Landschaft bietet seltenen Wasservogelarten Lebensraum. In der Ortschaft San Giorgio, die sich um die gleichnamige Kirche drängt, entdecken wir den Bauernhof, den Flaviano Mazzocco von Vater Angelo geerbt hat und nun mit Hilfe von Gattin Marilena, Tochter Arianna und Sohn Nicola bewirtschaftet. In einem Teil des Hauses wurden einfache, aber behagliche Gästezimmer eingerichtet. Das Frühstück basiert auf regionalen Produkten, abends kann man zu moderaten Preisen speisen (15 Euro ohne Wein). Der Ferienhof ist idealer Ausgangspunkt für Streifzüge durch das Podelta, für Radtouren entlang der Dämme, Vogelbeobachtungen und Badeausflüge an einen der unverschmutzten Strände.

♦ 3 DZ und 2 3BZ, alle mit Bad und WC, Aircondition, Kühlschrank ♦ DZ in Einzelbelegung € 30, DZ € 60, 3BZ € 70 (alle mit Frühstück) ♦ keine Kreditkarten ♦ Gemeinschaftsbereiche barrierefrei zugänglich, Privatparkplatz, kleine Haustiere willkommen, Betreiber immer erreichbar ♦ Bar, Restaurant (nur abends), Tagungsraum (50 Plätze), Garten

Puos d'Alpago

Im Zentrum
18 km östlich von Belluno, S.P. 1 und S.S. 51
8 km von der Ausfahrt Belluno der A 27

San Lorenzo

3-Sterne-Hotel
Via IV Novembre, 79
Tel. (+39) 04 37 / 45 40 48
Fax (+39) 04 37 / 45 40 49
info@locandasanlorenzo.it
www.locandasanlorenzo.it
Ferien: Februar, März

Das Haus wurde zu Beginn des 20. Jahrhunderts als Herberge für Reisende auf dem Weg in den Cansiglio errichtet. In den 1980er-Jahren wurde es von den Enkelkindern des Gründers wieder auf Vordermann gebracht. Bekannt ist vor allem sein Restaurant, das zu den besten der Gegend zählt. Das San Lorenzo bietet aber auch die Möglichkeit, in großen, gepflegten Gästezimmern im ersten Stockwerk zu übernachten. Ein interessantes Wochenendangebot hat die Familie Dal Farra für Feinschmeckergäste geschnürt: Wer Freitag, Samstag oder Sonntag abends im Restaurant isst, kann den Aufenthalt bis zum nächsten Tag zum Preis von nur 70 Euro für das Doppelzimmer inklusive Frühstück verlängern. Letzteres wird als Continental Breakfast im Kaminzimmer neben dem Barbereich serviert und basiert auf hausgemachten Qualitätsprodukten.

♦ 2 EZ, 8 DZ und 1 Suite, alle mit Bad und WC, Minibar, Telefon, TV, WLAN (6 Zimmer mit Aircondition, 3 Zimmer mit Balkon) ♦ EZ € 65, DZ € 95 (Aufpreis Zusatzbett € 15–20), Suite € 115 (alle mit Frühstück) ♦ Kreditkarten: AE, CartaSi, MC, Visa; Bankomat ♦ Privatparkplatz, kleine Haustiere willkommen, Betreiber immer erreichbar ♦ Bar, Restaurant, Salon, Terrasse

🍲 Das Restaurant kocht mit regionalen Produkten (u. a. Alpago-Lamm) und bietet eine umfangreiche Weinkarte; Menüpreis 60 bis 70 Euro.

Rocca Pietore

2 km vom Zentrum
An der Fedaia-Passstraße zwischen Caprile di Alleghe und Canazei, mit Blick auf die Marmolada-Gruppe
55 km nordwestlich von Belluno, S.R. 203 und S.P. 563

Camoscio

3-Sterne-Hotel
Via Marmolada, 7
Tel. (+39) 04 37 / 72 20 24
Fax (+39) 04 37 / 72 22 75
camoscio@marmolada.com
www.hotelcamoscio.com
Ferien: Mai, Oktober, November

Wir sind im oberen Agordino, an der Grenze zur Provinz Trient: Man genießt das unvergleichliche Panorama der Dolomiten, die Architektur zeigt bereits Südtiroler Einfluss. In einer dicht bewaldeten Gegend am Fuß des Gletschers der Marmolada steht ein charakteristisches Holzhaus mit Stube, das die Familie Barbana seit 40 Jahren als Hotel mit Restaurant betreibt. Die Zimmer sind mit hellen Holzmöbeln und bequemen Betten (Decken mit echten Daunenfedern) eingerichtet. Zum Frühstück stehen auf dem Büfett Brot, Kekse, Kuchen und Konfitüren nach Hausfrauenart ebenso wie Butter, Joghurt und Käse von der Molkerei Colle Santa Lucia, ferner Zerealien, frisches Obst, Eier und Speck; auf Anfrage gibt es auch glutenfreie Produkte. Für einen Aufpreis von etwa zehn Euro pro Person kann man die Halbpension in Anspruch nehmen.

♦ 5 EZ, 10 DZ, 3 3BZ und 2 4BZ, alle mit Bad und WC, Balkon ♦ EZ € 47–57, DZ € 80–100, 3BZ € 112–140, 4BZ € 136–180 (alle mit Frühstück) ♦ Kreditkarten: CartaSi, DC, MC, Visa; Bankomat ♦ einige Zimmer barrierefrei zugänglich, Privatparkplatz teilweise überdacht, kleine Haustiere willkommen, Betreiber stets anwesend ♦ Bar, Restaurant (nur für Hausgäste oder gegen Vorbestellung), Frühstücksraum, Lese- und TV-Raum, Garten, Sonnenterrasse, Ruhebereich mit Sauna, Dampfbad, Whirlpool

Romano d'Ezzelino
Fellette
4 km vom Zentrum
5 km von Bassano del Grappa
41 km nordöstlich von Vicenza, S.P. 111 oder S.S. 53 und S.S. 47

Roverchiara

Im Zentrum
32 km südöstlich von Verona, S.S. 434

Le Fate Corbezzole *NEU*

Bed & Breakfast
Via Marze, 18 A
Tel. (+39) 348 / 694 01 58
Fax (+39) 04 24 / 311 94
info@corbezzole.it
www.corbezzole.it
Ganzjährig geöffnet

Le 4 Ciacole *NEU*

Zimmervermietung
Piazza Vittorio Emanuele, 10
Tel. (+39) 04 42 / 68 51 15
Fax (+39) 04 42 / 740 03
info@le4ciacole.it
www.le4ciacole.it
Ferien: erste Januarwoche, 1 Woche um den 15. August

Calcatreppola, Eufrasia, Farferugine: Das sind Namen von Pflanzenarten (Brachdistel, Augentrost, Sumpfdotterblume), aber auch die der sagenumwobenen Beschützerinnen (»Fate«) dieses sympathischen Hauses mit Garten. Die Zimmer haben komfortable Bäder und sind mit antiken Möbeln, feinen Stoffen und guter Bettwäsche klassisch eingerichtet. Das Frühstück wird im Restaurant der Gastgeber serviert, das sich ein paar hundert Meter weiter befindet; dort, in der Via Manzoni 123 B, ist man mittags und abends zum Essen willkommen (20 bis 25 Euro ohne Wein). Babysitterdienste, Wäscheservice, Transfers vom und zum Flughafen oder den Bahnhöfen werden auf Anfrage gern organisiert, ebenso geführte Besichtigungen. In 100 Metern Entfernung gibt es ein Sportzentrum mit Schwimmbad, Tennisplätzen, Fußballwiese, Beachvolleyballplatz, Bocciabahn, Fitnesscenter und Sonnenterrasse.

Neben der Pfarrkirche gab es früher einmal die historische Bar della Linda. Genau dort hat die Familie Scandogliero, die seit drei Generationen mit ihrem Laden den Ort versorgt, Le 4 Ciacole eröffnet. Man kann hier »magnar, bear, dormir« (essen, trinken und schlafen), aber auch Einkäufe tätigen und natürlich ein Schwätzchen halten (genau das bedeutet »ciacole« im venetischen Dialekt). Die gemütlichen Zimmer tragen als Thema jeweils ein Gewürz (Chili, Zimt, Muskat, Safran …). Sie wurden von Handwerkern der Veroneser Tiefebene eingerichtet und dekoriert. Auf dem Frühstücksbüfett stehen hausgemachte süße Backwaren, Brioches, Kekse, Konfitüren, Joghurt und klassische heiße Getränke. Im Restaurant (70 Plätze, abends geöffnet) genießt man Traditionelles (rund 30 Euro ohne Wein).

♦ 1 EZ und 3 DZ mit Bad und WC, Safe, Telefon, TV, WLAN (1 Zimmer mit Terrasse, 2 Zimmer mit Aircondition); 1 Apartment (4 Personen) mit Kochnische ♦ EZ € 35, DZ € 70 (alle mit Frühstück); Apartment € 140 ♦ keine Kreditkarten; Bankomat ♦ 1 Zimmer behindertengerecht ausgestattet, Privatparkplatz teilweise überdacht, Garage (€ 5 pro Tag), kleine Haustiere willkommen, Betreiber immer erreichbar ♦ Barbereich, Salon, Leseraum, Garten

♦ 2 EZ und 4 DZ, alle mit Bad und WC, Aircondition, TV ♦ EZ und DZ in Einzelbelegung € 35, DZ € 50 (alle mit Frühstück) ♦ Kreditkarten: CartaSi, DC, MC, Visa; Bankomat ♦ Gemeinschaftsbereiche barrierefrei zugänglich, Einzelzimmer behindertengerecht ausgestattet, öffentlicher Parkplatz wenige Meter entfernt, Haustiere nicht erlaubt, Rezeptionsdienst 7.30–1 Uhr ♦ Bar (20–1 Uhr), Restaurant (nur abends), Tagungsraum (50 Plätze), Arkaden, Garten

San Martino Buon Albergo
Campalto

4 km vom Zentrum
8 km südlich von Verona, S.S. 11
2 km von der Ausfahrt Verona Est der A 4

Corte Pellegrini

Agriturismo
Via Campalto, 18
Tel. (+39) 045 / 882 01 22,
(+39) 333 / 496 05 03
Fax (+39) 045 / 879 81 72
info@cortepellegrini.com
www.cortepellegrini.com
Ganzjährig geöffnet

Das Gebäude wurde im 16. Jahrhundert als Jagdresidenz der Adelsfamilie Pellegrini errichtet. Ein Park mit jahrhundertealten Bäumen und 25 Hektar Land umgeben es, auf dem Getreide und Gemüse nach biologischen Kriterien angebaut und Pferde gezüchtet werden. Die Zimmer sind mit zurückhaltender Raffinesse eingerichtet, warme Farbtöne herrschen vor. Das Frühstück beinhaltet frisch gebackenes Brot, Butter und Konfitüren, Croissants, Joghurt, Zerealien, frisches Obst. Um die Übernachtungsgäste kümmert sich Hausherr Bernardo Pellegrini persönlich, das Restaurant mit Pizzeria (eine Mahlzeit kommt auf ungefähr 25 Euro) steht unter anderer Leitung. Mit den Pferden des Hauses kann man Reitausflüge entlang der Etsch und in die umliegenden Hügel unternehmen. Nach Verona ist es ein Katzensprung, und auch die anderen kunsthistorisch interessanten Städte Venetiens sind gut erreichbar.

♦ 6 DZ und 3 3BZ, alle mit Bad und WC, Aircondition, Minibar, TV; 2 Suiten (4 Personen) und 2 Apartments (4–6 Personen) mit Küche ♦ DZ in Einzelbelegung € 50, DZ € 75, 3BZ € 90, Suite € 110 (alle mit Frühstück); Apartment € 120–150 ♦ alle Kreditkarten, Bankomat ♦ Anlage barrierefrei zugänglich, 1 Zimmer behindertengerecht ausgestattet, Privatparkplatz, kleine Haustiere willkommen, Betreiber immer erreichbar ♦ Restaurant, Frühstücksraum, Leseraum, Garten mit Kinderspielplatz, Park, Schwimmbecken, Reitstall

San Pietro di Feletto
Borgo Frare

6 km vom Bahnhof Conegliano
35 km nördlich von Treviso, S.P. 635
10 km von der Ausfahrt Conegliano der A 27

Il Faè

Bed & Breakfast
Via Faè, 1
Tel. (+39) 04 38 / 78 71 17
Fax (+39) 04 38 / 78 78 18
mail@ilfae.com
www.ilfae.com
Ferien: Anfang Dezember–Mitte März

Ein altes Landhaus, bestehend aus drei verschieden hohen und unterschiedlich getünchten Bauteilen, eine große Wiese und ringsum Rebgärten (der Besitzer macht einen sehr gefälligen Prosecco): Das ist das Anwesen von Salvatore Valerio und Sabina Brino Bet. Die beiden betreiben aber nicht nur dieses Bed & Breakfast, sondern veranstalten Kochkurse, Kellerei- und Käsereiführungen sowie Reitausflüge. Vom Saal im Erdgeschoss mit dem monumentalen offenen Kamin, vor dem ein langer Tisch steht, führt eine Holztreppe hinauf zu den Zimmern in den beiden Obergeschossen: Sichtgebälk und Parkettböden, weiß getünchte Wände, schmiedeeiserne Betten in individuellen Farbgebungen, kleine Lackholzschränke aus den 1930er-Jahren. Zum Frühstück gibt es frische Brioches aus der Dorfbäckerei, Honig, Konfitüren und von Sabina selbst gebackenes Süßes. Für längere Aufenthalte vermieten die Gastgeber zwei Villen mit acht oder elf Schlafplätzen (900 bis 1.900 Euro pro Woche).

♦ 6 DZ, 1 3BZ und 1 4BZ, alle mit Bad und WC ♦ DZ in Einzelbelegung € 60, DZ € 70–75, 3BZ € 100–105, 4BZ € 130–135 (alle mit Frühstück) ♦ Kreditkarten: MC, Visa; Bankomat ♦ Privatparkplatz, kleine Haustiere willkommen, Betreiber stets anwesend ♦ Frühstücks- und Aufenthaltsraum, TV-Raum, Garten, Schwimmbecken

San Pietro in Cariano

12 km nordwestlich von Verona, S.S. 12 und S.P. »Valpolicella«
14 km von der Ausfahrt Verona Nord der A 22

Corte Casetta (früher Tenuta Pule)

Agriturismo · Via Bolcana, 7
Tel. (+39) 045 / 683 82 98,
(+39) 335 / 46 79 16
Fax (+39) 045 / 683 82 98
info@cortecasetta.com
www.cortecasetta.com
Ferien: Januar

Der Name hat sich geändert, doch der Charme dieses Agriturismo der Familie Galtarossa bleibt unverändert erhalten. Als Gast logiert man in der ehemaligen Scheune, also in einem Teil der Wirtschaftsgebäude dieser familieneigenen Villa aus dem 16. Jahrhundert. Auf den 130 Hektar des Gutes werden Wein, Oliven und Kirschen angebaut. Die Weine des Hauses munden zu den typischen lokalen Speisen des Restaurants (Freitag bis Sonntag geöffnet, Menüpreis 25 Euro). Auch zum Frühstück gibt es Selbstgemachtes (Brot, süßes Backwerk, Obst, Konfitüren, Gelees). Die komfortablen Zimmer sind mit viel Holz und schönen Bauernmöbeln eingerichtet, das größte verfügt über eine Galerie und eine Kochnische. Den Gästen stehen ein Grillplatz und eine Laube für sommerliche Abendessen im Freien ebenso zur Verfügung wie Fahrräder für Touren durch die Hügellandschaft ringsum. Drei Kilometer entfernt gibt es Tennisplätze und Schwimmbäder.

♦ 7 DZ und 1 4BZ, alle mit Bad und WC, Aircondition (1 Zimmer mit Kochnische) ♦ DZ in Einzelbelegung € 60, DZ € 75 (Aufpreis Zusatzbett € 15), 4BZ € 135 (alle mit Frühstück) ♦ Kreditkarten: MC, Visa; Bankomat ♦ Gemeinschaftsbereiche im Erdgeschoss barrierefrei zugänglich, Privatparkplatz, Haustiere willkommen, Betreiber rund um die Uhr erreichbar ♦ Restaurant, Salon, Arkaden, Garten, Park

San Pietro in Cariano
Bure

1 km vom Zentrum, 14 km nordwestlich von Verona, S.S. 12 und S.P. »Valpolicella«
12 km von der Ausfahrt Verona Nord der A 22

La Caminella

Bed & Breakfast
Via Don Bertoni, 24
Tel./Fax (+39) 045 / 680 05 63
corra.giuliana@libero.it
www.lacaminella.com
Ganzjährig geöffnet

In einer ehemaligen Tabaktrockenscheune aus dem 19. Jahrhundert hat Giuliana Corrà drei gemütliche Zimmer eingerichtet. Wir sind in Bure, einem Ortsteil von San Pietro in Cariano, inmitten der Weingärten. Der Weg hierher führt von der Autobahnausfahrt Verona Nord über die Schnellstraße (Superstrada) ins Valpolicella bis zur letzten Ausfahrt. Die zahlreichen Fenster des einstigen Werksgebäudes blieben bestehen, und so erweist sich das Bed & Breakfast als freundliches, lichtdurchflutetes Haus. Die geräumigen Zimmer sind gediegen gestaltet: Cottoböden, Holzgebälk, Sichtsteinwände. Die Einrichtung besteht jeweils aus Doppelbett, Couch (die als drittes oder viertes Bett Verwendung finden kann) und einem kleinen Schreibtisch; die Suite bietet überdies eine Kochnische. Zum Frühstück, das im Winter im Salon, im Sommer auf der Terrasse serviert wird, gibt es frisch gepresste Fruchtsäfte, Joghurt, süße Backwaren, hausgemachte Konfitüren, Obst. Nach Vereinbarung werden Keramik- und Kochkurse sowie kommentierte Öl-, Wein- und Käseverkostungen veranstaltet.

♦ 2 DZ und 1 Suite (2–5 Personen), alle mit Bad und WC (Suite mit Kochnische) ♦ DZ in Einzelbelegung € 60–65, DZ € 65–75, Suite € 110–130 (alle mit Frühstück) ♦ keine Kreditkarten ♦ Privatparkplatz, kleine Haustiere willkommen, Betreiber immer erreichbar ♦ Frühstücksraum, Aufenthaltsraum, Terrasse, Garten, Schwimmbecken

San Polo di Piave

Im Zentrum
25 km nordöstlich von Treviso, S.P. 92
Ausfahrt San Donà-Noventa di Piave der A 4; Ausfahrt Treviso Nord oder Conegliano der A 27

La Locanda Gambrinus

NEU

Zimmervermietung
Via Roma, 20
Tel. (+39) 04 22 / 85 50 43
Fax (+39) 04 22 / 85 50 44
lalocanda@gambrinus.it
www.gambrinus.it
Ferien: 10 Tage im Januar

Eine der ältesten und bestbekannten venetischen Stätten für Wein- und Essgenuss hat ein weiteres Tätigkeitsfeld eröffnet: Das Gambrinus – Restaurant, Weinkeller, Likörerzeugung und Osteria – vermietet seit Neuestem auch Zimmer. Die Unterkünfte wurden im Turm eines Gebäudes aus dem 19. Jahrhundert eingerichtet. Dieser steht in einem großen Park, wo auch die vielen anderen Betriebe der Gruppe um die Familie Zanotto ihren Sitz haben. Die nach Blumen benannten Zimmer sind elegant möbliert und mit allen Annehmlichkeiten ausgestattet. Die Rezeption befindet sich im Ristorante Parco Gambrinus, das Frühstück wird in einem hübschen kleinen Raum im Erdgeschoss des Turmgebäudes serviert. Für die Gäste stehen einige Citybikes bereit.

♦ 5 DZ mit Bad und WC, Aircondition, Minibar, Safe, Sat-TV, WLAN (einige Zimmer mit Whirlpool); 1 Suite (2 Personen) mit Wohnbereich und Küche ♦ DZ in Einzelbelegung € 55–70, DZ € 80–90 (Aufpreis Zusatzbett € 20), Suite € 120–140 (alle mit Frühstück) ♦ alle Kreditkarten, Bankomat ♦ Anlage teilweise barrierefrei zugänglich, Privatparkplatz, Haustiere nicht erlaubt, Rezeptionsdienst 8.30–23.30 Uhr ♦ Bar, Restaurant, Osteria, Frühstücksraum, Terrasse, Liegewiese, Garten, Park

🍲 Das Ristorante Parco Gambrinus bietet lokale wie kreative Küche zu einem Preis von etwa 50 Euro ohne Wein.

San Zeno di Montagna

Im Zentrum
39 km nordwestlich von Verona
14 km von der Ausfahrt Affi-Lago di Garda Sud der A 22

Costabella

3-Sterne-Hotel
Via degli Alpini, 1
Tel. (+39) 045 / 728 50 46
Fax (+39) 045 / 628 99 21
hotelcostabella@hotelcostabella.it
www.hotelcostabella.it
Ganzjährig geöffnet

Dieses Hotel liegt inmitten der Ortschaft San Zeno, nicht weit weg vom Gardasee, der Monte Baldo dient als Kulisse. Hier lassen sich ein erholsamer Aufenthalt und ein umfangreiches Kultur-, Naturgenuss- und Sportangebot verbinden. Die Familie Perotti, die das Haus führt, sorgt für herzliche und stets zuvorkommende Gastlichkeit. Die Zimmer sind geräumig, hell und hübsch eingerichtet, viele verfügen über Terrassen mit Blick auf den See oder in die Berge. Das reichhaltige Frühstück zielt mit seinem vielfältigen Angebot darauf ab, allen Ansprüchen gerecht zu werden. Im Restaurant kann man sich für durchschnittlich 35 Euro durch die typischen Spezialitäten der Gegend kosten, einschließlich einer Flasche Wein für zwei Personen (Halbpension 40 bis 50 Euro pro Person). Sehenswert in San Zeno ist die Ca' Montagna, ein historisches Gebäude in gotisch-venezianischem Stil, das früher einmal der gleichnamigen Familie gehört hat, inzwischen aber im Besitz der Gemeinde steht.

♦ 5 EZ und 29 DZ, alle mit Bad und WC, Telefon, TV (einige Zimmer mit Terrasse) ♦ EZ € 45, DZ € 80 (Frühstück € 10 pro Person) ♦ alle Kreditkarten, Bankomat ♦ 2 Zimmer behindertengerecht ausgestattet, Privatparkplatz (teilweise überdacht, 4 Plätze), kleine Haustiere willkommen, Betreiber immer erreichbar ♦ Bar, Restaurant, Taverne, TV-Raum, Terrasse

San Zenone degli Ezzelini
Sopracastello

1 km vom Zentrum
44 km nordwestlich von Treviso, S.R. 348 und S.S. 248
7 km von Asolo, 10 km von Bassano del Grappa

Villa Fratta

NEU

Bed & Breakfast
Via Fratta, 2
Tel./Fax (+39) 04 23 / 56 70 86
info@villafratta.it
www.villafratta.it
Ganzjährig geöffnet

»Il Gioco«, »il Viaggio«, »il Filò« – das Spiel, die Reise, die Gesellschaft: Die Rede ist von den Namen der entzückenden Suiten dieses Bed & Breakfasts, das in einem Haus aus dem frühen 20. Jahrhundert eingerichtet wurde. Wir befinden uns in San Zenone degli Ezzelini, einer Gemeinde in der Ebene westlich des Hügellandes von Asolo. Die durchdachte, individuelle Einrichtung der Suiten könnte anschaulicher nicht sein: Puppen und Marionetten in der Suite »il Gioco«, Souvenirs in der Suite »il Viaggio«, Werkzeuge (Spindeln, Spulen, Stickrahmen und -nadeln) in der Suite »il Filò«, in Hommage an den alten Brauch, als sich die Bauern an kalten Winterabenden zusammenfanden, um zu plaudern (die Männer), während die Frauen Handarbeiten anfertigten. Zwei Suiten gehen auf den grünen Garten, von der dritten – mit Mansardendecke – blickt man auf die umliegenden Hügel. Das Frühstück ist typisch italienisch oder auf Anfrage kontinentaler Art. Wer möchte, kann im Restaurant La Torre essen, das die Hausherren etwa 600 Meter weiter, in der Via Castellaro 25, betreiben: Der Preis für eine Mahlzeit liegt bei ungefähr 30 Euro (ohne Wein).

♦ 3 Suiten (2 Personen) mit Bad und WC, Wohnbereich, Airconditiom, Minibar, WLAN (1 Suite mit Balkon) ♦ Suite € 70 (mit Frühstück) ♦ keine Kreditkarten ♦ Gemeinschaftsbereiche barrierefrei zugänglich, Privatparkplatz, kleine Haustiere willkommen ♦ Frühstücksraum, Leseraum, Garten, Pavillon

Sant'Ambrogio di Valpolicella
San Giorgio di Valpolicella
3 km vom Zentrum; 19 km nordwestlich von Verona, S.S. 12 und S.P. »Valpolicella«
16 km von der Ausfahrt Verona Nord, 14 km von der Ausfahrt Affi-Lago di Garda Sud der A23

Dalla Rosa Alda

1-Stern-Hotel
Strada Garibaldi, 4
Tel. (+39) 045 / 680 04 11
Fax (+39) 045 / 680 17 86
alda@valpolicella.it
www.dallarosalda.it
Ferien: 7. Januar–10. Februar

Das bekannte Hotelrestaurant ist noch immer nach seiner Gründerin Alda Dalla Rosa benannt. Der nunmehrige Wirt Lodovico Testi, ein großer Freund der Weine und Traditionen seiner Heimat, hat es mittlerweile unter Verwendung ausschließlich natürlicher Baustoffe aus der Umgebung renoviert. Ebenso gemütlich wie der in den Fels gehauene Weinkeller aus dem 17. Jahrhundert sind die Zimmer und Gemeinschaftsbereiche des Gebäudes aus dem 18. Jahrhundert. Die Einrichtung ist mit teils Mobiliar aus dem 19. Jahrhundert, teils modernen Designerstücken gut gewählt. Vor Kurzem wurde ein ehemals landwirtschaftlich genutztes Gebäude nicht weit vom Haupthaus zu einem Relaxbereich mit herrlicher Aussicht umgestaltet. Dem Wein wird in den Verkostungsstuben der Kellerei und in der Bibliothek gehuldigt, die mit zahlreichen Publikationen zu önologischen Themen bestückt ist. Exzellentes Frühstück mit hausgemachten Konfitüren und Süßspeisen.

♦ 1 EZ und 9 DZ, alle mit Bad und WC, Aircondition, Safe, Telefon, Sat-TV, Internetanschluss ♦ EZ € 60–70, DZ € 80–100 (alle mit Frühstück) ♦ alle Kreditkarten, Bankomat ♦ Haus barrierefrei zugänglich, 2 Zimmer behindertengerecht ausgestattet, öffentlicher Parkplatz 20 Meter entfernt, kleine Haustiere willkommen, Betreiber stets anwesend ♦ Restaurant, Vinothek, Verkostungsstuben, Terrasse, Garten, Ruhebereich

🍲 Das Restaurant biete vorzügliche traditionelle Küche für rund 30 bis 35 Euro ohne Wein.

Santa Maria di Sala
Caltana

30 km nordwestlich von Venedig, S.R. 11 und S.P. 81 oder A 4
14 km von der Ausfahrt Dolo-Mirano der A 4

Papaveri e Papere

Agriturismo
Via Caltana, 1 B
Tel. (+39) 041 / 573 24 62
Fax (+39) 041 / 573 21 55
agriturismopapaveriepapere@gmail.com
Ganzjährig geöffnet

Der Bauernhof liegt zwar in der Provinz Venedig, gehört aber dem in der Provinz Padua ansässigen Verband Pro Avibus Nostris an, der sich für die Erhaltung und Wiederaufwertung lokaler Geflügelrassen wie der Gallina Padovana (Slow-Food-Förderkreis) einsetzt. Die Besitzer arbeiten nach den Kriterien des biologischen Landbaus. Sie betreiben diesen gepflegten Agriturismo inmitten einer faszinierenden Kulturlandschaft, deren Wegenetz auf die Römerzeit zurückgeht. Die nach Sternbildern benannten Zimmer sind behaglich und gut eingerichtet. Zum Frühstück gibt es süße Backwaren und Kekse von kleinen handwerklich arbeitenden Bäckereien, größtenteils hausgemachte Konfitüren, Milch und Kaffee aus biologischer Landwirtschaft, eine große Auswahl an Teesorten und Saisonobst. Die Viehzucht (Geflügel, Wild- und Hausschweine, Zicklein, Damwild) liefert das Fleisch, das in der Küche des Restaurants verwendet (nur an Wochenenden geöffnet, Durchschnittspreis 25 Euro) und im Hofladen verkauft wird.

♦ 5 DZ mit Bad und WC, Aircondition, TV ♦ DZ in Einzelbelegung € 35, DZ € 60 (Aufpreis Zusatzbett € 13, alle mit Frühstück) ♦ Kreditkarten: MC, Visa; Bankomat ♦ Gemeinschaftsbereiche barrierefrei zugänglich, Privatparkplatz, kleine Haustiere willkommen, Betreiber stets anwesend ♦ Restaurant (Freitag bis Sonntag geöffnet), Garten, Fitnessparcours

Scorzè
1 km vom Zentrum
18 km südwestlich von Treviso, S.R. 515; 25 km nordwestlich von Venedig, S.R. 245
14 km von der Ausfahrt Castellana der Tangenziale Mestre

Antico Mulino

3-Sterne-Hotel
Via Moglianese, 37
Tel. (+39) 041 / 584 07 00
Fax (+39) 041 / 584 03 47
info@anticomulino.com
www.hotelanticomulino.com
Ganzjährig geöffnet

An der Straße von Scorzè nach Mogliano wurde am Ufer des Dese eine alte Mühle hübsch renoviert und zum Hotelrestaurant umfunktioniert. Seit 1976 führt die Familie Tosato dieses Haus; zuerst Duilio mit seiner Giovanna, heute Sohn Stefano. Das Hotel wird vor allem von Geschäftsreisenden gern genutzte (an Wochenenden werden günstigere Preise gewährt), es bietet zahlreiche Serviceleistungen und Annehmlichkeiten. Neben den vor kurzem renovierten und gut eingerichteten Zimmern soll es bald einige Juniorsuiten geben. Das kontinentale Frühstück vom Büfett (Kaffee, Tee, Frischmilch, Joghurt, Brot, dreierlei selbst gemachtes süßes Gebäck, Konfitüren, Schinken, Käse) nimmt man in der warmen Jahreszeit auf der Terrasse am Flussufer ein. Im Restaurant, das nicht nur Hausgästen offensteht, wird regionale Küche für 27 bis 33 Euro ohne Wein geboten.

♦ 4 EZ, 24 DZ und 3 3BZ bzw. 4BZ, alle mit Bad und WC, Aircondition, Balkon, Minibar, Telefon, Sat-TV, WLAN ♦ EZ € 50–70, DZ € 80–110, 3BZ € 95–125, 4BZ € 110–140 (alle mit Frühstück) ♦ Kreditkarten, Bankomat ♦ Anlage barrierefrei zugänglich, Privatparkplatz, kleine Haustiere willkommen, Rezeptionsdienst rund um die Uhr ♦ Bar, Restaurant, Salons, Leseraum, TV-Raum, Veranda, Terrasse, Garten

Selva di Cadore
Pescul

4 km vom Zentrum
21 km von Forno di Zoldo
60 km nordwestlich von Belluno, S.P. 251 oder S.R. 203

Ladinia

3-Sterne-Hotel
Ortsteil Pescul, 125
Tel. (+39) 04 37 / 52 12 49
Fax (+39) 04 37 / 52 00 63
ladinia@dolomiti.com
www.garniladinia.com
Ferien: 1. Mai–Mitte Juni, November

Das vom gleichnamigen Bach durchfurchte Fiorentina-Tal gehört zu den Dolomiten – das kurze Stück endet am Fuße des Monte Pelmo und ist mit dem Gebiet um Zoldo über den Staulanza-Pass verbunden. Ein neu errichtetes Chalet – gegenüber der Talstation des Sessellifts Pescul-Fertazza, in der Nähe der Langlaufpisten – beherbergt das Hotel Garni von Elena Del Zenero und Mario Zuliani (er ist Freiwilliger bei der Bergrettung). Holz dominiert die Einrichtung der komfortablen Zimmer wie auch das Interieur der Gemeinschaftsbereiche. Das Büfettfrühstück beinhaltet süßes Gebäck nach Hausfrauenart. Das nicht weit von der Sella-Gruppe und von Cortina d'Ampezzo entfernte Hotel ist ein idealer Ausgangspunkt für Skiausflüge und Klettertouren im umliegenden Berggebiet, durch das der Höhenweg (Alta Via) Nr. 1 verläuft.

♦ 2 EZ, 3 DZ (auch als 3BZ bzw. 4BZ nutzbar) und 2 Suiten (4 Personen), alle mit Bad und WC, Terrasse oder Balkon, Telefon, TV, Internetanschluss ♦ EZ € 34–46, DZ € 52–70 (Aufpreis Zusatzbett € 31), Suite € 100–140 (alle mit Frühstück) ♦ Kreditkarten: CartaSi, MC, Visa; Bankomat ♦ 2 Zimmer behindertengerecht ausgestattet, Privatparkplatz, Haustiere nicht erlaubt, Betreiber stets anwesend ♦ Bar, Leseraum, TV-Raum, Garten

Soave

28 km östlich von Verona, S.S. 11
2 km von der Ausfahrt Soave der A 4

La Terza

Bed & Breakfast
Via Pigna, 62
Tel. (+39) 045 / 767 53 60,
(+39) 335 / 121 07 35
info@bblaterza.it
www.bblaterza.it
Ganzjährig geöffnet

Etwas außerhalb der Mauern der wohl berühmtesten Weißweinmetropole Venetiens wurde ein Teil eines schönen Bauernhauses aus dem 18. Jahrhundert zu einem familienfreundlichen Bed & Breakfast umfunktioniert: In einem Zimmer gibt es abgesehen vom Doppelbett zwei Kinderbetten, im Garten steht mit dem Robinson-Park ein Spielplatz bereit, der selbst für Kleinkinder geeignet ist, und auf Anfrage sorgen die Besitzer für Babysitterdienste. Das La Terza ist ein klassisches Landhaus mit heimeliglauschiger Atmosphäre, Sichtbalkendecken und hellen Holzböden. Als sehr gepflegt erweist sich das Frühstücksbüfett, für das Zutaten aus biologischer Landwirtschaft im Haus verarbeitet werden (Brot, Torten und sonstige süße Backwaren ohne Zusatzstoffe, Konfitüren aus heimischen Obstsorten, Milch, Joghurt, Zerealien). Die Aussicht auf die umliegenden Weinberge ist herrlich. Die wunderschöne Hügellandschaft lässt sich übrigens mit den Fahrrädern, die den Hausgästen kostenlos zur Verfügung stehen, wunderbar erkunden.

♦ 3 DZ bzw. 3BZ mit Bad und WC, Aircondition, TV, WLAN ♦ DZ in Einzelbelegung und DZ € 70–80 (Aufpreis Zusatzbett € 15, alle mit Frühstück) ♦ keine Kreditkarten ♦ öffentlicher Parkplatz gegenüber, Haustiere nicht erlaubt, Betreiber rund um die Uhr erreichbar ♦ Frühstücksraum, Aufenthaltsraum, Garten mit Kinderspielplatz, Schwimmbecken

Soave
Carcera

3 km vom Zentrum
7 km vom Bahnhof San Bonifacio
24 km östlich von Verona, S.S. 11
5 km von der Ausfahrt Soave der A 4

Roncolato

Bed & Breakfast
Via Carcera, 21
Tel. (+39) 045 / 767 51 04
Fax (+39) 045 / 767 59 35
antonioroncolato@libero.it
www.cantinaroncolato.com
Ganzjährig geöffnet

Dieses Bed & Breakfast wurde in einem schön renovierten alten Haus mitten auf dem Land eingerichtet und liegt nur drei Kilometer von Soave entfernt. Es gehört zu einem der historischen Weingüter der Gegend, das von Antonio Roncolato und Anna Maria Petrin geführt wird. Ihr Betrieb ist Mitglied des Verbandes der Kellereien der Soave-Weinstraße und erfüllt dessen Qualitätsanforderungen in jeder Hinsicht. Die Zimmer sind komfortabel und geräumig, eines wurde extra für Kleinfamilien ausgestattet. Den Wünschen der Gäste entsprechend wird das Frühstück zur gewünschten Zeit zubereitet. Zur Wahl stehen Honig, Marmeladen, Brot und Kekse (alles biologischer Herkunft), Schinken, Eier, Käse. Die Ausflugsziele in der Umgebung – etwa der Regionalpark Lessinia, der Gardasee oder die Städte Verona, Vicenza und Venedig – sind über die Autobahn leicht erreichbar.

♦ 2 DZ und 1 5BZ, alle mit Bad und WC, Aircondition ♦ DZ in Einzelbelegung € 45–50, DZ € 62–72, 5BZ € 130–150 (alle mit Frühstück) ♦ Kreditkarten: Carta-Si, DC, MC, Visa; Bankomat ♦ Privatparkplatz, kleine Haustiere willkommen (nach Vereinbarung), Betreiber stets anwesend ♦ Frühstücksraum mit Küche, Terrasse, Garten, Schwimmbecken

Sommacampagna
Custoza

5 km südwestlich von Verona, S.P. 54
4 km von der Ausfahrt Sommacampagna der A 4

Nicobresaola

Agriturismo
Corte Cavalchina-Via Strada Nuova, 49
Tel. (+39) 045 / 51 61 55,
(+39) 348 / 409 17 60
Fax (+39) 045 / 51 61 55
nicobresaola@email.it
www.nicobresaola.it
Ganzjährig geöffnet

Vor ein paar Jahren haben Nico und Marina Bresaola mit ihren Kindern das Familiengut revitalisiert und einen Agriturismo eröffnet, der allerdings nur Übernachtung mit Frühstück bietet. Die umliegenden Ländereien waren zur Zeit des Risorgimento Schauplatz erbitterter Schlachten, doch heute herrscht hier, inmitten von Weingärten und Wiesen, friedliche Beschaulichkeit. Den Gästen stehen sechs behagliche, modern eingerichtete Zimmer zur Verfügung, ferner eine Gemeinschaftsküche, ein Frühstücksraum (frische Backwaren von Kleinbetrieben, regionale Spezialitäten, Saisonobst) und ein für Verkostungen ausgestatteter Weinkeller. Nico, der für Musik eine mindestens ebenso große Begeisterung hegt wie für Essen und Wein, öffnet seinen Hof, den Corte Cavalchina, im Sommer für Konzerte vom Feinsten. In den Wintermonaten wird er Ihnen von den Broccoletti di Custoza erzählen, die von den Bresaola und wenigen anderen Landwirten angebaut werden, und Ihnen zu diesem feinen Gemüse einen jungen Custoza als Weinbegleitung empfehlen.

♦ 2 DZ, 2 3BZ und 2 4BZ, alle mit Bad und WC, Aircondition, TV ♦ DZ in Einzelbelegung € 40–45, DZ € 55–70, 3BZ € 75–85, 4BZ € 100 (alle mit Frühstück) ♦ keine Kreditkarten ♦ Gemeinschaftsbereiche barrierefrei zugänglich, überdachter Privatparkplatz, Haustiere nicht erlaubt, Betreiber stets anwesend ♦ Frühstücksraum, Degustationsstube, Küche, Arkaden

VENETIEN

Sorgà

Im Zentrum
29 km südlich von Verona, S.S. 12
Ausfahrt Nogarole Rocca der A 22

Corte Italia

Agriturismo
Via Roma, 3
Tel. (+39) 045 / 737 02 32
Fax (+39) 045 / 737 09 35
giacomo@corteitalia.it
www.corteitalia.it
Geöffnet 15. Januar–1. Juli,
1. September–31. Dezember

Wir sind in der Veroneser Tiefebene, an der Grenze zur Provinz Mantua. Die Gegend ist prädestiniert für den Reisanbau, dem sich auch Giacomo Murari mit Hingabe widmet. Seine Familie, die ihre Güter dereinst vom Kloster Santa Maria in Organo gekauft hat, lebt seit dem 16. Jahrhundert in Sorgà. Das Gebäude mit den Gästezimmern war ursprünglich die Sommerresidenz der Murari. Seit 1967 wohnt die Familie ständig hier, und seit 1996 ist das Haus für agritouristische Gastlichkeit ausgestattet. Die Zimmer, mit Böden und Möbeln aus Holz, sind schlicht, aber gepflegt. Zum Entspannen laden je nach Saison der Garten oder ein Gemeinschaftsraum mit offenem Kamin ein. Das Selbstbedienungsfrühstück umfasst heiße Getränke, frisches Brot, hausgemachte Kuchen und Konfitüren. Eine Mahlzeit im hauseigenen Restaurant kommt ohne Wein auf ungefähr 20 Euro.

♦ 3 DZ mit Bad und WC, Aircondition, Sat-TV ♦ DZ in Einzelbelegung € 50, DZ € 70 (Aufpreis Zusatzbett € 20, alle mit Frühstück) ♦ Kreditkarten: Visa; Bankomat ♦ Anlage barrierefrei zugänglich, Privatparkplatz, kleine Haustiere willkommen, Betreiber immer erreichbar ♦ Restaurant, Aufenthaltsraum, Garten

Taglio di Po

6 km vom Zentrum
Auf dem Flussdamm
40 km südöstlich von Rovigo, S.S. 309

La Presa

Agriturismo
Via Cornera, 12
Tel. (+39) 04 26 / 66 15 94
info@lapresa.it
www.lapresa.it
Ferien: 6.–31. Januar

Von Aldo Cestaris Ferienbauernhof aus können Sie im Wald spazieren gehen oder auf dem Anwesen, entlang des Damms des Po di Venezia, mit dem Rad fahren; außerdem kann man mit den einheimischen Fischern Bootsausflüge im Schilfgürtel vereinbaren. Zum Ausruhen gibt es im Erdgeschoss und im ersten Stock des Hauses acht komfortable Zimmer, die zu gewissen Zeiten im Jahr (Osterwoche, verlängerte Wochenenden) nur für mindestens zwei Nächte vermietet werden. Das Frühstück umfasst nebst heißen und kalten Getränken Obst, Säfte, Butter, Konfitüren, Kekse, Kuchen und andere hausgemachte süße Backwaren. Die Familie Cestari baut Getreide an und hält Rinder: Das Fleisch wird im Hofladen verkauft.

♦ 4 DZ mit Bad und WC (für je 2 Zimmer), TV; 4 4BZ mit Bad und WC, Aircondition, TV ♦ DZ in Einzelbelegung € 40–80, DZ € 80, 4BZ € 130 (alle mit Frühstück) ♦ Kreditkarten: CartaSi, Visa; Bankomat ♦ einige Zimmer behindertengerecht ausgestattet, Privatparkplatz, kleine Haustiere willkommen, Betreiber stets anwesend ♦ Leseraum, Aufenthaltsraum, Garten, Park, Ruhezone, Waldspazierweg, Schwimmbecken

Tambre

28 km östlich von Belluno, S.P. 422
Ausfahrt Fadalto-Lago di Santa Croce oder Cadola von der A 27

Centro Caseario e Agrituristico del Cansiglio

Agriturismo
Viale Marconi, 82
Tel. (+39) 04 37 / 43 97 22
caseifcansiglio@iol.it
www.cansiglio.com
Ganzjährig geöffnet

Der Cansiglio, an der Grenze zwischen den Provinzen Belluno, Treviso und Pordenone gelegen, ist ein weites, von dichtem Wald überzogenes Karsthochplateau. Zur Gänze zu Belluno gehört hingegen der Gebirgskessel Alpago über dem Santa-Croce-See, der das Tor zum Cansiglio bildet. Die blühende Milch- und Käseerzeugung der Gegend findet in der 1930 gegründeten und 2003 sanierten Genossenschaft in Tambre Ausdruck. Ein Teil des Komplexes ist der Käseproduktion gewidmet, ein Teil der Beherbergung – in ebenso geräumigen wie gemütlichen Zimmern. Das Frühstück zeichnet sich durch die vorzügliche Biomilch und die Butter aus der im Untergeschoss des Hauses befindlichen Molkerei aus, dazu gibt es Konfitüren aus lokalen Obstsorten. Einzige Unannehmlichkeit: In den frühen Morgenstunden muss man mit der nicht gerade leisen Betriebsamkeit der Käserei rechnen, deren Umsiedelung seit längerer Zeit geplant ist.

♦ 1 EZ und 11 DZ, alle mit Bad und WC, TV ♦ EZ € 30–35, DZ € 56–60 (Aufpreis Zusatzbett € 14–30, alle mit Frühstück) ♦ Kreditkarten: Visa; Bankomat ♦ 2 Zimmer behindertengerecht ausgestattet, Privatparkplatz, Haustiere nicht erlaubt, Betreiber immer erreichbar ♦ Frühstücksraum, Veranstaltungsraum, Bibliothek

Teolo

Im Zentrum
21 km südwestlich von Padua, S.P. 89
22 km von der Ausfahrt Padova Sud der A 13

Villa Lussana

3-Sterne-Hotel
Via Chiesa, 1
Tel./Fax (+39) 049 / 992 55 30
info@villalussana.com
www.villalussana.com
Ferien: 7.–31. Januar

Die Villa Lussana entstand im frühen 20. Jahrhundert als Sommerresidenz der Familie Pelà. das Haus befindet sich in sonniger Panoramalage an der Einmündung der Straße auf den Monte Madonna, eine der Anhöhen um Teolo in den Colli Euganei. 1996 wurde aus der Villa durch sorgfältige Renovierung ein Hotelrestaurant, das heute von den Crestani-Geschwistern geführt wird: Barbara kümmert sich um den Hotelbetrieb, Franco um die Küche (vorrangig venetische Traditionsgerichte, Durchschnittspreis 30 bis 40 Euro ohne Wein, Halbpension 67 Euro pro Person). Die Zimmer, alle mit Aussicht, vereinen zeitgemäße Annehmlichkeiten mit dem Stil der Epoche der Errichtung des Hauses, wovon vor allem die Möbel und Vorhänge zeugen. Zum Frühstück gibt es Kaffee, Milch, Tee, Brot, Butter und Konfitüren, Croissants, hausgemachte Kuchen und Fruchtsäfte.

♦ 11 DZ mit Bad und WC, Aircondition, Minibar, Telefon, TV ♦ DZ in Einzelbelegung € 61, DZ € 92 (Aufpreis Zusatzbett € 18, alle mit Frühstück) ♦ alle Kreditkarten, Bankomat ♦ Anlage barrierefrei zugänglich, 1 Zimmer behindertengerecht ausgestattet, Privatparkplatz, Garage (4 Plätze, € 10 pro Tag), kleine Haustiere willkommen, Betreiber immer erreichbar ♦ Restaurant, Aufenthaltsraum mit TV-Ecke, Terrasse, Garten

Torri del Benaco
Albisano

4 km vom Zentrum
4 km vom Gardasee
42 km nordwestlich von Verona, S.S. 249
20 km von der Ausfahrt Affi-Lago di Garda Sud der A 22

Panorama

3-Sterne-Hotel
Via San Zeno, 9
Tel. (+39) 045 / 722 51 02
Fax (+39) 045 / 629 01 62
info@panoramahotel.net
www.panoramahotel.net
Geöffnet März–November

Wir sind nur wenige Autominuten von der stark frequentierten Gardasee-Ostuferstraße entfernt, doch auf dem Hügel von Albisano herrscht angenehme Stille; zudem bietet die Höhenlage herrliche Ausblicke auf den See und die Berge am gegenüberliegenden Ufer, das bereits zur Lombardei gehört. Eine wahre Augenweide tut sich von der Terrasse des Hotels der Familie Martinelli und von den Dachgärten der fünf neu gestalteten und nach Themen dekorierten Zimmer auf, die die tüchtige Teresa nach fünf Orten der westlichen Gestade des Sees benannt hat: Limone, Maderno, Gardone, Salò und Sirmione. Doch auch die vor kurzem renovierten Standardzimmer sind behaglich und gepflegt. Auf der Terrasse können Sie im Sommer zu Abend essen (25 bis 35 Euro ohne Wein) und zum Frühstück hausgemachtes süßes Backwerk, Konfitüren, Honig, Wurst und Käse genießen.

♦ 4 EZ und 24 DZ, alle mit Bad und WC, Aircondition, Safe, Telefon, Sat-TV (5 Zimmer mit Dachterrasse) ♦ EZ € 51–80, DZ € 80–130 (Aufpreis Zusatzbett € 35–40, alle mit Frühstück) ♦ Kreditkarten: CartaSi, DC, MC, Visa; Bankomat ♦ Anlage barrierefrei zugänglich, Privatparkplatz, kleine Haustiere willkommen (€ 10 pro Tag), Betreiber stets anwesend ♦ Restaurant, Leseraum, Tagungsraum (40 Plätze), Terrasse, Schwimmbecken mit Massagedüsen

Torri di Quartesolo
Lerino

5 km vom Zentrum
14 km südöstlich von Vicenza, S.R. 11
5 km von der Ausfahrt Vicenza Est der A 4

Le Guizze

Locanda
Via Guizze, 1
Tel. (+39) 04 44 / 38 19 77
Fax (+39) 04 44 / 38 19 92
info@leguizze.it
www.leguizze.it
Ferien: 3 Wochen im August

Der Beherbergungsbetrieb, der unterstützend zur Gaststätte entstanden ist, befindet sich in einem alten, vor etwa zehn Jahren renovierten Bauernhof. Die Zimmer, alle mit Blick auf das umliegende Land, haben Ziegelgewölbe und Holzgebälk, Parkettböden, Kirschholzmöbel und Teppiche. Das internationale Frühstück wird als Büfett offeriert. Das Restaurant (120 Plätze in drei Räumen, davon einer mit offenem Kamin) bietet typische Spezialitäten der Region mit innovativem Touch für 25 bis 30 Euro ohne Wein. Das Ambiente ist familiär, und die Gastgeber versorgen Sie gerne mit Zeitungen, Fahrplänen für die öffentlichen Verkehrsmittel (Vicenza und die anderen großen Städte der Region sind auch per Bus oder Bahn gut erreichbar), Stadtplänen und anderem Informationsmaterial zu Sehenswürdigkeiten.

♦ 6 DZ mit Bad und WC, Aircondition, Safe, Telefon, TV, Internetanschluss ♦ DZ in Einzelbelegung € 55–75, DZ € 65–110 (alle mit Frühstück) ♦ Kreditkarten: CartaSi, DC, MC, Visa; Bankomat ♦ Gemeinschaftsbereiche barrierefrei zugänglich, Privatparkplatz, kleine Haustiere willkommen, Betreiber immer erreichbar ♦ Bar, Restaurant, Konferenzsaal (80 Personen), Arkaden, Garten

Treviso

Zentrum
Nähe Porta San Tomaso

San Tomaso

Zimmervermietung
Viale Burchiellati, 5
Tel. (+39) 04 22 / 54 15 50
Fax (+39) 04 22 / 54 39 21
info@locandasantomaso.it
www.locandasantomaso.it
Ganzjährig geöffnet

NEU

Diese Locanda innerhalb der Stadtmauern aus dem 16. Jahrhundert ergänzt zwei weitere Betriebe einer Trevisaner Familie, die Osteria Al Bottegon und die Trattoria San Tomaso. Die Zimmer sind mit Fresken verziert und mit Kunstwerken dekoriert. Deckengebälk und Holzböden schaffen eine wohnliche, heimelige Atmosphäre; die mit Moskitonetzen versehenen schmiedeeisernen Betten sind bequem, moderne Schallisolierungssysteme tragen zu einem erholsamen Schlaf bei. Das Büfettfrühstück umfasst Kaffee, Tee, Milch, Joghurt, Zerealien, Kekse, süße Backwaren, Fruchtsäfte, aber auch Schinken und andere pikante Speisen. Im Restaurant, das nur abends geöffnet ist, wird traditionelle venetische Küche geboten (für 30 bis 35 Euro ohne Wein).

♦ 4 DZ, 1 3BZ und 1 4BZ, alle mit Bad und WC, Aircondition, Internetanschluss ♦ DZ in Einzelbelegung € 70, DZ € 85, 3BZ € 100, 4BZ € 115 (alle mit Frühstück) ♦ alle Kreditkarten, Bankomat ♦ gebührenpflichtiger öffentlicher Parkplatz in der Nähe, kleine Haustiere willkommen, Betreiber immer erreichbar ♦ Bar, Restaurant

Valdobbiadene
Zecchei

3 km vom Zentrum
36 km nordwestlich von Treviso, S.R. 348 und S.P. 2
30 km von der Ausfahrt Vittorio Veneto Nord der A 27

Sandi

Locanda
Via Tessere, 1
Tel. (+39) 04 23 / 97 62 39
Fax (+39) 04 23 / 90 55 88
locandasandi@villasandi.it
www.villasandi.it
Ferien: unterschiedlich

Ein schönes Steingebäude, Ziegeldächer und ein großer Arkadenhof – das ist die Dependance mit Gästezimmern des Weingutes Villa Sandi. Der Repräsentanzsitz des Gutes befindet sich in einem prächtigen Bau palladianischer Schule in Crocetta del Montello, die Kellerei (mit Weinhandlung) hingegen genau hier, vom Gästehaus durch eine große Wiese getrennt. Im Gebäude, das auch ein Restaurant beherbergt (venetische Küche und allerlei vom Grill, 22 bis 30 Euro ohne Wein), herrscht das gediegene Flair des frühen 20. Jahrhunderts mit Parkettböden, schönen Möbeln, Bildern, schmiedeeisernen Betten und handgeschliffenen alten Spiegeln. Im Sommer kann man sich in der Pergola aufhalten, inmitten der wunderschönen beschaulichen Reblandschaft. Auf dem Frühstückstisch erwarten Sie klassische italienische Kaffeespezialitäten und viele hausgemachte Süßspeisen.

♦ 1 EZ und 5 DZ, alle mit Bad und WC, Aircondition, TV ♦ EZ € 45, DZ € 70 (alle mit Frühstück) ♦ Kreditkarten: Carta-Si, DC, MC, Visa; Bankomat ♦ Privatparkplatz, öffentlicher Parkplatz 80 Meter entfernt, kleine Haustiere willkommen, Betreiber immer erreichbar ♦ Bar, Restaurant, Aufenthaltsraum, Sitzgelegenheit im Freien, Garten, Park

Valeggio sul Mincio
Le Bugne
2 km vom Zentrum
8 km vom Bahnhof Peschiera
27 km südwestlich von Verona
7 km von der Ausfahrt Peschiera del Garda der A 4

Corte Marzago

Agriturismo
Ortsteil Le Bugne
Tel. (+39) 045 / 636 98 21
Fax (+39) 045 / 794 51 04
info@cortemarzago.com
www.cortemarzago.com
Ganzjährig geöffnet

Der Sitz des Gutes der Familie Fabiano (20 Hektar, bebaut mit Reben, Öl- und Obstbäumen) ist ein imposantes Gebäude: Das ehemalige Kloster aus dem 16. Jahrhundert war lange Zeit im Besitz der Marzago. Die geräumigen Zimmer sind mit antiken Möbeln eingerichtet, Innenhof und Herrenhaus stehen den Gästen voll und ganz zur Verfügung. Das kontinentale Frühstück wird in einem dafür reservierten Raum oder im Laubengang serviert. Abgesehen vom Gardasee empfiehlt sich ein Ausflug ins nahe gelegene Städtchen Borghetto sul Mincio mit den ghibellinischen Zinnen auf seiner Scaliger-Burg, dem Kampanile San Marco und der malerischen Visconti-Brücke. Sehenswert ist auch Salionze, wo dereinst Papst Leo der Große dem Hunnenkönig Attila Einhalt geboten haben soll; dort befindet sich die Villa Tebaldi aus dem 17. Jahrhundert. Der Betrieb bietet einen Zubringerdienst vom und zum Bahnhof Peschiera.

♦ 1 DZ, 2 3BZ und 3 4BZ, alle mit Bad und WC (für 1 Zimmer auf dem Flur), Telefon, Sat-TV, Internetanschluss (einige Zimmer mit Minibar, 2 Zimmer mit Kochnische) ♦ DZ in Einzelbelegung € 60–66, DZ € 70–88, 3BZ € 90–110, 4BZ € 120–132 (alle mit Frühstück) ♦ alle Kreditkarten, Bankomat ♦ überdachter Privatparkplatz, kleine Haustiere willkommen (nicht in den Zimmern), Betreiber stets anwesend ♦ Frühstücksraum, Degustationsstube, Leseraum, Garten

Vas

Im Zentrum
40 km südwestlich von Belluno, 17 km südöstlich von Feltre, S.R. 348 und S.P. 1 bis

Solagna

2-Sterne-Hotel
Piazza I Novembre, 2
Tel./Fax (+39) 04 39 / 78 80 19
albergo.solagna@libero.it
www.locandasolagna.it
Ganzjährig geöffnet

NEU

Das einfache, gemütliche Gasthaus, seit 1956 im Besitz der Familie Solagna, ist leicht zu erreichen und bietet eine landschaftlich einzigartige Umgebung. Die Zimmer sind modern und komfortabel. Da die Solagna auch einen Tabak- und Zeitungsladen betreiben, können Sie sich morgens problemlos mit italienischen Medien versorgen. Das Frühstück, das auf Anfrage ins Zimmer serviert wird, umfasst die von Köchin Anna zubereiteten süßen Backwaren und Konfitüren, ferner Milch und Butter von der Alm, frisch gepresste Säfte, Wurstwaren wie Soppressa und regionale Käsesorten. Allein dadurch werden Sie Lust bekommen, die Küche des Restaurants zu testen: Geboten werden gepflegte Gerichte der venetischen Tradition auf Basis von Saisonprodukten, die so weit wie möglich von Lieferanten aus der näheren Umgebung bezogen werden (rund 28 Euro ohne Wein). Das Hotel ist ein idealer Ausgangspunkt für sportliche Aktivitäten in nächster Nähe: Angeln an der Piave, Wandern und Bergsteigen im Nationalpark Belluneser Dolomiten, Golf und Eislaufen.

♦ 8 DZ und 1 Suite, alle mit Bad und WC, Minibar, Safe, Telefon, Sat-TV, Internetanschluss ♦ DZ in Einzelbelegung € 37, DZ € 72, Suite € 100 (alle mit Frühstück) ♦ alle Kreditkarten, Bankomat ♦ überdachter Privatparkplatz, Gratisgarage, Haustiere nicht erlaubt, Betreiber immer erreichbar ♦ Bar (6–24 Uhr), Restaurant, Terrasse, Garten, Liegewiese, Tennisplatz, Fußballwiese

Venedig

In der Altstadt
Campo San Tomà, Vaporetto-Anlegestelle San Tomà

Al Campaniel

Bed & Breakfast
San Polo, 2889/Calle del Campaniel
Tel. (+39) 041 / 275 07 49
Fax (+39) 027 / 00 53 97 48
info@campaniel.com
www.alcampaniel.com
Ferien: 15. Juli–15. August

Marco De Andreis' Bed & Breakfast liegt etwa zehn Minuten vom Piazzale Roma und vom Bahnhof oder eine Fußminute von der Vaporetto-Anlegestelle am Canal Grande entfernt. Das Haus aus dem späten 19. Jahrhundert bietet elegante Zimmer mit Komfort und Blick auf eine ruhige Gasse oder einen kleinen Innenhof. Das Frühstück wird in einem heimeligen kleinen Raum gedeckt; darüber hinaus gibt es in jedem Zimmer ein Kochgerät zur Zubereitung von Tee oder Kaffee. Wer lieber das möblierte Apartment im Erdgeschoss mietet, findet bei seiner Ankunft im Vorratsschrank der kleinen Küche Honig, Konfitüren, Brotschnitten, Butter, Milch, Tee, Kaffee und Orangensaft vor. In der näheren Umgebung sind in der Kirche Santa Maria Gloriosa dei Frari, die auf das 14. Jahrhundert zurückgeht, Werke von Tizian, Giovanni Bellini und Donatello zu bewundern.

♦ 2 DZ und 1 3BZ, alle mit Bad und WC (für 1 Zimmer auf dem Flur), Aircondition, Safe; 1 Apartment (2–4 Personen) mit Kochnische ♦ DZ in Einzelbelegung € 40–55, DZ € 55–110, 3BZ € 85–125 (alle mit Frühstück); Apartment € 65–175 ♦ Kreditkarten: MC, Visa ♦ Haustiere nicht erlaubt, Betreiber immer erreichbar ♦ Frühstücksraum

Venedig

In der Altstadt
Nähe Arsenale, Vaporetto-Anlegestelle Celestia

Ca' della Musica

NEU

Bed & Breakfast
Castello, 2954/Calle del Morion
Tel. (+39) 041 / 277 04 49,
(+39) 329 / 166 66 48
Fax (+39) 041 / 277 04 49
monicaferro.63@libero.it
Ferien: Januar

Das ruhige, heimelige Bed & Breakfast in einem kleinen Palazzo aus dem 14. Jahrhundert zeugt deutlich von der Persönlichkeit der Gastgeber: Sie ist Schauspielerin, Opernregisseurin und unterrichtet Schauspiel, er ist Dirigent. Die geräumigen Zimmer sind mit antiken Möbeln eingerichtet, die »Camera della musica« verfügt über eine Bibliothek mit musikalischen Texten und Kunstbüchern. Das reichhaltige Frühstück wird im Salon, in der schönen Jahreszeit auf der Terrasse oder im Innenhof elegant gedeckt (Porzellangeschirr, bestickte Tischtücher). Auf Anfrage werden Verkostungen und Abendessen, Kochkurse, geführte Stadtspaziergänge und Gondelfahrten organisiert. San Marco und Rialto sind in wenigen Minuten erreichbar.

♦ 1 3BZ und 2 4BZ, alle mit Bad und WC (1 Zimmer mit Whirlpool) ♦ DZ € 80–100, 3BZ € 90–110, 4BZ € 70–110 (alle mit Frühstück) ♦ keine Kreditkarten ♦ kleine Haustiere willkommen, Betreiber immer erreichbar ♦ Frühstücksraum, Salon, Terrasse, Innenhof

VENETIEN

Venedig
Ca' Noghera

10 km von der Altstadt
1,5 km vom Flughafen Tessera, 4 km von Mestre

Casa del Miele

Bed & Breakfast
Via Palliaghetta, 2 A
Tel. (+39) 041 / 541 61 29,
(+39) 338 / 830 05 60
Fax (+39) 041 / 534 27 18
info@casadelmiele.com
www.casadelmiele.com
Ganzjährig geöffnet

Warum das Bed & Breakfast »Haus des Honigs« heißt? Imkerei ist hier Familiensache und begeistert auch den Besitzer Enrico Giorgiutti. Enrico ist Agronom, Naturkundeführer, Meteorologe und obendrein ein großartiger Sportler (italienischer Bobchampion 1980, technischer Direktor des italienischen Radsportverbandes).Er und seine Frau Annalisa bewohnen eine kleine Villa mit Garten, 300 Meter vom Casino Ca' Noghera. Die Gästezimmer sind sehr geräumig, geschmackvoll eingerichtet und mit allen Annehmlichkeiten ausgestattet. Zum Frühstück findet man sich im schönen Aufenthaltsraum mit Kamin ein: Das Büfett wartet mit einer großen Vielfalt an süßen Sachen auf, darunter zwanzig Honigsorten, die Enricos Vater erzeugt. Die Hausbibliothek ist mit allerlei touristisch interessantem Material gut bestückt und steht den Gästen offen. Die Haltestelle der Busse nach Venedig liegt 50 Meter vom Haus entfernt; alternativ dazu kann man ein Mototaxi zum Markusplatz nehmen: Die Fahrt vom Flughafen Marco Polo ins Zentrum, mit Zwischenstopps auf Murano und am Lido, kostet zehn Euro.

♦ 3 DZ mit Bad und WC, Airconditon, Sat-TV, Minibar, Safe, Internetanschluss ♦ DZ in Einzelbelegung € 65, DZ € 75 (Aufpreis Zusatzbett € 20, alle mit Frühstück) ♦ Kreditkarten: MC, Visa; Bankomat ♦ Privatparkplatz, Haustiere nicht erlaubt, Betreiber stets anwesend ♦ Frühstücksraum, Garten

Venedig

In der Altstadt
Vaporetto-Anlegestelle Tre Ponti oder San Tomà

Casa Peron

1-Stern-Hotel
Santa Croce, 84
Salizzada San Pantalon
Tel. (+39) 041 / 71 00 21, 71 10 38
Fax (+39) 041 / 71 10 38
casaperon@libero.it
www.casaperon.com
Ferien: 2 Wochen im Januar

Die in der Nähe der Parkhäuser am Piazzale Roma und des Bahnhofes sowie der Basilica dei Frari und der Scuola di San Rocco gelegene Casa Peron ist ein kleines, familiär geführtes Hotel. Das Gebäude aus dem 16. Jahrhundert hat charakteristische Räumlichkeiten mit schönen Fußböden. Die Zimmer sind blitzsauber und behaglich, wenngleich sich die Einrichtung auf das Wesentliche beschränkt. Dafür werden sie zu Preisen angeboten, die für Venedig unschlagbar sind: Besonders günstig sind jene, die zwar eigene Duschen und Waschbecken haben, aber das WC auf dem Flur mit drei anderen Zimmern teilen. Das Frühstück typisch italienischer Manier umfasst Brötchen und Croissants von einer Bäckerei in der Nachbarschaft, Milch, Tee, Kaffee, Konfitüren und Fruchtsäfte. Hausherr Gianrico Scarpa wird Sie herzlich empfangen und gerne mit Tipps und Informationsmaterial zur Stadt versorgen.

♦ 4 EZ, 5 DZ und 2 3BZ, alle mit Bad und WC (für 4 Zimmer auf dem Flur, 8 Zimmer mit Aircondition, einige Zimmer mit Terrasse) ♦ EZ € 25–90, DZ € 40–95, 3BZ € 60–120 (alle mit Frühstück) ♦ Kreditkarten: CartaSi, MC, Visa; Bankomat ♦ Haustiere nicht erlaubt, Betreiber immer erreichbar ♦ Frühstücksraum

Venedig
Isola della Certosa

15 Minuten vom Markusplatz
Vaporetto-Linie 41 oder 42, Anlegestelle Certosa

Certosa

3-Sterne-Hotel
Isola della Certosa
Tel. (+39) 041 / 277 86 32
Fax (+39) 041 / 862 31 13
info@venicecertosahotel.com
www.venicecertosahotel.com
Geöffnet 20. März–8. November

Das Hotel gehört zum neuen Jachtclub »Polo Nautico Vento di Venezia«, der auf Certosa im Rahmen des großartigen Revitalisierungsprojekts der Laguneninsel realisiert wurde; im Zuge dessen wurden auch die in den 1960er-Jahren aufgegebenen Militäranlagen saniert, darunter eine Pulverkammer aus dem 16. Jahrhundert und diverse Werkshallen. Das Hotelgebäude hat gefällige Sitzgelegenheiten im Freien, helle Gemeinschaftsräume und komfortable Zimmer, die in modernem maritimem Stil eingerichtet sind. Anlässlich von Großveranstaltungen in der Stadt und in der Woche des Filmfestivals am Lido kann der Preis für ein Doppelzimmer auf 140 Euro ansteigen. Das Büfettfrühstück ist kontinentaler Art, im Restaurant zahlt man für ein dreigängiges Menü ohne Wein etwa 35 Euro. Die zusätzlichen Serviceleistungen sind natürlich auf die Sportschifffahrt ausgerichtet (Segelschule und Bootsvermietung im Jachtclub); es werden aber auch Yogakurse und Haute-Cuisine-Verkostungen angeboten.

♦ 11 EZ und 7 DZ, alle mit Bad und WC, Aircondition, Safe, Telefon, TV ♦ EZ € 45–90, DZ € 70–120 (Aufpreis Zusatzbett € 25–30, Frühstück € 8 pro Person) ♦ Kreditkarten: AE, MC, Visa; Bankomat ♦ kleine Haustiere willkommen, Rezeptionsdienst 7–23 Uhr ♦ Bar (7–23 Uhr), Restaurant, Leseraum, Sitzgelegenheit im Freien, Garten

Venedig

In der Altstadt
Fondamenta de l'Arsenal, Vaporetto-Anlegestelle Arsenale

Gli Angeli

Bed & Breakfast
Castello, 2161/Campo de la Tana
Tel. (+39) 041 / 523 08 02,
(+39) 339 / 282 85 01
Fax (+39) 041 / 241 53 50
theangels@email.it
www.gliangeli.net
Ganzjährig geöffnet

Im ersten Stock eines Wohngebäudes aus dem 15. Jahrhundert, wenige Schritte vom majestätischen Eingang zum Arsenale und seinen Corderie, wo die Biennale und andere Events stattfinden, entdecken wir dieses gemütliche Bed & Breakfast von Sonia und Antonio; Letzterer vergnügt sich in seiner Freizeit mit der Herstellung von Bleiglasfenstern. Die Zimmer sind im Stil des venezianischen Settecento mit blattgoldverzierten Intarsienspiegeln und Bleiglas gestaltet. Das Zweizimmerapartment mit je zwei Betten verfügt über Küche, Bad und WC, eine Wendeltreppe und einen eigenen Garten. Das Frühstück steht täglich frisch bereit, denn wenn die Zimmer aufgeräumt werden, wird auch die Vorratskammer aufgefüllt. Zur treuesten Kundschaft zählen die Stammgäste des nahen Piccolo Teatro (Künstler, Journalisten, Besucher von auswärts). Ein zehnminütiger Spaziergang entlang der Riva degli Schiavoni führt auf den Markusplatz.

♦ 1 DZ mit Bad und WC, Aircondition, Kühlschrank, Frühstücksecke, Safe, TV; 1 Apartment (4 Personen) mit Küche ♦ DZ in Einzelbelegung € 60, DZ € 69–105, Apartment € 110–165 (alle mit Frühstück) ♦ Kreditkarten: MC, Visa ♦ kleine Haustiere willkommen (im Apartment), Betreiber immer erreichbar ♦ Garten

Venedig
Lido-Malamocco

Vaporetto ab Venedig oder Fähre ab Tronchetto, von der Anlegestelle Santa Maria Elisabetta mit Buslinie B

Le Garzette

Agriturismo
Lungomare Alberoni, 32
Tel. (+39) 041 / 73 10 78
Fax (+39) 041 / 242 87 98
legarzette@libero.it
www.legarzette.yahoo.it
Ferien: Weihnachten–Mitte Januar

Manuela Vianello wie Francesco Biasutto stammen aus Gastronomenfamilien. Ihr Agriturismo liegt wenige Dutzend Meter vom Meer in einem alten Bauernhaus, das in den 1990er-Jahren restauriert wurde. Die Zimmer – mit Blick auf die Lagune, das Meer oder die Gärten – sind gemütlich und hell (zwei Doppelzimmer sind miteinander verbunden und teilen sich ein Bad, ein weiteres Doppelzimmer befindet sich in der Mansarde). Das Restaurant, das den Hausgäste immer offensteht, bietet regionale Küche auf Basis saisonaler Produkte eigener Erzeugung. Das Fleischmenü kostet etwa 40 Euro, das Fischmenü rund 50 Euro. Das exzellente Frühstück basiert auf hausgemachten Produkten: Brot, Butter und Konfitüren, aber auch Eier von Freilandhühnern. Sehenswert in der Umgebung sind der alte Ortskern von Malamocco, die Insel Pellestrina, die Stadt Chioggia sowie die Naturreservate Ca' Roman und Alberoni.

♦ 4 DZ und 1 3BZ, alle mit Bad und WC (2 DZ mit Gemeinschaftsbad und -WC), Aircondition, Sat-TV ♦ DZ in Einzelbelegung € 70–80, DZ € 90–120, 3BZ € 110 (alle mit Frühstück) ♦ keine Kreditkarten ♦ Gemeinschaftsbereiche barrierefrei zugänglich, Privatparkplatz, kleine Haustiere willkommen, Betreiber stets anwesend ♦ Restaurant, Terrasse, Garten, Strand

Venedig

In der Altstadt
San Giorgio degli Schiavoni, Vaporetto-Anlegestelle San Zaccaria

S. Marco

Bed & Breakfast · Castello, 3385 L
Fondamenta San Giorgio degli Schiavoni
Tel. (+39) 041 / 522 75 89, (+39) 335 / 756 65 55, (+39) 347 / 244 22 37
Fax (+39) 041 / 522 75 89
info@realvenice.it · www.realvenice.it/smarco
Ferien: 1 Woche um Weihnachten, 2 Wochen im August, Januar

Marco und Alice Scurati können sich als Pioniere der familiären Gastlichkeit betrachten: Schon vor etlichen Jahren haben sie einen Teil ihres Wohnhauses am Kanal Rio de la Pieda, gegenüber der Scuola di San Giorgio degli Schiavoni, zu einem Bed & Breakfast umfunktioniert. Die Zimmer befinden sich im dritten Stock des Gebäudes und sind sympathischerweise nach den ehemaligen Bewohnern, sprich nach Marcos Großeltern und Eltern sowie nach ihm selbst benannt. Von den entzückenden, heimeligen Unterkünften, deren ursprüngliche Einrichtung beibehalten wurde, hat man einen schönen Blick auf den Kanal, eine Brücke, eine Kirche und die Dächer des Viertels. Man frühstückt in der Küche, bei frischen Brötchen, Croissants, Kaffee, Tee und Milch. Die Hausherren haben für die Gäste eine gut bestückte Bibliothek mit Reiseführern und Büchern über Venedig eingerichtet, stellen Stadtpläne bereit und haben viele Insidertipps parat.

♦ 3 DZ mit Gemeinschaftsbad und -WC; 1 Apartment (4 Personen) mit Küche und Wohnbereich ♦ DZ in Einzelbelegung € 56–100, DZ € 70–120 (Aufpreis Zusatzbett € 14–24, alle mit Frühstück); Apartment € 100–160 ♦ Kreditkarten: MC, Visa ♦ Haustiere nicht erlaubt, Betreiber immer erreichbar ♦ Frühstücksraum

Verona
Parona di Valpolicella

6 km vom Zentrum, S.S. 12
Ausfahrt Verona Nord der A 22; Ausfahrt Sommacampagna oder Verona Sud der A 4

Borghetti

3-Sterne-Hotel
Via Valpolicella, 47
Tel. (+39) 045 / 94 23 66,
(+39) 045 / 94 10 45
Fax (+39) 045 / 94 23 67
hb@hotelborghetti.com
www.hotelborghetti.com
Ganzjährig geöffnet

Parona, bis 1927 eine eigenständige Gemeinde, ist heute ein dicht bevölkerter Stadtteil von Verona. Der Ort ist das Tor in jenes hügelige Weinland, das sich nordwestlich der Scaligerstadt erstreckt. An der Kreuzung der Strada Provinciale ins Valpolicella ist die Familie Borghetti seit 1958 in der Gastronomie und Hotellerle tätig. Erst führte sie eine bescheidene Osteria mit Fremdenzimmern, die 1969 ausgebaut wurde. Zwanzig Jahre später wurde der Gasthof abgerissen, um dem nunmehrigen Hotel Platz zu machen. Das Haus ist in seiner Größe imposant, es pflegt eine Gastlichkeit nach altbewährter Manier, und das Restaurant gilt als verlässliche Anlaufstelle für Freunde der venetischen Traditionsküche. Die Zimmer sind ebenso wie die Gemeinschaftsbereiche großzügig, modern und funktionell. Das Frühstück (vom Büfett, die heißen Getränke werden jedoch serviert) umfasst Zerealien, Joghurt, Fruchtsäfte, hausgemachte Konfitüren und Kuchen, feine Wurstwaren und Käsesorten.

♦ 12 EZ und 30 DZ, alle mit Bad und WC, Aircondition, Telefon, Sat-TV, WLAN ♦ EZ € 55–85, DZ € 65–100 (alle mit Frühstück) ♦ alle Kreditkarten, Bankomat ♦ Haus barrierefrei zugänglich, Garage, kleine Haustiere willkommen, Rezeptionsdienst rund um die Uhr ♦ Bar, Restaurant, Degustationsstube, Vinothek, Konferenzsaal (100 Plätze), Terrasse

🍲 Das Restaurant bietet regionaltypischer Küche für rund 30 Euro ohne Wein.

Verona
Torricelle

7 km vom Zentrum
Auf dem Hügel im Norden zwischen Avesa und Poiano

San Mattia

Agriturismo
Via Santa Giuliana, 2 A
Tel. (+39) 045 / 91 37 97
Fax (+39) 045 / 834 19 77
informazioni@sanmattia.it
www.sanmattia.it
Ganzjährig geöffnet

NEU

Der kleine Vorplatz des Ferienhofes ist eine natürliche Panoramaterrasse über Verona: Allein wegen des herrlichen Blicks auf die Stadt lohnt es, hierher zu kommen. Doch es gibt noch viele andere gute Gründe für einen Aufenthalt auf dem Anwesen San Mattia, das im Gebiet der Scaligerstadt als Pionier in Sachen ländlicher Tourismus gilt. Seit 1985 als Agriturismo-Betrieb geführt, hat es der Hof verstanden, sich immerfort zu erneuern: So wurde ein Schaugarten angelegt, und die diversen Renovierungen erfolgten nach umweltverträglichen Kriterien. Heute bietet der Betrieb überaus komfortable Gastlichkeit. Zimmer und Gemeinschaftsbereiche sind gemütlich und nett eingerichtet. Das reichhaltige Frühstück umfasst hausgemachte Kuchen und Konfitüren, Obst und Eier vom Hof. Im Restaurant wird traditionelle Küche zu etwa 25 Euro geboten. Entspannen kann man sich bei einem Spaziergang durch die Olivenhaine und beim Genuss des Panoramas auf dem Vorplatz, wo man sich zur Stunde des Aperitifs einfindet, um mit dem Wein der herzlichen Gastgeber anzustoßen.

♦ 14 DZ mit Bad und WC, Aircondition, Terrasse oder Balkon, TV, Internetanschluss (einige Zimmer mit Kochnische); 1 Zweizimmerapartment (2 Personen) ♦ DZ in Einzelbelegung € 55, DZ € 70 (Frühstück € 10 pro Person); Apartment € 90 ♦ Kreditkarten: AE; Bankomat ♦ Anlage barrierefrei zugänglich, Privatparkplatz teilweise überdacht, kleine Haustiere willkommen, Betreiber immer erreichbar ♦ Restaurant, Aufenthaltsraum, Terrasse, Garten, Park

Verona
Mizzole

9 km nordöstlich vom Zentrum
10 km von der Ausfahrt Verona Est der A 4

Villafranca di Verona
Pigno
2 km vom Zentrum
19 km südwestlich von Verona, S.R. 62 und S.P. 24
8 km von der Ausfahrt Sommacampagna der A 4;
8 km von der Ausfahrt Nogarole Rocca der A 22

Viticcio dei Ronchi

Agriturismo
Ortsteil Ronchi · Via Bisano, 11
Tel. (+39) 045 / 884 10 73,
(+39) 347 / 814 67 75
Fax (+39) 045 / 884 10 73
info@viticciodeironchi.it
www.viticciodeironchi.it
Ganzjährig geöffnet

Ca' Maddalena

NEU

Bed & Breakfast
Ortsteil Pigno, 2
Tel. (+39) 045 / 630 29 43
Fax (+39) 045 / 630 90 66
info@bedandbreakfastcamaddalena.it
www.bedandbreakfastcamaddalena.it
Ganzjährig geöffnet

Das Anwesen Viticcio dei Ronchi dominiert von einer Hügelspitze aus Verona und einen Gutteil der Poebene. Das Gut liegt in einer ruhigen Gegend der mittleren Lessinia, an der Grenze zum Valpolicella zwischen Squaranto- und Mezzane-Tal. Die herrschaftlichen Ursprünge des Landgutes gingen durch die Renovierung nicht verloren: Die hufeisenförmig um den großen Hof und die schön sanierte Gartenanlage im italienischen Stil angeordneten ehemaligen Wirtschaftsgebäude und das Haupthaus sind schlichtweg prächtig. Die nach alten bäuerlichen Gerätschaften benannten Suiten vereinen die Annehmlichkeiten eines guten Hotels mit der Intimität eines Privathauses und sind in einem gefälligen, farbenfrohen Landhausstil eingerichtet. Zum Frühstück, für das vor kurzem ein eigener Raum eingerichtet worden ist, gibt es frisches Gebäck von kleinen Backstuben. Die Erzeugnisse des Hofes (Wein und Öl) kann man verkosten und zum Mitnehmen kaufen.

In faszinierendem Kontrast zu der nüchternen, geradlinigen Fassade der im 18. Jahrhundert errichteten Villa der Familie Toffalini steht die üppige Einrichtung, die von sehr originell interpretierten Ethno-Motiven inspiriert ist. Die Besitzer bewohnen das Erdgeschoss, wo es auch einen hellen Aufenthaltsraum gibt: In diesem wird morgens ein prächtiges Büfett mit hausgemachten Süßspeisen und Konfitüren sowie für die Region typischen Wurst- und Käsesorten aufgebaut. In den warmen Monaten kann man draußen im gepflegten Garten frühstücken, wo sich auch ein Schwimmbecken befindet. Die Zimmer und Suiten im Obergeschoss des Bed & Breakfasts sind mit allen Annehmlichkeiten ausgestattet. Das Interieur vermittelt Wärme und Heimeligkeit; zu den wertvollsten Stücken zählen die mit Arabesken verzierten Baldachinbetten afrikanischer Herkunft. Das Haus befindet sich an der Strada del Vino di Custoza, die in Sachen Weingenuss und Kulinarik viel zu bieten hat.

♦ 10 Suiten mit Schlafzimmer (Doppelbetten), Bad und WC, Wohnbereich mit Schlafcouch, Kochnische, Aircondition, Safe, Telefon, Sat-TV, Internetanschluss ♦ Suite in Einzelbelegung € 75–90, Suite in Doppelbelegung € 100–130 (Aufpreis Zusatzbett € 20–30, alle mit Frühstück) ♦ Kreditkarten: MC, Visa; Bankomat ♦ 1 Zimmer barrierefrei zugänglich, überdachter Privatparkplatz, Haustiere nicht erlaubt, Betreiber immer erreichbar ♦ Frühstücksraum, Aufenthaltsraum, Veranstaltungsräume (150 und 40 Plätze), Garten

♦ 1 EZ, 5 DZ, 1 3BZ und 2 Suiten, alle mit Bad und WC, Aircondition, Telefon, TV ♦ EZ € 40–57, DZ € 57–100 (Aufpreis Zusatzbett € 25), 3BZ € 80–110, Suite € 100–200 (alle mit Frühstück) ♦ Kreditkarten: AE, MC, Visa; Bankomat ♦ Privatparkplatz, Haustiere nicht erlaubt, Betreiber 7–23 Uhr anwesend ♦ Frühstücksraum, Aufenthaltsraum, Konferenzraum (50 Plätze), Garten, Sonnenterrasse, Schwimmbecken

Villafranca di Verona
Pigno
2 km vom Zentrum
19 km südwestlich von Verona, S.R. 62 und S.P. 24
8 km von der Ausfahrt Sommacampagna der A 4;
8 km von der Ausfahrt Nogarole Rocca der A 22

Il Melograno

NEU

Agriturismo
Ortsteil Pigno, 8 D
Tel. (+39) 349 / 295 26 53
Fax (+39) 045 / 790 05 54
info@aziendailmelograno.it
www.aziendailmelograno.it
Ganzjährig geöffnet

Ein niedriges Landhaus, dessen orangegelber Verputz sich vom Grün der Wiese abhebt: Das ist der Sitz des Gutes Lonardi, dessen junge Vertreterin Eleonora sich mit Hingabe der agritouristischen Gastlichkeit widmet. Die Einrichtung der Zimmer ist schlicht, aber behaglich und gepflegt; die Apartments blicken auf den Garten, der mit Tischen, Stühlen und Sonnenschirmen ausgestattet ist. An die Längsseite des Grundstücks grenzt ein großer Park. Das große Schwimmbecken ist nicht sehr tief und kann daher auch von Kindern gefahrlos genutzt werden. Das in einem hübschen Raum mit Sichtgebälk servierte Frühstück umfasst süße Fladen und Brioches, selbst gebackene Torten und Kuchen, frisches Obst aus eigenem Anbau, Joghurt, Zerealien und von Papà Cornelio fabrizierte Wurstwaren.

♦ 3 DZ und 2 3BZ, alle mit Bad und WC, Balkon, Aircondition, Kühlschrank, TV; 10 Apartments (2–6 Personen) mit Küche oder Kochnische, Garten, Sonnenterrasse ♦ DZ in Einzelbelegung € 35–45, DZ € 70–90 (Aufpreis Zusatzbett € 10–25), 3BZ € 105–135 (Frühstück € 6 pro Person); Apartment € 95–300 ♦ Kreditkarten: MC, Visa; Bankomat ♦ Gemeinschaftsbereiche und einige Zimmer barrierefrei zugänglich, Privatparkplatz teilweise überdacht, kleine Haustiere willkommen (€ 5–10 pro Tag), Betreiber 8–12, 16–20 Uhr anwesend ♦ Frühstücksraum, Aufenthaltsraum, Park, Gartenhaus, Kinderspielbereich, Schwimmbecken

Zoldo Alto
Pecol
3 km vom Zentrum
46 km nordwestlich von Belluno, S.P. 251
Von der Ausfahrt Pian di Vedoia der A 27 über die S.S. 51 bis Longarone, weiter auf der S.P. 251

La Baita

3-Sterne-Hotel
Via del Gonfet, 4-5
Tel. (+39) 04 37 / 78 94 45
Fax (+39) 04 37 / 78 91 63
meublelabaita.em@libero.it
Ferien: Mitte April–Mitte Juni,
10. September–Ende November

Zoldo Alto, im Herzen der Belluneser Dolomiten an den Hängen des Monte Pelmo und der Civetta-Kette gelegen, ist ein bedeutender Sommer- und Wintersportort. Im Ortsteil Pecol, in unmittelbarer Nähe der Liftanlagen, entdecken wir das rustikale, aber komfortable Hotel Garni der Familie Molin Pradel. Die Zimmer von entwaffnender Schlichtheit; auf die zu Dreibett- und Vierbettzimmern umfunktionierbaren Räume werden 30 Prozent Rabatt auf das dritte und 50 Prozent auf das vierte Bett gewährt. Adelino, der Chef des Hauses, kümmert sich gemeinsam mit seinem Sohn Emiliano auf freundliche wie professionelle Weise um das Wohl der Gäste. Mamma Rita bäckt feinste süße Teilchen, macht Konfitüren und traditionelle Süßspeisen, die zusammen mit frischem Obstsalat, Bergbutter sowie Wurst und Käse die notwendigen Energien für Skiabfahrten oder Hochgebirgswanderungen liefern.

♦ 5 EZ und 7 DZ, alle mit Bad und WC, Telefon, TV (8 Zimmer mit Balkon) ♦ EZ € 35–52, DZ € 60–94 (alle mit Frühstück) ♦ Kreditkarten: CartaSi, DC, MC, Visa; Bankomat ♦ Gemeinschaftsbereiche barrierefrei zugänglich, Privatparkplatz, Haustiere nicht erlaubt, Betreiber immer erreichbar ♦ Bar, Frühstücksraum, Terrasse, Garten, Fitnessbereich mit Sauna und Dampfbad

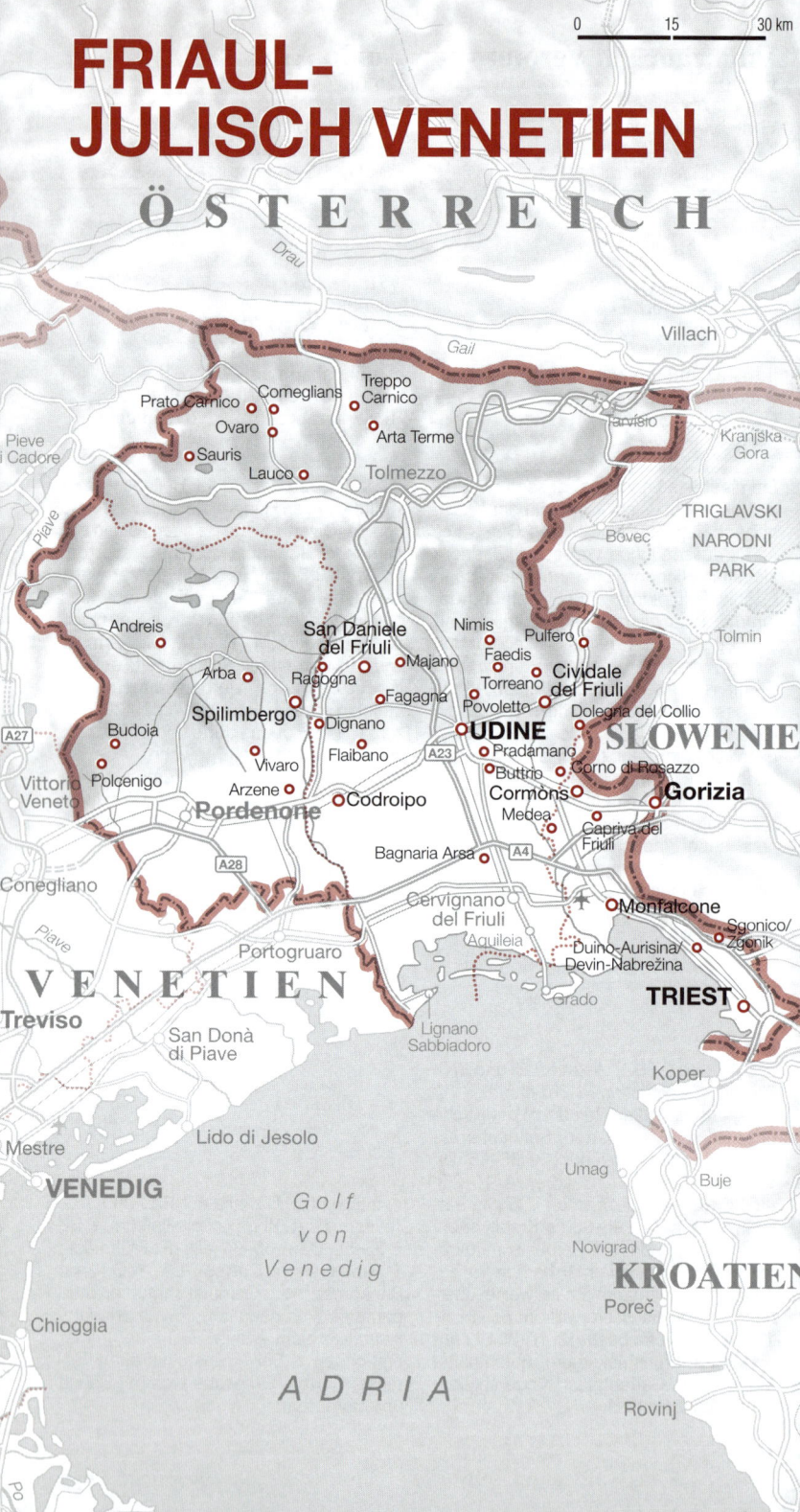

Andreis

Im Zentrum
35 km nördlich von Pordenone, S.S. 251
S.S. »Valcellina«, Abzweigung zwischen Montereale und Barcis

Al Vecje For

Zimmervermietung
Via Centrale, 63
Tel. (+39) 04 27 / 76 44 37
Fax (+39) 04 27 / 76 47 07
info@locandaalvecchioforno.com
www.locandaalvecchioforno.com
Ferien: 1 Woche im Oktober,
3 Wochen im Februar

Das solide Steinhaus im Zentrum des kleinen Dorfes im Valcellina hat eine interessante Geschichte: Entstanden ist es zu Beginn des 20. Jahrhunderts als Verkaufsladen und Schenke einer Solidargemeinschaft, ein halbes Jahrhundert später kam eine Bäckerei hinzu, und vor gut zehn Jahren wurde der Komplex von der Gemeinde gekauft. Heute beherbergt das mittlerweile renovierte Haus ein Lebensmittelgeschäft und eine schöne Trattoria mit Gästezimmern, die unter großzügiger Verwendung von Holz im rustikal-alpinen Stil mit romantischem Touch eingerichtet wurden. Sehr hübsch sind auch die ebenfalls aus Holz gebauten kleinen Terrassen, die auf die Gassen des Dorfes gehen. Das in der Gaststube der Trattoria im Erdgeschoss servierte Frühstück umfasst süße und pikante Speisen von bester Qualität. Die Betreiber – Franco Fagan und Daniele Martinelli mit ihren Ehefrauen Cristiana und Lorenza – werden Sie herzlich begrüßen und alles tun, um Ihnen den Aufenthalt so angenehm wie möglich zu machen.

♦ 1 EZ, 3 DZ und 1 3BZ, alle mit Bad und WC, Telefon, TV ♦ EZ € 35, DZ € 70, 3BZ € 100 (alle mit Frühstück) ♦ Kreditkarten: Visa; Bankomat ♦ Restaurant barrierefrei zugänglich, öffentlicher Parkplatz in unmittelbarer Nähe, Haustiere nicht erlaubt, Betreiber immer erreichbar ♦ Bar, Restaurant, Terrassen

🍲 Die Trattoria bietet gepflegte Traditionsküche, die Rechnung beläuft sich auf ungefähr 30 Euro ohne Wein.

Arba
Colle
3 km vom Zentrum
8 km östlich von Maniago, 11 km nordwestlich von Spilimbergo, 33 km nordöstlich von Pordenone, S.S. 464

Grappolo d'Oro

Zimmervermietung
Piazza IV Novembre, 14
Tel. (+39) 04 27 / 930 19
Fax (+39) 04 27 / 78 99 77
osteria@grappolodoro.191it
www.grappolodoro.191.it
Ferien: je 1 Woche im Januar und Juni

Wir sind im friulanischen Alpenvorland, genauer gesagt im Tal des Meduna. Der Name dieses Gewässers könnte »median«, in der Mitte gelegen, bedeuten. Auf jeden Fall liegt das Gebiet als eine Art »Mittelerde« zwischen dem östlichen Venetien und dem imposanten Flusslauf des Tagliamento, der die Provinz Udine von der 1968 gegründeten Provinz Pordenone trennt. In Colle, einer ruhigen Ortschaft in den Hügeln direkt am Bach, kann man die Gastlichkeit des tüchtigen Wirtes Guglielmo Di Pol auch für eine Übernachtung in Anspruch nehmen. Die sechs Zimmer in einem alten Steingebäude hinter der Trattoria sind schlicht eingerichtet, verfügen aber über jeden Komfort. Wer für einen Aufpreis von 15 Euro pro Person Halbpension vereinbart, nimmt die Mahlzeiten in der angeschlossenen Osteria ein. Dort ist es am Schanktisch, dem Treffpunkt der Einheimischen, ebenso gemütlich wie am offenen Kamin in einer der Gaststuben oder – wenn das Wetter es erlaubt – im Garten.

♦ 6 DZ mit Bad und WC, Aircondition, Minibar, Telefon, Sat-TV, Internetanschluss (3 Zimmer mit Terrasse) ♦ DZ in Einzelbelegung € 40, DZ € 70 (Aufpreis Zusatzbett € 15–35, alle mit Frühstück) ♦ alle Kreditkarten, Bankomat ♦ 1 Zimmer behindertengerecht ausgestattet (€ 36), Privatparkplatz, Haustiere nicht erlaubt, Betreiber immer erreichbar ♦ Bar, Restaurant, Garten

🍲 Die Trattoria bietet regionale Hausmannskost für 28 bis 32 Euro ohne Wein.

Arta Terme
Piano d'Arta
2 km vom Zentrum; 38 km von Tolmezzo, 58 km nordwestlich von Udine, S.S. 52 bis
Ausfahrt Carnia der A 23, S.S. 52 nach Tolmezzo, S.S. 52 bis

Salon

3-Sterne-Hotel
Via Peresson, 70
Tel. (+39) 04 33 / 920 03
Fax (+39) 04 33 / 92 93 64
albergosalon@tiscalinet.it
www.albergosalon.it
Ferien: 10. Januar–Ostern

Die Sommerfrische Piano d'Arta kann auf so illustre Gäste wie den Dichter Giosuè Carducci verweisen, der sich im Sommer 1885 hier aufhielt und zu zwei Gedichten inspiriert wurde (»In Carnia« und »Il Comune rustico«). Das örtliche Hotel Salon (mit Restaurant) wird seit eh und je von der gleichnamigen Familie geführt. Feinschmecker schätzen das Haus wegen seiner Regionalküche (großzügige Verwendung von Pilzen in der entsprechenden Saison, eine Mahlzeit 30 bis 40 Euro ohne Wein). Es hat komfortable Zimmer mit großen Bädern, die vor Kurzem renoviert wurden. Die Gaststube mit dem Tresen und der großen Feuerstelle, hierorts »Fogolar« genannt, grenzt an einen kleinen begrünten Innenhof; im Winter versammelt man sich um den Kamin im Eingangsbereich, und im Sommer laden die großen Terrassen zum Sonnenbad ein. Mit einem üppigen Büfettfrühstück (süße und pikante Speisen) kann man sich für Wanderungen im Parco Naturale del Monte Cogliansoder Kurbehandlungen in den nahen Thermen stärken.

♦ 6 EZ und 9 DZ, alle mit Bad und WC, Telefon, TV ♦ EZ € 38–45, DZ in Einzelbelegung € 40–54, DZ € 60–70 (Aufpreis Zusatzbett € 15, alle mit Frühstück) ♦ Kreditkarten: CartaSi, MC, Visa; Bankomat ♦ Privatparkplatz hinter dem Haus (10 Plätze), kleine Haustiere willkommen, Betreiber immer erreichbar ♦ Bar, Restaurant (im Winter nur an Wochenenden gegen Vorbestellung geöffnet), Aufenthaltsraum, TV-Raum, Terrassen, Außenbereich, Garten

Arzene

In der Altstadt
20 km östlich von Pordenone, S.S. 463
3 km von der Ausfahrt Arzene der Superstrada Cimpello-Sequals (Anschluss der A 4)

Rovere dalla Riva

Bed & Breakfast
Via Alpi, 30
Tel. (+39) 04 34 / 89 94 01
Ferien: 15. Januar–15. Februar

Der Hausname »dalla Riva« ist darauf zurückzuführen, dass die Familie Rovere in der Nähe einer Furt am Ufer (it. riva) eines kleinen Wasserlaufes wohnte, der später verlandete. Das Haus gibt es aber immer noch: Es wurde hübsch renoviert und ist von einem 5.000 Quadratmeter großen Park umgeben, in dem Ivano Rovere, ehemaliger Hoteldirektor und passionierter Gärtner, eine große Vielfalt von Bäumen und Blumen gepflanzt hat. Die Zimmer des Bed & Breakfast sind behaglich und mit schönen alten Möbeln schlicht eingerichtet. Das ebenso abwechslungsreiche wie opulente Frühstück umfasst Brot, Butter und Konfitüren, Croissants, Orangensaft, Tee, Milch und Kaffee; auf Anfrage kann man auch Obst sowie Wurst und Käse bekommen. Ivano freut sich immer, wenn er seine Gäste durch den Garten führen und seine Lieblingsgewächse erläutern kann. Außerdem stellt er Fahrräder für ausgedehnte Erkundungstouren zur Verfügung. Sehenswert in der näheren Umgebung sind die Burg von Valvasone und die Stätten Pier Paolo Pasolinis in Casarsa della Delizia, dem Geburtsort der Mutter des Schriftstellers und Regisseurs.

♦ 1 EZ, 1 DZ und 1 3BZ, alle mit Bad und WC, TV ♦ EZ € 30, DZ € 40, 3BZ € 50 (alle mit Frühstück) ♦ keine Kreditkarten ♦ Privatparkplatz, kleine Haustiere willkommen, Betreiber immer erreichbar ♦ Frühstücksraum, TV-Raum, Garten, Park

Bagnaria Arsa
Sevegliano
Im Zentrum
23 km südlich von Udine, A 23 oder S.S. 13
2 km von der Ausfahrt Palmanova der A 4 oder der A 23, an der Straße nach Aquileia und Grado

Mulino delle Tolle

Agriturismo
Via Julia, 1
Tel./Fax (+39) 04 32 / 92 47 23
info@mulinodelletolle.it
www.mulinodelletolle.it
Ferien: ersten 2 Januarwochen

Wenige Kilometer von Palmanova und den Stränden Grados entfernt werden Sie auf dem Weingut der Geschwister Bertossi gastlich empfangen. Das im 17. Jahrhundert errichtete Haus wurde renoviert und teilweise zur Gastwirtschaft und zu Ferienquartieren umgestaltet. Sowohl in den gemütlichen Zimmern als auch in den Gemeinschaftsbereichen wurden die ursprüngliche Architektur und die Originalmaterialien erhalten. Die Betreiber und ihre Ehefrauen kümmern sich um die Feriengäste und die Landwirtschaft (Weingärten, Geflügelzucht). Das traditionelle Frühstück umfasst Milch, Kaffee, Tee, Fruchtsäfte, selbst gebackenes Brot und hausgemachte süße Sachen ebenso wie Aufschnitt, Käse und Eier von den Hofhühnern.

♦ 1 EZ, 5 DZ, 2 3BZ und 2 4BZ, alle mit Bad und WC, Airconditon, Minibar, Telefon, TV, Internetanschluss; 1 Apartment (4 Personen) mit Küche ♦ EZ € 55, DZ € 77, 3BZ € 99, 4BZ € 110, Apartment € 121 (alle mit Frühstück) ♦ Kreditkarten: Visa; Bankomat ♦ Außenanlage und 1 Zimmer barrierefrei zugänglich, Apartment behindertengerecht ausgestattet, Privatparkplatz, kleine Haustiere willkommen, Betreiber immer erreichbar ♦ Bar, Restaurant, Frühstücksraum, Garten, Kinderspielplatz, Fußballwiese

🍲 Im Restaurant wird vorzügliche Regionalküche geboten (25 bis 30 Euro ohne Wein).

Budoia
Im Zentrum
16 km nordwestlich von Pordenone, S.P. 31
Ausfahrt Sacile Est oder Fontanafredda der A 28 in Richtung Fontanafredda-Vigonovo

Ciasa de Gahja

4-Sterne-Hotel
Via Anzolet, 13
Tel. (+39) 04 34 / 65 48 97
Fax (+39) 04 34 / 65 48 15
info@ciasadegahja.com
www.ciasadegahja.com
Ganzjährig geöffnet

»Gahja« ist ein Wort langobardischen Ursprungs, das mit dem deutschen »Gehege« verwandt ist. Es ist anzunehmen, dass das Areal, auf dem dieses charmante Hotel zu finden ist, im Hochmittelalter ein »gahagium« war, also ein der Allgemeinheit nicht zugängliches, eingezäuntes Stück Wald oder Weide. Aus der Zeit, in der das Gebäude als Jagdhaus diente, ist nicht nur der Park erhalten, sondern auch der steinerne Brunnen unter der Glyzinie, der Kamin im Gemeinschaftsraum, die Holzbalken an den Zimmerdecken und andere architektonische Details, die bei der sachkundigen Renovierung bewahrt wurden. Das Frühstücksbüfett ist ausgiebig, die traditionelle Küche im Restaurant zeitgemäß interpretiert (30 bis 45 Euro ohne Wein). Ausflugsziele in der Umgebung sind das Hochplateau des Cansiglio, der Naturpark San Floriano (Umweltbildungszentrum), die Quellen des Livenza-Flusses und die Almen im Vorgebirge (Pedemontana).

♦ 8 EZ, 8 DZ und 1 Suite, alle mit Bad und WC (einige Zimmer mit Whirlpool), Airconditon, Telefon, Sat-TV, WLAN ♦ EZ € 65–80, DZ € 85–125, Suite € 150–200 (alle mit Frühstück) ♦ alle Kreditkarten, Bankomat ♦ 1 Zimmer behindertengerecht ausgestattet, Privatparkplatz, kleine Haustiere willkommen (für größere gibt es Boxen), Rezeptionsdienst rund um die Uhr ♦ Restaurant, Aufenthaltsraum, Tagungsraum (15 Plätze), Terrasse, Garten, Park mit Kinderspielplatz, Liegewiese, Schwimmbecken

Buttrio

13 km südöstlich von Udine, S.S. 56
11 km von der Ausfahrt Udine Sud der A 23, vom Zentrum Hinweisschildern zur Villa Toppo-Florio folgen und etwa 1 km weiterfahren

Scacciapensieri

Agriturismo
Via Morpurgo, 29
Tel. (+39) 04 32 / 67 49 07
Fax (+39) 04 32 / 68 39 24
brutmus@tin.it
www.aziendagricolamarinadanieli.it
Ferien: Januar; Februar (an Wochenenden geöffnet)

»Scacciapensieri« bedeutet so viel wie »die Gedanken zerstreuen«: Einen besseren Namen hätte Marina Danieli ihrem Ferienhof wohl nicht geben können. Kaum jemanden lässt das (am Tag wie in der Nacht wunderschöne) Panorama der umliegenden Hügel unbeeindruckt, das man auf den Balkonen der Zimmer und auf der Gemeinschaftsterrasse genießt. Die mit Antiquitäten eingerichteten Gästezimmer (das Einzelzimmer hat ein französisches Bett) bestechen durch ihre elegant-rustikale Note, die dazu einlädt, einen Gang zurückzuschalten und sich der Zerstreuung hinzugeben. Die Locanda bildet eine Einheit mit der Gaststätte (Degustationsmenü mit drei Gängen und zwei Weinen 25 Euro), die etwa 65 Prozent des Bedarfs an Fleisch, Eiern und Gemüse durch hofeigene Erzeugnisse deckt, während der Wein zur Gänze vom Hof stammt. Zum Frühstück gibt es hausgemachte süße Sachen wie Mürbeteigkuchen, Apfel- und Ricottatorte.

♦ 1 EZ und 5 DZ, alle mit Bad und WC, Balkon ♦ EZ und DZ in Einzelbelegung € 80, DZ € 100 (alle mit Frühstück) ♦ Kreditkarten: AE, CartaSi, MC, Visa; Bankomat ♦ 1 Zimmer behindertengerecht ausgestattet, Privatparkplatz, kleine Haustiere willkommen, Betreiber stets anwesend ♦ Restaurant, Terrasse

Capriva del Friuli
Spessa

18 km vom Flughafen Ronchi dei Legionari; 8 km westlich von Gorizia, 26 km südöstlich von Udine, S.S. 56; Autobahnzubringer Villesse-Gorizia der A 4; Ausfahrt Udine Sud der A 23 in Richtung Cormons-Gorizia

Tavernetta al Castello

3-Sterne-Hotel
Via Spessa, 7
Tel. (+39) 04 81 / 80 82 28
Fax (+39) 04 81 / 88 02 18
tavernetta@tin.it
www.paliwines.com
Ferien: 2 Wochen im Januar/Februar

Die alte Osteria der Burg von Spessa (14. Jahrhundert) ist durch eine umsichtige Renovierung zu neuem Leben erwacht. Im Erdgeschoss ist nun das Restaurant, während sich im ausgebauten Dachgeschoss eine entzückende Locanda befindet. Der Betrieb ist Teil eines Komplexes, zu dem auch ein direkt in der Burg befindliches Hotel sowie ein 18-Loch-Golfplatz mit angeschlossenem Klubhaus gehören. Auf den Balkonen und kleinen Terrassen der Locanda genießt man das herrliche Panorama der Weingärten auf den Hügeln des Collio. Von Maurizio Dall'Osto oder Tonino Venica (Maître bzw. Chef des Restaurants) begrüßt, können Sie zudem die Weine des Gutes, die in den Kellern der Burg reifen, verkosten und kaufen. Das reichhaltige Frühstücksbüfett umfasst süße und pikante Speisen, hausgemachte Kuchen, Kekse und Brötchen. Im Restaurant bekommen Sie neben regionalen Gerichten (etwa 32 bis 35 Euro ohne Getränke) gut zusammengestellte Menüs zum Thema Fisch.

♦ 9 DZ und 1 3BZ, alle mit Bad und WC (einige Zimmer mit Whirlpool oder Massagedusche), Aircondition, Terrasse oder Balkon, Minibar, Telefon, Sat-TV ♦ DZ in Einzelbelegung € 80, DZ € 120, 3BZ € 160 (alle mit Frühstück) ♦ Kreditkarten: CartaSi, DC, MC, Visa; Bankomat ♦ Anlage barrierefrei zugänglich, 2 Zimmer behindertengerecht ausgestattet, Privatparkplatz, kleine Haustiere willkommen, Betreiber immer erreichbar ♦ Restaurant, Garten, Golfplatz

Cividale del Friuli

3 km vom Zentrum
20 km nordöstlich von Udine, S.S. 54

Il Roncal

Agriturismo
Via Fornalis, 148
Tel. (+39) 04 32 / 73 01 38
Fax (+39) 04 32 / 70 19 84
info@ilroncal.it
www.ilroncal.it
Ganzjährig geöffnet

Roncal ist der Name eines Weingutes, dessen 20 Hektar große Anbaufläche sich um den Colle di Montebello erstreckt. Auch der schöne Agriturismo im Herrenhaus des Anwesens heißt so. Der charakteristische Steinbau mit Türmchen ist von Weingärten, Olivenhainen und Wäldern umgeben. Bald schon sollen zu den mit elegant-rustikalen Möbeln eingerichteten Zimmern zwei weitere hinzukommen. Zu den vielen Bereichen, die den Gästen zur Verfügung stehen, gehört auch ein Raum mit offener Feuerstelle, »Fogolar« genannt. Das Frühstück umfasst in kleinen Betrieben hergestellte Konfitüren und Honig, Joghurt, Zerealien, Fruchtsäfte, Tee, Milch, Kaffee, Eier sowie Aufschnitt und Käse von lokalen Erzeugern. Bei Ihrer Ankunft wird Ihnen die herzliche Gastgeberin Martina Moreale als Willkommenstrunk ein Glas des eigenen Weines anbieten.

♦ 4 DZ, 2 3BZ und 1 Suite (2–5 Personen), alle mit Bad und WC, Airconditioning, Minibar, Telefon, Sat-TV, WLAN (2 Zimmer mit Terrasse) ♦ DZ in Einzelbelegung € 60, DZ € 90–100, 3BZ € 120–130, Suite € 160 (alle mit Frühstück) ♦ Kreditkarten: CartaSi, DC, MC, Visa; Bankomat ♦ Anlage barrierefrei zugänglich, 1 Zimmer behindertengerecht ausgestattet, Privatparkplatz, kleine Haustiere willkommen (außer in den Zimmern), Betreiber immer erreichbar ♦ Frühstücksraum, Degustationsstube, Veranstaltungsräume (25 und 250 Plätze), Salon, Terrasse, Garten, Park mit Kinderspielplatz, Fitnessbereich im Freien, Fitnessparcours

Cividale del Friuli

In der Altstadt (Fußgängerzone)
500 m vom Bahnhof
17 km nordöstlich von Udine, S.S. 54

La Cjase dai Toscans

Zimmervermietung
Corso Mazzini, 15/1
Tel. (+39) 349 / 324 89 97,
(+39) 349 /076 52 88
Fax (+39) 04 32 / 71 51 06
info@lacjasedaitoscans.it
www.lacjasedaitoscans.it
Ganzjährig geöffnet

Lorena und Mauro Roiatti – sie promovierte Touristikerin, er Innenarchitekt – sind die jungen Besitzer dieses Betriebes im ersten Stockwerk eines Hauses aus dem 15. Jahrhundert, das einst den Grafen Megalucci aus der Toskana gehörte (daher der Name »dai Toscans«). Die Zimmer sind geräumig und mit alten Möbeln überaus geschmackvoll eingerichtet. Die zwei größeren gehen auf den wichtigsten Korso von Cividale, das kleinere auf den Innenhof. Das Frühstück ist traditionell, mit Obst der Saison aus dem Garten von Mauros Eltern, hausgemachten Süßspeisen und Konfitüren; auf Anfrage gibt es auch Eier, Käse und Aufschnitt. Cividale, eine der schönsten Städte Friauls, ist reich an antiker und langobardischer Kunst.

♦ 1 DZ und 2 3BZ oder 4BZ, alle mit Bad und WC, TV, WLAN (2 Zimmer mit Balkon) ♦ DZ in Einzelbelegung € 40–50, DZ € 70–75, 3BZ € 100, 4BZ € 120 (alle mit Frühstück, Aufpreis für pikante Speisen € 2,50 pro Person) ♦ keine Kreditkarten ♦ öffentlicher Gratisparkplatz 150 Meter entfernt, gebührenpflichtiger Parkplatz (nachts gratis) 50 Meter entfernt, Haustiere nicht erlaubt, Betreiber immer erreichbar ♦ Frühstücksraum, Aufenthaltsraum

Codroipo

6 km vom Zentrum
24 km östlich von Pordenone, 29 km südwestlich von Udine, S.S. 13, an der Abzweigung Coseat auf die S.S. 463

Al Casale

Agriturismo
Ortsteil Casali Loreto, 3
Tel. (+39) 04 32 / 90 96 00
Fax (+39) 04 32 / 91 39 39
info@alcasale.eu
www.alcasale.eu
Ganzjährig geöffnet

NEU

Für diesen Agriturismo wurde ein charakteristisches Gehöft in L-Form mit Innenhof und zentralem Brunnen renoviert. Das Anwesen liegt in einer kleinen Ortschaft, die im 16. Jahrhundert um eine Votivkapelle entstand und in der Folge Standort einer Kalkfabrik war. Für die Kalkproduktion wurden die im Flussbett des nahen Tagliamento gesammelten Steine vermahlen, und um das Werk herum befanden sich die Unterkünfte einiger Arbeiter. Das Al Casale ist ein imposanter Bau, um das große Foyer mit Holzdecke liegen Galerien. Holz, konkret Fichte, dominiert auch in den komfortablen Zimmern, die mit Möbeln im Arte-povera-Stil eingerichtet sind. Zum Frühstück genießt man Obsttorten, Mürbeteigkuchen, Strudel und Kekse aus der Küche des angeschlossenen Restaurants (traditionelle Gerichte, etwa 25 Euro ohne Wein). Die Betreiber, selbst passionierte Flieger, haben ein Flugfeld angelegt, das als »Aviosuperficie« klassifiziert ist. Außerdem planen sie für die nahe Zukunft die Eröffnung eines Reitstalls.

♦ 5 EZ und 9 DZ, alle mit Bad und WC, Airconditon, Sat-TV, WLAN ♦ EZ € 45, DZ € 90 (alle mit Frühstück) ♦ alle Kreditkarten, Bankomat ♦ Privatparkplatz, kleine Haustiere willkommen (fünf ausgestattete Boxen), Betreiber immer erreichbar ♦ Restaurant, Tagungsraum (15 Plätze), Innenhof, Flugfeld

Comeglians
Maranzanis-Povolaro

1 km vom Zentrum
70 km nordwestlich von Udine
Ausfahrt Carnia der A 23, S.S. 52 bis Villa Santina, S.S. 355 bis, Ausfahrt Comeglians (S.S. 465)

Borgo Maranzanis

Albergo diffuso
Ortsteil Povolaro, 36
Tel. (+39) 04 33 / 61 90 02,
(+39) 340 / 057 94 52
Fax (+39) 04 33 / 600 02
info@albergodiffuso.it
www.albergodiffuso.it
Ganzjährig geöffnet

Wir befinden uns in einem entzückenden Dörfchen der Carnia in 600 Meter Seehöhe, an der Einmündung der Straße, die das Val Pesarina mit Canale di San Pietro verbindet. 20 Jahre Arbeit wurden in die Renovierung der Häuser gesteckt, die nun als Ferienwohnungen dienen – nach dem innovativen und ökologisch nachhaltigen Modell des Albergo diffuso (dezentrales Hotel). Die Betreibergenossenschaft hat spezielle Abkommen mit vielen örtlichen Geschäften und Lokalen, und das Team, das die Gäste betreut, hat stets gute Tipps parat. Auf Anfrage kann man sich morgens in einem Raum neben der Rezeption mit einem Büfettfrühstück (süße und pikante Speisen) stärken, oder man frühstückt in einer der Bars des Dorfes, die ebenfalls Partnerbetriebe sind. Gegen Vorbestellung für mindestens 30 Personen kann Vollpension vereinbart werden: Die Mahlzeiten nimmt man dann in der ehemaligen Molkerei des Ortes ein.

♦ 27 Apartments (2–12 Personen) in renovierten Häusern des Dorfes, alle mit Bad und WC, TV, Küche oder Kochnische (einige Apartments mit Terrasse oder Balkon) ♦ Apartment (2 Personen) € 30–55, Apartment (2–3 Personen) € 45–70, Apartment (4 Personen) € 50–100, Apartment (6 Personen) € 70–110, Apartment (12 Personen) € 150–180 (Frühstück € 5–10 pro Person) ♦ alle Kreditkarten, Bankomat ♦ kleine Haustiere willkommen (€ 3), Rezeptionsdienst 9–13.30 Uhr (Sonntag 9–12 Uhr), Juni–September auch 15–17 Uhr; außerhalb dieser Zeiten Personal telefonisch erreichbar ♦ Frühstücksraum

Còrmons
Borgnano

4 km vom Zentrum; 17 km westlich von Gorizia, S.S. 13 und S.S. 56; 25 km südöstlich von Udine, S.S. 305; Autobahnzubringer Villesse-Gorizia der A 4; Ausfahrt Udine Süd der A 23 in Richtung Gorizia

Borg da Ocjs

Agriturismo
Via Parini, 18
Tel. (+39) 04 81 / 672 04,
(+39) 340 / 361 98 74
zoffgiuseppe@virgilio.it
www.borgdaocjs.it
Ganzjährig geöffnet

Im Ortsteil Borgnano, am Fuße des Colle di Medea, hat Giuseppe Zoff vor ein paar Jahren den landwirtschaftlichen Betrieb seiner Familie übernommen. Er züchtet Rinder und stellt in der angeschlossenen kleinen Käserei köstliche Käsesorten her: vom klassischen Latteria in unterschiedlichen Reifegraden bis hin zum würzigen, mit Wiesenkräutern verfeinerten Caciotta. Die Ferienunterkünfte befinden sich im renovierten ehemaligen Stallgebäude. Die Zimmer sind mit Möbeln vom Flohmarkt und im Arte-povera-Stil eingerichtet und nach fünf Kühen benannt, die der Familie Zoff im Lauf der Zeit besonders ans Herz gewachsen sind. Zum Frühstück sollte man unbedingt die köstliche »Marmellata di latte« (Milchmarmelade) probieren, und während der Weinlese das duftende Traubenbrot (»Pan con l'uva«). Giuseppes Frau Patrizia bäckt überdies verführerische Sachertorten, Strudel und Mürbeteigkuchen mit Früchten. Milch und Joghurt sind stets absolut frisch.

♦ 3 DZ und 2 3BZ, alle mit Bad und WC ♦ DZ in Einzelbelegung € 56, DZ € 80 (Aufpreis Zusatzbett € 28, alle mit Frühstück) ♦ alle Kreditkarten, Bankomat ♦ Anlage barrierefrei zugänglich, 1 Zimmer behindertengerecht ausgestattet, Privatparkplatz, kleine Haustiere willkommen, Betreiber immer erreichbar ♦ Frühstücksraum, Garten

Còrmons
Zegla

4 km vom Zentrum; 17 km westlich von Gorizia, S.S. 13 und S.S. 56; 25 km südöstlich von Udine, S.S. 305; Autobahnzubringer Villesse-Gorizia der A 4; Ausfahrt Udine Süd der A 23 in Richtung Gorizia

Edi Keber

Agriturismo
Ortsteil Zegla, 17
Tel./Fax (+39) 04 81 / 611 84
edi.keber@virgilio.it
Ferien: unterschiedlich

Edi Keber, einer der Stars der friulanischen Weinwelt und führender Winzer aus Cormons, hat im Jahr 2000 beschlossen, sein Elternhaus in einer beschaulichen, erholsamen ländlichen Umgebung zu renovieren. Dabei wurden die ursprünglichen architektonischen Merkmale wieder herausgearbeitet und ein turmartiger Zubau errichtet, der nun einige Ferienquartiere beherbergt. Um die Gäste kümmert sich Edis Frau Silvana. Die zweckmäßig eingerichteten schlichten Zimmer haben Holzböden, zeitgemäßes Interieur und weiße Vorhänge an den Fenstern, die den Blick auf die Weinberge freigeben. Das Frühstück bietet Süßes und Pikantes und basiert auf unverfälschten Produkten von bester Qualität. In der Umgebung von Cormons gibt es etliche Wege zum Wandern, Radfahren und Reiten, etwa die interessante »Strada del vino e delle ciliegie« (Wein- und Kirschenstraße). Sehenswert ist das alte Städtchen San Floriano, wo Golfspieler zudem einen Neun-Loch-Platz vorfinden.

♦ 2 DZ mit Bad und WC, Terrasse, Minibar; 3 Miniapartments (2–4 Personen) mit Kochnische ♦ DZ in Einzelbelegung € 50, DZ € 80 (Aufpreis Zusatzbett € 10), Miniapartment € 70–110 (Frühstück € 5 pro Person) ♦ keine Kreditkarten ♦ 1 Zimmer behindertengerecht ausgestattet, Privatparkplatz teilweise überdacht, Haustiere nicht erlaubt, Betreiber immer erreichbar ♦ TV- und Frühstücksraum, Garten, Park

Còrmons
Boatina
2 km vom Zentrum; 15 km westlich von Gorizia, 25 km südöstlich von Udine, S.S. 56
Autobahnzubringer Villesse-Gorizia der A 4; Ausfahrt Udine Sud der A 23 in Richtung Gorizia

Còrmons
500 m vom Bahnhof
13 km westlich von Gorizia, 24 km südöstlich von Udine, S.S. 56
Autobahnzubringer Villesse-Gorizia der A 4; Ausfahrt Udine Sud der A 23 in Richtung Gorizia

La Boatina

Agriturismo
Via Corona, 62
Tel./Fax (+39) 04 81 / 63 93 09,
(+39) 04 81 / 604 45
info@boatina.com
www.paliwines.com
Ganzjährig geöffnet

La Casa di Alice

Bed & Breakfast
Via Ara Pacis, 22
Tel. (+39) 335 / 37 79 94
Fax (+39) 04 81 / 617 43
annabrandolin@tiscali.it
www.wel.it/alice
Ferien: Dezember–Februar

La Boatina ist mit 80 Hektar das größte der Weingüter, die – wie Castello di Spessa in Capriva del Friuli – dem Unternehmer Loretto Pali gehören. Er erzeugt in den DOC-Anbaugebieten Collio und Isonzo vorzügliche Weine. Der Winzerbetrieb (ein Weiler mit niedrigen, lang gestreckten, weiß getünchten Gebäuden) befindet sich in der gleichnamigen Ortschaft ein paar Kilometer vom Zentrum des hübschen Städtchens Cormons, das auf eine bemerkenswerte Vergangenheit verweisen kann und heute für die Erzeugung großer Weißweine bekannt ist. Die 2004 renovierten Ferienunterkünfte des Gutes sind mit ländlicher Eleganz eingerichtet und bieten einen schönen Blick auf die Weingärten. Der offene Kamin (Fogolar) lädt zum gemütlichen Beisammensein ein, und morgens lockt der mit Süßem und Pikantem reich gedeckte Frühstückstisch. Im Erdgeschoss wurde ein Raum, »Saletta del Gusto« genannt, eingerichtet, in dem man Käse- und Wurstspezialitäten, Konfitüren, Schokolade und natürlich die Weine des Gutes probieren kann.

100 Quadratmeter die Küche, in der das Frühstück eingenommen wird, 70 Quadratmeter das größte der Zimmer: Die Unterkünfte, die Anna Brandolin durch den Umbau des Hauses ihrer Familie geschaffen hat, haben apartmentähnliche Dimensionen. Interessant ist die Geschichte des Hauses: Im späten 19. Jahrhundert als Schwefelfabrik errichtet, diente es im Ersten Weltkrieg als Krankenhaus. Schließlich erwarben Annas Großeltern einen Teil davon und machten es zum Sitz ihres landwirtschaftlichen Betriebes. Im Zuge der sorgfältig durchgeführten Arbeiten zur Umwandlung in ein Bed & Breakfast wurden auch der ehemalige Stall und die Scheune renoviert: Dort befinden sich nun die hübschen Gästezimmer, deren Deckenbalken, Parkettböden und Wände mit teilweise freigelegten Steinmauern einen gelungenen Kontrast zum modernen Mobiliar bilden. Das üppige Frühstück umfasst Brot, Butter, Konfitüren, Eier, Schinken und lokale Käsesorten. Das Zentrum von Cormons ist in zehn Minuten zu Fuß erreichbar, und keine zwei Kilometer entfernt gibt es ein Freizeitzentrum mit Golfklub, Reitstall, Tennisplätzen und Schwimmbad.

♦ 4 DZ und 1 3BZ, alle mit Bad und WC, Minibar (2 Zimmer mit Balkon) ♦ DZ in Einzelbelegung € 60, DZ € 85, 3BZ € 110 (alle mit Frühstück) ♦ Kreditkarten: CartaSi, Visa; Bankomat ♦ Privatparkplatz, kleine Haustiere willkommen, Betreiber stets anwesend ♦ Frühstücksraum, Degustationsstube, Garten

♦ 3 DZ mit Bad und WC (2 Zimmer mit Whirlpool), Aircondition, TV (2 Zimmer mit Terrasse) ♦ DZ in Einzelbelegung € 65–75, DZ € 85–100 (Aufpreis Zusatzbett € 15, alle mit Frühstück) ♦ keine Kreditkarten ♦ Privatparkplatz, kleine Haustiere willkommen (nach Absprache), Betreiber immer erreichbar ♦ Frühstücksraum, Garten

Còrmons
Boatina

1 km vom Zentrum; 14 km westlich von Gorizia, 24 km südöstlich von Udine, S.S. 56
Autobahnzubringer Villesse-Gorizia der A 4; Ausfahrt Udine Sud der A 23 in Richtung Gorizia

Magnas

Agriturismo
Via Corona, 47
Tel./Fax (+39) 04 81 / 609 91
info@agriturismomagnas.com
www.agriturismomagnas.com
Ganzjährig geöffnet

Magnàs, was man mit »edelmütig« oder »großherzig« übersetzen könnte, ist seit Generationen der Beiname jenes Zweiges der Familie Visintin, der seit den frühen 1970er-Jahren zwischen Cormons und dem Ortsteil Corona di Mariano del Friuli ein Gut mit zehn Hektar Weingärten, Kellereien und Stallungen (Rinder- und Schweinezucht) besitzt. Aus dem 2001 renovierten Bauernhaus haben Luciano Visintin, seine Frau Sonia und ihr Sohn Andrea ein entzückendes Ferienquartier gemacht. Die mit eleganten Akzenten stilvoll gestalteten Zimmer bieten alle einen Blick auf das umliegende Land. Das in einem schönen Raum mit Steinwänden servierte Frühstück umfasst viel Hausgemachtes: Brot, Kuchen und Konfitüren, die Sonia selbst zubereitet, sowie Würste und Käse aus eigener Erzeugung. Letztere werden ab Hof verkauft, wie auch die Weine des Gutes, die man in der Degustationsstube im Keller probieren kann. Mit den bereitstehenden Fahrrädern können Sie Erkundungstouren ins Umland unternehmen.

♦ 1 EZ, 2 DZ und 2 Suiten (2 Personen), alle mit Bad und WC, Aircondition, Terrasse oder Balkon, Minibar, TV (Suiten mit Kochnische) ♦ EZ € 40, DZ € 70, Suite € 70–80 (alle mit Frühstück) ♦ Kreditkarten: CartaSi, MC, Visa; Bankomat ♦ Privatparkplatz, Haustiere nicht erlaubt, Betreiber stets anwesend ♦ Frühstücksraum, Aufenthaltsraum, Degustationsstube

Còrmons
Monte Quarin

1,5 km vom Zentrum
17 km westlich von Gorizia, 25 km von Udine, S.S. 56

Tana dei Ghiri

Zimmervermietung
Ortsteil Monte, 4
Tel. (+39) 04 81 / 619 51,
(+39) 335 / 617 32 20
Fax (+39) 04 81 / 619 51
tanadeighiri@email.it
www.tanadeighiri.gooditaly.net
Ferien: Mitte Dezember–Mitte März

Die »Siebenschläferhöhle«, so der Name des Hauses von Martina und Guglielmo Gandrus, befindet sich auf einem ländlichen Anwesen aus dem 18. Jahrhundert an der Südflanke des Hügels, der Cormons und die Ebene zwischen den Flüssen Isonzo und Judrio beherrscht. Zwei Gästezimmer wurden im Bauernhaus eingerichtet, weitere drei in der ehemaligen Scheune. Die alten Massivholzmöbel passen gut zum Flair des Hauses und in die freundlichen Zimmer, die mit Bildern bedeutender friulanischer Künstler dekoriert wurden. Auch Bettwäsche und Badezimmertextilien sind sehr edel und gepflegt. Sobald die schöne Jahreszeit anbricht, nutzen die Gäste die große Terrasse und den weitläufigen Garten, um sich zu sonnen und im Freien das Frühstück (Kaffee, Tee, Milch, Kakao, Joghurt, Müsli, Honig, Konfitüren, Eier, lokale Käse- und Wurstspezialitäten) einzunehmen. Die Aussicht, die man dabei genießt, reicht vom landschaftlich reizvollen, geschichtsträchtigen Monte Quarin (Wallfahrtskirche Madonna del Soccorso, Burgruine, Reste militärischer Befestigungsbauten) über die Isonzo-Ebene bis zum Meer. Als Ausflugsziele in der näheren Umgebung sind das Beinhaus von Oslavia und das Museum über den Ersten Weltkrieg in Gorizia zu empfehlen.

♦ 5 DZ mit Bad und WC (2 Zimmer mit Terrasse) ♦ DZ in Einzelbelegung € 66, DZ € 88 (Aufpreis Zusatzbett € 22, alle mit Frühstück) ♦ keine Kreditkarten ♦ Privatparkplatz, kleine Haustiere willkommen, Betreiber immer erreichbar ♦ Frühstücksraum, Ruhe- und Leseraum, Terrasse, Garten

Còrmons
Brazzano
2 km vom Zentrum; 15 km westlich von Gorizia, 25 km südöstlich von Udine, S.S. 56
Autobahnzubringer Villesse-Gorizia der A 4; Ausfahrt Udine Sud der A 23 in Richtung Gorizia

Terra & Vini

Ferienwohnungen
Via XXIV Maggio, 34
Tel. (+39) 04 81 / 600 28
Fax (+39) 04 81 / 63 91 98
info@terraevini.it
www.terraevini.it
Ferien: 2 Wochen im Januar

Auf dem Weingut von Livio Felluga, dem Patriarchen der friulanischen Winzerszene, wurde eine Osteria mit Ferienwohnungen eingerichtet. In den oberen Stockwerken des 2002 renovierten Gebäudes, in dem sich früher schon einmal eine Schenke befand, wurden acht gut ausgestattete Apartments mit Kochgelegenheit geschaffen (das Frühstück kann man gegen einen Aufpreis auch in der angrenzenden Bar einnehmen). Tresen, Tische und Stühle der Enoteca wurden aus der alten Osteria übernommen und restauriert: Hier kann man Weine glasweise verkosten, erlesene friulanische Erzeugnisse probieren oder auch etwas Warmes essen. Die Karte mit den einfachen Gerichten wechselt täglich, eine Mahlzeit kostet mit Hauswein 25 bis 35 Euro. Im Laden über dem Weinkeller, den man besichtigen kann, sind sämtliche Weine des Hauses Felluga und eine Auswahl von Erzeugnissen anderer großer friulanischer Winzer ausgestellt.

♦ 8 Miniapartments (2–4 Personen) mit Wohnbereich, Kochnische, Telefon, TV (einige Miniapartments mit Terrasse oder Balkon) ♦ Miniapartment in Einzelbelegung € 80, Miniapartment (2–3 Personen) € 95–120, Miniapartment (4 Personen) € 140 (Frühstück bei Inanspruchnahme) ♦ alle Kreditkarten, Bankomat ♦ Anlage barrierefrei zugänglich, 1 Apartment behindertengerecht ausgestattet, Privatparkplatz, kleine Haustiere willkommen, Betreiber 10–22 Uhr erreichbar ♦ Bar, Restaurant, Enoteca, Salon, Leseraum, Degustationsstube, Terrasse, Garten

Corno di Rosazzo
Visinale del Judrio
3 km vom Zentrum; 16 km von Gorizia, 20 km südöstlich von Udine, S.S. 356
12 km von der Ausfahrt Gradisca des Autobahnzubringers Gorizia-Villesse der A 4

Casa Due Tigli

Bed & Breakfast
Via San Martino, 4
Tel./Fax (+39) 04 32 / 75 32 63,
(+39) 04 81 / 77 74 31
casaduetigli@yahoo.it
www.casaduetigli.it
Ganzjährig geöffnet

Außer den prächtigen Linden, die der schönen Villa aus dem 18. Jahrhundert ihren Namen gaben, gehört ein 2.400 Quadratmeter großer Garten zum Anwesen. Der Ort Visinale selbst ist ein altes Städtchen am Judrio-Bach, der von 1866 bis 1918 die Grenzlinie zwischen Österreich-Ungarn und dem Königreich Italien bildete. Die Zimmer des Bed & Breakfast sind geräumig, angenehm hell und mit rustikalen alten Möbeln eingerichtet; in einem gibt es eine reich bestückte Bücherwand. Einladend sind auch die Gemeinschaftsräume und der weitläufige Garten, in dem Kinder unbeschwert herumtollen können (die Besitzerin weist ausdrücklich darauf hin, dass bei ihr selbst die Kleinsten, auch unter zwei Jahren, willkommen sind). Das Frühstück ist traditionell: Kaffee, Tee, Milch, Joghurt, Konfitüren und hausgemachte süße Sachen, Honig aus der Gegend, auf Anfrage auch typische Käse- und Wurstsorten oder andere pikante Speisen. Die in nächster Nähe gelegenen Naturparks Plessiva und Bosco Romagno laden zum Spazierengehen, Laufen, Radfahren und zur körperlichen Ertüchtigung auf einem Fitnessparcours ein.

♦ 3 DZ mit Bad und WC (2 Zimmer mit Gemeinschaftsbad), TV, WLAN ♦ DZ in Einzelbelegung € 35, DZ € 60 (Aufpreis Zusatzbett € 20, alle mit Frühstück) ♦ keine Kreditkarten ♦ Privatparkplatz, öffentlicher Gratisparkplatz gegenüber, kleine Haustiere willkommen, Betreiber immer erreichbar ♦ Frühstücksraum, Aufenthaltsraum, Leseraum, Garten mit Ruhezone

Corno di Rosazzo

Visinale del Judrio
3 km vom Zentrum; 16 km von Gorizia, 20 km südöstlich von Udine, S.S. 356
12 km von der Ausfahrt Gradisca des Autobahnzubringers Gorizia-Villesse der A 4

Villa Butussi

Agriturismo
Via San Martino, 29
Tel. (+39) 04 32 / 75 99 22,
(+39) 04 32 / 75 91 94
Fax (+39) 04 32 / 75 31 12
butussi@butussi.it
www.butussi.it
Ganzjährig geöffnet

Die Villa mit Blick auf die Weingärten des Gutes Butussi wurde an der Stelle errichtet, an der einst ein Wachturm am Judrio-Bach stand. Die Besitzer haben das Haus renoviert und großzügige, luftige Gästezimmer mit rustikalen Antiquitäten eingerichtet. Als Frühstück gibt es Kekse, hausgemachte Konfitüren und Kuchen, auf Anfrage auch typische Würste und Käse. Pierina und Angelo Butussi, die gemeinsam mit ihren Kindern den Agriturismo leiten, werden Ihnen gerne ihre Weinberge und die Kellerei zeigen, in der Sie die Erzeugnisse des Familiengutes probieren können. Ein Besuch der wenige Kilometer vom schönen Städtchen Cividale und von Slowenien entfernten Gegend ist ein Muss für all jene, die das Land der großen friulanischen Weißweine kennenlernen möchten.

♦ 5 DZ und 1 4BZ, alle mit Bad und WC, Aircondition, TV, Internetanschluss (2 Zimmer mit Terrasse); 2 Miniapartments mit Kochnische, Sauna, Whirlpool ♦ DZ in Einzelbelegung € 40–60, DZ € 70–90 (Aufpreis Zusatzbett € 20), 4BZ € 100–120, Miniapartment € 80–115 (alle mit Frühstück) ♦ alle Kreditkarten, Bankomat ♦ Gemeinschaftsbereiche barrierefrei zugänglich, 1 Zimmer behindertengerecht ausgestattet, Privatparkplatz, kleine Haustiere willkommen, Betreiber immer erreichbar ♦ Frühstücksraum, Aufenthaltsraum, Salon, Konferenzraum (20 Plätze), Degustationsstube, Garten

Dignano

24 km westlich von Udine, S.S. 464
Ausfahrt Portogruaro der A 4, A 28 bis Pordenone,
Superstrada in Richtung Sequals bis Spilimbergo

Casa Pirona

Bed & Breakfast
Via Garibaldi, 25
Tel. (+39) 04 32 / 95 12 15
Fax (+39) 04 32 / 20 08 75
studiocojutti@libero.it
Ferien: Dezember–Februar

Jacopo Pirona (1789–1870), Geistlicher und Mann der Kultur, war ein passionierter Geschichtsforscher und Gelehrter sowie Autor des ersten wissenschaftlich bedeutenden Wörterbuches der friulanischen Sprache. Sein Geburtshaus, ein schönes Gebäude aus dem frühen 17. Jahrhundert, wird heute von seinen Erben Maria Bortolan und Emanuele Cojutti bewohnt und beherbergt ein Bed & Breakfast. Die Zimmer sind schlicht, aber komfortabel und mit Antiquitäten eingerichtet. Das traditionelle Frühstück wird in der schönen Jahreszeit im Garten serviert. Die Gäste können mit dem Fahrrad nette Streifzüge in die Umgebung unternehmen. Nur wenige Minuten entfernt liegt Spilimbergo mit seiner pittoresken Altstadt, bekannt für ihre wunderschönen Mosaike und Fresken; sehenswert sind auch der Dom im gotischen Stil und das Schloss. Etwas weiter entfernt erwartet Sie San Daniele mit der berühmten Biblioteca Guarneriana, in der eines der ältesten Manuskripte von Dantes »Divina Commedia« aufbewahrt wird.

♦ 3 DZ mit Bad und WC ♦ DZ in Einzelbelegung € 22–27, DZ € 44–54 (Aufpreis Zusatzbett € 12–16, alle mit Frühstück) ♦ keine Kreditkarten ♦ öffentlicher Parkplatz angrenzend, überdachter Parkplatz für Motorräder, kleine Haustiere willkommen, Betreiber immer erreichbar ♦ Frühstücksraum, Aufenthaltsraum, Garten

Dolegna del Collio
Cerò
2 km vom Zentrum; 24 km nordwestlich von Gorizia, 25 km östlich von Udine
Autobahnzubringer Villesse-Gorizia der A 4; Ausfahrt Udine Sud der A 23

Duino-Aurisina
Devin-Nabrežina
Prepotto-Praprot
26 km nordwestlich von Triest
Ausfahrt Gabrovizza des Autobahnzubringers Trieste-Sistiana der A 4

Venica & Venica

Agriturismo
Ortsteil Cerò, 8
Tel. (+39) 04 81 / 612 64
Fax (+39) 04 81 / 63 99 06
venica@venica.it
www.venica.it
Ferien: November–März

Lupinc

Agriturismo
Ortsteil Prepotto, 11 B
Tel./Fax (+39) 040 / 20 08 48
info@lupinc.it
www.lupinc.it
Ganzjährig geöffnet

Dieser ländliche Beherbergungsbetrieb gehört zu einem der historischen Weingüter des Collio. Der Teil des relativ neuen Bauernhauses, welcher der Gastlichkeit gewidmet ist, zeugt von der Professionalität und der Heimatliebe der Besitzer. Um das Wohl der Gäste kümmert sich insbesondere Signora Ornella, die eine Universitätsausbildung zur Konservatorin absolviert hat und Pionierin der Weintourismus-Initiative »Movimento del Turismo del Vino« und Vorsitzende des namhaften »Consorzio del Collio« ist. Die Zimmer sind sehr geschmackvoll und mit viel Liebe zum Detail eingerichtet. Zum Frühstück gibt es hausgemachtes Gebäck, Schinken aus Cormons und Käse aus Borgnano (Ortsteil von Cormons). Gianni, Giorgio und Giampaolo Venica werden Ihnen gerne ihre Kellerei und ihre Weinberge in Cerò, Perilla und Bottaz zeigen.

Wir sind in einem Dorf der Karstebene, 300 Meter über dem Meer, mit herrlichem Blick auf den Golf von Triest, das von Rilke so geliebte Schloss Duino und die Lagune von Grado. Die Familie Lupinc bestellt hier seit undenklichen Zeiten das Land, vor allem mit Wein. In einer jahrelangen sorgfältigen Renovierung wurde der alte Kornspeicher, der den österreichischen Soldaten im Ersten Weltkrieg als Wäscherei diente, zu einem Ferienquartier umgebaut: Der Reiz der typischen Steinmauern, der Cottoböden und der Holzfenster und -türen wurde erhalten, das Interieur schlicht gestaltet. In den Monaten, in denen die Gaststätte in Betrieb ist (Mahlzeit mit Hauswein 20 bis 25 Euro), werden die Eichentische auf der Wiese oder unter den Arkaden morgens mit süßen Sachen, Obst und Konfitüren, Omeletts und selbst gemachten Wurstwaren reich gedeckt. Wer sich zu anderen Zeiten im Jahr mit einem Kaffee nicht zufriedengibt, kann nach Absprache mit den sehr zuvorkommenden Wirtsleuten immer ein so üppiges Frühstück bekommen.

♦ 4 DZ und 2 Suiten, alle mit Bad und WC, Minibar, TV, Internetanschluss; 2 Apartments (4–6 Personen) mit Küche ♦ DZ in Einzelbelegung € 80–90, DZ € 85, Suite € 95 (Aufpreis Zusatzbett € 20), Apartment € 120–180 (Frühstück € 14 pro Person) ♦ alle Kreditkarten, Bankomat ♦ Privatparkplatz, Haustiere nicht erlaubt, Betreiber 8.30–18.30 Uhr anwesend ♦ Frühstücksraum, Aufenthaltsraum, Konferenzraum (20 Plätze), Garten, Park, Terrasse, Veranda, Schwimmbecken, Tennisplatz

♦ 1 DZ mit Bad und WC, Safe; 3 Miniapartments mit Wohnbereich und Kochnische ♦ DZ € 60, Apartment € 70 (Frühstück € 7,50 pro Person) ♦ keine Kreditkarten ♦ 1 Miniapartment behindertengerecht ausgestattet, Parkplatz angrenzend, Haustiere nicht erlaubt ♦ Restaurant (Mai-Oktober geöffnet), Aufenthaltsraum, Außenbereich, Garten mit Ruhezone

Faedis
Borgo Canal del Ferro

18 km nordöstlich von Udine
Von Faedis 1,5 km in Richtung Canebola

Casa del Grivò

Agriturismo
Via Canal del Ferro, 19
Tel. (+39) 04 32 / 72 86 38
info@casadelgrivo.com
www.casadelgrivo.com
Ferien: Mitte Dezember–Ende Februar

Fagagna
Casali Lini

15 km nordwestlich von Udine
Ausfahrt Udine der A 23, S.S. 464 nach Fagagna, dann in Richtung Caporiacco-Colloredo

Casale Cjanor

Agriturismo
Ortsteil Casali Lini, 9
Tel./Fax (+39) 04 32 / 80 18 10
casalecjanor@hotmail.com
www.casalecjanor.com
Ganzjährig geöffnet

Ein Landhaus aus dem frühen 20. Jahrhundert ist der Wohnsitz der Biobauern Toni und Paola Costalunga, ihrer drei Kinder und eines kleinen Zoos von Hunden, Katzen, Eseln und Geflügel. Das Haus dient auch als uriger Agriturismo, der jenen gefallen wird, die die Vorstellung von Ferien auf dem Land mit Ruhe, Erholung und Lektüre verbinden (im Dachgeschoss gibt es eine Bibliothek). Das Gebäude mit Sichtsteinfassade und langem Holzbalkon wurde unter Verwendung von Naturbaustoffen renoviert. Bei der Sanierung wurden auch diverse Energiesparmaßnahmen ergriffen. Die Zimmer, die auf den Garten bzw. den Gemüsegarten gehen, sind mit restaurierten alten Möbeln eingerichtet. Im Gemeinschaftsraum gibt es eine typische offene Feuerstelle, »Fogolar« genannt, und in der Küche steht der Ofen, in dem das duftende Brot gebacken wird, das Sie zu Paolas Konfitüren zum Frühstück bekommen. Abends werden traditionelle, über der Holzglut zubereitete Gerichte und Weine aus eigenem Anbau serviert (20 Euro ohne Getränke, Halbpension 50 Euro). Es stehen Fahrräder zum Erkunden der Umgebung zur Verfügung.

♦ 2 DZ oder 3BZ und 2 4BZ, alle mit Bad und WC (2 Zimmer mit Gemeinschaftsbad) ♦ DZ in Einzelbelegung € 30, DZ € 60, 3BZ € 90, 4BZ € 120 (alle mit Frühstück) ♦ keine Kreditkarten ♦ Parkplatz gegenüber, kleine Haustiere willkommen (nach Absprache), Betreiber immer erreichbar ♦ Restaurant (nur für Hausgäste abends geöffnet), Aufenthaltsraum, Lese- und Veranstaltungsraum mit Bibliothek und Klavier, Terrasse, Garten

Cjanor ist der Beiname eines Zweiges der Familie Missana. Das Gehöft, das unter der Bezeichnung Casale Cjanor bereits im 18. Jahrhundert Erwähnung fand, ist Mittelpunkt der betrieblichen Tätigkeiten: Geflügelzucht (insbesondere Gänse), Wein- und Olivenanbau, Obst- und Gemüseplantagen und ein gefälliger Agriturismo. Die behaglichen Zimmer in der Mansarde sind geschmackvoll im traditionellen lokalen Stil eingerichtet, von den Fenstern aus kann man die Störche des nahen Naturreservats sehen. Das Frühstücksbüfett umfasst hausgemachte Konfitüren und selbst gebackene Kekse, auf Anfrage auch Aufschnitt und Käse. Im Restaurant, das von Freitag bis Sonntag auch externe Gäste begrüßt, wird eine regionale, auf die Erzeugnisse des Hofes konzentrierte Küche geboten (Preis für eine Mahlzeit ohne Wein 25 Euro). Im Winter versammelt man sich am offenen Kamin, dem Fogolar, und im Sommer lädt die kühle Laube zum Verweilen unter Kiwis ein.

♦ 3 DZ und 1 3BZ, alle mit Bad und WC (2 Zimmer mit Massagedusche, 1 Zimmer mit Whirlpool) ♦ DZ in Einzelbelegung € 53, DZ € 70–90, 3BZ € 90–110 (alle mit Frühstück, Aufpreis für pikante Speisen € 5) ♦ Kreditkarten: CartaSi, DC, MC, Visa; Bankomat ♦ Privatparkplatz, kleine Haustiere willkommen (außer in den Zimmern), Betreiber immer erreichbar ♦ Restaurant, Aufenthaltsraum, Leseraum mit Bibliothek, Garten

Flaibano

Im Zentrum
12 km nördlich von Codroipo, 21 km westlich von Udine
Ausfahrt Latisana der A 4; Ausfahrt Udine Sud der A 23

Grani di Pepe

3-Sterne-Hotel
Via Cavour, 44
Tel./Fax (+39) 04 32 / 86 93 56
info@granidipepe.com
www.granidipepe.com
Ganzjährig geöffnet

Das in Flaibano, einer kleinen Gemeinde der oberen friulanischen Tiefebene am linken Ufer des Tagliamento, gelegene Grani di Pepe (dt. Pfefferkörner) ist das Ergebnis der gelungenen Renovierung eines Gebäudes aus dem 18. Jahrhundert. Traditionsbewusstsein geht in diesem Haus mit raffinierter Detailgestaltung, modernster Haustechnik und vielen zeitgemäßen Annehmlichkeiten einher (es gibt auch einen Wellnessbereich mit Sauna). Die großzügigen, mit trendig-minimalistischem Chic eingerichteten Zimmer wirken in ihrer nüchternen Eleganz sehr einladend. Das Gebäck für das Frühstück (Brötchen, Kuchen, Kekse) wird von der Besitzerin Marta Bergonzi selbst gemacht; dazu gibt es Milch, Tee, Kaffee, Butter und Konfitüren, Fruchtsäfte, auf Anfrage auch regionale Wurst- und Käsesorten. Im Restaurant (abends auch für externe Gäste geöffnet, mittags nur gegen Vorbestellung) wird traditionelle und kreative Küche geboten. Für ein komplettes Menü zahlt man ohne Wein 40 Euro.

♦ 6 DZ und 1 Suite, alle mit Bad und WC (Suite mit Hydrojetdusche), Aircondition, TV, WLAN (Suite mit Balkon) ♦ DZ in Einzelbelegung € 65–75, DZ € 90 (Aufpreis Zusatzbett € 30), Suite € 100 (alle mit Frühstück) ♦ alle Kreditkarten, Bankomat ♦ Gemeinschaftsbereiche barrierefrei zugänglich, Privatparkplatz vor dem Haus, kleine Haustiere willkommen, Betreiber stets anwesend ♦ Restaurant, TV- und Leseraum, Tagungsraum (15 Plätze), Garten, Sauna, Fitnessbereich

Lauco

11 km von Tolmezzo, S.S. 52; 62 km nordwestlich von Udine
Ausfahrt Carnia der A 23, S.S. 52 bis Tolmezzo und Villa Santina, rechts auf die S.P. 44

Altopiano di Lauco

Albergo diffuso
Via Capoluogo, 104
Tel. (+39) 04 33 / 75 05 85,
(+39) 328 / 794 28 90
Fax (+39) 04 33 / 75 06 66
info@albergodiffusolauco.it
www.albergodiffusolauco.it
Ganzjährig geöffnet

Die Carnia gilt als Pionierregion des Albergo diffuso. Diese Form der Beherbergung wurde in den 1980er-Jahren entwickelt, um die vom Erdbeben des Jahres 1976 zerstörten oder stark in Mitleidenschaft gezogenen Dörfer wiederzubeleben. In der Gemeinde Lauco im Parco Intercomunale delle Colline Carniche wurden dazu charakteristische Häuser nicht nur im Hauptort, sondern auch im Umkreis von fünf Kilometern in den Ortschaften Trava, Avaglio und Vinaio renoviert. Es handelt sich um sorgsam erneuerte und mit allen Annehmlichkeiten ausgestattete Ferienwohnungen. Geführt wird der Betrieb von einer Genossenschaft. Die Rezeption im Hauptort empfängt die Gäste und kümmert sich um die Unterbringung. Spezielle Vereinbarungen mit Restaurants und Gasthöfen ermöglichen den Genuss typischer Gerichte der lokalen Gastronomie zu günstigen Preisen. Man kann sich das fertige Frühstück ins Quartier bestellen – oder alles Notwendige, um es selbst zuzubereiten.

♦ 15 Apartments (2–8 Personen) in renovierten Häusern der Dörfer, alle mit Bad und WC (einige Apartments mit Sauna oder Whirlpool), Balkon oder Terrasse, Wohnbereich, Küche oder Kochnische ♦ Apartment (2 Personen) € 54–79, Apartment (4 Personen) € 102–135, Apartment (6–8 Personen) € 150–247 (Frühstück € 5–10 pro Person) ♦ alle Kreditkarten, Bankomat ♦ einige Apartments behindertengerecht ausgestattet, kleine Haustiere willkommen, Rezeptionsdienst 10–13, 15–19 Uhr; außerhalb dieser Zeiten Personal telefonisch erreichbar

Majano
Susans
3 km vom Zentrum; 24 km nordwestlich von Udine
Ausfahrt Gemona-Osoppo der A 23, S.S. 463 in Richtung San Daniele bis zur Abzweigung nach Susans

All'Antica Scuderia del Castello
Agriturismo
Via Castello, 150
Tel./Fax (+39) 04 32 / 95 91 15
info@susans.it
www.susans.it
Ganzjährig geöffnet

Das Gebäude aus dem 18. Jahrhundert beherbergte ursprünglich die Stallungen des Kastells der Grafen von Colloredo. Irgendwann wurde es zum Wohnhaus der Familie Zuliani, bis es vor etwa zehn Jahren renoviert und zu einem Agriturismo umgestaltet wurde. Der Betrieb wird derzeit von Barbara Giacomuzzi und ihrem Mann David geleitet. Die wohnlichen Zimmer (das größte im Erdgeschoss ist behindertengerecht ausgestattet) sind mit lokalen Tischlermöbeln au dem späten 19. und frühen 20. Jahrhundert individuell eingerichtet. Das abwechslungsreiche und ausgiebige Frühstück wird in einem Raum serviert, der an eine alte friulanische Küche mit allem Drum und Dran erinnert. Die auf dem Hof erzeugten Produkte kann man zum Mitnehmen kaufen, unter anderem natives Olivenöl extra (auch in kleinen Mengen). Den Gästen stehen Mountainbikes für Ausflüge in die Umgebung zur Verfügung, zum Beispiel nach San Daniele del Friuli, ins Naturreservat am Lago di Cornino (wo der Gänsegeier wieder angesiedelt wurde) oder ins Reservat der Weißstörche in Fagagna.

♦ 1 EZ, 2 DZ oder 3BZ und 1 4BZ, alle mit Bad und WC (2 Zimmer mit Gemeinschaftsbad), Aircondition, TV ♦ EZ € 34, DZ in Einzelbelegung € 40, DZ € 68, 3BZ € 102, 4BZ € 115 (alle mit Frühstück, Aufpreis für pikante Speisen € 5) ♦ Kreditkarten: CartaSi, MC, Visa; Bankomat ♦ 1 Zimmer behindertengerecht ausgestattet, Privatparkplatz teilweise überdacht, kleine Haustiere willkommen, Betreiber immer erreichbar ♦ Frühstücksraum, Garten

Medea
17 km südwestlich von Gorizia, 30 km südöstlich von Udine
Vom Autobahnzubringer Villesse-Gorizia der A 4 über Romans d'Isonzo und Fratta

Kogoj
Agriturismo
Via Zorutti, 10
Tel./Fax (+39) 04 81 / 674 40
kogoj@kogoj.it
www.kogoj.it
Ferien: 3 Wochen im September

Vor beinahe einem Vierteljahrhundert hat Silvio Kogoj ein Gut an der Grenze zwischen den DOC-Anbaugebieten Collio und Isonzo gekauft und hier wie auch in den Hügeln am rechten Ufer des Tagliamento mit dem Weinanbau begonnen. Seit ein paar Jahren ist das alte Gehöft am Südrand der Ortschaft Medea, die von einer imposanten, zu Ehren der Gefallenen des Zweiten Weltkrieges errichteten Gedenkstätte überragt wird, auch ein komfortabler ländlicher Beherbergungsbetrieb, der sich durch aufrichtige, ehrliche Gastlichkeit auszeichnet. Die schönen Zimmer sind mit alten Möbeln, Teppichen, Bildern und Stichen eingerichtet. Silvio Kogoj kümmert sich auch um das Frühstück, das aus süßen Köstlichkeiten (etwa ausgezeichneten Strudeln) und pikanten Spezialitäten, darunter zahlreiche regionale Erzeugnisse, besteht. Das Haus ist ein guter Ausgangspunkt für Ausflüge nach Gorizia, Gradisca, Palmanova, Aquileia und Udine.

♦ 4 DZ und 1 EZ, alle mit Bad und WC (beim EZ auf dem Flur, 2 DZ mit gemeinsamer Terrasse) ♦ EZ € 55, DZ € 80 (alle mit Frühstück) ♦ alle Kreditkarten, Bankomat ♦ überdachter Privatparkplatz, kleine Haustiere willkommen, Betreiber immer erreichbar ♦ Frühstücksraum, Aufenthaltsraum, Park, Schwimmbecken

Monfalcone
Panzano
2 km vom Zentrum
26 km südlich von Gorizia, S.S. 55 und S.P. 15
Von der Ausfahrt Villesse der A 4 nach Monfalcone, Hinweisschilder zur Werft Fincantieri

Ai Campi di Marcello

3-Sterne-Hotel
Via Napoli, 7
Tel. (+39) 04 81 / 48 64 70
Fax (+39) 04 81 / 72 01 92
hotelaicampi@libero.it
www.paginegialle.it/aicampi
Ganzjährig geöffnet

Die Familie Pedranzini führt inzwischen nicht nur das Restaurant, sondern auch das kleine Hotel, das bereits Ende des 19. Jahrhunderts existierte, als es hier sonst nur Felder gab. Obwohl das Haus vorwiegend von Geschäftsreisenden besucht wird, hat es eine herzliche, intime Atmosphäre bewahrt. Seit es vor einigen Jahren renoviert wurde, sind die Zimmer mit jedem Komfort ausgestattet und die Gemeinschaftsräume wirken behaglich und gepflegt. Das Restaurant bietet vor allem Fischküche; eine komplette Mahlzeit ohne Wein kostet etwa 45 Euro. Gäste, die sich nicht darauf beschränken wollen, die hiesigen Schiffswerften zu besichtigen, können – auch mit dem Fahrrad – Ausflüge in die Lagune von Grado unternehmen, ebenso nach Gorizia oder in das angrenzende Karstgebiet mit den Schützengräben und Stellungen aus dem Ersten Weltkrieg.

♦ 10 EZ und 4 DZ, alle mit Bad und WC (1 Zimmer mit Whirlpool), Aircondition, Minibar, Telefon, Sat-TV, Internetanschluss (einige Zimmer mit Balkon) ♦ EZ € 52, DZ € 88 (alle mit Frühstück) ♦ alle Kreditkarten, Bankomat ♦ Anlage barrierefrei zugänglich, 2 Zimmer behindertengerecht ausgestattet, Privatparkplatz, kleine Haustiere willkommen, Betreiber immer erreichbar ♦ Bar, Restaurant, TV-Raum, Terrasse, Garten

Nimis
Cergneu
5 km vom Zentrum
17 km nördlich von Udine
Von der Ausfahrt Udine Nord der A 4 in Richtung Tarvisio, in Tricesimo Abzweigung nach Nimis

Casa Nongruella

Bed & Breakfast
Via Nongruella, 7
Tel. (+39) 04 32 / 79 71 94,
(+39) 333 / 266 81 08
Fax (+39) 04 32 / 79 71 94
info@nonguella.com
www.nongruella.com
Ferien: Anfang Oktober–Ende März

In Nimis im Torretal steht auf einer sanften Anhöhe, die mit Eschen, Buchen und Kirschbäumen dicht bewachsen ist, das Haus von Ornella Barbei: Es ist ein altes Gebäude mit Loggia, an der Fassade und im Inneren dominieren Holz und Stein. Die Gästezimmer, von denen eines über eine Küchenzeile verfügt, wurden mit schön restaurierten Möbeln aus Familienbesitz eingerichtet. Man betritt sie über sehr breite Arkaden aus Holz, die den Gästen zum Lesen, Plaudern und Entspannen zur Verfügung stehen. Das Frühstück bietet Süßes (Konfitüren und Torten sind Ornellas Werk) und Pikantes und wird in der schönen Jahreszeit im Garten serviert, der unter anderem zum Sonnenbaden einlädt. Freunden guter Weine seien die ausgezeichneten lokalen Sorten Ramandolo und Picolit empfohlen.

♦ 3 DZ mit Bad und WC, TV (1 Zimmer mit Kochnische) ♦ DZ in Einzelbelegung € 40, DZ € 60–65 (alle mit Frühstück) ♦ keine Kreditkarten ♦ Parkplatz angrenzend, kleine Haustiere willkommen, Betreiber immer erreichbar ♦ Frühstücksraum, Aufenthaltsraum, Arkaden, Garten

Ovaro

68 km nordwestlich von Udine, S.S. 13, S.S. 52 und S.S. 355
Ausfahrt Carnia der A 23, S.S. 52 nach Tolmezzo und Villa Santina, S.S. 355

Il Grop

Albergo diffuso
Via Caduti del 2 Maggio, 124
Tel./Fax (+39) 04 33 / 67 80 28
info@albergodiffusoilgrop.it
www.albergodiffusoilgrop.it
Ganzjährig geöffnet

»Grop« ist auf Friulanisch der Knoten, und »Grop di Salomon« nennt sich ein Geflecht aus zwölf zugespitzten Holzstückchen, das angeblich Wünsche in Erfüllung gehen lässt, wenn man es in der Johannisnacht mit Tau benetzt. Dieser Glücksbringer wurde als Symbol für das Albergo diffuso gewählt, dessen Betten sich auf renovierte alte Häuser in den Ortschaften Ovaro, Raveo und Prato Carnico verteilen. Die Unterkünfte, die den Komfort eines herkömmlichen Hotels mit der Unabhängigkeit des Wohnens im Apartment vereinen, stellen eine kostengünstige Lösung für Familienurlaube dar. Für das Frühstück kann man sich bei der Rezeption einen Korb mit Kaffee, Tee, Milch, Butter, Keksen und feinen Konfitüren holen. Dieser Service ist am ersten Tag gratis, für jeden weiteren Tag fallen Kosten von 3 Euro pro Person an. Gäste des Grop genießen in zahlreichen Restaurants der Gegend Sonderkonditionen.

♦ 13 Apartments (2–15 Personen) in renovierten Häusern der Dörfer, alle mit Bad und WC, Wohnbereich, Küche, Terrasse oder Balkon, Telefon, TV (einige Apartments mit Garten) ♦ Apartment 2–3 Personen € 44–84, Apartment 4–6 Personen € 76–112, Apartment 7–15 Personen € 152–375 (Frühstück € 3 pro Person) ♦ Kreditkarten: MC, Visa; Bankomat ♦ einige Apartments barrierefrei zugänglich, Privatparkplatz, öffentlicher Gratisparkplatz 100 Meter entfernt, kleine Haustiere willkommen, Rezeptionsdienst 9–13, 16–18 Uhr; außerhalb dieser Zeiten Personal telefonisch erreichbar

Polcenigo

11 km nördlich von Sacile, 16 km nordwestlich von Pordenone, S.P. 29
12 km von der Ausfahrt Fontanafredda der A 28; Autobusverbindung ab den Bahnhöfen Pordenone (18 km) und Sacile (14 km)

Palazzo Scolari

Bed & Breakfast
Via Gorgazzo, 2
Tel. (+39) 04 34 / 741 00,
(+39) 320 / 072 60 80
salice@virgilio.it
www.palazzoscolari.it
Ganzjährig geöffnet

Polcenigo, ein charakteristisches Dorf des Alpenvorlandes in der Provinz Pordenone, hat in Erinnerung an seine vielen Söhne, die als Köche in alle Welt gezogen sind, der Kochkunst ein Museum gewidmet. Beschauliche Gastlichkeit mitten im Ort bietet ein Adelssitz aus dem 16. Jahrhundert, zu dessen besonderen Reizen ein Park im italienischen Stil des 19. Jahrhunderts zählt. Anna Salice hat den Palazzo respektvoll renovieren lassen und mit Stilmöbeln edle Gästezimmer eingerichtet. Unterstützt von ihrer Schwester Egle, bereitet die Hausherrin für das Frühstücksbüfett eine reiche Auswahl an süßen und pikanten Speisen vor. In der schönen Jahreszeit können Sie die Fahrräder des Hauses benutzen, um Touren ins grüne Umland zu unternehmen. Ein für Naturliebhaber interessantes Ziel von besonderer ökologischer Bedeutung sind die nicht weit entfernten Quellgebiete der Flüsse Livenza und Gorgazzo.

♦ 3 DZ mit Bad und WC, TV (auf Wunsch) ♦ DZ in Einzelbelegung € 50–60, DZ € 65–90 (Aufpreis Zusatzbett € 20, alle mit Frühstück) ♦ keine Kreditkarten ♦ Anlage barrierefrei zugänglich, Privatparkplatz teilweise überdacht, Haustiere nicht erlaubt, Betreiber immer erreichbar ♦ Frühstücksraum, Leseraum mit Bibliothek, TV-Raum, Tagungsraum, Garten, Park

Povoletto
Ravosa
4 km vom Zentrum
14 km nordöstlich von Udine
Von der Ausfahrt Udine Nord der A 23 nach Povoletto, weiter in Richtung Attimis bis Ravosa

La Faula

Agriturismo
Via della Faula, 5
Tel. (+39) 333 / 171 95 14
Fax (+39) 04 32 / 306 12 33
info@faula.com
www.faula.com
Ganzjährig geöffnet

Povoletto
Belvedere
10 km nordöstlich von Udine
Von der Ausfahrt Udine Nord der A 23 nach Cividale-Povoletto, am Kreisverkehr nach der Brücke über den Torre in Richtung Primulacco-Belvedere

Villa Domus Magna

Agriturismo
Via del Tiglio, 13
Tel./Fax (+39) 04 32 / 67 90 54
info@domusmagna1467.it
www.domusmagna1467.it
Ganzjährig geöffnet

Klassische Gästezimmer, Apartments mit Kochnische, Bungalows mit Küche auf der grünen Wiese: Diese Unterkunftsarten bietet der Agriturismo, der an eine Biolandwirtschaft mit Weinbau und Viehzucht angeschlossen ist und seinen Mittelpunkt in einem Bauernhaus des frühen 20. Jahrhunderts hat. Zum Frühstück bekommt man Eier aus dem Hühnerstall des Hofes, Joghurt, Konfitüren und selbst gebackene Kuchen. Im Restaurant kann man sich als Hausgast gegen Vorbestellung mit friulanischer Küche verwöhnen lassen (20 bis 22 Euro ohne Wein). Neben Jogging und sommerlichem Badevergnügen im hauseigenen Schwimmbecken kann man in der Umgebung Golf spielen (Neun-Loch-Platz) und Ausritte unternehmen.

♦ 7 DZ oder 3BZ mit Bad und WC, WLAN; 2 Miniapartments (2–4 Personen) mit Kochnische; 2 Bungalows mit Küche, 1–2 Schlafzimmern, Veranda ♦ DZ in Einzelbelegung € 55, DZ € 80, 3BZ € 100 (alle mit Frühstück); Miniapartment € 70, Bungalow € 60–80 (Frühstück € 7 pro Person) ♦ Kreditkarten: CartaSi, MC, Visa; Bankomat ♦ Gemeinschaftsbereiche barrierefrei zugänglich, 1 Bungalow behindertengerecht ausgestattet, Privatparkplatz, Haustiere nicht erlaubt, Betreiber immer erreichbar ♦ Restaurant (nur für Hausgäste), Aufenthaltsraum, TV- und Leseraum, Tagungsraum (30 Plätze), Garten, Schwimmbecken, Laufstrecke, Golfklub

Die Geschichte von Belvedere, einem kleinen Ortsteil von Povoletto, ist eng mit der Adelsfamilie Partistagno verbunden, die hier 1476 an der Stelle einer zuvor bestehenden Festung, welche die Furt über den Torre-Bach beherrschte, eine prunkvolle Residenz errichten ließ. Nachdem das Gebäude lange Zeit leer gestanden war, ließ die heutige Besitzerin Chiara Pelizzo den ganzen Komplex (Herrschaftshaus und bäuerliche Nebengebäude) sorgfältig renovieren. Chiara baut auf dem dazugehörigen Gut Beeren und Lavendel an und erzeugt Honig. In der historischen Villa, deren großer Park von Mauern eingefasst ist, wurden stilvolle Gästezimmer und zwei Apartments eingerichtet; die anderen Apartments befinden sich in einem neueren Bau. Das kontinentale Frühstück auf der Basis süßer Sachen und frischer Brötchen wird in der »Sala della Trifora« oder im Garten serviert. Wäscheservice und Fahrräder zum Erkunden der Umgebung auf Anfrage. In Primulacco (einen Kilometer entfernt) gibt es ein Flugfeld mit Grasfläche für Ultraleichtflieger.

♦ 2 DZ mit Bad und WC, Aircondition, TV; 4 Apartments (2 Apartments in der Dependance) mit 2 DZ, Wohnbereich, Kochnische ♦ DZ in Einzelbelegung € 45–55, DZ € 65–75 (Aufpreis Zusatzbett € 10), Apartment € 85–120 (alle mit Frühstück) ♦ Kreditkarten: MC, Visa; Bankomat ♦ Parkplatz gegenüber, Garage (3 Plätze), Haustiere nicht erlaubt, Betreiber immer erreichbar ♦ Frühstücksraum, Aufenthaltsraum, Garten, Park, Schwimmbecken

Pradamano

1 km vom Zentrum
7 km südöstlich von Udine, S.P. 37
Ausfahrt Udine Sud der A 23, S.S. 676 und S.S. 56

Frascje dai Spadons

Agriturismo
Via Divisione Julia, 12
Tel. (+39) 04 32 / 67 01 96,
(+39) 339 / 844 52 95
Fax (+39) 04 32 / 67 01 96
info@masarotti.com
www.masarotti.com
Ganzjährig geöffnet

»Frascje« ist das friulanische Dialektwort für »Frasca«, was Strauß bedeutet. Ein solcher wird traditionell als Hinweis auf Gastwirtschaften verwendet, in die man einkehrt, um den neuen Wein zu kosten. Spadons hingegen war schon immer der Beiname der Winzerfamilie Masarotti, die Friulano, Pinot Bianco, Verduzzo, Carbernet Sauvignon und Schioppettino erzeugt. So ergab sich der Name dieses Agriturismo, eines charakteristischen ziegelroten Gehöftes im 3.500-Seelen-Dorf Pradamano vor den Toren Udines. Neben und über der Schenke wurden komfortable Zimmer mit Sichtgebälk, hellen Wänden und Möbeln im klassischen Stil eingerichtet. Das Sechsbettzimmer ist mit Stockbetten ausgestattet. Zum Frühstück gibt es süße Speisen, auf Anfrage auch Pikantes. In der Gaststätte (geöffnet von November bis Mai oder für Gruppen gegen Vorbestellung) werden regionale Gerichte serviert (25 bis 30 Euro mit Weinen des Hauses).

♦ 6 DZ und 1 6BZ, alle mit Bad und WC, TV, Internetanschluss ♦ DZ in Einzelbelegung € 40, DZ € 60, 6BZ € 150 (alle mit Frühstück) ♦ Kreditkarten: CartaSi, DC, MC, Visa; Bankomat ♦ 1 Zimmer behindertengerecht ausgestattet, Privatparkplatz, Haustiere nicht erlaubt, Betreiber immer erreichbar ♦ Restaurant (November–Mai geöffnet), TV-Raum, Tagungsraum (20 Plätze), Terrasse, Außenbereich, Innenhof

Prato Carnico
Pesariis
Im Zentrum; 27 km von Tolmezzo, 72 km nordwestlich von Udine, S.S. 465
Ausfahrt Carnia der A 23, S.S. 52 in Richtung Tolmezzo

Sot la Napa

Agriturismo · Ortsteil Pesariis, 61
Tel. (+39) 04 33 / 69 58 00, (+39) 04 33 / 693 79, Fax (+39) 04 33 / 69 51 03
info@sotlanapa.it
www.sotlanapa.it
Ostern, Sommer und Weihnachten durchgehend, ansonsten an Wochenenden geöffnet

Der Ort Pesariis liegt in 800 Meter Seehöhe im Val Pesarina, das seit Jahrhunderten für die Uhrenherstellung bekannt ist. Der Agriturismo Sot la Napa ist ein herrschaftliches Haus aus dem 18. Jahrhundert. Der landwirtschaftliche Betrieb, zu dem er gehört, wird als Biobauernhof geführt und verarbeitet die Produkte des Hofes sowie Essbares aus der Natur. Das Ambiente ist familiär und sehr gepflegt, die Gästebetreuung herzlich. Die behaglichen Zimmer haben Parkettböden und hell getünchte Wände. In einem Raum der Gaststätte thront die typische offene Feuerstelle namens Fogolar, ein weiterer ist mit Fresken im venezianischen Stil des 18. Jahrhunderts verziert. Das traditionelle Frühstück basiert auf lokalen Produkten; Halbpension 48 Euro, Vollpension 55 Euro pro Person.

♦ 4 DZ mit Bad und WC ♦ DZ in Einzelbelegung € 38, DZ € 55 (Aufpreis Zusatzbett € 16, Frühstück € 6 pro Person) ♦ keine Kreditkarten ♦ öffentlicher Gratisparkplatz 100 Meter entfernt, kleine Haustiere willkommen, Betreiber stets anwesend ♦ Bar, Restaurant, Aufenthaltsraum

🍴 Das Restaurant bietet hervorragende Regionalküche, basierend auf Erzeugnissen aus der eigenen Landwirtschaft (26 bis 27 Euro ohne Wein).

Pulfero
Im Zentrum
12 km von Cividale, 29 km nordöstlich von Udine, S.S. 54; Von der Ausfahrt Udine Nord oder Sud der A 23 oder Palmanova der A 4 in Richtung Cividale del Friuli/Grenzübergang Stupizza

Al Vescovo-Skof

3-Sterne-Hotel
Via Capoluogo, 67
Tel. (+39) 04 32 / 72 63 75
Fax (+39) 04 32 / 72 63 76
info@alvescovo.com
www.alvescovo.com
Ferien: Februar

Das Hotel Al Vescovo und sein Restaurant werden seit mehr als einem Jahrhundert von der Familie Domenis geführt. Besonders einladend ist die blumengeschmückte große Terrasse im Schatten uralter Rosskastanienbäume direkt am Ufer des Natisone, auf den auch der kleine Wellnessbereich blickt. Die gepflegten Zimmer sind mit neuen Holzmöbeln rustikal und heimelig eingerichtet. Auf dem Frühstücksbüfett erwarten Sie traditionelle hausgemachte Süßspeisen (Teigtäschchen, Apfelstrudel, Gitterkuchen), Konfitüren, Fruchtsäfte sowie Schinken und Käse aus der Region. An der Bar gibt es eine große Auswahl an reinigenden Kräutertees und erfrischenden und wohltuenden Getränken. Ab drei Tagen Aufenthalt kann man bei Unterbringung im Doppelzimmer Halbpension für 51 Euro pro Person, Vollpension für 56 Euro pro Person in Anspruch nehmen.

♦ 4 EZ und 14 DZ oder 3BZ, alle mit Bad und WC, Telefon, TV (2 Zimmer mit Balkon) ♦ EZ € 48, DZ € 72, 3BZ € 80 (Frühstück € 5 pro Person) ♦ Kreditkarten: CartaSi, DC, MC, Visa; Bankomat ♦ 2 Zimmer behindertengerecht ausgestattet, Privatparkplatz, kleine Haustiere willkommen, Betreiber immer erreichbar ♦ Bar mit TV-Ecke, Restaurant, Terrasse, Garten mit Kinderspielplatz, Wellnessbereich mit Sauna, Whirlpool, Sonnenterrasse

🍴 Das Restaurant bietet vorzügliche Regionalküche (friulanische Spezialitäten mit slowenischen Einflüssen) für 30 bis 32 Euro ohne Wein.

Ragogna
San Giacomo
26 km nordwestlich von Udine
Ausfahrt Gemona-Osoppo der A 23, S.S. 463 in Richtung San Daniele, Abzweigung rechts in Richtung Ragogna

Casa Rossa ai Colli

Agriturismo
Via ai Colli, 2
Tel. (+39) 338 / 889 55 48
info@casarossaaicolli.it
www.casarossaaicolli.it
Ferien: Januar, Februar

Die Casa Rossa war schon immer rot. Doch nach einem Jahrhundert des Daseins als Bauernhaus, zwei Kriegen und einigen Jahren Leerstand war die Farbe verblasst und das Haus dem Verfall nah. Als Alessandra Negretto im Jahr 2001 begann, das große ländliche Gebäude hoch auf einem Hügel über der Ebene in einen Agriturismo umzuwandeln, hat es Farbe, Wärme und Leben zurückbekommen. Die behaglichen Zimmer sind mit eleganter Schlichtheit und viel Holz eingerichtet. Das Frühstücksbüfett, das in einem großen Saal mit offenem Kamin in der Mitte, dem typisch friulanischen Fogolar, serviert wird, umfasst frisch gebackenes Brot, von der Besitzerin zubereitete exquisite Süßspeisen und Konfitüren, Honig von einer kleinen Imkerei und auf Anfrage auch Pikantes. Das Haus ist von Wiesen, Obst- und Ölbäumen umgeben, schattige Haine laden zu romantischen Spaziergängen ein. Sehenswert ist das örtliche Museum, in dem viele interessante archäologische Funde aufbewahrt werden. Als Ausflugsziele in der näheren Umgebung sind der Parco del Tagliamento und die Rohschinkenmetropole San Daniele zu empfehlen.

♦ 7 DZ mit Bad und WC, TV, Telefon, Internetanschluss; 1 Einzimmerapartment (2–4 Personen) mit Kochnische ♦ DZ in Einzelbelegung € 45, DZ € 76, Einzimmerapartment € 86 (alle mit Frühstück) ♦ alle Kreditkarten, Bankomat ♦ Anlage barrierefrei zugänglich, überdachter Parkplatz, kleine Haustiere willkommen, Betreiber immer erreichbar ♦ Frühstücksraum mit Leseecke, Park

San Daniele del Friuli

3 km nordwestlich von Udine, S.S. 463
24 km von der Ausfahrt Udine Nord der A 23

Alla Torre

3-Sterne-Hotel
Via del Lago, 1
Tel./Fax (+39) 04 32 / 95 45 62
info@hotelallatorrefvg.it
www.hotelallatorrefvg.it
Ganzjährig geöffnet

Das Hotel im Zentrum von San Daniele del Friuli, dem weltweit für seinen Rohschinken mit der geschützten Ursprungsbezeichnung DOP bekannten Städtchen, wird von Anna Zaghis geleitet, die wie das Personal an der Rezeption stets sehr bemüht ist und viele Tipps parat hat. Die mit dem Aufzug erreichbaren Zimmer sind erstklassig mit modernem und zweckmäßigem Mobiliar ausgestattet. Zum Frühstück gibt es Kuchen, Kekse und Konfitüren von kleinen Betrieben sowie Milch, Tee und Espresso; auf Anfrage bekommt man natürlich den berühmten Prosciutto und typischen Käse von friulanischen Erzeugern. San Daniele ist »Slow City« und verfügt über viele Zeugnisse einer faszinierenden Geschichte und blühenden Kultur. Zahlreich sind auch die Gelegenheiten für kulinarische Genüsse sowie für den Einkauf von Wein und gastronomischen Spezialitäten. Zum Entspannen empfehlen sich Spaziergänge in den grünen Hügeln oder Radausflüge auf gut beschilderten Wegen.

♦ 2 EZ, 20 DZ und 3 3BZ, alle mit Bad und WC, Aircondition, Minibar, Telefon, TV, WLAN (einige Zimmer mit Safe) ♦ EZ € 65, DZ in Einzelbelegung € 70, DZ € 100 (Aufpreis Zusatzbett € 20), 3BZ € 140 (alle mit Frühstück) ♦ alle Kreditkarten, Bankomat ♦ Anlage barrierefrei zugänglich, öffentlicher Gratisparkplatz 50 Meter entfernt, kleine Haustiere willkommen, Rezeptionsdienst 7–24 Uhr ♦ Bar, Salon, TV- und Leseraum

Sauris
Lateis
7 km vom Zentrum; 32 km von Tolmezzo, 79 km nordwestlich von Udine, S.S. 52
Ausfahrt Carnia der A 23, S.S. 52 nach Ampezzo, S.P. 73 »del Lumiei«

Riglarhaus

2-Sterne-Hotel
Ortsteil Lateis, 3
Tel. (+39) 04 33 / 860 13
Fax (+39) 04 33 / 860 49
riglar@infinito.it
www.sauris.com
Ferien: 10. Januar–10. Februar

In einem kleinen Dorf in über 1.200 Meter Seehöhe ist ein typisches Sauriser Haus (die Mauern des Erdgeschosses sind aus Stein, die Konstruktion darüber ist aus Holz gezimmert) Sitz des Hotels mit Restaurant von Paola Schneider, die damit die Familientradition fortführt. Das Haus beherbergte auch früher schon eine Gastwirtschaft; mit der Zeit wurde der Betrieb erweitert, eine nicht minder reizvolle Dependance in der Nähe kam hinzu. Die Zimmer sind schlicht, aber komfortabel eingerichtet, im Aufenthaltsraum gibt es einen schönen Kamin. Das kontinentale Frühstück wird serviert. Bei Unterkunft im Doppelzimmer zahlt man für Halbpension 40 bis 50 Euro, für Vollpension 46 bis 58 Euro. Der abgeschiedene Ort ist ein guter Ausgangspunkt für die Erkundung der hiesigen Almen, für Wanderungen und Mountainbiketouren.

♦ 13 DZ (7 Zimmer in der Dependance) mit Bad und WC, Balkon, Telefon, TV ♦ DZ in Einzelbelegung € 40–44, DZ € 60–72 (Aufpreis Zusatzbett € 15, alle mit Frühstück) ♦ alle Kreditkarten, Bankomat ♦ öffentlicher Gratisparkplatz gegenüber, kleine Haustiere willkommen, Betreiber immer erreichbar ♦ Bar, Restaurant, Aufenthaltsraum, Außenbereich, Kinderspielplatz

🍲 Im Restaurant werden traditionelle Gerichte mit originellem Touch serviert (etwa 30 Euro ohne Wein).

Sauris
Sauris di Sopra
3 km vom Zentrum; 35 km von Tolmezzo, 84 km nordwestlich von Udine, S.S. 52
Ausfahrt Carnia der A 23, S.S. 52 in Richtung Ampezzo, S.P. 73 »del Lumiei«

Sauris
Sauris di Sotto
Im Zentrum; 32 km von Tolmezzo, 81 km nordwestlich von Udine, S.S. 52
Ausfahrt Carnia der A 23, S.S. 52 in Richtung Ampezzo, S.P. 73 »del Lumiei«

Sauris

NEU

Albergo diffuso
Ortsteil Sauris di Sopra, 7 G
Tel. (+39) 04 33 / 862 21
Fax (+39) 04 33 / 86 67 89
info@albergodiffusosauris.com
www.albergodiffusosauris.com
Ganzjährig geöffnet

Schneider

2-Sterne-Hotel
Via Roma, 92
Tel. (+39) 04 33 / 860 10
Fax (+39) 04 33 / 86 63 10
sas.sauris@genie.it
Ferien: 3 Wochen im Juni

Das Albergo diffuso Sauris ist ein Ensemble von 31 Unterkünften, die durch die Renovierung einiger Häuser in dieser deutschsprachigen Enklave auf friulanischem Boden entstanden sind. Die Rezeption (mit Gemeinschaftsraum und Internetanschluss) befindet sich in Sauris di Sopra. Dort liegt auch das charakteristische Borgo di San Lorenzo, das historische Kernstück des Projekts, weil es das erste Albergo diffuso Italiens war. Die Apartments sind mit jedem Komfort ausgestattet, haben aber ihren Reiz bewahrt: Steinmauern, Holzschindeln, schöne Arkaden und Balustraden. In der Weihnachtszeit und in den Wochen um den 15. August kann der Preis einiger Einzimmerapartments für zwei bis drei Personen auf 150 Euro für nur eine Übernachtung ansteigen. Wer keine Lust hat, das Frühstück und sonstige Mahlzeiten selbst zuzubereiten, kann die zahlreichen Partnerbetriebe des Albergo diffuso besuchen.

Die in über 1.200 Meter Seehöhe gelegene Ortschaft Sauris pflegt ihre Bräuche und die nach wie vor gesprochene Sprache einer Gemeinschaft aus dem deutschen Raum, die im Mittelalter in dieses Hochtal kam. Das relativ neue Haus Schneider setzt die Tradition des seit 1804 bestehenden Wirtshauses Alla Pace fort. Der alte Name wurde für das Restaurant beibehalten (feinste Sauriser Küche für 30 bis 32 Euro ohne Wein), das die Familie Schneider in 200 Meter Entfernung von diesem gemütlichen Hotel garni betreibt. Die Zimmer sind geschmackvoll im traditionellen lokalen Stil eingerichtet. Am Morgen erwartet die Gäste ein üppiges Frühstücksbüfett (süß und pikant). Der See von Sauris, ein ausgedehntes Netz von Wanderwegen und Mountainbikestrecken, Museen und einige Feinkostproduzenten (hier oben wird ein großartiger Schinken erzeugt) zählen zu den Hauptattraktionen der Gegend. Der von Franca und Vinicio Schneider gebotene Service zeichnet sich durch besondere Zuvorkommenheit aus.

♦ 31 Apartments (2–8 Personen) in renovierten Häusern der Dörfer, alle mit Bad und WC, Terrasse oder Balkon, Küche oder Kochnische (einige Apartments mit Garten) ♦ Apartment 2–3 Personen € 50–125, Apartment 4 Personen € 80–180, Apartment 5–8 Personen € 110–261 ♦ Kreditkarten: CartaSi, DC, MC, Visa; Bankomat ♦ 3 Apartments barrierefrei zugänglich, Haustiere willkommen (nicht in allen Apartments), Rezeptionsdienst 9–13, 16–20 Uhr; außerhalb dieser Zeiten Personal telefonisch erreichbar

♦ 1 EZ und 7 DZ oder 3BZ, alle mit Bad und WC, TV ♦ EZ € 40–45, DZ in Einzelbelegung € 44–50, DZ € 65–75 (Aufpreis Zusatzbett € 15, alle mit Frühstück) ♦ Kreditkarten: CartaSi, DC, MC, Visa; Bankomat ♦ öffentlicher Parkplatz gegenüber, Garage (3 Plätze), kleine Haustiere willkommen, Betreiber immer erreichbar ♦ Frühstücksraum, TV-Raum

Sgonico – Zgonik
Sagrado-Zagraj

10 km nördlich von Triest, S.S. 202 oder A 4 Autobahnzubringer bis Sgonico, dann in Richtung Monrupino, Hinweisschilder nach Sagrado

Milic

Agriturismo
Ortsteil Sagrado, 2
Tel. (+39) 040 / 22 93 83,
(+39) 333 / 680 48 74
Fax (+39) 040 / 22 93 83
info@zagrski.com
www.zagrski.com
Ganzjährig geöffnet

Wir sind im Karst, zwischen den Gemeinden Monrupino und Sgonico: Das winzige Dorf Sagrado wird nur von zwei Familien bewohnt, die beide in der Landwirtschaft tätig sind. Das Haus der Familie Milic (Andrei und Bernarda mit ihren Töchtern) ist uralt: 1850 ausgebaut und von den Deutschen im Zweiten Weltkrieg in Brand gesteckt, wurde es sorgfältig ökologisch renoviert: Einbau einer Biomasseheizung, Wiederverwendung von alten Holzbalken und altem Marmor. Die fünf Zimmer des Agriturismo, die in der ehemaligen Scheune Platz fanden, sind freundlich und heimelig sowie zurückhaltend-klassisch eingerichtet: restaurierte Möbel, Fenster und Türen aus Holz, komfortable Bäder. Die Gäste können das Frühstück bestellen oder in der Wohnküche selbst zubereiten. Die Zutaten werden von den Wirtsleuten bereitgestellt: Milch, Kaffee, Tee, hausgemachte Süßspeisen und Konfitüren, Rohmilchkäse von lokalen Kleinkäsereien.

♦ 1 EZ und 4 DZ, alle mit Bad und WC
♦ EZ € 30, DZ € 50–60 (alle mit Frühstück)
♦ keine Kreditkarten ♦ Gemeinschaftsräume und 1 Zimmer barrierefrei zugänglich, Privatparkplatz, kleine Haustiere willkommen, Betreiber immer erreichbar
♦ Restaurant (Freitag–Sonntag geöffnet), Küche, Aufenthaltsraum, Außenbereich

🍲 An Wochenenden serviert die Küche praktisch pausenlos regionale Spezialitäten (20 bis 25 Euro ohne Wein).

Spilimbergo

33 km nordöstlich von Pordenone, 33 km nordwestlich von Udine, S.S. 464
Ausfahrt Cimpello oder Portogruaro der A 28; Ausfahrt Udine Nord der A 23, S.S. 464

Da Afro

3-Sterne-Hotel
Via Umberto I, 14
Tel./Fax (+39) 04 27 / 22 64
osteria.daafro@tin.it
Ganzjährig geöffnet

Spilimbergo ist ein mittelalterliches Städtchen, das sich um eine Befestigungsanlage aus der Römerzeit entwickelt hat und ab dem 13. Jahrhundert von der Adelsfamilie Spengenberg beherrscht wurde. Heute ist der Ort am rechten Ufer des Tagliamento ein wichtiges Landwirtschafts- und Industriezentrum. An einer der Hauptstraßen, in der Nähe des Turms aus dem 14. Jahrhundert, der den Zugang zum Borgo Nuovo bildete, entdecken wir die Osteria-Trattoria Da Afro mit ihren geräumigen, geschmackvoll eingerichteten Gästezimmern. Begrüßt und umsorgt werden Sie vom Chef des Hauses, dem freundlichen Dario Martina. Das Frühstück ist auf internationalen Geschmack ausgerichtet, weil im Da Afro häufig Gäste aus dem deutschsprachigen Raum wohnen. Das reichhaltige Büfett bietet Kaffee, Milch, Tee, Joghurt, Fruchtsäfte, Konfitüren, Honig, hausgemachte Süßspeisen, Käse und Wurstwaren, etwa Rohschinken aus San Daniele mit dem Gütesiegel DOP.

♦ 8 DZ mit Bad und WC (Whirlpool oder Massagedusche), Aircondition, Minibar, Safe, Telefon, Sat-TV, WLAN ♦ DZ in Einzelbelegung € 60–65, DZ € 100–110 (Aufpreis Zusatzbett € 15–17, alle mit Frühstück) ♦ alle Kreditkarten, Bankomat
♦ 1 Zimmer behindertengerecht ausgestattet, Privatparkplatz, kleine Haustiere willkommen, Rezeptionsdienst 7–24 Uhr
♦ Bar, Restaurant, Aufenthaltsraum, Außenbereich, Garten

🍲 Die Trattoria des Hauses bietet großartige Regionalküche (25 bis 35 Euro ohne Wein).

Torreano
Montina

3 km von Cividale del Friuli, 20 km nordöstlich von Udine, S.S. 54

Treppo Carnico

17 km von Tolmezzo, 67 km nordwestlich von Udine Ausfahrt Carnia der A 23, S.S. 52 nach Tolmezzo, S.S. 52 bis, in Paluzza Abzweigung nach rechts in Richtung Treppo Carnico

Marie-Thérèse

Bed & Breakfast
Via Zorutti, 19
Tel. (+39) 04 32 / 71 51 06,
(+39) 339 / 442 08 13
Fax (+39) 04 32 / 71 51 06
roiattiwalter@libero.it
Ferien: Anfang November–Ende März

Cristofoli

3-Sterne-Hotel
Via Matteotti, 10
Tel. (+39) 04 33 / 77 70 18
Fax (+39) 04 33 / 77 74 08
albergocristofoli@libero.it
www.albergocristofoli.it
Ferien: unterschiedlich

Das auf dem Land und doch in unmittelbarer Nähe des schönen Städtchens Cividale gelegene Bed & Breakfast von Teresa und Walter Roiatti garantiert Beschaulichkeit. Die geräumigen, behaglichen Zimmer mit Böden und Decken aus Holz sind mit rustikalen Möbeln und schmiedeeisernen Betten eingerichtet. Ein kleiner Salon zum Plaudern, Lesen oder Fernsehen steht den Gästen ebenso zur Verfügung wie in der schönen Jahreszeit der Garten, wo Liegestühle aufgestellt werden und der Barbecue-Bereich genutzt werden kann. In der großen Küche bereiten die Gastgeber ein traditionelles Frühstück zu, das Obst aus eigenem Anbau, hausgemachte Süßspeisen und Konfitüren sowie heiße und kalte Getränke umfasst; auf Anfrage bekommt man auch Käse und Wurst. Zu den ergänzenden Serviceleistungen gehört der Verleih von Fahrrädern, mit denen Sie nach Cividale fahren oder die Umgebung erkunden können.

2009 hat die Familie Craighero den 1965 von den Vorfahren mütterlicherseits namens Cristofoli geerbten Gasthof renoviert, der auf das 19. Jahrhundert zurückgeht. Durch den Umbau eines Teils der Veranda zu einem kleinen Wellnessbereich gesellte sich zu den zwei Sternen des Hauses ein dritter. Dennoch wurden die wirklich günstigen Preise ebenso beibehalten wie die schlichte, herzliche Atmosphäre der ehemaligen Locanda. Die Zimmer sind komfortabel und gut ausgestattet. Morgens kann man sich für ein kontinentales Frühstück entscheiden oder folgt dem Beispiel der zahlreichen Gäste aus Österreich und Deutschland (wir sind nicht weit weg vom Plöckenpass, der Friaul mit Kärnten verbindet) und wählt aus dem reichhaltigen Angebot an pikanten Speisen. Wer mindestens drei Tage bleibt, kann für 50 bzw. 60 Euro pro Person Halb- oder Vollpension vereinbaren.

♦ 7 DZ und 2 3BZ, alle mit Bad und WC, Telefon, TV (4 Zimmer mit Balkon) ♦ DZ in Einzelbelegung € 35–40, DZ und 3BZ € 60 (Frühstück € 5–10 pro Person) ♦ Kreditkarten: CartaSi, DC, MC, Visa; Bankomat ♦ Privatparkplatz, Garage für Motorräder, Haustiere nicht erlaubt, Betreiber immer erreichbar ♦ Bar, Restaurant, Aufenthaltsraum, TV-Raum, Veranda, Sauna, Dampfbad, Whirlpool

🍲 Im Restaurant wird karnische Traditionsküche geboten (28 bis 30 Euro ohne Wein).

♦ 1 DZ, 1 EZ und 1 3BZ, alle mit Bad und WC (EZ und 3BZ mit Gemeinschaftsbad) ♦ EZ € 30, DZ in Einzelbelegung € 40, DZ € 60, 3BZ € 90 (alle mit Frühstück) ♦ keine Kreditkarten ♦ überdachter Privatparkplatz, Haustiere nicht erlaubt, Betreiber stets anwesend ♦ Frühstücksraum, Küche, Leseraum mit TV-Ecke, Garten

Triest

Zentrum
In der Nähe der Piazza Unità d'Italia und der Rive

L'Albero Nascosto

3-Sterne-Apartmenthotel
Via Venezian, 18
Tel. (+39) 040 / 30 01 88
Fax (+39) 040 / 30 37 03
info@alberonascosto.it
www.alberonascosto.it
Ganzjährig geöffnet

Durch die überlegte Renovierung eines alten Stadthauses entstand vor ein paar Jahren das entzückende Apartmenthotel von Aldo Stock. Wir sind im Stadtzentrum, in einem nicht allzu lauten Viertel mit engen Gassen. Das Hotel hat zwei Eingänge: Einer führt zur Rezeption im Foyer, das auch als Lese- und Gemeinschaftsraum dient und über eine Theke zum Frühstücken oder Kaffeetrinken verfügt; durch den zweiten gelangen bereits angemeldete Gäste direkt zu den Zimmern. Diese sind durchweg großzügig, mit Holzbalken an den Decken, teilweise freigelegten Steinmauern, Sofas und Fauteuils und einer sehr praktischen Kochnische. Die geräumigen Bäder (einige mit Fenster) sind gut ausgestattet. Das historische Triest mit seinen Sehenswürdigkeiten befindet sich direkt vor der Tür, ebenso zahlreiche Lokale, damit man abends auch einmal länger ausgehen kann.

♦ 1 EZ und 9 DZ, alle mit Bad und WC, Aircondition, Kochnische, Minibar, TV, WLAN ♦ EZ € 75–85, DZ € 105–125 (alle mit Frühstück) ♦ alle Kreditkarten, Bankomat ♦ öffentliche Parkplätze in der Nähe, Parkplatz mit vergünstigtem Tarif 300 Meter entfernt (€ 10 pro Tag), kleine Haustiere willkommen, Rezeptionsdienst 7–21 Uhr ♦ Bar, Enoteca, Frühstücks- und Leseraum

Triest
Trebiciano

10 km vom Zentrum
Ausfahrt Trebiciano-Opicina der E 70, S.S. 58

Le Casite

Bed & Breakfast
Ortsteil Trebiciano, 100
Tel. (+39) 339 / 846 45 40
info@lecasite.com
www.lecasite.com
Ganzjährig geöffnet

NEU

Im beschaulichen Karststädtchen Trebiciano, von wo man in nur zehn Minuten im Zentrum von Triest und noch schneller an der slowenischen Grenze ist, hat die Familie Cannavò ein Haus aus dem späten 19. Jahrhundert renoviert. Es ist ein Bed & Breakfast mit warmer, gemütlicher Atmosphäre entstanden. Die drei Zimmer mit Steinmauern und Sichtgebälk haben komfortable Bäder und jeweils einen eigenen Zugang (rund um die Uhr geöffnet). Sie gehen auf einen Innenhof, wo man sich im Sommer im wohltuend kühlen Schatten einer majestätischen Linde aufhalten kann. Das Frühstücksbüfett besteht aus dem Besten, was der Karst an Spezialitäten zu bieten hat, überdies mit Informationen zu den Herstellern mit Direktverkauf versehen: Brot und süßes Gebäck, Fruchtsäfte, Joghurt, Zerealien, Honig, Konfitüren, Schokolade, Saisonobst, Ricotta, Käse. Kinder wohnen gratis. Mit den zur Verfügung stehenden Fahrrädern kann man in aller Ruhe einen der schönsten Winkel des Karstplateaus von Triest erkunden.

♦ 1 EZ, 1 DZ und 1 3BZ, alle mit Bad und WC ♦ EZ € 35–45, DZ € 55–65, 3BZ € 65–75 (alle mit Frühstück) ♦ keine Kreditkarten ♦ öffentlicher Gratisparkplatz 100 Meter entfernt, kleine Haustiere willkommen (nach Vereinbarung), Betreiber immer erreichbar ♦ Aufenthaltsraum, Innenhof

Triest

Barcola-Miramare
5 km vom Zentrum
100 m vom Ticketschalter des Museums Miramare; Endstation der städtischen Autobuslinien auf dem Vorplatz

Udine

Im Zentrum
In der Nähe des Universitätshauptgebäudes

Tritone

1-Stern-Hotel
Viale Miramare, 133
Tel. (+39) 040 / 42 28 11
Fax (+39) 040 / 42 29 11
tritone@libero.it
www.tritonehotel.org
Ganzjährig geöffnet

Casa Mercedes

Bed & Breakfast
Via Mazzini, 9
Tel./Fax (+39) 04 32 / 50 48 93
Tel. (+39) 338 / 567 21 35
casamercedes@libero.it
Ferien: Mitte Januar–Mitte Februar

Wir sind am Lungomare von Barcola, dem Ziel der bekannten Segelregatta Barcolana, nur ein paar Schritte von Schloss Miramare entfernt. Genauer gesagt befinden wir uns auf dem Areal des ehemaligen psychiatrischen Krankenhauses von Triest, wo Franco Basaglia, der Vater der größten (und stark kritisierten) italienischen Psychiatriereform des 20. Jahrhunderts, tätig war. Dem Team um den revolutionären Psychiater ist denn auch die Idee zu verdanken, jenen Komplex, in dem bis zur Umsetzung der Reform »Irre« eingesperrt waren, zu einer Stätte der Gastlichkeit umzufunktionieren. Diese wird heute von der Sozialgenossenschaft »Il Posto delle Fragole« betrieben. Das Hotel liegt nicht direkt an der Straße und ist deshalb teilweise vom starken Verkehr auf dem Viale geschützt. Die Zimmer (einige mit herrlichem Meeresblick, den man aber auch von der Terrasse genießen kann) sind modern, schlicht und funktional. Das Serviceteam bereitet ein ordentliches Frühstücksbüfett mit süßen und pikanten Sachen vor und serviert auf Anfrage zu jeder Tageszeit Snacks wie belegte Brötchen oder Toast.

Das Bed & Breakfast befindet sich in einem alten herrschaftlichen Palazzo in der Altstadt. Das Haus hat sich die Bauweise und das Flair von anno dazumal bewahrt – dafür sorgen Stuckdecken (in der Suite mit eigenem Eingang vom Innenhof) und Möbel aus Familienbesitz. Das hellste Zimmer geht mit einer Glastür auf eine der beiden Terrassen, wo Sie sich an einem warmen Morgen gemütlich niederlassen können, um ausgiebig zu frühstücken: Brioches, Zwieback, Butter und Konfitüren, Milch, Espresso, diverse Tees und Fruchtsäfte, aber auch Vollkornkekse, Roggenbrot, Käse und Saisonobst. Falls Sie unter einer Lebensmittelunverträglichkeit leiden, geben Sie einfach der freundlichen Wirtin rechtzeitig Bescheid, die dann für spezielle Produkte sorgt. Erholsame Ruhe ist durch den hauseigenen Garten und die Nähe zum Park der Universität garantiert.

♦ 5 EZ, 10 DZ und 1 3BZ, alle mit Bad und WC, Telefon, Sat-TV, Internetanschluss (einige Zimmer mit Aircondition und Balkon) ♦ EZ € 60–70, DZ € 90–120, 3BZ € 115–130 (alle mit Frühstück) ♦ alle Kreditkarten, Bankomat ♦ öffentlicher Parkplatz gegenüber (2 Pkw-Plätze reserviert), kleine Haustiere willkommen, Betreiber immer erreichbar ♦ Barbereich, Frühstücksraum, Terrasse

♦ 2 DZ und 1 Suite, alle mit Bad und WC (Suite mit Küche) ♦ DZ in Einzelbelegung € 60–67, DZ € 68, Suite € 75 (alle mit Frühstück) ♦ keine Kreditkarten ♦ überdachter Privatparkplatz, Haustiere nicht erlaubt, Betreiber immer erreichbar ♦ Aufenthaltsraum, Lese- und TV-Raum, Terrassen, Garten

Udine

4 km vom Zentrum
Von der Ausfahrt Udine Sud der A 23 in Richtung Manzano-Zona Industriale und Viale Palmanova

Casale degli Ulivi

Agriturismo
Via Baldasseria Bassa, 601
Tel. (+39) 04 32 / 60 02 32,
(+39) 333 / 283 49 28
Fax (+39) 04 32 / 60 02 32
info@casaledegliulivi.eu
www.casaledegliulivi.eu
Ganzjährig geöffnet

Die Lage dieses von 600 Ölbäumen umgebenen Agriturismo an der Peripherie von Udine ist einzigartig. Das ursprünglich als Stall und Werkzeugschuppen dienende Gebäude wurde 2007 umfassend renoviert, wobei im Garten ein Schwimmbecken angelegt wurde. Trotz der zahlreichen baulichen Maßnahmen blieben einige Elemente aus der bäuerlichen Vergangenheit erhalten. Die Zimmer, die in der ehemaligen Scheune eingerichtet wurden, haben Sichtbalken, hell getünchte Wände, Möbel und Vorhänge von nüchterner Eleganz. Zum Frühstück bekommen Sie Kaffee, Tee, Milch, Joghurt, Zerealien, Fruchtsäfte, Konfitüren, Honig, süßes Gebäck. Der landwirtschaftliche Betrieb (Feldkulturen und Olivenanbau) wird von Adriano Adami, dem Besitzer, geführt; um die Gästebetreuung kümmert sich vor allem seine Frau, Renata Beltramini. In ihrem Wohnhaus in der Via Tissano, nicht weit vom Agriturismo, betreiben die Adamis außerdem ein Bed & Breakfast mit drei Zimmern.

♦ 4 DZ und 1 Suite (2–4 Personen), alle mit Bad und WC, Balkon, Aircondition, Minibar, Sat-TV, Internetanschluss ♦ DZ in Einzelbelegung € 50–60, DZ € 70–95, Suite € 75–100 (alle mit Frühstück) ♦ keine Kreditkarten ♦ Privatparkplatz, kleine Haustiere willkommen, Betreiber immer erreichbar ♦ Frühstücksraum, Aufenthaltsraum, Außenbereich, Garten, Schwimmbecken

Vivaro

Basaldella
2 km vom Zentrum
23 km nordöstlich von Pordenone
Von der Ausfahrt Cimpello der A 28 in Richtung Sequals-Spilimbergo

Villa Cigolotti

4-Sterne-Hotel
Via San Marco, 4
Tel. (+39) 04 27 / 97 60 83,
(+39) 333 / 258 56 60
Fax (+39) 04 34 / 97 60 85
info@villacigolotti.it
www.villacigolotti.it
Ferien: ersten 2 Januarwochen

In der Gegend der Magredi, die sich zwischen Maniago, Pordenone und Spilimbergo erstreckt, stoßen wir auf den heterogenen Komplex der Villa Cigolotti, die im 18. Jahrhundert als Adelssitz errichtet wurde. Das Anwesen besteht aus einem Herrenhaus mit Nebengebäuden (Barchessa), einem schlichteren Bau aus Stein und dem von Mauern umgebenen Park. Von den gemeinschaftlichen Räumlichkeiten ist insbesondere der zentrale Salon mit den Stuckaturen mit Blumenmotiven sehr schick, nicht minder hübsch ist die »Sala dei Conti« (Grafensaal) mit Wandmalereien und einem großen offenen Kamin aus Marmor. Die Zimmer sind unterschiedlich gestaltet, allen gemein sind die Antiquitäten und die raffinierten Details der Ausstattung. Das üppige Frühstücksbüfett umfasst süße und pikante Speisen. Das Restaurant bietet eine zeitgemäß interpretierte Traditionsküche (30 bis 35 Euro).

♦ 21 DZ, 5 Juniorsuiten und 1 Suite (2–5 Personen), alle mit Bad und WC (Whirlpool), Minibar, Safe, Telefon, Sat-TV, Internetanschluss ♦ DZ in Einzelbelegung € 51–72, DZ € 77–120, Juniorsuite € 110–134, Suite € 120–240 (alle mit Frühstück) ♦ alle Kreditkarten, Bankomat ♦ 4 Zimmer behindertengerecht ausgestattet, Privatparkplatz, kleine Haustiere willkommen, Rezeptionsdienst rund um die Uhr ♦ Restaurant, Frühstücksraum, Leseraum, Veranstaltungsraum (150 Plätze), Fitnessbereich und Ruhezone, Sauna, Sonnenterrasse, Park

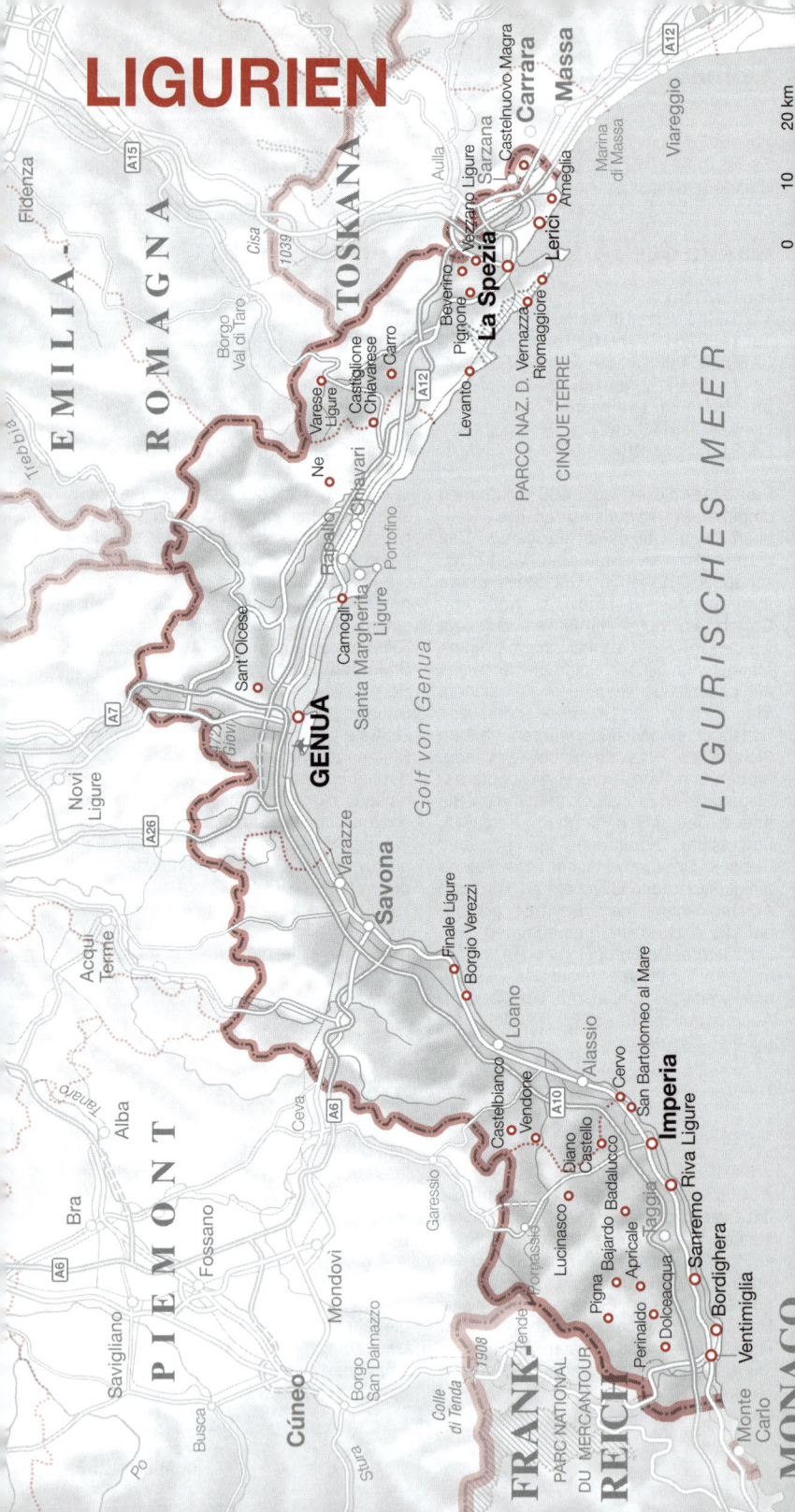

Ameglia
Montemarcello

4 km vom Zentrum
21 km südöstlich von La Spezia
Ausfahrt Sarzana der A 12, S.P. 331 und S.P. 28

Dai Pironcelli

Bed & Breakfast
Via delle Mura, 45
Tel. (+39) 01 87 / 60 12 52
Ferien: je 1 Woche im Januar und Juni

Montemarcello liegt auf einem Gipfel des Caprione-Vorgebirges, das die Küste von Punta Bianca bis La Versilia teilt. Fabrizio und seine Gattin Stefania, Inhaber der dazugehörigen historischen Osteria, führen dieses kleine Bed & Breakfast, das man über eine Außentreppe betritt. Die drei rustikal eingerichteten Zimmer haben einen gemeinsamen Eingangsbereich, in dem auch das süße wie pikante Frühstück eingenommen wird. Der Raum mit seinem großen Wasserbecken aus Marmor und einem Herd (heute nicht mehr mit Holz beheizt), über dem ein mächtiger Abzug emporragt, erinnert an alte Bauernhäuser. Der Kühlschrank steht allen Gästen zur Verfügung. Die Fenster dieses Raumes und der Zimmer gehen auf das Magratal hinaus und bieten einen herrlichen Ausblick auf die Apuanischen Alpen, die diesen Küstenabschnitt einrahmen.

♦ 3 DZ mit Bad und WC, Aircondition ♦ DZ in Einzelbelegung € 50, DZ € 70–90 (alle mit Frühstück) ♦ keine Kreditkarten ♦ öffentlicher Parkplatz 50 Meter entfernt, Haustiere nicht erlaubt, Betreiber stets anwesend ♦ Restaurant, Frühstücksraum

🍲 Die Osteria (durchschnittlicher Preis 32 bis 34 Euro ohne Wein) bietet ligurische Gerichte, ergänzt um originelle Neuschöpfungen.

Apricale

54 km nordwestlich von Imperia
16 km von der Ausfahrt Bordighera oder Ventimiglia der A 10

Apricus

Locanda
Via IV Novembre, 5
Tel. (+39) 339 / 600 86 22
Fax (+39) 01 84 / 20 81 44
apricuslocanda@libero.it
www.apricuslocanda.com
Ganzjährig geöffnet

Apricus, der lateinische Name für Apricale, bedeutet »in sonniger Lage«. Im Jahr 2003 lernten sich der albanische Handwerker Artur Kasneci und die holländische Managerin Jeanette Van Mainen hier kennen und beschlossen, sich an diesem Ort niederzulassen. Sie bauten ein Landhaus aus dem späten 19. Jahrhundert zu einer Locanda um. Die bequemen fünf Zimmer mit Panoramablick sind unterschiedlich gestaltet, aber alle mit Aircondition, Telefon, Minibar und Sat-TV ausgestattet. Die Suite verfügt auch über eine Hydromassagewanne. Eine Wendeltreppe führt von der Rezeption zu einem Kaminzimmer, das zum Lesen und zur Entspannung einlädt. Durch die französischen Fenster gelangt man auf eine große Terrasse, wo man im Sommer frühstücken kann.

♦ 4 DZ und 1 Suite, alle mit Bad und WC, Aircondition, Minibar, Safe, Sat-TV, Internetanschluss ♦ DZ in Einzelbelegung € 80, DZ € 90, Suite € 125 (Aufpreis Zusatzbett € 25, alle mit Frühstück) ♦ alle Kreditkarten ♦ Privatparkplatz in unmittelbarer Nähe, Vertragsgarage (€ 7 pro Tag), Haustiere nicht erlaubt, Betreiber stets anwesend ♦ Frühstücksraum, Leseraum, Garten, Terrasse

LIGURIEN

Badalucco

29 km nordwestlich von Imperia
Ausfahrt Arma di Taggia der A 10

Le Macine del Confluente

Locanda
Ortsteil Oxentina
Tel. (+39) 01 84 / 40 70 18
info@macine.eu
www.lemacinedelconfluente.com
Ferien: November

Nach einem Aufenthalt in der Lombardei sind Tiziana Oliva und ihr aus Stradella stammender Mann Gian Luigi Prevedini nach Badalucco zurückgekehrt, um hier am Zusammenfluss von Argentina und Oxentina zwischen Olivenbäumen eine Locanda zu eröffnen. Die sechs elegant und rustikal eingerichteten Zimmer (33 bis 35 Quadratmeter) mit Balken aus Kastanienholz verfügen alle über einen Kamin und einen kleinen Salon. Das Restaurant im angrenzenden Steinhaus steht nicht nur Hausgästen offen. Hier können Sie die Küche der Umgebung und der Lombardei probieren. Am Eingang werden Sie einen alten Mühlstein und ein hundertjähriges Mühlrad aus Triora entdecken. In diesem Raum wird auch das Frühstücksbüfett mit guten hausgemachten Süßspeisen wie Apfel- oder Pinienkerntorte und Crostata mit Konfitüre angerichtet. Das Zentrum von Badalucco, dem Hauptort des Valle Argentina, befindet sich etwas weiter nördlich, das Meer bei Arma di Taggia ist sieben Kilometer entfernt.

♦ 6 DZ, 3BZ bzw. 4BZ, alle mit Bad und WC, Safe, Sat-TV, Internetanschluss ♦ DZ in Einzelbelegung € 75–85, DZ € 90–100, 3BZ € 110–130, 4BZ € 130–150 (alle mit Frühstück) ♦ Kreditkarten: MC, Visa; Bankomat ♦ 3 Zimmer barrierefrei zugänglich, Privatparkplatz, kleine Haustiere willkommen, Betreiber stets anwesend ♦ Bar, Restaurant, Leseraum, Garten, Schwimmbecken

Bajardo

26 km von Ventimiglia, 43 km nordwestlich von Imperia
Ausfahrt Bordighera oder Arma di Taggia der A 10

Casa del Ghirosveglio

NEU

Zimmervermietung
Via Roma, 56
Tel./Fax (+39) 01 84 / 67 40 12
info@ghirosveglio.it
www.ghirosveglio.it
Ganzjährig geöffnet

Bajardo ist die höchstgelegene Gemeinde in der Privinz von Imperia. Es ist umgeben von Wäldern, Kastanienbäumen, Taggiasca-Olivenbäumen und Weingärten. Einige hundert Meter von der Altstadt entfernt befindet sich die Casa del Ghirosveglio. Die Inhaber – die Architektin Paola Bergamini und der Ingenieur Alberto Roberto – haben das Castello d'Eolo renoviert, einen aus dem späten 19. Jahrhundert stammenden Steinbau. Das gemütliche, rustikale und sehr bunte Haus eignet sich bestens für Familien. Das traditionelle Frühstück wird in einem Saal mit Holzofen oder im Garten serviert und steht ganz im Zeichen der Bioprodukte. Die Gäste können diese ebenso wie Waren aus fairem Handel auch zum Mitnehmen kaufen. Mit dem Fahrrad oder zu Fuß gelangen sie auf den Monte Ceppo (1.627 Meter) und den Monte Bignone (1.299 Meter), »Gipfel von Sanremo« genannt.

♦ 2 DZ, 1 3BZ und 1 4BZ, alle mit Bad und WC; 2 Miniapartments (4 Personen) mit Küche ♦ DZ in Einzelbelegung € 60, DZ € 90, 3BZ € 105, 4BZ € 120 (Aufpreis Zusatzbett € 15, alle mit Frühstück) ♦ keine Kreditkarten ♦ öffentlicher Parkplatz angrenzend, kleine Haustiere willkommen, Betreiber immer erreichbar ♦ Bar, Leseraum, Garten, Terrasse

Beverino
Casa Villara
4,5 km vom Zentrum
18 km nördlich von La Spezia
Ausfahrt La Spezia der A 12, S.S. 1 in Richtung Genua, Abzweigung S.P.10 nach dem Pass Valico della Foce

Casa Villara

Agriturismo
Via Castagnarossa, 8
Tel. (+39) 01 87 / 88 33 56,
(+39) 349 / 818 12 69
Fax (+39) 01 87 / 88 49 00
casavillara@hotmail.com
www.casavillara.com
Ganzjährig geöffnet

Giovanna Simonelli und ihr Gatte Vincenzo führen dieses Landhaus in einem Wald auf den Hügeln von Beverino, einem kleinen Ort in der Nähe von La Spezia. Von der Veranda mit dem Panoramablick gelangt man zu den großzügigen und hellen Zimmern mit durchaus interessanten Möbeln aus Großmutters Zeiten. Von der Veranda aus kommt man auch in einen gemütlichen Wohnbereich. Im kleinen Salon kann man auf einem der Sofas vor dem Kamin entspannen. In den Speisesälen lockt die traditionelle Küche des Varatals. Besonders gut schmecken Olivenöl, Honig und hausgemachte Pasta. Im Sommer werden die Mahlzeiten im großen, schattigen Garten serviert, von dem aus man über einen Wald auf das Tal blickt.

♦ 2 DZ und 3 4BZ, alle mit Bad und WC ♦ DZ in Einzelbelegung € 40, DZ € 70, 3BZ € 95, 4BZ € 105 (alle mit Frühstück) ♦ keine Kreditkarten ♦ Privatparkplatz, kleine Haustiere willkommen, Betreiber stets anwesend ♦ Restaurant, TV-Raum, Leseraum, Garten, Park

Beverino
Scortica
6 km vom Zentrum
18 km nördlich von La Spezia
Ausfahrt La Spezia der A 12, S.S. 1 in Richtung Genua, Abzweigung S.P. 10 nach dem Pass Valico della Foce

La Giara

Agriturismo
Via Federici, 15
Tel. (+39) 01 87 / 88 31 29,
(+39) 347 / 911 22 32
Fax (+39) 01 87 / 88 31 29
info@agriturismolagiara.it
www.agriturismolagiara.it
Ganzjährig geöffnet

Unverputzte Steinwände und große Fenster sind die Erkennungszeichen dieses schön renovierten alten Bauernhauses auf einem Hügel bei Beverino. Die Zimmer sind hell und mit soliden, rustikalen Möbeln eingerichtet. Sie bieten einen herrlichen Blick auf das weite Tal. Die Inhaberin empfängt die Gäste in zwei gemütlichen Speisezimmern mit Steinwänden und Cottoböden. An großen Holztischen nimmt man das Frühstück ein: selbst gebackenes Brot, hausgemachte Konfitüren und Süßspeisen. Obst und Gemüse werden auf den Feldern und in den Gewächshäusern hinter dem Haus geerntet. Auch der Wein wird hier selbst gemacht. Zu Mittag und am Abend isst man typische Testaroli mit Aufschnitt und Käse, hausgemachte Pasta und Fleisch vom Holzkohlengrill (23 bis 25 Euro ohne Wein, 14 Euro für Hausgäste).

♦ 2 DZ und 1 3BZ, alle mit Bad und WC, TV ♦ DZ in Einzelbelegung € 30–40, DZ € 50–60, 3BZ € 60–70 (alle mit Frühstück) ♦ keine Kreditkarten ♦ Anlage barrierefrei zugänglich, 1 Zimmer behindertengerecht ausgestattet, Privatparkplatz, kleine Haustiere willkommen, Betreiber stets anwesend ♦ Restaurant, TV-Raum, Garten, Terrasse

Bordighera

5 km von Ventimiglia, 38 km südwestlich von Imperia
Ausfahrt Bordighera der A 10

Acqua di Mare

Bed & Breakfast
Via dei Pescatori, 6
Tel. (+39) 339 / 810 82 27
Fax (+39) 01 84 / 26 48 12
info@acquadimare.com
www.acquadimare.com
Ferien: 1.–15. Februar, 1.–15. Oktober

Paola Gambinos Bed & Breakfast in einem komplett renovierten Haus aus dem 19. Jahrhundert ist etwa 30 Meter vom Meer und 200 Meter vom Touristenhafen des kleinen Ortes Bordighera entfernt. Die Räumlichkeiten sind mit jedem Komfort ausgestattet und sehr gepflegt. Die Zimmer sind schallgedämpft, sodass die nahe Eisenbahnlinie nicht stört. Besonders schön ist das größte Zimmer mit Blick auf das Meer. Frisches Brot, Konfitüren, ofenfrische Brioches und Kuchen, aber auch Käse und Prosciutto finden Sie auf dem Frühstücksbüfett. Die Bushaltestelle liegt zwar nur 100 Meter von der Unterkunft entfernt, aber das Zentrum des Städtchens erreichen Sie in zehn Minuten auch zu Fuß.

♦ 3 DZ mit Bad und WC, Aircondition, Minibar, TV, Internetanschluss ♦ DZ in Einzelbelegung € 50–65, DZ € 70–90 (Aufpreis Zusatzbett 20–30, alle mit Frühstück) ♦ Kreditkarten: MC, Visa; Bankomat ♦ überdachter Parkplatz innerhalb der Anlage, Haustiere nicht erlaubt, Betreiber 7–20 Uhr anwesend ♦ Frühstücksraum

Bordighera

5 km von Ventimiglia, 38 km südwestlich von Imperia
Ausfahrt Bordighera der A 10

Aurora

3-Sterne-Hotel
Via Pelloux, 42 B
Tel. (+39) 01 84 / 26 13 11
Fax (+39) 01 84 / 26 13 12
info@hotelaurora.net
www.hotelaurora.net
Ferien: Mitte Oktober–Mitte Dezember

In einer ruhigen Gegend in der Nähe des Zentrums wie des Meers (der Strand mit Infrastruktur ist nicht einmal 500 Meter entfernt) befindet sich dieses Hotel mitten im Grünen. Auffällig an dem eleganten historischen Gebäude sind seine großzügigen und hellen Salons, deren Wände vom lokalen Freskenmaler Giuseppe Piana gestaltet wurden. Alle Zimmer sind modern und mit dem wichtigsten Komfort ausgestattet (die höchsten Preise gelten zur Zeit des Grand Prix von Monte Carlo, im August, zu Weihnachten und zu Ostern). Von der Sonnenterrasse aus genießen Sie einen spektakulären Blick über die Côte d'Azur. Die Küche bietet nicht nur ligurische, sondern auch internationale Gerichte. Das Hotel organisiert Ausflüge ins Hinterland und zur Côte d'Azur. Sportliche können die nahen Tennis- und Golfplätze sowie ein Nautikcenter nutzen.

♦ 4 EZ, 24 DZ und 2 Suiten, alle mit Bad und WC, Safe, Sat-TV (einige Zimmer mit Aircondition) ♦ EZ € 53–86, DZ € 85–144, Suite € 134–192 (Aufpreis Zusatzbett € 30–50, alle mit Frühstück) ♦ alle Kreditkarten, Bankomat ♦ Anlage barrierefrei zugänglich, 3 Zimmer behindertengerecht ausgestattet, Privatparkplatz, Haustiere nicht erlaubt, Rezeptionsdienst rund um die Uhr ♦ Bar, Restaurant, Garten, Terrasse, Sonnenterrasse

Bordighera

5 km von Ventimiglia, 38 km südwestlich von Imperia
Ausfahrt Bordighera der A 10

La Terrazza

Bed & Breakfast
Via Pompeo Mariani, 4
Tel. (+39) 388 / 690 96 33
info@laterrazzabordighera.com
www.laterrazzabordighera.com
Ganzjährig geöffnet

NEU

In einem der hier »Carruggio« genannten Gässchen der Altstadt haben Angelo Iamundo und Beatrice Viale ihren Familienbesitz renoviert – einen vierstöckigen Turm aus dem 18. Jahrhundert. Das Bed & Breakfast nimmt den dritten und vierten Stock ein. Steile alte Treppen führen zu den modern eingerichteten Zimmern. Bei der Renovierung blieben die Decken mit den Ziegelbogen und die Steinwände erhalten. Benannt sind die Zimmer nach den (Ur-)Großmüttern Adele, Caterina und Rosa. Über eine enge Wendeltreppe gelangt man auf die Terrasse mit einem wunderbaren Ausblick auf das Meer und die Berge, im Hintergrund sieht man Frankreich. Vor diesem Panorama wird im Sommer das Frühstück serviert (Focaccia und Brioches kommen aus einer nahen Bäckerei), im Winter frühstückt man in der kleinen Veranda. In wenigen Minuten gelangt man zu Fuß ans Meer von Capo Ampelio (über die Gärten »Giardini Winter«). Auch die Côte d'Azur ist nur ein paar Kilometer entfernt.

♦ 3 DZ mit Bad und WC, Aircondition, TV ♦ DZ in Einzelbelegung € 40–50, DZ € 50–80 (Aufpreis Zusatzbett € 10–20, alle mit Frühstück) ♦ keine Kreditkarten ♦ öffentlicher Gratisparkplatz 100 Meter entfernt, kleine Haustiere willkommen, Betreiber immer erreichbar ♦ Terrasse

Borgio Verezzi

29 km südwestlich von Savona
Ausfahrt Finale Ligure der A 10

Luci sul Mare

Bed & Breakfast
Via Verezzi, 20
Tel./Fax (+39) 019 / 61 02 21
gip.anna@hotmail.it
www.lucisulmare.it
Ferien: 3. November–vor Ostern,
Weihnachten geöffnet

NEU

Das Bed & Breakfast liegt an einem der schönsten Plätze Liguriens: an der Straße, die den kleinen Küstenort Borgio an der ligurischen Riviera mit Verezzi verbindet, einem aus der Sarazenenzeit stammenden Dorf auf einem Hügel mit atemberaubendem Ausblick. Das Quartier eignet sich gut für einen Badeurlaub, noch mehr aber für einen romantischen Ausflug außerhalb der Saison. Es befindet sich in einer kleinen Villa inmitten eines Gartens voller Zitruspflanzen und hat nur drei Zimmer, die sich in der Farbe unterscheiden und provenzalisch eingerichtet sind. Jedes Zimmer verfügt über ein Gartenhaus. Der Blick, den man von zwei Zimmern und der Sonnenterrasse aus genießen kann, reicht an klaren Tagen bis zur Côte d'Azur und nach Korsika. Das Frühstück besteht aus Tee, Kaffee, Milch, Getreidekaffee, Joghurt, warmen Brioches, Brot, Butter und hausgemachten Konfitüren. Die Inhaberin Anna Maria De Feo empfängt ihre Gäste herzlich und gibt ihnen nützliche Tipps für die Erkundung der Umgebung. Über einen kleinen Weg kommt man bequem zu Fuß ans Meer. Im Juli und August ist ein Mindestaufenthalt von zwei Nächten vorgesehen.

♦ 2 DZ und 1 3BZ, alle mit Bad und WC, Aircondition, Safe, Sat-TV ♦ DZ in Einzelbelegung € 60, DZ € 80–100, 3BZ € 100–120 (Aufpreis Zusatzbett € 20, alle mit Frühstück) ♦ keine Kreditkarten ♦ Privatparkplatz, Haustiere nicht erlaubt ♦ Betreiber 9–23 Uhr anwesend ♦ Frühstücksraum, Garten, Sonnenterrasse

LIGURIEN

Camogli

22 km östlich von Genova
Ausfahrt Recco der A 12, S.P. 30

La Camogliese

2-Sterne-Hotel
Via Garibaldi, 55
Tel. (+39) 01 85 / 77 14 02
Fax (+39) 01 85 / 77 40 24
info@lacamogliese.it
www.lacamogliese.it
Ganzjährig geöffnet

Trotz seiner Nähe zum Zug- und Busbahnhof ist das von der Familie Rocchetti geführte Hotel ruhig gelegen: nahe dem Eingang zum Parco del Monte di Portofino und wenige Meter vom Strand dieses alten Fischerorts am Golfo Paradiso entfernt. Alle Zimmer verfügen über Bad und WC, Telefon, Minibar, Sat-TV, Safe und Internetanschluss. Von einigen Zimmern genießen Sie einen schönen Blick auf das Meer. Im gleichnamigen Restaurant in der Nähe kostet Halbpension 18 Euro pro Person, Vollpension 30 Euro.

Camogli
Piscina

1 km vom Zentrum
23 km östlich von Genova
Ausfahrt Recco der A 12, S.P. 30

Villa Kef

Bed & Breakfast
Via Castagneto Seià, 61
Tel. (+39) 338 / 952 47 75
Fax (+39) 01 85 / 77 51 03,
(+39) 02 / 583 219 61
info@villakef.it
www.villakef.it
Ferien: Januar, Dezember

Um zur Villa Kef zu gelangen, müssen Sie die Schilder Richtung Camogli Centro hinter sich lassen und die Straße nehmen, die zu den Parcheggi (Parkplätzen) 4 und 5 führt. Nach 50 Metern taucht links das Bed & Breakfast auf. Die Zimmer sind schlicht und mit Geschmack eingerichtet. Das Frühstück ist überaus vielfältig und reichhaltig. Die Gemeinschaftsbereiche umfassen einen Lese- und TV-Raum, eine Sonnen- und Aussichtsterrasse auf dem kleinen Turm und einen großen Garten mit Palmen und hundertjährigen Pinienbäumen, in dem bequeme Liegen stehen. Testen Sie die beachtliche kulinarische Tradition Camoglis oder besuchen Sie den schönen Strand. In seiner Nähe befindet sich auch der Parco del Monte di Portofino, den man mit dem Tretboot oder auf zahlreichen Wanderwegen erkunden kann. Nur ein paar Meter vom Bed & Breakfast entfernt lädt im Winter das öffentliche Hallenbad zu einem Besuch ein.

♦ 6 EZ und 15 DZ, alle mit Bad und WC, Aircondition, Minibar, Safe, Sat-TV, Internetanschluss ♦ EZ € 50–70, DZ € 70–110 (Aufpreis Zusatzbett € 20–30, alle mit Frühstück) ♦ alle Kreditkarten, Bankomat ♦ Parkplatz 50 Meter entfernt (€ 15 pro Tag), kleine Haustiere willkommen (€ 6 pro Tag), Rezeptionsdienst rund um die Uhr ♦ Bar, Frühstücksraum, Leseraum, Salon

♦ 1 EZ und 2 DZ, alle mit Bad und WC (1 Zimmer mit Kochnische) ♦ EZ € 55, DZ € 95 (Aufpreis Zusatzbett € 30, alle mit Frühstück) ♦ keine Kreditkarten ♦ Privatparkplatz, Haustiere nicht erlaubt, Betreiber stets anwesend ♦ Lese- und TV-Raum, Garten, Sonnenterrasse

Carro
Pavareto

3,5 km vom Zentrum
48 km nordwestlich von La Spezia
Ausfahrt Sestri Levante oder Brugnato der A 12

Ca' du Chittu

Agriturismo
Isolato Camporione, 25
Tel. (+39) 01 87 / 86 12 05,
(+39) 335 / 803 73 76
caduchittu@virgilio.it
www.caduchittu.it
Ganzjährig geöffnet

Ca' du Chittu (Haus des Frühaufstehers) war einer der ersten Agriturismi in diesem schönen Winkel Liguriens, abseits der großen Städte. Seine Entstehung ist Ennio Nardi und seiner Gattin Donatella Perri, einer Architektin mit Erfahrung in naturnahem Bauen, zu verdanken. Die Zimmer sind hell, geschmackvoll und schlicht eingerichtet. Zum Frühstück gibt es frische Milch und Joghurt aus dem Varatal, selbst gemacht sind Brot, Kekse, Kuchen, Konfitüren und Honig. Im Restaurant können Sie selbst gemachte Pasta und Fleisch aus dem eigenen oder einem Betrieb der Umgebung probieren (23 Euro ohne Wein, 18 Euro für Hausgäste). Im Obstgarten werden Äpfel, Birnen, Pfirsiche und Aprikosen angebaut. Es handelt sich um alte, vor allem lokale Sorten, die Sie frisch oder eingemacht kaufen können. Wer Lust hat, nimmt an einer Segelbootfahrt zwischen La Spezia und den Cinque Terre teil, und wer gerne campt, kann eine der sechs Zeltstellen benutzen.

♦ 9 DZ und 1 Miniapartment, alle mit Bad und WC ♦ DZ in Einzelbelegung € 30–48, DZ und Miniapartment € 60–70 (Aufpreis Zusatzbett € 15–18, alle mit Frühstück) ♦ keine Kreditkarten ♦ 2 Zimmer barrierefrei zugänglich, Privatparkplatz, kleine Haustiere willkommen, Betreiber stets anwesend ♦ Restaurant, Leseraum, Terrasse, Garten

Castelbianco

14 km von Albenga, 58 km südwestlich von Savona
Ausfahrt Albenga der A 10, S.S. 582

Gin

2-Sterne-Hotel
Via Pennavaire, 166
Tel. (+39) 01 82 / 770 01
Fax (+39) 01 82 / 771 04
info@dagin.it
www.dagin.it
Ferien: 10 Tage im Juni, 3 Wochen im Januar/Februar

Die Geschichte des Gin begann im frühen 20. Jahrhundert mit der einfachen Osteria von Signora Angiolina und ihrem Sohn Luigi, abgekürzt Gino – daher der Name des Lokals. Im Lauf der Jahre wurde die Osteria erweitert und zuerst in eine Trattoria mit Gästezimmern umgewandelt, dann in ein Hotel mit Restaurant. Das Gin ist heute noch ein Familienbetrieb: Marino Fenocchio führt das Hotel, seine Gattin Rosetta das Restaurant. Die Räumlichkeiten wurden mit Bedacht renoviert, die Atmosphäre erinnert angenehm an die Vergangenheit. Die Zimmer, von denen einige auf den Fluss blicken, sind mit Stilmöbeln eingerichtet und tragen jeweils den Namen eines Vorfahren der Familie. Auf dem Frühstücksbüfett warten hausgemachte Konfitüren und Süßspeisen, Obst aus dem Garten, Käse und Wurstwaren. Zum Lesen können sich die Gäste in einen gemütlichen Raum zurückziehen.

♦ 4 DZ, 2 3BZ und 2 Suiten, alle mit Bad und WC, Sat-TV, Internetanschluss (3 Zimmer mit Balkon) ♦ DZ in Einzelbelegung € 50, DZ € 80, 3BZ € 85–90, Suite € 100 (alle mit Frühstück) ♦ alle Kreditkarten, Bankomat ♦ Privatparkplatz, Haustiere nicht erlaubt, Betreiber immer erreichbar ♦ Bar, Restaurant, Leseraum, Garten

🍲 Im angeschlossenen Restaurant (35 Euro ohne Wein) werden Produkte aus der Umgebung zu modernen Gerichten verarbeitet.

Castelnuovo Magra
Colombiera
2 km vom Zentrum
25 km östlich von La Spezia
Ausfahrt Sarzana der A 12, S.S. 1, Abzweigung bei Mollicciara nach Castelnuovo Magra

Cascina dei Peri

Agriturismo
Via Montefrancio, 71
Tel. (+39) 01 87 / 67 40 85,
(+39) 334 / 810 56 52
Fax (+39) 01 87 / 67 40 85
info@cascinadeiperi.com
www.cascinadeiperi.it
Ganzjährig geöffnet

Der Bauernhof, den Tonino und Mariangiola seit über 20 Jahren führen, verfügt über acht Hektar Land. Darauf werden Wein und Oliven zur Erzeugung von zwei Weinsorten und nativem Olivenöl extra angebaut. Wir befinden uns in der Nähe der Berge und sechs Kilometer von der ligurischen Küste entfernt, mitten im Grün der Lunigiana. Die Räumlichkeiten muten ein wenig bäuerlich an und sind doch überaus bequem. Die Gäste können in einem der sieben Doppelzimmer oder einem der vier Apartments übernachten, die aus zwei Schlafzimmern, einer Küche und einem Bad bestehen. Wer sich nicht für Halbpension entscheidet, kann auch nur das Frühstück in Anspruch nehmen. Es ist traditionell und besteht unter anderem aus Kuchen und hausgemachten Konfitüren. Für Hausgäste gibt es am Abend ein feststehendes Menü, mit anderen Gästen wird die Auswahl bei der Reservierung besprochen. Zubereitet werden die Gerichte mit Zutaten eigener Produktion. Wer mit dem Wohnmobil anreist, findet einen Platz mit entsprechender Infrastruktur vor.

♦ 7 DZ mit Bad und WC; 4 Apartments mit Küche ♦ DZ in Einzelbelegung € 40–55, DZ € 60–90 (alle mit Frühstück); Apartment € 500–850 pro Woche ♦ Kreditkarten: MC, Visa; Bankomat ♦ Privatparkplatz, kleine Haustiere willkommen, Betreiber immer erreichbar ♦ Restaurant, TV-Raum, Terrasse, Schwimmbecken

Castelnuovo Magra

2 km vom Zentrum
25 km östlich von La Spezia
Ausfahrt Sarzana der A 12, S.S. 1, Abzweigung bei Mollicciara nach Castelnuovo Magra

La Valle

Agriturismo
Via Provinciale, 202
Tel./Fax (+39) 01 87 / 67 01 01
agriturismolavalle@libero.it
lavalle.altervista.org
Ganzjährig geöffnet

Vier Kilometer von den Stränden von Marinella und wenige Minuten Autofahrt von Lerici und den Marmorsteinbrüchen in Carrara entfernt, befindet sich dieser Agriturismo inmitten der grünen Weingärten und Olivenhaine der Colli di Luni. Geführt wird er von Sabrina Tendola. Sie ist die Tochter von Giorgio, dem Gründer dieses Betriebs, der als Erzeuger von Vermentino sehr geschätzt wird. Die Zimmer sind schlicht und liebevoll eingerichtet. Großzügig und gemütlich präsentieren sich die Gemeinschaftsräume, in denen sich die Gäste wie zu Hause fühlen können. Mario Musetti zeichnet verantwortlich für die regional geprägte Küche, die Sie im Restaurant für 25 Euro ohne Wein probieren können. Das traditionelle Frühstück wählen Sie vom Büfett. Die interessantesten Orte der Umgebung kann man mit oder ohne professionellen Führer kennenlernen: auf Spaziergängen und Fahrten mit dem Mountainbike, dem Motorrad oder dem Boot. Auch Tauchkurse werden angeboten.

♦ 4 DZ und 2 4BZ, alle mit Bad und WC, TV ♦ DZ in Einzelbelegung € 50, DZ € 70, 4BZ € 100 (alle mit Frühstück) ♦ keine Kreditkarten ♦ Privatparkplatz, Haustiere nicht erlaubt, Betreiber stets anwesend ♦ Restaurant, Leseraum, TV-raum, Terrasse, Veranda, Garten

Castiglione Chiavarese

52 km südöstlich von Genua
Ausfahrt Sestri Levante der A 12, S.P. 523

Monte Pù

Agriturismo · Ortsteil Monte Pù
Tel. (+39) 01 85 / 40 80 27,
(+39) 348 / 264 44 26
Fax (+39) 01 85 / 40 80 27
info@montepu.it · www.montepu.it
Ferien: Anfang November–Mitte März, gegen Vorbestellung zu Weihnachten geöffnet

Bei der Reservierung können Sie auch den Transport vom und zum Bahnhof von Sestri Levante bestellen. Sollten Sie mit dem Auto kommen, nehmen Sie nach der Ausfahrt der A 12 eine nicht asphaltierte, aber breite und gut erhaltene Straße, die sich zwischen Wäldern bis zu einer Wiese emporschlängelt, auf der verschiedene Gebäude stehen und neben der ein kleiner Bach fließt. Beim ersten Gebäude handelt es sich um einen kleinen Stall, denn ein Teil des Fleisches, das für die Gäste hier zubereitet wird, stammt aus dem eigenen Betrieb. Danach durchqueren Sie einen Innenhof, in dem ein Holzofen gut zur Geltung kommt, und erreichen die Wohnräume. Hier finden Sie einen weitläufigen Gemeinschaftsbereich mit TV und Tischtennistisch und vor allem die großzügigen Zimmer und die Apartments, die aus einem größeren und einem kleineren Zimmer, einem Bad und einem Wohnzimmer bestehen. Zum Frühstück gibt es Konfitüren aus selbst angebautem Obst. Vielfältige Ausflugsmöglichkeiten stehen zur Auswahl: Sie können die Umgebung zu Fuß, mit dem Fahrrad oder mit dem Boot erforschen. Kurse in Kochen, Malen, Keramik und Restaurieren finden regelmäßig statt.

♦ 9 DZ und 2 Apartments (2–3 Personen), alle mit Bad und WC ♦ DZ in Einzelbelegung € 52–64, DZ € 80–96, Apartment € 120–150 (alle mit Frühstück) ♦ Kreditkarten: MC, Visa; Bankomat ♦ Privatparkplatz, kleine Haustiere willkommen (€ 5 pro Tag), Betreiber stets anwesend ♦ Restaurant, TV-Raum, Garten

Cervo

10 km nordöstlich von Imperia
Ausfahrt San Bartolomeo al Mare der A 10, S.S. 1

Bellavista

1-Stern-Hotel
Piazza Castello, 2
Tel./Fax (+39) 01 83 / 40 80 94
info@bellavistacervo.com
www.bellavistacervo.com
Ferien: November

Cervo ist ein historischer Ort auf einem Hügel. Die Palazzi und die Kirchen, die auf das 15. Jahrhundert zurückgehen, sind fast zur Gänze erhalten. Im Mittelpunkt thront die eindrucksvolle Kirche San Giovanni Battista, auch Corallini-Kirche genannt, denn das Geld für ihren Bau wurde von den Korallenfischern aufgebracht. Die Locanda Bellavista, in den 1960er-Jahren vom Vater der beiden aktuellen Inhaberinnen Franca und Patrizia Carrara erbaut, steht auf dem höchsten Punkt des Dorfes. Neben der Locanda hat Vater Bruno seinen Töchtern auch Freundlichkeit und Gastlichkeit vererbt. Alle Zimmer sind einfach und funktional eingerichtet und bieten einen wunderbaren Ausblick auf den Golf von Diano Marina. Das Frühstück wird fast das ganze Jahr über auf der herrlichen Terrasse eingenommen und besteht aus Konfitüren, Honig, warmen Croissants und Obst. Ausgezeichnete Qualität wird auch im Restaurant der beiden Schwestern geboten. Im Sommer kann man sich auf der Sonnenterrasse entspannen. Den Gästen steht ein Gratisparkplatz zur Verfügung.

♦ 1 EZ und 5 DZ, alle mit Bad und WC, Aircondition, TV ♦ EZ € 50, DZ € 80–100 (alle mit Frühstück) ♦ alle Kreditkarten, Bankomat ♦ überdachter Parkplatz, kleine Haustiere willkommen, Betreiber immer erreichbar ♦ Bar, Restaurant, Terrasse, Sonnenterrasse

Diano Castello

8 km nördlich von Imperia
Ausfahrt San Bartolomeo der A 10

Le Raganelle

Agriturismo
Via Case Sparse, Ortsteil San Siro
Tel./Fax (+39) 01 83 / 40 10 41
leraganelle@libero.it
www.leraganelle.com
Ganzjährig geöffnet

Der Agriturismo der Familie Martino liegt knapp 700 Meter vom Meer entfernt auf einem sonnenbeschienenen grünen Hügel, auf dem jahrhundertealte Olivenbäume wachsen. Das Haus verfügt über zwei Zimmer mit Bad, zwei Einzimmer-apartments mit Küche und Bad und zwei Zweizimmerapartments mit einer großen Wohnküche, einem Schlafzimmer und einem Bad. Die Räumlichkeiten sind autonom und komplett mit Tisch- und Weißwäsche ausgestattet. Einmal pro Woche wird die Bettwäsche gewechselt, zweimal pro Woche werden Handtücher und Tischwäsche erneuert. Die Einrichtung besteht aus gepflegten alten Möbeln und Vorhängen. Im Gemüse- und Obstanbau wie auch in der Olivenproduktion haben sich die Betreiber dem biologischen Anbau verpflichtet. Ein Teil der Erzeugnisse wird für die guten Speisen verwendet (Abendessen nur für Hausgäste, 25 Euro). Zahlreiche Orte in der Umgebung bieten sich als Ausflugsziele an, außerdem ist Sanremo nur 29 Kilometer entfernt, Monte Carlo 80 Kilometer.

♦ 2 DZ mit Bad und WC, TV; 4 Apartments mit Küche ♦ DZ in Einzelbelegung € 50, DZ € 60–80, Apartment € 60–90 (Frühstück € 7 pro Person) ♦ keine Kreditkarten ♦ Privatparkplatz, kleine Haustiere willkommen, Betreiber stets anwesend ♦ Restaurant

Dolceacqua

48 km westlich von Imperia
Ausfahrt Ventimiglia der A 10

Locanda la Vecchia

Zimmervermietung
Ortsteil San Rocco
Tel./Fax (+39) 01 84 / 20 60 24
info@locandalavecchia.com
www.locandalavecchia.com
Ganzjährig geöffnet

NEU

Wenn Sie die Straße im Nerviatal hinauffahren, finden Sie ein paar hundert Meter vor Dolceacqua dieses Landhaus aus den frühen 1970er-Jahren. Familie Di Biase-Berrino hat das Haus schon viele Jahre lang als Restaurant geführt und sich dann entschlossen, auch eine Locanda zu eröffnen. Auf dem Anwesen werden pestizidfrei Obst und Gemüse angebaut und Konfitüren, natives Olivenöl extra aus Taggiasca-Oliven und Rossese-Wein erzeugt. Diese Produkte bereichern Ihr Frühstück und Ihre Mahlzeiten im Restaurant. Die sechs bequemen Zimmer mit Aircondition sind im provenzalischen Stil eingerichtet, die Farben sind abgetönt und beruhigend. Die Gemeinschaftsbereiche präsentieren sich rustikal, eine interessante Sammlung von alten bäuerlichen und handwerklichen Gerätschaften unterstreicht diesen Charakter. Sportliche Gäste können den Tennisplatz benutzen oder das Tal mit kostenlosen Leihmountainbikes erkunden. Die Strände sind etwa fünf Kilometer entfernt.

♦ 6 DZ mit Bad und WC, Aircondition, Sat-TV, Internetanschluss ♦ DZ in Einzelbelegung € 50–60, DZ € 70–90 (Aufpreis Zusatzbett € 20, alle mit Frühstück) ♦ Kreditkarten: MC, Visa; Bankomat ♦ Anlage barrierefrei zugänglich, überdachter Parkplatz, Garage für Motor- und Fahrräder, kleine Haustiere willkommen, Betreiber immer erreichbar ♦ Bar, Restaurant, Lese- und TV-Raum, Seminarraum, Garten, Bocciafeld, Tennisplatz

Dolceacqua
Arcagna

7 km vom Zentrum
48 km westlich von Imperia
11 km von der Ausfahrt Ventimiglia der A 10

Terre Bianca
(früher Locanda del Bricco)

Agriturismo
Ortsteil Arcagna
Tel. (+39) 01 84 / 314 26
Fax (+39) 01 84 / 312 30
terrebianche@terrebianche.com
www.terrebianche.com
Ferien: November

Der Betrieb besteht schon seit dem späten 19. Jahrhundert. Seit etwa 20 Jahren werden hier Wein und natives Olivenöl extra der Sorte Taggiasca hergestellt. Inmitten der Weingärten, Olivenhaine und Obstbäume ließ ein pensionierter General Ende des 19. Jahrhunderts ein Haus aus lokalem Stein erbauen (daher der Name Casone del Generale). Hier befinden sich die gemütlichen Doppelzimmer mit eigenem Duschbad und WC, mit TV und Möbeln im Arte-povera-Stil. Der Großteil der Zutaten für das Frühstück wird im Betrieb erzeugt oder wie der Honig von Produzenten in der Nähe. Serviert wird es in einem Saal mit Gewölbedecke oder auf der Terrasse mit einem herrlichen Blick auf das Nerviatal. Der Agriturismo stellt einen idealen Ausgangspunkt für Ausflüge in die Umgebung, an die italienische Riviera oder die Côte d'Azur dar.

♦ 8 DZ mit Bad und WC, TV ♦ DZ in Einzelbelegung € 70, DZ € 90–110 (Aufpreis Zusatzbett € 25, alle mit Frühstück) ♦ alle Kreditkarten, Bankomat ♦ Privatparkplatz, kleine Haustiere willkommen, Betreiber 8–13, 14.30–18 Uhr erreichbar ♦ Frühstücksraum, TV-Raum, Seminarraum, Garten, Terrasse, Bocciafeld

Dolceacqua

48 km westlich von Imperia
Ausfahrt Ventimiglia oder Bordighera der A 10

U Fundu

Zimmervermietung
Via Doria, 12
Tel. (+39) 01 84 / 20 67 84,
(+39) 339 / 880 98 70
info@agriturismoufundu.com
www.agriturismoufundu.com
Ferien: 7.–31. Januar

In der Heimat des Rossese-Weins herrscht immer noch die Atmosphäre der Vergangenheit, vor allem in den »Carruggi«, den Gässchen der beiden nur zu Fuß erreichbaren Viertel Terra und Borgo. Terra ist der älteste Teil des mittelalterlichen Ortes. Hier befindet sich die Burg der Doria. Borgo auf der andere Seite des Wildbachs Nervia stammt aus der Mitte des 15. Jahrhunderts. Verbunden sind die beiden Ortskerne durch eine Brücke, die aus einem einzigen Bogen besteht. Claude Monet malte sie und nannte sie ein »Juwel der Leichtigkeit«. Die Apartments Porta Luca und La Casa delle Bambole befinden sich im Viertel Terra, die Apartments Soppalco und Mediterranea im Viertel Borgo. Ivone Raimondo hat sie im Arte-povera-Stil und mit Antiquitäten eingerichtet. Abgerundet wird das Angebot durch den Agriturismo U Fundu, ein reizendes kleines Restaurant in einem Keller aus dem 16. Jahrhundert, in dem Ivone Gerichte der Umgebung mit Fantasie zubereitet (20 Euro ohne Wein).

♦ 4 Apartments (1–4 Personen) mit Bad und WC, Minibar, TV ♦ DZ in Einzelbelegung € 30, DZ € 60, 3BZ € 70, 4BZ € 80 (alle mit Frühstück) ♦ keine Kreditkarten ♦ öffentlicher Gratisparkplatz in der Nähe, kleine Haustiere willkommen, Betreiber 8–24 Uhr erreichbar ♦ Restaurant

Finale Ligure
Finalmarina

20 km südwestlich von Savona
Ausfahrt Finale Ligure der A 10

Erasmo

Zimmervermietung
Via Colombo, 22/4
Tel. (+39) 019 / 69 34 04
Fax (+39) 019 / 69 42 15
info@daerasmo.com
Ganzjährig geöffnet

Im Zentrum von Finale Ligure, nur 20 Meter von der Strandpromenade mit den Palmen entfernt, führen Antonella und Giovanna Oddone dieses Bed & Breakfast. Eine steile Treppe führt zu den wunderbar renovierten Räumlichkeiten. Da es nicht möglich war, alle Zimmer mit einem direkt zugänglichen Bad auszustatten, haben zwei Zimmer jeweils ein von außen begehbares Bad zur Einzelbenutzung. Jedes der mit Stilmöbeln eingerichteten Zimmer ist in einem anderen Farbton gehalten. Das üppige Frühstück umfasst hausgemachte Kuchen, Wurstwaren und Focaccia. Der Stolz von Finale ist neben dem Strand ein mittelalterlicher Stadtkern, der zu den schönsten in Italien zählt. Weitere Attraktionen sind die in ganz Europa bekannten Freeclimbingwände, ein Regionalpark (Hochebene der Mànie) und ein waldreiches Hinterland. Im angrenzenden Laden der Familie werden Fahrräder vermietet, mit denen Sie durch das Dorf fahren oder die Mountainbikestrecken in der Umgebung von Finale ausprobieren können.

♦ 3 DZ und 1 4BZ, alle mit Bad und WC, TV ♦ DZ in Einzelbelegung € 50, DZ € 60–100, 4BZ € 95–135 (alle mit Frühstück) ♦ Kreditkarten: MC, Visa; Bankomat ♦ Gratisparkplatz 400 Meter entfernt, kleine Haustiere willkommen, Betreiber immer erreichbar ♦ Frühstücks- und Leseraum

Genua

In der Altstadt
100 m vom Bahnhof Porta Principe

Agnello d'Oro

3-Sterne-Hotel
Vico delle Monachette, 6
Tel. (+39) 010 / 246 20 84
Fax (+39) 010 / 246 23 27
info@hotelagnellodoro.it
www.hotelagnellodoro.it
Ferien: 20.–26. Dezember

Das Gebäude kann auf eine lange Geschichte verweisen: Im 16. Jahrhundert war es Sitz des Konvents der »Teresiane scalze«, der Unbeschuhten Karmelitinnen. Im 19. Jahrhundert ließ es Maddalena Centuriona zu einer Schule für Kinder aus einfachen Verhältnissen umwidmen. Später wurde es renoviert und als Hotel mit gemütlichen hellen Zimmern in schlichtem, modernem Stil gestaltet. Trotz der Veränderungen sind einige Merkmale der ursprünglichen Struktur sichtbar, zum Beispiel die großen Fenster, die auf den Innenhof hinausgehen, und ein Teil ihres 150 Zentimeter breiten Simses. Ein besonderes Erlebnis ist der Blick aus den Fenstern der Zimmer im obersten Stockwerk: Der Palazzo Reale ist nur ein paar Schritte entfernt, in einer Distanz von nur 400 Metern befinden sich das Aquarium und der alte Hafen. Das Frühstück entspricht dem kontinentalen Typ.

♦ 4 EZ, 12 DZ und 4 4–6BZ, alle mit Bad und WC, TV (einige Zimmer mit Aircondition) ♦ EZ € 50–100, DZ € 60–120, 4–6BZ € 100–170 (alle mit Frühstück) ♦ alle Kreditkarten, Bankomat ♦ Garage (€ 10–20 pro Tag), kleine Haustiere willkommen, Rezeptionsdienst rund um die Uhr ♦ Frühstücksraum

Genua

In der Altstadt
300 m vom Aquarium
Ausfahrt Genova Ovest der A 10

Cairoli

3-Sterne-Hotel
Via Cairoli, 14/4
Tel. (+39) 010 / 246 14 54,
(+39) 010 / 246 15 24
Fax (+39) 010 / 246 75 12
info@hotelcairoligenova.com
www.hotelcairoligenova.com
Ganzjährig geöffnet

Die Atmosphäre in diesem Hotel ist ruhig und familiär. Die Zimmer sind mit jedem Komfort ausgestattet und schlicht, aber modern und funktional eingerichtet. Zur Zeit der Bootsmesse »Salone Nautico« steigen die Zimmerpreise gewaltig, die Lage ist aber wirklich günstig: Das Cairoli befindet sich im Herzen der Altstadt, ganz in der Nähe der Kunstgalerien Palazzo Bianco und Palazzo Rosso, des Palazzo Reale, des Aquariums und des alten Hafens. Ein paar Schritte weiter erreichen Sie das Theater Carlo Felice, den Palazzo Ducale und den Dom von San Lorenzo. Das Hotel stellt seinen Gästen ein Boot zur Verfügung, damit sie auf dem offenen Meer schwimmen oder Ausflüge entlang der Küste unternehmen können.

♦ 3 EZ und 9 DZ, alle mit Bad und WC, Aircondition, Minibar, Safe, Telefon, Sat-TV ♦ EZ € 55–77, DZ € 65–88 (Frühstück € 5 pro Person) ♦ alle Kreditkarten, Bankomat ♦ Vertragsgarage (€ 18 pro Tag), kleine Haustiere willkommen, Rezeptionsdienst rund um die Uhr ♦ Bar, Frühstücksraum, Leseraum, Fitnessraum, Sonnenterrasse

Imperia
Porto Maurizio

In der Altstadt
Ausfahrt Imperia Ovest der A 10, »Aurelia« in Richtung Porto Maurizio Centro

Ca' del Vescovo

Bed & Breakfast
Via Carducci, 7
Tel. (+39) 338 / 597 71 13
info@cadelvescovo.it
www.cadelvescovo.it
Ganzjährig geöffnet

Die günstige Lage dieses Bed & Breakfasts macht es zu einem idealen Ausgangspunkt für Ausflüge zu Fuß und mit öffentlichen Verkehrsmitteln. In einem fünfminütigen Spaziergang erreicht man den reizenden Ort Parasio, von dem aus man den Blick über den Golf schweifen lassen kann – an klaren Tagen sieht man sogar die Küste von Korsika. In den Stadtvierteln Marina und Foce, die man in zehn bis 15 Gehminuten erreicht, gibt es Parks, Villen, Bäder und Sportanlagen. Das 2003 renovierte Ca' del Vescovo ist ein 160 Quadratmeter großes Apartment und besteht aus zwei Doppelzimmern, einer Suite und einem Salon, in dem das Frühstück eingenommen wird. Blickfang der Suite sind die Decken mit Fresken von Tommaso Carrega, einem berühmten Maler Porto Maurizios aus dem 18. Jahrhundert, und der Boden mit einem venezianischen Mosaik. In der Suite ist Platz für bis zu vier Personen, da sie mit einem bequemen ausziehbaren Sofa ausgestattet ist.

♦ 2 DZ und 1 Suite, alle mit Bad und WC, TV ♦ DZ in Einzelbelegung € 60, DZ € 75, Suite € 110 (Aufpreis Zusatzbett € 25, alle mit Frühstück) ♦ keine Kreditkarten ♦ Parkplatz in unmittelbarer Nähe (2 Plätze), kleine Haustiere willkommen, Betreiber immer erreichbar ♦ Frühstücksraum, Leseraum

La Spezia
Rebocco

4 km vom Zentrum
3,5 km vom Bahnhof
Ausfahrt La Spezia der A 12

Il Golfo dei Poeti

Agriturismo
Via Proffiano, 34
Tel. (+39) 01 87 / 71 10 53,
(+39) 347 / 695 51 41
info@agriturismogolfodeipoeti.com
www.agriturismogolfodeipoeti.com
Ganzjährig geöffnet

NEU

Hinter dem Nationalpark Cinque Terre und im Zentrum des Golfo dei Poeti liegt dieser Agriturismo mit über zwei Hektar Fläche. Umgeben vom Grün der Olivenhaine, der mit Trockenmauern befestigten Weinterrassen und der von vielen Wildtieren bevölkerten Wälder, in denen die Ziegen des Betriebs frei weiden, befinden sich zwei tadellos renovierte Steingebäude. Sie bieten ein Doppelzimmer und sechs Apartments. Von den Apartments aus hat man einen herrlichen Blick auf den Golfo dei Poeti. Sie verfügen über einen eigenen Eingang, einen Steinkamin und eine Kochnische in Schiefer und sind mit alten Möbeln eingerichtet. Allen Gästen stehen die Steinarkaden mit dem Holzofen und dem Barbecue-Bereich offen. Zum Frühstück gibt es Focaccia und Kekse aus einer nahen Bäckerei. Der Entspannung dienen eine Sonnenterrasse zwischen Olivenbäumen, ein großes Schwimmbecken, das direkt am Meer liegt, und ein kleineres mit Massagedüsen und Wasserfall.

♦ 1 DZ mit Bad und WC, Balkon, Aircondition, Minibar, TV; 6 Miniapartments (2–6 Personen) mit Kochnische ♦ DZ in Einzelbelegung und DZ € 70–84, Einzimmerapartment € 84–140, Zweizimmerapartment € 98–164, Dreizimmerapartment € 114–240 (Frühstück € 7 pro Person) ♦ keine Kreditkarten ♦ Privatparkplatz, kleine Haustiere willkommen, Betreiber immer erreichbar ♦ Frühstücksraum, Arkaden, Garten, Schwimmbecken

La Spezia

In der Altstadt
Ausfahrt La Spezia der A 12

Locanda del Prione

Zimmervermietung
Via del Prione, 152
Tel. (+39) 01 87 / 25 71 53,
(+39) 333 / 177 66 96
Fax (+39) 01 87 / 25 72 22
info@locandadelprione.it
www.locandadelprione.it
Ganzjährig geöffnet

Die Via del Prione ist die traditionelle Einkaufsmeile der Einwohner von La Spezia. Die 2002 komplett renovierte Locanda in Bahnhofs- und Hafennähe zeigt die typisch ligurische Bauweise aus dem 13. Jahrhundert, mit Eingang im Erdgeschoss und Treppenaufgängen zu den Wohnungen im ersten Stock. Die Zimmer sind schlicht und elegant eingerichtet und mit modernem Komfort ausgestattet. Wegen des speziellen Grundrisses hat jedes Zimmer einen eigenen Eingang vom Treppenhaus aus. Das Frühstück wird in einer nahe gelegenen Bar zubereitet und auf Wunsch im Zimmer serviert. An der Rezeption können Sie Fahrkarten für Züge und Fähren und Theaterkarten bestellen sowie ein Auto, einen Bus, ein Motor- oder Segelboot mieten. Es werden auch geführte Touren durch die Museen der Stadt angeboten.

♦ 4 DZ und 2 Suiten, alle mit Bad und WC, Aircondition, Minibar, Safe, TV ♦ DZ in Einzelbelegung € 45–60, DZ € 50–70, Suite € 70–120 (Frühstück € 6 pro Person) ♦ alle Kreditkarten, Bankomat ♦ Vertragsgarage in der Nähe (€ 13 pro Tag), kleine Haustiere willkommen, Betreiber 8–21 Uhr anwesend

La Spezia
Campiglia

7 km vom Zentrum
Ausfahrt La Spezia der A 12 in Richtung Portovenere

Tramonti

Locanda
Via della Chiesa, 56
Tel. (+39) 01 87 / 75 85 14,
(+39) 335 / 616 12 77
Fax (+39) 01 87 / 75 01 26
info@locandatramonti.it
www.locandatramonti.it
Ganzjährig geöffnet

Campiglia liegt auf einem Hügel mit Blick sowohl auf den Golf von La Spezia als auch auf das Meer der Cinque Terre. Die Lage ist günstig für alle, die gerne wandern, denn auf den vom italienischen Alpenverein CAI markierten Wegen erreicht man leicht Portovenere und Riomaggiore. Das Haus stammt aus dem 19. Jahrhundert und wird von der Familie Bracco geführt, bei der Betreuung der Gäste hilft Signora Giovanna. Die Zimmer sind modern ausgestattet und mit Stilmöbeln eingerichtet. Durch die Fenster sieht man an klaren Tagen Korsika, Capraia, Elba und die Côte d'Azur. Für drei Personen steht eine Suite für 120 Euro pro Tag zur Verfügung (Mindestaufenthalt drei Nächte). In der Locanda können Sie exquisiten Safran aus eigenem Anbau kaufen, außerdem Konfitüren, Lavendeldüfte, »Rosmarino condito« (eine lokale Kräutermischung) und Wein aus den Cinque Terre.

♦ 3 DZ und 1 Suite, alle mit Bad und WC, Minibar, Sat-TV, Internetanschluss ♦ DZ in Einzelbelegung € 50–55, DZ € 100–110, Suite € 120 (alle mit Frühstück) ♦ alle Kreditkarten, Bankomat ♦ Parkplatz in unmittelbarer Nähe, kleine Haustiere willkommen, Betreiber stets anwesend ♦ Frühstücksraum, Terrasse

La Spezia

Im Zentrum
1 km vom Bahnhof

Villa delle Palme

Bed & Breakfast
Via dei Colli, 30
Tel. (+39) 01 87 / 73 73 02,
(+39) 338 / 193 09 20
villadellepalme@alice.it
www.villadellepalme.net
Ganzjährig geöffnet

Eine vornehme und zugleich familiäre Atmosphäre und große, helle Zimmer mit Aussichtsterrassen (von einer blickt man auf den romantischen Golfo dei Poeti) – das ist die Visitenkarte der Villa delle Palme. Das Bed & Breakfast im Grünen ist ideal für alle, die Erholung in einer abgeschiedenen Gegend suchen, und trotzdem nur ein paar Schritte von der Altstadt entfernt wohnen möchten. In zehn Minuten gelangt man zum Bahnhof und zur Anlegestelle, von der aus man die wenige Kilometer entfernten Orte Lerici und Portovenere sowie die Cinque Terre erreicht. Die Zimmer sind nach 14 Uhr zu beziehen. Das Frühstück wird im großen Speisesaal serviert, in dem man auch zu anderen Tageszeiten einen Kaffee genießen kann.

♦ 3 DZ mit Bad und WC, Terrasse ♦ DZ in Einzelbelegung € 40–50, DZ € 60–75 (Aufpreis Zusatzbett € 20, alle mit Frühstück) ♦ keine Kreditkarten ♦ Privatparkplatz, kleine Haustiere willkommen, Betreiber immer erreichbar ♦ Frühstücksraum, Aufenthaltsraum, Garten

Lerici
Fiascherino

5,5 km vom Zentrum
15 km südöstlich von La Spezia
Ausfahrt La Spezia der A 12, S.S. 331 und S.P. 26

Il Senatore

Locanda
Via Byron, 11
Tel. (+39) 01 87 / 96 72 36,
(+39) 338 / 836 64 21
Fax (+39) 01 87 / 94 28 10
locandailsenatore@virgilio.it
www.locandailsenatore.com
Ferien: Januar

Zu den im maritimen Stil eingerichteten Zimmern gelangen Sie über eine Treppe, die vom Vorraum des gleichnamigen Restaurants nach unten führt. Das Menü für 45 bis 50 Euro basiert beinahe ausschließlich auf Fisch. Das Frühstück wird ebenfalls im Speisesaal serviert, oder in einer großen Veranda mit Meeresblick. Im Sommer ist die Benutzung eines Sonnenschirms und zweier Liegestühle auf dem etwas unterhalb gelegenen Strand im Zimmerpreis inbegriffen. Sie können auch ein kleines Motorboot mieten oder Tauchgänge mit Lehrern machen. Die Straße zur Locanda wird außer von deren Gästen und Besuchern des Restaurants sowie eines kleinen Hotels nur von wenigen Anrainern benutzt. Deshalb herrscht hier mehr Ruhe als an manch anderen überfüllten Orten der Umgebung.

♦ 8 DZ mit Bad und WC, Aircondition, Minibar, Sat-TV ♦ DZ in Einzelbelegung € 100–135, DZ € 110–135 (alle mit Frühstück) ♦ alle Kreditkarten, Bankomat ♦ Parkplatz angrenzend, Haustiere nicht erlaubt, Betreiber stets anwesend ♦ Restaurant, Strand mit Infrastruktur

Lerici
Monti Branzi

4 km vom Zentrum
15 km südöstlich von La Spezia
Ausfahrt La Spezia der A 12, S.S. 331 und S.P. 26

La Rosa Canina

Agriturismo
Ortsteil Monti Branzi
Tel. (+39) 01 87 / 96 67 19,
(+39) 340 / 963 67 90
info@larosacanina.net
www.larosacanina.net
Ganzjährig geöffnet

Seit etwa zehn Jahren führt Marco diesen ruhigen Agriturismo in den grünen Hügeln des Parco di Montemarcello. Um dorthin zu gelangen, folgen Sie von Lerici aus den Schildern erst nach La Serra, dann nach La Rocchetta. Für die kurvige Straße, deren letzter Kilometer nicht asphaltiert ist, werden Sie von dem friedlichen Ort und der üppigen Natur entschädigt. Ein Teil der gepflegt bäuerlich eingerichteten Zimmer und das Restaurant befinden sich im Haupthaus, ein anderer Teil in einer angrenzenden Dependance. Im Sommer wird das Frühstück auf der großen Terrasse serviert. Es besteht aus Süßem und selbst gemachten Konfitüren, auf Wunsch gibt es auch Aufschnitt und Käse. Das Restaurant bietet ein Degustationsmenü mit Getränken für 25 Euro und ein glutenfreies Menü. Kinder vergnügen sich auf einem Spielplatz und in einem kleinen Schwimmbecken.

♦ 10 DZ mit Bad und WC, TV ♦ DZ in Einzelbelegung € 35–55, DZ € 70–110 (alle mit Frühstück) ♦ alle Kreditkarten, Bankomat ♦ Privatparkplatz, kleine Haustiere willkommen, Betreiber stets anwesend ♦ Restaurant, Garten mit Kinderspielplatz, Kinderschwimmbecken

Lerici
Tellaro

4 km vom Zentrum
15 km südöstlich von La Spezia
Ausfahrt La Spezia der A 12, S.S. 331 und S.P. 26

Miranda

3-Sterne-Hotel
Via Fiascherino, 92
Tel. (+39) 01 87 / 96 81 30,
(+39) 01 87 / 96 40 12
Fax (+39) 01 87 / 96 40 32
info@miranda1959.com
www.miranda1959.com
Ganzjährig geöffnet

NEU

Der 1999 verstorbene Schriftsteller und Regisseur Mario Soldati beschrieb den kleinen Ort Tellaro als »ein Nirwana zwischen Meer und Himmel, zwischen den Felsen und den grünen Bergen«. An diesem herrlichen Ort hoch über dem Meer, der immer schon von italienischen und internationalen Touristen geschätzt wurde, hat 1959 das Miranda seine Tore geöffnet. Am Anfang war es eine Trattoria mit Gästezimmern, in den 1970er- und 1980er-Jahren wurde die Pension von Angelo und Giovanna Cabani in ein kleines Hotel mit Restaurant umgewandelt, in dem jedes Detail durchdacht ist. Die Zimmer sind sehr hell und mit Möbeln im Arte-povera-Stil eingerichtet. Gemütlich und auf ursprüngliche Art heimelig sind die Gemeinschaftsräume. Zum Frühstück gibt es verschiedene Produkte von bester Qualität. Dank der Wege zwischen den Orten der Cinque Terre haben Sie zahlreiche Ausflugsmöglichkeiten.

♦ 9 DZ mit Bad und WC, Balkon, TV
♦ DZ in Einzelbelegung und DZ € 120 (Aufpreis Zusatzbett € 40, alle mit Frühstück) ♦ Kreditkarten: AE, CartaSi, MC, Visa; Bankomat ♦ Anlage barrierefrei zugänglich, öffentlicher Parkplatz angrenzend, kleine Haustiere willkommen, Rezeptionsdienst 8–24 Uhr ♦ Bar, Restaurant, Leseraum, Terrasse

Das angeschlossene Restaurant bietet erlesene Fischgerichte für 60 Euro ohne Wein.

Levanto
Legnaro

4 km vom Zentrum
29 km nordwestlich von La Spezia
Ausfahrt Carrodano-Levanto der A 12

I Pipetta

Agriturismo · Via San Giovanni Bosco
Tel. (+39) 01 87 / 80 13 42, (+39) 349 / 463 90 38, (+39) 328 / 765 06 70
Fax (+39) 01 87 / 80 13 42,
(+39) 01 87 / 02 15 91
info@agriturismo-pipetta.it
www.agriturismo-pipetta.it
Ganzjährig geöffnet

Nach einer langen Zeit in La Spezia, wo der Vater klassische Philologie unterrichtete, kehrte die Familie Currarino 2001 in ihr Heimatdorf zurück und gestaltete ihr Bauernhaus aus dem 15. Jahrhundert zu einem Agriturismo um. Die Einrichtung der Zimmer ist einfach und funktional. Landwirt Francesco kümmert sich um die Weingärten und Olivenhaine, die Eltern und die Schwester sind in der Küche tätig und verwöhnen die Gäste mit Spezialitäten aus der Umgebung (festgelegtes Menü mit Wein 25 Euro). Auf dem Frühstücksbüfett finden Sie Brot und frische Milch, Joghurt, Obst der Saison und hausgemachte Konfitüren. Die Strände sind nur etwa drei Kilometer entfernt und auch mit dem Autobus erreichbar. Zahlreich sind die Ausflugsmöglichkeiten auf den Wanderwegen in der Umgebung. Gästen, die mit dem Zug anreisen, bieten die Betreiber einen Transportdienst vom und zum Bahnhof.

♦ 1 EZ und 4 DZ, alle mit Bad und WC ♦ EZ € 40–50, DZ € 60–80 (alle mit Frühstück) ♦ keine Kreditkarten ♦ öffentlicher Parkplatz in unmittelbarer Nähe, Haustiere nicht erlaubt, Betreiber immer erreichbar ♦ Restaurant, Garten, Aussichtsterrasse

Levanto
Montale

4 km vom Zentrum
40 km nordwestlich von La Spezia
Ausfahrt Carrodano-Levanto A 12

L'Antica Pieve

Zimmervermietung
Via Piccola, 10
Tel. (+39) 01 87 / 80 14 17, (+39) 01 87 /
80 07 55, (+39) 338 / 789 00 14
Fax (+39) 01 87 / 80 76 36
info@lanticapieve.it
www.lanticapieve.it
Ganzjährig geöffnet

Montale ist der älteste Ort in den Hügeln von Levanto. Hier wandelte Signora Cristina, nachdem sie 2003 ihren Beruf als Buchhalterin an den Nagel gehängt hatte, das Haus ihrer Familie aus dem 16. Jahrhundert in einen Beherbergungsbetrieb um. Die Zimmer sind im Genueser Stil eingerichtet: schmiedeeiserne Betten und gehäkelte Vorhänge. Ein Zimmer befindet sich im ehemaligen Keller (der neue wurde etwa 100 Meter entfernt gebaut), bei dessen Renovierung wertvolle Geräte für die Ölerzeugung entdeckt wurden, darunter ein riesiger Krug. Das Frühstücksbüfett ist nett gestaltet und bietet hausgemachte Kuchen und Konfitüren, Brot aus dem Holzofen, ligurische Focaccia, von Hand hergestelltes Feingebäck, Obst der Saison, Honig aus Levanto, Aufschnitt und Käse. Die Strände sind etwa vier Kilometer entfernt. Von Montale führen Wege zu den anderen Orten des Levantotals, in die Cinque Terre und ins Varatal.

♦ 5 DZ mit Bad und WC, Aircondition ♦ DZ in Einzelbelegung € 45–60, DZ € 70–100 (alle mit Frühstück) ♦ alle Kreditkarten, Bankomat ♦ öffentlicher Gratisparkplatz in unmittelbarer Nähe, Haustiere nicht erlaubt, Betreiber immer erreichbar ♦ Frühstücks- und Leseraum, Aufenthaltsraum mit TV-Ecke

Levanto

36 km westlich von La Spezia
Ausfahrt Carrodano-Levanto der A 12

L'Antico Borgo

Zimmervermietung
Ortsteil Dosso
Tel. (+39) 01 87 / 80 26 81,
(+39) 349 / 757 60 85
Fax (+39) 01 87 / 80 26 81
antico_borgo@hotmail.com
www.anticoborgo.net
Ganzjährig geöffnet

Die Familie Pilotti gehörte zu den Ersten, die die Möglichkeiten des Levantotals im Hinblick auf einen bewussten Tourimus erkannten. Cecilia, die Vertreterin der vierten Generation, führt diesen schönen Betrieb in einem 2004 renovierten Herrenhaus aus dem 18. Jahrhundert. Die schlichten und gepflegten Zimmer sind hell und großzügig und mit eigenem Bad und WC ausgestattet. Einige bieten einen herrlichen Blick auf den Golf von Levanto und über das Tal. In der kleinen Taverne mit den Steinmauern können lokale Weine probiert werden. Wenn das Wetter es erlaubt, wird das Frühstück auf der Aussichtsterrasse serviert. Im Winter genießen die Gäste das reiche süße und pikante Büfett mit hausgemachten traditionellen Kuchen im Frühstücksraum mit Kamin und zwei großen Fenstern mit Panoramablick.

♦ 7 DZ mit Bad und WC, Minibar, Sat-TV (5 Zimmer mit Aircondition) ♦ DZ in Einzelbelegung € 50–60, DZ € 85–105 (Aufpreis Zusatzbett € 25–30, alle mit Frühstück) ♦ alle Kreditkarten, Bankomat ♦ öffentlicher Gratisparkplatz in unmittelbarer Nähe, kleine Haustiere willkommen, Betreiber immer erreichbar ♦ Frühstücksraum, Lese- und TV-Raum, Taverne, Internetstation, Garten, Terrasse

Levanto

34 km westlich von La Spezia
Ausfahrt Carrodano-Levanto der A 12, vor dem Ort in Richtung Monterosso-La Spezia, nach 800 m Abzweigung nach Gallona

Villa Caterina

Zimmervermietung
Ortsteil Piè di Gallona
Tel. (+39) 01 87 / 80 40 13,
(+39) 347 / 847 77 54
villacaterinalevanto@virgilio.it
www.villacaterina.com
Ganzjährig geöffnet

Vittorio Bertolotto, ein Absolvent der Umwelt- und Meereswissenschaften, hat dem Bauernhaus seiner Familie aus dem 19. Jahrhundert zu neuem Glanz verholfen. Mit bewundernswerter Sorgfalt und unterstützt von der ganzen Familie hat er auch den Hang darunter wieder bepflanzt. Die unterschiedlich gestalteten Zimmer sind unter anderem mit wertvollen, im Familienbetrieb entstandenen schmiedeeisernen Gegenständen eingerichtet. Vittorio bietet einen Transportservice vom und zum Bahnhof. Nach dem Frühstück bringt er Sie auch an den Strand und holt Sie bei Sonnenuntergang wieder ab (der Golf von Levanto ist zwei Kilometer entfernt). Außerdem begleitet er Sie gerne auf Ausflügen in die Umgebung, denn von Piè di Gallona führen Wege zu den anderen Orten des Levantotals, in die Cinque Terre und ins Varatal.

♦ 4 DZ mit Bad und WC, Sat-TV ♦ DZ in Einzelbelegung € 35–60, DZ € 56–90 (alle mit Frühstück) ♦ Kreditkarten: CartaSi, MC, Visa; Bankomat ♦ Anlage barrierefrei zugänglich, Privatparkplatz, kleine Haustiere willkommen, Betreiber immer erreichbar ♦ TV-Raum, Park, Garten

Lucinasco

17 km nordwestlich von Imperia
Ausfahrt Imperia Est der A 10, S.S. 28 bis Chiusavecchia, anschließend 7 km auf der S.P. 30

Dinoabbo

NEU

Agriturismo
Via Roma, 2
Tel. (+39) 01 83 / 524 11
Fax (+39) 01 83 / 528 11
info@dinoabbo.it
www.dinoabbo.it
Ganzjährig geöffnet

Den alten Ort Lucinasco im Hinterland von Imperia erreicht man auf der Provinzstraße 30, die durch üppige Olivenwälder führt. Am Eingang zum Zentrum befindet sich rechts vor der Kehre dieser bedeutende Hof mit etwa 6.500 Olivenbäumen – der Gründer Dino Abbo war einer der Ersten, die die Olivensorte Taggiasca aufwerteten und ihr zum wohlverdienten Ruhm verhalfen. Im Juni 2003 wurde der Betrieb um zwei schöne Apartments erweitert. Kinder und Gattin des verstorbenen Dino kümmern sich um den Agriturismo und die Herstellung des ausgezeichneten Öls. Beim Hauseingang finden Sie den eleganten kleinen Aufenthaltsraum. Die Apartments (Le Volte und Gli Olivi) sind ruhig und bequem und in bäuerlichem Stil eingerichtet. Bei der Ankunft finden die Gäste alles vor, was sie für das Frühstück brauchen, sowie einen Korb mit Erzeugnissen des Betriebs. Im Restaurant können Sie Gerichte der ligurischen Küche probieren (27 Euro ohne Wein).

♦ 2 Apartments (2–8 Personen) mit Bad und WC, Küche ♦ DZ in Einzelbelegung und DZ € 60 (Aufpreis Zusatzbett € 20), 3BZ € 90, 4BZ € 120 (alle mit Frühstück) ♦ Kreditkarten: CartaSi, DC, MC, Visa; Bankomat ♦ öffentlicher Parkplatz angrenzend, kleine Haustiere willkommen, Betreiber immer erreichbar ♦ Restaurant, Aufenthaltsraum, Garten

Ne
Conscenti

3 km vom Zentrum
53 km östlich von Genova
8 km von der Ausfahrt Lavagna der A 12, S.S. 225

Barbin

Locanda
Via San Lorenzo, 16
Tel. (+39) 01 85 / 33 75 08
info@locandabarbin.it
www.locandabarbin.it
Ganzjährig geöffnet

Im Hinterland des Golfo von Tigullio, im Gravegliatal, liegt der kleine, gut erhaltene mittelalterliche Ort Conscenti. Mit dem Zug anreisende Gäste werden vom Bahnhof von Chiavari abgeholt. Die einfache, ruhige Locanda wurde umgebaut und mit viel Feingefühl an die Umgebung angepasst. Die hellen, freundlichen Räume sind mit Möbeln aus Pinienholz, Schiefer und Schmiedeeisen eingerichtet. Zum Frühstück werden die Gäste mit gutem Brot, Focaccia und Brioches aus einer nahen Bäckerei verwöhnt. Die Strände des Tigullio sind nur wenige Kilometer entfernt. Außerdem bieten sich viele Ausflugsmöglichkeiten: für geschichtlich und kunsthistorisch Interessierte in die Orte der Umgebung, für Sportliche in die Natur des ligurischen Apennins.

♦ 5 DZ mit Bad und WC, Minibar, Safe, Sat-TV ♦ DZ in Einzelbelegung € 35–65, DZ € 45–75 (Aufpreis Zusatzbett € 6, alle mit Frühstück) ♦ Kreditkarten: CartaSi, MC, Visa; Bankomat ♦ Parkplatz in unmittelbarer Nähe, kleine Haustiere willkommen, Betreiber immer erreichbar ♦ Frühstücksraum, TV-Raum

Perinaldo

48 km westlich von Imperia
Ausfahrt Bordighera der A 10, S.S. 1

Il Rifugio di Artemide

Agriturismo·Regione Massabò, 17
Strada per Suseneo San Martino km 0,7
Tel. (+39) 01 84 / 67 21 31,
(+39) 335 / 695 12 03
Fax (+39) 01 84 / 67 21 31
artemide.c@libero.it
www.ilrifugiodiartemide.it
Ganzjährig geöffnet

Kurz vor Perinaldo stößt man auf der Straße nach Suseneo San Martino auf diesen Agriturismo. Die Räumlichkeiten zur Unterbringung der Gäste umfassen die »Casetta delle lavande« (Lavendelhäuschen) mit vier Zimmern, die Villa mit einem Zimmer, ein Apartment mit zwei Stockwerken und den luftigen Salon, der als Restaurant, Frühstücks- und Seminarraum genutzt wird. Dazu kommen Gärten, ein Naturlehrpfad, Taggiasca-Olivenbäume, Rossese-Weingärten, ein Obst- und Gemüsegarten und viel Natur – der perfekte Agriturismo. Zum Frühstück gibt es Produkte aus eigener Erzeugung wie Konfitüren, helles und dunkles Brot, Kuchen, Croissants und Pfannkuchen. Zu einem Aufpreis von 10 Euro können Sie sich an einem Brunch »alla contadina« (nach Bäuerinnenart) mit Focaccia, Käse, Wurst und deutschen Spezialitäten erfreuen. Mittags und abends werden die Gerichte des Ponente für 30 bis 35 Euro vorgestellt. Die Höchstpreise der Zimmer gelten für die Zeit um den 15. August und zu Weihnachten.

♦ 5 DZ und 1 Apartment (2–8 Personen), alle mit Bad und WC, TV (auf Wunsch) ♦ DZ in Einzelbelegung € 50–90, DZ € 80–140, Apartment € 95–350 (Aufpreis Zusatzbett € 15–20, alle mit Frühstück) ♦ Kreditkarten: AE, CartaSi, MC, Visa; Bankomat ♦ Restaurant barrierefrei zugänglich, Privatparkplatz, kleine Haustiere willkommen, Betreiber stets anwesend ♦ Aufenthaltsraum, Leseraum, TV- und Klavierzimmer, Seminarraum, Restaurant, Garten, Terrasse, Sonnenterrasse

Pigna

27 km von Sanremo, 63 km nordwestlich von Imperia
Ausfahrt Bordighera oder Ventimiglia der A 10

Al Pagan

Agriturismo
Regione Pagan
Strada Provinciale 69, km 3,5
Tel. (+39) 347 / 322 33 75
info@alpagan.it
www.alpagan.it
Ganzjährig geöffnet

In das Gebiet Pagan gelangt man, indem man das Nerviatal hinauffährt. Vor Pigna nimmt man die Provinzstraße nach Gola di Gouta bis zum Kilometer 3,5, danach fährt man durch die letzten beiden Kehren auf der Gemeindestraße. Roberto Rebaudo hat den Familienbesitz, zwei Bauernhäuser aus dem 19. Jahrhundert, renoviert und zu einem Agriturismo ausgebaut. Jedes Apartment wurde mit einer Kochnische und einem Barbecue-Bereich im Freien ausgestattet. Das Frühstück bereiten die Gäste selbst zu, die Zutaten werden ihnen zur Verfügung gestellt: Kaffee, Milch, Kekse, Zwieback, selbst gemachte Konfitüren und Honig. Der Betrieb erzeugt Obst, Gemüse, Hülsenfrüchte (zum Beispiel die weiße Bohne aus Pigna – Slow-Food-Förderkreis) und natives Olivenöl extra der Olivensorte Taggiasca. Wander- und Mountainbikefreunde profitieren von der Nähe des Waldes von Gouta.

♦ 5 Apartments mit Bad und WC, Kochnische, TV ♦ DZ in Einzelbelegung € 40–50, DZ € 60–70, 3BZ € 90–105, 4BZ € 120–140 (alle mit Frühstück) ♦ keine Kreditkarten ♦ Privatparkplatz, kleine Haustiere willkommen, Betreiber stets anwesend ♦ Garten

Pigna

27 km von Sanremo, 59 km nordwestlich von Imperia
Ausfahrt Bordighera oder Ventimiglia der A 10

La Casa Rosa

Zimmervermietung
Corso De Sonnaz, 35
Tel. (+39) 347 / 522 71 19
Fax (+39) 01 84 / 24 10 47
info@bebcasarosa.com
www.bebcasarosa.com
Ganzjährig geöffnet

NEU

In der Altstadt, ein paar Schritte von der Kirche San Michele Arcangelo entfernt, haben Claudio Lanteri und Marisa De Montis mit Geschick und Verstand ein Gebäude renoviert, dessen Kern ein Wachturm aus dem 18. Jahrhundert war. Erhalten blieben die Gewölbedecken, die Balkenträger aus Holz, die Stufen aus Schieferholz und die Kiesböden; die Cottofliesen sind dem Original nachempfunden. Das Haus hat drei Stockwerke, im Erdgeschoss ist die Rezeption. Im ersten Stock befinden sich ein Zimmer, der gemütliche Frühstücksraum und die Küche für die Gäste. Die anderen Zimmer liegen in den oberen Stockwerken. Alle sind bequem und ruhig und mit restaurierten Möbeln im französischen oder provenzalischen Stil eingerichtet. Zum Frühstück gibt es Brioches, hausgemachte Kuchen, selbst erzeugte Konfitüren und Honig aus einem kleinen Betrieb in Pigna.

♦ 5 DZ mit Bad und WC, TV ♦ DZ in Einzelbelegung € 35–40, DZ € 60–80 (alle mit Frühstück) ♦ keine Kreditkarten ♦ öffentlicher Gratisparkplatz 100 Meter entfernt, kleine Haustiere willkommen, Betreiber immer erreichbar ♦ Frühstücksraum

🍴 Etwa einen Kilometer entfernt führen dieselben Eigentümer das Restaurant Terme mit Spezialitäten der Küche des Ponente (23 bis 33 Euro ohne Wein).

LIGURIEN

Pigna

27 km von Sanremo, 59 km nordwestlich von Imperia
Ausfahrt Ventimiglia oder Bordighera der A 10

Via col Tempo

Bed & Breakfast · Via Colla, 17
Tel. (+39) 01 84 / 24 12 16,
(+39) 333 / 306 58 78
Fax (+39) 01 84 / 24 12 16
nadia.ughetto@tiscali.it
www.viacoltempo.it
Ganzjährig geöffnet (1. Oktober–
31. März nur an Wochenenden)

Pigna, der antike bäuerliche Bezirk Albintimilium (Ventimiglia), der wegen seiner Thermalquellen von den Römern geschätzt wurde, weist wie die meisten Orte im oberen Nerviatal Spuren des alten Rom und seiner Größe auf. Die Altstadt, in der sich das Bed & Breakfast befindet, erreicht man nur zu Fuß durch die charakteristischen Gässchen, »Chibi« genannt. Nadia Ughetto hat Paris und ihren Beruf als Antiquitätenhändlerin hinter sich gelassen, um das im Familienbesitz stehende Haus aus dem 15. Jahrhundert zu renovieren. Die Zimmer sind großzügig; Gewölbedecken, Holzbalken und Cottoböden sorgen für zusätzliche Eleganz. Als Dekor dienen seltene Ziergegenstände und wertvolle Stilmöbel, Verweise auf Nadias früheren Beruf. Zum Frühstück werden frisches Obst, hausgemachte Kuchen, frisch gebackenes Brot und einige pikante Speisen für ausländische Gäste serviert. Besuchen Sie in der Nähe die mittelalterliche Kirche San Michele und die Kirche San Bernardo, in der Sie die Werke von Giovanni Canavesio aus dem 15. Jahrhundert bewundern können.

♦ 3 DZ mit Bad und WC, TV, Internetanschluss (1 Zimmer mit Minibar) ♦ DZ in Einzelbelegung € 50–70, DZ € 80–90 (Aufpreis Zusatzbett € 20, alle mit Frühstück) ♦ keine Kreditkarten ♦ öffentlicher Gratisparkplatz in der Nähe, kleine Haustiere willkommen, Betreiber 8–21 Uhr anwesend ♦ Frühstücksraum

Pignone

2 km vom Zentrum
18 km nordwestlich von La Spezia
Ausfahrt Brugnato der A 12, S.P. 7 und S.P. 566

Il Cigno Ligustico

Bed & Breakfast
Via Bellini, 10
Tel. (+39) 01 87 / 88 76 81,
(+39) 320 / 05 55 80
info@cignoligustico.it
www.cignoligustico.it
Geöffnet Ostern–Oktober, November und Dezember gegen Vorbestellung

Ivan Andreani, Student der Ingenieurwissenschaften an der Universität von Pisa, hat dieses Bed & Breakfast mit seinen Eltern und seinem Bruder gegründet. Es ist ein altes Herrenhaus auf der Piazza einer der reizendsten Gemeinden des Laratals und trägt einen seltsamen Namen (Schwan der ligurischen Küste), der sich aus der antiken Mythologie ableitet: Kyknos, König der Ligurier, untröstlich über den Tod seines Geliebten Phaeton, wurde von Apoll in einen Schwan verwandelt. Ein Symbol für diesen Mythos aus dem 11. bis 9. vorchristlichen Jahrhundert, ein Radkreuz, von dem sich ein Schwan erhebt, findet sich tatsächlich hier in Pignone. Die Zimmer sind schlicht und mit Geschmack eingerichtet. Auf dem Frühstücksbüfett stehen Honig aus Pignone, Brot aus dem Holzofen, frische Milch, Joghurt, Obst der Saison und typische hausgemachte Kuchen (probieren Sie Buccellato ligure aus Kastanienmehl).

♦ 3 DZ mit Bad und WC (1 DZ mit Küche) ♦ DZ in Einzelbelegung € 35–40, DZ € 55–65 (Aufpreis Zusatzbett € 15, alle mit Frühstück) ♦ keine Kreditkarten ♦ öffentlicher Gratisparkplatz außerhalb der Anlage, kleine Haustiere willkommen, Betreiber stets anwesend ♦ Frühstücks- und Leseraum

Pignone
Casale

2 km vom Zentrum
19 km nordwestlich von La Spezia
Ausfahrt Brugnato der A 12, S.S. 1 und S.S. 38

La Meridiana

Zimmervermietung
Via Valletta, 27 B
Tel. (+39) 01 87 / 88 70 20, (+39) 01 87 /
88 79 74, (+39) 338 / 438 75 30,
(+39) 348 / 526 92 97
info@lameridianacasale.it
www.lameridianacasale.it
Geöffnet Ostern–Oktober

Gegen Ende des 19. Jahrhunderts gab Edda Agnetti bemüht sich schon seit Langem um die bäuerlichen Wurzeln und kulinarischen Traditionen der Region. Die beiden benachbarten Häuser, die sie renoviert und in ein Bed & Breakfast umgewandelt hat, haben eine romantische Geschichte, die auf das Ende des 19. Jahrhunderts zurückgeht: Von den Fenstern der beiden Gebäude aus kommunizierten zwei verliebte junge Menschen. Obwohl der Vater des Mädchens das »gefährliche« Fenster verschließen ließ, gelang es den beiden, sich den Traum ihrer Liebe zu erfüllen. Es handelte sich um Eddas Großeltern. Ihr Ehemann Ubaldo Bettolini und der Rest der Familie führen den Betrieb. Die Zimmer mit den Balken aus Kastanienholz sind in rustikalem Stil eingerichtet. Das Frühstück besteht aus bäuerlichen Produkten aus der Umgebung wie hausgemachtem Brot, lokalem Biojoghurt, süßen und pikanten traditionellen Torten sowie Wurstwaren.

♦ 5 DZ und 1 Miniapartment mit Küche (3 Personen), alle mit Bad und WC, Airconditon, Minibar, Sat-TV ♦ DZ in Einzelbelegung € 35–45, DZ € 56–68 (Aufpreis Zusatzbett € 10–20, alle mit Frühstück) ♦ keine Kreditkarten ♦ öffentlicher Gratisparkplatz in der Nähe, Haustiere nicht erlaubt, Betreiber stets anwesend ♦ Frühstücks- und Leseraum, Terrassen

Riomaggiore
Manarola

6 km vom Zentrum
19 km südwestlich von La Spezia
Ausfahrt La Spezia der A 12 und S.S. 370

Ca' d'Andrean

3-Sterne-Hotel
Via Discovolo, 101
Tel. (+39) 01 87 / 92 00 40
Fax (+39) 01 87 / 92 04 52
cadandrean@libero.it
www.cadandrean.it
Ferien: November/Dezember

Einer der Gründe für die Bekanntheit von Manarola ist die »Via dell'Amore«, die Straße der Liebe, die in den Fels direkt über dem Meer geschlagen wurde und den kleinen Ort mit Riomaggiore verbindet. Ein Ausflug, den Sie unbedingt machen sollten. Das Ca' d'Andrean ist ein familiäres Hotel in Meeresnähe, das in einem alten Wohnhaus durch Renovierung des Kellers und der Räume zur Ölpressung entstanden ist. Die Zimmer sind großzügig und funktional, einige verfügen über eine Terrasse. Die Empfangshalle mit dem Kamin und der Bar geht auf einen Innengarten hinaus. Hier können Sie im Sommer zwischen Zitronenbäumen frühstücken. Im Dorf sollten Sie die gotische Kirche San Lorenzo aus dem Jahr 1338 besichtigen. Sie ist aus dem harten lokalen Stein erbaut und ihre Fassade ist mit einer Rosette von Matteo und Pietro di Campilio geschmückt. In der Apsis ist ein Flügelaltar mit Malereien auf goldenem Untergrund aus dem 15. Jahrhundert erhalten.

♦ 1 EZ, 9 DZ und 4 3BZ, alle mit Bad und WC, Airconditon, Sat-TV ♦ EZ € 55–72, DZ € 70–98, 3BZ € 95–130 (Frühstück € 6 pro Person) ♦ keine Kreditkarten ♦ Parkplatz am Ortseingang, Haustiere nicht erlaubt, Betreiber immer erreichbar ♦ Bar, Leseraum, Garten

LIGURIEN

Riomaggiore

6 km vom Zentrum
13 km südwestlich von La Spezia
Ausfahrt La Spezia A 12, S.S. 370

Locanda della Compagnia

1-Stern-Hotel
Via del Santuario, 32
Tel. (+39) 01 87 / 76 00 50, (+39) 01 87 / 92 05 86, (+39) 329 / 394 58 15
Fax (+39) 01 87 / 92 05 86
info@dallacompagnia.it
www.dallacompagnia.it
Ganzjährig geöffnet

Inmitten der für die Gegend typischen turmförmigen Häuser in der Altstadt befindet sich das von Tommasa Franca Pasini und ihrem Sohn Alessandro geführte Hotel. Das Meer ist ganz in der Nähe, wie auch der Nationalpark der Cinque Terre. Der Name der Locanda geht auf die Tatsache zurück, dass hier im 19. Jahrhundert eine Bruderschaft zu Ehren der Himmelfahrt der Jungfrau Maria, die »Compagnia«, ihren Sitz hatte. Der Jungfrau Maria ist auch die wunderschöne Kirche aus dem Jahr 1871 auf der kleinen Piazza vor dem Hotel gewidmet. Zwischen den 1930er- und 1950er-Jahren diente das Gebäude der Locanda dalla Compagnia als Kino und Treffpunkt für die Menschen aus dem Dorf, schließlich wurde es in ein Hotel umgewandelt. Der heutige Betrieb ist gemütlich und familiär, Höflichkeit, Liebenswürdigkeit und Sauberkeit bestimmen den Ton. Im nahen Restaurant können Sie ligurische Küche für 20 Euro ohne Wein probieren.

♦ 5 DZ mit Bad und WC, Aircondition, Minibar, Sat-TV ♦ DZ in Einzelbelegung und DZ € 60–100, 3BZ € 75–115 (alle mit Frühstück) ♦ alle Kreditkarten, Bankomat ♦ 1 Zimmer behindertengerecht ausgestattet, öffentlicher Parkplatz in unmittelbarer Nähe, kleine Haustiere willkommen, Betreiber immer erreichbar ♦ Leseraum

Riomaggiore
Volastra

7 km vom Zentrum
13 km südwestlich von La Spezia
Ausfahrt La Spezia der A 12, S.S. 370

Luna di Marzo

3-Sterne-Hotel
Via Montello, 387 C
Tel. (+39) 01 87 / 92 05 30, (+39) 339 / 834 90 76
Fax (+39) 01 87 / 92 05 30
info@albergolunadimarzo.com
www.albergolunadimarzo.com
Ferien: Januar

Ohne Vorkenntnisse machte sich der junge Besitzer Eugenio Rollandi unterstützt von seiner Mutter daran, ein altes Bauernhaus inmitten von Olivenbäumen mit Blick auf das Meer umzubauen. Es entstand ein einfaches, aber freundliches Ambiente, das sich harmonisch in sein Umfeld einfügt. Über die Veranda mit herrlicher Aussicht auf das Meer betritt man die Gemeinschaftsräume. Die Zimmer sind modern und gepflegt. Das Frühstücksbüfett wird in der schönen Jahreszeit auf der Veranda eingenommen und umfasst Produkte aus biologischem Anbau und hervorragende Focaccia. Die wenigen Kilometer, die das Dorf vom Meer trennen, können auf Wegen durch Weingärten und Olivenhaine zurückgelegt werden. Die Spaziergänger werden mit einem eindrucksvollen Panoramablick belohnt.

♦ 10 DZ mit Bad und WC, Aircondition, Sat-TV (2 Zimmer mit Terrasse mit Meerblick) ♦ DZ in Einzelbelegung € 70, DZ € 100–120 (Aufpreis Zusatzbett € 20, alle mit Frühstück) ♦ Kreditkarten: CartaSi, DC, MC, Visa; Bankomat ♦ Privatparkplatz 100 Meter entfernt, Haustiere nicht erlaubt, Rezeptionsdienst 7–22.30 Uhr ♦ Bar, Frühstücksraum, Leseraum, Veranda

Riomaggiore
Manarola

6 km vom Zentrum
19 km südwestlich von La Spezia
Ausfahrt La Spezia der A 12, S.S. 370

Marina Piccola

3-Sterne-Hotel
Via Birolli, 120
Tel. (+39) 01 87 / 92 01 03
Fax (+39) 01 87 / 92 09 66
info@hotelmarinapiccola.com
www.hotelmarinapiccola.com
Ganzjährig geöffnet

Das farbenprächtige Mosaik der Häuser ist von jeher das besondere Kennzeichen von Manarola, einem alten Ort der Riviera di Levante, der sich an einen Felsvorsprung schmiegt. Das Hotel ist klein und wird umsichtig als Familienbetrieb geführt. Die Zimmer sind gepflegt, funktional und mit dem wichtigsten Komfort ausgestattet. Einige verfügen über eine Terrasse mit Ausblick auf die nahe Marina, die man am charakteristischen schwarzen Stein erkennt. Wer gerne Spaziergänge unternimmt, hat die Qual der Wahl, denn von hier aus kommt man leicht von einem Ort zum nächsten. Die vielen bequemen Wege führen durch die üppige Natur einer Landschaft, die von Trockenmauern und Weinterrassen geprägt ist. Im Restaurant sind nicht nur Hausgäste willkommen. Geboten wird Fischküche zu einem Durchschnittspreis von 25 bis 30 Euro ohne Wein.

♦ 2 EZ und 11 DZ, alle mit Bad und WC, Aircondition, Sat-TV, Internetanschluss
♦ EZ € 80–87, DZ € 105–115 (Aufpreis Zusatzbett € 37–40, alle mit Frühstück)
♦ alle Kreditkarten, Bankomat ♦ Parkplatz am Ortseingang, Haustiere nicht erlaubt, Rezeptionsdienst 7–23.30 Uhr
♦ Bar, Restaurant

Riva Ligure

16 km westlich von Imperia
Ausfahrt Arma di Taggia der A 10

Casa Pausini

Bed & Breakfast
Via Nino Bixio, 83
Tel. (+39) 01 84 / 48 40 31,
(+39) 338 / 487 53 32
info@casapausini.com
www.casapausini.com
Ganzjährig geöffnet

An der Hauptstraße und Fußgängerzone dieses charakteristischen ligurischen Ortes, gerade 20 Meter vom Meer entfernt, befindet sich dieses Bed & Breakfast. Andrea und Cristiano haben dafür die Beletage des Hauses der Familie aus dem 18. Jahrhundert mit Sorgfalt renoviert. Die drei Zimmer heißen Sole, Mare und Isola. Im ersten Zimmer ist noch das Deckengewölbe vorhanden. Alle drei sind modern eingerichtet und mit Duschbad und WC, TV mit LCD-Bildschirm sowie DVD-Player ausgestattet. Die mehr als einen Meter dicken alten Mauern halten den Lärm ab. Im eleganten Salon, der als Rezeption, Frühstücks- und Leseraum genutzt wird, konnten durch die kluge Renovierung die Kapitelle und die Gewölbedecke erhalten werden.

♦ 3 DZ mit Bad und WC, Safe, TV, WLAN
♦ DZ in Einzelbelegung und DZ € 50–75 mit Frühstück (Aufpreis Zusatzbett € 15) ♦ Kreditkarten: MC, Visa; Bankomat
♦ öffentlicher Gratisparkplatz 100 Meter entfernt, Haustiere nicht erlaubt, Betreiber 8–22 Uhr anwesend ♦ Frühstücks- und Leseraum

San Bartolomeo al Mare
Borgata Freschi

2 km vom Zentrum
11 km nordöstlich von Imperia
Ausfahrt San Bartolomeo al Mare der A 10

I Freschi

Bed & Breakfast
Via Luvea, 14 bis
Tel. (+39) 01 83 / 40 68 68,
(+39) 338 / 836 89 26
Fax (+39) 01 83 / 40 68 68
info@ifreschi.com
www.ifreschi.com
Ganzjährig geöffnet

Borgata Freschi trägt seinen Namen zu Recht: Hier ist die Temperatur auch im Sommer angenehm. Um hierher zu gelangen, verlassen Sie die Autobahn Genua–Ventimiglia und fahren links in Richtung Pairoli. Wenn Sie den Ort erreicht haben, fahren Sie noch einen Kilometer, dann kommen Sie in einem Olivenhain zum Bed & Breakfast der Familie Lepra-Brun – abseits des Verkehrs und doch nur zehn Minuten mit dem Auto vom Strand entfernt. Die acht Apartments in alten Landhäusern sind mit Möbeln in der Art des Jugendstils und des Landhausstils des 19. Jahrhunderts eingerichtet. In einem Korb finden die Gäste alles, was sie für das Frühstück brauchen, das sie in der eigenen Unterkunft zubereiten können. Der Zimmerpreis deckt auch die Endreinigung des Apartments ab, die Weißwäsche, Wasser, Strom und Gas sowie – falls dies bei der Reservierung gewünscht wird – ein Leihmountainbike. Der Höchstpreis bezieht sich auf die Zeit zwischen Ende Juni und Anfang September.

♦ 8 Apartments (2–5 Personen) mit Bad und WC, Aircondition, Sat-TV, Internetanschluss ♦ Apartment € 110–140 mit Frühstück ♦ Kreditkarten: CartaSi, MC, Visa; Bankomat ♦ 1 Apartment barrierefrei zugänglich, Privatparkplatz, kleine Haustiere willkommen (in 1 Apartment), Betreiber immer erreichbar ♦ Lese- und Spieleraum

Sanremo

3,5 km vom Bahnhof
26 km südwestlich von Imperia
Ausfahrt Sanremo der A 10

La Locanda Azzurra

Zimmervermietung
Via Solaro, 111
Tel. (+39) 01 84 / 66 51 55
Fax (+39) 01 84 / 66 62 02
info@lalocandaazzurra.it
www.lalocandaazzurra.it
Ganzjährig geöffnet

Was die Locanda Azzurra auf den Hügeln von Sanremo auszeichnet, ist die Vielfalt des Angebots, vor allem für Sportliche: Ein überdachtes Schwimmbecken, dessen Dach im Sommer geöffnet wird, und ein gut ausgestattetes Fitnesscenter (Kraftraum, Aerobicraum, Sauna und Sonnenterrasse) sind für die Gäste frei zugänglich. Außerdem erhalten sie zehn Prozent Preisnachlass bei der Benutzung der Tennisplätze. Die Locanda liegt nämlich auf dem Gelände des Sporting Club Solaro, der nicht zuletzt wegen seiner schönen Lage beliebt ist – von hier aus sieht man das Meer, viel Grün und mediterrane Gärten. Im strahlend weißen Gebäude befinden sich Zimmer und kleine Apartments, alle in hellen, warmen und maritimen Farben. Ein klassisches italienisches Frühstück mit Getränken sowie Brot und frischen Croissants können die Gäste an der Bar einnehmen. Für einen Aufpreis von 15 Euro kommen sie auch in den Genuss von Halbpension. Die Preise richten sich nach der Saison: Im August und in der Woche des berühmten Sanremo-Musikfestivals kostet ein Doppelzimmer 140 Euro.

♦ 6 DZ oder 3BZ mit Bad und WC, TV ♦ DZ in Einzelbelegung und DZ € 70–110, 3BZ € 80–120 (alle mit Frühstück) ♦ alle Kreditkarten, Bankomat ♦ Privatparkplatz, kleine Haustiere willkommen, Betreiber immer erreichbar ♦ Bar, Restaurant, Garten, Terrasse, Schwimmbecken, Fitnessraum, Tennisplatz, kleine Fußballwiese

Sant'Olcese
Comago

6 km vom Zentrum
10 km nördlich von Genova
2,5 km von der Autobahnausfahrt Bolzaneto

Locanda del Cigno Nero

3-Sterne-Hotel
Parco di Villa Serra-Via Levi, 10
Tel./Fax (+39) 010 / 726 21 32
info@locandadelcignonero.it
www.locandadelcignonero.it
Ganzjährig geöffnet

Das Hotel ist ein kleiner Palazzo mit einem zinnengekrönten Turm. Es befindet sich in einem Ensemble von Gebäuden, zu dem auch ein schöner neugotischer Bau aus dem 19. Jahrhundert (Villa Serra) und ein englischer Garten gehören. Das Hotel mit den schlichten, in Pastellfarben gehaltenen Zimmern wird von der Familie Belforte geführt. Die Zimmerpreise können zur Zeit der Bootsmesse und der Blumenmesse »Euroflora« auf 160 Euro steigen. Im Erdgeschoss befinden sich die kleine Rezeption, der Barbereich und der elegante Speisesaal des Restaurants, in dem Sie ligurische, piemontesische und internationale Gerichte probieren können. Das typisch italienische Frühstück besteht aus Kuchen und Feingebäck aus der Umgebung. In der Villa Serra stehen vier Säle mit je 80 Plätzen für Seminare, Konferenzen und Kongresse zur Verfügung.

♦ 2 EZ, 4 DZ, 1 3BZ und 2 Juniorsuiten, alle mit Bad und WC (Dusche mit Massagefunktion), TV, Internetanschluss ♦ EZ € 65–80, DZ € 90, Juniorsuite € 120, 3BZ € 160 (alle mit Frühstück) ♦ alle Kreditkarten, Bankomat ♦ Anlage barrierefrei zugänglich, Privatparkplatz, kleine Haustiere willkommen, Betreiber immer erreichbar ♦ Bar, Restaurant, Konferenzräume, Park

Varese Ligure

52 km nordwestlich von La Spezia
Ausfahrt Sestri Levante der A 12, S.S. 523

Amici

3-Sterne-Hotel
Via Garibaldi, 80
Tel. (+39) 01 87 / 84 21 39
Fax (+39) 01 87 / 185 59 08
info@albergoamici.com
www.albergoamici.com
Ferien: Dezember/Januar

Varese Ligure ist einer der ältesten und besterhaltenen Orte im Varatal hinter den Cinque Terre. Sein geschlossener mittelalterlicher Ortskern wird »Borgo rotondo« genannt. In der Nähe liegt das Hotel der Familie Marcone. Das Gebäude vom Ende des 18. Jahrhunderts bietet ein elegantes Ambiente und eine Einrichtung im Stil des beginnenden 20. Jahrhunderts. Die Atmosphäre ist familiär. Fünf der 29 Zimmer sind in der Dependance auf der anderen Straßenseite untergebracht. Auf dem Frühstücksbüfett warten hausgemachte Süßspeisen, Brioches, Konfitüren und auf Wunsch auch Deftigeres wie Eier und Aufschnitt.

♦ 3 EZ und 26 DZ, alle mit Bad und WC, Sat-TV, Internetanschluss ♦ EZ € 55, DZ € 65 (Frühstück € 5 pro Person) ♦ alle Kreditkarten, Bankomat ♦ Anlage barrierefrei zugänglich, überdachter Privatparkplatz, kleine Haustiere willkommen, Rezeptionsdienst 7–23 Uhr ♦ Bar, Restaurant, TV-Raum, Garten

🍲 Aus der guten Küche des Restaurants kommen Spezialitäten des Hügellands um La Spezia mit Einflüssen aus Genua und der Emilia (25 Euro ohne Wein).

Vendone

57 km südwestlich von Savona
Ausfahrt Albenga der A 10, S.S. 453

La Crosa

Agriturismo
Via Crosa, 10
Tel./Fax (+39) 01 82 / 763 31
lacrosa@hotmail.com
www.lacrosa.it
Ganzjährig geöffnet

Eine sorgfältige Revitalisierung hat aus dem Betrieb, den Luigi Bodini und seine Gattin seit etwa 30 Jahren führen, vor zehn Jahren einen Agriturismo gemacht. Alle Apartments verfügen über einen eigenen Eingang und sind ideal für Gäste, die einen entspannenden Urlaub in der Natur verbringen wollen. Gekocht wird nur für Hausgäste, die Küche orientiert sich an der regionalen Tradition. Besondere Aufmerksamkeit wird der Unterhaltung der Kinder gewidmet – ihnen ist das kleine Schwimmbecken vorbehalten. Sportliche finden wenige Kilometer entfernt Tennisplätze, ein Reitstall und Golfplätze. Oft organisieren die Eigentümer für ihre Gäste Ausflüge in die Natur (zu Fuß oder mit Mountainbikes).

♦ 3 Apartments (2–5 Personen) mit Bad und WC, Küche, Garten oder Privatterrasse ♦ Apartment € 60–80 (Frühstück € 5 pro Person) ♦ keine Kreditkarten ♦ Privatparkplatz, kleine Haustiere willkommen, Betreiber immer erreichbar ♦ Restaurant, Leseraum, Garten, Schwimmbecken

Ventimiglia

43 km südwestlich von Imperia
Ausfahrt Ventimiglia der A 10

La Terrazza dei Pelargoni

NEU

Bed & Breakfast
Via Garibaldi, 24
Tel. (+39) 347 / 260 89 08
Fax (+39) 01 84 / 23 09 70
info@laterrazzadeipelargoni.it
www.laterrazzadeipelargoni.it
Ganzjährig geöffnet

Ventimiglia Alta, die Oberstadt von Ventimiglia, ist wegen ihrer Größe nach Genua die zweitwichtigste Altstadt in Ligurien. Das Bed & Breakfast liegt im dritten Stock (ohne Aufzug) eines Hauses, das auf das 11. oder 12. Jahrhundert zurückgeht. Schon beim Eintreten ist man vom eleganten Ambiente und den Antiquitäten beeindruckt. Die bequemen, ruhigen Zimmer sind mit Stilmöbeln und alten Bildern, Wandbehängen und Ziergegenständen eingerichtet. Im Sommer wird das Frühstück auf den beiden Terrassen mit Blick auf den Fluss Roia und das Meer serviert, auf einer Terrasse blühen die namensgebenden Pelargonien. Im Winter frühstückt man in einem warmen Raum, der auch als Küche benutzt werden kann, oder in einem Salon mit Kamin. Der liebenswerte Eigentümer Claudio Cappuccio betreut mit Hingabe seinen Obst- und Gemüsegarten innerhalb der mittelalterlichen Mauern und liefert erntefrische Zutaten für das Frühstück.

♦ 3 DZ mit Bad und WC (1 Bad neben dem Zimmer), Aircondition, Minibar, Safe, Sat-TV ♦ DZ in Einzelbelegung € 50–60, DZ € 70–80 (Aufpreis Zusatzbett € 20, alle mit Frühstück) ♦ Kreditkarten: AE, CartaSi, MC, Visa; Bankomat ♦ öffentlicher Gratisparkplatz 100 Meter entfernt, Garage 250 Meter entfernt (€ 8 pro Tag), kleine Haustiere willkommen, Betreiber 7.30–10 Uhr und nach Vereinbarung erreichbar ♦ Frühstücksraum, Salon, Terrassen

Vernazza

27 km westlich von La Spezia
Ausfahrt Brugnato der A 12, S.S.1

Gianni Franzi

2-Sterne-Hotel
Piazza Marconi, 1
Tel. (+39) 01 87 / 82 10 03
Fax (+39) 01 87 / 81 22 28
info@giannifranzi.it
www.giannifranzi.it
Ferien: 6. Januar–Mitte März

Die Geschichte des Gianni Franzi beginnt vor dem Zweiten Weltkrieg: Eine einfache Trattoria entwickelte sich rasch zu einem Fischrestaurant, das Ende der 1960er-Jahre um einen Beherbergungsbetrieb erweitert wurde. Einzigartig ist die Gestaltung der Zimmer und Gemeinschaftsräume: Der Theaterregisseur Aldo Trionfo hat sie gemeinsam mit Bühnenbildnern und Bildhauern wie Luca Crippa und Giorgio Panni eingerichtet und einen ganz persönlichen Stil geschaffen. Zu den ersten Zimmern in den ehemaligen Wohnräumen gesellten sich 1997 weitere im angrenzenden Palazzo direkt über dem Meer. Fast alle Zimmer bieten Meeresblick. Im jüngsten Flügel des Hotels wurden auch kleine Gärten über dem Meer angelegt, dahinter steht die historische Burg der Doria. Der Preis des Frühstücks hängt von der Bestellung ab, eingenommen wird es in der Bar des Restaurants.

♦ 3 EZ, 16 DZ und 4 3BZ, alle mit Bad und WC ♦ EZ € 45–70, DZ € 65–100, 3BZ € 120 (Aufpreis Zusatzbett € 20, Frühstückspreis individuell) ♦ alle Kreditkarten, Bankomat ♦ Parkplatz am Ortseingang, Haustiere nicht erlaubt, Rezeptionsdienst 8–20 Uhr ♦ Bar, Restaurant

Vezzano Ligure

11 km nordwestlich von La Spezia
Ausfahrt La Spezia-Santo Stefano Magra der A 12 oder der A 15, Superstrada in Richtung La Spezia, nach 800 m Ausfahrt Vezzano Ligure

Al Convento

3-Sterne-Hotel
Piazza Regina Margherita
Tel. (+39) 01 87 / 99 44 44
Fax (+39) 01 87 / 99 44 47
info@alconvento.com
www.albergoalconvento.it
Ganzjährig geöffnet

Der alte Ortskern von Vezzano Ligure liegt auf einem Hügel, am Zusammenfluss von Magra und Vara. An der Straße, die zur Pfarrkirche San Prospero in Corongiola führt, befindet sich dieses Hotel in einem minuziös renovierten ehemaligen Kloster der Kirche Santa Maria Assunta e Sebastiano. Jedes Zimmer hat eine eigene Geschichte und unterscheidet sich von den anderen, aber alle sind mit schlichter Eleganz und in einem Stilmix aus klassisch und modern eingerichtet. Zum Frühstück gibt es unter anderem hausgemachte Kekse und Konfitüren. Am Abend empfiehlt sich das angeschlossene Restaurant Locanda del Viandante mit ligurischen Spezialitäten und Fischgerichten (30 Euro ohne Wein). Unternehmungslustigen wird einiges geboten: Sie können Wanderungen oder Ausritte auf der Pilgerstraße Via Francigena machen, eine Segel- und Tauchschule besuchen, Segel-, Motor- und Schlauchboote oder eine Jacht mit oder ohne Besatzung mieten.

♦ 1 EZ, 12 DZ und 6 3BZ, alle mit Bad und WC, Aircondition, Minibar, Safe, TV, WLAN ♦ EZ € 75, DZ € 100–120 (Aufpreis Zusatzbett € 25–30, alle mit Frühstück) ♦ Kreditkarten: MC, Visa; Bankomat ♦ Privatparkplatz 50 Meter entfernt, kleine Haustiere willkommen, Betreiber stets anwesend ♦ Bar, Restaurant, Terrasse, Garten

Bagnara di Romagna
Villanova
7 km vom Zentrum

15 km nordwestlich von Ravenna, S.S. 16, 8 km von der Ausfahrt Bagnacavallo der A 14 in Richtung Villanova di Bagnacavallo

Bagnara di Romagna

30 km südwestlich von Ravenna
Ausfahrt Imola der A 14, nach rechts und etwa 10 km der Straße folgen

Al Canto del Gallo

NEU

Bed & Breakfast
Via Aguta, 67
Tel. (+39) 05 45 / 470 43
Fax (+39) 05 45 / 483 48
belardi@alcantodelgallo.ra.it
www.alcantodelgallo.ra.it
Ferien: 15. Dezember–15. Februar

La Locanda di Bagnara

4-Sterne-Hotel
Piazza Marconi, 10
Tel. (+39) 05 45 / 769 51
Fax (+39) 05 45 / 90 52 61
info@locandabagnara.it
www.locandabagnara.it
Ganzjährig geöffnet

Das Bed & Breakfast befindet sich im Erdgeschoss eines Landhauses in der schönen Landschaft der Romagna. Ein besonderer Blickfang ist der alte Herd aus dem 19. Jahrhundert. Umgeben ist der Betrieb von einem weitläufigen Park mit Naturteich. Die Zimmer sind gemütlich und mit Möbeln im ländlichen Stil eingerichtet. Das Frühstück bietet wahre Gaumenfreuden: Brot, Konfitüren und Kuchen (von Annalisa ausschließlich aus biologischen Zutaten zubereitet), klassische Kaffeezubereitungen und Säfte. Zu den Sehenswürdigkeiten von Bagnacavallo zählen das interessante Museum, das dem Besucher die Gebräuche und Traditionen der Region näherbringt, und in der näheren Umgebung die Comacchiotäler und die Stadt Ravenna. Mit einem Leihfahrrad können Sie schöne Ausflüge durch den Park und die Umgebung unternehmen.

Die Locanda im historischen Zentrum von Bagnara, einem alten, von Befestigungsmauern umgebenen Städtchen nahe Ravenna, ist ein Gebäude aus der zweiten Hälfte des 19. Jahrhunderts. Bei der Renovierung legte der Besitzer Mirko Rocca besonderen Wert auf Details: Der Kreuzgang, das Geländer der Holz- und Marmortreppe und die Scheinarchitektur in der Suite sind prachtvoll. Die Zimmer sind modern eingerichtet und bieten jeden Komfort. Das Frühstücksbüfett umfasst Konfitüren und hausgemachtes Feingebäck, ofenfrisches Brot, Croissants, die üblichen heißen Getränke und frische Säfte. Mirko, ein exzellenter Koch, betreut auch das an die Locanda angeschlossene Restaurant, das mittags und abends nicht nur den Hausgästen offensteht: traditionelle und kreative Küche mit Gerichten aus erlesenen Zutaten für 30 bis 40 Euro ohne Wein.

♦ 1 DZ mit Bad und WC; 1 Zweizimmerapartment (2–5 Personen) mit Kochnische ♦ DZ in Einzelbelegung € 35–40, DZ € 65–75 (Aufpreis Zusatzbett € 20), Zweizimmerapartment € 65–150 (alle mit Frühstück) ♦ keine Kreditkarten ♦ Privatparkplatz, Haustiere nicht erlaubt, Betreiber immer erreichbar ♦ Lese- und TV-Raum, Park, Arkaden, Gartenhaus

♦ 7 DZ und 1 Suite, alle mit Bad und WC, Aircondition, Minibar, Safe, Telefon, Sat-TV, Internetanschluss ♦ DZ in Einzelbelegung € 90–100, DZ € 100–120, Superior-DZ € 120–140, Suite € 140–180 (Aufpreis Zusatzbett € 20, alle mit Frühstück) ♦ alle Kreditkarten, Bankomat ♦ Anlage barrierefrei zugänglich, öffentlicher Parkplatz, Garage, kleine Haustiere willkommen, Rezeptionsdienst rund um die Uhr ♦ Bar, Restaurant, Konferenzraum

Bagno di Romagna
San Piero in Bagno
45 km südwestlich von Cesena, 56 km südlich von Forlì
E 45 (S.S. 71-3 bis) in Richtung Montecoronaro-Pass, Ausfahrt San Piero in Bagno

Bobbio
45 km südwestlich von Piacenza, S.S. 45, 57 km südöstlich von Voghera, S.P. 461
E 45 (S.S. 71-3 bis) in Richtung Montecoronaro, Ausfahrt Piacenza der A 21 oder der A 1, S.S. des Trebbiatals

Al Gambero Rosso 🗝

1-Stern-Hotel
Via Verdi, 5
Tel./Fax (+39) 05 43 / 90 34 05
locanda@locandagamberorosso.it
www.locandagamberorosso.it
Ferien: unterschiedlich

Piacentino

3-Sterne-Hotel
Piazza San Francesco, 19 A
Tel. (+39) 05 23 / 93 62 66,
(+39) 05 23 / 93 65 63
Fax (+39) 05 23 / 93 62 66
info@hotelpiacentino.it
www.hotelpiacentino.it
Ferien: unterschiedlich

Die Familie Saragone führt dieses kleine Hotel, das nur drei Kilometer von Bagno di Romagna, einem berühmten Thermalort im tosko-romagnolischen Apennin, entfernt ist. Die Zimmer sind renoviert und mit Holzböden, schmiedeeisernen Betten und Stilmöbeln ausgestattet. Für das Frühstück ist Giuliana zuständig, die jeden Morgen den Gästen mit Kringeln und hausgemachten Konfitüren, Brot, frischer Ricotta, Milch, Kaffee und einer feinen Auswahl an Kräuter- und Schwarztees einen guten Start in den Tag bereitet. Für längere Aufenthalte können Sie Halbpension vereinbaren. Das Hotel bietet sich als Ausgangspunkt für herrliche Ausflüge in den Nationalpark Foreste Casentinesi und zur Einsiedelei von Camaldoli an, ebenso nach Cesena oder zu Wellnesszentren und Thermalbetrieben.

Seit vier Generationen führt die Familie Bellocchio dieses reizende Hotel in Bobbio. Derzeit wird es von Maria Celestina geleitet. Die großzügigen, komfortablen Zimmer und das Restaurant liegen im neueren Teil. Die Apartments sind in einer Dependance untergebracht, wenige Meter vom Haupthaus entfernt. Im ältesten Trakt finden Sie die Bar und die Rezeption. Das Frühstücksbüfett bietet süßes Backwerk, heiße Getränke und Säfte, Käse und Wurst. Im Restaurant setzt man auf hausgemachte Teigwaren und lokale Spezialitäten für 20 bis 35 Euro ohne Wein, während die Halbpension für 50 bis 70 Euro angeboten wird. Im Sommer werden Frühstück und Abendessen im weitläufigen, von den Gebäuden umschlossenen Garten eingenommen.

♦ 4 DZ mit Bad und WC, TV ♦ DZ in Einzelbelegung € 70, DZ € 90 (Aufpreis Zusatzbett € 25, alle mit Frühstück) ♦ alle Kreditkarten, Bankomat ♦ Anlage teilweise barrierefrei zugänglich, öffentlicher Parkplatz angrenzend, Haustiere nicht erlaubt, Betreiber 11–23 Uhr erreichbar ♦ Restaurant, Ruheraum

🍴 Im Restaurant, einem der besten der Gegend, werden traditionelle Gerichte der Romagna zubereitet (40 Euro ohne Wein).

♦ 4 EZ und 14 DZ, alle mit Bad und WC, Aircondition, Safe, Telefon, TV (einige Zimmer mit Balkon); 2 Miniapartments (4–6 Personen) ♦ EZ € 45–60, DZ € 60–75 (Aufpreis Zusatzbett € 21–26), Apartment € 120–130 (Frühstück € 6 pro Person) ♦ Kreditkarten: AE, CartaSi, MC, Visa; Bankomat ♦ Anlage barrierefrei zugänglich, öffentlicher Gratisparkplatz, Garage (2 Plätze), kleine Haustiere willkommen, Betreiber immer erreichbar ♦ Bar, Restaurant, Frühstücksraum, TV-Raum, Garten

Bologna

Am äußeren nördlichen Stadtrand, bei der Pferderennbahn
800 m vom Hauptbahnhof, 1 km vom Messezentrum und vom Kongresspalast
Ausfahrt Arcoveggio der Tangenziale Nord

Arcoveggio

2-Sterne-Hotel
Via Spada, 27
Tel. (+39) 051 / 35 54 36
Fax (+39) 051 / 36 31 02
info@hotelarcoveggio.com
www.arcoveggiohotel.com
Ganzjährig geöffnet

Dieses von Laura Palazzi geführte Hotel ist ideal gelegen, wenn man mit öffentlichen Verkehrsmitteln – etwa der Autobuslinie 27 – das Messeviertel oder das Stadtzentrum erreichen will. Das Gebäude steht in einem Hof und ist dank eines klugen Umbaus vom Verkehrslärm abgeschirmt. Die geräumigen, bequemen Zimmer sind modern eingerichtet, die Farbkombinationen beweisen Geschmack. Leider steigt, insbesondere zu Zeiten großer Messen in den Monaten März und April sowie September und Oktober, der Preis für das Doppelzimmer auf 155 Euro. Das reichhaltige Frühstücksbüfett wird in einem eigenen Raum vorbereitet und bietet neben den üblichen heißen Getränken und Säften sowohl süßes Backwerk – Croissants, Feingebäck, frisches Brot mit Butter, Honig oder Konfitüren – als auch pikante Spezialitäten.

♦ 1 EZ, 19 DZ und 3 3BZ, alle mit Bad und WC, Telefon, TV, Aircondition, WLAN ♦ EZ € 45–95, DZ € 50–130, 3BZ € 80–180 (alle mit Frühstück) ♦ alle Kreditkarten, Bankomat ♦ 2 DZ behindertengerecht ausgestattet, Garage (€ 7 pro Tag), kleine Haustiere willkommen, Rezeptionsdienst 6–1 Uhr ♦ Bar, Frühstücksraum, Garten

Brisighella

1 km vom Bahnhof
12 km südwestlich von Faenza, 49 km südwestlich von Ravenna
17 km von der Ausfahrt Faenza der A 14

La Cavallina

Zimmervermietung
Via Masironi, 6
Tel. (+39) 05 46 / 805 20
Fax (+39) 05 46 / 818 28
www.locandalacavallina.com
Ferien: 2 Wochen ab dem 14. Februar, 10 Tage Mitte Oktober

Diese Locanda, eine alte Poststation aus dem 19. Jahrhundert, liegt im grünen Tal des Lamone und dennoch ganz in der Nähe des Zentrums und des Bahnhofs. Vincenzo Casadio hat das Gebäude nach den Prinzipien des biologischen Bauens renoviert. Rund um das Gut erstreckt sich ein herrlicher Park, in dem sich Eichhörnchen, Hasen und andere Tiere tummeln. Die Zimmer sind freundlich und modern eingerichtet. Das Frühstück verwöhnt mit den üblichen heißen Getränken und Säften sowie süßen Spezialitäten. Auf Wunsch werden auch Käse und Wurst serviert. Eine Mahlzeit im Restaurant kostet etwa 25 bis 30 Euro ohne Wein. Nur zehn Meter entfernt befindet sich ein Fleischer, der Produkte von Schweinen der Rasse Mora Romagnola anbietet.

♦ 1 EZ und 7 DZ, alle mit Bad und WC, Minibar, Sat-TV (einige Zimmer mit Aircondition); 2 Einzimmerapartments (3–5 Personen) und 2 Apartments (2–7 Personen) mit Kochnische ♦ EZ € 35, DZ in Einzelbelegung € 45, DZ € 50 (Aufpreis Zusatzbett € 15, alle mit Frühstück); Einzimmerapartment € 80 pro Tag (Mindestaufenthalt 3 Nächte), Apartment € 400–600 pro Woche ♦ alle Kreditkarten, Bankomat ♦ 1 Apartment behindertengerecht ausgestattet, 2 Privatparkplätze, kleine Haustiere willkommen, Betreiber 7.30–24 Uhr im Restaurant erreichbar ♦ Bar, Restaurant, Leseraum, Konferenzraum, Garten, Terrasse, Schwimmbecken mit Massagedüsen

Busseto

500 m vom Bahnhof
38 km nordwestlich von Parma, S.S. 588
13 km von der Ausfahrt Cortemaggiore der A 21 dir

I Due Foscari

3-Sterne-Hotel
Piazza Carlo Rossi, 15
Tel. (+39) 05 24 / 93 00 31,
(+39) 05 24 / 93 00 39
Fax (+39) 05 24 / 916 25
info@iduefoscari.it
www.iduefoscari.it
Ganzjährig geöffnet

Zu Beginn der 1960er-Jahre wurde dieses Hotel auf Betreiben des Tenors Carlo Bergonzi gegründet. Heute wird es von seinem Sohn Marco gemeinsam mit Roberto Morsia und dem Küchenchef Enrico Piazzi geführt. Das Hotel steht auf dem Hauptplatz des Städtchens. Die Zimmer und die Gemeinschaftsräume wirken gepflegt und elegant und verbreiten eine Atmosphäre der Gastlichkeit. Das Frühstücksbüfett bietet Süßes und Pikantes, begleitet von heißen Getränken und Säften. Das Restaurant steht nicht nur Hausgästen offen und bietet bei Aufenthalten von mindestens drei Nächten Halb- oder Vollpension. Ein À-la-carte-Essen für externe Gäste kostet etwa 40 bis 45 Euro ohne Wein. An den lauen Sommerabenden werden die Tische auf der hübschen Terrasse gedeckt.

♦ 9 EZ und 10 DZ, alle mit Bad und WC, Airconditon, Minibar, Safe, Telefon, TV (8 Zimmer mit Balkon) ♦ EZ € 62, DZ € 87 (Aufpreis Zusatzbett € 26, Frühstück € 8 pro Person) ♦ alle Kreditkarten, Bankomat ♦ Privatparkplatz, Haustiere nicht erlaubt, Rezeptionsdienst rund um die Uhr ♦ Bar, Restaurant, Frühstücksraum, Konferenzraum, Garten, Terrasse

Carpi
Cortile

10 km vom Zentrum
23 km nördlich von Modena, S.S. 12

L'Anatra

NEU

3-Sterne-Hotel
Via Chiesa, 28
Tel. (+39) 059 / 66 29 07
Fax (+39) 059 / 66 29 04
info@lanatra.it
www.lanatra.it
Ganzjährig geöffnet

In der kleinen Ortschaft Carpi, die zum Gemeindeverband der Terre d'Argine gehört, finden wir diesen alten, sehr bedachtsam renovierten Hof. Hier stehen den Gästen acht schlichte, aber mit jedem Komfort ausgestattete Zimmer zur Verfügung. Das einfache, familiäre Ambiente macht das Hotel zum idealen Ort für Ruhesuchende. Das Frühstück wird im Restaurant oder in der schönen Jahreszeit im Freien serviert und wird jedem Geschmack gerecht. Es bietet neben den üblichen Säften und heißen Getränken Croissants, Kuchen, Feingebäck, Käse und Wurst. Das Restaurant setzt auf regionale Spezialitäten aus Zutaten von bewährten Betrieben. Der Preis einer Mahlzeit liegt zwischen 15 und 35 Euro ohne Wein. Lohnende Ausflugsziele sind Carpi, die Piazza Martiri, einer der schönsten Plätze Italiens, Castelvecchio, die Kirchen Santa Chiara und Santissimo Crocifisso sowie die Pfarrkirche von Santa Maria in Castello.

♦ 8 DZ mit Bad und WC, Aircondition, Minibar, Safe, Telefon, Sat-TV, WLAN; 1 Suite mit Kochnische und Whirlpool ♦ DZ in Einzelbelegung € 65, DZ € 85 (Aufpreis Zusatzbett € 25), Suite € 110–130 (alle mit Frühstück) ♦ Kreditkarten: CartaSi, DC, MC, Visa; Bankomat ♦ Anlage teilweise barrierefrei zugänglich, Privatparkplatz, kleine Haustiere willkommen, Betreiber immer erreichbar ♦ Restaurant, Garten

Casina
Cortogno

3,5 km vom Zentrum
27 km südwestlich von Reggio Emilia, S.S. 63

Mulino in Pietra

Agriturismo
Via Mulino di Leguigno, 1
Tel. (+39) 05 22 / 60 75 03,
(+39) 339 / 898 75 92
pinchio@aliceposta.it
www.reappennino.com
Ferien: Januar, Februar

Diese Steinmühle aus dem 17. Jahrhundert wurde von Luigi Pinchiorri und Cecilia Caletti zu einem gemütlichen Agriturismo umgebaut. In einem Trakt sind landwirtschaftliche Geräte und Gegenstände, teilweise aus dem letzten Jahrhundert, zu bewundern. Die Zimmer sind mit altem Mobiliar eingerichtet. Das üppige Frühstück verwöhnt mit hausgemachten Kuchen, Konfitüren aus wilden Früchten der Gegend, Honig von lokalen Produzenten, Fruchtsäften und auf Wunsch Wurst und Käse. In der Küche des Restaurants werden Produkte von zertifizierten Betrieben der Umgebung verarbeitet (festgelegtes Menü für 19 Euro ohne Wein). Die Spezialitäten, die Sie sich hier schmecken lassen können (Weine, Spirituosen, Wurst, Honig und Konfitüren), werden auch zum Verkauf angeboten. Ein leicht zu erreichendes und lohnendes Ausflugsziel ist die Burg von Canossa.

♦ 3 DZ mit Bad und WC, TV ♦ DZ in Einzelbelegung € 40, DZ € 55 (Aufpreis Zusatzbett € 15, Frühstück € 5 pro Person) ♦ keine Kreditkarten ♦ Anlage barrierefrei zugänglich, 1 Zimmer behindertengerecht ausgestattet, Privatparkplatz, kleine Haustiere willkommen, Betreiber immer erreichbar ♦ Barbereich, Restaurant, Garten, Kinderspielplatz

Casina
Paullo Chiesa

4 km vom Zentrum
23 km südwestlich von Reggio Emilia, S.S. 63

Terre di Casalia

NEU

Bed & Breakfast
Ortsteil Casalia
Tel. (+39) 05 22 / 60 04 49,
(+39) 349 / 838 27 33
info@terredicasalia.it
www.terredicasalia.it
Ganzjährig geöffnet

Etwa 20 Kilometer von Reggio Emilia entfernt, mitten in den Hügeln auf etwa 400 Meter Seehöhe, liegt dieses Bed & Breakfast. Ganz in der Nähe befindet sich die Burg von Canossa. Wir sind also in einem Landstrich, der von der Erinnerung an die mächtige mittelalterliche Markgräfin Mathilde geprägt ist. Das Landhaus geht auf das Ende des 18. Jahrhunderts zurück und lockt mit der Gastlichkeit eines landwirtschaftlichen Betriebs in ruhiger Umgebung und mit schönem Ausblick. Die Zimmer sind einfach und mit alten Möbeln ausgestattet. Das reichhaltige Frühstück besteht aus naturbelassenen Produkten lokaler Hersteller: Feingebäck, Konfitüren, Croissants, heiße Getränke und Säfte. Auf dem Hof werden Weine und hausgemachte Wurstspezialitäten zum Verkauf angeboten. Die Gegend lädt zu netten Ausflügen mit dem Mountainbike oder zu Wanderungen in die umliegenden Ortschaften, zu Schlössern und Schutzhütten ein. Man kann Ski fahren, klettern und auch Sportfischerei betreiben (etwa eine Stunde entfernt). Für die Bequemlichkeit der Gäste werden ein Wasch- und Bügelservice und ein Babysitterdienst angeboten.

♦ 2 DZ mit Bad und WC ♦ DZ in Einzelbelegung € 35, DZ € 60 (alle mit Frühstück) ♦ keine Kreditkarten; Bankomat ♦ Privatparkplatz, kleine Haustiere willkommen, Betreiber stets anwesend ♦ Frühstücksraum, TV- und Leseraum

Casola Valsenio
Baffadi

4 km vom Zentrum
30 km von Faenza, 65 km südwestlich von Ravenna
Ausfahrt Imola der A 14, S.S. 9 und S.S. 306

La Ca' Nova

Agriturismo
Via Breta, 29
Tel./Fax (+39) 05 46 / 751 77
agriturcanova@libero.it
www.agriturcanova.it
Ferien: Januar

Dieser landwirtschaftliche Betrieb in herrlicher Grünlage im Seniotal wird von der Familie Granatieri geführt. Mit besonderer Sorgfalt hat sie die alten Steinhäuser aus dem 16. Jahrhundert renoviert und daraus eine Unterkunft und einen Gasthof gemacht. Die fünf hellen, freundlichen Zimmer sind mit altem Mobiliar und schmiedeeisernen Betten eingerichtet. Das Frühstück ist tradtionell und bietet Konfitüren, Kuchen und hausgemachtes Feingebäck sowie Milch, Tee und Kaffee. Das Restaurant, in dem nicht nur Hausgäste willkommen sind (außer montags und dienstags), werden Zutaten vom eigenen Hof verarbeitet: Lassen Sie sich die handgemachten Teigwaren, Braten, Brot und Piadine aus dem alten Holzkohlenofen schmecken. Der Preis für eine Mahlzeit liegt bei 25 Euro ohne Wein. Der Betrieb beherbergt ein kleines Museum zur Bauernkultur. Neben dem Kräutergarten gibt es seit 2010 auch ein schönes Schwimmbad. Man kann die Umgebung zu Pferd oder mit dem Mountainbike erkunden oder im Fluss angeln.

♦ 1 EZ und 4 DZ, alle mit Bad und WC, Minibar, Safe, TV, Internetanschluss ♦ EZ € 41, DZ € 82 (alle mit Frühstück) ♦ Kreditkarten: MC, Visa; Bankomat ♦ Privatparkplatz, Haustiere nicht erlaubt, Betreiber 8–24 Uhr anwesend ♦ Bar, Restaurant, Garten, Park, Veranda, Schwimmbecken

Castel d'Aiano
Rocca di Roffeno

46 km südwestlich von Bologna, S.S. 64
Tangenziale di Bologna, Schilder nach Casalecchio und dann nach Maranello-Bazzano, Ausfahrt Tolè

La Fenice

Agriturismo
Via Santa Lucia, 29
Tel. (+39) 051 / 91 92 72
Fax (+39) 051 / 91 90 24
lafenice@lafeniceagritur.it
www.lafeniceagritur.it
Ferien: 6. Januar–6. Februar

Paolo und Remo Giarandoni führen diesen reizenden Agriturismo. Es handelt sich um ein schönes Landhaus, eingebettet zwischen den Wäldern des Apennins bei Bologna und herrlichen Wiesen, auf denen wilde Pferde grasen. Auf dem Gutshof werden auch Schweine der edlen Rasse Mora Romagnola gezüchtet. Im Jahr 2001 erweiterten die beiden Brüder die Räumlichkeiten und schufen durch stilvolle Renovierung eine Dependance. Die Zahl der gepflegten, freundlichen Zimmer wurde verdoppelt. Das Frühstücksbüfett ist traditionell, auf Wunsch bekommen Sie aber auch Käse und Wurstspezialitäten. Halbpension kostet 60 Euro. Die Gäste können sich am Pool entspannen oder Wanderungen, Ausritte und Ausflüge mit Mountainbikes oder Motorrädern unternehmen.

♦ 9 DZ, 4 4BZ und 1 Suite, alle mit Bad und WC, Minibar, TV ♦ DZ in Einzelbelegung € 60, DZ € 80–100, 4BZ € 100–120, Suite € 120 (alle mit Frühstück) ♦ Kreditkarten: CartaSi, DC, MC, Visa; Bankomat ♦ Anlage teilweise barrierefrei zugänglich, Privatparkplatz, Haustiere willkommen (€ 20 pro Tag), Betreiber immer erreichbar ♦ Bar, Restaurant, Frühstücksraum, Park, Schwimmbecken

🍽 Das Restaurant bietet traditionelle regionale Gerichte für etwa 30 Euro ohne Wein.

Castel San Pietro Terme

11 km nordwestlich von Imola, 22 km südöstlich von Bologna, S.S. 9
15 km von der Ausfahrt Imola der A 14, S.S. 9 in Richtung Bologna

Borro di Sopra

Bed & Breakfast
Via Paniga, 1870
Tel. (+39) 051 / 94 24 44,
(+39) 333 / 399 09 72
Fax (+39) 051 / 94 24 44
cristinaverardi@libero.it
www.borrodisopra.it
Ferien: Januar

Nicht weit von dem mittelalterlichen Städtchen Dozza Imolese, bekannt für seine von international renommierten Künstlern bemalten Mauern und als Sitz der Enoteca Regionale, liegt dieses Landhaus aus dem 16. Jahrhundert. Cristina und Alessandro ermöglichen ihren Gästen einen ruhigen, erholsamen Aufenthalt. Durch eine geschmackvolle Renovierung wurden freundliche, komfortable Gästezimmer geschaffen. Cristina, die eine begnadete Köchin, die auch Kochkurse für Kleingruppen organisiert, verwöhnt ihre Gäste in einem hübschen Kaminzimmer im Erdgeschoss (in der warmen Jahreszeit auf einer Veranda, wo Tische und Stühle zum Verweilen einladen) mit einem reichhaltigen Frühstück. Es umfasst hausgemachte Kuchen und Crostate, Konfitüren und Fruchtsäfte, Tee, Milch und Kaffee. Der Salon steht den Gästen auch für Meetings, Konzerte mit klassischer Musik oder Jazz und Degustationen zur Verfügung. In der Umgebung gibt es interessante Wege für Ausritte und Ausflüge mit dem Mountainbike. Nur wenige Kilometer entfernt sind Tennis- und Golfplätze, öffentliche Bäder und Thermalzentren.

♦ 2 DZ mit Bad und WC, TV ♦ DZ in Einzelbelegung € 50, DZ € 80 (Aufpreis Zusatzbett € 20, alle mit Frühstück) ♦ alle Kreditkarten, Bankomat ♦ Privatparkplatz, Haustiere willkommen, Betreiber immer erreichbar ♦ Frühstücksraum, Leseraum, Garten, Veranda

Castelfranco Emilia
Piumazzo

7 km vom Zentrum
20 km südwestlich von Modena, 25 km von Bologna
Ausfahrt Modena Sud oder Borgo Panigale der A 1, S.S. 9

La Lupa

Agriturismo
Via Cassola di Sopra, 22
Tel. (+39) 059 / 93 43 84
Fax (+39) 059 / 93 55 21
lalupa@lalupa.it
www.lalupa.it
Ganzjährig geöffnet

Dieser Agriturismo liegt im Ortsteil Piumazzo von Castelfranco Emilia, an der Grenze zwischen den Provinzen Modena und Bologna. Auf 30 Hektar Land wird Obst angebaut. Der Betrieb entstand durch den stilgerechten Umbau eines Landhauses aus dem 19. Jahrhundert und setzt sich aus zwei Teilen zusammen: Im Haupthaus sind die gepflegten, hellen Gästezimmer untergebracht, im zweistöckigen Nebengebäude befinden sich die Speisesäle und das Restaurant, das von Donnerstag bis Sonntag gegen Vorbestellung geöffnet ist (eine Mahlzeit kostet für externe Gäste etwa 31 Euro mit Wein). Das klassische italienische Frühstück umfasst Croissants, Konfitüren, heiße Getränke, Fruchtsäfte und andere Getränke. Für die Halbpension wird ein Preis von 28 Euro pro Person verrechnet. Von Mai bis September steht den Gästen ein Schwimmbad zur Verfügung. Außerdem verfügt der Agriturismo über einen Park, in dem man herrliche Spaziergänge unternehmen kann, und über einen Golfübungsplatz.

♦ 3 EZ und 2 DZ, alle mit Bad und WC, Minibar, Telefon, TV, WLAN (2 Zimmer mit Kochnische); 1 Einzimmerapartment mit Kochnische ♦ EZ € 55–77, DZ € 77–88 (alle mit Frühstück); Einzimmerapartment € 440 pro Woche ♦ alle Kreditkarten, Bankomat ♦ 1 Zimmer behindertengerecht ausgestattet, Privatparkplatz, Haustiere willkommen (außer in den Zimmern), Betreiber immer erreichbar ♦ Restaurant, Park, Golfübungsplatz, Schwimmbecken

Codigoro

Volano
14 km vom Zentrum
57 km östlich von Ferrara, S.P. 15
Ausfahrt Ferrara Sud der A 13, Superstrada Ferrara-Mare in Richtung Porto Garibaldi, S.S. 309 Romea

Hotel Canneviè

NEU

3-Sterne-Hotel
Strada per Volano, 45
Tel. (+39) 05 33 / 71 90 14,
(+39) 338 / 726 79 02
Fax (+39) 05 33 / 71 90 14
info@oasicannevie.com
www.oasicannevie.com
Ferien: 10.–31. Januar

Das Hotel liegt im Herzen einer wahren Oase, nach der es auch benannt ist und die sich auf etwa 64 Hektar zwischen dem Gran Bosco della Mesola und dem Po di Volano erstreckt. Ein Stück unberührter Natur, reich an Wanderwegen und Aussichtspunkten. Hier können Sie die artenreiche Vogelwelt dieser Gegend entdecken. Die Zimmer sind sehr geräumig und mit Bauernmöbeln eingerichtet. Das Frühstücksbüfett umfasst hausgemachte Kuchen, Feingebäck von lokalen Betrieben, frisches Obst, heiße Getränke und Säfte, Wurst, Käse und Eier. Der Preis für eine Mahlzeit im Restaurant liegt bei 30 bis 50 Euro ohne Wein. Den Gästen wird die Möglichkeit geboten, Fahrräder zu leihen oder an einem geführten Ausflug durch das Po-Delta teilzunehmen. Als sehenswerte Ausflugsziele in der näheren Umgebung sind die Abtei von Pomposa, Comacchio und die Kulturstädte Ferrara, Ravenna und Venedig zu nennen.

♦ 2 EZ, 13 DZ, 1 3BZ und 1 4BZ, alle mit Bad und WC, Airconditon, Telefon, TV ♦ EZ € 50, DZ € 70, 3BZ € 95, 4BZ € 120 (alle mit Frühstück) ♦ Kreditkarten: CartaSi, DC, MC, Visa; Bankomat ♦ Anlage barrierefrei zugänglich, 1 Zimmer behindertengerecht ausgestattet, Privatparkplatz, Haustiere willkommen, Rezeptionsdienst rund um die Uhr ♦ Bar, Restaurant, Salon, Leseraum, TV-Raum, Konferenzsaal (115 Plätze), Park

Comacchio

In der Altstadt
52 km südöstlich von Ferrara
Autobahnzubringer A 13

Al Ponticello

Zimmervermietung
Via Cavour, 39
Tel. (+39) 05 33 / 31 40 80
alponticello@alponticello.it
www.alponticello.it
Ganzjährig geöffnet

Dieser Betrieb, nur wenige Schritte vom Dom entfernt, wurde kürzlich mit viel Geschmack umgebaut und erweitert und empfängt nun seine Gäste in freundlich-familiärem Ambiente. Die Zimmer – fünf davon mit Blick auf den Canale Maggiore – und die Apartments wurden modern und funktional eingerichtet. Der Inhaber Riccardo Rescazzi kümmert sich selbst um das Frühstück. Unterstützt von seiner Mutter und seiner Gattin, bereitet er ein erstklassiges Büfett vor, das die typischen Kringel aus Comacchio und andere hausgemachte Backwaren, Feingebäck, Croissants, frisches Obst und Obstsalat, Aufschnitt, kleine Fische und den berühmten marinierten Aal umfasst, dazu ein Gläschen des spritzigen Fontana. Neben den üblichen heißen Getränken werden auch Fruchtsäfte und frische Getränke angeboten.

♦ 6 DZ mit Bad und WC, Aircondition, Minibar, Safe, Telefon, TV, WLAN; 2 Apartments (2–4 Personen) mit Küche, Geschirrspüler, Waschmaschine ♦ DZ in Einzelbelegung € 65–80, DZ € 85–105, Apartment € 110–130 (alle mit Frühstück) ♦ Kreditkarten: CartaSi, DC, MC, Visa; Bankomat ♦ Anlage barrierefrei zugänglich, 1 Zimmer behindertengerecht ausgestattet, Privatparkplatz, Haustiere nicht erlaubt, Betreiber immer erreichbar ♦ Frühstücksraum

Corniglio
Ghiare

9 km vom Zentrum; 40 km südwestlich von Parma, S.S. 665 in Richtung Monchio delle Corti
Ausfahrt Parma der A 1, S.S. 665; Ausfahrt Berceto der A 15, über den Sillara-Pass

Da Vigion

2-Sterne-Hotel
Via Provinciale, 21
Tel./Fax (+39) 05 21 / 88 81 13
Ferien: je 1 Woche im Juni und September

Die Familie Rabaglia betreibt seit 1947 dieses reizende Hotel, das im Nationalpark des tosko-emilianischen Apennins liegt. An diesem Punkt treffen das emilianische Parmatal und das toskanische Magratal aufeinander. Den Gästen stehen sieben einfach, aber behaglich eingerichtete Zimmer zur Verfügung. Das Frühstück ist bodenständig und typisch italienisch: Brioches, hausgemachte Kuchen, Konfitüren, Milch, Kaffee und Tee. In der schönen Jahreszeit lockt ein gepflegter Innenhof, wo kleine Tische und Stühle aufgestellt sind – ein idealer Platz zum Lesen oder Plaudern. Sie können die Halbpension im hauseigenen Restaurant wählen, wobei sich die Kosten mit Doppelzimmer auf 35 Euro pro Person belaufen.

♦ 7 DZ mit Bad und WC, TV ♦ DZ in Einzelbelegung € 25, DZ € 50 (Aufpreis Zusatzbett € 10, alle mit Frühstück) ♦ Kreditkarten: CartaSi, DC, MC, Visa; Bankomat ♦ öffentlicher Gratisparkplatz, kleine Haustiere willkommen (außer in den Zimmern), Betreiber 7–24 Uhr erreichbar ♦ Bar, Restaurant, Außenbereich

Faenza

2 km vom Zentrum
31 km südwestlich von Ravenna, 50 km südöstlich von Bologna, S.S. 9
7 km von der Ausfahrt Faenza der A 14

La Curbastra

Agriturismo
Via Cesarolo, 157
Tel. (+39) 05 46 / 320 89,
(+39) 338 / 610 22 75
Fax (+39) 05 46 / 320 89
info@agriturismolacurbastra.it
www.agriturismolacurbastra.it
Ganzjährig geöffnet

Der Gutshof wurde komplett renoviert und verfügt nun über komfortable Zimmer. Der Name bezieht sich auf den bekannten Mathematiker Gregorio Ricci-Curbastro, der sich Anfang des 19. Jahrhunderts, also in den Jahren der Entstehung des Hofs, hier aufgehalten haben soll. 26 Hektar Obstgarten und ein schöner Park umgeben das Gebäude. Die Zimmer sind bequem und schlicht eingerichtet. Das Frühstücksbüfett umfasst hausgemachte Kuchen und Crostate, heiße und kalte Getränke und auf Wunsch auch pikante Spezialitäten. In der schönen Jahreszeit können die Gäste im Hof essen. Dort befindet sich auch ein Schwimmbad, das als Kulisse für ein schönes Abendessen bei Kerzenschein dienen kann. Serviert werden die typischen Gerichte dieses Landstrichs zu einem Preis von etwa 22 Euro. Das Restaurant steht nicht nur Hausgästen offen.

♦ 20 DZ mit Bad und WC, Aircondition, TV, WLAN ♦ DZ in Einzelbelegung € 40–45, DZ € 60 (Aufpreis Zusatzbett € 15, alle mit Frühstück) ♦ alle Kreditkarten, Bankomat ♦ 1 Zimmer behindertengerecht ausgestattet, Privatparkplatz, kleine Haustiere willkommen, Betreiber immer erreichbar ♦ Restaurant, Frühstücksraum, Park, Schwimmbecken

Faenza
Oriolo dei Fichi
8 km vom Zentrum; 37 km südwestlich von Ravenna, 56 km südöstlich von Bologna, S.S. 9
13 km von der Ausfahrt Faenza der A 14, Schilder nach Santa Lucia

Fanano
Canevare
5 km vom Zentrum
65 km südwestlich von Modena, S.P. 324
Ausfahrt Modena Nord oder Sud der A 1, S.S. 12 und S.P. 324

Locanda della Fortuna

Zimmervermietung
Via San Mamante, 136
Tel. (+39) 05 46 / 64 23 18,
(+39) 335 / 580 99 87
info@locandafortuna.it
www.locandadellafortuna.it
Ferien: Dreikönig–Ostern

Agriturismo del Cimone

Agriturismo
Via Calvanella, 710
Tel. (+39) 05 36 / 693 11,
(+39) 335 / 626 69 72
Fax (+39) 05 36 / 666 31
info@agriturismodelcimone.it
www.agriturismodelcimone.it
Ganzjährig geöffnet

Etwa zehn Kilometer von Faenza entfernt, inmitten der schönen Hügel von Oriolo dei Fichi, empfängt Susanna Samorè ihre Gäste. Die Zimmer sind geräumig und hübsch eingerichtet und bieten absolute Ruhe. Der Morgen beginnt mit einem reichhaltigen Frühstück, das in der heimeligen Küche des Hauses serviert wird: heiße Getränke, hausgemachte Konfitüren, Feingebäck, Kuchen und handgemachte Kringel. Das Restaurant ist den Hausgästen vorbehalten und setzt ganz auf eine unverfälschte, bodenständige Küche (etwa 25 bis 35 Euro ohne Wein). In der warmen Jahreszeit wird im Freien neben dem Schwimmbad gegessen. In der Umgebung locken wunderschöne Wege für Spaziergänge und Ausfahrten mit den zur Verfügung gestellten Fahrrädern.

Der Betrieb von Anna Maria Tonielli und Sergio Lodi liegt mitten im Nationalpark des tosko-emilianischen Apennins. Er erstreckt sich über 50 Hektar, die als Weideland und für den Gemüse- und Obstanbau genutzt werden. Der Agriturismo ist ein idealer Ort für einen Urlaub in der Natur. Die Gäste können auch auf Zeltplätzen campieren. Die freundlichen, funktionalen Gästezimmer und Apartments sind auf zwei Gebäude, »Capanna dell'Aquila« und »Palazza«, verteilt. Zum Frühstück werden Kaffee, Milch, Tee, Brot, Feingebäck, Kuchen und hausgemachte Konfitüren serviert. Eine Mahlzeit im Restaurant, das nicht nur Hausgäste bedient, kostet 25 Euro ohne Wein. Gemüse, Obst, Fleisch und Käse werden im eigenen Betrieb erzeugt und tragen ein Biozertifikat. Diese Produkte können auch im Verkaufsraum auf dem Hof erstanden werden.

♦ 4 DZ und 1 3BZ oder 4BZ, alle mit Bad und WC, TV, WLAN ♦ DZ in Einzelbelegung € 82, DZ € 82–92 (Aufpreis Zusatzbett € 15), Komfort-DZ € 92–110, 3BZ und 4BZ € 110–140 (alle mit Frühstück) ♦ alle Kreditkarten, Bankomat ♦ öffentlicher Gratisparkplatz, Haustiere willkommen, Betreiber immer erreichbar ♦ Restaurant, Frühstücksraum, Aufenthaltsraum, Schwimmbecken

♦ 6 DZ, 4 3BZ und 2 4BZ, alle mit Bad und WC; 3 Apartments (4 Personen) mit Kochnische ♦ DZ in Einzelbelegung € 40–60, DZ € 50–80, 3BZ € 60–90, 4BZ € 60–100 (alle mit Frühstück); Apartment € 65–140 (Frühstück € 8 pro Person) ♦ Kreditkarten: MC, Visa; Bankomat ♦ 1 Zimmer behindertengerecht ausgestattet, Privatparkplatz, Haustiere willkommen, Betreiber immer erreichbar ♦ Bar, Restaurant, Tagungsraum, Park, Kinderspielplatz, Reitstall

Ferrara

In der Altstadt
6 km von der Ausfahrt Ferrara Nord oder 7 km von der Ausfahrt Ferrara Sud der A 13

Borgonuovo

Zimmervermietung
Via Cairoli, 29
Tel. (+39) 05 32 / 21 11 00
Fax (+39) 05 32 / 24 63 28
info@borgonuovo.com
www.borgonuovo.com
Ganzjährig geöffnet

Die Locanda der Familie Orlandini, ein umgebautes Kloster aus dem 17. Jahrhundert, verfügt über bequeme, mit Stilmöbeln eingerichtete Zimmer und Gemeinschaftsräume. Das Frühstück lassen sich die Gäste in der schönen Jahreszeit im Garten, im Winter im hübschen Kaminzimmer schmecken. Signora Adele verwöhnt sie mit Kuchen, Konfitüren, Obst, frischem Joghurt, Brot aus der Gegend, Wurst, Käse und Eiern. Als spezielle Annehmlichkeit stehen den Gästen ein Wasch- und Bügelservice, ermäßigte Eintrittskarten für Ausstellungen und einige Sportzentren sowie Berechtigungskarten zur Einfahrt mit dem Auto in die Fußgängerzone zur Verfügung. Es werden Ausflüge in die Täler von Comacchio und in den Naturpark des Po-Deltas organisiert.

♦ 2 EZ und 2 DZ, alle mit Bad und WC, Airconditon, Minibar, Safe, Telefon, TV, WLAN; 3 Suiten (2–5 Personen) mit Kochnische oder Küche ♦ EZ € 50–65, DZ € 80–100 (Aufpreis Zusatzbett € 25), Zweizimmersuite (2–4 Personen) € 100–180, Dreizimmersuite (2–5 Personen) € 120–200 (alle mit Frühstück) ♦ Kreditkarten: AE, CartaSi, MC, Visa; Bankomat ♦ öffentlicher Parkplatz und Privatparkplatz in der Nähe (€ 3–5 pro Tag), kleine Haustiere willkommen, Betreiber immer erreichbar ♦ Frühstücksraum, Leseraum mit kleiner Bibliothek, Konferenzsaal (100 Plätze), Garten

Ferrara

In der Altstadt
Zwischen dem Castello Estense und der Piazza Tasso
6 km von der Ausfahrt Ferrara Nord oder 7 km von der Ausfahrt Ferrara Sud der A 13

De Prati

3-Sterne-Hotel
Via Padiglioni, 5
Tel. (+39) 05 32 / 24 19 05
Fax (+39) 05 32 / 24 19 66
info@hoteldeprati.com
www.hoteldeprati.com
Ferien: 21.–26. Dezember

Dieses Haus war einst eine beliebte Unterkunft für Musiker und Schauspieler des nahe gelegenen Theaters. Nach dem Umbau bietet das Hotel mehr Komfort, hat aber nichts von seinem ursprünglichen Charme eingebüßt: Nach wie vor ist die Atmosphäre von stilvoller Einrichtung und beeindruckenden Bildern geprägt. Das reichhaltige Frühstück – Brot, Croissants, Kuchen, Feingebäck, Joghurt, Wurst und Käse, heiße Getränke und Säfte – wird in einem eigenen Raum als Büfett vorbereitet oder auf Wunsch ohne Aufpreis auf das Zimmer serviert. Das empfehlenswerte Hotel ist ein guter Ausgangspunkt für den Besuch von Sehenswürdigkeiten in der Stadt oder für Spaziergänge durch das mittelalterliche Viertel, zu den Schätzen der Renaissance oder jenen des jüdischen Stadtteils.

♦ 6 EZ, 9 DZ und 1 Suite (2–4 Personen), alle mit Bad und WC, Airconditon, Minibar, Telefon, Sat-TV, Internetanschluss; 1 Apartment (2–5 Personen) mit Kochnische ♦ EZ € 50–85, DZ € 75–120 (Aufpreis Zusatzbett € 16), Suite € 110–140, Apartment € 110–230 (alle mit Frühstück) ♦ alle Kreditkarten, Bankomat ♦ 1 Zimmer behindertengerecht ausgestattet, gebührenpflichtiger öffentlicher Parkplatz (€ 3 pro Tag), kleine Haustiere willkommen, Rezeptionsdienst 7–24 Uhr ♦ Bar (nur für Hausgäste), Frühstücksraum, Salon mit Leseecke

Ferrara

In der Altstadt
Zwischen der Via Garibaldi und der Via Ripagrande
6 km von der Ausfahrt Ferrara Nord oder 7 km von der Ausfahrt Ferrara Sud der A 13

Dolcemela

Zimmervermietung
Via Sacca, 35
Tel. (+39) 05 32 / 76 96 24
Fax (+39) 05 32 / 71 10 07
info@dolcemela.it
www.dolcemela.it
Ganzjährig geöffnet

Emanuela und Marco bemühen sich mit großem Eifer und Freundlichkeit um ihre Gäste. Ihr netter Betrieb liegt nur wenige Schritte von der Kathedrale und dem Schloss der Adelsfamilie d'Este entfernt. Zu zwei der sechs Zimmer – alle nach unterschiedlichen Apfelsorten benannt – gelangt man über den Innenhof. Die anderen befinden sich im ersten Stock. Die Räume sind groß, hell und trotz der zentralen Lage ruhig. Das Frühstück bietet lokale Produkte und wird in einem heimeligen, bequemen Raum serviert. Neben den üblichen heißen Getränken gibt es Konfitüren, Kuchen, hausgemachtes Feingebäck und Croissants, Joghurt, Zerealien, frisches Obst und Säfte, Käse und Wurst. Das Dolcemela ist der perfekte Ausgangspunkt für Stadtbesichtigungen, auch mit Fahrrädern, die für 10 Euro pro Tag ausgeliehen werden können.

♦ 6 DZ mit Bad und WC, Aircondition, Minibar, Telefon, TV ♦ DZ in Einzelbelegung € 80, DZ € 100 (Aufpreis Zusatzbett € 30, alle mit Frühstück) ♦ Kreditkarten: CartaSi, MC, Visa; Bankomat ♦ Garage (€ 10 pro Tag), Haustiere nicht erlaubt, Betreiber immer erreichbar ♦ Frühstücksraum, Aufenthaltsraum, Garten

Ferrara

In der Altstadt
2 km vom Bahnhof
6 km von der Ausfahrt Ferrara Nord oder 13 km von der Ausfahrt Ferrara Sud der A 13

Piazza Nova

Zimmervermietung
Corso Porta Mare, 133
Tel. (+39) 05 32 / 75 76 14
Fax (+39) 05 32 / 75 02 92
info@piazzanova.com
www.piazzanova.com
Ganzjährig geöffnet

Emanuela Zaia und Ruggero Calabria führen diesen Betrieb in der Nähe des Palazzo Diamanti sehr professionell. Die Locanda entstand durch den wirklich gelungenen Umbau einer Zitadelle vom Ende des 19. Jahrhunderts. Die freundlichen Zimmer sind mit Parkettböden, Holzbalken und Stilmöbeln ausgestattet und bieten jeden Komfort. Das Frühstück erfreut mit einer großen Auswahl an hausgemachten Süßspeisen wie Mandel- und Vanillekuchen, Apfel- und Birnenstrudel, Mürbeteigkuchen, Kringeln und Konfitüren. Dazu gibt es Kaffee und Tee. Auf Wunsch wird auch Pikantes serviert. Den Gästen stehen kostenlos Fahrräder zur Verfügung, die sie für Entdeckungsfahrten zu den stimmungsvollsten Plätzen der Stadt nutzen können.

♦ 4 DZ und 2 3BZ, alle mit Bad und WC, Minibar, Safe, Telefon, Sat-TV, Internetanschluss (5 Zimmer mit Kochnische) ♦ DZ in Einzelbelegung € 50–80, DZ € 70–100 (Aufpreis Zusatzbett € 15), 3BZ € 90–120 (alle mit Frühstück) ♦ Kreditkarten: CartaSi, DC, MC, Visa; Bankomat ♦ Privatparkplatz gegenüber, Garage 1 Kilometer entfernt (1 Platz, € 5 pro Tag), kleine Haustiere willkommen (€ 30 Gesamtkosten), Betreiber immer erreichbar ♦ Frühstücksraum

EMILIA-ROMAGNA

Fidenza

Tabiano Castello

10 km vom Zentrum; 8 km von Salsomaggiore Terme, 33 km nordwestlich von Parma
4 km von der Ausfahrt Fidenza-Salsomaggiore Terme der A1

Il Tondino

Agriturismo
Via Tabiano, 58
Tel./Fax (+39) 05 24 / 621 06
info@agriturismoiltondino.it
www.agriturismoiltondino.it
Ferien: 9. Dezember–7. März

Dieser von Getreidefeldern und Wäldern umgebene Agriturismo ist nach dem Rundplatz für die Pferdedressur benannt. In dem Betrieb, der ein Zertifikat für biologische Landwirtschaft besitzt, werden schwarze Parma-Schweine und Hühner der Rasse Modenese in Freilandhaltung gezüchtet sowie Gemüse, Kräuter und Obst angebaut. Außerdem wird Getreide zu Mehl für Teig- und Backwaren gemahlen. Der alte Hof gehörte einst zu den Pachtgründen des Schlosses von Tabiano und bietet nun nach einer originalgetreuen Renovierung einfache, gemütliche Gästezimmer. Das Frühstücksbüfett umfasst Brot, Kuchen und hausgemachtes Feingebäck, Konfitüren, Tee, Milch und Kaffee. Das Restaurant bedient nicht nur Hausgäste und setzt auf regionale Spezialitäten, die für etwa 20 bis 30 Euro ohne Wein angeboten werden. Es gibt spezielle glutenfreie Speisen. Eine Erwähnung verdient der Seminarraum, in dem Degustationskurse abgehalten werden.

◆ 8 DZ, 2 3BZ und 1 Suite (4 Personen), alle mit Bad und WC, Aircondition, TV (einige Zimmer mit Balkon) ◆ DZ in Einzelbelegung € 60–70, DZ € 80–110, 3BZ € 130–150, Suite € 160–180 (alle mit Frühstück) ◆ Kreditkarten: CartaSi, DC, MC, Visa; Bankomat ◆ Privatparkplatz teilweise überdacht, Haustiere nicht erlaubt, Betreiber 7–22 Uhr erreichbar ◆ Restaurant, Frühstücksraum, Seminarraum und Degustationsstube, Konferenzraum, Garten, Sonnenterrasse, Schwimmbecken

Fiorenzuola d'Arda

23 km südöstlich von Piacenza, S.P. 46
Ausfahrt Piacenza der A 21 oder der A 1, S.S. 9

Battibue

Agriturismo
Via Battibue, 278
Tel./Fax (+39) 05 23 / 94 23 14
info@battibue.it
www.battibue.it
Ganzjährig geöffnet

NEU

Der Agriturismo ist ein alter Bauernhof, an dessen Eingang man noch ein Eishaus bewundern kann. Er bietet Unterkunft in entspannter, familiärer Atmosphäre, geprägt von Herzlichkeit und eifrigem Bemühen um das Wohl der Gäste. Die einfachen, gemütlichen Zimmer sind mit Bauernmöbeln und schmiedeeisernen Betten ausgestattet. Der Raum, in dem das Frühstück serviert wird – neben heißen und kalten Getränken gibt es Konfitüren und hausgemachte Kuchen –, dient auch als Bibliothek und Spielezimmer. Hier kann man speziell in der kühleren Jahreszeit angenehme Stunden in der wohligen Wärme des Kamins verbringen. Im Restaurant können Sie sich gesunde, naturbelassene Speisen zu einem Preis von etwa 25 Euro ohne Wein schmecken lassen. Lohnende Ausflugsziele in der Umgebung sind die Abtei Chiaravalle della Colomba, das mittelalterliche Viertel von Castell'Arquato und die archäologischen Fundstätten von Velleja Romana.

◆ 5 DZ mit Bad und WC, TV; 2 Zweizimmerapartments (4 Personen) mit Küche ◆ DZ in Einzelbelegung € 50, DZ € 60 (Aufpreis Zusatzbett € 15, alle mit Frühstück); Zweizimmerapartment € 100 (Frühstück € 5 pro Person) ◆ alle Kreditkarten, Bankomat ◆ Anlage barrierefrei zugänglich, 1 Zimmer behindertengerecht ausgestattet, Privatparkplatz, kleine Haustiere willkommen, Betreiber immer erreichbar ◆ Restaurant, Frühstücksraum, Garten, Kinderspielplatz

Formigine
Colombaro

1 km vom Zentrum
15 km südwestlich von Modena, S.S. 12

Aggazzotti

Agriturismo
Via Castelnuovo Rangone, 25
Tel. (+39) 059 / 55 32 35
info@aggazzotti.it
www.aggazzotti.it
Ganzjährig geöffnet

Der Agriturismo befindet sich auf einem Gut von etwa 50 Hektar Größe, umgeben von einem riesigen Park, in dem die Gäste Spaziergänge und Ausfahrten mit dem Fahrrad unternehmen können (der Naturlehrpfad am Wildbach Tiepido ist nur knapp 100 Meter entfernt). In der warmen Jahreszeit bietet das Schwimmbad, das aus einer alten Waschanlage entstand, Abkühlung. Die Zimmer und Apartments sind funktional und schlicht eingerichtet. Das klassisch italienische Frühstück besteht aus heißen Getränken, Süßwaren und Konfitüren. Im Restaurant werden regionale Gerichte aus eigenen Erzeugnissen oder Produkten lokaler Hersteller zubereitet und für 20 bis 35 Euro ohne Wein angeboten. Neben dem Schwimmbad befindet sich ein kleiner Zubau, in dem ein gut ausgestatteter Fitnessraum und eine Sauna untergebracht sind. Auf Freunde des Golfspiels wartet in unmittelbarer Nähe einer der schönsten Golfplätze Italiens.

♦ 2 DZ mit Bad und WC, Telefon, Sat-TV; 6 Apartments (2–4 Personen) mit Kochnische ♦ DZ in Einzelbelegung € 55, DZ € 75, Apartment € 85–115 (alle mit Frühstück) ♦ Kreditkarten: Visa; Bankomat ♦ Anlage barrierefrei zugänglich, 1 Apartment behindertengerecht ausgestattet, Privatparkplatz, Haustiere willkommen, Betreiber stets anwesend ♦ Restaurant, Park, Gartenhaus, Fitnessraum, Sauna, Schwimmbecken

Gambellara

12 km südwestlich von Ravenna
Ausfahrt Forlì der A 14, S.S. 67 in Richtung Ravenna, in Ghibullo nach Gambellara abbiegen

Cà Ridolfi

Agriturismo
Via del Dottore, 33
Tel. (+39) 05 44 / 55 10 51,
(+39) 338 / 977 98 04
Fax (+39) 05 44 / 55 10 51
info@caridolfi.it
www.caridolfi.it
Ganzjährig geöffnet

Dieses Gut im fruchtbaren Landstrich der Romagna erstreckt sich auf 15 Hektar Fläche, bebaut mit Obstbäumen, Mais und Weizen. Auf dem Hof werden auch Schafe, Ziegen, Ferkel und andere Tiere gezüchtet, was den Gästen einen Einblick in das bäuerliche Leben ermöglicht. Die Zimmer sind hübsch renoviert: Holzbalken, Tonziegel und Stilmöbel bewahren die Einfachheit der ursprünglichen Ausstattung, wurden jedoch um jeden modernen Komfort ergänzt. Aus einem alten Stall entstand der Frühstücksraum, wo naturbelassene, hausgemachte Produkte serviert werden (süß und pikant). Die Gäste können im riesigen Park spazieren gehen, das kleine, aber interessante Museum über Bauernkultur besichtigen, an Lernwerkstätten teilnehmen und den Naturlehrpfaden folgen. Leicht zu erreichen sind Ravenna, Mirabilandia, die Oase von Punte Alberete und die Pinienhaine von Classe und San Vitale.

♦ 3 DZ und 1 3BZ, alle mit Bad und WC, TV, WLAN ♦ DZ in Einzelbelegung € 30–40, DZ € 60–75, 3BZ € 70–85 (Aufpreis Zusatzbett € 15, alle mit Frühstück) ♦ keine Kreditkarten ♦ Gemeinschaftsbereiche und einige Zimmer barrierefrei zugänglich, Privatparkplatz, Haustiere willkommen (nach Absprache), Betreiber 7–21 Uhr erreichbar ♦ Frühstücksraum, Park, Arkaden

Gazzola
Rivalta

4 km vom Zentrum
22 km südwestlich von Piacenza
20 km von der Ausfahrt Piacenza Ovest der A 21

Croara Vecchia

Agriturismo
Ortsteil Rivalta
Tel. (+39) 333 / 219 38 45
Fax (+39) 05 23 / 95 76 28
gmdaragona@gmail.com
www.croaravecchia.it
Ferien: 1. Dezember–1. März

Dieser Agriturismo, einst ein Kloster, entstand durch einen sehr bedachtsamen Umbau, bei dem die ursprüngliche Struktur bewahrt wurde. Der Betrieb liegt am Ufer eines Flusses und ist von Feldern, Wäldern und Weiden umgeben, die für die Rinderzucht genutzt werden. Die geräumigen, bequemen Zimmer mit hohen, von Holzbalken getragenen Decken sind mit alten Möbeln und edlen Vorhängen ausgestattet und werden von farbenfroher Bettwäsche belebt. Das reichhaltige Frühstück besteht aus naturbelassenen Produkten, die hausgemacht sind oder aus Traditionsbetrieben stammen. Das Angebot umfasst Süßes und Pikantes: Kuchen, Brot, Butter und Honig oder Konfitüren, Focaccia, Wurst und Käse aus der Region, frische Säfte und heiße Getränke. Den Gästen steht der Garten zur Entspannung zur Verfügung. In der warmen Jahreszeit kann auch das Schwimmbad benutzt werden. Ein Reitstall bietet die Möglichkeit zu Ausritten oder Reitstunden.

♦ 1 EZ, 5 DZ und 1 3BZ, alle mit Bad und WC, Aircondition, TV (einige Zimmer mit Kühlschrank); 5 Miniapartments mit Kochnische ♦ EZ € 80, DZ € 95, 3BZ und Miniapartment € 110 (alle mit Frühstück) ♦ Kreditkarten: CartaSi, DC, MC, Visa; Bankomat ♦ 1 Zimmer behindertengerecht ausgestattet, Privatparkplatz, kleine Haustiere willkommen, Betreiber 7–21.30 Uhr erreichbar ♦ Frühstücksraum, Salon, Garten, Schwimmbecken, Reitstall

Lama Mocogno

57 km südwestlich von Modena
Ausfahrt Modena Sud der A 1, S.S. 12

Bellavista

NEU

1-Stern-Hotel
Via Giardini, 215
Tel. (+39) 05 36 / 34 32 29,
(+39) 339 / 840 30 34
info@locandabellavista.eu
www.locandabellavista.eu
Ferien: November

Lama Mocogno ist eine Gemeinde im Apennin von Modena, nur wenige Minuten vom Skigebiet Piane di Mocogno entfernt, leicht erreichbar von der Po-Ebene und auch von der nahe gelegenen Toskana über den Abetone-Pass. In dem Hotel erwartet Sie eine von Einfachheit und Herzlichkeit geprägte Atmosphäre. Das Restaurant lockt mit naturbelassenen Produkten und der guten Küche von Francesco (eine Mahlzeit ohne Wein kostet 25 bis 30 Euro). Die bequemen Zimmer sind rustikal möbliert. Morgens bekommen Sie ein großzügiges, kräftiges Frühstück mit Backwaren aus eigener Erzeugung oder von Bäckereien der Umgebung, den üblichen heißen Getränken, Fruchtsäften, Wurst und Käse. Dank einer Partnerschaft mit einem nahe gelegenen Wellnesscenter können die Gäste Ausflüge mit kundigen Führern, mit Quads, Mountainbikes, zu Pferd oder mit Schneeschuhen unternehmen oder langlaufen.

♦ 3 EZ, 6 DZ und 1 3BZ, alle mit Bad und WC, TV ♦ EZ € 37, DZ € 55 (Aufpreis Zusatzbett € 17), 3BZ € 72 (alle mit Frühstück) ♦ Kreditkarten: Visa; Bankomat ♦ Gemeinschaftsbereiche barrierefrei zugänglich, Privatparkplatz, Garage (nur für Motorräder und Fahrräder), kleine Haustiere willkommen, Betreiber immer erreichbar ♦ Bar, Restaurant, Salon, Leseraum, TV-Raum, Terrasse, Veranda

Monghidoro

Campeggio
4 km vom Zentrum
38 km südöstlich von Bologna, S.S. 65
Ausfahrt San Lazzaro di Savena der A 14; Ausfahrt Roncobilaccio der A 1

Borgo di Sumbilla

Bed & Breakfast
Via Sumbilla, 20
Tel. (+39) 051 / 655 12 28,
(+39) 335 / 657 11 76
Fax (+39) 051 / 655 11 76
info@borgodisumbilla.it
www.borgodisumbilla.it
Ganzjährig geöffnet

Das Borgo liegt wenige Kilometer von Monghidoro entfernt, zwischen dem Savena- und dem Idicetal. Trotz der Nähe zu Bologna erinnert die Umgebung an das toskanische Hügelland. Silvia und Maurizio Naldi vermieten drei Gästezimmer, die elegant, raffiniert und bunt eingerichtet sind. Anziehend ist die Kombination aus Holzbalken und Sandstein, Stilmöbeln und modernen Designerstücken. Das Frühstück wird von acht bis halb neun Uhr serviert und umfasst neben den üblichen heißen Getränken auch teilweise frisch gepresste Fruchtsäfte, Kuchen und süße Spezialitäten des Hauses. In der angeschlossenen Trattoria Monti können Sie die traditionellen Gerichte der Emilia genießen (25 bis 30 Euro ohne Wein).

♦ 3 DZ mit Bad und WC (Whirlpool oder Dusche mit Massagedüsen), Safe, Telefon, Sat-TV, Internetanschluss ♦ DZ in Einzelbelegung € 60, DZ € 80 (alle mit Frühstück) ♦ alle Kreditkarten, Bankomat ♦ überdachter Privatparkplatz, öffentlicher Parkplatz 50 Meter entfernt, Haustiere nicht erlaubt, Betreiber immer erreichbar ♦ Frühstücksraum, Leseraum, Garten, Sonnenterrasse

Monteveglio

26 km vom Flughafen
26 km östlich von Bologna
1 km von der Ausfahrt Bologna Casalecchio der A 1, S.S. 569 bis zur Abzweigung von Bazzano

Abbazia

Bed & Breakfast
Via San Rocco, 7/1
Tel. (+39) 051 / 670 10 24,
(+39) 340 / 723 65 08
Fax (+39) 051 / 670 18 35
clcandel@tin.it
www.trattoriadelborgomonteveglio.it
Ferien: unterschiedlich

Der reizende Beherbergungsbetrieb von Liviana Balestra und Claudio Candeli befindet sich in einem Naturschutzgebiet von außergewöhnlicher landschaftlicher Vielfalt. Es gehört zum Regionalpark des Stiftes von Monteveglio, und auf diese »Abbazia«, die eng verbunden ist mit der mittelalterlichen Markgräfin Mathilde von Canossa, bezieht sich auch der Name des Hauses. Die vier Zimmer sind geräumig, hell und mit Möbeln lokaler Tischler eingerichtet. Die Gemeinschaftsbereiche bestehen aus einer Terrasse mit Panoramablick, die im Sommer zur Entspannung beim Lesen oder bei einem kleinen Plausch einlädt, und einem großen Frühstücksraum, wo morgens neben heißen Getränken und Säften ein reiches Angebot an Qualitätsprodukten (Feingebäck aus kleinen Bäckereien, hausgemachte Konfitüren, ofenfrisches Brot und frisches Obst) auf die Gäste wartet. Wer ein englisches Frühstück bevorzugt, muss es vorab bestellen.

♦ 1 EZ und 3 DZ, alle mit Bad und WC (2 Zimmer mit Gemeinschaftsbad), TV ♦ EZ € 25, DZ in Einzelbelegung € 47, DZ € 50–73 (alle mit Frühstück) ♦ keine Kreditkarten ♦ öffentlicher Gratisparkplatz, kleine Haustiere willkommen, Betreiber 9–20 Uhr erreichbar ♦ Frühstücksraum, Terrasse

Monzuno
Lodole

35 km südlich von Bologna, S.S. 352
Ausfahrt Rioveggio der A 1, S.P. 325

Lodole

Zimmervermietung
Ortsteil Lodole, 325
Tel. (+39) 051 / 677 11 89,
(+39) 335 / 681 13 06
Fax (+39) 051 / 458 99 07
info@lodole.com
www.lodole.com
Ferien: unterschiedlich

Alice Frontini betreut mit Geschick diesen Beherbergungsbetrieb in der kleinen Siedlung Lodole. Er wurde kürzlich mit großer Liebe zum Detail renoviert und verfügt nun über drei Zimmer, in denen die Gäste einen angenehmen Aufenthalt verbringen können. Die Wände sind in unterschiedlichen Farben gestrichen und die Ausstattung besteht aus alten Möbeln, wobei einige Betten zur Originalmöblierung gehören (teilweise mit Baldachin). Das reichhaltige, bodenständige Frühstück erfreut mit Süßem und selbstgemachtem Feingebäck, einem üppigen Teller mit Wurst und Käse – ein Muss ist die frische Ricotta –, Kaffee, Milch, Tee, kalten Getränken und frischen Säften. Leicht erreichbare Ausflugsziele sind Bologna (30 Minuten mit dem Auto) und Florenz (15 Minuten von der Ausfahrt Rioveggio der A 1). Wer Entspannung sucht, findet sie auf dem angrenzenden Golfplatz mit direktem Zugang vom Quartier, in zwei Reitställen in der Nähe oder am Schwimmbecken.

♦ 6 DZ mit Bad und WC, Sat-TV, WLAN ♦ DZ in Einzelbelegung € 70, DZ € 90 (alle mit Frühstück) ♦ alle Kreditkarten, Bankomat ♦ Privatparkplatz, kleine Haustiere willkommen, Betreiber 8–22 Uhr erreichbar ♦ TV-Raum, Garten, Schwimmbecken

Ostellato
Libolla
3 km vom Zentrum
28 km südöstlich von Ferrara, S.S. 16
Ausfahrt Ferrara Sud der A 13; Ausfahrt Migliarino-Ostellato der Verbindung Ferrara-Porto Garibaldi

Al Giuggiolo

NEU

Agriturismo
Via Isacchina, 30
Tel. (+39) 05 32 / 20 85 81,
(+39) 339 / 667 99 38
Fax (+39) 05 33 / 68 01 72
info@algiuggiolo.com
www.algiuggiolo.com
Ganzjährig geöffnet

Dieser Ort auf halbem Weg zwischen Ferrara, das zum Weltkulturerbe ernannt wurde, und dem Naturpark des Po-Deltas bietet seine Gastfreundschaft Erholung suchenden Touristen und Kunstfreunden. Auf dem Gutshof zeugen viele Details von einer langen Geschichte: Im Garten findet man einen Brunnen aus dem Jahr 1850, im alten Herd wurde einst Brot gebacken, im Heuschober wurde Weizen getrocknet und Hanf verarbeitet. Bei der kürzlich erfolgten Renovierung blieb die alte Struktur erhalten und die Räume wurden mit allen Annehmlichkeiten ausgestattet. Die Gästezimmer sind anheimelnd und mit alten Möbeln aus Familienbesitz eingerichtet. Das Frühstücksbüfett erfreut mit einer großen Auswahl an bodenständigen Produkten: Brot, Focaccia, Feingebäck, Mürbeteigkuchen, Kringel und hausgemachte Kuchen aus selbst erzeugtem Mehl, Obst aus eigenem Anbau, Konfitüren, Milch, Joghurt, Käse und Wurst von lokalen Produzenten. Den Gästen stehen ein Barbecue-Bereich und Fahrräder zur Verfügung.

♦ 2 EZ, 3 DZ und 1 Suite, alle mit Bad und WC, TV, WLAN ♦ EZ € 45–50, DZ € 60–70 (Aufpreis Zusatzbett € 25), Suite € 110–120 (alle mit Frühstück) ♦ alle Kreditkarten, Bankomat ♦ Gemeinschaftsbereiche barrierefrei zugänglich, 1 Zimmer behindertengerecht ausgestattet, Privatparkplatz, kleine Haustiere willkommen, Betreiber immer erreichbar ♦ Aufenthaltsraum, Leseraum, TV-Raum, Garten, Gartenhaus, Veranda, Park, Kinderspielplatz, Radweg

Pieve di Cento

30 km nördlich von Bologna
Ausfahrt Altedo der A 13; Ausfahrt 6 der Tangenziale di Bologna in Richtung Castel Maggiore

Hotel della Pieve

3-Sterne-Hotel
Via Matteotti, 30 A
Tel. (+39) 051 / 686 17 86
Fax (+39) 051 / 686 79 60
hoteldellapieve@virgilio.it
www.hoteldellapieve.it
Ferien: 1 Woche im Januar

Das Hotel in einem alten Patrizierhaus liegt günstig sowohl für den Besuch von Kulturstädten wie Bologna, Modena und Ferrara als auch von Messezentren. Deshalb beherbergt es Touristen genauso wie Geschäftsleute. Die Zimmer sind freundlich und einfach eingerichtet, die Gemeinschaftsräume großzügig und bequem. Das Frühstücksbüfett umfasst Zwieback, Konfitüren, ofenfrische Backwaren, Zerealien und Croissants, zudem Milch, Tee und Kaffee. Halbpension im Restaurant kostet 15 Euro pro Person, man kann aber auch à la carte unter den Gerichten aus der Festland- oder Meeresküche wählen. Der Preis für eine Mahlzeit liegt bei 25 bis 35 Euro. Lohnende Ziele für Besichtigungen sind in Pieve die Kollegiatskirche Santa Maria Maggiore mit ihrem romanisch-gotischen Glockenturm und einer Apsis aus der ältesten Bauphase und im nahe gelegenen Cento die Piazza del Guercino mit dem Rathaus und dem Uhrturm.

♦ 5 EZ, 6 DZ, 3 3BZ und 1 4BZ, alle mit Bad und WC, Airconditon, Minibar, Telefon, TV, WLAN ♦ EZ € 50, DZ in Einzelbelegung € 60, DZ € 80–110, 3BZ € 90, 4BZ € 100 (alle mit Frühstück) ♦ alle Kreditkarten, Bankomat ♦ 2 Zimmer behindertengerecht ausgestattet, Privatparkplatz (6 Plätze), Rezeptionsdienst 7–24 Uhr ♦ Restaurant, Frühstücksraum, Konferenzraum (40 Plätze)

Portico e San Benedetto
Portico di Romagna

35 km südöstlich von Forlì, S.S. 67
Ausfahrt Forlì der A 14; von Florenz S.S. 67 in Richtung Pontassieve-Forlì

Al Vecchio Convento

3-Sterne-Hotel
Via Roma, 7
Tel. (+39) 05 43 / 96 70 53
Fax (+39) 05 43 / 96 71 57
info@vecchioconvento.it
www.vecchioconvento.it
Ferien: 10.–31. Januar

Dieses Hotel, ein Palazzo aus dem 19. Jahrhundert, liegt im hübschen Städtchen Portico e San Benedetto, also im Grenzgebiet zwischen der Romagna und der Toskana, umgeben vom Grün des Nationalparks Foreste Casentinesi. Es wird von der Familie Caneli geführt. Die Zimmer sind mit Möbeln aus Nuss- und Kirschholz, schmiedeeisernen Betten, bestickten Vorhängen und Keramik ausgestattet und bieten jeden Komfort. Das Frühstücksbüfett wird in einem netten Saal oder im Garten vorbereitet und umfasst Konfitüren und hausgemachte Kuchen, frisches Obst, heiße und kalte Getränke, Wurst und Käse. Eine Mahlzeit im Restaurant, das nicht nur Hausgäste bedient, kostet etwa 30 Euro ohne Wein, für die Halbpension werden 74 Euro pro Person verrechnet. Mit den bereitgestellten Mountainbikes können die Gäste interessante Ausflüge in die Umgebung unternehmen. Wasserratten sollten sich den Sprung in den Wasserfall von Brusia im nahe gelegenen Gebiet Bocconi nicht entgehen lassen.

♦ 3 EZ, 11 DZ und 1 3BZ, alle mit Bad und WC, Minibar (auf Wunsch), Telefon, TV, WLAN ♦ EZ € 50, DZ € 73, 3BZ € 82 (Frühstück € 8,50 pro Person) ♦ Kreditkarten: AE, CartaSi, MC, Visa; Bankomat ♦ 3 Zimmer behindertengerecht ausgestattet, öffentlicher Gratisparkplatz, kleine Haustiere willkommen (außer im Restaurant), Betreiber 7–23 Uhr erreichbar ♦ Bar, Restaurant, Frühstücksraum, Lese- und TV-Raum, Garten, Sonnenterrasse

Portomaggiore
Quartiere
4 km vom Zentrum
24 km südöstlich von Ferrara, S.P. 495
Ausfahrt Ferrara Sud der A 13; Ausfahrt Rovereto-Portomaggiore der Verbindung Ferrara-Porto Garibaldi

La Chiocciola

Zimmervermietung · Via Runco, 94 F
Tel. (+39) 05 32 / 32 91 51,
(+39) 328 / 325 45 63
Fax (+39) 05 32 / 32 91 51
info@locandalachiocciola.it
www.locandalachiocciola.it
Ferien: je 2 Wochen nach Dreikönig, Anfang Juni und Anfang September

Portomaggiore ist der ideale Ort für einen Urlaub in der Natur und in absoluter Ruhe. Es ist ein guter Ausgangspunkt für einen Ausflug in das nahe gelegene Po-Delta oder eine Besichtigung des schönen Hofs der Adelsfamilie d'Este in Gambulaga und Voghiera. Die Familie Migliari war schon seit drei Generationen in der Gastronomie tätig, als sie sich 1998 dazu entschloss, auch einen Beherbergungsbetrieb zu eröffnen. Die Räume wurden durch den Umbau eines alten Getreidespeichers geschaffen. Es entstanden sechs komfortable, helle, einfach möblierte Zimmer. Am Morgen erwartet die Gäste ein üppiges, bodenständiges Frühstück mit Kaffee, Kuchen und feinen Konfitüren und auf Wunsch Sandwiches. Das Restaurant bedient nicht nur Hausgäste und bietet regionale Spezialitäten, vor allem Aal und Froschschenkel, zum Preis von 45 Euro ohne Wein an. Freunde des Golfsports können den gut ausgestatteten Platz in unmittelbarer Nähe nutzen.

♦ 4 DZ und 2 3BZ, alle mit Bad und WC, Aircondition, Minibar, TV ♦ DZ in Einzelbelegung € 60, DZ € 75, 3BZ € 90 (alle mit Frühstück) ♦ alle Kreditkarten, Bankomat ♦ Restaurant barrierefrei zugänglich, Privatparkplatz, Haustiere nicht erlaubt, Betreiber immer erreichbar
♦ Restaurant, Frühstücksraum, Garten

Poviglio
San Sisto
3 km vom Zentrum; 19 km nordwestlich von Reggio Emilia, 20 km nordöstlich von Parma
Ausfahrt Campegine-Terre di Canossa der A 1, S.S. 62 oder S.P. 358

Casa Motta

3-Sterne-Hotel
Via Motta, 4
Tel. (+39) 05 22 / 96 07 64
Fax (+39) 05 22 / 96 93 92
casa.motta@virgilio.it
www.paginegialle.it/casamottasas
Ferien: August

Eingebettet in das Grün des Landstrichs um Reggio Emilia, wenige Kilometer vom Po entfernt, liegt dieses alte Landhaus, das durch einen geschmackvollen, originalgetreuen Umbau zum Hotel umgestaltet wurde. Ein weitläufiger Park mit Schatten spendenden Bäumen umgibt das Haus und bietet absolute Ruhe und angenehme Frische in der warmen Jahreszeit. Die Gäste genießen in sieben bequemen, komfortablen Zimmern ihren Aufenthalt. Am Morgen werden sie im Frühstücksraum mit Kaffee, Milch, Tee, Croissants, Butter, Konfitüren und Zwieback verwöhnt. Für einen Aufpreis von 15 bis 30 Euro pro Person kann man Halb- oder Vollpension in Anspruch nehmen. Die Mahlzeiten werden im angeschlossenen Restaurant serviert, das nicht nur Hausgästen offensteht (30 Euro ohne Wein). Poviglio ist der ideale Ausgangsort für Ausflüge nach Reggio Emilia und Parma.

♦ 2 EZ, 4 DZ und 1 3BZ, alle mit Bad und WC, Aircondition, Minibar, Telefon, Sat-TV, Internetanschluss (3 Zimmer mit Balkon) ♦ EZ € 30, DZ in Einzelbelegung € 40, DZ € 50, 3BZ € 78 (alle mit Frühstück) ♦ Kreditkarten: CartaSi, DC, MC, Visa; Bankomat ♦ 1 Zimmer behindertengerecht ausgestattet, Privatparkplatz, kleine Haustiere willkommen (außer in den Zimmern), Rezeptionsdienst rund um die Uhr ♦ Restaurant, Frühstücksraum, TV-Raum, Konferenzraum, Park, Kinderspielplatz

Quattro Castella

3 km vom Bahnhof Piazzola
15 km südwestlich von Reggio Emilia
18 km von der Ausfahrt Reggio Emilia der A 1

La Maddalena

2-Sterne-Hotel
Via Pasteur, 5
Tel. (+39) 05 22 / 88 70 21
Fax (+39) 05 22 / 88 81 33
lamaddalena@interfree.it
www.albergolamaddalena.it
Ferien: 1 Woche im August, 27. Dezember–10. Januar

Die derzeitigen Besitzer des Hotels, Emilio und Emiliano, sind die Enkel von Maddalena Buratti, die den Betrieb 1935 als Lebensmittelladen mit angeschlossener Locanda eröffnete. Ihr Sohn erweiterte das Hotel und baute einen neuen Trakt. Die Zimmer wurden renoviert, modern eingerichtet und mit jedem Komfort ausgestattet. Das Frühstück nach italienischer Art wird in einem netten Gemeinschaftsraum serviert. Es gibt frisches Brot, Butter und Konfitüren, Croissants, Crostate, heiße Getränke und Säfte. Das Restaurant steht nicht zur Hausgästen offen und setzt auf lokale Spezialitäten, die zu einem Preis von etwa 25 bis 35 Euro ohne Wein angeboten werden. Lohnende Ausflugsziele in der Umgebung sind der Naturpark von Roncolo, die Naturoase Lipu und die Burgen von Bianello, Canossa und Rossena.

♦ 3 EZ und 14 DZ, alle mit Bad und WC, Aircondition, Telefon, TV, Internetanschluss (einige Zimmer mit Balkon) ♦ EZ € 45, DZ € 65 (alle mit Frühstück) ♦ alle Kreditkarten, Bankomat ♦ Anlage barrierefrei zugänglich, 2 Zimmer behindertengerecht ausgestattet, Privatparkplatz, Haustiere nicht erlaubt, Rezeptionsdienst 7–24 Uhr ♦ Restaurant

Ravenna

In der Altstadt
Abzweigung der A 14 nach Ravenna, S.S. 16

A Casa di Paola

Zimmervermietung
Via Paolo Costa, 31
Tel. (+39) 05 44 / 394 25,
(+39) 347 / 730 63 86
Fax (+39) 05 44 / 331 19
info@acasadipaola.it
www.acasadipaola.it
Ganzjährig geöffnet

Der Adelspalazzo steht mitten in der Altstadt, ist aber mit dem Auto erreichbar. Das Gebäude wurde im letzten Jahr komplett renoviert, wobei der Stiegenaufgang, die Fresken einer bekannten Malerin, die einst hier wohnte, sowie die Holzbalken und die Stilmöbel in den Zimmern erhalten blieben. Sie verbreiten ein angenehmes Gefühl von Gastlichkeit. Die kleine Terrasse, die auf den schönen Innenhof blickt, ist mit Tischen und Stühlen bestückt. In der schönen Jahreszeit wird Ihnen hier das typisch italienische Frühstück mit Brioches, frischem Brot mit Butter und Konfitüre, Kaffee, Milch, Tee und Säften serviert. Den Gästen stehen auch einige Fahrräder zur Verfügung, um die Altstadt und die Umgebung zu erkunden.

♦ 2 DZ, 1 3BZ und 2 Suiten (4 Personen), alle mit Bad und WC, Aircondition, TV, DVD-Player, WLAN; 2 Miniapartments (2–4 Personen) mit Kochnische ♦ DZ in Einzelbelegung € 50, DZ € 70, 3BZ € 90, Suite € 120, Miniapartment € 80–120 (Aufpreis Zusatzbett € 15–30, alle mit Frühstück) ♦ Kreditkarten: MC, Visa; Bankomat ♦ öffentlicher Parkplatz, 2 bewachte Vertragsparkplätze 100 und 200 Meter entfernt, kleine Haustiere willkommen, Betreiber immer erreichbar ♦ Frühstücksraum, TV-Raum, Garten, Terrasse

Ravenna

In der Altstadt
Abzweigung der A 14 nach Ravenna, S.S. 16

Casa Masoli

Zimmervermietung
Via Girolamo Rossi, 22
Tel. (+39) 335 / 609 94 71,
(+39) 339 / 544 84 05
anna@casamasoli.it
www.casamasoli.it
Ganzjährig geöffnet

Die Casa Masoli in einem altehrwürdigen Gebäude von der Wende vom 17. zum 18. Jahrhundert im Zentrum von Ravenna wird von Signora Anna und ihrer Tochter Chiara geführt. Das Gebäude besteht aus drei Stockwerken. Gleich am Eingang springt dem Besucher ein schmucker Raum mit Fresken ins Auge, in dem das Frühstück eingenommen wird. Auf dem Büfett finden Sie klassisches Backwerk, Brot, Butter und Honig oder feine Konfitüren, Joghurt, Zerealien, Obst, Käse und Wurst. Gleich daneben liegen zwei der drei hübschen Suiten. Ein eindrucksvoller Stiegenaufgang führt zur »grünen Suite« im ersten Stock, auch »Seufzerzimmer« genannt, und zu den drei Doppelzimmern im obersten Stockwerk, von wo aus man den Blick über die Dächer der Stadt und die Türme der prachtvollen Basiliken schweifen lassen kann. Alle Zimmer sind mit Stilmöbeln eingerichtet und mit Aquarellen, Lithografien und Zeichnungen dekoriert. Die Gäste können auch einen gepflegten kleinen Garten nutzen.

♦ 3 DZ und 3 Suiten (4–6 Personen), alle mit Bad und WC, Aircondition, TV, WLAN ♦ DZ in Einzelbelegung € 50, DZ € 70 (Aufpreis Zusatzbett € 20), Suite € 110–150 (alle mit Frühstück) ♦ alle Kreditkarten, Bankomat ♦ gebührenpflichtiger öffentlicher Parkplatz 50 Meter entfernt, Haustiere nicht erlaubt, Betreiber immer erreichbar ♦ Barbereich, Frühstücksraum, Bibliothek, Garten

Ravenna

In der Altstadt
Abzweigung der A 14 nach Ravenna, S.S. 16

M Club

Bed & Breakfast
Piazzetta Gandhi, 26,/Ecke Via Cavour
Tel. (+39) 05 44 / 375 38,
(+39) 333 / 955 64 66
Fax (+39) 05 44 / 375 38
info@m-club.it
www.m-club.it
Ganzjährig geöffnet

Michael Scapini Mantovani renovierte dieses Gebäude aus dem 15. Jahrhundert in der Altstadt behutsam und schuf daraus ein Bed & Breakfast mit freundlichen Zimmern – das »weiße«, »grüne«, »rote« und »silberne« Zimmer – und einer Suite. Neben den Originaldecken und den Stilmöbeln dienen auch moderne Elemente als Dekor. Edle Ausstattung findet man vor allem in den Badezimmern. Den Gästen stehen eine reiche Auswahl an Büchern über Ravenna und Fahrräder zur Erkundung der Stadt zur Verfügung. Das Frühstück wird in einem gepflegten Raum serviert und umfasst Kaffee, Milch, Tee, Croissants, Brot, Butter mit Honig und Konfitüren aus Bioobst, Käse und Wurst. Von Interesse sind eine beachtliche Bildersammlung im Haus selbst, die nahe gelegene Basilika von San Vitale, das Mausoleum der Galla Placidia und die Steinteppiche.

♦ 4 DZ und 1 Suite, alle mit Bad und WC, Aircondition, Sat-TV, Internetanschluss ♦ EZ € 60, DZ € 70–90 (Aufpreis Zusatzbett € 20), Suite € 120 (alle mit Frühstück) ♦ Kreditkarten: AE, MC, Visa; Bankomat ♦ Privatparkplatz (€ 10 pro Tag), gebührenpflichtiger öffentlicher Parkplatz 20 Meter entfernt, Haustiere nicht erlaubt, Rezeptionsdienst rund um die Uhr ♦ Frühstücksraum, Leseraum

Ravenna
San Zaccaria

18 km vom Zentrum
Ausfahrt Cesena Nord der A 14, E 45 in Richtung Ravenna, Ausfahrt Casemurate, S.S. 16

Palazzo Manzoni

Agriturismo
Via Ponte Della Vecchia, 23
Tel. (+39) 05 44 / 55 46 34,
(+39) 340 / 712 55 40
Fax (+39) 05 44 / 55 46 34
info@palazzomanzoni.it
www.palazzomanzoni.it
Ganzjährig geöffnet

Der Agriturismo ist ein Gebäude aus dem 15. Jahrhundert, das einst als Kloster und später, in der Mitte des 19. Jahrhunderts, von Graf Angelo Manzoni aus Mailand als Wohnsitz genutzt wurde. 1994 erstand der derzeitige Besitzer Massimo Bottura das Gut und schuf eine Unterkunft, die von einer ruhigen, intimen Atmosphäre geprägt ist. Die Zimmer sind hell, geräumig und mit komfortablen alten Möbeln eingerichtet. Den Gästen werden ein Salon und ein überaus gepflegter Wintergarten geboten, ferner ein gut ausgestatteter Konferenz- und Tagungsraum, ein Wellnessbereich und Fahrräder für Ausflüge in die Stadt und in die Umgebung. Das Restaurant, in dem nicht nur Hausgäste willkommen sind, wird ebenfalls von Massimo geleitet. Der Schwerpunkt liegt auf den Gerichten der Romagna. Eine Mahlzeit kostet etwa 30 Euro ohne Wein. Das Frühstück wird in einem eigenen Raum und in der schönen Jahreszeit auf der Veranda serviert. Das klassische Angebot umfasst Mürbeteigkuchen, Kringel und hausgemachtes Feingebäck, frisches Obst, Kaffee, Milch, Tee und Fruchtsäfte.

◆ 4 DZ und 3 Suiten, alle mit Bad und WC ◆ DZ in Einzelbelegung € 50, DZ € 70, Suite € 120 (alle mit Frühstück) ◆ Kreditkarten: CartaSi, DC, MC, Visa; Bankomat ◆ Privatparkplatz, kleine Haustiere willkommen, Betreiber immer erreichbar ◆ Restaurant, Frühstücksraum, Lese- und TV-Raum, Park, Veranda, Schwimmbecken

Rimini
San Martino Monte l'Abbate

6 km vom Zentrum
Ausfahrt Rimini Sud der A 14

Case Mori

Agriturismo
Via Monte l'Abbate, 9
Tel. (+39) 05 41 / 73 12 62, (+39) 328 / 582 12 01, (+39) 333 / 420 25 94
Fax (+39) 05 41 / 73 12 62
agriturismo@casemori.it
www.casemori.it
Ganzjährig geöffnet

Der Agriturismo ist von einem 22 Hektar großen Gut umgeben. Der Gebäudekomplex besteht aus vier Landhäusern vom Beginn des 20. Jahrhunderts. Silvia und Nicola bauten eines davon zu einer reizenden Unterkunft auf zwei Ebenen um, mit Holzbalken an den Decken und unverputzten Ziegelwänden. Von einem der beiden Speisesäle im Erdgeschoss aus, deren Blickfang ein alter Herd und eine geräumige Küche sind, kann man durch eine Glasscheibe die alte Getreidegrube erkennen. Die Gästezimmer (drei davon mit begehbarer Galerie mit zwei Zusatzbetten) liegen im ersten Stock und sind mit alten Möbeln eingerichtet. Der Gutshof ist von hübschen Arkaden und einem weitläufigen Park umgeben, der zu langen Spaziergängen in absoluter Ruhe einlädt. Der Frühstückstisch ist mit Milch, Kaffee, Tee, Croissants, hausgemachten Kuchen und einer reichen Auswahl an Konfitüren gedeckt. Das Restaurant lockt mit typischen lokalen Spezialitäten, die um 30 Euro ohne Wein angeboten werden. Für Kinder stehen ein gut ausgestatteter Spielplatz und ein Reitstall zur Verfügung.

◆ 3 DZ und 1 4BZ, alle mit Bad und WC, TV ◆ DZ in Einzelbelegung € 60–70, DZ € 75–85 (Aufpreis Zusatzbett € 10–30), 4BZ € 90–140 (alle mit Frühstück) ◆ Kreditkarten: MC, Visa; Bankomat ◆ Privatparkplatz, kleine Haustiere willkommen, Betreiber immer erreichbar ◆ Restaurant, Außenbereich, Garten, Kinderspielplatz

Roccabianca
Fontanelle

4 km vom Zentrum
20 km nordwestlich von Parma

Da Ivan

NEU

Zimmervermietung
Via Villa, 24
Tel. (+39) 05 21 / 87 01 13
Fax (+39) 05 21 / 37 01 91
info@hostariadaivan.it
www.hostariadaivan.it
Ferien: letzte Juliwoche, ersten 2 Augustwochen

Barbara und Ivan Albertelli haben kürzlich ihr Restaurant um einige geräumige, helle Gästezimmer im oberen Stockwerk erweitert. Jedes ist anders eingerichtet, aber alle wirken sehr freundlich. Der Betrieb liegt in der grünen Landschaft der Bassa, nicht weit entfernt vom Geburtshaus des Giovannino Guareschi, Autor der Don-Camillo-Geschichten, und mit Blick auf einen gepflegten Garten. Im Erdgeschoss befinden sich eine hübsche Veranda und kleine Räume für die Gäste, wo das Frühstück mit süßen und pikanten Spezialitäten aus eigener Erzeugung oder von kleinen Produzenten der Region – Wurst, Käse, Konfitüren, Backwerk – serviert wird. Diese Produkte können wie die Weine, die Ivan in seinem gut bestückten Keller lagert, auf dem Hof gekauft werden. Klar erkennbar ist eine Vorliebe für Schaumweine.

♦ 4 DZ mit Bad und WC, Aircondition, Minibar ♦ DZ in Einzelbelegung € 80, DZ € 100 (alle mit Frühstück) ♦ Kreditkarten: AE, CartaSi, MC, Visa; Bankomat ♦ Privatparkplatz, kleine Haustiere willkommen, Betreiber immer erreichbar ♦ Barbereich, Restaurant, Lese- und TV-Raum, Garten

🍽 Das Restaurant, das nicht nur Hausgäste empfängt (Montag und Dienstag Ruhetag), bietet zum Preis von 35 bis 40 Euro ohne Wein die Spezialitäten, die Barbara aus den von Ivan ausgewählten Zutaten zubereitet.

Salsomaggiore Terme
Cangelasio

3 km vom Zentrum
8 km von Fidenza, 32 km westlich von Parma
Ausfahrt Fidenza oder Fiorenzuola d'Arda der A 1

Antica Torre

Agriturismo
Via Case Bussandri, 197
Tel. (+39) 05 24 / 57 54 25
info@anticatorre.it
www.anticatorre.it
Ferien: Dezember–Februar

Dieser landwirtschaftliche Betrieb in Cangelasio liegt knapp drei Kilometer von Salsomaggiore Terme entfernt und eignet sich perfekt für einen Erholungsurlaub. Die Zimmer sind einfach und bäuerlich eingerichtet, das üppige Frühstück mit naturbelassenen Produkten hält angenehme Überraschungen bereit: Honig und Konfitüren von kleinen Betrieben, Mürbeteigkuchen, Kringel, frisches Obst, Joghurt, heiße Getränke und Säfte und auf Wunsch auch pikante Spezialitäten. Das Restaurant ist nur abends geöffnet und empfängt ausschließlich Hausgäste. Geboten werden traditionelle Gerichte aus eigenen Produkten für etwa 18 Euro ohne Wein. Knapp einen Kilometer entfernt gibt es Tennisplätze und Bocciabahnen, etwas weiter weg befindet sich auch ein Golfplatz. Als kulturelle Ausflugsziele sind Antica Torre, das Schloss von Torrechiara, die mittelalterlichen Städtchen Castell'Arquato und Vigoleno, die Festung von Bardi und der Fossilienpark zu erwähnen.

♦ 5 DZ und 1 3BZ, alle mit Bad und WC ♦ DZ in Einzelbelegung € 55–65, DZ € 90–110, 3BZ € 135–165 (alle mit Frühstück) ♦ keine Kreditkarten ♦ Privatparkplatz teilweise überdacht, kleine Haustiere willkommen, Betreiber immer erreichbar ♦ Restaurant, TV- und Leseraum, Billardzimmer, Degustationsstube, Konferenzraum, Arkaden, Schwimmbecken, Tischtennis, Tischfußball, Rasenvolleyball

Saludecio
San Rocco

25 km nordwestlich von Pesaro, 28 km südwestlich von Rimini
12 km von der Ausfahrt Cattolica der A 14

Belvedere

Bed & Breakfast
Via San Giuseppe, 736
Tel. (+39) 05 41 / 98 21 44,
(+39) 338 / 530 20 46
Fax (+39) 05 41 / 98 21 44
info@belvederesaludecio.it
www.belvederesaludecio.it
Ferien: unterschiedlich

An der Grenze zwischen der Romagna und den Marken liegt die Locanda von Mauro Ricciardelli. Sie ist nur wenige Kilometer vom Meer und vom interessanten Naturpark Monte San Bartolo entfernt, dessen Kliffe den Vögeln als Orientierungspunkt dienen. Die Locanda ist der ideale Ort für Erholung suchende Gäste. Die Zimmer wirken gepflegt und freundlich und sind mit Bauernmöbeln und Designerstücken eingerichtet. Die Minisuiten verfügen über eine Kochnische und einen Whirlpool. Das Frühstück, das in der warmen Jahreszeit auf der Terrasse serviert wird, bietet neben Produkten kleiner regionaler Hersteller Brot, Feingebäck und hausgemachte Konfitüren. Eine Mahlzeit im Restaurant kostet etwa 30 Euro ohne Wein. Angeboten werden lokale Spezialitäten aus Zutaten mit Ursprungszertifikat. Halbpension kostet 65 Euro pro Person.

♦ 6 DZ und 2 Minisuiten, alle mit Bad und WC (Minisuiten mit Whirlpool), Balkon, Aircondition, Minibar, Safe, TV ♦ DZ in Einzelbelegung € 55–65, DZ € 75–100 (Aufpreis Zusatzbett € 15), Minisuite € 120 (alle mit Frühstück) ♦ alle Kreditkarten, Bankomat ♦ Anlage barrierefrei zugänglich, Privatparkplatz, kleine Haustiere willkommen, Betreiber immer erreichbar ♦ Restaurant, Frühstücksraum, Leseraum, Garten, Schwimmbecken

San Mauro Pascoli

1 km vom Zentrum

12 km nordwestlich von Rimini, 15 km südöstlich von Cesena
6 km von der Ausfahrt Rimini Nord der A 14

Locanda dei Fattori

Zimmervermietung
Via Due Martiri, 29 A
Tel. (+39) 05 41 / 93 33 15, (+39) 337 / 25 66 31, (+39) 347 / 257 05 86
Fax (+39) 05 41 / 93 33 15
fattori@locandadeifattori.it
www.locandadeifattori.it
Ferien: November

Die Locanda befindet sich im ehemaligen Haus des Verwalters eines historischen Gutshofs, der vom Vater des Dichters Giovanni Pascoli geführt wurde. Es steht inmitten des Parks der Villa Torlonia. Eine umsichtige Renovierung hat dem Gebäude neues Leben eingehaucht. Nun sind darin die Locanda mit drei Gästezimmern (eingerichtet mit Bauernmöbeln vom Beginn des 20. Jahrhunderts) und ein Restaurant untergebracht. Dieses bietet lokale Küche mit modern adaptierten Rezepten (etwa 30 Euro). Für die Erwachsenen steht ein Salon mit Fernsehecke, für die Kinder ein kleines Spielzimmer zur Verfügung. Am Morgen stärkt man sich am üppigen Büfett mit Süßem und Pikantem. In der schönen Jahreszeit wird im Garten aufgedeckt. Das Haus befindet sich in günstiger Lage in der Nähe der Adriastrände und des hügeligen Hinterlandes mit seinen mittelalterlichen Dörfern.

♦ 3 DZ mit Bad und WC (2 Zimmer mit Gemeinschaftsbad), Aircondition, WLAN ♦ DZ in Einzelbelegung € 50, DZ € 100 (alle mit Frühstück) ♦ alle Kreditkarten, Bankomat ♦ Privatparkplatz, kleine Haustiere willkommen, Betreiber immer erreichbar ♦ Bar, Restaurant, TV-Raum, Kinderspielzimmer, Garten, Park

San Polo d'Enza

22 km südwestlich von Reggio Emilia
Ausfahrt Campegine-Terre di Canossa der A1 in Richtung Montecchio Emilia

Villa Albarelli

Zimmervermietung
Via De Gasperi, 35
Tel. (+39) 05 22 / 87 45 70
Fax (+39) 05 22 / 25 23 24
info@villa-albarelli.it
www.villa-albarelli.it
Ganzjährig geöffnet

Wir befinden uns hier an der Grenze zwischen den Provinzen Parma und Reggio Emilia, nicht weit von Canossa und dem Hügelland der mittelalterlichen Markgräfin Mathilde entfernt: ein geschichtsträchtiger und an Kulturdenkmälern reicher Landstrich. Das Bed & Breakfast ist eine Villa aus der Mitte des 19. Jahrhunderts, die einstige Sommerresidenz einer Bürgerfamilie aus Reggio Emilia. In den 1980er-Jahren kaufte die Familie Albarelli das Anwesen und renovierte es als Wohnsitz. Einige Jahre später baute Nicoletta es zu einem Beherbergungsbetrieb aus und richtete die Zimmer im Jugendstil ein. Das Frühstück wird in einem sehr gepflegten Raum serviert, wo die Gäste vom üppigen Büfett süße und pikante Spezialitäten wählen können. Die Villa umgibt ein weitläufiger Garten, der zur Muße einlädt. Hinter dem Haus befindet sich ein Schwimmbad mit Blick auf die Hügel und die Weingärten des Enzatals.

♦ 1 EZ und 5 DZ, alle mit Bad und WC, Aircondition, Telefon, TV, Internetanschluss (1 Zimmer mit Balkon) ♦ EZ € 65, DZ in Einzelbelegung € 70, DZ € 100 (Aufpreis Zusatzbett € 30, alle mit Frühstück) ♦ Kreditkarten: MC, Visa; Bankomat ♦ Privatparkplatz, Haustiere nicht erlaubt, Betreiber immer erreichbar ♦ Frühstücksraum, Leseraum, Außenbereich, Park, Schwimmbecken

Santarcangelo di Romagna
Montalbano

6 km vom Zentrum
16 km westlich von Rimini
9 km von der Ausfahrt Rimini Nord der A 14, S.S. 9

Antiche Macine

Agriturismo
Via Provinciale per Sogliano, 1540
Tel. (+39) 05 41 / 62 71 61
Fax (+39) 05 41 / 68 65 62
macine.montalbano@tin.it
www.antichemacine.it
Ferien: 2 Wochen im Januar

Der Agriturismo liegt inmitten von Oliven- und Nussbäumen in einem gepflegten Garten. Das Gebäude entstand am Ende des 17. Jahrhunderts als Ölmühle und wurde später als Herrenhaus genutzt. Die Gemeinschaftsräume sind mit Holzbalken und Cottoböden ausgestattet. Die Gästezimmer – einige mit begehbarer Galerie – sind elegant möbliert. Das Schwimmbad bietet den Gästen einen prachtvollen Ausblick auf die romanischen Pfarrkirchen der Umgebung und auf das Meer in der Ferne. Im Winter wird das Frühstück im Speisesaal, im Sommer auf der Veranda serviert. Zur Wahl stehen Konfitüren und Säfte aus eigener Produktion, verschiedene Backwaren und die üblichen heißen Getränke. Eine Mahlzeit im Restaurant, in dem nicht nur Hausgäste willkommen sind, kostet etwa 30 Euro ohne Wein. Den Gästen stehen Mountainbikes für Ausflüge in die Umgebung und ein kleiner Teich zum Sportfischen zur Verfügung.

♦ 1 EZ, 8 DZ und 3 Suiten (1–4 Personen), alle mit Bad und WC, Aircondition, Minibar, Safe, Telefon, TV ♦ EZ € 55, DZ in Einzelbelegung € 60, DZ € 90–110 (Aufpreis Zusatzbett € 15), Suite € 110–130 (alle mit Frühstück) ♦ alle Kreditkarten, Bankomat ♦ Anlage barrierefrei zugänglich, 1 Zimmer behindertengerecht ausgestattet, Privatparkplatz, kleine Haustiere willkommen, Betreiber 8–24 Uhr erreichbar ♦ Restaurant, Frühstücksraum, Lese- und TV-Raum, Konferenzsaal (200 Plätze), Garten, Veranda, Schwimmbecken

Sarsina

33 km südlich von Cesena, 46 km von Forlì
S.S.71; Ausfahrt Sarsina Sud oder Nord der E 45

Al Piano

3-Sterne-Hotel
Via San Martino, 23
Tel. (+39) 05 47 / 954 00
Fax (+39) 05 47 / 69 81 39
info@alpiano.it
www.alpiano.it
Ferien: 2 Wochen nach Dreikönig

Der ehemalige Wohnsitz der Grafen Bernardini in einem großen Park ist heute ein Hotel, das seine Gäste in einem eleganten, anspruchsvollen und komfortablen Ambiente empfängt. Der alte Trakt umfasst ein Luxuszimmer – »Alkoven« genannt, mit Fresken von Vincenzo Giovannini aus dem 19. Jahrhundert (150 Euro pro Nacht) – drei Doppelzimmer und drei Suiten. Der moderne Teil hat 18 großzügige, mit perfekt restaurierten Möbeln eingerichtete Zimmer. Das Frühstück besteht aus süßen und auf Wunsch auch pikanten Produkten, frischem Obst, Joghurt, Zerealien und verschiedenen Getränken. Das Restaurant bietet in seinem hellen, freundlichen Speisesaal internationale und lokale Küche zu einem Preis von etwa 30 Euro ohne Wein.

♦ 22 DZ und 3 Suiten, alle mit Bad und WC (Suiten mit Whirlpool), Minibar, Safe, Telefon, TV ♦ DZ in Einzelbelegung € 35–70, DZ € 70–120, Suite € 120 (alle mit Frühstück) ♦ alle Kreditkarten, Bankomat ♦ Anlage barrierefrei zugänglich, 1 Zimmer behindertengerecht ausgestattet, Privatparkplatz, kleine Haustiere willkommen, Rezeptionsdienst 7–1 Uhr ♦ Bar, Restaurant, Enoteca, TV-Raum, Tagungsraum, Park

Savigno

31 km südwestlich von Bologna
25 km von der Ausfahrt des Autobahnzubringers Bologna-Casalecchio der A 1

Da Amerigo

Zimmervermietung
Via Marconi, 16
Tel. (+39) 051 / 670 83 26
Fax (+39) 051 / 670 85 28
locanda@amerigo1934.it
www.amerigo1934.it
Ferien: Januar/Februar, August/September

In einem der ältesten Häuser des Dorfs, in einer ruhigen Privatstraße, bietet die Locanda von Alberto und Susi ihren Gästen fünf Zimmer von unterschiedlicher Größe und Einrichtung. Speziellen Charme besitzen die Eisentüren und Holzbalken und die Kombination von alten Möbeln und modernen Designerstücken. Das klassische italienische Frühstück umfasst frisches Brot, Butter und Konfitüren, Croissants, Feingebäck, Tee, Milch und Kaffee. Nur etwa 100 Meter entfernt hat die bekannte Trattoria derselben Betreiber ihren Sitz. Hier werden Degustationen und Kochkurse nach lokaler Tradition abgehalten. Ein leicht erreichbares Ziel ist die Stadt Bologna für Besichtigungen oder den Besuch einer der zahlreichen Veranstaltungen, die es das ganze Jahr über gibt.

♦ 1 EZ, 2 DZ, 1 4BZ und 1 Juniorsuite, alle mit Bad und WC, Sat-TV, WLAN ♦ EZ € 50, DZ in Einzelbelegung € 55–65, DZ € 70–90, 4BZ € 120–130, Juniorsuite € 90–110 (alle mit Frühstück) ♦ alle Kreditkarten, Bankomat ♦ 1 Zimmer behindertengerecht ausgestattet, öffentlicher Gratisparkplatz 10 Meter entfernt, kleine Haustiere willkommen, Betreiber 10–24 Uhr erreichbar ♦ Frühstücksraum, Restaurant

Sogliano al Rubicone
Savignano di Rigo

16 km vom Zentrum
37 km südlich von Cesena, 57 km von Forlì
Ausfahrt Rimini Nord der A 14; S.S. E 45

Il Raggio

Agriturismo
Via Ca' Raggio, 33
Tel. (+39) 05 47 / 961 22,
(+39) 338 / 387 56 99
Fax (+39) 05 47 / 961 22
Ganzjährig geöffnet

Tiziana Bernardini führt diesen Agriturismo in einem Landhaus aus dem 18. Jahrhundert fast an der Grenze zu Montefeltro. Sie produziert auch den für die Gegend typischen Fossakäse, der im Sommer in Grotten aus Tuffstein gelagert wird. Eine solche Höhle befindet sich direkt neben dem Haus. Die Zimmer sind ruhig und freundlich, das Frühstück besteht aus Süßem: Kringel, Mürbeteigkuchen und Konfitüren, allesamt hausgemacht, serviert mit den üblichen heißen Getränken. Die Gäste können Fahrräder für Ausflüge in die Natur und in die benachbarten Dörfer benutzen. In der Umgebung gibt es zahlreiche Ortschaften, die sich an die Hügel schmiegen oder auf das Meer hinausblicken. Viele können Zeugnis von einer bewegten Vergangenheit ablegen und bieten nicht nur im Sommer zahlreiche Veranstaltungen.

♦ 2 EZ und 3 DZ, alle mit Bad und WC, TV ♦ EZ € 32–40, DZ € 63–70 (Frühstück € 3 pro Person) ♦ keine Kreditkarten ♦ Anlage barrierefrei zugänglich, 1 Zimmer behindertengerecht ausgestattet, Privatparkplatz, kleine Haustiere willkommen, Betreiber immer erreichbar ♦ Barbereich, Restaurant, Frühstücksraum, Lese- und TV-Raum, Park, Terrasse

🍲 Nur fünf Minuten vom Agriturismo entfernt liegt das Restaurant Da Ottavio, das ebenfalls von Tiziana Bernardini geführt wird. Hier können Sie Gerichte genießen, bei denen die Tradition und die sorgfältige Auswahl der Zutaten im Mittelpunkt stehen (25 bis 28 Euro ohne Wein).

Soragna

30 km vom Flughafen Parma
27 km nordwestlich von Parma
6 km von der Ausfahrt Fidenza-Salsomaggiore Terme der A 1

Stella d'Oro

3-Sterne-Hotel
Via Mazzini, 8
Tel. (+39) 05 24 / 59 71 22
Fax (+39) 05 24 / 59 70 43
www.stelladoro.biz
Ganzjährig geöffnet

Der Familienbetrieb ist ein altes Gebäude in der Nähe des Hauptplatzes der kleinen Ortschaft in der Bassa Parmense. Das Hotel ist bis ins kleinste Detail gepflegt: großzügige, helle Gemeinschaftsräume mit Holzbalken, elegant möblierte Zimmer, eine Loggia mit Blick auf den Innenhof. Das Ambiente ist komfortabel und ermöglicht einen erholsamen Aufenthalt. Das Frühstück entspricht ganz der italienischen Tradition und besteht aus Croissants, Konfitüren und Zwieback, heißen Getränken und Fruchtsäften. Das Stella d'Oro ist der ideale Ausgangspunkt für beschauliche Spaziergänge durch das Grün der Umgebung.

♦ 6 EZ, 7 DZ und 1 Suite, alle mit Bad und WC, Aircondition, Telefon, TV ♦ EZ € 55, DZ € 90, Suite € 120 (Frühstück € 4 pro Person) ♦ Kreditkarten: MC, Visa; Bankomat ♦ öffentlicher Gratisparkplatz, kleine Haustiere willkommen, Betreiber stets anwesend ♦ Restaurant, Frühstücksraum, Hof

🍲 Marco Dalla Bona, der Chef des Restaurants, bereitet traditionelle Gerichte der Region in überarbeiteter Form zu (50 bis 60 Euro ohne Wein).

Torriana

10 km vom Bahnhof Santarcangelo di Romagna
21 km südwestlich von Rimini
13 km von der Ausfahrt Rimini Nord der A 14

Locanda del Povero Diavolo 🗝

Zimmervermietung
Via Roma, 30
Tel. (+39) 05 41 / 67 50 60
info@ristorantepoverodiavolo.com
www.ristorantepoverodiavolo.com
Ferien: 2 Wochen im Mai, 10 Tage im September

Stefania Arlotti und Fausto Fratti führen diese Locanda im Haus der Familie, wenige Kilometer vom Meer entfernt. Durch einen Umbau wurden Gästezimmer und ein Restaurant geschaffen. Die Gemeinschaftsräume sind einfach und klassisch, mit wunderschönen Kassettendecken. Die Zimmer haben Holzbalken an den Decken und sind mit Möbeln vom Beginn des 20. Jahrhunderts eingerichtet. Es gibt keinen Fernseher, stattdessen zieren Handschriften die Wände und es gibt eine kleine Bibliothek mit Unterhaltungsliteratur und Bänden zur lokalen Geschichte. Das Frühstück wird in einem kleinen Raum der Bar oder im Hof serviert: hausgemachte Süßspeisen und Kuchen, fünf Arten Brot, Konfitüren, Milch, Tee und Kaffee, durchweg naturbelassene Produkte aus sorgfältig ausgewählten Zutaten.

♦ 3 DZ, 1 3BZ und 1 4BZ, alle mit Bad und WC, Internetanschluss ♦ DZ in Einzelbelegung € 70, DZ € 100, 3BZ € 120, 4BZ € 140 (alle mit Frühstück) ♦ Kreditkarten: CartaSi, MC, Visa; Bankomat ♦ öffentlicher Gratisparkplatz angrenzend, kleine Haustiere willkommen, Betreiber immer erreichbar ♦ Bar, Restaurant, TV-Raum mit Musik, Bibliothek, Tagungsraum, Garten

🍴 Das Restaurant bietet eine ideenreich überarbeitete lokale Küche (55 Euro ohne Wein).

Tredozio
Ottignana

2,5 km vom Zentrum
47 km südwestlich von Forlì, S.S. 67, 55 km von Cesena

Pian di Stantino

NEU

Agriturismo
Pian di Stantino, 54
Tel. (+39) 05 46 / 94 35 39
info@agriturismopiandistantino.it
www.agriturismopiandistantino.it
Ganzjährig geöffnet

Am Pian di Stantino kommt man nicht zufällig vorbei. Es befindet sich in einer abgelegenen Ortschaft am Rand des Naturparks Foreste Casentinesi. Hier gibt es ungeahnte Schätze der Tier- und Pflanzenwelt. In dem Agriturismo (daneben auch fünf Zeltplätze), abseits von Trubel und Stress, werden Sie mit romagnolischer Gastfreundlichkeit empfangen, auch wenn der große Kamin und das Steinhaus eher an das Trentino erinnern. Die Zimmer sind mit rustikalen Möbeln von lokalen Tischlern eingerichtet. Das einfache, appetitliche Frühstück umfasst Brot, Konfitüren, hausgemachte Süßspeisen, heiße Getränke und Säfte. Im Restaurant bekommen Sie Gerichte, die die trentinische Küche mit toskanischen und romagnolischen Elementen verbinden. Es werden frisches Gemüse und Produkte lokaler Hersteller verarbeitet (28 Euro ohne Wein). Äpfel, Honig und Esskastanien aus dem eigenen Betrieb werden zum Verkauf angeboten. Für Ausflüge in die Umgebung können Sie Mountainbikes mieten.

♦ 3 DZ, 1 3BZ und 1 4BZ, alle mit Bad und WC ♦ DZ in Einzelbelegung € 25, DZ € 50, 3BZ € 75, 4BZ € 100 (Frühstück € 3 pro Person) ♦ keine Kreditkarten ♦ Anlage barrierefrei zugänglich, öffentlicher Parkplatz, kleine Haustiere willkommen, Betreiber immer erreichbar ♦ Bar, Restaurant, Aufenthaltsraum, Leseraum, Garten, Terrasse

Verucchio
Villa Verucchio

4 km vom Zentrum
14 km südwestlich von Rimini
Ausfahrt Rimini Nord der A 14, S.P. 258 R

Le Case Rosse

Bed & Breakfast
Via Tenuta, 141
Tel. (+39) 05 41 / 67 81 23
lecaserosse@virgilio.it
www.tenutaamalia.com
Ganzjährig geöffnet

Patrizia Riccardi und ihr Sohn Juri Moretti führen dieses Bed & Breakfast, das nach einem sehr behutsamen Umbau aus einem der ältesten Gebäude des Anwesens Tenuta Amalia entstand. Der Gutshof ist für seine Produktion von Qualitätsweinen aus dem Marecchiatal bekannt. In diesem Gebäude, das im traditionellen Pompeji-Rot angestrichen ist, sind die Gäste in Zimmern mit altem Mobiliar untergebracht. Die hübschen Arkaden, wo bei Schönwetter das Frühstück serviert wird, führen zum Salon. Im Winter wird im Speisesaal gefrühstückt. Das reichhaltige Büfett umfasst hausgemachte Torten und Mürbeteigkuchen, heiße Getränke und Säfte. Wenige hundert Meter entfernt gibt es die stimmungsvolle Cantina della Gea, wo die Weine des Hofes probiert werden können. Von Oktober bis März ist der Betrieb nur am Wochenende geöffnet.

♦ 3 DZ und 1 3BZ, alle mit Bad und WC, Minibar, Telefon, TV, Internetanschluss ♦ DZ in Einzelbelegung € 40, DZ € 75–80, 3BZ € 85 (alle mit Frühstück) ♦ keine Kreditkarten ♦ Anlage teilweise barrierefrei zugänglich, Privatparkplatz, kleine Haustiere willkommen, Betreiber 7.30–21 Uhr erreichbar ♦ Frühstücksraum, Leseraum, Garten, Veranda

Vignola

14 km vom Bahnhof Castelfranco Emilia
23 km südöstlich von Modena
13 km von der Ausfahrt Modena Sud der A1

Casale della Mora

Jugendherberge
Via Tavoni, 20
Tel. (+39) 059 / 77 67 11
Fax (+39) 059 / 770 29 30
info@cittacastelliciliegi.it
www.cittacastelliciliegi.it
Ganzjährig geöffnet

Die Herberge wurde 2004 in einem neu errichteten Landhaus eröffnet. Sie wird von der Associazione Strada dei Vini e dei Sapori geführt, die hier auch eine Verkaufsausstellung mit Weinen und kulinarischen Spezialitäten dieses zwischen den Hügeln von Modena und Bologna gelegenen Landstrichs eingerichtet hat. Die Zimmer sind geräumig und mit einfachen, rustikalen Möbeln ausgestattet, die Decken zieren Holzbalken. Das Frühstücksbüfett umfasst vor allem regionale Produkte, die bei Partnerbetrieben gekauft werden. Im Park finden die Gäste einen Fitnessparcours. Außerdem ist es nicht weit zu einem Schwimmbad, einem Fitnesscenter und einer Tennishalle, Partnerbetrieben der Jugendherberge. Es werden Besichtigungstouren in Mitgliedsbetrieben des Verbandes angeboten.

♦ 1 3BZ, 3 4BZ und 2 5BZ, alle mit Bad und WC, TV, WLAN ♦ 3BZ in Einzelbelegung € 30, 3BZ in Zweierbelegung € 50, 3BZ € 66, 4BZ € 72, 5BZ € 80 (alle mit Frühstück) ♦ alle Kreditkarten, Bankomat ♦ 1 Zimmer behindertengerecht ausgestattet, Privatparkplatz, öffentlicher Gratisparkplatz 50 Meter entfernt, kleine Haustiere willkommen, Betreiber 8–18 Uhr anwesend ♦ Frühstücksraum, Leseraum, Park, Fitnessparcours

Ziano Piacentino
Vicobarone

5 km vom Zentrum
32 km südwestlich von Piacenza
12 km von der Ausfahrt Castel San Giovanni der A 21

Podere Casale

Agriturismo
Via Creta
Tel. (+39) 05 23 / 86 83 02,
(+39) 335 / 584 69 16
Fax (+39) 05 23 / 84 01 14
info@poderecasale.it
www.poderecasale.it
Ferien: Mitte November–Ostern

Der Betrieb liegt in der hübschen Ortschaft Vicobarone im Tidonetal, einem Landstrich, in dem fast ausschließlich Wein angebaut wird. Das ehrwürdige historische Gebäude mit seinem mittelalterlichen Turm wurde im Jahr 2000 komplett renoviert, wobei die alten Steinmauern und das Holzgebälk erhalten blieben. Die Zimmer sind rustikal eingerichtet und lassen Liebe zum Detail erkennen. Das Frühstücksbüfett mit hausgemachten Kuchen, Feingebäck, Brot und Konfitüren, Honig, Zerealien, Joghurt, Milch, Tee und Kaffee wird in dem Saal vorbereitet, der auch für Degustationen der DOC-Weine aus den Colli Piacentini genutzt wird. Die hofeigenen Weine werden mit Häppchen von Wurst und Käse angeboten. Die Gäste können auch den gepflegten Garten und in der schönen Jahreszeit das Schwimmbad benutzen.

♦ 6 DZ mit Bad und WC, Aircondition, Sat-TV; 2 Apartments (4 Personen) mit Küche ♦ DZ in Einzelbelegung € 65, DZ € 100–130, Apartment € 130–140 (alle mit Frühstück) ♦ Kreditkarten: CartaSi, DC, MC, Visa; Bankomat ♦ Privatparkplatz, kleine Haustiere willkommen, Betreiber 8.30–12.30 und 14–18 Uhr erreichbar ♦ Frühstücksraum und Degustationsstube, Konferenzraum (50 Plätze), Garten, Schwimmbecken

Zocca
Monteombraro

5 km vom Zentrum
45 km südöstlich von Modena
Ausfahrt Modena der A 1, S.P. 623

Tizzano

Agriturismo
Via Lamizze, 1197
Tel. (+39) 059 / 98 95 81
agriturismo.tizzano@libero.it
www.agritizzano.it
Ferien: Winter

Der von Stefano Fogacci und seiner Mutter Nilde geführte Betrieb liegt im Regionalpark Sassi di Roccamalatina im Herzen des emilianischen Apennins. Eine hervorragende Lage für einen Urlaub in ruhiger Umgebung und zugleich mit der Möglichkeit, Städte von kultureller Bedeutung wie Bologna zu besichtigen oder eine Entdeckungsreise durch diesen Winkel der Provinz Modena zu unternehmen, der so reich an Burgen, Klöstern und romanischen Kirchen ist. Im Erdgeschoss des Landhauses befindet sich ein Restaurant, das traditionelle Speisen für etwa 20 Euro ohne Wein anbietet. Im oberen Stockwerk liegen die sieben Gästezimmer und die beiden Apartments, die mit rustikalen Möbeln eingerichtet und mit jedem Komfort ausgestattet sind. Das üppige Frühstück umfasst Kaffee, Tee, frisch gemolkene Milch und Produkte kleiner Betriebe, darunter eine herrliche Kirschkonfitüre, Ricotta, frisches Brot, Feingebäck, Butter und Sahne. Die hofeigenen Produkte stammen aus biologischem Anbau und entsprechen der »Null-Kilometer-Philosophie«. Die Halbpension wird für 35 Euro pro Person angeboten.

♦ 7 DZ mit Bad und WC; 2 Apartments (2–4 Personen) ♦ DZ in Einzelbelegung € 26, DZ € 44 (Aufpreis Zusatzbett € 22, alle mit Frühstück); Apartment € 22 pro Person ♦ keine Kreditkarten ♦ Anlage teilweise barrierefrei zugänglich, Privatparkplatz teilweise überdacht, kleine Haustiere willkommen (nach Absprache), Betreiber abends zur Essenszeit erreichbar ♦ Restaurant, Leseraum

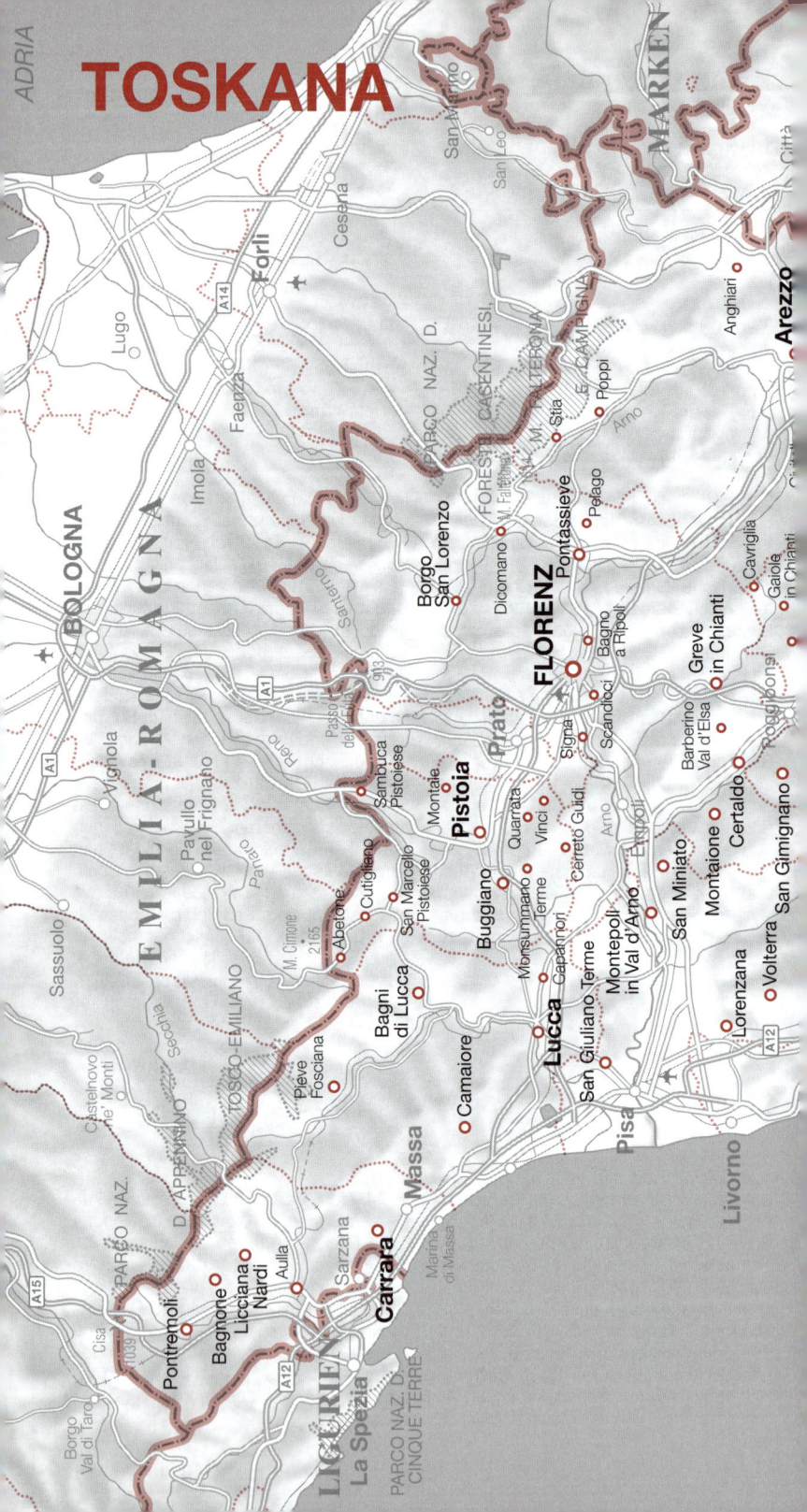

Abetone

700 m vom Zentrum
50 km nordwestlich von Pistoia
Aus Richtung Pistoia über die S.S. 66 und S.S. 12

Primula

2-Sterne-Hotel
Via Brennero, 195
Tel. (+39) 05 73 / 601 08
Fax (+39) 05 73 / 602 54
albergoprimula@abetone.com
www.hotelprimula.com
Ganzjährig geöffnet

Seit 1966 führt die Familie Tonarelli dieses Hotel und Restaurant an der Straße über den Abetone-Pass, in der Nähe der Skilifte. Dank der wiederholten Modernisierungen und der langjährigen Erfahrung der Betreiber bietet das Haus ein hohes Maß an Bequemlichkeit und eine familiäre Atmosphäre. Die Räume sind einfach, aber heimelig und freundlich eingerichtet; ein Vergnügen sind Besuche in der Taverne mit Bar, prächtig ist der Ausblick auf die Berge Libro Aperto und Cimone. Das Frühstücksbüfett verwöhnt mit lokalen Produkten und Süßspeisen aus der Küche von Signora Tina, die auch für das toskanische Speiseangebot des Restaurants verantwortlich ist (etwa 18 Euro ohne Wein). Die Pisten des bekanntesten Skigebiets der Toskana sind leicht erreichbar, wie auch die Buchenhaine des Naturschutzgebietes von Abetone, das an den Naturpark des Alto Appennino Modenese angrenzt.

♦ 7 EZ und 9 DZ, alle mit Bad und WC, TV ♦ EZ € 45, DZ € 73 (Aufpreis Zusatzbett € 25, Frühstück € 6,50 pro Person) ♦ Kreditkarten: CartaSi, MC, Visa; Bankomat ♦ Gemeinschaftsbereiche barrierefrei zugänglich, Privatparkplatz angrenzend, kleine Haustiere willkommen, Betreiber immer erreichbar ♦ Bar, Restaurant, Leseraum, TV-Raum, Tagungsraum (20 Plätze), Garten

Anghiari
Scheggia di Montauto
12 km vom Zentrum; 21 km nordöstlich von Arezzo
Ausfahrt Arezzo der A 1, S.R. 71 bis Ponte alla Chiassa, S.P. 43, nach dem Scheggia-Pass Schilder nach Sigliano

I Caprioli di Sigliano

Agriturismo
Sigliano di Sotto · Ortsteil La Scheggia, 5
Tel. (+39) 335 / 37 43 10, (+39) 340 / 496 97 16, (+39) 05 75 / 194 09 86
Fax (+39) 05 75 / 194 35 39
info@icapriolidisigliano.it
www.icapriolidisigliano.it
Ganzjährig geöffnet

Anghiari im Tibertal wurde als eine der schönsten Ortschaften Italiens ausgezeichnet, aber der ganze Landstrich besticht durch außergewöhnliche Schönheit. Sie werden uns zustimmen, wenn Sie die Umgebung des Franziskanerklosters von Montauto und der stimmungsvollen Festung von Barbolana erkunden, einen Landstrich mit üppiger Natur, wo Sie auf Rehe und anderes Wild stoßen können. Das Quartier, das wir Ihnen empfehlen, kombiniert den Charme der unberührten Natur mit modernem Komfort: Im Park dieses umsichtig renovierten Bauernhauses aus dem 15. Jahrhundert befindet sich auch ein Schwimmbad. Die bequemen Zimmer sind nach Meisterwerken der Filmkunst benannt und nett eingerichtet. Die Zimmer mit Galerie und Kamin eignen sich speziell für Familien. Für Kinder bis vier Jahre fallen keine Kosten an, Kinder zwischen fünf und zwölf Jahren zahlen die Hälfte. Das Frühstück umfasst auch Focacce und hausgemachte Kuchen.

♦ 5 DZ, 2 3BZ und 1 5BZ, alle mit Bad und WC (2 Zimmer mit Gemeinschaftsbad) ♦ DZ in Einzelbelegung € 52–60, DZ € 80–90, 3BZ € 100–130, 5BZ € 110–160 (alle mit Frühstück) ♦ keine Kreditkarten ♦ Privatparkplatz, kleine Haustiere willkommen, Betreiber stets anwesend ♦ Frühstücksraum, Lese-, Musik- und TV-Raum, Park, Schwimmbecken

Arezzo

2 km vom Zentrum
Ausfahrt Arezzo der A 1 in Richtung Sansepolcro

Casa Volpi

3-Sterne-Hotel
Via Simone Martini, 29
Tel. (+39) 05 75 / 35 43 64
Fax (+39) 05 75 / 35 59 71
posta@casavolpi.it
www.casavolpi.it
Ferien: 9 Tage Anfang August

Die Familie Volpi, Winzer und Produzenten von Olivenöl im Chianatal, ließ ihre schöne Villa mit Park aus dem späten 18. Jahrhundert im Südosten der Stadt, in der Nähe des Stadions, sorgfältig renovieren und eröffnete 1998 ein Hotel. Die Gäste bewohnen großzügige, elegante Zimmer mit Terrakottaböden und Holzbalken an den Decken, möbliert mit Antiquitäten. Das Einzelzimmer hat ein bequemes französisches Bett, eine der Suiten ist mit Fresken geschmückt. Das Frühstücksbüfett umfasst Kuchen, Feingebäck, frisches Obst, Fruchtsalat, Konfitüren, Schinken und Käse aus der Umgebung. Das Restaurant (jeden Abend außer Mittwoch geöffnet, Sonntag auch mittags) bietet regionale Gerichte, zubereitet aus erlesenen Produkten (etwa 25 bis 30 Euro ohne Wein).

♦ 1 EZ, 11 DZ und 3 Suiten, alle mit Bad und WC (1 Zimmer mit Dusche mit Massagedüsen), Aircondition, Minibar, Safe, Telefon, Sat-TV, Internetanschluss oder WLAN ♦ EZ € 65, DZ in Einzelbelegung € 70–95, DZ € 90–95, Suite 110–130 (Aufpreis Zusatzbett € 10–15, Frühstück € 9 pro Person) ♦ Kreditkarten: AE, CartaSi, MC, Visa; Bankomat ♦ 1 Zimmer behindertengerecht ausgestattet, Privatparkplatz, Haustiere willkommen (nach Absprache), Betreiber stets anwesend ♦ Bar (7.30–23 Uhr geöffnet), Restaurant, Leseraum, Terrasse, Garten, Park

Asciano
Casanova
6 km vom Zentrum; 30 km südöstlich von Siena, S.S. 451; Ausfahrt Bettolle-Valdichiana der A 1, S.S. 326 bis Rapolano Terme, dann 4 km auf der S.S. 238 in Richtung Buonconvento

Casanova

Agriturismo
Ortsteil Casanova, 137
Tel. (+39) 05 77 / 71 83 24,
(+39) 05 77 / 71 85 72
Fax (+39) 05 77 / 71 83 24
info@agriturismo-casanova.it
www.agriturismo-casanova.it
Ganzjährig geöffnet

In den Crete Senesi zwischen Asciano und Rapolano züchtet die Familie Conte Rinder der edlen Rasse Chianina. Als Futter werden Getreide und andere Pflanzen angebaut. Auf dem Hof wird auch erstklassiges natives Olivenöl extra hergestellt. Die Zimmer des Agriturismo sind wie das Miniapartment in einem ansprechend rustikalen Stil eingerichtet, teilweise mit alten Möbeln aus Familienbesitz. Das Frühstücksbüfett besteht aus hausgemachten Süßspeisen, die aus lokalen Zutaten zubereitet werden, Fruchtsäften, Kaffee, Milch, verschiedenen Arten von Tee, Zerealien, Joghurt und frischem Obst. Im kleinen Restaurant (gegen Vorbestellung nicht nur für Hausgäste geöffnet) wird regionale Küche angeboten, wobei der Schwerpunkt auf den hofeigenen Produkten liegt: Eine Mahlzeit kostet etwa 25 Euro, Halbpension im Doppelzimmer etwa 55 Euro pro Person und Tag.

♦ 5 DZ mit Bad und WC (2 Zimmer mit Kochnische und Essecke); 1 Miniapartment (2–4 Personen) mit Küche und Terrasse ♦ DZ in Einzelbelegung € 40, DZ € 60–75 (Aufpreis Zusatzbett € 10), Miniapartment € 70–80 (alle mit Frühstück) ♦ alle Kreditkarten, Bankomat ♦ Gemeinschaftsbereiche barrierefrei zugänglich, Privatparkplatz außerhalb der Anlage, kleine Haustiere willkommen, Betreiber stets anwesend ♦ Restaurant, Salon, Außenbereich, Garten, Kinderspielplatz

Asciano

5 km vom Zentrum
22 km südöstlich von Siena, S.S. 438
Ausfahrt Bettolle-Valdichiana der A 1, S.S. 326, in Serre di Rapolano gleich hinter dem Kraftwerk nach links und etwa 1,5 km der Straße folgen

Il Molinello

Agriturismo
Ortsteil Molinello
Tel. (+39) 05 77 / 70 47 91
Fax (+39) 05 77 / 70 56 05
info@molinello.com
www.molinello.com
Ganzjährig geöffnet

Der Agriturismo ist mit einem Biobetrieb verbunden, der sich auch mit Energieeinsparung und Müllvermeidung beschäftigt. Im Jahr 1996 übersiedelte die Familie Draghi von Siena hierher in die Crete, um die Felder zu bebauen, Hoftiere zu züchten und einen Teil des Gebäudes als Agriturismo zu führen. Das Doppelzimmer und die Apartments (die auch als separate Zimmer benutzt werden können) sind mit schlichter Eleganz eingerichtet; auch die Gemeinschaftsräume wirken sehr gepflegt. Das Frühstück, um das sich Elisa kümmert, ist aufwendig und muss deshalb vorbestellt werden: nur biologische Produkte, süß und pikant. Alessandro, Umweltguide und Sommelier, veranstaltet Degustationskurse und Fahrradtouren. Zur richtigen Jahreszeit kann man sich den Trüffelsuchern anschließen. Auch große Hunde sind hier gern gesehen.

♦ 1 DZ mit Bad und WC, Sat-TV; 5 Apartments mit 1–3 Zimmern, Aufenthaltsraum, Küche (1 Apartment mit Aircondition, 3 Apartments mit Garten) ♦ DZ in Einzelbelegung € 70, DZ € 70–95, Apartment € 70–214 (Frühstück € 9,50 pro Person) ♦ Kreditkarten: AE, MC, Visa; Bankomat ♦ 1 Apartment behindertengerecht ausgestattet, Privatparkplatz, kleine Haustiere willkommen, Betreiber stets anwesend ♦ Frühstücksraum, Leseraum, Internetstation, Garten, Kinderspielplatz, Schwimmbecken

Aulla

Bigliolo-Pratomedici
10 km vom Zentrum
43 km nordwestlich von Carrara, S.S. 62 oder A 15
Ausfahrt Aulla der A 15, über die S.S. 63 des Cereto-Passes bis Serricciolo, nach links in Richtung Bigliolo

Locanda di Pratomedici

Bed & Breakfast
Via Pratomedici, 13
Tel. (+39) 01 87 / 41 20 05,
(+39) 347 / 135 23 52
Fax (+39) 01 87 / 41 20 05
locandapratomedici@virgilio.it
Ferien: November–Februar

Diese kleine Villa vom Beginn des 20. Jahrhunderts im Herzen der Lunigiana, umgeben von einer großen Wiese und drei Hektar Pinienhainen, wurde zu einem netten Bed & Breakfast umgestaltet. Die Zimmer sind mit Möbeln aus der Zeit der Errichtung ausgestattet, die Bäder sind modern und verfügen über eine Dusche. Das Frühstück, das man sich auch selbst in der Gemeinschaftsküche zubereiten kann, bietet abwechselnd abgepackte Produkte und hausgemachte Süßspeisen. An heißen Tagen spenden die Arkaden Schatten oder man kann sich im Schwimmbad abkühlen. Den Gästen steht auch ein Grillplatz zur Verfügung. Nahe Ausflugsziele sind die Apuanischen Alpen, die Cinque Terre und Lucca. Dieses Städtchen erreicht man auch mit einer lokalen Bahnlinie, die fünf Kilometer vom Haus entfernt verläuft.

♦ 3 DZ mit Bad und WC, TV ♦ DZ in Einzelbelegung € 40–50, DZ € 50–70 (Aufpreis Zusatzbett € 15, alle mit Frühstück) ♦ keine Kreditkarten ♦ Privatparkplatz, überdachter Parkplatz für Motorräder, kleine Haustiere willkommen (€ 15), Betreiber stets anwesend ♦ Frühstücksraum, Küche, Außenbereich, Terrasse, Park, Schwimmbecken, Sonnenterrasse

MEDITERRANER GENUSS.

DER FEINSCHMECKER BOOKAZINE NR. 17

WEIN aus Italien

50 Urlaubstipps
Ein Bett im Weinberg

HAPPY HOUR
50 Weinbars von Mailand bis Palermo

Von allem das Beste: Winzer, Köche, Produzenten

Weinreise Südtirol

Die Regionen, die Newcomer, die Kultweine. Plus: 100 Weinläden in Deutschland

Wein für Genießer – Das Beste aus Italien. Wie erkenne ich gute Weine? Welche sollte ich zu Hause haben? Welcher Wein passt zum Essen? Dieses Magazin zeigt die faszinierende Welt des Weins, vermittelt Basiswissen, gibt viele praktische Tipps und nennt die besten Weinhändler Deutschlands. Bestellen Sie jetzt unter **Telefon 040 / 87 97 35 60** oder **www.der-feinschmecker-shop.de**

Hallwag Wein lesen

Ein guter Wein hat Körper, ein großer Wein hat Seele

Es sind die Wissbegierigen, die den meisten Genuss am Wein haben. Solides Wein-Know-how bietet Jancis Robinsons neuestes Standardwerk – informativ, umfassend, klar und unterhaltsam.

www.hallwag.de

Das Hallwag Handbuch Wein

Von flüssigem Gold und feinem Geschmack.

Erfahren Sie alles über Aromen, Angebot und Sortenvielfalt der Speiseöle, die Ihre Fantasie beim Kochen beflügeln werden. Jetzt neu im Handel:
DAS KLEINE BUCH VOM ÖL.

www.teubner-verlag.de

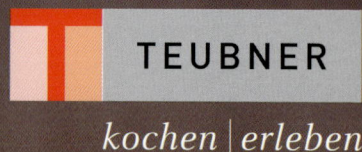

kochen | erleben

Bagni di Lucca
Ponte a Serraglio

2 km vom Zentrum
27 km nordöstlich von Lucca, S.S. 12
Ausfahrt Lucca oder Capannori der A 11

Corona

3-Sterne-Hotel
Via Serraglia, 78
Tel. (+39) 05 83 / 80 51 51
Fax (+39) 05 83 / 80 51 34
info@coronaregina.it
www.coronaregina.it
Ferien: Mitte Januar–Mitte Februar

Bagni di Lucca, ein historischer Kurort im mittleren Serchiotal, kann auf einen kuriosen Rekord verweisen: Hier entstand im 14. Jahrhundert der erste Spielsalon der Welt, lange vor der Errichtung des bekannten Regio Casinò im Jahr 1837. Das Hotel blickt auf die Kaskaden des Wildbachs Lima, ein weiteres Gebäude aus dem 19. Jahrhundert beherbergt das Hotelrestaurant von Michela und Roberto Marino Merlo. Die Zimmer sind geräumig und bequem und wie die Gemeinschaftsräume mit Möbeln eingerichtet, die dem Jugendstil nachempfunden sind. Auf dem Frühstückstisch erwarten Sie Wurst, Käse, Joghurt, Zerealien, Eier, frisches Obst und hausgemachte Produkte: Konfitüren, Kuchen und Feingebäck. Ein À-la-carte-Essen im Restaurant kostet etwa 35 Euro ohne Wein, die Halbpension 55 bis 66 Euro. In der schönen Jahreszeit lädt der Garten zur Muße ein. Die Gäste können auch kostenlos das Schwimmbad des knapp einen Kilometer entfernten Hotels Regina benutzen.

♦ 3 EZ und 17 DZ, alle mit Bad und WC, Minibar, Telefon, TV, Internetanschluss (2 Zimmer mit Terrasse) ♦ EZ € 45–60, DZ € 70–85 (Aufpreis Zusatzbett € 34, alle mit Frühstück) ♦ Kreditkarten: AE, CartaSi, MC, Visa; Bankomat ♦ 2 Zimmer barrierefrei zugänglich, Privatparkplatz gegenüber, kleine Haustiere willkommen, Rezeptionsdienst 7–24 Uhr ♦ Bar, Restaurant, Frühstücksraum, Terrasse, Garten

Bagno a Ripoli
Bigallo

7 km südöstlich von Florenz
Ausfahrt Firenze Sud der A 1, Schilder nach Bagno a Ripoli, dann nach San Donato und Bigallo

Antico Spedale del Bigallo

Jugendherberge
Via Bigallo e Apparita, 14
Tel. (+39) 055 / 63 09 07,
(+39) 335 / 39 30 50
Fax (+39) 05 77 / 99 21 49
info@bigallo.it
www.bigallo.it
Ferien: Oktober–März

Das Antico Spedale del Bigallo, im Mittelalter eine Unterkunft für Pilger und seit dem 16. Jahrhundert ein Benediktiner-Frauenstift, wird heute als komfortable Herberge im klösterlichen Stil geführt. Es steht das ganze Jahr über für Gruppen offen und bietet Gruppen von mehr als 30 Personen spezielle Rabatte auf die ohnedies sehr günstigen Preise. Die Zimmer sind einfach, gepflegt und nach den Schwestern benannt, die 1502 in das Bigallo eintraten. Einige bieten einen schönen Blick auf Florenz. Das Frühstücksbüfett umfasst Süßes und Pikantes. Gegen Vorbestellung gibt es für Gruppen ein Mittagessen (warme Mahlzeit 15 Euro, Lunchpaket 7 Euro). Höher sind natürlich die Preise für Bankette, Hochzeitsfeiern etc. (nach Absprache). Es werden Kurse, Praktika und geführte Touren zu Fuß und zu Pferd angeboten.

♦ 3 DZ und 1 Suite (4 Personen), alle mit Bad und WC; 1 3BZ, 1 5BZ, 1 8BZ und 1 Schlafsaal mit 12 Holzkojen mit je 2 Betten, alle mit Gemeinschaftsbädern ♦ DZ in Einzelbelegung € 54, DZ € 78, Suite € 156, Bett im Schlafsaal und in Zimmern mit Gemeinschaftsbad € 25 (alle mit Frühstück) ♦ Kreditkarten: MC, Visa; Bankomat ♦ Privatparkplatz angrenzend, Haustiere nicht erlaubt, Rezeptionsdienst 18–23 Uhr ♦ Restaurant (für Gruppen von mindestens 15 Personen), Salon für Feiern, Konzerte, Meetings, Ausstellungen

TOSKANA

Bagnone

Im Zentrum
53 km nordwestlich von Massa
Ausfahrt Aulla der A 15, dann 21 km auf der S.S. 62 in Richtung Pontremoli-Cisa, S.P. 28

Barberino Val d'Elsa
Cortine

8 km vom Zentrum; 32 km nordwestlich von Siena, 40 km südlich von Florenz
7 km von der Ausfahrt San Donato in Poggio des Autobahnzubringers Siena-Florenz

La Lina

Zimmervermietung
Piazza Marconi, 1
Tel./Fax (+39) 01 87 / 42 90 69
linari06@locandalalina.191.it
Ganzjährig geöffnet

La Chiara di Prumiano

Zimmervermietung
Strada di Cortine, 12
Tel. (+39) 055 / 807 57 27,
(+39) 055 / 807 55 83
Fax (+39) 055 / 807 50 00
info@prumiano.it
www.prumiano.it
Ferien: Januar, Februar

Seit mehr als 20 Jahren betreiben Francesca Ruzzi und Walter Pigoni in einem hübschen Adelspalazzo, der Ende der 80er-Jahre renoviert wurde, eine Locanda. Sie trägt den Namen von Signora Lina, Francescas Mutter. Die Zimmer sind einfach, aber gepflegt eingerichtet. Derzeit wird das Frühstück wegen organisatorischer Probleme zu vereinbarten Preisen in der Bar auf der Piazza serviert, die ab sechs Uhr geöffnet ist. Mittags und abends können Sie in der angeschlossenen Trattoria speisen, wo gute traditionelle Küche der Lunigiana geboten wird (etwa 25 bis 30 Euro) und Sommelier Walter eine große Auswahl toskanischer und anderer Weine bereithält.

Mitten auf dem Land, wenige Kilometer von San Donato in Poggio und dem Hauptort Barberino entfernt, liegt diese Villa aus dem 17. Jahrhundert. La Chiara di Prumiano ist von einem Hof und einem Garten umgeben und von wildem Wein berankt. Im Haupttrakt und in zwei Gebäudeteilen dahinter finden sich bequeme Zimmer und Apartments mit netten Möbeln. Es gibt keinen Fernseher, weder in den Zimmern noch in den Gemeinschaftsräumen, aber der Salon ist mit einer schönen, gut bestückten Bücherwand ausgestattet. Zum Frühstück gibt es Konfitüren, Brot, Joghurt und Müsli. Das Restaurant ist nur gegen Vorbestellung geöffnet und bietet Speisen (auch vegetarische) um 25 Euro ohne Wein. Sie können Musikkurse oder Seminare über Yoga oder andere orientalische Praktiken besuchen. In unmittelbarer Nähe befinden sich ein Schwimmbad, das die Gäste dieses Hauses benutzen können, sowie ein Reitstall und andere Sportanlagen.

♦ 1 EZ, 4 DZ, 1 3BZ und 1 4BZ, alle mit Bad und WC (2 Zimmer mit TV) ♦ EZ € 35, DZ € 55 (Aufpreis Zusatzbett € 10), 3BZ € 65, 4BZ € 75 (Frühstück bei Inanspruchnahme) ♦ Kreditkarten: Visa; Bankomat ♦ öffentlicher Parkplatz in unmittelbarer Nähe, Haustiere nicht erlaubt, Betreiber 7–24 Uhr anwesend ♦ Bar, Restaurant

♦ 1 DZ und 9 3BZ, alle mit Bad und WC; 2 Apartments (2–4 Personen) mit Kochnische ♦ DZ in Einzelbelegung € 60, DZ € 80, 3BZ € 90 (alle mit Frühstück) ♦ Kreditkarten: MC, Visa; Bankomat ♦ Privatparkplatz gegenüber, kleine Haustiere willkommen, Rezeptionsdienst 9.30–13.30 Uhr ♦ Restaurant, Leseraum mit Bibliothek, Aufenthaltsraum, Hof, Garten

Bibbona

Im Zentrum
46 km südöstlich von Livorno
Ausfahrt Rosignano Marittimo der A 12; Ausfahrt La California der Superstrada »Variante Aurelia« S.S. 1

Villa Toscana

Bed & Breakfast
Via della Repubblica, 41
Tel. (+39) 05 86 / 67 19 36, (+39) 335 / 685 23 53, (+39) 339 / 507 08 81
Fax (+39) 05 86 / 63 68 87
info@lalocandadivillatoscana.it
www.lalocandadivillatoscana.it
Ganzjährig geöffnet

In Bibbona an den westlichen Ausläufern der Hügel der Maremma, inmitten der Ruhe der Olivenhaine und Weingärten, liegt diese historische Villa mit wenigen einfach und geschmackvoll eingerichteten Gästezimmern. Die alten Möbel (von den Inhabern des Betriebs, den Antiquaren Riccardo Serretti und Papi Mariquita, selbst ausgesucht) verleihen den Räumen Eleganz und einen unverwechselbaren Charakter. Eine weitere Stärke des Bed & Breakfast ist das Frühstück, das im Zimmer oder in einem hübschen Kaminzimmer serviert wird: heiße Getränke und Säfte, hausgemachte Kuchen, toskanisches Brot, Konfitüren und auf Wunsch auch Käse und Wurst. In Bolgheri besitzen die Betreiber auch ein nettes Apartment mit Küche im ehemaligen Haus des Dichters Giosuè Carducci. Dieses wird wochenweise vor allem an Familien mit Kleinkindern vermietet, für die ein Aufenthalt in der Villa Toscana wegen der steilen Treppen nicht empfohlen wird.

♦ 1 EZ, 3 DZ und 2 Suiten, alle mit Bad und WC, Aircondition, Sat-TV (Suiten mit Garten) ♦ EZ € 90, DZ € 130, Suite € 170 (alle mit Frühstück) ♦ Kreditkarten: AE, CartaSi, MC, Visa; Bankomat ♦ Privatparkplatz gegenüber, Haustiere nicht erlaubt, Personal immer erreichbar ♦ Frühstücksraum, Leseraum

Borgo San Lorenzo
Ronta
7 km vom Zentrum
34 km nordöstlich von Florenz, S.S. 551
Ausfahrt Barberino di Mugello der A 1, S.S. 551 und S.S 302 in Richtung Faenza

Tre Fiumi

3-Sterne-Hotel
Ortsteil Madonna dei Tre Fiumi, 16
Tel. (+39) 055 / 840 30 15, (+39) 055 / 849 57 05
Fax (+39) 055 / 840 31 97
trefiumi@virgilio.it
www.albergotrefiumi.com
Ferien: Dezember

Das Hotel mit Restaurant, einst eine Poststation (erwähnt in einem Edikt des Großherzogs der Toskana aus dem Jahr 1710), wird seit Jahrzehnten von derselben Familie geführt. Es befindet sich auf 360 Meter Seehöhe. Die Lage ist wegen der klimatischen Bedingungen optimal: im Sommer frisch, im Winter mild. Einige der geräumigen und freundlichen, wenngleich einfach eingerichteten Zimmer sind mit Fresken und alten Kaminen ausgestattet. Die Küche setzt auf traditionelle Hausmannskost (eine Mahlzeit etwa 25 Euro ohne Wein, Halbpension im Doppelzimmer 53 Euro pro Person). Die Gäste können Ausflüge in die Umgebung und auf den Wegen des tosko-romagnolischen Apennins unternehmen oder die nahe gelegenen Villen der Medici, alte Klöster, Kirchen und Kapellen besichtigen. Sportbegeisterte haben es nicht weit zum Autodrom Mugello, zum Sportzentrum von Borgo San Lorenzo zum Schwimmen oder für ein Tennisspiel oder nach Scarperia, wo man Golf spielen kann.

♦ 2 EZ und 20 DZ, 3BZ oder 4BZ, alle mit Bad und WC, TV ♦ EZ € 50, DZ in Einzelbelegung € 70, DZ € 80, 3BZ € 95, 4BZ € 110 (alle mit Frühstück) ♦ alle Kreditkarten, Bankomat ♦ 3 Zimmer behindertengerecht ausgestattet, Privatparkplatz, Haustiere nicht erlaubt, Rezeptionsdienst 7–24 Uhr ♦ Bar, Restaurant, Frühstücksraum, TV-Raum, Garten

Buggiano
Colle di Buggiano
4 km vom Zentrum
20 km südwestlich von Pistoia, S.R. 435
6 km von der Ausfahrt Montecatini Terme der A 11 Firenze-Mare

Antica Casa le Rondini

Bed & Breakfast
Via Pierucci, 21
Tel. (+39) 05 72 / 333 13,
(+39) 335 / 43 39 23
Fax (+39) 05 72 / 90 53 61
info@anticacasa.it
www.anticacasa.it
Ferien: zeitweise im Winter

Das kleine Bed & Breakfast befindet sich in einem reizenden mittelalterlichen Städtchen mit Straßen und Häusern aus Stein. Der Ort wurde 1238 befestigt und liegt auf einem von Olivenbäumen bewachsenen Hügel. Das Haus von Fulvia Musso stammt aus dem 16. Jahrhundert. Durch eine behutsame Renovierung konnte die ursprüngliche Architektur erhalten bleiben: Cottoböden, Gewölbedecken und Fresken vom Ende des 18. Jahrhunderts, die im Zuge der Arbeiten entdeckt wurden. Die Zimmer sind mit alten Möbeln ausgestattet und bieten einen prachtvollen Blick auf die Ortschaft und die dicht mit Zypressen und Olivenbäumen bestandenen Hügel. Die beiden Zimmer im ersten Stock sind mit Fresken verziert. Das Frühstück (Kaffee, Milch, Tee, Croissants, Brot, Konfitüren, Honig und Obst), auf Wunsch auch mit Produkten aus biologischem Anbau, wird im Garten serviert. Er ist von Mauern eingefasst und verfügt über ein Gewächshaus für Zitronenbäumchen, das im Sommer den Gästen als Küche zur Verfügung steht. Ein Schwimmbad liegt einen Kilometer entfernt, ein Reitstall zwei, ein Golfplatz zehn Kilometer.

♦ 5 DZ und 1 Apartment (2–4 Personen), alle mit Bad und WC ♦ DZ in Einzelbelegung € 60, DZ € 75–120 (alle mit Frühstück); Apartment (Mindestaufenthalt 3 Nächte) € 65–80 ♦ keine Kreditkarten ♦ öffentlicher Parkplatz 300 Meter entfernt, kleine Haustiere willkommen, Betreiber immer erreichbar ♦ Küche, Leseraum, Garten

Camaiore
600 m vom Rathaus, 8 km vom Strand
12 km nordöstlich von Viareggio, 25 km nordwestlich von Lucca, S.P. 1
Ausfahrt Viareggio-Camaiore der A 12; S.S. 1 bis Lido di Camaiore, S.P. 1

Villa Lombardi

Bed & Breakfast
Via Battisti, 17
Tel./Fax (+39) 05 84 / 98 05 78
info@villalombardi.it
www.villalombardi.it
Ganzjährig geöffnet

Unten das erbauliche Blau des Tyrrhenischen Meers, die Pinienwälder, die Strände, die berühmten mondänen Badeorte der Versilia; oben die schroffe Silhouette der Apuanischen Alpen und die Spuren der ungeheuerlichen Mühen beim Abbau des Marmors, aus dem über Jahrtausende Meisterwerke der Kunst, Baumaterialien für den alltäglichen Gebrauch, aber auch Wannen zur Lagerung von Speck hergestellt wurden. Dazwischen, auf einer mit Weinreben und Olivenbäumen bepflanzten Hochebene, liegt Camaiore und in der Nähe der Sportanlage der Gemeinde diese historische Villa mit Garten. Die Zimmer des Bed & Breakfast sind mit Stilmöbeln eingerichtet und mit vielen Teppichen und Vorhängen ausgestattet. Es handelt sich um kleine Suiten: Jedes Zimmer ist mit einem kleinen Salon verbunden, in dem man schreiben, lesen oder Musik hören und eventuell eine dritte Person unterbringen kann. Das süße (die Kuchen sind hausgemacht) oder pikante Frühstück wird im Zimmer oder in einem kleinen Raum im Erdgeschoss serviert. Bei Schönwetter wird im Garten aufgedeckt.

♦ 5 DZ oder 3BZ, alle mit Bad und WC, Aircondition, Safe, Sat-TV; 2 Apartments (2–4 Personen) mit Kochnische ♦ DZ in Einzelbelegung € 80–90, DZ € 100–120, 3BZ € 120–140 (alle mit Frühstück); Apartment € 120 ♦ Kreditkarten: Visa; Bankomat ♦ Privatparkplatz, kleine Haustiere willkommen, Betreiber stets anwesend ♦ Frühstücksraum, Leseraum, TV, WLAN, Außenbereich, Garten, Schwimmbecken

Campiglia Marittima

Im Zentrum
72 km südöstlich von Livorno
9 km von der Ausfahrt Venturina-Piombino der S.S. 1

Locanda del Canovaccio

Zimmervermietung
Via Vecchio Asilo, 1
Tel. (+39) 05 65 / 83 84 49,
(+39) 333 / 164 60 20
Fax (+39) 05 65 / 83 82 26
locandadelcanovaccio@terra-toscana.com
www.locandailcanovaccio.it
Ferien: Januar, Februar

Vor einigen Jahren beschlossen Davide und Laura D'Onofrio, im hübschen Zentrum von Campiglia Marittima ein kleines Restaurant, Il Canovaccio, zu eröffnen. Dort kann man kreative Gerichte, hauptsächlich mit Fisch, genießen (etwa 30 Euro ohne Wein). Angeregt von Kunden, wollten sie das Angebot ausweiten und bauten mit viel Geschmack ein Apartment über dem Restaurant um. Es entstanden drei helle, nett eingerichtete Zimmer mit Holzbalken an den Decken und einem Ausblick auf einen kleinen Platz aus dem 13. Jahrhundert. Auf Wunsch können Sie gegen Aufpreis zu festgelegten Zeiten am Morgen Toastbrot, Croissants, Butter, feine Konfitüren, Obst, heiße Getränke und Säfte bekommen. Als Alternative bietet sich die Bar auf der Piazza für das Frühstück an. Der Ort liegt ganz in der Nähe des Meeres bei San Vincenzo und der etruskischen Ausgrabungsstätten.

♦ 2 DZ mit Bad und WC; 1 Suite mit Kochnische ♦ DZ in Einzelbelegung und DZ € 90, Suite € 110 (Frühstück € 5–10 pro Person) ♦ Kreditkarten: CartaSi, MC, Visa; Bankomat ♦ öffentlicher Gratisparkplatz 100 Meter entfernt, Haustiere nicht erlaubt, Betreiber immer erreichbar ♦ Restaurant

Capalbio

Ghiaccio Bosco
4 km vom Zentrum
58 km südöstlich von Grosseto
Ausfahrt Capalbio der S.S. 1 in Richtung Manciano Vallerana

Ghiaccio Bosco

Agriturismo
Strada della Sgrilla, 4
Tel./Fax (+39) 05 64 / 89 65 39
info@ghiacciobosco.com
www.ghiacciobosco.com
Ferien: Januar–vor Ostern

Der erste Agriturismo von Capalbio wurde 1995 von Giampiero Olivi auf diesem Gut, einem Familienbesitz aus der Mitte des 19. Jahrhunderts, errichtet. Hier werden Getreide, Obst und Gemüse angebaut. Geführt wird der Bauernhof von Monica Olivi und ihrem Ehemann Filippo Rinaldi, die auch das Restaurant Il Pozzo im Zentrum betreiben. Die hübschen Zimmer in den ehemaligen Stallungen blicken auf einen kleinen Garten, der zum Lesen, Musikhören (einige Zimmer sind mit einem DVD-Player ausgestattet), Entspannen oder Sonnenbaden einlädt. Den Gästen steht auch die zwei Hektar große Grünfläche rings um das Gebäude zur Verfügung. Das Frühstücksbüfett bietet hausgemachte Kuchen und Konfitüren sowie Käse und Wurst von regionalen Erzeugern. Im kleinen Restaurant, das den Hausgästen vorbehalten ist, kostet eine Mahlzeit 20 bis 30 Euro ohne Wein.

♦ 13 DZ und 1 Juniorsuite (2–3 Personen), alle mit Bad und WC, Aircondition, Minibar, Safe, Telefon, TV, Garten ♦ DZ in Einzelbelegung € 50–80, DZ € 80–120, Juniorsuite € 100–180 (alle mit Frühstück) ♦ Kreditkarten: CartaSi, DC, MC, Visa; Bankomat ♦ Anlage barrierefrei zugänglich, 2 Zimmer behindertengerecht ausgestattet, überdachter Privatparkplatz, Haustiere nicht erlaubt, Betreiber immer erreichbar ♦ Restaurant, Veranda, Arkaden, Garten, Park, Schwimmbecken

Capannori
San Ginese di Compito

8 km vom Zentrum
10 km südöstlich von Lucca, S.S. 439
Ausfahrt Capannori der A 11

San Ginese

Zimmervermietung
Via di San Ginese, 266
Tel. (+39) 05 83 / 05 00 65,
(+39) 347 / 372 47 72
masbond@gmail.com
www.locandasanginese.it
Ganzjährig geöffnet

NEU

Alida und Luca, unaufdringliche, aber herzliche Gastgeber, betreiben ihr Bed & Breakfast in einem hübschen renovierten Landhaus. Die geräumigen, mit bequemen Betten ausgestatteten Zimmer sind mit Möbeln aus dem Familienbesitz oder von Trödelmärkten eingerichtet: Jeder Raum hat ein charakteristisches Detail (einen Schaukelstuhl, eine Fensternische, eine Sammlung von altem Geschirr …), das ihn einzigartig macht. Das Kaminzimmer im Erdgeschoss der ehemaligen Scheune regt dazu an, in die Pantoffeln zu schlüpfen und es sich mit einem Buch bequem zu machen. Aber es locken auch die nahe gelegenen Städte mit ihren Kunstschätzen. Das Frühstück, serviert im Aufenthaltsraum oder unter den Arkaden, umfasst hausgemachte Kuchen der Region wie Buccellato und geflochtenes Hefegebäck aus einer lokalen Bäckerei. Ein Abendessen bekommt man für 20 bis 25 Euro.

♦ 4 DZ mit Bad und WC, Aircondition, Internetanschluss ♦ EZ € 45, DZ € 90 (Aufpreis Zusatzbett € 20, alle mit Frühstück) ♦ alle Kreditkarten, Bankomat ♦ Privatparkplatz teilweise überdacht, kleine Haustiere willkommen, Betreiber immer erreichbar ♦ Bar, Restaurant (nur für Hausgäste abends geöffnet, Sonntag auch mittags), Aufenthaltsraum, Konferenzraum (30 Plätze), Arkaden, Garten

Carrara
Marina di Carrara

6 km vom Zentrum
3 km von der Ausfahrt Carrara der A 12

Effe

Bed & Breakfast
Via Garibaldi, 27
Tel. (+39) 335 / 681 82 99,
(+39) 334 / 575 07 89
Fax (+39) 05 85 / 78 04 33
va.endriz@tin.it
Ganzjährig geöffnet

Das Haus, das nicht weit vom Meer entfernt liegt, stammt aus dem Jahr 1920 und wurde 2003 komplett renoviert. Dabei wurde edler Marmor der nahe gelegenen Steinbrüche in den Apuanischen Alpen verwendet. Die Zimmer des Bed & Breakfast sind bequem und hübsch eingerichtet, besonders die farbliche Zusammenstellung erfreut das Auge. Zur Lektüre oder zum Plaudern können die Gäste einen netten kleinen Salon nutzen. Das Frühstück umfasst Kaffee, Milch, Tee, Fruchtsäfte, Feingebäck und Konfitüren. Floriana Castellini, die zuvorkommende Gastgeberin, gibt Ihnen Tipps, wie Sie sich die Zeit vertreiben können: Sie können zu den Marmorsteinbrüchen fahren, Ausflüge in die Bocche di Magra unternehmen, vom Meer aus die Cinque Terre erkunden (mit Linienschiffen erreichbar, die im Sommer auch in Portofino anlegen) oder Pisa und andere Kulturstädte in der nördlichen Toskana besichtigen.

♦ 3 DZ mit Bad und WC, Aircondition, TV (2 Zimmer mit Terrasse) ♦ DZ in Einzelbelegung und DZ € 70 (alle mit Frühstück) ♦ keine Kreditkarten ♦ Privatparkplatz gegenüber, kleine Haustiere willkommen, Betreiber immer erreichbar ♦ Frühstücksraum, Salon

Castellina in Chianti

1 km vom Zentrum
20 km nördlich von Siena, S.R. 222
Ausfahrt San Donato in Poggio oder Monteriggioni des Autobahnzubringers Siena-Florenz

Colle Etrusco Salivolpi

3-Sterne-Hotel
Via Fiorentina, 89
Tel. (+39) 05 77 / 74 04 84
Fax (+39) 05 77 / 74 09 98
info@hotelsalivolpi.com
www.hotelsalivolpi.com
Ganzjährig geöffnet

Das Salivolpi, ein kürzlich zu einem Hotel umgebautes altes Landhaus, steht auf einem Hügel, wo archäologische Grabungen das Vorhandensein einer etruskischen Siedlung von bedeutendem Ausmaß ans Licht brachten. Das Hotel ist ein typisches Steinhaus, umgeben von einem schönen Garten mit Schwimmbad. Die Zimmer sind geräumig und gepflegt, haben Holzdecken und sind mit alten Möbeln und schmiedeeisernen Betten eingerichtet. Das reichhaltige Frühstück wird in einem weitläufigen Saal mit Holzbalken und Kamin serviert. Eine Locanda wie aus alten Zeiten mit großzügigen, gemütlichen Gemeinschaftsräumen, wo man lesen und ein Gläschen guten Chianti oder einen Aperitif genießen kann. Ein hübscher Spazierweg von wenigen Minuten durch Weingärten und Olivenhaine, vorbei an Zypressen, führt in das Zentrum von Castellina, einem mittelalterlichen Städtchen und bedeutenden Weinort. Ein Museum präsentiert die archäologischen und historischen Funde der Region.

♦ 1 EZ und 18 DZ, alle mit Bad und WC, Aircondition, Minibar, Safe, Telefon, Sat-TV, WLAN ♦ EZ und DZ € 108 (Aufpreis Zusatzbett € 34, Frühstück € 5 pro Person) ♦ Kreditkarten: AE, CartaSi, MC; Bankomat ♦ Privatparkplatz, Haustiere nicht erlaubt, Rezeptionsdienst 8–24 Uhr ♦ Bar, Frühstücksraum, Aufenthaltsraum, Garten, Schwimmbecken, Sonnenterrasse

Castellina in Chianti

1 km vom Zentrum
20 km nördlich von Siena, S.R. 222
Ausfahrt San Donato in Poggio oder Monteriggioni des Autobahnzubringers Siena-Florenz

Villa Cristina

Zimmervermietung
Via Fiorentina, 34
Tel. (+39) 05 77 / 74 11 66
Fax (+39) 05 77 / 74 29 36
info@villacristina.it
www.villacristina.it
Ganzjährig geöffnet

Im Herzen des Chianti-Classico-Gebiets, eine halbe Stunde mit dem Auto von Siena entfernt, treffen wir auf diese schöne Jugendstilvilla, die Anfang des 20. Jahrhunderts erbaut wurde. Vor einigen Jahren wurde sie zu einer ruhigen, freundlichen Locanda umgestaltet. Die Zimmer sind großzügig und hell, bieten jeden Komfort und sind mit Bauernmöbeln eingerichtet. Prachtvoll ist der Ausblick auf die Weingärten, vor allem vom Turm aus, in dem die Suite untergebracht ist: Von hier aus schweift der Blick über das gesamte Elsatal. Das Frühstücksbüfett passt zur Umgebung: hausgemachte Kuchen, getoastetes toskanisches Brot, naturbelassene Konfitüren. Mittags und abends können die Gäste das als Partnerbetrieb geführte Albergaccio besuchen, ein exzellentes Restaurant gegenüber der Villa, das regionale Küche bietet. Die Betreiber vermieten auch, für gewöhnlich wochenweise, das nahe gelegene Villino Adema, ein Apartment für sechs Personen.

♦ 6 DZ und 1 Suite, alle mit Bad und WC, Minibar, Safe, Telefon, TV ♦ DZ in Einzelbelegung € 57, DZ € 78 (Aufpreis Zusatzbett € 15–20), Suite € 85 (alle mit Frühstück) ♦ Kreditkarten: CartaSi, DC, MC, Visa; Bankomat ♦ Privatparkplatz angrenzend, kleine Haustiere willkommen, Betreiber immer erreichbar ♦ Barbereich, Frühstücksraum, Terrasse, Garten, Schwimmbecken

Castelnuovo Berardenga
Corsignano Vagliagli

24 km vom Zentrum
12 km nördlich von Siena
Von Siena 2 km auf der S.S. 222, nach rechts, S.P. 102

Castiglione d'Orcia
Poggio Rosa

13 km vom Zentrum
60 km südöstlich von Siena, S.R. 2 und S.P. 55
Ausfahrt Chiusi-Chianciano der A 1, S.P. 146; Ausfahrt Roselle der Superstrada S.S. 1, S.S. 223

Casa Lucia

Zimmervermietung
Ortsteil Corsignano, 4–5
Tel. (+39) 05 77 / 32 25 08, (+39) 05 77 / 28 85 74, (+39) 335 / 666 59 21
Fax (+39) 05 77 / 32 25 10
info@casalucia.it
www.casalucia.it
Ganzjährig geöffnet

Aiole

Agriturismo
Strada Provinciale della Grossola, 22
Tel./Fax (+39) 05 77 / 88 74 54
paolo&noella@agriturismo-aiole.com
www.agriturismo-aiole.com
Ferien: Mitte Januar–Ende Februar

Corsignano ist eine kleine Ortschaft im Chianti-Gebiet. Sie liegt viel näher an Siena als an Castelnuovo Berardenga, dem Hauptort der Gemeinde. Auf der Straße nach Radda, inmitten einer Landschaft, in der sich gepflegte Weingärten und dichte Wälder abwechseln, hat Lucia Formisano eine alte Brennerei umgebaut und daraus ein Wohnhaus und eine Gästeunterkunft gestaltet. Die Zimmer und Apartments sind alle weitläufig und hell mit schönen Bädern. Sie sind in drei Gebäudeteilen untergebracht. Reizende Gemeinschaftsräume, die mit bequemen Sofas, alten Teppichen und Stilmöbeln eingerichtet sind, stehen allen Gästen zur Verfügung; im Sommer können diese auch die Taverne nutzen. Als Frühstück serviert Signora Lucia Konfitüren und frisches Obst, Kuchen und auf Wunsch Pikantes. Wunderbare Entspannung bietet der Garten.

Am Fuß des Monte Amiata liegt dieser Agriturismo, ein hübsches Steinhaus, umgeben von dichten Wäldern. Auf dem Gut werden vor allem Öl und Gemüse erzeugt. Der Charakter der Zimmer wird von Holzbalken, Cottoböden, schmiedeeisernen Betten und rustikal-eleganten Möbeln und Ziergegenständen bestimmt. Die beiden Schwimmbecken – eines für Erwachsene, eines für Kinder –, ein Spielplatz und ein weitläufiger Garten tragen zu einem angenehmen Urlaub in diesem Haus bei. Der Ort eignet sich aber auch perfekt als Ausgangspunkt für die Besichtigung von Sehenswürdigkeiten, vor allem in Pienza, oder Besuche in den Weinkellern des Brunello di Montalcino. Das Frühstück, das im Speisesaal des Herrenhauses serviert wird, umfasst hausgemachte Kuchen und Konfitüren, heiße Getränke und Obstsäfte sowie Wurst und Käse aus dem Orciatal. Auf Wunsch wird auch ein Abendessen zubereitet (20 Euro).

♦ 12 DZ mit Bad und WC, Telefon, TV; 2 Apartments (2–4 Personen) mit Wohnzimmer, Kochnische ♦ DZ in Einzelbelegung € 74, DZ € 86 (Aufpreis Zusatzbett € 20), Apartment € 90–140 (Frühstück € 4,50 pro Person) ♦ Kreditkarten: AE, CartaSi, MC, Visa; Bankomat ♦ Privatparkplatz, kleine Haustiere willkommen, Betreiber immer erreichbar ♦ Frühstücksraum, Aufenthaltsräume, Garten, Sonnenterrasse

♦ 6 DZ mit Bad und WC; 1 Apartment (8–12 Personen) mit Küche ♦ DZ in Einzelbelegung € 50, DZ € 70 (Aufpreis Zusatzbett € 20, alle mit Frühstück); Apartment € 1.400–2.400 pro Woche (Frühstück € 5 pro Person und Tag) ♦ keine Kreditkarten ♦ Privatparkplatz, Haustiere nicht erlaubt, Betreiber stets anwesend ♦ Restaurant (nur für Hausgäste abends geöffnet), Frühstücksraum, Leseraum, Aufenthaltsraum, Garten, Spielplatz, Bocciabahn, Schwimmbecken

Castiglione d'Orcia
Campiglia d'Orcia
13 km vom Zentrum; 67 km südöstlich von Siena, S.R. 2, S.S. 323 und S.P. 18D
Ausfahrt Chiusi-Chianciano der A 1, S.P. 146; Ausfahrt Roselle der Superstrada S.S. 1; S.S. 223

Castiglione della Pescaia
Tirli
17 km vom Zentrum
17 km nordwestlich von Grosseto
28 km von der Ausfahrt Giuncarico der Superstrada S.S. 1

I Tre Rioni

Zimmervermietung
Via Campotondo, 3/Via Fiume
Tel. (+39) 05 77 / 87 20 15
Fax (+39) 05 77 / 195 99 60
itrerioni@aruba.it
www.itrerioni.com
Ferien: je 10 Tage im Januar und Dezember

La Luna

2-Sterne-Hotel
Via del Podere, 8
Tel. (+39) 05 64 / 94 58 54
Fax (+39) 05 64 / 94 59 06
info@locanda-laluna.it
www.locanda-laluna.it
Ferien: Januar/Februar

Campiglia ist ein kleines Dorf aus dem Hochmittelalter, das sich an die Hänge des Monte Amiata schmiegt. Es ist das reine Vergnügen, durch die Gässchen und über die Treppen zu spazieren, die zum Glockenturm hinaufführen. Von dort aus kann man den prachtvollen Panoramablick auf sich wirken lassen. Mitten im Dorf befindet sich das Restaurant von Stefano Arrivati, der einige Leckerbissen der regionalen Küche anbietet (eine komplette Mahlzeit kostet etwa 30 bis 35 Euro ohne Wein). Im oberen Stockwerk wurden vier komfortable, heimelige und hübsche Zimmer eingerichtet. Das üppige Frühstück lockt mit süßen und pikanten Köstlichkeiten aus eigener Produktion oder von anderen lokalen Erzeugern.

Tirli, ein Dorf mit charakteristischen Gässchen und Steinhäusern, liegt auf einem Hügel, von dem aus der Blick über die grünen Wälder bis zum Tyrrhenischen Meer und von den Bergen des Naturparks Uccellina bis zu den Ausläufern des Monte Argentario reicht. Ein Gebäude aus dem 18. Jahrhundert ist der Sitz des kleinen Hotels mit Restaurant der Familie Signori. Hier wird den Gästen ein herzlicher Empfang bereitet. Das Restaurant bietet gute Küche mit sorgfältig ausgewählten Weinen. Zwei der komfortablen Zimmer, die alle im toskanischen Stil möbliert sind, entstanden im Zuge des Umbaus des gegenüberliegenden Hauses. Sie verfügen über einen gemeinsamen Aufenthaltsraum, der direkt in den Fels gehauen ist. Das Frühstücksbüfett umfasst Brot, Butter, hausgemachte Konfitüren, Milch, Kaffee, Tee, Ciambellone und Schiaccia, Spezialitäten aus Tirli und Schinken aus der Region.

♦ 7 DZ mit Bad und WC, Aircondition, TV (2 Zimmer in der Dependance) ♦ DZ in Einzelbelegung € 35–80, DZ € 60–100 (alle mit Frühstück) ♦ Kreditkarten: MC, Visa; Bankomat ♦ öffentlicher Gratisparkplatz 150 Meter entfernt, kleine Haustiere willkommen, Betreiber immer erreichbar ♦ Restaurant, Leseraum, TV-Raum, Salon, Garten, Sonnenterrasse, Whirlpool

♦ 4 DZ mit Bad und WC, Minibar, TV, Internetanschluss ♦ DZ in Einzelbelegung € 40, DZ € 60 (Aufpreis Zusatzbett € 15, Frühstück € 5 pro Person) ♦ alle Kreditkarten, Bankomat ♦ Gratisparkplatz außerhalb der Anlage, kleine Haustiere willkommen, Betreiber immer erreichbar ♦ Restaurant, Leseraum, Terrasse, Garten

🍲 Im Restaurant wird die typische Küche der Maremma geboten (35 bis 38 Euro ohne Wein).

Cavriglia
Aia

40 km nordwestlich von Arezzo, 40 km nordwestlich von Siena
11 km von der Ausfahrt Valdarno der A 1, S.S. 408

La Locanda Cuccuini

Zimmervermietung
Ortsteil Aia
Tel./Fax (+39) 055 / 916 64 19
cuccuini@val.it
www.locanda-cuccuini.com
Ferien: Januar, Februar

Die Locanda befindet sich in einem weitläufigen Hügelgebiet zwischen der Chianti-Region um Siena, dem oberen Arnotal und dem Gebiet von Pratomagno. Sie ist das jüngste Projekt von Stefano Cuccuini. Nachdem er in der ganzen Welt gearbeitet und in Paris ein berühmtes italienisches Restaurant geführt hatte, kehrte er nach Hause zurück und eröffnete dieses hübsche Lokal in der Nähe von Cavriglia, eingebettet in einen Olivenhain. Die Zimmer sind geräumig, hell und bequem, die Einrichtung ist schlicht und auf das Wesentliche beschränkt. Zutaten bester Qualität, einige davon aus eigener Herstellung, machen das Frühstück, das im Sommer im Freien serviert wird, zu einem Gaumenschmaus. Das Restaurant bietet Gerichte zu günstigen Preisen (22 bis 25 Euro ohne Wein, Halbpension im Doppelzimmer 52 Euro), wobei der Koch aus dem reichen Fundus der toskanischen Küche schöpft, sich aber auch an ausgefallenere Rezepte wagt.

♦ 8 DZ mit Bad und WC, TV (auf Wunsch) ♦ DZ in Einzelbelegung € 45, DZ € 59 (Aufpreis Zusatzbett € 18, alle mit Frühstück) ♦ Kreditkarten: Visa; Bankomat ♦ 1 Zimmer behindertengerecht ausgestattet, Privatparkplatz, kleine Haustiere willkommen, Rezeptionsdienst 8–23 Uhr
♦ Restaurant, Terrasse, Garten

Cerreto Guidi
Stabbia

6 km vom Zentrum
50 km westlich von Florenz, S.S. 436
Ausfahrt Montecatini-Monsummano der A 11; Ausfahrt San Miniato der Superstrada Florenz-Pisa-Livorno

Musignano

Agriturismo
Via Poggio Tondo, 12
Tel. (+39) 05 71 / 95 72 20, (+39) 349 / 408 50 19, (+39) 349 / 644 69 66
Fax (+39) 05 71 / 95 72 20
agriturismo@musignano.it
www.musignano.it
Ganzjährig geöffnet

Cerreto Guidi, eine Gemeinde mit etwa 10.000 Einwohnern im unteren Arnotal, ist stolz auf zwei Medici-Villen, eine im Hauptort (Sitz des historischen Jagd- und Bezirksmuseums) und die andere ein Privatwohnhaus im Ortsteil Stabia. Hier, auf einer kleinen, etwas abseits gelegenen Anhöhe, befindet sich der Agriturismo der Familie Borgio. Die Zimmer sind rustikal eingerichtet und die Apartments (vorzugsweise wochenweise zu mieten) verfügen über eine komplett ausgestattete Küche. Das Frühstücksbüfett umfasst heiße Getränke und Säfte, Crostate, Konfitüren und Honig aus eigener Produktion, Eier, Wurst und Käse. Für 25 Euro bekommen Sie zum Abendessen toskanische Hausmannskost. Erholung bietet der Garten, wo Gartenhäuser zu Ruhepausen einladen.

♦ 4 DZ mit Bad und WC, Minibar, TV; 6 Apartments (3–6 Personen) mit Küche ♦ DZ in Einzelbelegung € 50, DZ € 60 (Aufpreis Zusatzbett € 10), Apartment € 110 (Frühstück € 5 pro Person) ♦ Kreditkarten: MC, Visa; Bankomat ♦ Gemeinschaftsbereiche barrierefrei zugänglich, 1 Zimmer und 1 Apartment behindertengerecht ausgestattet, Privatparkplatz, Haustiere nicht erlaubt, Betreiber stets anwesend
♦ Restaurant (nur für Hausgäste abends geöffnet), Aufenthaltsraum, Tagungsraum, Garten, Sonnenterrasse, Gartenhaus, Schwimmbecken

Certaldo

In der Altstadt
44 km südwestlich von Florenz, S.R. 429
15 km von der Ausfahrt Poggibonsi des Autobahnzubringers Florenz-Siena

Osteria del Vicario

Zimmervermietung
Via Rivellino, 3
Tel. (+39) 05 71 / 66 82 28
Fax (+39) 05 71 / 66 86 76
info@osteriadelvicario.it
www.osteriadelvicario.it
Ferien: unterschiedlich

Dieses Restaurant mit Gästezimmern hat seinen Sitz seit einem halben Jahrhundert in der Fußgängerzone der Altstadt. Das Gebäude aus dem 13. Jahrhundert, einst ein Kloster, steht neben dem Vikariatspalast auf den Resten einer alten Burg. Der Betrieb garantiert dank seiner Charakteristik und der professionellen Führung einen überaus angenehmen Aufenthalt. Die wenigen Zimmer, ehemalige Klosterzellen, sind mit eleganten Möbeln, Ziergegenständen und Vorhängen eingerichtet. Hübsch ausgestattet sind auch die Gemeinschaftsräume, die im romanischen Kreuzgang ihre Fortsetzung finden, wo in der schönen Jahreszeit die Tische des Restaurants gedeckt werden (vorwiegend kreative Küche, etwa 50 Euro ohne Wein). Das Frühstück umfasst süße Speisen (Croissants, Konfitüren, Fruchtsäfte oder Gemüse) und auf Wunsch Pikantes (Wurst, Käse, Eier).

♦ 1 EZ und 4 DZ, alle mit Bad und WC, Aircondition, TV, Internetanschluss ♦ EZ € 60–70, DZ € 90–100 (Aufpreis Zusatzbett € 18–20, alle mit Frühstück) ♦ Kreditkarten: AE, CartaSi, MC, Visa; Bankomat ♦ Gratisparkplatz 200 Meter entfernt, kleine Haustiere willkommen, Betreiber stets anwesend ♦ Bar (9–23 Uhr geöffnet), Restaurant, Aufenthaltsraum, Tagungsraum, Terrasse, Außenbereich

Chianciano Terme

2 km vom Zentrum
80 km südöstlich von Siena, S.S. 146
Ausfahrt Chiusi-Chianciano Terme der A 1

Palazzo Bandino

Agriturismo
Strada Stiglianese, 3
Tel. (+39) 05 78 / 611 99
Fax (+39) 05 78 / 65 44 56
gabrielevaleriani@libero.it
www.valerianigroup.com
Ferien: November–vor Ostern

In den Hügeln des Valdichiana in Richtung Chiusi, nicht weit vom Thermalgebiet von Chianciano, stellt der Betrieb der Familie Valeriani DOCG-Weine (Weingärten auf zehn Hektar Fläche) sowie natives Olivenöl extra her und baut Biogemüse an. Eine kurze Sandstraße führt zum Gut rund um das Herrenhaus und die Nebengebäude. Die Zimmer des Agriturismo sind mit Bauernmöbeln eingerichtet und mit jedem Komfort ausgestattet. Es stehen auch Apartments mit Küche zur Verfügung. Am Morgen erwartet Sie ein Büfett mit Joghurt, Toastbrot, Kuchen, Honig (wie das im Restaurant servierte Olivenöl und die Weine aus eigener Produktion), Wurst und Käse. Auf Wunsch können die Gäste im Restaurant zu Abend essen (für Hausgäste 25 Euro mit den Hausweinen). Derzeit wird im Agriturismo ein Wellnesscenter errichtet.

♦ 4 DZ mit Bad und WC, Aircondition, Minibar, Sat-TV (2 Zimmer mit Terrasse oder Garten); 9 Apartments mit 1–2 Zimmern, Aufenthaltsraum, Küche ♦ DZ in Einzelbelegung und DZ € 80–128 (alle mit Frühstück); Apartment € 80–198 ♦ Kreditkarten: MC; Bankomat ♦ Privatparkplatz, kleine Haustiere willkommen, Betreiber immer erreichbar ♦ Restaurant (abends geöffnet, gegen Vorbestellung auch mittags), Lese- und TV-Raum, Garten, Schwimmbecken

Civitella in Val di Chiana

Im Zentrum
18 km südwestlich von Arezzo, S.P. 21
12 km von der Ausfahrt Arezzo der A 1

L'Antico Borgo

Zimmervermietung
Piazza Don Lazzeri, 22
Tel. (+39) 339 / 795 16 74
info@antborgo.it
www.antborgo.it
Ganzjährig geöffnet

Die Locanda (sie trägt den gleichen Namen wie die angrenzende Trattoria, die inzwischen unter fremder Führung steht) liegt im ersten Kreis der Stadtmauern rund um Civitella in einem Palazzo aus dem 19. Jahrhundert, der zu einem älteren Baukomplex gehört. Die geräumigen, hellen Zimmer sind mit Möbeln von lokalen Tischlern ausgestattet und beweisen Geschmack in der Wahl der Farben und Stoffe. Das Frühstück wird in einem eigenen Raum (der auch als kleiner Tagungsraum verwendet werden kann) als Büfett vorbereitet oder im Zimmer serviert. Es umfasst Kuchen, Feingebäck und Brötchen, die von der Inhaberin Maria Grazia Gualdani zubereitet werden, Honig und Konfitüren, heiße Getränke und Säfte. Zu den Essenszeiten können Sie das Restaurant besuchen, das im gleichen Gebäude in den Räumen einer ehemaligen Olivenölmühle untergebracht ist: hervorragende lokale Küche für 26 bis 30 Euro ohne Wein.

♦ 4 DZ und 1 Suite, alle mit Bad und WC, Minibar, Sat-TV (einige Zimmer mit Balkon oder Terrasse); 1 Apartment mit 2 Zimmern, 2 Badezimmern, Wohnraum, Kochnische, Terrasse ♦ DZ in Einzelbelegung und DZ € 70–95, Suite € 105, Apartment € 140–170 (alle mit Frühstück) ♦ Kreditkarten: CartaSi, MC, Visa; Bankomat ♦ öffentlicher Parkplatz 100 Meter entfernt, kleine Haustiere willkommen, Betreiber 12–20 Uhr erreichbar ♦ Frühstücks- und Tagungsraum

Civitella Paganico
Civitella Marittima

In der Altstadt
34 km nordöstlich von Grosseto, S.S. 223

Locanda nel Cassero

Zimmervermietung
Via del Cassero, 29–31
Tel. (+39) 05 64 / 90 06 80
locanda.nel.cassero@libero.it
www.locandanelcassero.com
Ganzjährig geöffnet

Civitella Marittima (Hauptort der verstreuten Gemeinde, die 1928 aus der Verbindung mit Paganico entstanden ist) ist ein altes Dorf, das an der Verbindungsstraße von Grosseto nach Siena auf einem Hügel errichtet wurde. Die Hänge blicken auf der einen Seite zur Maremma und auf der anderen Seite zum Monte Amiata. Die Locanda von Alessandro Prosperi belegt die oberen Stockwerke eines Gebäudes, das ein Teil der Burgzitadelle gewesen sein soll und sich dicht an die Stadtmauern schmiegt. Auch eine gleichnamige Trattoria befindet sich in dem Haus. Die fünf Zimmer sind hübsch mit rustikalen Möbeln eingerichtet, die Wände sind in Pastellfarben gestrichen. Einen Blickfang stellen die restaurierten alten Türen und die bestickten Vorhänge dar. Die Dachzimmer sind mit Aircondition ausgestattet. Das kontinentale Frühstück wird in jenem Raum serviert, der auch als Eingangsbereich dient. Manchmal gibt es Crostate und andere Kuchen, die Alessandro selbst zubereitet.

♦ 3 DZ und 2 3BZ, alle mit Bad und WC (3 Zimmer mit Aircondition) ♦ DZ in Einzelbelegung € 53–57, DZ € 66–70 (Aufpreis Zusatzbett € 20), 3BZ € 69–75 (Frühstück € 7 pro Person) ♦ alle Kreditkarten, Bankomat ♦ Gratisparkplatz 300 Meter entfernt, kleine Haustiere willkommen, Betreiber stets anwesend ♦ Restaurant, Frühstücksraum, Salon, Terrasse

🍲 Im Restaurant wird saisonale Küche der Region für 28 bis 35 Euro ohne Wein angeboten.

Cutigliano
Im Zentrum
36 km nordwestlich von Pistoia, 53 km nordöstlich von Lucca, S.S. 12
Ausfahrt Pistoia oder Lucca der A 11 in Richtung Abetone

Da Fagiolino

Zimmervermietung
Via Carega, 1
Tel. (+39) 05 73 / 680 14
Fax (+39) 05 73 / 682 10
luigiinnocenti@tiscali.it
www.dafagiolino.it
Ferien: November

»Fagiolino« (Bohnenstange) war der Spitzname von Alvaro Innocenti, der vor 60 Jahren gemeinsam mit seiner Gattin Pierina eine Trattoria in diesem Haus aus dem 15. Jahrhundert eröffnete. Seit dem Beginn des 20. Jahrhunderts nutzte die Familie das Gebäude als Wohnhaus und führte dort einen Gemischtwarenladen. Heute wird der Betrieb (Restaurant und Verkaufsraum im Erdgeschoss, Locanda im oberen Stock) von Alvaros Sohn Luigi geleitet, der von seiner Gattin Paola und den Töchtern Stella und Diletta unterstützt wird. Die Zimmer sind einfach, aber bequem und mit modernen, funktionalen Möbeln eingerichtet. Das Frühstücksbüfett lockt mit den üblichen heißen Getränken, hausgemachtem Brot, Konfitüren, Joghurt, süßem Backwerk, Fruchtsäften, Schinken und Käse. In der Trattoria werden die Gäste mit guter lokaler Küche verwöhnt. Der Preis für Hausgäste liegt bei 20 Euro, für andere Besucher variiert er zwischen 20 und 40 Euro ohne Wein.

♦ 2 DZ und 2 3BZ oder 4BZ, alle mit Bad und WC, Minibar, Telefon, TV, Internetanschluss ♦ DZ in Einzelbelegung € 50, DZ € 75, 3BZ € 110, 4BZ € 135 (alle mit Frühstück) ♦ alle Kreditkarten, Bankomat ♦ öffentlicher Parkplatz in unmittelbarer Nähe, kleine Haustiere willkommen, Betreiber immer erreichbar ♦ Bar, Restaurant

Cutigliano
In der Nähe der Sportanlagen
36 km nordwestlich von Pistoia, 53 km nordöstlich von Lucca, S.S. 12
Ausfahrt Pistoia oder Lucca der A 11 in Richtung Abetone

Roma

2-Sterne-Hotel
Via Pacioni, 43
Tel./Fax (+39) 05 73 / 681 21
info@pensioneroma.it
www.pensioneroma.it
Ganzjährig geöffnet

Wenige Schritte von der Seilbahn entfernt, die zu den Liftanlagen in Doganaccia (ganzjährig geöffnet) und zum Gipfel des Croce Arcana führt, bietet dieses kleine Hotel mit Restaurant die angenehme Gastlichkeit eines Familienbetriebs in einem heimeligen, gepflegten Ambiente. Die Zimmer – teils im Haupthaus, teils in einer Dependance – sind geschmackvoll möbliert. Freundlich und nett wirken auch die Gemeinschaftsräume. Das Frühstück besteht aus Kaffee, Tee, heißer Schokolade, selbst gebackenem Brot, Konfitüren, Honig und Zerealien. Im Restaurant serviert die Inhaberin Cristina Nesti typische Speisen aus dem Gebiet des Apennins (Halbpension im Doppelzimmer 45 bis 60 Euro, Vollpension 55 bis 67 Euro pro Person). Es werden gastronomische und kulturelle Wochenenden, Skiwochen, Tenniskurse und andere Aktivitäten organisiert. In etwa zehn Kilometer Entfernung können das Heimatmuseum des Apennins von Pistoia in Rivoreta und die archäologische Ausgrabungsstätte der Türme von Popiglio besucht werden.

♦ 1 EZ und 8 DZ, alle mit Bad und WC, Telefon, TV ♦ EZ € 46–58, DZ € 60–74 (alle mit Frühstück) ♦ alle Kreditkarten, Bankomat ♦ öffentlicher Parkplatz angrenzend, Garage für Motorräder und Fahrräder, kleine Haustiere willkommen, Rezeptionsdienst 7.30–23.30 Uhr ♦ Bar, Restaurant (nur für Hausgäste), Leseraum, TV-Raum, Terrasse, Garten

Dicomano
Contea

3 km vom Zentrum
500 m vom Bahnhof Contea-Londa
33 km nordöstlich von Florenz, S.S. 67

Convento di Sandetole

NEU

Ferienhaus
Via Cecchini, 46
Tel. (+39) 055 / 838 97 89
Fax (+39) 055 / 838 95 14
sandetole@tiscali.it
www.sandetole.it
Ganzjährig geöffnet

Dieser Betrieb, zwischen dem Mugello und dem Sievetal gelegen, ist ein altes Kloster aus dem 18. Jahrhundert, errichtet auf den Resten einer romanischen Kirche und bis vor etwa 30 Jahren von Franziskanermönchen bewohnt. Das Gebäude wurde kürzlich von der Diözese Fiesole restauriert und wird nun von der Genossenschaft Diogene als Ferienhaus betrieben. Die Zimmer entstanden teilweise aus den Zellen der Ordensbrüder, sie sind schlicht, aber bequem eingerichtet. Die Mahlzeiten (für Gruppen gibt es Halb- oder Vollpension) werden im Refektorium, einem 1750 errichteten und mit Fresken geschmückten Raum, serviert. Im Haus gibt es noch eine alte geweihte Kapelle. Für entspannende Spaziergänge bieten sich der Kreuzgang, der Park und der nahe gelegene Wald an.

♦ 2 EZ, 21 DZ, 4 3BZ und 2 4BZ, alle mit Bad und WC, Telefon ♦ EZ € 35–45, DZ, 3BZ und 4BZ € 65–75 (alle mit Frühstück) ♦ Kreditkarten: CartaSi, MC, Visa; Bankomat ♦ Anlage barrierefrei zugänglich, 2 Zimmer behindertengerecht ausgestattet, Privatparkplatz, kleine Haustiere willkommen, Betreiber immer erreichbar ♦ Restaurant (nur für Gruppen gegen Vorbestellung), TV-Raum, Bibliothek, Kapelle, Konferenzsaal (100 Plätze), Tagungsraum (35 Plätze), Kreuzgang, Garten, Gartenhaus, Park

Florenz

Santa Maria Novella, Piazza Indipendenza
200 m vom Kongresspalast, 400 m vom Bahnhof, in der Nähe des Abendmahlssaals des Klosters von Foligno

Azzi Locanda degli Artisti

2-Sterne-Hotel
Via Faenza, 56–88 R
Tel. (+39) 055 / 21 38 06
Fax (+39) 055 / 239 83 22
info@hotelazzi.it
www.hotelazzi.it
Ganzjährig geöffnet

Dieses kleine historische Hotel (eröffnet 1948, im Besitz der drittältesten Lizenz in Florenz) hat seinen Sitz in einem ehemaligen Kloster aus dem 14. Jahrhundert, das in der Folge in das Eigentum des Druckers und Verlegers Barbera überging. Seit jeher wird das Haus gerne von Künstlern, Literaten und Theaterleuten besucht. Die Zimmer sind kreativ mit zusammengetragenen Gegenständen eingerichtet. Unter den hellen, gepflegten Gemeinschaftsräumen besticht das Kaminzimmer, wo sich die Gäste zusammensetzen, wo sie malen, schreiben und lesen können (die Bibliothek dient auch als Bookcrossing-Zentrum). Auf dem Frühstücksbüfett erwarten Sie Kaffee, Milch, heiße Schokolade, Joghurt, in Schälchen abgepackte Konfitüren, Feingebäck aus der Konditorei, aber auch Wurst und Käse.

♦ 4 EZ, 8 DZ und 4 4BZ, alle mit Bad und WC, Aircondition, Telefon, Sat-TV (2 Zimmer mit Balkon, 6 Zimmer mit Internetanschluss) ♦ EZ € 45–85, DZ € 52–115 (Aufpreis Zusatzbett € 30), 4BZ € 105–150 (alle mit Frühstück) ♦ alle Kreditkarten, Bankomat ♦ Gemeinschaftsbereiche barrierefrei zugänglich, 2 Zimmer und 1 Badezimmer behindertengerecht ausgestattet, gebührenpflichtiger öffentlicher Parkplatz (€ 15 pro Tag), Vertragsgarage (€ 18–20 pro Tag), kleine Haustiere willkommen, Betreiber immer erreichbar ♦ Bar und Vineria, Schreib- und Malraum, Bibliothek, Terrasse

Florenz
San Salvi
Stadtviertel Stadion-Campo di Marte
Äußere Peripherie im Osten, in der Nähe des Abendmahlssaals von Andrea del Sarto im Kloster von San Salvi

Ingrid

Zimmervermietung
Piazza San Salvi, 13
Tel./Fax (+39) 055 / 66 76 46
info@ingridaffittacamere.it
www.ingridaffittacamere.it
Ferien: August

Wie nur wenige andere Plätze besitzt das Stadtviertel rund um das Stadion noch die typischen Merkmale des alten Florenz. Im Haus von Ingrid Krüger und Giovanni Fattori wird Ihnen ein freundlicher Empfang bereitet. In diesem historischen Gebäude finden die Gäste wenige, geschmackvoll eingerichtete Zimmer und ein Apartment mit Kochnische und einem kleinen Privatgarten. Das Frühstück wird in der Bar im Erdgeschoss serviert: herrlicher Cappuccino und backfrische Croissants. Die Locanda ist nicht weit vom Bahnhof Campo di Marte entfernt. In wenigen Minuten erreicht man mit dem Autobus Fiesole und das Hügelgebiet, das dem Weinanbau in der Toskana zu Ruhm verholfen hat. Das Stadtzentrum mit seinen Sehenswürdigkeiten ist nicht weit entfernt und bequem mit dem Autobus oder zu Fuß zu erreichen.

♦ 3 DZ mit Bad und WC, Aircondition, TV; 1 Apartment (6 Personen) mit 2 DZ, Wohnraum mit Kochnische, kleinem Garten ♦ DZ in Einzelbelegung € 50–80, DZ € 65–95; Apartment (Mindestaufenthalt 3 Nächte) € 200–250 ♦ Kreditkarten: AE, CartaSi, MC, Visa; Bankomat ♦ 1 Zimmer behindertengerecht ausgestattet, öffentlicher Gratisparkplatz in unmittelbarer Nähe, kleine Haustiere willkommen (nach Absprache), Betreiber immer erreichbar

Florenz
Fortezza da Basso
Zwischen Via XX Settembre, Via Statuto und Viale Cadorna
In der Nähe des Ausstellungszentrums und der Kirche Santa Maria Novella

Johanna II

Zimmervermietung
Via Cinque Giornate, 12
Tel./Fax (+39) 055 /47 33 77
cinquegiornate@johanna.it
www.johanna.it
Ganzjährig geöffnet

»Johanna I«, »Johanna II«, »Johlea«, »Antica Dimora Johlea« und »Antica Dimora Firenze«: fünf Gästehäuser unter der gleichen Führung, an ruhigen Plätzen der Altstadt. Die Zimmer sind bequem, gepflegt und geschmackvoll eingerichtet. Der Empfang ist überaus herzlich. »Johanna II« ist in wenigen Gehminuten vom Hauptbahnhof zu erreichen und hat für Florenz unschlagbare Preise. Außerdem verfügt es über einen kleinen Garten, in dem die Gäste auch ihre Autos parken können. Unter den anderen Häusern wollen wir »Antica Dimora Johlea« in der Via San Gallo 80 (zwischen Piazza Libertà und Piazza San Marco) hervorheben. Vor allem in der Hochsaison liegen die Preise hier über dem Niveau der sonst in unserem Buch beschriebenen Betriebe, aber es ist das eleganteste Haus und hat eine Terrasse, von der aus man einen herrlichen Ausblick auf die Stadt von Filippo Brunelleschis Domkuppel bis zu den Hügeln von Fiesole hat. Neben dem kostenlosen WLAN können die Gäste auch unentgeltlich Laptops benutzen.

♦ 7 DZ mit Bad und WC, Aircondition, TV, WLAN (1 Zimmer mit Kühlschrank) ♦ DZ in Einzelbelegung und DZ € 80–100 (Aufpreis Zusatzbett € 20, alle mit Frühstück) ♦ keine Kreditkarten ♦ Privatparkplatz (5 Plätze), kleine Haustiere willkommen, Rezeptionsdienst 8.30–19 Uhr ♦ Frühstücksraum, Garten

Florenz
Piazza Beccaria

Zwischen Lungarno del Tempio und Piazza Oberdan
2,5 km vom Bahnhof Santa Maria Novella

Villino Il Magnifico

Zimmervermietung
Via Orcagna, 24–26
Tel. (+39) 055 / 626 60 53
Fax (+39) 055 / 67 42 83
info@villinoilmagnifico.com
www.villinoilmagnifico.com
Ganzjährig geöffnet

Il Magnifico funktioniert nach dem Konzept eines Bed & Breakfast, eine Kategorie, die von der Stadt Florenz für Zimmervermietungsbetriebe vergeben wird. Die Häuser müssen bestimmten Anforderungen entsprechen und zusätzliche Services bieten, um eine besonders gepflegte Gastlichkeit zu gewährleisten. Das typische Gebäude vom Ende des 19. Jahrhunderts ist von der Autobahnausfahrt Firenze Sud der Autostrada del Sole leicht zu erreichen und eignet sich ideal für Gäste, die die Stadt besichtigen und günstig in Zentrumsnähe, in Reichweite der wichtigsten Sehenswürdigkeiten, Museen und Kongress- und Ausstellungszentren, übernachten wollen. Die Zimmer sind geräumig und mit eleganten Stilmöbeln eingerichtet. Das Frühstückbüfett in einem hübschen Saal im Erdgeschoss umfasst saisonale Produkte vorwiegend aus der Region.

♦ 1 EZ und 5 DZ, alle mit Bad und WC (bei 1 Zimmer auf dem Flur), Aircondition, Minibar, Safe, Telefon, Sat-TV, WLAN ♦ EZ € 50–80, DZ in Einzelbelegung € 55–110, DZ € 60–120 (Aufpreis Zusatzbett € 15–20, alle mit Frühstück) ♦ Kreditkarten: CartaSi, DC, MC, Visa; Bankomat ♦ 2 Zimmer behindertengerecht ausgestattet, gebührenpflichtiger Privatparkplatz (2 Plätze) in unmittelbarer Nähe, kleine Haustiere willkommen, Betreiber immer erreichbar ♦ Frühstücks- und Leseraum, Außenbereich

Gaiole in Chianti

Im Zentrum
28 km nördlich von Siena
19 km von der Ausfahrt Valdarno der A 1

La Fonte del Cieco

3-Sterne-Hotel
Via Ricasoli, 18
Tel. (+39) 05 77 / 74 40 28
Fax (+39) 05 77 / 74 44 07
info@lafontedelcieco.it
www.lafontedelcieco.it
Ganzjährig geöffnet

Das Hotel, eine herrschaftliche Villa aus dem beginnenden 20. Jahrhundert, blickt auf den Hauptplatz von Gaiole und verdankt seinen Namen einer alten Quelle. Das Gebäude wurde sorgfältig restauriert und präsentiert sich den Gästen mit einem freundlichen, komfortablen Ambiente. Dennoch wurde die einzigartige Atmosphäre vergangener Zeiten bewahrt. Jedes Zimmer trägt den Namen einer Blume und ist in der entsprechenden Farbe ausgemalt. Das Frühstück wird im Sommer in einer zauberhaften Laube serviert und umfasst je nach Wunsch der Gäste süße Spezialitäten einer Konditorei oder Pikantes. Sie können die Umgebung zu Fuß, mit dem Fahrrad oder zu Pferd erkunden. Interessante Ziele sind die Burg von Meleto an der Strada Statale nach Siena, deren Rundtürme die Weingärten des Chianti-Gebiets beherrschen, und die Burg von Brolio mit ihrem berühmten Weinkeller.

♦ 1 EZ und 7 DZ, alle mit Bad und WC, Aircondition, Minibar, Safe, Telefon, TV, WLAN ♦ EZ € 60, DZ € 80 (Aufpreis Zusatzbett € 40, alle mit Frühstück) ♦ alle Kreditkarten, Bankomat ♦ öffentlicher Parkplatz in unmittelbarer Nähe, kleine Haustiere willkommen (€ 5 pro Tag), Betreiber immer erreichbar ♦ Bar, Frühstücksraum, TV-Raum, Internetstation, Terrasse, Arkaden, Garten, Sonnenterrasse

Greve in Chianti
Passo dei Pecorai

7 km vom Zentrum
25 km südlich von Florenz, S.R. 222 und S.P. 3
Ausfahrt Firenze Sud oder Valdarno der A 1

Da Omero

2-Sterne-Hotel
Via Falcone, 68–70
Tel. (+39) 055 / 85 07 16
Fax (+39) 055 / 718 81 14
casprini@daomero.com
www.daomero.com
Ganzjährig geöffnet

Greve in Chianti

Im Zentrum
30 km südlich von Florenz, S.R. 222
Ausfahrt Firenze Sud oder Valdarno der A 1

Giovanni da Verrazzano

3-Sterne-Hotel
Piazza Matteotti, 28
Tel. (+39) 055 / 85 31 89
Fax (+39) 055 / 85 36 48
info@albergoverrazzano.it
www.albergoverrazzano.it
Ganzjährig geöffnet

Der Passo dei Pecorai ist kein Gebirgspass (seine Höhe beträgt knapp über 160 Meter): Der Name erinnert daran, dass hier einst die Straße von der Maremma in den Casentino führte, die Strecke, die von den Hirten mit ihren Herden zurückgelegt wurde. Inmitten der dicht mit Weingärten bedeckten Hügel führt die Familie Casprini seit fast einem Jahrhundert das Lokal, das nach dem Gründer Omero benannt ist: ursprünglich eine Osteria mit angeschlossenem Laden zum Verkauf von Wein und Öl, dann Trattoria, heute ein gutes Restaurant, Hotel und Gästehaus. Die Zimmer und Apartments sind schlicht und in hellen Farben gestaltet. Das typisch italienische Frühstück (Brioches und Cappuccino) ist im Preis inbegriffen, während für anderes (Brot, Butter, hausgemachte Konfitüren, Joghurt, Honig, Obst und Käse) ein Aufpreis von 7 Euro pro Person verrechnet wird. Das Restaurant serviert lokale Gerichte für 15 bis 30 Euro ohne Wein.

Greve an der Kreuzung der Straßen nach Florenz, nach Siena und in das Arnotal war bereits im Mittelalter ein wichtiger Handelsknotenpunkt. Heute noch hat der Markt seinen Standort auf der charakteristischen Piazza, wo seit dem 14. Jahrhundert auch eine Locanda ihren Sitz hat. Inzwischen ist sie nach dem berühmten, hier geborenen Seefahrer Giovanni da Verrazzano benannt, dem das Denkmal gegenüber dem Haus gewidmet ist. Das historische Hotel, geführt von Rossella Rossi und Luciano Vienni, bietet Zimmer, die mit jedem modernen Komfort ausgestattet und mit schlichter Eleganz eingerichtet sind. Die begehrtesten Zimmer sind jene mit Blick auf die schöne Piazza. Auf den Hauptplatz blickt auch die große Terrasse, wo in der warmen Jahreszeit die Tische des Restaurants gedeckt sind (lokale Gerichte für 30 bis 40 Euro ohne Wein). Herrliches Frühstücksbüfett. Das Hotel ist ein guter Ausgangspunkt für önogastronomische Entdeckungsfahrten in die berühmten Gebiete des florentinischen Chianti.

♦ 1 EZ und 10 DZ, alle mit Bad und WC (4 Zimmer mit Gemeinschaftsbad), Safe, Telefon (6 Zimmer mit TV); 8 Apartments (2–5 Personen) mit Küche ♦ EZ € 42–52, DZ € 62–74, Apartment € 69–125 (alle mit Frühstück) ♦ Kreditkarten: AE, CartaSi, MC, Visa; Bankomat ♦ 1 Apartment barrierefrei zugänglich, öffentlicher Parkplatz gegenüber, kleine Haustiere willkommen, Betreiber 8–22 Uhr erreichbar ♦ Bar, Restaurant, Aufenthaltsraum, Lese- und TV-Raum, Arkaden, Außenbereich, Garten, Schwimmbecken

♦ 9 DZ und 1 3BZ, alle mit Bad und WC (bei 2 Zimmern auf dem Flur), Minibar, Telefon, TV, WLAN ♦ DZ in Einzelbelegung € 86, DZ € 105, 3BZ € 133 (alle mit Frühstück) ♦ alle Kreditkarten, Bankomat ♦ öffentlicher Parkplatz in unmittelbarer Nähe, Haustiere nicht erlaubt, Rezeptionsdienst 7–24 Uhr, Betreiber immer erreichbar ♦ Bar, Restaurant, Terrasse

Greve in Chianti
Lamole

9 km vom Zentrum
44 km südlich von Florenz, S.R. 222
28 km von der Ausfahrt Valdarno der A 1

Greve in Chianti
Montagliari

5 km vom Zentrum
35 km südlich von Florenz, S.R. 222
Ausfahrt Firenze Sud oder Valdarno der A 1, von Greve in Richtung Lamole

Le Volpaie

Agriturismo
Via Lamole, 40
Tel./Fax (+39) 055 / 854 70 65
info@fattoriadilamole.it
www.fattoriadilamole.it
Ferien: Mitte November–Februar

Poggio Asciutto

Agriturismo
Via Montagliari, 40
Tel./Fax (+39) 055 / 85 28 35
farm@poggioasciutto.it
www.poggioasciutto.it
Ganzjährig geöffnet

Die Zimmer und Apartments des Agriturismo befinden sich in drei alten Gebäuden des Landguts Fattoria di Lamole, eines historischen Betriebs in diesem berühmten Cru des Chianti Classico. Hier wachsen die Sangiovese-Trauben auf von Steinmauern eingefassten Terrassen und die Weingärten wechseln sich mit Kastanien-, Eichen- und Pinienwäldern ab. Die Gäste schlafen in bequemen Betten in hellen, hübsch eingerichteten Zimmern und können am Morgen ein reichhaltiges Frühstück vom Büfett genießen. Es gibt verschiedene Arten Brot, hausgemachte Kuchen, feine Konfitüren, Eier, Knoblauchbrot, Wurst und lokalen Schafkäse. Auf Wunsch wird den Gästen ein Abendessen serviert (etwa 25 bis 30 Euro ohne Wein).

Eva Ashan und Massimo Gentili, die Besitzer des Poggio Asciutto, bauen Wein und Oliven nach biologischen Methoden an und stellen hochwertigen Wein und natives Olivenöl extra mit der Bezeichnung »Chianti Classico« her. Zu den Zimmern des Agriturismo in einem Landhaus gegenüber der Burg Vignamaggio gelangt man über einen Hof, in dem sich auch eine alte Backstube befindet. Die mit rustikaler Eleganz eingerichteten Zimmer können zu zwei Apartments mit Küche zusammengefasst werden. Es gibt drei Arten von Frühstück auf süßer (Kuchen und hausgemachte Konfitüren, Honig, Fruchtsäfte) oder pikanter Basis (Wurst von lokalen Erzeugern, Käse, Eier). Im Restaurant werden die Gäste mit toskanischen Gerichten für etwa 27 Euro (fünf Gänge ohne Wein) verwöhnt.

♦ 6 DZ, 1 3BZ und 1 Suite, alle mit Bad und WC, Terrasse oder Balkon, Kühlschrank, Telefon, Internetanschluss; 2 Apartments (2–5 Personen) mit Wohnraum, Küche oder Kochnische, Terrasse ♦ DZ in Einzelbelegung € 75–80, DZ € 90–110, 3BZ € 110–130, Suite 130–150 (alle mit Frühstück); Apartment € 130–150 (Frühstück € 8 pro Person) ♦ Kreditkarten: CartaSi, Visa; Bankomat ♦ Anlage barrierefrei zugänglich, 1 Zimmer behindertengerecht ausgestattet, Privatparkplatz, kleine Haustiere willkommen, Betreiber 8–20 Uhr anwesend ♦ Restaurant, Aufenthaltsraum, Garten, Schwimmbecken

♦ 5 DZ mit Bad und WC, Balkon, Kühlschrank, Safe, TV ♦ DZ in Einzelbelegung € 60, DZ € 90 (Frühstück € 3–8,50 pro Person) ♦ alle Kreditkarten, Bankomat ♦ Gemeinschaftsbereiche barrierefrei zugänglich, Privatparkplatz, kleine Haustiere willkommen, Betreiber 9–20 Uhr anwesend ♦ Bar, Restaurant (abends gegen Vorbestellung geöffnet), Lese- und TV-Raum, Tagungsraum, Garten, Schwimmbecken

Licciana Nardi
Apella
10 km vom Zentrum
56 km nordwestlich von Massa, S.S. 1 oder A 12 und S.S. 665
Ausfahrt Aulla der A 15

Montagna Verde

Agriturismo
Via Apella, 1
Tel. (+39) 01 87 / 42 12 03
Fax (+39) 01 87 / 47 14 50
info@montagnaverde.it
www.montagnaverde.it
Ganzjährig geöffnet

Lorenzana
Collealberti
2 km vom Zentrum
29 km südöstlich von Pisa, S.S. 206
Ausfahrt Cascina oder Lavoria der Superstrada Florenz-Pisa-Livorno; Ausfahrt Collesalvetti der A 12

Podere dell'Orso

Agriturismo
Serri di Sotto/Case Sparse, 1
Tel. (+39) 050 / 66 26 98
Fax (+39) 050 / 721 29 09
poderedellorso@gmail.com
www.poderedellorso.it
Ganzjährig geöffnet

Der Agriturismo, ein befestigter Landsitz in der Ortschaft Apella, ist Teil eines Biobetriebs. Diese Oase der Ruhe liegt auf 660 Meter Seehöhe an einer der alten Salzstraßen, die durch die Kastanienhaine des Nationalparks des tosko-emilianischen Apennins führen (in diesem Dorf ist eines der Besucherzentren eingerichtet). Hier herrscht absolute Stille, die nur durch den Schlag der Uhr im Steinturm unterbrochen wird, einem Wehrturm, der zur einstigen Pfarrkirche gehört. Blickfang in den komfortablen, sorgfältig renovierten Zimmern sind die unverputzten Steinwände, die Holzgalerien und die Möbel. Im Speisesaal kann man die traditionellen Gerichte der Lunigiana – Kräuterquiches, Testaroli und Panigacci – genießen, die großteils aus eigenen Produkten zubereitet werden (etwa 20 Euro ohne Wein). Zum Frühstück gibt es Obst und Honig aus dem eigenen Betrieb, hausgemachte Konfitüren und Süßspeisen.

Im grünen Hügelland um Pisa liegt dieser Gutshof mit etwa sieben Hektar Fläche. Das Herzstück ist ein renoviertes Landhaus im toskanischen Stil, das auf das 14. Jahrhundert zurückgeht. Die Gästezimmer sind mit Kassettendecken, Parkettböden und schönen Möbeln aus dem beginnenden 20. Jahrhundert ausgestattet, etwa schmiedeeisernen Betten oder solchen mit hohen Betthäuptern aus Holz. Paola und Mimmo stellen neben nativem Olivenöl extra auch Obst und Konfitüren her, die den Gästen zum Frühstück mit Brot und hausgemachten Kuchen serviert werden. Die Osteria in der ehemaligen Scheune hinter dem Haus ist gegen Vorbestellung nicht nur für Hausgäste geöffnet und bietet regionale Spezialitäten aus eigenen Produkten oder solchen lokaler Erzeuger (25 bis 30 Euro). Die Betreiber organisieren Kurse in Kochen und Découpage, Spaziergänge auf Naturlehrpfaden und Ausritte.

♦ 5 DZ, 2 3BZ und 1 4BZ, alle mit Bad und WC, Terrasse oder Balkon, WLAN; 1 Apartment (4 Personen) mit Küche ♦ DZ in Einzelbelegung € 30, DZ € 50, 3BZ € 70, 4BZ € 90, Apartment € 70 (Frühstück € 3 pro Person) ♦ alle Kreditkarten, Bankomat ♦ Anlage barrierefrei zugänglich, Privatparkplatz, kleine Haustiere willkommen, Betreiber stets anwesend ♦ Bar, Restaurant, Konferenzraum (50 Plätze), Terrasse, Park, Schwimmbecken

♦ 2 DZ, 1 3BZ und 1 4BZ, alle mit Bad und WC ♦ DZ in Einzelbelegung € 45–50, DZ € 90–100, 3BZ € 115–125, 4BZ € 135–145 (alle mit Frühstück) ♦ alle Kreditkarten, Bankomat ♦ Anlage barrierefrei zugänglich, Privatparkplatz, Haustiere nicht erlaubt, Betreiber immer erreichbar ♦ Restaurant, Frühstücksraum, Arkaden, Park, Reitstall

Lucca

In der Altstadt
Neben der Kirche San Frediano
3 km von der Ausfahrt Lucca Est der A 11

San Frediano

Jugendherberge
Via della Cavallerizza, 12
Tel. (+39) 05 83 / 46 99 57
Fax (+39) 05 83 / 46 10 07
ostello.san.frediano@virgilio.it
www.ostellolucca.it
Ganzjährig geöffnet

Die 2001 eröffnete Jugendherberge, die dem italienischen Jugendherbergsverband angehört, hat ihren Sitz in einem ehrwürdigen Gebäude, dem ehemaligen Real Collegio, einem einstigen Kloster hinter der Basilika San Frediano unmittelbar an den Mauern der Altstadt. Wenn man als Mitglied dieses Verbandes eingetragen ist (Gebühr pro Jahr nur 3 Euro für Einzelpersonen und Familien mit minderjährigen Kindern, 18 Euro für organisierte Gruppen), kann man hier unabhängig vom Alter in den sehr einfachen, aber bequemen Zimmern für Familien oder in Schlafsälen übernachten. Maßvolle Preise gibt es auch im Restaurant, das von Marcello Turri geleitet wird. Es ist abends und mittags nur für Gruppen und gegen Vorbestellung geöffnet. Das Gebäude mit Blick auf den Garten und die Stadtmauern verfügt über einen schlichten Saal, wo man eine komplette Mahlzeit für 11 Euro bekommt.

♦ 2 DZ, 2 3BZ, 9 4BZ, 3 5BZ und 2 6BZ, alle mit Bad und WC, TV; 4 Schlafsäle mit 6 Betten und 3 Schlafsäle mit 8 Betten (einige Schlafsäle mit Gemeinschaftsbädern) ♦ DZ in Einzelbelegung und DZ € 58, 3BZ € 78, 4 BZ € 100, 5BZ € 115, 6BZ € 135, Bett im Schlafsaal € 19–21 (Frühstück € 3 pro Person) ♦ keine Kreditkarten ♦ Anlage barrierefrei zugänglich, Privatparkplatz, Haustiere nicht erlaubt, Rezeptionsdienst rund um die Uhr ♦ Bar, Aufenthaltsraum, TV-Raum, Garten

Lucca
Sant'Alessio

4 km vom Zentrum
Ausfahrt Lucca San Donato der A 11

Vigna Ilaria

Zimmervermietung
Via per Pieve Santo Stefano, 967 C
Tel. (+39) 05 83 / 33 20 91
Fax (+39) 05 83 / 33 19 08
info@locandavignailaria.it
www.locandavignailaria.it
Ganzjährig geöffnet

Die Locanda liegt in den Hügeln im Nordwesten von Lucca. Das Schild zeigt üppig wuchernde Reben, die an die einstigen Weingärten an diesem heute noch stimmungsvollen Ort erinnern. Die Zimmer bieten einen Blick auf die schöne Landschaft, sie sind hell, bequem und unter anderem mit Möbeln von lokalen Handwerksbetrieben eingerichtet. Zum Frühstück werden neben den üblichen heißen Getränken getoastetes Brot aus Lucca, warme Croissants und Fruchtsäfte und auf Wunsch auch pikante Köstlichkeiten serviert. Für 30 bis 38 Euro bekommt man im Restaurant ein Abendessen ohne Wein (sowohl Fischgerichte als auch Festlandküche). Der Ort ist ein idealer Ausgangspunkt für Besichtigungen des Städtchens Lucca, aber auch für Entdeckungsfahrten durch die Hügellandschaft der Provinz auf der Suche nach den gastronomischen Spezialitäten, vor allem Öl und Wein.

♦ 4 DZ mit Bad und WC, TV; 1 Apartment (4–6 Personen) mit Küche ♦ DZ in Einzelbelegung € 65, DZ € 75, Apartment € 100–150 (Frühstück € 7,50–10 pro Person) ♦ alle Kreditkarten, Bankomat ♦ Privatparkplatz, kleine Haustiere willkommen, Betreiber immer erreichbar ♦ Restaurant, Garten

Manciano
Poderi di Montemerano

7 km vom Zentrum
42 km nordöstlich von Orbetello, 56 km südöstlich von Grosseto, S.S. 322

Manciano
Saturnia

12 km vom Zentrum
49 km nordöstlich von Orbetello, 56 km südöstlich von Grosseto

Le Fontanelle

Agriturismo
Ortsteil Le Fontanelle
Tel./Fax (+39) 05 64 / 60 27 62
le.fontanelle@tiscali.it
www.lefontanelle.net
Ganzjährig geöffnet

Villa Clodia

3-Sterne-Hotel
Via Italia, 43
Tel. (+39) 05 64 / 60 12 12
Fax (+39) 05 64 / 60 13 05
info@hotelvillaclodia.com
www.hotelvillaclodia.com
Ferien: 8. Januar–8. Februar

Rehe, Damhirsche und Mufflons im Park, Karpfen und Schleien im Teich, Gänse, Stockenten und Reiher an den Ufern … Viele Tiere bevölkern das Gut Le Fontanelle, wo auch vierbeinige Gäste, Pferde eingeschlossen, herzlich willkommen sind. Mehrere Möglichkeiten der Übernachtung werden geboten: Die mit Stilmöbeln eingerichteten Zimmer sind in einem Gebäude neben dem Bauernhof, in einem Chalet und in Pfahlbauten am Waldrand untergebracht. Im Sommer kann man das Frühstück nach italienischer Art und die Mahlzeiten im Innenhof genießen (adaptierte regionale Gerichte für 24 Euro). Sehenswert sind der befestigte Stadtkern von Montemerano mit der Kirche San Giorgio, die zahlreiche Kunstschätze birgt, und die Festung von Manciano. Etwa zehn Kilometer entfernt befinden sich die schwefelhaltigen Quellen der Thermen von Saturnia und eine halbstündige Autofahrt bringt Sie zum Berg Argentario.

Ein Schwimmbad und ein Fitnesscenter mit Gymnastikraum, Sauna und Dampfbad: Das kleine 3-Sterne-Hotel der Familie Bonanni hat viele Extras zu bieten. Es liegt im charakteristischen mittelalterlichen Städtchen von Saturnia (das es schon zu Zeiten der Römer und davor als Etruskersiedlung gab), zwei Kilometer von den berühmten Thermen entfernt. Die Zimmer der hübschen Villa mit Garten aus dem frühen 20. Jahrhundert sind wie alle Gemeinschaftsräume, etwa der Leseraum mit Kamin, elegant und komfortabel, großzügig und nett eingerichtet. Auf dem Frühstücksbüfett finden Sie lokale Produkte (Wurst, Käse, toskanisches Brot), Konfitüren und hausgemachte Kuchen. Der Empfang ist überaus herzlich. Prachtvoll ist der Ausblick auf das Albegnatal und die Via Clodia, über die man auch zu Fuß die Thermalbäder erreichen kann.

♦ 8 DZ, 4 3BZ und 2 4BZ, alle mit Bad und WC, Minibar, TV, Garten ♦ DZ in Einzelbelegung € 47, DZ und 3BZ € 85, 4BZ € 90 (alle mit Frühstück) ♦ Kreditkarten: CartaSi, MC, Visa; Bankomat ♦ 2 Zimmer behindertengerecht ausgestattet, Privatparkplatz, kleine Haustiere willkommen, Betreiber stets anwesend ♦ Restaurant, Salon, Innenhof, Park

♦ 2 EZ, 7 DZ und 1 Minisuite, alle mit Bad und WC, Aircondition, Minibar, Safe, TV, einige mit Balkon ♦ EZ € 70, DZ € 115, Minisuite € 140 (alle mit Frühstück) ♦ Kreditkarten: Visa; Bankomat ♦ öffentlicher Parkplatz in unmittelbarer Nähe, Haustiere nicht erlaubt, Rezeptionsdienst 7–23 Uhr ♦ Frühstücksraum, TV-Raum, Leseraum, Fitnessraum, Sauna, Dampfbad, Terrasse, Garten, Schwimmbecken, Sonnenterrasse

Massa Marittima

In der Altstadt
50 km nordwestlich von Grosseto, S.S. 439
18 km von der Ausfahrt der Superstrada Livorno-Grosseto

Domus Bernardiniana

Ferienhaus
Via San Francesco, 10–12
Tel. (+39) 05 66 / 90 26 41,
(+39) 339 / 278 62 72
info@domusbernardiniana.it
www.domusbernardiniana.it
Ganzjährig geöffnet

Ein ehemaliges Franziskanerkloster aus dem 13. Jahrhundert, das mehrmals umgebaut und erweitert wurde, ist der Sitz dieses Ferienhauses. Der Betrieb wird von der Diözese von Massa Marittima geführt. Er liegt an der Stadtmauer, hat einen Parkplatz und verbindet die Ruhe eines abgelegenen Ortes mit der Bequemlichkeit, die Sehenswürdigkeiten der Stadt leicht erreichen zu können (der Hauptplatz ist nur 300 Meter entfernt). Die Zimmer, ehemalige Klosterzellen, verfügen alle über ein eigenes Bad (teilweise im Flur). Sie bieten ein gutes Niveau zu wirklich günstigen Preisen. Das Frühstück ist einfach, wie auch die Mahlzeiten, die nur Hausgästen serviert werden (Halbpension für 30 bis 45 Euro pro Person). Durch die kirchliche Leitung, die großen Gemeinschaftsräume, die Kirche und die Kapelle ist das Haus speziell für Tourismus mit religiösem Hintergrund geeignet.

♦ 5 EZ, 15 DZ, 1 3BZ und 3 4BZ, alle mit Bad und WC (bei 3 Zimmern auf dem Flur, die meisten Zimmer mit Minibar, TV) ♦ EZ € 20–35, DZ € 40–60, 3BZ € 60–90 (alle mit Frühstück) ♦ Kreditkarten: CartaSi, MC, Visa; Bankomat ♦ Privatparkplatz, kleine Haustiere willkommen, Rezeptionsdienst 8–20 Uhr ♦ Bar, Restaurant (nur für Hausgäste), Leseraum, TV-Raum, Konferenzsäle (80 und 200 Plätze), Veranda, Garten

Massa Marittima

600 m von der Altstadt
50 km nordwestlich von Grosseto, S.S. 439
12 km von der Ausfahrt der Superstrada Livorno-Grosseto

Duca del Mare

3-Sterne-Hotel
Piazza Dante, 1–2
Tel. (+39) 05 66 / 90 22 84
Fax (+39) 05 66 / 90 19 05
info@ducadelmare.it
www.ducadelmare.it
Ferien: 15. Januar–1. März

Seit den 1960er-Jahren besitzt die Familie Orlandi dieses kürzlich renovierte Hotel am Eingang von Massa Marittima, einem hübschen Städtchen in den Hügeln. Die Zimmer (einige davon als »Superior« klassifiziert) sind modern und funktional eingerichtet. Das Frühstücksbüfett umfasst Kaffee, Milch, Tee, heiße Schokolade, Croissants, Feingebäck, Brot, Butter und Konfitüren, Obst, Joghurt, Müsli, Wurst und Käse. Der Ort liegt im Zentrum eines Gebiets mit vielen interessanten Museen, archäologischen Ausgrabungsstätten, herrlicher Natur und Sportmöglichkeiten (mehr als 150 Kilometer Mountainbike-Strecken). Bademöglichkeit am Lago dell'Accesa (zehn Kilometer entfernt) und an den Stränden des Tyrrhenischen Meeres (Golfo del Sole in Follonica, etwa 20 Kilometer entfernt).

♦ 4 EZ, 23 DZ und 1 Suite (4 Personen), alle mit Bad und WC, Balkon, Safe, Telefon, Sat-TV, WLAN ♦ EZ € 50–65, DZ € 85–110 (Aufpreis Zusatzbett € 25–35), Suite € 140–160 (alle mit Frühstück) ♦ Kreditkarten: AE, CartaSi, MC, Visa; Bankomat ♦ 2 Zimmer behindertengerecht ausgestattet, Privatparkplatz, öffentlicher Parkplatz in der Nähe, Garage für Fahrräder, Haustiere nicht erlaubt, Rezeptionsdienst 7.30–24 Uhr ♦ Bar, Frühstücksraum, Leseraum, TV-Raum, Terrasse, Park, Schwimmbecken mit Massagedüsen

Monsummano Terme
Monsummano Alto

2 km vom Zentrum
18 km südwestlich von Pistoia, S.R. 435 oder A 11 Ausfahrt Montecatini Terme der A 11

Villa San Bastiano

NEU

Zimmervermietung
Piazza Castello, 8
Tel. (+39) 05 72 / 52 00 97
Fax (+39) 05 72 / 810 36
info@villasanbastiano.it
www.villasanbastiano.it
Ganzjährig geöffnet

Die Villa San Bastiano liegt auf dem Hügel von Monsummano Alto, einem befestigten mittelalterlichen Städtchen. Das Gebäude, stilgerecht renoviert und von einem Steineichenwäldchen umgeben, stammt aus dem 15. Jahrhundert und wurde einst für religiöse Zwecke genutzt. Zimmer und Gemeinschaftsräume sind vorwiegend modern eingerichtet und bilden einen passenden Kontrast zum historischen Rahmen. Das Frühstück wird serviert und bietet süße und pikante Spezialitäten. Im benachbarten Restaurant La Foresteria wird eine adaptierte regionale Küche für etwa 35 Euro ohne Wein geboten. Die Eigentümer organisieren Ausritte und Ausflüge mit Chauffeurdienst in die Fremdenverkehrszentren der Toskana. Vom Hügel bietet sich ein atemberaubender Blick von den Apuanischen Alpen bis zum mittleren Arnotal. Am seinem Fuß liegt die Stadt Monsummano Terme, angrenzend an das Naturschutzgebiet Padule di Fucecchio.

♦ 4 DZ und 1 4BZ, alle mit Bad und WC, Aircondition, Minibar, Safe, Sat-TV, WLAN (1 Zimmer mit Terrasse) ♦ DZ in Einzelbelegung € 80, DZ € 110 (Aufpreis Zusatzbett € 30), 4BZ € 150 (alle mit Frühstück) ♦ alle Kreditkarten, Bankomat ♦ einige Zimmer barrierefrei zugänglich, öffentlicher Gratisparkplatz 30 Meter entfernt, kleine Haustiere willkommen, Betreiber immer erreichbar ♦ Bar, Restaurant, Park, Sonnenterrasse, Whirlpool

Montaione

Im Zentrum
12 km von Castelfiorentino, 49 km südwestlich von Florenz, S.P. 4

Carpe Diem

3-Sterne-Hotel
Viale Vincenzo da Filicaja, 67
Tel. (+39) 05 71 / 69 78 88
Fax (+39) 05 71 / 69 76 03
hotel.carpediem@inwind.it
Ganzjährig geöffnet

Das kleine Hotel, dem ein gutes Restaurant angeschlossen ist (Küche auf Fisch- und Fleischbasis, 28 bis 30 Euro für eine dreigängige Mahlzeit), ist elegant eingerichtet und wird von Ferruccio Mazzoni professionell geführt. Eine lobende Erwähnung verdient das gute Preis-Leistungs-Verhältnis. Das Frühstück umfasst Kaffee, Tee, Cappuccino, Joghurt, Fruchtsäfte, Kuchen und sonstige Süßspeisen und auf Wunsch auch Pikantes. In Montaione (als »paese verde«, »grünes Dorf«, bezeichnet) an der südwestlichen Grenze der Provinz Florenz sind sechs Wanderwege markiert, die den alten Verbindungsstrecken zwischen den verschiedenen Gütern entsprechen. 500 Meter vom Carpe Diem entfernt liegt eine Tennishalle, etwa zwölf Kilometer entfernt ein Schwimmbad und ein Golfplatz.

♦ 4 EZ, 2 DZ, 1 3BZ, 1 4BZ und 1 Juniorsuite, alle mit Bad und WC, Kühlschrank, Safe, Telefon, Sat-TV ♦ EZ € 45–70, DZ € 75–90 (Aufpreis Zusatzbett € 20), 3BZ € 90, 4BZ € 110, Juniorsuite € 100 (alle mit Frühstück) ♦ alle Kreditkarten, Bankomat ♦ Gemeinschaftsbereiche und einige Zimmer barrierefrei zugänglich, Privatparkplatz, kleine Haustiere willkommen, Betreiber immer erreichbar ♦ Bar, Restaurant, Aufenthaltsraum, Tagungsraum, Außenbereich

TOSKANA

Montalcino

Im Zentrum
44 km südöstlich von Siena, S.R. 2

Casa degli Orsi

NEU

Zimmervermietung
Via Spagni, 20
Tel. (+39) 05 77 / 22 21 40,
(+39) 340 / 715 54 10
Ganzjährig geöffnet

Die Locanda der Familie Orsi hat ihren Sitz in zwei schön renovierten Gebäuden im Zentrum von Montalcino, wenige Schritte vom Dom entfernt. In einem der Häuser sind im ersten Stock die Doppelzimmer und im Erdgeschoss die Minisuite untergebracht, von der aus man einen Blick in den alten Keller erhaschen kann. Im zweiten Gebäude befindet sich ein Apartment mit Galerie, bestehend aus drei Räumen – eine günstige Lösung für Aufenthalte von mindestens einer Woche für Familien und kleine Gruppen. Das traditionelle Frühstück umfasst heiße Getränke und Säfte, Honig und Konfitüren. Von der Küche, wo den Gästen stets Kaffee und Tee zur Verfügung stehen, gelangt man auf die Aussichtsterrasse: Der schöne Garten eignet sich ideal zur Entspannung. Die Betreiber verleihen Fahrräder und Mopeds und organisieren geführte Touren durch Montalcino und in die Umgebung.

♦ 3 DZ und 1 Minisuite, alle mit Bad und WC, Aircondition, Sat-TV; 1 Apartment (6 Personen) mit Küche ♦ DZ in Einzelbelegung € 50, DZ € 90 (alle mit Frühstück); Apartment € 1.400 pro Woche ♦ keine Kreditkarten; Bankomat ♦ öffentlicher Gratisparkplatz 50 Meter entfernt, Garage für Motorräder und Fahrräder, Haustiere nicht erlaubt, Betreiber stets anwesend ♦ Frühstücksraum, Küche, Terrasse, Garten

Montalcino

In der Altstadt
41 km südöstlich von Siena, S.S. 2
Ausfahrt Chiusi-Chianciano der A 1, S.P. 146; Ausfahrt Roselle der Superstrada S.S. 1, S.S. 323

Il Giglio

3-Sterne-Hotel
Via Soccorso Saloni, 5
Tel. (+39) 05 77 / 84 65 77,
(+39) 05 77 / 84 81 67
Fax (+39) 05 77 / 84 81 67
info@gigliohotel.com
www.gigliohotel.com
Ganzjährig geöffnet

Das kleine Hotel von Michele Machetti besteht aus zwei Gebäuden. Eines bietet einen Panoramablick über die Hügel des Brunello (in einem Zimmer gibt es auch eine schöne Terrasse), das andere blickt auf ein ruhiges Gässchen des Zentrums. Der Gast wird mit zahlreichen Aufmerksamkeiten verwöhnt: Bei der Ankunft übergeben Sie die Autoschlüssel dem Personal, das den Wagen für Sie parkt. Am Morgen wählen Sie zwischen klassisch-kontinentalem und toskanischem Frühstück mit typischen Käse- und Wurstsorten. Bei einem Mindestaufenthalt von zwei Nächten können Sie Halbpension in Anspruch nehmen (73 bis 88 Euro pro Person im Doppelzimmer). Externe Gäste können im Restaurant ein Degustationsmenü für 32 Euro ohne Wein genießen. Das Zentrum des Städtchens ist ganz nah.

♦ 3 EZ und 9 DZ, alle mit Bad und WC, Minibar, Telefon, Sat-TV, WLAN (1 Zimmer mit Terrasse); 2 Miniapartments (2–4 Personen) mit Kochnische ♦ EZ € 52–85, Standard-DZ € 79–125 (Aufpreis Zusatzbett € 23–25), Superior-DZ € 138 (alle mit Frühstück); Apartment € 100–133 ♦ Kreditkarten: AE, CartaSi, MC, Visa; Bankomat ♦ Anlage barrierefrei zugänglich, Privatparkplatz, Garage für Motorräder, kleine Haustiere willkommen, Rezeptionsdienst rund um die Uhr ♦ Bar, Restaurant, Frühstücksraum, Eingangsbereich mit Lese- und Fernsehecke

Montalcino

In der Altstadt
41 km südöstlich von Siena, S.S. 2
Ausfahrt Chiusi-Chianciano der A 1, S.P. 146; Ausfahrt Roselle der Superstrada S.S. 1, S.S. 323

Palazzina Cesira

Bed & Breakfast
Via Soccorso Saloni, 2
Tel./Fax (+39) 05 77 / 84 60 55
p.cesira@tin.it
www.montalcinoitaly.com
Ferien: 4 Wochen im Januar/Februar

Im alten Stadtkern von Montalcino befindet sich in einem schönen Gebäude aus dem 13. Jahrhundert dieses Bed & Breakfast. Es wird von Lucilla Locatelli aus Rom und ihrem Ehemann, dem Fotografen Roberto Berti, sehr familiär geführt. Die Zimmer bestechen durch ein gutes Preis-Leistungs-Verhältnis. Sie sind ruhig und stilvoll mit alten Möbeln sowie edlen Teppichen und Vorhängen eingerichtet. Sehr gepflegt sind auch die Gemeinschaftsräume: ein schöner Salon zum Lesen oder Musikhören, ein netter Frühstücksraum (süße und pikante Spezialitäten, einige davon hausgemacht) und ein reizender Garten im Innenhof. Einen Besuch verdienen in Montalcino das Stadt- und Diözesanmuseum, der Palazzo Comunale (das Rathaus), die Festung sowie die Kirchen Sant'Egidio und Sant'Agostino.

♦ 3 DZ und 1 Minisuite, alle mit Bad und WC, Sat-TV, WLAN ♦ DZ in Einzelbelegung € 85, DZ € 95, Minisuite € 115 (alle mit Frühstück) ♦ keine Kreditkarten ♦ öffentlicher Parkplatz in unmittelbarer Nähe, Haustiere nicht erlaubt, Betreiber immer erreichbar ♦ Frühstücksraum, Musik- und Leseraum, Garten

Montale

Podere Pianaccio
2 km vom Zentrum
10 km östlich von Pistoia
13 km von der Ausfahrt Pistoia oder Prato Ovest der A 11

Il Pianaccio

Agriturismo
Via Maone e Casello, 150
Tel. (+39) 05 73 / 95 98 75,
(+39) 338 / 903 84 36
Fax (+39) 05 73 / 95 43 00
info@agriturismoilpianaccio.it
www.agriturismoilpianaccio.it
Ferien: 10. Januar–Ende Februar

In einem renovierten Landhaus auf einem 16 Hektar großen Gut bereiten Cristiano Giannuzzi und seine Familie ihren Gästen zum Beginn eines komfortablen Aufenthalts einen warmherzigen Empfang. Die Zimmer sind mit Stilmöbeln eingerichtet und bieten einen herrlichen Blick auf die umliegenden Hügel. Das Frühstück umfasst Kaffee, Cappuccino, Tee, Croissants, Konfitüren und Fruchtsäfte, auf Wunsch auch Joghurt und Pikantes. Im Restaurant bekommt man traditionelle Gerichte der Toskana (25 Euro für Hausgäste, 35 Euro ohne Wein für andere Gäste). Die Produkte des Betriebs (Öl, Wein, Honig und Konfitüren) werden zum Kauf angeboten. Die Gäste können an Kochkursen teilnehmen. Weitere Services, die das Haus bietet, sind Massagen durch fachmännisch geschultes Personal, der Verleih von Mountainbikes und die Organisation von Ausritten. Tennis- und Golfplätze sind 15 Kilometer entfernt. Der Agriturismo ist ein guter Ausgangspunkt für Besichtigungen von Florenz und anderen kunsthistorisch interessanten Städten der Region.

♦ 3 DZ und 1 3BZ, alle mit Bad und WC, TV; 2 Miniapartments mit Kochnische ♦ DZ in Einzelbelegung € 60, DZ € 80, 3BZ € 90, Miniapartment € 120 (alle mit Frühstück) ♦ alle Kreditkarten, Bankomat ♦ 1 Miniapartment barrierefrei zugänglich, Privatparkplatz, Haustiere nicht erlaubt, Betreiber immer erreichbar ♦ Barbereich, Restaurant, Lese- und TV-Raum, Ruheraum, Terrasse, Bocciafeld, Schwimmbecken

Monte San Savino

In der Altstadt
20 km südwestlich von Arezzo, S.S. 73
Ausfahrt Monte San Savino der A 1

Logge dei Mercanti

3-Sterne-Hotel
Corso Sangallo, 40–42
Tel. (+39) 05 75 / 81 07 10
Fax (+39) 05 75 / 84 96 57
info@loggedeimercanti.it
www.loggedeimercanti.it
Ganzjährig geöffnet

In einem schönen Renaissancepalazzo neben dem Rathaus und gegenüber den Logge del Sansovino, nach denen dieser Betrieb benannt ist, gab es einst eine Apotheke, in deren Räumlichkeiten sich nun das 3-Sterne-Hotel befindet. Empfangen werden Sie von der freundlichen Manuela, die das Haus gemeinsam mit ihrem Ehemann Roberto Lodovichi führt. Schöne Fresken schmücken die Zimmer (jedes mit unterschiedlicher Einrichtung, viele mit wertvollen Antiquitäten) und den beeindruckenden Saal, der aus dem Fels gehauen wurde und ein Gewölbe aus alten Ziegeln aufweist. Zum Frühstück gibt es Kaffee, Milch, Tee, Feingebäck, Konfitüren, Honig und Aufschnitt aus Wurst und Käse von kleinen lokalen Betrieben. Im nahen Restaurant bekommen Sie toskanische Gerichte (20 Euro ohne Wein). Nur wenige Schritte weiter, Corso Sangallo 13–15, führt die Familie Lodovichi das Bed & Breakfast Baldovino di Monte mit sechs Doppelzimmern, die ebenfalls mit alten Möbeln eingerichtet sind.

♦ 3 EZ und 7 DZ, alle mit Bad und WC, Aircondition, Minibar, Safe, Sat-TV; 3 Suiten mit Wohnraum, Terrasse ♦ EZ € 60, DZ in Einzelbelegung € 75, DZ € 95 (Aufpreis Zusatzbett € 20), Suite € 130 (alle mit Frühstück) ♦ Kreditkarten: AE, CartaSi, MC, Visa; Bankomat ♦ 1 Zimmer behindertengerecht ausgestattet, öffentlicher Gratisparkplatz in der Nähe, kleine Haustiere willkommen, Rezeptionsdienst rund um die Uhr ♦ Frühstücks- und TV-Raum, Taverne

Montepulciano

In der Altstadt
68 km südöstlich von Siena, S.S. 2 und 146
Ausfahrt Chiusi-Chianciano der A 1, S.S. 146

Il Riccio

Zimmervermietung
Via Talosa, 21
Tel./Fax (+39) 05 78 / 75 77 13
info@ilriccio.net
www.ilriccio.net
Ganzjährig geöffnet

In einem Adelspalazzo, bekannt als Palazzo Pucci, mitten im prachtvollen historischen Zentrum von Montepulciano befindet sich heute diese kleine Zimmervermietung. In der Vergangenheit war das Haus auch Sitz des bischöflichen Seminars und der Italienischen Schule für Mosaikkunst. Die Familie Caroti – Besitzer des Hauses seit 1949 – beschloss Anfang der 1980er-Jahre, das Gebäude zu renovieren und einen Teil zu einer Locanda umzugestalten. Daraus entstand Il Riccio: sechs geräumige Zimmer mit Blick auf den mittelalterlichen Stadtkern und das Tal, gepflegt und mit alten Möbeln eingerichtet, mit dem aufmerksamen Service der gesamten Familie (Giorgio und Ivana mit ihrem Sohn Iacopo und dessen Gattin Monica). Das exzellente Frühstück kann das Mittagessen ersetzen: Wurst und Käse aus der Umgebung, hausgemachte Kuchen und Konfitüren, toskanisches Brot, ofenfrische Croissants, Fruchtsäfte und frisches Obst.

♦ 1 EZ und 5 DZ, alle mit Bad und WC, Aircondition, Minibar, Safe, Telefon, Sat-TV ♦ EZ € 80, DZ € 100 (Aufpreis Zusatzbett € 16, Frühstück € 8 pro Person) ♦ Kreditkarten: AE, CartaSi, MC, Visa; Bankomat ♦ Privatparkplatz in unmittelbarer Nähe, kleine Haustiere willkommen, Rezeptionsdienst 7–24 Uhr ♦ Bar, Leseraum, Internetstation, Terrasse

Monteroni d'Arbia
Cuna
3 km vom Zentrum
18 km südöstlich von Siena, S.R. 2
Tangenziale Ovest di Siena; Autobahnzubringer Siena-Bettolle

Il Canto del Sole

Agriturismo
Via di Villa Canina, 1292
Tel. (+39) 05 77 / 37 51 27,
(+39) 392 / 811 03 64
Fax (+39) 05 77 / 37 33 78
info@ilcantodelsole.com
www.ilcantodelsole.com
Ferien: Januar, Februar

NEU

Durch die stilgerechte Renovierung eines Landhauses aus dem 18. Jahrhundert und einer alten Lagerhalle für landwirtschaftliche Geräte schufen Laura und Luciano äußerst komfortable Gästezimmer. Im Haupttrakt sind die Gemeinschaftsräume und die Doppelzimmer untergebracht; die Dependance mit Blick auf das Schwimmbad verfügt über ein Gartenhaus und einen Grillplatz. Sie beherbergt vier Dreibettzimmer, die einzeln oder als Miniapartments, bestehend aus zwei Zimmern mit Kochnische, gemietet werden können. Der Betrieb wird äußerst familiär und mit viel Engagement geführt: Die Besitzer stellen den Gästen sogar ihren eigenen Salon mit Billardtisch und Kamin zur Verfügung. Die Zeiten für das Frühstück (hausgemachte Kuchen und Konfitüren, Eier aus dem eigenen Hühnerstall) sind extrem flexibel. Die Lage des Betriebs ermöglicht nicht nur herrliche Urlaubstage in den Hügeln der Toskana, sondern auch Besichtigungen der nahe gelegenen Kulturstädte.

♦ 6 DZ mit Bad und WC, Minibar, Sat-TV, WLAN; 2 Apartments (3–6 Personen) mit Aircondition, Kochnische ♦ DZ € 90–110 (Aufpreis Zusatzbett € 15), Apartments € 220–260 (alle mit Frühstück) ♦ Kreditkarten: CartaSi, MC; Bankomat ♦ Privatparkplatz, kleine Haustiere willkommen, Betreiber stets anwesend ♦ Frühstücksraum, Aufenthaltsraum, Billardzimmer, Terrasse, Garten, Park, Schwimmbecken

Montopoli in Val d'Arno

In der Altstadt
33 km südöstlich von Pisa, 50 km südwestlich von Florenz, S.S. 555

Quattro Gigli

3-Sterne-Hotel
Piazza Michele da Monopoli, 2
Tel. (+39) 05 71 / 46 68 78
Fax (+39) 05 71 / 46 68 79
info@quattrogigli.it
www.quattrogigli.it
Ganzjährig geöffnet

Das Hotel Quattro Gigli und das Restaurant Orcio Interrato, seit 1930 Eigentum der Familie Puccioni, befinden sich im alten Stadtkern von Montopoli in einem ehrwürdigen Gebäude aus dem 15. Jahrhundert. Es handelt sich um den ehemaligen Sitz der Podesteria, des Gemeindehauses. Alle Räume wurden mit viel Geschmack renoviert. Gästezimmer und Gemeinschaftsräume sind überaus komfortabel, der Empfang ist herzlich. Von den Balkonen und Fenstern vieler der mit alten Möbeln eingerichteten Zimmer bietet sich ein prachtvoller Blick auf das Tal. Das traditionelle Frühstück besteht aus Qualitätsprodukten. Im Restaurant in den einstigen Lagerräumen des Palazzos werden regionale Gerichte, zubereitet von der Wirtin Fulvia Puccioni, serviert (35 Euro ohne Wein).

♦ 2 EZ und 18 DZ, alle mit Bad und WC, Aircondition, Minibar, Telefon, TV, Internetanschluss (6 Zimmer mit Balkon) ♦ EZ € 85–95, DZ € 100–120 (Aufpreis Zusatzbett € 25, alle mit Frühstück) ♦ alle Kreditkarten, Bankomat ♦ Anlage barrierefrei zugänglich, öffentlicher Gratisparkplatz 300 Meter entfernt, kleine Haustiere willkommen, Rezeptionsdienst rund um die Uhr ♦ Bar, Restaurant, Leseraum, TV-Raum, Tagungsraum (40 Plätze), Taverne, Veranda, Terrasse, Garten, Schwimmbecken

Orbetello
Ansedonia

10 km vom Zentrum
47 km südlich von Grosseto, S.S. 1
Ausfahrt Rosignano oder Tolfa der A 12, S.S. 1

La Locanda di Ansedonia

Zimmervermietung
Via Aurelia Sud, km 140,500
Tel. (+39) 05 64 / 88 13 17
Fax (+39) 05 64 / 88 17 27
info@lalocandadiansedonia.it
www.lalocandadiansedonia.it
Ganzjährig geöffnet

Im Herzen der Maremma Grossetana, in der Nähe der Abzweigung zum Monte Argentario, stoßen wir auf diese Locanda. Die zwölf Zimmer in einem renovierten Bauernhaus sind freundlich und komfortabel. Sie bieten einen schönen Blick auf die umliegende Landschaft und sind mit alten Möbeln eingerichtet. Das üppige Frühstück umfasst hausgemachte Kuchen und pikante Spezialitäten, dazu die üblichen heißen Getränke und frische Säfte. Unter den Gemeinschaftsräumen besticht die Veranda, die auf einen weitläufigen Garten hinausgeht, wo hohe Pinien Schatten spenden. Das Restaurant setzt auf Gerichte der Meeres- und der Festlandküche, wobei vor allem saisonale Zutaten verwendet werden (À-la-carte-Menü für 35 bis 55 Euro ohne Wein). Die Umgebung bietet einige lohnende Ausflugsziele: neben den Badeorten die Ausgrabungen von Cosa, einer Römersiedlung aus dem Jahr 273 v. Chr.

♦ 1 EZ, 10 DZ und 1 3BZ, alle mit Bad und WC, Aircondition, Minibar, Telefon, TV, Internetanschluss ♦ EZ € 70–90, DZ € 90–130 (Aufpreis Zusatzbett € 20), 3BZ € 150 (alle mit Frühstück) ♦ alle Kreditkarten, Bankomat ♦ Privatparkplatz, kleine Haustiere willkommen, Betreiber immer erreichbar ♦ Bar, Restaurant, Leseraum, Veranda, Arkaden, Garten

Pelago
Diacceto

3 km vom Zentrum
25 km südöstlich von Florenz
Ausfahrt Firenze Sud oder Incisa der A 1, S.S. 69

Locanda Tinti

Zimmervermietung
Via Casentinese, 65
Tel. (+39) 055 / 832 70 07
Fax (+39) 055 / 832 78 28
info@locandatinti.it
Ganzjährig geöffnet

Durch die Renovierung der Räumlichkeiten hinter der Locanda wurde ein hübsches Restaurant geschaffen (eröffnet im Sommer 2010). Die Zimmer weisen die typischen Merkmale toskanischer Tradition auf, nämlich Holzbalken, Cottoböden und Bauernmöbel des späten 19. Jahrhunderts. Sie verfügen über jeden Komfort von der Aircondition bis zum Sat-TV. Das Frühstück bietet entweder die klassische Dreierkombination von Brot, Butter und Konfitüre oder Wurst und Käse. Der herzliche Empfang durch die Familie Tinti trägt dazu bei, den Aufenthalt in dieser kleinen Ortschaft zu einem Vergnügen zu machen. Wir befinden uns hier auf einer Höhe von 500 Metern an der Grenze zwischen den beiden Landstrichen Mugello und Casentino, aber zugleich weniger als eine halbe Stunde Autofahrt von Florenz entfernt. Damit ist der Ort auch ein idealer Ausgangspunkt für önogastronomische Ausflüge in das Weinbaugebiet des Chianti Rufina.

♦ 6 DZ mit Bad und WC, Aircondition, Safe, Telefon, Sat-TV ♦ DZ in Einzelbelegung und DZ € 80 (Aufpreis Zusatzbett € 30, Frühstück € 8 pro Person) ♦ Kreditkarten: CartaSi, MC, Visa; Bankomat ♦ öffentlicher Parkplatz in unmittelbarer Nähe, Haustiere nicht erlaubt, Betreiber immer erreichbar ♦ Bar, Eisdiele, Teesalon, Terrasse, Sonnenterrasse

Pieve Fosciana

53 km nordwestlich von Lucca, S.S. 12 und S.R. 445
Von Pieve Fosciana über die S.S. 324 bis zur Abzweigung nach Sillico, rechts abbiegen und 2 km der Straße folgen, dann wieder rechts auf die Schotterstraße

Ai Frati

Agriturismo
Ortsteil Ai Frati, 19 A
Tel. (+39) 05 83 / 653 78,
(+39) 320 / 086 49 19
Fax (+39) 05 83 / 653 78
aifrati@libero.it
www.agriturismoaifrati.com
Ferien: Mitte Januar–Ende Februar

Sitz des Agriturismo ist das alte Kloster von San Francesco auf 450 Meter Seehöhe, nicht weit von der Thermalquelle Pra di Lama und zwei Kilometer vom Zentrum der Ortschaft Pieve Fosciana entfernt. Der Betrieb liegt inmitten eines fünf Hektar großen Guts mit Kastanien- und Pinienwäldern, das teilweise von einer alten Mauer eingefasst ist. Die Apartments entstanden aus den ehemaligen Klosterzellen und sind mit alten Bauernmöbeln eingerichtet. Im Erdgeschoss werden weitläufige Säle für Konferenzen und andere Veranstaltungen genutzt. Den Gästen steht auch ein hübsches Schwimmbad mit Sonnenterrasse zur Verfügung. Das reichhaltige Frühstück bietet Berghonig, hausgemachte Konfitüren und Kuchen, Süßspeisen und Feingebäck aus Mehl dieser Gegend, Brot aus speziellen Kartoffeln (Slow-Food-Förderkreis) und frische Milch. Je nach Saison werden die Produkte des Betriebs auch zum Kauf angeboten: Mais- und Kastanienmehl, Waldfrüchte, Gewürzkräuter und Honig.

♦ 1 DZ mit Bad und WC; 5 Miniapartments mit Küche ♦ DZ in Einzelbelegung € 45, DZ € 50–75, Apartment € 70–120 (Frühstück € 7–10 pro Person) ♦ keine Kreditkarten ♦ Anlage barrierefrei zugänglich, Privatparkplatz, kleine Haustiere willkommen, Betreiber 8–23 Uhr erreichbar ♦ Frühstücksraum, Konferenzraum (40 Plätze), Garten, Park, Sonnenterrasse, Schwimmbecken, Laufstrecke

Pistoia
Pontelungo

3 km vom Zentrum
4 km von der Ausfahrt Pistoia der A 11, Hinweisschilder nach Montagnana

Tenuta di Pieve a Celle

Agriturismo
Via Pieve a Celle, 158
Tel. (+39) 05 73 / 91 30 87,
(+39) 335 / 24 78 39
Fax (+39) 05 73 / 91 02 80
info@tenutadipieveacelle.it
www.tenutadipieveacelle.it
Ganzjährig geöffnet

Zehn Hektar Wald, Weingärten und Olivenhaine, die nach biologischen Methoden bebaut werden, umgeben diese Villa aus dem 19. Jahrhundert, zu der eine lange Zypressenallee führt. In einem riesigen Park mit jahrhundertealten Linden, Eichen und Libanonzedern liegt ein großes Schwimmbad. Die Räume des Betriebs sind elegant und sehr durchdacht möbliert. Jedes Zimmer ist durch ein spezielles Element (Bett mit Baldachin, Kamin, Bücherregal, moderne Kunst) charakterisiert. Zur Einrichtung gehören alte Türen und Stilmöbel, die vom Ehemann der Besitzerin Fiorenza Ravagnoli restauriert wurden. Den Gästen stehen auch eine gut bestückte Bibliothek und eine beachtliche Auswahl an CDs zur Verfügung. Zum Frühstück werden hausgemachte Konfitüren, Brot, Süßspeisen und Feingebäck serviert, die täglich backfrisch aus dem Holzkohleofen kommen. Im Restaurant (Sonntag geschlossen, toskanische Spezialitäten und Fischgerichte) bekommen Sie ein Abendessen für 30 Euro ohne Wein.

♦ 5 DZ mit Bad und WC, Aircondition, TV ♦ DZ in Einzelbelegung € 120, DZ € 130 (alle mit Frühstück) ♦ Kreditkarten: CartaSi, MC, Visa; Bankomat ♦ Privatparkplatz, kleine Haustiere willkommen (nach Absprache), Betreiber stets anwesend ♦ Restaurant (nur für Hausgäste abends geöffnet), Leseraum, Aufenthaltsräume, Garten, Park, Sonnenterrasse, Gartenhaus, Schwimmbecken

Pitigliano

1 km von der Altstadt (in Richtung Sorano)
72 km südöstlich von Grosseto, S.S. 322 und S.S. 74

La Casa dei Carrai

Bed & Breakfast
Viale San Francesco, 54–68
Tel. (+39) 338 / 677 32 42
Fax (+39) 05 64 / 61 51 71
cinziatagli@gmail.com
www.lacasadeicarrai.com
Ganzjährig geöffnet

Der Name des Bed & Breakfast erinnert an die Vergangenheit dieses Gebäudes: Es war einst eine Werkstatt, wo der Großvater von Cinzia, der jetzigen Besitzerin, Wagen baute. Entsprechend seiner ursprünglichen Bestimmung steht das Haus an einem wichtigen Verkehrsknotenpunkt, der Einmündung der Straße nach Sorano, gleich hinter der Brücke über den Prochio. Es ist von einem Garten umgeben, wo in den warmen Monaten das Frühstück eingenommen wird (ein Büfett mit vorwiegend lokalen süßen Köstlichkeiten). In den kühleren Jahreszeiten wird im Gemeinschaftsraum aufgedeckt, den Cinzia in den ursprünglichen Farben erhalten hat. Die eindrucksvoll dicken Mauern halten die Temperatur im Inneren des Hauses das ganze Jahr über auf einem idealen Niveau und machen die komfortablen und hübsch eingerichteten Zimmer sehr ruhig.

♦ 3 DZ, 1 3BZ und 1 4BZ, alle mit Bad und WC ♦ DZ in Einzelbelegung € 35–40, DZ € 60–65 (Aufpreis Zusatzbett € 20), 3BZ € 80, 4BZ € 90 (alle mit Frühstück) ♦ keine Kreditkarten ♦ Parkplatz gegenüber, kleine Haustiere willkommen, Betreiber immer erreichbar ♦ Frühstücksraum, Küche, Garten

Pitigliano
Poggio del Castagno

8 km vom Zentrum
74 km südöstlich von Grosseto, S.S. 322 und S.S. 74
Vom Ortsteil Belvedere über die S.P. 127

Poggio del Castagno

Agriturismo
Ortsteil Poggio del Castagno
Tel./Fax (+39) 05 64 / 61 55 45
poggio_castagno@tiscali.it
www.poggiodelcastagno.net
Ganzjährig geöffnet

Poggio del Castagno ist ein gastfreundlicher Agriturismo mit Campingmöglichkeit (Zeltplatz 12 Euro pro Person), verbunden mit einem biodynamischen Betrieb, der Getreide, Haselnüsse, Olivenöl und Gartengemüse herstellt. Die Zimmer sind teils mit alten, teils mit modernen Möbeln eingerichtet. Bewusst wurde auf Minibar und Fernseher in den Zimmern verzichtet. Frühstück und Abendessen werden an einem riesigen Tisch in einem Saal mit großen Fenstern eingenommen, der auch als Aufenthaltsraum dient. Bei Schönwetter wird unter einer riesigen Eiche aufgedeckt. Am Morgen gibt es neben den üblichen heißen Getränken (aus selbst angebauter Gerste) frische Fruchtsäfte und hausgemachte Konfitüren aus Obst aus eigenem Anbau. Am Abend können Sie sich regionale Spezialitäten schmecken lassen, bei deren Zubereitung frische Wildkräuter eine große Rolle spielen (18 Euro ohne Wein, Halbpension 47 Euro pro Person).

♦ 4 DZ, 1 3BZ und 1 4BZ, alle mit Bad und WC (2 Zimmer mit Terrasse, 2 Zimmer mit Aircondition); Platz für 18 Zelte ♦ DZ in Einzelbelegung und DZ € 50 (Aufpreis Zusatzbett € 15, Frühstück € 4 pro Person) ♦ keine Kreditkarten; Bankomat ♦ Gemeinschaftsbereiche und einige Zimmer barrierefrei zugänglich, Privatparkplatz, Haustiere nicht erlaubt, Betreiber stets anwesend ♦ Restaurant (nur für Hausgäste abends geöffnet), Aufenthaltsraum, Garten, Sonnenterrasse, Schwimmbecken für Kinder

Pomarance
Micciano

13 km vom Zentrum
27 km südwestlich von Volterra, 81 km südöstlich von Pisa, S.S. 439

Fattoria di Statiano

Agriturismo · Via di Micciano
Tel. (+39) 05 88 / 611 53,
(+39) 338 / 505 78 79
Fax (+39) 05 88 / 611 82
info@agriturismostatiano.com
www.agriturismostatiano.com
Ferien: 11. Januar–28. Februar,
1. November–21. Dezember

NEU

Der kürzlich renovierte Bauernhof aus dem 18. Jahrhundert ist das Herzstück dieses Betriebs mit 150 Hektar Fläche. Er umfasst Wälder, Weingärten (IgT-Wein Montecastelli) und Olivenhaine, es werden Hülsenfrüchte (vor allem Kichererbsen) und Gartengemüse angebaut. Die Zimmer und Apartments sind großzügig und hell und bieten einen fantastischen Rundumblick. Zum Frühstück werden melkfrische Milch, Joghurt, Obst und hausgemachte Konfitüren, Ricotta und Raviggiolo von benachbarten Betrieben serviert. Der überaus gesprächige Paolo und seine Gattin Tina bereiten Teigwaren, süßes Backwerk und die traditionellen Gerichte dieser Gegend zu, die im Restaurant serviert werden (auch ein glutenfreies Menü). Im Juli kann man Ausritte unternehmen. Für interessierte junge Insektenforscher werden Workshops zum Thema Schmetterlinge organisiert, die es in dieser Gegend sehr zahlreich gibt.

♦ 5 DZ mit Bad und WC (3 Zimmer mit Minibar); 4 Apartments (4–5 Personen) mit Küche ♦ DZ in Einzelbelegung € 58–68, DZ € 75–90 (Aufpreis Zusatzbett € 10, alle mit Frühstück); Apartment € 120–150 (Frühstück € 5 pro Person) ♦ keine Kreditkarten ♦ Gemeinschaftsbereiche barrierefrei zugänglich, 1 Zimmer behindertengerecht ausgestattet, Privatparkplatz, kleine Haustiere willkommen, Betreiber 8–22 Uhr anwesend und immer erreichbar ♦ Restaurant (nur gegen Vorbestellung), Frühstücksraum, Lese- und TV-Raum, Veranda, Garten, Bocciafeld, Schwimmbecken

Pomarance

1 km vom Zentrum
22 km südlich von Volterra, 77 km südöstlich von Pisa, S.S. 439

I Tre Archi

Agriturismo
Podere I Gessi, 142
Tel./Fax (+39) 05 88 / 621 38
info@agriturismoitrearchi.it
www.agriturismoitrearchi.it
Ganzjährig geöffnet

Rund um das in den Hügeln gelegene Gut erstrecken sich weite Getreidefelder, Olivenhaine und Weingärten, unterbrochen von kleinen Wäldchen – eine typisch toskanische Landschaft. Vom Schwimmbecken aus sieht man den Sonnenuntergang, die Arkaden lassen unglaubliche Farbenspiele und atemberaubende Stimmungsbilder entstehen. Das Steinhaus, erst kürzlich renoviert, ist mit jedem Komfort ausgestattet. Das üppige Frühstücksbüfett bietet hausgemachte Kuchen, Konfitüren und frisches Obst. Im Restaurant können Sie regionale Spezialitäten genießen, zubereitet von Silvia und Elena (25 Euro ohne Wein). Claudio, Silvias Ehemann und ein Pferdenarr, kümmert sich um die Landwirtschaft und organisiert die sportlichen Aktivitäten für die Gäste: Ausflüge mit dem Mountainbike, Matches auf dem Sandtennisplatz, Naturlehrpfade, Reitstunden in einem gut ausgestatteten Reitstall.

♦ 1 EZ, 5 DZ oder 3BZ und 2 Suiten, alle mit Bad und WC, Minibar, Sat-TV ♦ EZ € 50–60, DZ € 80–90, 3BZ und Suite € 100–110 (alle mit Frühstück) ♦ Kreditkarten: CartaSi, MC, Visa; Bankomat ♦ einige Zimmer barrierefrei zugänglich, Privatparkplatz, kleine Haustiere willkommen, Betreiber 8–22 Uhr anwesend ♦ Restaurant (abends geöffnet), Aufenthaltsraum, Lese- und TV-Raum, Arkaden, Garten, Schwimmbecken, Tennisplatz, Laufstrecke, Kinderspielplatz

Pontassieve
Tassinaia

7 km vom Zentrum
20 km nordöstlich von Florenz, S.S. 67
Von Sieci über die Via San Martino nach Quona

Casa Cheli

Agriturismo
Via di Montefiesole, 67
Tel. (+39) 055 / 831 68 90,
(+39) 339 / 560 18 75
Fax (+39) 055 / 831 68 90
info@casacheli.it
www.casacheli.it
Ferien: Januar–vor Ostern

NEU

Heimelig, komfortabel und romantisch eingerichtet: So präsentieren sich die Zimmer im Landhaus der Familie Cheli, wo den Gästen auch eine Küche und andere Gemeinschaftsräume zur Verfügung stehen. Zwei Zimmer mit Verbindungstür und eine Küche bilden ein Apartment, aber auch die Doppelzimmer können zusammengefasst und an Gruppen von sieben bis neun Personen vermietet werden. Im Erdgeschoss des Herrenhauses sind eine Degustationsstube und eine Küche eingerichtet, wo Signora Vanna Ihnen gerne zeigt, wie sie die traditionellen Spezialitäten dieser Gegend zubereitet (besonders gut sind ihre »Salsicce della guerra«). Das Frühstücksbüfett besteht aus frischem Obst, Konfitüren, Joghurt und hausgemachten Kuchen, manchmal auch Focacce und anderen pikanten Leckerbissen. Auf Wunsch werden Themenabende veranstaltet, bei denen Gerichte aus Erzeugnissen des Betriebs serviert werden.

♦ 4 DZ mit Bad und WC, Telefon, TV; 1 Apartment (6–7 Personen) mit Küche ♦ DZ in Einzelbelegung € 65, DZ € 75–90 (Aufpreis Zusatzbett € 15–20), Apartment € 120–150 (alle mit Frühstück) ♦ Kreditkarten: CartaSi, MC, Visa; Bankomat ♦ Gemeinschaftsbereiche und einige Zimmer barrierefrei zugänglich, Privatparkplatz, kleine Haustiere willkommen, Betreiber immer erreichbar ♦ Restaurant (nur für Hausgäste), Degustationsstube, Küche, Leseraum, TV-Raum, Garten, Kinderspielplatz, Schwimmbecken

Pontassieve

Im Zentrum
18 km östlich von Florenz, S.S. 67
Ausfahrt Firenze Sud der A 1

Toscani da Sempre

Zimmervermietung
Via Monzecchi, 13–15
Tel./Fax (+39) 055 / 839 29 52
www.toscanidasempre.it
Ganzjährig geöffnet

NEU

Unterhalb der mittelalterlichen Porta Fiorentina, 200 Meter vom Bahnhof entfernt, liegt die Locanda mit Restaurant der Familie Frassineti. Sie verfügt über einfache, aber bequeme Zimmer und einen kleinen Garten innerhalb des Gebäudekomplexes. Dort nehmen die Gäste in der schönen Jahreszeit das Frühstück und das Abendessen ein oder genießen einfach Momente der Entspannung. Auf jeden Fall probieren sollten Sie die Küche, sowohl am Morgen (üppiges Frühstück mit Süßem und Pikantem) als auch für die Hauptmahlzeiten: Der Chefkoch Stefano Frassineti, Mitglied des Verbandes der Köche der Slow-Food-Förderkreise, bereitet mit Meisterhand die typischen regionalen Gerichte aus Produkten zu, die der »Null-Kilometer-Philosophie« entsprechen (35 bis 38 Euro ohne Wein). Die Regionalbahn bringt Sie vom Bahnhof Santa Maria Novella bequem in das Zentrum von Florenz (20 Minuten Fahrzeit), aber auch in andere Städte der Region.

♦ 1 EZ und 5 DZ, alle mit Bad und WC, Airconditon, Sat-TV, Internetanschluss ♦ EZ € 50, DZ in Einzelbelegung € 50–60, DZ € 70–90 (Aufpreis Zusatzbett € 20–30, alle mit Frühstück) ♦ Kreditkarten: CartaSi, MC, Visa; Bankomat ♦ Gemeinschaftsbereiche barrierefrei zugänglich, 1 Zimmer behindertengerecht ausgestattet, öffentlicher Gratisparkplatz in der Nähe, kleine Haustiere willkommen, Betreiber immer erreichbar ♦ Restaurant, Außenbereich, Garten

Pontremoli
Orsola
3 km vom Zentrum
53 km nordwestlich von Carrara, 56 km nordwestlich von Massa
Ausfahrt Pontremoli der A 15; S.S. »Cisa«

Costa d'Orsola

Agriturismo
Ortsteil Orsola
Tel./Fax (+39) 01 87 / 83 33 32
info@costadorsola.it
www.costadorsola.it
Ferien: Oktober–Februar

In einem alten Dorf, eingebettet in die grüne Landschaft der Lunigiana, findet man eine Reihe von Steinhäusern. Es handelt sich um frühere Häuser von Bauernfamilien, die auf den umliegenden Gütern arbeiteten. Sie wurden unter Verwendung typischer, einfacher Materialien der Region (Kastanienholz, Schiefer) zu einem Beherbergungsbetrieb umgestaltet. Die Zimmer entstanden aus den ehemaligen Ställen. Sie sind schlicht und komfortabel und mit Bauernmöbeln sowie einzelnen Antiquitäten ausgestattet. Geplant ist der Bau eines Konferenz- und Tagungsraums. Die vier Besitzer des landwirtschaftlichen Betriebs züchten Schafe der Rasse Zerasca (Slow-Food-Förderkreis) und stellen Öl, Honig und Konfitüren her, die Sie beim Frühstück zu den hausgemachten Süßspeisen probieren können. Im Restaurant, das nur abends und auch für externe Gäste geöffnet ist, wird die traditionelle Küche dieser Gegend um 30 Euro ohne Wein serviert. Für Halbpension wird ein Preis von 60 bis 74 Euro verrechnet.

♦ 9 DZ, 2 3BZ und 3 Suiten, alle mit Bad und WC, Terrasse oder Innenhof, Telefon, Sat-TV ♦ DZ in Einzelbelegung € 60–70, DZ € 94–116, 3BZ € 125–150, Suite € 146–193 (alle mit Frühstück) ♦ Kreditkarten: CartaSi, MC, Visa; Bankomat ♦ Privatparkplatz, kleine Haustiere willkommen, Rezeptionsdienst 7–24 Uhr ♦ Bar mit Fernsehecke, Restaurant (abends geöffnet), Leseraum mit Bibliothek, Terrasse, Garten, Schwimmbecken, Tennisplätze, Fußballwiese

Pontremoli
Oppilo
6 km vom Zentrum
53 km nordwestlich von Carrara, 56 km nordwestlich von Massa
Ausfahrt Pontremoli der A 15

Podere Benelli

NEU

Agriturismo
Ortsteil Oppilo
Tel. (+39) 01 87 / 83 51 54,
(+39) 338 / 910 43 30
Fax (+39) 01 87 / 43 75 03
poderebenelli@libero.it
www.poderebenelli.it
Ferien: Februar, November

Oppilo ist eine kleine Ortschaft zwischen den Wildbächen Gordana und Teglia mit Steinhäusern, gepflasterten Gässchen, überdachten Durchgängen und Blick auf den Fluss Magra. Der Betrieb der Familie Bonelli, ein altes Bauernhaus, das teilweise zu einer komfortablen Unterkunft umgestaltet wurde, liegt inmitten von Olivenhainen und Weingärten (die im Mittelalter von den Benediktinermönchen von Saliceto bebaut wurden und aus denen einige der besten Weine der Lunigiana stammen: der rote Pollera und der weiße Durella). Die Zimmer und Apartments sind mit typischen Bauernmöbeln eingerichtet und bieten einen wunderschönen Blick auf das Tal. Das traditionelle italienische Frühstück umfasst Milch, Kaffee, Tee, Gerste, hausgemachte Crostate und backfrisches Feingebäck mit Qualitätshonig. Abends gibt es ein Degustationsmenü mit regionalen Gerichten und hofeigenen Weinen für 20 Euro.

♦ 2 DZ und 1 4BZ, alle mit Bad und WC, Balkon, TV; 2 Apartments (4–5 Personen) mit Küche ♦ DZ in Einzelbelegung und DZ € 50 (Aufpreis Zusatzbett € 20), 4BZ € 80 (alle mit Frühstück); Apartment € 100–120 ♦ keine Kreditkarten ♦ Gemeinschaftsbereiche barrierefrei zugänglich, Privatparkplatz (3 Plätze), öffentlicher Gratisparkplatz in der Nähe, kleine Haustiere willkommen, Betreiber immer erreichbar ♦ Restaurant (abends gegen Vorbestellung geöffnet), Degustationsstube, Tagungsraum (20 Plätze), Terrasse, Arkaden, Gartenhaus, Garten

TOSKANA

Poppi

38 km nordwestlich von Arezzo, S.S. 70
Ausfahrt Firenze Sud der A 1 in Richtung Pontassieve; Ausfahrt Arezzo der A 1, S.S. 71

Casentino

3-Sterne-Hotel
Piazza della Repubblica, 6
Tel. (+39) 05 75 / 52 90 90
Fax (+39) 05 75 / 52 90 67
info@albergocasentino.it
www.albergocasentino.it
Ferien: November

Das Hotel fügt sich ein in den Komplex der Burg der Grafen Guidi, das prächtigste Gebäude des mittelalterlichen Städtchens Poppi. Die rustikalen Zimmer sind freundlich und großzügig. Der Speisesaal des Restaurants entstand aus den alten Stallungen der Burg. Ein Blickfang sind die Holzbalken an der Decke und der große Kamin ganz im toskanischen Stil. Ebenfalls toskanisch ist die Küche (etwa 20 Euro ohne Wein). Das Frühstück besteht aus hausgemachten Kuchen oder Spezialitäten einer lokalen Konditorei. Im Sommer werden die Tische im Garten gedeckt. Nur wenige Kilometer entfernt befinden sich die Klause von Camaldoli, das Kloster von Verna, Burgen und romanische Kirchen, aber auch der Naturpark Foreste Casentinesi an der Grenze zur Romagna.

♦ 2 EZ und 25 DZ, alle mit Bad und WC, Telefon, TV ♦ EZ € 55, DZ € 70 (Aufpreis Zusatzbett € 15, alle mit Frühstück) ♦ alle Kreditkarten, Bankomat ♦ 2 Zimmer behindertengerecht ausgestattet, öffentlicher Parkplatz in unmittelbarer Nähe, kleine Haustiere willkommen, Betreiber immer erreichbar ♦ Bar, Restaurant, Frühstücksraum, Leseraum, Veranstaltungsraum (40 Plätze), Garten

Quarrata
Montorio

2 km vom Zentrum
13 km südöstlich von Pistoia, S.S. 66
7 km von der Ausfahrt Prato Ovest der A 11

Il Calesse

Agriturismo
Via Carraia, 215
Tel. (+39) 05 73 / 75 03 44,
(+39) 339 / 356 08 10
Fax (+39) 05 73 / 75 08 28
info@agriturismoilcalesse.it
www.agriturismoilcalesse.it
Ganzjährig geöffnet

Montorio ist eine kleine Ortschaft in den Hügeln des Landstrichs Montalbano zwischen Pistoia und Prato. Ganz in der Nähe kann man noch die Reste der »Barco« besichtigen, einer Mauer, die ein Jagdrevier der Medici einschloss. Auf halber Strecke befindet sich der Agriturismo der Familie Giuntini, der aus einem Bauernhaus aus der Mitte des 19. Jahrhunderts entstand. Bei der Renovierung wurden Materialien aus der Gegend und teilweise von Abbruchhäusern verwendet: Zu den interessantesten Räumen zählen der kleine Weinkeller und die Vinsantaia, der Trocknungsraum für die Herstellung von Vin Santo. Umgeben ist der Betrieb von riesigen Ländereien mit Wäldern, Weingärten und Olivenhainen, wo man in aller Ruhe spazieren gehen kann. Die Zimmer, alle mit Bad und WC ausgestattet, sind geräumig und bequem und mit schön restaurierten Stilmöbeln eingerichtet. Das Frühstücksbüfett nach italienischer Art bietet hausgemachte Konfitüren. Im Restaurant (das auf Wunsch auch glutenfreie Gerichte serviert) liegt der Preis für eine Mahlzeit bei etwa 22 Euro ohne Wein.

♦ 3 DZ und 2 3BZ, alle mit Bad und WC, TV ♦ DZ in Einzelbelegung € 65, DZ € 92, 3BZ € 132 (alle mit Frühstück) ♦ Kreditkarten: CartaSi, DC, MC, Visa; Bankomat ♦ Privatparkplatz, kleine Haustiere willkommen, Betreiber stets anwesend ♦ Restaurant, Leseraum, Terrasse, Park

Rapolano Terme
Serre di Rapolano
4 km vom Zentrum
31 km südöstlich von Siena
S.S. 326, nach dem Zentrum von Rapolano Terme links abbiegen in die S.P. 64

Palazzo Bizzarri

Bed & Breakfast
Via Matteotti, 5
Tel. (+39) 05 77 / 70 47 65,
(+39) 348 / 784 87 61
Fax (+39) 05 77 / 70 47 65
civitellig@katamail.com
www.palazzobizzarri.it
Ganzjährig geöffnet

Serre ist ein altes Dorf, gegründet von den Byzantinern als Festung für den Kampf gegen die Langobarden. Später wurde es zum Sitz einer Grangie (eines befestigten Getreidespeichers zur Aufbewahrung von Lebensmitteln für die Pilger), die Eigentum des Hospizes Spedale Santa Maria della Scala di Siena war. In einer Straße im Zentrum stößt man auf ein reizendes dreistöckiges Gebäude, dessen ursprünglicher Kern, ein Turmhaus aus dem 13. Jahrhundert, im 18. Jahrhundert erweitert wurde. Es hat noch die Terrakottaböden, Decken, Lampen und Möbel aus alten Zeiten: Die Gästezimmer (eines mit Fresken im Alkoven) sind in der Beletage untergebracht. Das Frühstück wird in dem von einem Steinkamin dominierten Gemeinschaftsraum serviert und bietet auch Konfitüren und Kuchen, die von der Besitzerin Lucia Benedetti selbst hergestellt werden. Im Freien erwarten die Gäste eine Loggia und ein versteckter Garten für Momente der Entspannung.

♦ 2 DZ und 1 Suite, alle mit Bad und WC, TV (Suite mit Kühlschrank) ♦ DZ in Einzelbelegung € 50, DZ € 70, Suite € 80 (Frühstück € 5 pro Person) ♦ keine Kreditkarten ♦ öffentlicher Gratisparkplatz 50 Meter entfernt, Haustiere nicht erlaubt, Betreiber immer erreichbar ♦ Salon, kleine Bibliothek, Terrasse, Garten

Roccastrada
Caminino-Roccatederighi
13 km vom Zentrum
33 km östlich von Massa Marittima zwischen Sassortino und Montemassi, 40 km nördlich von Grosseto

Pieve di Caminino

Agriturismo
Tenuta di Caminino
Strada Provinciale 89 di Peruzzo
Tel. (+39) 05 64 / 56 97 36
Fax (+39) 05 64 / 56 87 56
caminino@caminino.com
www.caminino.com
Ganzjährig geöffnet

Ein Bau von ungewöhnlicher Faszination in den Mauern einer romanischen Landkirche aus dem 11. Jahrhundert, erbaut auf einer vorchristlichen Ruine. Teil der historischen Anlage ist ein großes Naturamphitheater, versteckt hinter Olivenbäumen und Korkeichenwäldern, die zur Ebene der Maremma hin abfallen. Der Beherbergungsbetrieb ist einzigartig, sowohl wegen des landschaftlichen Rahmens als auch wegen der Gastfreundlichkeit der Eigentümer. Die Zimmer sind alle mit einem Kamin aus Stein, alten Möbeln und Gemälden ausgestattet und bilden mit der Atmosphäre des Ortes eine perfekte Symbiose. Im zentralen Salon, wo Möbel aus dem 18. und 19. Jahrhundert zur Lektüre oder zum Gespräch einladen, ist der Grundriss der romanischen Kirche sehr gut erkennbar. Das kontinentale Frühstück wird zu der vom Gast gewünschten Zeit im Zimmer serviert.

♦ 1 DZ und 4 Suiten (1–5 Personen), alle mit Bad und WC, Balkon oder Terrasse, Minibar (Suiten mit Aircondition und Kochnische); 2 Apartments mit 1 bzw. 2 Zimmern, 1 bzw. 2 Bädern, Küche ♦ DZ in Einzelbelegung und DZ € 90–110, Suite € 100–160, Apartment € 260 (Frühstück € 10 pro Person) ♦ Kreditkarten: CartaSi, MC, Visa; Bankomat ♦ Privatparkplatz, Haustiere nicht erlaubt, Rezeptionsdienst 10–20 Uhr ♦ Aufenthaltsraum, Tagungsräume (20 und 25 Plätze), Veranda, Terrasse, Garten, Park, Schwimmbecken

Sambuca Pistoiese
Pavana

4 km vom Zentrum
34 km nordöstlich von Pistoia, S.S. 64
Ausfahrt Sasso Marconi der A 1, S.S. 64 Porrettana

Il Mulino di Chicon

Bed & Breakfast
Via Teglia, 31
Tel. (+39) 346 / 350 27 86,
(+39) 340 / 373 70 35
info@mulinodichicon.it
www.mulinodichicon.it
Ferien: Oktober–April

Pavana ist den Freunden der »Canzoni d'autore«, der typischen Lieder mit poetischen Texten, ein Begriff: Genau hier stand die Wassermühle, erbaut 1870 von der Familie Guccini, wo Francesco, einer der bedeutendsten Liedermacher Italiens, als Kind viele Jahre verbrachte. An diesem Platz im Grün des tosko-emilianischen Apennins, an der Grenze zwischen den Provinzen Pistoia und Bologna, wurde die alte Mühle meisterhaft renoviert. Die großzügigen, hellen Zimmer sind in rustikaler Eleganz eingerichtet und mit sorgfältig ausgewählten alten Stücken ausgestattet. Die Umgebung (am Flussufer, inmitten der Natur) lädt zu Ruhe und Entspannung ein. Neben den herrlichen Spaziergängen (unterschiedlich anstrengend) kann man an zahlreichen Aktivitäten teilnehmen, die insbesondere am Wochenende von der Eigentümerin organisiert werden: je nach Jahreszeit die Ernte von Holunderblüten oder Lavendel, die Saat oder Ernte von Gemüse und die Zubereitung von Focacce oder Necci im Holzkohleofen.

♦ 3 DZ und 1 3BZ, alle mit Bad und WC ♦ DZ in Einzelbelegung und DZ € 70–80 (Aufpreis Zusatzbett € 25), 3BZ € 100–105 (alle mit Frühstück) ♦ keine Kreditkarten ♦ Parkplatz gegenüber, kleine Haustiere willkommen, Betreiber stets anwesend ♦ Frühstücksraum, Leseraum mit Bibliothek, Garten

San Gimignano
Racciano

3 km von der Altstadt, 46 km nordwestlich von Siena, 55 km südwestlich von Florenz
Ausfahrt Poggibonsi des Autobahnzubringers Florenz-Siena der A 1

Bellavista

Zimmervermietung
Ortsteil Racciano, 43
Tel./Fax (+39) 05 77 / 94 19 46
info@poderebellavista.net
www.poderebellavista.net
Ganzjährig geöffnet

Das Bellavista ist zwar kein Agriturismo, aber die Familie der Betreiberin der Locanda, Virginia Fontanelli, baut Wein an und stellt Öl her. Das Gebäude, dem zwei Cottages angeschlossen sind, ist ein altes umgebautes Bauernhaus auf dem Land, auf dem Hang eines Hügels gegenüber von San Gimignano mit prachtvollem Blick auf das mittelalterliche Städtchen. Den Gästen stehen Zimmer und Apartments (mit Küche) zur Verfügung, in Pastellfarben ausgemalt und mit altem und modernem Mobiliar eingerichtet. Der Außenbereich ist mit Tischen und Stühlen möbliert und mit einem Grillplatz ausgestattet. Das kontinentale Frühstück umfasst getoastetes Brot, Feingebäck, Zerealien, Joghurt, Saft aus biologisch angebauten Orangen sowie hausgemachte Konfitüren und Kuchen. Auf Wunsch kann man sich im ersten Stock des Herrenhauses das Abendessen servieren lassen. Geboten werden traditionelle toskanische Gerichte (25 Euro ohne Wein).

♦ 4 DZ und 1 3BZ, alle mit Bad und WC, Terrasse oder Arkaden, Sat-TV, WLAN; 4 Apartments (2–6 Personen) mit Küche oder Kochnische ♦ DZ in Einzelbelegung € 50–60, DZ € 70–80, 3BZ € 85–95, Apartment € 85–200 (Frühstück € 5 pro Person) ♦ Kreditkarten: MC, Visa; Bankomat ♦ Privatparkplatz und öffentlicher Gratisparkplatz gegenüber, Haustiere nicht erlaubt, Betreiber immer erreichbar ♦ Restaurant, Garten, Schwimmbecken, Sonnenterrasse

San Gimignano
Libbiano

8 km von der Altstadt, 46 km nordwestlich von Siena, 55 km südwestlich von Florenz
Ausfahrt Poggibonsi des Autobahnzubringers Florenz-Siena der A 1

San Gimignano
Cellole

4 km von der Altstadt, 48 km nordwestlich von Siena, 57 km südwestlich von Florenz
18 km von der Ausfahrt Poggibonsi des Autobahnzubringers Florenz-Siena der A 1

Fattoria di Vagli

Agriturismo
Ortsteil Libbiano, 14
Tel. (+39) 05 77 / 94 60 25,
(+39) 329 / 619 03 10
Fax (+39) 05 77 / 94 60 25
info@naturaesalute.it
www.naturaesalute.it
Ferien: Mitte November–Februar

Il Casale del Cotone

NEU

Zimmervermietung
Ortsteil Il Cotone, 59
Tel. (+39) 05 77 / 94 32 36,
(+39) 348 / 302 90 91
Fax (+39) 05 77 / 94 32 36
info@casaledelcotone.com
www.casaledelcotone.com
Ferien: November–März

Eine vier Kilometer lange, gut ausgebaute Schotterstraße führt zu diesem historischen Gut von gewaltigen Ausmaßen (320 Hektar). Geführt wird es von der Familie Ferri, die eine ganze Reihe eigener Produkte zum Verkauf anbietet. Schweine, Rinder und andere Tiere werden frei gehalten; aus Schweinefleisch wird herrliche Wurst hergestellt, die abends im angeschlossenen Restaurant serviert wird (für Hausgäste kostet eine viergängige Mahlzeit 22 Euro ohne Wein). Erwähnenswert ist die Herstellung von Honig, Wein und Dinkel. Die Locanda verfügt über einfache, aber bequeme Zimmer und bietet ein hervorragendes Frühstück (Kaffee, Milch, Tee, Joghurt, hausgemachte Kuchen, Konfitüren, Honig). Ein Waldweg führt zur mittelalterlichen Ausgrabungsstätte von Castelvecchio, die auf einem Felssporn im gleichnamigen Naturschutzgebiet liegt.

In der Nähe der Pfarrkirche von Santa Maria a Cellole, die Giacomo Puccini zu seinem Werk »Suor Angelica« inspiriert haben soll, liegen das Casale del Cotone und seine Dependance, Rocca degli Olivi. Die Gebäude aus dem 18. Jahrhundert sind von etwa 30 Hektar Weingärten und Olivenhainen umgeben. Sie wurden vor etwa 15 Jahren von der Familie Martelli renoviert. Die großzügigen, hellen Zimmer bieten einen schönen Panoramablick auf San Gimignano und das Elsatal. Eingerichtet sind sie mit alten toskanischen Möbeln. Beide Häuser (Rocca degli Olivi ist etwa 150 Meter vom Gebäude mit der Rezeption entfernt) verfügen über einen Raum für das Frühstück nach italienischer Art mit exzellenten Produkten. Der Tradition entspricht auch die Küche (Abendessen für 25 Euro ohne Wein).

♦ 9 DZ und 1 Suite, alle mit Bad und WC (2 Zimmer mit Verbindungstür und Gemeinschaftsbad), Sat-TV ♦ DZ in Einzelbelegung € 65, DZ € 75–85 (Aufpreis Zusatzbett € 20), Suite € 90–100 (alle mit Frühstück) ♦ keine Kreditkarten ♦ 1 Zimmer behindertengerecht ausgestattet, Privatparkplatz, Haustiere nicht erlaubt, Betreiber immer erreichbar ♦ Restaurant (abends, gegen Vorbestellung auch für externe Gäste geöffnet), Aufenthaltsraum, Park, Schwimmbecken, Sonnenterrasse

♦ 12 DZ (5 Zimmer in der Dependance), alle mit Bad und WC, Aircondition, Minibar, Telefon, TV, WLAN (3 Zimmer mit Terrasse); 2 Miniapartments (2–4 Personen) mit Küche ♦ DZ in Einzelbelegung € 70–90, DZ € 100–120, Superior-DZ € 110–130 (alle mit Frühstück); Miniapartment € 100–150 ♦ alle Kreditkarten, Bankomat ♦ Anlage barrierefrei zugänglich, überdachter Privatparkplatz für Motorräder, kleine Haustiere willkommen, Betreiber immer erreichbar ♦ Barbereich, Restaurant (abends gegen Vorbestellung geöffnet), Frühstücksraum, Aufenthaltsraum, Garten, Schwimmbecken

San Gimignano
Racciano
2 km von der Altstadt, 46 km nordwestlich von Siena, 55 km südwestlich von Florenz
Ausfahrt Poggibonsi des Autobahnzubringers Florenz-Siena der A 1

Il Colombaio di Santa Chiara

NEU

Agriturismo
Ortsteil Racciano, 9
Tel./Fax (+39) 05 77 / 94 20 04
info@colombaiosantachiara.it
www.colombaiosantachiara.it
Ganzjährig geöffnet

Dieses Bauernhaus wurde im 19. Jahrhundert errichtet, aber auf dem Gut der Familie Logi gibt es auch eine romanische Kirche, die Pfarrkirche San Donato, die Ihnen der zuvorkommende Gastwirt Alessio gerne zeigen wird. Beim Umbau des Gebäudes wurde darauf geachtet, den ursprünglichen Charakter zu bewahren (unter anderem wurde der alte Keller erhalten), aber den Komfort zu schaffen, der für einen bequemen Aufenthalt notwendig ist. Die Zimmer des Agriturismo haben Fußböden und Gewölbebogen aus Ziegeln und sind mit rustikalen Möbeln aus Kastanienholz von Tischlereien der Gegend eingerichtet. Das Frühstück ist traditionell mit einer großen Auswahl an süßen Köstlichkeiten. San Gimignano kann man mit einem netten Spaziergang über eine 800 Meter lange Schotterstraße erreichen. Sie können aber auch die von den Betreibern zur Verfügung gestellten Fahrräder benutzen.

♦ 2 DZ, 1 3BZ und 1 4BZ, alle mit Bad und WC, Minibar, Sat-TV, WLAN (3BZ mit Kochnische) ♦ DZ in Einzelbelegung € 50, DZ € 75, 3BZ € 110, 4BZ € 130 (alle mit Frühstück) ♦ Kreditkarten: CartaSi, DC, MC, Visa; Bankomat ♦ Gemeinschaftsbereiche barrierefrei zugänglich, Privatparkplatz, kleine Haustiere willkommen, Betreiber stets anwesend ♦ Frühstücksraum, Aufenthaltsraum, Terrasse, Garten, Sonnenterrasse

San Giovanni d'Asso
Im Zentrum
42 km südöstlich von Siena, S.S. 438
Autobahnzubringer Siena-Bettolle

La Locanda del Castello

NEU

3-Sterne-Hotel
Piazza Vittorio Emanuele II, 4
Tel. (+39) 05 77 / 80 29 39
Fax (+39) 05 77 / 80 29 42
www.lalocandadelcastello.com
Ferien: Mitte Januar–Mitte Februar

Innerhalb der Stadtmauern von San Giovanni d'Asso, einer Gemeinde der Crete Senesi und berühmte Trüffelstadt, treffen wir auf dieses kleine Hotel. Das hübsche Gebäude aus dem 16. Jahrhundert wurde aus Stein und Ziegeln gebaut. Es wurde 2001 renoviert und präsentiert sich nun mit äußerst gepflegten Räumen, die Zeugnis von der Sorgfalt und dem guten Geschmack der Inhaberin ablegen. Die Zimmer (sehr geräumig sind die Suite und die Superiorzimmer) verfügen über bequeme Bäder, sind geräumig und hell, mit eleganten alten Möbeln eingerichtet und mit Vorhängen und Ziergegenständen geschmückt, die ein heimeliges Ambiente schaffen. Von erstklassiger Qualität sind auch Bettwäsche und Tischtücher. Das üppige Frühstücksbüfett erfreut mit süßen und pikanten Köstlichkeiten von vorwiegend lokalen Herstellern. Im Restaurant in einer ehemaligen Ölmühle werden Gerichte aus regionalen Zutaten serviert. Der Preis für eine Mahlzeit liegt bei 35 bis 40 Euro ohne Wein.

♦ 6 DZ und 3 Suiten, alle mit Bad und WC, Aircondition, Minibar, Safe, Telefon, Sat-TV, WLAN ♦ DZ in Einzelbelegung und DZ € 100, Superior-DZ € 120, Suite € 140 (alle mit Frühstück) ♦ alle Kreditkarten, Bankomat ♦ Gratisparkplatz gegenüber, kleine Haustiere willkommen, Betreiber immer erreichbar ♦ Bar, Restaurant, Aufenthaltsraum mit Leseecke, Veranda, Terrasse

San Giuliano Terme
Rigoli

3 km vom Zentrum
10 km nördlich von Pisa, S.S. 12
11 km von der Ausfahrt Pisa Nord der A 12 oder der A 11

Villa di Corliano

3-Sterne-Hotel
Strada Statale dell'Abetone, 50
Tel. (+39) 050 / 81 81 93
Fax (+39) 050 / 81 88 97
info@corliano.it
www.corliano.it
Ganzjährig geöffnet

Die Renaissancevilla der Grafen Agostini Venerosi Della Seta ist ein Nationaldenkmal in einem Komplex, zu dem auch eine Familienkapelle, der Bauernhof, die Stallungen und ein großer, von Mauern eingeschlossener Park gehören. Sie wurde zu einem Hotel mit Restaurant (30 bis 35 Euro ohne Wein) umgestaltet. Die bequemen Zimmer sind mit alten Möbeln eingerichtet, einige davon sind speziell dekoriert. Das Frühstücksbüfett bietet Süßes (Croissants aus der Bäckerei, hausgemachte Kuchen, Feingebäck) und Pikantes (Wurst, Käse, Eier), dazu gibt es heiße Getränke und Säfte; auch frisches Obst fehlt nicht. Die Villa di Corliano ist nicht nur ein idealer Ort für einen schönen Aufenthalt, sondern eignet sich auch als bequemer Ausgangspunkt für Ausflüge an die Strände der Versilia und in Kulturstädte wie Pisa, Lucca, Siena und Florenz. Nicht weit entfernt liegen die Thermen von San Giuliano.

♦ 9 DZ und 2 Suiten (1–4 Personen), alle mit Bad und WC (3 Zimmer mit Gemeinschaftsbad) ♦ DZ in Einzelbelegung € 70, DZ € 70–110 (Aufpreis Zusatzbett € 10), Suite € 150 (alle mit Frühstück) ♦ alle Kreditkarten, Bankomat ♦ Privatparkplatz, Haustiere nicht erlaubt, Rezeptionsdienst rund um die Uhr ♦ Bar, Restaurant, Lese- und TV-Raum, Konferenzsaal (200 Plätze), Park, Sonnenterrasse

San Marcello Pistoiese
Maresca

3 km vom Zentrum
26 km nordwestlich von Pistoia
Ausfahrt Pistoia der A 11 in Richtung Abetone

Il Capannone

1-Stern-Hotel
Via Teso, 3454 A
Tel. (+39) 05 73 / 641 98,
(+39) 05 73 / 64 88 10
Fax (+39) 05 73 / 64 88 10
ilcapannone@leonet.it
Ganzjährig geöffnet

Wir befinden uns hier auf mehr als 1.000 Meter Seehöhe im Wald des Teso. Das kleine Hotel mit Restaurant der Familie Mascagni wird vor allem in den Sommer- und Wintermonaten besucht, aber gegen Vorbestellung bereitet es den Gästen das ganze Jahr über einen herzlichen Empfang. Die Zimmer sind trotz einfacher Möblierung sehr bequem. Auf dem Frühstückstisch erwarten Sie Konfitüren, Honig, Wurst, Käse, heiße Getränke und Säfte. Im Restaurant wird traditionelle Küche für 20 bis 25 Euro angeboten (Halbpension 50 Euro, Vollpension 55 Euro). Zu Fuß oder mit dem Mountainbike (die Fahrräder können Sie im Hotel ausleihen) erklimmen Sie Höhen von 2.000 Metern. Interessant ist auch ein Rundgang im Ökomuseum zum Thema der industriellen Archäologie; Schwerpunkte sind die Metallbearbeitung (eine Eisenhütte aus dem 15. Jahrhundert ist noch in Betrieb) und die Herstellung von Eis. In Maresca, das wie das Zentrum von San Marcello drei Kilometer vom Hotel entfernt liegt, gibt es Geschäfte, Restaurants, ein Schwimmbad und Tennisplätze.

♦ 1 EZ und 11 DZ, alle mit Bad und WC, TV ♦ EZ € 35, DZ € 60 (Frühstück € 6 pro Person) ♦ keine Kreditkarten ♦ Anlage teilweise barrierefrei zugänglich, Privatparkplatz, kleine Haustiere willkommen, Rezeptionsdienst 7–24 Uhr, Betreiber stets anwesend ♦ Bar, Restaurant, Lese- und TV-Raum, Garten

TOSKANA

San Marcello Pistoiese
Gavinana

4 km vom Zentrum
30 km nordwestlich von Pistoia
Ausfahrt Pistoia der A 11 in Richtung Abetone

Il Parco

3-Sterne-Hotel · Via Porta Apiciana, 147
Tel. (+39) 05 73 / 661 85, (+39) 05 73 / 664 81, (+39) 338 / 696 87 62
Fax (+39) 05 73 / 661 85, (+39) 05 73 / 664 81
info@albergoilparco.it
www.albergoilparco.it
Ferien: Oktober–vor Ostern

Gavinana, ein Urlaubsort auf 820 Meter Seehöhe, ist den Geschichtskundigen wegen der Schlacht vom 3. August 1530 zwischen den Truppen der Republik Florenz (Francesco Ferrucci) und den kaiserlichen Truppen unter Karl V. (Fabrizio Maramaldo) ein Begriff. Die Villa vom Ende des 19. Jahrhunderts liegt gleich außerhalb der Stadtmauern, eingebettet in einen Park mit einem Wäldchen. Sie wurde 1974 von der Familie Giuffreda zu einem Hotel umgebaut, das 1988 nochmals umgestaltet und erweitert wurde. Die Zimmer mit Holzdecken und einfachen Möbeln sind mit dem wichtigsten Komfort ausgestattet. Das Frühstücksbüfett umfasst süße und pikante Spezialitäten. Im Restaurant gibt es traditionelle Hausmannskost für 20 bis 25 Euro ohne Wein (Halbpension im Doppelzimmer 50 bis 60 Euro pro Person). Die Umgebung bietet verschiedene Ziele für Ausflüge und Spaziergänge. Wer lieber im Hotel bleibt, kann den mehr als einen Hektar großen Park zur Erholung nutzen. Der Empfang in diesem familiär geführten Betrieb ist sehr herzlich.

♦ 4 EZ und 12 DZ, alle mit Bad und WC, Telefon, TV ♦ EZ € 40–50, DZ € 70–90 (Aufpreis Zusatzbett € 20, alle mit Frühstück) ♦ Kreditkarten: AE, MC, Visa; Bankomat ♦ Privatparkplatz, Haustiere nicht erlaubt, Betreiber immer erreichbar ♦ Bar, Restaurant, Aufenthaltsraum, Lese- und TV-Raum, Garten

San Miniato

600 m von der Altstadt
37 km südwestlich von Florenz, S.S. 67, 42 km östlich von Pisa
3 km von der Superstrada Florenz-Livorno

Marrucola

Agriturismo
Via Calenzano, 40
Tel. (+39) 05 71 / 41 83 06
Fax (+39) 05 71 / 44 40 32
info@marrucola.it
www.marrucola.it
Ganzjährig geöffnet

Wir befinden uns hier in den Hügeln auf dem Gut (Weingärten, Olivenhaine, Gemüsegarten) der Familie Cenni, das man auch nachts über eine kurze beleuchtete Straße leicht erreicht. Der Gastbetrieb und die Gemeinschaftsräume des Agriturismo liegen im Bauernhaus, die bequemen Zimmer und Suiten in einer Dependance mit separatem Eingang. Um die Gäste kümmert sich vor allem der herzliche Gastwirt Ezio. Das kontinentale Frühstücksbüfett bietet Milch, Tee, Cappuccino, heiße Schokolade, Obstsäfte und frisch gepresste Säfte, Konfitüren, Kringel und hausgemachte Kuchen (Wurst und Käse auf Wunsch). Bei den Mahlzeiten (25 bis 30 Euro, Halbpension 50 bis 70 Euro pro Person) können Sie sich die traditionellen bäuerlichen Speisen aus Produkten aus eigener Erzeugung oder von lokalen Produzenten schmecken lassen. Der weitläufige Garten (mit Schwimmbecken) kann als Ausgangspunkt für Trekking- oder Radtouren dienen.

♦ 2 DZ und 6 Suiten (2–5 Personen), alle mit Bad und WC, Aircondition, Telefon, Internetanschluss ♦ DZ in Einzelbelegung € 50–60, DZ € 70–90, Suite € 84–208 (alle mit Frühstück) ♦ alle Kreditkarten, Bankomat ♦ 1 Zimmer behindertengerecht ausgestattet, Privatparkplatz, kleine Haustiere willkommen, Betreiber immer erreichbar ♦ Restaurant, Enoteca, Frühstücksraum, Veranda, Garten, Schwimmbecken

Sassetta
Pian delle Vigne
3 km vom Zentrum
65 km südöstlich von Livorno
Ausfahrt Rosignano der A 12, Superstrada Livorno-Grosseto bis Donoratico, S.P. 329

La Cerreta

Agriturismo
Via Campagna Sud, 143
Tel. (+39) 05 65 / 79 43 52,
(+39) 338 / 185 18 77
Fax (+39) 05 65 / 79 43 52
info@lacerreta.it
www.cerreta.it
Ganzjährig geöffnet

Hier leben Sie in direktem Kontakt mit der Natur, auf einem Bauernhof, der nicht nur Wein, Öl, Obst und Gemüse nach biologischen Methoden herstellt, sondern auch Schweine autochthoner Rassen (Macchiaioli und Cinta Senese), Kühe und Pferde der Maremma, Hühner aus Livorno und Bienen züchtet. Um die Gäste kümmert sich vor allem Vilma, die rührige Besitzerin. Die Zimmer, die auf vier alte Natursteinhäuser aufgeteilt sind, präsentieren sich in schlichter Eleganz. Der Blickfang im Aufenthaltsraum ist ein hübscher Kamin. Die Mahlzeiten (25 bis 40 Euro ohne Wein, Halbpension im Doppelzimmer 60 bis 65 Euro, Vollpension 80 bis 85 Euro pro Person) werden fast ausschließlich aus hofeigenen Produkten zubereitet. Zum Frühstück bekommen Sie Brot und Süßspeisen aus dem Holzkohleofen, melkfrische Milch, Butter, Konfitüren, Honig, aber auch Eier und Wurst vom eigenen Hof.

♦ 4 DZ, 3 3BZ und 3 4BZ, alle mit Bad und WC, Terrasse oder Hof ♦ DZ in Einzelbelegung € 75–85, DZ € 85–95, 3BZ € 115–130, 4BZ € 140–160 (alle mit Frühstück) ♦ Kreditkarten: CartaSi, MC, Visa; Bankomat ♦ 1 Zimmer behindertengerecht ausgestattet, Privatparkplatz, kleine Haustiere willkommen, Betreiber immer erreichbar ♦ Restaurant, Aufenthaltsraum, Leseraum, Garten, Reitstall

Scandicci
San Colombano
7 km vom Zentrum
16 km südwestlich von Florenz
Ausfahrt Firenze Scandicci der A 1; Haltestelle der Autobuslinie nach Florenz und Scandicci

Dino

Zimmervermietung
Via San Colombano, 82
Tel. (+39) 055 / 79 00 67
(+39) 334 / 355 71 70
Fax (+39) 055 / 79 00 05
info@trattorialocandadino.com
www.trattorialocandadino.com
Ferien: 2 Wochen im August

Seit vier Generationen führt die Familie Raveggi in San Colombano, einem ruhigen Ortsteil von Scandicci an der Grenze zu Lastra und Signa, eine Trattoria mit angeschlossenem Lebensmittelladen: ein einfaches Lokal, das seit jeher Freunde der traditionellen Hausmannskost anzog. Um den Gästen auch eine Übernachtungsmöglichkeit bieten zu können, hat Paolo 2006 mit viel Geschmack den ersten Stock des Gebäudes umgebaut und sechs bequeme, nett eingerichtete Zimmer geschaffen: Das Niveau des Hauses ist das eines guten Hotels, die Preise sind – angesichts der Lage in der Nähe von Florenz – wahrlich günstig. Zum Frühstück erwarten Sie die üblichen heißen Getränke, Konfitüren und Obst, auf Wunsch bekommen Sie auch frisch aufgeschnittenen Schinken und Käse.

♦ 1 EZ und 5 DZ, alle mit Bad und WC, Aircondition, Minibar, Safe, TV (3 Zimmer mit Terrasse) ♦ EZ € 50, DZ € 80 (alle mit Frühstück) ♦ Kreditkarten: MC, Visa; Bankomat ♦ öffentlicher Gratisparkplatz gegenüber, Haustiere nicht erlaubt, Betreiber immer erreichbar ♦ Restaurant, Veranda

TOSKANA

Scandicci
Rinaldi

2 km vom Zentrum; 12 km südwestlich von Florenz
Ausfahrt Firenze Scandicci der A 1; Autobushaltestelle, 2 km von der Straßenbahnlinie Scandicci-Florenz

Semproniano

7 km vom Ortskern
46 km nordöstlich von Orbetello, 60 km östlich von Grosseto

Montaguglione

Zimmervermietung
Via di Rinaldi, 6
Tel. (+39) 055 / 75 11 81,
(+39) 338 / 663 92 03
Fax (+39) 055 / 75 11 81
info@locandamontaguglione.it
www.locandamontaguglione.it
Ganzjährig geöffnet

La Pieve

3-Sterne-Hotel
Via Società Operaia, 3
Tel. (+39) 05 64 / 98 72 52
Fax (+39) 05 64 / 98 77 56
info@locandalapieve.it
www.locandalapieve.it
Ganzjährig geöffnet

Zu den Zimmern der Locanda ist kürzlich auch ein Apartment mit Küche, eingerichtet in einer ehemaligen Scheune, hinzugekommen. Der Betrieb bietet den Gästen nun Abendessen an (20 Euro ohne Wein). Das Gebäude ist eine alte Festung, die in einen herrschaftlichen Wohnsitz umgewandelt und im 15. Jahrhundert und in späteren Epochen erweitert wurde. Es steht zwischen Zypressen, Weingärten und Olivenbäumen auf dem Hügel vor Florenz. Die Zimmer sind unterschiedlich, aber alle elegant eingerichtet. Das Frühstück (mit süßem Backwerk, teilweise selbst gemacht) wird in einem hübschen Kaminzimmer und im Sommer im Garten serviert (4.000 Quadratmeter mit Liegewiese zum Sonnen und einem Grillplatz für den Abend). Die abgeschiedene Lage trotz Nähe zu den wichtigsten Verkehrsverbindungen, zum Flughafen von Peretola und zum Zentrum von Florenz ist ein Garant für einen erholsamen Aufenthalt.

Angela Silla hat vor einigen Jahren dieses kleine Hotel in Semproniano, einem Dorf im Hinterland von Grosseto, in herrlicher Lage mit Panoramablick auf die »Tuffsteinhügel« gekauft. Das Gebäude liegt im alten Ortskern, in der Nähe der Pfarrkirche aus dem 13. Jahrhundert, die 300 Jahre später umgebaut wurde. Die Zimmer sind mit Cottoböden im klassischen Stil der Toskana ausgestattet und mit alten Möbeln, Teppichen und Ziergegenständen eingerichtet, die große Liebe zum Detail erkennen lassen. Im Restaurant können Sie herrliche Gerichte genießen. Der Preis für die Mahlzeit liegt bei 30 Euro ohne Wein. Das Frühstücksbüfett umfasst Zerealien, Fruchtsäfte, ofenfrische Croissants, hausgemachte Kuchen und Backwerk, frische Ricotta und andere Produkte der Gegend. Im Hotel bekommen Sie Eintrittskarten für die Thermen von Saturnia und Sorano zu reduzierten Preisen.

♦ 8 DZ mit Bad und WC (1 Zimmer mit Whirlpool), Aircondition, Telefon, Sat-TV, WLAN; 1 Apartment (2–4 Personen) mit Küche ♦ DZ in Einzelbelegung € 60–80, DZ € 70–120 (Aufpreis Zusatzbett € 20, alle mit Frühstück); Apartment € 120 ♦ alle Kreditkarten, Bankomat ♦ Anlage barrierefrei zugänglich, 1 Zimmer behindertengerecht ausgestattet, Privatparkplatz, kleine Haustiere willkommen, Betreiber immer erreichbar ♦ Restaurant, Aufenthaltsraum, Garten, Sonnenterrasse

♦ 7 DZ und 1 3BZ, alle mit Bad und WC, Aircondition, Safe, TV, Internetanschluss ♦ DZ in Einzelbelegung € 70–90, DZ € 90–120, 3BZ € 120–150 (alle mit Frühstück) ♦ Kreditkarten: MC, Visa; Bankomat ♦ öffentlicher Parkplatz in unmittelbarer Nähe, kleine Haustiere willkommen, Betreiber immer erreichbar ♦ Restaurant, TV-Raum, Terrasse, Garten

Siena

6 km von der Altstadt
Ausfahrt Siena Nord der A 1 in Richtung Stadtzentrum/Via Fiorentina

Marciano

Agriturismo
Via della Befana, 5
Tel. (+39) 05 77 / 477 37,
(+39) 335 / 749 86 66
Fax (+39) 05 77 / 27 98 98
staff@agriturismomarciano.it
www.agriturismomarciano.it
Ferien: Mitte Januar–Mitte Februar

Man nähert sich Siena vom Norden her, durchquert ein Viertel mit zahlreichen Hotels, lässt den Asphalt hinter sich und erreicht vor der charakteristischen Kulisse der Stadt eine kleine Kirche inmitten von Zypressen; gleich dahinter liegt mitten in der Natur das hübsche Bauernhaus des Guts Marciano. Der Umbau wurde mit großem Sachverstand in einfachem Stil durchgeführt, wobei sehr wohl die für einen modernen Standard notwendigen Eingriffe gemacht wurden. Die Zimmer sind überaus bequem und rustikal eingerichtet, ohne technische Geräte. Sie können ein üppiges Frühstück mit süßen und pikanten Leckereien wählen, die aus dem eigenen (Bio-)Betrieb oder von lokalen Herstellern stammen. In der Küche des Restaurants bereitet Nadia ein traditionelles Menü vor, oft auch zu bestimmten kulinarischen Themen (25 bis 40 Euro), dazu werden eigene Weine ausgeschenkt.

♦ 5 DZ und 1 Minisuite (2–4 Personen), alle mit Bad und WC ♦ DZ in Einzelbelegung € 65–85, DZ € 82–100, Minisuite € 95–140 (alle mit Frühstück) ♦ Kreditkarten: MC, Visa; Bankomat ♦ Privatparkplatz, kleine Haustiere willkommen, Betreiber stets anwesend ♦ Bar, Restaurant, Aufenthaltsraum, Leseraum, TV, Internetstation, Garten

Siena
Fontebecci
6 km von der Altstadt
Ausfahrt Siena Nord der A 1 in Richtung Stadtzentrum/Via Fiorentina; Straße nach Castellina in Chianti

Piccolo Chianti

Zimmervermietung
Ortsteil Fontebecci
Strada Statale 222 del Chianti
Tel. (+39) 05 77 / 511 38
Fax (+39) 05 77 / 59 10 76
info@piccolochianti.it
www.piccolochianti.it
Ganzjährig geöffnet

Die Lage des Betriebs, der zwei Lizenzen für eine Zimmervermietung besitzt, ist ideal für Besichtigungen der Stadt Siena (in wenigen Minuten mit dem Autobus erreichbar) und für Ausflüge in die südlichen Ausläufer des Chianti-Classico-Gebiets. Sobald Sie die Schwelle dieses aus Ziegeln und Stein errichteten Hauses überschritten haben, werden Sie von Cristina an der Rezeption oder von Sandra empfangen, die aus der Küche herbeieilt. Die Zimmer sind bequem, hell, überraschend ruhig und mit Charme eingerichtet. Die höchsten Preise werden zur Zeit des Palio (Pferderennens) oder anderer Veranstaltungen verrechnet, die als Publikumsmagneten gelten. Das Frühstück umfasst verschiedene Kaffeezubereitungen und typische saisonale Spezialitäten der Region sowie Backwerk von Sandra. Für das Mittag- und Abendessen können Sie die Osteria Nonnanna nutzen, die wenige Schritte weiter in der gleichen Straße liegt: Dort werden traditionelle lokale Küche und hausgemachte Teigwaren angeboten.

♦ 12 DZ, 3BZ oder 4BZ, alle mit Bad und WC, Aircondition, Minibar, Telefon, Sat-TV, WLAN ♦ DZ in Einzelbelegung € 65–100, DZ € 75–110, 3BZ € 85–120, 4BZ € 95–135 (alle mit Frühstück) ♦ Kreditkarten: AE, CartaSi, Visa; Bankomat ♦ Anlage und einige Zimmer barrierefrei zugänglich, Privatparkplatz, kleine Haustiere willkommen, Betreiber immer erreichbar ♦ Barbereich, Frühstücksraum, Leseraum, TV, Garten

Signa
Colli Alti

3 km vom Zentrum
10 km westlich von Florenz, S.S. 66
Ausfahrt Firenze Signa der A 1; Ausfahrt Prato Est der A 11, in Richtung Campi Bisenzio

Casa Nardi

Bed & Breakfast
Via dei Colli, 390
Tel. (+39) 055 / 896 38 33,
(+39) 347 / 338 04 10
Fax (+39) 055 / 896 38 33
info@casanardi.it
www.casanardi.it
Ganzjährig geöffnet

Im Hinterland von Florenz, nicht weit von der Kreuzung zwischen der Via Pistoiese und der Straße, die ins Tal des Bisenzio hinaufführt, hat die Familie Nardi ihr Wohnhaus aus dem 16. Jahrhundert mit breiten Arkaden renoviert und Teile davon zu einem Bed & Breakfast umgebaut. Dabei wurden die baulichen Charakteristika liebevoll bewahrt. Die Zimmer – die größten davon mit Galerie – bieten jeden Komfort und eine moderne technische Ausstattung (auch einen schnellen Internetzugang), weisen aber den typischen rustikalen Stil auf. Das Frühstück besteht aus heißen Getränken und Säften, hausgemachten Kuchen und Brioches aus der Konditorei. Florenz kann man von hier aus auch mit dem Zug, dem Autobus und über einen Radweg erreichen, der den Parco dei Renai mit den Cascine verbindet. Giuliano kümmert sich um den Empfang der Gäste und hilft bei der Planung von Ausflügen und Besichtigungen.

Sinalunga
Bettolle

6 km vom Zentrum
50 km südöstlich von Siena
Ausfahrt Valdichiana der A 1

La Bandita

2-Sterne-Hotel
Via Bandita, 72
Tel. (+39) 05 77 / 62 46 49,
(+39) 366 / 141 41 95
Fax (+39) 05 77 / 62 25 15
info@locandalabandita.it
www.locandalabandita.it
Ferien: 10. Januar–15. März

Das Bandita, umgeben von einem großen Hof, einem hübschen Pinienwäldchen und unzähligen Olivenbäumen, ist ein Landhaus aus dem 19. Jahrhundert, das mit Fingerspitzengefühl renoviert wurde. Seit 1988 bietet es die Möglichkeit für ruhige, erholsame Aufenthalte in einem der schönsten Landstriche der Toskana, dem Valdichiana. Die einfachen, freundlichen Zimmer sind mit Bauernmöbeln und alten Stilmöbeln eingerichtet. Die beiden Zimmer im Erdgeschoss blicken auf den Hof und den Pinienhain. Das Frühstück, süß und pikant, umfasst auch hausgemachte Kuchen und Konfitüren. Das Restaurant (Mahlzeit für 25 bis 35 Euro ohne die Weine aus dem Betrieb der Besitzer Enrico und Giusi Delbono) bietet ein Menü aus exzellenten Zutaten der Region, darunter Fleisch von Chianina-Rindern, Wurst von Schweinen der Rasse Cinta Senese und Schafkäse. In der näheren Umgebung gibt es zahlreiche geschichtsträchtige und kulturell bedeutende Orte: Montepulciano, Pienza, Montalcino, Cortona, Siena und Arezzo.

♦ 1 DZ, 2 3BZ und 1 4BZ, alle mit Bad und WC, Sat-TV, Internetanschluss ♦ DZ in Einzelbelegung € 50–65, DZ € 70–90, 3BZ € 85–105, 4BZ € 95–115 (alle mit Frühstück) ♦ alle Kreditkarten, Bankomat ♦ Privatparkplatz, Haustiere nicht erlaubt, Betreiber immer erreichbar ♦ Frühstücksraum, Aufenthaltsraum, Arkaden, Garten

♦ 9 DZ mit Bad und WC (2 Zimmer mit Balkon) ♦ DZ in Einzelbelegung € 70–90, DZ € 80–120 (alle mit Frühstück) ♦ Kreditkarten: AE, CartaSi, MC, Visa; Bankomat ♦ Privatparkplatz, kleine Haustiere willkommen, Rezeptionsdienst 7–22 Uhr ♦ Restaurant, TV-Raum, Park, Schwimmbecken

Sorano
Sovana

9 km vom Zentrum (in Richtung Pitigliano)
54 km westlich von Orvieto, 83 km südöstlich von Grosseto, S.S. 322

Scilla

3-Sterne-Hotel
Via del Duomo, 5
Tel. (+39) 05 64 / 61 65 31
Fax (+39) 05 64 / 61 43 29
info@sovana.eu
www.albergoscilla.com
Ganzjährig geöffnet

Sovana, ein einsames, abgelegenes Dorf, hat eine bunte Vergangenheit, die viele Epochen zurückreicht – von den Etruskern über die Römer bis ins Mittelalter. Hier liegt das Hotel Scilla, das auf drei kleine Gebäude mit Gästezimmern aufgeteilt ist. Diese verfügen über jeden Komfort und bieten ein heimeliges, freundliches Ambiente. Das Frühstück wird im nahen Ristorante dei Merli serviert. Angeboten werden heiße Getränke und Säfte, hausgemachte Kuchen, Konfitüren und die typischen pikanten Spezialitäten dieser Gegend. Einen Besuch wert sind die Tuffsteinbauten, die Kathedralen und in einem knappen Kilometer Entfernung die Nekropole der Etrusker. Auf Wunsch werden Besuche in Kellereien der Region organisiert, die als neue Heimat großer toskanischer Weine gilt.

♦ 9 DZ und 6 3BZ, alle mit Bad und WC, Aircondition, Minibar, Sat-TV ♦ DZ in Einzelbelegung € 60–85, DZ € 75–110, 3BZ € 90–125 (alle mit Frühstück) ♦ alle Kreditkarten, Bankomat ♦ Privatparkplatz, kleine Haustiere willkommen, Rezeptionsdienst 7–23 Uhr ♦ Lese- und TV-Raum, Garten

Stia
In der Altstadt
48 km nordwestlich von Arezzo, S.P. 310
Ausfahrt Firenze Sud oder Arezzo der A1, dann nach Pontassieve-Passo della Consuma oder über die S.R. 71 bis Bibbiena, dann nach Poppi-Pratovecchio

Falterona

3-Sterne-Hotel
Piazza Tanucci, 85
Tel. (+39) 05 75 / 50 45 69
Fax (+39) 05 75 / 50 49 82
info@albergofalterona.it
www.albergofalterona.it
Ganzjährig geöffnet

Arkaden umgrenzen die hübsche Piazza von Stia im Casentino. Das Hotel ist ein schön renoviertes Gebäude aus dem 15. Jahrhundert. Es ist nach dem Gebirge benannt, in dem der Arno entspringt. Die Zimmer und die zahlreichen Gemeinschaftsräume sind elegant und gepflegt. Details erinnern an die lange Geschichte dieses Palazzos, darunter die Decken mit Fresken oder Holzkassetten in einigen Zimmern. Das Frühstücksbüfett umfasst Brot und Backwerk aus dem Ort sowie Wurst und Käse aus der Region. Das angeschlossene Restaurant bietet traditionelle toskanische Gerichte, begleitet von italienischen Qualitätsweinen. Stia ist bekannt für die Herstellung einer bestimmten Stoffart, des »Casentino«. In den ungeraden Jahren finden hier am ersten Wochenende im September die Europäische Biennale der Schmiedeeisenkunst und die Meisterschaften im Schmieden statt.

♦ 3 EZ und 10 DZ, alle mit Bad und WC, Minibar, Telefon, TV; 4 Suiten (2–4 Personen, 2 Suiten mit Kochnische) ♦ EZ € 50–60, DZ € 70–100 (Aufpreis Zusatzbett € 30), Suite 80–200 (alle mit Frühstück) ♦ alle Kreditkarten, Bankomat ♦ öffentlicher Gratisparkplatz 100 Meter entfernt, Garage (€ 5 pro Tag für Autos, € 3 für Motorräder), kleine Haustiere willkommen, Rezeptionsdienst 7–24 Uhr ♦ Bar, Restaurant, Frühstücksraum, Aufenthaltsraum, Leseraum, TV-Raum, Tagungsraum, Hof

Vinci
Mazzantino
2 km vom Zentrum
50 km nordwestlich von Florenz, S.S. 67
Ausfahrt Empoli der Superstrada Florenz-Pisa-Livorno, über Sovigliana nach Vinci

Volterra
San Giusto
9 km von der Altstadt; 66 km südöstlich von Pisa, S.S. 68 und S.S. 439; 40 km von der Ausfahrt Colle Val d'Elsa des Autobahnzubringers Florenz-Siena; 55 km von der Ausfahrt Rosignano der A 12

Il Piastrino

Agriturismo
Via Piastrino, 30
Tel./Fax (+39) 05 71 / 561 48
info@ilpiastrino.it
www.ilpiastrino.it
Ganzjährig geöffnet

NEU

Fattoria di Lischeto

Agriturismo
Ortsteil San Giusto
Tel. (+39) 05 88 / 304 14
Fax (+39) 05 88 / 304 03
lischeto@libero.it
www.agrilischeto.com
Ganzjährig geöffnet

Wir befinden uns hier im Montalbano, einem geschichtsträchtigen Landstrich reich an Kultur, der in die Liste des UNESCO-Weltkulturerbes aufgenommen werden soll. In unmittelbarer Nähe von Vinci, der Geburtsstadt von Leonardo, liegt auf einem ruhigen Hügel dieser Agriturismo, der durch den stilvollen Umbau eines alten Bauernhauses entstand. Die Zimmer sind mit Bauernmöbeln eingerichtet, die Apartments (zwei Einzimmer- und zwei Zweizimmerapartments) verfügen über eine Kochnische. Zum Frühstück werden Konfitüren, Honig und von den Inhabern Daniela Cavazzini und Luigi Micheli zubereitete Kuchen serviert. Auf Wunsch und ohne Aufpreis kann man auch Pikantes bekommen. Im Restaurant können Sie sich die hofeigenen Produkte, nach einfachen und schmackhaften Rezepten zubereitet, schmecken lassen (20 bis 30 Euro ohne Wein). Es werden Trekking- und Mountainbike-Touren sowie Ausritte organisiert.

Vor mehr als einem halben Jahrhundert hat die Familie Cannas ihre landwirtschaftliche Tätigkeit von Sardinien hierher in das obere Val Cecina verlegt. In der kleinen Ortschaft San Giusto an der nordwestlichen Peripherie von Volterra führt sie nun ein Gut, auf dem nach biologischen Methoden gearbeitet wird. Mehr als 1.000 Schafe in halbfreier Haltung geben Milch für herrlichen Käse. Die geräumigen, ruhigen Zimmer des Agriturismos sind mit modernen, aber funktionalen Möbeln eingerichtet. Auch die wochenweise vermieteten Apartments sind gut ausgestattet. Das Frühstück wird großteils aus eigenen Produkten zusammengestellt: Schafkäse, Wurst, Kuchen, Honig und Konfitüren. Im Restaurant wird gute regionale Küche für 25 bis 30 Euro geboten (Halbpension im Doppelzimmer 60 bis 67 Euro pro Person).

♦ 2 DZ mit Bad und WC, Aircondition, Kühlschrank, TV, Internetanschluss (1 Zimmer mit Balkon); 4 Apartments (3–6 Personen) mit Kochnische ♦ DZ in Einzelbelegung € 40–50, DZ € 70–80 (Aufpreis Zusatzbett € 10, alle mit Frühstück); Apartment € 70–80 ♦ keine Kreditkarten ♦ Gemeinschaftsbereiche und 1 Zimmer barrierefrei zugänglich, Privatparkplatz, kleine Haustiere willkommen, Betreiber stets anwesend ♦ Restaurant, Aufenthaltsraum, Gartenhaus, Garten, Schwimmbecken

♦ 4 DZ mit Bad und WC (1 Zimmer mit Whirlpool); 14 Apartments mit Kochnische ♦ DZ in Einzelbelegung € 50–65, DZ € 78–90 (alle mit Frühstück); Apartment € 292–940 pro Woche ♦ alle Kreditkarten, Bankomat ♦ Anlage barrierefrei zugänglich, 2 Zimmer behindertengerecht ausgestattet, Privatparkplatz, kleine Haustiere willkommen, Rezeptionsdienst 9–19 Uhr ♦ Restaurant (gegen Vorbestellung auch für externe Gäste geöffnet), Garten, Schwimmbecken

Volterra

Knapp außerhalb der Altstadtmauern
66 km südöstlich von Pisa, S.S. 68 und S.S. 439
40 km von der Ausfahrt Colle Val d'Elsa des Autobahnzubringers Florenz-Siena; 55 km von der Ausfahrt Rosignano der A 12

La Primavera

Zimmervermietung
Via Porta Diana, 15
Tel./Fax (+39) 05 88 / 872 95
info@affittacamere-laprimavera.com
www.affittacamere-laprimavera.com
Ganzjährig geöffnet

Knapp außerhalb der Stadtmauern von Volterra, in der Nähe des römischen Theaters, bietet die Locanda von Silvia Pineschi Gastlichkeit in einem freundlichen, bequemen Ambiente. Die Zimmer sind geschmackvoll und einfach eingerichtet und unterscheiden sich in der Wahl der Pastellfarben, die alle an den Frühling erinnern. Das Frühstück ist traditionell und sieht Kaffee, Milch, Tee, Croissants, von der Inhaberin zubereitete Kuchen, Wurst, Käse, Joghurt, Konfitüren und Obstsäfte vor. Zu besichtigen gibt es in Volterra das Etruskermuseum, das Museum sakraler Kunst und die Gemäldegalerie. Erwähnenswert ist auch die Landschaft des Cecinatals, das man von der Stadt aus überblicken kann. Der Blick schweift dabei über Landkirchen, kleine Dörfer, ländliche Bauten, Zypressenalleen, Gesteinsformationen und natürliche Dämpfe aus dem Boden, Wasserläufe und die typische Fauna. Zu entdecken gibt es auch die Wege durch die Naturparks von Berignone und Monterufoli-Caselli.

♦ 4 DZ und 1 3BZ, alle mit Bad und WC ♦ DZ in Einzelbelegung € 50, DZ € 70, 3BZ € 80 (alle mit Frühstück) ♦ keine Kreditkarten ♦ 1 Zimmer behindertengerecht ausgestattet, Privatparkplatz, Haustiere nicht erlaubt, Betreiber immer erreichbar ♦ Frühstücksraum, Lese- und TV-Raum, Garten

Volterra

1,5 km von der Altstadt
66 km südöstlich von Pisa, S.S. 68 und S.S. 439
33 km von der Ausfahrt Colle Val d'Elsa des Autobahnzubringers Florenz-Siena; 55 km von der Ausfahrt Rosignano der A 12

Villa Marmini

Agriturismo
Ortsteil Marmini di Sotto
Tel./Fax (+39) 05 88 / 850 42
info@villa-marmini.com
www.agriturismo-volterra.com
Ganzjährig geöffnet

Das Gut der Familie Baldini nicht weit vom Zentrum von Volterra erstreckt sich über fünf Hektar. Auf diesem Besitz befinden sich die beiden einzigen Gräber der alten Nekropole, die man besichtigen kann; Alabasterfragmente etruskischer Urnen sind in die Mauer eingelassen, die den Hof der Villa umgibt. Die raffiniert eingerichteten Zimmer und Apartments sind mit jedem Komfort ausgestattet. Das Frühstück besteht aus naturbelassenen Produkten vom eigenen Hof oder von benachbarten Betrieben und wird in einem alten Saal mit unverputzten Steinwänden serviert. Mitten im Olivenhain ist ein großes Schwimmbad angelegt, wo auf Wunsch auch von Katiuscia zubereitete toskanische Gerichte serviert werden (Abendessen mit festgelegtem Menü für 25 Euro). Im Freien ist ein Barbecue-Bereich eingerichtet. Jacopo, ein Umweltguide, kann Ihnen Tipps für Ausflüge zu Fuß oder mit dem Mountainbike geben.

♦ 3 DZ mit Bad und WC; 2 Apartments mit Küche ♦ DZ in Einzelbelegung € 70–90, DZ € 80–100, Apartment € 120–200 (Frühstück € 8 pro Person) ♦ Kreditkarten: CartaSi, Visa; Bankomat ♦ 1 Zimmer behindertengerecht ausgestattet, Privatparkplatz, kleine Haustiere willkommen, Betreiber stets anwesend ♦ Restaurant (nur für Hausgäste), Aufenthaltsraum mit Bibliothek, Sat-TV, Internetstation, Garten, Kinderspielplatz, Schwimmbecken

Amelia

5 km vom Zentrum
29 km östlich von Terni, S.S. 3 und S.P. 205
Ausfahrt Orte der A 1, Hinweisschilder nach Amelia und Giove

Locanda San Giuseppe

Landhaus
Strada Amelia-Giove, km 7,200
Tel. (+39) 07 44 / 97 00 04,
(+39) 338 / 444 71 25
info@locandasangiuseppe.com
www.locandasangiuseppe.com
Ganzjährig geöffnet

Diese Locanda ist ein renoviertes altes Bauernhaus in der grünen Landschaft Umbriens. Seit einigen Monaten wird sie von Alberto Cerrai geführt. Hier finden Sie das richtige Maß an Ruhe und können in einem der fünf großzügigen, geschmackvoll eingerichteten Zimmer die Entspannung genießen. Auch die Gemeinschaftsbereiche, die sich aus einem Leseraum, einem Restaurant und einem weitläufigen Außengelände zusammensetzen, haben eine angenehme Atmosphäre. Das Frühstücksbüfett umfasst süßes Gebäck, Kranzkuchen und selbst gemachte Konfitüren; auf Wunsch bereitet man auch pikante Köstlichkeiten zu. Das Restaurant bietet umbrische Traditionsküche mit vielen Wildgerichten. Eine Mahlzeit kostet 20 Euro ohne Wein. In nächster Umgebung gibt es zahlreiche interessante Ausflugsziele wie die römischen Ruinen von Carsulae, Lugnano in Teverina, Orvieto, den Marmore-Wasserfall und den versteinerten Wald von Dunarobba.

♦ 5 DZ oder 3BZ mit Bad und WC, TV ♦ DZ in Einzelbelegung € 40, DZ € 70, 3BZ € 105 (alle mit Frühstück) ♦ Kreditkarten: CartaSi, MC, Visa; Bankomat ♦ 2 Zimmer barrierefrei zugänglich, Privatparkplatz, Haustiere nicht erlaubt, Betreiber stets anwesend ♦ Restaurant, Lese- und TV-Raum, Park, Sonnenterrasse, Schwimmbecken

Assisi
Capodacqua

6 km vom Zentrum
24 km östlich von Perugia
Ausfahrt Rivotorto der S.S. 75 in Richtung Capodacqua

Malvarina

Agriturismo
Via Pieve di Sant'Apollinare, 32
Tel./Fax (+39) 075 / 806 42 80
info@malvarina.it
www.malvarina.it
Ganzjährig geöffnet

Über eine typische Landstraße erreicht man nicht weit von Assisis Altstadt den kleinen Ortsteil Capodacqua. Der ruhige Agriturismo inmitten von alten Olivenbäumen wird von Claudio Fabrizi geleitet. Weil seine Familie ihn bei der Arbeit unterstützt, ist er gerne bereit, die Gäste auf Themenwanderungen zu begleiten und ihnen den Olivenanbau zu erklären. Die kürzlich renovierten Zimmer sind gemütlich und klassisch. Die Mutter des Inhabers verwendet die Bioprodukte aus eigener Erzeugung für das reichhaltige Frühstück. Es umfasst Köstlichkeiten wie Honig, Konfitüren, Crostate mit Früchten und typisches süßes Gebäck. Im Restaurant kommt bodenständige Kost aus Bioprodukten auf den Tisch. Eine Mahlzeit mit Wein kostet 30 Euro (Vorbestellung unbedingt erforderlich).

♦ 9 DZ, 2 3BZ und 1 4BZ, alle mit Bad und WC; 3 Apartments (2–4 Personen) mit Kochnische ♦ DZ in Einzelbelegung € 55, DZ € 95, 3BZ € 110, 4BZ € 140 (alle mit Frühstück); Apartment € 100 (Frühstück € 10 pro Person) ♦ alle Kreditkarten, Bankomat ♦ Anlage barrierefrei zugänglich, 1 Zimmer behindertengerecht ausgestattet, Privatparkplatz, kleine Haustiere willkommen, Betreiber stets anwesend ♦ Restaurant, Garten

Assisi

In der Altstadt
24 km östlich von Perugia
Ausfahrt Assisi-Santa Maria degli Angeli der S.S. 75 in Richtung Assisi Centro

Pallotta

2-Sterne-Hotel
Via San Rufino, 6
Tel. (+39) 075 / 81 23 07
Fax (+39) 075 / 782 33 04
pallotta@pallottaassisi.it
www.pallottaassisi.it
Ganzjährig geöffnet

An der kurvenreichen Straße, die zur Kathedrale San Rufino mit ihrer imposanten romanischen Fassade führt, stoßen wir auf dieses kleine Hotel im Zentrum von Assisi. Die schlicht eingerichteten Zimmer befinden sich in einem mittelalterlichen Gebäude mit klassischen Arkaden. Von allen Zimmern genießt man eine herrliche Aussicht über die Dächer der Stadt. Das Hotel liegt zwar in einer verkehrsberuhigten Zone, aber außerhalb der Stadtmauern stehen zahlreiche gebührenpflichtige Parkplätze zur Verfügung. Das Frühstücksbüfett umfasst Joghurt und Ricotta von kleinen Erzeugern, Süßspeisen und Kuchen aus dem angeschlossenen Restaurant und einige pikante Speisen. Die Preise sind für die Gegend äußerst günstig, denn der Aufpreis für Halbpension beträgt nur 14 Euro pro Person.

♦ 3 EZ, 4 DZ und 1 3BZ, alle mit Bad und WC, TV, WLAN ♦ EZ € 35–45, DZ € 58–75, 3BZ € 70–90 (alle mit Frühstück) ♦ alle Kreditkarten, Bankomat ♦ gebührenpflichtiger öffentlicher Parkplatz 300 Meter entfernt, kleine Haustiere willkommen, Rezeptionsdienst 8–18.30 Uhr ♦ Restaurant, Frühstücksraum, Lese- und TV-Raum, Salon

🍲 Das Restaurant bietet ein traditionelles, vegetarisches oder saisonales Menü für etwa 30 bis 35 Euro ohne Wein.

Assisi
Santa Maria degli Angeli
4 km vom Zentrum
20 km östlich von Perugia
18 km von der Ausfahrt Perugia des Autobahnzubringers Perugia-Bettolle der A 1

Terra Natia

3-Sterne-Hotel
Via Berlinguer, 5
Tel./Fax (+39) 075 / 804 41 93
info@terranatia.it
www.terranatia.it
Ganzjährig geöffnet

Santa Maria degli Angeli, ein Ortsteil von Assisi, ist für die gleichnamige Basilika bekannt, in der sich die Portiunkula des heiligen Franziskus befindet. Hier liegt auch dieses Hotel, das aus einem Bauernhaus aus dem 15. Jahrhundert entstand. Trotz Renovierung blieb der Zauber der alten Architektur erhalten. Das Hotel erweist Umbrien alle Ehre, denn seine Zimmer sind nach den bekanntesten Orten der Region benannt. Hausgäste können im angeschlossenen Restaurant I Vecchi Tempi die lokalen Spezialitäten des Küchenchefs Emanuele Luciani genießen. Eine Mahlzeit kostet 25 bis 30 Euro ohne Wein, Halbpension 60 Euro pro Person. Graziano Baffi, Kunstexperte und Gemälderestaurator, ist für den höflichen, familiären Empfang verantwortlich. Der Inhaber Fabrizio Alzamira bereitet höchstpersönlich die Süßspeisen für das Frühstück zu, darunter umbrische Torcoli, Crostate mit Früchten und weitere Spezialitäten.

♦ 6 DZ, 2 3BZ und 2 4BZ, alle mit Bad und WC, Airconditioning, Safe, TV ♦ DZ in Einzelbelegung und DZ € 75–90, 3BZ € 90–105, 4BZ € 105–115 (alle mit Frühstück) ♦ alle Kreditkarten, Bankomat ♦ Anlage barrierefrei zugänglich, 2 Zimmer behindertengerecht ausgestattet, Privatparkplatz, kleine Haustiere willkommen, Rezeptionsdienst 8–24 Uhr ♦ Bar, Restaurant, Veranstaltungsraum, Garten

Bevagna
Arquata

9 km von Foligno, 38 km südöstlich von Perugia
Von Bevagna etwa 2 km in Richtung Montefalco,
Hinweisschilder zum Agriturismo

Fonte Fulgeri

Agriturismo
Vocabolo Arquata, 222
Tel. (+39) 07 42 / 36 00 44, (+39) 07 42 /
36 05 41, (+39) 07 42 / 36 06 76
Fax (+39) 07 42 / 36 05 41
palini.nello@alice.it
www.fontefulgeri.it
Ferien: Mitte Januar–Mitte Februar

Der Agriturismo unter der Führung von Nello Palini und seiner Familie ist nach der Quelle in diesem Ort benannt. Die vier Gästezimmer befinden sich in einem umbrischen Landhaus. Rund um den Betrieb erstrecken sich Weingärten, Obstplantagen, Gemüsegärten sowie Felder mit Getreide und Hülsenfrüchten. Neben der Landwirtschaft beschäftigt sich die Familie Palini auch mit der Aufzucht von Rindern und anderen Tieren. Das Fleisch wird häufig im angeschlossenen Restaurant verarbeitet, das gegen Vorbestellung nicht nur Hausgäste bedient. Eine Mahlzeit kostet 25 bis 30 Euro, für Hausgäste 25 Euro. Die weitläufigen, hellen Zimmer sind schlicht eingerichtet. Das traditionelle Frühstück setzt sich aus hausgemachten Süßspeisen, Kuchen, Crostate, Brot, Butter, Konfitüren, Milch, Tee und Kaffee zusammen. In der Freizeit kann man entspannte Stunden in der frischen Luft genießen oder kunsthistorisch interessante Ziele in der Umgebung aufsuchen.

♦ 1 DZ, 2 3BZ und 1 4BZ, alle mit Bad und WC ♦ DZ in Einzelbelegung € 40, DZ € 65, 3BZ € 75, 4BZ € 80 (alle mit Frühstück) ♦ keine Kreditkarten ♦ Privatparkplatz, kleine Haustiere willkommen, Betreiber stets anwesend ♦ Restaurant, Frühstücksraum, Garten

Bevagna

In der Altstadt
38 km südöstlich von Perugia
9 km von der Ausfahrt Foligno der S.S. 75

Il Chiostro di Bevagna

2-Sterne-Hotel
Corso Matteotti, 107
Tel. (+39) 07 42 / 36 19 87
Fax (+39) 07 42 / 36 92 31
info@ilchiostrodibevagna.com
www.ilchiostrodibevagna.com
Ferien: Februar

Stefania und Fabio betreiben dieses kleine Hotel, das den Gästen die wunderbare Möglichkeit bietet, in einer der historischen Stätten des Zentrums gleich beim Hauptplatz zu wohnen. Es handelt sich um den Kreuzgang des Dominikanerklosters, der mit einer doppelten Reihe von Bogengängen und Originalfresken besticht. Stille und Ruhe sind hier auf jeden Fall gewährleistet. Die eher einfach ausgestatteten Zimmer sind hell und mit rustikalen Möbeln eingerichtet. Das Frühstück wird in einem eigenen Raum eingenommen und besteht aus den üblichen heißen Getränken, zwei oder drei Fruchtsäften, Zwieback, Konfitüren, hausgemachten Süßspeisen, aber auch Wurst und Käse. Zu den bekanntesten Veranstaltungen der Stadt zählt der »Mercato delle Gaite«, der an den mittelalterlichen Ursprung von Bevagna erinnert und den Beginn des Sommers markiert.

♦ 2 EZ, 7 DZ, 3 3BZ und 2 4BZ, alle mit Bad und WC, Safe, Telefon, TV, WLAN
♦ EZ € 55, DZ € 80, 3BZ € 90, 4BZ € 100 (alle mit Frühstück) ♦ Kreditkarten: CartaSi, DC, MC, Visa; Bankomat
♦ 1 Zimmer behindertengerecht ausgestattet, Privatgarage, Haustiere nicht erlaubt, Rezeptionsdienst 8–24 Uhr
♦ Frühstücksraum, Lese- und TV-Raum, Konferenzraum, Kreuzgang

Bevagna

2 km vom Zentrum
38 km südöstlich von Perugia, S.P. 316
9 km von der Ausfahrt Foligno der S.S. 75, Hinweisschilder zum Hotel

Il Poggio dei Pettirossi

3-Sterne-Hotel
Vocabolo Pilone, 301
Tel. (+39) 07 42 / 36 17 44, (+39) 07 42 / 36 03 79, (+39) 07 42 / 36 17 40
Fax (+39) 07 42 / 36 92 38
info@ilpoggiodeipettirossi.it
www.ilpoggiodeipettirossi.it
Ferien: 4 Wochen im Januar/Februar

Das von Marco Fancelli geführte Hotel liegt auf einer Seehöhe von 325 Metern. Es handelt sich um ein harmonisches Ensemble aus renovierten und neuen Gebäuden, das sich perfekt in das unberührte Hügelland um Bevagna einfügt. Die komfortablen, geräumigen Zimmer sind mit Möbeln im Arte-povera-Stil eingerichtet. Die Terrasse bietet einen prachtvollen Ausblick auf das Tal. Das Frühstücksbüfett umfasst Kaffee, Milch, Tee, Croissants aus einer Konditorei, Crostate und andere hausgemachte süße Köstlichkeiten, Konfitüren, frisches Obst, Fruchtsäfte und Pikantes. Das Restaurant ist nicht nur für Hausgäste geöffnet und bietet traditionelle umbrische Gerichte. Eine Mahlzeit mit Wein kostet 30 Euro. In der Nähe gibt es zahlreiche interessante Städte zu besichtigen, darunter Assisi, Perugia, Spoleto, Spello und Montefalco.

♦ 24 DZ und 2 Suiten (4 Personen), alle mit Bad und WC, Terrasse, Minibar, Safe, Telefon, Sat-TV, WLAN; 3 Apartments mit Kochnische ♦ DZ in Einzelbelegung € 50–65, DZ € 70–90 (Aufpreis Zusatzbett € 25), Suite € 90–110 (alle mit Frühstück); Apartment € 80–100 ♦ Kreditkarten: AE, CartaSi, MC, Visa; Bankomat ♦ 2 Zimmer behindertengerecht ausgestattet, Privatparkplatz, Haustiere nicht erlaubt, Rezeptionsdienst 8–24 Uhr ♦ Bar, Restaurant, Frühstücksraum, TV-Raum, Konferenzraum, Garten, Terrasse, Sonnenterrasse, Schwimmbecken

Castiglione del Lago
Pescia

44 km westlich von Perugia
9 km von der Ausfahrt Castiglione del Lago des Autobahnzubringers Perugia-Bettole der A 1

Podere Pescia

Landhaus
Ortsteil Pescia, 39 A
Tel. (+39) 075 / 95 18 24, (+39) 333 / 222 67 22
Fax (+39) 075 / 95 10 24
info@poderepescia.it
www.poderepescia.it
Ganzjährig geöffnet

An der Grenze zwischen der Toskana und dem Gebiet um den Trasimenischen See finden Sie dieses schöne Landhaus, das in einen Beherbergungsbetrieb umgewandelt wurde. Giancarlo Caponeri hat die Leitung inne und beschäftigt sich daneben mit der Renovierung von alten Gebäuden. Auch dieses Haus hat er restauriert, dabei aber seine Besonderheiten beibehalten, etwa die Steinmauern, die großen Firstbalken, die alten Träger an den Türen sowie den Taubenschlag und den Glockenturm im Außenbereich. Die Zimmer und das Apartment bieten viel Platz und sind mit historischen Möbeln eingerichtet. Alle verfügen über eine kleine Nische für die Zubereitung von heißen Getränken. Das Frühstück wird im ehemaligen Stall serviert und besteht aus süßen Köstlichkeiten, darunter Brioches, Kuchen und Marmeladen, und Pikantem wie Schinken und Käse. Im August kann man auch Halbpension für 60 bis 70 Euro pro Person buchen. Das Schwimmbecken ist von einem weitläufigen Garten umgeben.

♦ 5 DZ mit Bad und WC, Safe, Sat-TV; 1 Apartment (3 Personen) mit Küche ♦ DZ in Einzelbelegung € 70–100, DZ und Apartment € 80–110 (Aufpreis Zusatzbett € 40, alle mit Frühstück) ♦ keine Kreditkarten ♦ 1 Zimmer barrierefrei zugänglich, überdachter Privatparkplatz, kleine Haustiere willkommen, Betreiber immer erreichbar ♦ Barbereich, Frühstücksraum, Garten, Sonnenterrasse, Außenbereich, Schwimmbecken

Città della Pieve

1 km vom Zentrum
10 km von Chianciano Terme, S.S. 71, 35 km südwestlich von Perugia
10 km von der Ausfahrt Chiusi-Chianciano oder Fabro der A 1

Città di Castello

Im Zentrum
54 km nördlich von Perugia, E 45

Madonna delle Grazie

Agriturismo
Vocabolo Madonna delle Grazie, 6
Tel. (+39) 05 78 / 29 98 22
Fax (+39) 05 78 / 29 77 49
info@madonnadellegrazie.it
www.madonnadellegrazie.it
Ganzjährig geöffnet

La Miniera di Galparino

NEU

Agriturismo
Vocabolo Galparino
Tel./Fax (+39) 075 / 854 07 84
info@galparino.it
www.galparino.it
Ganzjährig geöffnet

Dieser herrliche Biobauernhof mit Gästezimmern blickt auf das Tiber- und Chianatal. Seit den frühen Neunzigerjahren wird er von den beiden erfahrenen Restauratoren Maria Teresa und Renato Nannotti geleitet. Neben elegant eingerichteten Zimmern und Gemeinschaftsräumen erwartet Sie ein herrlicher Bereich im Freien mit Schwimmbecken und Reitstall; für die Haustiere der Gäste, die im Haus nicht zugelassen sind, gibt es überdachte Gehege. Der Betrieb erzeugt natives Olivenöl extra, Wein, Honig und Fleisch, die in der angeschlossenen Gaststätte Le Due Valli verarbeitet werden. Das Lokal steht nicht nur Hausgästen offen; ein Essen ohne Wein kostet 25 Euro, Halbpension 65 bis 80 Euro pro Person.

Dieser hübsche Agriturismo liegt im nördlichen Teil Umbriens an der Grenze zur Toskana. Es handelt sich um ein renoviertes altes Bauernhaus aus Stein. Der Betrieb verfügt über rustikal eingerichtete, gepflegte Zimmer und Apartments mit Holzbalkendecken. Neben dem Restaurant gibt es auch eine Bar, in der das Frühstück serviert wird. Der Tag beginnt mit einer schönen Auswahl an Kuchen, traditionellen Süßspeisen, biologischen Konfitüren aus Eigenproduktion, Wurst und Joghurt. Wer sich entspannen möchte, lässt sich auf der Veranda mit Blick auf das Tal nieder. Sportliche Gäste können dagegen das Schwimmbecken benutzen, im Park Fußball spielen oder sich im Bogenschießen üben.

♦ 10 DZ mit Bad und WC, Aircondition; 2 Apartments (4 Personen) mit Küche ♦ DZ in Einzelbelegung € 45–60, DZ € 90–120 (alle mit Frühstück); Apartment € 600–850 pro Woche ♦ Kreditkarten: AE, CartaSi, MC, Visa; Bankomat ♦ Restaurant barrierefrei zugänglich, überdachter Privatparkplatz, kleine Haustiere willkommen (außer in den Zimmern), Betreiber stets anwesend ♦ Restaurant, Frühstücksraum, Lese- und TV-Raum, Terrasse, Schwimmbecken, Bocciafeld, Tischtennis, Bogenschießen, Reitstall

♦ 1 EZ, 2 DZ, 1 3BZ und 1 4BZ, alle mit Bad und WC, TV; 4 Apartments (4–6 Personen) mit Kochnische oder Küche ♦ EZ € 50, DZ € 70–80, 3BZ € 85–95, 4BZ € 100–110 (alle mit Frühstück); Apartment € 500–900 pro Woche ♦ keine Kreditkarten ♦ Gemeinschaftsbereiche, 1 Zimmer und 1 Apartment barrierefrei zugänglich, Privatparkplatz, kleine Haustiere willkommen, Betreiber immer erreichbar ♦ Bar, Restaurant, Veranda, Park, Tischtennis, Schwimmbecken, Fußballwiese, Bogenschießen

🍲 Das Restaurant bietet traditionelle Küche unter Verwendung lokaler Produkte. Eine Mahlzeit ohne Wein kostet etwa 28 Euro.

Collazzone
Collepepe

5 km vom Zentrum
28 km südlich von Perugia, S.S. 3 bis
Zubringer Pantalla-Collazzone der E 45

L'Alberata

NEU

Ferienhaus
Via Perugina, 68 A
Tel. (+39) 075 / 878 93 45,
(+39) 340 / 260 22 40
Fax (+39) 075 / 878 91 98
info@residenzelalberata.com
www.residenzelalberata.com
Ganzjährig geöffnet

In dem von Stadtmauern umschlossenen mittelalterlichen Ort Collazzone hat ein Lebensmittelbündnis von Terra Madre einen alten Brauch wieder aufleben lassen: Brot wird in den Gemeinschaftsbacköfen gebacken, die im Ort noch vorhanden sind. Die Seele des Bündnisses ist Silvana Favetti Andreani, die Sie in diesem komfortablen Ferienhaus in Collepepe empfängt. Die kürzlich renovierten geräumigen Unterkünfte sind schön eingerichtet und mit einer Kochnische perfekt ausgestattet. Lassen Sie sich keinesfalls das Frühstück entgehen, das Silvana in einem schönen Raum mit Kamin, Bibliothek und Hintergrundmusik serviert. Brot, Crostate und Konfitüren sind hausgemacht, die Wurstspezialitäten ebenso. Die Andreanis betreiben nämlich im gleichen Gebäude eine hervorragende Fleischerei und einen gut bestückten Delikatessen- und Weinladen. Die Hausherrin organisiert auch Kochkurse. Hausgäste erhalten überdies spezielle Konditionen in einem Wellnesszentrum und bei einem Reitstall, mit denen ein Abkommen besteht.

♦ 6 Apartments (1–5 Personen) mit Bad und WC, Kochnische, Kühlschrank, TV, Internetanschluss ♦ Apartment (1–2 Personen) € 80, Apartment (3 Personen) € 110, Apartment (4 Personen) € 130 (Frühstück € 5 pro Person) ♦ Kreditkarten: CartaSi, MC, Visa; Bankomat ♦ 1 Apartment barrierefrei zugänglich, Privatparkplatz, kleine Haustiere willkommen, Betreiber immer erreichbar ♦ Frühstücksraum, Terrasse, Arkaden, Hof

Costacciaro
Case Sparse di Villa

2 km vom Zentrum
12 km vom Bahnhof Fossato di Vico-Gubbio
60 km nordöstlich von Perugia, S.S. 3

Villa Pascolo

Landhaus
Case Sparse di Villa
Tel./Fax (+39) 075 / 917 07 70
info@villapascolo.com
www.villapascolo.com
Ferien: Dreikönig–letzter Samstag im März, Mitte Oktober–erster Sonntag im Dezember

Dieses Landhaus wird von den drei Freunden Antonella, Paola und Norberto geführt, die 1998 ihren Beruf aufgaben und sich einen lang gehegten gemeinsamen Traum erfüllten. Sie erwarben ein Herrschaftshaus aus dem 19. Jahrhundert inmitten eines Parks mit altem Baumbestand, renovierten es sorgfältig und richteten darin Gästeunterkünfte ein. Die Zimmer mit Blick auf den ruhigen Park sind schlicht und mit Stil- und Artepovera-Möbeln eingerichtet. Auch das Frühstück steht im Zeichen der Einfachheit: Konfitüren, Brot, Butter, Kranzkuchen, Zwieback, Joghurt, frisches Obst, Milch, Gerste, Schokolade, Tee, Kaffee und Fruchtsäfte. Im Restaurant gibt es traditionelle Speisen. Eine Mahlzeit kostet 22 bis 25 Euro ohne Wein, Halbpension 42 bis 49 Euro pro Person.

♦ 2 DZ und 4 3BZ, alle mit Bad und WC, Safe; 1 Apartment mit Kochnische ♦ DZ in Einzelbelegung € 39–48, DZ € 52–64, 3BZ € 78–96 (alle mit Frühstück); Apartment € 50–80 ♦ Kreditkarten: CartaSi, DC, MC, Visa; Bankomat ♦ 1 Zimmer behindertengerecht ausgestattet, Privatparkplatz, kleine Haustiere willkommen, Betreiber immer erreichbar ♦ Restaurant, Leseraum, Konferenzraum, Park, Terrasse, Schwimmbecken

Gubbio
Santa Cristina

22 km vom Zentrum
30 km nordöstlich von Perugia
Ausfahrt Ponte Pattoli der E 45

Guinzano

Agriturismo
Vocabolo Guinzano
Tel. (+39) 075 / 92 00 37,
(+39) 348 / 225 47 01
Fax (+39) 075 / 92 00 23
info@guinzano.it
www.guinzano.it
Ferien: Januar, Februar

Daniela Balduchelli Salvi Marchetti stammt aus Brescia und führt mit ihrem Ehemann Stefano seit 1999 diesen Biobetrieb, der sich über 16 Hektar Land erstreckt. Zu den bereits vorhandenen 150 alten Olivenbäumen kommen rund 300 neu angepflanzte Bäume, Dinkel- und Gerstenfelder sowie Bienenstöcke, aus denen guter Honig gewonnen wird. Überdies züchtet man Rinder in beschränkter Zahl, deren Fleisch vor Ort verarbeitet und verkauft wird. Man muss es ebenso wie Getreide, Öl und Honig lange vorbestellen. Ein Mittag- oder Abendessen kostet mit Getränken 30 Euro. Die Zimmer bestechen durch gepflegte Einrichtung; die Betten und sonstigen Möbel wurden von Handwerkern aus Brescia angefertigt. Zum Frühstück gibt es Milch, Kaffee, Tee, Fruchtsäfte, Konfitüren, Wurst und Käse lokaler Herkunft. Der Agriturismo dient auch als Lehrbauernhof; außerdem organisiert man Kochkurse, Ausflüge mit dem Mountainbike und Reitwanderungen.

♦ 6 DZ mit Bad und WC, Aircondition, TV ♦ DZ in Einzelbelegung € 75, DZ € 110 (alle mit Frühstück) ♦ Kreditkarten: AE, CartaSi, MC, Visa; Bankomat ♦ 1 Zimmer behindertengerecht ausgestattet, Privatparkplatz, kleine Haustiere willkommen, Betreiber stets anwesend ♦ Restaurant, Leseraum, Veranda, Park

Gubbio

40 km nordöstlich von Perugia
Ausfahrt Ponte Pattoli der E 45

Oderisi

2-Sterne-Hotel
Via Mazzatinti, 2
Tel. (+39) 075 / 922 06 62,
(+39) 392 / 596 66 03
Fax (+39) 075 / 922 06 63
info@hoteloderisi.com
www.hoteloderisi.com
Ferien: Januar, Februar

Dieses von der Familie Angeletti geführte kleine Hotel liegt auf den Hängen des Monte Ingino am Rand der Altstadt. Die Zimmer sind modern eingerichtet und bieten einen prachtvollen Ausblick auf die Stadt: Der Blick schweift über mittelalterliche Türme und Glockentürme bis zum Palazzo dei Consoli. Bevor man am Morgen zu einem angenehmen Spaziergang aufbricht, um die Schätze der Altstadt zu entdecken, kann man sich in aller Ruhe das Frühstücksbüfett schmecken lassen. Man kann auch für einen Aufpreis von 12 Euro pro Person Halbpension buchen und in einem Partnerbetrieb in der Nähe des Hotels speisen.

♦ 2 EZ, 8 DZ, 3 3BZ und 1 4BZ, alle mit Bad und WC, Safe, Telefon, TV ♦ EZ € 36–45, DZ € 58–72, 3BZ € 79–93, 4BZ € 94–110 (alle mit Frühstück) ♦ alle Kreditkarten, Bankomat ♦ Anlage teilweise barrierefrei zugänglich, öffentlicher Vertragsparkplatz (€ 8 pro Tag), kleine Haustiere willkommen, Rezeptionsdienst rund um die Uhr ♦ Bar, TV-Raum

Gubbio

40 km nordöstlich von Perugia, S.S. 298 oder S.S. 219
Ausfahrt Ponte Pattoli der E 45

Residenza le Logge

Zimmervermietung
Via Piccardi, 7–9
Tel. (+39) 075 / 927 75 74
residenzalelogge@virgilio.it
www.residenzalelogge.com
Ganzjährig geöffnet

Wenn man nach Gubbio kommt, ist man sogleich von der imposanten Erscheinung des Palazzo dei Consoli beeindruckt. Das Symbol der Stadt und der »Festa dei Ceri« (Wachskerzenlauf) liegt im San-Giuliano-Viertel und dient auch als Ausstellungsort. Der Eingang zur Residenza Le Logge befindet sich in der Via Piccardi, einem engen Gässchen, das sich bis zu den mächtigen Bogen unterhalb des Palazzos erstreckt. Das charakteristische mittelalterliche Gebäude mit einem Innenhof, der einst als Gemüsegarten diente, wurde renoviert und auch im Hinblick auf seine Einrichtung perfekt an das historische und kulturelle Umfeld angepasst. Das traditionelle Frühstücksbüfett ist reichhaltig und umfasst hausgemachte Kuchen und Crostate. Mittags und abends kann man in einigen Restaurants in der Altstadt speisen, mit denen ein Abkommen besteht. Die Halbpension kostet 45 bis 60 Euro pro Person.

◆ 1 EZ und 5 DZ, alle mit Bad und WC, Minibar, TV (einige Zimmer mit Balkon, 1 Zimmer mit Whirlpool) ◆ EZ € 30–50, DZ € 50–110 (Aufpreis Zusatzbett € 15, alle mit Frühstück) ◆ alle Kreditkarten, Bankomat ◆ öffentlicher Vertragsparkplatz in der Nähe (€ 8 pro Tag), kleine Haustiere willkommen (nach Absprache), Rezeptionsdienst rund um die Uhr (nachts bei Bedarf) ◆ Bar, Frühstücksraum, TV-Raum, Garten

Massa Martana

40 km von Terni, 53 km südöstlich von Perugia
Ausfahrt Massa Martana der E 45

Casale Campodoro

Bed & Breakfast
Frazione Viepri, 106
Tel. (+39) 075 / 894 73 47,
(+39) 333 / 387 57 40
info@casalecampodoro.com
www.casalecampodoro.com
Ganzjährig geöffnet

Das aus Stein errichtete alte Bauernhaus stammt aus dem 18. Jahrhundert und liegt auf einer Seehöhe von 500 Metern inmitten der umbrischen Landschaft. Von hier kann man einen schönen Ausblick auf eine Abtei aus dem Jahr 1150 genießen. Das dazugehörige Land erstreckt sich über rund einen Hektar und ist mit Oliven-, Nuss- und Obstbäumen bepflanzt. Die Gästezimmer sind mit historischen Möbeln und Gegenständen aus Familienbesitz ausgestattet. Die Eigentümerin Carolina Bonanno kümmert sich hingebungsvoll um die Gäste und bereitet auch das schmackhafte Frühstück mit frischem Brot, Butter, Milch und hausgemachten Konfitüren vor. Die Unterkunft ist ein guter Ausgangspunkt für zahlreiche interessante Ausflüge: Todi ist 15 Kilometer, Assisi 45 Kilometer und der Marmore-Wasserfall, der größte Wasserfall Europas, 35 Kilometer entfernt.

◆ 3 DZ mit Bad und WC, Sat-TV; 2 Apartments (2–5 Personen) mit Kochnische ◆ DZ in Einzelbelegung € 45–55, DZ € 60–80 (Aufpreis Zusatzbett € 15, alle mit Frühstück); Apartment € 80–140 ◆ keine Kreditkarten ◆ Privatparkplatz, kleine Haustiere willkommen, Betreiber stets anwesend ◆ Frühstücksraum, Garten, Veranda, Schwimmbecken

Massa Martana

34 km von Terni, 63 km südöstlich von Perugia
Ausfahrt Massa Martana der E 45

Fontana delle Pere

Agriturismo
Vocabolo Perticara, 138
Tel. (+39) 075 / 88 95 06,
(+39) 348 / 692 98 26
info@fontanadellepere.it
www.fontanadellepere.it
Ferien: 15.–31. Januar

Am Fuß der Monti Martani, nicht weit von Todi, besitzt die Familie Bernardi, die sich einer langen landwirtschaftlichen Tradition rühmen kann, einen Betrieb mit rund zwölf Hektar Land. Die Gästezimmer befinden sich teils im Wohnhaus der Familie, teils im kürzlich renovierten Stall und Heuschober. Der Empfang der Gäste ist einfach, ehrlich und ohne Getue. Die lichtdurchfluteten Zimmer sind schlicht eingerichtet. Das Frühstück und die anderen Mahlzeiten werden im rustikalen Speisesaal mit einem wunderschönen Kamin serviert. Die von Signora Serenella zubereiteten Traditionsgerichte gibt es auch für externe Gäste (nur gegen Vorbestellung). Der Aufpreis für Halbpension beträgt 10 bis 18 Euro pro Person.

♦ 3 EZ und 9 DZ, alle mit Bad und WC ♦ EZ und DZ in Einzelbelegung € 30, DZ € 50–60 (Aufpreis Zusatzbett € 10, alle mit Frühstück) ♦ keine Kreditkarten ♦ 2 Zimmer behindertengerecht ausgestattet, Privatparkplatz, kleine Haustiere willkommen ♦ Restaurant, Leseraum, Garten, Kinderspielplatz, Schwimmbecken, Reitstall

🍲 Im Agriturismo bietet man Traditionsgerichte. Eine Mahlzeit mit Wein kostet 22 Euro.

Monte Santa Maria Tiberina
Petralta

1 km vom Zentrum
15 km von Città di Castello, 60 km nw. von Perugia

Petralta

Agriturismo
Ortsteil Petralta, 15
Tel. (+39) 075 / 857 02 28,
(+39) 339 / 683 67 69
Fax (+39) 075 / 857 02 28
petralta@alice.it
www.petralta.com
Ganzjährig geöffnet

Der Betrieb wird von der aus der Toskana stammenden Familie Parigi geführt und war einer der ersten umbrischen, vielleicht sogar italienischen Agriturismi. Es handelt sich um ein schlicht renoviertes Bauernhaus. Die Eigentümer bewohnen den ersten Stock eines alten Steinturms. Drei Gästezimmer sind im Stock darüber untergebracht, ein weiteres Zimmer und die beiden Apartments (Mindestaufenthalt drei Tage) befinden sich in einem Gebäude gegenüber. Das Frühstück setzt sich aus eigenen Produkten zusammen: Honig, Obst der Saison, Konfitüren, süßes Gebäck und getoastetes Brot, begleitet von klassischen Kaffeezubereitungen und Frühstücksgetränken. Das Restaurant ist nur für Hausgäste geöffnet; eine Mahlzeit mit Wein kostet 25 Euro.

♦ 2 DZ und 2 3BZ, alle mit Bad und WC (bei 2 Zimmern auf dem Flur); 2 Apartments (4 Personen) mit Küche ♦ DZ in Einzelbelegung € 40–60, DZ € 50–65, 3BZ € 50–75 (Frühstück € 5 pro Person); Apartment € 400–650 pro Woche ♦ alle Kreditkarten, Bankomat ♦ Privatparkplatz, Haustiere nicht erlaubt, Betreiber stets anwesend ♦ Restaurant, Garten, Terrasse, Schwimmbecken

Montefalco
Belvedere

3 km vom Zentrum
33 km vom Flughafen Sant'Egidio
12 km von Foligno, 44 km südöstlich von Perugia

Montone
In der Altstadt; 8 km von Umbertide, 39 km nordwestlich von Perugia
Autobahnzubringer der A 1 von Arezzo, S.S. 71, S.P. 43, S.P. 45 und S.S. 3 bis; Ausfahrt Orte der A 1, E 45 und S.S. 3 bis

Bed & Breakfast in Villa

Bed & Breakfast
Ortsteil Belvedere di Montefalco, 47
Tel. (+39) 07 42 / 37 93 38,
(+39) 328 / 945 75 76
Fax (+39) 07 42 / 37 93 38
info@bbinvilla.com
www.bbinvilla.com
Ganzjährig geöffnet

Locanda del Capitano

3-Sterne-Hotel
Via Roma, 5-7
Tel. (+39) 075 / 930 65 21
Fax (+39) 075 / 930 64 55
info@ilcapitano.com
www.ilcapitano.com
Ferien: 10. Januar–1. März

Das von der Familie Valentini geführte Bed & Breakfast steht auf einem Hügel mit Aussicht auf das Tal, das sich von Spoleto bis Perugia erstreckt. Durch die abgeschiedene Lage ist für einen ruhigen Aufenthalt gesorgt. Zugleich sind aber interessante Ausflugsziele wie Assisi, Todi, Perugia und Spoleto bequem zu erreichen. Die Zimmer sind einfach, hell und hübsch eingerichtet. Auch die Gemeinschaftsbereiche sind großzügig angelegt, darunter ein Salon mit einer kleinen Bibliothek und der an die Küche grenzende Frühstücksraum. Hier bäckt Signora Mirella köstliche Kuchen, die Sie zusammen mit Konfitüren, Brot, frischem Obst und heißen Getränken als Frühstück bekommen. Im weitläufigen Garten mit Baumbestand kann man an kleinen Tischen Platz nehmen, um zu plaudern, oder das Schwimmbecken benutzen und die Aussicht auf die umliegenden Hügel genießen.

Giancarlo und Carmen Polito haben 1997 im Herzen des mittelalterlichen Orts Montone ein kleines, aber bezauberndes Hotel geschaffen. In dem schönen Steingebäude wohnte einst der Söldnerführer Braccio da Montone. Sowohl die sehr komfortablen, gepflegten Zimmer als auch die Gemeinschaftsbereiche sind mit Holzparkett und Möbeln ausgestattet, die von der umbrischen Architektur des 17. Jahrhunderts inspiriert sind. Ringsum sind Gärten und Terrassen angelegt (zwei Zimmer haben einen Blick darauf), die das Erscheinungsbild des Gebäudes noch eindrucksvoller machen. Das Frühstück wird als Büfett vorbereitet. Im angeschlossenen Restaurant mit nur 30 Plätzen, dafür aber einem mit über 400 Etiketten bestückten Keller, kann man die übrigen Mahlzeiten einnehmen (35 Euro ohne Wein). Der Betrieb organisiert Koch- und Malkurse, Wanderungen zu Fuß oder zu Pferd und im Herbst Ausflüge mit Hunden, die auf Trüffelsuche spezialisiert sind. Ein Tennisplatz ist sechs Kilometer entfernt.

♦ 7 DZ, 2 3BZ und 1 Suite, alle mit Bad und WC, TV (auf Wunsch), (einige Zimmer mit Airconditon) ♦ DZ in Einzelbelegung € 60–70, DZ € 80–90, 3BZ € 105–120, Suite € 120–140 (alle mit Frühstück) ♦ alle Kreditkarten, Bankomat ♦ 1 Zimmer behindertengerecht ausgestattet, Privatparkplatz, kleine Haustiere willkommen (nach Absprache), Betreiber 8–24 Uhr anwesend ♦ Frühstücksraum, Lese- und TV-Raum, Garten, Sonnenterrasse, Schwimmbecken

♦ 10 DZ mit Bad und WC, Minibar, Telefon, Sat-TV, Internetanschluss ♦ DZ in Einzelbelegung € 90, DZ € 120 (alle mit Frühstück) ♦ alle Kreditkarten, Bankomat ♦ Anlage barrierefrei zugänglich, 2 Zimmer behindertengerecht ausgestattet, öffentlicher Gratisparkplatz 70 Meter entfernt, kleine Haustiere willkommen, Rezeptionsdienst 7–24 Uhr ♦ Bar, Restaurant, Lese- und TV-Raum, Terrasse, Terrassengarten

Narni

In der Altstadt
13 km südlich von Terni, S.S. 3
Ausfahrt Narni Scalo des Autobahnzubringers Orte-Terni der A 1

Hotel dei Priori

3-Sterne-Hotel
Vicolo del Comune, 4
Tel. (+39) 07 44 / 72 68 43
Fax (+39) 07 44 / 72 68 44
info@loggiadeipriori.it
www.loggiadeipriori.it
Ganzjährig geöffnet

NEU

Narni ist exakt der geografische Mittelpunkt Italiens und auch ein hervorragender Ausgangspunkt, um die zentralen Regionen der Halbinsel zu besuchen. Auf dem Hauptplatz, der seit jeher das Herz der Stadt bildet, werden Sie in diesem Familienbetrieb mit angeschlossenem Restaurant herzlich empfangen. Das Hotel besteht seit 1994 und befindet sich in einem Gebäude mit Türmen neben dem Palazzo del Podestà (Rathaus) und gegenüber dem Palazzo dei Priori mit der Loggia, die Gattapone da Gubbio zugeschrieben wird. Die Zimmer des Hotels sind von einem harmonischen Nebeneinander von Stilmöbeln und moderner Einrichtung geprägt. Die Zimmer sind komfortabel, die Gemeinschaftsbereiche gepflegt. Das Frühstücksbüfett wird in einem eigenen Raum vorbereitet und bietet auch hausgemachte Kuchen und Crostate. Im Restaurant La Loggia gibt es bodenständige Mahlzeiten für 25 bis 30 Euro ohne Wein. Halbpension im Doppelzimmer kostet 45 bis 60 Euro.

♦ 16 Zimmer und 2 Suiten, alle mit Bad und WC, Aircondition, Minibar, TV (5 Zimmer mit Balkon) ♦ DZ in Einzelbelegung € 45–55, DZ € 65–75, Superior-DZ und Suite € 65–90 (Aufpreis Zusatzbett € 10–15, alle mit Frühstück) ♦ alle Kreditkarten, Bankomat ♦ öffentlicher Parkplatz 300 Meter entfernt, kleine Haustiere willkommen, Rezeptionsdienst 6–1 Uhr ♦ Restaurant, Frühstücksraum, Aufenthaltsraum, Internetstation, Hof, Außenbereich

Norcia

1 km vom Zentrum
42 km von Spoleto, 98 km südöstlich von Perugia, S.S. 75 und S.S. 685

Casale nel Parco dei Monti Sibillini

Agriturismo · Vocabolo Fontevena, 8
Tel. (+39) 07 43 / 81 64 81,
(+39) 335 / 658 67 36
Fax (+39) 07 43 / 82 42 07
agriumbria@casalenelparco.com
www.casalenelparco.com
Ferien: 7. Januar–25. Februar

NEU

Paola und Giovanni Mensurati führen im Parco dei Monti Sibillini einen Biobetrieb, der zu einem Gut mit sieben Hektar Land gehört. Dort werden Hülsenfrüchte und Getreide (Linsen, Bohnen, Dinkel und Platterbsen) angebaut. In einem Teil des Betriebs wurde ein gemütlicher Agriturismo geschaffen, der auch ein Restaurant führt. Eine Mahlzeit ohne Wein ist für 30 Euro erhältlich, Halbpension im Doppelzimmer kostet 70 bis 80 Euro. Die Zimmer mit Steinwänden und Sichtgebälk sind mit schmiedeeisernen Betten ausgestattet und mit Bildern und Gegenständen dekoriert, die von der Natur inspiriert sind. Im Aufenthaltsraum, in dem es einen schönen Kamin gibt, befinden sich ein Klavier und eine Bibliothek mit Büchern zu lokalen Themen. Das Frühstück setzt sich aus hausgemachten Köstlichkeiten und lokalen Produkten von kleinen Betrieben zusammen. Man organisiert Kochkurse, Kurse für die in Norcia traditionelle Verarbeitung von Schweinefleisch, Ausritte und Kurse zu Entspannungstechniken. Außerdem können die Gäste diverse Arten von Sport treiben.

♦ 13 DZ und 2 Suiten, alle mit Bad und WC, Sat-TV ♦ DZ in Einzelbelegung € 60–70, DZ und Suite € 90–110 (Aufpreis Zusatzbett € € 25, alle mit Frühstück) ♦ Kreditkarten: CartaSi, MC, Visa; Bankomat ♦ Anlage barrierefrei zugänglich, 2 Zimmer behindertengerecht ausgestattet, Privatparkplatz, kleine Haustiere willkommen (€ 10 pro Tag), Betreiber immer erreichbar ♦ Restaurant, Lese- und TV-Raum, Park, Schwimmbecken, Sonnenterrasse

UMBRIEN

Orvieto
Buonviaggio

7 km vom Zentrum
72 km nordwestlich von Terni
Ausfahrt Orvieto der A 1, S.S. 71 in Richtung Bolsena, Hinweisschilder nach Buonviaggio

Locanda Rosati

Agriturismo · Ortsteil Buonviaggio, 22
Tel. (+39) 07 63 / 21 73 14,
(+39) 348 / 746 64 51
Fax (+39) 07 63 / 21 77 83
info@locandarosati.it
www.locandarosati.it
Ferien: 7. Januar–1. März,
24.–25. Dezember

Die Locanda ist ein Steinhaus aus dem späten 19. Jahrhundert, wenige Kilometer vom Bolsenasee entfernt (wir sind hier auf den Hügeln um Orvieto). Die Eigentümer Giampiero, Luisa, Alba und Paolo (Küchenchef) wollten einen ländlichen Beherbergungsbetrieb schaffen. Die drei Gemeinschaftsräume sind wie der Rest des Hauses schlicht gestaltet. Das hervorragende Frühstück umfasst Kaffee, Tee, Milch, Orangensaft, Joghurt, Kranzkuchen, Brot und hausgemachte Konfitüren; auf Wunsch gibt es auch Ham and Eggs, Käse und Schinken. Abends können die Hausgäste im Restaurant, das nicht für die Allgemeinheit geöffnet ist, bodenständige Küche mit kräftigen Geschmacksnoten genießen. Ein Essen mit Wein kostet etwa 35 Euro. Neben dem Speisesaal gibt es einen Bereich, wo man Öl, Konfitüren sowie umbrische und toskanische Weine verkauft. Außerdem verfügt das Haus über einen Tuffsteinkeller.

♦ 1 EZ, 5 DZ, 2 3BZ und 2 4BZ, alle mit Bad und WC (1 Zimmer mit Whirlpool), Aircondition ♦ EZ € 85–100, DZ € 100–130, 3BZ € 130–150, 4BZ € 160–180 (alle mit Frühstück) ♦ Kreditkarten: MC, Visa; Bankomat ♦ 1 Zimmer behindertengerecht ausgestattet, Privatparkplatz, kleine Haustiere willkommen, Betreiber stets anwesend ♦ Restaurant, Leseraum, Internetstation, Park, Schwimmbecken

Orvieto
Titignano

32 km vom Zentrum
65 km nordwestlich von Terni, E 45 und S.S. 79 bis

Titignano

Agriturismo
Ortsteil Titignano
Tel. (+39) 07 63 / 30 80 00
Fax (+39) 07 63 / 30 80 02
info@titignano.it
www.titignano.it
Ganzjährig geöffnet

NEU

Der Ort Titignano liegt ungefähr auf halbem Weg zwischen Orvieto und Todi. Dank einer sorgsamen Renovierung blieben die Steinfassaden der Gebäude und die Gässchen, die bis zum Schloss führen, erhalten. Die Straße endet vor dem Schloss auf einer Terrasse, von der aus man einen schönen Blick auf den Corbarasee hat. Die Atmosphäre ist wirklich einzigartig, denn der ruhige, zauberhafte Betrieb bietet erstklassige Gästeunterkünfte. Die geräumigen Zimmer haben Decken mit Fresken oder Sichtgebälk und sind ebenso wie die Gemeinschaftsräume mit historischen Möbeln eingerichtet. Im Restaurant wird traditionelle Küche serviert. Eine Mahlzeit mit Getränken kostet etwa 25 Euro, Halbpension 60 Euro pro Person. Zum Frühstück, das in denselben Räumen eingenommen wird, bietet man Süßes aus kleinen Betrieben und auf Wunsch auch pikante Speisen. Im Freien locken ein schönes Schwimmbecken, von dem man eine prächtige Aussicht genießt, und eine hübsche schattige Laube.

♦ 20 DZ oder 3BZ mit Bad und WC, TV ♦ DZ in Einzelbelegung € 60, DZ € 90, 3BZ € 120 (alle mit Frühstück) ♦ Kreditkarten: CartaSi, MC, Visa; Bankomat ♦ 1 Zimmer behindertengerecht ausgestattet, Privatparkplatz, kleine Haustiere willkommen, Betreiber immer erreichbar ♦ Restaurant, Leseraum, Salons, Konferenzsaal (100 Plätze), Laube, Schwimmbecken, Tennisplatz, Fußballwiese

Panicale

34 km südwestlich von Perugia
Ausfahrt Chiusi-Chianciano Terme der A 1 in Richtung Panicale

Le Grotte di Boldrino

3-Sterne-Hotel
Via Virgilio Ceppari, 30
Tel. (+39) 075 / 83 71 61
Fax (+39) 075 / 83 71 66
info@grottediboldrino.com
www.grottediboldrino.com
Ganzjährig geöffnet

Das gleich bei der Stadtmauer gelegene Hotel mit angeschlossenem Restaurant ist nach Boldrino Paneri benannt, einem gefürchteten Söldnerführer, der hier zur Welt kam. Der mittelalterliche Ort liegt auf einem Hügel in 431 Meter Seehöhe und ist reich an Kunstschätzen. Besuchen Sie unbedingt die Kirche San Sebastiano mit dem Fresko des Märtyrers von Perugino, dem Meister der Umbrischen Schule der Renaissancemalerei. Die geräumigen, ruhigen Zimmer sind mit Möbeln aus dem späten 19. Jahrhundert eingerichtet. Vervollständigt wird das Angebot von einem Restaurant, das nicht nur für Hausgäste geöffnet ist. Eine Mahlzeit kostet 15 bis 25 Euro ohne Wein, Halbpension im Doppelzimmer 65 Euro pro Person, ebenfalls ohne Wein. Im Sommer kann man sein Essen auch an den Tischen im Garten genießen. Für Ausflüge wird ein Kleinbus für neun Personen mit oder ohne Fahrer zur Verfügung gestellt – ideal für Familien und kleine Gruppen.

♦ 9 DZ und 2 Juniorsuiten, alle mit Bad und WC, Minibar, Safe, Telefon, TV ♦ DZ in Einzelbelegung € 50–60, DZ € 70–90, Juniorsuite € 100–110 (alle mit Frühstück) ♦ Kreditkarten: CartaSi, MC, Visa; Bankomat ♦ 1 Zimmer behindertengerecht ausgestattet, öffentlicher Gratisparkplatz gegenüber, kleine Haustiere willkommen, Betreiber stets anwesend ♦ Restaurant, Ruheraum, Veranstaltungsraum, Garten

Perugia
San Martino in Colle

8 km vom Zentrum
Ausfahrt San Martino Colle-Torgiano der E 45

Fattoria dei Comignoli

Agriturismo · Via Umbria, 1 A
Strada Statale 317, km 51,1
Tel. (+39) 075 / 60 71 20, (+39) 335 / 624 69 27, Fax (+39) 075 / 60 71 20
info@fattoriadeicomignoli.com
www.fattoriadeicomignoli.com
Ferien: Anfang Januar–Mitte Februar

Das von einem Weingarten umgebene Gebäude aus dem 17. Jahrhundert war einst eine Ölmühle mit einem großen Getreidelager und einem beachtlichen Keller. Mit einer umfassenden, sorgfältigen Renovierung wurde es in einen gemütlichen Biobauernhof mit 22 Hektar Land und Gästeunterkünften verwandelt. Historisches Mobiliar und lokales Kunsthandwerk verleihen den lichtdurchfluteten Zimmern mit Bad und WC eine persönliche Note. Lanfranco Bartocci, der eigentlich Energieexperte ist und nun das Landleben genießt, heißt Sie persönlich willkommen und führt auf Wunsch Themenverkostungen (er ist nämlich auch Sommelier und professioneller Ölverkoster) im ehemaligen Keller durch, der heute als Degustationsstube dient. Das köstliche Frühstück besteht aus hausgemachtem süßem Gebäck. In der Umgebung bieten sich zahlreiche Möglichkeiten für Wanderungen oder Ausflüge mit dem Mountainbike. Wunderschön ist das im Grünen gelegene Schwimmbecken. Außerdem bietet man Kochkurse (traditionelle Küche) und Stickkurse an.

♦ 2 DZ und 2 3BZ, alle mit Bad und WC, Sat-TV, WLAN ♦ DZ in Einzelbelegung € 60–75, DZ € 75–90 (Aufpreis Zusatzbett € 30, alle mit Frühstück) ♦ Kreditkarten: CartaSi, MC, Visa; Bankomat ♦ Privatparkplatz, kleine Haustiere willkommen (nach Absprache), Betreiber stets anwesend ♦ Salon, Leseraum, Degustationsstube, Park, Sonnenterrasse, Schwimmbecken

Perugia
Pianello

18 km nordöstlich des Zentrums
Ausfahrt Valfabbrica-Ancona der E 45 in Richtung Cesena

Il Melograno

Agriturismo
Strada Colle Palazzone, 4
Tel./Fax (+39) 075 / 60 27 52
info@agriturismoilmelograno.com
www.agriturismoilmelograno.com
Ferien: 10 Tage im Januar

Dieser Agriturismo steht auf einem Hügel und ist ideal für Gäste, die Ruhe, Komfort und Erholung suchen. Die Zimmer verfügen über Bad und WC und sind mit Möbeln im Arte-povera-Stil eingerichtet. Bilder, die das bäuerliche Leben von einst darstellen, und handbemalte Keramik verleihen ihnen eine besondere Note. Das Frühstück umfasst Honig, Konfitüren und Wurst aus eigener Erzeugung, hausgemachte Süßspeisen, Brioches, Fruchtsäfte, Kaffee und Cappuccino. Mittags und abends kann man zahlreiche traditionelle umbrische Gerichte probieren. Das festgelegte Menü kostet mit Getränken 25 Euro. Die Erzeugnisse aus dem Betrieb kann man vor Ort kaufen, darunter natives Olivenöl extra, Konfitüren, Honig und eingelegte Tomaten. Nahe Ausflugsziele sind Perugia, Assisi, Spello, Torgiano, Gubbio, Todi, Norcia und der Trasimenische See.

♦ 5 DZ mit Bad und WC, TV ♦ DZ in Einzelbelegung € 35–40, DZ € 70–90 (Aufpreis Zusatzbett € 15, alle mit Frühstück) ♦ Kreditkarten: Visa; Bankomat ♦ Privatparkplatz, kleine Haustiere willkommen, Betreiber stets anwesend ♦ Restaurant, Garten, Park

Perugia

Im Zentrum
Ausfahrt Valdichiana oder Orte der A 1, S.S. 75 bis oder S.S. 204 und E 45

Morlacchi

NEU

2-Sterne-Hotel
Via Tiberi, 2
Tel./Fax (+39) 075 / 572 03 19
info@hotelmorlacchi.it
www.hotelmorlacchi.it
Ganzjährig geöffnet

Im Herzen der kosmopolitischen Stadt Perugia führen Loriana und Tommaso nicht weit von der Fontana Maggiore und dem Teatro Morlacchi dieses gemütliche kleine Hotel. Die Einrichtung der auf mehrere Stockwerke verteilten Zimmer ist schlicht; in manchen Zimmern finden sich historische Möbel oder Gemälde zeitgenössischer Künstler. Das Frühstück ist im Preis inbegriffen. Es wird in einem eigenen Raum serviert und besteht aus Espresso oder Cappuccino und Brioches aus einer kleinen Bäckerei; für einen Aufpreis von 5 Euro erhält man ein größeres Frühstück, auch mit pikanten Speisen. In unmittelbarer Nähe steht ein edel ausgestattetes Apartment zur Verfügung (nach Absprache), das in einem tausendjährigen Bischofsturm untergebracht ist. Das Hotel stellt seinen Gästen eine Durchfahrtserlaubnis und eine Genehmigung für Gratisparken in der Altstadt aus.

♦ 6 EZ und 8 DZ, alle mit Bad und WC, Telefon, TV, WLAN; 1 Apartment (2–4 Personen) mit Kochnische ♦ EZ und DZ in Einzelbelegung € 40–60, DZ € 60–70 (Aufpreis Zusatzbett € 18–21, alle mit Frühstück); Apartment € 650–890 pro Woche ♦ alle Kreditkarten, Bankomat ♦ öffentlicher Gratisparkplatz, kleine Haustiere willkommen (nach Absprache), Rezeptionsdienst rund um die Uhr ♦ Barbereich, Frühstücksraum, Lese- und TV-Raum

Spello

In der Altstadt
20 km vom Flughafen Sant'Egidio und vom Bahnhof Perugia
25 km südöstlich von Perugia, S.S. 75

Albergo del Teatro

3-Sterne-Hotel
Via Giulia, 24
Tel. (+39) 07 42 / 30 11 40
Fax (+39) 07 42 / 30 16 12
info@hoteldelteatro.it
www.hoteldelteatro.it
Ganzjährig geöffnet

Das von Gioacchino Cruciali geführte Hotel mit schön und komfortabel eingerichteten geräumigen Zimmern ist ein eleganter Palazzo aus dem 18. Jahrhundert. Es verfügt über eine großzügige Aussichtsterrasse mit Blick auf die Dächer des Ortes und das Tal. Zum Frühstück gibt es viele lokale Produkte, darunter Rocciata (typisches süßes Gebäck aus Nüssen, Mandeln, Früchten und anderen Zutaten) sowie Kuchen, Kekse und hausgemachte Konfitüren; dazu gibt es verschiedene Kaffeezubereitungen und andere Frühstücksgetränke. Der kleine Ort Spello lässt Spuren aus der Römerzeit erkennen (etwa die Porta Consolare), verfügt aber auch über andere kunsthistorisch interessante Stätten, darunter die Kirche Santa Maria Maggiore mit der Cappella Baglioni, die der bedeutende Maler Pinturicchio im 16. Jahrhundert mit Fresken verzierte. Überdies ist die Lage sehr günstig, um Ziele wie Assisi und Perugia zu erreichen.

♦ 1 EZ, 7 DZ, 3 3BZ und 1 Suite, alle mit Bad und WC, Aircondition, Minibar, Safe, Telefon, TV, Internetanschluss ♦ EZ € 65–75, DZ in Einzelbelegung € 80–85, DZ € 95–110, 3BZ € 120–140, Suite € 220–240 (alle mit Frühstück) ♦ alle Kreditkarten, Bankomat ♦ öffentlicher Gratisparkplatz, Garage (7 Plätze), kleine Haustiere willkommen, Betreiber immer erreichbar ♦ Bar, Frühstücksraum, Leseraum, Konferenzraum, Veranda

Spello

4,5 km vom Zentrum
32 km südöstlich von Perugia
Ausfahrt Spello der E 45

Le Due Torri

Agriturismo
Via Torre Quadrano, 1
Tel. (+39) 07 42 / 65 12 49,
(+39) 335 / 778 34 00
Fax (+39) 07 43 / 27 02 73
info@agriturismoleduetorri.com
www.agriturismoleduetorri.com
Ferien: Mitte Januar–Mitte Februar

Die mittelalterlichen Türme von Quadrano und Rocca Deli dienten jahrhundertelang zur Überwachung und Verteidigung von Spello. Sie stehen auf dem Areal von Fabio Ciris Biolandwirtschaft. Auf 200 Hektar züchtet man hier Chianina-Rinder und baut Wein, Oliven, Getreide, Sonnenblumen und Futtermittel an. Für Gäste sind im Torre Quadrano vier Zimmer und ein Apartment eingerichtet. Zwei Kilometer entfernt liegt Ponte Pazienza, ein Bauernhaus aus dem 19. Jahrhundert, in dem fünf Apartments geschaffen wurden. Das von April bis Oktober geöffnete Restaurant ist nur für Hausgäste zugänglich und bietet lokale Spezialitäten, die wie das Frühstück zum Großteil aus eigenen Produkten zubereitet werden. Ein festgelegtes Menü kostet 20 Euro ohne Wein. Im August beträgt die Mindestaufenthaltsdauer eine Woche mit Halbpension.

♦ 4 DZ mit Bad und WC; 6 Apartments (2–4 Personen) mit Küche oder Kochnische ♦ DZ in Einzelbelegung € 62–72, DZ € 72–106 (alle mit Frühstück); Apartment € 70 ♦ Kreditkarten: CartaSi, MC, Visa; Bankomat ♦ 1 Apartment barrierefrei zugänglich, Privatparkplatz, Haustiere nicht erlaubt, Betreiber immer erreichbar ♦ Restaurant, Frühstücksraum, TV-Raum, Sonnenterrasse, Kinderspielplatz, Schwimmbecken, Bocciafeld

Todi
Pesciano

10 km von der Altstadt
55 km südlich von Perugia, S.S. 3 bis und S.P. 379
Ausfahrt Todi der E 45

I Rossi

Agriturismo
Frazione Pesciano, 42
Tel. (+39) 075 / 894 70 79,
(+39) 329 / 497 03 25
Fax (+39) 075 / 894 70 79
info@irossi.com
www.irossi.com
Ferien: Dreikönig–Ende Februar

Ein renoviertes Bauernhaus, umgeben von zehn Hektar Land, auf dem Oliven, Dinkel, Kichererbsen, Platterbsen und Gartengemüse angebaut und frei lebende Schweine gezüchtet werden: Das ist der zertifizierte Biobetrieb, den Carlo Rossi immer wollte. Der frischgebackene Landwirt hat nun auch ein Restaurant eröffnet, wo traditionelle umbrische Gerichte aus eigenen Zutaten serviert werden. Eine Mahlzeit kostet etwa 25 bis 35 Euro, der Aufpreis für Halbpension beträgt 20 Euro. Wer übernachten will, findet acht sehr komfortable Gästezimmer vor, die mit schmiedeeisernen Betten und Möbeln im Arte-povera-Stil eingerichtet sind. Das reichhaltige Frühstück setzt sich aus heißen und kalten Getränken, hausgemachten Kuchen, Konfitüren, eigenem Honig, Eiern, Wurst und Käse zusammen. Der Empfang ist familiär und höflich.

♦ 8 DZ mit Bad und WC, Airconditon, Minibar, TV, WLAN; 1 Miniapartment (2–4 Personen) mit Küche ♦ DZ in Einzelbelegung € 30, DZ € 60 (Aufpreis Zusatzbett € 15), Apartment € 100–160 (alle mit Frühstück) ♦ alle Kreditkarten, Bankomat ♦ Gemeinschaftsbereiche und 1 Zimmer barrierefrei zugänglich, Privatparkplatz, Garage (2 Plätze), kleine Haustiere willkommen, Betreiber immer erreichbar ♦ Restaurant, Frühstücksraum, Garten

Todi

In der Altstadt
45 km südlich von Perugia
Ausfahrt Todi-Orvieto der E 45

La Locanda del Borgo

Zimmervermietung
Via Prassede, 19
Tel. (+39) 075 / 894 54 48
Fax (+39) 075 / 894 99 31
panevinotodi@libero.it
www.panevinotodi.com
Ferien: unterschiedlich

Gleich hinter der Piazza del Popolo befindet sich der von Loredana Angelantoni und Fabio Canneori geführte Betrieb in einem ruhigen Viertel mit herrlichem Ausblick. Die Gästezimmer entstanden in einem schönen historischen Gebäude, das vor wenigen Jahren renoviert wurde. Sie sind geräumig und komfortabel und mit Bad und WC ausgestattet. Die wunderschönen Decken lassen noch das alte Sichtgebälk erkennen. Ein Zimmer befindet sich in der Mansarde und verfügt über eine Terrasse mit schöner Aussicht. Morgens erwartet Sie ein reichhaltiges, kräftiges Frühstück mit heißen Getränken, Konfitüren von lokalen Erzeugern, hausgemachten Keksen, Brot und einer kleinen Auswahl an Wurst und Käse. In der Nebensaison nimmt man das Frühstück in der Bar Centrale auf der Piazza del Popolo ein. Fabio und Loredana führen auch ein Restaurant, das etwa 500 Meter von der Locanda entfernt ist. Die Gäste bekommen zwei Pässe, um in der verkehrsberuhigten Zone fahren zu dürfen.

♦ 5 DZ mit Bad und WC (bei 2 Zimmern auf dem Flur), TV ♦ DZ in Einzelbelegung € 40–50, DZ € 80–90 (Aufpreis Zusatzbett € 15–30, alle mit Frühstück) ♦ alle Kreditkarten, Bankomat ♦ Restaurant barrierefrei zugänglich, gebührenpflichtiger öffentlicher Parkplatz, kleine Haustiere willkommen, Betreiber immer erreichbar ♦ Restaurant, Frühstücksraum

🍲 Das Restaurant Pane e Vino bietet bodenständige Küche mit kulinarischen Ausflügen in andere Regionen. Der Preis für eine Mahlzeit ohne Wein beträgt 22 bis 30 Euro.

Todi
Pesciano

14 km vom Zentrum, 45 km südlich von Perugia
Ausfahrt Todi-Orvieto der E 45, Hinweisschilder nach Todi-Pesciano

La Masale

Bed & Breakfast
Strada Vicinale del Piano, 17
Tel. (+39) 075 / 894 59 01,
(+39) 348 / 490 12 58
Fax (+39) 075 / 894 59 01
lamasale@inwind.it
www.lamasale.com
Ferien: November–Februar

Ihre Leidenschaft für Umbrien hat Cristina aus dem Tessin und Max aus Paris dazu veranlasst, ein Herrschaftshaus aus dem 19. Jahrhundert zu renovieren und in ein Bed & Breakfast umzugestalten. Die geräumigen, hellen Zimmer sind mit Stil- und Ethnomöbeln eingerichtet. Die Lofts und Suiten sind noch großzügiger angelegt und bieten Platz für ein drittes Bett. Das reichhaltige Frühstück wird bis zum späten Vormittag serviert, wodurch die Gäste in aller Ruhe ausschlafen können. Brot, Kuchen und Konfitüren sind hausgemacht, die Eier stammen von den Hühnern, die Sie im Garten scharren sehen, und das Obst ist natürlich frisch. Wer sich gerne im Freien bewegt, kann Fahrräder für Ausflüge in die Umgebung ausleihen.

♦ 2 DZ, 2 Lofts und 2 Suiten, alle mit Bad und WC, TV (auf Wunsch), WLAN ♦ DZ in Einzelbelegung und DZ € 75, Loft € 90, Suite € 100 (Aufpreis Zusatzbett € 25, alle mit Frühstück) ♦ Kreditkarten: AE, MC, Visa; Bankomat ♦ Privatparkplatz, Haustiere nicht erlaubt, Betreiber ständig anwesend ♦ Frühstücksraum, Leseraum, Garten, Park, Schwimmbecken

Todi
Pian di San Martino
6 km vom Zentrum
45 km südlich von Perugia
Ausfahrt Todi-Orvieto der E 45, Hinweisschilder nach Orvieto, dann nach Pian di San Martino

La Torriola

Agriturismo
Ortsteil La Torriola
Tel. (+39) 333 / 495 08 60
Fax (+39) 075 / 894 42 83
torriola@libero.it
www.torriola.com
Ferien: 4 Wochen ab Dreikönig

Der Agriturismo La Torriola unter der Leitung von Maurizio Giannini ist ein sorgfältig renoviertes Bauernhaus in ruhiger Lage auf einem Hügel und hat einen schönen Ausblick. Maurizio bietet nicht nur Unterkunft für Gäste, sondern erzeugt auch Wein, Öl, Konfitüren und Honig, die man an Ort und Stelle kaufen kann. Die fünf Apartments sind mit einer kleinen Kochnische oder einer Küche ausgestattet und rustikal eingerichtet. Das Frühstück muss bestellt werden und umfasst Konfitüren von lokalen Erzeugern, Brot, Teegebäck, Joghurt, Zerealien, Kaffee, Milch und Tee. Für die Freizeitgestaltung bietet der Betrieb einen Whirlpool (im Freien unter einer Laube), ein Hydrobike, einen Tischtennistisch und Tischfußball. Im August kostet das Apartment für zwei Personen 140 Euro, aber bei längeren Aufenthalten gewährt man einen Preisnachlass.

♦ 5 Apartments (2–4 Personen) mit Bad und WC, Kochnische oder Küche, Kühlschrank, Telefon, TV, Internet ♦ Apartment (1–2 Personen) € 90–130, Apartment (3–4 Personen) € 180–240 (Frühstück € 5 pro Person) ♦ Kreditkarten: AE, CartaSi, MC, Visa; Bankomat ♦ Privatparkplatz, Haustiere nicht erlaubt, Betreiber immer erreichbar ♦ Frühstücksraum, Aufenthaltsraum mit Leseecke und Sat-TV, Garten, Sonnenterrasse, Schwimmbecken, Whirlpool, Tischtennis, Tischfußball

Todi

45 km südlich von Perugia
Ausfahrt Todi-Orvieto der E 45

San Lorenzo Tre

Zimmervermietung
Via San Lorenzo, 3
Tel./Fax (+39) 075 / 894 45 55
info@sanlorenzo3.it
www.sanlorenzo3.it
Ferien: Januar, Februar

Marzia Morena leitet mit Unterstützung ihrer Angestellten die Locanda San Lorenzo Tre mit sechs Gästezimmern im zweiten Stock eines eleganten Palazzos. Seit sieben Generationen befindet er sich im Besitz derselben Familie. Das Ambiente ist das eines Bürgerhauses aus dem späten 19. Jahrhundert. Bei der Renovierung hat man die ursprüngliche Architektur bewahrt und nur Bäder hinzugefügt. Die Zimmer sind mit Stilmöbeln aus Familienbesitz eingerichtet, die Bäder mit Leinen- oder Hanfwäsche ausgestattet. Die Einrichtung der Gemeinschaftsräume trägt zu der nostalgischen Atmosphäre bei. In den Zimmern stehen viele Bücher, auf Fernsehapparat und Telefon hat man bewusst verzichtet. Drei Zimmer bieten einen schönen Blick auf die ländliche Umgebung. Zum Frühstück gibt es neben den üblichen heißen Getränken eine reiche Auswahl an Kräutertees und hausgemachte Süßspeisen, warme Brioches, Konfitüren und verschiedene Sorten Brot.

♦ 6 DZ mit Bad und WC (bei 2 Zimmern im Flur), WLAN ♦ DZ in Einzelbelegung € 55–75, DZ € 75–110 (alle mit Frühstück) ♦ Kreditkarten: CartaSi, DC, MC, Visa; Bankomat ♦ gebührenpflichtiger öffentlicher Parkplatz, kleine Haustiere willkommen, Betreiber immer erreichbar ♦ Frühstücksraum, Leseraum, Garten

Trevi
Bovara

3 km vom Zentrum
50 km südöstlich von Perugia, S.S. 75

Casa Giulia

Landhaus
Via Corciano, 1
Tel. (+39) 07 42 / 782 57,
(+39) 348 / 360 46 19
Fax (+39) 07 42 / 38 16 32
info@casagiulia.com
www.casagiulia.com
Ganzjährig geöffnet

Casa Giulia, eine herrschaftliche Residenz aus dem 17. Jahrhundert, ist seit jeher im Besitz der Familie von Caterina Alessandrini Petrucci. Die Zimmer verteilen sich auf zwei Stockwerke im Haupthaus, das in einem großen Park auf den Hängen des Monte Serano steht. Die Lage ist ideal, um zahlreiche künstlerisch und historisch interessante Stätten Umbriens bequem zu erreichen. Die gepflegte Einrichtung der Zimmer ist im Einklang mit der Außenansicht des Gebäudes. Das Frühstück besteht aus Brot, Butter, Konfitüren, hausgemachten Keksen, Joghurt, Zerealien sowie heißen und kalten Getränken. Es wird im Gemeinschaftsraum oder in der schönen Jahreszeit im Park mit hohen Bäumen serviert. Dort befindet sich auch ein Schwimmbecken.

♦ 4 DZ, 1 3BZ und 1 Suite, alle mit Bad und WC, Aircondition, TV, WLAN; 3 Apartments (2–4 Personen) mit Kochnische, Aircondition ♦ DZ in Einzelbelegung € 65–85, DZ € 85–108, 3BZ € 110–131, Suite € 120–191 (alle mit Frühstück); Apartment € 64–104 ♦ alle Kreditkarten, Bankomat ♦ 1 Zimmer behindertengerecht ausgestattet, Privatparkplatz, kleine Haustiere willkommen (in den Apartments), Betreiber immer erreichbar ♦ Frühstücksraum, Lese- und TV-Raum, Konferenzraum, Park, Schwimmbecken

Trevi
Bovara-Fondaccio

3 km vom Zentrum
50 km südöstlich von Perugia, S.S. 75

I Mandorli

Agriturismo
Via Fondaccio, 6
Tel. (+39) 07 42 / 786 69,
(+39) 335 / 100 65 24
Fax (+39) 07 42 / 786 69
info@agriturismoimandorli.com
www.agriturismoimandorli.com
Ganzjährig geöffnet

Der von den Schwestern Zappelli Cardarelli geführte Agriturismo besteht aus einigen geschmackvoll renovierten Gebäuden in der grünen Landschaft um Trevi. Hier herrscht eine absolut entspannte Atmosphäre, fast wie in alten Zeiten. Das gilt für die mit schmiedeeisernen Betten eingerichteten Zimmer ebenso wie für den gemütlichen Leseraum. Besichtigen Sie unbedingt die kürzlich renovierte alte Ölmühle. Die Gäste haben die Wahl zwischen verschiedenen Unterkunftsmöglichkeiten. Es gibt unterschiedlich große Zimmer und Apartments, die auch tageweise gemietet werden können und über einen eigenen Garten mit Tischen und Stühlen verfügen. Das einfache, aber reichhaltige Frühstück setzt sich aus Kaffee, Milch, Tee, Konfitüren, hausgemachten Süßspeisen, Brot und lokalen Käsesorten zusammen. Sehr hübsch ist der mit Spielgeräten für Kinder ausgestattete Garten.

♦ 3 DZ oder 3BZ mit Bad und WC, TV; 3 Apartments (2–4 Personen) mit Küche ♦ DZ in Einzelbelegung € 40–50, DZ € 60–70, 3BZ € 80–90 (alle mit Frühstück); Apartment € 65–145 ♦ keine Kreditkarten ♦ 2 Zimmer behindertengerecht ausgestattet, Privatparkplatz, Haustiere nicht erlaubt, Betreiber immer erreichbar ♦ Frühstücksraum, Leseraum, Garten, Kinderspielplatz, Sonnenterrasse, Schwimmbecken

Umbertide
Niccone

3 km vom Zentrum
24 km nördlich von Perugia
Von Umbertide in Richtung Città di Castello

La Chiusa

Agriturismo
Frazione Niccone, 353
Tel. (+39) 075 / 941 08 48,
(+39) 329 / 427 96 46
Fax (+39) 075 / 941 08 48
info@lachiusa.com
www.lachiusa.com
Ferien: Mitte Januar–Mitte März

Der von Masha und Giovanni geführte Betrieb verfügt über schlichte, mit rustikalen Möbeln ausgestattete Räume und besticht vor allem mit großzügigen Bereichen im Freien wie einem schattigen Garten für entspannte Stunden und einem Schwimmbecken. Das reichhaltige Frühstück besteht aus Joghurt, Kuchen, Keksen, Eiern, Käse, Wurst und frischem Obst. Das nur abends und Sonntagmittag geöffnete Restaurant bietet bodenständige Küche, die Dada adaptiert. Eine Mahlzeit kostet 30 Euro ohne Wein. Es werden auch Kochkurse angeboten, die sich großer Beliebtheit erfreuen. In den ersten drei Augustwochen, zu Ostern und zu Neujahr kann man nur Halbpension buchen (75 Euro pro Person). Die Gäste können Eingemachtes, in Öl eingelegtes Gemüse und Honig aus dem zertifizierten Biobetrieb vor Ort kaufen.

♦ 1 DZ und 2 4BZ, alle mit Bad und WC, Minibar; 2 Apartments mit Küche ♦ DZ in Einzelbelegung € 60, DZ € 80, 4BZ € 130 (alle mit Frühstück); Apartment € 130 ♦ alle Kreditkarten, Bankomat ♦ Gemeinschaftsbereiche und Apartments barrierefrei zugänglich, Privatparkplatz, kleine Haustiere willkommen, Betreiber immer erreichbar ♦ Barbereich, Restaurant, Frühstücksraum, Garten, Terrasse, Veranda, Schwimmbecken

MARKEN

Acqualagna
Furlo

5 km vom Zentrum, 20 km südöstlich von Urbino,
48 km südwestlich von Pesaro
Ausfahrt Fano der A 14, S.S. »Flaminia«

Locanda dell'Abbazia

Zimmervermietung
Via Pianacce, 67
Tel. (+39) 07 21 / 70 00 16,
(+39) 334 / 814 49 97
info@lalocandadellabbazia.it
www.lalocandadellabbazia.it
Ferien: Mitte Dezember–Mitte Januar

Zwischen Fossombrone und Acqualagna stoßen Sie an der Via Flaminia auf die faszinierende Abtei San Vincenzo. Heute ist das ehemalige Benediktinerkloster aus dem 9. Jahrhundert eine Locanda mit sechs komfortablen, schön eingerichteten Gästezimmern, die eine herrliche Aussicht auf die umliegenden Berge bieten. Das Frühstück wird vom sympathischen, freundlich lächelnden Cesare zubereitet und im kürzlich renovierten Salon oder in der schönen Jahreszeit auch im Freien auf einer Wiese serviert. Zu essen gibt es Wurst und Käse aus lokaler Erzeugung, Brot, Kuchen und hausgemachte Kekse. In der Umgebung locken als Ausflugsziele das Furlo-Naturreservat, der Damm über den Candigliano, die vor mehr als 2.000 Jahren gegrabenen Tunnels, die das Vorankommen auf der Strada Consolare erleichtern sollten, sowie Urbino und andere kleinere historische Ortschaften.

♦ 1 EZ, 4 DZ und 1 Suite (5 Personen), alle mit Bad und WC, Minibar, TV, WLAN ♦ EZ € 60, DZ € 100, Suite € 400 (alle mit Frühstück) ♦ Kreditkarten: CartaSi, DC, MC, Visa; Bankomat ♦ Privatparkplatz, Haustiere nicht erlaubt, Betreiber immer erreichbar ♦ Frühstücksraum, Park

Agugliano

10 km vom Flughafen Ancona Falconara
15 km südwestlich von Ancona
7 km von der Ausfahrt Ancona Nord der A 14, 8 km von der Ausfahrt Monsano der Schnellstraße S.S. 76

Al Belvedere

NEU

3-Sterne-Hotel
Piazza Vittorio Emanuele II, 3
Tel. (+39) 071 / 90 71 90
Fax (+39) 071 / 90 80 08
info@hotelalbelvedere.it
www.hotelalbelvedere.it
Ganzjährig geöffnet

Dieses ländliche Hotel auf dem Hauptplatz entstand teilweise aus einem ehemaligen Kloster aus dem Jahr 1700. Es bietet 18 moderne, mit jedem Komfort ausgestattete Gästezimmer. Seine absolut ruhige Lage in der Nähe von Anconas Stränden macht es zu einer idealen Unterkunft für Geschäftsreisende und Urlauber. Im angeschlossenen Restaurant sind nicht nur Hausgäste willkommen. Serviert wird traditionelle Küche aus den Marken, zubereitet aus lokalen Produkten. Eine Mahlzeit ohne Wein kostet 18 bis 25 Euro. Zum Betrieb gehören auch eine Vinothek, eine Chocolaterie und eine Eisdiele. Das Frühstücksbüfett umfasst Kranzkuchen, Crostata und Kekse, alle hausgemacht, sowie Saft aus Orangen und Saisonfrüchten, die zu einem Gutteil aus der Umgebung stammen. Der Aufpreis für Halbpension beträgt 45 bis 52 Euro pro Person.

♦ 13 DZ und 5 3BZ, alle mit Bad und WC, Telefon, TV, Internetanschluss (einige Zimmer mit Aircondition) ♦ DZ in Einzelbelegung € 40, DZ € 65, 3BZ € 72 (alle mit Frühstück) ♦ Kreditkarten: CartaSi, MC, Visa; Bankomat ♦ Gemeinschaftsbereiche barrierefrei zugänglich, Privatparkplatz, Haustiere nicht erlaubt, Rezeptionsdienst rund um die Uhr ♦ Bar, Restaurant, Frühstücksraum, Lese- und TV-Raum, Garten, Terrasse

Altidona

2 km vom Zentrum
61 km nordöstlich von Ascoli Piceno
Ausfahrt Pedaso der A 14

La Pieve

Agriturismo
Ortsteil Latrocella, 11
Tel. (+39) 07 34 / 93 64 52,
(+39) 333 / 629 51 14
Fax (+39) 07 34 / 93 27 42
info@agriturismolapieve.it
www.agriturismolapieve.net
Ganzjährig geöffnet

Auf dem Hügel, wo die außerhalb der Stadtmauern gelegene Pfarrkirche San Ciriaco di Altidona aus dem 13. Jahrhundert stand (von ihr gibt es nur mehr ein paar Überreste), finden Sie den kürzlich renovierten Agriturismo La Pieve. Auf der Terrasse schweift der Blick vom Asotal bis zur Adria mit dem nahen Strand von Pedaso. Um den Empfang der Gäste kümmern sich Cinzia und Cristian. Die beiden betreiben auch das Restaurant, das nicht nur Hausgäste bedient. Serviert wird hier traditionelle Kost. Im Sommer kann man sein Abendessen im Freien genießen. Ein Menü kostet 25 bis 27 Euro mit Wein, der Aufpreis für Halbpension beträgt 15 Euro pro Person. Es gibt verschiedene Ausflugsmöglichkeiten: Die Straße durch das Tal führt am Asoufer entlang durch malerische mittelalterliche Dörfer bis zum Parco Nazionale dei Monti Sibillini.

♦ 1 EZ und 4 DZ, alle mit Bad und WC, Aircondition, TV, Internetanschluss ♦ EZ € 35–40, DZ € 70–80 (alle mit Frühstück) ♦ alle Kreditkarten, Bankomat ♦ Privatparkplatz, kleine Haustiere willkommen, Betreiber immer erreichbar ♦ Bar, Restaurant, Terrasse, Garten

Amandola

In der oberen Altstadt
42 km nordwestlich von Ascoli Piceno, 49 km von Macerata, S.P. 78

Paradiso

3-Sterne-Hotel
Via Umberto I, 7
Tel. (+39) 07 36 / 84 74 68
Fax (+39) 07 36 / 84 77 26
hparadiso@inwind.it
www.sibillinihotels.it
Ferien: 15. Januar–15. Februar

Das Hotel der Familie Curi liegt oberhalb von Amandolas Ortskern. Die kürzlich renovierten Zimmer sind mit Möbeln aus handwerklicher Erzeugung eingerichtet. Viele verfügen über einen Balkon, von dem man das beeindruckende Panorama der Monti Sibillini bewundern kann. Schöne Arkaden verbinden die Gemeinschaftsbereiche mit den weitläufigen Grünflächen in der Nähe eines öffentlichen Parks und des Weges zum Ortskern. Die Konfitüren und Süßspeisen für das Frühstück bereitet Signora Enrica zu, ebenso die gute regionale Hausmannskost, die im Restaurant serviert wird. Auch Gäste, die nicht im Hotel wohnen, sind hier willkommen. Eine Mahlzeit ohne Wein kostet 20 bis 25 Euro, Halbpension 55 bis 60 Euro pro Person. In der schönen Jahreszeit serviert man das Frühstück und die übrigen Mahlzeiten im Freien.

♦ 2 EZ, 30 DZ und 2 Suiten, alle mit Bad und WC, TV (30 Zimmer mit Safe); 2 Apartments ♦ EZ € 35–50, DZ € 62–80, Suite € 100–120 (alle mit Frühstück); Apartment € 120 ♦ alle Kreditkarten, Bankomat ♦ 1 Zimmer behindertengerecht ausgestattet, Privatparkplatz (2 Plätze überdacht), Rezeptionsdienst 7–24 Uhr ♦ Bar, Restaurant, TV- und Leseraum auf der Veranda, Internetstation, Park, Kinderspielplatz, Tennisplatz, Bocciafeld

Appignano
Verdefiore
4 km vom Zentrum; 15 km nordwestlich von Macerata
Ausfahrt Loreto-Porto Recanati der A 14 in Richtung Montefano-Appignano, ab dem Ortsteil Osteria Nuova etwa 2 km weiterfahren

Ascoli Piceno
Im Zentrum
Ausfahrt San Benedetto del Tronto-Ascoli Piceno der A 14; Ausfahrt Ascoli Piceno des Zubringers nach Ascoli

Osteria dei Segreti

Landhaus
Ortsteil Verdefiore, 41
Tel./Fax (+39) 07 33 / 57 97 86,
(+39) 339 / 812 82 88
info@osteriadeisegreti.com
www.osteriadeisegreti.com
Ganzjährig geöffnet

Language and Art

Bed & Breakfast
Via dei Soderini, 16
Tel. (+39) 347 / 531 22 80
Fax (+39) 07 36 / 25 50 45
info@languageandart.com
www.languageandart.com
Ganzjährig geöffnet

Wenn Sie die Straße nach Appignano nehmen, erreichen Sie Verdefiore nach dem Ortsteil Osteria Nuova. Hier haben die Geschwister Lucamarini die Scheune und die Lagerräume eines alten ländlichen Gebäudekomplexes in Gästezimmer und geräumige Apartments umgebaut. Die Einrichtung ist einfach, aber geschmackvoll. Derzeit arbeitet man am Einbau von Anlagen zur Gewinnung von Alternativenergie. Eine wassersparende Dusche gibt es bereits (das Wasser wird mit Luft vermischt, um den Verbrauch zu reduzieren). Das Frühstücksbüfett sieht verschiedene Getränke, Fruchtsäfte, Brot, Konfitüren sowie hausgemachte Süßspeisen und Crostate vor. Im Restaurant, das von anderen Betreibern geführt wird, gibt es Traditionsspeisen; Tel. (+39) 07 33 / 576 85. Eine Mahlzeit ohne Wein kostet 20 bis 25 Euro. Ein großer Garten mit Schwimmbecken, Liegestühlen und Sonnenschirmen trägt zu einem entspannten Aufenthalt bei. Sehenswerte Ausflugsziele in der Umgebung sind die historischen Orte San Severino, Tolentino und Macerata mit dem jährlichen Opernfestival.

Das Language and Art ist ein schönes mittelalterliches Gebäude in einer historischen Straße im Zentrum von Ascoli Piceno. Die vier geräumigen, sonnigen Zimmer sind mit alten Möbeln und Gemälden eingerichtet; die Badezimmer sind modern und funktional. Zum Frühstück gibt es heiße und kalte Getränke, begleitet von Konfitüren und hausgemachten Süßspeisen. Den Gästen stehen eine Küche, wo das Frühstück eingenommen wird, und eine Waschmaschine zur Verfügung. Die Hausherrin Marilena Piccinini verleiht auch unentgeltlich Fahrräder und organisiert in Zusammenarbeit mit einem lokalen Kulturverein Mosaik-, Keramik-, Découpage-, Stick- und Kochkurse.

♦ 4 DZ mit Bad und WC, TV; 8 Apartments (2–6 Personen) mit Küche ♦ DZ in Einzelbelegung € 35, DZ € 60 (Aufpreis Zusatzbett € 10, alle mit Frühstück); Apartment € 70 ♦ Kreditkarten: AE, CartaSi, MC, Visa; Bankomat ♦ 1 Apartment behindertengerecht ausgestattet, Privatparkplatz, kleine Haustiere willkommen, Betreiber immer erreichbar ♦ Restaurant, Garten, Schwimmbecken

♦ 4 DZ mit Bad und WC (1 Zimmer mit Veranda) ♦ DZ in Einzelbelegung € 50, DZ € 70 (Aufpreis Zusatzbett € 15, alle mit Frühstück) ♦ keine Kreditkarten ♦ öffentlicher Parkplatz in unmittelbarer Nähe, kleine Haustiere willkommen, Betreiber immer erreichbar ♦ Frühstücksraum, Aufenthaltsraum, Lese- und TV-Raum

Ascoli Piceno
Piagge
6 km vom Zentrum
5,5 km vom Bahnhof
Ausfahrt Ascoli Piceno-San Benedetto del Tronto der A 14

Villa Sgariglia

3-Sterne-Hotel
Frazione Piagge, 295
Tel. (+39) 07 36 / 423 68
Fax (+39) 07 36 / 35 22 37
info@villasgariglia.it
www.villasgariglia.it
Ferien: 6. Januar–10. Februar

Dieses Hotel an der Straße zum Colle San Marco entstand durch die sorgfältige Renovierung einer aus dem 17. Jahrhundert stammenden Villa. Sie gehörte einst der Adelsfamilie Sgariglia aus Ascoli. Die Zimmer verteilen sich auf zwei Stockwerke und eine Dependance und sind mit historischem Mobiliar eingerichtet; an den Wänden und Decken sind noch die Originalfresken zu erkennen. Das Frühstück vom Büfett wird im Speisesaal des Restaurants im ersten Stock eingenommen. Im Restaurant bietet man Traditionsküche zu einem Preis von etwa 25 Euro für eine Mahlzeit ohne Wein. Der große Park mit Tannen und Kastanienbäumen lädt zu Spaziergängen ein. Ein weiteres Ausflugsziel ist die nahe Einsiedelei San Marco, welche die Benediktinermönche im 12. Jahrhundert direkt über einer Felswand errichteten.

♦ 1 EZ, 10 DZ und 2 4BZ, alle mit Bad und WC, Minibar, Safe, TV (einige Zimmer mit Balkon) ♦ EZ € 40, DZ € 65, 4BZ € 85 (Aufpreis Zusatzbett € 10, alle mit Frühstück) ♦ alle Kreditkarten, Bankomat ♦ 1 Zimmer behindertengerecht ausgestattet, Privatparkplatz, kleine Haustiere willkommen, Rezeptionsdienst 7–24 Uhr ♦ Restaurant, Park, Schwimmbecken

Camerano

3 km vom Zentrum
10 km südlich von Ancona
Ausfahrt Ancona Sud-Osimo der A 14

Il Girasole

Landhaus
Via Loretana, 277
Tel. (+39) 071 / 730 40 33,
(+39) 393 / 900 17 85
Fax (+39) 071 / 73 21 74
info@locandailgirasole.it
www.locandailgirasole.it
Ganzjährig geöffnet

Wenige Kilometer von der Riviera del Conero entfernt führt Marco Scaramucci diese schöne Locanda im sanften Hügelland, das zur Adria hin abfällt. Das im 19. Jahrhundert errichtete Bauernhaus ist von einem großen Garten mit Obstbäumen umgeben, wo Sie entspannte Stunden genießen können. Die Innenräume sind warm und gemütlich; die geräumigen, lichtdurchfluteten Zimmer haben hohe Decken mit Sichtgebälk und sind mit schmiedeeisernen Betten und sorgfältig renovierten Einrichtungsgegenständen aus alter Zeit ausgestattet. Im Erdgeschoss befindet sich das Restaurant mit gemauerten Bogengängen, wo man traditionelle Küche mit einigen kreativen Ansätzen serviert. Das Degustationsmenü kostet 30 bis 37 Euro ohne Wein. Das Frühstück besteht aus heißen und kalten Getränken, Konfitüren, Fruchtsäften, Brioches und hausgemachten Süßspeisen; auf Wunsch serviert man aber auch pikante Speisen.

♦ 6 DZ mit Bad und WC, Minibar, TV, WLAN (3 Zimmer mit Aircondition) ♦ DZ in Einzelbelegung € 50–60, DZ € 70–85 (Aufpreis Zusatzbett € 25, alle mit Frühstück) ♦ alle Kreditkarten, Bankomat ♦ Privatparkplatz gegenüber, kleine Haustiere willkommen, Betreiber immer erreichbar ♦ Restaurant, Veranda, Garten, Kinderspielplatz

Camerino
Polverina
11 km vom Zentrum
40 km südwestlich von Macerata, 49 km von Foligno, S.S. 77
60 km von der Ausfahrt Civitanova Marche der A 14

La Cavallina

Agriturismo
Strada Statale 77, km 49,00
Tel. (+39) 07 37 / 461 73
Fax (+39) 07 37 / 46 45 00
cavallina@hotmail.com
www.lacavallina.it
Ferien: 24.–26. Dezember

Der Agriturismo liegt im Chiental gegenüber dem Polverinasee. Der biologische Landwirtschaftsbetrieb umfasst 16 Hektar, auf denen Getreide, Gemüse, Obst und Viehfutter angebaut werden; außerdem züchtet man Pferde der angloarabischen Rasse. Die komfortablen, geräumigen Gästezimmer befinden sich in einem alten Steingebäude und verfügen über getrennte Eingänge. Die Einrichtung ist im Arte-povera-Stil gehalten. Zum Frühstück bietet man Kaffee, Milch, Tee, Konfitüren und Süßes aus eigener Produktion; auf Wunsch gibt es auch pikante Speisen. Die im Restaurant verarbeiteten saisonalen Zutaten stammen fast ausnahmslos aus dem Betrieb. Eine Mahlzeit mit typischen Gerichten aus den Marken kostet 12 bis 28 Euro ohne Wein. In der Umgebung von Camerino locken zahlreiche Ausflugsziele wie der Parco Nazionale dei Monti Sibillini, Visso, Caldarola, Tolentino, Sarnano, Serrapetrona, Fabriano, Assisi, Loreto, Norcia, Castelluccio und die Adriaküste.

♦ 4 DZ mit Bad und WC, TV ♦ DZ in Einzelbelegung € 50, DZ € 70 (Aufpreis Zusatzbett € 20, alle mit Frühstück) ♦ alle Kreditkarten, Bankomat ♦ Anlage teilweise barrierefrei zugänglich, Privatparkplatz, Haustiere nicht erlaubt, Betreiber immer erreichbar ♦ Restaurant, Garten, Bocciafeld

Castelraimondo
Vasconi
9 km vom Zentrum; 25 km von Fabriano, 47 km südwestlich von Macerata, S.P. 361 oder S.P. 256
Ausfahrt Loreto-Porto Recanati der A 14, S.S. 77 und S.S. 361

Il Casato

Agriturismo
Ortsteil Vasconi, 11 A
Tel. (+39) 07 37 / 64 20 77,
(+39) 340 / 618 70 74
info@ilcasato.net
www.ilcasato.net
Ganzjährig geöffnet

Der gemütliche Beherbergungsbetrieb in einem kleinen Ort im Hinterland der Marken besteht aus zwei Gebäuden, in denen Gästezimmer und Miniapartments geschaffen wurden. Sie sind rustikal eingerichtet und verfügen alle über eigene Badezimmer und Heizung. Der Agriturismo am Fuß des bei Drachenfliegern beliebten Monte Gemmo wird von Mario Boria und Mara Cipriani geführt. An den Betrieb angeschlossen ist eine Landwirtschaft mit 16 Hektar Land (Weingärten, Olivenhaine, Trüffelfeld, Obstplantage und Gemüsegarten). Die Produkte, die der Boden hervorbringt, und das Fleisch der auf dem Hof gezüchteten Tiere sind die Grundlagen für die Köstlichkeiten, die zum Abendessen geboten werden. Eine Mahlzeit ohne Wein kostet 25 Euro. Das reichhaltige Frühstück wird im kleinen Restaurant serviert, das im Bauernhaus eingerichtet wurde. Die Verpflegung mit Halbpension kostet 50 bis 65 Euro pro Person.

♦ 3 DZ, 3 3BZ und 2 Suiten, alle mit Bad und WC, TV; 6 Apartments mit Küche ♦ DZ in Einzelbelegung € 60, DZ, 3BZ und Suite € 80 (alle mit Frühstück); Apartment € 400 pro Woche ♦ Kreditkarten: CartaSi, MC, Visa; Bankomat ♦ einige Zimmer behindertengerecht ausgestattet, Privatparkplatz, kleine Haustiere willkommen, Betreiber immer erreichbar ♦ Bar, Restaurant, Lese- und TV-Raum, Garten, Kinderspielplatz, Bocciafeld

Castelraimondo
Castel Sant'Angelo

6 km vom Zentrum
25 km von Fabriano, 47 km südwestlich von Macerata, S.P. 361 oder S.P. 256

Il Giardino degli Ulivi

Agriturismo
Via Crucianelli, 54
Tel. (+39) 07 37 / 64 21 21,
(+39) 338 / 305 60 98
Fax (+39) 07 37 / 64 21 21
info@ilgiardinodegliulivi.com
www.ilgiardinodegliulivi.com
Ferien: 8. Januar–8. Februar

Sante, ein Architekt, und Maria Pia, eine Lehrerin und geschickte Köchin, haben mit viel Engagement ein altes Bauernhaus, das bis 1991 halb verfallen war, in einen vorbildlichen Agriturismo verwandelt. Er befindet sich im zauberhaften Ort Castel Sant'Angelo und ist von 35 Hektar Land umgeben, wo Getreide, Oliven und Wein gedeihen. Außerdem züchtet man Trabpferde. Die Zimmer sind in jeder Hinsicht gepflegt und zeichnen sich durch viel Liebe zum Detail aus. Die schlichte Einrichtung wird durch schöne Antiquitäten aufgelockert. Unter den süßen und pikanten Köstlichkeiten, die es zum Frühstück gibt, finden sich hausgemachte Konfitüren, Süßspeisen und Joghurt. Wer Halbpension wünscht, bezahlt einen Aufpreis von 25 Euro pro Person.

♦ 4 DZ und 1 Superiorzimmer, alle mit Bad und WC, TV (auf Wunsch) ♦ DZ in Einzelbelegung € 50–80, DZ € 70–100, Superiorzimmer € 90–100 (alle mit Frühstück) ♦ Kreditkarten: CartaSi, MC, Visa; Bankomat ♦ 1 Zimmer barrierefrei zugänglich, Privatparkplatz, kleine Haustiere willkommen (nach Absprache), Betreiber immer erreichbar ♦ Restaurant, Frühstücksraum, Aufenthaltsraum, Lese- und TV-Raum, Garten, Sonnenterrasse, Kinderspielplatz

🍲 Es gibt ein schönes Angebot an traditionellen Speisen aus den Marken, begleitet von den besten Weinen der Region. Eine Mahlzeit ohne Wein kostet 25 bis 35 Euro.

Castignano

24 km nordwestlich von Ascoli Piceno, S.P. 73
Ausfahrt Grottammare der A 14, S.P. 92 und S.P. 79

Fiorenire

Agriturismo
Ortsteil Filette, 9
Tel. (+39) 07 36 / 82 16 06
Fax (+39) 07 36 / 82 13 02
fiorenire@fiorenire.it
www.fiorenire.it
Ganzjährig geöffnet

Der Agriturismo Fiorenire liegt in den Hügeln des Tronto an der Straße nach Offida und beeindruckt mit einem Panorama, das von bizarren Felsformationen bis zum fernen Apennin und zum Meer reicht. Der landwirtschaftliche Betrieb umfasst 90 Hektar, auf denen Wein, Oliven und anderes biologisch angebaut werden. Im weitläufigen Park, der sich um die Gästeunterkünfte erstreckt, leben auch Pferde in friedlicher Harmonie. So zählt zu den diversen Annehmlichkeiten, die der Agriturismo bietet, auch ein gut ausgestatteter Reitstall. Die mit Möbeln aus alter Zeit eingerichteten Zimmer sind einfach und komfortabel. Die Mahlzeiten werden vorwiegend aus eigenen Zutaten nach traditionellen Rezepten zubereitet und im ehemaligen Bauernhaus serviert. Eine Mahlzeit ohne Wein kostet 16 Euro. Zum Frühstück gibt es süße und pikante Speisen lokaler Herkunft.

♦ 2 DZ, 3 3BZ und 2 4BZ, alle mit Bad und WC, Aircondition, Balkon, Telefon (auf Wunsch), TV ♦ DZ in Einzelbelegung € 36–45, DZ € 52–76, 3BZ € 72–96, 4BZ € 92–116 (alle mit Frühstück) ♦ Kreditkarten: CartaSi, DC, MC, Visa; Bankomat ♦ Gemeinschaftsbereiche barrierefrei zugänglich, Privatparkplatz, kleine Haustiere willkommen, Betreiber stets anwesend ♦ Bar, Restaurant, Lese- und TV-Raum, Internetstation, Garten, Park, Kinderspielplatz, Fußballwiese, Tennisplatz, Reitstall

Cingoli
Torre

3 km vom Zentrum
25 km nordwestlich von Macerata, S.P. 502
Ausfahrt Loreto-Porto Recanati der A 14, S.S. 77, Hinweisschilder nach Cingoli und Macerata bis Torre

Gli Ulivi

Agriturismo
Ortsteil Capovilla, 41
Tel. (+39) 07 33 / 60 33 61,
(+39) 338 / 472 73 26
Fax (+39) 07 33 / 60 33 61
gliuliviagriturist@tiscali.it
www.gli-ulivi.it
Ferien: Mitte November–Weihnachten

In der Nähe von Cingoli, dem »Balkon der Marken«, finden wir diesen schönen Agriturismo in einem zur Gänze aus Stein errichteten Bauernhaus aus dem 17. Jahrhundert. Lauro Cherubini und Giuseppina Brunetti bieten ihren Gästen Zimmer mit Holzdecken, Möbeln im Arte-povera-Stil und schmiedeeisernen Betten. Das Abendessen kann man in aller Ruhe in der Gaststube mit Ziegel- und Steinwänden oder im großen Speisesaal mit Kamin genießen. Das Restaurant steht auch externen Gästen offen und bietet Mahlzeiten für 25 bis 35 Euro mit Getränken. Der Aufpreis für Halbpension beträgt 20 Euro pro Person. Das Frühstück wird serviert und umfasst unter anderem Konfitüren und Süßspeisen aus eigener Erzeugung. Im Freien stehen den Gästen ein Schwimmbecken und ein Whirlpool zur Verfügung, die zwischen einem kleinen Weingarten und alten Olivenbäumen eingebettet liegen.

♦ 6 DZ mit Bad und WC, Aircondition, TV (auf Wunsch) ♦ DZ in Einzelbelegung € 60, DZ € 80 (Aufpreis Zusatzbett € 20, alle mit Frühstück) ♦ keine Kreditkarten ♦ 1 Zimmer behindertengerecht ausgestattet, Privatparkplatz, kleine Haustiere willkommen, Betreiber stets anwesend ♦ Restaurant, Aufenthaltsraum, Leseecke, Küche für die Zubereitung von Kindermahlzeiten, Garten, Kinderspielplatz, Schwimmbecken, Bocciafeld, Tischtennis

Cingoli
Colle San Valentino

4 km vom Zentrum
24 km nordwestlich von Macerata, S.P. 502
Ausfahrt Loreto-Porto Recanati oder Ancona Nord der A 14, S.S. 76 und S.P. 502

Villa Ugolini

3-Sterne-Hotel
Via Sant'Anastasio, 30
Tel. (+39) 07 33 / 60 46 92
Fax (+39) 07 33 / 60 16 30
raffaela.rango@tiscali.it
www.villaugolini.it
Ganzjährig geöffnet

Das Ehepaar Piero Angelucci und Raffaella Rango hat ein Gebäude aus dem 17. Jahrhundert renoviert, das sich einst im Besitz der Familie Ugolini befand, und in ein kleines Hotel umgebaut. Die geräumigen, hellen Zimmer verteilen sich auf drei Etagen und sind schlicht eingerichtet. Im letzten Stockwerk ist das alte Gebälk der Zimmerdecken erhalten geblieben. Das Frühstücksbüfett wird in einem großen Raum im Erdgeschoss vorbereitet. Es erwarten Sie hausgemachte Süßspeisen, in kleinen Betrieben erzeugte Konfitüren, Käse und Wurst lokaler Herkunft. Auf Wunsch kann man Halbpension für einen Aufpreis von 50 Euro pro Person wählen und im Restaurant speisen. Vom Garten, wo der Mahlstein einer Ölmühle ausgestellt ist, der bei den Renovierungsarbeiten entdeckt wurde, genießt man eine schöne Aussicht vom Monte Cònero bis zur Adria.

♦ 1 EZ und 10 DZ, alle mit Bad und WC, Aircondition, TV, WLAN ♦ EZ € 40, DZ € 70 (Aufpreis Zusatzbett € 15–20, alle mit Frühstück) ♦ alle Kreditkarten, Bankomat ♦ 2 Zimmer behindertengerecht ausgestattet, Privatparkplatz, kleine Haustiere willkommen, Rezeptionsdienst rund um die Uhr ♦ Restaurant, Frühstücksraum, Garten, Kinderspielplatz, Veranda

Civitanova Marche

4 km vom Zentrum
1 km vom Meer
27 km östlich von Macerata, S.S. 485

Nontiscordardime

Landhaus
Ortsteil Castelletta, 65
Tel. (+39) 339 / 433 98 27
Fax (+39) 07 33 / 703 64
chiaramarchionni@virgilio.it
www.nontiscordar.com
Ganzjährig geöffnet

NEU

Mitten im Grünen und doch nur einen Kilometer vom Meer entfernt befindet sich diese Locanda, die kürzlich unter Verwendung natürlicher Materialien renoviert wurde. Die sechs Gästezimmer (die Zimmer im Erdgeschoss blicken in den Garten) zeichnen sich durch geschmackvolle, erlesene Einrichtung aus: helle Farben, schmiedeeiserne Betten, praktische Wandschränke und große Fenster, die viel Licht in den Raum lassen. Die familiäre Führung und die ruhige Lage tragen sehr zu einem angenehmen, erholsamen Ferienaufenthalt bei. Auf der dem Schwimmbecken zugewandten Terrasse wird in der schönen Jahreszeit das Frühstück serviert. Es gibt heiße und kalte Getränke, Crostate und hausgemachte Konfitüren. Auf Wunsch gibt es auch ein pikantes Frühstück mit Wurst und Käse aus der Gegend.

♦ 3 DZ und 1 3BZ, alle mit Bad und WC; 2 Suiten (2–4 Personen) mit Wohnzimmer ♦ DZ in Einzelbelegung € 55–70, DZ € 85–120, 3BZ € 120–150, Suite € 120–180 (alle mit Frühstück) ♦ Kreditkarten: Visa; Bankomat ♦ überdachter Privatparkplatz, kleine Haustiere willkommen (€ 20), Betreiber immer erreichbar ♦ Frühstücksraum, Küche, Terrasse, Garten, Park, Schwimmbecken

Comunanza

Im Zentrum
33 km nordwestlich von Ascoli Piceno, S.S. C78

Palazzo Pascali

3-Sterne-Hotel
Piazza Santa Caterina
Tel. (+39) 348 / 353 01 65,
(+39) 335 / 702 40 51
Fax (+39) 07 36 / 84 61 91
info@palazzopascali.com
www.palazzopascali.com
Ganzjährig geöffnet

NEU

Der in der Altstadt von Comunanza gelegene Palazzo Pascali wurde kürzlich renoviert und trägt noch den Namen der bedeutenden Adelsfamilie, die ihn bis nach Kriegsende besaß. Die Einrichtung ist von moderner Kunst dominiert, wodurch ein interessanter Kontrast zu den Fresken aus dem 19. Jahrhundert und den mittelalterlichen Steinwänden erzeugt wird. Für Gäste stehen Doppelzimmer und Zweizimmerapartments zur Verfügung, die mit jedem modernen Komfort ausgestattet sind. Das Frühstücksbüfett umfasst Milch, Kaffee, Tee, abgefüllte und frisch gepresste Fruchtsäfte und dazu Kekse, Kuchen, Zerealien, Marmeladen, Joghurt, Aufschnitt und Käse. Im großen Salon mit Kamin kann man sich entspannen und Radio über Drahtfunk hören, während man im Videoraum die Internetverbindung nutzen oder auf bequemen Möbeln einen Film ansehen kann.

♦ 5 Superior-DZ und 2 Miniapartments (4 Personen), alle mit Bad und WC, Aufenthaltsraum, Balkon, Minibar, Telefon, Sat-TV, WLAN ♦ DZ in Einzelbelegung und DZ € 90–110 (Aufpreis Zusatzbett € 30–40), Miniapartment € 160–200 (alle mit Frühstück) ♦ alle Kreditkarten, Bankomat ♦ Anlage barrierefrei zugänglich, öffentlicher Parkplatz gegenüber, Haustiere nicht erlaubt, Betreiber immer erreichbar ♦ Bar, Frühstücksraum, Aufenthaltsraum, TV-Raum, Wellnesszentrum, Schwimmbecken

Cossignano

5 km vom Zentrum
34 km nordöstlich von Ascoli Piceno, S.P. 235 und S.P. 43
14 km von der Ausfahrt Grottammare der A 14, S.P. 92

Fiorano

Agriturismo
Ortsteil Fiorano, 19
Tel./Fax (+39) 07 35 / 984 46
info@agrifiorano.it
www.agrifiorano.it
Ferien: 10. Januar–28. Februar

Wenige Kilometer von den Stränden der Adria entfernt empfängt Sie das Ehepaar Paolo und Paola Beretta auf den Hügeln von Cossignano in einem Bauernhaus aus dem 14. Jahrhundert, das nach baubiologischen Grundsätzen renoviert wurde. Der Beherbergungsbetrieb ergänzt die landwirtschaftlichen Aktivitäten, die im biologischen Anbau von Wein und Oliven bestehen. Die Zimmer sind schlicht, rustikal und teilweise mit Möbeln aus alter Zeit eingerichtet. Das Frühstück wird in einem ehemaligen Stall mit Kreuzgewölbe oder im Freien unter Arkaden serviert und umfasst hausgemachte Süßspeisen, Biokonfitüren, Saisonobst sowie Wurst und Käse aus lokalen Betrieben. Das gegen Vorbestellung geöffnete Restaurant bietet Traditionsküche mit kreativen Ansätzen; eine Mahlzeit ohne Wein kostet 25 Euro. Bei Bedarf organisiert man Verkostungen von Wein und Öl aus Eigenproduktion, Kurse über biologischen Landbau und Phytotherapie sowie Italienischkurse.

♦ 3 DZ mit Bad und WC, Terrasse oder Balkon, Minibar, TV, WLAN; 1 Apartment mit Kochnische ♦ DZ in Einzelbelegung € 50, DZ € 70–80 (Aufpreis Zusatzbett € 10–15, alle mit Frühstück); Apartment € 80–90 ♦ Kreditkarten: MC, Visa; Bankomat ♦ Apartment barrierefrei zugänglich, Privatparkplatz, kleine Haustiere willkommen (im Apartment), Betreiber immer erreichbar ♦ Restaurant, Leseraum, Konferenzraum, Terrasse, Arkaden, Garten

Fabriano
Rocchetta

7 km vom Zentrum
4 km südwestlich von Ancona
Ausfahrt Fabriano Est der S.S. 76

Locanda Marchese del Grillo

NEU

Dependance des 4-Sterne-Hotels
Via Rocchetta, 73
Tel. (+39) 07 32 / 62 56 90
Fax (+39) 07 32 / 62 79 58
info@marchesedelgrillo.com
www.marchesedelgrillo.com
Ferien: 1 Wo. im August, 2 Wo. im Januar

Die Villa wurde durch einen Kinofilm mit Alberto Sordi in der Rolle als Marchese Onofrio del Grillo bekannt, der 1714 in Fabriano zur Welt kam. Nach einer sorgfältigen Renovierung ist sie heute ein Hotel mit einem der besten Restaurants der Marken unter der professionellen Führung der Familie D'Alesio. Die Locanda, um die es in diesem Fall geht, ist dagegen im ehemaligen Wächterhaus gleich beim Park eingerichtet. Die Zimmer und Bäder sind bis ins kleinste Detail gepflegt. Das gilt auch für das Frühstück und die Mahlzeiten im Restaurant. Der Weinkeller zählt zu den besten der Region. Für Weinliebhaber wurde überdies ein interessanter Service eingerichtet: ein »Weinbus«, mit dem der Inhaber Lanfranco D'Alesio Gästegruppen zu diversen Weinbaubetrieben bringt.

♦ 6 DZ mit Bad und WC, Aircondition, Minibar, Telefon, TV; 2 Suiten (2–4 Personen) mit Wohnzimmer ♦ DZ in Einzelbelegung € 70–80, DZ € 90–103 (Aufpreis Zusatzbett € 20), Suite in Einzelbelegung € 83–103, Suite € 105–140 (alle mit Frühstück) ♦ Kreditkarten: CartaSi, DC, MC, Visa; Bankomat ♦ Anlage barrierefrei zugänglich, Privatparkplatz, Haustiere nicht erlaubt, Rezeptionsdienst 6.30–2 Uhr ♦ Restaurant, Terrasse, Park

🍴 Im Restaurant erwartet Sie traditionelle und kreative Küche zu einem Preis von 40 bis 45 Euro für eine Mahlzeit ohne Wein.

Falconara Marittima

Im südlichen Teil des Zentrums
3 km vom Flughafen Falconara
10 km nordwestlich von Ancona, S.S. 16
6 km von der Ausfahrt Ancona Nord der A 14

Villa Amalia

3-Sterne-Hotel
Via degli Spagnoli, 4
Tel. (+39) 071 / 916 05 50
Fax (+39) 071 / 906 82 83
info@villaamalia.it
www.villaamalia.it
Ferien: je 2 Wochen im Januar und September

Die Familie Ridolfi ist seit 40 Jahren in der Gastronomie und Hotellerie tätig und führt eines der beliebtesten Feinschmeckerrestaurants der Marken. Das Hotel ist eine schöne Villa aus dem frühen 20. Jahrhundert, nicht weit von der Adria. Daneben bietet man Unterkünfte in einer Dependance mit Blick auf einen Hof, von dem man direkten Zugang zu den schlichten, komfortablen Zimmern hat. Probieren Sie unbedingt das süße und pikante Frühstück, das auch hausgemachte Konfitüren und Süßspeisen umfasst. Außerdem organisiert man in der Villa Amalia Amateurkochkurse und stellt den Gästen eine kleine Bibliothek zum Thema Essen und Wein zur Verfügung.

♦ 4 EZ und 3 DZ, alle mit Bad und WC, Aircondition, Minibar, Telefon, TV, WLAN
♦ EZ € 60–70, DZ € 90–100 (Aufpreis Zusatzbett € 18–20, alle mit Frühstück)
♦ alle Kreditkarten, Bankomat ♦ Privatparkplatz, kleine Haustiere willkommen, Rezeptionsdienst 7.30–15 und 18–23 Uhr
♦ Restaurant, Frühstücksraum, Veranstaltungsraum, Garten, Terrasse, Veranda

🍲 Das Restaurant (40 Plätze) bietet Küche aus den Marken mit einer persönlichen Note. Der Preis für eine Mahlzeit ohne Wein beträgt rund 50 Euro.

Fermignano
Ca' Maddalena

4 km vom Zentrum; 10 km südlich von Urbino, 55 km südwestlich von Pesaro, S.S. 16 und S.S. 73 bis Ausfahrt Pesaro der A 14, vom Zentrum in Richtung Sagrata

Ca' Maddalena

Agriturismo
Ortsteil Ca' Maddalena
Tel./Fax (+39) 07 22 / 33 10 25
info@camaddalena.com
www.camaddalena.com
Ganzjährig geöffnet

NEU

Marco und seine Geschwister waren Inhaber einer florierenden Konditorei in Fermignano. Innerhalb kurzer Zeit beschlossen sie, ihr Leben zu verändern. Mit viel Ausdauer verwandelten sie ein vernachlässigtes kleines Gut im Gebiet von Sagrata in einen Bilderbuch-Biobetrieb. Sie züchten Rinder der Marchigiana-Rasse und frei lebende Schweine. Das Bauernhaus, dessen Bestehen bereits im 17. Jahrhundert dokumentiert ist, wurde mit baubiologischen Methoden renoviert und dient als Gästeunterkunft. Die Zimmer mit Fußbodenheizung haben unabhängige Eingänge und bieten eine schöne Aussicht. Die Einrichtung besteht aus soliden rustikalen Möbeln. Das Frühstück wird als Büfett vorbereitet. Im Restaurant kann man gute Traditionsküche mit Fleisch und Wurst aus Eigenproduktion sowie hausgemachten Teigwaren und Süßspeisen genießen. Eine Mahlzeit ohne Wein kostet 25 Euro. In der Freizeit kann man die Schwimmbecken nutzen, Fahrrad fahren oder reiten. Nach Urbino und zur spektakulären Furlo-Schlucht sind es nur wenige Autominuten; auch die Grotten von Frasassi und die Adriaküste sind nicht weit.

♦ 2 DZ, 2 3BZ und 3 4BZ oder 5BZ, alle mit Bad und WC ♦ DZ in Einzelbelegung € 60–80, DZ € 78–95, 3BZ € 98–120, 4BZ € 108–130, 5BZ € 115–135 (alle mit Frühstück) ♦ Kreditkarten: MC, Visa; Bankomat ♦ 1 Zimmer barrierefrei zugänglich, Privatparkplatz, kleine Haustiere willkommen, Betreiber immer erreichbar
♦ Bar, Restaurant, Salon, Arkaden, Garten, Schwimmbecken, Reitstall

Fermo

1 km vom Zentrum
10 km von der Ausfahrt Porto San Giorgio der A 14, S.S. 16 und S.P. 239

Serena

Agriturismo
Ortsteil Ete, 41
Tel. (+39) 07 34 / 22 53 24
Fax (+39) 07 34 / 22 43 67
info@agriturismoserena.it
www.agriturismoserena.it
Ganzjährig geöffnet

NEU

Der Agriturismo Serena liegt in der Ortschaft Valdete di Fermo bei Kilometer 6. Bei dem 1994 eröffneten Betrieb handelt es sich um ein zweistöckiges Landhaus. Im Erdgeschoss befindet sich das Restaurant, im ersten Stock liegen die drei Gästezimmer. Ringsum erstreckt sich ein mit hölzernen Spielgeräten und einer beleuchteten Fußballwiese ausgestatteter Park. Dank der herrlichen Lage kann man eine schöne Aussicht auf die Hügel um Fermo genießen. Das Frühstück wird als Büfett vorbereitet. Das Restaurant steht nicht nur Hausgästen offen und bietet bodenständige Gerichte mit selbst erzeugten Zutaten. Eine Mahlzeit ohne Wein ist um 25 bis 30 Euro erhältlich. Die Eigentümer Massimo und Daniela haben 2006 auch ihr Landhaus aus dem 18. Jahrhundert renoviert und daraus vier Miniapartments geschaffen. Es liegt in der Gemeinde Petritoli (18 km südlich von Fermo).

♦ 3 DZ mit Bad und WC, TV ♦ DZ in Einzelbelegung € 40–60, DZ € 55–75 (Aufpreis Zusatzbett € 15–20, Frühstück € 7 pro Person) ♦ Kreditkarten: CartaSi, DC, MC, Visa; Bankomat ♦ Gemeinschaftsbereiche und 1 Zimmer barrierefrei zugänglich, Privatparkplatz, kleine Haustiere willkommen, Betreiber 8–24 Uhr erreichbar ♦ Restaurant, Konferenzsaal (70 Plätze)

Frontone

37 km südöstlich von Urbino, 72 km südwestlich von Pesaro
Von Urbino über die S.S. 73 bis Fossombrone und über die S.S. 3 bis Cagli, Hinweisschilder nach Pergola und Frontone

Locanda del Castello

Zimmervermietung
Piazza della Rocca, 5
Tel. (+39) 07 21 / 79 06 61,
(+39) 335 / 624 22 13
info@locandadelcastello.it
www.locandadelcastello.it
Ganzjährig geöffnet

Vom imposanten, hohen Felsen des ruhigen Orts Frontone genießt man einen herrlichen Ausblick, der von den Hügeln um Pesaro über die Gebirgsausläufer des Catria und Nerone bis nach Montefeltro reicht. Aber damit sind die Vorzüge der Locanda unter der Leitung von Giorgio Giuliacci und seiner Ehefrau noch nicht ausreichend beschrieben. Es erwartet Sie unter anderem ein gutes traditionelles Frühstück mit heißen Getränken, Orangensaft, Butter, Konfitüren, Brioches, Crostata, Keksen und hausgemachten Kuchen. Das Auto können Sie bequem gegenüber dem Eingang abstellen. Die geräumigen Zimmer verfügen über jeden Komfort und die Bäder sind mit diversen Accessoires gut ausgestattet. Cottoböden und Holz verleihen den Räumlichkeiten eine äußerst gemütliche Atmosphäre. Alles in allem eine ideale Adresse für entspannte Ferien und Ausflüge in die Umgebung.

♦ 6 DZ mit Bad und WC, Aircondition, Minibar, TV; 1 Apartment (4 Personen) ♦ DZ in Einzelbelegung € 50–55, DZ € 65–70 (alle mit Frühstück); Apartment € 100 ♦ Kreditkarten: CartaSi, DC, MC, Visa; Bankomat ♦ Parkplatz gegenüber, Haustiere nicht erlaubt, Betreiber immer erreichbar ♦ Bar (nur für Hausgäste), TV-Raum, Terrasse

Grottammare

37 km nordöstlich von Ascoli Piceno
Ausfahrt Grottammare der A 14

La Torretta sul Borgo

Bed & Breakfast
Via Peretti, 2
Tel./Fax (+39) 07 35 / 73 68 64
info@latorrettasulborgo.it
www.latorrettasulborgo.it
Ganzjährig geöffnet

Das zauberhafte Bed & Breakfast unter der Leitung der Familie Marconi befindet sich in einem originalgetreu renovierten Palazzo aus dem 17. Jahrhundert im oberen Ortsteil. Die Zimmer, die sich über zwei Etagen verteilen, haben noch das Flair alter Zeiten. Sie sind nämlich mit handdekorierten Möbeln und schmiedeeisernen Betten eingerichtet und verfügen über alte Holzdecken. In einer kleinen Taverne mit Kreuzgewölbe und Kamin wird das Frühstücksbüfett vorbereitet. Es gibt hausgemachte Kranzkuchen, Crostate und Kekse, Brioches aus einer Konditorei und pikante Köstlichkeiten aus lokalen Betrieben. In den weniger frequentierten Monaten steht den Gästen eine Gemeinschaftsküche zur Verfügung. Bei Schönwetter kann man vom kleinen Turm, der dem Betrieb seinen Namen gibt, das Panorama des Majella-Gebirges und den Ausblick auf das Meer bewundern. Der Strand ist über eine Treppe erreichbar.

♦ 4 DZ, 1 3BZ und 1 4BZ, alle mit Bad und WC, Safe, Telefon, TV, WLAN ♦ DZ in Einzelbelegung € 40–65, DZ € 60–80, 3BZ € 80–100, 4BZ € 100–120 (Aufpreis Zusatzbett € 20, alle mit Frühstück) ♦ Kreditkarten: CartaSi, DC, MC, Visa; Bankomat ♦ 1 Zimmer behindertengerecht ausgestattet, öffentlicher Gratisparkplatz 500 Meter entfernt, Haustiere nicht erlaubt, Betreiber immer erreichbar ♦ Bar, TV-Raum, Terrasse

Grottammare

4 km von San Benedetto del Tronto, 37 km nordöstlich von Ascoli Piceno
2 km von der Ausfahrt Grottammare der A 14

Villa Helvetia

3-Sterne-Hotel
Via Salvi, 9
Tel. (+39) 07 35 / 63 12 93
Fax (+39) 07 35 / 73 54 91
info@villahelvetia.it
www.villahelvetia.it
Ganzjährig geöffnet

Neben der pittoresken alten Oberstadt hat Grottammare auch eine eindrucksvolle Strandpromenade mit schönen Bauten aus der Belle Époque zu bieten. Hier steht die Villa Liberty aus dem späten 19. Jahrhundert, deren Fassade von Arkaden mit mächtigen Säulen und einem Altan geprägt ist. Das Hotel bietet einfache, aber komfortable Zimmer, die stilgerecht renoviert wurden. Das Interieur ist in Pastellfarben gehalten, die Möbel weisen klare Linien auf. Der Empfang ist herzlich, der Service zuvorkommend. Das süße und pikante Frühstücksbüfett bietet auch einige hausgemachte Spezialitäten.

♦ 3 EZ, 12 DZ und 1 Suite, alle mit Bad und WC, Aircondition, Minibar, Telefon, TV, WLAN ♦ EZ € 60–90, DZ € 90–120, Suite € 160–240 (alle mit Frühstück) ♦ Kreditkarten: CartaSi, MC, Visa; Bankomat ♦ öffentlicher Parkplatz gegenüber, Haustiere nicht erlaubt, Rezeptionsdienst 7–23 Uhr ♦ Bar, Frühstücksraum, Salon mit Leseecke

Isola del Piano

10 km nordöstlich von Urbino, 36 km südwestlich von Pesaro
13 km von der Ausfahrt Serrungarina des Autobahnzubringers Fossombrone-Fano der A 14

Montebellobio

Agriturismo
Via Montebello, 1
Tel. (+39) 07 21 / 72 03 34,
(+39) 07 21 / 72 01 26
Fax (+39) 07 21 / 72 03 26
info@agriturismomontebellobio.it
www.agriturismomontebellobio.it
Ferien: Januar

Teigwaren, Zerealien und Hülsenfrüchte sind die wichtigsten Produkte aus biologischer Landwirtschaft, für die die Genossenschaft Alce Nero bekannt ist. Das ausgedehnte Anwesen umfasst auch zwei Gebäude mit Gästeunterkünften: die Locanda Alce Nero, die aus einem Landhaus mit unverputzten Steinwänden entstand, und das Kloster Montebello aus dem 14. Jahrhundert. Die Unterkünfte sind sehr verschieden. Vor allem die Zimmer des Klosters sind sehr großzügig und bieten Platz für bis zu vier Personen. Die Apartments werden für eine Mindestdauer von drei Tagen vermietet. Da sie auch über eine Küche verfügen, gewähren sie den Gästen größtmögliche Unabhängigkeit. Das Restaurant befindet sich im Gebäude der Locanda (die Halbpension kostet 45 bis 53 Euro, die Vollpension 60 bis 68 Euro). Das Frühstück ist unverfälscht und traditionell. Die Umgebung ist reich an kulturellen Sehenswürdigkeiten.

♦ 10 DZ mit Bad und WC (bei 4 Zimmern auf dem Flur); 2 Apartments (2–6 Personen) mit Küche ♦ DZ in Einzelbelegung € 45–52, DZ € 60–75 (alle mit Frühstück); Apartment € 65–140 ♦ alle Kreditkarten, Bankomat ♦ Privatparkplatz, Haustiere nicht erlaubt, Betreiber stets anwesend ♦ Bar, Restaurant, Leseraum, TV-Raum, Konferenzraum, Garten, Park, Schwimmbecken

Lapedona

18 km südöstlich von Fermo, 60 km von Ascoli Piceno
Ausfahrt Pedaso der A 14, S.S. 16

Casa Vecchia

NEU

Agriturismo
Via Aso, 11
Tel. (+39) 07 34 / 93 31 59
Fax (+39) 07 34 / 93 75 39
info@casavecchia.it
www.casavecchia.it
Ferien: November–März

Diesen Agriturismo erreichen Sie über die Straße, die von der Strada Statale Adriatica in den Parco Nazionale dei Monti Sibillini führt. Das unter Bewahrung der Originalarchitektur renovierte ländliche Herrschaftshaus bietet zehn Zimmer und sieben Apartments mit rustikaler Einrichtung. Ringsum erstreckt sich ein weitläufiger Garten. Ein Teil davon wird für die Aufzucht von Tieren und den Anbau von Obst und Gartengemüse genutzt. Zum Frühstück sind hausgemachte Süßspeisen, Konfitüren, Säfte und Honig vorgesehen, alles aus eigener Produktion. Auf Wunsch serviert man auch ein pikantes Frühstück. Der Aufpreis für Halbpension beträgt 55 bis 65 Euro pro Person.

♦ 1 EZ, 6 DZ, 2 3BZ und 1 4BZ, alle mit Bad und WC, Aircondition, TV, WLAN; 7 Apartments (2–6 Personen) mit Küche oder Kochnische ♦ EZ € 45–60, DZ € 75–90, 3BZ € 100–115, 4BZ € 120–135 (alle mit Frühstück); Apartment € 450–1.200 pro Woche ♦ Kreditkarten: CartaSi, MC, Visa; Bankomat ♦ Anlage barrierefrei zugänglich, Privatparkplatz, kleine Haustiere willkommen, Betreiber immer erreichbar ♦ Bar, Restaurant, Leseraum, TV-Raum, Konferenzraum (30 Plätze), Terrasse, Garten, Kinderspielplatz, Bocciafeld, Tischtennis, Schwimmbecken

🍲 Das Restaurant bietet Traditionsküche aus selbst erzeugten Zutaten. Ein Essen ohne Wein kostet 25 Euro.

Matelica

Collepere
3 km vom Zentrum
45 km südwestlich von Macerata, S.P. 77, S.P. 361 und S.P. 256
Ausfahrt Loreto-Porto Recanati der A 14, S.P. 77

Villa Collepere

Landhaus
Ortsteil Collepere
Tel. (+39) 07 37 / 78 35 92,
(+39) 339 / 385 92 43
villacollepere@yahoo.it
www.villacollepere.it
Ferien: 3. November–31. März

Wir befinden uns im Hügelland des Esinotals und können am Horizont die Berge erblicken, die sich von den Monti Sibillini zum Monte Catria erstrecken. Dieses Jagdschloss aus dem 17. Jahrhundert hat noch das Flair alter Zeiten. Marilena Gagliardi hat es unter Erhaltung der ursprünglichen Architektur und Möblierung sorgsam renoviert. Unter den Annehmlichkeiten, die dieses Landhaus zu bieten hat, finden sich gemütliche Salons, ein Park mit altem Pflanzenbestand und ein schönes Schwimmbecken. Sie können sich hier einfach Mußestunden gönnen oder landschaftlich und kulturell interessante Ausflüge in die Umgebung unternehmen. Damit Ihr Aufenthalt bunter wird, sind die Zimmer in unterschiedlichen Farbtönen gehalten. Die Suiten mit Balkon blicken ins Grüne. Morgens erwartet Sie ein gutes Frühstücksbüfett mit süßen und pikanten Speisen lokaler Herkunft.

♦ 2 EZ, 7 DZ und 2 Suiten, alle mit Bad und WC, TV (Suiten mit Terrasse) ♦ EZ € 60, DZ € 90, Suite € 120 (alle mit Frühstück) ♦ Kreditkarten: CartaSi, DC, MC, Visa; Bankomat ♦ einige Zimmer barrierefrei zugänglich, Privatparkplatz, kleine Haustiere willkommen, Betreiber immer erreichbar ♦ Bar, Frühstücksraum, Lese- und TV-Raum, Salons, Garten, Park, Schwimmbecken

Monte San Martino

2 km vom Zentrum
41 km südlich von Macerata
Ausfahrt Porto San Giorgio der A 14, S.P. 239

Il Nido del Falco

NEU

Landhaus
Ortsteil Molino, 93
Tel./Fax (+39) 07 33 / 66 05 06
info@ilnidodelfalco.com
www.ilnidodelfalco.com
Ganzjährig geöffnet

Monte San Martino liegt in der Provinz Macerata an der Grenze zum Gebiet um Fermo und schmiegt sich an den linken Hang des Tenna. Nicht weit vom Zentrum finden wir das Landhaus der Familie Diletti. Das Bauernhaus wurde samt Nebengebäuden unter Berücksichtigung der für die Marken typischen Bauweise renoviert. Die bequemen und gut eingerichteten Zimmer und Apartments sind nach den bekanntesten Touristenattraktionen der Gegend benannt, den Monti Sibillini und den Gemälden der Renaissancekünstler Carlo und Vittore Crivelli. Die größte Unterkunft besteht aus drei Schlafzimmern mit Bad, einem Esszimmer mit Kamin, einem TV-Raum, einer Küche, einem Badezimmer und einer Aussichtsterrasse. Die Betreiber bieten auch Verpflegung im Restaurant, wo eine Mahlzeit ohne Wein 25 Euro kostet.

♦ 4 DZ mit Bad und WC (1 Zimmer mit Whirlpool), Terrasse, Minibar, TV; 3 Apartments (2–9 Personen) mit Wohnzimmer, Küche oder Kochnische ♦ DZ in Einzelbelegung € 40–60, DZ € 55–75 (Aufpreis Zusatzbett € 15–20, alle mit Frühstück); Apartment € 55–255 ♦ alle Kreditkarten ♦ Gemeinschaftsbereiche und einige Zimmer barrierefrei zugänglich, Privatparkplatz, kleine Haustiere willkommen, Betreiber stets anwesend ♦ Bar, Restaurant, Leseraum, TV-Raum, Terrasse, Sonnenterrasse, Schwimmbecken, Sauna, Whirlpoolkabine

Montecosaro

21 km östlich von Macerata
Ausfahrt Montecosaro des Autobahnzubringers Tolentino-Civitanova Marche der A 14

La Luma

3-Sterne-Hotel
Via Cavour, 1
Tel. (+39) 07 33 / 22 94 66
Fax (+39) 07 33 / 22 94 57
info@laluma.it
www.laluma.it
Ganzjährig geöffnet

Das Hotel entstand in den mittelalterlichen Räumlichkeiten des Palazzos Garulli. Die Wände und Deckengewölbe bestehen aus unverputztem Stein und schaffen zusammen mit den Wandnischen und der historischen Einrichtung ein besonders eindrucksvolles Ambiente. In den Untergeschossen kann man außerdem Tuffsteingrotten bewundern. Die komfortablen, klassischen Zimmer sind mit Betten mit schmiedeeisernem Betthaupt eingerichtet und bieten eine herrliche Aussicht auf das Chiental. Zum Frühstück erwarten Sie Crostate, Kringel und Traubenbrot aus eigener Erzeugung, begleitet von kalten und heißen Getränken. Das Restaurant ist in einem historischen Gebäude ein paar Meter neben dem Hotel untergebracht und wird von den Hoteleigentümern geführt. Hier gibt es überarbeitete Traditionsküche zu einem Preis von 30 bis 40 Euro für eine Mahlzeit ohne Wein.

♦ 9 DZ, 1 3BZ und 1 Suite, alle mit Bad und WC, Aircondition, Minibar, Safe, Telefon, WLAN (einige Zimmer mit Terrasse) ♦ DZ in Einzelbelegung € 65, DZ € 80–85, 3BZ € 105, Suite € 115 (alle mit Frühstück) ♦ Kreditkarten: CartaSi, MC, Visa; Bankomat ♦ 2 Zimmer behindertengerecht ausgestattet, öffentlicher Parkplatz außerhalb der Anlage, Garage (3 Plätze, € 10 pro Tag), kleine Haustiere willkommen, Rezeptionsdienst rund um die Uhr ♦ Bar, Frühstücksraum, Lese- und TV-Raum, Terrasse

Montefelcino
Fontecorniale

6 km v. Zentr.; 26 km nö. v. Urbino, 27 km sw. v. Pesaro, S.P. 139; vom Autobahnzubringer Fano der A 14 über die E78-S.P. 3 bis Calcinelli, dann nach Cartoceto und vor Mombaroccio weiter nach Fontecorniale

Costa della Figura

Agriturismo
Strada Costa della Figura, 30
Tel. (+39) 07 21 / 72 94 28,
(+39) 338 / 348 10 91
info@costadellafigura.com
www.costadellafigura.com
Ferien: Januar, Februar

Zaira Fradelloni und ihre Familie führen seit 1997 diesen schönen Agriturismo, der in den Hügeln des ruhigen Hinterlandes von Pesaro zwischen dem Metaurotal und dem Montefeltro liegt. Bekannt ist er auch für seine unverfälschte Küche, für die Produkte aus dem biologischen Landwirtschaftsbetrieb und dem umliegenden Wald verarbeitet werden, darunter Wurst, natives Olivenöl extra, Gemüse, Kräuter, Pilze und Schnecken. Zum Frühstück gibt es Honig aus der eigenen Imkerei und hausgemachte Konfitüren. Unter den Backwaren sticht besonders Signora Zairas Kranzkuchen hervor. Im oberen Stockwerk liegen ein großer Aufenthaltsraum und die einfach, aber geschmackvoll eingerichteten Zimmer. Auf der Terrasse erwarten Sie ein Schwimmbecken mit Salzwasser, eine Sauna, ein Dampfbad und ein Whirlpool.

♦ 4 DZ mit Bad und WC, Minibar, Safe, Telefon, Sat-TV ♦ DZ in Einzelbelegung € 40, DZ € 80 (alle mit Frühstück) ♦ keine Kreditkarten ♦ Anlage barrierefrei zugänglich, Privatparkplatz, kleine Haustiere willkommen, Betreiber immer erreichbar ♦ Bar, Restaurant, Salon mit Leseecke, Garten, Terrasse, Sonnenterrasse, Schwimmbecken

🍲 Gegen Vorbestellung serviert man Ihnen gut zubereitete traditionelle Gerichte zu einem Preis von 25 bis 30 Euro; der Sangiovese des Hauses ist inbegriffen.

Moresco

3 km vom Zentrum
15 km südöstlich von Fermo, S.P. 102 oder S.P. 56

La Meridiana

Agriturismo
Ortsteil Forti, 8
Tel. (+39) 07 34 / 22 38 81, (+39) 340 /
108 64 30, (+39) 348 / 334 12 75
Fax (+39) 07 34 / 22 38 81
info@agrimeridiana.it
www.agrimeridiana.it
Ganzjährig geöffnet

NEU

Moresco ist eine mittelalterliche Ansiedlung in herrlicher Lage hoch über dem Asotal und zählt zur Vereinigung »Italiens schönste Dörfer«. Der seit 2002 bestehende Agriturismo liegt zwar auf einem Hügel, ist aber nur wenige Kilometer vom Meer entfernt. Er entstand aus einem alten ländlichen Gebäude. Die Familie Foglia hat mehrere Jahre an der Renovierung gearbeitet und dafür ausgesuchte Materialien verwendet. Diverse Verzierungen hat sie selbst angefertigt. Die Zimmer wurden mit einer persönlichen Note geschmackvoll eingerichtet. Giovanni und Marilù bauen Oliven und Obst sowie Gartengemüse nach biologischen Methoden an und züchten Geflügel. Die Erzeugnisse sind vor Ort erhältlich und werden auch im angeschlossenen Restaurant verwendet.

♦ 1 DZ, 2 3BZ und 1 4BZ, alle mit Bad und WC, Airconditon, Minibar, Safe, Telefon, TV ♦ DZ in Einzelbelegung € 40–60, DZ € 72–98 (alle mit Frühstück) ♦ keine Kreditkarten ♦ Gemeinschaftsbereiche und 1 Zimmer barrierefrei zugänglich, Privatparkplatz, kleine Haustiere willkommen (nach Absprache), Betreiber stets anwesend ♦ Restaurant, Leseraum, TV-Raum, Veranstaltungsraum (30 Plätze), Garten, Sonnenterrasse

Offida

Borgo Miriam
3 km vom Zentrum; 26 km nordöstlich von Ascoli Piceno, S.P. 235 und S.P. 1
Ausfahrt Castel di Lama der Schnellstraße Ascoli-Mare; Ausfahrt Grottammare der A 14

Nascondiglio di Bacco

Agriturismo
Ortsteil Ciafone, 97
Tel./Fax (+39) 07 36 / 88 95 37
info@nascondigliodibacco.it
www.nascondigliodibacco.it
Ganzjährig geöffnet

NEU

Der Betrieb in einem Halbpachthaus aus dem 16. Jahrhundert, umgeben von einem großen Garten, wird von Raffaele aus Ascoli und Dwight aus Kansas City geführt. Beide zeichnen sich durch besondere Herzlichkeit aus. Freuen Sie sich auf einen familiären Empfang und einen Aufenthalt im Zeichen absoluter Entspannung. Die Zimmer sind mit schmiedeeisernen Betten, Holzmöbeln und Lampen aus Muranoglas gepflegt eingerichtet. Das traditionelle Frühstück besteht aus unverfälschten Produkten der Region: Neben den üblichen Kaffeezubereitungen und Frühstücksgetränken erwarten Sie selbst gebackenes Brot aus Biomehl (von ausgewählten Produzenten und Mühlen in der Umgebung), Konfitüren und typische hausgemachte Süßspeisen.

♦ 6 DZ, 3 3BZ und 3 4BZ, alle mit Bad und WC, Aircondition, TV (auf Wunsch), Internetanschluss (2 Zimmer mit Terrasse, 1 Zimmer mit Hängeboden und Leseecke); 1 Zweizimmerapartment (2–4 Personen) mit Küche ♦ DZ in Einzelbelegung € 65–75, DZ € 75–85 (Aufpreis Zusatzbett € 15), 3BZ € 90–100, 4BZ € 105–115 (alle mit Frühstück); Zweizimmerapartment € 105–115 ♦ Kreditkarten: AE, MC, Visa; Bankomat ♦ Gemeinschaftsbereiche und einige Zimmer barrierefrei zugänglich, Privatparkplatz, kleine Haustiere willkommen (nach Absprache), Betreiber immer erreichbar ♦ Barbereich, Leseraum, Aufenthaltsraum, Terrasse, Garten, Schwimmbecken

Ostra

300 m von der Altstadt
27 km vom Flughafen Falconara Marittima, 38 km westlich von Ancona
15 km von der Ausfahrt Senigallia der A 14

La Cantinella

3-Sterne-Hotel
Via Amendola, 5
Tel. (+39) 071 / 680 81
Fax (+39) 071 / 682 90
lacantinella@libero.it
www.lacantinella.net
Ganzjährig geöffnet

Das hübsche mittelalterliche Städtchen Ostra liegt nur ein paar Kilometer von den beliebten Stränden Senigallias entfernt. Die Altstadt ist zu einem Großteil von einem Mauerring mit neun Wachtürmen umgeben. Nicht weit vom alten Stadtteil steht dieses kleine Hotel unter familiärer Führung, ein vollständig renoviertes Gebäude aus den Siebzigerjahren. Im Erdgeschoss befinden sich zwei Speisesäle, einer im Hotelbereich, der andere 20 Meter entfernt; dazwischen liegt das Schwimmbecken. Das kulinarische Angebot basiert auf lokalen Gerichten. Eine Mahlzeit ohne Wein kostet etwa 25 Euro, der Aufpreis für Halbpension ohne Wein beträgt 48 bis 55 Euro pro Person. Das Frühstücksbüfett umfasst Süßes wie gefüllte Brioches, Crostate und Kringel, daneben bietet es aber auch eine schöne Auswahl an pikanten Speisen wie Aufschnitt, Lonza (Wurst aus Schweinenacken) und Käse.

♦ 15 DZ und 5 3BZ, alle mit Bad und WC, Aircondition, Balkon, Telefon, TV ♦ DZ in Einzelbelegung € 40–45, DZ € 62–70, 3BZ € 75–80 (Frühstück € 5 pro Person) ♦ alle Kreditkarten, Bankomat ♦ Gemeinschaftsbereiche barrierefrei zugänglich, 2 Zimmer behindertengerecht ausgestattet, Privatparkplatz, kleine Haustiere willkommen, Rezeptionsdienst 7–24 Uhr ♦ Bar, Restaurant, Salons, Konferenzraum, Garten, Schwimmbecken

Pesaro

7 km vom Zentrum
Ausfahrt Pesaro-Urbino der A 14

Badia

Agriturismo
Strada della Torraccia, 20
Tel. (+39) 07 21 / 40 57 30,
(+39) 338 / 195 70 12
Fax (+39) 07 21 / 40 57 30
info@badiagriturismo.it
www.badiagriturismo.it
Ganzjährig geöffnet

Dieses schöne Bauernhaus aus dem späten 19. Jahrhundert wurde vor zwei Jahren von Federica Bracci elegant renoviert. Sie kümmert sich gemeinsam mit ihrem Ehemann um die Führung des Betriebs. Er liegt in den Hügeln bei Pesaro, wenige Kilometer vom Zentrum und von der Autobahnausfahrt entfernt, und bietet sich als idealer Ausgangspunkt für Ausflüge nach Urbino, zum Montefeltro und zum felsigen Strand von Vallugola (eine Seltenheit an der oberen Adria) an. Der Strand ist auch mit dem Fahrrad erreichbar. Die Zimmer zeichnen sich durch schlichte Eleganz aus und sind mit Liebe zum Detail eingerichtet. Das Frühstück wird in einem großen Raum serviert, durch dessen große Fenster der umliegende Park, die Gipfel des Carpegna und der angrenzende Pferdezuchtbetrieb zu sehen sind. Kuchen und Konfitüren sind hausgemacht, die Wurstspezialitäten stammen von regionalen Erzeugern, die nach handwerklichen Methoden arbeiten. Im Frühling müssen Sie unbedingt die österliche Crescia (salzige Torte) probieren.

♦ 8 DZ mit Bad und WC, Telefon, TV, Internetanschluss ♦ DZ in Einzelbelegung € 50, DZ € 70 (Aufpreis Zusatzbett € 15, alle mit Frühstück) ♦ Kreditkarten: CartaSi, DC, MC, Visa; Bankomat ♦ Anlage barrierefrei zugänglich, Privatparkplatz, kleine Haustiere willkommen, Betreiber 8–21.30 Uhr anwesend ♦ Frühstücksraum, Leseraum, Garten

Ripatransone

4 km vom Zentrum
7 km vom Meer
38 km nordöstlich von Ascoli Piceno

Iervasciò

Agriturismo
Ortsteil San Michele, 18
Tel. (+39) 07 35 / 979 36,
(+39) 333 / 774 24 82
azagrsanmichele@libero.it
www.iervascio.it
Ferien: Oktober

NEU

Um zu diesem Agriturismo zu gelangen, lassen Sie den Ort Ripatransone hinter sich und folgen den Schildern zum Monastero delle Passioniste. Falls Sie von der Strada Statale Adriatica kommen, fahren Sie ins Landesinnere weiter. Die Familie Giannetti hat in ihrem Bauernhaus zwei Gästezimmer und zwei Apartments geschaffen, die geschmackvoll und schlicht mit historischen Möbeln eingerichtet sind. Das von Massimo zubereitete Frühstück besteht aus selbst erzeugten Produkten: Brot, Kekse, Konfitüren, Joghurt, aber auch Käse und Wurst. Der Aufpreis für Halbpension beträgt 15 Euro, jener für Vollpension 20 Euro. Die günstige Lage im Hügelland der Marken, nur fünf Minuten vom Meer entfernt, macht diese Unterkunft ideal für einen entspannten Ferienaufenthalt.

♦ 2 DZ mit Bad und WC, Aircondition, Terrasse; 2 Miniapartments (4–5 Personen) mit Kochnische ♦ DZ in Einzelbelegung und DZ € 30–50 (alle mit Frühstück); Miniapartment € 50–70 ♦ keine Kreditkarten, Bankomat ♦ Gemeinschaftsbereiche barrierefrei zugänglich, 1 Zimmer behindertengerecht ausgestattet, Privatparkplatz, kleine Haustiere willkommen, Betreiber immer erreichbar ♦ Restaurant, Leseraum

🍲 Im angeschlossenen Restaurant gibt es traditionelle Gerichte aus selbst erzeugten Zutaten. Eine Mahlzeit kostet 20 bis 25 Euro.

Ripatransone
Trivio
6 km vom Zentrum; 35 km nordöstlich von Ascoli Piceno, S.P. 235 und S.P. 43
Ausfahrt Castel di Lama der Schnellstraße Ascoli-Mare; Ausfahrt Grottammare der A 14

Relais del Colle

Agriturismo
Ortsteil San Gregorio, 16
Tel. (+39) 07 35 / 98 70 03,
(+39) 335 / 21 58 59
Fax (+39) 07 35 / 98 70 03
info@relaisdelcolle.it
www.relaisdelcolle.it
Ganzjährig geöffnet

NEU

Das Relais del Colle entstand durch die Renovierung eines Bauernhauses auf einem Hügel. Dabei wurden baubiologische Kriterien berücksichtigt. Neben der biodynamischen Landwirtschaft widmet man sich hier auch der Beherbergung von Gästen. Die Inhaberin, Patrizia Weiszflog, hat sich besonders um die Details der Renovierung gekümmert und besonderes Augenmerk auf die Einrichtung gelegt: Die Zimmer sind mit Möbeln aus Familienbesitz sowie handgenähten Gardinen aus Leinen und Hanf ausgestattet. Die gemütlichen Gemeinschaftsbereiche zeichnen sich durch gute Aufteilung aus: Es gibt einen Leseraum, ein Musikzimmer mit Klavier und anderen Instrumenten sowie einen TV-Raum im Kellergeschoss. Dank der biodynamischen Produkte aus eigener Produktion serviert man ein exzellentes Frühstück und hervorragende Gerichte im Restaurant (gegen Vorbestellung; eine Mahlzeit ohne Wein kostet 30 Euro).

♦ 6 DZ und 1 Suite (4 Personen), alle mit Bad und WC, Terrasse oder Balkon, Aircondition, Minibar, Safe, Telefon, TV, Internetanschluss ♦ DZ in Einzelbelegung € 65–75, DZ € 100–110 (Aufpreis Zusatzbett € 22–40), Suite € 200 (alle mit Frühstück) ♦ keine Kreditkarten ♦ einige Zimmer barrierefrei zugänglich, Privatparkplatz, kleine Haustiere willkommen, Betreiber immer erreichbar ♦ Barbereich, Restaurant, Salon, Leseraum, Musikzimmer, TV-Raum, Veranda, Laube, Garten, Wellnesszentrum mit Schwimmbecken, Whirlpool, Dampfbad

San Leo

In der Altstadt
26 km südwestlich von Rimini, 73 km westlich von Pesaro, S.S. 258
Ausfahrt Rimini Nord der A 14

Castello

2-Sterne-Hotel
Piazza Dante, 11–12
Tel. (+39) 05 41 / 91 62 14
Fax (+39) 05 41 / 92 69 26
albergo-castello@libero.it
www.hotelristorantecastellosanleo.com
Ferien: je 3 Wochen im Februar und November

Die Piazza Dante liegt im mittelalterlichen Ort San Leo, der nicht weit von Rimini und der Republik San Marino entfernt ist. Das Hotel der Familie Sacchetti ist ein Palazzo aus dem 16. Jahrhundert, der von historisch interessanten Bauwerken wie der aus der Renaissance stammenden Burg umgeben ist. Die Zimmer sind zum Platz oder zum Tal des Montefeltro gewandt; einige sind mit Möbeln aus dem 19. Jahrhundert ausgestattet. Zum Frühstück gibt es hausgemachte Kuchen, Brioches aus einer Konditorei, Brot, Konfitüren, Fruchtsäfte und heiße Getränke. In der schönen Jahreszeit kann man die Sitzgelegenheit auf der Piazza nutzen und im Freien frühstücken. Das Restaurant verfügt über einen großen Speisesaal. Der Preis für eine Mahlzeit ohne Getränke beträgt etwa 20 Euro, die Halbpension kostet 55 Euro pro Person. Rund einen Kilometer von San Leo entfernt liegt das Kloster Sant'Igne, das vom heiligen Franziskus gegründet wurde.

♦ 9 DZ und 5 3BZ oder 4BZ, alle mit Bad und WC, Telefon, TV ♦ DZ in Einzelbelegung € 45–70, DZ € 60–80, 3BZ € 70–90, 4BZ € 80–100 (alle mit Frühstück) ♦ alle Kreditkarten, Bankomat ♦ öffentlicher Gratisparkplatz 50 Meter entfernt, kleine Haustiere willkommen (außer im August), Betreiber 7.30–23 Uhr erreichbar ♦ Bar, Restaurant, TV-Raum, Außenbereich

Sant'Angelo in Vado

39 km vom Bahnhof San Giustino
27 km südwestlich von Urbino, 62 km südwestlich von Pesaro, S.S. 423 und S.S. 73B

Palazzo Baldani

3-Sterne-Hotel
Via Mancini, 4
Tel. (+39) 07 22 / 81 88 92,
(+39) 07 22 / 81 01 01
Fax (+39) 07 22 / 81 93 22
info@taddeoefederico.it
www.taddeoefederico.it
Ganzjährig geöffnet

Der Palazzo Baldani, ein schlichter klassizistischer Bau, wurde Ende des 18. Jahrhunderts errichtet, verfiel aber zusehends. Nach einer gründlichen Renovierung, die ihm wieder seine alte Schönheit verlieh, wurde das Gebäude in ein Hotel umgewandelt. Die Zimmer verteilen sich auf zwei Stockwerke und zeichnen sich durch ihre elegante Einrichtung aus; Wände und Stoffe sind in Pastelltönen gehalten. Das Frühstück bietet eine gute Auswahl an süßen, pikanten und warmen Speisen, die ausnahmslos hausgemacht sind. Im Gebäude befindet sich auch das Restaurant Taddeo e Federico, wo der Preis für eine Mahlzeit ohne Wein etwa 30 Euro, für die Halbpension etwa 80 Euro pro Person beträgt. In der schönen Jahreszeit deckt man auch die Tische im Innenhof. Für Ausflüge in die Umgebung stehen den Gästen Fahrräder zur Verfügung.

♦ 1 EZ und 12 DZ, alle mit Bad und WC, Aircondition, Minibar, Telefon, TV, WLAN; 1 Apartment (4 Personen) ♦ EZ € 55–70, DZ € 90–130 (alle mit Frühstück); Apartment € 130 ♦ Kreditkarten: AE, CartaSi, MC, Visa; Bankomat ♦ 1 Zimmer behindertengerecht ausgestattet, öffentlicher Gratisparkplatz außerhalb der Anlage, kleine Haustiere willkommen, Rezeptionsdienst rund um die Uhr ♦ Bar, Restaurant, Frühstücksraum, Salons, Leseraum, Konferenzraum, Innenhof

Serra de' Conti
Osteria
3 km vom Zentrum
64 km westlich von Ancona, S.S. 16, S.S. 76 und S.P. 11
Ausfahrt Senigallia der A 14, S.P. 360

Coquus Fornacis

Zimmervermietung
Via Fornace, 7
Tel. (+39) 07 31 / 87 80 96,
(+39) 339 / 757 58 94
Fax (+39) 07 31 / 87 80 96
info@coquusfornacis.it
www.coquusfornacis.it
Ganzjährig geöffnet

Welcher Platz wäre für diese Gaststätte – und Locanda – besser geeignet als der Ortsteil Osteria? Wir befinden uns in Serra de' Conti an der Straße, die nach Arcevia führt, und zugleich im Anbaugebiet des Verdicchio Classico dei Castelli di Jesi. Auch die imposanten Grotten von Frasassi in Genga und weitere landschaftlich und historisch reizvolle Ziele sind nicht weit entfernt. Aus den ehemaligen Räumen einer Ziegelei, deren typischer Schornstein noch zu erkennen ist, entstanden durch die Renovierung ein hübsches Restaurant, wo auch das gute Frühstück serviert wird, ein Veranstaltungsraum und einige bequeme Zimmer. Ihre moderne Einrichtung ist von den Grundsätzen der Farbtherapie inspiriert. Die Bereiche, wo sich der Brennofen befand, können auch für Veranstaltungen genutzt werden.

♦ 3 EZ und 3 DZ, alle mit Bad und WC, Aircondition, Minibar, Telefon, Sat-TV, Internetanschluss ♦ EZ € 43, DZ € 63 (alle mit Frühstück) ♦ Kreditkarten: AE, CartaSi, MC, Visa; Bankomat ♦ Privatparkplatz, Haustiere nicht erlaubt, Betreiber immer erreichbar ♦ Bar, Restaurant, Leseraum, Konferenzraum, Garten

🍲 Das Restaurant Coquus Fornacis (Koch der Ziegelei) bietet Traditionelles und Kreatives für 32 bis 35 Euro ohne Wein.

Serrungarina
Bargni
2 km vom Zentrum
30 km südlich von Pesaro
Ausfahrt Serrungarina des Autobahnzubringers Fossombrone-Fano der A 14

Villa Federici

Landhaus
Via Cartoceto, 4
Tel. (+39) 07 21 / 89 15 10
Fax (+39) 07 21 / 89 16 90
info@villafederici.com
www.villafederici.com
Ganzjährig geöffnet

Zu der von Abt Domenico Federici im Jahr 1683 errichteten Villa dei Pini äußerte sich Kardinal Ranuzzi folgendermaßen: »Bereiten Sie mir ruhig ein Zimmer vor, damit ich dort in aller Zufriedenheit verweilen kann …« Nach mehr als drei Jahrhunderten verfügt dieses historische Wohnhaus mit seinen einfach und funktional eingerichteten Zimmern noch immer über die Atmosphäre von einst. Heute leitet Virginio Baldelli den Betrieb, unterstützt von seiner Ehefrau und seinen Eltern. Die Köstlichkeiten, die es zum Frühstück gibt, sind alle hausgemacht: Ciambelle, Crostate, Kekse, Konfitüren und Omeletts; außerdem gibt es Ricotta und Wurstspezialitäten aus lokaler Erzeugung. Das Restaurant wartet mit typischer Küche aus den Marken auf. Ein Menü ohne Wein kostet 35 Euro. Lassen Sie sich den Keller zeigen, der sich in mehrere Grotten verzweigt, und genießen Sie typische lokale Gerichte in einem der aus Weidengeflecht errichteten Pavillons im Park.

♦ 5 DZ und 1 Suite, alle mit Bad und WC (Suite mit Sauna) ♦ DZ in Einzelbelegung € 75, DZ € 95 (Aufpreis Zusatzbett € 35, alle mit Frühstück) ♦ alle Kreditkarten, Bankomat ♦ Privatparkplatz, kleine Haustiere willkommen, Betreiber immer erreichbar ♦ Restaurant, Lese- und TV-Raum, Veranda, Park, Schwimmbecken

Tolentino
Regnano

7 km vom Zentrum
24 km südwestlich von Macerata, S.P. 78 und S.P. 126
Vom Zentrum in Richtung San Ginesio

Colle Regnano

Agriturismo
Ortsteil Casadicristo, 11
Tel. (+39) 07 33 / 96 76 91,
(+39) 335 / 127 80 72
Fax (+39) 07 33 / 96 76 91
agriturismo@colleregnano.it
www.colleregnano.it
Ganzjährig geöffnet

Das für die ländlichen Gebiete der Marken typische Bauernhaus entstand in der Mitte des 19. Jahrhunderts und wurde unter ausschließlicher Verwendung von natürlichen Materialien nach baubiologischen Kriterien renoviert. Außerdem hat man auch Maßnahmen zur Energieeinsparung getroffen (Solarzellen und geothermische Systeme). Die Zimmer und Apartments sind mit Möbeln aus Familienbesitz oder traditionellen ländlichen Möbeln eingerichtet. Zum Frühstück gibt es hausgemachte süße Backwaren (Kranzkuchen, Crostate) und auf Wunsch auch pikante Speisen. Das Restaurant (mittags nur für Hausgäste, abends für die Allgemeinheit geöffnet) bietet regionale Traditionsgerichte zu einem Preis von 17 Euro ohne Wein. Die Inhaberin Giorgina Mucci, ihre Tochter Patrizia Francioni und deren Familie widmen den Gästen aller Altersstufen unglaublich viel Aufmerksamkeit.

♦ 1 EZ und 3 DZ, alle mit Bad und WC, Telefon, TV (1 Zimmer mit Balkon); 5 Zweizimmerapartments (3 Personen) mit Küche ♦ EZ € 40–50, DZ € 52–82 (Aufpreis Zusatzbett € 12–18, Frühstück € 4–7 pro Person); Zweizimmerapartment € 67–120 ♦ Kreditkarten: MC, Visa; Bankomat ♦ Gemeinschaftsbereiche und 1 Apartment barrierefrei zugänglich, Privatparkplatz, kleine Haustiere willkommen, Betreiber 7.30–20.30 Uhr anwesend ♦ Restaurant, Aufenthaltsraum mit Leseecke, Internetanschluss, Minibar, Terrasse, Arkaden, Garten, Kinderspielplatz, Bocciafeld, Wintergarten, Schwimmbecken

Treia
Chiesanuova

4 km vom Zentrum; 14 km westlich von Macerata
Ausfahrt Loreto-Porto Recanati der A 14 in Richtung Macerata bis Villa Potenza, dann in Richtung Cingoli, 1 km vom Zentrum des Ortsteils

Villa Cortese

Landhaus
Ortsteil Sterpare, 32
Tel. (+39) 07 33 / 21 68 91,
(+39) 347 / 296 19 13
Fax (+39) 07 33 / 21 58 44
info@villa-cortese.it
www.villa-cortese.it
Ganzjährig geöffnet

Die Villa Cortese ist eine Residenz aus dem 18. Jahrhundert, die dem Grafen Pignotti gehörte. Einst ein Ort für Festlichkeiten und Zusammenkünfte, ist die Villa nach einer sorgfältigen Renovierung zu einem Agriturismo geworden, den Robert Ortolani und Ines Laubbichler mit Hingabe führen. Die Zimmer sind zwar klein, aber mit Cottoböden und Holzträgern schön gestaltet. Die historische Einrichtung wird durch ein paar moderne Möbelstücke aufgelockert. Sie können den Tag mit einem großen Sortiment an Getränken, frischem Obst, Konfitüren, hausgemachten Süßspeisen, Crostate, Eiern, Wurst und Käse beginnen. Im Restaurant bietet man kreative Gerichte. Eine Mahlzeit ohne Wein kostet 35 bis 40 Euro. Im Sommer kann man auch im Freien speisen. Die Villa ist von einem schönen hundertjährigen Park mit Zypressen, Seekiefern und hochstämmigen Bäumen umgeben.

♦ 3 DZ mit Bad und WC, TV; 1 Apartment mit Kochnische ♦ DZ in Einzelbelegung € 45, DZ € 70 (Frühstück € 5 pro Person); Apartment € 100 ♦ alle Kreditkarten, Bankomat ♦ Gemeinschaftsbereiche barrierefrei zugänglich, Privatparkplatz, kleine Haustiere willkommen, Betreiber bis 24 Uhr anwesend ♦ Restaurant, Park, Veranda

Urbania
Mulino della Ricavata
2 km vom Zentrum; 16 km südwestlich von Urbino, 52 km südwestlich von Pesaro, S.S. 73 bis
Auf der Strada Statale den Hinweisschildern nach Peglio folgen

Urbania
Pieve del Colle
3 km vom Zentrum; 17 km südwestlich von Urbino, 52 km südwestlich von Pesaro, S.S. 73 bis
Von der Strada Statale zwischen Fermignano und Urbania auf die Strada Provinciale nach Acqualagna

Mulino della Ricavata

Agriturismo
Via Porta Celle, 5
Tel./Fax (+39) 07 22 / 31 03 26
info@mulinodellaricavata.com
www.mulinodellaricavata.com
Ganzjährig geöffnet

Die fast 1.000 Jahre alte Mühle am Ufer des Metauro ist die Namensgeberin für diesen Agriturismo. Er wurde 1997 renoviert und ist eng mit der Geschichte der Herzöge von Urbino (zuerst der Montefeltro, danach der Della Rovere) verbunden, die am anderen Flussufer eine Jagdresidenz, genannt »Il Barco«, besaßen. Heute gehört das Gebäude zu dem Landwirtschaftsbetrieb, den Anna Faggi und ihr Ehemann mit Unterstützung der Tochter führen. Für Gäste stehen vier schöne Zimmer zur Verfügung, von denen das Mansardenzimmer Platz für bis zu vier Personen bietet. Alle Zimmer verfügen über ein Bad, aber ein Zimmer muss man erst verlassen und ein paar Stufen hinabsteigen, um ins Bad zu gelangen. Am Morgen kann man sich mit Kaffee, Milch, Joghurt, Obst, Brot und hausgemachten Süßspeisen stärken. Das Restaurant steht gegen Vorbestellung auch Gästen offen, die nicht im Haus wohnen. Signora Anna verarbeitet hier Zutaten, die zu 80 Prozent aus biologischem oder biodynamischem Anbau stammen. Ein Abendessen ohne Wein kostet 30 Euro, Halbpension 60 bis 70 Euro pro Person.

♦ 4 DZ mit Bad und WC ♦ DZ in Einzelbelegung € 35–50, DZ € 70–85 (Aufpreis Zusatzbett € 15, alle mit Frühstück) ♦ keine Kreditkarten ♦ Privatparkplatz, kleine Haustiere willkommen, Betreiber immer erreichbar ♦ Restaurant, Frühstücksraum, Salon, Garten

Pieve del Colle

Agriturismo
Ortsteil Pieve del Colle, 1
Tel. (+39) 07 22 / 31 79 45,
(+39) 347 / 914 48 20
Fax (+39) 07 22 / 31 79 45
info@pievedelcolle.com
www.pievedelcolle.com
Ganzjährig geöffnet

Im Betrieb der Familie Silvestrini widmet man sich dem biologischen Anbau von Getreide, Oliven, Wein und Gartengemüse. Zum Gut gehört ein schöner Steinbau, den der Erzpriester von San Severo 1734 für den Bauern der Pfarre errichtete. Nach der Renovierung wurde ein Teil davon in einen Agriturismo umgestaltet. Um den Empfang der Gäste kümmert sich Isabella, um die Küche hauptsächlich ihre Mutter, Ave Torcolacci. Eine Mahlzeit ohne Wein kostet 22 bis 25 Euro. Deckengebälk und Cottoböden verleihen den beiden Speiseräumen und den geräumigen, gut eingerichteten Zimmern mit unabhängiger Heizung eine heimelige Atmosphäre. Zum Frühstück serviert man Brot und Süßspeisen, die aus selbst erzeugtem Mehl gebacken sind, hausgemachte Konfitüren, biologischen Honig, frisches Obst und frisch gemolkene Milch. Keramik- und Kochkurse, didaktische Veranstaltungen zum Leben auf dem Bauernhof, der Verkauf von Produkten aus eigener Erzeugung und ein kleines Museum über das Dreschen vervollständigen das Angebot für die Gäste.

♦ 3 DZ und 2 3BZ, alle mit Bad und WC, TV; 1 Apartment (4 Personen) mit Küche ♦ DZ in Einzelbelegung € 36–42, DZ € 54–72, 3BZ € 81–108 (Aufpreis Zusatzbett € 18, alle mit Frühstück); Apartment € 104 ♦ Kreditkarten: CartaSi, MC, Visa; Bankomat ♦ Restaurant barrierefrei zugänglich, Apartment behindertengerecht ausgestattet, Privatparkplatz, kleine Haustiere willkommen, Betreiber immer erreichbar ♦ Restaurant, Aufenthaltsraum

Urbino
Pallino

3 km vom Zentrum
Vom Zentrum in Richtung Montefabbri

Ca' il Governatore

Bed & Breakfast
Strada Provinciale Montefabbri, 30
Tel. (+39) 348 / 302 42 54
Fax (+39) 07 22 / 32 70 60
info@ilgovernatore.it
www.ilgovernatore.it
Ferien: Dezember–Februar

Giuliano und Patrizia haben seit jeher ihr Haus und ihren Garten geliebt und gepflegt. Das vor einigen Jahren eröffnete Bed & Breakfast hat diese nun einem breiteren Publikum zugänglich gemacht. Hier finden Sie ideale Bedingungen für einen erholsamen Aufenthalt zwischen Olivenbäumen, zahlreichen von Patrizia betreuten Blumen und dem Reh, das ab und zu vorbeikommt – und das nur ein paar Schritte von Urbino entfernt. Die geschmackvoll eingerichteten Zimmer blicken auf den Garten. Das Frühstück, bestehend aus hausgemachten Kuchen und Konfitüren, wird zwischen 8.30 und 9.30 Uhr serviert. Danach kann man es ohne Aufpreis in einer nahen Bar einnehmen, mit der ein Abkommen besteht. Auch wenn es nicht zum üblichen Standard eines Bed & Breakfast gehört, können Sie ein Bad im Schwimmbecken nehmen oder Fahrräder ausleihen, um die Panoramastraße von Urbino nach Montefabbri zu erkunden, eine der schönsten Etappen des Giro d'Italia.

♦ 2 DZ mit Bad und WC, Airconditon (€ 4–7); 1 Einzimmerapartment (4 Personen) mit Kochnische und TV ♦ DZ in Einzelbelegung € 38, DZ € 70 (Aufpreis Zusatzbett € 15, alle mit Frühstück); Einzimmerapartment € 120 ♦ keine Kreditkarten ♦ Privatparkplatz, Haustiere nicht erlaubt, Betreiber immer erreichbar ♦ Frühstücksraum, TV-Raum, Gartenhaus, Park, Schwimmbecken

Urbino
Tufo

3 km vom Zentrum
Vom Zentrum in Richtung Urbania, S.S. 73 bis

Colleverde

Landhaus
Via Bocca Trabaria Ovest, 96
Tel./Fax (+39) 07 22 / 33 92 13
info@colleverde-urbino.it
www.colleverde-urbino.it
Ganzjährig geöffnet

Das Landhaus von Sara und Carlo Cangiotti ist ein kürzlich gegründeter Beherbergungsbetrieb. Die geräumigen, lichtdurchfluteten Zimmer sind mit sorgfältig gearbeiteten Möbeln ausgestattet. Das Frühstück, bestehend aus Brioches, Konfitüren, Honig aus lokaler Erzeugung, Kuchen und Feingebäck, wird in einem Raum eingenommen, der aus der ehemaligen Scheune entstand, oder in der schönen Jahreszeit auf der weitläufigen Terrasse. In der angeschlossenen Schönheitsfarm kann man Kosmetikbehandlungen, Massagen und das Dampfbad genießen. Es gibt auch ein zur Hälfte überdachtes Schwimmbecken mit Massagedüsen. Neben kleinen Haustieren sind auch Jagdhunde (10 Euro pro Tag) willkommen.

♦ 1 EZ, 9 DZ, 2 3BZ, 1 Minisuite und 2 Suiten, alle mit Bad und WC (1 Zimmer mit Whirlpool), Aircondition, Minibar, Safe, Telefon, TV (2 Zimmer mit Terrasse) ♦ EZ € 55–65, Standard-DZ € 75–90 (Aufpreis Zusatzbett € 25), Deluxe-DZ und Minisuite € 120–130, 3BZ € 105–115, Suite € 155–175 (alle mit Frühstück) ♦ Kreditkarten: CartaSi, MC; Bankomat ♦ Gemeinschaftsbereiche barrierefrei zugänglich, 2 Zimmer behindertengerecht ausgestattet, Privatparkplatz, kleine Haustiere willkommen, Rezeptionsdienst 7.30–23 Uhr ♦ Frühstücksraum, Barbereich, Veranstaltungsraum (30 Plätze), Terrasse, Arkaden, Park, Wellnesszentrum mit Whirlpool, Dampfbad, Schwimmbecken

Acquapendente
Trevinano

S66 km nördlich von Viterbo, S.S. 2
Vom Zentrum 14 km auf der S.S. 2 und S.P. 51

L'Albero Bianco

Bed & Breakfast
Ortsteil L'Albero Bianco, 8 A
Tel. (+39) 07 63 / 73 01 54,
(+39) 339 / 409 63 03
Fax (+39) 07 63 / 73 01 54
alberobiancoinfo@yahoo.it
alberobianco.blogspot.com
Ganzjährig geöffnet

Das Bed & Breakfast von Patrizia und Marco ist ein schönes Gebäude in ruhiger, abgeschiedener Lage auf einem kleinen Hügel. Von hier kann man die Täler überblicken, wo die drei Regionen Latium, Umbrien und Toskana zusammenstoßen. Diese Adresse ist ideal für alle, die sich einen Urlaub in der Natur wünschen und trotzdem nicht auf Komfort verzichten möchten. Außerdem sind der Monte Amiata, die schönen Städtchen des Orciatals und der Bolsenasee leicht zu erreichen. Die Räumlichkeiten sind mit steinernen Wänden und Cottoböden gemütlich und gepflegt. Die geräumigen Zimmer sind mit Naturholzmöbeln eingerichtet. Rund um den Betrieb erstreckt sich ein riesiger Garten mit Schwimmbecken und Liegestühlen, wo man angenehme Stunden verbringen kann. Zu den Gemeinschaftsbereichen zählen ein Konferenzraum und ein großzügiger Salon zum Lesen und Entspannen. Das traditionelle Frühstück ist hausgemacht und umfasst Süßspeisen, Marmeladen, Kuchen und frisches Brot.

♦ 4 DZ mit Bad und WC, Balkon, Safe ♦ DZ in Einzelbelegung € 45, DZ € 80 (Aufpreis Zusatzbett € 20–30, alle mit Frühstück) ♦ keine Kreditkarten ♦ Gemeinschaftsbereiche barrierefrei zugänglich, Privatparkplatz, kleine Haustiere willkommen, Betreiber immer erreichbar ♦ Bar, Salon und TV-Raum, Konferenzraum (30 Plätze), Internetstation, Veranda, Garten, Schwimmbecken

Amatrice
Conca

66 km nordöstlich von Rieti; Ausfahrt Val di Chiana oder Fiano Romano der A in Richtung Ascoli, von Rieti weiter über die S.S. 4 und den Hinweisschildern zum Ortsteil San Benedetto und Conche folgen

Piccolo Lago

Landhaus
Ortsteil Conche
Tel. (+39) 07 46 / 82 10 41,
(+39) 339 /572 19 78
scandarello@mail.inet.it
www.lagoscandarello.com
Ganzjährig geöffnet

Signora Santa Rosati leitet dieses anmutige Landhaus am Ufer des Scandarello-Sees. Im Sommer stehen für die Gäste dort Sonnenschirme und Liegestühle bereit. Der Betrieb setzt sich aus einem Bauernhaus mit den Gästezimmern und Gemeinschaftsbereichen und einem Häuschen zusammen, in dem ein Apartment mit Küche für vier Personen eingerichtet ist. Bei der kürzlich erfolgten Renovierung wurde ein Restaurant geschaffen, das nur Hausgäste bedient. Für einen Aufpreis von 25 bis 30 Euro pro Person bekommt man eine vollständige Mahlzeit mit Wasser und Hauswein und kann somit auch Halbpension wählen. Das Frühstück wird als Büfett vorbereitet oder auf Anfrage im Zimmer serviert; im Sommer deckt man auch die Tische im Gartenhaus.

♦ 1 EZ, 8 DZ und 1 Suite, alle mit Bad und WC; 1 Apartment (4 Personen) mit Küche ♦ DZ in Einzelbelegung € 70, DZ € 80, Suite € 120 (alle mit Frühstück); Apartment (4 Personen) € 100 (Frühstück € 4 pro Person) ♦ Kreditkarten: MC, Visa; Bankomat ♦ 1 Zimmer behindertengerecht ausgestattet, Privatparkplatz, Haustiere nicht erlaubt, Betreiber immer erreichbar ♦ Restaurant und Frühstücksraum, Lese- und TV-Raum, Gartenhaus, Garten, Strand

Anticoli Corrado

57 km östlich von Rom
Ausfahrt Vicovaro-Mandela der A 24, S.S. 5

Antica Locanda Arcos

NEU

Jugendherberge
Via Olivella, 38
Tel. (+39) 07 74 / 93 66 46
Fax (+39) 07 74 / 93 27 14
info@locandaarcos.it
www.locandaarcos.it
Ganzjährig geöffnet

Diese Locanda zeichnet sich durch einen herzlichen, familiären Empfang und durch komfortable, ruhige und mit Liebe zum Detail eingerichtete Zimmer aus. Ein weiteres großes Plus ist die herrliche Aussicht, die man von den Zimmern genießen kann. Der Betrieb liegt sehr schön in einem kleinen, gepflegten Ort mit Steinhäusern und kleinen Plätzen, die sich unvermittelt an Kreuzungspunkten der engen Gässchen auftun. An Gemeinschaftsbereichen gibt es eine Bar, einen Frühstücksraum, der bei Bedarf auch in einen Tagungs- und Besprechungsraum umgewandelt werden kann, und einen Leseraum mit gebührenfreier Internetstation. Das typisch italienische Frühstück umfasst süßes Gebäck, Marmeladen, Fruchtsäfte und das übliche Angebot an Kaffee und anderen Frühstücksgetränken. Leicht erreichbare Ausflugsziele sind die Monti Ruffi, die Monti Simbruini, das Städtchen Tivoli mit seinen römischen Villen und das Gebiet von Subiaco mit seinen Klöstern.

♦ 1 EZ, 1 DZ, 4 3BZ, 3 4BZ und 1 5BZ, alle mit Bad und WC, Minibar, Telefon, TV ♦ EZ € 40–50, DZ in Einzelbelegung € 50–55, DZ € 70–90, 3BZ € 90–120, 4BZ € 110–140, 5BZ € 125–160 (alle mit Frühstück) ♦ Kreditkarten: CartaSi, MC, Visa; Bankomat ♦ Parkplatz außerhalb der Anlage, kleine Haustiere willkommen (€ 20), Betreiber immer erreichbar ♦ Bar, Frühstücksraum, Leseraum mit Internetstation, Außenbereich

Arpino

32 km östlich von Frosinone
Ausfahrt Frosinone der A 1; Ausfahrt Castelliri der S.S. 214, in Isola del Liri Abzweigung nach Arpino

Cavalier D'Arpino

3-Sterne-Hotel
Via Vittoria Colonna, 21
Tel. (+39) 07 76 / 85 00 60,
(+39) 07 76 / 84 93 48
Fax (+39) 07 76 / 85 00 60
info@cavalierdarpino.it
www.cavalierdarpino.it
Ganzjährig geöffnet

Das Hotelgebäude war früher eine Wollspinnerei aus dem 19. Jahrhundert. Das unter Beibehaltung seiner schönen Architektur umsichtig renovierte Haus ist von einem großen, gepflegten Park umgeben, der sich gut für angenehme Stunden im Freien eignet. Die Zimmer verteilen sich auf die drei Stockwerke des Gebäudes und sind mit Arte-povera-Möbeln schlicht und geschmackvoll eingerichtet. Im Erdgeschoss befinden sich zwei sehr geräumige, schöne Säle, die sich für Empfänge und Kongresse eignen. Die Betreiber stellen sie für verschiedene Veranstaltungen zur Verfügung. In einem der beiden Räume wird das reichhaltige Frühstücksbüfett vorbereitet, das eine schöne Auswahl an lokalen Produkten, hausgemachten Kuchen und Süßspeisen sowie heißen und kalten Getränken bietet.

♦ 3 EZ und 25 DZ, alle mit Bad und WC, Aircondition, Minibar, Safe, Telefon, TV ♦ EZ € 38–58, DZ € 53–90 (Aufpreis Zusatzbett € 15, alle mit Frühstück) ♦ alle Kreditkarten, Bankomat ♦ Anlage barrierefrei zugänglich, Privatparkplatz, kleine Haustiere willkommen (€ 10), Rezeptionsdienst 6.30–1 Uhr, Betreiber immer erreichbar ♦ Frühstücksraum, Konferenzsaal (250 Plätze), Park

Arpino
Carnello

6 km vom Zentrum
30 km östlich von Frosinone, S.P. 278 und S.S. 214

Locanda Mingone

NEU

3-Sterne-Hotel
Via Pietro Nenni, 96
Tel. (+39) 07 76 / 86 91 40
Fax (+39) 07 76 / 86 87 00
mingone@mingone.it
www.mingone.it
Ganzjährig geöffnet

Der kleine Ort Carnello, durch den der Fluss Fibreno fließt, verteilt sich auf die drei Gemeinden Arpino, Sora und Isola del Liri. Hier erwarb Domenico Pagnanelli, der Urgroßvater des jetzigen Eigentümer, ein altes Gebäude am Flussufer und nahm seine Tätigkeit als Lebensmittelverkäufer und später als Wirt auf. Im Lauf der Jahre und Generationen kam ein Beherbergungsbetrieb hinzu. Es gibt sieben geräumige Zimmer, die mit dunklen Holzmöbeln im Arte-povera-Stil eingerichtet sind. Das kontinentale Frühstück setzt sich aus hausgemachten Kuchen, Süßspeisen, Joghurt, Marmeladen, Kaffee und anderen Frühstücksgetränken zusammen und wird im Speisesaal des angeschlossenen Restaurants serviert. Dort bekommt man auch Gerichte mit Süßwasserfisch für etwa 25 bis 30 Euro ohne Getränke.

♦ 7 DZ mit Bad und WC, Aircondition, Minibar, Safe, Sat-TV, WLAN ♦ DZ in Einzelbelegung € 40–50, DZ € 50–70 (alle mit Frühstück) ♦ alle Kreditkarten, Bankomat ♦ Anlage barrierefrei zugänglich, Parkplatz 50 Meter entfernt, Haustiere nicht erlaubt, Betreiber immer erreichbar ♦ Restaurant, Leseraum, Konferenzsaal (50 Plätze), Garten

Bagnoregio
Buonasera

2 km vom Zentrum
30 km nördlich von Viterbo
19 km von der Ausfahrt Orvieto der A1 in Richtung Montefiascone

Buonasera

Agriturismo
Ortsteil Buonasera, 18
Tel. (+39) 07 61 / 79 23 97, (+39) 349 / 351 35 81, (+39) 340 / 645 04 21
Fax (+39) 07 61 / 176 05 32
info@agribuonasera.com
www.agribuonasera.com
Ganzjährig geöffnet

Stefano Agugliaro und Stella Rizzi sind die sympathischen Eigentümer dieses Agriturismo. Wer einen Ferienaufenthalt in familiärer Atmosphäre im hügeligen Hinterland von Viterbo anstrebt, ist hier an der richtigen Adresse. Es handelt sich um ein renoviertes Bauernhaus aus Stein, das von einem schönen Garten mit Schwimmbecken umgeben ist. Rund um den Agriturismo erstreckt sich das 1.200 Hektar große Carbonara-Naturservat, das über zahlreiche Wanderwege verfügt. Die Zimmer sind geräumig und schön eingerichtet. Die Apartments (Mindestaufenthalt zwei Nächte) sind mit einer gemauerten und voll ausgestatteten Küche versehen. An den Betrieb angeschlossen ist ein Restaurant. Wer Halbpension wünscht, hat die Möglichkeit, für einen Aufpreis von 25 Euro dort zu speisen. In denselben Räumlichkeiten wird auch das Frühstück aus hausgemachten Süßspeisen, Marmeladen und Honig aus eigener Erzeugung serviert.

♦ 4 DZ und 1 3BZ, alle mit Bad und WC; 2 Apartments (4 Personen) mit Küche ♦ DZ in Einzelbelegung € 60–65, DZ € 80–90, 3BZ € 100–110 (alle mit Frühstück); Apartment € 100–115 (Frühstück € 5 pro Person) ♦ alle Kreditkarten, Bankomat ♦ 1 Apartment behindertengerecht ausgestattet, Privatparkplatz, kleine Haustiere willkommen, Betreiber immer erreichbar ♦ Restaurant, Frühstücksraum, Lese- und TV-Raum, Gartenhaus, Garten mit Kinderspielplatz, Park, Schwimmbecken

Bagnoregio

400 m vom Rathaus
30 km nördlich von Viterbo, S.P. 5 und S.P. 6

Romantica Pucci

Zimmervermietung
Piazza Cavour, 1
Tel./Fax (+39) 07 61 / 79 21 21
hotelromanticapucci@libero.it
www.hotelromanticapucci.it
Ganzjährig geöffnet

Bagnoregio ist ein kleines Juwel an der Grenze zwischen Latium und Umbrien. Das Gebiet ist reich an touristischen Attraktionen und schönen Naturlandschaften. Mitten im Zentrum des Ortes (das sehenswerte Bergdorf Civita di Bagnoregio ist mit einem angenehmen Spaziergang erreichbar) leitet ein Ehepaar seit Jahren mit großer Hingabe eine Locanda in einem historischen Gebäude. Die Unterkunft zeichnet sich durch besondere Gemütlichkeit aus, was sich sowohl in der gepflegten, geschmackvollen Einrichtung als auch in der gesamten Atmosphäre ausdrückt, die viel Liebe zum Detail erkennen lässt. Besonders schön und gepflegt sind Betten und Wäsche. Die Locanda eignet sich für einen romantischen Aufenthalt ebenso wie für eine Einkehr zum Essen. Der Preis für eine Mahlzeit ohne Wein beträgt etwa 20 Euro. Das reichhaltige Frühstück umfasst auch einige Qualitätsprodukte aus eigener Erzeugung. Die Preise sind in Anbetracht des allgemeinen Niveaus absolut korrekt.

♦ 5 DZ mit Bad und WC, Aircondition, Telefon, TV (einige Zimmer mit Minibar) ♦ DZ in Einzelbelegung € 70, DZ € 80 (Aufpreis Zusatzbett € 25, alle mit Frühstück) ♦ alle Kreditkarten, Bankomat ♦ Privatparkplatz, kleine Haustiere willkommen, Betreiber immer erreichbar ♦ Restaurant, Internetstation

Bracciano

Im Zentrum
50 km nordwestlich von Rom, S.P. 493

Albergo della Posta

3-Sterne-Hotel
Via Fausti, 29
Tel./ Fax (+39) 06 / 99 80 45 56
info@albergodellaposta.it
www.albergodellaposta.it
Ganzjährig geöffnet

Das Hotel befindet sich im Ortszentrum und entstand aus einer ehemaligen Poststation. Rund 1,5 Kilometer entfernt liegt der See, wo den Hausgästen ein Strand mit Infrastruktur zur Verfügung steht. Das kürzlich renovierte Gebäude hat 23 geräumige, lichtdurchflutete Zimmer, die mit rustikalen Massivholzmöbeln eingerichtet sind. Sie sind einfach, aber mit allem nötigen Komfort ausgestattet. Die Lage des Hotels ist ausgezeichnet: Zum imposanten Schloss Odescalchi und zum Museo Civico sind es nur wenige Schritte, der Bahnhof, von dem es gute Verbindungen nach Rom gibt, liegt 500 Meter entfernt. An den Betrieb angeschlossen ist ein Restaurant, das traditionelle Küche zu einem Preis von etwa 30 Euro ohne Getränke bietet; Halbpension kann zu einem Aufpreis von rund 15 bis 23 Euro pro Person gebucht werden. An Gemeinschaftsbereichen gibt es eine Bar und eine mit einem Gartenhaus ausgestattete Terrasse mit schönem Blick auf das Schloss.

♦ 3 EZ, 15 DZ und 5 3BZ, alle mit Bad und WC, Aircondition, TV ♦ EZ € 75, DZ € 100, 3BZ € 120 (alle mit Frühstück) ♦ Kreditkarten: CartaSi, MC, Visa; Bankomat ♦ Parkplatz und gebührenpflichtige Garage 200 Meter entfernt, Haustiere nicht erlaubt, Betreiber immer erreichbar ♦ Restaurant, Bar, Salon, Gartenhaus, Terrasse

LATIUM

Campagnano di Roma

37 km nördlich von Rom, 50 km südöstlich von Viterbo
Via Cassia in Richtung Viterbo, nach etwa 30 km in Richtung Baccano-Campagnano

La Riserva di Martignanello

Agriturismo
Strada Valle di Baccano, 29
Tel. (+39) 06 / 904 10 81,
(+39) 339 / 143 35 91
martignanello@yahoo.it
www.martignanello.it
Ganzjährig geöffnet

Der Agriturismo Martignanello ist ideal gelegen und perfekt in den Parco Naturale dei Due Laghi integriert, der sich ganz in der Nähe des Sees von Martignano befindet. Letzterer stellt eines der schönsten Vulkanbecken der Gegend dar und bezaubert mit unberührter Natur. Am Seeufer steht das Restaurant, das von den Eigentümern des Agriturismo geführt wird. Am Wochenende können Sie dort à la carte zu einem Preis von etwa 28 bis 35 Euro ohne Getränke speisen oder ein paar angenehme Stunden auf dem angrenzenden Privatstrand verbringen. Die Gästeunterkünfte liegen nicht weit entfernt und verteilen sich auf zwei Bauernhäuser mit schönen, geräumigen und edel eingerichteten Zimmern. Einige verfügen über ein Bad mit Whirlpool und eine Kochnische. Das Frühstück wird in einem angrenzenden Raum serviert und umfasst Kuchen, Süßspeisen, Marmeladen und Honig aus eigener Erzeugung sowie heiße und kalte Getränke.

♦ 7 DZ mit Bad und WC, Minibar (3 Zimmer mit Whirlpool, 3 Zimmer mit Kochnische) ♦ DZ in Einzelbelegung € 60–70, DZ € 70–80 (Aufpreis Zusatzbett € 15, Küchenbenutzung € 10 pro Tag, alle mit Frühstück) ♦ keine Kreditkarten ♦ 1 Zimmer behindertengerecht ausgestattet, Privatparkplatz, kleine Haustiere willkommen, Betreiber immer erreichbar ♦ Restaurant, Frühstücksraum, Garten, Strand

Canale Monterano
Monteviginio

3 km vom Zentrum
50 km nordwestlich von Rom, S.P. 493

La Torretta

Agriturismo
Strada Statale 493, km 30,600
Tel. (+39) 06 / 99 83 80 72,
(+39) 338 / 383 35 60
Fax (+39) 06 / 99 83 80 72
sandro.gentili@email.it
www.agriturismolatorretta.com
Ferien: November

Dieser gut geführte Agriturismo liegt ruhig und abgeschieden in einem ausgedehnten Kastanienwald und verfügt über große Räumlichkeiten, die sich auch für Feiern und Bankette eignen. Die 15 weitläufigen, rustikal eingerichteten Zimmer sind mit allem nötigen Komfort für einen angenehmen Aufenthalt ausgestattet. Überdies stehen zahlreiche Gemeinschaftsbereiche zur Verfügung: ein Restaurant, wo die Gäste mit Halbpension beköstigt werden (65 Euro pro Person), ein Salon mit Kamin, ein Konferenzsaal, ein großer Park rund um das Gut mit schönen Arkaden und ein Schwimmbecken für Sommertage. Unter den diversen Freizeitangeboten gibt es die Möglichkeit, Kutschenfahrten zu buchen. Das kontinentale Frühstücksbüfett wird im Speisesaal des Restaurants vorbereitet und umfasst verschiedene Süßspeisen und Kaffeezubereitungen und andere Frühstücksgetränke.

♦ 5 DZ, 5 3BZ und 4 4BZ, alle mit Bad und WC, TV ♦ DZ in Einzelbelegung und DZ € 80, 3BZ € 105, 4BZ € 120 (alle mit Frühstück) ♦ keine Kreditkarten ♦ Gemeinschaftsbereiche barrierefrei zugänglich, 2 Zimmer behindertengerecht ausgestattet, Privatparkplatz, kleine Haustiere willkommen (nach Absprache), Rezeptionsdienst 8–20 Uhr ♦ Restaurant, Salon, Konferenzsaal (300 Plätze), Arkaden, Park, Schwimmbecken

Canale Monterano

2 km vom Zentrum
49 km nordwestlich von Rom
Ausfahrt Cerveteri-Ladispoli der A 14, S.S. 493

Locanda delle Cicale

Zimmervermietung
Via Mezzagnone
Tel./Fax (+39) 06 / 99 67 51 22
info@locandacicale.com
www.locandacicale.com
Ferien: Januar

Die Leidenschaft für gute Küche und Gästebewirtung hat die Freundinnen und Geschäftspartnerinnen Cinzia und Mariella dazu veranlasst, ihre anfangs rein gastronomischen Aktivitäten auszuweiten und die Räume oberhalb des Restaurants zu renovieren. So entstanden vier geräumige, lichtdurchflutete Gästezimmer, die mit jedem Komfort ausgestattet sind. Die Einrichtung präsentiert sich mit Möbeln aus dunklem Holz und schmiedeeisernen Betten rustikal. Sämtliche Zimmer haben Zugang zur Gemeinschaftsterrasse, auf der man ein Sonnenbad nehmen kann. Alles in allem herrscht eine familiäre, ungezwungene Atmosphäre. Das Frühstück wird an Sommertagen in der Laube serviert und bietet eine schöne Auswahl an hausgemachten Kringeln, Kuchen und Crostate, frischem Obst, Marmeladen sowie heißen und kalten Getränken. Das Restaurant räumt bodenständiger Küche viel Platz ein. Gäste, die Halbpension für einen Aufpreis von 25 bis 30 Euro gebucht haben, werden dort beköstigt. Für Hausgäste gelten spezielle Konditionen in den nahen Thermen von Stigliano.

♦ 4 DZ mit Bad und WC, Aircondition, Telefon, TV, Internetanschluss ♦ DZ in Einzelbelegung € 40–60, DZ € 50–80 (Aufpreis Zusatzbett € 20, alle mit Frühstück) ♦ Kreditkarten: CartaSi, MC, Visa; Bankomat ♦ Privatparkplatz, kleine Haustiere willkommen, Betreiber rund um die Uhr erreichbar ♦ Barbereich, Restaurant, Terrasse, Sonnenterrasse, Garten

Canino
Cerrosughero

3 km vom Zentrum; 47 km westlich von Viterbo
Ausfahrt Orte der A 1, Schnellstraße nach Viterbo bis Viterbo Nord, S.S. 312; Ausfahrt Montalto di Castro der S.S. 1

Cerrosughero

Agriturismo
Strada Statale 312, km 22,600
Tel. (+39) 07 61 / 43 72 42
info@cerrosughero.com
www.cerrosughero.com
Ferien: Februar

Das Gut von Flavio Tarantino ist auf jeden Fall einen Besuch wert. Es liegt in einer Seehöhe von rund 300 Metern und ist von Olivenhainen, Wäldern und Weiden umgeben. Wer seine Ferien gerne in der Natur verbringt und Wanderungen liebt, ohne auf die Annehmlichkeiten verzichten zu wollen, die der gut organisierte und ausgestattete Betrieb bietet, ist hier genau richtig. Die Zimmer sind sehr geräumig; die Suiten haben Decken mit Sichtgebälk und verfügen über einen Salon mit Kamin. Die Einrichtung ist in den Zimmern ebenso wie in den Gemeinschaftsbereichen, die sich aus einem schönen Salon mit Kamin und einem kleinen Raum mit Billardtisch zusammensetzen, schlicht und funktional. Im Freien steht den Gästen ein Schwimmbecken zur Verfügung. Das angeschlossene Restaurant bietet Regionalküche, für die hauptsächlich Produkte aus eigener Erzeugung verarbeitet werden; Halbpension ist für einen Aufpreis von 25 Euro pro Person möglich.

♦ 6 DZ, 2 3BZ, 2 4BZ und 4 Suiten, alle mit Bad und WC, Minibar, TV ♦ DZ in Einzelbelegung € 50–70, DZ € 75–95 (Aufpreis Zusatzbett € 10–15), 3BZ € 80–100, 4BZ € 85–105, Suite € 100–120 (alle mit Frühstück) ♦ alle Kreditkarten, Bankomat ♦ Privatparkplatz, kleine Haustiere willkommen, Betreiber immer erreichbar ♦ Bar, Restaurant, Leseraum, Salon, Garten, Park, Schwimmbecken

Carpineto Romano

72 km südöstlich von Rom
22 km von der Ausfahrt Colleferro der A 1

Villa Olimpia

Zimmervermietung
Piazza Regina Margherita, 10
Tel. (+39) 06 / 971 00 07
Fax (+39) 06 / 97 18 95 92
info@villaolimpia.com
www.villaolimpia.com
Ganzjährig geöffnet

Die Gebäude und die engen Gässchen dieses anmutigen kleinen Ortes lassen eindeutig seinen mittelalterlichen Ursprung erkennen. Die Villa Olimpia ist ein schöner historischer Palazzo im Zentrum. Bei der Renovierung wurden sechs geräumige und schlicht eingerichtete Zimmer geschaffen. Die Führung liegt in den Händen von Cleonice Panetti, die gemeinsam mit ihrem Ehemann die Gäste sehr freundlich empfängt und für einen ruhigen Aufenthalt in ungezwungener Atmosphäre sorgt. Das Frühstück wird im Haus zubereitet und besteht aus Kuchen, frischem Brot, Butter und Marmelade. Es wird in einem eigenen Raum oder auf Anfrage gegen einen geringen Aufpreis im Zimmer serviert. Zwei Zimmer verfügen auch über einen winzigen Balkon mit Stühlen und einem kleinen Tisch. Für die übrigen Mahlzeiten besteht ein Abkommen mit zwei nicht weit entfernten Restaurants, die ein günstiges Degustationsmenü anbieten.

♦ 1 EZ, 2 DZ, 2 3BZ und 1 4BZ, alle mit Bad und WC, Aircondition, TV, WLAN (2 Zimmer mit Balkon) ♦ EZ € 35–40, DZ € 60–70, 3BZ € 90–100, 4BZ € 120–130 (alle mit Frühstück) ♦ alle Kreditkarten, Bankomat ♦ öffentlicher Parkplatz 20 Meter entfernt, Garage (2 Plätze, € 12 pro Tag), kleine Haustiere willkommen, Betreiber immer erreichbar ♦ Frühstücksraum, Leseraum, Terrasse

Casalvieri

7 km vom Zentrum
47 km östlich von Frosinone, S.S. 509 und S.S. 214

Il Fascinaro

Agriturismo
Ortsteil San Pietro, 20
Tel. (+39) 07 76 / 63 91 48,
(+39) 334 / 128 15 58
Fax (+39) 07 76 / 63 91 48
info@ilfascinaro.com
www.ilfascinaro.com
Ganzjährig geöffnet

NEU

Der Agriturismo entstand durch die Renovierung eines alten Bauernhauses aus dem frühen 20. Jahrhundert. Um den Betrieb erstreckt sich ein Wald, der zu einem ruhigen und entspannten Aufenthalt der Gäste beiträgt. Der große Garten lädt zu Spaziergängen bis zum Bach ein, der unweit des Anwesens verläuft. Die Bereiche im Freien sind mit Spielgeräten für Kinder und einem Aufstellpool ausgestattet, der in der Sommersaison genutzt werden kann. Pferdefreunde finden in der Nähe einen Reitstall vor, während die Kleinsten sich mit dem netten Pony anfreunden können, das auf dem Hof lebt. Die fünf geräumigen Gästezimmer sind mit modernem Mobiliar und ein paar Arte-povera-Stücken gepflegt eingerichtet. Außerdem steht den Gästen ein kleines Restaurant (etwa 20 bis 25 Euro) zur Verfügung, das Traditionsküche mit hausgemachter Pasta, Gartengemüse und nativem Olivenöl extra aus eigener Erzeugung bietet. Das kontinentale Frühstück besteht aus hausgemachten Süßspeisen, Marmeladen sowie heißen und kalten Getränken.

♦ 1 EZ und 4 DZ, alle mit Bad und WC ♦ EZ € 25–30, DZ € 50–60 (alle mit Frühstück) ♦ keine Kreditkarten ♦ Privatparkplatz, Haustiere nicht erlaubt, Betreiber immer erreichbar ♦ Restaurant, Garten, Kinderspielplatz

Casperia

38 km südwestlich von Rieti
Ausfahrt Magliano Sabina der A1 in Richtung Collevecchio, Selci und Casperia; von Süden kommend Ausfahrt Fiano Romano der A 1 in Richtung Passo Corese, Poggio Mirteto und Casperia

La Torretta

Bed & Breakfast
Via Mazzini, 7
Tel. (+39) 07 65 / 632 02,
(+39) 338 / 145 18 59
Fax (+39) 07 65 / 632 02
latorretta@tiscalinet.it
www.latorrettabandb.com
Ferien: Januar, Februar

Casperia ist ein gut erhaltener mittelalterlicher Ort, der die Besucher aufgrund seiner Lage durch zahlreiche reizvolle Ausblicke bezaubert. Die Aussicht reicht von den Wäldern der Monti Sibillini bis zum Tiber. Bei La Torretta handelt sich um einen schönen, sorgfältig renovierten Palazzo aus dem 16. Jahrhundert, von dem die Decken mit Sichtgebälk und ein Großteil der Originalfresken erhalten geblieben sind. Die sieben Zimmer sind hell und schlicht eingerichtet. Eine gelungene Mischung aus alten und modernen Möbeln trägt zu einer angenehmen, komfortablen Atmosphäre bei. Im schönen Frühstücksraum erwartet Sie am Morgen ein reichhaltiges Büfett mit frischem Obst, hausgemachten Süßspeisen, Marmeladen, Joghurt, Zerealien und – wenn Sie Pikantes bevorzugen – einer bunten Auswahl an lokalen Wurst- und Käsespezialitäten. An schönen Tagen können Sie auf der Terrasse mit Blick auf das Tal Platz nehmen, die die beiden Inhaber Roberto Scheda und Maureen Donovan mit kleinen Tischen, Stühlen und bequemen Liegen ausgestattet haben.

♦ 1 EZ und 6 DZ, alle mit Bad und WC ♦ EZ € 60, DZ € 90 (Aufpreis Zusatzbett € 15, alle mit Frühstück) ♦ Kreditkarten: CartaSi, MC, Visa; Bankomat ♦ öffentlicher Gratisparkplatz 200 Meter entfernt, kleine Haustiere willkommen, Betreiber immer erreichbar ♦ Frühstücksraum, Salon, Terrasse

Castro dei Volsci

4 km vom Zentrum
23 km südlich von Frosinone

Il Ruspante

NEU

Agriturismo
Ortsteil Pozzotello, 18
Tel. (+39) 07 75 / 68 67 50,
(+39) 335 / 823 86 47
Fax (+39) 07 75 / 68 67 50
ruspante.rossi@libero.it
www.ilruspante.it
Ganzjährig geöffnet

Nicht weit vom hübschen Ort Castro dei Volsci stoßen Sie auf diesen angenehmen und gepflegten Agriturismo, der in ruhiger Umgebung in der grünen Hügellandschaft der Ciociaria liegt. Die drei komfortablen, lichtdurchfluteten Gästezimmer entstanden durch die Renovierung der Räume oberhalb des Restaurants und sind mit schönem Arte-povera-Mobiliar eingerichtet. An Gemeinschaftsbereichen gibt es einen großen Garten, der sich rund um das Bauernhaus erstreckt und mit einem kleinen Kinderspielplatz ausgestattet ist, und eine Terrasse mit schönem Ausblick. Das Restaurant bietet hervorragende Traditionsküche aus ausgewählten Zutaten. Der Preis für eine Mahlzeit beträgt etwa 25 Euro ohne Getränke. Nicht weit entfernt gibt es ein privates Schwimmbad und ein Sportzentrum mit Tennisplätzen.

♦ 3 DZ mit Bad und WC, Balkon, Aircondition, Internetanschluss ♦ DZ in Einzelbelegung € 35, DZ € 60 (Aufpreis Zusatzbett € 20, alle mit Frühstück) ♦ keine Kreditkarten ♦ Privatparkplatz, Parkplatz außerhalb der Anlage 50 Meter entfernt, Haustiere nicht erlaubt, Betreiber immer erreichbar ♦ Restaurant, Terrasse, Garten, Kinderspielplatz

🍲 Das Restaurant bietet bodenständige, sorgfältig zubereitete Küche zu einem Preis von rund 25 Euro ohne Wein.

Castro dei Volsci

Im Zentrum
23 km südlich von Frosinone

Locanda del Ditirambo

Albergo diffuso
Via dell'Orologio, 11 A
Tel. (+39) 07 75 / 66 22 12, (+39) 07 75 /
66 20 91, (+39) 348 / 403 75 57
Fax (+39) 07 75 / 01 98 28
info@albergodiffusocastro.it
www.albergodiffusocastro.it
Ganzjährig geöffnet

In der Ciociaria gibt es noch zahlreiche kleine Orte wie Castro dei Volsci, die mit hübschen, an den Hügeln klebenden Häusern, Steinmauern und engen, nicht mit Autos befahrbaren Straßen bezaubern. Letzteres ist wohl ein Grund, warum ihre Bewohner oft in die Städte abgewandert sind. Aus dem Bestreben, dem Ort wieder neues Leben einzuhauchen und zugleich seinen historischen Kern zu bewahren, entstand dieses Albergo diffuso. Durch die Renovierung von drei historischen Gebäuden wurden schöne Gästeunterkünfte geschaffen. Die Locanda del Ditirambo verfügt über sieben rustikal eingerichtete Doppelzimmer, von denen keines dem anderen gleicht. Bei allen sind aber die ursprüngliche Struktur und das einstige Flair erhalten geblieben: viel Holz, Schmiedeeisen und Decken mit Sichtgebälk. Nicht weit von der Unterkunft entfernt finden Sie aus von den gleichen Eigentümern geführte Restaurant. Hier bekommen Sie traditionelle Küche zu einem Preis von etwa 30 bis 35 Euro für eine Mahlzeit ohne Getränke. Zum Frühstück erwartet Sie eine schöne Auswahl an typischem süßem Backwerk, Marmeladen, Joghurt, Fruchtsäften, Kaffeevarianten und anderen Frühstücksgetränken.

♦ 7 DZ mit Bad und WC, Airconditon, Minibar, Telefon, TV, Internetanschluss ♦ DZ in Einzelbelegung € 35–60, DZ € 50–90 (alle mit Frühstück) ♦ Kreditkarten: CartaSi, MC, Visa; Bankomat ♦ Parkplatz 50 Meter entfernt, Haustiere nicht erlaubt, Betreiber immer erreichbar ♦ Restaurant, Konferenzraum (30 Plätze), Garten

Celleno

1,5 km vom Zentrum
20 km nördlich von Viterbo

Ex Convento San Giovanni Battista

Ferienhaus
Via Roma, 5
Tel. (+39) 07 61 / 91 24 39
convento.cel@tin.it
www.conventocelleno.it
Ganzjährig geöffnet

Der schöne mittelalterliche Ort liegt strategisch günstig dort, wo Latium, Umbrien und Toskana zusammentreffen. Das aus dem 17. Jahrhundert stammende Kloster San Giovanni steht am Eingang zum alten Ortsteil. Das Gebäude wurde unter Beachtung seiner ursprünglichen Architektur renoviert. Die Leitung liegt in den Händen einer Gemeinschaft von Familien, die ständig dort lebt. Die Zimmer entstanden aus den ehemaligen Zellen der Mönche. Einige davon haben Bad und WC im Flur. Wer eine bequeme und funktionale Unterkunft mit zahlreichen Gemeinschaftsbereichen sucht, die sich übrigens auch für Praktika und Seminare eignen, ist hier richtig. Die Zimmer sind zwar einfach, aber mit dem nötigen Komfort ausgestattet. Das Frühstück bietet eine schöne Auswahl an Süßem, Pikantem, Kaffeevarianten und anderen Frühstücksgetränken. Den Gästen steht auch ein Restaurant zur Verfügung, in dem typische Gerichte zu einem Preis von etwa 15 Euro erhältlich sind (ohne Getränke). Für einen Aufenthalt ab zwei Nächten gewährt man einen Nachlass von 5 Euro.

♦ 4 EZ, 19 DZ, 3 3BZ und 1 4BZ, alle mit Bad und WC (einige Zimmer mit Gemeinschaftsbad); 2 Apartments (3–4 Personen) ♦ EZ € 30–37, DZ € 97–113, 3BZ € 143–167, 4BZ € 189–221 (alle mit Frühstück); Apartment € 167–221 ♦ Kreditkarten: CartaSi, DC, MC, Visa; Bankomat ♦ Privatparkplatz, Haustiere nicht erlaubt, Betreiber immer erreichbar ♦ Bar, Restaurant, Salon, Konferenzraum, Kreuzgang, Garten, Fußballwiese

Cellere
Pianiano
40 km nordwestlich von Viterbo
Ausfahrt Orvieto der A 1 in Richtung Valentano;
Ausfahrt Montalto di Castro der S.S. 1 »Aurelia«, in Richtung Ischia di Castro

Casale Bonaparte

Agriturismo
Strada Provinciale Doganella, km 17
Tel. (+39) 349 / 257 74 59,
(+39) 340 / 844 97 99
Fax (+39) 07 61 / 43 70 87
info@casalebonaparte.it
www.casalebonaparte.it
Ganzjährig geöffnet

Der von Simona Archibusacci geführte Betrieb liegt ausgezeichnet, denn nur wenige Kilometer trennen ihn vom Meer und vom Bolsenasee. Das aus dem 17. Jahrhundert stammende Gebäude, das Fürst Luciano Bonaparte im 19. Jahrhundert als Jagdschlösschen nutzte wurde unter Beibehaltung der ursprünglichen Architektur renoviert. Es stehen vier helle, geschmackvoll eingerichtete Doppelzimmer zur Verfügung, die alle im ersten Stock liegen. An Gemeinschaftsräumen gibt es Bereiche zum Entspannen mit kleinen Salons und Tischchen sowie das Restaurant, das eine gute Auswahl an lokalen Gerichten bietet. Die Gäste haben die Möglichkeit, Halbpension zu einem Preis von 65 bis 80 Euro oder Vollpension zu einem Preis von 90 bis 100 Euro pro Person zu wählen. Das Frühstücksbüfett wird im Speiseraum des Restaurants vorbereitet und bietet selbst gebackene Kuchen sowie heiße und kalte Getränke. Dank der abgeschiedenen Lage im Grün des ländlichen Gebiets um Viterbo bieten sich zahlreiche Möglichkeiten für Ausflüge mit dem Fahrrad oder zu Pferd.

♦ 4 DZ mit Bad und WC, Aircondition ♦ DZ in Einzelbelegung € 40–50, DZ € 70–80 (alle mit Frühstück) ♦ alle Kreditkarten, Bankomat ♦ Privatparkplatz, kleine Haustiere willkommen, Betreiber immer erreichbar ♦ Bar, Restaurant, Salons, Garten

Fiuggi
San Lorenzo
1 km vom Zentrum
33 km nordwestlich von Frosinone
29 km von der Ausfahrt Anagni-Fiuggi der A 1

San Lorenzo

Agriturismo · Via Prenestina, 96,
Strada Statale 155, km 29,400
Tel. (+39) 07 75 / 50 55 14, (+39) 07 75 / 51 53 89, (+39) 347 / 721 78 28
Fax (+39) 07 75 / 50 55 14
san_lorenzo@libero.it
www.italiaAgriturismo.net/san_lorenzo
Ferien: Okt.–März (an Wochenenden geöff.)

Nicht weit von Fiuggi stoßen Sie an der Via Prenestina auf diesen Agriturismo, der von Francesco Koch mit Unterstützung seines Vaters Giorgio und seiner Mutter Maria Pia geführt wird. Auf dem Gut produziert man Getreide sowie Bioobst und -gemüse. Diese unverfälschten Zutaten werden auch im Restaurant verarbeitet. Für einen Aufpreis von 25 Euro pro Person können Gäste mit Halbpension hier speisen. Die Unterkünfte setzen sich aus sieben Zimmern und zwei Apartments zusammen, einem Zweizimmer- und ein Einzimmerapartment, beide mit Kochnische ausgestattet. Das abgeschieden gelegene Bauernhaus, in dem noch die Reste von römischen Zisternen erhalten geblieben sind, ist eine ideale Adresse für einen unbeschwerten Aufenthalt mit allem nötigen Komfort. Das Frühstück wird im Speiseraum des Restaurants und in der schönen Jahreszeit auf der Veranda mit Blick auf den Garten serviert. Es gibt eine schöne Auswahl an hausgemachten Süßspeisen, Marmeladen, Joghurt und Zerealien.

♦ 7 DZ mit Bad und WC; 2 Apartments (2–4 Personen) mit Kochnische ♦ DZ in Einzelbelegung € 63, DZ € 75, Apartment € 82–130 (alle mit Frühstück) ♦ Kreditkarten: CartaSi, DC, MC, Visa; Bankomat ♦ Privatparkplatz, kleine Haustiere willkommen, Betreiber immer erreichbar ♦ Restaurant und Frühstücksraum, Terrasse, Veranda, Garten

Frascati

Im Zentrum
600 m vom Bahnhof, 21 km südöstlich von Rom, S.S. 215
5 km von der Ausfahrt Monte Porzio Catone der A1;
10 km von der Ausfahrt Tuscolana del Gra

Cacciani

3-Sterne-Hotel
Via Armando Diaz, 13–15
Tel. (+39) 06 / 940 19 91
Fax (+39) 06 / 942 04 40
hotel@cacciani.it
www.cacciani.it
Ganzjährig geöffnet

Dieses Hotel wird von der Familie Cacciani geführt, die Gästebeherbergung und -bewirtung zu ihrem Schwerpunkt gemacht hat. Der Betrieb befindet sich in fantastischer Lage in Frascatis Zentrum. Die Zimmer sind mit jedem Komfort ausgestattet und bieten einen Ausblick auf Rom und die nicht weit entfernte Villa Aldobrandini. Das Hotel verfügt auch über einige exklusive, »40« genannte Zimmer, die sich in einer sorgfältig renovierten historischen Wohnung befinden. Zum Frühstück gibt es handgemachte traditionelle Süßspeisen, Marmeladen, Obst, Joghurt und frisches Brot. Das Restaurant bietet für Hausgäste einen Nachlass von zehn Prozent oder die Möglichkeit, ein dreigängiges Menü zu einem Preis von 35 Euro pro Person ohne Wein zu wählen.

♦ 1 EZ und 21 DZ, alle mit Bad und WC, Aircondition, Minibar, Telefon, Sat-TV (fast alle Zimmer mit Terrasse) ♦ EZ und DZ in Einzelbelegung € 78, DZ € 95, 3BZ € 135 (alle mit Frühstück) ♦ alle Kreditkarten, Bankomat ♦ Anlage barrierefrei zugänglich, 1 Zimmer behindertengerecht ausgestattet, öffentlicher Parkplatz in unmittelbarer Nähe, Haustiere nicht erlaubt, Rezeptionsdienst rund um die Uhr ♦ Restaurant, Frühstücksraum, Konferenzraum

🍲 Das Restaurant bietet kreative und traditionelle Küche zu einem Preis von 40 bis 60 Euro ohne Wein.

Frascati

Im Zentrum
21 km südöstlich von Rom, S.S. 215
10 km von der Ausfahrt Tuscolana del Gra; 5 km von der Ausfahrt Monte Porzio Catone der A1

Colonna

3-Sterne-Hotel
Piazza del Gesù, 12
Tel. (+39) 06 / 94 01 80 88
Fax (+39) 06 / 94 01 87 30
hotelcolonna@hotelcolonna.it
www.hotelcolonna.it
Ganzjährig geöffnet

Im Herzen von Frascati, einem bekannten Städtchen in den Colli Romani, finden Sie zwischen engen Gässchen und charakteristischen Lokalen das Hotel der Familie Cavassini. Der Betrieb wurde sorgfältig renoviert, um den Gästen einen Aufenthalt auf hohem Niveau zu garantieren: Es erwarten Sie edles Mobiliar und lichtdurchflutete Zimmer, die mit jedem Komfort ausgestattet sind. Das Frühstück vom Büfett wird in einem eigenen kleinen Raum eingenommen und umfasst ein schönes Sortiment an handgemachten Süßspeisen, Joghurt, Marmeladen und Zerealien und eine riesige Auswahl an Getränken, darunter zahlreiche Kräutertees. Von den diversen Dienstleistungsangeboten nennen wir die WLAN-Verbindung und den Gratisverleih von Fahrrädern, mit denen Sie die Gegend erkunden können. Im Hotel finden Sie auch Reiseführer und Informationsmaterial über die wichtigsten Sehenswürdigkeiten. Man kann Führungen buchen, den Wäsche- und Babysitterservice in Anspruch nehmen und Sporteinrichtungen zu vergünstigten Preisen nutzen.

♦ 17 DZ, 2 3BZ und 1 Juniorsite, alle mit Bad und WC, Aircondition, Safe, Minibar, Telefon, Sat-TV, WLAN ♦ DZ in Einzelbelegung € 85–100, DZ € 100–120, 3BZ € 120–135, Juniorsuite € 130–145 (Aufpreis Zusatzbett € 20, alle mit Frühstück) ♦ alle Kreditkarten, Bankomat ♦ 1 Zimmer behindertengerecht ausgestattet, Garage (9 Plätze), Haustiere nicht erlaubt, Rezeptionsdienst rund um die Uhr ♦ Bar, Frühstücksraum

Gaeta

8 km vom Bahnhof Formia
80 km südöstlich von Latina, S.S. 148 und S.S. 213
Ausfahrt Cassino der A 1 in Richtung Formia-Gaeta

Gajeta

3-Sterne-Residenz
Lungomare Caboto, 624
Tel. (+39) 07 71 / 450 81
Fax (+39) 07 71 / 450 82 37
gajeta@gajeta.com
www.gajeta.com
Ganzjährig geöffnet

Dieses Hotel mit gehobenem Niveau ist ein historischer Palazzo. Das Haus verfügt über Doppelzimmer (die zu Silvester und im August 150 Euro kosten), Juniorsuiten und Suiten, die größtenteils auf den Strand oder eine kleine private Terrasse blicken. Die Gäste sind international, aber man zählt auch auf Stammgäste, die das Hotel wegen seiner ausgezeichneten Lage wählen. Es befindet sich nämlich am Eingang zur Stadt und in der Nähe der wichtigsten Sehenswürdigkeiten. Die Gäste können einige Dienstleistungen zu vergünstigten Konditionen nutzen, darunter einen Tennisklub und den nahen Strand mit Infrastruktur. Das Frühstück umfasst eine Auswahl an süßen und salzigen Speisen, während das Restaurant traditionelle Speisen zu vergünstigten Preisen für Hotelgäste bietet.

♦ 5 DZ, 10 Juniorsuiten und 14 Suiten (2–4 Personen), alle mit Bad und WC, Aircondition, Minibar, Sat-TV (Juniorsuiten und Suiten mit Kochnische) ♦ DZ in Einzelbelegung € 60–115, DZ € 80–125, Juniorsuite € 90–165, Suite € 110–200 (alle mit Frühstück) ♦ alle Kreditkarten, Bankomat ♦ Anlage barrierefrei zugänglich, 2 Zimmer behindertengerecht ausgestattet, Parkplatz in unmittelbarer Nähe, kleine Haustiere willkommen (€ 10 pro Tag), Rezeptionsdienst rund um die Uhr ♦ Restaurant, Weinbar, Frühstücksraum, Terrasse, Sonnenterrasse

Grottaferrata

20 km südöstlich von Rom
13 km von der Ausfahrt Anagnina del Gra

Verdeborgo

3-Sterne-Hotel
Via Anagnina, 10
Tel. (+39) 06 / 94 54 04 01
Fax (+39) 06 / 94 54 61 93
info@hotelverdeborgo.it
www.hotelverdeborgo.it
Ganzjährig geöffnet

Im Herzen der Castelli Romani liegt der anmutige kleine Ort Grottaferrata mit seinen gepflasterten Gässchen, charakteristischen kleinen Restaurants mit Ausschank und der prächtigen Abtei San Nilo. Das Hotel Verdeborgo in einer schönen Villa aus dem 20. Jahrhundert wird von Giada Giuliodori mit höflicher Professionalität geführt. Die Gäste sind erstklassig in geräumigen, eleganten Zimmern untergebracht, die mit edlen Möbeln und jedem Komfort für einen angenehmen Aufenthalt eingerichtet sind. Das Frühstücksbüfett wird in einem eigenen Raum vorbereitet und bietet ein reiches Sortiment für Freunde von süßen und pikanten Speisen; viele Köstlichkeiten sind aus Qualitätsprodukten lokaler Herkunft zubereitet. An Serviceleistungen bietet das Hotel den Zugang zum Park sowie Führungen und Ausflüge in die Umgebung. Außerdem ist der Verbrauch aus der Minibar im Zimmerpreis inkludiert.

♦ 4 EZ, 12 DZ und 2 Suiten (2–4 Personen), alle mit Bad und WC, Aircondition, Minibar, Telefon, TV, Internetanschluss ♦ EZ € 105, DZ in Einzelbelegung € 115, DZ € 125, Suite € 155–200 (alle mit Frühstück und Verbrauch aus der Minibar) ♦ Kreditkarten: AE, CartaSi, MC, Visa; Bankomat ♦ 1 Zimmer behindertengerecht ausgestattet, Privatparkplatz, Haustiere nicht erlaubt, Rezeptionsdienst rund um die Uhr ♦ Bar, Frühstücksraum, TV-Raum, Park

LATIUM

Isola di Ponza
Ponza

39 km südlich von Latina
Fähre von Formia, Anzio, Terracina

Mari

3-Sterne-Hotel
Corso Pisacane, 19
Tel. (+39) 07 71 / 801 01
Fax (+39) 07 71 / 802 39
info@hotelmari.com
www.hotelmari.com
Ferien: November, Dezember

Ponza ist eine der wunderschönen Inseln des Pontinischen Archipels und bekannt für den elitären Tourismus, der sich auf die landschaftliche Schönheit der Insel, das Nachtleben und die zahlreichen natürlichen Ankerplätze vor hübschen Buchten für Jachten und Boote gründet. Das Hotel befindet sich in beneidenswert zentraler Lage an der Strandpromenade. Es erwarten Sie eine angenehm ungezwungene Atmosphäre und schlichte Zimmer, die aber jeden Komfort für einen angenehmen Aufenthalt bieten. Einige davon haben Meerblick und sind mit Gegenständen ausgestattet, die an die Kommandobrücke eines Schiffs erinnern. Das italienisch geprägte Frühstück wird in einem hübschen Raum serviert und besteht aus süßem Gebäck sowie heißen und kalten Getränken. Nicht weit vom Hotel entfernt liegen die stark frequentierte Piazzetta Ponza und der schöne rote Leuchtturm aus der Zeit der Bourbonen, der die Bucht beherrscht.

♦ 1 EZ und 17 DZ, alle mit Bad und WC, Minibar, Aircondition, Telefon, TV ♦ EZ und DZ in Einzelbelegung € 62–92, DZ € 122–130 (alle mit Frühstück) ♦ alle Kreditkarten, Bankomat ♦ Parkplatz 150 Meter entfernt, Haustiere nicht erlaubt, Rezeptionsdienst rund um die Uhr ♦ Frühstücksraum

Itri

70 km südöstlich von Latina
Ausfahrt Ceprano oder Cassino der A 1 in Richtung Formia-Itri

Mandrarita

Agriturismo
Strada Provinciale Itri-Sperlonga, km 4,600
Tel. (+39) 07 71 / 72 91 86,
(+39) 329 / 427 60 35
info@mandrarita.it
www.mandrarita.it
Ferien: November–März

Die Geschwister Ruggieri, Marisa und Giancarlo führen seit Jahren den Familienbetrieb und kümmern sich persönlich um die Beherbergung der Gäste und den Anbau von Obst, Oliven, Wein und Gemüse auf ihrem Land. Die landwirtschaftlichen Erzeugnisse werden zu einem großen Teil in der Küche des kleinen Restaurants verarbeitet, das hauptsächlich Hausgäste bedient. Halbpension bekommt man für einen Aufpreis von 30 Euro pro Person. Die Zimmer sind angenehm, schlicht eingerichtet und alle mit einem Hängeboden versehen, wo ein Zusatzbett aufgestellt werden kann. Ruhe ist durch den Park gewährleistet, der das wenige Kilometer von Sperlongas berühmten Stränden entfernte Gut umgibt. Zum Frühstück werden Kuchen, süßes Gebäck und Marmeladen aus eigener Erzeugung, frisch gepresste Säfte und Joghurt geboten. Im Betrieb gibt es auch eine kleine Verkaufsstelle, wo natives Olivenöl extra, Oliven und Wein aus eigener Erzeugung erhältlich sind.

♦ 6 DZ mit Bad und WC ♦ DZ in Einzelbelegung € 48–58, DZ € 76–96 (Aufpreis Zusatzbett € 28–38, alle mit Frühstück) ♦ alle Kreditkarten, Bankomat ♦ Privatparkplatz, Haustiere nicht erlaubt, Betreiber immer erreichbar ♦ Restaurant, Frühstücksraum, TV-Raum, Park, Sonnenterrasse, Schwimmbecken

Latina
Borgo Sabotino

10 km vom Zentrum
35 km von der Ausfahrt Frosinone der A 1, S.S. 156

Il Casale Corte Rossa

Agriturismo
Strada Provinciale Borgo Sabotino, 49
Tel./Fax (+39) 07 73 / 64 57 66
corterossa@tin.it
www.corterossa.it
Ferien: November

Das Casale ist ein ruhiger, abgeschiedener Ort und bietet sich für einen heiteren Ferienaufenthalt weit weg vom Großstadtchaos an. Der Betrieb liegt wenige Kilometer vom Parco del Circeo, vom Herkulestempel in Cori, vom Städtchen Anzio und vom Meer mit seinen schönen Stränden entfernt. Das Gebäude entstand in den 1920er-Jahren und wurde renoviert. Dabei wurden neun bequeme Zimmer und eine schöne Suite mit eigenem Eingang geschaffen. Die Landwirtschaft wird mit der Aufzucht von Rindern, Ziegen und Schafen fortgeführt; in den letzten Jahren ist die Dressur von Springpferden dazugekommen. An den Betrieb angeschlossen ist auch ein Restaurant, das traditionelle Mahlzeiten zu etwa 25 bis 30 Euro pro Person anbietet (ohne Getränke). Morgens gibt es in der betriebseigenen Bar ein italienisches Frühstück mit Croissants und Cappuccino zu sehr günstigen Preisen.

♦ 9 DZ und 1 Suite, alle mit Bad und WC, Aircondition, Minibar, TV ♦ DZ in Einzelbelegung € 50–75, DZ € 55–80, Suite € 70–110 (Aufpreis Zusatzbett € 20, Frühstück bei Inanspruchnahme) ♦ alle Kreditkarten, Bankomat ♦ 1 Zimmer behindertengerecht ausgestattet, Privatparkplatz, Haustiere nicht erlaubt, Betreiber stets anwesend ♦ Bar, Restaurant, Park, Schwimmbecken

Maenza

36 km nordöstlich von Latina
Ausfahrt Frosinone der A 1, S.S. 156 in Richtung Latina, S.S. 609

Casal dei Lupi

3-Sterne-Hotel
Strada Provinciale Farneta, km 0,850
Tel. (+39) 07 73 / 95 28 00
Fax (+39) 07 73 / 95 19 69
casaldeilupi.latina@libero.it
www.casaldeilupi.com
Ganzjährig geöffnet

Das Casal dei Lupi ist ein schönes ländliches Hotel in einer ruhigen und sehr grünen Gegend, das einen entspannenden Ferienaufenthalt fernab vom Großstadtchaos garantiert. Der Betrieb bietet maßgeschneiderte Lösungen für alle Bedürfnisse: komfortable, geräumige, helle Doppelzimmer und fünf Apartments mit Kochnische. Alle Räume sind im Artepovera-Stil eingerichtet: viel Holz, Cottoböden und hölzernes Deckengebälk. Das angeschlossene Restaurant verfügt über einen Außenbereich, wo man in der schönen Jahreszeit das Abendessen genießen kann. Der Aufpreis für Halbpension beträgt 12 Euro pro Person, für das Frühstück 6 Euro. Im Garten, der sich rund um das Gebäude erstreckt, steht den Gästen ein Schwimmbecken zur Verfügung.

♦ 4 DZ mit Bad und WC, Aircondition, Minibar, Sat-TV, Internetanschluss; 5 Apartments (3 Personen) mit Kochnische ♦ DZ in Einzelbelegung € 35–50, DZ € 70–100 (Aufpreis Zusatzbett € 30–45, Frühstück € 6 pro Person); Apartment € 330–580 pro Woche ♦ alle Kreditkarten, Bankomat ♦ 1 Apartment behindertengerecht ausgestattet, Privatparkplatz, kleine Haustiere willkommen (in den Apartments), Rezeptionsdienst rund um die Uhr ♦ Bar, Restaurant, Frühstücksraum, Garten, Schwimmbecken

Magliano Sabina

7 km vom Bahnhof Civita Castellana-Magliano
54 km westlich von Rieti
6 km von der Ausfahrt Magliano Sabina der A 1

La Pergola

3-Sterne-Hotel
Via Flaminia, km 63,900
Tel. (+39) 07 44 / 91 98 41
Fax (+39) 07 44 / 91 98 42
info@lapergola.it
www.lapergola.it
Ganzjährig geöffnet

Die Familie Massoli führt seit Jahren diesen schönen und gut eingespielten Betrieb, der mit seinen geräumigen, modernen und komfortablen Zimmern Unterkunft auf gutem Niveau bietet. Das erlesen eingerichtete Hotel weist schöne Ziegelgewölbe auf, die Bewegung in die architektonische Gestaltung bringen, und zahlreiche Bereiche im Freien mit Ausblick auf das Tibertal. Auf dem Frühstücksbüfett finden sich typische süße Köstlichkeiten sowie heiße und kalte Getränke. Im angeschlossenen Restaurant gibt es viele Gerichte der lokalen kulinarischen Tradition, die der Küchenchef etwas überarbeitet. Der Preis für ein Gericht à la carte beträgt etwa 35 Euro ohne Getränke; eine ansprechende Alternative bildet die von Mittwoch bis Samstag geöffnete Vinothek, wo es Wurst- und Käseaufschnitt und ein paar warme Speisen gibt.

♦ 1 EZ, 21 DZ und 1 3BZ, alle mit Bad und WC, Aircondition, Minibar, Telefon, Sat-TV, WLAN ♦ EZ und DZ in Einzelbelegung € 60, DZ € 95 (Aufpreis Zusatzbett € 15–20), 3BZ € 110 (alle mit Frühstück) ♦ alle Kreditkarten, Bankomat ♦ 2 Zimmer behindertengerecht ausgestattet, Privatparkplatz, kleine Haustiere willkommen (€ 10 pro Tag), Rezeptionsdienst rund um die Uhr ♦ Restaurant, Vinothek, TV-Raum, Konferenzsaal (180 Plätze), Garten, Terrasse

Magliano Sabina
Madonna degli Angeli
1 km vom Zentrum
7 km vom Bahnhof Civita Castellana-Magliano, 54 km westlich von Rieti
6 km von der Ausfahrt Magliano Sabina der A 1

Locanda degli Angeli

3-Sterne-Hotel
Ortsteil Madonna degli Angeli, 1
Tel. (+39) 07 44 / 913 77
Fax (+39) 07 44 / 918 92
rhangeli@libero.it
www.hoteldegliangeli.it
Ferien: 1 Woche im Sommer

Die Locanda degli Angeli ist ein schönes, fachgerecht renoviertes Anwesen, das in einem kleinen Ortsteil von Magliano im ruhigen, ländlichen Gebiet um Rieti liegt. Hier hat die Familie Marciani in einem Bauernhaus Gästezimmer geschaffen und ihre bisherige Tätigkeit als Restaurantbetreiber um eine neue Aktivität erweitert. Daneben verkauft sie in der angeschlossenen Bottega delle Delizie typische Produkte aus der Gegend. Vor Kurzem kam zu dem gepflegten Park, der bereits zum Betrieb gehört, noch ein Stück Land dazu, auf dem eine hübsche Kirche aus den frühen 1920er-Jahren steht. Sie wird für Empfänge und jedes Wochenende für interessante Verkostungen genutzt. Zum Frühstück gibt es eine gute Auswahl an süßem Gebäck, Kuchen und Marmeladen aus eigener Erzeugung, aber auch Pikantes wie Wurst und Käse.

♦ 7 DZ und 1 Suite (4 Personen), alle mit Bad und WC (Whirlpool), Aircondition, Terrasse, Minibar, Telefon, TV, Internetanschluss ♦ DZ in Einzelbelegung € 67, DZ € 83, Suite € 109 (alle mit Frühstück) ♦ alle Kreditkarten, Bankomat ♦ Anlage barrierefrei zugänglich, 1 Zimmer behindertengerecht ausgestattet, Privatparkplatz, Haustiere nicht erlaubt, Rezeptionsdienst 7–24 Uhr ♦ Restaurant, Lese- und TV-Raum, Park, Terrasse

Montasola

33 km westlich von Rieti
Ausfahrt Fiano Romano der A 1, S.S. 313 in Richtung Terni

Montepiano

Agriturismo
Via Casalini, 8
Tel. (+39) 07 46 / 67 50 35, (+39) 329 / 245 77 52, (+39) 330 / 74 92 21
Fax (+39) 07 65 / 632 52
info@montepiano.com
www.montepiano.com
Ganzjährig geöffnet

Montasola ist ein schöner mittelalterlicher Ort und bekannt für die Produktion von nativem Olivenöl extra. Hier finden Sie auch den Agriturismo von Luigi und Maria Letizia Betti Gibbuti. Das aus dem 16. Jahrhundert stammende Bauernhaus wurde sorgfältig renoviert und bietet nun fünf sehr geräumige, schön eingerichtete Gästezimmer. Die alten Ziegelgewölbe und Steinwände sind erhalten geblieben. Das Gebäude verfügt über einen kleinen Turm, der eine schöne Aussicht auf die grünen Hügel der Sabina bietet. Man erzeugt hier zertifiziertes biologisches natives Olivenöl extra, das in dem zum Betrieb gehörenden Laden verkauft wird. Maria Letizia ist gerade dabei, einige Räume des Anwesens für Verkostungen von typischen lokalen Produkten zu adaptieren. Voraussichtlich wird dieser an den Betrieb angeschlossene Bereich den Gästen ab Ende 2010 zur Verfügung stehen.

♦ 5 DZ mit Bad und WC (3 Zimmer mit Balkon) ♦ DZ in Einzelbelegung € 85–115, DZ € 95–120 (alle mit Frühstück) ♦ keine Kreditkarten ♦ 1 Zimmer barrierefrei zugänglich, öffentlicher Gratisparkplatz 100 Meter entfernt, kleine Haustiere willkommen, Betreiber immer erreichbar ♦ Frühstücksraum

Monte San Biagio

53 km südöstlich von Latina, S.S. 7
60 km von der Ausfahrt Frosinone A 1

Sughereta San Vito

Zimmervermietung
Via San Vito, 47
Tel. (+39) 07 71 / 56 95 20,
(+39) 360 /99 41 37
Fax (+39) 07 71 / 56 95 20
equiturismosanvito@hotmail.it
equiturismosanvito.spaces.live.com
Ganzjährig geöffnet

Der auf Reittourismus spezialisierte Betrieb der Familie Brancaleone liegt im herrlichen Korkeichenwald von San Vito, dem größten der italienischen Halbinsel. Die Landschaft ringsum ist ungewöhnlich und faszinierend. Ein ideales Ziel für alle, die auf der Suche nach einem ruhigen Ferienaufenthalt inmitten der Natur sind. Der Betrieb verfügt über sechs gepflegte Zimmer, die zwar schlicht eingerichtet, aber mit allem nötigen Komfort ausgestattet sind. Das Frühstück besteht hauptsächlich aus hausgemachten Kuchen und süßem Gebäck und wird im Speisesaal des Restaurants serviert. Dort werden Gäste beköstigt, die Halbpension (55 Euro pro Person) gebucht haben; auf Anfrage gibt es auch Vollpension für einen Aufpreis von 80 Euro pro Person. Pferde sind die große Leidenschaft der Eigentümer Ida und Antonio, die viel Energie für die Schaffung eines beeindruckenden Reitstalls aufgewendet haben. Auch Neubekehrte können dort in den Sattel steigen und ihre ersten Reitversuche machen.

♦ 6 DZ mit Bad und WC, Sat-TV ♦ DZ in Einzelbelegung € 35, DZ € 70 (Aufpreis Zusatzbett € 25, alle mit Frühstück) ♦ keine Kreditkarten ♦ Privatparkplatz, kleine Haustiere willkommen, Betreiber immer erreichbar ♦ Restaurant, Garten, Reitstall

Monte San Giovanni in Sabina

4 km vom Zentrum
26 km südwestlich von Rieti, S.S. 46 und S.S. 79

Casale Tancia

Agriturismo
Strada Provinciale Tancia
Tel. (+39) 07 65 / 33 33 30, (+39) 347 / 063 51 79, (+39) 347 / 118 17 89
Fax (+39) 07 65 / 33 30 19
info@casaletancia.com
www.casaletancia.com
Ganzjährig geöffnet

Der Betrieb steht in 750 Meter Seehöhe im Hügelland der Provinz Rieti und stellt einen idealen Ausgangspunkt für Spaziergänge und Ausflüge in die Natur dar (auch mit dem Mountainbike). Das Bauernhaus wurde sorgsam renoviert und bietet nun gepflegte Gästeunterkünfte mit Ziegelgewölben, Holzdecken und geschmackvoller klassischer Einrichtung. Bei den Gemeinschaftsbereichen gibt es auch ein Restaurant, wo man bodenständige Küche serviert. Die Zutaten stammen hauptsächlich aus eigener Erzeugung (der Aufschlag für Halbpension beträgt 30 bis 35 Euro pro Person). Der schöne Garten bietet diverse Unterhaltungsmöglichkeiten für Erwachsene, die sich beispielsweise im Bogenschießen üben können, und für die Kleinsten, für die ein eigener Spielplatz eingerichtet wurde. Die Betreiber organisieren auch Kochkurse und Führungen auf dem Bauernhof selbst sowie zu den Sehenswürdigkeiten der Gegend, etwa zur nahen Grotte von San Michele.

♦ 6 DZ mit Bad und WC, TV; 3 Apartments (6 Personen, 1 Apartment mit Kochnische) ♦ DZ in Einzelbelegung € 53, DZ € 70, 3BZ € 105, Apartment € 90 (alle mit Frühstück) ♦ Kreditkarten: CartaSi, MC, Visa; Bankomat ♦ Privatparkplatz, kleine Haustiere willkommen, Betreiber immer erreichbar ♦ Restaurant, TV-Raum, Arkaden, Gartenhaus, Garten, Kinderspielplatz, Bogenschießen

Montefiascone

17 km nördlich von Viterbo
Ausfahrt Orte der A 1, S.S. 204 und S.S. 2

Urbano V

3-Sterne-Superior-Hotel
Corso Cavour, 107
Tel. (+39) 07 61 / 83 10 94
Fax (+39) 07 61 / 83 41 52
info@hotelurbano-v.it
Ganzjährig geöffnet

Das hübsche Städtchen Montefiascone liegt in der Hügellandschaft der Colli Cimini in der schönen Provinz Viterbo und ist für seine Weinproduktion bekannt. Es handelt sich um einen historischen Palazzo im Zentrum, der renoviert wurde und nun mit schlichter Eleganz besticht. Die Zimmer sind hell und mit jedem Komfort für einen angenehmen und entspannenden Aufenthalt ausgestattet. Dank der guten Lage des Hotels sind der Bolsenasee und der Monte Amiata, ein ideales Ziel für Spaziergänge und kleine Wanderungen, einfach zu erreichen. Von den Gemeinschaftsbereichen sei die schöne Terrasse hervorgehoben, die einen prachtvollen Blick über das Tal bis zur Küste des Tyrrhenischen Meeres bietet. Ab Ende 2010 soll den Gästen auch ein kleines Wellnesszentrum zur Verfügung stehen.

♦ 16 DZ und 6 Suiten, alle mit Bad und WC, Aircondition, Minibar, Safe, Sat-TV, WLAN ♦ DZ in Einzelbelegung € 62–70, DZ € 70–80, Suite € 90–100 (Aufpreis Zusatzbett € 15, alle mit Frühstück) ♦ Kreditkarten: CartaSi, MC, Visa; Bankomat ♦ 1 Zimmer behindertengerecht ausgestattet, öffentlicher Parkplatz in unmittelbarer Nähe, Garage (2 Plätze, € 8 pro Tag), Haustiere nicht erlaubt, Rezeptionsdienst 7–1 Uhr, Betreiber immer erreichbar ♦ Bar, Tagungs- und Konferenzsaal (80 Plätze), Terrasse

Monteleone Sabino

2 km vom Zentrum
27 km südlich von Rieti, S.S. 4

La Casa di Campagna

NEU

Agriturismo
Ortsteil Madoni, 8
Tel. (+39) 07 65 / 88 40 70,
(+39) 335 / 39 47 85
Fax (+39) 07 46 / 88 40 70
info@lacasadicampagna.net
www.lacasadicampagna.net
Ganzjährig geöffnet

Monteleone ist ein kleiner Ort im Herzen der Sabina und über einen kurzen Umweg von der Via Salaria leicht zu erreichen. Die Inhaberin des Agriturismo, Laura Scoccia, hat das aus dem 18. Jahrhundert stammende Bauernhaus in einem Olivenhain kürzlich renoviert und daraus einen eleganten Beherbergungsbetrieb mit allem Komfort für einen ruhigen und angenehmen Aufenthalt gemacht. Im ersten Stock befinden sich ein schöner Leseraum mit Kamin und ein großer Speisesaal, während eine Etage darüber die fünf lichtdurchfluteten, komfortablen Gästezimmer liegen. Besonderes Augenmerk gilt dem gastronomischen Angebot. So gibt es morgens Crostate, Kranzkuchen und hausgemachtes Feingebäck. Zum Betrieb gehört ein typisches Restaurant, wo auch eigene Erzeugnisse wie natives Olivenöl extra und Wein verarbeitet werden. Der Preis für eine Mahlzeit ohne Getränke beträgt etwa 25 Euro.

♦ 5 DZ mit Bad und WC (1 Zimmer mit Whirlpool), Balkon, TV, Internetanschluss ♦ DZ in Einzelbelegung € 65, DZ € 75 (Aufpreis Zusatzbett € 30, alle mit Frühstück) ♦ alle Kreditkarten, Bankomat ♦ Anlage barrierefrei zugänglich, Privatparkplatz, kleine Haustiere willkommen, Betreiber immer erreichbar ♦ Restaurant, Leseraum, Veranda, Garten, Schwimmbecken

Orte
Seripola

5 km vom Zentrum
8 km vom Bahnhof Orte, 30 km östlich von Viterbo
3 km von der Ausfahrt Orte der A 1

Locanda della Chiocciola

Zimmervermietung · Ortsteil Seripola
Tel. (+39) 07 61 / 40 27 34,
(+39) 348 / 510 83 09
Fax (+39) 07 61 / 49 02 54
info@lachiocciola.net
www.lachiocciola.net
Ferien: je 1 Woche im Januar und Dezember

Das von Roberto und Maria Cristina de Fonseca Pimentel geführte Bauernhaus stammt aus dem 15. Jahrhundert und ist die passende Adresse für jene, die einen bequemen Ferienaufenthalt in einem schön renovierten Anwesen mit Wellnesszentrum schätzen. Die acht geräumigen, eleganten Zimmer sind mit Holzmöbeln, schmiedeeisernen Betten und Decken mit Sichtgebälk ausgestattet. Das Ergebnis ist ein warmes, gemütliches Ambiente, in dem man sich einfach wohlfühlt. Das angeschlossene Restaurant bietet typische bodenständige Gerichte; die Halbpension kostet zusätzlich 30 Euro pro Person. Im Garten, der das Anwesen umgibt, finden Sie ein Schwimmbecken, Stühle und Liegestühle vor, wo Sie sich in der schönen Jahreszeit entspannen können.

♦ 4 DZ, 3 3BZ und 1 4BZ, alle mit Bad und WC, Minibar, TV ♦ DZ in Einzelbelegung € 90, Standard-DZ € 130, Superior-DZ € 160 (Aufpreis Zusatzbett € 40), 3BZ € 170, 4BZ € 200 (alle mit Frühstück) ♦ Kreditkarten: MC, Visa; Bankomat ♦ 1 Zimmer behindertengerecht ausgestattet, Privatparkplatz, Haustiere nicht erlaubt, Rezeptionsdienst 7–24 Uhr ♦ Restaurant, Frühstücksraum, Schwimmbecken, Garten, Wellnesszentrum

Ponzano Romano

12 km vom Bahnhof Poggio Mirteto
55 km nördlich von Rom
Ausfahrt Ponzano Romano-Soratte der A1

Monterone

Agriturismo
Ortsteil Monterone
Tel./Fax (+39) 07 65 / 33 80 19
amministrazione@dipillo.it
www.dipillo.it
Ganzjährig geöffnet

Heute leitet der Sohn von Nunzio Di Pillo, Edmondo, den Agriturismo und stellt weiterhin einen effizienten Service sicher. Hier kann man einen entspannenden Aufenthalt in ungezwungener Atmosphäre genießen, sodass man sich sofort wie zu Hause fühlt. Der Betrieb setzt sich aus zwei Bauernhäusern zusammen. Eines beherbergt die Doppelzimmer und die Suite, die sich über die zwei Stockwerke des hübschen Wachturms erstreckt, während im zweiten das Apartment mit Kochnische eingerichtet ist, das auch tageweise an Gruppen von mindestens sechs Personen vermietet wird. Der Betrieb erzeugt Bioobst und -gemüse, hausgemachte Marmeladen und Honig. Ein Teil dieser Produkte wird neben handgemachtem süßem Gebäck und Kaffeevarianten den Gästen zum Frühstück angeboten. Im Restaurant gibt es Traditionsgerichte für 25 Euro; Halbpension ist für einen Aufpreis von 20 Euro pro Person erhältlich.

♦ 4 DZ, 1 Suite und 1 Apartment (6–8 Personen), alle mit Bad und WC (Suite mit Minibar, Apartment mit Kochnische) ♦ DZ in Einzelbelegung € 40, DZ € 70, Suite € 85 (Aufpreis Zusatzbett € 15, alle mit Frühstück); Apartment € 150–200 ♦ alle Kreditkarten, Bankomat ♦ Anlage teilweise barrierefrei zugänglich, Privatparkplatz, kleine Haustiere willkommen, Betreiber 7–24 Uhr erreichbar ♦ Restaurant, Frühstücksraum, Park

Posta Fibreno

40 km östlich von Frosinone
Ausfahrt Frosinone der A 1, S.S. 214 und S.S. 82 in Richtung Sora, S.P. 627

Il Casale

Agriturismo
Ortsteil La Pesca, 5
Tel. (+39) 07 76 / 87 17 44, (+39) 333 / 135 25 93, (+39) 335 / 611 05 10
Fax (+39) 07 76 / 89 02 36
info@agriturismoilcasale.it
www.agriturismoilcasale.it
Geöffnet im August u. an Wochenenden

Im Naturreservat um den See von Posta Fibreno, das sich durch eine Vielfalt an Fischen und sonstigen Tieren auszeichnet, finden Sie diesen Agriturismo. Es handelt sich um ein schönes Bauernhaus, das die freundliche Eigentümerin des Betriebs, Antonietta La Pietra, gerade erweitern und verschönern lässt. Aus diesem Grund ist die Aufnahmekapazität des Betriebes im Vergleich zu den vergangenen Jahren derzeit eingeschränkt. Dennoch ist er nach wie vor eine ideale Anlaufstelle für alle, die eine grüne Umgebung, Stille und einen geruhsamen Aufenthalt in einem noch unberührten Gebiet schätzen. Die drei verfügbaren Zimmer sind geräumig, schlicht eingerichtet und mit jedem Komfort für einen angenehmen Aufenthalt versehen. Das mit süßem Gebäck und heißen Getränken traditionell gehaltene Frühstück wird im Speiseraum des Restaurants serviert; dort essen auch die Gäste mit Halbpension (Aufpreis 20 Euro pro Person).

♦ 1 EZ und 2 DZ, alle mit Bad und WC, TV ♦ EZ € 40, DZ € 80 (alle mit Frühstück) ♦ alle Kreditkarten, Bankomat ♦ 1 Zimmer behindertengerecht ausgestattet, Privatparkplatz, kleine Haustiere willkommen, Betreiber immer erreichbar ♦ Restaurant, Garten, Volleyballplatz, Bogenschießen, Golfübungsplatz

Proceno

Im Zentrum
58 km nördlich von Viterbo, S.S. 2

Castello di Proceno

NEU

Albergo diffuso
Corso Regina Margherita, 155
Tel. (+39) 07 63 / 71 00 72,
(+39) 335 / 37 33 94
Fax (+39) 07 63 / 71 00 72
castello.proceno@orvienet.it
www.castellodiproceno.it
Ganzjährig geöffnet

Proceno ist ein hübscher kleiner Ort im Norden Latiums. Er wird vom Schloss dominiert, in dem sich auch das Hotel befindet. Die Familie Cecchini Bisoni führt diese exklusive Unterkunft, deren faszinierende Architektur aus dem 10. Jahrhundert dank einer umsichtigen Renovierung erhalten geblieben ist. Der Betrieb verfügt über Apartments und Suiten, die mit jedem Komfort ausgestattet sind, darunter Kamin, Salon und edles Mobiliar. Die Adresse ist ideal für einen ruhigen Aufenthalt, bietet sich aber auch als Ausgangspunkt für Ausflüge in das Orciatal und das nördliche Latium an. Den Gästen stehen zwei angeschlossene Restaurants, in denen eine adaptierte regionale Küche geboten wird (etwa 35 Euro ohne Wein), und ein schönes Schwimmbecken zur Verfügung. Das Frühstücksbüfett umfasst süßes Gebäck aus der Gegend, Kaffeevarianten und andere Frühstücksgetränke sowie auf Anfrage auch Pikantes.

♦ 3 Suiten mit Bad und WC, Minibar, Safe, Telefon, TV (einige Suiten mit Balkon); 7 Apartments (2–4 Personen) mit Kochnische ♦ Suite in Einzelbelegung € 80, Suite € 110 (Aufpreis Zusatzbett € 10, Frühstück € 5–7 pro Person); Apartment € 170–180 ♦ Kreditkarten: AE, CartaSi, MC, Visa; Bankomat ♦ Privatparkplatz, kleine Haustiere willkommen, Betreiber immer erreichbar ♦ Restaurants, Bar, Salon, Leseraum, Konferenzraum (40 Plätze), Internetstation, Terrasse, Veranda, Arkaden, Garten, Schwimmbecken

Rivodutri

11 km nördlich von Rieti, S.S. 521
Von Terni über die S.S. 79 »Cascata delle Marmore«

Tenuta Due Laghi

Agriturismo · Ortsteil Campigliano, 29
Tel. (+39) 07 46 / 68 52 06,
(+39) 347 / 770 51 31
Fax (+39) 07 46 / 68 52 06
fattoriaduelaghi@libero.it
www.tenutaduelaghi.it
Ferien: 2 Wochen im Januar, 3 Wochen im November

Das aus dem 19. Jahrhundert stammende Bauernhaus befindet sich immer schon im Besitz der Familie Vincenti Mareri Tosoni und liegt in eindrucksvoller Umgebung auf einer Anhöhe, die von den Ländereien des Gutes umgeben ist und die Ebene von Rieti beherrscht. Die geräumigen Zimmer sind sehr geschmackvoll mit historischen Möbeln eingerichtet, aber von ganz unterschiedlichem Aussehen, da der ursprünglichen Bestimmung der Räume Rechnung getragen wird. Von allen Zimmern genießt man jedoch die Aussicht auf den Monte Terminillo und das Naturreservat mit dem Lungo- und Ripasottile-See. Die Suite ist in einem kleinen Turm der Villa untergebracht und verfügt über einen eigenen Eingang. Der Betrieb erzeugt zertifiziertes Bioobst und -gemüse, die auch in der Küche des Restaurants verarbeitet werden. Halbpension ist für einen Aufpreis von 20 Euro pro Person erhältlich. Zum Frühstück lockt eine reiche Auswahl an handgemachten Süßspeisen, aber auf Anfrage gibt es auch Pikantes.

♦ 6 DZ und 1 Suite, alle mit Bad und WC, Airconditon, TV ♦ DZ in Einzelbelegung € 40–60, DZ € 70–100, Suite € 140–180 (alle mit Frühstück) ♦ alle Kreditkarten, Bankomat ♦ 1 Zimmer behindertengerecht ausgestattet, Privatparkplatz, kleine Haustiere willkommen, Betreiber immer erreichbar ♦ Bar, Restaurant, Konferenzsaal (60–100 Plätze), Park, Schwimmbecken

Rom
Prati

Von Termini U-Bahn-Linie A in Richtung Battistini, Station Lepanto

Casa Valdese

3-Sterne-Hotel
Via Farnese, 18
Tel. (+39) 06 / 321 53 62
Fax (+39) 06 / 321 18 43
reception@casavaldeseroma.it
www.casavaldeseroma.it
Ganzjährig geöffnet

Dieses kleine, gemütliche Hotel steht in der großen Tradition der Waldenser Gästehäuser. In diesem Fall ist es allgemein geöffnet und hat sich in den letzten Jahren zu einem Hotel mit drei Sternen entwickelt, ohne aber den ursprünglichen Charakter eines »Hauses« und den Stil des Gästeempfangs verloren zu haben: einfach und gepflegt. Die Lage im Prati-Viertel nicht weit vom Vatikan, von der U-Bahn und von der Piazza del Popolo ist äußerst günstig und ermöglicht es, die Gegend zu Fuß zu erkunden. Obwohl stark befahrene Straßen und das Geschäftsviertel der Via Cola di Rienzo nur ein paar Meter entfernt sind, liegt die Casa Valdese umgeben von Grün in einer ruhigen kleinen Straße. Die einfach und funktional eingerichteten Zimmer sind mit dem wichtigsten Komfort ausgestattet; auch das Frühstück enttäuscht nicht.

♦ 7 EZ, 23 DZ und 3 4BZ, alle mit Bad und WC, Aircondition, Telefon, TV (2 Zimmer mit Balkon) ♦ EZ € 85–95, DZ in Einzelbelegung € 85–130, DZ € 110–130, 3BZ € 145–180, 4BZ € 180–210 (alle mit Frühstück) ♦ Kreditkarten: AE, CartaSi, MC, Visa; Bankomat ♦ Gemeinschaftsbereiche barrierefrei zugänglich, 2 Zimmer behindertengerecht ausgestattet, öffentlicher Parkplatz und Privatgarage 20 Meter entfernt, Haustiere nicht erlaubt, Rezeptionsdienst 7.30–24 Uhr ♦ Restaurant, Frühstücksraum, TV-Raum, Terrasse

Rom
Piazza di Spagna

Zwischen Piazza di Spagna und Piazza del Popolo
Von Termini U-Bahn-Linie A, Station Flaminio

Corso 22

Bed & Breakfast
Via del Corso, 22
Tel. (+39) 06 / 324 48 60,
(+39) 335 /141 96 94
info@bbcorso22.eu
www.bbcorso22.eu
Ganzjährig geöffnet

Sie finden dieses gepflegte und geschmackvoll eingerichtete Bed & Breakfast im historischen Zentrum der Ewigen Stadt. Hier sind Sie bequem und komfortabel untergebracht. Es stehen drei Doppelzimmer, eine Suite und ein Miniapartment mit Kochnische zur Verfügung. Der Palazzo aus dem 18. Jahrhundert wurde sorgfältig renoviert. In den Zimmern sind noch die Originalfresken zu sehen. Das klassische Mobiliar passt perfekt dazu. Dennoch muss man auf modernen Komfort wie Aircondition, Flüssigkristall-Fernseher und WLAN-Verbindung nicht verzichten. Das überwiegend kontinentale Frühstück wird in einem eigenen Raum serviert, der über eine Terrasse mit Blick auf die Dächer von Rom verfügt. Es setzt sich meist aus lokalem süßem Gebäck, Brot und Marmelade zusammen, aber es gibt auch ein paar pikante Speisen. Zu Ostern, von April bis Mai und von September bis Oktober könnte der Zimmerpreis auf 140 Euro steigen.

♦ 1 EZ und 3 DZ, alle mit Bad und WC, Aircondition, TV, WLAN; 1 Miniapartment (2–3 Personen) mit Kochnische ♦ EZ € 70–100, DZ € 85–120 € (Aufpreis Zusatzbett € 30), Apartment € 90–120 (alle mit Frühstück) ♦ alle Kreditkarten, Bankomat ♦ Privatparkplatz 500 Meter entfernt, Haustiere nicht erlaubt, Betreiber immer erreichbar ♦ Frühstücksraum, Salon, Terrasse

Rom
Monteverde

Zwischen Aurelia Antica und Villa Doria Pamphili
1 km von der U-Bahn-Station Cornelia

Il Castelletto

2-Sterne-Hotel
Via dei Carraresi, 27–29
Tel. (+39) 06 / 66 16 65 73
Fax (+39) 06 / 66 14 81 82
info@il-castelletto.com
www.il-castelletto.com
Ganzjährig geöffnet

Fabiano Accattino hat dieses schöne Gebäude aus dem 20. Jahrhundert renoviert und in ein einfaches, aber gemütliches kleines Hotel umgebaut. Es bietet 17 Doppelzimmer, die bei Bedarf in Drei- oder Vierbettzimmer umgewandelt werden können und mit modernem Komfort ausgestattet sind. Die Gegend ist sehr zentral und entsprechend verkehrsreich. Dieser kleine Nachteil wird durch die gute Anbindung an die Altstadt wettgemacht, die mit öffentlichen Verkehrsmitteln einfach zu erreichen ist. Die Hotelleitung stellt den Gästen Informationsmaterial über die Stadt, Karten, Prospekte zu den wichtigsten Sehenswürdigkeiten und Unterlagen zu den Verkehrsmitteln zur Verfügung. Das Frühstück wird in einem kleinen Raum serviert und umfasst Fruchtsäfte, verschiedene Kaffeezubereitungen und andere Frühstücksgetränke sowie frische Croissants.

♦ 17 DZ mit Bad und WC (bei 3 Zimmern auf dem Flur), Aircondition, Telefon, TV, WLAN ♦ DZ in Einzelbelegung € 50–70, DZ € 50–80, 3BZ € 70–100, 4BZ € 80–120 (alle mit Frühstück) ♦ Kreditkarten: AE, CartaSi, MC, Visa; Bankomat ♦ Anlage barrierefrei zugänglich, 4 Zimmer behindertengerecht ausgestattet, Privatparkplatz (€ 10 pro Tag), kleine Haustiere willkommen (€ 10 pro Tag), Rezeptionsdienst 7–23 Uhr ♦ Frühstücksraum

Rom
Fori Imperiali

Augustusforum
U-Bahn-Station Colosseo

Romano

2-Sterne-Hotel
Largo Corrado Ricci, 32
Tel. (+39) 06 / 679 58 51
Fax (+39) 06 / 679 58 51,
(+39) 06 / 678 68 40
info@romanohotel.it
www.hotelromano.com
Ganzjährig geöffnet

Dieses Hotel ist ein wirklich wertvoller Tipp, vor allem wegen der Lage im Herzen von Rom, nicht weit von den Ausgrabungen der Fori Imperiali, vom Kolosseum und von der Piazza Venezia, aber auch wegen des freundlichen und höflichen Empfangs, der Ihnen zuteilwird. Das Hotel verfügt über Einzel- und Doppelzimmer, die bei Bedarf auch in Drei- oder Vierbettzimmer umgewandelt werden können. Sie sind allesamt hell, gepflegt und mit dem nötigen Komfort ausgestattet. Da es keine Gemeinschaftsbereiche gibt, hat die Hotelleitung ein Abkommen mit der Bar nebenan geschlossen, die Sie an regnerischen und kühlen Tagen aufsuchen können. Im Sommer können Sie jedoch den Außenbereich des Hotels nutzen und dort das kontinentale Frühstück aus Croissants, Fruchtsäften, heißen Getränken und verschiedensten Süßspeisen einnehmen. Im Mai und Juni sowie zwischen Mitte September und Oktober steigt der Preis des Doppelzimmers auf 140 Euro.

♦ 5 EZ und 11 DZ, alle mit Bad und WC, Aircondition, Telefon, TV ♦ EZ € 60–90, DZ € 80–100 (Aufpreis Zusatzbett € 20–35, alle mit Frühstück) ♦ alle Kreditkarten, Bankomat ♦ Vertragsgarage (€ 26 pro Tag), kleine Haustiere willkommen, Rezeptionsdienst rund um die Uhr

Rom
Porta Pia

Rom
Aurelio

Zwischen Via Nomentana und Via Alessandria
U-Bahn-Station Pretorio

In der Nähe des Bahnhofs San Pietro
U-Bahn-Station Michelangelo

San Michele a Porta Pia

Bed & Breakfast · Via Messina, 15
Tel. (+39) 06 / 44 25 05 96, (+39) 349 / 264 45 05, (+39) 338 / 640 27 75
Fax (+39) 06 / 44 23 55 75
info@bbsanmichele.com
www.bbsanmichele.com
Ferien: je 2 Wochen im Januar und Februar, August

Santa Emilia de Vialar

Ferienhaus
Via Paolo III, 16
Tel. (+39) 06 / 39 36 65 28
Fax (+39) 06 / 637 12 07
sja.roma@suoresangiuseppe.191.it
Ferien: August

Die Familie Ruschioni führt seit dem Jahr 2000 diesen hübschen Betrieb, der im fünften Stock eines Gebäudes aus den 1940er-Jahren untergebracht ist. Die Lage könnte besser nicht sein: im Herzen von Rom, ein paar Schritte von der Via Veneto entfernt und vom Bahnhof Termini aus einfach zu erreichen. Das reichhaltige Frühstück setzt sich aus hausgemachten Kuchen und Kringeln und einer schönen Auswahl an Joghurt, Marmeladen sowie heißen und kalten Getränken zusammen und wird im Gemeinschaftsraum serviert, der den Gästen ebenso wie die hübsche Terrasse zur Verfügung steht. Die Zimmer sind geräumig, schlicht und funktional eingerichtet und mit allem Komfort für einen angenehmen Aufenthalt ausgestattet. Dieselben Eigentümer führen auch den Betrieb Le Tue Vacanze in einem angrenzenden Gebäude, wo es drei Doppelzimmer, ein Dreibettzimmer, eine Veranda und eine Terrasse gibt.

Der schöne Palazzo ist von einem herrlichen Garten mit Palmen und Pinien umgeben. Geleitet wird er von den Schwestern von San Giuseppe dell'Apparizione, die eine ansehnliche Zahl von Einzel- und Doppelzimmern zu absolut wettbewerbsfähigen Preisen anbieten. Die Lage ist erstklassig: Zur Kuppel von Michelangelo sind es nur ein paar Schritte. Die Zimmer sind einfach und mit dem Nötigsten eingerichtet, um einen ruhigen und beschaulichen Aufenthalt zu gewährleisten. Es versteht sich, dass diese Art von Unterkunft für jene geeignet ist, die Rom mit seinen vielen Museen und Kunstwerken kennenlernen möchten, aber kein Interesse am Nachtleben haben. Man muss nämlich bis 23 Uhr in das Quartier zurückkehren. Danach gibt es keine Möglichkeit mehr, die Schlüssel beim Empfang zu übernehmen.

♦ 2 DZ mit Bad und WC, Aircondition, TV, WLAN; 2 3BZ mit Bad und WC auf dem Flur ♦ DZ in Einzelbelegung € 65, DZ € 75–100 (Aufpreis Zusatzbett € 22–30), 3BZ € 85–120 (alle mit Frühstück) ♦ keine Kreditkarten ♦ Vertragsgarage in unmittelbarer Nähe (€ 17 pro Tag), kleine Haustiere willkommen (nach Absprache), Betreiber immer erreichbar ♦ Frühstücksraum, Terrasse

♦ 8 EZ und 21 DZ, alle mit Bad und WC (EZ mit 4 Gemeinschaftsbädern) ♦ EZ € 45–55, DZ in Einzelbelegung € 55, DZ € 85 (alle mit Frühstück) ♦ keine Kreditkarten ♦ 1 Zimmer behindertengerecht ausgestattet, Privatparkplatz, Haustiere nicht erlaubt, Rezeptionsdienst 6.30–23 Uhr ♦ Frühstücksraum, TV-Raum, Konferenzraum, Garten

San Cesareo

3 km vom Bahnhof Zagarolo
15 km von Frascati, 30 km südöstlich von Rom
3 km von der Ausfahrt San Cesareo der A 1

San Cesario

Bed & Breakfast
Via Filippo Corridoni, 62
Tel. (+39) 06 / 958 79 50
info@osteriasancesario.it
www.osteriadisancesario.it
Ferien: 1.–16. August

Der kleine Ort San Cesareo befindet sich ungefähr auf halbem Weg zwischen Rom und Neapel in guter Lage, um das Gebiet der Castelli Romani und die bekannten Ausgrabungen von Tusculum zu besuchen. Der von den Familien Dente und Ferracci geführte Betrieb verfügt über vier geräumige Zimmer mit schlichter Einrichtung, die alle auf den Innengarten gehen. Einem ruhigen Ferienaufenthalt steht somit nichts im Wege. Das Frühstück wird in einem eigenen Raum oder im Außenbereich serviert. Es gibt ein schönes Sortiment an lokalen Produkten und hervorragenden hausgemachten Süßspeisen sowie viele Kaffeevarianten und andere Frühstücksgetränke. An den Betrieb angeschlossen ist ein Restaurant, wo Anna und Maria gute traditionelle Küche zubereiten; die Halbpension kostet zusätzlich 25 bis 30 Euro pro Person (ohne Getränke).

♦ 4 DZ mit Bad und WC, Minibar, TV
♦ DZ in Einzelbelegung € 70, DZ € 80, 3BZ € 90 (alle mit Frühstück) ♦ Kreditkarten: AE, CartaSi, MC, Visa; Bankomat
♦ öffentlicher Parkplatz in unmittelbarer Nähe, kleine Haustiere willkommen, Rezeptionsdienst in der Osteria 9–24 Uhr
♦ Restaurant, Frühstücksraum, kleiner Salon, Garten

🍲 Das Restaurant bietet bodenständige Küche zu einem Preis von etwa 50 Euro.

Settefrati
Massarella
59 km östlich von Frosinone
Von Rom Ausfahrt Frosinone der A 1 in Richtung Sora, S.S. Sora-Cassino, Ausfahrt Atina Inferiore in Richtung Settefrati; von Neapel Ausfahrt Cassino der A 1

Valle dell'Aquila

Landhaus
Ortsteil Massarella
Tel. (+39) 07 76 / 69 52 47
Fax (+39) 07 76 / 69 54 05
info@valledellaquila.it
www.valledellaquila.it
Ganzjährig geöffnet

In der in Latium gelegenen Ciociaria, einer vom Massentourismus noch verschonten Gegend, finden Sie diese schöne Unterkunft mitten im Grünen und mit allem Komfort für einen entspannenden und angenehmen Aufenthalt. An Annehmlichkeiten stehen den Gästen ein schönes Schwimmbecken im Freien, ein Fitnessparcours und ein Billardtisch in der Weinbar zur Verfügung. Das Resort fügt sich perfekt in die Umgebung ein und entstand im Zuge der jüngsten Renovierung von zwei Bauernhäusern unter Anwendung von baubiologischen Kriterien. Die lichtdurchfluteten, gepflegten Zimmer präsentieren sich mit Wänden aus Stein und Ziegeln, Cottoböden und Massivholzmöbeln. Im August kann der Zimmerpreis auf 140 Euro klettern. Unter den Gemeinschaftsbereichen ist ein Restaurant, wo auch das Frühstück eingenommen wird. Für Halbpension wird ein Aufpreis von 30 Euro pro Person (ohne Getränke), für Vollpension ein Aufpreis von 50 Euro verrechnet.

♦ 7 DZ und 2 Suiten, alle mit Bad und WC, Minibar, TV ♦ DZ in Einzelbelegung € 70–90, DZ € 100–120, Suite € 140–180, 3BZ € 140–200, 4BZ € 180–260 (alle mit Frühstück) ♦ alle Kreditkarten, Bankomat
♦ Privatparkplatz, kleine Haustiere willkommen (nach Absprache, € 40), Betreiber immer erreichbar ♦ Barbereich, Restaurant, Weinbar, Leseraum, Garten, Billard, Fitnessparcours, Schwimmbecken

Tivoli
Villa Adriana
3 km vom Zentrum
3 km vom Bahnhof
25 km östlich von Rom
24 km von der Ausfahrt Castel Madama der A 24

Adriano

3-Sterne-Hotel
Largo Yourcenar, 2
Tel. (+39) 07 74 / 38 22 35,
(+39) 348 / 302 91 44
Fax (+39) 07 74 / 53 51 22
info@hoteladriano.it
www.hoteladriano.it
Ganzjährig geöffnet

Genau gegenüber des Eingangs zur Villa von Kaiser Hadrian finden Sie dieses Hotel der Schwestern Gabriella und Patrizia Cinelli. Der Betrieb bietet maßgeschneiderte Lösungen je nach Bedarf. Die Zimmer sind mit allem nötigen Komfort ausgestattet. Zu einem angenehmen Aufenthalt trägt auch der gepflegte Park bei, der das Gebäude umgibt. Im Freien gibt es zwei Tennisplätze und einen Garten mit Sitzmöglichkeiten, wo man sich in der schönen Jahreszeit niederlassen kann. Das Frühstück wird in einem eigenen Raum serviert und umfasst verschiedene hausgemachte Süßspeisen und eine große Auswahl an Kaffeevarianten und anderen Frühstücksgetränken. Im angeschlossenen Restaurant gibt es traditionelle Küche zu einem Preis von etwa 25 bis 40 Euro ohne Wein; Halbpension kostet zusätzlich 25 Euro für Erwachsene und rund 13 Euro für Kinder.

♦ 2 EZ, 5 DZ und 3 Suiten (2–4 Personen), alle mit Bad und WC, Aircondition, Minibar, Safe, TV (Suiten mit WLAN) ♦ EZ € 90–100, DZ € 100–120, Suite € 120–210 (Aufpreis Zusatzbett € 25, alle mit Frühstück) ♦ alle Kreditkarten, Bankomat ♦ Privatparkplatz, kleine Haustiere willkommen (€ 12 pro Tag), Rezeptionsdienst rund um die Uhr ♦ Bar, Restaurant, Frühstücksraum, Konferenzraum, Garten, Park, 2 Tennisplätze

Torrita Tiberina

2 km vom Zentrum
52 km nordöstlich von Rom, A 1 dir und S.P. 15A

La Luna sul Tevere

NEU

Agriturismo
Ortsteil Celli
Tel. (+39) 07 65 / 30 40 21,
(+39) 328 /139 77 94
Fax (+39) 07 65 / 30 40 21
info@lalunasultevere.com
www.lalunasultevere.com
Ganzjährig geöffnet

Dieser angenehme Agriturismo liegt abgeschieden im Naturreservat Tevere Farfa und entstand aus der Renovierung eines Landhauses. Zur Verfügung stehen ein Doppelzimmer und drei Apartments für zwei oder vier Personen. Im Erdgeschoss wurden die schöne Küche des Restaurants und ein Salon eingerichtet, in dem sich die Gäste aufhalten können. Im Garten wurde ein Schwimmbecken angelegt; daneben stehen Stühle und Liegen. Die geräumigen Zimmer sind mit dem nötigen Komfort versehen und mit Gegenständen eingerichtet, die die Eigentümer auf ihren Reisen zusammengetragen haben. Zum Frühstück gibt es zahlreiche Produkte aus eigener Erzeugung, darunter Honig, Marmeladen und hausgemachte Kuchen. Das angeschlossene Restaurant bietet traditionelle Küche; der Preis für ein Essen ohne Wein beläuft sich auf rund 20 Euro. Der Betrieb stellt für die Gäste Fahrräder bereit, damit sie die Umgebung erkunden können.

♦ 1 DZ mit Bad und WC, Balkon, Aircondition, TV; 3 Apartments (2–4 Personen) mit Kochnische ♦ DZ in Einzelbelegung und DZ € 50–70 (Frühstück € 4 pro Person); Apartment € 60–160 ♦ alle Kreditkarten, Bankomat ♦ Gemeinschaftsbereiche barrierefrei zugänglich, 1 Zimmer behindertengerecht ausgestattet, Privatparkplatz, kleine Haustiere willkommen, Betreiber immer erreichbar ♦ Restaurant, Bar, Gartenhaus, Park, Schwimmbecken

Trevignano Romano

11 km vom Zentrum
52 km nordwestlich von Rom, A 90 und S.S. 2

Acquaranda

Agriturismo
Via dello Sboccatore, 8
Tel. (+39) 06 / 998 53 01;
(+39) 393 /922 34 88
Fax (+39) 06 / 998 53 01
info@acquaranda.it
www.acquaranda.it
Ferien: Dreikönig–Ende Februar

Dieser ruhig gelegene Agriturismo befindet sich außerhalb des Ortes im ländlichen Gebiet um den See von Bracciano. Er ist über die Straße am Seeufer einfach zu erreichen und durch die Via Cassia Veientana auch gut an Rom und Viterbo angebunden. Wer eine familiäre Unterkunft in der Nähe der Seen von Bracciano und Martignano sucht, ist hier richtig. Der Betrieb bietet drei schöne, geräumige und helle Zimmer mit typischer rustikaler Einrichtung. Sie sind komfortabel und ruhig. An Gemeinschaftsbereichen stehen den Gästen eine große Küche und eine Veranda mit Blick auf den Garten zur Verfügung, der das Gebäude umgibt. Das angeschlossene Restaurant bietet regionale Küche zu einem Preis von etwa 25 Euro pro Person. Zum Frühstück erwartet Sie eine schöne Palette an süßem Gebäck, Kuchen, Ricotta, Honig, Kaffeevarianten und anderen Frühstücksgetränken. Für Hausgäste gelten im nahen Wellnesszentrum vergünstigte Konditionen. Es gibt einen Laden, wo natives Olivenöl extra, Obst, Gemüse, Käse und Marmeladen aus eigener Erzeugung verkauft werden.

♦ 3 DZ mit Bad und WC, TV ♦ DZ in Einzelbelegung € 50, DZ € 70 (Aufpreis Zusatzbett € 30, alle mit Frühstück) ♦ Kreditkarten: CartaSi, MC, Visa; Bankomat ♦ Privatparkplatz, kleine Haustiere willkommen, Betreiber 8–20 Uhr erreichbar ♦ Restaurant, Küche, Veranda, Garten

Tuscania
Quarticciolo

2 km vom Zentrum
26 km westlich von Viterbo
Ausfahrt Orte der A 1, S.S. 204 und S.P. 2

Casa Caponetti

Agriturismo
Ortsteil Quarticciolo
Tel. (+39) 07 61 / 43 57 92
Fax (+39) 07 61 / 44 42 47
caponetti@caponetti.com
www.casacaponetti.com
Ferien: 7. Januar–Ende Februar

Dieser Betrieb befindet sich im Naturreservat Tuscania, wo Sie die größte etruskische Nekropole besuchen können; sie ist auf dem Land des Agriturismo gelegen. Das von Olivenbäumen umgebene Bauernhaus garantiert den Gästen einen entspannenden und ruhigen Aufenthalt. Als Unterkunft bietet man sechs elegant eingerichtete Gästezimmer mit rustikalem Mobiliar, die hell, gepflegt und mit jedem modernen Komfort ausgestattet sind. Das Frühstück wird in einem eigenen Raum eingenommen und bietet die Möglichkeit, im Betrieb erzeugte Produkte zu probieren: Honig, Kekse, Zerealien sowie zahlreiche Kaffeevarianten und andere Frühstücksgetränke. Alle biologisch erzeugten Landwirtschaftsprodukte sind im Laden in der Stadt erhältlich, der rund einen Kilometer vom Agriturismo entfernt ist. Überdies können die Gäste auch den großen Park mit Wanderwegen genießen.

♦ 6 DZ mit Bad und WC (1 Zimmer mit Whirlpool, 4 Zimmer mit Massagedusche), Terrasse, WLAN ♦ DZ in Einzelbelegung € 70, DZ € 95 (Aufpreis Zusatzbett € 20, alle mit Frühstück) ♦ keine Kreditkarten ♦ Privatparkplatz, kleine Haustiere willkommen (nach Absprache), Betreiber immer erreichbar ♦ Frühstücksraum, Leseraum, Konferenzsaal (100 Plätze), Garten, Park

Tuscania

24 km westlich von Viterbo, 89 km nordöstlich von Rom
40 km von der Ausfahrt Civitavecchia Nord der A 12

Mirandolina

Bed & Breakfast
Via del Pozzo Bianco, 40–42
Tel. (+39) 07 61 / 43 65 95,
(+39) 347 /265 56 78
Fax (+39) 07 61 / 43 65 95
info@mirandolina.it
www.mirandolina.it
Ganzjährig geöffnet

Das Bed & Breakfast von Susanna Lukowski ist wirklich hübsch und komfortabel. Es verfügt über fünf geschmackvoll eingerichtete Doppelzimmer, von denen keines dem anderen gleicht. Die in lebhaften Farben gehaltenen Wände und das moderne, funktionale Mobiliar erzeugen eine gemütliche Atmosphäre, in der man sich sofort wohlfühlt. Das Frühstück vom Büfett wird in einem kleinen Gemeinschaftsraum gleich beim Eingang eingenommen. Zur Auswahl stehen hausgemachte Süßspeisen, Kaffeevarianten, Brot, Ricotta und Marmelade; in der schönen Jahreszeit kann man auch im Außenbereich essen. Nicht weit entfernt finden Sie das von der Eigentümerin geführte Restaurant, wo es saisonale Küche zu einem Preis von etwa 28 Euro ohne Wein gibt. Die Unterkunft bietet eine schöne Aussicht auf die ländliche Umgebung und liegt ideal, um dem schönen Zentrum mit zahlreichen Spuren aus der Etrusker- und Römerzeit einen Besuch abzustatten.

♦ 5 DZ mit Bad und WC ♦ DZ in Einzelbelegung € 60, DZ € 70 (Aufpreis Zusatzbett € 15, alle mit Frühstück) ♦ keine Kreditkarten; Bankomat ♦ Privatparkplatz außerhalb der Anlage, kleine Haustiere willkommen, Betreiber immer erreichbar ♦ Restaurant, Außenbereich

Velletri
Colle Ionci

2 km vom Zentrum
38 km südöstlich von Rom, S.S. 217
19 km von der Ausfahrt Valmontone der A 2

L'Elce e Il Casale

Bed & Breakfast
Via Acqua Lucia, 27–74
Tel. (+39) 06 / 963 84 14, (+39) 06 / 963 28 73, (+39) 333 / 787 50 46
Fax (+39) 06 / 963 15 98
info@colleionci.com
www.colleionci.com
Ganzjährig geöffnet

Das Ehepaar Valeriano und Daniela Bottini führt seit Jahren dieses Bed & Breakfast, das aus zwei nebeneinanderliegenden Betrieben – L'Elce und Il Casale – besteht. Sie befinden sich in einem großen Park mit Kastanienbäumen und Pinien nicht weit von Velletri. Die schlichten, lichtdurchfluteten Zimmer sind mit dem nötigen Komfort für einen angenehmen Aufenthalt ausgestattet. Es gibt zahlreiche Gemeinschaftsbereiche: den Park, wo Stühle und Tische stehen, damit die Gäste in der schönen Jahreszeit dort frühstücken oder sich einfach im Freien aufhalten können, einen Lese- und TV-Raum mit gebührenfreier WLAN-Verbindung und schließlich das Restaurant (etwa 28 Euro ohne Wein), das von denselben Eigentümern betrieben wird. Die Küche ist traditionell geprägt, lässt aber manchmal ein paar kulinarische Abstecher in die Abruzzen erkennen; Halbpension ist für einen Aufpreis von 20 Euro pro Person möglich.

♦ 4 DZ, 2 3BZ und 4 4BZ, alle mit Bad und WC, Garten oder Terrasse, TV ♦ DZ in Einzelbelegung € 50, DZ € 70, 3BZ € 85, 4BZ € 100 (alle mit Frühstück) ♦ Kreditkarten: CartaSi, MC, Visa; Bankomat ♦ Privatparkplatz, kleine Haustiere willkommen, Betreiber immer erreichbar ♦ Restaurant und Frühstücksraum, TV- und Leseraum, Konferenzsaal (50–60 Plätze), Park

Viterbo

Im Zentrum
2 km von den Bahnhöfen

B&B dei Papi

Bed & Breakfast
Via del Ginnasio, 8
Tel. (+39) 07 61 / 34 64 51,
(+39) 347 /868 54 89
Fax (+39) 07 61 / 34 64 51
info@bbdeipapi.it
www.bbdeipapi.it
Ferien: Februar, November

Das Haus ist ein kleiner Palazzo aus dem 14. Jahrhundert. Die Unterkünfte zeichnen sich durch große Eleganz aus; nichts wurde dem Zufall überlassen. Die nach den Farben der Wände benannten Zimmer sind ganz unterschiedlich, aber ausnahmslos mit edlem Mobiliar eingerichtet. Auch nach der kürzlich erfolgten Renovierung ist der ursprüngliche Zauber des Wohnhauses mit drei Stockwerken erhalten geblieben. Inhaberin Rosanna, die eine Leidenschaft für Kunst hegt, hat es mit modernen Kunstwerken geschmückt. Das Frühstück vom Büfett wird in einem eigenen Raum eingenommen. Es gibt eine schöne Auswahl an Süßem, Kaffeevarianten, Marmeladen, Joghurt und Zerealien. In den Zimmern steht ein Wasserkocher für die Zubereitung von Tee. Zu den Gemeinschaftsbereichen zählt ein schöner Salon im Erdgeschoss, wo Sie Informationsmaterial über die Stadt und die Umgebung, Kunstbücher und verschiedene Publikationen in einer charakteristischen Bibliothek finden können, die auf einem Hängeboden eingerichtet ist und auf den Hauptraum blickt.

♦ 2 DZ und 1 Juniorsuite, alle mit Bad und WC, Aircondition, TV ♦ DZ in Einzelbelegung € 70, DZ € 100, Juniorsuite € 120 (Aufpreis Zusatzbett € 20, alle mit Frühstück) ♦ alle Kreditkarten, Bankomat ♦ öffentlicher Parkplatz und Privatparkplatz 200 Meter entfernt, Haustiere nicht erlaubt, Betreiber immer erreichbar ♦ Frühstücksraum, Leseraum

Viterbo

17 km vom Zentrum
13 km vom Bahnhof Porta Fiorentina
S.S. 2 und S.P. 72

Poggio della Capanna

Agriturismo · Ortsteil Poggio d. Capanna
Via Commenda, km 9,600
Tel. (+39) 349 / 647 05 96, (+39) 335 /
20 81 90, (+39) 328 / 011 92 98
Fax (+39) 07 61 / 82 01 97
info@poggiodellacapanna.it
www.poggiodellacapanna.it
Ganzjährig geöffnet

Der Agriturismo liegt – umgeben von 70 Hektar landwirtschaftlichen Flächen – abseits des Zentrums im grünen Hügelland um Viterbo. Hier haben die Eigentümer Cesare und Santina ein schönes Bauernhaus aus Stein renoviert und einige gemütliche Apartments geschaffen. Die Einrichtung ist rustikal, die Schlafzimmer sind auf einem Hängeboden mit hölzernem Deckengebälk eingerichtet, während die bequemen kleinen Wohnzimmer mit Kochnische auf der unteren Ebene liegen. Das Ergebnis ist ein familiäres, komfortables Ambiente, in dem man sich sofort wohlfühlt. Das Frühstück wird von den Betreibern zubereitet, die die Gäste auch mit Kostproben von Produkten aus eigener Erzeugung verwöhnen, darunter hervorragende hausgemachte Marmeladen, Süßspeisen, Wurst und Käse. Das angeschlossene Restaurant bietet traditionelle Küche zu einem Preis von etwa 20 Euro pro Person (ohne Wein).

♦ 5 Apartments (2–4 Personen) mit Aircondition, Safe, TV, Kochnische, Außenbereich ♦ DZ in Einzelbelegung und DZ € 60, 3BZ € 75, 4BZ € 90 (alle mit Frühstück) ♦ alle Kreditkarten, Bankomat ♦ Gemeinschaftsbereiche und einige Zimmer barrierefrei zugänglich, Privatparkplatz, kleine Haustiere willkommen, Betreiber immer erreichbar ♦ Restaurant, Lese- und TV-Raum, Garten, Kinderspielplatz

Abbateggio

3 km vom Zentrum
39 km südwestlich von Pescara, S.S. 5
Ausfahrt Scafa-Alanno der A 25

Il Portone

Agriturismo
Ortsteil San Martino, 2
Tel. (+39) 085 / 857 21 58,
(+39) 347 / 933 10 82
agriturismoilportone@virgilio.it
www.borgosanmartino.eu
Ganzjährig geöffnet

NEU

Il Portone ist ein Ensemble zweistöckiger Gebäude aus dem weißen Stein der Majella. Im mittleren Teil befinden sich die Gemeinschaftsräume mit Gewölbedecken, unverputzten Holzträgern, Geländern aus Schmiedeeisen, Kredenzen aus vergangenen Zeiten, alten Holzgegenständen und einem großen Kamin. Die penibel gepflegten Zimmer sind mit Stilmöbeln eingerichtet und tragen Namen von Sternbildern. Bettlaken, Decken, Handtücher und Vorhänge aus Leinen und Baumwolle sind mit Sorgfalt genäht und handbestickt. Ein üppiges Frühstücksbüfett stellt die Bioprodukte des Bauernhofs vor. Sie reichen von Milch und Käse bis zu Eiern und Obst. Ausgezeichnet sind auch die Süßspeisen und die Konfitüren. Das Restaurant ist abends für Hausgäste geöffnet und bietet regionale Küche für 20 Euro ohne Wein. Der Betrieb vermietet auch Fahrräder und organisiert Ausflüge mit professionellen Führern.

♦ 1 EZ, 8 DZ und 2 Suiten, alle mit Bad und WC, Terrasse, Safe; 1 Apartment mit Küche (4 Personen) ♦ EZ € 40, DZ € 80–90 (Aufpreis Zusatzbett € 28–32), Suite € 100 (alle mit Frühstück); Apartment € 120 ♦ keine Kreditkarten ♦ einige Zimmer barrierefrei zugänglich, öffentlicher Gratisparkplatz, kleine Haustiere willkommen, Betreiber stets anwesend ♦ Restaurant, Lese- und TV-Raum, Terrasse, Garten, Park

Barisciano

12 km vom Bahnhof Paganica
18 km südöstlich von L'Aquila
18 km von der Ausfahrt L'Aquila Est der A 24

Convento San Colombo

3-Sterne-Hotel
Via Provinciale, km 4,200
Tel. (+39) 08 62 / 89 90 17,
(+39) 06 62 / 89 90 22
Fax (+39) 08 62 / 89 90 16
info@monasterosancolombo.com
www.monasterosancolombo.com
Ganzjährig geöffnet

In einem Wald in Panoramalage, am Fuße des Gran Sasso und der eindrucksvollen Ebene des Campo Imperatore, in der Nähe von Rocca Calascio und dem herrlichen mittelalterlichen Zentrum von Santo Stefano di Sessanio – so prächtig ist das Kloster San Colombo gelegen. Bis zum Jahr 1809 lebten hier Mönche, inzwischen sind die Zellen, der Speisesaal, die Ställe und der Keller renoviert. Die gemütlichen Zimmer bieten alle Annehmlichkeiten. Zum Frühstück gibt es hausgemachte Süßspeisen wie Ferratelle und Crostata mit Äpfeln oder Konfitüren. Freunde der Natur können Mountainbikes ausleihen oder an organisierten Ausritten und Ausflügen teilnehmen. Alles in allem der ideale Ort, um sich in einem »franziskanischen« Ambiente mit dem Komfort einer modernen Anlage zu entspannen. Im Restaurant wird nach lokalen Rezepten gekocht (etwa 22 Euro ohne Wein, Halbpension 48 bis 58 Euro pro Person).

♦ 1 EZ, 7 DZ und 1 Suite, alle mit Bad und WC, Minibar, Safe, TV ♦ EZ € 54, DZ € 80–90, Suite € 95–115 (alle mit Frühstück) ♦ Kreditkarten: CartaSi, MC, Visa; Bankomat ♦ Anlage barrierefrei zugänglich, öffentlicher Gratisparkplatz in unmittelbarer Nähe, kleine Haustiere willkommen, Rezeptionsdienst 8–24 Uhr ♦ Restaurant, Tagungsraum, Garten

Campli

7 km nördlich von Teramo, S.S. 81, 25 km südlich von Ascoli Piceno
36 km von der Ausfahrt Mosciano der A 14; 21 km von der Ausfahrt Teramo der A 24

Campli
Acquachiara

15 km vom Zentrum
26 km nordwestlich von Teramo, S.S. 81, S.P. 51
Ausfahrt Teramo der A 24

Locanda del Pompa

Landhaus
Abzweigung Campli, Strada Statale 81
Tel. (+39) 08 61 / 56 90 11
Fax (+39) 08 61 / 25 08 81
pa.pompa@tiscali.it
www.lalocandadelpompa.it
Ferien: unterschiedlich

Rifugio delle Aquile

Berghotel
Strada della Laga, km 9
Tel./Fax (+39) 08 61 / 28 62 79
info@rifugiodelleaquile.it
www.rifugiodelleaquile.it
Ganzjährig geöffnet

NEU

Ein renoviertes Bauernhaus mit sechs Gästezimmern mitten im Grünen (nur fünf Kilometer weiter grenzen die Monti della Laga an den Gran Sasso) – das ist die Locanda, die der junge Paolo im Sinne der Familientradition weiterführt. Die Zimmer sind schlicht und angenehm, im Einklang mit der landschaftlichen Schönheit der Umgebung. Natürlich gibt es jede Menge Möglichkeiten für Ausflüge in die Berge oder ans Meer (die Adria ist 40 Kilometer entfernt) oder zu historischen Stätten wie der Nekropole von Campo Valano und der mittelalterlichen Kleinstadt Civitella del Tronto. Das reichhaltige Frühstück umfasst Kekse, hausgemachte Kuchen und auf Anfrage auch Wurst und Käse aus kleinen Betrieben des Nationalparks. Bei einem Aufenthalt von mindestens vier Nächten bekommt man Halbpension für einen Preis von 50 bis 60 Euro pro Person und Tag.

Das Haus steht in der Nähe des Parco Nazionale del Gran Sasso e Monti della Laga auf 1.085 Meter Höhe. Die Zimmer enthalten nur das Wesentliche, sind aber angenehm mit modernen Holzmöbeln eingerichtet. Das Frühstücksbüfett umfasst hausgemachte Crostata und Kranzkuchen sowie Honig und Konfitüren aus der Region. Das Restaurant hat einen großen Kamin und einen Spieß, auf dem man dem Fleisch beim Garen zusehen kann. Bestellen kann man Fleisch der selbst gezüchteten Tiere (25 Euro ohne Wein), zu denen auch Yaks zählen: Die Inhaber des Hotels nehmen seit einigen Jahren an einem vom Landwirtschaftsministerium finanzierten Versuch zur Aufzucht der Tiere in Italien teil. Die Gäste können einen Motorschlitten, ein Quad oder ein Mountainbike ausleihen, einen Ausflug in die Natur unternehmen oder die Yakzucht besichtigen, denn der Betrieb ist auch ein Lehrbauernhof.

♦ 4 DZ und 2 4BZ, alle mit Bad und WC (2 Zimmer mit Gemeinschaftsbad), TV ♦ DZ in Einzelbelegung € 40–50, DZ € 50–60, 4BZ € 60–80 (alle mit Frühstück) ♦ alle Kreditkarten, Bankomat ♦ Restaurant barrierefrei zugänglich, Privatparkplatz, kleine Haustiere willkommen, Betreiber stets anwesend ♦ Restaurant, Garten, Veranda

♦ 2 DZ, 4 4BZ und 2 5BZ, alle mit Bad und WC, Balkon, Minibar, Telefon, TV ♦ DZ in Einzelbelegung € 35, DZ € 60, 4BZ € 100, 5BZ € 120 (alle mit Frühstück) ♦ Kreditkarten: CartaSi, DC, MC, Visa; Bankomat ♦ Anlage barrierefrei zugänglich, Privatparkplatz, kleine Haustiere willkommen, Betreiber immer erreichbar ♦ Bar, Restaurant, Lese- und TV-Raum, Terrasse

Caramanico Terme

1 km vom Zentrum
51 km südwestlich von Pescara, A 25 oder S.S. 5 und S.S. 487
Ausfahrt Alanno-Scafa der A 25

Antico Borgo

Bed & Breakfast
Via San Maurizio, 7
Tel. (+39) 349 / 124 04 76
www.anticoborgobb.it
info@anticoborgobb.it
Ferien: Februar

NEU

Caramanico Terme
San Vittorino

3 km vom Zentrum
51 km südwestlich von Pescara, A 25 oder S.S. 5 und S.S. 487
Ausfahrt Alanno-Scafa der A 25

Locanda del Barone

Zimmervermietung
Ortsteil Case del Barone
Tel. (+39) 085 / 925 84,
(+39) 340 / 510 45 09
Fax (+39) 085 / 49 69 87
info@locandadelbarone.it
www.locandadelbarone.it
Ganzjährig geöffnet

Wenige Schritte von der Chiesa di San Nicola entfernt betritt man durch ein großes Holztor diese historische Unterkunft in der Via San Maurizio. Sie wurde schön und funktional renoviert. Die großzügigen, hellen Zimmer sind komfortabel und der Ausblick aus den großen Fenstern auf den hübschen Ort steht in Einklang mit den Naturschönheiten des Parco Nazionale della Majella. Das Frühstück wird im gemütlichen Saal mit Kamin oder im Freien serviert – im Garten, in dem man den Blick vom Monte Morrone bis zum Ortatal schweifen lassen kann. Für das leibliche Wohl der Gäste sorgen Brot, Konfitüren und hausgemachte Süßspeisen aus den Abruzzen, auf Nachfrage und für einen geringen Aufpreis gibt es auch Wurstwaren und Käse. Eine Vereinbarung mit einem Wellnesscenter in Caramanico, Führungen durch das Dorf und auf den Wegen des Nationalparks sowie ein Fahrradverleih vervollständigen das Angebot.

Diese Locanda im Herzen des Parco Nazionale della Majella ist der ideale Ausgangspunkt, um die Naturschönheiten des Orfentotals kennenzulernen oder das nahe Thermalbad von Caramanico zu besuchen. Die Zimmer in einem revitalisierten Adelssitz sind schlicht, aber gemütlich. Eine besondere Erwähnung verdient das überaus reichhaltige Frühstück, das die Gäste hier bekommen – ein Büfett mit süßen und pikanten Torten, Wurstwaren aus der Region und Käse, hausgemachten Konfitüren, selbst gebackenem Brot, frisch gepressten Fruchtsäften und Eiern. Man kann auch Halbpension nehmen (60 Euro pro Person).

♦ 6 DZ mit Bad und WC, Balkon, Minibar (auf Wunsch), Telefon, Sat-TV, WLAN ♦ DZ in Einzelbelegung € 40, DZ € 80 (Aufpreis Zusatzbett € 36, alle mit Frühstück) ♦ alle Kreditkarten, Bankomat ♦ Parkplatz gegenüber, Haustiere nicht erlaubt, Betreiber immer erreichbar ♦ Bar, Restaurant, TV-Raum, Garten

♦ 1 EZ und 5 DZ, alle mit Bad und WC, Balkon, Aircondition, Telefon, TV, Internetanschluss ♦ EZ € 60–70, DZ € 80–90 (Aufpreis Zusatzbett € 30, alle mit Frühstück) ♦ alle Kreditkarten, Bankomat ♦ öffentlicher Gratisparkplatz, Garage (für Motor- und Fahrräder), kleine Haustiere willkommen, Betreiber immer erreichbar ♦ Frühstücksraum, Lese- und TV-Raum, Tagungsraum (20 Plätze), Terrasse, Garten

🍲 Im Restaurant können Sie die Spezialitäten der Gegend probieren (eine Mahlzeit kostet 22 bis 25 Euro ohne Wein). Verarbeitet werden bevorzugt lokale Produkte.

Carunchio

Im Zentrum
89 km südöstlich von Chieti, A 14 und S.P. 167
Ausfahrt Vasto Sud der A 14, S.S. 650

Palazzo Tour d'Eau   *NEU*

Historische Residenz
Via Monte, 8
Tel. (+39) 08 73 / 95 70 06,
(+39) 329 / 985 41 21
Fax (+39) 08 71 / 51 01 15
info@palazzotd.com
www.palazzotd.com
Ganzjährig geöffnet

Von der historischen Herberge aus hat man einen wunderbaren Panoramablick auf das Tal. Carunchio zählt zu den »Borghi più belli d'Italia«, Italiens schönsten Orten. Vor Kurzem wurde die Herberge sorgfältig renoviert und die Zimmer sind nun gemütlich und klassisch mit Stilmöbeln eingerichtet. Zum Frühstück gibt es Crostata und Trockengebäck aus den Abruzzen, auf Wunsch auch pikante Speisen wie Eier und gefüllte Pizze. Im Restaurant geben Wildschwein, Trüffel, Ventricina (eine typische Wurst der Abruzzen) und die traditionellen Gerichte dieser Bergregion den Ton an (25 Euro ohne Wein). Auch Seminare und Feste kann man hier veranstalten. Erwähnen wollen wir auch die Kochkurse und die Möglichkeit, mit Führern Ausflüge in die Umgebung zu unternehmen.

♦ 4 DZ und 1 Suite (2–4 Personen), alle mit Bad und WC, Minibar, TV, Internetanschluss ♦ DZ in Einzelbelegung und DZ € 99, Suite € 180 (alle mit Frühstück) ♦ Kreditkarten: MC, Visa; Bankomat ♦ Gratisparkplatz außerhalb der Anlage, Haustiere nicht erlaubt, Betreiber immer erreichbar ♦ Restaurant, Konferenzraum (60 Plätze), Terrasse, Veranda, Garten

Castellalto
Castelnuovo Vomano
9 km vom Zentrum
16 km vom Bahnhof Roseto
22 km östlich von Teramo
16 km von der Ausfahrt Roseto degli Abruzzi der A 14

Villa Gobbi

3-Sterne-Hotel
Via Nazionale, 323
Tel. (+39) 08 61 / 573 26
Fax (+39) 08 61 / 50 74 21
info@villagobbi.it
www.villagobbi.it
Ferien: 25. und 26. Dezember

Eine renovierte Masseria (Gutshof) auf halbem Weg zwischen Berg und Meer – das ist die Villa Gobbi. Die Zimmer sind groß und hell und alle in unterschiedlichen Farben gehalten. Sie verfügen über jeden erdenklichen Komfort und sind modern eigerichtet. Die Wandbehänge, Keramiken und schönen Teppiche erzeugen eine angenehm warme Atmosphäre. Das Frühstücksbüfett umfasst Croissants, Brot, Konfitüren, Kuchen, Prosciutto und Käse, frische und getrocknete Früchte, Joghurt und Zerealien sowie heiße und kalte Getränke. In diesem Hotel sind Sie ideal untergebracht, wenn Sie die Städte Teramo und Atri oder San Clemente al Vomano besuchen wollen: Der Ort ist bekannt für sein reich verziertes Ziborium, das als das älteste der Abruzzen gilt. Im Haus gibt es auch ein Restaurant, das allerdings von anderen Inhabern betrieben wird. Es heißt Da Luca und ist auf Fisch spezialisiert (50 Euro ohne Wein).

♦ 5 EZ, 6 DZ und 2 Suiten, alle mit Bad und WC (Dusche oder Wanne mit Massagefunktion), Aircondition, Minibar, Telefon, TV, Internetanschluss ♦ EZ € 58, DZ € 85, Suite € 105 (alle mit Frühstück) ♦ alle Kreditkarten, Bankomat ♦ Anlage barrierefrei zugänglich, 2 Zimmer behindertengerecht ausgestattet, überdachter Privatparkplatz (4 Plätze), kleine Haustiere willkommen (nach Absprache), Rezeptionsdienst rund um die Uhr, Betreiber immer erreichbar ♦ Bar, Restaurant, Frühstücksraum, TV-Raum

Castiglione a Casauria
San Clemente

3 km vom Zentrum
48 km südwestlich von Pescara, S.S. 5 oder A 25
Ausfahrt Torre de' Passeri-Casauria der A 25

Villa dei Glicini

Bed & Breakfast
Ortsteil San Clemente, 12-13
Tel. (+39) 338 / 771 95 01,
(+39) 338 / 744 56 99
Fax (+39) 06 / 503 14 13
villadeiglicini@yahoo.it
www.villadeiglicini.it
Ganzjährig geöffnet

NEU

Der Blick auf die berühmte Abtei San Clemente, einen der schönsten mittelalterlichen Monumentalbauten der Abruzzen, ein traumhafter Garten und eine elegante und doch entspannte Atmosphäre sind die Vorzüge dieses Bed & Breakfast. Die Villa dei Glicini ist ein baubiologisch renoviertes Landhaus vom Ende des 18. Jahrhunderts, das zum Herrenhaus umgestaltet wurde. Die stilvollen Zimmer und angenehmen Gemeinschaftsräume, etwa der Leseraum und der Wintergarten, sind bis ins Detail gepflegt und mit Stilmöbeln eingerichtet. Im Frühstücksraum etwa steht ein schönes Klavier. Konfitüren, Crostata di Visciole (Wildkirschen), frische Ricotta und lokale Produkte wie Fiadoni di Ricotta (Ricottatäschchen) und Pizzelle ergeben ein reichhaltiges Frühstück.

♦ 6 DZ mit Bad und WC (2 Zimmer mit Gemeinschaftsbad) ♦ DZ in Einzelbelegung € 40–45, DZ € 80–90 (Aufpreis Zusatzbett € 32, alle mit Frühstück) ♦ keine Kreditkarten ♦ Gratisparkplatz außerhalb der Anlage, kleine Haustiere willkommen, Betreiber immer erreichbar ♦ Frühstücksraum, Lese- und TV-Raum, Terrasse, Arkaden, Wintergarten, Gartenhaus, Garten

Cermignano
Montegualtieri

5 km vom Zentrum
29 km südöstlich von Teramo
2 km von der Ausfahrt Roseto degli Abruzzi der A 14

Capodacqua

Ortsteil Scanzature, 17
Tel. (+39) 08 61 / 666 78
Fax (+39) 08 61 / 41 37 54
aziendacapodacqua@virgilio.it
www.agriturismocapodacqua.it
Ganzjährig geöffnet

Annamaria Di Furia hat, unterstützt von der gesamten Familie, viel Energie in dieses schöne ländliche Gebäude aus dem späten 19. Jahrhundert gesteckt. Bei der Renovierung wurde die ursprüngliche Bauweise mit Ziegeln, mit Stein an den Innen- und Außenmauern und mit Holz bei den Decken und Böden beibehalten. Die Zimmer mit den alten Möbeln und schmiedeeisernen Betten passen ausgezeichnet zu diesem Stil. Drei miteinander verbundene Räume werden für gemeinsame Aktivitäten wie Kochkurse genutzt, oder einen Workshop, in dem die guten Konfitüren erzeugt werden, die man mit Brot und Crostata auf dem Frühstückstisch findet. Das Restaurant ist von Donnerstag bis Sonntag geöffnet und bietet typische Gerichte aus der Region von Teramo, begleitet von selbst eingemachtem Gemüse (etwa 20 bis 25 Euro, Halbpension 37 bis 40 Euro pro Person).

♦ 4 DZ mit Bad und WC, TV ♦ DZ in Einzelbelegung € 20, DZ € 45 (Aufpreis Zusatzbett € 15, alle mit Frühstück) ♦ keine Kreditkarten ♦ Restaurant barrierefrei zugänglich, überdachter Parkplatz, kleine Haustiere willkommen, Betreiber stets anwesend ♦ Restaurant, Seminarräume, Garten, Terrasse, Schwimmbecken

Chieti
Brecciarola

6 km vom Zentrum
Ausfahrt Chieti der A 25; S.S. 5

Civitella del Tronto
17 km südöstlich von Ascoli Piceno, 18 km nördlich von Teramo
Ausfahrt Ascoli Piceno der A 14; Ausfahrt Ancarano-Castel di Lama des Autobahnzubringers Ascoli Piceno-Porto d'Ascoli

Casa Nonna Vittoria *NEU*
Zimmervermietung
Via Aterno, 429
Tel. (+39) 08 71 / 68 41 35,
(+39) 338 / 199 39 18
Fax (+39) 08 71 / 68 48 85
info@casanonnavittoria.it
www.casanonnavittoria.it
Ganzjährig geöffnet

Zunica 1880
4-Sterne-Hotel
Piazza Pepe, 14
Tel. (+39) 08 61 / 913 19
Fax (+39) 08 61 / 91 81 50
info@hotelzunica.it
www.hotelzunica.it
Ferien: 10.–30. Januar

In Brecciarola, durch das die Via Tiburtina, eine ehemalige römische Konsularstraße, führt, wohnen Bianca Aceto und ihr Gatte Rocco D'Astolfo in einem kleinen Palazzo, den Biancas Urgroßvater im Jahr 1894 erbauen ließ. Das Paar hat ihn geschmackvoll renoviert und einen Teil davon der Beherbergung gewidmet. Benannt wurde der Betrieb nach der Großmutter Vittoria, die hier viele Jahre lang mit ihrem Mann Giovanni und den neun Kindern lebte. Das Ambiente ist gediegen und gemütlich. Girasole, Margherita, Mimosa, Rosa und Tulipano heißen die Zimmer, und alle sind unterschiedlich gestaltet. Sie sind in Pastellfarben gehalten und mit altem Familienmobiliar eingerichtet. Zum Frühstück werden in der Bottega del Mugnaio im Erdgeschoss Konfitüren, Kuchen und andere hausgemachte Süßspeisen serviert. Man kann hier auch typische Produkte probieren und kaufen. Nebenan führt die Familie ein Apartmenthaus namens Il Vecchio Mulino.

Ein altes Hotel in einem herrschaftlichen Palazzo aus dem 17. Jahrhundert mit einer sehr langen Familientradition im Bereich der Gastlichkeit. Die Lage auf dem Hauptplatz von Civitella del Tronto, einem der letzten Bollwerke der Bourbonen bei der Vereinigung Italiens, trägt das Ihre zum Erfolg bei, ebenso der Blick auf das Tal und den Gran Sasso. Tüpfelchen auf dem i sind die komfortablen, kürzlich erneuerten Zimmer. Die Auswahl auf dem Frühstücksbüfett reicht von süß bis pikant: Croissants, Konfitüren, Butter, Käse und Prosciutto sowie heiße und kalte Getränke. Im reizenden Hotelrestaurant können Sie an Verkostungen teilnehmen und Themenessen genießen (etwa 30 Euro ohne Wein, Halbpension 80 bis 95 Euro pro Person bei mindestens drei Übernachtungen).

♦ 5 DZ mit Bad und WC, Balkon, Aircondition, Minibar, Safe, Telefon, TV, Internetanschluss ♦ DZ in Einzelbelegung € 45, DZ € 65 (Aufpreis Zusatzbett € 15, alle mit Frühstück) ♦ alle Kreditkarten, Bankomat ♦ Privatparkplatz, kleine Haustiere willkommen, Betreiber stets anwesend ♦ Terrasse

♦ 14 DZ und 3 Juniorsuiten, alle mit Bad und WC, Minibar, TV, WLAN ♦ DZ in Einzelbelegung € 65–80, DZ € 80–110 (Aufpreis Zusatzbett € 20), Juniorsuite € 150–200 (alle mit Frühstück) ♦ alle Kreditkarten, Bankomat ♦ Anlage barrierefrei zugänglich, Gratisparkplatz außerhalb der Altstadt, kleine Haustiere willkommen, Rezeptionsdienst rund um die Uhr ♦ Bar, Restaurant, Enoteca, Lese- und TV-Raum, Tagungsraum

Fano Adriano

Im Zentrum
28 km südwestlich von Teramo, S.S. 80 und S.P. 44A
Ausfahrt San Gabriele-Colledara der A 24 in Richtung Montorio al Vomano

Taverna Sette Effe

Zimmervermietung
Via Moreni, 2
Tel. (+39) 08 61 / 952 69
info@tavernasetteeffe.com
www.tavernasetteeffe.com
Ganzjährig geöffnet

NEU

Fara Filiorum Petri

16 km südlich von Chieti, S.S. 81
Ausfahrt Chieti von der Tangente Pescara-Chieti der A 25; Ausfahrt Pescara Sud der A 14

L'Antico Tratturo

Agriturismo
Ortsteil Piana Masseria, 2
Tel. (+39) 08 71 / 70 60 66,
(+39) 340 / 334 15 18
Ferien: November

Fano Adriano ist ein kleiner Ort auf der Teramo-Seite des Gran Sasso, leicht erreichbar von der sogenannten Hauptstraße des Nationalparks aus, dem interessantesten Teil der Strada Statale von L'Aquila nach Teramo. Nur ein paar Schritte vom Rathaus entfernt sorgen die Erfahrung und die Gastlichkeit der Familie Bonaduce für einen angenehmen Aufenthalt. Die Zimmer sind einfach und im bäuerlichen Stil eingerichtet. Croissants und Cappuccino bekommen Sie hier immer zum Frühstück, aber es gibt auch hausgemachte Crostata und Kuchen. Im Restaurant spielen Gerichte aus den Bergen um Teramo die Hauptrolle. Sie werden aus regionalen und saisonalen Produkten zubereitet. Für eine Mahlzeit ohne Wein zahlen Sie etwa 25 Euro. In der Veranda und den drei Sälen können auch kleine Feiern stattfinden. Die Locanda eignet sich gut als Ausgangspunkt für Ausflüge in den Parco Nazionale del Gran Sasso e Monti della Laga.

Nicolino Ciavolinis Leidenschaft für Traditionelles entfaltet sich voll und ganz in diesem Agriturismo, wo nicht nur die alten Bauernhäuser aus Stein renoviert, sondern auch die Möbel, die Betten und die Leuchter restauriert wurden. Jedem Detail wird hier Aufmerksamkeit geschenkt. Die Zimmer sind mit Pastellfarben angenehm gestaltet und nach Ortsteilen benannt. Eine Erwähnung verdient das Museo della farchia: Es ist dem hohen Schilfrohrbündel gewidmet, das in allen Ortsteilen von Fara im Januar bei einem traditionellen Dorffest verbrannt wird. Grundlage des Frühstücks sind Kuchen, Konfitüren und heiße Getränke. Die Küche bietet regionale Gerichte, die aus den Erzeugnissen des Bioanbaus und der Viehzucht des Betriebs zubereitet werden (eine Mahlzeit 20 Euro ohne Wein). Wegen der besonderen Lage ist eine Reservierung empfehlenswert.

♦ 4 EZ und 2 DZ, alle mit Bad und WC, Balkon, TV ♦ EZ € 35–45, DZ € 70 (Aufpreis Zusatzbett € 10, alle mit Frühstück) ♦ alle Kreditkarten, Bankomat ♦ Anlage barrierefrei zugänglich, überdachter Privatparkplatz, kleine Haustiere willkommen, Betreiber immer erreichbar ♦ Restaurant, Lese- und TV-Raum, Terrasse, Veranda

♦ 5 DZ mit Bad und WC ♦ DZ in Einzelbelegung € 40–50, DZ € 60–70 (Aufpreis Zusatzbett € 20, alle mit Frühstück) ♦ alle Kreditkarten, Bankomat ♦ Privatparkplatz, Haustiere nicht erlaubt, Betreiber stets anwesend ♦ Restaurant, Garten, Park, Reitstalll

Francavilla al Mare

2 km vom Zentrum
11 km vom Flughafen Pescara, 16 km nordöstlich von Chieti
2 km von der Ausfahrt Pescara Sud-Francavilla der A 14

Il Cerchio e la Botte

Bed & Breakfast
Ortsteil Santa Cecilia, 36
Tel. (+39) 085 / 491 90 89,
(+39) 335 / 42 51 38
Fax (+39) 085 / 491 90 89
info@ilcerchioelabotte.it
www.ilcerchioelabotte.it
Ferien: 10. Januar–1. März

In der Hügellandschaft um Francavilla befindet sich dieses mit Liebe zum Detail renovierte Bauernhaus. Die modernen Zimmer mit perfekt passenden Farbkombinationen sind ausgesprochen weiträumig und gehen auf die große Terrasse hinaus. Jedes Zimmer verfügt über ein kleines, mit Rattanmöbeln eingerichtetes Wohnzimmer, in dem man sich perfekt entspannen kann. Das reichhaltige Frühstück wird an schönen Tagen im Freien unter den Arkaden oder im Schatten der Bäume serviert und besteht aus frischem Obst aus eigenem Anbau, Konfitüren, Butter, warmem Brot und sowohl süßen als auch salzigen Spezialitäten, die frisch aus dem Ofen kommen. Im nahe gelegenen Sportcenter kann man Golf spielen oder das Schwimmbad benutzen. Das Restaurant im Untergeschoss (nur abends geöffnet) bietet eine Auswahl der bekanntesten regionalen Gerichte (18 bis 20 Euro ohne Wein).

♦ 2 DZ, 1 3BZ, 1 4BZ, alle mit Bad und WC, TV ♦ DZ in Einzelbelegung € 45, DZ € 70–80, 3BZ € 105–120, 4BZ € 140–160 (alle mit Frühstück) ♦ keine Kreditkarten; Bankomat ♦ 1 Zimmer behindertengerecht ausgestattet, Parkplatz gegenüber der Anlage, kleine Haustiere willkommen, Betreiber immer erreichbar ♦ Restaurant, Schwimmbecken

Francavilla al Mare

11 km vom Flughafen Pescara, 16 km nordöstlich von Chieti
4 km von der Ausfahrt Pescara Sud-Francavilla der A 14

Villa Antonella

Bed & Breakfast
Via Valle Anzuca, 14 A
Tel./Fax (+39) 085 / 491 06 50
info@villaantonella.it
www.villaantonella.it
Ganzjährig geöffnet

Antonella Mancinelli hat in diesem schönen Gebäude fünf Zimmer im englischen Stil eingerichtet. Sie sind angenehm, gediegen und doch modern. Von hier aus erreicht man leicht den einstigen Künstlertreff des Malers Francesco Paolo Michetti und des Schriftstellers Gabriele D'Annunzio sowie das Museo Michetti, das Arbeiten von Künstlern aus den Abruzzen sammelt. Das Frühstück ist traditionell, klassisch italienisch mit Croissants, Konfitüren, Brot, Milch, Cappuccino, Tee, hausgemachten Kuchen und auf Wunsch auch glutenfreien Speisen. In der Nähe des Bed & Breakfast führt die Familie Mancinelli das Fischrestaurant La Nave (Hausgäste bekommen zehn Prozent Ermäßigung). Im Sommer können Sie zum Meer hinuntergehen und das Strandbad eines Partnerbetriebs benutzen. Wenn Sie die Berge und das Wandern mögen, können Sie in die weniger als eine halbe Autostunde entfernte Majella fahren.

♦ 5 DZ und 1 3BZ oder 4BZ, alle mit Bad und WC, Aircondition, Minibar, TV ♦ DZ in Einzelbelegung € 47, DZ € 70, 3BZ € 84, 4BZ € 90 (alle mit Frühstück) ♦ keine Kreditkarten ♦ Gemeinschaftsbereiche barrierefrei zugänglich, Privatparkplatz, Haustiere nicht erlaubt, Betreiber immer erreichbar ♦ Restaurant, Frühstücksraum, Garten, Tennisplatz, Schwimmbecken

Guardiagrele

25 km südlich von Chieti, S.S. 81
Ausfahrt Pescara Ovest-Chieti oder Pescara Sud-Francavilla al Mare der A 14; Ausfahrt Pescara-Chieti der A 25

Villa Maiella

3-Sterne-Hotel
Via Sette Dolori, 30
Tel. (+39) 08 71 / 80 93 19,
(+39) 08 71 / 80 93 62
Fax (+39) 08 71 / 80 93 62
info@villamaiella.it
www.villamaiella.it
Ganzjährig geöffnet

Das kleine Dorf Guardiagrele erhebt sich auf einem Hügel am Fuße der Majella. Das Meer ist in weniger als einer halben Stunde Autofahrt durch Weingärten und Olivenhaine erreichbar. In einem modernen Gebäude, in dem sich auch das Restaurant befindet, haben Angela und Peppino Tinari 14 helle, gemütliche Zimmer eingerichtet, die mit jedem Komfort ausgestattet sind. Überaus reich an Süßem und Salzigem ist das Frühstück: Außer Milch, Kaffee und Tee, Crostata, den knusprigen Taralli (Gebäckkringel), Ricotta mit Honig und Nüssen und frisch gepressten Säften gibt es Wurstwaren, Prosciutto und Guanciale (Wangenspeck). Auf der großen Terrasse mit Blick über das Tal können Sie im Sommer zu Mittag essen. Im Dorf sind die schöne romanische Kirche Santa Maria Maggiore und die aus dem 4. Jahrhundert stammende Kirche San Francesco einen Besuch wert.

♦ 4 EZ, 6 DZ, 2 3BZ und 2 4BZ, alle mit Bad und WC, Aircondition, Minibar, Sat-TV, WLAN ♦ EZ € 60, DZ € 110, 3BZ € 130, 4 BZ € 150 (alle mit Frühstück) ♦ alle Kreditkarten, Bankomat ♦ Anlage barrierefrei zugänglich, 2 Zimmer behindertengerecht ausgestattet, reservierter Parkplatz außerhalb der Anlage, Haustiere nicht erlaubt, Betreiber stets anwesend ♦ Bar, Restaurant, Tagungsraum, Terrasse

🍲 Im Restaurant (35 bis 38 Euro ohne Wein) werden traditionelle Rezepte mit ausgewählten Zutaten zubereitet.

L'Aquila

3,5 km von der Altstadt
Ausfahrt L'Aquila Ovest der A 24 und S.S. 17 in Richtung Rieti

Casale Signorini

3-Sterne-Hotel
Strada Statale 17, km 27,600
Tel. (+39) 08 62 / 36 11 84
Fax (+39) 08 62 / 36 11 82
info@casalesignorini.it
www.casalesignorini.it
Ganzjährig geöffnet

Ein schöner Ausblick vom Gipfel eines Hügels und ein großer Park mit Garten sind das Aushängeschild dieses kleinen Hotels in einem renovierten Landhaus. Nur fünf Autominuten auf der Strada Statale Salaria, die nach Rieti und weiter nach Rom führt, trennen uns von der Altstadt von L'Aquila. Die modern und gut eingerichteten Zimmer bieten einigen Komfort und sind daher auch für längere Aufenthalte zu empfehlen. Eine angenehme Überraschung hält das Frühstück bereit: Bedienen Sie sich am Büfett mit süßen und salzigen hausgemachten Speisen und wählen Sie zwischen Kaffee, Milch und Tee. Das auf Fisch spezialisierte Hotelrestaurant ist auch eine Pizzeria. Man kann dort für 35 Euro (ohne Wein) gut essen.

♦ 5 DZ und 5 3BZ, alle mit Bad und WC, Minibar, Telefon, TV ♦ DZ in Einzelbelegung € 70, DZ € 90, 3BZ € 100 (alle mit Frühstück) ♦ alle Kreditkarten, Bankomat ♦ Gemeinschaftsbereiche barrierefrei zugänglich, Privatparkplatz, kleine Haustiere willkommen, Rezeptionsdienst rund um die Uhr ♦ Bar, Restaurant, Garten

Loreto Aprutino
Fiorano
3 km vom Zentrum
24 km westlich von Pescara
Ausfahrt Pescara Nord-Città Sant'Angelo der A 14 in Richtung Penne bis zur Abzweigung nach Pianella

Le Magnolie

Agriturismo
Ortsteil Fiorano, 83
Tel. (+39) 085 / 828 95 34,
(+39) 335 / 778 76 22
Fax (+39) 085 / 828 95 34
lemagnolie@tin.it
www.lemagnolie.com
Ferien: Januar, Februar

Zwischen den Bergen und dem Meer, inmitten von 27 Hektar Kiwipflanzungen und Olivenhainen, liegt dieser Agriturismo. Für ihre Landwirtschaft kombiniert die Familie Tortella Engagement und Forschergeist. Seit einigen Jahren betreiben sie mit ihrer herzlichen, spontanen Gastlichkeit diesen Agriturismo. Er besteht aus drei Landhäusern; jenes mit der schönen Laube beherbergt das Restaurant. Die großzügigen, rustikal eingerichteten Zimmer sowie die Einzimmer- und Zweizimmerapartments befinden sich in den anderen Häusern. Hier können die Gäste sich frei und ungezwungen bewegen. Zum Frühstück gibt es Kekse, Kuchen und Konfitüren aus kleinen Betrieben. Das Restaurant steht nur Hausgästen offen. Gekocht wird überwiegend Gemüse, aber auch Gerichte mit Lamm und Kaninchen (27 Euro mit Wein), Speisen aus den Abruzzen, bei denen sich die Tradition mit Fantasie vermählt. Auch ein glutenfreies Menü ist erhältlich.

♦ 2 DZ mit Bad und WC, Kühlschrank, WLAN; 9 Apartments (2–5 Personen) mit Küche ♦ DZ in Einzelbelegung € 50–60, DZ € 60–70 (alle mit Frühstück); Apartment € 85–120 (Frühstück € 5 pro Person) ♦ alle Kreditkarten, Bankomat ♦ 1 Apartment behindertengerecht ausgestattet, Privatparkplatz, kleine Haustiere willkommen, Betreiber stets anwesend ♦ Restaurant, Lese- und TV-Raum, Park, Schwimmbecken

Mozzagrogna
Castello di Sette

9 km vom Bahnhof Fossacesia
49 km südöstlich von Chieti
9 km von der Ausfahrt Val di Sangro der A 14

Castello di Septe

4-Sterne-Hotel
Ortsteil Castello di Sette, 20
Tel. (+39) 08 72 / 57 86 35,
(+39) 08 72 / 57 89 40
Fax (+39) 08 72 / 57 86 45
info@castellodisepte.com
www.castellodisepte.com
Ferien: 24.–26. Dezember

Den spärlichen historischen Quellen zufolge reichen die Anfänge dieser Burg, der bekanntesten in den Colli Frentani, bis in die Zeit der Langobarden zurück. Der Bau wurde für verschiedene Zwecke genutzt, von der Waffenkammer bis zum Adelssitz, aber am Anfang des 14. Jahrhunderts begann sein schrittweiser Verfall. Erst vor ein paar Jahren wurde dieser durch einen sorgfältigen Wiederaufbau gestoppt. Heute ist das Castello di Septe ein schönes Hotel mit Panoramablick auf das Sangrotal. Die Zimmer verfügen über jeden Komfort, das kontinentale Frühstück wählen Sie vom Büfett. Im großen Saal des Restaurants (35 bis 50 Euro ohne Wein) feiern häufig Hochzeitsgesellschaften. Wenn Sie länger als eine Nacht bleiben, können Sie auch Halbpension für 23 Euro pro Person in Anspruch nehmen. Für die Erholung der Gäste sorgt der große Garten mit einem Schwimmbecken.

♦ 13 EZ, 20 Standard-DZ, 4 Superior-DZ und 3 Suiten, alle mit Bad und WC, Aircondition, Minibar, Telefon, Sat-TV, WLAN ♦ EZ € 70, DZ in Einzelbelegung € 80, DZ € 110, Superior-DZ € 120, Suite € 140–160 (alle mit Frühstück) ♦ alle Kreditkarten, Bankomat ♦ Anlage barrierefrei zugänglich, 1 Zimmer behindertengerecht ausgestattet, Privatparkplatz, Haustiere nicht erlaubt, Rezeptionsdienst rund um die Uhr ♦ Restaurant, Frühstücksraum, Aufenthaltsräume, Garten, Schwimmbecken

Ofena
Frasca

6 km vom Zentrum
48 km östlich von L'Aquila, S.S. 17 und 153
Ausfahrt L'Aquila Est der A 24

Sapori di Campagna

NEU

Agriturismo
Ortsteil Colonia Frasca, km 7,800
Tel. (+39) 08 62 / 95 42 53,
(+39) 340 / 766 66 25
Fax (+39) 08 62 / 95 42 53
info@saporidicampagna.com
www.saporidicampagna.com
Ferien: November

Das Bauernhaus aus dem späten 19. Jahrhundert liegt im Parco Nazionale del Gran Sasso e Monti della Laga und gehörte einst zum Besitz der Adelsfamilie Frasca aus Calascio. Heute führt die engagierte Gabriella Costantini den Agriturismo mit ihren Töchtern Livia und Serenella. In einem familiären, gepflegten Ambiente befinden sich die sehr großen, mit alten Möbeln individuell eingerichteten Zimmer. Zum Frühstück gibt es frisches Obst, Konfitüren und hausgemachte Süßspeisen wie gefüllte Ferratelle (die typischen Waffeln aus den Abruzzen), Kranzkuchen und Crostata. Liebhabern von pikanten Speisen wird eine ausgezeichnete Pizza fritta mit Prosciutto serviert. Das im eigenen Betrieb erzeugte native Olivenöl extra, Safran, schwarze Trüffeln, Linsen aus Santo Stefano di Sessanio, den Schafskäse Canestrato di Castel del Monte und Konfitüren können Sie auch zum Mitnehmen kaufen. Der Betrieb hat Abmachungen mit Fremdenführern, dem Schwimmbad und dem Reitstall von Capestrano getroffen. Wer Lust hat, kann bei den landwirtschaftlichen Arbeiten zusehen oder mithelfen.

♦ 4 DZ mit Bad und WC, Balkon, TV, WLAN ♦ DZ in Einzelbelegung € 40, DZ € 70 (Aufpreis Zusatzbett € 35, alle mit Frühstück) ♦ alle Kreditkarten, Bankomat ♦ Gemeinschaftsbereiche barrierefrei zugänglich, Gratisparkplatz außerhalb der Anlage, Haustiere nicht erlaubt, Betreiber stets anwesend ♦ Restaurant, Leseraum, Garten, Gartenhaus

🍲 Traditionelle Gerichte werden hier mit dem richtigen Maß an Kreativität zubereitet (30 bis 35 Euro ohne Wein).

Ortona
Caldari

13 km vom Zentrum
33 km östlich von Chieti
Ausfahrt Ortona der A 14 in Richtung Orsogna, nach ca. 5 km links in Richtung Caldari

Agriverde

Agriturismo
Vai Stortini, 32 A
Tel. (+39) 085 / 903 21 01
Fax (+39) 085 / 903 10 89
info@agriverde.it
www.agriverde.it
Ganzjährig geöffnet

Dieser schöne Betrieb ist auch bekannt für seine Kellerei (gegen Voranmeldung zu besichtigen) und die Herstellung von Öl, Pasta und Biokonfitüren. Den Gästen stehen großzügige Doppelzimmer in einem komplett renovierten Bauernhaus aus dem 19. Jahrhundert zur Verfügung. Daneben gibt es einen Keller und den Wellnessbereich, in dem Komplettbehandlungen angeboten werden. Der Inhaber Giannicola Di Carlo kann seinen Gästen viele Möglichkeiten zur Freizeitgestaltung bieten, unter anderem gibt es in der Nähe einen Reitstall. Das Frühstück ist traditionell und besteht aus Kaffee, Milch, Zwieback und Kuchen. In der Küche werden hauptsächlich die Bioprodukte des Betriebs verwendet (25 Euro ohne Wein). Für Halbpension ist ein Aufpreis von 20 Euro pro Person vorgesehen.

♦ 6 DZ mit Bad und WC, Aircondition, TV ♦ DZ in Einzelbelegung € 50–60, DZ € 75–100 (Aufpreis Zusatzbett € 26–31, alle mit Frühstück) ♦ alle Kreditkarten, Bankomat ♦ Restaurant barrierefrei zugänglich, Privatparkplatz, kleine Haustiere willkommen, Rezeptionsdienst 9–21 Uhr (sonntags 9–13 Uhr) ♦ Restaurant, Degustationsstube, Leseraum, Konferenzsaal, Garten, Terrasse, Wellnessbereich, Schwimmbecken

Ortona

Im Zentrum, nahe Rathaus und Hafen
29 km östlich von Chieti, S.S. 649 und S.S. 16
Ausfahrt Ortona der A 14

Al Vecchio Teatro

Zimmervermietung
Corso Garibaldi, 35
Tel. (+39) 085 / 906 44 95,
(+39) 320 / 488 80 67
alvecchioteatro@gmail.com
www.alvecchioteatro.com
Ganzjährig geöffnet

Zum ausgezeichneten Restaurant der Familie Carusi gehört auch eine kleine Locanda in Panoramalage – genießen Sie den Meeresblick von der Terrasse im letzten Stock aus. Betreten wird die Locanda über die charakteristische Treppe eines kleinen Palazzos mit schmiedeeisernen Balkongeländern. Im Inneren finden sich noch Spuren der Dekoration aus dem 18. Jahrhundert. Die großzügigen und hellen Zimmer sind schön eingerichtet, die Gastlichkeit ist von liebenswürdiger Herzlichkeit geprägt. Das Frühstück nehmen Sie im gegenüberliegenden Restaurant ein. Im vielfältigen Angebot finden Sie unter anderem hausgemachte Kuchen, Torta di pane (Brottorte), Kranzkuchen und Trockengebäck. Gäste, die im Restaurant Vecchio Teatro zu Mittag oder zu Abend essen, bekommen eine Ermäßigung von zehn Prozent. Auf Anfrage werden Kochkurse abgehalten.

♦ 3 Suiten mit Bad und WC, Balkon, Aircondition, Minibar, Sat-TV, Internetanschluss (1 Suite mit Kochnische) ♦ DZ in Einzelbelegung € 60–70, DZ € 80–100 (Aufpreis Zusatzbett € 15, alle mit Frühstück) ♦ alle Kreditkarten, Bankomat ♦ Parkplatz in der Nähe, Haustiere nicht erlaubt, Betreiber stets anwesend ♦ Restaurant, Terrasse, Veranda, Strand mit Infrastruktur

🍲 Regionale Küche, traditionelle Gerichte und Fischspezialitäten (35 bis 38 Euro ohne Wein).

Pacentro

700 m vom Ortskern
72 km südöstlich von L'Aquila, S.S. 17
Ausfahrt Pratola Peligna der A 25

Rocca Lorenizo

Landhaus
Via del Carro
Tel. (+39) 346 / 399 77 18
Fax (+39) 08 73 / 36 28 19
domenico.gaudieri@gmail.com
www.roccalorenizo.it
Ferien: November–April

Als Mimmo Gaudieri in Pension ging, zog er aus dem Norden auf das Gut seiner Familie im Parco Nazionale della Majella. Dort schuf er einen Betrieb, in dem er seine Gäste mit Kompetenz und Herzlichkeit empfängt. Das Gebäude, eine tausendjährige, gut erhaltene Festung, macht einen strengen Eindruck. Einige Zimmer sind richtiggehende Suiten mit einem kleinen Wohnzimmer, in zweien steht ein Doppelbett mit Baldachin. Die Gäste können eine zum Teil als Küche dienende Taverne benutzen, außerdem das Schwimmbecken und die große Grünfläche, auf der jahrhundertalte Olivenbäume stehen. Das Frühstück wird, sobald es das Wetter erlaubt, im Hof mit Panoramablick serviert. Es besteht aus süßen und pikanten regionalen Speisen (Obst, hausgemachte Konfitüren und Süßspeisen, Ziegenricotta). Abgepacktes werden Sie hier nicht finden. Mimmo liebt das Land, auf dem er lebt, und diese Passion vermittelt er den Gästen, indem er ihnen täglich neue Vorschläge zur Erkundung der Umgebung bei Wanderungen oder Ausritten macht.

♦ 1 EZ, 2 DZ und 2 Suiten, alle mit Bad und WC, TV (auf Wunsch) ♦ EZ € 40, DZ und Suite € 80 (Aufpreis Zusatzbett € 40, alle mit Frühstück) ♦ keine Kreditkarten ♦ Privatparkplatz, kleine Haustiere willkommen, Betreiber stets anwesend ♦ Taverne, Küche, Gartenhaus, Innenhof, Park, Schwimmbecken

Pescara

Im Zentrum
200 m vom Hauptbahnhof
Ausfahrt Pescara Nord der A 14

Villa del Pavone

Bed & Breakfast
Via Pizzoferrato, 30
Tel. (+39) 085 / 421 17 70,
(+39) 348 / 852 77 92
Fax (+39) 085 / 421 17 70
villadelpavone@libero.it
www.villadelpavone.it
Ganzjährig geöffnet

Die Atmosphäre vergangener Zeiten spürt man in dieser diskreten historischen Herberge vom Beginn des 20. Jahrhunderts. Der kleine Jugendstilpalazzo liegt im Zentrum von Pescara, nur wenige Schritte vom Bahnhof entfernt. Die Zimmer (eines befindet sich in der Dependance) und der Gemeinschaftsraum sind mit Stilmöbeln eingerichtet. Der Garten vor der Villa wird von mächtigen Bäumen abgeschirmt und eignet sich bestens für ein üppiges Frühstück im Freien. Signora Giuliana bietet Ihnen neben heißen und kalten Getränken Kekse, Kuchen, hausgemachte Crostata, Wurst und Käse. Vervollkommnet wird diese märchenhafte Atmosphäre durch den im Garten frei lebenden Pfau. Er hat der Villa ihren Namen gegeben und lässt an das Pescara der Zeit von Gabriele D'Annunzio denken. Das Abendessen nach Hausfrauenart ist den Gästen des Bed & Breakfast vorbehalten, die es auf Wunsch für 17 Euro (ohne Wein) in Anspruch nehmen können. Einige Zimmer befinden sich in einem kleinen Apartment in der Mansarde.

♦ 1 EZ und 5 DZ, alle mit Bad und WC, TV, WLAN (3 Zimmer mit Aircondition) ♦ EZ und DZ in Einzelbelegung € 35–50, DZ € 60–80 (Aufpreis Zusatzbett € 25, alle mit Frühstück) ♦ keine Kreditkarten ♦ Betrieb barrierefrei zugänglich, 1 Zimmer behindertengerecht ausgestattet, Privatparkplatz, kleine Haustiere willkommen, Betreiber stets anwesend ♦ Restaurant, TV-Raum, Garten

Pescasseroli

In der Altstadt
100 km südöstlich von L'Aquila, S.S. 83
37 km von der Ausfahrt Pescina der A 25; Ausfahrt Frosinone der A 2

Duca degli Abruzzi

1-Stern-Hotel
Piazza Duca degli Abruzzi, 5
Tel. (+39) 08 63 / 91 10 75
Fax (+39) 08 63 / 91 17 62
ducadegliabruzzi@pescasseroli.net
www.pescasseroli.net/ducadegliabruzzi
Ganzjährig geöffnet

Im Herzen des Parco Nazionale d'Abruzzo, neben dem Geburtshaus des Philosophen Benedetto Croce, hat sich dieses kürzlich renovierte Hotel zu einem ausgezeichneten Quartier für Ausflüge in die Natur oder für einen Skiurlaub entwickelt. Die Verwendung von Holz bei Böden sowie Tür- und Fensterrahmen, gedämpfte Farben und Möbel von lokalen Handwerkern machen die Zimmer gemütlich und angenehm. Dennoch werden Sie keinen Komfort vermissen. Grundlage des Frühstücks sind typische hausgemachte Süßspeisen, Biokonfitüren, Milch, Tee, Kaffee, frisch gepresste Säfte und Salziges. Im Restaurant bietet Signora Lella Traditionsgerichte aus lokalen Produkten an (eine Mahlzeit 30 Euro ohne Wein, Aufpreis für Halbpension 26 Euro pro Person).

♦ 8 DZ mit Bad und WC, Telefon, Sat-TV, Internetanschluss ♦ DZ in Einzelbelegung € 45–59, DZ € 60–88 (Aufpreis Zusatzbett € 15, alle mit Frühstück) ♦ alle Kreditkarten, Bankomat ♦ Restaurant barrierefrei zugänglich, reservierte Parkplätze außerhalb der Anlage, Haustiere nicht erlaubt, Betreiber stets anwesend ♦ Restaurant

Pescasseroli

100 km südöstlich von L'Aquila, S.S. 83
37 km von der Ausfahrt Pescina der A 25; Ausfahrt Frosinone der A 2

Plistia

3-Sterne-Hotel
Via Principe di Napoli, 28
Tel. (+39) 08 63 / 91 07 32
Fax (+39) 08 63 / 91 17 41
info@albergoristoranteplistia.it
www.ristorantealbergoplistia.it
Ganzjährig geöffnet

Das kleine Hotel von Cicitto Decina ist ein reizendes Steinhaus am Ortseingang. Die Zimmer liegen auf zwei Stockwerken, haben Parkett- oder Teppichböden (in diese Zimmer dürfen keine Haustiere, auch keine ganz kleinen) und sind schlicht und funktional eingerichtet. Beim Frühstück werden die Wünsche der Gäste berücksichtigt, es gibt Süßes – hausgemachte Kuchen und Konfitüren, Joghurt aus kleinen Betrieben, Fruchtsäfte und frisch gepresste Säfte – sowie Salziges. Für die Freizeitgestaltung stehen Ausflüge in den Parco Nazionale d'Abruzzo oder zu historisch relevanten Stätten wie Alfedena, der größten der italienischen Nekropolen, zur Wahl. Im Winter hingegen bietet die Gegend Skifahrern zahlreiche Möglichkeiten und der Betrieb übernimmt den Shuttleservice zu den nahe gelegenen Liftanlagen.

♦ 110 DZ mit Bad und WC, Minibar, Telefon, TV, WLAN ♦ DZ in Einzelbelegung € 50–65, DZ € 76–86 (alle mit Frühstück) ♦ alle Kreditkarten, Bankomat ♦ Restaurant barrierefrei zugänglich, reservierter Parkplatz außerhalb der Anlage, kostenlose Garage, kleine Haustiere willkommen, Rezeptionsdienst rund um die Uhr ♦ Bar, Restaurant, Lese- und TV-Raum, Innenhof, Terrasse

🍲 Im Restaurant wird gute Traditionsküche geboten. Eine Mahlzeit kostet etwa 30 Euro (ohne Wein).

Pescocostanzo

In der Altstadt
95 km südöstlich von L'Aquila, S.S. 17
Ausfahrt Sulmona-Pratola Peligna der A 25; Ausfahrt San Vittore oder Caianello der A 1

Camere dell'Oca

Zimmervermietung
Via Santangelo in Piazza, 16
Tel. (+39) 08 64 / 64 25 30, (+39) 08 64 / 64 26 00, (+39) 339 / 609 33 63
Fax (+39) 08 64 / 64 26 00
info@cameredelloca.com
www.cameredelloca.com
Ganzjährig geöffnet

Pescocostanzo ist ein entzückender Ort mit vielen alten Palazzi und engen gepflasterten Straßen. Josephine Curry führt gemeinsam mit ihrer Tochter dieses kleine Hotel in ihrem ganz eigenen Stil – stets präsent, aber unaufdringlich. Die hübschen Zimmer befinden sich in einem kleinen, vor Kurzem renovierten Palazzo und sind mit bäuerlichen Möbeln eingerichtet. Das Frühstück bereitet die Hausherrin selbst zu: Kranzkuchen, Schokoladekuchen und Crostata, dazu heiße Getränke und Fruchtsäfte. Besichtigen sollten Sie die Altstadt mit der Stiftskirche aus dem 13. Jahrhundert und die für Spitzenklöppelei, Holzkunst und Schmuck bekannten Werkstätten. Wer ein Mitbringsel sucht oder gleich vor Ort probieren möchte, dem empfehlen wir die vielen traditionellen Spezialitäten, allen voran den Caciocavallo, der in dieser Gegend erzeugt wird.

♦ 1 EZ, 1 DZ und 3 4BZ, alle mit Bad und WC, Minibar, Telefon, TV ♦ EZ € 35–45, DZ € 50–80, 4BZ € 80–120 (alle mit Frühstück) ♦ alle Kreditkarten, Bankomat ♦ öffentlicher Gratisparkplatz, kleine Haustiere willkommen (€ 10 pro Tag), Betreiber immer erreichbar ♦ Bar, Lese- und TV-Raum

Pescocostanzo

In der Altstadt
95 km südöstlich von L'Aquila, S.S. 17
Ausfahrt Sulmona der A 25; Ausfahrt San Vittore oder Caianello der A 1

Il Peschio

3-Sterne-Hotel
Via Collicelle, 5
Tel. (+39) 08 64 / 640 08 23,
(+39) 349 / 595 29 11
Fax (+39) 08 64 / 64 09 30
info@ilpeschio.it
www.ilpeschio.it
Ganzjährig geöffnet

Dieses vor Kurzem eröffnete Hotel befindet sich im Zentrum des Dorfes Pescocostanzo auf 1.400 Meter Seehöhe. Es handelt sich um ein großes, bis ins Detail gepflegtes Haus, in dessen Foyer sich die Gäste im Winter vor einem schönen Steinkamin entspannen können. Die Zimmer sind persönlich und in unterschiedlichen Farben gestaltet, mit jedem Komfort ausgestattet, hell und großzügig. Rund um das Haus liegt ein Garten, in dem man im Sommer ein Sonnenbad nehmen kann. In einem Teil davon betreut der Vater der Inhaberin einen kleinen Gemüsegarten. Hier wird in der warmen Jahreszeit das Frühstück eingenommen. Auf einem Büfett wartet Hausgemachtes, das Angebot reicht von süß bis salzig und ist reich an Kuchen, Konfitüren, Wurstwaren und Käse. Die wichtigsten Sehenswürdigkeiten des Ortes sind leicht zu erreichen; bekannt sind die Werkstätten für Spitzenklöppelei und Schmuck. Sehenswert sind auch die Basilika Santa Maria del Colle und das Rathaus aus dem 16. Jahrhundert.

♦ 7 DZ mit Bad und WC, Minibar, Safe, Telefon, Sat-TV ♦ DZ in Einzelbelegung € 60–90, DZ € 78–140 (alle mit Frühstück) ♦ Kreditkarten: CartaSi, MC, Visa; Bankomat ♦ öffentlicher Gratisparkplatz 50 Meter entfernt, Haustiere nicht erlaubt, Betreiber stets anwesend ♦ Bar, Leseraum, TV-Raum, Terrasse

Pescocostanzo

Im Zentrum
98 km südöstlich von L'Aquila, S.S. 17 und S.P. 55
Ausfahrt Pratola Peligna der A 25

La Rua

NEU

Zimmervermietung
Via Rua Mozza, 1–3
Tel. (+39) 08 64 / 64 00 83
Fax (+39) 08 64 / 64 08 25
info@larua.it
www.larua.it
Ganzjährig geöffnet

Pescocostanzo gehört zur Berggemeinschaft Comunità Montana Alto Sangro und wird zu den »Borghi più belli d'Italia«, zu Italiens schönsten Orten, gezählt. Nicht weit vom Rathaus entfernt finden Sie diese gemütliche kleine Locanda. Die Zimmer sind modern und doch klassisch eingerichtet, die Betten sind bequem und die Bäder gut ausgestattet. Besonderes Augenmerk galt der Verwendung der Materialien, vor allem für die Oberflächen: Alle sind ungiftig und nicht allergieauslösend. Von den Fenstern schweift der Blick über den alten Ortskern bis zu den umliegenden Bergen. Das Frühstück wird in einem Saal mit Kamin oder in den Zimmern serviert. Es gibt hausgemachte Süßspeisen, Kekse, getoastetes Brot, Biokonfitüren und Honig, Käse, frisch gepresste Säfte und natürlich die klassischen heißen Getränke. Die Gäste können die zahlreichen Handwerksläden besuchen, aber auch Ausflüge mit professionellen Führern des italienischen Alpenvereins unternehmen.

♦ 3 DZ, 2 3BZ und 1 4BZ, alle mit Bad und WC, Minibar, Safe, Telefon, TV, WLAN ♦ DZ in Einzelbelegung € 60–110, DZ € 75–110, 3BZ € 110–145, 4BZ € 125–160 (alle mit Frühstück) ♦ Kreditkarten: CartaSi, DC, MC, Visa; Bankomat ♦ Gratisparkplatz außerhalb der Anlage, kleine Haustiere willkommen (nur im Sommer), Betreiber stets anwesend ♦ Frühstücksraum, Lese- und TV-Raum

Pescocostanzo

95 km südöstlich von L'Aquila, S.S. 17
Ausfahrt Sulmona-Pratola Peligna der A 25; Ausfahrt San Vittore oder Caianello der A 1

Masseria Cerasella

Zimmervermietung
Strada Regionale 84 Frentana, km 6
Tel. (+39) 08 64 / 64 15 20,
(+39) 320 / 751 56 30
Fax (+39) 08 64 / 64 15 20
elenaboccalone@gmail.com
www.masseriacerasella.it
Ferien: 20. September–10. Oktober

Im Parco Nazionale della Majella, in der Nähe der Skilifte von Roccaraso, liegt Pescocostanzo, eines der ursprünglichsten Dörfer der Abruzzen, reich an Sehenswürdigkeiten und mit einer bemerkenswerten Handwerkstradition. Diese Herberge in einem sorgfältig renovierten Landhaus ist bestens geeignet für einen Urlaub in der Natur oder für Sportferien. Die Zimmer sind bequem, mit lebhaften Farben gestaltet und mit bäuerlichen Möbeln eingerichtet. Die Inhaberin Elena Boccalone bereitet den Gästen einen herzlichen und familiären Empfang, die Gemeinschaftsräume sind gemütlich. Elena wohnt selbst im Haus und bereitet das Frühstück zu: herrliche hausgemachte Torten, andere süße Spezialitäten und heiße Getränke. Im Garten lädt ein Grillplatz aus Stein dazu ein, Fleisch zu braten – ein fester Bestandteil der hiesigen kulinarischen Tradition. Die Benutzung der Küche ist kostenpflichtig.

♦ 2 DZ, 2 3BZ und 2 4BZ, alle mit Bad und WC ♦ DZ in Einzelbelegung € 55, DZ € 60–80, 3BZ € 75–95, 4BZ € 90–110 (alle mit Frühstück) ♦ Kreditkarten: Carta-Si, MC, Visa; Bankomat ♦ Privatparkplatz, kleine Haustiere willkommen, Betreiber stets anwesend ♦ Frühstücksraum, Lese- und TV-Raum, Garten

Ripa Teatina

8 km östlich von Chieti
21 km von der Ausfahrt Chieti der A 25; 8 km von der Ausfahrt Pescara Sud-Francavilla al Mare der A 14

La Capezzagna

Agriturismo
Ortsteil Santo Stefano, 64
Tel. (+39) 08 71 / 39 80 40,
(+39) 347 / 858 47 68
Fax (+39) 08 71 / 39 80 40
info@lacapezzagna.it
www.lacapezzagna.it
Ganzjährig geöffnet

Mauro und Sandra Lovato haben einen Betrieb von hoher Qualität geschaffen, in dem ein aufmerksamer Service an erster Stelle steht. In beneidenswerter Lage zwischen den Weingärten und Olivenbäumen einer der ertragreichsten Gegenden der Provinz bieten sie unterschiedlich große Suiten. Alle sind funktional und schnörkellos eingerichtet. Zum Frühstück gibt es viele Konfitüren, Obst der Saison, Kuchen, heiße Getränke und Fruchtsäfte, aber auf Wunsch bekommen Sie auch ein englisches Frühstück. Für Freizeitunterhaltung ist gesorgt: Sie können kostenlos den nur acht Kilometer entfernten Strand mit Infrastruktur benutzen und einmal gratis das Schwimmbad der nahen Golfanlage besuchen. Das Restaurant ist Hausgästen vorbehalten und bietet traditionelle Gerichte mit Fleisch und Gemüse (30 Euro ohne Wein, Halbpension für einen Aufpreis von 23 Euro pro Person).

♦ 3 Suiten (2–4 Personen), alle mit Bad und WC, Terrasse, TV, Internetanschluss ♦ DZ in Einzelbelegung € 40, DZ € 62–80, 3BZ € 93–120, 4BZ € 120–140 (alle mit Frühstück) ♦ alle Kreditkarten, Bankomat ♦ Betrieb barrierefrei zugänglich, Privatparkplatz, kleine Haustiere willkommen (nach Absprache), Betreiber stets anwesend ♦ Restaurant, Lese- und TV-Raum, Garten, Terrasse, Strand mit Infrastruktur 8 Kilometer entfernt

Rivisondoli

2 km vom Bahnhof
96 km südöstlich von L'Aquila, S.S. 17
Ausfahrt Sulmona-Pratola Peligna der A 25

Le Cernaie

1-Stern-Hotel
Viale Regina Elena, 107
Tel. (+39) 08 64 / 64 00 16
Fax (+39) 08 64 / 695 43
info@albergolecernaie.it
www.albergolecernaie.it
Ferien: Mai, Juni

Die kleine Gemeinde Rivisondoli hat den Vorzug der Nähe zu den Skipisten um Roccaraso. In schöner Lage nahe dem Zentrum befindet sich dieser kürzlich renovierte kleine Palazzo. Das Hotel wird von der Familie Romito geführt. Sie ist in den Abruzzen ziemlich bekannt – dank des außerordentlichen Talents von Niko, der trotz seiner Jugend schon als einer der großen Chefköche Italiens gilt. 13 einladende Zimmer stehen als Unterkunft zur Verfügung, die Betten sind aus Schmiedeeisen, die Holzbalken der Zwischendecken sind unverputzt. Das reichhaltige Frühstück wird im Gemeinschaftsraum serviert: Viele Süßspeisen und Konfitüren aus kleinen Betrieben, Croissants, Butter und Joghurt zu Kaffee, Milch, Tee und Orangensaft.

◆ 6 EZ und 7 DZ, alle mit Bad und WC, TV (4 Zimmer mit Balkon) ◆ EZ € 70–90, DZ € 80–100 (Aufpreis Zusatzbett € 34–45, alle mit Frühstück) ◆ Kreditkarten: Visa; Bankomat ◆ öffentlicher Gratisparkplatz, Haustiere nicht erlaubt, Rezeptionsdienst 8–20 Uhr ◆ Bar, Restaurant, Frühstücksraum

🍲 50 Meter vom Hotel entfernt bieten Cristina und Niko im Restaurant Reale innovative Küche mit typischen Gerichten der Region auf höchstem Niveau (70 bis 90 Euro ohne Wein).

San Salvo

11 km von Vasto, 91 km südöstlich von Chieti, S.S. 16
Ausfahrt Montenero di Bisaccia der A 14, S.S. 650 und S.P. 119

Da Italia

2-Sterne-Hotel
Via Caravaggio, 4
Tel. (+39) 08 73 / 34 15 55
Fax (+39) 08 73 / 54 74 34
info@daitaliasansalvo.it
www.daitaliasansalvo.it
Ferien: Weihnachten

Ein herzlicher Empfang wird den Gästen im Hotel und in dem von Kennern geschätzten typischen Restaurant der Familie Di Santo bereitet. Alle Räume sind luftig und hell, einfach und doch gemütlich. Die Zimmer wurden erst vor Kurzem modernisiert. Zum Frühstück gibt es klassische Kaffeezubereitungen, kalte Getränke, Kranzkuchen und andere hausgemachte Süßspeisen. Die Inhaber sind stets bereit, ihren Gästen entgegenzukommen und ihren Wünschen gerecht zu werden. Italia, die Köchin, bietet seit 1972 ihre »Cucina casereccia«, ihre Küche nach Hausfrauenart: selbst gemachte Pasta, Fleisch vom Holzkohlengrill und Fischspezialitäten (25 bis 35 Euro ohne Wein, Halbpension 55 bis 75 Euro). Im Sommer kann man im Freien essen. Ideal für alle, die sich im Urlaub gerne wie zu Hause fühlen und nahe am Zentrum eine ruhige Atmosphäre schätzen. Auch als Alternative zu den überfüllten Betrieben des gleichnamigen, am Meer gelegenen Ortes mit seinen Stränden mit guter Infrastruktur, die man in weniger als zehn Autominuten erreichen kann, ist dieses Hotel zu empfehlen.

◆ 3 DZ und 3 3BZ, alle mit Bad und WC, Balkon, Aircondition, Telefon, TV ◆ DZ in Einzelbelegung € 40–70, DZ € 50–90, 3BZ € 75–100 (alle mit Frühstück) ◆ alle Kreditkarten, Bankomat ◆ Gemeinschaftsbereiche barrierefrei zugänglich, Parkplatz gegenüber der Anlage, Haustiere nicht erlaubt, Rezeptionsdienst 6–24 Uhr ◆ Bar, Restaurant, TV-Raum, Garten

Scanno
Dente San Nicola

2 km vom Zentrum
93 km südöstlich von L'Aquila
20 km von der Ausfahrt Cocullo der A 25

Scanno

In der Altstadt
30 km südlich von Sulmona, 93 km südöstlich von L'Aquila
Ausfahrt Scanno der A 25 und S.S. 479

Il Rifugio del Lupo

2-Sterne-Hotel
Viale del Lago
Tel. (+39) 08 64 / 743 97,
(+39) 333 / 334 06 50
Fax (+39) 08 64 / 74 98 60
ilrifugiodellupo@libero.it
www.ilrifugiodellupo.it
Ganzjährig geöffnet

Wenn man am Naturreservat Gole del Sagittario entlangfährt, erreicht man den Lago di Scanno. Hier, an einem der schönsten und bekanntesten Orte der Abruzzen, nicht weit von der östlichen Grenze des Nationalparks, befindet sich das kleine, familiär geführte Hotel. 500 Meter vom See und zehn Minuten von der bezaubernden Altstadt entfernt, ist es wirklich traumhaft gelegen. Die Zimmer sind großzügig und komfortabel, passend zur Bergregion rustikal eingerichtet und mit Stockbetten für Kinder ausgestattet. Im Restaurant, in dem nicht nur Hausgäste willkommen sind (20 bis 25 Euro ohne Wein), bereitet man Gerichte der regionalen Küche zu, oft auch Fisch aus dem See, von Renke bis Barsch. Im Sommer und an Brückentagen empfiehlt das Hotel Halbpension (40 bis 60 Euro pro Person). Die nette, herzliche Behandlung der Gäste garantiert einen erholsamen Aufenthalt.

♦ 9 DZ mit Bad und WC ♦ DZ in Einzelbelegung € 50–70, DZ € 60–80 (Aufpreis Zusatzbett € 30, alle mit Frühstück) ♦ alle Kreditkarten, Bankomat ♦ 1 Zimmer behindertengerecht ausgestattet, Privatparkplatz, Haustiere nicht erlaubt, Betreiber stets anwesend ♦ Restaurant, Aufenthaltsraum, TV-Raum, Garten

La Casa di Costanza

Bed & Breakfast
Via Napoli, 27
Tel. (+39) 08 64 / 74 78 21,
(+39) 368 / 51 14 73
info@lacasadicostanza.com
www.lacasadicostanza.com
Ferien: Mitte November–Mitte Dezember

Die Villa aus den 1960er-Jahren in Zentrumsnähe verfügt über ein Apartment mit Küche im Erdgeschoss und fünf Zimmer im ersten und zweiten Stock. Durch die Renovierung im Jahr 2006 sind die Zimmer noch einladender geworden, in einigen findet auch ein Zusatzbett Platz. Von den Gemeinschaftsräumen erwähnen wir die mit Tischen und Sonnenschirmen ausgestattete Terrasse, den Salon, in dem die Gäste plaudern oder neben dem Kamin ein Buch lesen können, und den angrenzenden Frühstücksraum. Dort finden Sie auf dem Büfett verschiedene Getränke, Brot, Butter und Biokonfitüren sowie ofenwarme Süßspeisen.

♦ 5 DZ mit Bad und WC, Balkon, TV, Internetanschluss; 1 Apartment (4–6 Personen) mit Küche ♦ DZ in Einzelbelegung € 35–50, DZ € 50–80 (Aufpreis Zusatzbett € 15, alle mit Frühstück); Apartment € 80–100 (Frühstück € 3 pro Person) ♦ alle Kreditkarten, Bankomat ♦ Apartment barrierefrei zugänglich, Privatparkplatz, kleine Haustiere willkommen (im Apartment), Betreiber immer erreichbar ♦ Restaurant, Lese- und TV-Raum, Garten, Terrasse

Sulmona

In der Altstadt
63 km südöstlich von L'Aquila, S.S. 17
11 km von der Ausfahrt Sulmona der A 25

Santa Lucia

Bed & Breakfast
Corso Ovidio, 13
Tel. (+39) 08 64 / 21 06 16,
(+39) 348 / 705 38 50
Fax (+39) 08 64 / 20 75 86
info@bebslucia.com
www.bebslucia.com
Ganzjährig geöffnet

Einst ein Kloster der Benediktinerinnen, später von den Mönchen des Cölestinerordens übernommen und in eine Grancia, ein klösterliches landwirtschaftliches Gut, umgewandelt, heute ein Bed & Breakfast. Das Gebäude hat die Besonderheiten der alten Bauweise bewahrt, über den vierseitigen Kreuzgang und die darüberliegenden Arkaden betritt man die Zimmer, die vom Inhaber Antonio Donatelli mit Sorgfalt gestaltet wurden. Am schönsten sind die Suite Fra' Tommaso (mit einem Kamin) und das Doppelzimmer La Badessa, dessen Originalholzstruktur restauriert und mit alten Möbeln aus Familienbesitz aufgewertet wurde. Die anderen beiden Zimmer unter dem Dach sind moderner, hier überwiegen helles Holz und Pastellfarben. Alle verfügen über ein eigenes Bad mit Dampfdusche. Im hübschen Gemeinschaftsraum wird das Frühstück mit Trockengebäck und hausgemachter Crostata zu Tee, Milch und Kaffee eingenommen.

♦ 2 DZ, 1 3BZ und 1 Suite (4 Personen), alle mit Bad und WC, Airconditon, Minibar, TV, WLAN (2 Zimmer mit Balkon) ♦ DZ in Einzelbelegung € 65–70, DZ € 90–100, 3BZ € 130, Suite € 130–180 (alle mit Frühstück) ♦ alle Kreditkarten, Bankomat ♦ öffentlicher Gratisparkplatz 50 Meter entfernt, Haustiere nicht erlaubt, Betreiber 8–23 Uhr ♦ anwesend ♦ Lese- und TV-Raum, Kreuzgang

Torano Nuovo

24 km östlich von Ascoli Piceno, 31 km nordöstlich von Teramo
Ausfahrt Val Vibrata der A 14; Ausfahrt Ancarano-Castel di Lama der Tangente Ascoli Piceno-Porto d'Ascoli

Villa Fiore

Agriturismo
Ortsteil Pretella, 20
Tel./Fax (+39) 08 61 / 821 03
info@villafiore.eu
www.villafiore.eu
Ganzjährig geöffnet

Gleich weit vom Meer und von den Bergen entfernt liegt die Villa Fiore auf einem 17 Hektar großen Gut mit Olivenbäumen, Weinstöcken und Obstbäumen. In einem alten Bauernhaus aus Stein und Ziegeln stehen den Gästen fünf in bäuerlichem Stil eingerichtete Zimmer und zwei Apartments zur Verfügung. Die Laube der Gaststätte und das Schwimmbecken blicken auf die Weingärten einiger der renommiertesten Winzer der Gegend. Familie Fiore baut Dinkel und weniger bekanntes Getreide an, das man im angeschlossenen Laden kaufen kann. Ausgezeichnet schmeckt das Frühstück mit klassischen heißen Getränken, Fruchtsäften, Kuchen, Brot, Konfitüren und handgemachten Dinkelkeksen. Im hofeigenen Restaurant stellen die jungen Damen Dina und Grazia Traditionsgerichte vor (eine Mahlzeit 25 Euro ohne Wein, Aufpreis für Halbpension 15 Euro pro Person).

♦ 5 DZ mit Bad und WC (2 mit Gemeinschaftsbad), TV, Kühlschrank; 2 Apartments (4 Personen) mit Balkon, Kochnische ♦ DZ in Einzelbelegung € 39–63, DZ € 55–90 (alle mit Frühstück); Apartment € 80–150 (Frühstück € 4 pro Person) ♦ keine Kreditkarten ♦ Restaurant barrierefrei zugänglich, Privatparkplatz, Haustiere nicht erlaubt, Betreiber immer erreichbar ♦ Restaurant, Lese- und TV-Raum, Garten, Terrasse, Schwimmbecken

ABRUZZEN

Valle Castellana
Basto

3 km vom Zentrum, 40 km nordwestlich von Teramo,
S.S. 81 und S.P. 52 oder S.P. 48
Ausfahrt Teramo der A 24

Il Faro Verde

NEU

Jugendherberge
Ortsteil Basto
Tel. (+39) 08 61 / 934 49,
(+39) 347 / 855 67 32
Fax (+39) 08 61 / 934 49
info@ilfaroverde.com
www.ilfaroverde.com
Ganzjährig geöffnet

In dieser angenehmen Herberge im Parco Nazionale del Gran Sasso e Monti della Laga kann man das Rauschen des Flusses Castellana hören. Geführt wird sie von Rosa D'Andrea und ihren Kindern in einem Gebäude, das auch die Casa della Cultura, das Kulturhaus, beherbergt. Es stellt diese schöne und wenig bekannte Gegend, ihre Kultur und ihre Traditionen vor. Dazu wurde auch eine kleine Bibliothek eingerichtet, in der verschiedene Kurse stattfinden. Die Zimmer befinden sich im oberen Stockwerk des Hauses. Sie sind schlicht und einladend, einige bieten einen schönen Panoramablick. Auf dem Frühstücksbüfett finden die Gäste Kranzkuchen, hausgemachte Crostata und auf Wunsch auch pikante Speisen wie geröstetes Brot und Ventricina, die typische Wurst der Abruzzen. Im Restaurant kann man die Küche der Umgebung probieren. Breite Verwendung finden Dinkel, Pilze, Esskastanien und mit Wildkräutern gewürztes Fleisch (20 bis 25 Euro ohne Wein, Halbpension 45 bis 50 Euro pro Person).

♦ 5 DZ, 2 6–8BZ, alle mit Bad und WC, Telefon, TV (4 Zimmer mit Balkon) ♦ DZ in Einzelbelegung € 24–30, DZ € 48–60 (Aufpreis Zusatzbett € 15), 6–8BZ € 144–240 (alle mit Frühstück) ♦ keine Kreditkarten ♦ Privatparkplatz, Haustiere nicht erlaubt, Rezeptionsdienst tagsüber (im Sommer auch abends) ♦ Restaurant, Lese- und TV-Raum, Tagungsraum, Terrasse, Veranda

Vasto

In der Altstadt
75 km südöstlich von Chieti, S.S. 16 oder A 14
Ausfahrt Vasto Sud der A 14

Locanda dei Baroni

NEU

3-Sterne-Hotel
Via San Francesco d'Assisi, 68–70
Tel. (+39) 08 73 / 37 07 37
Fax (+39) 08 73 / 58 38 95
info@locandadeibaroni.it
www.locandadeibaroni.it
Ganzjährig geöffnet

Der Adelssitz stammt aus dem 17. Jahrhundert, aber das Fundament, auf dem er steht, ist noch älter. Das kann man sich beim Anblick der unterirdischen Höhle vorstellen, die wahrscheinlich als Zisterne für die römische Therme Histonium diente, das heutige Vasto. Die Renovierung hat viele ursprüngliche Elemente des Baus zum Vorschein gebracht und aufgewertet, beispielsweise den Brunnen im Hof oder das Tonnengewölbe. Die Zimmer sind elegant eingerichtet und mit jedem modernen Komfort versehen. Einen gepflegten Eindruck machen auch die Gemeinschaftsräume. Vom Dachgarten im letzten Stock aus genießt man einen schönen Ausblick auf die Altstadt und den Golf. Hier finden Sie auch das Frühstücksbüfett mit süßen und salzigen Speisen, können einen Aperitif einnehmen oder zu Abend essen. Das Restaurant bietet Gerichte der Umgebung zu einem Preis von etwa 35 Euro für eine Mahlzeit ohne Wein.

♦ 1 EZ, 6 DZ und 2 Minisuiten, alle mit Bad und WC (Minisuiten mit Wanne mit Massagefunktion), Aircondition, Minibar, Sat-TV, WLAN (3 Zimmer mit Balkon) ♦ EZ € 60–70, DZ € 80–90, Minisuite € 95–110 (alle mit Frühstück) ♦ alle Kreditkarten, Bankomat ♦ Gemeinschaftsbereiche und einige Zimmer barrierefrei zugänglich, öffentlicher Gratisparkplatz gegenüber der Anlage, kleine Haustiere willkommen, Betreiber immer erreichbar ♦ Bar, Restaurant, Salon, TV-Raum, Tagungsraum (20 Plätze), Terrasse, Innenhof, vertragsgebundener Strand mit Infrastruktur 2 Kilometer entfernt

Vasto

In der Altstadt
75 km südöstlich von Chieti, S.S. 16 oder A 14
Ausfahrt Vasto Sud der A 14

Piccolo Circolo Garibaldino

Bed & Breakfast
Vico Sinello, 10
Tel. (+39) 340 / 228 63 99,
(+39) 339 / 923 777 05
info@bbgaribaldino.com
www.bbgaribaldino.com
Ganzjährig geöffnet

NEU

Wirklich ungewöhnlich, nicht nur wegen des Namens, ist dieses Bed & Breakfast in der Altstadt von Vasto. Die Renovierung hat dem Herrschaftshaus nichts von seinem angenehm verblichenen Charakter genommen. Auf zwei Stockwerken verteilt sind die Zimmer mit einer Einrichtung aus verschiedenen Stilepochen – vom 19. Jahrhundert bis zu den 1950er-Jahren –, mit Objekten aus der Zeit zwischen 1945 und den 1960er-Jahren und einer Atmosphäre, die an die Pop-Art erinnert. Altmodische Möbelbezüge, Tapeten, Lampenschirme, Vorhänge und Antiquitäten zeichnen die Zimmer aus. Das größte kann als Doppel-, Dreibett- oder Vierbettzimmer gemietet werden. Das Frühstück (frisches Brot und Croissants sowie andere, abgepackte Erzeugnisse) wird im Spiegelzimmer im ersten Stock serviert. Von den kleinen Terrassen, die auf den Innenhof gehen, reicht der Blick bis zum Gargano und den Tremiti-Inseln.

♦ 2 DZ und 1 4BZ, alle mit Bad und WC, Balkon, Aircondition, TV, Internetanschluss ♦ DZ € 75, 4BZ € 120 (alle mit Frühstück) ♦ keine Kreditkarten ♦ öffentlicher Parkplatz, Garage, kleine Haustiere willkommen, Betreiber immer erreichbar ♦ Frühstücksraum, Leseraum, Innenhof, Terrassen, Veranda, Strand mit Infrastruktur 2 Kilometer entfernt

Vasto

In der Altstadt
75 km südöstlich von Chieti, S.S.16
8 km von der Ausfahrt Vasto Sud der A 14

San Marco

2-Sterne-Hotel
Via Madonna dell'Asilo, 4
Tel. (+39) 08 73 / 605 37
Fax (+39) 08 73 / 699 52
info@hotelsanmarcovasto.com
www.hotelsanmarcovasto.com
Ferien: 1 Woche im März

Dieses kürzlich renovierte Hotel ist modern eingerichtet, die Wände sind bunt gestrichen, die Bäder groß und bequem. In den 18 Zimmern und den Gemeinschaftsräumen darf man nicht rauchen. Die zentrale Lage ist ideal sowohl für Geschäftsreisende als auch für Urlauber, die die Sehenswürdigkeiten der Stadt besichtigen möchten. Der junge Inhaber Gianni Porchia führt den Betrieb mit Aufmerksamkeit und Liebe. Auf dem Frühstücksbüffet finden die Gäste handgemachte Croissants, frisches Obst, Brot und Konfitüren zu klassischen heißen Getränken (Milch, Kaffee und Tee). In der Umgebung kann man die nahen Tremiti-Inseln besuchen oder sich ins Hinterland zwischen die Täler, Burgen und Festungen begeben, bis man den Parco Nazionale d'Abruzzo und den Parco Nazionale della Majella erreicht.

♦ 12 DZ, 3 3BZ und 3 4BZ, alle mit Bad und WC, Aircondition, Sat-TV, WLAN ♦ DZ in Einzelbelegung € 42–56, DZ € 66–86, 3BZ € 76–100, 4BZ € 86–120 (alle mit Frühstück) ♦ Kreditkarten: CartaSi, DC, MC, Visa; Bankomat ♦ Parkplatz gegenüber der Anlage, Haustiere nicht erlaubt, Rezeptionsdienst 6–24 Uhr ♦ Frühstücksraum

Campomarino
Cliternia Nuova
9 km vom Zentrum
69 km nordöstlich von Campobasso, S.S. 647 und S.S. 16 ter
Ausfahrt Termoli der A 14

Carovilli
25 km nordöstlich von Isernia
Ausfahrt Vasto Sud der A 14, S.S. 650 in Richtung Isernia; Ausfahrt San Vittore oder Caianello der A 1, S.S. 85 in Richtung Isernia Nord, S.S. 650 in Richtung Vasto, Abzweigung Pescolanciano

Masseria le Piane

Agriturismo
Ortsteil Zezza, 8 B
Tel./Fax (+39) 08 75 / 574 53
info@masserialepiane.com
www.masserialepiane.com
Ganzjährig geöffnet

Locanda del Parco

Turismo Rurale/Ferienbauernhof
Ortsteil Ciffuni-Il Parco
Tel. (+39) 08 65 / 83 21 46,
(+39) 339 / 271 78 27
info@locandadelparco.net
www.locandadelparco.net
Ganzjährig geöffnet

In der schönen Landschaft des Molise mit der Silhouette der Tremiti-Inseln im Hintergrund liegt dieser Gutshof, der umsichtig renoviert wurde. Die Architektur des Landhauses erinnert entfernt an maurische Gebäude, die vier Zimmer sind geschmackvoll und mit schlichter Eleganz eingerichtet. Die schmiedeeisernen Betten, die bestickte Bettwäsche, die Leinenvorhänge und Holzböden muten heimelig an, angenehm sind auch die großen Bäder. Von jedem Zimmer gelangt man auf die Gemeinschaftsterrasse und die Sonnenterrasse, bei Schlechtwetter können sich die Gäste in einem großen Salon mit Kamin, alten Möbeln und Balkendecke aufhalten. Das Frühstück wird im Freien serviert und besteht aus lokalen Süßspeisen wie den Ciambelle genannten Kringeln und Obst aus dem landwirtschaftlichen Betrieb, auf Wunsch bekommen Sie auch Pikantes. Nicht weit entfernt befindet sich ein Reitstall, Sie können also mit einem Pferd die Umgebung auf dem »Tratturo« erkunden, dem uralten Viehtriebweg, an dem die Masseria liegt. Das Meer und ein Strand mit Infrastruktur sind fünf Kilometer entfernt.

Liebhaber der Berge und der Ruhe werden diesen Betrieb auf 900 Meter Seehöhe schätzen. Er ist interessant gelegen: Wir befinden uns in der Nähe der Riserva di Colle Meluccio-Montedimezzo, eines UNESCO-Biosphärenreservats, wo man eine große Vielfalt an Flora und Fauna erleben kann. Die Zimmer mit Möbeln im Arte-povera-Stil haben alle ein großes Bad mit Dusche (mit Haartrockner und Heizung); in jedes Zimmer kann ein Zusatzbett gestellt werden. Im Restaurant (25 bis 30 Euro für eine Mahlzeit ohne Wein) werden Gerichte aus lokalen Produkten zubereitet. Die Umgebung fasziniert auch wegen der historischen Bedeutung einiger Gebäude, beginnend beim Teatro Sannitico in Pietrabbondante bis zu den Überresten eines italischen Tempels und dem mittelalterlichen Kastell bei Vastogirardi.

♦ 2 Standard-DZ und 2 Superior-DZ, alle mit Bad und WC, Aircondition, Terrasse, Minibar ♦ DZ in Einzelbelegung € 60–65, DZ € 90–100, Superior-DZ € 100–120 (Aufpreis Zusatzbett € 20, alle mit Frühstück) ♦ keine Kreditkarten ♦ Gemeinschaftsbereiche barrierefrei zugänglich, Privatparkplatz, Haustiere nicht erlaubt, Betreiber 7–20 Uhr erreichbar ♦ Konferenzraum, Sonnenterrasse, Veranda, Schwimmbecken

♦ 2 DZ und 3 3BZ, alle mit Bad und WC, Aircondition ♦ DZ in Einzelbelegung € 45, DZ € 60, 3BZ € 75 (Aufpreis Zusatzbett € 15) ♦ Kreditkarten: CartaSi, DC, MC, Visa; Bankomat ♦ Privatparkplatz, Haustiere nicht erlaubt, Betreiber stets anwesend ♦ Restaurant

MOLISE

Colle d'Anchise

23 km südwestlich von Campobasso
Ausfahrt San Vittore der A 1; Ausfahrt Vasto Sud oder Termoli der A 14

La Piana dei Mulini

Locanda
Fondovalle del Biferno, S.S. 647, km 7,00
Tel. (+39) 08 74 / 78 73 30,
(+39) 335 / 806 97 99
Fax (+39) 08 74 / 77 68 25
info@lapianadeimulini.it
www.lapianadeimulini.it
Ganzjährig geöffnet

Michele Lucarellis Betrieb befindet sich am Ufer des Flusses Biferno in einer Mühle mit angeschlossener Masseria (Gutshof) und Wollfärberei aus dem frühen 19. Jahrhundert. Charakteristisch ist die zweigeschossige Hofarchitektur: Die Steinbogen im Erdgeschoss tragen die Innenbalkone, über die man in die Zimmer mit Zugang zur Terrasse gelangt. Zum beeindruckenden baulichen Erscheinungsbild kommt die Sorgfalt, mit der die Innenräume gestaltet wurden. Die Zimmer mit den Cottoböden bestechen durch die schlichte Einrichtung, die Betten sind aus Schmiedeeisen. Zum Frühstück gibt es Konfitüren, hausgemachte Kuchen, frisches Obst, aber auch Pikantes für ein englisches Frühstück. Im Restaurant werden Spezialitäten aus dem Molise geboten, Schwerpunkt ist die Hirtentradition der Gegend. Eine Mahlzeit ohne Wein kostet 25 Euro, Halbpension 55 Euro pro Person.

♦ 10 DZ mit Bad und WC, Aircondition, TV (auf Wunsch) ♦ DZ in Einzelbelegung € 40, DZ € 60 (Aufpreis Zusatzbett € 20, alle mit Frühstück) ♦ Kreditkarten: CartaSi; Bankomat ♦ Anlage barrierefrei zugänglich, 1 Zimmer behindertengerecht ausgestattet, Privatparkplatz, kleine Haustiere willkommen, Betreiber stets anwesend ♦ Restaurant, Leseraum, Konferenzraum, Garten, Terrasse

Guardiaregia

700 m vom Zentrum
4 km vom Bahnhof
21 km südwestlich von Campobasso
Von Campobasso über die S.S. 87 und S.S. 17 in Richtung Isernia, dann links in Richtung S.S. 158 dir

Le Coccole

Agriturismo
Ortsteil Riponi
Tel. (+39) 08 74 / 607 87,
(+39) 340 / 495 49 37
Fax (+39) 08 74 / 607 87
lecoccolesrl@hotmail.it
www.agriturismoleccoccole.it
Ganzjährig geöffnet

Ein renovierter Bauernhof am Fuß des Monte Mutria, auf 750 Meter Seehöhe: Francesco De Michele und Tania Tallarino bieten einfache, aber bequeme Zimmer, in denen man sich rasch wohlfühlt. Das Frühstück besteht aus Brot, Butter und Konfitüren, Zwieback, Crostata und hausgemachten Ricottatorten. Im Sommer wird es auf der Terrasse serviert. Im Restaurant bekommen Sie die typischen Gerichte der Küche des Molise, eine vollständige Mahlzeit mit Hauswein kostet 25 Euro, Halbpension 42 Euro pro Person. Zweifellos ist die Umgebung einen Besuch wert: Unter den wichtigsten Sehenswürdigkeiten stechen das Naturschutzgebiet des WWF in Guardiaregia hervor, die archäologischen Ausgrabungen von Altilia sowie die Wallfahrtskirchen Castelpetroso und Santa Lucia. Der Agriturismo ist von November bis April an den Wochenenden geöffnet, im restlichen Jahr von Dienstag bis Sonntag.

♦ 1 EZ, 2 DZ, 2 3BZ und 3 4BZ, alle mit Bad und WC, TV ♦ EZ € 29, DZ € 50, 3BZ € 65, 4BZ € 80 (alle mit Frühstück) ♦ keine Kreditkarten ♦ Speisesaal im Restaurant und 1 Zimmer barrierefrei zugänglich, Privatparkplatz, kleine Haustiere willkommen (außer in den Gemeinschaftsbereichen), Betreiber 8.30-23 Uhr erreichbar ♦ Restaurant, Lese- und TV-Raum, Garten, Terrasse, Kinderspielplatz, Bocciafeld

Guglionesi
Petriglione

3 km vom Zentrum; 56 km nordöstlich von Campobasso, S.S. 483; Ausfahrt Termoli der A 14, von Campobasso über die Talstraße »Fondovalle del Biferno« (S.S. 647) bis Abzweigung Guglionesi

La Masseria

Agriturismo
Ortsteil Petriglione, 11
Tel. (+39) 08 75 / 68 98 27
Ganzjährig geöffnet

Wenige Kilometer vom Strand von Termoli entfernt, zwischen dem Fluss Biferno und dem See Liscione, liegt diese Masseria (= dt. Gehöft). Das originalgetreu renovierte Landhaus verfügt über ruhige, gastliche Zimmer, die einfach, aber funktional eingerichtet sind und sich daher auch für einen längeren Aufenthalt eignen. Im gemütlichen Gemeinschaftsraum mit Kamin und kleiner Bibliothek werden Sie sich bestimmt wohlfühlen. Giusepppe bereitet Crostata, Konfitüren und typische Süßspeisen für das Frühstück vor. Sie können einen Strick- oder Stickkurs besuchen, Ausflüge in die Umgebung unternehmen oder von der nahen Anlegestelle aus zu den Tremiti-Inseln fahren.

♦ 1 EZ, 1 DZ, 1 3BZ und 2 4BZ, alle mit Bad und WC ♦ EZ € 26–28, DZ € 52–56, 3BZ € 78–84, 4BZ € 104–112 (Aufpreis Zusatzbett € 16, alle mit Frühstück) ♦ keine Kreditkarten ♦ Anlage barrierefrei zugänglich, 1 Zimmer behindertengerecht ausgestattet, Privatparkplatz, Haustiere nicht erlaubt, Betreiber stets anwesend ♦ Frühstücksraum, Aufenthaltsraum, Terrasse, Garten, Spielplatz

Guglionesi
Malecoste

56 km nordöstlich von Campobasso, S.S. 483 Ausfahrt Termoli-Molise der A 14

Ribo le Villette

3-Sterne-Hotel
Ortsteil Malecoste, 7
Tel./Fax (+39) 08 75 / 68 06 55
info@ribomolise.it
www.ribomolise.it
Ganzjährig geöffnet

Mitten in den grünen Hügeln des Molise befindet sich in herrlicher Lage dieses Hotel. Die Gäste können spazieren gehen oder sich am etwa 20 Kilometer entfernten Meeresstrand entspannen. Die neun Zimmer sind großzügig und hell, alle verfügen über einen eigenen Eingang und sind mit jedem Komfort ausgestattet. Rita und Bobo (die gemeinsam Ribo ergeben) führen auch ihr Restaurant mit Engagement. Dort bekommen Sie köstlichen Käse und typische Wurstwaren der Region, aber auch Suppen und Fleischgerichte aus besten Zutaten. In der Enoteca können Sie lokale Weine probieren und zum Mitnehmen kaufen. Das kontinentale Frühstück umfasst Erzeugnisse kleiner Betriebe und heiße Getränke.

♦ 7 DZ und 2 3BZ bzw. 4BZ, alle mit Bad und WC, Aircondition, Minibar, Telefon, TV, WLAN ♦ DZ in Einzelbelegung € 50, DZ € 80, 3BZ € 104, 4BZ € 128 (alle mit Frühstück) ♦ alle Kreditkarten, Bankomat ♦ Anlage barrierefrei zugänglich, 1 Zimmer behindertengerecht ausgestattet, Privatparkplatz, Haustiere nicht erlaubt, Betreiber immer erreichbar ♦ Bar, Restaurant, Veranda, Garten

🍲 Das Restaurant Ribo bietet hervorragende Küche vom Meer und Land in zwangloser, familiärer Atmosphäre (der Preis für eine Mahlzeit ohne Wein beträgt 35 bis 40 Euro).

Larino

54 km nordöstlich von Campobasso
Ausfahrt Termoli-Molise der A 14, S.S. 16 und S.S. 87

I Dolci Grappoli

Agriturismo
Ortsteil Ricupo, 13
Tel. (+39) 08 74 / 82 23 20
Fax (+39) 08 74 / 83 33 77
info@idolcigrappoli.it
www.idolcigrappoli.it
Ganzjährig geöffnet

Nomen est omen: Die Familie D'Uva (»Von der Weintraube«) erzeugt auf ihren Ländereien in den Colli Frentani Wein. 2002 eröffnete sie außerdem einen Beherbungsbetrieb in einem schönen Bauernhaus. Die großzügigen und hellen Zimmer sind im Arte-povera-Stil eingerichtet und mit dem nötigen Komfort für einen angenehmen Aufenthalt in ländlicher Umgebung ausgestattet. Von der Terrasse des Gutes aus schweift der Blick über das ganze Tal. Im Restaurant probieren Sie lokale Gerichte und Neuinterpretationen, die immer von der Verbundenheit mit Grund und Boden zeugen (eine Mahlzeit ohne Wein kostet für Hausgäste 16 Euro, sonst 18 Euro). Das Frühstück wird serviert und besteht unter anderem aus den unverfälschten Produkten des eigenen Betriebs, die man auch zum Mitnehmen kaufen kann. Gegen Voranmeldung werden kostenlose Führungen im römischen Amphitheater und im mittelalterlichen Ortskern organisiert. Für Camper gibt es vier Plätze für Wohnmobile.

♦ 4 EZ und 8 DZ, alle mit Bad und WC, Aircondition, TV ♦ EZ € 35–55, DZ € 55–85 (Aufpreis Zusatzbett € 18, alle mit Frühstück) ♦ alle Kreditkarten, Bankomat ♦ Gemeinschaftsbereiche barrierefrei zugänglich, Privatparkplatz, kleine Haustiere willkommen, Betreiber immer erreichbar ♦ Restaurant, TV-Raum, Konferenzsaal, Garten, Terrasse

Montenero di Bisaccia

71 km nordöstlich von Campobasso
Ausfahrt Montenero di Bisaccia der A 14, S.S. 16 und S.P. 55

Colle delle Ginestre

Agriturismo
Ortsteil Colle delle Ginestre, 2
Tel./Fax (+39) 08 75 / 96 60 46,
(+39) 338 / 242 58 82
info@colledelleginestre.com
www.colledelleginestre.com
Ganzjährig geöffnet

In dieses schöne Haus gelangt man über schmale Straßen, die von Obstgärten gesäumt sind. Es steht auf halber Höhe eines Hügels und von hier aus erreicht man in kurzer Zeit die Strände von Montenero und Vasto, wo die Fähren zu den Tremiti-Inseln ablegen. Zugleich ist man weit genug entfernt vom touristischen Trubel an der Küste. Von den vielfältigen Erzeugnissen der Landwirtschaft können Sie Öl, Wein, Wurstwaren und Obst probieren und zum Mitnehmen kaufen. Diese werden auch im Restaurant für Gerichte aus der Region verwendet. Eine Mahlzeit ohne Wein kostet durchschnittlich 20 Euro. Die Zimmer sind mit alten Bauernmöbeln eingerichtet, verfügen aber über den nötigen Komfort für einen angenehmen, entspannenden Aufenthalt. Für 15 Euro zusätzlich kommen Sie in den Genuss von Halbpension.

♦ 3 DZ, 1 3BZ und 1 4BZ, alle mit Bad und WC, Aircondition, Terrasse, TV ♦ DZ in Einzelbelegung € 30–35, DZ € 60–70, 3BZ € 75–85, 4BZ € 90–100 (alle mit Frühstück) ♦ Kreditkarten: Visa; Bankomat ♦ Gemeinschaftsbereiche barrierefrei zugänglich, Privatparkplatz, kleine Haustiere willkommen, Betreiber immer erreichbar ♦ Bar, Restaurant, Garten

Montenero di Bisaccia

71 km nordöstlich von Campobasso
Ausfahrt Montenero di Bisaccia der A 14, S.S. 16 und S.P. 55

Oca Giuliva

Agriturismo
Ortsteil Montebello
Tel. (+39) 08 75 / 96 01 89,
(+39) 393 / 159 46 79
Fax (+39) 08 75 / 96 01 89
info@ocagiuliva.net
www.ocagiuliva.net
Ganzjährig geöffnet

Wer Unabhängigkeit und Freiheit schätzt, ist hier richtig. Der Agriturismo befindet sich mitten auf dem Land und doch nur wenige Schritte vom Meer. Die Apartments sind sehr groß und bestechen durch ihre witzige Farbgestaltung (von den Wänden bis zu Bettüberwürfen und Vorhängen) und ihre einfache, aber funktionale Einrichtung. Jedes Apartment verfügt über eine Küche mit allen Geräten, Meeresblick und einen eigenen Eingang vom Garten mit dem Schwimmbecken. Apropos Schwimmen: Der Betrieb veranstaltet Schwimmkurse und hat ein Abkommen mit einem Strand mit Infrastruktur ganz in der Nähe. Die Kleinen unterhalten sich auf einem Spielplatz und bei erholsamen Aktivitäten, während Sonnenhungrige sich auf der Sonnenterrasse neben dem Schwimmbecken mit Massagedüsen entspannen. Wer die regionale Küche probieren möchte, hat Gelegenheit dazu in einigen Agriturismi in der Nähe, mit denen der Betrieb Vereinbarungen getroffen hat.

♦ 4 Apartments (1–4 Personen) mit Bad und WC, Aircondition, Sat-TV, Küche, Garten ♦ € 60–100 mit Frühstück ♦ keine Kreditkarten ♦ Anlage barrierefrei zugänglich, Privatparkplatz, kleine Haustiere willkommen ♦ Garten, Spielplatz, Schwimmbecken, Sonnenterrasse

Sant'Angelo Limosano

24 km nordwestlich von Campobasso
Ausfahrt Termoli der A 14; Ausfahrt Caianello oder San Vittore der A 1 in Richtung Campobasso

Perbacco

NEU

Bed & Breakfast
Via Municipio, 1 A
Tel. (+39) 08 74 / 70 18 88,
(+39) 347 / 500 09 59
Fax (+39) 08 74 / 70 18 88
info@xbacco.net
www.xbacco.net
Ganzjährig geöffnet

Sant'Angelo Limosano, ein Dorf auf 900 Metern Seehöhe, kauert unterhalb einer Burgruine, von der aus der Blick von den Tremiti-Inseln bis zu den Gipfeln der Majella reicht. Seit ein paar Jahren führen Giulio Sansone und Mary Lacarpia hier ein schönes Bed & Breakfast. Er ist Neapolitaner mit Wurzeln im Molise, sie stammt aus Mailand. Nach langer Tätigkeit im Finanzwesen wollten sie ihr Leben radikal ändern und sind an einen Ort gezogen, der weit weg vom hektischen Rhythmus der großen Städte liegt. Sie haben einen Flügel eines Palazzos aus dem 18. Jahrhundert gekauft und ihn zu einem Restaurant mit Enoteca umgebaut. Es gibt auch einen Leseraum mit Kamin sowie vier Zimmer mit TV und eigenem Bad und WC, die nach den vier Vierteln von Sant'Angelo (Castello, Piano, San Rocco, Civitella) benannt sind. Alle Räume prägen sich wegen der unverputzten Steinwände und der schlichten, gepflegten Einrichtung ein.

♦ 4 DZ mit Bad und WC, TV ♦ DZ in Einzelbelegung € 40–50, DZ € 65–80 (Aufpreis Zusatzbett € 15, alle mit Frühstück) ♦ Kreditkarten: CartaSi, DC, MC, Visa; Bankomat ♦ öffentlicher Parkplatz vor dem Haus, kleine Haustiere willkommen, Betreiber immer erreichbar ♦ Lesezimmer

Termoli

In der Altstadt (im Sommer Fußgängerzone)
68 km nordöstlich von Campobasso, S.S. 647 dir B und S.S. 647
3 km von der Ausfahrt Termoli-Molise der A 14

Locanda Alfieri

Zimmervermietung
Via Duomo, 39
Tel./Fax (+39) 08 75 / 70 81 12
info@locandalfieri.com
www.locandalfieri.com
Ganzjährig geöffnet

In einem Gewirr von Gässchen mit mittelalterlichem Flair im Herzen der Stadt Termoli befindet sich ein schönes Haus mit vier Stockwerken, in dem Manuela und Rino ihre Gäste empfangen. Seit Kurzem verfügen sie auch über eine hübsche Dependance, in der sich ein Dreibettzimmer mit Bad befindet. Die Räume sind geschmackvoll eingerichtet, komfortabel und bequem, wenngleich es keinen Aufzug gibt. Im Frühstücksraum finden Sie Tageszeitungen und Sie können sich zum Lesen hier niederlassen. Das Frühstück wird von den Eigentümern selbst zubereitet. Täglich verwöhnen sie ihre Gäste mit hausgemachten Süßspeisen und lokalen Produkten. Im Sommer bieten sie auch Zusatzleistungen: So kann man bei ihnen Tickets für die Überfahrt auf die Tremiti-Inseln kaufen, die mit dem Tragflügelboot 45 Minuten dauert.

♦ 2 EZ, 7 DZ und 4 3BZ, alle mit Bad und WC, Aircondition, Minibar, Sat-TV, Internetanschluss ♦ EZ € 40–55, DZ € 75–110, 3BZ € 90–135 (Aufpreis Zusatzbett € 15, alle mit Frühstück) ♦ Kreditkarten: CartaSi, MC, Visa; Bankomat ♦ öffentlicher Parkplatz und gebührenpflichtiger Privatparkplatz in der Nähe, Haustiere nicht erlaubt, Betreiber stets anwesend ♦ Frühstücksraum

Termoli

700 m vom Bahnhof
68 km nordöstlich von Campobasso, S.S. 647 dir B und S.S. 647
3 km von der Ausfahrt Termoli-Molise der A 14

Residenza Sveva

Zimmervermietung
Piazza Duomo, 11
Tel. (+39) 08 75 / 70 68 03
Fax (+39) 08 75 / 70 95 26
info@residenzasveva.com
www.residenzasveva.com
Ganzjährig geöffnet

Die Stadt Termoli liegt auf dem Ausläufer eines Felsens über dem Meer. In der Altstadt hat Fabrizio Vincitorio zwischen gewundenen kleinen Straßen und Gassen eine Art dezentrales Hotel geschaffen, das sich auf mehrere Standorte verteilt. Er hat einige Häuser gekauft und renoviert, die sich für verschiedene Unterbringungsarten eignen. Die Zimmer sind gemütlich wie in alten Zeiten, zugleich verfügen sie über modernen Komfort. Fabrizio war vorher Eigentümer eines Strandbads, deshalb ist es naheliegend, dass sein Hotel von Juni bis Mitte September eine Reihe zusätzlicher Services bietet, die mit dem kühlen Nass zu tun haben: einen bequemen Strand mit Infrastruktur in der Nähe und ein Restaurant am Meeresufer. In der Hochsaison werden die Preise für die größeren Quartiere und für Zimmer mit Meeresblick eventuell angehoben.

♦ 1 EZ, 14 DZ und 1 3BZ bzw. 4BZ, alle mit Bad und WC, Aircondition, Minibar, Sat-TV, WLAN; 1 Apartment mit Kochnische ♦ EZ € 45–59, DZ € 69–119, 3BZ € 115–140, 4BZ € 130–150 (alle mit Frühstück); Apartment € 69–150 ♦ alle Kreditkarten, Bankomat ♦ öffentlicher Gratisparkplatz 200 Meter entfernt, Haustiere nicht erlaubt, Rezeptionsdienst 7.30–23 Uhr ♦ Bar, Frühstücksraum, Strand mit Infrastruktur

Termoli

100 m von der Anlegestelle der Fähre zu den Tremiti-Inseln
68 km nordöstlich von Campobasso, S.S. 647 dir B und S.S. 647
3 km von der Ausfahrt Termoli-Molise der A 14

San Giorgio

3-Sterne-Hotel
Corso Fratelli Brigida, 22
Tel./Fax (+39) 08 75 / 70 43 84
info@pensionesangiorgio.it
www.pensionesangiorgio.it
Ganzjährig geöffnet

Der kleine Palazzo aus dem 19. Jahrhundert in der Altstadt von Termoli, in dem sich das Hotel der Familie Pipoli befindet, wurde wegen Schäden aus dem Zweiten Weltkrieg komplett renoviert. Er liegt nur ein paar Schritte vom Meer und der Anlegestelle der Fähre zu den Tremiti-Inseln entfernt. Die Fahrt dauert nicht einmal 45 Minuten. Die Zimmer sind schlicht, funktional, modern eingerichtet und mit jedem Komfort ausgestattet. Das Frühstücksbüfett bietet eine stattliche Auswahl an lokalen Wurstwaren und Käse, biologischen Konfitüren und Brot, Croissants mit Creme und Trockengebäck. Das kleine Restaurant ist nicht nur für Hausgäste geöffnet. Die typischen Gerichte der Gegend können Sie zu einem Durchschnittspreis von 19 Euro (ohne Wein) probieren, Halbpension kostet 45 bis 60 Euro pro Person. Für erholsame Momente stehen ein angenehmer Garten und ein Ruheraum zur Verfügung.

♦ 6 DZ und 2 3BZ, alle mit Bad und WC, Aircondition, Sat-TV ♦ DZ in Einzelbelegung € 40–50, DZ € 50–75, 3BZ € 80–100 (alle mit Frühstück) ♦ alle Kreditkarten, Bankomat ♦ Gemeinschaftsbereiche barrierefrei zugänglich, 1 Zimmer behindertengerecht ausgestattet, gebührenpflichtige öffentliche Parkplätze 100 und 400 Meter entfernt, Haustiere nicht erlaubt, Rezeptionsdienst rund um die Uhr ♦ Barbereich, Restaurant, Ruheraum, Garten, Terrasse

Venafro

22 km südöstlich von Isernia, S.S. 85
15 km von der Ausfahrt San Vittore der A 1, 20 km von der Ausfahrt Caianello der A 1

Dimora del Prete di Belmonte

Bed & Breakfast · Via Cristo, 49
Tel. (+39) 08 65 / 90 01 59,
(+39) 329 / 693 91 18
Fax (+39) 08 65 / 90 01 59
info@dimoradelprete.it
www.dimoradelprete.it
Ganzjährig geöffnet

Fresken im neoklassizistischen Stil und Möbel aus dem 19. Jahrhundert zieren diese historische Wohnstätte aus dem 16. Jahrhundert, die von Dorothy Volpe Del Prete mit Sorgfalt und Leidenschaft geführt wird. Die Zimmer und die Gemeinschaftsbereiche sind ebenso bezaubernd wie prächtig, zum Beispiel das »pompejanische« Zimmer mit dem Klavier, auf dem die Gäste spielen dürfen, der Rosengarten mit raren Sorten und der Innenhofgarten mit der hundertjährigen Palme. Zum Frühstück gibt es hausgemachte Konfitüren, frisches Obst und lokalen Käse. Im Restaurant sind Hausgäste und auch deren Gäste willkommen, gekocht wird mit den Erzeugnissen des eigenen landwirtschaftlichen Betriebs. Eine besondere Erwähnung verdient das native Olivenöl extra der Sorte Aurino. Im Sommer können Sie auf der Terrasse mit einem herrlichen Blick über das Tal zu Abend essen.

♦ 4 DZ und 1 Suite, alle mit Bad und WC; 1 Apartment (4 Personen) mit Kochnische ♦ DZ in Einzelbelegung € 100, DZ € 120 (Aufpreis Zusatzbett € 30), Suite € 150, Apartment € 200 pro Wochenende, € 500 pro Woche (alle mit Frühstück) ♦ alle Kreditkarten, Bankomat ♦ öffentlicher Gratisparkplatz, kleine Haustiere willkommen, Betreiber immer erreichbar ♦ Restaurant, Leseraum, TV-Raum, Tagungsraum, Terrasse, Garten

Alberobello

55 km südöstlich von Bari, S.S. 172 oder S.S. 604
40 km von der Ausfahrt Gioia del Colle der A 14

Trulli Holiday

Zimmervermietung
Piazza Curri, 1
Tel./Fax (+39) 080 / 432 59 70
info@trulliholiday.it
www.trulliholiday.com
Ganzjährig geöffnet

NEU

Donato und Pasquale sind die beiden unternehmungslustigen jungen Leute, die 2002 die Idee für diese Ferienhäuser in Alberobello hatten. Die komplett eingerichteten und mit dem wichtigsten Komfort ausgestatteten Trulli wurden unter Berücksichtigung ihrer traditionellen Bauweise renoviert. Die rustikale Einrichtung wurde da und dort um Antiquitäten ergänzt. Das italienische oder kontinentale Frühstück umfasst auch lokale Produkte. Man kann es in einer Bar im Zentrum einnehmen, mit der ein Abkommen besteht. Die Betreiber legen großen Wert darauf, den Gästen die historischen und landschaftlichen Schönheiten sowie die gastronomischen Traditionen der Region näherzubringen. Sie organisieren touristisch interessante Ausflüge und Exkursionen zum Thema Wein und Gastronomie und stehen stets zur Verfügung, wenn es darum geht, die Gäste mit guten Tipps für ihren Ferienaufenthalt zu versorgen. Es besteht die Möglichkeit, sich Fahrräder zu leihen.

♦ 5 EZ und 22 Miniapartments, alle mit Bad und WC, Airconditon, Minibar, TV (einige Miniapartments mit Terrasse, Garten, Internetanschluss, Kochnische oder Küche) ♦ EZ € 45–70, Zweizimmerapartment € 70–110, Dreizimmerapartment € 120–160 (alle mit Frühstück) ♦ alle Kreditkarten, Bankomat ♦ 2 Apartments behindertengerecht ausgestattet, Privatparkplatz, kleine Haustiere willkommen, Betreiber immer erreichbar

Alberobello
San Leonardo

2,5 km vom Zentrum
58 km südöstlich von Bari, S.S. 172 oder S.S. 604
40 km von der Ausfahrt Gioia del Colle der A 14

Trulli San Leonardo

Bed & Breakfast
Ortsteil San Leonardo
Tel. (+39) 080 / 432 17 24,
(+39) 339 / 380 72 94
Fax (+39) 080 / 432 17 24
info@trullisanleonardo.it
www.trullisanleonardo.it
Ganzjährig geöffnet

Diese im Jahr 2004 originalgetreu renovierten Trulli liegen im Herzen der apulischen Murgia, nicht weit von Alberobellos Zentrum. Sie sind unterschiedlich groß, aber alle mit rustikalen Möbeln und Antiquitäten eingerichtet und mit dem wichtigsten Komfort ausgestattet. Der Trullo »Lilium« hat Zugang zu einem weitläufigen Garten mit Barbecue-Bereich, während die Suite über eine große Veranda verfügt, die auf den Garten mit Schwimmbecken blickt. Das traditionelle Frühstück wird im Zimmer serviert und umfasst Brioches, süßes Gebäck, Konfitüren, salzige Fladen, Kaffee und Milch. Wer die Umgebung erkunden möchte, kann sich Mountainbikes leihen oder den Shuttledienst von und nach Alberobello nutzen. Das Bed & Breakfast hat ein Abkommen mit dem nahen Restaurant, wo Hausgäste bodenständige Küche genießen können (festgelegtes Menü für 17 Euro ohne Wein).

♦ 3 Miniapartments (2–4 Personen und 1 Suite (4 Personen), alle mit Bad und WC, Aircondition, Kühlschrank, TV, Küche (2 Miniapartments mit Garten) ♦ DZ in Einzelbelegung € 40–70, DZ € 70–80, 3BZ € 80–100, 4BZ € 110–120, Suite € 150–190 (alle mit Frühstück) ♦ Kreditkarten: CartaSi, MC, Visa; Bankomat ♦ Anlage barrierefrei zugänglich, Privatparkplatz außerhalb der Anlage, Haustiere nicht erlaubt, Betreiber immer erreichbar ♦ Garten, Sonnenterrasse, Kinderspielplatz, Schwimmbecken mit Massagedüsen

Altamura
Guro Lamanna

55 km südwestlich von Bari
Von Altamura S.S. 378 nach Corato, nach rund 10 km S.P. 5 nach Ruvo di Puglia

Madonna dell'Assunta

Agriturismo
Strada Provinciale 35, km 17,00
Tel. (+39) 080 / 310 33 28,
(+39) 368 / 763 16 99
Fax (+39) 080 / 310 33 28
taniadibenedetto1@virgilio.it
Ganzjährig geöffnet

Dieser Agriturismo entstand in einem Kloster aus dem 17. Jahrhundert, in dessen Kirche heute noch Hochzeiten gefeiert werden. Von Altamura kommend ist er über die Strada Statale nach Corato und anschließend über die Strada Provinciale nach Ruvo di Puglia erreichbar. Die zum Betrieb gehörenden Flächen werden für biologische Landwirtschaft und die Aufzucht von Pferden und anderen Tieren genutzt. Die Pferde stehen den Gästen für Ausritte zur Verfügung. Der Betrieb hat einige rustikal eingerichtete Zimmer und ein großes Restaurant, das an Feiertagen nicht nur Hausgäste empfängt (eine Mahlzeit ohne Wein kostet 25 Euro). Zum Frühstück bekommen Sie Süßes und Pikantes, darunter Brot mit Butter und Marmelade, Ricotta, Käse, Eingemachtes und in Öl eingelegte Produkte aus eigener Erzeugung, die auch vor Ort verkauft werden. In der Gegend fehlt es nicht an interessanten Ausflugszielen wie Castel del Monte. Für die Freizeitgestaltung stehen auch Fahrräder zur Verfügung.

♦ 3 DZ und 1 4BZ, alle mit Bad und WC, TV ♦ DZ in Einzelbelegung € 40, DZ € 50, 4BZ € 100 (alle mit Frühstück) ♦ alle Kreditkarten, Bankomat ♦ Privatparkplatz, kleine Haustiere willkommen, Betreiber stets anwesend ♦ Barbereich, Restaurant, Veranda, Garten, Park, Reitstall

Andria

Im Zentrum
Ausfahrt Andria der A 14 oder der S.S. 16 bis

Artè Andria

Bed & Breakfast
Via Mura San Francesco, 16
Tel. (+39) 366 / 343 43 34
info@arteandria.it
www.arteandria.it
Ganzjährig geöffnet

Um zu diesem Bed & Breakfast beim Palazzo di Città neben dem Glockenturm der Kirche San Francesco zu gelangen, muss man von der Autobahnausfahrt oder der Strada Statale kommend einfach der Via Barletta und der Via Ferrucci bis zum Ende folgen. Die Eigentümer legen viel Wert auf einen freundlichen Empfang und vermitteln den Gästen das Gefühl, bei sich zu Hause zu sein. Die drei schönen Doppelzimmer sind bunt und mit modernen, funktionalen Möbeln eingerichtet. Darüber hinaus verfügen sie über jeden Komfort. Das Frühstück wird als Büfett vorbereitet. In der Stadt gibt es viel zu besichtigen: Neben der nahen Kirche San Francesco und dem Torre dell'Orologio (Uhrturm) erwarten Sie enge Gässchen, eine Vielzahl von Handwerksläden und ein Spaziergang auf den Spuren von Friedrich II. mit der Porta Sant'Andrea, der Kathedrale und Castel del Monte.

♦ 3 DZ mit Bad und WC, Balkon, Aircondition, Sat-TV, Internetanschluss ♦ DZ in Einzelbelegung € 50, DZ € 70 (alle mit Frühstück) ♦ keine Kreditkarten ♦ öffentlicher Gratisparkplatz gegenüber, Garage 50 Meter entfernt, kleine Haustiere willkommen, Betreiber immer erreichbar ♦ Barbereich, Leseraum

Andria

Im Zentrum
Ausfahrt Andria der A 14 oder der S.S. 16 bis

Palazzo Ducale

Bed & Breakfast
I Vicolo Vaglio, 5
Tel. (+39) 347 / 659 74 31
Fax (+39) 08 83 / 55 75 48
info@bbpalazzoducale.it
www.bbpalazzoducale.it
Ganzjährig geöffnet

Dieses Bed & Breakfast in der Altstadt liegt ein paar Meter von der Kathedrale und der Porta Sant'Andrea entfernt, gegenüber dem imposanten Palazzo, nach dem es benannt ist. Es ist ein schönes Gebäude, das 2008 vollständig renoviert wurde. Der Eingang befindet sich im Vicolo Vaglio, das zahlreiche Touristen anzieht, zumal es als »engstes Gässchen der Welt« gilt. Die klimatisierten Zimmer und Apartments zeichnen sich durch Eleganz und Gemütlichkeit aus. Die Einrichtung ist modern, aber durch einige schöne Antiquitäten aufgelockert. Das traditionell gehaltene Frühstück kann in einem eigenen Raum oder bei Schönwetter auf einer großzügigen Terrasse eingenommen werden. Der Betrieb organisiert Führungen und vermietet Fahrräder.

♦ 1 EZ, 2 DZ, 1 3BZ, 1 4BZ und 2 Miniapartments, alle mit Bad und WC, Balkon, Aircondition, Minibar, Sat-TV (1 Miniapartment mit Küche) ♦ EZ € 45–50, DZ € 65–70, 3BZ € 80–90, 4BZ € 100–110 (Aufpreis Zusatzbett € 20, alle mit Frühstück); Miniapartment € 100 ♦ Kreditkarten: MC, Visa; Bankomat ♦ einige Zimmer barrierefrei zugänglich, Gratisparkplatz gegenüber, Vertragsgarage 1 Kilometer entfernt (€ 5 pro Tag), Haustiere nicht erlaubt, Betreiber stets anwesend ♦ Frühstücksraum, Leseraum, Terrasse

Andria
Torre di Bocca

15 km vom Zentrum
Ausfahrt Andria der A 14 oder der S.S. 16 bis, S.P. 12

Terre di Traiano

Agriturismo
Ortsteil Torre di Bocca
Strada Provinciale 12, km 13,200
Tel./Fax (+39) 08 83 / 56 94 74,
(+39) 08 83 / 59 15 54
info@terreditraiano.it
www.terreditraiano.it
Ganzjährig geöffnet

Der Bauernhof wurde Ende des 19. Jahrhunderts an der Via Appia Traiana errichtet. Hier gedeihen jahrhundertealte Olivenbäume, Weingärten mit autochthonen Traubensorten sowie Obst und Gemüse. Die Gästezimmer blicken auf den Innenhof und die ländliche Gegend ringsum. Das Apartment mit 100 Quadratmetern setzt sich aus zwei Schlafzimmern, zwei Terrassen und einem großen Wohnzimmer mit Kochnische zusammen. Aus den ehemaligen Lagerräumen entstanden der Leseraum, der kleine Konferenzraum und das Restaurant, in dem es apulische Spezialitäten für 25 bis 35 Euro ohne Wein gibt. Das Frühstück umfasst Früchte und Gemüse aus dem Garten, im Betrieb erzeugte biologische Konfitüren, mit Öl und Tomaten verfeinertes Brot, Focacce und Taralli. In der ehemaligen Ölmühle fand ein interessantes Ölmuseum Platz. Man organisiert Koch- und Keramikkurse sowie verschiedenste Ausflüge. In der Saison können die Gäste bei der Weinlese und der Olivenernte mithelfen.

♦ 4 DZ mit Bad und WC, Aircondition, WLAN; 1 Apartment (5 Personen) mit Terrassen und Kochnische ♦ DZ in Einzelbelegung € 40–60, DZ € 80–120, Apartment € 180–240 (alle mit Frühstück) ♦ Kreditkarten: MC, Visa; Bankomat ♦ Privatparkplatz, Garage, kleine Haustiere willkommen, Betreiber immer erreichbar ♦ Restaurant, Leseraum, Konferenzraum, Garten

Calimera

15 km südöstlich von Lecce
Von der Tangenziale Est in Lecce über die S.S. 16 bis Martignano, S.P. 30

Vecchia Casa Montinari

Bed & Breakfast
Via Montinari, 73
Tel. (+39) 08 32 / 87 23 11,
(+39) 339 / 520 80 66
casamontinari@libero.it
www.vecchiacasamontinari.it
Ganzjährig geöffnet

NEU

Südöstlich von Lecce bilden neun zusammengeschlossene Dörfer mit griechischstämmigen Einwohnern eine linguistische und kulturelle Insel, die allgemein als Grecia Salentina (salentinisches Griechenland) bezeichnet wird. Eines dieser Dörfer ist Calimera. Das Bed & Breakfast befindet sich in dem alten Gebäude, in dem Sigismondo De Matteis lebte. Er war der letzte Pfarrer des Dorfes, der den Gottesdienst nach griechischem Ritus zelebrierte. Das Haus, in dem noch die Fenster aus jener Zeit und bemalte Türen vorhanden sind, wurde originalgetreu renoviert. Die beiden Höfe, über die man zu den Zimmern gelangt, sind durch die kleine Kirche der Madonna del Carmine (17. Jahrhundert) getrennt. Die Zimmer sind elegant eingerichtet und verfügen über Bad und WC; die meisten haben auch eine schöne Gewölbedecke. Hinter dem Haus erstreckt sich ein großer Garten mit einem alten Brunnen, der einst zur Wasserversorgung diente. Das traditionell gehaltene Frühstück kann im großen Salon, im Garten oder im Eingangshof serviert werden. Die Gegend bietet zahlreiche Ausflugsmöglichkeiten: Otranto, Gallipoli und die Strände der Adria und des Ionischen Meeres sind nur wenige Kilometer entfernt.

♦ 1 EZ und 3 DZ, alle mit Bad und WC ♦ EZ € 35–40, DZ € 60–70 (alle mit Frühstück) ♦ keine Kreditkarten ♦ öffentlicher Parkplatz angrenzend, Haustiere nicht erlaubt, Betreiber immer erreichbar ♦ Salon, Garten

Candela
Canestrello

10 km vom Zentrum
40 km südlich von Foggia
Ausfahrt Candela der A 16

Masseria Canestrello

Bed & Breakfast
Ortsteil Canestrello
Tel. (+39) 08 85 / 66 07 92,
(+39) 338 / 952 06 41
Fax (+39) 08 85 / 66 07 92
giorgio@masseriacanestrello.it
www.masseriacanestrello.it
Ferien: Oktober–vor Ostern

Der aus dem 19. Jahrhundert stammende Bauernhof Canestrello liegt nicht weit von Ofanto und ein paar Kilometer von der Autobahnmautstelle Candela entfernt. Einst wurden hier Schafe gezüchtet, heute baut man apulischen Hartweizen an. Die großzügigen, eleganten Zimmer sind geschmackvoll eingerichtet und nach lokalen Weizensorten benannt: Arcangelo, Creso, Svevo, Bronte und Simeto. In den perfekt ausgestatteten Küchen der Apartments können die Gäste alle Mahlzeiten selbst zubereiten. Das Frühstück mit typischen lokalen Produkten umfasst Süßes und Pikantes. Auf Anfrage steht ein Shuttleservice von und zu den Flughäfen Neapel und Bari zur Verfügung. Des Weiteren organisiert man regelmäßig Ausflüge mit kleinen oder größeren Autobussen in die Umgebung. Im Winter ist der Betrieb gegen Vorbestellung geöffnet.

♦ 5 DZ mit Bad und WC, Aircondition, TV (auf Wunsch); 2 Apartments (1–4 Personen) mit Kochnische ♦ DZ in Einzelbelegung € 50–90, DZ € 60–120 (Aufpreis Zusatzbett € 25), Apartment € 60–150 (alle mit Frühstück) ♦ keine Kreditkarten ♦ Privatparkplatz, kleine Haustiere willkommen, Betreiber stets anwesend ♦ Küche, Leseraum, TV-Raum, Billardzimmer, Garten, Schwimmbecken

Carovigno

8 km von Ostuni, 27 km nordwestlich von Brindisi, S.S. 379 und S.P. 34

Masseria Carrone

Agriturismo
Ortsteil Carrone
Tel./Fax (+39) 08 31 / 99 69 80
info@masseriacarrone.com
www.masseriacarrone.it
Ganzjährig geöffnet

Der Agriturismo der Familie Magli liegt im ländlichen Gebiet von Carovigno nicht weit von der Küste. Der aus dem 17. Jahrhundert stammende befestigte Bauernhof ist von 50 Hektar jahrhundertealten Olivenhainen umgeben und bietet auch ein Museum, in dem Gegenstände aus früheren Zeiten und altes Arbeitsgerät ausgestellt sind. Die schlichte Einrichtung ist rustikal und im Arte-povera-Stil gehalten und erzeugt ein angenehmes Ambiente. Das traditionelle Frühstück umfasst hausgemachte Crostate und andere Süßspeisen sowie Wurst und Käse. Im angeschlossenen Restaurant, das aus einem ehemaligen Stall entstand, kann man in der Wärme des Kamins Gerichte genießen, für die Maria Greco auf dem Bauernhof erzeugte Produkte verarbeitet: frischen und gereiften Käse, Fleisch, Eier, Wurstwaren, natives Olivenöl extra, frische Teigwaren, Konfitüren und Kräuterliköre. Man organisiert Ausflüge zu Fuß, mit dem Fahrrad oder im Jeep.

♦ 1 EZ, 6 DZ, 1 3BZ und 2 4BZ, alle mit Bad und WC, Aircondition, Balkon, Minibar, TV ♦ EZ € 25–30, DZ € 60–80, 3BZ € 85–105, 4BZ € 110–130 (alle mit Frühstück) ♦ alle Kreditkarten, Bankomat ♦ Anlage barrierefrei zugänglich, Privatparkplatz, kleine Haustiere willkommen, Betreiber immer erreichbar ♦ Bar, Restaurant, TV-Raum, Garten, Park, Schwimmbecken

Cassano delle Murge
Cristo Fasano

30 km südwestlich von Bari, S.S. 271
14 km von der Ausfahrt Acquaviva delle Fonti der A 14; 28 km von der Ausfahrt Bari Sud der A 14

Amicizia

Agriturismo
Via Cristo Fasano, Strada Statale 271 per Santeramo, km 32,900
Tel. (+39) 080 / 76 33 93
Fax (+39) 080 / 76 35 56
info@amicizia.it
www.amicizia.it
Ganzjährig geöffnet

Der Agriturismo befindet sich in der Murgia um Bari und ist von einem riesigen Areal umgeben, auf dem Oliven, Mandeln, Obst und Gemüse angepflanzt werden. Die Familie Caponio (Pietro, Ehefrau Vita Maria und zwei Töchter) widmet sich auch der Rinderzucht, der Gastronomie und der Beherbergung von Gästen. Das Lokal steht gegen Vorbestellung auch externen Gästen offen; eine Mahlzeit ohne Wein kostet 35 Euro. Die rustikal eingerichteten Zimmer eignen sich für Paare oder kleinere Familie. Zum Frühstück lässt man sich Konfitüren, Käse, Wurst sowie ofenwarme Crostate und Kekse schmecken. Rund einen Kilometer entfernt gibt es ein Schwimmbad, das die Gäste benutzen können. Außerdem kann man Fahrradausflüge oder Ausritte unternehmen. Seit 2010 ist der Betrieb auch ein Lehrbauernhof für Schüler verschiedener Altersstufen.

♦ 6 DZ, 5 3BZ und 2 4BZ, alle mit Bad und WC, Aircondition, Minibar, Telefon, TV ♦ DZ in Einzelbelegung € 45–65, DZ € 55–75, 3BZ € 70–105, 4BZ € 95–120 (alle mit Frühstück) ♦ alle Kreditkarten, Bankomat ♦ Anlage barrierefrei zugänglich, Privatparkplatz, Gratisgarage (2 Plätze), kleine Haustiere willkommen, Betreiber stets anwesend ♦ Bar, Restaurant, TV-Raum, Konferenzraum, Veranda, Garten, Reitstall

Castellana-Grotte
Canale di Pirro

10 km vom Zentrum
50 km südöstlich von Bari
Ausfahrt Bari Nord der A 14, S.S. 634

Masseria Torricella

Agriturismo
Strada Provinciale Canale di Pirro, 19
Tel./Fax (+39) 080 / 930 99 94
masseriatorricella@libero.it
www.masseriatorricella.it
Ganzjährig geöffnet

Castellaneta
Castellaneta Marina

23 km vom Zentrum
58 km westlich von Taranto
Ausfahrt Taranto der A 14, S.S. 106 und S.P. 12

Donna Clementina

Agriturismo
Ortsteil Orsanese Matinelle
Tel. (+39) 099 / 843 16 55,
(+39) 339 / 820 64 79
info@donnaclementina.it
www.donnaclementina.it
Ganzjährig geöffnet

NEU

Ein einziger Blick genügt, um die Canale di Pirro genannte Senke mit dem Auge zu erfassen. Vielleicht siedelten sich die Franziskanermönche deswegen im 15. Jahrhundert hier an, weil sie diesen Ort geeignet für die Meditation fanden. Später wurde die Struktur des Bauwerks verändert, um es in einen großen Bauernhof zu verwandeln. Die Familie Consoli erwarb ihn und schaffte es in mühevoller, geduldiger Renovierungsarbeit, Räumlichkeiten, Außenbereiche und vor allem Zimmer in neuem Glanz erstrahlen zu lassen. Nun eignet er sich für einen komfortablen Ferienaufenthalt. Der Bauernhof verfügt auch über ein kleines Restaurant, in dem man traditionelle Gerichte für etwa 25 Euro genießen kann. Auf dem Frühstücksbüfett finden sich hausgemachte Kekse und Crostate, Konfitüren, Fruchtsäfte und frische Milch. Der rund 50 Hektar große Wald des Betriebs lädt zu abwechslungsreichen Spaziergängen ein. An Brückentagen, zu Ostern und zu Ferragosto beträgt die Mindestaufenthaltsdauer zwei Nächte.

Die Familie Mastrangelo führt einen biologischen Landwirtschaftsbetrieb und baut auf mehr als 50 Hektar Zitrusfrüchte, Tafeltrauben, Trauben zur Weinerzeugung, Kirschen, Äpfel, Oliven und Gartengemüse an. Dazu kamen mit der Zeit die Produktion von Öl, Wein und Eingemachtem und schließlich eine ländliche Gaststätte. Die in zwei angrenzenden Gebäuden untergebrachten Zimmer und Apartments sind hell und geräumig. Die Einrichtung ist mit modernen Möbeln und schmiedeeisernen Betten schlicht und elegant. Der große Garten lädt die Erwachsenen zum Entspannen und die Kinder zum Spielen ein. Das Frühstück, bestehend aus Obst, Süßspeisen und Konfitüren aus eigener Herstellung, wird bei Schönwetter unter den Arkaden serviert. Das Restaurant ist nur für Hausgäste geöffnet und bietet traditionelle Küche. Der Preis für ein Essen ohne Wein beläuft sich auf 25 Euro. Als Alternative zum Schwimmbecken locken die fünf Kilometer entfernten Strände mit und ohne Infrastruktur.

♦ 7 DZ und 4 3BZ, alle mit Bad und WC, TV (5 Zimmer mit Airconditon) ♦ DZ in Einzelbelegung € 50–60, DZ € 70–90, 3BZ € 95–120 (alle mit Frühstück) ♦ alle Kreditkarten, Bankomat ♦ 2 Zimmer behindertengerecht ausgestattet, Privatparkplatz teilweise überdacht, kleine Haustiere willkommen, Betreiber immer erreichbar ♦ Bar, Restaurant, Leseraum, Konferenzsaal (50 Plätze), Garten, Kinderspielplatz, Park, Schwimmbecken, Laufstrecke

♦ 4 DZ, 3 3BZ, 1 Suite und 2 Zweizimmerapartments (2–4 Personen), alle mit Bad und WC, Aircondition, Minibar, Telefon, TV ♦ DZ in Einzelbelegung € 40–60, DZ € 60–100, 3BZ € 90–135, Suite € 80–185, Zweizimmerapartment € 80–175 (alle mit Frühstück) ♦ Kreditkarten: Visa; Bankomat ♦ 1 Zimmer und Gemeinschaftsbereiche barrierefrei zugänglich, Privatparkplatz, kleine Haustiere willkommen, Betreiber stets anwesend ♦ Bar, Restaurant, Leseraum, Terrasse, Arkaden, Garten, Schwimmbecken

APULIEN

Ceglie Messapica

3 km vom Zentrum
28 km westlich von Brindisi
Ausfahrt Ostuni der Schnellstraße Bari-Brindisi

Masseria Casina Vitale

Agriturismo
Strada Provinciale per Ostuni, km 3
Tel. (+39) 08 31 / 38 31 38,
(+39) 339 / 728 46 56
Fax (+39) 08 31 / 38 31 38
info@masseriacasinavitale.it
www.masseriacasinavitale.it
Ganzjährig geöffnet

Der aus dem 19. Jahrhundert stammende Bauernhof ist aus lokalem Stein errichtet und verfügt über sechs Apartments und 13 Gästezimmer. Sie verteilen sich auf das Herrschaftshaus und diverse andere ländliche Gebäude, die sorgfältig renoviert wurden. Alle Zimmer verfügen über ein eigenes Bad und WC und sind mit schmiedeeisernen Betten ausgestattet. An Freizeiteinrichtungen stehen den Gästen ein Fitnessparcours und ein Schwimmbecken zur Verfügung, das sich in dem rund um das Haus angelegten Stein- und Korkeichenwald befindet. Das Restaurant im Erdgeschoss des Herrschaftshauses ist nicht nur für Hausgäste geöffnet und bietet Traditionsküche. Eine Mahlzeit ohne Wein kostet etwa 20 Euro. Morgens gibt es Kuchen, Kekse, Konfitüren und Fruchtsäfte, alles hausgemacht; dazu trinkt man Tee, Kaffee und Milch. Im August kosten die Doppelzimmer 120 Euro, auch in Einzelbelegung.

♦ 13 DZ mit Bad und WC (bei 2 Zimmern auf dem Flur), Terrasse, TV; 6 Apartments mit Kochnische ♦ DZ in Einzelbelegung € 50–120, DZ € 70–120 (Aufpreis Zusatzbett € 30–54, alle mit Frühstück) ♦ keine Kreditkarten; Bankomat ♦ Privatparkplatz, Haustiere nicht erlaubt, Betreiber stets anwesend ♦ Restaurant, Lese- und TV-Raum, Konferenzsaal (50 Plätze), Garten, Fitnessparcours, Schwimmbecken

Conversano
Montepaolo

30 km südöstlich von Bari, S.P. 634
Ausfahrt Bari Sud der A 14, S.S. 16 in Richtung Brindisi, in Cozze Hinweisschilder nach Conversano

Montepaolo

Agriturismo
Ortsteil Montepaolo, 2
Tel. (+39) 080 / 495 50 87,
(+39) 335 / 133 15 86
Fax (+39) 080 / 495 50 87
info@montepaolo.it
www.montepaolo.it
Ganzjährig geöffnet

Der aus dem 16. Jahrhundert stammende Wohnsitz der Grafen Acquaviva d'Aragona wurde 1830 von einem Vorfahren der derzeitigen Eigentümer, der Familie Ramunni, erworben. Zu den einfach und funktional eingerichteten zehn Zimmern kamen kürzlich zwei Apartments dazu, die im mittelalterlichen Turm geschaffen wurden und für mindestens eine Woche gemietet werden müssen. Die Renovierungsarbeiten wurden vom Denkmalamt überwacht. Im Restaurant gibt es traditionelle und kreative Gerichte zu einem Preis von 20 Euro pro Person. An Sonn- und Feiertagen sind gegen Vorbestellung auch Gäste willkommen, die nicht im Haus wohnen. Ein Essen mit Wein kostet 25 bis 30 Euro. Während der Obsternte kann man bei der Zubereitung der Konfitüren helfen. Nicht weit entfernt befinden sich die Grotten von Castellana und die Trulli von Alberobello. Vom 10. Juli bis 20. August beträgt bei den Zimmern die Mindestaufenthaltsdauer eine Woche.

♦ 6 DZ, 3 3BZ, 1 4BZ und 2 Apartments (4–5 Personen), alle mit Bad und WC, Minibar, Safe, Telefon, TV (einige Zimmer mit Aircondition) ♦ DZ in Einzelbelegung € 52–94, DZ € 86–130, 3BZ € 110–165, 4BZ € 127–190 (alle mit Frühstück); Apartment € 840–1.240 pro Woche ♦ alle Kreditkarten, Bankomat ♦ Privatparkplatz, Haustiere nicht erlaubt, Betreiber immer erreichbar ♦ Restaurant, Leseraum, Garten, Sonnenterrasse, Schwimmbecken

Corigliano d'Otranto

5,5 km vom Zentrum, 23 km südöstlich von Lecce
Ausfahrt Bari Nord der A 14, S.S. 613 bis Lecce, dann Tangenziale Ovest und S.S. 16 in Richtung Maglie

Masseria Appidè *NEU*

3-Sterne-Hotel
Masseria Appidè
Tel. (+39) 08 36 / 42 79 69
Fax (+39) 08 36 / 42 79 23
info@appide.it
www.appide.it
Ferien: 24.–25. Dezember

Das aus dem 18. Jahrhundert stammende Gebäude gehörte einst einer lokalen Adelsfamilie. Es befindet sich in der ländlichen Umgebung von Corigliano, einem an Obstbäumen reichen Gebiet (der Name Appidè ist von einem griechischen Wort abgeleitet, das einen wilden Birnbaum bezeichnet). Die Zimmer sind gepflegt eingerichtet und bestechen durch schlichte Eleganz. Die Superiorzimmer und die Suiten sind besonders geräumig. Gäste, die Sport und Entspannung lieben, finden im Freien ein Schwimmbecken mit Massagedüsen, ein kleines Putting-Green und einen Reitstall. Im Restaurant gibt es lokale Küche sowie Gerichte aus anderen Regionen Italiens. Ein Essen ohne Wein kostet 30 Euro. Das traditionelle wie kontinentale Frühstück wird als Büfett vorbereitet und umfasst auch Kuchenkreationen des Küchenchefs.

◆ 36 DZ, 1 4BZ und 5 Suiten, alle mit Bad und WC, Aircondition, Minibar, Safe, Telefon, TV, Internetanschluss ◆ Standard-DZ in Einzelbelegung € 47–84, Superior-DZ in Einzelbelegung € 68–105, Standard-DZ € 68–100, Superior-DZ € 89–131 (Aufpreis Zusatzbett € 19–30), 4BZ € 137–194, Suite in Einzelbelegung € 95–131, Suite € 142–189 (alle mit Frühstück) ◆ Kreditkarten: CartaSi, MC, Visa; Bankomat ◆ Anlage barrierefrei zugänglich, Privatparkplatz, kleine Haustiere willkommen, Rezeptionsdienst rund um die Uhr ◆ Bar, Restaurant, TV-Raum, Garten, Schwimmbecken, Reitstall

Fasano
Speziale

7 km vom Zentrum
45 km nordwestlich von Brindisi, 50 km von Bari
Ausfahrt Bari Sud der A 14, S.S. 16

Masseria Parco di Castro

Agriturismo · Strada Statale 16, km 868,400
Tel. (+39) 080 / 481 09 44, (+39) 330 / 32 40 33, Fax (+39) 080 / 481 09 44, (+39) 080 / 434 62 87, (+39) 080 / 489 78 52
infotiscali@masseriaparcodicastro.it
www.masseriaparcodicastro.it
Ferien: 11.–31. Januar

Maria De Pasquale und Martino Delego betreiben diesen aus dem 17. Jahrhundert stammenden und 1996 renovierten Bauernhof. Obwohl auch die Variante Bed & Breakfast möglich ist, setzt man im Parco di Castro eher auf Halbpension (65 bis 80 Euro pro Person). Die Einrichtung der Zimmer und Gemeinschaftsbereiche ist gepflegt und schlicht. Der Speiseraum und der Konferenzraum entstanden aus dem Stall und der Scheune. Das Frühstück umfasst hausgemachte Backwaren und Konfitüren. Das Restaurant bietet typische Kost aus Fleisch von Hoftieren, frischen Teigwaren und im Betrieb erzeugten Milchprodukten. Eine Mahlzeit ohne Wein kostet etwa 30 Euro. Man organisiert für die Gäste Kochkurse und Weinverkostungen. Das vertragsgebundene Strandbad Torre Canne liegt vier Kilometer entfernt. Wer die Gegend erkunden will, kann dies auf zahlreichen Wegen zu Fuß oder mit dem Mountainbike tun. Nicht weit vom Betrieb entfernt gibt es auch einen Reitstall.

◆ 3 DZ, 2 3BZ und 2 4BZ, alle mit Bad und WC, Terrasse, Aircondition, Minibar ◆ DZ in Einzelbelegung € 50–60, DZ € 80–95, 3BZ € 95–20, 4BZ € 110–150 (Aufpreis Zusatzbett € 28–33, alle mit Frühstück) ◆ alle Kreditkarten, Bankomat ◆ Anlage barrierefrei zugänglich, Privatparkplatz, kleine Haustiere willkommen (außer in den Gemeinschaftsbereichen), Betreiber 7–24 Uhr anwesend ◆ Bar, Restaurant, Salon, Konferenzraum, Hof mit Infrastruktur

Fasano

Speziale
9 km vom Zentrum
43 km nordwestlich von Brindisi, 52 km südöstlich von Bari
Ausfahrt Bari Sud der A 14, S.S. 16

Narducci

Agriturismo
Via Lecce, 144
Tel./Fax (+39) 080 / 481 01 85
info@agriturismonarducci.it
www.agriturismonarducci.it
Ganzjährig geöffnet

Foggia

Im Zentrum
500 m vom Rathaus
Ausfahrt der A 14

Muro Torto

Bed & Breakfast
Via Saverio Altamura, 20
Tel./Fax (+39) 08 81 / 70 84 75,
(+39) 346 / 662 29 78
info@murotorto.it
www.murotorto.it
Ferien: 2 Wochen im August

NEU

Dieser von 15 Hektar Land umgebene Betrieb entstand am Ende des 19. Jahrhunderts als Poststation. Bei der Renovierung hat man aber darauf geachtet, die typischen Merkmale eines apulischen Bauernhofs zu erhalten. Wo sich einst die Ställe befanden, sind heute die geräumigen Zimmer mit schlichter, aber geschmackvoller Einrichtung untergebracht (im August beträgt die Mindestaufenthaltsdauer sechs Tage). Das Restaurant ist Samstagabend und Sonntagmittag gegen Vorbestellung auch für Gäste geöffnet, die nicht hier wohnen. Es wurde in einer ehemaligen Ölmühle geschaffen und besticht durch einen prachtvollen Salon mit Sterngewölbe. Zu essen gibt es traditionelle Gerichte der bäuerlichen Küche. Eine Mahlzeit ohne Wein kostet 20 bis 35 Euro, Halbpension 50 bis 70 Euro pro Person. Die Gegend bietet zahlreiche Möglichkeiten für Ausflüge. Dazu können Sie auch Fahrräder ausleihen. In einem Umkreis von drei bis vier Kilometern finden Sie frei zugängliche Strände oder Strandbäder. Die im Betrieb erzeugten Produkte wie Rosoli (süße Liköre mit geringem Alkoholgehalt), Tomatenpüree, Eingemachtes, in Öl eingelegte Produkte und natives Olivenöl extra können Sie vor Ort erwerben.

♦ 4 DZ, 1 3BZ und 4 4BZ, alle mit Bad und WC, Airconditon, TV ♦ DZ in Einzelbelegung € 50–70, DZ € 70–110, 3BZ € 105–165, 4BZ € 140–220 (alle mit Frühstück) ♦ Kreditkarten: CartaSi, MC, Visa; Bankomat ♦ überdachter Privatparkplatz, Haustiere nicht erlaubt, Betreiber stets anwesend ♦ Restaurant, Leseraum, TV-Raum, Garten, Sonnenterrasse, Bocciafeld

Dieses schöne Gebäude steht in der Altstadt von Foggia und wurde kürzlich sorgfältig renoviert. Das Ziel bestand darin, erstklassige Gästeunterkünfte in zentraler und doch ruhiger Lage zu schaffen. Die diversen Räumlichkeiten sind auf drei Ebenen untergebracht: Eine Treppe im Eingangsbereich führt zur Rezeption und zu einigen Zimmern; die restlichen Zimmer liegen noch ein Stockwerk höher. Alle Zimmer sind geräumig, hell und mit Geschmack und Stil gestaltet. Die Einrichtung ist ein Mix aus rustikalem Mobiliar und ein paar Ethnomöbeln aus Massivholz. Die Zimmer verfügen über diversen Komfort, darunter Aircondition und Fernsehgeräte mit Flüssigkristallbildschirm, und gewährleisten einen angenehmen Aufenthalt. Das Frühstück können Sie entweder in der hervorragenden Konditorei an der Straßenecke einnehmen, die auch über einen schönen Sitzbereich auf dem Corso verfügt, oder im Zimmer, wo ein kleiner Tisch und Stühle bereitstehen. 100 Meter vom Bed & Breakfast entfernt befindet sich ein bewachter Vertragsparkplatz, wo Sie Ihr Auto abstellen können; die Parkgebühren sind im Preis für die Übernachtung enthalten.

♦ 2 EZ und 4 DZ, alle mit Bad und WC, Aircondition, Minibar, TV, WLAN ♦ EZ € 50, DZ in Einzelbelegung € 60, DZ € 70, DZ in Dreierbelegung € 90 (alle mit Frühstück) ♦ Kreditkarten: CartaSi, MC, Visa; Bankomat ♦ Gratisparkplatz 100 Meter entfernt, Haustiere nicht erlaubt, Betreiber immer erreichbar

Gioia del Colle
Montursi

10 km vom Zentrum
49 km südlich von Bari
Ausfahrt Gioia del Colle der A 14, S.P. 15

Masseria del Gelso Rosso

Bed & Breakfast · Strada Provinciale Gioia Laterza Vicinale Montursi, 8587
Tel. (+39) 080 / 343 40 04, (+39) 080 / 349 91 62, (+39) 330 / 65 66 79, (+39) 340 / 365 87 15
orazioantonio.masi@libero.it
www.masseriadelgelsorosso.it
Ferien: 1. Oktober–31. März

Der aus Stein errichtete Gutshof besteht aus dem Herrschaftshaus mit angeschlossenen Trulli und dem Stall. Das Anwesen wurde sorgfältig renoviert und lässt noch einiges von der ursprünglichen Anlage erkennen, etwa den Brunnen und die Tenne im Freien sowie den großen Kamin und die Cottoböden in den Innenbereichen. Die Zimmer liegen alle im Erdgeschoss und verfügen über unabhängige Eingänge. Die Einrichtung wurde von Handwerkern aus der Gegend angefertigt. Bei Ihrer Ankunft finden Sie im Zimmer selbst angebautes Obst und Backwaren vor. Das reichhaltige Frühstück besteht aus Säften, warmen Getränken, Croissants, Keksen, frischem und getoastetem Brot, Butter, Konfitüren, Honig und Joghurt. Es wird auf der überdachten Veranda oder in einem großen Raum als Büfett vorbereitet. Wer Entspannung sucht, benutzt das Schwimmbecken oder zieht sich in einen der zahlreichen hübschen Winkel des Parks zurück, der den Betrieb umgibt.

♦ 3 DZ und 1 Miniapartment (4 Personen), alle mit Bad und WC, Balkon, Minibar, Telefon, TV ♦ DZ in Einzelbelegung € 40, DZ € 50–80, Miniapartment € 100–120 (Aufpreis Zusatzbett € 15–20, alle mit Frühstück) ♦ keine Kreditkarten ♦ einige Zimmer barrierefrei zugänglich, Privatparkplatz teilweise überdacht, kleine Haustiere willkommen, Betreiber stets anwesend ♦ Leseraum, Veranda, Terrasse, Arkaden, Park, Kinderspielplatz, Schwimmbecken, Tischtennis

Ischitella

6,5 km vom Zentrum
85 km nordöstlich von Foggia
Ausfahrt Poggio Imperiale der A 14, S.S. 693 bis Rodi-Ischitella, dann 50 m weiter in Richtung Ischitella, hinter der Schnellstraßenbrücke rechts

La Valletta

Agriturismo
Ortsteil Forchione
Tel./Fax (+39) 088 / 499 61 75
info@lavallettacentrobenessere.it
www.lavallettacentrobenessere.it
Ferien: 5.–30. November

NEU

Franco und Genny führen diesen schönen Agriturismo in der ländlichen Umgebung von Ischitella. Die mit Rattanmöbeln eingerichteten Zimmer sind schlicht und funktional. Den gemütlichen Konferenzraum zieren ein schönes Deckengewölbe und ein großer Kamin. Das Restaurant ist mittags und abends nicht nur für Hausgäste geöffnet und bietet Fischküche. Der Preis für eine Mahlzeit ohne Wein beträgt 25 Euro. Das Frühstück wird an der Bar serviert und umfasst frisch gepresste Fruchtsäfte, Konfitüren sowie hausgemachte Kuchen und Kekse. Der Betrieb gehört zur Kette Trek & Bike Hotels, die besonders auf die Bedürfnisse von Wanderern und Radtouristen eingeht (es gibt auch einen Mountainbike-Verleih). Überdies organisiert man Ausflüge mit einem Geländefahrzeug in die Umgebung. Tennis- und Fußballplätze sowie ein Schwimmbecken mit Massagedüsen und Wasserballbereich vervollständigen das Angebot.

♦ 1 EZ, 8 DZ, 2 3BZ und 3 4BZ, alle mit Bad und WC ♦ EZ € 50, DZ € 80–100, 3BZ € 100–130, 4BZ € 130–150 (alle mit Frühstück) ♦ keine Kreditkarten ♦ einige Zimmer barrierefrei zugänglich, Privatparkplatz, kleine Haustiere willkommen, Betreiber 8–23 Uhr anwesend ♦ Bar, Restaurant, Konferenzräume, Terrasse, Sonnenterrasse, Arkaden, Garten, Gartenhaus, Schwimmbecken, Tennisplatz, Fußballwiese

APULIEN

Lecce

Im Zentrum
Zwischen Via De Pietro, Via Garibaldi und Via Imperatore Adriano

La Terrazza

Bed & Breakfast
Via di Casanello, 39
Tel. (+39) 08 32 / 30 17 41,
(+39) 349 / 316 99 52
info@laTerrasse-beb.com
www.laTerrasse-beb.com
Ganzjährig geöffnet

Wir befinden uns im ersten Stock eines herrschaftlichen Palazzos aus dem frühen 20. Jahrhundert, wo es vier Gästezimmer mit Bad und WC sowie TV gibt. Der Betrieb präsentiert sich liebevoll gepflegt, angefangen vom Herrschaftssalon, wo man in der kühlen Jahreszeit das reichhaltige und abwechslungsreiche Frühstück einnimmt. Im Sommer sitzt man auf der großzügigen Terrasse mit herrlichem Blick auf die barocke Stadt. Dank seiner Lage bietet sich das Bed & Breakfast nicht nur für entspannende Ferien an, sondern auch für einen Arbeitsaufenthalt, da sich die öffentlichen Gebäude in unmittelbarer Nähe befinden. Außerdem ist Lecce, die Hauptstadt des Salento, so ideal gelegen, dass die Locanda als hervorragender Ausgangspunkt benutzt werden kann, um sämtliche Kleinode der Gegend wie Otranto, Leuca, Maglie und Gallipoli auf Tagesausflügen zu besuchen.

♦ 4 DZ mit Bad und WC, TV ♦ DZ in Einzelbelegung € 40–50, DZ € 60–70 (Aufpreis Zusatzbett € 10, alle mit Frühstück) ♦ keine Kreditkarten ♦ gebührenpflichtiger Parkplatz außerhalb der Anlage, Privatgarage (€ 10 pro Tag), Haustiere nicht erlaubt, Betreiber immer erreichbar ♦ Salon, Terrasse

Lecce

Im Zentrum
Zwischen Piazza del Duomo und Viale dell'Università, gleich neben der Via Libertini

Prestige

Bed & Breakfast
Via Santa Maria del Paradiso, 4
Tel. (+39) 08 32 / 24 33 53,
(+39) 349 / 775 12 90
info@bbprestige-lecce.it
www.bbprestige-lecce.it
Ganzjährig geöffnet

Renata Merola, die freundliche Eigentümerin dieses eleganten Bed & Breakfast, ist stets bereit, ihren Gästen Tipps zu interessanten Zielen innerhalb und außerhalb der Stadt zu geben. Die gemütlichen, komfortablen Zimmer sind mit erlesenen Möbeln eingerichtet. Das Frühstück wird in der warmen Jahreszeit auf einer schönen Terrasse mit Blick auf die Altstadt serviert und umfasst Croissants, Kekse, Brot, Butter, Konfitüren, Fruchtsaft, Kaffee, Milch und Tee. Man kann auch die Liegen und Sonnenschirme auf der Terrasse benutzen, um sich zu entspannen und zu bräunen. Hausgäste dürfen unentgeltlich vor dem Bed & Breakfast parken. Auf Anfrage gibt es einen Shuttledienst vom und zum Flughafen Brindisi (50 Euro). Im August beträgt die Mindestaufenthaltsdauer eine Woche.

♦ 3 Suiten mit Bad und WC, Airconditon, Minibar, Safe, TV, WLAN ♦ Suite in Einzelbelegung € 60–70, Suite € 80–90 (Aufpreis Zusatzbett € 30, alle mit Frühstück) ♦ keine Kreditkarten ♦ Parkplatz angrenzend, Vertragsgarage (€ 7 pro Tag), kleine Haustiere willkommen, Betreiber immer erreichbar ♦ Frühstücksraum, Leseraum, Internetstation, Terrasse, Sonnenterrasse

Locorotondo

1 km vom Zentrum
66 km südöstlich von Bari
Ausfahrt Bari Nord der A 14, S.S. 16 in Richtung Brindisi, ab Fasano S.S. 172 in Richtung Taranto

Villa Caramia

Agriturismo
Ortsteil Grofoleo, 36
Tel./Fax (+39) 080 / 431 30 76
info@villacaramia.it
www.villacaramia.it
Ganzjährig geöffnet

NEU

Locorotondo gehört zu Recht zu den »Borghi più belli d'Italia«, also zu Italiens schönsten Dörfern: Hier kann man im Gewirr enger Gässchen Trulli und gut erhaltene Bauernhöfe bewundern. Die Villa Caramia liegt in einer sehr ruhigen Gegend, eingebettet in Weingärten, Olivenhaine und Gemüsegärten. Die komfortablen und lichtdurchfluteten Apartments sind in einem modernen rustikalen Stil eingerichtet. Das Frühstück umfasst verschiedene Produkte lokaler Herkunft, darunter Kuchen und Kringel von örtlichen Bäckern; auf Wunsch gibt es auch Pikantes. Man organisiert für die Gäste Führungen in die Umgebung, Ausritte, Kutschenfahrten und Radausflüge. Auch kleine Haustiere sind willkommen; wer will, kann sie aber auch in einer nahen Tierpension unterbringen.

♦ 5 Miniapartments mit Bad und WC, Aircondition, Telefon, TV, Internetanschluss, Kochnische ♦ EZ € 50–60, DZ € 80–100, 3BZ € 100–130, 4BZ € 120–140 (alle mit Frühstück) ♦ Kreditkarten: MC, Visa; Bankomat ♦ Privatparkplatz, kleine Haustiere willkommen, Betreiber 9–13 und 15–19 Uhr anwesend ♦ Frühstücksraum, Garten, Schwimmbecken

Maglie

28 km südöstlich von Lecce, S.P. 16
Ausfahrt Bari Nord der A 14, S.S. 16 in Richtung Lecce; 30 km von der Ausfahrt Maglie der Tangenziale Est von Lecce

Corte dei Francesi

Zimmervermietung
Via Roma, 172
Tel. (+39) 08 36 / 42 42 82,
(+39) 328 / 734 74 65
Fax (+39) 08 36 / 42 42 83
info@cortedeifrancesi.it
www.cortedeifrancesi.it
Ganzjährig geöffnet

Die Gebrüder Lamarque, Gerber aus Frankreich, übersiedelten 1832 in einen schönen Wohnkomplex, der rund um einen Hof aus dem 16. Jahrhundert erbaut worden war. Dieser Komplex umfasste neben der Gerberei eine zweistöckige Locanda. Aus der kleinen Fabrik entstand ein Museum, während die Locanda ihre ursprüngliche Funktion beibehielt. Die Einrichtung der großzügigen, hellen Zimmer besticht durch schlichte Eleganz. Das traditionelle Frühstück umfasst süßes Backwerk aus einer Konditorei und Obst aus der Gegend. Das angeschlossene Restaurant wird von anderen Betreibern geführt und steht nicht nur Hausgästen offen. Zu essen gibt es traditionelle Gerichte (25 Euro ohne Wein). Es werden Führungen in die Umgebung und Bootsausflüge organisiert.

♦ 5 DZ und 1 Suite, alle mit Bad und WC, Aircondition, Minibar, Safe, TV, Internetanschluss; 1 Miniapartment mit Küche ♦ DZ in Einzelbelegung € 60–90, DZ € 70–110 (Aufpreis Zusatzbett € 20–35), Suite € 220–300 (alle mit Frühstück); Miniapartment € 140–210 (Frühstück € 5 pro Person) ♦ Kreditkarten: CartaSi, DC, MC, Visa; Bankomat ♦ öffentlicher Gratisparkplatz gegenüber, Vertragsgarage 50 Meter entfernt (€ 10 pro Tag), kleine Haustiere willkommen, Betreiber immer erreichbar ♦ Bar, Restaurant, Leseraum, Konferenzraum, Garten

Maglie

28 km südöstlich von Lecce
Von Lecce S.S. 16; von Taranto S.S. 7 »Appia« nach Brindisi, dann S.S. 613 nach Lecce

La Fata Turchina

Bed & Breakfast
Via Gallipoli, km 3,
Strada Provinciale 361
Tel. (+39) 08 36 / 190 04 96, (+39) 393 / 984 49 33, (+39) 320 / 314 29 53
info@lafataturchina.com
www.lafataturchina.com
Ferien: Dezember–März

Im ländlichen Gebiet des Salento liegt auf halbem Weg zwischen Otranto und Gallipoli mitten im Grünen dieser Agriturismo. Die Zimmer, von denen keines dem anderen gleicht, sind mit einfachem modernem Mobiliar ausgestattet. Das Frühstück vom Büfett kann im Sommer im Garten eingenommen werden und umfasst Konfitüren und Brioches aus kleinen Betrieben. Den Gästen steht auch eine große Gemeinschaftsküche zur Verfügung. Die Sand- und Felsstrände der Adria und des Ionischen Meeres sind 20 Autominuten entfernt. Wer lieber im Agriturismo bleibt, kann das große L-förmige Schwimmbecken benutzen oder sich auf der Terrasse bräunen und dabei das herrliche Panorama genießen.

♦ 2 DZ und 2 4BZ, alle mit Bad und WC, Balkon, Aircondition, Minibar, Safe, TV, WLAN ♦ EZ € 27–51, DZ € 48–86, 4BZ € 74–142 (Aufpreis Zusatzbett € 13–28, alle mit Frühstück) ♦ keine Kreditkarten ♦ Privatparkplatz, kleine Haustiere willkommen, Betreiber stets anwesend ♦ Frühstücksraum, Küche, Terrasse, Arkaden, Garten, Schwimmbecken

Maglie

500 m vom Zentrum
28 km südöstlich von Lecce
Von Lecce S.S. 16; von Taranto S.S. 7 »Appia« nach Brindisi, dann S.S. 613 nach Lecce

Rosemarine

Zimmervermietung
Via Capitano Macchia, 58
Tel. (+39) 08 36 / 48 33 18,
(+39) 333 / 715 65 96,
(+39) 334 / 330 96 63
info@rosemarine.it
www.rosemarine.it
Ferien: 15.– 31. Januar

Der Name dieses Bed & Breakfast erinnert an jenen, der 1973 einem der zehn Gräber aus dem Hochmittelalter gegeben wurde, die in dieser Gegend entdeckt wurden. Vermutlich gehörten sie langobardischen Flüchtlingen aus dem Herzogtum Benevent. Das moderne Gebäude steht nicht weit von Maglies Zentrum und ist in das Grün eines zwei Hektar großen Parks eingebettet. Die mit dem wichtigsten Komfort ausgestatteten Zimmer sind mit Antiquitäten und modernen Möbeln eingerichtet; ein Zimmer verfügt über einen Whirlpool. Das reichhaltige traditionelle Frühstück setzt sich aus lokalen Produkten sowie Süßspeisen und Konfitüren zusammen, die von der Hausherrin selbst zubereitet werden. Zur Freizeitgestaltung stehen den Gästen ein Schwimmbecken mit Massagedüsen und ein Tennisplatz zur Verfügung. Die berühmten Strände des Ionischen Meeres und der Adria sind nur wenige Kilometer entfernt.

♦ 1 EZ, 1 DZ und 4 Minisuiten, alle mit Bad und WC, Aircondition, Balkon, Minibar, Telefon, TV, Internetanschluss ♦ EZ € 60–80, DZ € 110–120 (Aufpreis Zusatzbett € 30), Minisuite € 165–180 (alle mit Frühstück) ♦ alle Kreditkarten, Bankomat ♦ 1 Zimmer behindertengerecht ausgestattet, Privatparkplatz, kleine Haustiere willkommen, Betreiber immer erreichbar ♦ Leseraum, Konferenzraum, Arkaden, Garten, Gartenhaus

Martina Franca
Ortsteil Marrana

30 km nördlich von Taranto, S.S. 172
37 km von der Ausfahrt Gioia del Colle der A 14 in Richtung Noci-Locorotondo

Fascino Antico

Bed & Breakfast
Strada Statale 172, km 0,500
Tel./Fax (+39) 080 / 432 50 89
info@fascinoantico.eu
www.fascinoantico.eu
Ferien: Dezember–März

Das Bed & Breakfast ist ruhig gelegen und befindet sich in der Nähe von interessanten Ausflugszielen wie Alberobello und Martina Franca. Die Führung liegt in den Händen des ehemaligen Restaurators und Trullibauers Michele Greco und seiner Ehefrau Giuseppina. Michele selbst hat diesen interessanten Komplex aus dem 17. Jahrhundert im Jahr 1993 renoviert und wieder in seiner alten Schönheit erstrahlen lassen (besonders schön fiel das Ergebnis bei der Scheune aus, die dem Bau zugewandt ist). Die rustikal eingerichteten Zimmer sind mit dem wichtigsten Komfort ausgestattet. Daneben bietet man den Gästen in den Gemeinschaftsbereichen weitere Services. Das Frühstück besteht aus Getränken, Brot, hausgemachten Konfitüren, Brioches und auf Wunsch auch pikanten Speisen und wird in der kleinen Bar eingenommen.

♦ 3 DZ, 1 3BZ und 1 Miniapartment (4 Personen), alle mit Bad und WC, Aircondition, Minibar, TV; 1 DZ und 1 4BZ mit Kochnische ♦ DZ in Einzelbelegung € 50, DZ € 75–85, 3BZ € 100–110, Miniapartment € 120–130 (alle mit Frühstück) ♦ Kreditkarten: CartaSi, MC, Visa; Bankomat ♦ 1 Zimmer behindertengerecht ausgestattet, Privatparkplatz, Haustiere nicht erlaubt, Betreiber stets anwesend ♦ Barbereich, Lese- und TV-Raum, Veranda, Garten, Schwimmbecken

Martina Franca

30 km nördlich von Taranto, S.P. 172
30 km von der Ausfahrt Massafra der A 14, S.P. 581

Il Gallo Felice

Bed & Breakfast
Via Crispiano, 101
Tel. (+39) 335 / 824 86 22,
(+39) 349 / 641 19 81
Fax (+39) 099/ 459 06 80
alexandrovic@inwind.it
Ferien: Oktober–vor Ostern
(zu Weihnachten geöffnet)

Wir befinden uns am Ortsrand von Martina Franca an der Straße, die nach Crispiano führt. Das von Emira Leccese mit Sohn Alessandro geführte Bed & Breakfast ist von landwirtschaftlichen Flächen umgeben, die sich über 7.500 Quadratmeter erstrecken. Die Unterkünfte entstanden in vier fachgerecht renovierten Trulli. Drei davon beherbergen die Doppelzimmer und das Vierbettzimmer, die mit apulischen Möbeln aus dem 19. Jahrhundert eingerichtet sind und über große Wannenbäder verfügen. Wo sich einst die Kelterwanne zur Erzeugung von Wein und Öl befand, ist heute der großzügige Aufenthaltsraum mit Möbeln aus massivem Nussholz und einem schönen Kamin eingerichtet. Das süße und pikante Frühstück umfasst unter anderem hausgemachte Kuchen und Konfitüren. Im Sommer organisiert man Kurse zur Erzeugung von Objekten aus Pappmaschee und zur Trocknung von Blumen sowie Keramik- und Kochkurse.

♦ 4 DZ und 1 4BZ, alle mit Bad und WC ♦ DZ in Einzelbelegung € 40–50, DZ € 70–100, 4BZ € 140–200 (Aufpreis Zusatzbett € 10, alle mit Frühstück) ♦ keine Kreditkarten ♦ Anlage barrierefrei zugänglich, Privatparkplatz, kleine Haustiere willkommen, Betreiber stets anwesend ♦ Ruhe- und TV-Raum, Garten

Martina Franca
Monti del Duca
30 km nördlich von Taranto, S.S. 172
Von Martina Franca den Hinweisschildern nach Madonna della Sanità folgen, bei der Abzweigung nach Villa Castelli rechts in Richtung Monti del Duca

Labbruto

Bed & Breakfast
Via Monti del Duca, 52
Tel./Fax (+39) 080 / 483 85 53
labbruto@motolese.net
www.motolese.net
Ganzjährig geöffnet

Wir befinden uns auf einem historischen Bauernhof aus dem Jahr 1643, der vollständig renoviert wurde. Hier führt Rosellina Di Maggio, eine sympathische Person mit 1.000 kreativen Talenten, dieses Bed & Breakfast. Der Komplex setzt sich aus einem Herrschaftsgebäude, Trulli und ehemaligen Stallungen zusammen, die in komfortable, geschmackvoll eingerichtete Miniapartments mit Kochnische oder Küche umgebaut wurden. In einigen Zimmern können Sie Fresken von Rosellina bewundern, die das Ambiente beleben, in anderen sind noch die alten Wände aus unverputztem Stein zu sehen. Auf dem großen Gelände können die Gäste das Schwimmbecken benutzen, Barbecues veranstalten, auf der Wiese liegen oder den zum Betrieb gehörenden Wald zu Fuß oder mit dem Fahrrad erkunden. In der von neun Uhr bis Mitternacht geöffneten Cafeteria wird ein reichhaltiges süßes Frühstücksbüfett vorbereitet; auf Wunsch gibt es auch pikante Speisen.

♦ 4 DZ und 1 4BZ, alle mit Bad und WC, Terrasse oder Balkon, Airconditioning, Kühlschrank, TV, Kochnische oder Küche ♦ DZ in Einzelbelegung und DZ € 70–100, 4BZ € 120–160 (alle mit Frühstück) ♦ Kreditkarten: CartaSi, MC, Visa; Bankomat ♦ Privatparkplatz, Gratisgarage, kleine Haustiere willkommen, Betreiber stets anwesend ♦ Bar, Frühstücksraum, TV-Raum, Konferenzsaal (40 Plätze), Billardzimmer, Veranda, Garten, Park, Schwimmbecken

Martina Franca

30 km nördlich von Taranto, S.S. 172
Ausfahrt Bari Nord der A 14, S.S. 16 nach Brindisi bis Fasano, S.S. 172 dir

Masseria Madonna dell'Arco

NEU

Agriturismo
Ortsteil Madonna dell'Arco, 89
Tel. (+39) 080 / 480 51 35
Fax (+39) 080 / 430 90 29
info@masseriamadonnadellarco.it
www.masseriamadonnadellarco.it
Ganzjährig geöffnet

Wir befinden uns im Herzen des Itriatals, nicht weit von den Ausflugszielen und Badeorten am Ionischen Meer und an der Adria entfernt. Der Agriturismo entstand aus einem Bauernhof aus dem 17. Jahrhundert, wo die Trulli für die Aufzucht von Tieren und die Käseerzeugung genutzt wurden. Das Gut erstreckt sich über insgesamt 23 Hektar, von denen einige mit jahrhundertealten Eichen und Mazedonischen Eichen bewachsen sind. Das nur abends geöffnete Restaurant bietet traditionelle Gerichte zu einem Preis von 20 Euro mit Wein. Das ebenfalls traditionelle Frühstück umfasst verschiedene Produkte, die im Betrieb erzeugt werden. Im angeschlossenen Laden können Sie Fleisch, Wurst, Käse, Öl und Wein kaufen.

♦ 3 DZ mit Bad und WC, Aircondition, Minibar, TV; 2 Zweizimmerapartments (2 Personen) und 2 Dreizimmerapartments (4 Personen) mit Kochnische ♦ DZ in Einzelbelegung und DZ € 60, Zweizimmerapartment € 100, Dreizimmerapartment € 120 (Aufpreis Zusatzbett € 10, alle mit Frühstück) ♦ alle Kreditkarten, Bankomat ♦ einige Zimmer barrierefrei zugänglich, Privatparkplatz, kleine Haustiere willkommen, Betreiber stets anwesend ♦ Restaurant, Garten, Kinderspielplatz

Mattinata

61 km nordöstlich von Foggia
Ausfahrt Foggia der A 14, S.S. 89 in Richtung San Giovanni Rotondo-Manfredonia

Masseria Liberatore

Bed & Breakfast
Ortsteil Liberatore-Funni
Tel. (+39) 08 84 / 55 06 13
(+39) 338 / 898 80 38
masserialiberatore@ilpagliaio.com
www.ilpagliaio.com
Ganzjährig geöffnet

NEU

Seit 2004 bilden renovierte alte Bauernhäuser und neue Bauten den von jahrhundertealten Olivenbäumen umgebenen Komplex Masseria Liberatore, der nicht weit vom Meer in der Mitte der Einbuchtung der Ebene von Mattinata liegt. Die rustikal eingerichteten Zimmer mit schmiedeeisernen Betten sind ausnahmslos mit Aircondition und Sat-TV ausgestattet und verfügen über eine Veranda mit schönem Ausblick. Das traditionelle Frühstück umfasst Kuchen, Kleingebäck, Konfitüren, Milch, Joghurt, Brot und Aufschnitt. Bei einem Aufenthalt mit Halbpension (45 bis 75 Euro pro Person) von mindestens einer Woche sind pro Zimmer ein Sonnenschirm und zwei Liegestühle oder Strandbetten auf einem Vertragsstrand im Preis inkludiert.

♦ 5 DZ, 2 3BZ und 2 4BZ, alle mit Bad und WC, Balkon, Veranda, Aircondition, Sat-TV (einige Zimmer mit Minibar) ♦ DZ in Einzelbelegung € 39–72, DZ € 60–110, 3BZ € 90–165, 4BZ € 120–220 (alle mit Frühstück) ♦ alle Kreditkarten, Bankomat ♦ Privatparkplatz, kleine Haustiere willkommen, Betreiber stets anwesend ♦ Restaurant, Terrasse

🍲 Das angeschlossene Restaurant ist mittags und abends geöffnet und bietet bodenständige Küche für 30 bis 35 Euro (ohne Wein).

Minervino di Lecce
Specchia Gallone

2 km vom Zentrum
41 km südöstlich von Lecce
Von Lecce S.S. 16 bis Maglie, S.P. 363

Masseria dei 12 Granai

Bed & Breakfast
Via Pozzelle, 28
Tel. (+39) 335 / 781 48 57
info@12granai.it
www.12granai.it
Ganzjährig geöffnet

NEU

Wir befinden uns im ländlichen Gebiet nicht weit von Otranto und den Stränden der Adria und des Ionischen Meeres. Dieser originalgetreu renovierte Bauernhof aus dem 18. Jahrhundert verdankt seinen Namen den zwölf unterirdischen Getreidespeichern, die ihn neben der »nevaia« (Schneekeller) einst kennzeichneten. Die Zimmer und das Apartment sind im modernen rustikalen Stil eingerichtet. Unter den Gemeinschaftsbereichen gibt es einen großen Speisesaal, wo das Frühstück aus frischem Obst, Konfitüren und Kuchen serviert wird, und einen Raum mit Kamin, wo man lesen, fernsehen oder spielen kann (die Eigentümer sind begeisterte Bridgespieler). Das Bed & Breakfast ist ganzjährig geöffnet, aber zwischen Dezember und März sollten Sie besser vorbestellen.

♦ 7 DZ mit Bad und WC, Aircondition, Terrasse, Minibar, Telefon, Sat-TV, WLAN; 1 Miniapartment (4 Personen) mit Küche ♦ DZ in Einzelbelegung und DZ € 75–105 (Aufpreis Zusatzbett € 10, alle mit Frühstück); Miniapartment € 140–220 ♦ Kreditkarten: Visa; Bankomat ♦ öffentlicher Gratisparkplatz angrenzend, Haustiere nicht erlaubt, Betreiber stets anwesend ♦ Frühstücksraum, Leseraum, TV-Raum, Arkaden, Terrasse, Garten

Monopoli

46 km südöstlich von Bari
Ausfahrt Bari Sud der A 14, S.S. 16 in Richtung Brindisi

La Porta Vecchia 2004

Bed & Breakfast
Via Peroscia, 21
Tel. (+39) 080 / 80 26 90, (+39) 339 / 849 11 75, (+39) 349 / 776 60 42
Fax (+39) 080 / 937 14 89
bed&breakfast@laportavecchia.it
www.laportavecchia.it
Ganzjährig geöffnet

Das von der jungen Mina geführte Bed & Breakfast ist in einer Residenz aus dem 18. Jahrhundert untergebracht, in dem sich einst der Sitz der Kurie der nahen Kirche San Leonardo befand. Der Betrieb umfasst vier Zimmer, einen kleinen Raum auf einem Hängeboden und zwei Terrassen mit Blick auf die darunterliegende Küste. Das Frühstück besteht aus Säften, warmen Getränken, Butter, Kringeln, Kuchen und hausgemachten Konfitüren. Es wird je nach Jahreszeit in dem erwähnten kleinen Raum oder auf den Terrassen serviert. Das Abendessen kann man im Partnerrestaurant La Vecchia Taverna einnehmen. Eine Mahlzeit ohne Wein kostet 20 Euro. Dank der zentralen Lage der Unterkunft können Sie einige historische Bauwerke der Stadt wie die Kirche Santa Maria degli Amalfitano und das eng mit der Geschichte der Aragonier verknüpfte Schloss ohne großen Aufwand besichtigen. Auch das Meer und ein frei zugänglicher Strandabschnitt sind nur 50 Meter entfernt.

♦ 2 DZ und 2 3BZ, alle mit Bad und WC, Aircondition, TV (1 Zimmer mit Balkon) ♦ DZ in Einzelbelegung € 35–45, DZ € 60–80, 3BZ € 80–100 (alle mit Frühstück) ♦ keine Kreditkarten ♦ öffentlicher Parkplatz 150 Meter entfernt, Haustiere nicht erlaubt, Betreiber 8–13 Uhr anwesend ♦ Frühstücksraum, Leseraum, Salon, Terrasse

Monopoli
Ortsteil Terranova

18 km vom Zentrum; 4 km von Alberobello, 59 km südöstlich von Bari; von Bari auf der S.S. 16 in Richtung Brindisi bis zur Abzweigung Monopoli-Alberobello, S.P. 113 nach Alberobello

Mirella

Bed & Breakfast
Ortsteil Terranova, 79,
Strada Provinciale 113, km 13
Tel./Fax (+39) 080 / 930 91 74
info@bedandbreakfastmirella.it
www.bedandbreakfastmirella.it
Ganzjährig geöffnet

NEU

Das von einem biologisch bewirtschafteten Olivenhain umgebene Bed & Breakfast entstand aus einem Bauernhof aus dem 19. Jahrhundert und liegt nicht weit von Alberobello, den Stränden von Monopoli und den Grotten von Castellana. Die mit Holzmöbeln und schmiedeeisernen Betten sorgfältig eingerichteten Zimmer verfügen alle über einen eigenen Eingang. Sehr schön sind die steinernen Decken mit Tonnengewölbe. Das kontinentale Frühstücksbüfett wird bei entsprechendem Wetter auf der Tenne vorbereitet und umfasst eigene Produkte, darunter Konfitüren und Käse. Auf der überdachten Veranda steht den Gästen bei Bedarf eine gut ausgestattete kleine Küche zur Verfügung. Das Schwimmbecken verfügt über einen Bereich mit Massagedüsen. Für Ausflüge in die Gegend kann man Fahrräder leihen.

♦ 1 DZ, 1 3BZ und 4BZ, alle mit Bad und WC, Aircondition, Kühlschrank, Sat-TV ♦ DZ in Einzelbelegung € 40–55, DZ € 60–90, 3BZ € 75–105, 4BZ € 100–130 (alle mit Frühstück) ♦ keine Kreditkarten; Bankomat ♦ Anlage barrierefrei zugänglich, Privatparkplatz, kleine Haustiere willkommen, Betreiber stets anwesend ♦ Veranda, Terrasse, Garten, Schwimmbecken

Mottola
Pandaro

37 km nordwestlich von Taranto
18 km von der Ausfahrt Mottola-Castellaneta der A 14, von Mottola S.S. 377 in Richtung Noci

Masseria Colombo

Agriturismo
Strada Statale 377 Noci-Mottola, km 38,800
Tel. (+39) 348 / 343 41 76
Fax (+39) 080 / 524 24 31
info@masseriacolombo.it
www.masseriacolombo.it
Ganzjährig geöffnet

Bettino Siciliani leitet seit einigen Jahren diesen Agriturismo, der zu einem großen Komplex aus dem 18. Jahrhundert gehört. Dieser setzt sich aus dem Herrschaftshaus und einigen kürzlich renovierten Trulli zusammen, die zu Gästeunterkünften umgestaltet wurden. Alle Zimmer haben unverputzte Steinwände und verfügen über einen mit Kochnische ausgestatteten Aufenthaltsbereich für den Tag. Der Betrieb widmet sich auch der Aufzucht von Podolica-Rindern zur Fleisch- und Milchgewinnung. Das Frühstück wird je nach Wunsch der Gäste im Freien oder im Zimmer serviert. Der Tag beginnt auf jeden Fall mit selbst hergestellter Ricotta, Konfitüren, Kuchen und hausgemachten Keksen. Auf dem 650 Hektar großen Gelände, das zum Gut gehört, können die Gäste Wachteln, Waldschnepfen und Wild jagen oder sich auf Pilz- und Kräutersuche begeben.

♦ 1 DZ, 3 3BZ und 1 4BZ, alle mit Bad und WC, Kühlschrank, TV, Kochnische ♦ DZ in Einzelbelegung € 55, DZ € 100, 3BZ € 130–150, 4BZ € 160–200 (alle mit Frühstück) ♦ Kreditkarten: AE, CartaSi, MC, Visa; Bankomat ♦ 1 Zimmer barrierefrei zugänglich, Privatparkplatz, kleine Haustiere willkommen, Betreiber immer erreichbar ♦ Veranda, Park

Mottola
La Schiavonia

26 km nordwestlich von Taranto
Ausfahrt Mottola-Castellaneta der A 14, S.S. 100 in Richtung Taranto

Villaggio Vecchia Mottola

NEU

Albergo diffuso
Via Mazzini, 16
Tel. (+39) 099 / 886 64 24
Fax (+39) 099 / 450 83 73
info@vecchiamottola.com
www.vecchiamottola.com
Ganzjährig geöffnet

Mottola liegt nicht weit vom Meer im Herzen der Terra delle Gravine, einem von tiefen Schluchten durchzogenen Gebiet, in dem es viele Felsendörfer gibt. Die Altstadt, deren Anlage und Architektur byzantinische Einflüsse erkennen lassen, ist von jeher als La Schiavonia bekannt. Die Unterkünfte des Villaggio Vecchia Mottola verteilen sich auf die charakteristischen Gässchen dieses alten Viertels. Sie entstanden aus ehemaligen Wohnhäusern, die sorgsam renoviert, rustikal eingerichtet und mit jedem Komfort wie Aircondition, Kühlschrank, TV, Bügeleisen und Wandhaarföhn ausgestattet wurden. Fast alle Apartments verfügen auch über eine Kochnische. Das im Zimmerpreis enthaltene Frühstück gibt es in einer der Bars, mit denen ein Abkommen getroffen wurde. Ein solches Abkommen besteht auch mit einem nahen Restaurant, wo man die übrigen Mahlzeiten einnehmen kann. Geboten wird bodenständige Küche zu einem Preis von 25 Euro ohne Wein.

♦ 18 Einzimmerapartments mit Bad und WC, Aircondition, Kühlschrank, TV (15 Apartments mit Kochnische) ♦ EZ € 48, DZ € 65, 3BZ € 80, 4BZ € 90 (alle mit Frühstück) ♦ alle Kreditkarten, Bankomat ♦ einige Zimmer barrierefrei zugänglich, öffentlicher Gratisparkplatz und gebührenpflichtiger Parkplatz in der Nähe, kleine Haustiere willkommen, Rezeptionsdienst 8–13.30 und 15.30–21 Uhr, Sonn- und Feiertage 8.30–13.30 Uhr ♦ Internetstation

Noci

2 km vom Zentrum
50 km südöstlich von Bari, S.S. 634
20 km von der Ausfahrt Gioia del Colle der A 14

Abate Masseria

4-Sterne-Hotel
Via per Massafra Zona F, 83 C
Tel. (+39) 080 / 497 82 88
Fax (+39) 080 / 220 92 42
info@abatemasseria.it
www.abatemasseria.it
Ferien: Dezember–Februar

Nach langen Renovierungsarbeiten erstrahlt dieser Bauernhof aus dem 18. Jahrhundert nun wieder in altem Glanz. Die Gästezimmer sind in den ehemaligen Ställen, die Minisuiten in den Trulli untergebracht. Höfe und weitere Stallungen wurden in Räume zum Frühstücken (süßes Gebäck, Kuchen, hausgemachte Kekse, Wurst und Milchprodukte lokaler Herkunft, selbst gebackenes Brot und Focaccia) und zum Entspannen umgestaltet. Das Restaurant steht nicht nur Hausgästen offen und bietet bodenständige Kost und ausgezeichnete Pizza. Eine Mahlzeit ohne Wein kostet etwa 35 Euro; der Aufpreis für Halbpension beträgt 25 Euro. In den zum Gut gehörenden Wäldern können Sie auf wild lebende Pferde stoßen. Der Höchstpreis gilt im Juli und August sowie zu Ostern und zu Weihnachten; der Mindestaufenthalt zu diesen Zeiten beträgt vier Tage.

♦ 5 DZ und 3 Minisuiten, alle mit Bad und WC, Aircondition, kleinem Garten oder Terrasse, Minibar, Safe, Telefon, Sat-TV, Internetanschluss ♦ DZ in Einzelbelegung € 75–94, DZ € 100–126, Minisuite in Einzelbelegung € 108–148, Minisuite € 146–198 (Aufpreis Zusatzbett € 25, alle mit Frühstück) ♦ alle Kreditkarten, Bankomat ♦ einige Zimmer behindertengerecht ausgestattet, Privatparkplatz, Haustiere nicht erlaubt, Rezeptionsdienst rund um die Uhr ♦ Bar, Restaurant, Frühstücksraum, Konferenzraum, Garten, Terrasse, Schwimmbecken, Tennisplatz, Fußballwiese

Noci

59 km südöstlich von Bari
Ausfahrt Bari Sud der A 14, S.S. 16 nach Taranto, Ausfahrt Gioia del Colle-Noci, in Noci Hinweisschildern nach Alberobello folgen

Il Viottolo

Zimmervermietung
Zona F, 24 A
Tel. (+39) 080 / 497 72 93
info@ilviottolo.net
www.ilviottolo.net
Ganzjährig geöffnet

Noci liegt im Zentrum Apuliens in einer Gegend, die von Trulli und Trockenmauern geprägt ist. Nach vielen Reisen haben Marta und Michele beschlossen, hier ein gemütliches und familiäres Bed & Breakfast zu eröffnen, das von einem Garten umgeben ist und auf zahlreiche Obstbäume blickt. Die Zimmer sind traditionell mit schmiedeeisernen Betten und Holzmöbeln eingerichtet. Das Frühstück umfasst Brioches aus einer Konditorei, Obst aus eigenem Anbau und von der Hausherrin selbst gemachte Crostate und Kringel. Im Frühstücksraum steht den Gästen ein Kühlschrank zur gemeinsamen Nutzung zur Verfügung. Man organisiert Führungen in Nocis Altstadt und in die umliegende Gegend. Es gibt einen Shuttleservice zum Hafen, zum Bahnhof und zum Flughafen von Bari.

♦ 2 DZ, 2 3BZ und 1 4BZ, alle mit Bad und WC, Aircondition, TV, WLAN ♦ DZ in Einzelbelegung € 40–55, DZ € 60–75, 3BZ € 75–90, 4BZ € 90–105 (alle mit Frühstück) ♦ keine Kreditkarten ♦ einige Zimmer barrierefrei zugänglich, Privatparkplatz, Haustiere nicht erlaubt, Betreiber immer erreichbar ♦ Frühstücksraum, TV-Raum, Garten, Schwimmbecken

Noci

Lamadacqua
4,5 km vom Zentrum
55 km südöstlich von Bari
20 km von der Ausfahrt Gioia del Colle der A 14, S.S. 604

La Mandra

Agriturismo
Via per Castellaneta Zona B, 102
Tel. (+39) 080 / 494 98 82
Fax (+39) 080 / 930 33 10
lamandrass@alice.it
Ganzjährig geöffnet

Der von Giuseppe Recchia geführte Agriturismo liegt nicht weit von Alberobello und der Abtei Madonna della Scala. Das ländliche Gebäude aus dem Jahr 1827 verfügt über eine noch funktionierende alte Mühle. Der Name bedeutet im lokalen Dialekt »Schafstall«. Hier wurden drei Trulli unter Beachtung ihrer ursprünglichen Bauweise renoviert und in ebenso viele komfortable Miniapartments mit Antiquitäten und rustikalen Möbeln umgestaltet. Ein großer Raum mit Steinwänden, der früher als Stall diente, wird nun für die Bewirtung der Gäste benutzt. Auf dem Frühstücksbüfett warten Brot, Kekse, Süßspeisen und hausgemachte Konfitüren, aber auch Käse und Wurst. Abends und Sonntagmittag können Sie Traditionsgerichte genießen, für die viele Zutaten aus eigener Herstellung verarbeitet werden (25 bis 35 Euro ohne Wein). Die diversen Erzeugnisse des Betriebs kann man auch an Ort und Stelle kaufen.

♦ 3 Miniapartments mit Bad und WC, TV ♦ EZ € 30, DZ € 60 (alle mit Frühstück) ♦ keine Kreditkarten; Bankomat ♦ Anlage barrierefrei zugänglich, Privatparkplatz, Haustiere nicht erlaubt, Betreiber stets anwesend ♦ Restaurant, Lese- und TV-Raum, Konferenzsaal (60 Plätze), Garten, Park

Orsara di Puglia

44 km südwestlich von Foggia
Ausfahrt Foggia der A 14, S.S. 115 und S.S. 111

Casa Albergo Paradiso *NEU*

Zimmervermietung
Via Piano Paradiso, 11
Tel./Fax (+39) 08 81 / 96 47 63
info@peppezullo.it
www.peppezullo.it
Ganzjährig geöffnet

Der temperamentvolle Peppe Zullo hat viele Jahre Berufserfahrung in Restaurants in den Vereinigten Staaten gesammelt und ist in den Achtzigerjahren in seine Heimatstadt zurückgekehrt, um sich seinen Lebenstraum zu erfüllen: In einem gekonnt renovierten Gebäudekomplex hat er ein Lokal geschaffen, in dem er hervorragende Traditionsgerichte kocht, zwei Säle für Empfänge, einen Landwirtschaftsbetrieb mit einem großen Gemüsegarten, einem Obstgarten und einem Wald, wo er auch alte, fast verschwundene Arten kultiviert, eine internationale Kochschule und über dem Keller fünf großzügige, helle, modern eingerichtete Suiten; eine Suite ist mit einem Whirlpool ausgestattet. Zum Frühstück erwarten Sie Kuchen, Brioches, Kringel und frisch gebackene Kekse.

♦ 3 Juniorsuiten (1–2 Personen) und 2 Suiten (3–4 Personen), alle mit Bad und WC, Terrasse, Aircondition, Minibar, Telefon, TV ♦ Juniorsuite € 90, Suite € 130 (alle mit Frühstück) ♦ alle Kreditkarten, Bankomat ♦ Anlage barrierefrei zugänglich, Privatparkplatz, Haustiere nicht erlaubt, Betreiber immer erreichbar ♦ Bar, Restaurant, Leseraum, Konferenzräume, Garten

🍲 Das angeschlossene Restaurant Peppe Zullo bietet mittags und abends gute bodenständige Küche. Eine Mahlzeit ohne Wein kostet 30 bis 35 Euro.

APULIEN **493**

Ostuni

10 km vom Zentrum
50 km nordwestlich von Brindisi, 60 km von Bari
Ausfahrt Bari Nord der A 14, S.S. 379 nach Brindisi

Masseria Lamiola Piccola

Agriturismo
Ortsteil Lamiola Piccola
Tel./Fax (+39) 08 31 / 35 99 72
lamiolapiccola@libero.it
www.lamiolapiccola.com
Ganzjährig geöffnet

Ostuni liegt fast auf halbem Weg zwischen Bari und Brindisi und ist wegen der Farbe der Häuser als Weiße Stadt bekannt. Ein paar Kilometer vom Zentrum stoßen wir auf diesen einladenden Agriturismo, dessen schöne Zimmer und Suiten schlicht und gepflegt eingerichtet sind. Das traditionelle Frühstücksbüfett umfasst Konfitüren und Kuchen, die auf dem Bauernhof erzeugt werden. Vor Kurzem wurden im schönen Garten ein Schwimmbecken und ein Kinderspielplatz angelegt. Man organisiert regelmäßig Ausflüge zu landschaftlich und kunsthistorisch interessanten Zielen in der Umgebung, etwa Ostuni und Cisternino. Überdies sind die berühmten Strände zwischen Torre Canne und Torre San Leonardo nur sechs Kilometer entfernt.

♦ 8 DZ und 1 4BZ, alle mit Bad und WC, Airconditioning, TV; 3 Suiten mit Minibar ♦ DZ in Einzelbelegung € 60, DZ € 80–100 (Aufpreis Zusatzbett € 20), 4BZ € 120–160, Suite € 100–140 (alle mit Frühstück) ♦ Kreditkarten: CartaSi, Visa; Bankomat ♦ Anlage barrierefrei zugänglich, Privatparkplatz, kleine Haustiere willkommen, Betreiber stets anwesend ♦ Bar, Restaurant, Garten, Kinderspielplatz, Schwimmbecken

Im angeschlossenen Restaurant gibt es traditionelle Gerichte, die aus selbst erzeugten Produkten, darunter Öl, Gemüse und Obst, zubereitet werden (30 bis 35 Euro ohne Wein).

Ostuni

5 km vom Zentrum
50 km nordwestlich von Brindisi, 60 km von Bari
Ausfahrt Bari Nord der A 14, S.S. 16 bis Pezze di Greco

Masseria Morrone

Agriturismo
Strada Statale 16, km 875
Tel. (+39) 340 / 264 81 12
Fax (+39) 08 31 / 33 02 54
masseriamorrone@libero.it
www.masseriamorrone.it
Ganzjährig geöffnet

Auf einem mit Olivenbäumen dicht bewachsenen Hügel, ein paar Kilometer von der sogenannten Weißen Stadt (Ostuni) entfernt, führt eine teilweise geschotterte Straße zu diesem Agriturismo, wo die Familie Laera natives Olivenöl extra erzeugt. Es gibt hier sowohl Gästezimmer als auch Apartments, die allesamt gemütlich, hell und einfach und gepflegt eingerichtet sind. Im großen Speisesaal, in dem auch ein alter Holzofen für die Zubereitung von Brot und Fladen steht, können Sie lokale Gerichte probieren, die aus selbst produzierten Zutaten bestehen. Das Frühstück umfasst typische Kuchen und Kekse, Konfitüren und frisch gepresste Fruchtsäfte. Von der Terrasse aus genießt man einen fantastischen Ausblick auf die Gegend. Der Park, der sich über rund 60 Hektar um den Betrieb erstreckt, ist zur Hälfte mit Olivenbäumen bepflanzt; die andere Hälfte ist von Wald und mediterraner Macchia bedeckt – ideale Voraussetzungen für Wanderungen.

♦ 3 DZ, 2 3BZ und 4 4BZ, alle mit Bad und WC, Airconditioning, Minibar, Telefon, TV, Internetanschluss; 3 Miniapartments (4 Personen) mit Kochnische ♦ DZ € 50–130, 3BZ € 75–155, 4BZ € 100–180 (alle mit Frühstück) ♦ alle Kreditkarten, Bankomat ♦ Privatparkplatz, Haustiere nicht erlaubt, Betreiber immer erreichbar ♦ Barbereich, Restaurant, Leseraum, Konferenzraum, Terrasse, Park

Otranto
Porto Badisco

6 km vom Zentrum
50 km südöstlich von Lecce, S.S. 16 oder S.S. 543 und S.S. 611; vom Zentrum in Richtung Santa Cesarea Terme

Masseria Panareo

3-Sterne-Hotel
Litoranea Otranto-Santa Cesarea Terme
Tel. (+39) 08 36 / 81 29 99,
(+39) 338 / 371 23 26
Fax (+39) 08 36 / 81 29 99
info@masseriapanareo.com
www.masseriapanareo.com
Ferien: November

Die Familie Zezza hat diesen ehemaligen Landsitz, der von fünf Hektar mediterraner Macchia und einer Obstplantage umgeben ist, 1987 in ein Hotel umgewandelt. Die Zimmer sind mit Arte-povera-Möbeln und schmiedeeisernen Betten schlicht eingerichtet und bieten teilweise einen herrlichen Meeresblick. Im Juli und August beträgt die Mindestaufenthaltsdauer eine Woche. Im schönen Restaurant mit Cottoböden und steinernen Decken serviert man leicht adaptierte bodenständige Küche. Eine Mahlzeit ohne Wein kostet 25 bis 30 Euro. Zum Frühstück gibt es hausgemachte süße Köstlichkeiten. Wenn Sie Ausflüge in den Park des Gutshofes und die nähere Umgebung unternehmen, stoßen Sie auf 6.000 Jahre alte Grotten, auf einen messapischen Friedhof, dessen Ursprünge zeitlich schwer zu bestimmen sind, und die Überreste des Klosters San Nicola di Casole. Die Strände von Otranto sind ebenfalls nicht weit entfernt.

♦ 14 DZ und 3 Juniorsuiten, alle mit Bad und WC, Aircondition, Telefon, TV (einige Zimmer mit Balkon) ♦ DZ in Einzelbelegung € 60–90, DZ € 80–120, Juniorsuite € 180–250 (Aufpreis Zusatzbett € 28–42, alle mit Frühstück) ♦ alle Kreditkarten, Bankomat ♦ 1 Zimmer behindertengerecht ausgestattet, Privatparkplatz, Haustiere nicht erlaubt, Betreiber stets anwesend ♦ Bar, Restaurant, Leseraum, TV-Raum, Konferenzräume (75 Plätze), Park, Schwimmbecken

Palagiano
Conca d'Oro

8 km vom Zentrum
26 km westlich von Taranto, S.S. 106 und S.P. 31

Mylife

Turismo Rurale/Ferienbauernhof
Strada Statale 106, km 468
Tel. (+39) 393 / 250 70 24
mylife@palagiano.net
www.mylifeitalia.com/bb
Ganzjährig geöffnet

Dieser Betrieb entstand durch die kürzlich erfolgte Renovierung eines Bauernhauses aus Tuffstein, das in den frühen Fünfzigerjahren erbaut wurde. Er besticht durch seine herrliche Lage inmitten von Zitrusfrucht- und Olivenhainen sowie Feigenkakteen, fernab des Massentourismus. Dennoch ist er über die Strada Statale 106 in Richtung Reggio Calabria einfach zu erreichen. In der Nähe befinden sich ein Gebiet, wo jahrhundertealte Pinien wachsen, die beiden bekanntesten Badeorte der Gegend, Castellaneta und Ginosa Marina, sowie der Fluss Lato, der auf weite Strecken mit dem Kanu befahrbar ist. Die Eigentümer Emily und Mario empfangen Sie auf freundliche und sympathische Weise und bieten eine bequeme Unterkunft in ungezwungener Atmosphäre, ideal für einen unbeschwerten Ferienaufenthalt. Die sehr einfach und schlicht gestalteten vier Gästezimmer haben unabhängige Eingänge, die zum Innenhof gewandt sind. Zum Frühstück serviert man süßes Gebäck, Joghurt, Zerealien, Fruchtsäfte, Kaffeespezialitäten und andere Frühstücksgetränke.

♦ 2 DZ und 2 4BZ, alle mit Bad und WC, Aircondition, TV ♦ DZ in Einzelbelegung € 30–40, DZ € 40–60 (Aufpreis Zusatzbett € 10), DZ in Dreierbelegung € 50–80, 4BZ € 60–90 (alle mit Frühstück) ♦ keine Kreditkarten ♦ Anlage barrierefrei zugänglich, Privatparkplatz, kleine Haustiere willkommen, Betreiber immer erreichbar ♦ Bar, Leseraum, Garten

Putignano

5 km vom Zentrum
42 km südöstlich von Bari, S.S. 100 und S.S.172
Ausfahrt Monopoli der E55, S.P. 237

Tenuta Colavecchio *NEU*

Bed & Breakfast
Strada Provinciale Putignano,
Gioia del Colle, 9
Tel. (+39) 329 / 868 84 09
info@tenutacolavecchio.com
www.tenutacolavecchio.com
Ganzjährig geöffnet

Am Ende einer kurzen Allee, die zu einem schönen, italienisch gestalteten Garten führt, stoßen Sie auf dieses Anwesen aus dem 19. Jahrhundert. Es gehört der Familie Colavecchio. Zu Landwirtschaft und Weinbau – bereits seit dem 18. Jahrhundert – ist nun die Beherbergung von Gästen gekommen. Die Eigentümerin Rosalba hat die Renovierung persönlich beaufsichtigt. Die architektonischen Merkmale des Gebäudes wie die Außendekorationen aus Holz und die mit Fresken geschmückten Gewölbe wurden beibehalten und kommen heute wieder schön zur Geltung. Die Räume sind mit edlem Mobiliar eingerichtet, das ihnen ein elegantes und gemütliches Flair verleiht. Außerdem sind sie mit allem nötigen Komfort für einen einzigartigen Ferienaufenthalt ausgestattet. Zu den Zimmern gelangt man über eine steinerne Treppe von der Beletage aus. Sie sind allesamt geräumig und hell und nach verschiedenen Rebsorten der Gegend benannt. Zum Frühstück erwartet Sie eine schöne Auswahl von lokalen Produkten aus kleinen Betrieben.

◆ 5 DZ und 1 Suite, alle mit Bad und WC, Safe, TV (auf Wunsch), Internetanschluss ◆ DZ in Einzelbelegung € 60, DZ € 80–100, Suite € 100 (Aufpreis Zusatzbett € 30, alle mit Frühstück) ◆ keine Kreditkarten ◆ Privatparkplatz, Haustiere nicht erlaubt, Betreiber immer erreichbar ◆ Frühstücksraum, Veranda, Wintergarten, Park

Rutigliano

1,5 km vom Zentrum
18 km südöstlich von Bari, S.S. 634
Ausfahrt Bari Sud der A 14, S.S. 634

Lama San Giorgio

Agriturismo
Strada Provinciale Rutigliano-Adelfia,
km 8,700
Tel. (+39) 080 / 476 16 09, (+39) 348 / 334 28 89, Fax (+39) 080 / 220 99 28
giovanniscianatico@tin.it
www.lamasangiorgio.it
Ganzjährig geöffnet

Der sieben Kilometer vom frei zugänglichen Strand entfernte Landwirtschaftsbetrieb Scianatico produziert Tafeltrauben, Trauben zur Weinerzeugung, Oliven zum Verzehr und zur Ölerzeugung sowie Kirschen. Das Gebäude, in dem sich die Gästeunterkünfte befinden, wurde zu Beginn des 19. Jahrhunderts errichtet und im ersten Jahrzehnt des 20. Jahrhunderts fertiggestellt. Giovanni Scianatico erwarb es im Jahr 1970 und ließ es originalgetreu renovieren. Das ruhige ländliche Refugium verfügt über neun Zimmer, die mit Antiquitäten eingerichtet sind. Die rustikale, aber raffinierte Küche bringt die Zutaten aus lokaler Erzeugung hervorragend zur Geltung. Der Preis für eine Mahlzeit mit Wein beträgt etwa 25 bis 30 Euro, für Hausgäste 18 Euro. Es gibt zahlreiche Ausflugsmöglichkeiten in die herrliche Natur.

◆ 5 DZ und 4 3BZ, alle mit Bad und WC, TV ◆ DZ in Einzelbelegung € 60, DZ € 70, 3BZ € 90 (alle mit Frühstück) ◆ Kreditkarten: CartaSi, MC, Visa; Bankomat ◆ Privatparkplatz, Haustiere nicht erlaubt, Betreiber immer erreichbar ◆ Restaurant, TV-Raum, Kinderspielplatz

San Pancrazio Salentino
Torrevecchia

4 km vom Zentrum
35 km von Lecce, 38 km südlich von Brindisi

Torrevecchia

Agriturismo
Ortsteil Torrevecchia,
Strada Provinciale per Avetrana
Tel. (+39) 338 / 828 73 60
Fax (+39) 08 31 / 66 74 50
info@torrevecchia.com
www.torrevecchia.com
Ganzjährig geöffnet

Dieses Bauernhaus aus dem 14. Jahrhundert wurde Ende der Neunzigerjahre sorgsam renoviert und verfügt nun über sieben schlichte, aber stilvoll eingerichtete Gästezimmer. Das Restaurant steht nicht nur Hausgästen offen und bietet apulische Gerichte für etwa 23 Euro (Halbpension 57 bis 68 Euro). Die Grundlage dafür sind die im Betrieb hergestellten Bioprodukte. Das Gebäude befindet sich ganz in der Nähe einer Krypta aus dem 7. Jahrhundert, die noch Überreste byzantinischer Fresken erkennen lässt. Die Möglichkeiten zur Freizeitgestaltung sind vielfältig: Spaziergänge, Ausflüge zu Fuß oder mit dem Fahrrad, Ausritte und Kutschenfahrten. In einem Umkreis von zehn Kilometern liegen überdies die berühmtesten Badeorte Apuliens: Porto Cesareo, Santa Caterina und Gallipoli.

♦ 2 DZ, 3 3BZ und 2 4BZ, alle mit Bad und WC, Airconditon, Minibar, TV ♦ DZ in Einzelbelegung € 42–52, DZ € 84–104, 3BZ € 126–156, 4BZ € 168–208 (alle mit Frühstück) ♦ keine Kreditkarten ♦ Privatparkplatz, Haustiere nicht erlaubt, Betreiber stets anwesend ♦ Restaurant, Leseraum, Schwimmbecken, Tennisplatz, Fußballwiese, Bocciafeld

San Vito dei Normanni

2,5 km vom Zentrum
21 km westlich von Brindisi, S.P. 1 bis

La Vecchia Lamia

Bed & Breakfast · Ortsteil Signoranna
Via Mesagne km 2,5
Tel. (+39) 08 31 / 98 63 54,
(+39) 320 / 629 82 36
Fax (+39) 08 31 / 98 63 54
info@lavecchialamia.it
www.lavecchialamia.it
Ganzjährig geöffnet

NEU

Der Agriturismo befindet sich in ruhiger, abgeschiedener Lage in einem ländlichen Gebiet. Er liegt an der Straße von San Vito nach Mesagne und ist von einem jahrhundertealten Olivenhain umgeben. Der Betrieb besteht aus einem alten landwirtschaftlichen Gebäude mit Gewölbedecke und zwei kleinen Häusern aus dem 18. Jahrhundert, typischen kegelstumpfförmigen Steinbauten, die für diesen Teil Apuliens charakteristisch sind. Der ganze Komplex wurde kürzlich einer Renovierung unterzogen, bei der sechs Apartments entstanden. Die ursprüngliche Architektur blieb unangetastet. Das Ergebnis kann sich sehen lassen: bequeme, gemütliche und gepflegte Unterkünfte mit ganz speziellem Flair. Alle Apartments verfügen über einen eigenen Eingang und einen Außenbereich mit Sonnenschirmen, Tischen und Stühlen, wo man essen oder einfach die Stille des Gartens auf sich wirken lassen kann. Vier Apartments sind mit Kochnische, zwei mit Grill im Freien ausgestattet. Das traditionelle Frühstück umfasst süßes Gebäck, Konfitüren, Käse und Wurst lokaler Herkunft.

♦ 4 Apartments (4 Personen) mit Bad und WC, Kochnische, WLAN; 2 Miniapartments (2 Personen) mit Bad und WC ♦ Apartment und Miniapartment € 50–100 mit Frühstück ♦ keine Kreditkarten ♦ Anlage barrierefrei zugänglich, 2 Miniapartments behindertengerecht ausgestattet, Privatparkplatz, kleine Haustiere willkommen, Betreiber immer erreichbar ♦ Bar, Außenbereich, Garten

APULIEN

San Vito dei Normanni
Deserto
4,5 km vom Zentrum
21 km westlich von Brindisi
Von Brindisi S.S. 16 in Richtung San Vito dei Normanni, S.P. 3 nach Ceglie Messapica

Tenuta Deserto

Agriturismo
Ortsteil Deserto
Tel. (+39) 08 31 / 98 30 62, (+39) 347 / 914 10 45, (+39) 335 / 813 53 84
Fax (+39) 08 31 / 98 30 62
info@tenutadeserto.it
www.tenutadeserto.it
Ganzjährig geöffnet

Nicht weit von San Vito dei Normanni befindet sich dieses riesige Gut, das von 70 Hektar Olivenhainen und Wäldern mit Eichen, Steineichen, Pinien und Eukalyptusbäumen umgeben ist. Auf der Zufahrtsstraße stoßen Sie zunächst auf eine kleine Kirche, danach auf einen Wachturm aus dem 17. Jahrhundert, die Pferdeställe, das Herrschaftshaus, den Trullo und die übrigen Wohneinheiten. Der Bauernhof erzeugt und verkauft natives Olivenöl extra, in Öl eingelegte Produkte, Wein und Eier. Die hübsch eingerichteten Apartments mit charakteristischer Gewölbedecke sind unterschiedlich groß und bieten Platz für zwei bis acht Personen. Man kann sie auch nur für eine Nacht mieten, aber Wochenaufenthalte sind preislich entschieden günstiger. Zum Frühstück gibt es Milch, Tee, Kaffee, Fruchtsäfte, Joghurt, Konfitüren, hausgemachte Crostate und Kringel, aber auch Wurst und Käse aus lokaler Erzeugung.

♦ 13 Apartments (2–8 Personen) mit Bad und WC, Küche (einige Apartments mit Aircondition) ♦ Apartment € 50 pro Person mit Frühstück ♦ Kreditkarten: MC, Visa; Bankomat ♦ Privatparkplatz, kleine Haustiere willkommen, Betreiber 8–24 Uhr anwesend ♦ Frühstücksraum, Lese- und TV-Raum, Garten, Schwimmbecken

Troia
22 km westlich von Foggia, S.P. 115
S.S. 160 Lucera-Troia, Abzweigung nach Faeto

Pirro

Agriturismo
Ortsteil Cuparoni
Tel. (+39) 349 / 172 38 91
Fax (+39) 08 81 / 97 81 72
info@agriturismopirro.com
www.agriturismopirro.com
Ganzjährig geöffnet

Dieser kürzlich renovierte Agriturismo liegt am Fuß des daunischen Apennins und ist von einem gepflegten Garten umgeben, in dem die Gäste angenehme Stunden verbringen können. Die auf zwei Stockwerke verteilten lichtdurchfluteten Zimmer sind schlicht eingerichtet. Wer sich nach einer Auszeit im Grünen sehnt, findet hier eine ideale, ruhige und bequeme Unterkunft. Die Betriebsleitung bietet zahlreiche Zusatzleistungen, um den Aufenthalt noch angenehmer zu gestalten: Ausritte, Führungen in das nahe Lucerna mit seinem schönen Bischofssitz und einen Mountainbike-Verleih. Das Frühstück wird im Speiseraum des Restaurants oder unter den schönen Arkaden im Freien serviert und umfasst hausgemachte Crostate und Kringel; auf Wunsch gibt es auch Pikantes. Hausmannskost bekommt man auch im angeschlossenen Restaurant, wo hauptsächlich Zutaten aus eigener Produktion mit einem Hauch Fantasie verarbeitet werden. Der Preis für eine Mahlzeit ohne Wein beträgt etwa 20 Euro.

♦ 2 DZ, 1 3BZ und 2 4BZ, alle mit Bad und WC, Aircondition, TV ♦ DZ in Einzelbelegung € 35, DZ € 60, 3BZ € 80, 4BZ € 110 (alle mit Frühstück) ♦ alle Kreditkarten, Bankomat ♦ Anlage barrierefrei zugänglich, Gratisparkplatz angrenzend, kleine Haustiere willkommen, Betreiber immer erreichbar ♦ Restaurant, Konferenzsaal (70 Plätze), Arkaden, Garten

Uggiano La Chiesa

6 km von Otranto, 45 km südöstlich von Lecce
Ausfahrt Massafra der A 14, S.S. 7 ter, S.S. 16 und S.S. 173

Masseria Gattamora

3-Sterne-Hotel
Via Campo Sportivo, 33
Tel. (+39) 08 36 / 81 79 36
Fax (+39) 08 36 / 81 45 42
info@gattamora.it
www.gattamora.it
Ferien: 2 Wochen im Januar

Der Bauernhof aus dem 19. Jahrhundert wurde vor rund zehn Jahren renoviert und in ein Hotel umgewandelt. Die gemütlichen, schlicht und elegant gestalteten Zimmer befinden sich in der einstigen Ölmühle und sind mit Antiquitäten und schmiedeeisernen Betten eingerichtet. Der Leseraum ist mit einem Kamin und bequemen Polstermöbeln ausgestattet. Die Eigentümer organisieren oft Segelausflüge entlang der salentinischen Küste. Im Sommer nimmt man das Frühstück vom Büfett unter einem Vordach ein und genießt Süßes und Pikantes; viele der für die Region typischen Köstlichkeiten sind hausgemacht. Das in einem ehemaligen Stall und der Scheune eingerichtete Restaurant lässt noch die charakteristischen Tonnengewölbe erkennen. In der Küche verbinden sich Festland und Meer. Eine Mahlzeit ohne Wein kostet 30 bis 35 Euro, der Aufpreis für Halbpension beträgt 25 Euro pro Person.

♦ 2 EZ und 9 DZ, alle mit Bad und WC, Aircondition, Minibar, Safe, Telefon, TV, Internetanschluss (einige Zimmer mit Terrasse) ♦ EZ € 45–70, DZ € 75–115 (Aufpreis Zusatzbett € 25, alle mit Frühstück) ♦ Kreditkarten: CartaSi, MC, Visa; Bankomat ♦ 2 Zimmer behindertengerecht ausgestattet, Privatparkplatz, Haustiere nicht erlaubt, Betreiber 7–23 Uhr anwesend ♦ Bar, Restaurant, Leseraum, Garten, Pinienhain, Schwimmbecken

Veglie

25 km westlich von Lecce
Vom Zentrum in Richtung Porto Cesareo-Leveroni-Veglie, dann in Richtung Monteruga, Hinweisschilder zum Agriturismo

Casa Porcara

Agriturismo
Strada Provinciale Veglie-Monteruga, km 2,5
Tel. (+39) 08 32 / 32 64 02, (+39) 360 / 86 90 74, Fax (+39) 08 32 / 32 64 02
info@casaporcara.it
www.casaporcara.it
Ganzjährig geöffnet

Auf dem riesigen Anwesen der Familie Costantini wurden das ursprüngliche Wohnhaus des Gutsherrn und die Räumlichkeiten, die zur Käseherstellung dienten, in helle, schlicht eingerichtete Zimmer und Apartments umgewandelt. Der Betrieb verfügt auch über ein großes Ausbildungszentrum; es befindet sich in einem Gebäude, wo früher getrocknete Tabakblätter gelagert wurden. Das Frühstück setzt sich aus Biokonfitüren aus dem eigenen Betrieb, hausgemachtem Brot und Crostate sowie Milchprodukten zusammen. Es wird in den Speiseräumen des Restaurants eingenommen, das mit einem wunderschönen Holzfußboden und einem Ziegelgewölbe ausgestattet ist. Das Restaurant ist nur abends geöffnet und steht auch externen Gästen offen. Eine Mahlzeit ohne Wein kostet 16 Euro. Die Gäste können unentgeltlich Fahrräder leihen, um damit die Gegend zu erkunden.

♦ 12 DZ und 2 4BZ, alle mit Bad und WC, Kühlschrank, TV; 2 Apartments (3–4 Personen) mit Kochnische ♦ DZ in Einzelbelegung € 37–45, DZ € 54–70, 4BZ € 108–140, Apartment € 118–150 (Aufpreis Zusatzbett € 17–20, alle mit Frühstück) ♦ alle Kreditkarten, Bankomat ♦ Anlage barrierefrei zugänglich, 2 Apartments behindertengerecht ausgestattet, Privatparkplatz, kleine Haustiere willkommen, Betreiber 7–21 Uhr erreichbar ♦ Barbereich, Restaurant, Lese- und TV-Raum, Konferenzraum, Garten

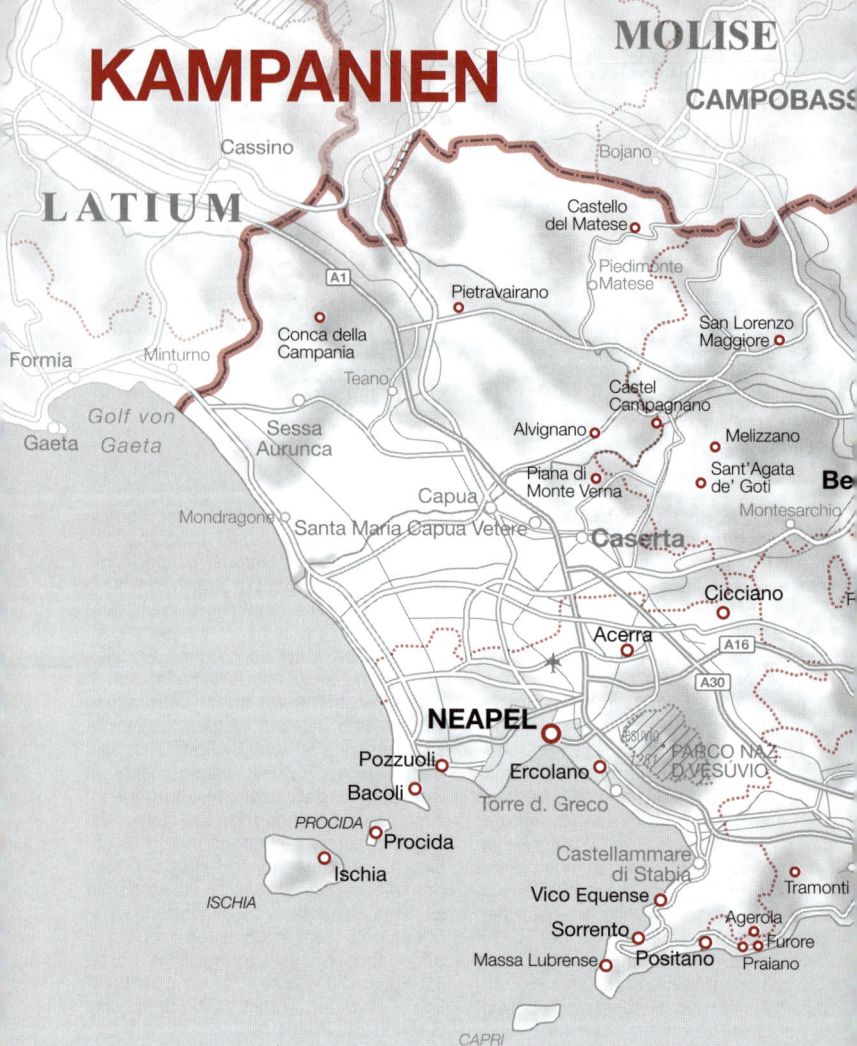

Acerra

In der Altstadt
13 km nordöstlich von Neapel
5 km von der Ausfahrt Afragola-Acerra der A 1

Casa dell'Umana Accoglienza

Ferienhaus · Via Annunziata, 23
Tel. (+39) 081 / 319 21 24,
(+39) 347 / 741 99 08
Fax (+39) 081 / 885 76 01
info@casaumanaaccoglienza.it
www.casaumanaaccoglienza.it
Ganzjährig geöffnet

Diese reizende Unterkunft mit dem einladenden Namen Casa dell'Umana Accoglienza (Haus des menschlichen Empfangs) liegt in der Altstadt, nur wenige Schritte von wichtigen historisch-kulturellen und architektonischen Sehenswürdigkeiten entfernt. Das ehemalige Kloster der Diözese von Acerra wird heute von der Kooperative Mille Soli (Tausend Sonnen) geführt und verfügt über 25 Zimmer auf zwei Stockwerken. Im ersten Stock ist jedem Zimmer ein eigenes Bad auf dem Flur zugeordnet, die Zimmer im zweiten Stock sind mit Dusch- oder Wannenbad ausgestattet. In jedem Zimmer sind es zwei bis vier Betten, aber auf Wunsch werden sie auch in Einzelbelegung vergeben. Neben der Empfangshalle lädt eine entzückende, gut bestückte Bar zum Verweilen ein, ebenso das Restaurant (nicht nur für Hausgäste geöffnet), in dem lokale Küche für etwa 25 bis 30 Euro ohne Wein serviert wird. Das Frühstück besteht aus traditionellen Produkten, eingenommen wird es im Speisesaal des Restaurants.

♦ 6 DZ, 7 3BZ und 12 4BZ, alle mit Bad und WC (bei einigen Zimmern auf dem Flur), TV (einige Zimmer mit Balkon) ♦ DZ in Einzelbelegung € 45–50, DZ € 70–75, 3BZ € 95–100, 4BZ € 125–130 (alle mit Frühstück) ♦ alle Kreditkarten, Bankomat ♦ Anlage barrierefrei zugänglich, Privatparkplatz, kleine Haustiere willkommen, Rezeptionsdienst rund um die Uhr ♦ Bar, Restaurant, TV-Raum, Konferenzsaal, Kreuzgang, Garten

Agerola

45 km südöstlich von Neapel
Ausfahrt Castellammare di Stabia der A 3, S.S. 366

Nonna Martina

Agriturismo
Via degli Ontanelli, 3
Tel. (+39) 081 / 873 14 95,
(+39) 339 / 272 48 29
Fax (+39) 081 / 873 14 95
nonnamartina@gmail.com
www.nonnamartina.altervista.org
Ganzjährig geöffnet

Nicola führt mit seinen Eltern diesen Agriturismo in einer neu erbauten kleinen Villa in der grünen Umgebung der »Slow-Stadt« Agerola in den Monti Lattari. Der Betrieb baut Heilkräuter an, Waldbeeren, Gemüse und Hülsenfrüchte, die zu Eingemachtem, Saucen, Konfitüren und Kräutertees verarbeitet werden. Der Beherbergungsbetrieb besteht aus vier gemütlichen und großzügigen Zimmern, die im Arte-povera-Stil eingerichtet sind. Das Frühstück bereitet Nicolas Mutter vor: Es besteht aus duftenden Torten mit Äpfeln oder Birnen (der lokalen Sorte Pera pennata), Fruchtsäften und gutem Kaffee. Nicola ist ein erfahrener Fremdenführer und berät Sie gerne bei der Wahl des besten Weges für Ihren Ausflug. Von hier aus kommen Sie auch leicht nach Amalfi, und wenn Sie gerne wandern, können Sie Positano über den Wanderweg »Sentiero degli Dei« mit seinen herrlichen Ausblicken auf die Küste erreichen.

♦ 4 DZ mit Bad und WC ♦ DZ in Einzelbelegung € 35–45, DZ € 52–60 (Aufpreis Zusatzbett € 12, alle mit Frühstück) ♦ keine Kreditkarten ♦ Privatparkplatz, kleine Haustiere willkommen, Betreiber stets anwesend ♦ Frühstücksraum, Garten, Terrasse

Alvignano

27 km nördlich von Caserta
Ausfahrt Caianello oder Caserta Nord der A 1, S.S. 372

Verdeoliva

Agriturismo
Via Pratillo, 10
Tel./Fax (+39) 08 23 / 86 51 99
sabinoserra1@virgilio.it
Ganzjährig geöffnet

NEU

In nur wenigen Ferienbauernhöfen hat man das Gefühl, dass die Tradition tatsächlich authentisch ist. Nicht so beim Agriturismo von Sabino Serra. Die Masseria hat sich die architektonischen Charakteristika des späten 19. Jahrhunderts bewahrt. Im Inneren finden wir noch die landwirtschaftlichen Geräte aus den Zeiten des Aufbruchs, der mit der Vereinigung Italiens einherging. Überdies sind die Zimmer mit Stilmöbeln eingerichtet. Das etwa 18 Hektar große Gut wird nach biologischen Methoden bewirtschaftet, angebaut wird die typische lokale Mischung: Wein, Oliven, Gemüse und Obst. Außerdem gibt es Bienenstöcke zur Gewinnung von Honig. Auf dem Frühstücksbüfett locken Süßspeisen, Crostata, Konfitüren, Wurstwaren, Käse und Eier aus eigener Erzeugung oder aus der Region. Das Restaurant steht nicht nur Hausgästen offen und bietet Gerichte der traditionellen Küche für 20 Euro ohne Wein.

♦ 1 EZ, 4 DZ und 1 Miniapartment (4 Personen), alle mit Bad und WC, Minibar, TV (Miniapartment mit Küche) ♦ EZ € 38, DZ € 75 (Aufpreis Zusatzbett € 10), Miniapartment € 150 (alle mit Frühstück) ♦ keine Kreditkarten ♦ Anlage barrierefrei zugänglich, Privatparkplatz, kleine Haustiere willkommen, Betreiber immer erreichbar ♦ Restaurant, Leseraum, Seminarraum, Garten, Park

Ariano Irpino

49 km nordöstlich von Avellino
Ausfahrt Grottaminarda der A 16, S.S. 90 und S.S. 414

La Torre Normanna

Bed & Breakfast
Via De Sabramo, 8
Tel./Fax (+39) 08 25 / 87 11 30
info@latorrenormanna.it
www.latorrenormanna.it
Ganzjährig geöffnet

NEU

Lorenzo Di Paola führt dieses Bed & Breakfast in einem Gebäude in der Altstadt. Die Zimmer verfügen über den wichtigsten Komfort, die Einrichtung ist modern und besteht aus Möbeln lokaler Tischler sowie einigen Stilmöbeln. Den Gästen steht ein Salon mit einer kleinen Videothek zur Verfügung, weiters eine Bibliothek mit einer Abteilung für lokale Autoren und Veröffentlichungen, das Gebiet der Irpinia und das Valle dell'Ufita betreffen. Dieses Tal können Sie vom reizenden kleinen Garten aus bewundern. Zum Frühstück gibt es hausgemachte Süßspeisen und Crostata, auf Wunsch auch Wurstwaren und Käse. Eine alte Grotte mit Zisterne im Kellergeschoss wurde für gelegentliche Verkostungen von Öl und Wein aus der Umgebung adaptiert.

♦ 1 EZ, 4 DZ und 1 3BZ, alle mit Bad und WC (2 Zimmer mit Gemeinschaftsbad), Minibar, Safe, Sat-TV, WLAN ♦ EZ € 30, DZ € 50–80, 3BZ € 110 (alle mit Frühstück) ♦ keine Kreditkarten ♦ öffentlicher Gratisparkplatz angrenzend, Garage (€ 10 pro Tag), Haustiere nicht erlaubt, Betreiber immer erreichbar ♦ kleiner Salon, Leseraum, TV-Raum, Garten, Terrasse, Sauna, Dampfbad

KAMPANIEN

Bacoli
Baia
3 km vom Zentrum
23 km westlich von Neapel
Ausfahrt Arco Felice-Pozzuoli der Tangenziale di Napoli

Batis

Zimmervermietung
Via Lucullo, 101
Tel./Fax (+39) 081 / 868 87 63
info@batis.it
www.batis.it
Ganzjährig geöffnet

Bacoli
Miseno
3 km vom Zentrum
23 km westlich von Neapel
Ausfahrt Arco Felice-Pozzuoli der Tangenziale di Napoli

Miseno

2-Sterne-Hotel
Via della Shoah, 21
Tel. (+39) 081 / 523 50 00
Fax (+39) 081 / 523 46 51
hotelmiseno@hotelmiseno.it
www.hotelmiseno.it
Ganzjährig geöffnet

Bei der Renovierung dieses Betriebs in den Räumlichkeiten des Palazzo Camerino wurde der Cocciopesto-Boden wiederhergestellt. Bei den Anstrichen und den abschließenden Details wurden die lokale Puzzolanerde und andere natürliche Erdfarben bevorzugt, die das bekannte Baia-Gelb entstehen ließen. Die schön gestalteten Zimmer tragen Namen von Pflanzen der Mittelmeermacchia und sind mit jedem Komfort ausgestattet. Bei der Einrichtung lockern einige Stilmöbel den modernen Charakter auf. Auf dem Frühstücksbüfett finden Sie Brioches einer nahen Bäckerei, selbst gemachten Kuchen und Crostata sowie Zitrusfrüchte aus eigenem Anbau. Der Garten päsentiert sich gepflegt und gut ausgestattet, von hier aus kann man einen »Sinneswanderweg« im Parco di Baia beginnen. Der Parkplatz auf dem Gelände wird videoüberwacht. Das Haus ist auch für sehbehinderte Gäste geeignet.

Das von Signora Colutta und ihrer Tochter geführte Hotel ist ein idealer Ausgangspunkt für einen Besuch der zahlreichen Sehenswürdigkeiten im Gebiet der Phlegräischen Felder. Es liegt im antiken römischen Hafen Miseno und zeichnet sich durch sein einfaches Angebot mit Konzentration auf das Wesentliche aus. Die Innenräume sind schlicht und geschmackvoll eingerichtet, die Zimmer bieten, was für einen angenehmen Aufenthalt notwendig ist. Einige sind mit Aircondition ausgestattet und haben Meeresblick. Das traditionelle Frühstück wird serviert. Es gibt Kaffee, Milch, Croissants, Säfte, Konfitüren und Süßspeisen. Im Restaurant probieren Sie Gerichte der traditionellen, aber auch kreativen Küche für 30 Euro ohne Wein. Sie können ein Motor- oder Ruderboot mieten und einen bequemen Transportservice vom und zum Flughafen in Anspruch nehmen.

♦ 1 EZ, 4 DZ, 3 3BZ, 2 4BZ und 2 Suiten, alle mit Bad und WC, Aircondition, Balkon, Minibar, TV ♦ EZ € 50, DZ € 70 (Aufpreis Zusatzbett € 15), 3BZ € 85, 4BZ € 100, Suite € 100 (alle mit Frühstück) ♦ Kreditkarten: MC, Visa; Bankomat ♦ Anlage barrierefrei zugänglich, Privatparkplatz, kleine Haustiere willkommen, Rezeptionsdienst rund um die Uhr ♦ Bar, Restaurant, Garten

♦ 18 DZ mit Bad und WC, Terrasse, TV (einige Zimmer mit Aircondition) ♦ DZ in Einzelbelegung € 50, DZ € 70 (Aufpreis Zusatzbett € 10, alle mit Frühstück) ♦ alle Kreditkarten, Bankomat ♦ öffentlicher Gratisparkplatz in der Nähe, kleine Haustiere willkommen, Rezeptionsdienst 8–24 Uhr ♦ Bar, Restaurant, Frühstücksraum, Lese- und TV-Raum, Terrasse, Sonnenterrasse

Bacoli

Miliscola
3 km vom Zentrum
23 km westlich von Neapel
Ausfahrt Arco Felice-Pozzuoli der Tangenziale di Napoli

Villa Oteri

3-Sterne-Hotel
Via Miliscola, 18
Tel. (+39) 081 / 523 49 85
Fax (+39) 081 / 523 39 44
reception@villaoteri.it
www.villaoteri.it
Ganzjährig geöffnet

Das Ehepaar Faga führt dieses Hotel in der Nähe der Strandpromenade, die zum Ortsteil Miliscola führt. Das neoklassizistische Gebäude strahlt das Flair der Villen von einst aus. Die Räumlichkeiten sind hell, gepflegt und elegant. Die Zimmer sind raffiniert eingerichtet, einige haben Meeresblick. Auf dem reichhaltigen Frühstücksbüfett erwarten Sie frisch gepresste Säfte, Konfitüren und Süßspeisen. Die Halbpension kostet 65 bis 85 Euro, mit einer Aufzahlung von weiteren 10 Euro kommen Sie in den Genuss von Vollpension. Eine große Zahl zusätzlicher Dienstleistungen soll den Aufenthalt für den Gast so angenehm wie möglich machen: Transport vom und zum Flughafen, Bestellung von Tickets für lokale Museen, geführte Ausflüge zu den archäologischen Fundstätten und auf den zahlreichen Naturpfaden der Umgebung, Vereinbarung mit einer nahen Thermalanlage, Shuttle zu einem kleinen Strand mit Infrastruktur in der Nähe.

♦ 9 DZ mit Bad und WC (1 Zimmer mit Whirlpool), Airconditon, Minibar, Safe, Sat-TV, Internetanschluss ♦ DZ in Einzelbelegung € 65–85, DZ € 80–110 (alle mit Frühstück) ♦ alle Kreditkarten, Bankomat ♦ Privatparkplatz, kleine Haustiere willkommen, Rezeptionsdienst rund um die Uhr ♦ Bar, Restaurant, Frühstücksraum, Terrasse, Sonnenterrasse

Benevento

In der Altstadt
In der Nähe des Corso Garibaldi und der Chiesa di Santa Sofia
Ausfahrt Benevento der A 16

Della Corte

3-Sterne-Hotel
Piazza Piano di Corte
Tel./Fax (+39) 08 24 / 548 19
Ganzjährig geöffnet

Von der mittelalterlichen Piazza Piano di Corte verzweigen sich die kleinen Gassen und Straßen und bilden ein Straßengeflecht, das auf die Zeit der Langobardenherrschaft zurückgeht. Nicht weit von der Piazza entfernt sind die wichtigsten Sehenswürdigkeiten: der Dom, der Trajansbogen, die Chiesa di Santa Sofia mit ihrem Kreuzgang und das Museo del Sannio. Auf der Piazza betreibt Antonio Barbato sein Hotel in einem Gebäude, das vor Kurzem restauriert, funktional gestaltet und mit Granitbordüren verschönert wurde. Die Einrichtung ist schlicht, die schmiedeeisernen Möbel entsprechen dem Arte-povera-Stil. Zum Frühstück gibt es Kaffee, Cappuccino, heiße Schokolade, Tee, Croissants, Zwieback und Konfitüre. Für die anderen Mahlzeiten gibt es Vereinbarungen mit den Restaurants der Umgebung.

♦ 1 EZ, 9 DZ, 1 3BZ, 1 4BZ und 1 Suite, alle mit Bad und WC, TV (6 Zimmer mit Airconditon, 2 Zimmer mit Balkon, Suite mit Kochnische) ♦ EZ € 40, DZ in Einzelbelegung € 50, DZ € 55, 3BZ € 80, 4 BZ € 100, Suite € 350 (alle mit Frühstück) ♦ keine Kreditkarten ♦ öffentlicher Gratisparkplatz gegenüber, kleine Haustiere willkommen, Rezeptionsdienst rund um die Uhr ♦ Frühstücksraum

Benevento

In der Altstadt
Ausfahrt Benevento der A 16

Le Stanze del Sogno

Zimmervermietung
Piazzetta De Martini, 3
Tel. (+39) 08 24 / 439 91,
(+39) 338 / 460 33 59
Fax (+39) 08 24 / 543 68
lestanzedelsogno@katamail.com
www.lestanzedelsogno.it
Ganzjährig geöffnet

Der von der Cooperativa Sociale Turistica geführte Betrieb umfasst vier Gebäude in der Altstadt, nur ein paar Schritte vom Corso Garibaldi, der Piazza Roma und der Via Traiano entfernt, wo sich die bedeutendsten Sehenswürdigkeiten der Stadt befinden. »Maison de charme«, »Jardin de charme«, »Residence Giulia« und »Residence 1810« sind die Namen dieser vier Einheiten, die alle zum Verweilen einladen, raffinierte Details und Stuckverzierungen aufweisen, im Artepovera-Stil eingerichtet und mit Kunst geschmückt sind. Das Frühstück kann in einer der beiden Bars in der Altstadt eingenommen werden, mit denen die Zimmervermietung eine Vereinbarung hat. Sie bekommen Kaffee, Cappuccino und Tee mit Croissants, Obstcrostata und süßem Kleingebäck sowie fertige oder frisch gepresste Fruchtsäfte.

♦ 1 EZ und 9 DZ, alle mit Bad und WC, Aircondition, Terrasse, TV; 5 Miniapartments (2–3 Personen) ♦ EZ € 45–65, DZ € 65–85 (Aufpreis Zusatzbett € 25–35), Apartment € 200 pro Woche plus Betriebskosten (Frühstück € 8 pro Person) ♦ Kreditkarten: CartaSi, DC, MC, Visa; Bankomat ♦ einige Zimmer behindertengerecht ausgestattet, Gratisparkplatz außerhalb der Anlage, Haustiere nicht erlaubt, Betreiber 10–20 Uhr erreichbar ♦ Frühstücksraum, Seminarraum, Garten, Terrasse, Sonnenterrasse

Caggiano

81 km südöstlich von Salerno
Ausfahrt Polla oder Sicignano degli Alburni der A 3, S.S. 19

Locanda Severino

4-Sterne-Hotel
Largo Re Galantuomo, 11
Tel./Fax (+39) 09 75 / 39 39 05
info@locandaseverino.it
www.locandaseverino.it
Ganzjährig geöffnet

NEU

Caggiano ist schön auf einem Hügel gelegen, genau auf der Grenze zwischen Kampanien und der Basilikata. Der Palazzo Cafaro, Sitz der Locanda, befindet sich neben dem Hauptplatz, wo der historische Ortskern mit mittelalterlichem Ursprung beginnt. Franco Pucciarelli und Milena Cafaro haben den alten Familienbesitz revitalisiert und ihn unter Beibehaltung der typischen Merkmale einer Adelsresidenz renoviert. Die Zimmer sind großteils mit restaurierten alten Möbeln eingerichtet. Von den Fenstern aus genießt man einen Panoramablick, der von den Monti Alburni bis zum Vallo di Diano und zum Val d'Agri reicht. Das Restaurant besteht aus zwei kleinen Sälen in zwei Stockwerken und bietet ausgezeichnete Gerichte aus Zutaten der Umgebung, neu interpretiert von Chefkoch Vito (40 bis 45 Euro ohne Wein). Zum Frühstück gibt es hausgemachte Kekse und Kuchen sowie lokale Wurstwaren und Käse. Unbedingt besuchen sollte man die Klause Certosa in Padula und die Grotten von Pertosa.

♦ 2 EZ, 8 DZ und 2 Suiten, alle mit Bad und WC ♦ EZ € 60, DZ € 80 (Aufpreis Zusatzbett € 20), Suite € 120 (alle mit Frühstück) ♦ alle Kreditkarten, Bankomat ♦ einige Zimmer barrierefrei zugänglich, öffentlicher Gratisparkplatz angrenzend, kleine Haustiere willkommen, Rezeptionsdienst rund um die Uhr ♦ Restaurant, Leseraum, Konferenzraum

Camerota

121 km südöstlich von Salerno
Ausfahrt Eboli der A 3, S.S. 18 und Cilentana, Ausfahrt Poderia

Dolcefarniente

Bed & Breakfast
Via Cusati, 14
Tel. (+39) 09 74 / 93 54 06
info@dolce-farniente.it
www.dolce-farniente.it
Ferien: November–März

In Camerota, einem ruhigen mittelalterlichen Ort im Herzen des Cilento-Nationalparks und wenige Kilometer vom Meer entfernt, befindet sich dieses reizende Bed & Breakfast mit der heimeligen Atmosphäre eines Privathauses. Die Zimmer sind modern eingerichtet, großzügig und gepflegt. Das warme Licht, die lebhaften Farbtöne und dekorierten Decken schaffen eine romantische Stimmung, die ein wenig an die 1950er-Jahre erinnert. Das wohlschmeckende Frühstück mit Konfitüren und hausgemachter Obstcrostata wird im Speisesaal im Erdgeschoss und im Sommer auf der Terrasse serviert. Mit dem Motorboot, das täglich von der Marina di Camerota zur Costa degli Infreschi oder in Richtung Capo Palinuro fährt, können Sie einen Ausflug unternehmen. Zudem gibt es die Möglichkeit, mit einem Führer auf den Wegen des Cilento-Nationalparks wandern zu gehen.

◆ 2 DZ und 1 3BZ, alle mit Bad und WC, Terrasse ◆ DZ in Einzelbelegung € 20–40, DZ € 50–80, 3BZ € 70–90 (alle mit Frühstück) ◆ keine Kreditkarten ◆ Gemeinschaftsbereiche barrierefrei zugänglich, öffentlicher Gratisparkplatz 100 Meter entfernt, Haustiere nicht erlaubt, Betreiber immer erreichbar ◆ TV-Raum, Internetstation, Konferenzraum, Terrasse, Strand mit Infrastruktur 3 Kilometer entfernt

Capaccio
Paestum
49 km südöstlich von Salerno
Ausfahrt Battipaglia der A 3, S.S. 18 in Richtung Paestum, an der Abzweigung nach Capaccio weiter in Richtung Laura di Paestum

Calypso Art Hotel

NEU

3-Sterne-Hotel
Via Mantegna, 63
Tel. (+39) 08 28 / 81 10 31,
(+39) 08 28 / 72 11 91
Fax (+39) 08 28 / 72 13 84
info@calypsohotel.com
www.calypsohotel.com
Ferien: November–März

In einem schönen Pinienwald liegt dieses Hotel aus den 1960er-Jahren, das von Roberto Paolillo und seiner Frau Gabriella geführt wird. Es ist ideal für einen erholsamen Aufenthalt, mit einem großen, frei zugänglichen Strand, den man über einen schönen mediterranen Garten und einige Badeanlagen in der Nähe erreichen kann. Die Zimmer sind großzügig und hell, bei der Gestaltung wurden ungiftige Farben verwendet. Es gibt Latexmatratzen und Möbel aus Nussholz. Die Zimmer mit der Bezeichnung »Romantic« verfügen über Meeresblick und größeren Komfort. Im Restaurant wird die traditionelle Küche des Cilento vorgestellt, aber auch vegetarische und makrobiotische Gerichte (25 bis 35 Euro ohne Wein). Zum Frühstück gibt es immer hausgemachte Süßspeisen, Bioprodukte und solche aus fairem Handel, auf Wunsch auch Käse und Wurstwaren.

◆ 9 DZ, 10 3BZ und 10 4BZ, alle mit Bad und WC, einige mit Minibar, Safe, Sat-TV ◆ DZ in Einzelbelegung € 45–80, DZ € 70–130, Superior-DZ € 110–150, 3BZ € 95–155, 4BZ € 110–150 (alle mit Frühstück) ◆ alle Kreditkarten, Bankomat ◆ Gemeinschaftsbereiche barrierefrei zugänglich, öffentlicher Gratisparkplatz angrenzend, kleine Haustiere willkommen, Rezeptionsdienst rund um die Uhr ◆ Bar, Restaurant, Lese- und TV-Raum, Konferenzraum, Internetstation, Garten, Park, Strand mit Infrastruktur

KAMPANIEN

Capaccio
Paestum
49 km südöstlich von Salerno
Ausfahrt Battipaglia der A 3, S.S. 18 in Richtung Paestum, an der Abzweigung nach Capaccio weiter in Richtung Laura di Paestum

Capaccio
Paestum
14 km vom Zentrum
49 km südöstlich von Salerno
Ausfahrt Battipaglia der A 3, S.S. 18 in Richtung Paestum

Paistos

3-Sterne-Hotel
Via Laura Mare, 39
Tel. (+39) 08 28 / 85 16 83
Fax (+39) 08 28 / 85 16 61
info@hotelpaistos.com
www.hotelpaistos.com
Ferien: Dezember–Februar

Podere Rega

Agriturismo
Via Porta Giustizia
Tel./Fax (+39) 082 / 872 24 32
podererega@tiscali.it
www.podererega.it
Ferien: Januar , November

Wir befinden uns im archäologischen Gebiet der Magna Graecia. Hier liegt das 1997 eröffnete und 2006 renovierte kleine Hotel von Corrado Marino. Die mit jedem Komfort ausgestatteten Zimmer sind gepflegt und modern mit vielen Farben eingerichtet. Attraktiv ist auch die Terrasse, auf der im Sommer das Abendessen serviert wird. Das zum Hotel gehörige Restaurant bietet traditionelle, mit einem Hauch von Fantasie erneuerte Gerichte (25 Euro ohne Wein). 100 Meter vom Haupthaus entfernt befinden sich fünf Apartments mit Kochnische, die nur wochenweise vermietet werden. Vom Hotel aus kann man sowohl die bekanntesten Orte an der Amalfiküste (Ravello ist 60 Kilometer entfernt) als auch das Hinterland mit den Grotten von Castelcivita und den Schluchten des Cilento erreichen.

Aus zwei Bauernhäusern, die mit Respekt vor der Tradition renoviert wurden, entstand vor einigen Jahren dieser Agriturismo. Er komplettiert das Angebot des landwirtschaftlichen Betriebs von Gerardo und Tiziana Rega. Sie sind bereits die dritte Generation einer Familie, die seit einem halben Jahrhundert dieses Land bewirtschaftet. Die Zimmer sind einfach und funktional, für einen Aufenthalt in Kontakt mit der Natur geeignet. Im Restaurant interpretiert Gerardo fantasievoll die Traditionsgerichte. Begleitet werden sie von einer schönen Auswahl kampanischer Weine. Die Zutaten stammen alle aus eigener Erzeugung, wie die Produkte, die zum Frühstück serviert werden. Zahlreiche gut gepflegte Wege rund um die Anlage laden zu einem Spaziergang ein. Der Agriturismo organisiert Kochkurse und Führungen zu den archäologischen Ausgrabungen in Paestum und im Cilento-Nationalpark.

♦ 6 DZ, 1 3BZ, 2 4BZ und 1 Minisuite, alle mit Bad und WC, Aircondition, Terrasse, Minibar, Safe, Sat-TV, WLAN; 5 Miniapartments (3–6 Personen) mit Kochnische ♦ DZ in Einzelbelegung € 60–100, DZ € 80–120, 3BZ € 90–130, 4BZ € 90–140, Minisuite € 100–150, Miniapartment € 65–140 (alle mit Frühstück) ♦ Kreditkarten: AE, CartaSi, MC, Visa; Bankomat ♦ Gemeinschaftsbereiche barrierefrei zugänglich, Privatparkplatz, kleine Haustiere willkommen, Rezeptionsdienst 7–23 Uhr ♦ Bar, Restaurant, TV-Raum, Tagungsraum, Garten, Strand mit Infrastruktur

♦ 4 DZ mit Bad und WC, TV, Aircondition, Terrasse ♦ DZ in Einzelbelegung € 40–60, DZ € 75–95 (alle mit Frühstück) ♦ alle Kreditkarten, Bankomat ♦ Gemeinschaftsbereiche barrierefrei zugänglich, Privatparkplatz, kleine Haustiere willkommen, Betreiber immer erreichbar ♦ Bar, Restaurant, Leseraum, Konferenzsaal, Garten, Terrasse, Sonnenterrasse

Capaccio
Paestum

14 km vom Zentrum
49 km südöstlich von Salerno
Ausfahrt Battipaglia der A 3, S.S. 18 in Richtung Paestum

Seliano

Agriturismo
Via Seliano
Tel. (+39) 08 28 / 72 36 34
Fax (+39) 08 28 / 72 45 44
seliano@agriturismoseliano.it
www.agriturismoseliano.it
Ferien: 4. November–25. März, außer zu Weihnachten

In der Nähe der Ausgrabungsstätten von Paestum befindet sich ein schön renoviertes Bauernhaus aus dem 19. Jahrhundert, das von einem großen Gut umgeben ist. Hier betreibt die vulkanartige Signora Cecilia Baratta mit ihren Kindern eine intensive Landwirtschaft und Tierzucht. Darüber hinaus widmet sie sich auf liebenswürdige Art der Betreuung ihrer Gäste. Im Betrieb werden Büffel und Pferde gezüchtet und mit natürlichen Methoden Gemüse angebaut. Das Gästehaus verfügt über 14 Zimmer im bäuerlichen Stil, eingerichtet sind sie mit Möbeln aus Familienbesitz. Vom reichhaltigen Frühstück erwähnen wir Plumcake und die Konfitüren der Signora Cecilia. Auf Wunsch bekommen Sie auch Wurst, Käse und Eier. Das Restaurant ist nur gegen Vorbestellung geöffnet. Geboten werden traditionelle Gerichte, für die viel saisonales Gemüse, Büffelfleisch und -käse verwendet wird (28 bis 30 Euro ohne Wein).

♦ 6 DZ, 4 3BZ und 4 4BZ, alle mit Bad und WC, Aircondition; 1 Apartment mit Kochnische ♦ DZ in Einzelbelegung € 60–100, DZ € 80–120, 3BZ € 90–135, 4BZ € 105–150, Apartment € 90–135 (alle mit Frühstück) ♦ alle Kreditkarten, Bankomat ♦ Privatparkplatz, kleine Haustiere willkommen, Betreiber 7.30–23.30 Uhr erreichbar ♦ Bar, Restaurant, Salon, TV-Raum, Konferenzsaal, Park, Schwimmbecken, Strand mit Infrastruktur 1 Kilometer entfernt

Casaletto Spartano
Battaglia

20 km von Sapri, 140 km südöstlich von Salerno
Ausfahrt Lagonegro Nord oder Sud der A 1, S.S. 115

Palazzo Gallotti

Bed & Breakfast
Via Nazionale, 19
Tel. (+39) 09 73 / 37 40 63,
(+49) 171 / 798 12 89
info@palazzogallotti.it
www.palazzogallotti.it
Ferien: November–April (gegen Vorbestellung geöffnet)

Das Dorf Casaletto Spartano, auf 460 Meter Seehöhe, befindet sich in der Nähe des Cilento-Nationalparks, der 1997 von der UNESCO zum Weltkulturerbe erklärt wurde. Von den Fenstern des Palazzo Gallotti aus, der auf das 15. Jahrhundert zurückgeht, genießen Sie einen wunderbaren Panoramablick. In einem Flügel des Gebäudes liegen die fünf mit Stilmöbeln eingerichteten Zimmer. Das Frühstück ist reichhaltig und besteht aus besten lokalen Produkten. Es wird im Wohnzimmer oder im Garten serviert. Roberto Simoni ist ein Experte für die landschaftlichen Schönheiten der Umgebung und empfiehlt Ihnen die besten Ausflüge. Auf Wunsch bekommen Sie sogar ein Lunchpaket mit. Sie können auch einige Privaträume besichtigen, zum Beispiel die Adelskapelle und den Jugendstilspeisesaal.

♦ 5 DZ mit Bad und WC (4 Zimmer mit Gemeinschaftsbad), Balkon ♦ DZ in Einzelbelegung € 40, DZ mit Gemeinschaftsbad € 50, DZ mit eigenem Bad € 60 (alle mit Frühstück) ♦ keine Kreditkarten ♦ öffentlicher Gratisparkplatz, Haustiere nicht erlaubt, Betreiber stets anwesend ♦ Aufenthaltsraum, Garten

Castel Campagnano

25 km nordöstlich von Caserta
Ausfahrt Caserta Nord der A 1, S.P. Finestre bis Limatola, S.P. 49

Castello Ducale

3-Sterne-Hotel
Via Chiesa, 35
Tel. (+39) 08 24 / 97 24 60
Fax (+39) 08 24 / 97 27 40
info@castelloducale.com
www.castelloducale.com
Ferien: Januar

Das Hotel ist ein Adelspalazzo, der auf das Tal des Medio Volturno blickt und über einen alten Zugang zur Altstadt verfügt. Die Eigentümer sind auch Weinproduzenten, ihre Weine reifen im alten Tuffsteinkeller unter dem Gebäude. Die Zimmer sind großzügig und mit schlichter Eleganz eingerichtet. Das Frühstück bietet nicht nur Süßes, sondern auch lokale Wurstwaren und Käse. Im Restaurant können Sie die Gerichte der traditionellen Küche für 25 Euro ohne Wein probieren. Im Garten gibt es ein überdachtes Schwimmbecken. Besichtigen Sie im Palazzo die unterirdische kleine Kirche mit spätbyzantinischen Fresken aus dem 11. Jahrhundert.

Castelcivita
Rummolo

64 km südöstlich von Salerno
Ausfahrt Campagna oder Sicignano degli Alburni der A 3

Lo Scaraiazzo

Agriturismo
Ortsteil Rummolo
Via Provinciale
Tel./Fax (+39) 08 28 / 97 55 33
info@loscaraiazzo.it
www.loscaraiazzo.it
Ferien: Oktober–März (an Wochenenden und gegen Vorbestellung geöffnet)

Dieser sorgfältig renovierte Agriturismo in einem ehemaligen Schafstall aus dem 18. Jahrhundert hat seinen ursprünglichen Charakter bewahrt: lokaler Stein und Bogenelemente, die dazu dienten, die Tiere mit Nachwuchs von den anderen zu trennen. Inmitten von Olivenhainen werden Sie von der Familie Zonzi charmant begrüßt. Die Zimmer sind rustikal eingerichtet, in zwei Bereiche geteilt und mit Fernseher und Aircondition ausgestattet. Das Frühstück ist bäuerlich, neben klassischen warmen Getränken gibt es hausgemachte Kuchen und Konfitüren, auf Wunsch auch Brot aus dem Holzofen mit nativem Olivenöl extra sowie lokale Wurstwaren und Käse. Das kulinarische Angebot (18 bis 20 Euro ohne Wein) beruht hauptsächlich auf hausgemachter Pasta und Fleisch von Weidevieh. Der Betrieb bietet geführte Ausflüge und Kochkurse an. In der näheren Umgebung lohnen die Grotten an den Ufern des Flusses Calore einen Besuch.

♦ 10 DZ, 2 3BZ und 1 4BZ, alle mit Bad und WC, Aircondition, Balkon, Sat-TV ♦ DZ in Einzelbelegung € 50–60, DZ € 70–80, 3BZ € 90–100, 4BZ € 110–120 (Aufpreis Zusatzbett € 20, alle mit Frühstück) ♦ Kreditkarten: MC, Visa; Bankomat ♦ Gemeinschaftsbereiche barrierefrei zugänglich, Privatparkplatz, kleine Haustiere willkommen, Betreiber immer erreichbar ♦ Restaurant, Leseraum, Konferenzsaal, Terrasse, Schwimmbecken

♦ 6 DZ mit Bad und WC, Aircondition, Terrasse, Sat-TV ♦ DZ in Einzelbelegung € 35, DZ € 70 (Aufpreis Zusatzbett € 28, alle mit Frühstück) ♦ Kreditkarten: CartaSi, MC, Visa; Bankomat ♦ 1 Zimmer barrierefrei zugänglich, Privatparkplatz, kleine Haustiere willkommen, Betreiber immer erreichbar ♦ Restaurant, Terrasse, Veranda, Spielplatz

Castelfranco in Miscano

43 km nordöstlich von Benevento
Ausfahrt Benevento der A 16, S.S. 90 bis in Richtung Foggia, S.P. Malvizza

Caseria

NEU

Agriturismo
Ortsteil Monte Tufara
Tel. (+39) 08 24 / 96 02 21
Fax (+39) 08 24 / 96 01 15
info@agriturismocaseria.it
www.agriturismocaseria.it
Ganzjährig geöffnet

Der Ferienbauernhof befindet sich auf halber Höhe eines Hügels und bietet einen wunderbaren Panoramablick. Der Betreiber Fedele Caseria ist einer der besten Hersteller des bekannten lokalen Käses Caciocavallo. Zur Seite stehen ihm seine Mutter und seine Schwester. Der Empfang ist schlicht und ursprünglich, und so ist auch die Einrichtung: vor allem Stilmöbel und Arte povera. Die Lage des Agriturismo garantiert den Gästen Ruhe in einem gesundheitsfördernden Ambiente, das zu langen Spaziergängen oder Mountainbiketouren einlädt. Das Frühstück besteht aus Kaffee, Milch, Crostata und frischem Obst; auf Wunsch bekommen Sie auch hausgemachtes Brot, Wurstwaren, frischen Käse und Ricotta. Im Restaurant gibt es traditionelle Küche für 20 Euro ohne Wein.

♦ 3 DZ und 1 4BZ, alle mit Bad und WC (1 Zimmer mit Balkon) ♦ DZ in Einzelbelegung € 35–45, DZ € 50–60, 4BZ € 80–90 (Aufpreis Zusatzbett € 15, alle mit Frühstück) ♦ keine Kreditkarten ♦ Gemeinschaftsbereiche barrierefrei zugänglich, Privatparkplatz, Haustiere nicht erlaubt, Betreiber stets anwesend ♦ Restaurant, Leseraum, TV-Raum, Garten, Arkaden, Spielplatz

Castello del Matese

48 km nördlich von Caserta
Ausfahrt Caianello der A 1, Superstrada in Richtung Benevento

Le Pastene

NEU

Agriturismo
Ortsteil Le Pastene
Tel. (+39) 328 / 372 57 10
Fax (+39) 08 23 / 78 43 97
info@lepastene.it
www.lepastene.it
Ganzjährig geöffnet

Der Bauernhof im Parco del Matese schaut auf das Valle dell'Inferno, eine Landschaft, die große Ruhe und Schönheit ausstrahlt. Die mit bäuerlichen Möbeln eingerichteten Zimmer befinden sich in zwei Gebäuden; eines davon, ein Jagdhaus aus dem 18. Jahrhundert, wurde kürzlich renoviert. Das große Restaurant, das nicht nur Hausgästen offensteht, stellt die Küche der Umgebung für 20 bis 30 Euro ohne Wein vor. Beim traditionellen Frühstück bekommen Sie verschiedene Kuchen, die die Gattin des Inhabers selbst bäckt, sowie »Pane cafone«, ein traditionelles Sauerteigbrot aus der Gegend um Neapel, das mit guten hausgemachten Konfitüren bestrichen werden kann; weiters frische Milch und lokalen Honig. Auf Wunsch bekommen Sie auch Wurst und Käse. Sie können gratis Mountainbikes ausleihen, außerdem werden Ausflüge mit Quads, auf Pferden oder zu Fuß in die Berge und auf den Wegen der Umgebung von Castello Matese veranstaltet.

♦ 4 DZ und 3 4BZ, alle mit Bad und WC, Aircondition, Sat-TV (2 Zimmer mit Terrasse) ♦ DZ in Einzelbelegung € 39, DZ € 60, 4BZ € 90 (Aufpreis Zusatzbett € 15, alle mit Frühstück) ♦ keine Kreditkarten ♦ Gemeinschaftsbereiche barrierefrei zugänglich, Privatparkplatz, kleine Haustiere willkommen, Betreiber stets anwesend ♦ Restaurant, Terrasse, Garten

KAMPANIEN

Centola

116 km südöstlich von Salerno
Ausfahrt Battipaglia der A 3, Variante S.S. 18 bis Futani, S.S. 447

Il Castello di San Sergio

Bed & Breakfast
Ortsteil San Sergio
Tel. (+39) 347 / 833 87 38
Fax (+39) 09 74 / 93 30 50
info@ilcastellodisansergio.com
www.ilcastellodisansergio.com
Ferien: November–Februar

Dieses Gut aus dem 15. Jahrhundert hat seinen Namen von der zugehörigen Kapelle. 1852 verwandelte Achille Rinaldi, Vorfahr des heutigen Besitzers Michele De Agostinis, das kleine Schloss in einen Palazzo. Die eleganten und großzügigen Zimmer sind mit Stilmöbeln eingerichtet. Verschiedene lokale Produkte finden Eingang in das reichhaltige, vielfältige Frühstück, das im Sommer im Schatten einer Laube im Garten, im Winter in einem kamingeheizten Salon eingenommen wird. Dort stehen den Gästen auch einige Bücher, Zeitungen und eine kleine Videoauswahl zur Verfügung. Der Betrieb ermöglicht den Zugang zu einem Privatstrand (10 Euro pro Tag), für 25 Euro pro Woche kann man die Services der Ferienanlagen Saturno und Baia della Molpa zwischen Palinuro und Marina di Camerota in Anspruch nehmen. Außerdem gibt es die Möglichkeit, Ausflüge zu Fuß und mit Pferden zu unternehmen oder ein Mountainbike auszuleihen. In der Hochsaison ist ein Mindestaufenthalt von drei bis sieben Nächten vorgesehen.

♦ 6 DZ, 3 3BZ, 2 4BZ und 1 Suite, alle mit Bad und WC, Minibar, Sat-TV (einige Zimmer mit Aircondition) ♦ DZ in Einzelbelegung € 45–90, DZ € 60–120, 3BZ € 70–130, 4BZ € 80–140, Suite € 150 (alle mit Frühstück) ♦ keine Kreditkarten; Bankomat ♦ Privatparkplatz, kleine Haustiere willkommen, Betreiber immer erreichbar ♦ Bar, Leseraum, TV-Raum, Konferenzsaal, Garten, Terrasse

Cicciano

30 km nordöstlich von Neapel
Ausfahrt Nola der A 16 oder A 30

Il Cortile

Agriturismo
Via Roma, 43
Tel./Fax (+39) 081 / 824 88 97
info@agriturismoilcortile.com
www.agriturismoilcortile.com
Ganzjährig geöffnet

Dieser Agriturismo von Giovanna und Alessandra Nucci gehört zu den »Residenze d'Epoca« (historische Hotels) der Region Kampanien und ist eine grüne Oase der Ruhe. Die Betreiber legen besonderen Wert auf die Gastlichkeit und die Küche. Nachdem Sie durch das große Holztor getreten sind, bewundern Sie den Innenhof, der teils mit weißen Kieseln bestreut, teils mit schwarzen Vesuvsteinen gepflastert ist und von Bogen und jahrhundertalten Pflanzen umrahmt wird. Die schönen Zimmer sind mit Stilmöbeln eingerichtet. Das Frühstück ist traditionell und umfasst verschiedene Backwaren und selbst gemachte Konfitüren. Das Restaurant befindet sich in einem Saal mit Tonnengewölbe, der im 17. Jahrhundert als Lagerraum genutzt wurde, und in einem tiefer gelegenen Tuffsteinkeller. Hier können Sie Traditionsgerichte für 35 Euro ohne Wein probieren. Der Garten ist der noch vorhandene Kern eines antiken Parks der Malteserritter.

♦ 2 EZ und 2 DZ, alle mit Bad und WC, TV ♦ EZ € 42, DZ € 80 (alle mit Frühstück) ♦ Kreditkarten: MC, Visa; Bankomat ♦ Privatparkplatz, kleine Haustiere willkommen, Betreiber stets anwesend ♦ Bar, Restaurant, Leseraum, TV-Raum, Garten

Conca della Campania
Cave

50 km nordwestlich von Caserta
Ausfahrt San Vittore der A 1, S.S. 6 in Richtung Neapel

La Palombara

Agriturismo
Via I Novembre, 149
Tel. (+39) 08 23 / 92 35 88,
(+39) 08 23 / 67 90 74
Fax (+39) 08 23 / 92 39 14
infopal@lapalombara.com
www.lapalombara.com
Ferien: Januar

NEU

An der Grenze zu Latium und nur wenige Kilometer vom Parco Regionale Roccamonfina entfernt befindet sich dieses Gebäude aus dem 18. Jahrhundert, das 1999 vom Ehepaar Bartoli in einen Agriturismo verwandelt wurde. Die Zimmer sind mit schlichten Stilmöbeln aus Schmiedeeisen und Kastanienholz eingerichtet. Zum Frühstück werden Süßspeisen und hausgemachte Konfitüren serviert. Einen hohen Stellenwert haben hier Gerichte mit Esskastanien. In den ehemaligen Ställen hat das Restaurant seinen Platz, hier werden aus Zutaten der Umgebung traditionelle Gerichte und Neuheiten zubereitet (Degustationsmenü für 28 Euro ohne Wein). Es gibt viel Platz im Grünen für Unterhaltung und Erholung von Groß und Klein. Sportlichen stehen eine kleine Fußballwiese und ein Volleyballfeld zur Verfügung.

♦ 1 EZ, 6 DZ, 1 3BZ und 2 4BZ, alle mit Bad und WC, Aircondition; 1 Miniapartment (6 Personen) mit Kochnische ♦ EZ € 43–53, DZ € 70–90, 3BZ € 78–108, 4BZ € 100–128 (alle mit Frühstück); Miniapartment € 600 pro Woche ♦ Kreditkarten: Visa ♦ Gemeinschaftsbereiche barrierefrei zugänglich, Privatparkplatz, kleine Haustiere willkommen, Betreiber stets anwesend ♦ Bar, Restaurant, Salon, Leseraum, TV-Raum, Garten, Terrasse, Sonnenterrasse, Spielplatz, kleine Fußballwiese, Volleyballfeld

Ercolano

9 km südöstlich von Neapel
Ausfahrt Ercolano-Portici der A 3, in Richtung Scavi, dann 400 m in Richtung Torre del Greco

Viva lo Re

Zimmervermietung
Via Quattro Orologi, 4
Tel./Fax (+39) 081 / 739 02 07
info@vivalore.it
www.vivalore.it
Ganzjährig geöffnet

NEU

Wir sind hier nur einen Kilometer von dem Schloss entfernt, das Karl III. von Spanien in Portici erbauen ließ. Der Adel errichtete seine Wohnhäuser in unmittelbarer Umgebung und so entstand der »Miglio d'Oro«, die goldene Meile. Maurizio Focone, Inhaber einer Osteria und einer bestens bestückten Enoteca, führt seit ein paar Jahren auch diesen Beherbergungsbetrieb. Die beiden Gebäude, in denen sich die Zimmer und die Apartments befinden, sind 100 Meter voneinander entfernt. Wenige Schritte weiter liegt die von Luigi Vanvitelli im 18. Jahrhundert entworfene Villa Campolieto, in der oft Ausstellungen, Theateraufführungen und kulinarische Events stattfinden. Die Räumlichkeiten sind modern, schlicht und mit dem Wesentlichen eingerichtet. Das Frühstück umfasst Süßspeisen, die im nahen Restaurant zubereitet und im Sommer auf der schönen gemeinsamen Terrasse serviert werden.

♦ 3 DZ mit Bad und WC, Aircondition, Balkon, Minibar, Safe, WLAN; 8 Miniapartments (2 Personen) mit Kochnische ♦ DZ in Einzelbelegung € 50, DZ € 70 (alle mit Frühstück); Miniapartment € 80 (€ 400 pro Woche) ♦ alle Kreditkarten, Bankomat ♦ überdachter Gratisparkplatz angrenzend, kleine Haustiere willkommen, Betreiber immer erreichbar ♦ Restaurant, Frühstücksraum, TV-Raum, Terrasse

🍴 Ganz in der Nähe bietet die gleichnamige Osteria geglückte kreative Neubearbeitungen traditioneller Gerichte. Kombinieren kann man sie mit einem von mehr als 1.000 Weinen (35 Euro ohne Wein).

KAMPANIEN

Furore

31 km westlich von Salerno
Ausfahrt Castellammare di Stabia der A 3, S.S. 366 in Richtung Agerola

La Locanda del Fiordo

3-Sterne-Hotel
Via Trasita, 9
Tel. (+39) 089 / 87 48 13
Fax (+39) 089 / 813 10 21
info@lalocandadelfiordo.it
www.lalocandadelfiordo.it
Ferien: 7. Januar–6. Februar

NEU

Der Fjord von Furore ist einer der reizendsten Winkel der Amalfiküste. Von den eleganten und komfortablen Standardzimmern gelangen Sie zur privaten Felsenküste mit angrenzender Sonnenterrasse, die mit Sonnenstühlen, Liegen, Sonnenschirmen, Duschen und einem Schwimmbecken mit Massagedüsen ausgestattet ist. Die Superiorzimmer in den alten Fischerhäusern sind großzügiger und in die Felsen gebaut. Von dort führt eine private kleine Treppe zum Felsstrand. In die Felsen gebaut wurde auch die Suite. Sie verfügt sogar über eine Sauna, ein Dampfbad und ein Schwimmbecken mit Massagedüsen auf der Privatterrasse direkt über dem Meer, wo morgens das Frühstück serviert wird. Dieses ist traditionell, mit Süßspeisen nach Hausfrauenart. Typisch ist auch das Menü im Restaurant (25 bis 30 Euro ohne Wein). Die Gäste können einen Gratistransport von und nach Amalfi in Anspruch nehmen, außerdem kleine Motorräder und Boote mieten. Der Betrieb organisiert Ausflüge zu Land und zu Wasser.

♦ 10 DZ und 1 Suite, alle mit Bad und WC, Aircondition, Balkon oder Terrasse, Minibar, Sat-TV, Internetanschluss ♦ DZ in Einzelbelegung € 70–100, DZ € 80–130, Superior-DZ € 110–150 (Aufpreis Zusatzbett € 30–40), Suite € 150–200 (alle mit Frühstück) ♦ alle Kreditkarten, Bankomat ♦ Privatparkplatz, kleine Haustiere willkommen, Rezeptionsdienst rund um die Uhr ♦ Bar, Restaurant, Terrasse, Sonnenterrasse, Garten, Schwimmbecken, Strand mit Infrastruktur

Furore

31 km westlich von Salerno
Ausfahrt Castellammare di Stabia der A 3, S.S. 366 in Richtung Agerola-Amalfi

Sant'Alfonso

Agriturismo
Via Sant'Alfonso, 6
Tel./Fax (+39) 089 / 83 05 15
info@agriturismosantalfonso.it
www.agriturismosantalfonso.it
Ganzjährig geöffnet

Mitten im Grünen und umgeben von den Farben und Düften der Mittelmeermacchia stellt dieser Agriturismo den idealen Ort für einen Erholungsurlaub dar. Es handelt sich um ein Bauernhaus aus dem 16. Jahrhundert, das einmal als Ort der Meditation für Ordensbrüder und Wallfahrer galt und komplett renoviert wurde. Dabei wurden die wichtigsten architektonischen Besonderheiten beibehalten: Wandmalereien, Eingänge, alte Fliesen, die in moderne Böden eingearbeitet wurden, ein Ofen mit Mittelrohr und einer Öffnung für das Räuchern, die Waschküche mit einer Zisterne und einem Waschtrog. Die unverfälschte Gastfreundschaft des Inhabers entschädigt für die 120 Stufen, die man überwinden muss, um das Haus zu erreichen. Auf der Terrasse genießt man dafür einen herrlichen Panoramablick. Das Restaurant bietet beste regionale Gerichte für 25 bis 30 Euro ohne Wein.

♦ 9 DZ mit Bad und WC, Aircondition, TV ♦ DZ in Einzelbelegung € 50–70, DZ € 65–90 (Aufpreis Zusatzbett € 20, alle mit Frühstück) ♦ alle Kreditkarten, Bankomat ♦ öffentlicher Gratisparkplatz 500 Meter entfernt, kleine Haustiere willkommen, Betreiber stets anwesend ♦ Bar, Restaurant, Leseraum, Garten, Aussichtsterrasse

Isola di Ischia
Ischia

In der Altstadt
Fähre von Neapel (90 Min.)

Il Monastero

3-Sterne-Hotel
Castello Aragonese
Tel. (+39) 081 / 99 24 35
Fax (+39) 081 / 99 18 49
ilmonastero@castelloaragonese.it
www.albergoilmonastero.it
Ganzjährig geöffnet

Das Hotel befindet sich im ehemaligen Kloster von Santa Maria della Consolazione auf der nordwestlichen Seite des Castello Aragonese. Die Atmosphäre von Ruhe und Meditation, der familiäre, herzliche Service und der Reiz des Vergangenen ergeben eine originelle und anziehende Unterkunft. Ein Labyrinth aus Stufen und Fluren führt zu den Zimmern, die von weiß gekalkten Halbkreisbogen dominiert sind und auf das Meer oder das Dorf Ischia Ponte blicken. Eingerichtet sind sie mit dem Wesentlichen – einfachen, eleganten und modernen Möbeln. Das Frühstück wird auf einer Terrasse des Castello Aragonese serviert. Im Restaurant bekommen Sie traditionelle und kreative Gerichte. Zahlreiche zusätzliche Services und Vereinbarungen mit anderen Betrieben (zum Beispiel geführte Ausflüge, Thermalanlagen, Bootsservice) machen den Aufenthalt für die Gäste noch angenehmer. Der höchste Preis bezieht sich auf die Zimmer mit dem herrlichen Meeresblick.

♦ 6 EZ, 13 DZ und 2 Superior-DZ, alle mit Bad und WC ♦ EZ € 70–85, DZ € 100–140, Superior-DZ € 140–160 (alle mit Frühstück) ♦ alle Kreditkarten, Bankomat ♦ gebührenpflichtiger Privatparkplatz 500 Meter entfernt, Haustiere nicht erlaubt, Betreiber immer erreichbar ♦ Bar, Restaurant, Konferenzsaal, Terrasse

Isola di Ischia
Lacco Ameno-Fango

Fähre von Neapel (90 Min.)
6 km von Ischia

Residence Verde

Landhaus
Via Crateca, 34
Tel. (+39) 081 / 99 51 23,
(+39) 347 / 782 06 94
Fax (+39) 081 / 99 51 23
residenceverde@pointel.it
www.ischiatravelweb.it/residenceverde
Ferien: November–vor Ostern

Francesco Verde führt mit großer Leidenschaft diesen Betrieb für Obst- und Weinproduktion. Die Panoramalage oberhalb der Costa Flegrea und der Costa Domizia ist perfekt für alle, die einen entspannten Aufenthalt verbringen wollen, ohne allzu weit vom bunten Treiben an der Küste entfernt zu sein. Francescos Gastlichkeit ist wirklich etwas Besonderes, denn er behandelt seine Gäste wie Freunde. Von Wein- und Obstpflanzungen umgeben wählen sie zwischen Hotel und Ferienwohnung. Zimmer und Apartments sind gleichermaßen hell und einfach und funktionaleingerichtet. Das Frühstück ist allerdings Hotelgästen vorbehalten. Es präsentiert die Erzeugnisse des Betriebs: Obst, ausgezeichnete Konfitüren und frisches hausgemachtes Brot. Wer auf den Krater des Epomeo steigen und eine der interessanten Trekkingrouten ausprobieren möchte, kann Wanderkarten ausleihen. Auch ein Schwimmbecken und ein Barbecue-Bereich stehen zur Verfügung.

♦ 9 DZ mit Bad und WC, Terrasse, Minibar, TV (4 Zimmer mit Kochnische); 1 Apartment (4–5 Personen) mit Küche ♦ DZ in Einzelbelegung € 28–50, DZ € 55–100 (Aufpreis Zusatzbett € 9–16, alle mit Frühstück); Apartment € 73–176 ♦ keine Kreditkarten ♦ 2 Zimmer barrierefrei zugänglich, Privatparkplatz, kleine Haustiere willkommen, Betreiber immer erreichbar ♦ Frühstücksraum, Garten, Terrassen, Schwimmbecken

KAMPANIEN

Isola di Ischia
Forio d'Ischia

Fähre von Neapel (90 Min.)
11 km von Ischia

Villa Verde

3-Sterne-Hotel
Via Matteo Verde, 4
Tel. (+39) 081 / 98 72 81,
(+39) 347 / 524 81 81
Fax (+39) 081 / 98 72 81
info@villaverdehotel.it
www.villaverdehotel.it
Ferien: November–Februar

Das Hotel des liebenswerten Ehepaars Marianna Verde und Costantino Punzo, deren Sinn für Gastlichkeit bereits in der Familientradition verankert ist, liegt zentral und ruhig. 1968 wurde es eröffnet und 2004 komplett renoviert. Sehr einladend präsentieren sich die Gemeinschaftsräume wie die Sonnenterrasse mit Panoramablick und ein mit schönen Pflanzen und Blumen geschmückter Garten mit herrlichem Blick über die Dächer der kleinen Stadt und auf den Epomeo. Die Zimmer sind modern eingerichtet, einfach, hübsch und mit jedem Komfort ausgestattet. Zum traditionellen Frühstück bekommen Sie Produkte aus der Umgebung. Die Villa Verde ist nur ein paar Schritte vom Strand und 200 Meter vom Hafen entfernt. Es besteht eine Vereinbarung mit der Thermalanlage Antiche Terme in Forio d'Ischia, dort können Sie Behandlungen für Schönheit, Wohlbefinden und Gesundheit genießen. Costantino ist auch Keramikkünstler und stellt seine Arbeiten in einem Atelier in der Nähe des Hotels aus.

♦ 12 DZ mit Bad und WC, Aircondition, Safe, TV ♦ DZ in Einzelbelegung € 40–55, DZ € 60–100 (alle mit Frühstück) ♦ Kreditkarten: CartaSi, DC, MC, Visa; Bankomat ♦ gebührenpflichtige Parkplätze 200 und 300 Meter entfernt, Haustiere nicht erlaubt, Rezeptionsdienst rund um die Uhr ♦ TV- und Leseraum, Terrasse, Sonnenterrasse, vertragsgebundener Strand 200 Meter entfernt

Isola di Procida
Ortsteil Sant'Antonio

Fähre von Neapel (50 Min.) oder von Pozzuoli (30 Min.)
2 km von Procida

Casa Giovanni da Procida

3-Sterne-Hotel
Via Giovanni da Procida, 3
Tel. (+39) 081 / 896 03 58
Fax (+39) 081 / 896 73 95
info@casagiovannidaprocida.it
www.casagiovannidaprocida.it
Ganzjährig geöffnet

Eine halbe Stunde mit dem Schiff von Pozzuoli und eine knappe Stunde von der Mole Beverello in Neapel entfernt liegt Procida, die kleine Insel vulkanischen Ursprungs, auf der die Strände lang und schmal und aus schwarzem Sand sind. Dieses Hotel, ein renoviertes altes Bauernhaus, zeigt die typische Bauweise auf Procida: weite Bogen und polyzentrische Gewölbe. Der große Garten mit seinen Orangen- und Zitronenbäumen ist eine Oase der Ruhe und Entspannung, die Strände sind leicht erreichbar. Die hellen, großzügigen Zimmer sind mit Möbeln aus Strohgeflecht eingerichtet und erzeugen ein angenehmes Gefühl mediterraner Wärme. Die beiden Zimmer mit Panoramablick heißen »Don Ciccio« und »Donna Concetta« und sind ein wenig teurer als die anderen. Für Aufenthalte von mehr als drei Nächten sind Spezialangebote vorgesehen (außer im August). Zum Frühstück gibt es typische Süßspeisen, frisches Obst, Konfitüren, ofenwarmes Brot sowie heiße und kalte Getränke.

♦ 2 DZ, 3 3BZ, 1 4BZ und 1 5BZ, alle mit Bad und WC, Aircondition, Minibar, Garten, TV ♦ DZ in Einzelbelegung € 40–55, DZ € 65–110, 3BZ € 90–130, 4BZ € 100–140, 5BZ € 110–150 (alle mit Frühstück) ♦ Kreditkarten: CartaSi, DC, MC, Visa; Bankomat ♦ Anlage barrierefrei zugänglich, 1 Zimmer behindertengerecht ausgestattet, Privatparkplatz, kleine Haustiere willkommen, Betreiber immer erreichbar ♦ TV-Raum, Tagungsraum, Garten, Terrasse

Isola di Procida
Punta Serra

Fähre von Neapel (50 Min.) oder von Pozzuoli (30 Min.)
2 km von Procida, Haltestelle der Autobuslinie C 1

Solcalante

3-Sterne-Hotel
Via Serra, 1
Tel. (+39) 081 / 810 18 56
Fax (+39) 081 / 810 17 77
info@solcalante.it
www.solcalante.it
Ganzjährig geöffnet

Das urbane Erscheinungsbild der kleinen Insel Procida ist von engen Straßen geprägt, die sich zum Zentrum hinaufschlängeln. Etwa 100 Meter über dem Meeresspiegel erkennt man noch die alte Siedlung Terra Murata mit ihrem gut erhaltenen ursprünglichen Kern. Darüber hinaus wird die Insel von 15 Kirchen, vielen historischen Palazzi und den drei Toren im arabisch-mediterranen Stil geprägt. Das gemütliche Hotel Solcalante liegt in der Gegend von Ciraccio, auf einem Felsenriff mit einem wunderbaren Blick auf die Inseln Vivara und Ischia. Es ist ein altes, kürzlich renoviertes Bauernhaus, im Garten kann man leicht Entspannung finden. Es gibt zwar kein angeschlossenes Restaurant, aber der Betrieb hat mit einigen Restaurants in der Nähe Vereinbarungen getroffen. Außer im August, wenn die Preise der Hochsaison gelten, gibt es spezielle Angebote für längere Aufenthalte.

♦ 10 DZ und 2 3BZ, alle mit Bad und WC, Aircondition, Minibar, Sat-TV, WLAN (einige Zimmer mit Balkon) ♦ DZ in Einzelbelegung € 60–110, DZ € 70–130 (Aufpreis Zusatzbett € 15–35), 3BZ € 85–170 (alle mit Frühstück) ♦ Kreditkarten: AE, MC, Visa; Bankomat ♦ Gemeinschaftsbereiche barrierefrei zugänglich, Privatparkplatz, kleine Haustiere willkommen, Betreiber immer erreichbar ♦ Bar, Leseraum, Garten, Terrasse, Sonnenterrasse

Massa Lubrense
Villazzano

5 km vom Zentrum
57 km südlich von Neapel
Ausfahrt Castellammare di Stabia der A 3, S.S. 145

Il Giardino di Vigliano

Agriturismo
Via Vigliano, 3
Tel./Fax (+39) 081 / 533 98 23
info@vigliano.org
www.vigliano.org
Ganzjährig geöffnet

In diesem nach biologischen Methoden arbeitenden Betrieb werden hauptsächlich Zitrusfrüchte angebaut, zu 90 Prozent Sorrent-Zitronen. Den Agriturismo erreichen Sie daher über eine wunderbare Allee aus Zitronenbäumen. Das Ambiente ist familiär und die Gastlichkeit von Ida und Giuseppe Nunziata ursprünglich. Die Zimmer sind einfach und modern eingerichtet. Im Restaurant (nur für Hausgäste zugänglich) verwendet Ida die Erzeugnisse des eigenen Gemüsegartens und bereitet Süßspeisen sowie Brot und Pasta selbst zu (25 Euro mit Hauswein). Zum Frühstück gibt es außer frischen Backwaren Honig und lokale Konfitüren. Die Nähe zu Sorrent ermöglicht Ausflüge zu den bekanntesten Orten der Gegend. Wer einen weniger touristisch orientierten Urlaub verbringen will, kann Spaziergänge im Naturreservat von Punta Campanella unternehmen. Giuseppe führt Sie auch gerne durch sein Gut und zeigt Ihnen seine Sammlung von neapolitanischen Krippen und die Terrasse mit Blick auf den Golf von Neapel und den Vesuv.

♦ 7 DZ mit Bad und WC (einige Zimmer mit Aircondition) ♦ DZ in Einzelbelegung und DZ € 70 (Aufpreis Zusatzbett € 30, alle mit Frühstück) ♦ keine Kreditkarten ♦ Privatparkplatz, kleine Haustiere willkommen, Betreiber 7.30–22.30 Uhr erreichbar ♦ Restaurant, Frühstücksraum, Lese- und TV-Raum, Garten, Terrasse

Massa Lubrense
Sant'Agata sui Due Golfi

10 km vom Zentrum
53 km südlich von Neapel
Ausfahrt Castellammare di Stabia der A 3, S.S. 145

Le Tore

Agriturismo
Via Pontone, 43
Tel. (+39) 081 / 808 06 37,
(+39) 333 / 986 66 91
Fax (+39) 081 / 533 08 19
info@letore.com
www.letore.com
Ferien: November–Palmsonntag

Der 14 Hektar große landwirtschaftliche Betrieb von Vittoria Brancaccio erzeugt auf biologische Weise das DOP-Olivenöl Penisola Sorrentina, die IgP-Zitronen Ovale di Sorrento, Sorrent-Nüsse, Konfitüren, eingelegte Tomaten, Honig, Annurca-Äpfel, Sorrent-Tomaten und Auberginen namens »Cima di Viola«. Seinen Namen verdankt der Agriturismo dem gleichnamigen Pinienwald auf dem Rücken der Halbinsel von Sorrent. In diesem angenehmen Ambiente sind alle gut aufgehoben, die einen Ferienaufenthalt in Kontakt mit der Natur suchen. Die Zimmer sind mit Stilmöbeln eingerichtet. Das Frühstück besteht aus Süßspeisen und hausgemachten Keksen. Das kleine Restaurant (25 bis 30 Euro ohne Wein) ist für Hausgäste und gegen Vorbestellung allgemein zugänglich. Hier können Sie einfache regionale Gerichte probieren. Vittoria veranstaltet regelmäßig Kurse, Wein- und Ölverkostungen sowie Bootsausflüge nach Capri, Amalfi und Positano.

♦ 8 DZ mit Bad und WC, WLAN (einige Zimmer mit Balkon); 1 Apartment (5 Personen) mit Küche, Garten, Terrasse ♦ DZ in Einzelbelegung € 80–90, DZ € 90–110 (Aufpreis Zusatzbett € 30, alle mit Frühstück) ♦ Kreditkarten: MC, Visa; Bankomat ♦ 1 Zimmer behindertengerecht ausgestattet, Privatparkplatz, Betreiber stets anwesend ♦ Restaurant, Frühstücksraum, Garten, Sonnenterrasse

Massa Lubrense
Villazzano

5 km vom Zentrum
53 km südlich von Neapel
Ausfahrt Castellammare di Stabia der A 3, S.S. 145

Villa Pina

3-Sterne-Hotel
Via Partenope, 40
Tel. (+39) 081 / 533 97 80
Fax (+39) 081 / 807 18 13
info@francischiello.com
www.francischiello.com
Ganzjährig geöffnet

Mitten im Grünen liegt dieses Hotel – gegenüber der Insel Capri, abseits des Trubels, aber zugleich günstig für alle, die in wenigen Minuten das Meer und die Touristenorte erreichen wollen. Hierher führt die Strada Provinciale nach Massa Lubrense, zwischen Zitruspflanzen und den typischen Olivenhainen der Halbinsel von Sorrent hindurch. Die wenigen Zimmer sind hübsch eingerichtet und mit dem notwendigen Komfort ausgestattet. Das Frühstück besteht aus lokalen Produkten, Konfitüren aus Südfrüchten und anderen, Brioches und Croissants vom Konditor, frischem Obst, Kaffee, Milch und Fruchtsäften.

♦ 2 EZ und 16 DZ, alle mit Bad und WC, Aircondition, Minibar, Sat-TV (einige Zimmer mit Terrasse und Internetanschluss) ♦ EZ € 50–70, DZ in Einzelbelegung € 70–90, DZ € 80–100 (Aufpreis Zusatzbett € 10–20, alle mit Frühstück) ♦ alle Kreditkarten, Bankomat ♦ Anlage barrierefrei zugänglich, Privatparkplatz, Haustiere nicht erlaubt, Rezeptionsdienst rund um die Uhr ♦ Bar, Restaurant, Frühstücksraum, Lese- und TV-Raum, Tagungsraum, Sonnenterrasse

🍴 Im Restaurant Antico Francischiello da Peppino serviert man klassische neapolitanische Fischküche (40 bis 50 Euro ohne Wein).

Melizzano

40 km westlich von Benevento
Ausfahrt Caianello der A 1, S.S. 372 in Richtung Benevento, Ausfahrt Castelvenere

Mesogheo

Agriturismo
Ortsteil Valle Corrado, 2
Tel. (+39) 08 24 / 94 43 56,
(+39) 334 / 187 06 77
Fax (+39) 08 24 / 94 41 30
info@mesogheo.com
www.mesogheo.com
Ganzjährig geöffnet

NEU

An der westlichen Grenze der Provinz Benevento (an den Hängen des Monte Camposauro, der mit dem Taburno gemeinsam das riesige Massiv im Valle del Volturno bildet) finden wir diesen Agriturismo inmitten jahrhundertealter Olivenbäume. Die alte Masseria wurde geschmackvoll und originell renoviert: Im Erdgeschoss befinden sich eine gut bestückte Bibliothek und ein gemütliches Restaurant, das kampanische Küche mit Einflüssen aus dem Nahen Osten kombiniert (festgelegtes Menü 30 Euro). In den oberen Stockwerken befinden sich die Wohnräume der Betreiber. Ganz in der Nähe gibt es zwei Schwimmbecken zur Entspannung im Sommer und drei Gebäude, in denen sich die Zimmer befinden, alle ausgestattet mit kleinem Kamin, Minibar und Fernseher. Zum Frühstück können Sie hausgemachte Konfitüren und Süßpeisen essen. Der Betrieb veranstaltet geführte Ausflüge in die Umgebung. Gegen Vorbestellung können Sie auch eine entspannende Massage genießen.

♦ 10 DZ und 2 4BZ, alle mit Bad und WC, Minibar, WLAN ♦ DZ in Einzelbelegung € 65, DZ € 90 (Aufpreis Zusatzbett € 15, alle mit Frühstück) ♦ Kreditkarten: CartaSi, MC, Visa; Bankomat ♦ Privatparkplatz, kleine Haustiere willkommen, Betreiber stets anwesend ♦ Bar, Restaurant, Leseraum, TV-Raum, Garten, Terrassen, Schwimmbecken

Neapel

In der Altstadt
550 m vom Hauptbahnhof, 1,5 km vom Hafen
Ausfahrt Napoli der A 3, in Richtung Via Marina

Dimora Sant'Eligio

3-Sterne-Hotel
Via Rota, 36–38
Tel. (+39) 081 / 26 81 65,
(+39) 081 / 20 27 85
Fax (+39) 081 / 563 75 44
info@dimorasanteligio.it
www.dimorasanteligio.it
Ganzjährig geöffnet

Hier ist der Schauplatz der berühmten Revolution, in der 1799 die antifranzösischen Aufständischen aus dem Volk kämpften. Nur ein paar Schritte von der Piazza Mercato und der Piazza Masaniello entfernt, im Gebiet zwischen der Via del Rettifilo (Corso Umberto I) und der Marina, finden wir dieses Hotel in einem komplett renovierten Palazzo aus dem 18. Jahrhundert. Die Zimmer verfügen über schöne Bäder und sind mit eleganten Möbeln eingerichtet. Im letzten Stockwerk gibt es eine große Terrasse mit Tischen und Stühlen, dort wird auf Wunsch an schönen Tagen auch das Frühstück serviert. Im Erdgeschoss befindet sich eine kleine Bibliothek. Neben dem Hotel liegt das Lokal O Peccato e Sant'Eligio (Pizzeria-Restaurant), das von denselben Betreibern geführt wird. Das Frühstück ist klassisch. Für Gruppen und bei Aufenthalten von mehreren Tagen sind spezielle Angebote vorgesehen.

♦ 12 DZ mit Bad und WC, Aircondition, Minibar, Sat-TV ♦ DZ in Einzelbelegung € 70, DZ € 85 (Aufpreis Zusatzbett € 15, alle mit Frühstück) ♦ Kreditkarten: CartaSi, MC, Visa; Bankomat ♦ Anlage barrierefrei zugänglich, bewachter Parkplatz in unmittelbarer Nähe, kleine Haustiere willkommen, Rezeptionsdienst rund um die Uhr ♦ Restaurant, Frühstücksraum, Lese- und TV-Raum, Terrasse, Sonnenterrasse

Neapel
In der Altstadt
Ausfahrt Napoli Centro der A 3 in Richtung Piazza Cavour
Haltestelle Foria der Autobuslinie 201 oder Haltestelle Piazza Cavour der U-Bahn-Linie 1

Hotel des Artistes

3-Sterne-Hotel
Via Duomo, 61
Tel. (+39) 081 / 44 61 55
Fax (+39) 081 / 211 04 03
info@hoteldesartistesnaples.it
www.hoteldesartistesnaples.it
Ganzjährig geöffnet

Wenn Sie zufällig Mitte September nach Neapel kommen, sollten Sie unbedingt im Hotel des Artistes wohnen. Denn wegen der Nähe zur Kathedrale können Sie von diesem Betrieb in einem ruhigen Innenhof der Altstadt aus den neapolitanischen Kult um das Wunder von San Gennaro miterleben. Außerdem ist das Hotel ein ausgezeichneter Ausgangspunkt für Ausflüge in die Umgebung, weil es über eine gute Verbindung zum Bahnhof und zum Hafen verfügt und nur wenige Minuten von zwei U-Bahn-Linien entfernt ist. Es gibt zwei Arten von Zimmern: Standardzimmer (mit Blick auf den Innenhof) und De-luxe-Zimmer (mit Aussicht auf die Via Duomo). Alle sind großzügig angelegt und schlicht eingerichtet.

♦ 1 EZ, 6 DZ, 3 3BZ und 2 4BZ, alle mit Bad und WC, Aircondition, Sat-TV, WLAN ♦ EZ € 50–65, DZ € 65–100, 3BZ € 90–120, 4BZ € 100–135 (alle mit Frühstück) ♦ alle Kreditkarten, Bankomat ♦ einige Zimmer barrierefrei zugänglich, gebührenpflichtiger öffentlicher Parkplatz, kleine Haustiere willkommen, Rezeptionsdienst rund um die Uhr ♦ Bar, Frühstücksraum

Neapel
In der Altstadt
500 m von der Piazza Municipio, 2 km vom Hauptbahnhof
Ausfahrt Capodimonte der Tangenziale di Napoli in Richtung Piazza Dante

I Visconti

Bed & Breakfast
Via Pasquale Scura, 77
Tel. (+39) 081 / 552 91 24,
(+39) 393 / 376 20 08
Fax (+39) 081 / 552 91 24
info@napolibandb.it
www.napolibandb.it
Ganzjährig geöffnet

Spaccanapoli ist die Hauptschlagader aller Kunststraßen, die Napoli so berühmt machen, und wir befinden uns hier direkt im Zentrum zwischen der Piazza Dante und der Piazza Carità, in nächster Nähe der Montesanto-Seilbahn Richtung Vomero-San Martino und der U-Bahn-Stationen Montesanto und Centro Storico. Im zweiten Stock eines Adelssitzes aus dem 18. Jahrhundert finden wir dieses mit Geschmack und einfachen schmiedeeisernen Möbeln eingerichtete Bed & Breakfast mit rustikaler Anmutung. Im Inneren gibt es eine Treppe mit 70 Stufen, die zur Terrasse hinaufführt und zur Gänze aus Ziegeln erbaut wurde. Das Personal ist liebenswürdig und nett. Das Frühstück wird in einem kleinen Salon oder auf der Terrasse serviert und umfasst verschiedene regionale Produkte.

♦ 1 EZ, 3 DZ und 1 3BZ, alle mit Bad und WC, Airconditon, Safe, Sat-TV, WLAN ♦ EZ € 39–49, DZ € 69–89, 3BZ € 95–110 (Aufpreis Zusatzbett € 15, alle mit Frühstück) ♦ Kreditkarten: MC, Visa; Bankomat ♦ Anlage barrierefrei zugänglich, Vertragsgarage 300 Meter entfernt (€ 18–21 pro Tag), Haustiere nicht erlaubt, Betreiber stets anwesend ♦ Frühstücksraum, Internetstation, Sonnenterrasse, Terrasse

Neapel

In der Altstadt
500 m von der Piazza del Municipio, 1,5 km vom Hauptbahnhof
Ausfahrt Capodimonte der Tangenziale di Napoli in Richtung Piazza Dante

L'Alloggio dei Vassalli

Bed & Breakfast
Via Donnalbina, 56
Tel. (+39) 081 / 551 51 18
Fax (+39) 081 / 420 27 52
info@bandbnapoli.it
www.bandbnapoli.it
Ganzjährig geöffnet

Das Bed & Breakfast befindet sich einem reizenden Gebäude aus dem 18. Jahrhundert, dem Palazzo Donnalbina. Er ist nur wenige Meter von der Piazza del Gesù entfernt, einer der wichtigsten Stätten der Hauptstadt von Kampanien und dem Sitz der schönen Basiliken Santa Chiara und Gesù Nuovo. In den Räumlichkeiten des Beherbergungsbetriebs gibt es auch ein Wellnesszentrum, das einem Charme-Hotel in nichts nachsteht. Der angenehme Empfang durch das Personal, das Frühstück mit neapolitanischen Konditorwaren und die Möglichkeit zu einer nachmittäglichen Teepause in einem Ruheraum sorgen für einen angenehmen Aufenthalt in Neapel.

♦ 1 EZ, 4 DZ und 1 3BZ, alle mit Bad und WC, Airconditioning, Safe, Sat-TV, WLAN ♦ EZ € 39–59, DZ € 65–99 (Aufpreis Zusatzbett € 15), 3BZ € 105–125 (alle mit Frühstück) ♦ Kreditkarten: MC, Visa; Bankomat ♦ Anlage barrierefrei zugänglich, Vertragsgarage in der Nähe (€ 22–28 pro Tag), Haustiere nicht erlaubt, Rezeptionsdienst rund um die Uhr ♦ Frühstücksraum, Ruheraum, Internetstation, Wellnesszentrum

Neapel

In der Altstadt
2 km vom Touristenhafen, 3 km vom Hauptbahnhof, 6 km vom Flughafen
Ausfahrt Capodimonte der Tangenziale in Richtung Piazza Dante und Museo Archeologico Nazionale

La Locanda dell'Arte

Zimmervermietung
Via Pessina, 66
Tel. (+39) 081 / 564 46 40,
(+39) 081 / 544 43 15
Fax (+39) 081 / 564 54 27
info@bbnapoli.org
www.bbnapoli.org
Ganzjährig geöffnet

Dieses Bed & Breakfast in einem Palazzo der Altstadt, zwischen der Kunstakademie und dem Museo Archeologico Nazionale, fügt sich perfekt in einen historisch-architektonischen Zusammenhang, der auf das ruhmreiche neapolitanische 19. Jahrhundert verweist. Der Betrieb liegt nur ein paar Schritte von den wichtigsten Sehenswürdigkeiten Neapels entfernt und auf halbem Weg zwischen zwei U-Bahn-Stationen der Linie 1, die zu dem Projekt »Metrò dell'arte« (künstlerische U-Bahn) gehören: In verschiedenen U-Bahn-Stationen sind Werke italienischer Künstler ausgestellt. Die Betreiber des Bed & Breakfast sind gesellig und hilfsbereit und geben den Gästen die Möglichkeit, sich wie zu Hause zu fühlen. Die Zimmer sind sorgfältig gepflegt und äußerst bequem. Für Gruppen und längere Aufenthalte sind Spezialpreise vorgesehen. Der Transport vom und zum Flughafen und Bahnhof ist kostenlos. Im angeschlossenen Restaurant (eine Mahlzeit ohne Wein kostet 35 Euro) wird den Gästen der Locanda eine Ermäßigung von 20 Prozent gewährt.

♦ 10 DZ und 2 3BZ, alle mit Bad und WC, Airconditioning, Balkon, Sat-TV ♦ DZ in Einzelbelegung € 45–60, DZ € 60–80, 3BZ € 80–100 (alle mit Frühstück) ♦ alle Kreditkarten, Bankomat ♦ gebührenpflichtiger Vertragsparkplatz (€ 25 pro Tag), kleine Haustiere willkommen, Betreiber 8–18 Uhr erreichbar ♦ Bar, Restaurant

Neapel

In der Altstadt
500 m vom Hafen, 2 km vom Hauptbahnhof
Ausfahrt Napoli Centro der A 3 in Richtung Via Medina

Napolit'amo

3-Sterne-Hotel
Via San Tommaso d'Aquino, 15
Tel./Fax (+39) 081 / 497 71 10
info@napolitamo.it
www.napolitamo.it
Ganzjährig geöffnet

Zwischen dem Meer und dem Rathaus und gegenüber des Castel Nuovo (heute besser bekannt als Maschio Angioino) liegt das von einem jungen, herzlichen Team geführte Napolit'amo, in idealer Lage für einen Rundgang durch die Altstadt. Es befindet sich im dritten Stockwerk eines modernen Gebäudes, die Zimmer sind hell und schallgedämmt. Die Einrichtung ist modern und funktional, die Bäder sind sehr gepflegt. Das kontinentale Frühstück wird in einem großen, hellen Raum serviert. Der Betrieb organisiert Ausflüge (mit professionellen mehrsprachigen Führern) in die Umgebung und zu den interessantesten Orten der Region.

♦ 14 DZ und 3BZ, alle mit Bad, Aircondition, Safe, TV ♦ DZ in Einzelbelegung € 60–70, DZ € 90–115 (Aufpreis Zusatzbett € 20), 3BZ € 120–135 (alle mit Frühstück) ♦ Kreditkarten: AE, CartaSi, MC, Visa; Bankomat ♦ einige Zimmer barrierefrei zugänglich, Vertragsgarage in der Nähe (€ 18 pro Tag), kleine Haustiere willkommen, Rezeptionsdienst 8–22 Uhr ♦ Bar, Frühstücksraum, Leseraum, Internetstation

Neapel

Im Zentrum
1 km vom Hafen, 1,5 km vom Bahnhof und von den Autobahnen, 2 km vom Flughafen
Ausfahrt Capodimonte der Tangenziale di Napoli

Neapolis

3-Sterne-Hotel
Via Del Giudice, 13
Tel. (+39) 081 / 442 08 15
Fax (+39) 081 / 442 08 19
info@hotelneapolis.com
www.hotelneapolis.com
Ganzjährig geöffnet

In der Altstadt Neapels, im dritten Stock eines Palazzos in einem der engen Gässchen im Decumani-Viertel, bietet das Hotel Neapolis eine Mischung aus Gastlichkeit in familiärer Atmosphäre und einem qualitätsvollen Beherbergungsbetrieb. Jedes Zimmer verfügt über moderne Technik, die es erlaubt, in Kontakt mit der Welt zu bleiben. Zugleich gibt die Lage innerhalb der alten griechischen Stadtmauern dem Gast das Gefühl von etwas Besonderem. Die Zimmer sind großzügig, die Einrichtung beschränkt sich auf das Wesentliche, ist aber gepflegt und im altemn bäuerlichen Stil gehalten. Im Hotel gibt es einen TV-Raum und einen großen Frühstücksraum, der auch als Bar dient. Die Betreiber führen im selben Haus auch das Restaurant und die Pizzeria Locanda del Grifo, wo Sie eine Mahlzeit für 40 Euro ohne Wein bekommen.

♦ 15 DZ, 6 3BZ und 3 4BZ, alle mit Bad und WC, Aircondition, Minibar, TV, PC, Internetanschluss ♦ DZ in Einzelbelegung € 45–55, DZ € 70–90, 3BZ € 95–115, 4BZ € 100–120 (alle mit Frühstück) ♦ alle Kreditkarten, Bankomat ♦ einige Zimmer barrierefrei zugänglich, Garage (€ 20 pro Tag), kleine Haustiere willkommen, Rezeptionsdienst rund um die Uhr ♦ Restaurant, Frühstücksraum, TV-Raum, Konferenzsaal

Neapel

In der Altstadt
Vom Hauptbahnhof Autobuslinien R1 und R2
Ausfahrt Napoli Centro der A 3, Via Marittima in Richtung Piazza del Municipio, dann in Richtung Via Mezzocannone

Pignatelli

3-Sterne-Hotel
Via San Giovanni Maggiore Pignatelli, 16
Tel./Fax (+39) 081 / 658 49 50
hotelpignatellinapoli@fastwebnet.it
www.hotelpignatellinapoli.com
Ganzjährig geöffnet

Wir befinden uns in der Beletage des Palazzo Pignatelli in der Altstadt von Neapel, wenige Schritte von den Kirchen Santa Chiara und Gesù Nuovo entfernt und auch ganz in der Nähe des Universitätsviertels. Marchese Fabrizio Pignatelli, Gouverneur von Neapel, bewohnte im 15. Jahrhundert diese historische Unterkunft. Die wenigen Zimmer sind großzügig und schallisoliert, ausgestattet mit schlichten Einrichtungsgegenständen aus Schmiedeeisen und Holz. In einigen kann man noch die mit Fresken bemalten Holzbalken an den Decken bewundern, die während verschiedener Restaurierungsarbeiten zum Vorschein kamen und an den alten Glanz erinnern. Das kontinentale Frühstücksbüfett umfasst unter anderem Croissants, Kaffee, Konfitüren und Fruchtsäfte. Die Gäste können an organisierten Stadtbesichtigungen teilnehmen oder Ausflüge zu den wichtigsten Touristenorten der Umgebung unternehmen.

♦ 5 DZ mit Bad und WC, Airconditon, TV, Internetanschluss ♦ DZ in Einzelbelegung € 40–50, DZ € 70–90 (Aufpreis Zusatzbett € 30, alle mit Frühstück) ♦ alle Kreditkarten, Bankomat ♦ Vertragsgarage 300 Meter entfernt (€ 15 pro Tag), kleine Haustiere willkommen, Betreiber immer erreichbar ♦ Frühstücksraum

Neapel

In der Altstadt
500 m vom Hafen, 2 km vom Bahnhof
Ausfahrt der A 3 in Richtung Via Medina

Principe Napolit'amo

3-Sterne-Hotel
Via Toledo, 148
Tel./Fax (+39) 081 / 552 36 26
info@napolitamo.it
www.napolitamo.it
Ganzjährig geöffnet

Das elegante Hotel liegt im Herzen der Hauptstraße von Neapel, nur ein paar Schritte von der Piazza del Plebiscito mit dem Palazzo Reale und der Basilika San Francesco di Paola entfernt. Es befindet sich im ersten Stock eines aus dem 16. Jahrhundert stammenden Gebäudes, das dem Prinzen Tocco di Montemiletto gehörte. Wir sind hier zwischen dem vornehmen Neapel des Real Teatro San Carlo und dem belebten Viertel Quartieri Spagnoli. Der traditionelle Stil lebt in der Einrichtung und Ausstattung fort. Alle Zimmer sind bequem und großzügig, das Personal ist nett und hilfsbereit. Das kontinentale Frühstücksbüfett umfasst Kaffee, Fruchtsäfte und Croissants. Im selben Gebäude befindet sich das Touristenzentrum Napolit'amo, das auch für nicht italienischsprachige Gäste geführte Stadtbesichtigungen und Ausflüge in die Region anbietet.

♦ 10 DZ und 3 3BZ, alle mit Bad und WC, Aircondition, Safe, TV ♦ DZ in Einzelbelegung € 65–75, DZ € 80–105, 3BZ € 108–120 (Aufpreis Zusatzbett € 20, alle mit Frühstück) ♦ Kreditkarten: Carta-Si, MC, Visa; Bankomat ♦ einige Zimmer behindertengerecht ausgestattet, gebührenpflichtiger öffentlicher Parkplatz, kleine Haustiere willkommen, Rezeptionsdienst 8–22 Uhr ♦ Frühstücksraum, Ruhezone, Internetstation

Perdifumo
Vatolla

71 km südöstlich von Salerno
Ausfahrt Battipaglia der A 3, S.S. 18 bis, Ausfahrt Prignano in Richtung Vatolla

Il Vecchio Casale

Agriturismo · Via Vigna
Tel. (+39) 09 74 / 84 5 235,
(+39) 339 / 259 86 87
Fax (+39) 09 74 / 82 12 96
vecchiocasale@libero.it
www.ilvecchiocasale.it
Ferien: November–April (außer an Wochenenden und Feiertagen)

Der Agriturismo von Anna Maria Malandrino liegt in der Nähe des Zentrums von Valtolla, in einem für das Cilento-Gebiet typischen Gebäude vom Beginn des 18. Jahrhunderts, mitten auf dem Land. Die Anlage besteht aus einem alten Steinbauernhaus und kleinen Wachttürmen. Die Zimmer sind großzügig, mit Stilmöbeln eingerichtet und mit dem wichtigsten Komfort ausgestattet. Alle haben zwei Eingänge, einen vom Inneren des Hauses und einen von der Terrasse, die den Gästen vorbehalten ist. Der gepflegte Außenbereich bietet den Gästen viel Grün, das Schwimmbecken ist von jahrhundertealten Olivenbäumen umgeben. Das Frühstück wird in der Bar serviert und besteht aus ausgezeichneten Konfitüren und hausgemachten Kuchen. Im Restaurant wird vor allem regionale Küche angeboten. Die Gerichte werden mit den Erzeugnissen des Betriebs zubereitet (etwa 25 Euro ohne Wein, Halbpension 60 Euro pro Person).

♦ 1 EZ und 2 DZ, alle mit Bad und WC, TV (einige Zimmer mit Balkon) ♦ EZ € 50, DZ € 80 (alle mit Frühstück) ♦ alle Kreditkarten, Bankomat ♦ Restaurant barrierefrei zugänglich, Privatparkplatz, kleine Haustiere willkommen, Betreiber stets anwesend ♦ Restaurant, Lese- und TV-Raum, Garten, Terrasse, Schwimmbecken

Piana di Monte Verna

15 km nördlich von Caserta
Ausfahrt Capua der A 1, S.P. 336 in Richtung Caiazzo

Carpe Diem *NEU*

Zimmervermietung
Largo Ferrari, 8
Tel. (+39) 08 23 / 86 13 71
Fax (+39) 08 23 / 61 60 93
locandacarpediem@alice.it
www.locandacarpediem.com
Ganzjährig geöffnet

Wir befinden uns in dem historischen Ortskern des reizenden Bauerndorfs Piana di Monte Verna, in dem eine ruhige, gelassene Atmosphäre abseits des hektischen Alltags herrscht. Die Locanda ist ein schön renoviertes Gebäude aus dem 17. Jahrhundert. In allen großzügigen und hellen Zimmern gibt es Mobiliar der Familie sowie Stilmöbel, aber es mangelt auch nicht an modernem Komfort wie Aircondition, Minibar, Sat-TV und Internetanschluss. Interessant ist die Küche, in der lokale Gerichte vom Wirt und Küchenchef Lucio Romano je nach Inspiration neu interpretiert werden (35 Euro ohne Wein). Zum traditionellen Frühstück gibt es frisch gepresste Säfte, Obst und Süßspeisen aus lokaler Erzeugung.

♦ 4 EZ und 3 DZ, alle mit Bad und WC, Aircondition, Terrasse oder Balkon, Minibar, Sat-TV, Internetanschluss ♦ EZ € 45, DZ € 90 (alle mit Frühstück) ♦ alle Kreditkarten, Bankomat ♦ einige Zimmer barrierefrei zugänglich, öffentlicher Gratisparkplatz angrenzend, kleine Haustiere willkommen, Rezeptionsdienst 7–16 und 18–24 Uhr ♦ Bar, Restaurant, Leseraum, TV-Raum, Konferenzsaal, Garten, Terrasse

Pietravairano

45 km nordwestlich von Caserta
Ausfahrt Caianello der A 1, S.S. 372

La Caveja

Locanda
Via Santissima Annunziata, 10
Tel. (+39) 08 23 / 98 48 24
Fax (+39) 08 23 / 98 29 77
albergoristorantecaveja@virgilio.it
Ganzjährig geöffnet

Geschmack und Schlichtheit kennzeichnen die Philosophie und das Äußere dieser Locanda, die von Angela Grella mit Engagement geführt wird. Das renovierte Landhaus befindet sich am Ortseingang in ausgeprochen ruhiger Lage, mit ausreichend Platz rundherum. In den bäuerlich eingerichteten Zimmern werden Ihnen die schönen Bodenfliesen auffallen. Zum Frühstück können Sie ausgezeichnete Konfitüren, hausgemachte Torten, Crostata, Rundkuchen und Teigtäschchen versuchen, alles aus eigenen Produkten hergestellt. Im Restaurant gibt es Gerichte der traditionellen Küche um 30 Euro ohne Wein.

♦ 6 EZ, 6 DZ, 3 3BZ, 1 4BZ und 1 Suite, alle mit Bad und WC, Aircondition, Minibar, TV, Internetanschluss ♦ EZ € 60, DZ € 80, 3BZ € 100, 4BZ und Suite € 120 (alle mit Frühstück) ♦ alle Kreditkarten, Bankomat ♦ Anlage barrierefrei zugänglich, Privatparkplatz, Haustiere nicht erlaubt, Betreiber stets anwesend ♦ Restaurant, Frühstücksraum, Leseraum, Tagungsraum, Garten

Pietrelcina
Piana Romana

12 km nördlich von Benevento
Ausfahrt Benevento der A 16, dann 12 km auf der S.S. 212

Il Sentiero della Rosa

Agriturismo
Ortsteil Coste, 21
Tel./Fax (+39) 08 24 / 99 00 42
info@ilsentierodellarosa.com
www.ilsentierodellarosa.com
Ganzjährig geöffnet

Emanuela Ciaccio, eine überzeugte Umweltschützerin und Kennerin alternativer Heilmethoden, führt diesen Agriturismus mit Blick auf das unberührte Tammarotal. Der biologische Anbau von Dinkel, Weizen der Sorten Abbondanza und Senatore Cappelli, einer lokalen Artischockensorte und vielen anderen Gemüse- und Hülsenfruchtsorten liefert die Basis für die Suppen, die im Restaurant serviert werden (25 Euro ohne Wein). Der Berherbergungsbetrieb, schlicht und im Arte-povera-Stil eingerichtet, bietet angemessenen Komfort. Die Verwendung von allergenfreien Matratzen und Kissen, Lattenrosten aus Holz und abgeschirmten Elektroinstallationen ist ein erfreulicher Pluspunkt. Das Frühstück besteht zum Großteil aus eigenen Produkten: Toastbrot, frische Milch, Butter, Crostata, Kekse, frisches Obst und Konfitüren.

♦ 6 DZ mit Bad und WC, Balkon, Aircondition, TV ♦ DZ in Einzelbelegung € 45–50, DZ € 90–100 (Aufpreis Zusatzbett € 25–30, alle mit Frühstück) ♦ keine Kreditkarten ♦ Gemeinschaftsbereiche barrierefrei zugänglich, 1 Zimmer behindertengerecht ausgestattet, Privatparkplatz, kleine Haustiere willkommen, Betreiber stets anwesend ♦ Bar, Restaurant, TV-Raum, Konferenzsaal, Garten, Terrasse, Spielplatz, Schwimmbecken, Fitnessraum, Reitstall

KAMPANIEN

Pisciotta

4 km vom Bahnhof
100 km südöstlich von Salerno
Ausfahrt Battipaglia der A 3, S.S. 18 in Richtung Vallo Scalo

Casa Pixos

Ferienhaus
Via Castello
Tel. (+39) 09 74 / 97 37 92, (+39) 333 / 271 03 49, (+39) 333 / 221 97 40
Fax (+39) 09 74 / 97 36 47
info@casapixos.it
www.casapixos.it
Ganzjährig geöffnet

Die vier unterschiedlich großen Apartments (Bugavillea, Glicine, Gelso, Topazio) befinden sich in drei Wohnhäusern aus dem 17. Jahrhundert. Durch die Renovierung wurden die Anlage und die Innenräume aufgewertet: Niveauunterschiede, Nischen, Vordächer und freigelegte alte Holzbalken. Die Einrichtung ist gepflegt und basiert auf dem Wechselspiel zwischen alten und modernen Möbeln. Große Fensterfronten gehen auf die Gärten hinaus, in denen die Mittelmeervegetation dominiert, und auf die Terrassen mit Blick auf den Golf. Wenn Sie vorbestellen, müssen Sie angeben, ob Sie das Frühstück in Anspruch nehmen wollen, dann wird für einen Aufpreis von 7 Euro der Kühlschrank mit allem Nötigen gefüllt, weiters finden Sie einen Korb mit Backwaren vor.

♦ 4 Apartments mit Bad und WC, Terrasse (3 Apartments mit Küche, 1 Apartment mit Sat-TV) ♦ Apartment (1–2 Personen) € 45–95, Apartment (2–3 Personen) € 60–115, Apartment (4–6 Personen) € 75–140 (Frühstück € 7 pro Person) ♦ alle Kreditkarten, Bankomat ♦ öffentlicher Gratisparkplatz vor der Anlage, kleine Haustiere willkommen, Betreiber immer erreichbar ♦ Garten

Pisciotta

4 km vom Bahnhof Pisciotta-Palinuro
99 km südöstlich von Salerno
Ausfahrt Battipaglia der A 3, S.S. 18 in Richtung Vallo Scalo

La Locanda del Fiume 'A Machina

Agriturismo · Ortsteil Fiori
Tel. (+39) 09 74 / 97 38 76, (+39) 335 / 811 91 75, (+39) 335 / 532 61 32
Fax (+39) 09 74 / 97 37 03
info@amachina.it
www.amachina.it
Ferien: November–Februar

Die ehemalige Mühle aus dem 18. Jahrhundert inmitten von Olivenbäumen wurde der lokalen Architektur entsprechend renoviert und wird heute von Sonia D'Amato als Beherbergungsbetrieb geführt. Die Zimmer sind gepflegt, was Einrichtung und auch Funktionalität betrifft: alte Balken aus massivem Kastanienholz, ein schöner Parkettboden aus Olivenholz, Möbel aus Kirsch- und Palisanderholz, Betten aus Schmiedeeisen, alles in Pastellfarben. Schlicht und elegant ist auch das Restaurant (geöffnet nur abends für die Gäste der Locanda, 26 bis 50 Euro ohne Wein), in dem die alte Ölpresse gut zur Geltung kommt. Angenehm präsentieren sich der Empfangsraum mit seinen Steinwänden und die Terrasse mit dem Panoramablick. Zum Frühstück werden von der Hausherrin selbst gemachte Konfitüren und Vollkornbrot serviert, weiters Süßspeisen und Kekse, kalte und heiße Getränke sowie Obst.

♦ 4 DZ, 5 3BZ und 3 4BZ, alle mit Bad und WC (einige Zimmer mit Balkon, 2 Zimmer mit Aircondition) ♦ DZ in Einzelbelegung € 60–78, DZ € 90–130, 3BZ € 110–160, 4BZ € 130–180 (alle mit Frühstück) ♦ alle Kreditkarten, Bankomat ♦ Privatparkplatz, kleine Haustiere willkommen, Betreiber stets anwesend ♦ Bar, Restaurant, Frühstücksraum, Lese- und TV-Raum, Garten, Terrasse, Schwimmbecken

Pontecagnano Faiano
Faiano

15 km südöstlich von Salerno
Ausfahrt Pontecagnano der A 3, nach 500 m Hinweisschilder nach Faiano

Giù al Mulino

NEU

Zimmervermietung
Via Diaz, 66
Tel. (+39) 089 / 20 02 40,
(+39) 329 / 611 48 69
Fax (+39) 089 / 20 02 40
info@giualmulino.it
www.giualmulino.it
Ganzjährig geöffnet

Die Mühle, die Ende des 18. Jahrhunderts erbaut wurde, gehört seit 1810 der Familie des bekannten, 1987 heiliggesprochenen Arztes Giuseppe Moscati. Seine Nachfahrin Giuliana hat sich nach 15 Jahren Erfahrung im Bereich von Forschung und Bildung einen lang gehegten Traum verwirklicht und die Mühle in einen Beherbergungsbetrieb umgewandelt. Mit Bedacht renoviert (ohne die ursprüngliche Struktur zu verändern), bietet er heute Platz für drei helle Zimmer, die auf den Golf hinausgehen und mit alten Möbeln eingerichtet sind. Mittags und abends können Sie im Speisesaal oder unter einer schönen Laube die traditionelle oder gemäßigt kreative Küche zu einem Preis von 25 bis 30 Euro ohne Wein probieren. Vom Garten aus genießt man einen spektakulären Blick, der von der Amalfiküste bis zum Cilento reicht.

♦ 3 DZ mit Bad und WC (einige mit Whirlpool), Aircondition, Balkon, Sat-TV, WLAN ♦ DZ in Einzelbelegung € 50–60, DZ € 70–80 (alle mit Frühstück) ♦ Kreditkarten: MC, Visa; Bankomat ♦ Anlage barrierefrei zugänglich, öffentlicher Parkplatz angrenzend, kleine Haustiere willkommen, Betreiber stets anwesend ♦ Restaurant, Garten, Terrasse

Positano
Nocelle

6 km vom Zentrum
43 km westlich von Salerno
Ausfahrt Castellammare di Stabia der A 3, S.S. 145 und S.S. 163

Casa Cuccaro

Bed & Breakfast
Via Nocelle, 28
Tel./Fax (+39) 089 / 87 54 58
info@casacuccaro.it
www.casacuccaro.it
Ganzjährig geöffnet

Nocelle ist ein winziger Ort, der sich auf dem Berg über Positano anzuklammern scheint. Hier hat die Familie Cuccaro ein altes bäuerliches Landhaus renoviert und einen schönen Rückzugsort für Ruhesuchende geschaffen. Die lichtdurchfluteten Zimmer sind schlicht eingerichtet, mit einer kleinen, den Großteil des Tages sonnenbeschienenen Terrasse ausgestattet und gehen alle auf den Golf hinaus. Das Frühstück besteht aus Süßspeisen und hausgemachten Konfitüren. In Nocelle beginnen zahlreiche Wanderwege, auf denen man den »Sentiero degli Dei« (Wanderweg der Götter) entdecken kann. Im Dorf fahren keine Autos, Sie können Ihr Auto auf einem öffentlichen Gratisparkplatz stehen lassen, der nur ein paar Minuten vom Betrieb entfernt ist.

♦ 7 DZ mit Bad und WC, Aircondition, Terrasse, Minibar, TV, Internetanschluss ♦ DZ in Einzelbelegung € 55–65, DZ € 75–85 (Aufpreis Zusatzbett € 20, alle mit Frühstück) ♦ keine Kreditkarten ♦ öffentlicher Gratisparkplatz am Ortseingang, Haustiere nicht erlaubt, Betreiber stets anwesend ♦ Bar, Frühstücksraum, TV-Raum, Terrasse, Sonnenterrasse

Pozzuoli
Arco Felice

3 km vom Zentrum
18 km westlich von Neapel
Ausfahrt Arco Felice der Tangenziale di Napoli

La Tripergola

3-Sterne-Hotel
Via Miliscola, 165
Tel. (+39) 081 / 804 21 20
Fax (+39) 081 / 804 21 24
info@latripergola.it
www.latripergola.it
Ganzjährig geöffnet

Der 1538 von der Eruption des Monte Nuovo verschüttete Thermalort Tripergole war Namensgeber für das Hotel im Ortsteil Arco Felice, das seit Jahren von Ferdinando Testa geführt wird. Es ist weniger als 500 Meter vom See Lucrino entfernt. Die Zimmer, von denen die Hälfte Meeresblick hat, präsentieren sich im maritimen Stil und sind großzügig und bequem. Das Frühstücksbüffet wird im Saal des Restaurants vorbereitet und bietet auch Süßspeisen und Konditorwaren aus eigener Herstellung. Das Hotel hat eine Vereinbarung mit einem nahen Thermalzentrum und ist ein guter Ausgangspunkt für Ausflüge in die Phlegräischen Felder mit ihren zahlreichen wichtigen archäologischen Ausgrabungen (darunter die Grotte der Sibylla Cumana), dem Museum der Phlegräischen Felder sowie dem Schloss und dem Naturpark von Baia. Der Aufpreis für Halbpension liegt bei 15 Euro pro Person.

◆ 20 DZ, 5 3BZ, 5 4BZ und 2 Suiten, alle mit Bad und WC, Aircondition, Minibar, Sat-TV, WLAN ◆ DZ in Einzelbelegung € 65, DZ € 85, 3BZ € 100, 4BZ und Suite € 120 (alle mit Frühstück) ◆ alle Kreditkarten, Bankomat ◆ Privatparkplatz, kleine Haustiere willkommen, Rezeptionsdienst rund um die Uhr ◆ Bar, Restaurant, Lese- und TV-Raum, Konferenzsaal, Terrasse

Praiano

23 km vom Bahnhof Sorrento
30 km westlich von Salerno
Ausfahrt Castellammare di Stabia der A 3, S.S. 145 und S.S. 163

Costa Diva

3-Sterne-Hotel
Via Roma, 12
Tel. (+39) 089 / 81 30 76
Fax (+39) 089 / 813 12 17
info@locandacostadiva.it
www.locandacostadiva.it
Ferien: 20.–30. November

Die Liebenswürdigkeit von Filippo Milo und seiner Familie, die immer gern wertvolle Ratschläge zur Entdeckung der reizendsten Winkel der Costiera degli Dei geben, begleitet den Gast durch seinen Aufenthalt. Die Zimmer unterscheiden sich in der Farbgestaltung und werden von Gewölben und handgemalten Fliesen aus Vietri bereichert. Sie verfügen über Garten und Terrasse mit Blick auf die Küste. Das Hotel befindet sich direkt über dem Meer und ist nur ein paar Schritte vom Strand »Spiaggia della Praia« entfernt, wo die Fischer täglich den Fisch an Land bringen, der im angrenzenden Restaurant ganz frisch zubereitet wird. Für 30 bis 40 Euro ohne Wein können Sie hier lokale Spezialitäten probieren. Für das Frühstück sind hausgemachte Süßspeisen und Konfitüren, Säfte und heiße Getränke vorgesehen. Den Gästen steht ein Gratistransport zum Strand des Fiordo di Furore zur Verfügung.

◆ 6 DZ und 7 Suiten, alle mit Bad und WC (Suiten mit Whirlpool), Aircondition, Terrasse, Minibar, Sat-TV, Internetanschluss ◆ DZ in Einzelbelegung € 70–80, DZ € 80–110 (Aufpreis Zusatzbett € 30), Suite € 110–130 (alle mit Frühstück) ◆ alle Kreditkarten, Bankomat ◆ Privatparkplatz, kleine Haustiere willkommen, Rezeptionsdienst rund um die Uhr ◆ Bar, Restaurant, Frühstücksraum, Lese- und TV-Raum, Garten, Terrasse, Strand mit Infrastruktur

Roccabascerana

20 km nordwestlich von Avellino
Ausfahrt Caserta Sud der A 1, S.S. 7 Appia in Richtung Benevento bis Tufara Valle

Tenuta Grasso

Landhaus
Via Olivella, Ortsteil San Pietro
Tel. (+39) 08 25 / 99 50 52, (+39) 339 / 271 04 42, (+39) 339 / 393 56 69
Fax (+39) 08 25 / 99 50 52
tenutagrasso@live.it
www.tenutagrasso.it
Ganzjährig geöffnet

Hier, im Valle Caudina, zwischen den Naturparks Taburno und Partenio, wenige Kilometer von den archäologischen Museen des Sannio und des Sannio Caudino entfernt, befindet sich ein Landgut aus dem Jahr 1813, in dem der letzte König beider Sizilien, Franz II., während seiner Jagden häufig zu Gast war. Francesco und Filomena Grasso haben es 1974 gekauft, einen Weingarten und einen Olivenhain angelegt und das Haus renoviert. Heute erzeugen die Brüder Giuseppe und Ernesto Wein und Olivenöl und führen das vor Kurzem renovierte Landhaus. Die Zimmer sind im Arte-povera-Stil eingerichtet und verfügen über Bad und WC sowie Terrasse oder Balkon. Zum Frühstück schmecken Süßspeisen, Konfitüren und Blütenhonig, alle aus eigener Erzeugung. Das Restaurant bietet traditionelle Küche, zubereitet werden die Gerichte aus den Erzeugnissen des Betriebs und anderen, biologisch oder zumindest pestizidfrei angebauten Produkten (30 Euro, 20 Euro in Halbpension). Veranstaltet werden Kurse für Découpage, Malerei und lokale Küche.

♦ 7 DZ und 1 Miniapartment (4 Personen), alle mit Bad und WC, Terrasse oder Balkon ♦ DZ in Einzelbelegung € 35, DZ € 60 (Aufpreis Zusatzbett € 15); Apartment € 120 (Frühstück € 5 pro Person) ♦ keine Kreditkarten; Bankomat ♦ Anlage barrierefrei zugänglich, Privatparkplatz, Haustiere nicht erlaubt, Betreiber stets anwesend ♦ Restaurant, Leseraum, TV-Raum, Garten, Terrasse

Salerno

Im Zentrum
1,5 km vom Hafen

Casa Minerva

Bed & Breakfast
Via de Renzi, 5
Tel. (+39) 089 / 24 14 58,
(+39) 339 / 448 95 04
Fax (+39) 089 / 24 14 58
marinacinquanta@hotmail.com
Ganzjährig geöffnet

Diese Mauern atmen Geschichte, denn der Palazzo, in dem sich das Bed & Breakfast von Marina Cinquanta befindet, steht neben den Resten einer der ältesten medizinischen Lehranstalten Europas, der Schule von Salerno. Daneben befindet sich der Giardino della Minerva, in dem der Arzt Matteo Silvatico vor sieben Jahrhunderten Kräuter und Heilpflanzen anbaute. Das schöne Haus hat einen herrlichen Blick auf den Golf und die Amalfiküste, hinter ihm liegt die mittelalterliche Burg mit dem Namen Arechi, der sich auf den Langobardenfürsten Arichis II. bezieht. Außerdem steht gegenüber der Dom aus dem 11. Jahrhundert, von dem aus man die ganze Stadt überblicken kann. Die verworrenen Gässchen der Altstadt sind zu Fuß über den unteren Eingang erreichbar. Von den gepflegten und schlicht eingerichteten Zimmern verfügt eines über einen Whirlpool.

♦ 3 DZ mit Bad und WC (bei 2 Zimmern direkt daneben gelegen) ♦ DZ in Einzelbelegung € 45, DZ € 60–70 (alle mit Frühstück) ♦ Kreditkarten: Visa; Bankomat ♦ öffentlicher Parkplatz angrenzend, kleine Haustiere willkommen, Betreiber stets anwesend ♦ Frühstücksraum, Leseraum, TV-Raum

San Cipriano Picentino
Campigliano

10 km nordöstlich von Salerno
Ausfahrt Pontecagnano der A 3; Ausfahrt Zona Industriale der Tangenziale di Salerno

La Vecchia Quercia 🗝

Agriturismo
Via Montevetrano, 4
Tel. (+39) 089 / 88 25 28,
(+39) 335 / 784 30 18
Fax (+39) 089 / 88 20 10
info@lavecchiaquercia.it
www.lavecchiaquercia.it
Ferien: Januar, Februar

In einem schönen, geschmackvoll renovierten Landhaus vom Beginn des 20. Jahrhunderts, inmitten der wertvollen Weinpflanzungen des Montevetrano, führt Anna Imparato mit Engagement ihren Berherbergungsbetrieb. Die Gäste werden hier mit seltener Gastlichkeit empfangen und in einfachen, aber gepflegten Zimmern untergebracht. Sie können die kleine Küche im ersten Stock gemeinsam benutzen oder die Zimmer als unabhängiges Apartment für vier bis sechs Personen buchen (ab 190 Euro pro Tag). Zwei der Zimmer gehen auf die Arkaden im angenehmen Außenbereich (mit Schwimmbecken) hinaus, von wo aus Sie auch das Kastell sehen können. Die ausgezeichnete Küche wird von der Inhaberin selbst betreut. Sie bereitet regionale Gerichte zu, die Gäste mit Halbpension abends im angrenzenden Restaurant genießen können (27 Euro mit Hauswein), andere müssen vorbestellen (35 Euro ohne Wein). Auf Anfrage werden Kochkurse abgehalten. Regelmäßig veranstaltet werden Kurse in Stoffmalerei und in Malerei mit Aquarell- und Pflanzenfarben sowie Ausflüge in die Natur oder Exkursionen mit kulturellem Hintergrund, mit und ohne Führer.

♦ 3 EZ und 5 DZ, alle mit Bad und WC, Terrasse, Minibar, TV (auf Wunsch) ♦ EZ € 70, DZ € 120 (Aufpreis Zusatzbett € 25, alle mit Frühstück) ♦ Kreditkarten: CartaSi, MC, Visa; Bankomat ♦ Privatparkplatz, Haustiere nicht erlaubt, Betreiber immer erreichbar ♦ Restaurant, Frühstücksraum, Leseraum, Garten, Schwimmbecken

San Lorenzo Maggiore

24 km nordwestlich von Benevento
Ausfahrt Benevento der A 16, S.S. 88 und S.S. 87, Abzweigung in Richtung Pontelandolfo

La Vecchia Trainella

Agriturismo
Ortsteil San Marzano, 14
Tel./Fax (+39) 08 24 / 81 50 65
Ganzjährig geöffnet

Zwischen den Weinreihen und Olivenhainen der friedlichen Hügellandschaft um Benevento ermöglicht dieser familiär geführte Agriturismo all jenen einen angenehmen Aufenthalt, die eine erholsame Pause vom hektischen Rhythmus der Stadt genießen wollen. Neben den einfachen Zimmern steht auch ein kleines Apartment mit einer Kochnische und sechs Betten zur Verfügung. Das Restaurant ist nicht nur für Hausgäste zugänglich. Maria Cristina kocht hier regionale Gerichte (25 Euro). Zum Frühstück gibt es hausgemachte Süßspeisen und selbst erzeugte Konfitüren. Je nach Jahreszeit können die Gäste an den bäuerlichen Arbeiten teilnehmen, darüber hinaus werden Besuche in den Weinkellern und Ölpressen der Gegend veranstaltet. Von San Lorenzo aus kommt man leicht in für Touristen interessante Orte wie Benevento, Pietrelcina, Neapel und Caserta.

♦ 3 DZ und 1 Apartment (2–6 Personen), alle mit Bad und WC, TV, Internetanschluss ♦ DZ in Einzelbelegung € 30, DZ € 50 (Aufpreis Zusatzbett € 15), Apartment € 50–150 (alle mit Frühstück) ♦ keine Kreditkarten ♦ Privatparkplatz, kleine Haustiere willkommen, Betreiber stets anwesend ♦ Bar, Restaurant, Frühstücksraum, TV-Raum, Garten, Terrasse, Veranda, Kinderspielplatz, Schwimmbecken, Bogenschießen

Sant'Agata de' Goti

37 km südwestlich von Benevento
Ausfahrt Caianello der A 1, S.S. 265; Ausfahrt Benevento der A 16, S.S. 7

Mustilli

Agriturismo
Piazza Trento, 4
Tel. (+39) 08 23 / 71 74 33
Fax (+39) 08 23 / 71 76 19
info@mustilli.com
www.mustilli.com
Ganzjährig geöffnet

Im Zentrum der Altstadt von Sant'Agata de' Goti steht der alte Palazzo Rainone auf einer stillen Piazza, die von einem Kloster beherrscht wird. Empfangen werden die Gäste von der fleißigen Marilì Mustilli. Die Zimmer befinden sich im zweiten Stock und sind mit dem Mobiliar der Familie eingerichtet. Wenn Sie Güçk haben, bekommen Sie das Zimmer mit der Terrasse, von der aus Sie den Panoramablick über den Ort genießen können. Zu bestimmten Zeiten steht auch ein Miniapartment mit Küche für zwei bis vier Personen zur Verfügung. Außerdem gibt es Räumlichkeiten, in denen Sie sich in Ruhe Ihrer Lektüre widmen oder plaudern können. Es werden Kurse und Seminare verschiedenen Inhalts, von Musik bis zu Önogastronomie, angeboten. Das Frühstück besteht aus hausgemachten Süßspeisen, frischem Obst und auf Wunsch auch salzigen Spezialitäten. Im hauseigenen Restaurant kostet eine Mahlzeit ohne Wein etwa 30 Euro.

♦ 5 DZ und 1 Suite, alle mit Bad und WC, Aircondition, Safe, TV, Internetanschluss (1 Zimmer mit Terrasse) ♦ DZ in Einzelbelegung € 60, DZ € 90 (Aufpreis Zusatzbett € 20), Suite € 160 (alle mit Frühstück) ♦ Kreditkarten: CartaSi, MC, Visa; Bankomat ♦ Privatparkplatz, kleine Haustiere willkommen, Betreiber stets anwesend ♦ Restaurant, Leseraum, TV-Raum, Konferenzsaal, Garten

Sapri

159 km südöstlich von Salerno
Ausfahrt Lagonegro Nord-Maratea der A 3, S.S. 104

Locanda dei Trecento

3-Sterne-Hotel
Piazza Regina Elena
Tel. (+39) 09 73 / 60 31 60,
(+39) 09 73 / 60 33 49
Fax (+39) 09 73 / 60 33 49
locandadeitrecento@libero.it
Ferien: November–März

Die nach einem Gedicht über die berühmte Ponza-Fahrt des Revolutionärs Carlo Pisacane benannte Locanda von Osvaldo Balbi (mit Gefolgsleuten hat er 1857 in Ponza 300 Gefangene befreit) ist ein eher neues Gebäude südlich des Golfs von Policastro, im südlichsten Winkel Kampaniens. Die acht bequemen Zimmer sind modern und funktional eingerichtet. Die beiden Miniapartments mit Kochnische können bis zu vier Personen beherbergen. Normalerweise werden sie nur wochenweise vermietet, auf Anfrage können Sie sie in manchen Zeiten des Jahres auch tageweise buchen. Das Frühstück wird im gemeinschaftlich benutzten Saal eingenommen und bietet eine breite Auswahl an Produkten aus dem nahen Cilento-Nationalpark: Honig, Konfitüren, Backwaren sowie kalte und heiße Getränke. Das Hotel verleiht Fahrräder, mit denen Sie Ausflüge in die historischen Ortskerne der Umgebung oder in Badeorte unternehmen können.

♦ 8 DZ mit Bad und WC, Aircondition, Minibar, TV (einige Zimmer mit Terrasse); 2 Apartments (4 Personen) mit Kochnische ♦ DZ in Einzelbelegung € 45–100, DZ € 65–120 (Aufpreis Zusatzbett € 10–18, alle mit Frühstück); Miniapartment € 90–130 ♦ alle Kreditkarten, Bankomat ♦ Apartments barrierefrei zugänglich, Privatparkplatz, Haustiere nicht erlaubt, Betreiber stets anwesend ♦ Bar, Frühstücksraum, Garten, Terrasse, Strand mit Infrastruktur

Sorrento

47 km südöstlich von Neapel
Ausfahrt Castellammare di Stabia der A 3, S.S. 145

Casa Astarita

Zimmervermietung
Corso Italia, 67
Tel. (+39) 081 / 877 49 06,
(+39) 348 / 262 73 25
Fax (+39) 081 / 807 11 46
info@casastarita.com
www.casastarita.com
Ganzjährig geöffnet

Die Casa Astarita ist eine Oase der Ruhe und des guten Geschmacks im Herzen von Sorrent, einem der bekanntesten und meistbesuchten Orte Kampaniens. Geführt wird das Haus von den Schwestern Astarita, die auf eine lange Familientradition in der Beherbergungsbranche zurückblicken. Der Palazzo hat bis heute das elegante Flair des 18. Jahrhunderts behalten. »Stanza della Nonna«, das Zimmer der Großmutter mit dem Cottoboden, steht allen Gästen zur Verfügung, hier können sie nicht nur das von Signora Annamaria zubereitete Frühstück genießen, sondern sich auch entspannen oder die Internetstation benutzen. Jedes Zimmer ist in einem eigenen Stil und mit den entsprechenden Möbeln eingerichtet, das lässt sich schon anhand der Namen erahnen: Mitica, Mediterranea, Moderna, Larga, Classica, Romantica, Storta, Magica.

♦ 8 DZ mit Bad und WC, Aircondition, Safe, Sat-TV, Internetanschluss (einige Zimmer mit Balkon) ♦ DZ in Einzelbelegung und DZ € 75–105 (Aufpreis Zusatzbett € 15–20, alle mit Frühstück) ♦ alle Kreditkarten, Bankomat ♦ Vertragsparkplatz (€ 10 pro Tag), Haustiere nicht erlaubt, Betreiber 7–20 Uhr anwesend ♦ Salon

Sorrento

47 km südöstlich von Neapel
Ausfahrt Castellammare di Stabia der A 3, S.S. 145

Divinahouse

Bed & Breakfast
Piazza Gargiulo, 15
Tel. (+39) 081 / 362 22 13, (+39) 338 / 995 29 94, (+39) 340 / 852 30 79
Fax (+39) 081 / 362 22 13
info@divinahouse.it
www.divinahouse.it
Ganzjährig geöffnet

NEU

Die kleine Piazza in der Altstadt von Sorrent ist nach Francesco Saverio Gargiulo, einem Juristen der Stadt, benannt, aber wegen der Kirche besser bekannt als Piazza San Francesco. Das Bed & Breakfast befindet sich in einem Palazzo aus dem 18. Jahrhundert. Eine treppenförmige Rampe führt zu einem kleinen Garten, wo man im Sommer das Frühstück einnehmen kann. Die Zimmer sind alle im klassischen Stil eingerichtet. Der Betrieb wird von Signora Maria und ihren Kindern Teresa und Vittorio sehr familiär geführt. Der Parkplatz ist etwas weit entfernt, auch weil die Gegend in den Zeiten des größten Touristenzustroms zur Fußgängerzone wird, aber das bietet wiederum bedeutende Vorteile für die Gäste. Im Sommer finden im Klosterhof der Kirche San Francesco Ausstellungen, Konzerte und andere interessante Initiativen statt. Nur wenige Meter entfernt befindet sich der Zugang zum Strand des öffentlichen Parks der Gemeinde.

♦ 83 DZ mit Bad und WC, Aircondition, Balkon, Minibar, Safe, TV, WLAN ♦ DZ in Einzelbelegung € 70–90, DZ € 80–105 (alle mit Frühstück) ♦ Kreditkarten: CartaSi, DC, MC, Visa; Bankomat ♦ öffentlicher Parkplatz wenige hundert Meter entfernt, Haustiere nicht erlaubt, Betreiber immer erreichbar ♦ Frühstücksraum, Garten, Veranda

Tramonti
Gete

26 km westlich von Salerno
Ausfahrt Angri der A 3, S.S. 163 in Richtung Maiori-Tramonti

Osteria Reale

Zimmervermietung
Via Cardamone, 75
Tel. (+39) 089 / 85 61 44
Fax (+39) 089 / 85 32 32
info@osteriareale.it
www.osteriareale.it
Ferien: zweite Februarwoche

Die Täler in den Monti Lattari sind ein Winkel einer alten Welt, ländlich, eingeschlossen zwischen Felsausläufern. In einem pittoresken Ortsteil, in dem die Zeit stehen geblieben zu sein scheint, hat Luigi Reale ein Landhaus komplett renoviert, um seinen Traum zu verwirklichen. Beim beruhigenden Blätterrascheln der wunderbaren Laube (wo man im Sommer zu Mittag essen kann) entspannen sich die Gäste in schlicht und mit dem Wesentlichen eingerichteten Zimmern mit entsprechendem Komfort. Die Gastlichkeit liegt hier auf hohem Niveau und auch die Bewirtung entschädigt für die kurvige Straße, die man zurücklegen muss, um hierher zu gelangen. Das Frühstück ist traditionell und besteht aus Milch, Kaffee, Tee, Konfitüren, Croissants und Produkten aus kleinen Betrieben. Der Inhaber betreibt auch eine Winzerei, in der Tintore die Hauptrolle spielt.

♦ 3 DZ mit Bad und WC, Terrasse, TV ♦ DZ in Einzelbelegung € 45, DZ € 65–75 (alle mit Frühstück) ♦ alle Kreditkarten, Bankomat ♦ 1 Zimmer behindertengerecht ausgestattet, öffentlicher Gratisparkplatz außerhalb der Anlage, Haustiere nicht erlaubt, Betreiber immer erreichbar ♦ Bar, Restaurant, Garten, Terrasse

🍲 Die Küche bewegt sich zwischen Tradition und Fantasie. Großer Wert wird auf die Qualität der Zutaten gelegt (eine Mahlzeit kostet 30 bis 32 Euro ohne Wein).

Vico Equense
Preazzano
9 km vom Zentrum
46 km südöstlich von Neapel
Ausfahrt Castellammare di Stabia der A 3, S.S. 145 bis Vico Equense, S.P. 269 in Richtung Moiano-Ticciano

Cassiopea

Bed & Breakfast
Via Bosco, 772
Tel. (+39) 081 / 802 45 27,
(+39) 339 / 746 23 36
Fax (+39) 081 / 802 47 71
cassiopea.bb@libero.it
www.bbcassiopea.com
Ferien: November–Ostern

In dieser Lage reicht der Panoramablick auf der Meeresseite über die Halbinsel von Sorrent, auf der Rückseite bis zum Berg Faito. Wir befinden uns hier auf einem kleinen Hügel in Preazzano, einem Ortsteil der Gemeinde Vico Equense. Das Herrschaftshaus aus dem 18. Jahrhundert wurde unter Berücksichtigung lokaler Besonderheiten renoviert. Der Betrieb wird von Caterina Persico gewissenhaft geführt. Die Zimmer (ohne Aircondition) sind einfach und modern eingerichtet, das Frühstück wird aus lokalen Produkten zubereitet. Das betrifft das Obst aus der Umgebung für Konfitüren (auch Zitrusfrüchte), Nüsse und Haselnüsse aus Sorrent, Süßspeisen und alle anderen Spezialitäten aus der Umgebung, sogar den Käse. Erholung ist hier garantiert, bei Spaziergängen können Sie die Schönheit der Umgebung entdecken.

♦ 3 DZ mit Bad und WC, Minibar, Sat-TV, Internetanschluss ♦ DZ in Einzelbelegung € 40, DZ € 55 (Aufpreis Zusatzbett € 15, alle mit Frühstück) ♦ keine Kreditkarten ♦ 2 Zimmer behindertengerecht ausgestattet, Haustiere nicht erlaubt, Rezeptionsdienst 16–19 Uhr ♦ Frühstücksraum, kleiner Salon, Garten, Terrasse

KAMPANIEN

Atella
Piani di Carda

8 km vom Zentrum
40 km nördlich von Potenza
Ausfahrt Candela der A 16, S.S. 303 und S.S. 93

La Valle dei Cavalli

Agriturismo
Ortsteil Piani di Carda
Tel. (+39) 09 72 / 71 62 40,
(+39) 329 / 126 12 25
info@lavalledeicavalli.it
www.lavalledeicavalli.it
Ganzjährig geöffnet

In der Nähe von Filiano, wo Sie den gleichnamigen Pecorino DOP (mit Ursprungszertifikat) kaufen können, und dem mittelalterlichen Ort Lagopesole mit seinem Jagdschloss von Kaiser Friedrich II. befindet sich La Valle dei Cavalli. Es ist ideal für Naturliebhaber und Freunde des Sports. Die Gäste können hier das Westernreiten lernen oder mit erfahrenen Führern Reitausflüge im Tal am Fuß des Monte Vulture unternehmen. Der Betrieb der Geschwister Summa liegt in ländlicher Umgebung, die Zimmer sind groß und bequem und schlicht möbliert. Das Frühstück wird im Speisesaal des Restaurants serviert und besteht aus Kaffee, Cappuccino, Milch, Tee, Konfitüren, hausgemachter Crostata und auf Wunsch auch pikanten Speisen. Im Sommer genießen Sie in einer hölzernen Laube die traditionellen Gerichte der Umgebung.

♦ 2 DZ, 2 3BZ und 2 4BZ, alle mit Bad und WC, Aircondition, TV ♦ DZ in Einzelbelegung € 30, DZ € 60, 3BZ € 80, 4BZ € 95 (alle mit Frühstück) ♦ alle Kreditkarten, Bankomat ♦ 1 Zimmer barrierefrei zugänglich, Privatparkplatz, kleine Haustiere willkommen, Betreiber immer erreichbar ♦ Restaurant, Reitstall

Barile

44 km nördlich von Potenza
Ausfahrt Candela der A 16, S.S. 303 und S.S. 93

La Locanda del Palazzo

4-Sterne-Hotel
Piazza Caracciolo, 7
Tel./Fax (+39) 09 72 / 77 10 51
info@locandadelpalazzo.com
www.locandadelpalazzo.com
Ferien: je 2 Wochen im Januar und Juli

25 Jahre führte Rino Botte in Cremona ein Restaurant. Vor zehn Jahren ist er in seinen Heimatort zurückgekehrt und verwirklichte sein Vorhaben, auf dem alten Weingut seiner Familie, das seit 30 Jahren geschlossen war, dieses schöne Hotel zu eröffnen. Die Zimmer sind einfach, aber gepflegt und unterscheiden sich voneinander in der Wahl der Textilien und Farben. Jedes trägt den Namen eines der Weingärten der Gegend, in denen die Rebsorte Aglianico reift (Gelosia, Macarico, Titolo, Rotondo …). Auf Wunsch werden Besuche auf Weingütern organisiert. Das Restaurant ist wegen Renovierung einige Monate geschlossen.

♦ 2 EZ und 9 DZ, alle mit Bad und WC, Aircondition, Minibar, Telefon, Sat-TV, Internetanschluss ♦ EZ € 75, DZ in Einzelbelegung € 85, DZ € 98 (alle mit Frühstück) ♦ alle Kreditkarten, Bankomat ♦ Anlage barrierefrei zugänglich, öffentlicher Parkplatz in unmittelbarer Nähe, kleine Haustiere willkommen, Betreiber stets anwesend

Bernalda

44 km südlich von Matera
Ausfahrt Taranto Nord der A 14, S.S. 106; Ausfahrt Sicignano der A 3, S.S. 407

Masseria Cardillo

Agriturismo
Strada Statale 407 »Basentana«, km 97,5
Tel. (+39) 08 35 / 74 89 92
Fax (+39) 08 35 / 74 89 94
info@masseriacardillo.it
www.masseriacardillo.it
Ferien: nach Allerheiligen–vor Ostern

Ein paar Kilometer von den Stränden des Ionischen Meers und den Ausgrabungen der Magna Graecia entfernt führen die Geschwister Graziadei seit Jahren einen Agriturismo. Auf den Tischen hier finden Sie immer frisches Obst und Konfitüren aus dem eigenen Betrieb. Die Räume entstanden durch die sorgfältige Renovierung eines Gebäudes, das einst für Erholungsaufenthalte von Angestellten und als Lebensmittellager diente. Der Gästebereich ist mit allem ausgestattet, was bei einem angenehmen Ferienaufenthalt für Entspannung und Zerstreuung nötig ist. So gibt es zum Beispiel ein großes Schwimmbecken und einen Tennisplatz. Vervollständigt wird die gepflegte ländliche Gastlichkeit durch ein Restaurant (eine Mahlzeit ohne Wein kostet 28 bis 30 Euro), in dem die Erzeugnisse des Betriebs in regionalen Spezialitäten zur Geltung kommen: Obst, Öl und Wein sind von bester Qualität.

♦ 10 DZ mit Bad und WC, Aircondition, Terrasse oder Garten, Sat-TV ♦ DZ in Einzelbelegung € 40–50, DZ € 60–78 (Aufpreis Zusatzbett € 10–12, alle mit Frühstück) ♦ alle Kreditkarten, Bankomat ♦ einige Zimmer barrierefrei zugänglich, überdachter Parkplatz, kleine Haustiere willkommen, Betreiber stets anwesend ♦ Bar, Restaurant, Salon, Garten, Schwimmbecken, Tennisplatz

Chiaromonte

130 km südlich von Potenza
Ausfahrt Lauria Nord der A 3, S.S. 104

Costa Casale

Agriturismo
Ortsteil Vito
Tel./Fax (+39) 09 73 / 64 23 46
odesalvo@tiscalinet.it
Ganzjährig geöffnet

Der landwirtschaftliche Betrieb, den Giovanna Cucinotta mit ihrem Mann, ihrem Sohn und seiner Frau Tiziana führt, befindet sich talabwärts von der kleinen Gemeinde Chiaromonte im Pollino-Nationalpark. 40 Hektar Land im Sinnital umgeben ihn, auf etwa zehn Hektar stehen Pflaumen- und Aprikosenbäume, zwei Hektar nehmen Olivenhaine ein. Darüber hinaus gibt es hier einen Reitstall mit drei Pferden, ein Reservat für Dachse und eine Schweinezucht. Die fünf Apartments sind mit schmiedeeisernen Betten aus dem 19. Jahrhundert eingerichtet, und auch das Restaurant wurde mit Möbeln dieser Epoche gestaltet. Dort können Sie die Gerichte der lukanischen Tradition probieren, die mit Produkten aus dem eigenen Betrieb zubereitet werden.

♦ 5 Apartments (1–6 Personen) mit Bad und WC, TV ♦ EZ € 28–56, DZ € 56, 3BZ € 84, 4BZ € 112, 5BZ € 140, 6BZ € 168 (alle mit Frühstück) ♦ keine Kreditkarten ♦ Privatparkplatz, kleine Haustiere willkommen, Betreiber immer erreichbar ♦ Restaurant, Garten, Reitstall

Genzano di Lucania
Spinazzola

56 km nordöstlich von Potenza
Ausfahrt Potenza der A 3, S.S. 7 und S.S. 169

Carrera Della Regina

Agriturismo
Strada Provinciale 169, km 48,800
Tel. (+39) 09 71 / 77 44 70,
(+39) 349 / 761 14 53
postmaster@carreradellaregina.it
www.carreradellaregina.it
Ferien: November–Mai (im Herbst und Frühling an Wochenenden geöffnet)

Zwischen den Hügeln des Vulture und wenige Kilometer von den Ebenen Apuliens entfernt, liegt der landwirtschaftliche Betrieb der Familie Cosentino: 70 Hektar Wald, die Sie auf dem Pferd oder mit dem Mountainbike erkunden können, Getreidefelder und Obstpflanzungen. Außerdem gibt es eine Schaf- und Ziegenzucht sowie kleine Hoftiere. Die Gäste können sich an einem schönen Schwimmbecken entspannen, für Freunde des Zeltens gibt es einen kleinen Campingplatz. Die Zimmer sind in bäuerlichem Stil eingerichtet, bequem und mit Bad und WC sowie TV ausgestattet. Das Frühstück ist traditionell italienisch, aber auf Wunsch bekommen Sie auch pikante Speisen. Für die anderen Mahlzeiten wählen Sie aus einer stattlichen Zahl von traditionellen Gerichten, die nach überlieferten Rezepten zubereitet werden (etwa 20 Euro). Der große Speisesaal ist in altem Stil eingerichtet. Eltern kleiner Kinder können in einem dafür vorgesehenen Raum Babynahrung zubereiten.

♦ 4 DZ, 2 4BZ und 2 Miniapartments (2–4 Personen), alle mit Bad und WC, Telefon, TV ♦ DZ in Einzelbelegung € 40–50, DZ € 56–68, 4BZ € 112–136 (alle mit Frühstück) ♦ alle Kreditkarten, Bankomat ♦ 1 Zimmer barrierefrei zugänglich, überdachter Privatparkplatz, kleine Haustiere willkommen, Betreiber immer erreichbar ♦ Restaurant, Schwimmbecken

Grottole

35 km südwestlich von Matera, 100 km von Bari
Ausfahrt Potenza der A 3, S.S. 407

La Bufalara

Agriturismo
Ortsteil Bufalara
Tel. (+39) 347 / 145 69 85,
(+39) 338 / 961 77 14
info@bufalara.net
www.bufalara.net
Ganzjährig geöffnet

Wir empfehlen Ihnen einen Besuch der historischen Wallfahrtskirche Sant'Antuono, in deren Nähe Hilde Leone mit der Unterstützung ihrer Mutter Hedda Seeliger diese Masseria führt. Neben dem Hauptgebäude wurden Räumlichkeiten zur Unterbringung von Gästen geschaffen: Sechs der sieben Zimmer können jeweils mit dem danebenliegenden zu einem reizenden Miniapartment verbunden werden. Die alte Struktur wurde durch eine gewissenhafte Renovierung einladend gestaltet und um lokale Antiquitäten bereichert, die Hilde mit Geschmack ausgewählt hat. Das reichhaltige und vielfältige Frühstück wird italienische und ausländische Gäste gleichermaßen zufriedenstellen, vor allem Besucher aus Deutschland, dem Heimatland von Hedda und Hilde. Der großzügige, bequeme Salon eignet sich bestens für eine erholsame Pause.

♦ 7 DZ mit Bad und WC, Telefon, TV, Aufenthaltsraum, Kochnische ♦ DZ in Einzelbelegung € 35, DZ € 70 (alle mit Frühstück) ♦ keine Kreditkarten ♦ Anlage barrierefrei zugänglich, Privatparkplatz, kleine Haustiere willkommen, Betreiber immer erreichbar ♦ Aufenthaltsraum

Matera
Rioni Sassi
In der Altstadt
77 km vom Flughafen Bari Palese
Ausfahrt Mottola-Castellaneta oder Taranto Nord der A 14, S.S. 7

Capriotti

Bed & Breakfast
Piazza Duomo
Tel. (+39) 08 35 / 33 39 97,
(+39) 329 / 61 37 57
Fax (+39) 08 35 / 33 39 97
info@capriotti-bed-breakfast.it
www.capriotti-bed-breakfast.it
Ferien: Januar, Februar

Olivio und seine Frau haben in den Felsen gebaute Räumlichkeiten renoviert, sie mit dem nötigen Komfort ausgestattet und so einen einladenden, unverwechselbaren Ort für einen angenehmen Aufenthalt in Matera geschaffen. Angesiedelt ist das Bed & Breakfast im Herzen des alten Sassi-Viertels, unterhalb des Doms und der Piazza mit dem Panoramablick und erreichbar über eine kleine gepflasterte Straße. Das reichhaltige und wohlschmeckende Frühstück besteht aus hausgemachten Konfitüren, Honig, frischem Obst und Brot aus Matera. Viele Sehenswürdigkeiten der Stadt und der Umgebung befinden sich ganz in der Nähe, so zum Beispiel der Wildbach Gravina mit seinem atemberaubenden Ausblick, die Felsenkirchen und die byzantinischen Fresken.

♦ 3 Miniapartments (1–4 Personen) mit Bad und WC, TV, Kühlschrank, Kochnische ♦ EZ € 55, DZ € 70 (Aufpreis Zusatzbett € 15, alle mit Frühstück) ♦ keine Kreditkarten ♦ Vertragsgarage (€ 10 pro Tag), kleine Haustiere willkommen, Betreiber immer erreichbar ♦ Frühstücksraum, Aufenthaltsraum

Matera
Im Zentrum
77 km vom Flughafen Bari Palese
Ausfahrt Mottola-Castellaneta oder Taranto Nord der A 14, S.S. 7

Casino Ridola

4-Sterne-Hotel
Via Morelli, 13
Tel. (+39) 08 35 / 31 88 11,
(+39) 335 / 562 66 12
Fax (+39) 08 35 / 31 94 37
info@hotelridolamatera.it
www.hotelridolamatera.it
Ganzjährig geöffnet

Dieser herrschaftliche Wohnsitz aus dem Jahr 1872 befindet sich in unmittelbarer Nähe der Altstadt und des Sassi-Viertels, der Höhlensiedlungen von Matera. Er wurde vor einigen Jahren komplett renoviert. Jedes Zimmer wurde mit gesundheitlich unbedenklichen Farben ausgemalt und in einem eigenen Farbton gestaltet. Bei der Einrichtung wurde ein geschmackvoller Stilmix aus alten Möbeln und Elementen des modernen Designs gefunden. Die Türen sind alle original, in einigen Zimmern konnte auch der Boden erhalten werden. Eine spezielle Klimaanlage sorgt dafür, dass die Temperatur (ohne Zugluft) in jedem Raum gleich bleibt. Zu jedem Bett gehört ein doppeltes weiches Daunenkissen, auf Wunsch kann es aber durch ein orthopädisches Kissen ersetzt werden. Die beiden Suiten, in denen mehr Platz zur Verfügung steht, sind überdies mit einem bequemen Whirlpool ausgestattet. Das üppige Frühstück besteht vor allem aus hausgemachten Süßspeisen und einigen Produkten aus biologischem Anbau.

♦ 6 DZ und 2 Suiten, alle mit Bad und WC (Suiten mit Whirlpool), Aircondition, Minibar, Sat-TV, Internetanschluss ♦ DZ in Einzelbelegung € 75, DZ € 98, Suite € 120–140 (alle mit Frühstück) ♦ alle Kreditkarten, Bankomat ♦ Privatparkplatz, Haustiere nicht erlaubt, Betreiber stets anwesend ♦ Frühstücksraum, Leseraum, Garten, Terrasse, Schwimmbecken

Matera
Rioni Sassi
In der Altstadt
77 km vom Flughafen Bari Palese
Ausfahrt Mottola-Castellaneta oder Taranto Nord der A 14, S.S. 7

Le Monacelle

Ferienhaus/Herberge
Via Riscatto, 9–10
Tel. (+39) 08 35 / 34 40 97
Fax (+39) 08 35 / 33 65 41
info@lemonacelle.it
www.lemonacelle.it
Ganzjährig geöffnet

Le Monacelle ist ein im Jahr 2000 renoviertes »Pilgerhaus« und hat sich zu einer der interessantesten Unterkünfte in Süditalien entwickelt. Es befindet sich in unmittelbarer Nähe der sehenswerten imposanten Kathedrale aus dem 13. Jahrhundert. Aus dem dazugehörigen Kloster entstand 1594 das Konservatorium Santa Maria della Pietà, das an die Sant'Eustachio-Krypta angrenzt. Genießen Sie den außergewöhnlichen Blick von der großen Terrasse und den Gästezimmern des Hauses aus. Neben zwei großen Schlafsälen gibt es einfache, aber angenehme und gut eingerichtete Zimmer. Außerdem stehen ein Seminarraum und ein Leseraum zur Verfügung. Beeindruckend sind die Laufgräben an den Mauern und die Terrassen mit Ausblick auf den Wildbach Gravina. Im Sommer werden Kulturevents, Theateraufführungen und Filmvorführungen im Freien veranstaltet. Das Restaurant ist nur für Gruppen und gegen Vorbestellung geöffnet.

♦ 9 DZ, 3BZ oder 4BZ, alle mit Bad und WC, Aircondition, Telefon, TV, Internetanschluss; 2 Schlafsäle (14–16 Personen) mit Gemeinschaftsbad ♦ DZ in Einzelbelegung € 65, DZ € 86, 3BZ € 105, 4BZ € 135 (alle mit Frühstück); Bett im Schlafsaal € 16 (Frühstück € 1,60 pro Person) ♦ Kreditkarten: Carta-Si, DC, MC, Visa; Bankomat ♦ Anlage barrierefrei zugänglich, kleine Haustiere willkommen, Rezeptionsdienst rund um die Uhr ♦ Bar, Salon, Leseraum, TV-Raum, Internetstation, Konferenzsaal, Seminarraum, Garten, Terrasse, Sonnenterrasse

Matera
Rioni Sassi
In der Altstadt
77 km vom Flughafen Bari Palese
Ausfahrt Mottola-Castellaneta oder Taranto Nord der A 14, S.S. 7

Locanda di San Martino

3-Sterne-Hotel
Via Fiorentini, 71
Tel. (+39) 08 35 / 25 66 00
Fax (+39) 08 35 / 25 64 72
info@locandadisanmartino.it
www.locandadisanmartino.it
Ganzjährig geöffnet

Dorothy Zinn und Antonio Panetta haben gewissenhaft Räumlichkeiten renoviert, die einst ganz anderen Zwecken dienten (Wohn- und Lagerräume, Werkstätten und sogar eine kleine Kirche), und sie in Zimmer mit viel Komfort umgewandelt. An ihren Namen kann man die ursprüngliche Bestimmung oder eine Besonderheit ablesen. Alle sind in den Fels gehauen und stilvoll und schlicht eingerichtet. Alle Zimmer haben einen eigenen Eingang und von jedem können Sie einen Blick auf die einzigartige Schönheit des Sassi-Viertels mit seinen Höhlensiedlungen werfen. Das frische Brot aus Matera, auch aus dem Holzofen, können Sie beim Frühstück mit Konfitüren und zu Kaffee, Milch oder Tee genießen.

♦ 1 EZ, 19 DZ und 8 Suiten, alle mit Bad und WC, Aircondition, Minibar, Sat-TV ♦ EZ € 77–88, DZ in Einzelbelegung € 87–135, DZ € 89–129, Suite € 120–200 (alle mit Frühstück) ♦ alle Kreditkarten, Bankomat ♦ Anlage barrierefrei zugänglich, öffentlicher Gratisparkplatz 200 Meter entfernt, Vertragsgarage in der Nähe (€ 15 pro Tag), Haustiere nicht erlaubt, Rezeptionsdienst rund um die Uhr ♦ Bar, Frühstücksraum, Leseraum

Matera
Rioni Sassi
Im Zentrum
77 km vom Flughafen Bari Palese
Ausfahrt Mottola-Castellaneta oder Taranto Nord der A 14, S.S. 7

San Pietro Barisano

Apartmenthotel
Rione San Biagio, 52–56
Tel./Fax (+39) 08 35 / 34 61 91
info@residencesanpietrobarisano.it
www.residencesanpietrobarisano.it
Ganzjährig geöffnet

Früher gab es alte Nachbarschaften, bevölkert von Frauen, die immer rührig waren, und lärmenden Kindern. Heute sind sie zu ruhigen kleinen Plätzen geworden, auf denen man in der Sonne sitzen oder in der Kühle eines Sommerabends angenehm plaudern kann. Vincenzo und Rosa haben Räumlichkeiten und Höhlen renoviert und so komfortable, ungewöhnliche Apartments und Zimmer geschaffen, die alle mit dem wichtigsten Komfort ausgestattet sind. Jeder Winkel wird hier auf geniale Weise genutzt, vor allem die Bäder bestechen durch Helligkeit und originelle Lösungen. Eingerichtet sind die großzügigen Räume mit modernen Möbeln, die jedoch im Einklang mit der Umgebung stehen. Jedes Apartment ist mit einer Kochnische ausgestattet. Die Qualität der Küche Materas können Sie aber auch im Restaurant testen, das auf dieselbe kleine Piazza hinausgeht und zum Apartmenthotel gehört.

♦ 5 Apartments (2–7 Personen) mit Bad und WC, Aircondition, Minibar, Telefon, Sat-TV, Kochnische ♦ DZ in Einzelbelegung € 60–75, DZ € 85–110 (Aufpreis Zusatzbett € 25, alle mit Frühstück) ♦ alle Kreditkarten, Bankomat ♦ öffentlicher Parkplatz in unmittelbarer Nähe, kleine Haustiere willkommen, Betreiber immer erreichbar ♦ Restaurant, Terrasse

Matera
Rioni Sassi
In der Altstadt
77 km vom Flughafen Bari Palese
Ausfahrt Mottola-Castellaneta oder Taranto Nord der A 14, S.S. 7

Sassi San Gennaro

Bed & Breakfast
Via San Gennaro, 24
Tel. (+39) 08 35 / 33 45 82,
(+39) 338 / 860 86 86
Fax (+39) 08 35 / 33 45 82
info@bbresidenzasassi.it
www.bbresidenzasassi.it
Ganzjährig geöffnet

Das vor einigen Jahren erweiterte Bed & Breakfast von Franco Di Benedetto ist ein altes Klostergebäude namens San Gennaro, unweit der majestätischen Kathedrale aus dem 13. Jahrhundert und im Herzen des historischen Viertels der Höhlenstadt Matera. Nachdem Sie in einer der charakteristischen, schlicht eingerichteten Wohneinheiten übernachtet haben, können Sie sich mit einem üppigen Frühstück nach der Art von Matera stärken. Es gibt Brot aus dem Holzofen, Crostata und andere hausgemachte Süßspeisen sowie lokale Konfitüren. Im Sommer genießen Sie die Kühle des Innenhofs, bei schlechtem Wetter bleiben Sie einfach im Leseraum. Ein kurzer Spaziergang führt zu den interessanten Felsenkirchen und anderen gut erhaltenen Sehenswürdigkeiten.

♦ 3 DZ und 8 Miniapartments, alle mit Bad und WC (5 Miniapartments mit Kochnische) ♦ DZ in Einzelbelegung € 55, DZ und Miniapartment € 70–80 (alle mit Frühstück) ♦ keine Kreditkarten ♦ Parkplatz in unmittelbarer Nähe, Haustiere nicht erlaubt, Betreiber immer erreichbar ♦ Frühstücksraum, Leseraum, TV-Raum, Terrasse

Matera

77 km vom Flughafen Bari Palese
Ausfahrt Mottola-Castellaneta oder Taranto Nord der
A 14, S.S. 7

Villa Paola

NEU

Bed & Breakfast
Via Montescaglioso
Tel./Fax (+39) 08 35 / 31 40 80
info@villapaolamatera.it
www.villapaolamatera.it
Ganzjährig geöffnet

Nach Matera fährt man ein gutes Stück zwischen Olivenbäumen hindurch, bevor man dieses Bed & Breakfast erreicht. Es befindet sich ebenfalls inmitten hundertjähriger Olivenbäume. Hier haben Paola und Tommaso eine einladende Oase geschaffen, die sie modern und mit einigen Stilmöbeln eingerichtet haben. Der Ort ist ideal für alle, die einen Kulturjurlaub mit Entspannung verbinden wollen: Die Straße nach Montescaglioso, an der die Villa Paola liegt, war einst ganz mit Olivenbäumen bestanden und auch heute gibt es noch ausgedehnte Flächen mit Olivenbäumen. Doch außer die Natur zu genießen, können die Gäste auch das historische Sassi-Viertel und die Altstadt besuchen oder einen Tag an den Stränden des nur ein paar Dutzend Kilometer entfernten Ionischen Meers verbringen. Das Bed & Breakfast bietet eine Sonnenterrasse, ein Gartenhaus und einen Kinderspielplatz. Eine Sauna wird gerade gebaut. Zum Frühstück serviert Paola frisches Obst, Fruchtsäfte, hausgemachte Torten und Kranzkuchen, Joghurt und natürlich das berühmte Brot aus Matera.

♦ 4 DZ mit Bad und WC, Aircondition, Minibar, Sat-TV ♦ DZ in Einzelbelegung € 45–55, DZ € 65–75 (Aufpreis Zusatzbett € 20–25, alle mit Frühstück) ♦ keine Kreditkarten ♦ einige Zimmer barrierefrei zugänglich, öffentlicher Gratisparkplatz gegenüber, kleine Haustiere willkommen, Betreiber stets anwesend ♦ Frühstücksraum, Garten, Sonnenterrasse, Schwimmbecken

Montescaglioso

19 km südöstlich von Matera
Ausfahrt Sicignano degli Alburni der A 1, S.S. 470
und S.S. 106

Il Borgo Ritrovato

Hoteldorf
Via Nicola Andrisani, 25
Tel. (+39) 08 35 / 20 70 77, (+39) 333 / 575 19 40, (+39) 328 / 367 82 20
Fax (+39) 08 35 / 20 70 77
info@ilborgoritrovato.com
www.ilborgoritrovato.com
Ganzjährig geöffnet

Im alten Bauern- und Handwerkerviertel des Städtchens Montescaglioso, das 19 Kilometer von Matera entfernt liegt, wurden einige Wohnhäuser und Werkstätten renoviert. Dabei wurden Böden, Tuffsteingewölbe, Nischen und Dächer unverändert gelassen. So wurde die Seele der Bauten bewahrt, ohne dass dabei jedoch der Komfort für die Gäste zu kurz kam. Vom Borgo Ritrovato aus können Sie gemütlich ins Zentrum der kleinen Stadt schlendern und ihre Bauwerke bewundern. Besonders empfehlenswert ist ein Besuch der Abtei Sant'Antonio mit ihren mittelalterlichen Fresken.

♦ 2 EZ, 2 DZ, 1 3BZ, 2 4BZ, 1 Suite und 3 Miniapartments, alle mit Bad und WC, Aircondition, TV (Miniapartments mit Küche) ♦ EZ € 45, DZ € 70, 3BZ und Suite € 90, 4BZ € 110, Apartment € 100–140 (alle mit Frühstück) ♦ keine Kreditkarten ♦ einige Zimmer barrierefrei zugänglich, öffentlicher Parkplatz, kleine Haustiere willkommen, Betreiber stets anwesend

Montescaglioso

19 km südöstlich von Matera
Ausfahrt Sicignano degli Alburni der A 1, S.S. 470 und S.S. 106

L'Orto Di Lucania

Agriturismo · Ortsteil Dogana, Strada Provinciale 175, km 13,200
Tel. (+39) 08 35 / 20 21 95,
(+39) 333 / 980 07 30
Fax (+39) 08 35 / 20 00 54
info@ortodilucania.it
www.ortodilucania.it
Ganzjährig geöffnet

Die Brüder Fulvio und Beniamino Spada, die den seit 100 Jahren bestehenden Familienbetrieb weiterführen, haben vor ein paar Jahren einige ehemalige Landarbeiterwohnungen renoviert und mit Küche, Aircondition und TV ausgestattet. Im Restaurant können Sie das typische eingemachte Gemüse probieren, das nach ursprünglichen Methoden konserviert wurde und von dem wir besonders die rote Aubergine empfehlen. Entspannung finden Sie im kühlen Garten und im Schwimmbecken, das nur den Hausgästen zur Verfügung steht. Ein ideales Refugium für Touristen, die die ländliche Stille lieben, ohne dabei auf Komfort, gutes Essen, künstlerische und kulturelle Anregung, einen Ausflug ans Meer oder einen Sprung ins kühle Nass des Schwimmbeckens verzichten zu wollen. Die Gegend bietet auch eine Reihe von lohnenden Ausflugszielen: Die Rioni Sassi in Matera (Höhlensiedlungen), Taranto, die archäologischen Ausgrabungen von Metaponto, das Nationalmuseum Siritide in Policoro und die Kirche Santa Maria d'Anglona in Tursi.

♦ 6 Apartments (4 Personen) mit Bad und WC, Küche, Aircondition, TV ♦ Apartment € 85–120 (Frühstück € 7 pro Person) ♦ Kreditkarten: CartaSi, DC, MC, Visa; Bankomat ♦ 1 Apartment barrierefrei zugänglich, Privatparkplatz, kleine Haustiere willkommen, Betreiber stets anwesend ♦ Restaurant, Leseraum, Garten, Schwimmbecken, kleine Fußballwiese

Pignola
Lago Pantano

10 km südlich von Potenza
Ausfahrt Potenza der A 3, S.S. 94

La Fattoria Sotto il Cielo

Agriturismo
Ortsteil Petrucco, 9 A
Tel./Fax (+39) 09 71 / 42 01 66,
(+39) 09 71 / 48 60 00
fattoriasottoilcielo@tiscali.it
www.sottoilcielo.it
Ganzjährig geöffnet

Das Gut der Familie Di Lorenzo befindet sich auf etwa 800 Meter Seehöhe, wenige hundert Meter trennen es vom See von Pantano, der vor dem Zweiten Weltkrieg entsumpft und 1984 zum Naturschutzgebiet des WWF erklärt wurde. Das ehemalige Kloster, das in den 1970er-Jahren in einen landwirtschaftlichen Betrieb umgewandelt wurde, verfügt seit 1993 über ein Restaurant mit Unterkunft. Die Zimmer sind mit dem wichtigsten Komfort ausgestattet, jedes zeichnet sich durch eine andere Wandfarbe aus. Für abwechslungsreiche Freizeitgestaltung ist gesorgt: Neben dem umfangreichen Sportangebot können die Gäste den 110 Hektar großen Wald um das Landgut für Ausflüge und Spaziergänge nutzen. Die Produkte des Betriebs werden im Restaurant zu Traditionsgerichten verarbeitet (eine Mahlzeit ohne Wein kostet 25 bis 30 Euro).

♦ 6 DZ mit Bad und WC, Aircondition, Minibar, TV ♦ DZ in Einzelbelegung € 38, DZ € 67 (Aufpreis Zusatzbett € 15, alle mit Frühstück) ♦ alle Kreditkarten, Bankomat ♦ Privatparkplatz, Haustiere nicht erlaubt, Betreiber immer erreichbar ♦ Restaurant, TV-Raum, Konferenzsaal, Schwimmbecken, Tennisplatz, Reitstall, Vogelbeobachtungsposten, Bogenschießen, Wanderroute

Rapone

11 km vom Bahnhof Rapone-Ruvo San Fele
80 km nordwestlich von Potenza
Von Potenza über die S.S. 7 in Richtung Calitri Scalo

Valle Ofanto

Agriturismo
Strada Statale Ofantina, km 23,380
Tel. (+39) 09 76 / 963 14,
(+39) 335 / 136 21 28
info@valleofanto.it
www.valleofanto.it
Ferien: 1 Woche im Februar, 2 Wochen im November

Die Familie Tornillo widmet sich auf ihrem Hof dem Anbau von Wein, Gemüse und Obst und der Aufzucht von Hühnern, Perlhühnern und Kaninchen. Die Entscheidung, einige Räumlichkeiten des eigenen Hauses für Ferien auf dem Bauernhof zur Verfügung zu stellen, fiel im Jahr 2004. Nach einer angemessenen Renovierung sind drei einfache und bequeme Zimmer entstanden, zwei Apartments mit jeweils vier Betten (Mindestaufenthalt sieben Tage) und Gemeinschaftsbereiche wie eine Bar und ein Restaurant (Halbpension für 55 Euro). Das bodenständige Frühstück umfasst Crostata und Ciambelle (süße Kringel), Honig, Konfitüren, heiße Getränke und Fruchtsäfte. Als Outdooraktivitäten rund um die Anlage bieten sich Schwimmen, Reiten und Ausflüge zu Fuß oder mit dem Fahrrad an. Außerdem verfügt die Umgebung über historisch und landschaftlich interessante Ausflugsziele.

♦ 1 DZ und 2 4BZ, alle mit Bad und WC, Aircondition, Minibar, TV, Internetanschluss ♦ DZ in Einzelbelegung € 45, DZ € 65, 3BZ € 80, 4BZ € 95 (alle mit Frühstück) ♦ alle Kreditkarten, Bankomat ♦ Anlage barrierefrei zugänglich, Gratisparkplatz und bewachter Parkplatz außerhalb der Anlage, kleine Haustiere willkommen, Betreiber immer erreichbar ♦ Bar, Restaurant, TV-Raum, Garten, Kinderspielplatz, Schwimmbecken, Reitstall, kleine Fußballwiese

Rionero in Vulture
Monticchio Bagni

56 km nördlich von Potenza
Ausfahrt Candela der A 16, S.S. »Ofantina«

Il Casale Dell'Acqua Rossa

Agriturismo · Ortsteil Monticchio Bagni
Tel. (+39) 09 72 / 73 10 72,
(+39) 345 / 627 07 08
Fax (+39) 09 72 / 73 10 72
info@casaleacquarossa.it
www.casaleacquarossa.it
Ganzjährig gegen Vorbestellung geöffnet

Wenn Sie sich einen angenehmen, ruhigen Aufenthalt im Grünen und in der Natur gönnen wollen, ist der Agriturismo von Familie Telesca an den Hängen des Monte Vulture, zwei Kilometer von den Vulkanseen von Monticchio entfernt, bestens geeignet. Die Zimmer sind schlicht eingerichtet und alle mit Bad und WC sowie TV augestattet. Die Eigentümer selbst betreuen die Küche, die vorwiegend regionale Gerichte bietet. Sie können Halb- oder Vollpension wählen. Das Frühstück ist traditionell italienisch und umfasst Crostata und hausgemachte Süßspeisen, auf Wunsch bekommen Sie jedoch auch pikante Speisen. Obwohl die Betreiber immer erreichbar sind, sollten Sie telefonisch Bescheid geben, wenn Sie am späten Abend anreisen wollen.

♦ 1 EZ, 3 3BZ und 2 4BZ, alle mit Bad und WC, TV ♦ EZ € 35, DZ € 60, 3BZ € 70, 4BZ € 80 (alle mit Frühstück) ♦ Kreditkarten: CartaSi, DC, MC, Visa; Bankomat ♦ Privatparkplatz, kleine Haustiere willkommen, Betreiber immer erreichbar ♦ Restaurant, Garten, Kinderspielplatz

BASILIKATA

Trivigno

26 km südöstlich von Potenza
Ausfahrt Potenza Est der A 3, S.S. 407

La Foresteria di San Leo

Agriturismo
Ortsteil San Leo, 11
Tel. (+39) 09 71 / 98 11 57,
(+39) 335 / 645 24 87
Fax (+39) 09 71 / 44 26 95
mariagiovanna.allegretti@tin.it
Ganzjährig geöffnet

Eine ehemalige Benediktinereinsiedelei, in der noch die Überreste des Klosters San Leone aus dem 14. Jahrhundert zu finden sind, ist der Sitz dieses Agriturismo. Sowohl die Zimmer als auch die Apartments (Mindestaufenthalt sieben Tage) sind mit jedem modernen Komfort ausgestattet, haben jeweils einen eigenen Eingang und unterscheiden sich voneinander in der Farbgebung. Das Restaurant besteht aus gemütlichen Sälen in unverputztem Stein und steht nur Hausgästen offen. Geboten werden die wichtigsten kulinarischen und önologischen Spezialitäten Lukaniens. Für alle, die gerne selbst am Herd stehen, werden regelmäßig Kurse zur regionalen Küche veranstaltet. In den Mußestunden steht Ihnen das Schwimmbecken zur Verfügung. Wenn Sie gerne in der Natur unterwegs sind, können Sie zu Fuß, mit dem Pferd oder dem Mountainbike die Wege des Guts erkunden. Kinder vergnügen sich auf einem Spielplatz.

♦ 3 DZ, 1 3BZ und 1 4BZ, alle mit Bad und WC; 2 Apartments (4 Personen) mit Bad und Küche ♦ DZ in Einzelbelegung € 52–60, DZ € 80–92, 3BZ € 100–110, 4BZ € 110–118 (alle mit Frühstück) ♦ Kreditkarten: CartaSi, MC, Visa; Bankomat ♦ einige Zimmer barrierefrei zugänglich, Privatparkplatz, kleine Haustiere willkommen, Betreiber immer erreichbar ♦ Restaurant, Salon, Kinderspielplatz, Schwimmbecken

Venosa

59 km nördlich von Potenza
Ausfahrt Candela der A 16, S.S. 655 und S.P. 10

Orazio

Via Vittorio Emanuele, 142
Tel. (+39) 09 72 / 311 35
info@hotelorazio.it
www.hotelorazio.it
Ganzjährig geöffnet

NEU

Der Palazzo del Baliaggio, der so genannt wird, weil er vier Jahrhunderte lang der Balì (Sitz eines Ritterordens) der Malteserritter war, stammt aus dem 15. Jahrhundert. Trotz zahlreicher Renovierungen und architektonischer Eingriffe blieben einige alte Elemente erhalten, so zum Beispiel Fresken, Gewölbe und wertvolle Holztüren. Die Zimmer im Hotel der Familie Lacolla sind schallgedämpft und alle mit Telefon, Minibar, Aircondition und Haartrockner ausgestattet. Zum Frühstück gibt es regionales Trockengebäck und hausgemachte Konfitüren. Das angeschlossene Restaurant Al Baliaggio bietet mittags und abends Gerichte mit hausgemachter Pasta sowie Spezialitäten mit Fleisch und Fisch. In den alten Kellerräumen des Palazzos wurde eine kleine Taverne eingerichtet, in der Wein, Wurstwaren und Käse probiert werden können.

♦ 4 EZ und 10 DZ, alle mit Bad und WC, Aircondition, Minibar, TV ♦ EZ € 45–50, DZ € 65 (Aufpreis Zusatzbett € 20, alle mit Frühstück) ♦ alle Kreditkarten, Bankomat ♦ Privatparkplatz, Haustiere nicht erlaubt, Betreiber immer erreichbar ♦ Restaurant, Taverne, Frühstücksraum, TV-Raum, Seminarraum, Terrasse, Garten

Viggianello

170 km südlich von Potenza
Ausfahrt Lauria Sud oder Laino Borgo der A 3, S.P. 4

La Locanda di San Francesco

3-Sterne-Hotel · Via San Francesco, 4
Tel. (+39) 09 73 / 66 43 84,
(+39) 09 73 / 66 43 85
Fax (+39) 09 73 / 66 43 85
info@locandasanfrancesco.com
www.locandasanfrancesco.com
Ganzjährig geöffnet

Der Ort Viggianello liegt im Herzen des lukanischen Teils des Pollino-Nationalparks. In der Altstadt finden Sie dieses familiär geführte Hotel in einem schön renovierten Palazzo aus dem 18. Jahrhundert. Der Betrieb erstreckt sich über vier Ebenen: eine kleine Taverne im Kellergeschoss, ein Restaurant im Erdgeschoss, die Zimmer im ersten Stock und unter dem Dach. Die großzügigen Zimmer sind mit Vollholzmöbeln eingerichtet und haben genug Platz für vier Betten. Domenica, die Mutter von Vincenzo, bereitet im Restaurant traditionelle Gerichte aus regionalen Erzeugnissen zu. Das Hotel ist von einem dichten kleinen Wald umgeben und bietet Ausblick auf den Monte Pollino. Für einen Ausflug in den Nationalpark ist es ideal gelegen, denn der Ausgangspunkt für Wanderungen ist nur sechs Kilometer entfernt.

♦ 16 DZ mit Bad und WC, Telefon, TV ♦ DZ in Einzelbelegung € 45, DZ € 70 (Aufpreis Zusatzbett € 15, alle mit Frühstück) ♦ alle Kreditkarten, Bankomat ♦ öffentlicher Parkplatz in unmittelbarer Nähe, kleine Haustiere willkommen, Rezeptionsdienst rund um die Uhr ♦ Restaurant, Taverne

Viggianello

170 km südlich von Potenza
Ausfahrt Lauria Sud oder Laino Borgo der A 3, S.P. 4

La Residenza delle Rose

3-Sterne-Hotel
Ortsteil Varco, 17
Tel. (+39) 09 73 / 57 01 64, (+39) 347 / 187 09 41, (+39) 347 / 309 36 84
Fax (+39) 09 73 / 57 01 64
residenzadellerose@tiscali.it
www.residenzadellerose.it
Ganzjährig geöffnet

Die Wege von Enzo und Carmela haben sich in ihrem Heimatort Viggianello gekreuzt, einem kleinen Ort im Herzen des Pollino-Nationalparks. Nachdem Enzo jahrelang in Cortina gearbeitet hatte, erstand er gemeinsam mit Carmela 2005 dieses Hotel und verwandelte es in einen Hort der Gastlichkeit inmitten des Nationalparks. Das Gebäude ist aus lokalem Stein gebaut und schön renoviert. Die Zimmer sind bäuerlich-modern eingerichtet. Zu jeder Jahreszeit gibt es hier Blumen: Geranien und natürlich Rosen. Carmela betreut mit besonderer Sorgfalt das Frühstück: Sie bereitet Süßspeisen, Kuchen, Konfitüren und Fruchtsäfte zu und bietet außerdem frische Milch, Wurstwaren und Käse von lokalen Erzeugern an.

♦ 2 EZ und 7 DZ, alle mit Bad und WC, Minibar, Safe, Sat-TV; 2 Miniapartments (2 Personen) ♦ EZ € 40, DZ € 60 (Aufpreis Zusatzbett € 20, alle mit Frühstück); Miniapartment € 70 ♦ keine Kreditkarten ♦ einige Zimmer barrierefrei zugänglich, Privatparkplatz außerhalb der Anlage, kleine Haustiere willkommen, Rezeptionsdienst rund um die Uhr ♦ Bar, Lese- und TV-Raum, Garten, Terrasse, Kinderspielplatz

Altomonte
Sant'Anna

1,5 km vom Zentrum
61 km nordwestlich von Cosenza
14 km von der Ausfahrt Altomonte der A 3

Le Farnie

Agriturismo
Ortsteil Sant'Anna
Tel. (+39) 09 81 / 94 87 86, (+39) 349 / 725 20 09, (+39) 347 / 882 26 87
Fax (+39) 09 81 / 94 87 86
info@agriturismolefarnie.it
www.agriturismolefarnie.it
Ferien: Januar–Ostern

Die Hauptaufgabe dieses schönen landwirtschaftlichen Betriebs ist die Herstellung von nativem Olivenöl extra – das sieht man auf den ersten Blick: Das Bauernhaus ist von über 3.000 Olivenbäumen umgeben und ganz in der Nähe liegt auch die kleine Ölpresse. In einem Steinhaus aus dem 18. Jahrhundert, renoviert von Familie Piragine, gibt es 14 Betten. Die Doppelzimmer können bei Bedarf in Drei- oder Vierbettzimmer umgewandelt werden. Sie sind geräumig und schlicht eingerichtet, ideal für einen entspannten Aufenthalt abseits der Betriebsamkeit. Im zugehörigen Restaurant werden mit den Produkten des Betriebs Gerichte nach Hausfrauenart zubereitet (eine Mahlzeit kostet 22 Euro für Hotelgäste in Halbpension, ansonsten 25 Euro). Das traditionelle Frühstück wird im Speisesaal des Restaurants und unter den schönen Arkaden serviert, wo man im Sommer auch zu Abend essen kann.

♦ 2 DZ, 2 3BZ und 1 4BZ, alle mit Bad und WC ♦ DZ in Einzelbelegung € 56–66, DZ € 76–88 (Aufpreis Zusatzbett € 10), 3BZ € 96–108, 4BZ € 116–128 (alle mit Frühstück) ♦ keine Kreditkarten ♦ Gemeinschaftsbereiche barrierefrei zugänglich, überdachter Parkplatz, kleine Haustiere willkommen (nach Absprache), Betreiber immer erreichbar ♦ Restaurant, Arkaden, Garten, Terrasse

Amantea

Im Zentrum
43 km südwestlich von Cosenza, S.S. 18
18 km von der Ausfahrt Falerna der A 3

Le Clarisse

NEU

3-Sterne-Hotel
Via Indipendenza, 27
Tel./Fax (+39) 09 82 / 420 33
info@palazzodelleclarisse.com
www.palazzodelleclarisse.com
Ferien: November

Dieses ehemalige Kloster wurde im Lauf der Jahre erst zu einem Adelssitz und dann zu einem schönen Hotel umgestaltet, in dem Massimiliano Guerriero seinen Gästen eine elegante und gepflegte Unterkunft bietet. Die fünf Zimmer sind mit wertvollen Möbeln und Parkettböden ausgestattet. Der unvergleichliche Blick auf die Küste wird Sie sprachlos machen. Das Hotel verfügt auch über ein Restaurant, in dem die regionale Küche in Neuinterpretation für etwa 35 Euro ohne Wein angeboten wird (Gäste mit Halbpension zahlen nur 20 Euro). Einladend und geschmackvoll präsentieren sich auch die Gemeinschaftsräume: der alte Kreuzgang, die Bar in einer kleinen Taverne im Erdgeschoss, die mit Stühlen und Tischen bestückte Veranda und nicht zuletzt die schöne Terrasse, auf der im Sommer das Frühstück serviert wird. Dieses besteht aus süßen und pikanten Speisen aus kleinen Betrieben.

♦ 5 DZ mit Bad und WC, Aircondition, Minibar, Schließfach, WLAN ♦ DZ in Einzelbelegung und DZ € 70–120 (Aufpreis Zusatzbett € 10) ♦ alle Kreditkarten, Bankomat ♦ Gemeinschaftsbereiche barrierefrei zugänglich, Privatparkplatz, kleine Haustiere willkommen (nach Absprache), Betreiber immer erreichbar ♦ Restaurant, Bar, Konferenzsaal (100 Plätze), Veranda, Terrasse, Kreuzgang

Amantea

250 m vom Bahnhof Amantea
43 km südwestlich von Cosenza, S.S. 18; 18 km von der Ausfahrt Falerna der A 3

Mediterraneo

3-Sterne-Hotel
Via Stromboli, 79
Tel. (+39) 09 82 / 42 63 64, (+39) 09 82 / 422 09, (+39) 09 82 / 42 50 00
Fax (+39) 09 82 / 42 62 47
info@mediterraneohotel.net
www.mediterraneohotel.net
Ganzjährig geöffnet

Das Hotel Mediterraneo befindet sich in einem schönen herrschaftlichen Palazzo und stellt seinen Gästen 28 komfortabel eingerichtete Zimmer zur Verfügung. Kürzlich wurde neben dem Gebäude ein zweites Hotel gebaut, das Palace Hotel. Die beiden Unterkünfte haben denselben Eingang, aber abgesehen davon sind die Betriebe voneinander getrennt und unterscheiden sich in Stil und Charakter. Auf Wunsch können die Gäste den Wäscheservice und den Transport vom und zum Flughafen Lamezia nutzen. Sie können auch eine Tauchschule besuchen, die Tauchgänge in einem nahen Naturschutzgebiet organisiert. Im Restaurant bekommt man gute Gerichte aus der Umgebung. Der Preis für Halbpension beträgt 50 bis 85 Euro pro Person im Doppelzimmer und 60 bis 95 Euro im Einzelzimmer.

♦ 2 EZ, 15 DZ, 8 3BZ und 3 4BZ, alle mit Bad und WC, Aircondition, Minibar, Schließfach, Telefon, Sat-TV ♦ EZ € 40–60, DZ € 65–90, 3BZ € 75–100, 4BZ € 85–120 (alle mit Frühstück) ♦ alle Kreditkarten, Bankomat ♦ Gemeinschaftsbereiche barrierefrei zugänglich, 1 Zimmer behindertengerecht ausgestattet, Privatparkplatz, kleine Haustiere willkommen (nicht im Speisesaal), Rezeptionsdienst rund um die Uhr ♦ Bar, Restaurant, kleine Taverne, TV-Raum, Konferenzsaal (100 Plätze), Kinderspielplatz, Privatstrand (€ 4 pro Person und Tag)

Borgia
Roccelletta

2 km vom Bahnhof Catanzaro Lido; 15 km südwestlich von Catanzaro; Ausfahrt Lamezia Terme der A 3 oder Ausfahrt Germaneto-Soverato der S.S. 280, dann 1,5 km über die S.S. 106

Il Pero Selvatico

Agriturismo
Via Scylletion, km 0,950
Tel./Fax (+39) 09 61 / 95 51 53
info@ilperoselvatico.it
www.ilperoselvatico.it
Ganzjährig geöffnet

Gregorio Mazza betreibt neben seiner Landwirtschaft auch einen Beherbergungsbetrieb – mit großzügigem und freundlichem Service. Die zehn Zimmer sind geräumig und geschmackvoll modern eingerichtet. Sie befinden sich im Erdgeschoss und gehen auf den Innenhof hinaus, wodurch absolute Ruhe garantiert ist. Sie genießen jeglichen Komfort, was Ihren Aufenthalt äußerst angenehm macht. Von den Extraservices erwähnen wir den Strand mit Infrastruktur in eineinhalb Kilometer Entfernung und das dem schönen Betrieb angeschlossene Restaurant, das Traditionsgerichte bietet (eine Mahlzeit ohne Wein kostet etwa 30 bis 35 Euro). Es gibt auch ein glutenfreies Menü. Hausgäste können für 22 Euro pro Person (ohne Getränke) Halbpension in Anspruch nehmen. Von den Sehenswürdigkeiten der Gegend verdient zweifellos die archäologische Stätte Roccelletta einen Besuch.

♦ 10 DZ mit Bad und WC, Aircondition, TV ♦ DZ in Einzelbelegung € 45–55, DZ € 75–85 (Aufpreis Zusatzbett € 25–30, alle mit Frühstück) ♦ Kreditkarten: CartaSi, MC, Visa; Bankomat ♦ Anlage barrierefrei zugänglich, 1 Zimmer behindertengerecht ausgestattet, Privatparkplatz, kleine Haustiere willkommen, Betreiber immer erreichbar ♦ Restaurant, Aufenthaltsraum, Seminarraum (90 Plätze), Park, Strand mit Infrastruktur 1,5 Kilometer entfernt

Briatico

Im Zentrum
39 km vom Flughafen Lamezia Terme
13 km nordwestlich von Vibo Valentia, S.S. 522

Palazzo Marzano **NEU**

4-Sterne-Hotel
Corso Regina Margherita
Tel. (+39) 09 63 / 39 14 35
Fax (+39) 09 63 / 50 19 49
info@palazzomarzano.it
www.palazzomarzano.it
Ganzjährig geöffnet

In einem nach alten Plänen restaurierten Palazzo aus dem 17. Jahrhundert im Zentrum von Briatico befinden sich 14 bequeme Zimmer, groß und hell, mit gepflegter Einrichtung und jedem Komfort. Das angeschlossene Restaurant bietet regionale Küche zum Preis von 30 Euro (mit Getränken) für Gäste, die sich für Halbpension entscheiden. Ansonsten kostet eine Mahlzeit ohne Wein 35 Euro. Im selben Saal wird auch das Frühstücksbüfett mit Süßspeisen aus kleinen Betrieben vorbereitet. Es gibt traditionelle Kaffeezubereitungen und auf Wunsch englisches Frühstück. Im Außenbereich befinden sich das Schwimmbecken und ein Innenhof, der zur Entspannung einlädt. Gemeinschaftsräume sind die Bar, der Billardsaal und ein kleiner Salon mit WLAN. Einen Kilometer entfernt liegt der Privatstrand des Hotels.

♦ 14 DZ mit Bad und WC, Aircondition, Minibar, Schließfach, Telefon, TV (2 Zimmer mit WLAN) ♦ DZ in Einzelbelegung € 70–100, DZ € 70–110 (Aufpreis Zusatzbett 20–50) ♦ Kreditkarten: CartaSi, MC, Visa; Bankomat ♦ Gemeinschaftsbereiche barrierefrei zugänglich, 2 Zimmer behindertengerecht ausgestattet, Gratisparkplatz vor der Anlage, Rezeptionsdienst 7.30–24 Uhr, Betreiber immer erreichbar ♦ Restaurant, Bar, Salon, Billardsaal, Innenhof, Schwimmbecken, Privatstrand 1 Kilometer entfernt

Castrovillari

75 km nördlich von Cosenza
8 km von der Ausfahrt Castrovillari-Frascineto der A 3; aus Richtung Ionisches Meer über die S.S. 105; aus Richtung Tyrrhenisches Meer über die S.S. 19

Locanda Di Alia

4-Sterne-Hotel
Via Ietticelli, 55
Tel./Fax (+39) 09 81 / 463 70
alia@alia.it
www.alia.it
Ganzjährig geöffnet

Seit der Mitte des 20. Jahrhunderts, als der Betrieb seine Pforten öffnete, hat er sich sehr entwickelt: Die Trattoria wurde zu einem Ziel für Feinschmecker, und das Hotel ist mittlerweile eine sichere Adresse für alle, die eine bequeme Unterkunft suchen, schlicht und in einem schönen Ambiente. Die Zimmer haben Zugang zum Garten und zum Schwimmbecken, die Einrichtung ist modern, die Wände wurden von einem lokalen Künstler gestaltet. Die Suiten verfügen über ein reizendes kleines Wohnzimmer und einen Whirlpool. Zum Frühstück gibt es Süßes und Pikantes mit klassischen Kaffeezubereitungen und frischem Obst. Im angeschlossenen Laden Madia di Alia können Sie verschiedene von Hand hergestellte Produkte kaufen, darunter ausgezeichnete Konfitüren und diverse Liköre, die nach alten Familienrezepten zubereitet werden.

♦ 9 DZ und 5 Suiten, alle mit Bad und WC, Aircondition, Minibar, Telefon, TV, Internetanschluss ♦ DZ in Einzelbelegung € 90, DZ € 110, Suite € 130 (Aufpreis Zusatzbett € 20, alle mit Frühstück) ♦ alle Kreditkarten, Bankomat ♦ Gemeinschaftsbereiche barrierefrei zugänglich, überdachter Parkplatz, kleine Haustiere willkommen (€ 13 pro Tag), Rezeptionsdienst rund um die Uhr ♦ Bar, Restaurant, Frühstücksraum, Lese- und TV-Raum, Seminarraum (30 Plätze), Garten, Schwimmbecken

KALABRIEN

Catanzaro
Germaneto
8 km vom Zentrum
Ausfahrt Lamezia Terme der A 3 oder Ausfahrt Germaneto der S.S. nach Catanzaro, Schild zum Agriturismo bei der Kreuzung San Floro-Borgia

Curinga
Trunchi
10 km vom Zentrum; 42 km südwestlich von Catanzaro; Ausfahrt Pizzo der A 3 und über die S.S. 19 in Richtung Curinga, an der Abzweigung Filadelfia rechts, Schilder zum Agriturismo

Santarosa

Agriturismo
Viale Europa, Abzweigung nach San Floro
Tel. (+39) 09 61 / 74 69 63
Fax (+39) 09 61 / 618 55
info@agriturismosantarosa.it
www.agriturismosantarosa.it
Ganzjährig geöffnet

Antico Frantoio Oleario Bardari

Agriturismo · Ortsteil Trunchi, 1
Tel. (+39) 09 68 / 78 90 37,
(+39) 338 / 428 89 54
Fax (+39) 09 68 / 78 90 37
info@agriturismobardari.it
www.agriturismobardari.it
Ganzjährig geöffnet

Maria Teresa Caporale und ihr Mann Aldo Pegorari führen nun schon seit Jahren diesen Ferienbauernhof. Das weitläufige Landhaus befindet sich im Zentrum ihres 100 Hektar großen Betriebs. Die Gästezimmer sind durch Erweiterung und Modernisierung eines alten Gebäudes entstanden, in dem sich auch das angeschlossene Restaurant befindet. Allen gemeinsam ist, dass sie groß, bequem und sehr geschmackvoll eingerichtet sind. Dennoch ist jedes Zimmer anders. Den Gästen wird der Komfort einer sorgfältig gepflegten Unterkunft in eleganter, gemütlicher Atmosphäre geboten. Im Restaurant können Sie aus einer Reihe lokaler Gerichte aus Produkten der Gegend wählen. Der Preis für eine Mahlzeit ohne Wein liegt bei 30 Euro (Hausgäste mit Halbpension zahlen 25 Euro). Für Familien gibt es auch ein Zimmer mit Zwischenboden, in dem bis zu fünf Personen wohnen können.

Der Ferienbauernhof Bardari ist schon seit Jahren der richtige Ort für alle, die einen ruhigen Aufenthalt in familiärer Atmosphäre suchen: eine gepflegte, angenehme Unterkunft im Grün der Olivenhaine rund um das Gut. Die Zimmer sind großzügig und geschmackvoll mit Möbeln im Arte-povera-Stil eingerichtet, die Wände bestehen aus unverputzten Steinen. Hier werden Sie sich dank der höflichen Betreiber rasch wie zu Hause fühlen. Neben dem Beherbergungsbetrieb gibt es ein Restaurant, in dem die unverfälschten Produkte der eigenen Landwirtschaft verarbeitet werden (Halbpension 70 Euro ohne Wein). Gesundes finden Sie auch in dem von Patrizia zubereiteten Frühstück, das aus hausgemachten Süßspeisen, (Zitrusfrucht-) Konfitüren, Honig und klas-sischen Kaffeezubereitungen besteht. Eine Reservierung für Restaurant und Hotel ist unumgänglich.

♦ 10 DZ mit Bad und WC, Airconditon, Minibar, Telefon, TV, Internetanschluss ♦ DZ in Einzelbelegung € 68, DZ € 98 (Aufpreis Zusatzbett € 25, alle mit Frühstück) ♦ Kreditkarten: CartaSi, MC, Visa; Bankomat ♦ Anlage barrierefrei zugänglich, Privatparkplatz, kleine Haustiere willkommen (außer in den Zimmern), Betreiber immer erreichbar ♦ Restaurant, Konferenzsaal (100 Plätze), Park, Reitstall

♦ 5 DZ und 1 4BZ, alle mit Bad und WC, TV ♦ DZ in Einzelbelegung € 50, DZ € 100, 4BZ € 200 (alle mit Frühstück) ♦ Kreditkarten: CartaSi, DC, MC, Visa; Bankomat ♦ Restaurant barrierefrei zugänglich, Privatparkplatz, Haustiere nicht erlaubt, Betreiber immer erreichbar ♦ Restaurant, Lese- und TV-Raum, Garten, Veranda

🍲 Das Restaurant ist großzügig angelegt; für die Speisen werden die hervorragenden Produkte der eigenen Landwirtschaft verarbeitet (35 Euro ohne Wein)

Decollatura
Sorbello
1 km vom Zentrum
39 km nordwestlich von Catanzaro
20 km von der Ausfahrt Altilia-Grimaldi der A 3 in Richtung Motta Santa Lucia-Decollatura

La Vecchia Fattoria

Agriturismo · Ortsteil Sorbello
Tel. (+39) 09 68 / 618 15,
(+39) 349 / 811 95 63
Fax (+39) 09 68 / 618 15
info@agriturismolavecchiafattoria.it
www.agriturismolavecchiafattoria.it
Ferien: Oktober–Mai (außer an Wochenenden und Feiertagen)

Auf zehn Hektar Land wachsen hier Oliven, Obst und Wein, außerdem betreiben die Inhaber Angela und Giovanni eine kleine Tierzucht. Mit ihrer liebenswürdigen Art führen sie einen Ferienbauernhof, in dem sich die Gäste rasch wie zu Hause fühlen. Dafür wurde ein altes Bauernhaus, neben dem ein neu errichtetes Landhaus steht, gewissenhaft renoviert. Entstanden sind bequeme, großzügige Zimmer und einige Apartments mit Kochnische, in denen auch Familien Platz haben. Von den Gemeinschaftsräumen wollen wir das Restaurant erwähnen, das vor allem Erzeugnisse der eigenen Landwirtschaft verarbeitet. Es besteht die Möglichkeit, Halbpension (43 bis 48 Euro) oder Vollpension (53 bis 58 Euro) zu wählen. Das Frühstück ist hausgemacht: Obstcrostata, Konfitüren und für Liebhaber von Pikantem auch Wurstwaren aus eigener Erzeugung.

♦ 4 DZ mit Bad und WC; 6 Apartments (2–4 Personen) mit Kühlschrank und Kochnische ♦ DZ in Einzelbelegung € 30–35, DZ € 60–70, Apartment € 60–140 (alle mit Frühstück) ♦ Kreditkarten: AE, CartaSi, MC, Visa; Bankomat ♦ Anlage barrierefrei zugänglich, 1 Zimmer behindertengerecht ausgestattet, Privatparkplatz, kleine Haustiere willkommen, Betreiber immer erreichbar ♦ Restaurant, TV-Raum, Garten mit Kinderspielplatz, Schwimmbecken

Gerace

91 km nordöstlich von Reggio Calabria
45 km von der Ausfahrt Gioia Tauro der A 3, S.S. 111

La Casa di Gianna

4-Sterne-Hotel
Via Paolo Frascà, 4
Tel. (+39) 09 64 / 35 50 24,
(+39) 09 64 / 35 50 18
Fax (+39) 09 64 / 35 50 81
info@lacasadigianna.it
www.lacasadigianna.it
Ferien: November

Im Zentrum des Städtchens finden Sie dieses elegante Patrizierhaus. La Casa di Gianna bietet die Möglichkeit zu einem ruhigen und entspannten Aufenthalt. Die Zimmer sind unterschiedlich, allen gemeinsam sind jedoch das gemütliche Ambiente und die passende Einrichtung mit jeglichem Komfort. Beeindruckend ist vor allem die Auswahl der Bett- und Weißwäsche. Angenehm sind auch die Gemeinschaftsbereiche: neben dem Restaurant (Aufpreis für Halbpension 25 Euro pro Person) ein kleiner Salon mit einer gut bestückten Bibliothek, in der sich die Gäste bedienen können. Das Frühstück besteht aus einer ansehnlichen Auswahl an lokalen Produkten, nahezu ausschließlich Süßspeisen. Die Eigentümerin Aurelia Fimognari betreut auch zwei andere ausgezeichnete Betriebe: La Casa nel Borgo und Palazzo Sant'Anna.

♦ 1 EZ, 8 DZ und 1 Suite, alle mit Bad und WC, Aircondition, Minibar, Telefon, TV, Schließfach, Internetanschluss (einige Zimmer mit Balkon) ♦ EZ € 70–85, DZ in Einzelbelegung € 90–110, DZ € 110–130 (Aufpreis Zusatzbett € 35–45), Suite € 170–200 (alle mit Frühstück) ♦ alle Kreditkarten, Bankomat ♦ Anlage barrierefrei zugänglich, Parkplatz mit 3 reservierten Plätzen außerhalb der Anlage, kleine Haustiere willkommen, Rezeptionsdienst rund um die Uhr ♦ Bar, Restaurant, Frühstücksraum, Leseraum, Terrasse

Montalto Uffugo

12 km vom Zentrum
21 km nordwestlich von Cosenza
Ausfahrt Montalto-Rose der A 3, S.P. 241

Villa Santa Caterina

Agriturismo
Ortsteil Santa Caterina
Via Cariglialto
Tel./Fax (+39) 09 84 / 93 44 33,
(+39) 09 84 / 93 46 41
agri.santacaterina@tiscali.it
www.agriturismovillasantacaterina.it
Ganzjährig geöffnet

NEU

In einer schönen Hügellandschaft bietet der Agriturismo der Familie Aceto einen ruhigen, angenehmen Aufenthalt in Kontakt mit der Natur. Die Zimmer sind großzügig und nüchtern eingerichtet, mit modernem Komfort ausgestattet und bieten einige Extras wie einen kostenlosen Internetzugang und auf Wunsch auch einen Wäsche- und Bügelservice. Auf dem Frühstücksbüfett finden Sie eine schöne Auswahl von Erzeugnissen des landwirtschaftlichen Betriebs, darunter Milch, Käse, Wurstwaren und selbst gemachte Süßspeisen. Das angeschlossene Restaurant bietet unverfälschte regionale Küche für einen Aufpreis von 20 Euro bei Halbpension. Die Gäste können sich im Schwimmbecken oder in dem mit Stühlen und Sonnenschirmen ausgestatteten schönen Garten entspannen.

♦ 20 DZ mit Bad und WC, Aircondition, Minibar, Sat-TV, WLAN (6 Zimmer mit Balkon); 3 Apartments (1–6 Plätze) mit Kochnische ♦ DZ in Einzelbelegung € 55, DZ € 75 (Aufpreis Zusatzbett € 20), Apartment € 60–80 (alle mit Frühstück) ♦ alle Kreditkarten, Bankomat ♦ Gemeinschaftsbereiche barrierefrei zugänglich, 1 Apartment behindertengerecht ausgestattet, Privatparkplatz, kleine Haustiere willkommen (nach Absprache), Rezeptionsdienst rund um die Uhr ♦ Restaurant, Konferenzsaal (80 Plätze), Garten, Schwimmbecken

Morano Calabro

4 km vom Zentrum
80 km nordwestlich von Cosenza
6 km von der Ausfahrt Morano Calabro-Castrovillari der A 3

Locanda del Parco

Agriturismo
Ortsteil Mazzicanino
Tel. (+39) 09 81 / 313 04,
(+39) 09 81 / 303 26
Fax (+39) 09 81 / 313 04
info@lalocandadelparco.it
www.lalocandadelparco.it
Ganzjährig geöffnet

Im Pollino-Nationalpark, eingebettet in die Ruhe und das Grün eines Naturreservats, befindet sich dieser Agriturismo. Adriana Tamburi führt ihn mit Professionalität und Liebenswürdigkeit. Die Zimmer sind angenehm und hell, schlicht und dennoch mit jedem Komfort ausgestattet. Die Inhaberin verarbeitet das im Betrieb erzeugte Gemüse und Obst, zum Frühstück bietet sie neben ausgezeichneten Konfitüren Käse und Wurstwaren aus eigener Produktion. Auch ein Restaurant ist dem Betrieb angeschlossen; gegen Vorbestellung steht es nicht nur Hausgästen offen. Traditionelle Gerichte und den Hauswein des Betriebs bekommen Sie für 25 Euro, der Aufpreis für Halbpension beträgt 20 bis 25 Euro pro Person. Den Gästen stehen unter anderem ein Schwimmbecken und ein Gesundheitspfad zur Verfügung, der vor Kurzem im gepflegten Garten rund um das Landhaus angelegt wurde.

♦ 7 DZ mit Bad und WC, Terrasse; 2 Chalets und 2 Dependancen ♦ DZ in Einzelbelegung € 40–50, DZ € 60–70 (Aufpreis Zusatzbett € 30–35, alle mit Frühstück) ♦ Kreditkarten: CartaSi, MC, Visa; Bankomat ♦ Privatparkplatz, kleine Haustiere willkommen, Betreiber stets anwesend ♦ Restaurant, Lese- und TV-Raum, Garten, Schwimmbecken

Morano Calabro

Im Zentrum
80 km nordwestlich von Cosenza
6 km von der Ausfahrt Morano Calabro-Castrovillari der A 3

Villa San Domenico

4-Sterne-Hotel
Via Sotto gli Olmi
Tel. (+39) 09 81 / 39 98 81,
(+39) 09 81 / 39 99 91
Fax (+39) 09 81 / 39 99 91
info@albergovillasandomenico.it
www.albergovillasandomenico.it
Ganzjährig geöffnet

Die hübsche kleine Stadt Morano Calabro ist berühmt für die Magdalenenkirche (Collegiata della Maddalena) aus dem 16. Jahrhundert und die normannische Burg, aber auch für ihre eindrucksvolle Lage an der Flanke eines kegelförmigen Hügels. In der Altstadt finden Sie das von Pasquale Vacca geführte Hotel in einem schön restaurierten Wohnhaus aus dem 16. Jahrhundert. Die Zimmer gehen alle auf den ruhigen Garten hinaus und sind äußerst geschmackvoll eingerichtet: Alte Möbel und Ornamente aus Holz schaffen eine gemütliche, angenehme Atmosphäre. Die großzügigen Suiten bieten durch einen großen Zwischenboden bis zu vier Schlafplätze. Zum Frühstück gibt es Süßes und Pikantes. Im Restaurant können Sie bei einem Aufenthalt von mindestens drei Nächten Halbpension für einen Aufpreis von 15 Euro pro Person und Mahlzeit wählen.

♦ 7 DZ, 1 Dependance (5 Betten) und 3 Suiten (4 Betten), alle mit Bad und WC, Terrasse, Minibar, Telefon, Sat-TV, Internetanschluss ♦ DZ in Einzelbelegung € 80, DZ € 110, Dependance und Suite € 160 (Aufpreis Zusatzbett € 30–40, alle mit Frühstück) ♦ alle Kreditkarten, Bankomat ♦ 1 Zimmer behindertengerecht ausgestattet, Privatparkplatz, kleine Haustiere willkommen, Rezeptionsdienst rund um die Uhr ♦ Bar, Restaurant, Lese- und TV-Raum, Konferenzsaal (90 Plätze), Garten, Terrasse

Nocera Terinese
Vota

2 km vom Zentrum
59 km nordwestlich von Catanzaro
10 km von der Ausfahrt Falerna der A 3

Vota

Agriturismo
Ortsteil Vota, 3
Tel. (+39) 09 68 / 915 17,
(+39) 347 / 318 41 81
Fax (+39) 09 68 / 915 17
infomail@agrivota.it
www.agrivota.it
Ganzjährig geöffnet

Der Agriturismo von Giovanni und Marisa Mauri hebt sich von anderen Ferienbauernhöfen durch sein schlichtes und familiäres Angebot ab. Im Herzen des Valle del Savuto bewirtschaftet die Familie 35 Hektar Land mit Obst und Gemüse, Oliven und Wein. Der Agriturismo ist damit ein ideales Ziel für naturverbundene Touristen. Er ist auf drei Landhäuser aufgeteilt und bietet verschiedene Möglichkeiten: Doppelzimmer, Dreibettzimmer und einige Apartments. Zusätzlich gibt es ein Restaurant mit unverfälschter regionaler Küche, für die eigene Produkte verarbeitet werden. Der Preis für eine Mahlzeit ohne Wein beträgt 20 bis 25 Euro, Hausgäste können Halbpension zum Preis von 55 Euro pro Person in Anspruch nehmen. Im selben Raum wird das Frühstück mit viel Hausgemachtem angeboten: Süßspeisen, Kranzkuchen, Konfitüren, Eier und Wurstwaren, die im Betrieb erzeugt werden.

♦ 5 DZ, 3 3BZ und 3 Apartments (4 Personen), alle mit Bad und WC, Kühlschrank, TV (auf Wunsch) ♦ DZ in Einzelbelegung € 45, DZ € 74, 3BZ € 111, Apartment € 37 pro Person (alle mit Frühstück) ♦ Kreditkarten: CartaSi, MC, Visa; Bankomat ♦ überdachter Privatparkplatz, kleine Haustiere willkommen (außer in den Zimmern), Betreiber immer erreichbar ♦ Restaurant, Lese- und TV-Raum, Kinderspielplatz, Terrasse, Schwimmbecken, Bocciafeld

Palermiti
Nucifero
6 km vom Zentrum; 40 km südwestlich von Catanzaro
Von der Ausfahrt Catanzaro der A 3 über die S.S. nach Catanzaro Lido, die S.S. 106 nach Soverato und die S.P. 171l nach Squillace-Palermiti

Mezzaluna

Agriturismo
Ortsteil Nucifero
Tel. (+39) 09 61 / 91 71 30,
(+39) 333 / 684 46 41
Fax (+39) 09 61 / 91 71 30
info@agriturismomezzaluna.it
www.agriturismomezzaluna.it
Ganzjährig geöffnet

Der von Umberto Ranieri geführte Agriturismo ist ein guter Ausgangspunkt, um die bekanntesten Strände der Ionischen Küste zu erreichen und die kleine Stadt Squillace zu besichtigen. Der Betrieb umfasst einige sorgfältig renovierte Landhäuser aus dem 18. Jahrhundert. In angenehmer und einladender Atmosphäre finden Sie einfache, helle Zimmer mit geschmackvoller und funktionaler Einrichtung – ideal für einen ruhigen Aufenthalt in der Nähe des Meeres, aber ohne die Betriebsamkeit eines Badeortes. Zum Zeitvertreib stehen Ihnen verschiedene Sportgeräte zur Verfügung, außerdem ein Kinderspielplatz und ein Restaurant, in dem Sie von der Karte wählen (eine Mahlzeit ohne Wein kostet etwa 20 bis 25 Euro) oder ein günstiges Touristenmenü bestellen können. Das Frühstück besteht aus einer Auswahl regionaler süßer oder pikanter Speisen.

♦ 13 DZ oder 3BZ mit Bad und WC, TV (auf Wunsch) ♦ DZ in Einzelbelegung € 35–40, DZ € 70–80, 3BZ € 105–120 (alle mit Frühstück) ♦ alle Kreditkarten, Bankomat ♦ Anlage barrierefrei zugänglich, 3 Zimmer behindertengerecht ausgestattet, überdachter Privatparkplatz, kleine Haustiere willkommen, Betreiber stets anwesend ♦ Restaurant, Frühstücksraum, Lese- und TV-Raum, Terrasse, Garten, Kinderspielplatz, Reitstall, kleine Fußballwiese, Volleyballfeld

Pianopoli
Gabella
2,5 km vom Zentrum
34 km nordwestlich von Catanzaro
Ausfahrt Lamezia Terme der A 3; Ausfahrt Maida der Superstrada dei due Mari

Le Carolee

Agriturismo
Ortsteil Gabella Pianopoli
Tel./Fax (+39) 09 68 / 350 76
lecarolee@lecarolee.it
www.lecarolee.it
Ganzjährig geöffnet

Die beiden schönen Wohnhäuser des Agriturismo befinden sich auf einem großen Gut mit Olivenhainen. In Luftlinie ist das Meer nicht weit entfernt. Hinter dem Gut liegen die Wälder der Berge Mancuso und Reventino. In den Sälen und Zimmern befinden sich noch Stilmöbel, es mangelt jedoch auch nicht am nötigen Komfort, um Ihren Aufenthalt so angenehm wie möglich zu gestalten. Ihren Bedürfnissen entsprechend wählen Sie eines der großzügigen Zimmer im Haupthaus oder ein Apartment mit eigenem Eingang, was allerdings einen Mindestaufenthalt von einer Woche (650 bis 1.150 Euro ohne Frühstück) erfordert. Es gibt viele Gemeinschaftsräume, darunter das Restaurant, in dem traditionelle Küche um etwa 30 Euro (Halbpension 25 Euro) ohne Wein angeboten wird. Zum Frühstück erwartet Sie eine schöne Auswahl an Kaffeezubereitungen, dazu süße und pikante Speisen.

♦ 7 DZ mit Bad und WC, TV, WLAN ♦ DZ in Einzelbelegung € 50–60, DZ € 80–100 (Aufpreis Zusatzbett € 20–25, alle mit Frühstück) ♦ alle Kreditkarten, Bankomat ♦ Restaurant barrierefrei zugänglich, Privatparkplatz, kleine Haustiere willkommen, Betreiber immer erreichbar ♦ Restaurant, Lese- und TV-Raum, Bibliothek, Garten, Schwimmbecken

Rossano

88 km nordöstlich von Cosenza
Ausfahrt Spezzano Albanese-Sibari der A 3 in Richtung Corigliano-Rossano, S.S. 106

Le Colline del Gelso

Agriturismo
Ortsteil Gelso Mazzei, 18
Tel. (+39) 09 83 / 56 91 36, (+39) 335 / 536 64 52, (+39) 338 / 428 95 04
Fax (+39) 09 83 / 56 91 36
info@lecollinedelgelso.it
www.lecollinedelgelso.it
Ganzjährig geöffnet

Der Agriturismo von Familie Mazzei ist eine wirklich wertvolle Adresse für alle, die eine bis ins kleinste Detail gepflegte Unterkunft in entspannter, gemütlicher Atmosphäre suchen. Hier kann man sich wie zu Hause fühlen. Das schöne Haus aus dem 18. Jahrhundert wurde mit Sorgfalt renoviert: Cottoböden, wertvolle Möbel und hübsche Einrichtungsgegenstände, die die Gemeinschaftsräume und die Zimmer verschönern. Diese befinden sich in den alten Nebengebäuden rund um das Haupthaus, alle mit Blick auf einen schönen Garten. Das Restaurant, das im Sommer und an Feiertagen geöffnet ist, steht hauptsächlich den Hausgästen zur Verfügung, gegen Vorbestellung auch Gruppen. Der Aufpreis für Halbpension beträgt 25 Euro pro Person (ohne Getränke). Im August ist ein Mindestaufenthalt von zwei Nächten vorgesehen.

♦ 4 DZ und 6 Suiten (4–6 Personen), alle mit Bad und WC, Airconditon, Minibar, TV (Suiten mit Kochnische) ♦ DZ in Einzelbelegung € 45–60, DZ €80–100, Suite € 45–60 pro Person (alle mit Frühstück) ♦ Kreditkarten: CartaSi, MC, Visa; Bankomat ♦ Anlage barrierefrei zugänglich, Privatparkplatz, kleine Haustiere willkommen, Betreiber immer erreichbar ♦ Restaurant, Salon, Garten, Laufstrecke, Reitstall

Santa Severina
Puzelle

2 km vom Zentrum
33 km nordwestlich von Crotone
Ausfahrt Cosenza der A 3, S.S. 107 in Richtung Crotone

Le Puzelle

Agriturismo
Ortsteil Puzelle, S.S. 107 bis
Tel. (+39) 09 62 / 510 04
Fax (+39) 09 62 / 187 03 33
lepuzelle@libero.it
www.lepuzelle.it
Ferien: je 2 Wochen im Januar und November

Auf halbem Weg zwischen den Hochebenen des Silagebirges und der Ionischen Küste ist dieser Agriturismo der ideale Platz für einen entspannten Urlaub in direktem Kontakt mit der Natur – dem Meer, aber auch den Bergen. Untergebracht werden Sie in bequemen und sorgfältig renovierten Zimmern im ehemaligen Kornspeicher und in den Ställen dieses Agriturismo aus dem frühen 20. Jahrhundert. Die Zimmer verfügen über Cottoböden, Holzdecken und rustikale Einrichtung. Das Frühstück, das serviert wird, ist reichhaltig und von bester Qualität: frisches Obst, Croissants, Konfitüren und süße Backwaren aus eigener Erzeugung, heiße Getränke und frisch gepresste Fruchtsäfte. In der Küche werden vorwiegend die eigenen Produkte zu regionalen Gerichten verarbeitet (eine Mahlzeit etwa 20 Euro). Ungefähr 20 Kilometer entfernt liegt ein schöner Strand mit Infrastruktur. Außerdem können sich die Gäste im Schwimmbecken entspannen, Boccia spielen und schöne Ausritte machen.

♦ 4 DZ und 4 3BZ oder 4BZ, alle mit Bad und WC, Aircondition (einige Zimmer mit TV) ♦ DZ in Einzelbelegung € 35, DZ € 56–70, 3BZ € 84–105, 4BZ € 112–130 (alle mit Frühstück) ♦ Kreditkarten: CartaSi, MC, Visa ♦ Gemeinschaftsbereiche barrierefrei zugänglich, Privatparkplatz, kleine Haustiere willkommen, Rezeptionsdienst 7.30–23 Uhr ♦ Barbereich, Restaurant, Lese- und TV-Raum, Garten, Terrasse, Schwimmbecken, Reitstall, Bocciafeld

Soverato
Soverato Marina

1 km vom Zentrum
1 km von der Strandpromenade Europa
32 km südlich von Catanzaro, E 90

La Villa

Bed & Breakfast
Via delle Querce
Tel. (+39) 09 67 / 23 22,
(+39) 320 / 405 91 93
Fax (+39) 09 67 / 23 221
info@agenziaabitarea.it/lavilla
www.agenziaabitarea.it/lavilla
Ganzjährig geöffnet

NEU

Das Bed & Breakfast der herzlichen Inhaber Enrica und Vincenzo ist ein dreistöckiges Gebäude mit Blick auf das Meer und den Golf. In diesem bis ins kleinste Detail gepflegten Haus werden Sie sich gleich wohlfühlen. Die Zimmer sind groß, mit modernen, praktischen Möbeln eingerichtet und mit dem nötigen Komfort ausgestattet. Zwei Zimmer verfügen über ein eigenes Bad, drei über ein gemeinsames. Alle sind ausgesprochen ruhig, was der Lage in einer Wohngegend etwas abseits des Zentrums zu verdanken ist. In nur zehn Minuten erreichen Sie das Meer. Von den Gemeinschaftsräumen erwähnen wir einen schönen Saal mit Kochgelegenheit, der rustikal eingerichtet und mit Tischen und Stühlen ausgestattet ist und in dem Sie auch das Frühstück einnehmen können, sowie die Arkaden für eine angenehme Rast im Freien. Das Frühstück setzt sich aus Produkten kleiner Betriebe zusammen (vor allem Süßspeisen und hausgemachte Konfitüren), dazu gibt es klassische Kaffeezubereitungen.

◆ 2 EZ und 3 DZ, alle mit Bad und WC (3 Zimmer mit Gemeinschaftsbad), Aircondition, TV (einige Zimmer mit Balkon) € EZ € 25–35, DZ € 50–70 (alle mit Frühstück) ◆ keine Kreditkarten ◆ Gemeinschaftsbereiche und 3 Zimmer barrierefrei zugänglich, Privatparkplatz, kleine Haustiere willkommen, Betreiber immer erreichbar ◆ Küchen- und Frühstücksraum, TV-Raum, Terrasse, Arkaden, Garten, Strand mit Infrastruktur 1,5 Kilometer entfernt

Soveria Mannelli
Polso

2 km vom Zentrum
42 km nordwestlich von Catanzaro, S.S. 19

La Rosa nel Bicchiere

Agriturismo
Ortsteil Polso
Tel. (+39) 09 68 / 66 66 68
Fax (+39) 09 68 / 66 68 97
info@larosanelbicchiere.it
www.larosanelbicchiere.it
Ferien: Mitte Januar–Mitte Februar

Familie Rubbettino führt seit einigen Jahren diesen schönen Betrieb, der Bewirtung mit gepflegter und einladender Unterbringung verbindet. Die Lage könnte nicht besser sein: nicht weit vom Zentrum, aber ein wenig abseits, im Grün der Wälder an den Hängen des Monte Reventino. Geschmack und Schlichtheit bestimmen die Gestaltung der Gemeinschaftsräume und der Zimmer. Zum Zeitvertreib der Gäste ist Wassergymnastik im Schwimmbecken im Freien vorgesehen, außerdem gibt es kostenlose Leihmountainbikes, mit denen man die Umgebung erkunden kann. Das Restaurant steht nicht nur Hausgästen offen und bietet typische Gerichte der Umgebung. Der Preis für eine Mahlzeit beträgt 25 bis 30 Euro pro Person für Gäste mit Halbpension.

◆ 2 DZ und 2 4BZ, alle mit Bad und WC, Minibar, TV, WLAN ◆ DZ in Einzelbelegung € 55–75, DZ € 75–95 (Aufpreis Zusatzbett € 25–35), 4BZ € 125–165 (alle mit Frühstück) ◆ Kreditkarten: AE, CartaSi, MC, Visa; Bankomat ◆ Privatparkplatz, Haustiere nicht erlaubt, Betreiber 8–23 Uhr erreichbar ◆ Bar, Restaurant, Leseraum, TV-Raum, Konferenzraum (35 Plätze), Garten, Schwimmbecken, Bogenschießen

🍲 Das Restaurant bietet regionale Küche mit einigen kreativen Ausnahmen. Der Preis für eine Mahlzeit ohne Wein beträgt 30 bis 35 Euro.

Staletti
Copanello
5 km vom Zentrum
27 km südlich von Catanzaro
Ausfahrt Lamezia Terme der A 3 in Richtung Catanzaro, S.S. 106 nach Copanellot

Hamilton

3-Sterne-Hotel
Piazzetta Falcone, 8
Tel./Fax (+39) 09 61 / 91 08 08
hotel.hamilton@tiscalinet.it
www.hotelhamilton-leterrazze.com
Ganzjährig geöffnet

Das Hotel befindet sich an einem der interessantesten Orte der Ionischen Küste, die in dieser Gegend felsig ist und zahlreiche Grotten und winzige Buchten aufweist. Den Besuchern wird unberührte Natur geboten. Ein ideales Ziel für einen Aufenthalt am Meer, ohne sich den Touristenmassen ausliefern zu müssen, mit der Ruhe einer etwas abseits gelegenen Unterkunft. In den einfachen und gepflegten Zimmern stehen französische Betten. Im Restaurant bekommen Sie regionale und internationale Küche für etwa 32 Euro pro Person (Halbpension 10 bis 20 Euro ohne Getränke). Zum Frühstück werden verschiedene süße und pikante Speisen angeboten, von klassischen Croissants mit Cappuccino bis zu Eiern mit Speck.

♦ 7 DZ mit Bad und WC, Balkon, Aircondition, Minibar, Telefon, TV ♦ DZ in Einzelbelegung € 60–75, DZ € 70–110 (Aufpreis Zusatzbett € 15, alle mit Frühstück) ♦ alle Kreditkarten, Bankomat ♦ Privatparkplatz außerhalb der Anlage und öffentlicher Parkplatz daneben, kleine Haustiere willkommen, Rezeptionsdienst rund um die Uhr ♦ Restaurant, Frühstücksraum, Leseraum, Konferenzsaal (50 Plätze), Terrasse, öffentlicher Strand und Strand mit Infrastruktur 400 Meter entfernt (€ 10–20 pro Person und Tag)

Torre di Ruggiero
San Basile
2 km vom Zentrum
53 km südwestlich von Catanzaro
Ausfahrt Pizzo oder Sant'Onofrio der A 3, S.S. 110 nach Serra San Bruno und S.S. 182 nach Soverato

I Basiliani

Agriturismo
Ortsteil San Basile
Tel. (+39) 09 67 / 93 80 00,
(+39) 349 / 367 54 63
Fax (+39) 09 67 / 93 80 00
info@ibasiliani.com
www.ibasiliani.com
Ferien: Anfang November–vor Ostern

Der Agriturismo liegt in der Mitte eines schönen Guts, auf dem zum Großteil biologischer Anbau betrieben wird. Die Besitzerin Marina Martelli empfängt Sie freundlich und bietet Ihnen zwei Möglichkeiten: die Zimmer im Herrschaftshaus (zwei befinden sich in der 100 Meter entfernten kleinen Siedlung) und die Apartments, für die ein Mindestaufenthalt von einer Woche vorgesehen ist. Der gepflegte Betrieb empfiehlt sich für einen entspannten, ruhigen Aufenthalt im Grünen, in der Ruhe einer abseits der Touristenpfade gelegenen Gegend. Den Gästen steht ein schöner Garten mit Schwimmbecken zur Verfügung, außerdem ein Restaurant, in dem sie Halbpension zum Preis von 25 Euro pro Person in Anspruch nehmen können. Zum Frühstück gibt es Produkte aus eigener Erzeugung: Obst, Konfitüren, hausgemachte Süßspeisen, Wurstwaren und Käse.

♦ 8 DZ mit Bad und WC; 5 Apartments (2–4 Personen) mit Kochnische oder Küche ♦ DZ in Einzelbelegung € 50–60, DZ € 70–86 (Aufpreis Zusatzbett € 18, alle mit Frühstück); Apartments € 300–750 pro Woche (Frühstück € 4 pro Person) ♦ Kreditkarten: CartaSi, DC, MC, Visa; Bankomat ♦ 1 Zimmer behindertengerecht ausgestattet, Privatparkplatz, kleine Haustiere willkommen, Betreiber immer erreichbar ♦ Restaurant, Lese- und TV-Raum, Garten, Schwimmbecken

SIZILIEN

TYRRHENISCHES

USTICA

PALERMO

San Vito Lo Capo
Castellammare del Golfo
Monreale
Santa Flavia
Term Imere
Erice
Valderice
A19
Trapani
Paceco
Alcamo
San Giuseppe Jato
Caccamo
ÄGIDISCHE INSELN
A29d
A29
MARETTIMO
FAVIGNANA
Corleone
Marsala
Capo Boeo
Partanna
Belice
Chiusa Sclafani
Mazara del Vallo
Campobello di Mazara
Menfi
Sciacca
Platani
Aragona
Agrigento
Porto Empedocle
Fav

MITTELMEER

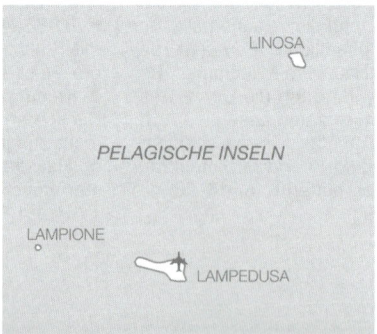

LINOSA

PELAGISCHE INSELN

LAMPIONE

LAMPEDUSA

PANTELLERIA

Acquedolci

75 km von Cefalù, 116 km westlich von Messina
Ausfahrt Sant'Agata di Militello A 20, S.S. 113

Villa Nicetta

Agriturismo
Ortsteil Nicetta
Tel./Fax (+39) 09 41 / 72 61 42
agriturismovillanicetta@virgilio.it
www.villanicetta.it
Ganzjährig gegen Vorbestellung
geöffnet

Wenn man von Acquedolci den Wegweisern nach San Fratello folgt, erreicht man nach zwei Kilometern diesen Agriturismo. Geleitet wird das Haus von Salvatore Salmeri, Ehefrau Nina sowie den Kindern Gabriella, Cettina und Gerry. Die Zimmer dieses zwischen dem späten 17. und dem frühen 18. Jahrhundert errichteten Landhauses sind in antik-rustikalem Stil gestaltet. Das Restaurant ist gegen Vorbestellung nicht nur für Hausgäste geöffnet und lockt mit schmackhafter volkstümlicher Küche. Es stehen zwei Kühlschränke zur gemeinsamen Nutzung zur Verfügung. Die Halbpension kostet 55 bis 60 Euro pro Person, die Vollpension 70 bis 75 Euro. Zum Frühstück stehen Konfitüren, Kekse, hausgemachter Kranzkuchen, Honig aus den Nebrodi-Bergen und selbst gebackenes Brot zur Auswahl. Der Agriturismo ist ein guter Ausgangspunkt für zahlreiche Ausflüge und Besichtigungen. Es besteht die Möglichkeit, Fahrräder zu mieten und Ausritte zu unternehmen. Der Tennisplatz der Gemeinde liegt zwei Kilometer entfernt.

♦ 8 Miniapartments (2–5 Personen) mit Bad und WC (2 Apartments mit Kochnische) ♦ 3 EZ € 38–40, DZ € 76–80, 3BZ € 114–120, 4BZ € 152–160, 5BZ € 190–200 (alle mit Frühstück) ♦ keine Kreditkarten ♦ 1 Miniapartment behindertengerecht ausgestattet, Privatparkplatz, kleine Haustiere willkommen, Betreiber immer erreichbar ♦ Restaurant, Aufenthaltsraum, Garten, Bocciabahn

Agrigento

Im Zentrum
1,5 km vom Bahnhof

Arco Ubriaco

NEU

Bed & Breakfast
Via Sferri, 12
Tel. (+39) 09 22 / 59 40 24,
(+39) 335 / 745 65 32
rugareali@virgilio.it
www.arcoubriaco.com
Ganzjährig geöffnet

In einem der Gässchen von Agrigentos Altstadt führen Aldo und Antonella das kleine Bed & Breakfast, ein charakteristisches Gebäude aus Stein und Tuff, dessen Inneres ein mächtiges Gewölbe schmückt. Den Gästen stehen ein kleiner Innenhof, in dem man in der schönen Jahreszeit frühstücken kann, sowie Bereiche zum Lesen und Plaudern zur Verfügung. Ringsum erstreckt sich das alte, volkstümliche Herz der Stadt, das zahlreiche Spuren aus der Zeit der Griechen, Araber und Normannen birgt. Antonella und Aldo (er ist Sommelier und wird Sie durch die Welt der sizilianischen Weine führen) geben Ihnen nützliche Tipps, was Sie in der Stadt unternehmen können. Zum Frühstück erwarten Sie Kaffee, Milch, Tee, Brot, sizilianischer Honig, hausgemachte Konfitüren und Kuchen.

♦ 3 DZ mit Bad und WC, Aircondition, TV, Modemanschluss ♦ DZ in Einzelbelegung € 30–40, DZ € 40–80 (Aufpreis Zusatzbett € 15), (alle mit Frühstück) ♦ keine Kreditkarten ♦ gebührenpflichtiger Parkplatz 50 Meter entfernt, Gratisparkplätze in der Umgebung, kleine Haustiere willkommen, Betreiber immer erreichbar ♦ Frühstücksraum mit Leseecke, Innenhof

Agrigento

4 km vom Zentrum
S.S. 118 via Passeggiata Archeologica

Villa San Marco

Bed & Breakfast
Ortsteil San Marco
Tel. (+39) 0922 / 40 18 29,
(+39) 347 / 728 88 65
info@villasmarco.com
www.villasmarco.com
Ganzjährig geöffnet

NEU

Von der Stadt fährt man in Richtung Valle dei Templi bis zum Parkplatz des Archäologiemuseums, biegt dort nach rechts ein und folgt den Hinweisschildern zum Bed & Breakfast. Bei der Ankunft erwartet Sie sogleich eine atemberaubende Aussicht, denn der Herkulestempel liegt zum Greifen nah. Rund um das Bed & Breakfast gedeihen Mandel- und Olivenbäume sowie mediterrane Macchia. Ein paar Meter entfernt liegt der Garten der Kolymbetra, der vom italienischen Umweltfonds FAI bewirtschaftet wird. In einem niedrigen, langen Gebäude liegen die unterschiedlich großen Zimmer. Daneben steht das große Herrschaftshaus der Familie Campo, in dem die Gäste ihr Frühstück einnehmen. In der schönen Jahreszeit frühstückt man im Freien und genießt die Aussicht auf die Tempel, während man Milch, Kaffee, Tee, Joghurt, selbst gebackenes Brot, hausgemachte Konfitüren und auf Wunsch Käse und Wurst zu sich nimmt.

♦ 7 DZ mit Bad und WC, Aircondition ♦ DZ in Einzelbelegung € 40–50, DZ € 70–80 (Aufpreis Zusatzbett € 25–30), (alle mit Frühstück) ♦ alle Kreditkarten, Bankomat ♦ Privatparkplatz, Haustiere nicht erlaubt, Betreiber immer erreichbar ♦ Frühstücksraum, Garten

Alcamo

5 km vom Zentrum
52 km östlich von Trapani, Ausfahrt Alcamo Ovest der A 29, S.S. 119 in Richtung Calatafimi

Baglio Fastuchera

Agriturismo
Ortsteil Fastuchera
Tel. (+39) 338 / 831 68 32,
(+39) 334 / 335 60 60
info@bagliofastuchera.it
www.bagliofastuchera.it
Ferien: 10. Januar–10. Februar

Dieses eindrucksvolle Hotel bietet geräumige Zimmer mit altem, schlichtem Mobiliar aus Familienbesitz. Es entstand aus einem befestigten Bauernhof aus dem späten 19. Jahrhundert, der vor einigen Jahren renoviert wurde. Das Restaurant ist am Wochenende gegen Vorbestellung geöffnet und bietet mediterrane Küche, für die zahlreiche saisonale Produkte der Umgebung verarbeitet werden (Durchschnittspreis eines Menüs ohne Wein 25 bis 30 Euro). Das Frühstück ist traditionell und umfasst unter anderem Brot aus Natursauerteig, biologischem Honig sowie Kekse und Kuchen aus lokaler Erzeugung. Es bieten sich zahlreiche Ausflugsmöglichkeiten im Zeichen der Kultur und Erholung: Nicht weit von der Unterkunft finden Sie die Klippen von Scopello, die Sandstrände des Golfs von Castellammare, das Zingaro-Naturreservat sowie den Tempel und das griechische Theater von Segesta. Die Flughäfen Palermo und Trapani liegen jeweils 40 Autominuten entfernt.

♦ 1 EZ, 1 DZ, 3 3BZ, 1 Suite, alle mit Bad und WC, Aircondition, Minibar, Safe, TV ♦ EZ € 40–60, DZ € 65–95, Suite € 90–130 (Aufpreis Zusatzbett € 23–32), (alle mit Frühstück) ♦ Kreditkarten: AE, CartaSi, MC, Visa; Bankomat ♦ 2 Zimmer barrierefrei zugänglich, Privatparkplatz, kleine Haustiere willkommen (in 2 Zimmern), Betreiber 7–24 Uhr anwesend ♦ Bar, Restaurant, TV-Raum, Garten, Kinderspielplatz, Bogenschießen

Aragona

2,5 km vom Zentrum
15 km nördlich von Agrigento
Ausfahrt Caltanissetta der A 19, S.S. 640 nach Agrigento und S.P. 3

Principe di Aragona

Turismo Rurale/Ferienbauernhof
Ortsteil Fontana Vicario
Tel. (+39) 09 22 / 60 06 00,
(+39) 320 / 781 71 04
principediaragona@gmail.com
www.principediaragona.it
Ganzjährig geöffnet

Nicht weit von den alten Minen, die hier zu Pirandellos Zeiten betrieben wurden, sticht der rote Bauernhof der Familie Pendolino ins Auge. Rosa heißt Sie willkommen und auch der Rest der Familie kümmert sich um Ihr Wohl. Der Bauernhof in Familienbesitz wurde vor wenigen Jahren renoviert und mit sechs komfortablen, schlichten, aber eleganten Zimmern und zwei Speiseräumen ausgestattet. Der Blick fällt auf das faszinierende Panorama von Agrigentos Hinterland und schweift über Weizenfelder, kahle Berge, verstreute Oliven- und Mandelhaine. Auf einem etwas tiefer gelegenen Niveau liegt das von einer Hecke aus Feigenkakteen geschützte große Schwimmbecken. Als Frühstück finden Sie Kaffee, Milch, Tee, Joghurt, Kekse und hausgemachte Süßspeisen; Brot und natives Olivenöl extra aus Eigenproduktion gibt es auf Anfrage. Im Restaurant bietet man traditionelle Gerichte für 22 bis 25 Euro.

♦ 6 DZ mit Bad und WC, Aircondition, TV ♦ DZ in Einzelbelegung € 40, DZ € 70–80 (Aufpreis Zusatzbett € 25), (alle mit Frühstück ♦ alle Kreditkarten, Bankomat ♦ Privatparkplatz, kleine Haustiere willkommen, Betreiber immer erreichbar ♦ Restaurant, Veranda, Schwimmbecken

Buccheri

6 km vom Zentrum
62 km westlich von Siracusa, S.P. 14 und S.S. 124, Ausfahrt Lentini der Autobahn Catania–Siracusa

Terraliva

Agriturismo
Ortsteil Sant'Andrea
Tel. (+39) 09 31 / 88 00 62,
(+39) 339 / 658 57 85
Fax (+39) 09 31 / 41 48 63
info@terraliva.com
www.terraliva.com
Ganzjährig geöffnet

Von Lentini nimmt man die Strada Statale »Ragusana« bis zur Abzweigung nach Buccheri; 16 Kilometer weiter ist man an diesem Agriturismo angelangt. Betreiber Tino Cavarra und seine Ehefrau Giuseppina Frontino erzeugen exzellentes natives Olivenöl extra. Im Zuge einer umsichtigen Renovierung wurden hier einige alte Ländhäuser aus Tuff-, Kalk- und Vulkanstein zu neuem Leben erweckt. Die Zimmer sind mit sizilianischen Cottoböden und Möbeln aus dem späten 19. Jahrhundert ausgestattet. Der restliche Betrieb gliedert sich in einige gemütliche, kleine Räume, die an die Zimmer angrenzen. Zum Frühstück gibt es selbst gemachte Konfitüren, Gartenfrüchte, frisch gepresste Fruchtsäfte, Joghurt, getoastetes Brot, Milch und Kaffee. Das Restaurant ist Samstagabend und an Feiertagen mittags geöffnet und bietet gute bodenständige Kost (der Preis beträgt 26 Euro inklusive Wein). Shuttleservice von und nach Catania.

♦ 2 DZ, 1 3BZ, 4 4BZ, alle mit Bad und WC, Aircondition, Sat-TV ♦ DZ in Einzelbelegung € 55–60, DZ € 90–100 (Aufpreis Zusatzbett € 45–50), (alle mit Frühstück) ♦ Kreditkarten: AE, CartaSi, MC, Visa; Bankomat ♦ 1 Zimmer behindertengerecht ausgestattet, Privatparkplatz, kleine Haustiere willkommen, Betreiber immer erreichbar ♦ Restaurant, Frühstücksraum, Räume mit Spielen und Leseecke, Internetstation, Veranda

Caccamo

3 km vom Ortskern
44 km südöstlich von Palermo
Ausfahrt Termini Imerese der A 19, S.S. 285

Cicala

Agriturismo
Ortsteil Misa
Tel. (+39) 091 / 812 20 43,
(+39) 334 / 531 62 32
Fax (+39) 091 / 812 20 43
info@agriturismocicala.it
www.agriturismocicala.it
Ganzjährig geöffnet

NEU

Der Agriturismo liegt nahe den Überresten des ehemaligen Klosters Santa Maria della Mensa und drei Kilometer vom historischen Ortskern mit seinem schönen mittelalterlichen Schloss. Giuseppe Di Faso leitet diesen Betrieb. Er und seine Frau haben beschlossen, das aus dem späten 19. Jahrhundert stammende Ferienhaus der Familie Agosta-Cicala zu renovieren. Die Ehefrau unterstützt ihn bei organisatorischen Tätigkeiten und kümmert sich um den Empfang der Gäste. Die Zimmer blicken auf eine weitläufige Terrasse mit herrlicher Aussicht auf das Tal des Flusses San Leonardo. Sie sind nach alten Getreidesorten benannt. Die Ausstattung ist gepflegt und bietet jeden modernen Komfort. Im Restaurant serviert man typische sizilianische Gerichte, das Brot wird aus seltenen autochthonen Weizensorten gebacken. Im Sommer kann man seine Mahlzeiten unter einer Laube im Freien einnehmen. Überdies steht den Gästen ein Schwimmbecken mit Unterwassermassage zur Verfügung. Man organisiert Ausflüge in die Umgebung. Sportliche finden einen Kilometer entfernt eine Reitschule, die spezielle Konditionen für Gäste des Agriturismo bietet.

♦ 2 EZ und 3 DZ, alle mit Bad und WC, Aircondition, Minibar, TV ♦ EZ € 40, DZ € 80 (alle mit Frühstück) ♦ Kreditkarten: CartaSi, MC, Visa; Bankomat ♦ 1 Zimmer behindertengerecht ausgestattet, Privatparkplatz, kleine Haustiere willkommen, Betreiber immer erreichbar ♦ Restaurant, Laube, Schwimmbecken, Kinderspielplatz

Caltanissetta
Gabilia

25 km vom Zentrum
Ausfahrt Caltanissetta der A 19, S.S. 640 in Richtung Agrigento

Gabilia

Agriturismo
Ortsteil Gabilia
Tel. (+39) 348 / 032 05 56,
(+39) 348 / 743 08 17
Fax (+39) 09 34 / 58 64 86
info@agriturismogabilia.it
www.agriturismogabilia.it
Ganzjährig geöffnet

Der von Pietro Stella geführte Betrieb existiert seit mehr als hundert Jahren. Hier werden Hartweizen und hervorragendes biologisches natives Olivenöl extra erzeugt. Der Weg dorthin führt über die Strada Provinciale 44 in Richtung Marianopoli; nach rund zwölf Kilometern sehen Sie auf der rechten Seite einen Bahnübergang und die Wegweiser zum Ortsteil Gabilia. Der Bauernhof bietet Übernachtungsmöglichkeiten in Zwei- und Dreibettzimmern, die aus dem ehemaligen Maultierstall und der angrenzenden Scheune entstanden und im Landhausstil eingerichtet sind. Das Frühstücksangebot umfasst Kuchen, Kekse, Brot, Konfitüren, Honig, Obst- und Gemüsesäfte, alles aus eigener Erzeugung; Milch und Ricotta kommen aus einer nahen Käserei. Das Restaurant ist mittags und abends nicht nur für Hausgäste geöffnet, es bietet traditionelle und überarbeitete Küche aus lokalen Zutaten (festgelegtes Menü zu 30 Euro).

♦ 2 DZ, 3 3BZ, alle mit Bad und WC, Aircondition, Minibar ♦ DZ in Einzelbelegung € 50, DZ € 90, 3BZ € 135 (alle mit Frühstück) ♦ keine Kreditkarten ♦ 2 Zimmer barrierefrei zugänglich, Privatparkplatz, kleine Haustiere willkommen, Betreiber stets anwesend ♦ Restaurant, TV-Raum, Salon, Terrasse, Veranda, Garten, Schwimmbecken

Caltanissetta
Grottarossa

21 km vom Zentrum
Ausfahrt Caltanissetta der A 19, S.S. 640 nach Agrigento

Masseria del Feudo

Agriturismo
Ortsteil Grottarossa, 115
Tel. (+39) 09 34 / 56 97 19
Fax (+39) 09 34 / 58 64 86
agriturismo@masseriadelfeudo.it
www.masseriadelfeudo.it
Ganzjährig geöffnet

In diesem zertifizierten Biobetrieb produziert man Wein, Öl, Pfirsiche und Pflaumen und züchtet friesische Kühe sowie Rinder der Rasse Bruna Alpina. Die Zimmer tragen die Namen der hauseigenen Weine: Rosso delle Rose, Laila und Syrah bestehen aus einem geräumigen Zimmer mit Doppelbett und einem kleinen Aufenthaltsraum, während Haermosa, Il Giglio Rosso und Il Giglio Bianco neben dem Doppelzimmer über ein Einzelzimmer verfügen und zur Gänze mit von Hand gefertigten Holzmöbeln eingerichtet sind. Im Erdgeschoss befindet sich eine große Lobby, in der man entspannt lesen, fernsehen oder im Internet surfen kann. Das traditionell geprägte Frühstück besteht zum überwiegenden Teil aus hauseigenen Zutaten wie Kuchen, Keksen, Honig, Konfitüren, Obst und Brot. Im ehemaligen Stall ist heute ein Multimediaraum eingerichtet, der auch für Kurse im Rahmen des Lehrbauernhofs genutzt wird.

♦ 3 DZ und 3 3BZ, alle mit Bad und WC, Balkon, Aircondition, Minibar, Sat-TV, Modemanschluss ♦ DZ in Einzelbelegung € 60, DZ € 70, 3BZ € 100 (alle mit Frühstück) ♦ alle Kreditkarten, Bankomat ♦ einige Zimmer barrierefrei zugänglich, Privatparkplatz, Haustiere nicht erlaubt, Betreiber stets anwesend ♦ Frühstücksraum, TV-Raum, Schwimmbecken, Bocciabahn, Tischtennis

Caltanissetta

In der Altstadt
In der Nähe des Doms, 1 km vom Bahnhof

Piazza Garibaldi

Bed & Breakfast
Piazza Garibaldi, 11
Tel. (+39) 09 34 / 68 05 10,
(+39) 340 / 379 58 03
Fax (+39) 09 34 / 68 05 10
info@piazzagaribaldi11.it
www.piazzagaribaldi11.it
Ganzjährig geöffnet

In einem traditionellen Palazzo in Caltanissettas Altstadt betreiben Giancarlo Ciulla und Ehefrau Maria mit Schwung dieses Bed & Breakfast. Die gemütlichen und komfortablen Gästezimmer befinden sich im letzten Stockwerk und versprechen einen angenehmen Aufenthalt. Die Böden sind aus Fliesen, die Decken aus Holz gefertigt. Moderne Fresken mit Landschaftsmotiven schmücken die Wände. Unter der geschmackvollen Einrichtung findet sich manch altes Möbelstück. Sauberkeit wird großgeschrieben. Zwei Zimmer verfügen über eine kleine Terrasse mit Blumentöpfen, die den Blick auf die schöne Altstadt freigibt. Hier kann man an schönen Tagen das reichhaltige und vielfältige Frühstück genießen, das die Betreiber auf das Zimmer servieren.

♦ 1 DZ und 2 3BZ, alle mit Bad und WC, Aircondition, TV, WLAN (2 Zimmer mit Terrasse) ♦ DZ in Einzelbelegung € 40, DZ € 60, 3BZ € 80 (alle mit Frühstück) ♦ keine Kreditkarten ♦ öffentlicher Parkplatz in unmittelbarer Nähe, kleine Haustiere willkommen, Betreiber immer erreichbar

Campobello di Mazara
Capo Granitola

13 km vom Ortskern
64 km südlich von Trapani, Ausfahrt Campobello di Mazara der A 29, S.S. 115 und S.P. 51

Ferro

Agriturismo
Strada provinciale per Granitola, 289
Tel./Fax (+39) 09 24 / 400 01
agriturismoferro@libero.it
www.agriturismoferro.it
Ganzjährig geöffnet

Der äußerste Westen Siziliens ist mit seinen immensen Olivenhainen, Weingärten und Zitrusfrüchtehainen nicht nur reich an Vegetation, sondern auch an Geschichte: Ein paar Kilometer von diesem Agriturismo entfernt liegen die Steinbrüche von Cusa, wo das Material für die Erbauung von Selinunt gehauen wurde. Der Betrieb steht in Capo Granitola inmitten eines zwanzig Hektar großen Areals, das teils für den Anbau mediterraner Pflanzen, teils als Zitronenplantage genutzt wird. Etwas mehr als einen Kilometer entfernt liegt der bei Surfern sehr beliebte Ort Puzzitello. Die im Grün eingebetteten sechs unabhängigen Häuschen sind rustikal eingerichtet und verfügen jeweils über eine Terrasse und eine Veranda. Rund 1,5 Kilometer entfernt liegt ein ausgedehnter Küstenstreifen mit herrlichen Stränden und zerklüfteten Felsen.

♦ 6 Apartments (1–4 Personen) mit Bad und WC, Terrasse, Aircondition, Minibar, Safe, TV, Küche ♦ EZ € 40–50, DZ € 70–90, 3BZ € 90–120, 4BZ € 110–140 (alle mit Frühstück) ♦ Kreditkarten: CartaSi, MC, Visa; Bankomat ♦ Anlage barrierefrei zugänglich, Privatparkplatz, Haustiere nicht erlaubt ♦ Lese- und TV-Raum, Kinderspielplatz

Canicattini Bagni

20 km westlich von Siracusa
Ausfahrt Cassibile der A 18, S.P. 14

Liberty

Bed & Breakfast
Via Vittorio Emanuele, 122
Tel. (+39) 09 31 / 94 74 79,
(+39) 335 / 585 98 35
info@ bebliberty.com
www.bebliberty.com
Ferien: Februar

Canicattini Bagni ist ein bequemer Ausgangspunkt, um das Hinterland Siracusas und die Monti Iblei zu erkunden. Der Canyon von Cava Grande mit seinen natürlichen Seen, das Tal von Pantalica sowie die Barockbauten und Ausgrabungen von Palazzolo Acreide liegen nur wenige Kilometer entfernt. Außerdem lassen sich bei Spaziergängen durch das Zentrum von Canicattini Dekor-elemente aus der Zeit jenes »kleinen« Jugendstils (»stile liberty«) entdecken, der in Sizilien eine gewisse Verbreitung gefunden hat. Davon ließ sich Angelo Robino bei der Namensfindung für sein Bed & Breakfast inspirieren. Es entstand nach der Renovierung eines Wohnhauses aus dem späten 19. Jahrhundert und liegt an der Hauptstraße des Orts. Aus dieser Zeit stammen auch viele der von Hand geschreinerten Möbel, mit denen die Zimmer eingerichtet sind. Die Gäste können die an den Speiseraum angrenzende Küche und deren Haushaltgeräte benutzen. Zum Frühstück gibt es Honig und Konfitüren lokaler Herkunft, Süßes aus einer Konditorei, Mandelmilch und Saisonobst.

♦ 2 DZ und 1 3BZ, alle mit Bad und WC, Aircondition, TV ♦ DZ in Einzelbelegung € 25–35, DZ € 50–70, 3BZ € 75–100 (alle mit Frühstück) ♦ keine Kreditkarten ♦ Parkplatz in unmittelbarer Nähe, kleine Haustiere willkommen, Betreiber immer erreichbar ♦ Frühstücksraum, Hof, Sonnenterrasse

Capri Leone

100 km südwestlich von Messina
Ausfahrt Rocca di Capri Leone der A 20, S.P. 157

Antica Filanda

3-Sterne-Hotel
Ortsteil Raviola
Tel./Fax (+39) 09 41 / 91 97 04
info@anticafilanda.net
www.anticafilanda.net
Ferien: Mitte Januar–Mitte Februar

Im Jahr 2002 haben die Familien Campisi und Parafioriti ihr beliebtes Restaurant um dieses gemütliche kleine Hotel gleichen Namens erweitert. Es ist von herrlicher Landschaft umgeben und besticht mit prachtvoller Aussicht: Der Blick schweift von den Nebrodi-Bergen bis zum Tyrrhenischen Meer. Auch die gepflegten und überaus gemütlichen Zimmer bieten einen schönen Ausblick. Sie sind mit sizilianischem Cottoböden, massiven Kirschholzmöbeln, schmiedeeisernen Betten und großen Balkonen ausgestattet. In zwei Zimmern gibt es einen Kamin und einen Whirlpool. Die Frühstückspalette umfasst Konfitüren, frisch gepresste Säfte, Fruchtsäfte, Croissants, Kekse und hausgemachte Süßspeisen. Ein Schwimmbecken bietet den Gästen Entspannung und Abkühlung.

♦ 8 DZ, 8 3BZ, alle mit Bad und WC (Dusche oder Whirlpool), Balkon, Aircondition, Minibar, Safe, Telefon, Sat-TV, WLAN ♦ DZ in Einzelbelegung € 75–85, DZ € 105–125, 3BZ € 135–162 (alle mit Frühstück) ♦ alle Kreditkarten, Bankomat ♦ 1 Zimmer behindertengerecht ausgestattet, Privatparkplatz, kleine Haustiere willkommen, Betreiber immer erreichbar ♦ Bar, Restaurant, Frühstücksraum, Leseraum, Konferenzraum, Garten, Schwimmbecken

🍲 Das angeschlossene Restaurant ist zu empfehlen. Eine Mahlzeit schlägt im Durchschnitt mit 40 Euro zu Buche, Weine nicht inbegriffen.

Carlentini

4 km vom Ortskern
41 km nordwestlich von Siracusa
Ausfahrt Catania Sud der A 19, S.S. 114

Tenuta di Roccadia

Agriturismo
Ortsteil Roccadia
Tel. (+39) 095 / 99 03 62,
(+39) 333 / 719 30 41
Fax (+39) 095 / 99 03 62
info@roccadia.com
www.roccadia.com
Ganzjährig geöffnet

Auf halbem Weg zwischen Catania und Siracusa und vier Kilometer von Carlentinis Ortskern entfernt findet man diesen auf einem Hügel gelegenen Agriturismo. Viele Teile der Anlage entstanden zu Beginn des 20. Jahrhunderts und haben ihren Charme von damals bewahrt. Auch einige Einrichtungsgegenstände stammen aus dieser Zeit. Das Gut ist ein idealer Ausgangspunkt für Spaziergänge in die Natur, wo Hecken und wilde Vegetation sowie Orangen-, Mandarinen-, Zitronen-, Oliven- und Mandelbäume einander abwechseln. Einige der hauseigenen Produkte wie Konfitüren, Käse und frisches Obst finden sich zusammen mit Keksen, Milch und Kaffee auf dem Frühstückstisch. Pietro Vacirca und seine Familie führen den Betrieb. Sie organisieren diverse Aktivitäten wie Naturwanderungen und Seminare im Rahmen des Lehrbauernhofs für Kleinkinder und Schüler.

♦ 20 DZ mit Bad und WC, Aircondition, Minibar, Sat-TV ♦ DZ in Einzelbelegung € 50–55, DZ € 76–100 (Aufpreis Zusatzbett € 15–20), (alle mit Frühstück) ♦ Kreditkarten: MC, Visa; Bankomat ♦ 2 Zimmer behindertengerecht ausgestattet, Privatparkplatz, kleine Haustiere willkommen (nicht in den Gemeinschaftsbereichen) ♦ Restaurant, Lese- und TV-Raum, Garten, Terrasse, 2 Schwimmbecken, Whirlpool, Lehrbauernhof, Kinderspielplatz, Reitstall, Schießplatz für Luftdruckkarabiner, Wanderweg

Caronia
Torre del Lauro

124 km südwestlich von Messina
Ausfahrt Sant'Agata Militello der A 20, S.S. 113

Feudo Sorba

Turismo Rurale/Ferienbauernhof
Ortsteil Sorba
Tel. (+39) 090 / 35 47 38,
(+39) 333 / 566 65 83
direzione@feudosorba.it
www.feudosorba.it
Zwischen Mai und Oktober gegen Vorbestellung geöffnet

Francesco Lo Cicero und Elena Coccia betreiben mit ihren Kindern diesen komfortablen und umsichtig renovierten Bauernhof inmitten von Korkeichenwäldern und mediterraner Macchia. Die Gegend ist reich an Wildtieren wie Falken, Kaninchen, Feldhasen und Füchsen. Einst war sie ein Kreuzungspunkt der »trazzere regie« (königlichen Verbindungswege), der Weidewege für die durchziehenden Herden. Die Zimmer sind mit Möbeln aus Familienbesitz und Arte-povera-Stücken eingerichtet. Das italienisch geprägte Frühstück besteht aus hausgemachten Produkten. Sizilianische Speisen bringt Calogero Fabio im Restaurant auf den Tisch. Eine Mahlzeit ohne Wein kostet 30 Euro. Man organisiert für die Gäste Kochkurse, Ausritte und geführte Naturwanderungen unter der Vereinigung I Nebrodi. Die Strände liegen ebenso wie die hübsche Altstadt von Sant'Agata Militello wenige Kilometer entfernt.

♦ 2 EZ und 9 DZ, alle mit Bad und WC, Minibar, TV ♦ EZ € 45, DZ € 55 (alle mit Frühstück) ♦ keine Kreditkarten ♦ 2 Zimmer barrierefrei zugänglich, Parkplatz 30 Meter entfernt, kleine Haustiere willkommen, Betreiber immer erreichbar ♦ Restaurant, Leseraum, Garten

Castelbuono
Bergi

18 km vom Ortskern
107 km südöstlich von Palermo, Ausfahrt Castelbuono A 20, S.S. 286 in Richtung Geraci Siculo

Bergi

Agriturismo
Strada Statale 286, km 17,600
Tel. (+39) 09 21 / 67 20 45,
(+39) 368 / 710 28 48
Fax (+39) 09 21 / 67 68 77
info@agriturismobergi.com
www.agriturismobergi.com
Ganzjährig geöffnet

Mehr als 70.000 Quadratmeter Gemüsegärten, Obstplantagen und Olivenhaine machen den Agriturismo Bergi zu einem idealen Ziel für alle, die einen ruhigen Ferienaufenthalt schätzen. Der Betrieb liegt im Vallone Saraceno mit Ausgrabungen aus griechisch-römischer Zeit. Die Zimmer sind sehr gemütlich und in schlichtem rustikalem Stil gehalten. Das traditionelle Frühstück basiert auf vielen hausgemachten Produkten, darunter Süßspeisen, Konfitüren, Eingemachtes und Honig. Das Restaurant steht nicht nur Hausgästen offen und bietet heimische Kost (ein Menü ohne Getränke kostet 22 Euro), für die zum Teil im Betrieb erzeugte Bioprodukte verarbeitet werden. Letztere kann man zudem vor Ort kaufen. Halb- und Vollpension im Doppelzimmer kosten 65 bis 75 beziehungsweise 80 bis 90 Euro pro Person. Der Agriturismo Bergi fungiert seit einiger Zeit auch als Lehrbauernhof, man organisiert Kochkurse und geführte Wanderungen in den Parco delle Madonie.

♦ 14 DZ mit Bad und WC (einige Zimmer mit Aircondition und Balkon) ♦ DZ in Einzelbelegung € 55–70, DZ € 90–110 (alle mit Frühstück) ♦ keine Kreditkarten; Bankomat ♦ 2 Zimmer behindertengerecht ausgestattet, Privatparkplatz, Haustiere nicht erlaubt, Betreiber stets anwesend ♦ Bar, Restaurant, Garten, Kinderspielplatz, Schwimmbecken, Wanderweg

Castell'Umberto

114 km südwestlich von Messina
Ausfahrt Rocca di Caprilone der A 20, S.P. 152 und 157

Colamarco

Agriturismo
Ortsteil Colamarco
Tel. (+39) 09 41 / 43 81 30,
(+39) 338 / 237 59 57
Fax (+39) 09 41 / 43 81 30
info@agriturismocolamarco.it
www.agriturismocolamarco.it
Ganzjährig geöffnet

Der von Oliven- und Zitrusfrüchtehainen umgebene Agriturismo liegt auf einer Seehöhe von 300 Metern. Alle Apartments verfügen über Badezimmer und Küche und sind mit Geschirr und Wäsche ausgestattet. Sie liegen in komplett renovierten ehemaligen Bauernhäusern. Eines davon besteht zwar aus nur einem Zimmer, ist aber umso eigenwilliger, denn es ist aus einer ehemaligen Sternwarte entstanden. Ein Schiebedach gibt dort einen eindrucksvollen Blick auf den Sternenhimmel frei. Mittag- und Abendessen, die sich wie das Frühstück aus typischen Produkten des Betriebes und der Umgebung zusammensetzen, werden nur Hausgästen serviert (20 Euro pro Person, Getränke inbegriffen). Man kann auch Halbpension (50 bis 60 Euro) oder Vollpension (70 bis 80 Euro) buchen. Die Anlage umfasst ein Schwimmbecken, einen Tennisplatz, eine Bocciabahn und einen Verleih für Mountainbikes. Man organisiert geführte Wanderungen und den Besuch von Kulturstätten der näheren Umgebung.

♦ 6 Apartments (2–4 Personen) mit Bad und WC, Küche, TV ♦ DZ in Einzelbelegung € 56–66, DZ € 66–80, 3BZ € 99–120, 4BZ € 132–160 (alle mit Frühstück) ♦ keine Kreditkarten ♦ 1 Zimmer behindertengerecht ausgestattet, Privatparkplatz, kleine Haustiere willkommen, Betreiber immer erreichbar ♦ Versammlungsraum, Entspannungsbereich, Innenhof, Schwimmbecken, Tennisplatz, Bocciabahn, Tischtennis

Castellammare del Golfo
Scopello

10 km vom Ortskern
37 km östlich von Trapani
Ausfahrt Castellammare del Golfo der A 29

Tenute Plaia

NEU

Agriturismo
Ortsteil Scopello, 3
Tel. (+39) 09 24 / 54 14 76,
(+39) 339 / 426 09 15
Fax (+39) 09 24 / 54 14 76
info@plaiavini.com
www.agriturismotenuteplaia.it
Ganzjährig geöffnet

Wir befinden uns in der Landschaft von Scopello, dessen bekannter Strand nur ein paar Hundert Meter entfernt liegt. Das seit drei Generationen bestehende Weingut Tenute Plaia, derzeit unter rein weiblicher Führung, bietet seit einigen Jahren auch Unterkünfte. Den Rahmen bildet ein für Sizilien typischer Bauernhof mit großem zentralem Hof, um den sich die verschiedenen Räumlichkeiten gruppieren. Die Zimmer sind mit einfachem, aber gepflegtem Mobiliar lokaler Herkunft eingerichtet. Die Küche des Restaurants lässt sich als typisch mit einem Hauch Eleganz versehen beschreiben. Die Gäste können sich mit Massagen und Energiebehandlungen verwöhnen lassen. Außerdem stehen ihnen ein kleines Schwimmbecken mit Unterwassermassage, ein Tischtennistisch, Spiele für die Kleinsten und unentgeltlich Mountainbikes zur Verfügung. Man organisiert Ausflüge in der Umgebung, Kochkurse und Weinverkostungen. Im August beträgt der Preis für ein Doppelzimmer 140 Euro.

♦ 10 DZ mit Bad und WC, Aircondition, Minibar, Telefon, Sat-TV ♦ DZ in Einzelbelegung € 79–124, DZ € 110–130 (Aufpreis Zusatzbett € 42), (alle mit Frühstück) ♦ Kreditkarten: AE, CartaSi, MC, Visa; Bankomat ♦ Anlage barrierefrei zugänglich, Privatparkplatz, kleine Haustiere willkommen, Betreiber immer erreichbar ♦ Restaurant, Leseraum, Terrasse, Schwimmbecken, Sonnenterrasse Kinderspielplatz, Tischtennis

Castellammare del Golfo
Scopello

10 km vom Ortskern
36 km östlich von Trapani
Ausfahrt Castellammare del Golfo der A 29, S.S. 187

Tranchina

1-Stern-Hotel
Via Diaz, 7
Tel. (+39) 09 24 / 54 10 99
Fax (+39) 09 24 / 54 12 32
pensione.tranchina@gmail.com
Ganzjährig geöffnet

Dieses kleine Hotel ist ideal für jene, die einen zurückgezogenen und ruhigen Ort für ihren Ferienaufenthalt am Meer suchen. Salvatore Tranchina und seine aus Panama stammende Frau Marisin führen den Betrieb mit Aufmerksamkeit und Höflichkeit. Vom Eingang des dreistöckigen, in Pastellgelb gehaltenen Gebäudes führt eine zentrale Treppe zu den Zimmern, einige davon verfügen über Balkon mit Meerblick. Die Einrichtung präsentiert sich schlicht, mit schmiedeeisernen Betten und hölzernen Türen und Fenstern. Frühstück und Mittagessen (19 bis 23 Euro ohne Wein) werden in einem kleinen Raum eingenommen. Ein Kaminbereich dient zum Plaudern und Entspannen. Das reichhaltige Frühstück wird durch selbst gemachte Konfitüren zusätzlich aufgewertet. Die traditionell gehaltene Küche verarbeitet frischen Fisch, Gemüse und Obst aus Eigenanbau oder zumindest lokaler Herkunft und wartet mit hausgemachten Süßspeisen auf. Ein empfehlenswertes Ausflugsziel ist das herrliche Zingaro-Naturreservat.

♦ 6 EZ und 4 DZ, alle mit Bad und WC, Aircondition, Minibar (einige Zimmer mit Balkon) ♦ EZ € 50–60, DZ € 72–92 (Aufpreis Zusatzbett € 26), (alle mit Frühstück) ♦ Kreditkarten: MC, Visa; Bankomat ♦ öffentlicher oder privater Parkplatz 150 Meter entfernt (€ 2 pro Tag), Haustiere nicht erlaubt, Betreiber stets anwesend ♦ Restaurant, Salon

Catania

In der Altstadt
1,5 km vom Bahnhof

Crociferi

Bed & Breakfast
Via Crociferi, 81
Tel. (+39) 095 / 715 22 66,
(+39) 347 / 897 57 29
bbcrociferi@alice.it
www.bbcrociferi.it
Ganzjährig geöffnet

NEU

Die Via Crociferi ist die Paradestraße, was Catanias Barockarchitektur angeht, sie präsentiert sich monumental und in üppigem Dekor. Zwei Bögen (San Benedetto und Villa Cerami) begrenzen sie, dazwischen liegen historische Paläste, Kirchen und Klöster. Dank einer gekonnt gestalteten Straßenbeleuchtung aus dem 18. Jahrhundert wirkt die Straße bei Einbruch der Dunkelheit geradezu magisch und bezaubert mit entspannter Atmosphäre, Musik und ruhigen, kleinen Lokalen. Eine gute Möglichkeit, um diese Stimmung zu erleben, stellt ein Aufenthalt in diesem Bed & Breakfast dar. Marco und Teresa sind stets vor Ort, sie führen ihren Betrieb professionell und mit Zurückhaltung. Die drei Zimmer liegen im ersten Stock (es gibt einen Aufzug) eines Adelspalasts aus dem frühen 19. Jahrhundert. Sie sind gepflegt eingerichtet, mit Deckenfresken versehen und straßenseitigen Balkonen ausgestattet. Das mit hoher Aufmerksamkeit vorbereitete Frühstück umfasst frisch gepressten Orangensaft, Konfitüren und hausgemachte Süßspeisen.

♦ 3 DZ mit Bad und WC, Aircondition, TV, Modemanschluss ♦ DZ in Einzelbelegung € 50–65, DZ € 70–85 (alle mit Frühstück) ♦ alle Kreditkarten, Bankomat ♦ öffentlicher Parkplatz an den Betrieb angrenzend, kleine Haustiere willkommen, Betreiber immer erreichbar ♦ Frühstücksraum

SIZILIEN

Catania

In der Altstadt
400 Meter vom Hafen, 1 km vom Bahnhof

San Placido Inn

Bed & Breakfast
Piazza San Placido, 3
Tel./Fax (+39) 095 / 31 51 00,
(+39) 335 / 718 20 36
sanplacidoinn@hotmail.com
www.sanplacidoinn.com
Ganzjährig geöffnet

Dieses Bed & Breakfast mit seinen geräumigen, lichtdurchfluteten Zimmern befindet sich gleich hinter der prächtigen Piazza Duomo im vierten Stock (mit Aufzug) unter dem Dach eines Gebäudes aus dem 18. Jahrhundert. Nur ein paar Schritte entfernt liegt die Via Etnea, die pulsierende, mondäne Einkaufsmeile der Stadt. Alle Zimmer verfügen über Bad und WC und sind mit Arte-povera-Möbeln ausgestattet. Die Gemeinschaftsbereiche sind mit handgefertigten Keramiken und Gegenständen aus dem bäuerlichen Leben Siziliens dekoriert. Den Gästen steht eine gut ausgestattete Küche mit zwei Kochflächen zur Verfügung, damit sie sich selbst Mahlzeiten zubereiten können – möglicherweise aus Zutaten vom nahen historischen Pescheria-Markt. Ein großes Plus sind die beiden herrlichen Terrassen mit prachtvoller Aussicht über das Meer bis zum Ätna, hier kann man sich sonnen oder sein Frühstück einnehmen. Wenige Autominuten entfernt befindet sich die Playa, der bei den Einheimischen beliebteste Strand.

♦ 2 DZ und 1 3BZ, alle mit Bad und WC, Aircondition, Minibar, TV ♦ DZ in Einzelbelegung € 35–50, DZ € 55–80, 3BZ € 80–100 (Aufpreis Zusatzbett € 25, alle mit Frühstück) ♦ Kreditkarten: Visa; Bankomat ♦ öffentlicher Parkplatz in unmittelbarer Nähe, Haustiere nicht erlaubt, Betreiber immer erreichbar ♦ Frühstücksraum. Terrassen, Sonnenterrasse

Corleone
Ficuzza

18 km vom Zentrum
45 km südlich von Palermo
Ausfahrt Villabate der A 19, S.S. 121 und 118

Antica Stazione Ferroviaria di Ficuzza

Turismo Rurale/Ferienbauernhof
Via Vecchia Stazione
Tel. (+39) 091 / 846 00 00, (+39) 338 / 574 10 23, Fax (+39) 091 / 846 00 00
info@anticastazione.it
www.anticastazione.it
Ganzjährig geöffnet

Mitglieder des Sozialprojektes Cooperativa Camelot haben den ehemaligen Bahnhof der Eisenbahnlinie Palermo-San Carlo aus seinem langen Dornröschenschlaf erweckt und in einen Beherbergungsbetrieb verwandelt – einen idealen Ausgangspunkt für Wander-, Mountainbiking- und Reitbegeisterte (für Ausflüge in die Umgebung stehen kompetente Guides zur Verfügung). In der Nähe liegen die sehenswerte »Casa del Real sito della Ficuzza« von Ferdinand III. und der daran anschließende Wald, der sich über 4.000 Hektar erstreckt. Die Zimmer sind einfach und schlicht ausgestattet. Der Aufenthaltsraum hält Sat-TV, Stereoanlage und Gesellschaftsspiele bereit, den Weinverkostungsraum schmückt ein großer Kamin aus Stein. Das reichhaltige Frühstück beinhaltet hausgemachte Marmeladen und Süßspeisen sowie Wurst und Käse.

♦ 12 DZ mit Bad und WC, TV ♦ DZ in Einzelbelegung € 45–55, DZ € 70–90 (alle mit Frühstück) ♦ alle Kreditkarten, Bankomat ♦ 1 Zimmer behindertengerecht ausgestattet, Privatparkplatz, kleine Haustiere willkommen, Rezeptionsdienst rund um die Uhr ♦ Weinbar, Restaurant, Aufenthaltsraum, Garten, Park

🍲 Das geräumige Restaurant dieses Betriebs bietet sizilianische Traditionsgerichte zu einem Preis von 25 bis 30 Euro ohne Wein.

Enna
Bannata

7,5 km vom Zentrum, Ausfahrten Mulinello oder Enna der A 19, S.S. 117 in Richtung Piazza Armerina

Bannata

Agriturismo · Ortsteil Bannata
Strada Statale 117 bis, km 41
Tel. (+39) 09 35 / 68 13 55,
(+39) 329 / 627 49 18
Fax (+39) 09 35 / 68 13 55
info@agriturismobannata.it
www.agriturismobannata.it
Ferien: 7. Januar–14. März

Der aus Stein errichtete Bauernhof mit Gästeunterkünften liegt beschützt vom Gebirgskamm des Monte Bannata-Restivo und jahrhundertealten Wäldern. Die drei Zimmer entstanden aus einst landwirtschaftlich genutzten Teilen wie Hühnergehege, Stall und Hirtenraum. Das einfache und funktionelle Mobiliar stammt teilweise aus früheren Zeiten. Zum Frühstück gibt es Tees aus Heilpflanzen, die im Betrieb gezogen wurden, frische Fruchtsäfte aus eigener Erzeugung sowie hausgemachte Süßspeisen und Kekse. Auch im Restaurant schöpft man aus dem Schatz der hauseigenen Produkte, um lokale Traditionsgerichte zuzubereiten, nicht nur Hausgäste sind willkommen. Ein Essen ohne Wein kostet 25 Euro. Man organisiert Keramik-, Restaurierungs-, Koch- und Yogakurse, Führungen, Wanderungen und Ausritte. Auch um Kultur ist man im Bannata bemüht und bietet Kinofilme, klassische Musik, Jazz, Theater- und Tanzvorstellungen.

♦ 1 DZ, 1 3BZ und 1 4BZ, alle mit Bad und WC ♦ DZ in Einzelbelegung € 50–65, DZ € 80–100, 3BZ € 110–135, 4BZ € 135–170 (Aufpreis Zusatzbett € 30–35), (alle mit Frühstück) ♦ alle Kreditkarten, Bankomat ♦ Gemeinschaftsbereiche barrierefrei zugänglich, Privatparkplatz, kleine Haustiere willkommen, Betreiber immer erreichbar ♦ Bar, Restaurant, Leseraum, TV-Raum, Konferenzraum, Internetstation, Garten, Terrasse, Schwimmbecken

Enna
Pergusa

10 km vom Zentrum
Ausfahrt Enna der A 19, S.S. 561 und S.P. 4 in Richtung Piazza Armerina

La Casa del Poeta

Bed & Breakfast
Ortsteil Parasporino-Villaggio Pergusa
Tel. (+39) 09 35 / 54 15 78,
(+39) 329 / 627 49 18
Fax (+39) 09 35 / 54 15 78
info@lacasadelpoeta.it
www.lacasadelpoeta.it
Ganzjährig geöffnet

Die Villa Grimaldi aus dem 19. Jahrhundert, einst Anwesen der gleichnamigen Adelsfamilie aus Enna, wurde im Jahr 2007 in ein Bed & Breakfast umgewandelt. Der aus der Casa da Leggere (Haus des Lesens) und der Casa da Scrivere (Haus des Schreibens) bestehende Bau liegt ein paar Hundert Meter vom Pergusaner See entfernt. Er ist ein typisches Abbild sizilianischer Landhausarchitektur: hohe Gewölbe, große Räume, ein in den Felsen gehauener Keller und ringsum viel Grün. Die Zimmereinrichtung ist in zeitgenössischem Stil gehalten. Zum Frühstück serviert man Süßspeisen, Kekse, Kräutertees und Fruchtsäfte vom nahen Agriturismo Bannata (unter derselben Leitung). In den großen Gemeinschaftsbereichen kann man sich der Lektüre widmen und Musik hören, regelmäßig werden Lesungen und Buchpräsentationen organisiert. In der warmen Jahreszeit kann man sich auf Liegestühlen, kleinen Sofas und Chaiselongues am Rand des Swimmingpools entspannen.

♦ 1 DZ, 1 3BZ, 3 4BZ, alle mit Bad und WC, Aircondition, TV, WLAN (2 Zimmer mit Balkon) ♦ DZ in Einzelbelegung € 50–65, DZ € 80–100, 3BZ € 110–135, 4BZ € 135–170 (Aufpreis Zusatzbett € 30–35), (alle mit Frühstück) ♦ alle Kreditkarten, Bankomat ♦ Privatparkplatz, kleine Haustiere willkommen, Betreiber stets anwesend ♦ Leseraum, TV-Raum, Garten, Schwimmbecken

Enna

In der Altstadt
100 m vom Rathaus, in der Nähe des Busterminals

Proserpina

Bed & Breakfast
Piazza Scelfo, 108
Tel. (+39) 333 / 299 19 57
Fax (+39) 09 35 / 53 17 19
info@bbenna.it
www.bbenna.it
Ganzjährig geöffnet

NEU

Das Bed & Breakfast unter Familienführung in Ennas Altstadt liegt in strategisch günstiger Position, um rasch den Dom, das berühmte Castello di Lombardia, das Busterminal der städtischen und regionalen Buslinien sowie die Universität Kore zu erreichen. Die Zimmer sind mit Möbeln von einst eingerichtet. Die Betreiber buchen auf Wunsch Führungen für Sie und geben Ausflugs- und Restauranttipps. Außerdem steht eine Ape Calessino für eine eindrucksvolle Tour durch die Gässchen der Altstadt zur Verfügung. Das Frühstück beinhaltet frisch gepresste Säfte aus lokalen Früchten, selbst gebackenes Brot, typische Kekse aus Enna sowie heimische Wurst- und Käsespezialitäten.

♦ 1 EZ, 4 DZ, 1 3BZ, 1 4BZ, alle mit Bad und WC, Aircondition, Minibar, Sat-TV ♦ EZ € 30–35, DZ € 50–55, 3BZ € 65–70, 4BZ € 80–85 (alle mit Frühstück) ♦ keine Kreditkarten ♦ einige Zimmer barrierefrei zugängliche, öffentlicher Gratisparkplatz an den Betrieb angrenzend, Garage 250 Meter entfernt (€ 5 pro Tag), kleine Haustiere willkommen, Betreiber immer erreichbar ♦ Bar, Leseraum, Terrasse

Erice
Pizzolungo

6 km nordöstlich von Trapani
16 km vom Zentrum

L'Approdo

3-Sterne-Hotel
Via Enea, 3
Tel. (+39) 09 23 / 57 15 55
Fax (+39) 09 23 / 57 15 41
info@hore.it
www.hore.it
Ganzjährig geöffnet

Der Fischerort Pizzolungo liegt ein paar Kilometer von Erice und Trapani entfernt. Michele Alogna verfügt trotz seines jugendlichen Alters über ansehnliche Berufserfahrungen, er betreibt dieses komfortable Hotel mit Blick auf den Strand, das auch über ein Restaurant verfügt. Die modern eingerichteten Zimmer sind geräumig und hell, einige davon bieten einen schönen Ausblick auf das Meer. Auf dem Frühstücksbüfett finden sich Croissants, Zwieback, Konfitüren, Fruchtsäfte, Cappuccino, anderer Kaffee, kalte und warme Milch, Tee und Joghurt. Das elegante Gartenhaus kann für Meetings und Versammlungen genutzt werden. Das Restaurant bietet mediterrane Fischküche, es setzt sich aus einem großen Speisesaal und weitläufigen Terrassen zusammen, wo man bei Schönwetter das Essen genießen kann.

♦ 2 EZ, 11 DZ, alle mit Bad und WC, Aircondition, Minibar, Safe, TV (einige Zimmer mit Veranda) ♦ EZ € 50–65, DZ € 70–90 (Aufpreis Zusatzbett € 10–20), (alle mit Frühstück) ♦ Kreditkarten: CartaSi, MC, Visa; Bankomat ♦ Privatparkplatz, kleine Haustiere willkommen, Rezeptionsdienst rund um die Uhr ♦ Bar, Restaurant, Gartenhaus, Terrasse, Privatstrand

Erice

14 km nordöstlich von Trapani
Ausfahrt Trapani der A 29, S.S. 187 und S.P. 3

Tenuta Pizzolungo

Agriturismo
Ortsteil San Cusumano
Tel. (+39) 09 23 / 56 37 10
Fax (+39) 09 23 / 56 97 80
info@pizzolungo.it
www.pizzolungo.it
Ganzjährig geöffnet

Der Betrieb von Francesco und Mariella Adragna liegt einen Kilometer von Erices Zentrum an der Küste nördlich von Trapani. Die beiden haben die Pferdeställe und ursprünglich landwirtschaftlichen Gebäude in Apartments mit Esszimmer, Küche, Schlafzimmer, Vorraum und Badezimmer umgestaltet und diese mit jeglichem Komfort ausgestattet. Sie sind von einem typisch sizilianischen Garten mit jahrhundertealten Bäumen umrahmt, wo man auch sein Abendessen genießen und den Grill benutzen kann. Das reichhaltige Frühstück wird in das Apartment serviert und beinhaltet Milch, Kaffee, Joghurt, Butter, Marmelade, Brötchen, Kuchen und frisches Obst. Kinder können sich auf dem Spielplatz vergnügen, Erwachsene an der Bocciabahn. Im kürzlich renovierten Keller finden regelmäßig Verkostungen und andere Veranstaltungen statt.

♦ 9 Apartments (2–4 Personen) mit Bad und WC, Aircondition, Minibar, Küche, Sat-TV, WLAN ♦ DZ in Einzelbelegung € 60–70, DZ € 80–90, 3BZ € 120–135, 4BZ € 160–180 (Frühstück € 6 pro Person) ♦ alle Kreditkarten, Bankomat ♦ Anlage barrierefrei zugänglich, Privatparkplatz, kleine Haustiere willkommen, Betreiber 8–21 Uhr anwesend ♦ Degustationsraum, Garten, Kinderspielplatz, Bocciabahn

Gangi

4 km vom Ortskern
117 km südöstlich von Palermo
Ausfahrt Tre Monzelli oder Mulinello der A 9, S.S. 120

Villa Rainò

Agriturismo
Ortsteil Rainò
Tel./Fax (+39) 09 21 / 64 46 80
villaraino@tnet.it
www.villaraino.it
Ganzjährig geöffnet

Die Villa Rainò war lange die Residenz der Barone Li Destri, sie liegt in einem nach dem Monte Marone benannten Tal nicht weit von Gangis Zentrum. Das Gebäude wurde unter Beibehaltung seiner ursprünglichen Struktur renoviert und in einen Agriturismo umgewandelt, den derzeit Aldo und Nina Conte führen. Alle Zimmer sind mit Heizung und Badezimmer ausgestattet, aber keines gleicht dem anderen. In der schönen Jahreszeit kann man sich in einem von Grün umgebenen Schwimmbecken erfrischen. Die umliegende Landschaft ist ein wahrhaftiges Crescendo an Vegetation, das in einem Eichen- und Tannenwald gipfelt. Wanderbegeisterte können sich auf lange Pfade durch den Parco delle Madonie freuen.

♦ 15 DZ mit Bad und WC ♦ DZ in Einzelbelegung € 50, DZ € 80 (Aufpreis Zusatzbett € 15), (alle mit Frühstück) ♦ alle Kreditkarten, Bankomat ♦ 1 Zimmer barrierefrei zugänglich, Privatparkplatz, kleine Haustiere willkommen, Betreiber immer erreichbar ♦ Bar, Restaurant, Leseraum, TV-Raum, Garten, Schwimmbecken

🍲 Das Restaurant bietet sizilianische Traditionsgerichte und verarbeitet Fleisch und Gemüse lokaler Herkunft (23 bis 26 Euro ohne Wein).

Giarre

30 km nördlich von Catania
Ausfahrt Giarre der A 18, S.P. 5

San Matteo

Agriturismo
Strada San Matteo Baglio 83, 3
Tel. (+39) 095 / 779 05 59,
(+39) 360 / 56 49 45
Fax (+39) 095 / 779 05 59
s.matteo@tiscali.it
www.sanmatteofarm.it
Ganzjährig geöffnet

Gleich nachdem Sie bei Giarre von der Autobahn abgefahren sind, biegen Sie links und dann gleich noch einmal links ab. Sobald Sie die Europ Assistance hinter sich gelassen haben, führt Sie die zweite kleine Straße rechts zu Ihrem Ziel. Carlo Limone, ein gebürtiger Piemontese, der Catania zu seiner Wahlheimat gemacht hat, führt den Betrieb, der auch einige Obstplantagen umfasst. Der Agriturismo entstand im Zuge der Renovierung eines alten ländlichen Gebäudes, das ursprünglich als Labestation für Weinleser diente. Das Gebäude wurde in drei unabhängige, komfortable Apartments mit natürlicher Klimatisierung unterteilt, die auf einen weitläufigen Innenhof mit Laube blicken. Das große Plus des Frühstücksangebots sind die im Betrieb erzeugten biologischen Konfitüren. Gästen, die ihre Mahlzeit selbst zubereiten möchten, steht eine Küche zur Verfügung. Carlo unterbreitet Rat und Informationen, was lohnenswerte Ausflugsziele der Umgebung angeht.

♦ 1 3BZ und 2 Apartments (2 Personen), alle mit Bad und WC, Minibar, TV (1 Apartment mit Küche) ♦ DZ in Einzelbelegung € 50, DZ € 70–100 (alle mit Frühstück) ♦ Kreditkarten: CartaSi, MC, Visa ♦ 1 Zimmer behindertengerecht ausgestattet, Privatparkplatz, kleine Haustiere willkommen, Betreiber immer erreichbar ♦ Innenhof, Schwimmbecken, Sonnenterrasse

Isole Eolie
Lipari

Fähre von Messina (1 Std. 30 Min.) oder von Milazzo (1 Std.)

Oriente

3-Sterne-Hotel
Via Marconi, 35
Tel. (+39) 090 / 981 14 93
Fax (+39) 090 / 988 01 98
info@hotelorientelipari.com
www.hotelorientelipari.com
Ganzjährig geöffnet

Das Hotel liegt ruhig und zentral am Archäologiepark im Ortsteil Diana. Die Hauptstraße ist gerade einmal 50 Meter, der Hafen 300 Meter entfernt. Die lichtdurchfluteten Zimmer verfügen jeweils über ein eigenes Bad mit großem Sortiment an Accessoires. Das reichhaltige Kontinentalfrühstück vom Büfett kann man auch in einem mediterranen Garten genießen. Die weitläufige Veranda ist mit Großbild-TV mit Satellitenempfang und Videorecorder ausgestattet. Das Hotel hat zwar kein eigenes Restaurant, es bestehen aber spezielle Arrangements für Hotelgäste mit einigen Gaststätten der Umgebung. Eine großzügige Sonnenterrasse mit schöner Aussicht und eine Snackbar, an der kalte Speisen erhältlich sind, vervollständigen das Angebot.

♦ 2 EZ und 30 DZ, alle mit Bad und WC, Aircondition, Balkon oder kleiner Terrasse, Kühlschrank, Safe, Telefon, TV ♦ EZ € 40–80, DZ € 60–130 (Aufpreis Zusatzbett € 10–15), (alle mit Frühstück) ♦ alle Kreditkarten, Bankomat ♦ Privatparkplatz, kleine Haustiere willkommen, Rezeptionsdienst rund um die Uhr ♦ Bar, Leseraum, TV-Raum, Kongresssaal, Veranda, Garten, Sonnenterrasse

Lentini

31 km südwestlich von Catania, 44 km nordwestlich von Siracusa
Ausfahrt Catania Sud der A 19, S.S. 14 und 194

Al Giardino dei Cavalieri

Bed & Breakfast
Salita Pisano, 13
Tel. (+39) 095 / 94 53 07,
(+39) 349 / 293 43 50
Fax (+39) 095 / 94 53 07
giardinodeicavalieri@tiscali.it
www.algiordinodeicavalieri.com
Ferien: Februar, November

Das einstige Kloster war bis zum 19. Jahrhundert von den Mönchen der angrenzenden Chiesa San Francesco di Paola bewohnt, anschließend Wohnsitz des Schriftstellers Baudo Pisano und danach der alten Familie Bonfiglio di Carmito. Heute bildet das jahrhundertealte Gebäude von großer architektonischer Bedeutung den Rahmen für das von Giuliana D'Amico geführte Bed & Breakfast. Von den Zimmern in Artepovera-Stil gelangt man direkt in einen Innengarten. Das traditionell gehaltene Frühstück beinhaltet lokale Produkte. Das Meer liegt zwölf Kilometer entfernt; Siracusa, Catania, der Ätna, Noto, Piazza Armerina, Caltagirone und Taormina sind in einer Autostunde erreichbar. Man organisiert für die Gäste Ausflüge an den See von Lentini und zu den Ausgrabungen von Carlentini.

♦ 5 DZ mit Bad und WC, Aircondition, Minibar, TV, WLAN ♦ EZ € 35–40, DZ € 65–70 (Aufpreis Zusatzbett € 10), (alle mit Frühstück) ♦ keine Kreditkarten ♦ Parkplatz außerhalb des Hauses und Garage, kleine Haustiere willkommen, Betreiber immer erreichbar ♦ Terrasse, Garten

Lentini

31 km südwestlich von Catania, 44 km nordwestlich von Siracusa
Ausfahrt Catania Sud der A 19, S.S. 114 und 194

Il Palazzo

NEU

Bed & Breakfast
Via Conte Alaimo, 73
Tel. (+39) 095 / 94 50 39,
(+39) 340 / 899 48 95
Fax (+39) 095 / 94 50 39
info@ilpalazzo.eu
www.ilpalazzo.eu
Ferien: November

Virginia Onofrio ist Eigentümerin dieses Familienbetriebes, dessen Rahmen der Palazzo Aletta-De Geronimo bildet, ein aus dem Ende des 19. Jahrhundert stammendes Patrizierhaus. Die eleganten, vornehmen Zimmer sind geschmackvoll mit sizilianischen Stilmöbeln, ausgesuchten Tapeten, Stuckverzierungen und alten Stichen eingerichtet. Im ausgesprochen gemütlichen, großzügigen Salon wird auch das Frühstück serviert. Lassen Sie sich das köstliche Brot aus einer der zahlreichen Bäckereien der Stadt schmecken, wo noch im Steinofen gebacken wird. Danach empfehlen wir einen Besuch des Archäologiemuseums und des unterirdischen Saals des Castellaccio aus der Zeit Friedrichs II. Der Bau ist über das alte Viertel San Paolo zu Fuß erreichbar. Ein paar Kilometer entfernt liegt der Biviere-See mit seiner vielfältigen Vogelwelt, für einen Besuch benötigt man die Genehmigung der Betreibergesellschaft.

♦ 1 EZ, 1 DZ, 1 Suite, alle mit Bad und WC, Aircondition, Balkon, Minibar, TV, Modemanschluss ♦ EZ € 35, DZ € 70, Suite € 100 (alle mit Frühstück) ♦ keine Kreditkarten ♦ Garage, kleine Haustiere willkommen, Betreiber immer erreichbar) ♦ Salon, Leseraum, TV-Raum

Licata

44 km südöstlich von Agrigento
S.P. 63 in Richtung Campobello di Licata

Fattoria Vassallo

Agriturismo
Ortsteil Volpara
Tel. (+39) 320 / 443 04 90,
(+39) 336 / 40 17 34
fattoriavassallo@alice.it
www.fattoriavassallo.it
Ganzjährig geöffnet

Von Agrigento kommend muss man Palma di Montechiaro durchfahren und die Strada Provinciale 63 nach Campobello di Licata nehmen; dort stößt man auf die Hinweisschilder, die den weiteren Weg zu diesem Agriturismo angeben. Der Bauernhof steht auf einem Hügel und blickt auf Weingärten und Mandelhaine. Salvatore und Laura Vassallo stehen am Ruder und werden dabei von den Eltern unterstützt. Die Zimmer und das Apartment sind schlicht eingerichtet. Vervollständigt wird die Anlage durch ein kleines Nebengebäude mit einem langen Tisch und einem Holzofen, einem kleinen Raum, wo man Produkte aus dem Betrieb verkauft, und einem winzigen Museum mit Gegenständen aus dem bäuerlichen Leben. Auf dem Bauernhof leben Hoftiere wie Esel und Girgentana-Ziegen (Slow-Food-Förderkreis). Für Spazierfahrten durch die Felder kann man die betriebseigenen Fahrräder verwenden. Zum Frühstück gibt es frische Kuh- oder Ziegenmilch, Süßspeisen und Joghurt, alles hausgemacht, Brot mit von Hand zubereiteten Konfitüren und auf Wunsch Pikantes.

♦ 4 DZ und 1 Miniapartment (4 Schlafplätze), alle mit Bad und WC, TV ♦ DZ in Einzelbelegung € 30, DZ € 60 (alle mit Frühstück) ♦ keine Kreditkarten ♦ Privatparkplatz, kleine Haustiere willkommen, Betreiber immer erreichbar ♦ Frühstücksraum, Leseraum

Marsala

31 km südwestlich von Trapani
Ausfahrt Marsala der A 29, S.S. 115

Carmine

3-Sterne-Hotel
Piazza Carmine, 16
Tel. (+39) 09 23 / 71 19 07
Fax (+39) 09 23 / 71 75 74
info@hotelcarmine.it
www.hotelcarmine.it
Ganzjährig geöffnet

Die Familie Valenti hat einen alten Adelspalast an einem schönen Platz in Marsalas Altstadt renoviert und in ein komfortables, gemütliches Hotel verwandelt. Die Zimmer sind teilweise mit altem Mobiliar eingerichtet und blicken auf den Platz vor dem Hotel oder in den ruhigen Innengarten, wo man in der schönen Jahreszeit frühstücken kann. Der große, von einem mächtigen Kamin beherrschte Gemeinschaftsraum verfügt über einige Sofas, wo man gemütlich die Tageszeitungen lesen oder die WLAN-Verbindung nutzen kann. Das Frühstück vom Büfett umfasst süßes Kleingebäck aus Eigenerzeugung, aber auch einige pikante Speisen. Fahrräder können unentgeltlich gemietet werden. Zum im Süden der Stadt gelegenen Sandstrand sind es nur wenige Kilometer.

♦ 3 EZ, 20 DZ, 2 3BZ, 1 4BZ, 1 Juniorsuite, alle mit Bad und WC (1 Zimmer mit Whirlpool), Aircondition, Minibar, Safe, Sat-TV, Modemanschluss ♦ EZ € 70–90, DZ in Einzelbelegung € 80–100, DZ € 100–125, 3BZ € 135–150, 4BZ € 160–180, Juniorsuite € 135–150 (alle mit Frühstück) ♦ alle Kreditkarten, Bankomat ♦ 2 Zimmer behindertengerecht ausgestattet, öffentlicher Gratisparkplatz an den Betrieb angrenzend, Haustiere nicht erlaubt, Rezeptionsdienst rund um die Uhr ♦ Bar, Leseraum, Salon, Terrasse, Garten, Arkaden

Marsala

31 km südwestlich von Trapanir
Ausfahrt Marsala der A 29, S.S. 115

Centrale

2-Sterne-Hotel
Via Salinisti, 19
Tel./Fax (+39) 09 23 / 95 17 77
info@hotelcentralemarsala.it
www.hotelcentralemarsala.it
Ganzjährig geöffnet

Das kleine Hotel von Gaspare Vaccari liegt im Fischerviertel, nicht weit von der Boeo-Strandpromenade. Die herrliche Lagune des Stagnone-Naturschutzgebiets mit der einst phönizischen Insel Mozia ist nur wenige Kilometer entfernt. Der Betrieb über den Dächern der herrlichen Altstadt entstand aus der Renovierung eines Wohnhauses mit seinen Höfen, Balkonen und Terrassen. Die komfortablen, lichtdurchfluteten Zimmer sind mit TV, Minibar, Telefon, Safe, Deckenventilator und Aircondition ausgestattet. Für das Frühstück gibt es Bons, die in drei Bars eingelöst werden können. Neben Croissants und Cappuccino kann man dort als Alternative die sizilianische Kombination aus Granita und Brioches oder die noch typischere Variante bestehend aus Pani cunzatu (frisches Brot mit Olivenöl, Salz und Oregano) und einem Gläschen Marsala probieren. Es bestehen weitere Arrangements mit typischen Restaurants.

♦ 2 DZ, 3 3BZ, 2 4BZ, alle mit Bad und WC, Aircondition, Minibar, Safe, TV ♦ DZ in Einzelbelegung € 45–50, DZ € 60–70, 3BZ € 85–105, 4BZ € 110–130 (Aufpreis Zusatzbett € 30–35), (alle mit Frühstück) ♦ alle Kreditkarten, Bankomat ♦ 1 Zimmer behindertengerecht ausgestattete, öffentlicher Gratisparkplatz in unmittelbarer Nähe, Haustiere nicht erlaubt, Rezeptionsdienst 7–24 Uhr ♦ Terrasse, Ruhebereich

Marsala

10 km vom Zentrum
24 km südwestlich von Trapani
Ausfahrt Birgi der A 29 dir, S.P. 21

Isola di Mozia

3-Sterne-Hotel
Ortsteil Ettore Infersa, 19
Tel. (+39) 09 23 / 74 58 60
Fax (+39) 09 23 / 195 43 20
info@hotelisoladimozia.it
www.hotelisoladimozia.it
Ganzjährig geöffnet

Die Lage dieses Hotels ist ausgesprochen günstig: Wir sind hier nämlich auf halbem Weg zwischen dem Flughafen Trapani und Marsalas Altstadt, nicht weit vom Stagnone-Naturschutzgebiet und den berühmten Salinen phönizischen Ursprungs. Der von der Familie Vaccari geleitete Betrieb bietet rustikal eingerichtete, komfortable Zimmer. Morgens gibt es Kontinentalfrühstück, abends kann man in einem Restaurant, mit dem ein spezielles Abkommen besteht, zu einem Preis von 15 bis 20 Euro speisen (ohne Getränke). Überdies stehen den Gästen ein Konferenzraum und ein Shuttleservice von und zu den Flughäfen Trapani und Palermo zur Verfügung. Mothia, die kleine Insel phönizischen Ursprungs, ist die Namensgeberin des Hotels. Sie liegt im Herzen der Lagune und ist über eine tausendjährige Wasserstraße mit dem Boot oder – bei niedrigem Wasserstand – zu Fuß erreichbar.

♦ 1 EZ, 16 DZ, 1 3BZ, 4 4BZ, alle mit Bad und WC, Aircondition, Safe, Minibar, TV ♦ EZ € 60–90, DZ € 90–115, 3BZ € 110–140, 4BZ € 130–170 (alle mit Frühstück) ♦ Kreditkarten: CartaSi, DC, MC, Visa; Bankomat ♦ Anlage barrierefrei zugänglich, öffentlicher Gratisparkplatz, kleine Haustiere willkommen, Rezeptionsdienst rund um die Uhr ♦ Bar, Lese- und TV-Raum, Konferenzraum, Terrasse, Garten, Schwimmbecken

Marsala

5 km vom Zentrum
28 km südwestlich von Trapani
Ausfahrt Marsala der A 29, S.S. 115

Villa Albaria

Bed & Breakfast
Via Lungomare Spagnola, 27
Tel. (+39) 09 23 / 71 82 48,
(+39) 348 / 150 98 23
info@villaalbaria.it
www.villaalbaria.it
April bis Oktober geöffnet

Wir befinden uns im Naturpark der Inseln des Stagnone. Enrico Vaccaro und Sabina Giacalone haben ihre Villa renoviert, ein Teil davon dient ihnen als private Sommerresidenz, der andere fungiert als Bed & Breakfast. Die Einrichtung, darunter einige Möbelstücke und Gegenstände aus alter Zeit, ist vorwiegend rustikal gehalten. Das Frühstück wird im Sommer auf der Veranda serviert und präsentiert sich traditionell. Crostate und andere Süßspeisen bäckt die Hausherrin selbst. In den frühen Morgenstunden hat man vom ersten Stock der Villa und vor allem von der Terrasse eine unvergleichliche Aussicht auf die Lagune des Stagnone; der faszinierende Anblick wiederholt sich abends, wenn die Sonne hinter der Silhouette der Ägadischen Inseln im Meer versinkt. Besonders reizvoll ist der Ausblick vom Turmzimmer.

♦ 1 EZ und 7 DZ, alle mit Bad und WC (2 Zimmer mit Gemeinschaftsbad und WC auf dem Flur), Terrasse, TV ♦ EZ € 60, DZ € 70–75 (Aufpreis Zusatzbett € 15), (alle mit Frühstück) ♦ keine Kreditkarten ♦ Anlage teilweise barrierefrei zugänglich, öffentlicher Privatparkplatz in unmittelbarer Nähe, Haustiere nicht erlaubt, Betreiber immer erreichbar ♦ Leseraum, TV-Raum, Garten, Veranda

Mascali
Nunziata

4 km vom Zentrum
30 km nördlich von Catania
Ausfahrt Giarre oder Fiumefreddo der A 18, S.S. 114

Le Clementine

Bed & Breakfast
Via Pedata Sant'Agata, 8–10
Tel. (+39) 095 / 96 90 47, (+39) 338 / 271 43 90, (+39) 329 / 161 27 12
info@villaleclementine.it
www.villaleclementine.it
Ferien: 6. Januar–Ende Februar, Mitte November–Dezember

Maurizio Vergnano und Rossella Lattes führen diese schöne Villa inmitten von Zitrusfrüchtehainen (darunter zwölf Hektar Clementinen) in der Landschaft von Nunziata. Von der Terrasse der drei komfortablen Zimmer tut sich eine grandiose Aussicht vom Ätna bis zum Ionischen Meer auf. Das Frühstück bestehend aus Milch, Kaffee, Tee, hausgemachten Konfitüren, frischem Obst, Käse und Aufschnitt ist in Ordnung. Das kleine Schwimmbad verfügt über einen Whirlpool und ein Becken mit Gegenstromanlage. Die zahlreichen interessanten Städte und landschaftlichen Schönheiten der Umgebung sind von hier aus leicht zu erreichen. Um den Aufenthalt der Gäste noch angenehmer zu gestalten, organisiert man Ausflüge in die Berge, Wanderungen, Angelausflüge sowie sizilianische Koch- und Backkurse (Letztere nach Anmeldung rund 20 Tage davor).

♦ 1 DZ, 1 3BZ, 2 4BZ, alle mit Bad und WC, Terrasse, Aircondition, Minibar, Sat-TV, 2 mit Kochnische; 1 Apartment (5 Personen) mit Küche ♦ DZ in Einzelbelegung € 40–60, DZ € 70–80, 3BZ € 95–110, 4BZ € 110–130 (alle mit Frühstück); Apartment € 140 ♦ keine Kreditkarten ♦ Privatparkplatz, kleine Haustiere willkommen, Betreiber immer erreichbar ♦ Frühstücksraum, Garten, Terrasse, Schwimmbecken

Mazara del Vallo

500 Meter vom Strand, 2 km vom Hafen, 2 km vom Bahnhof
53 km südlich von Trapani
Ausfahrt Mazara del Vallo der A 29

Greta

3-Sterne-Hotel
Via Bessarione, 107
Tel. (+39) 09 23 / 65 38 89
Fax (+39) 09 23 / 65 36 28
gretahotel@gretahotel.it
www.gretahotel.it
Ganzjährig geöffnet

Vito Signorellos Hotel wurde im Jahr 2003 etwas außerhalb des Zentrums von Mazara del Vallo errichtet. Die Stadt ist bereits seit Herrschaft der Araber berühmt. Der frisch gebackene Unternehmer hat ein ebenso junges, aber sehr professionelles Team um sich geschart. Seine modernen Zimmer sind mit allem Komfort ausgestattet. Das Frühstück vom Büfett beinhaltet Brioches, Marmeladen, Kuchen, Fruchtsäfte, Tee, Milch und Kaffee. In unmittelbarer Nähe befindet sich der Strand von Tonnarella. Dank einer schnellen Schiffsverbindung ist Pantelleria in weniger als zwei Stunden erreichbar. Daneben bieten sich zahlreiche weitere Ausflugsmöglichkeiten wie etwa zu den Steinbrüchen von Cusa sowie nach Selinunt, Mozia und Segesta.

♦ 6 DZ und 4 3BZ, alle mit Bad und WC, Balkon oder Terrasse, Aircondition, Minibar, Telefon, TV, Modemanschluss ♦ DZ in Einzelbelegung € 45–70, DZ € 65–120, 3BZ € 75–130 (Aufpreis Zusatzbett € 15–20), (alle mit Frühstück ♦ alle Kreditkarten, Bankomat ♦ Privatparkplatz mit und ohne Überdachung, kleine Haustiere willkommen, Rezeptionsdienst rund um die Uhr ♦ Frühstücksraum, TV-Raum, Konferenzraum, Strand

Menfi
Porto Palo

8 km vom Ortskern
87 km nordwestlich von Agrigento
Ausfahrt Castelvetrano der A 29, S.S. 115

Vittorio

Zimmervermietung
Via Friuli Venezia Giulia, 9
Tel. (+39) 09 25 / 783 81, (+39) 09 25 / 742 70, Fax (+39) 09 25 / 783 81
vitto–2002@libero.it
www.ristorantevittorio.it
Ferien: 20. Dezember–10. Januar

Der kleine Ortsteil Porto Palo liegt wenige Kilometer vom alten Fischerort Menfi (heute einer der beliebtesten Badeorte der Gegend) zwischen den Tälern des Belice und des Carboj. Die Locanda direkt am Meeresufer wird seit den frühen Siebzigerjahren von dem aus Bergamo stammenden Vittorio Brignoli, seiner Frau Franca und den Kindern geführt. Die komfortablen, schlichten Zimmer sind mit Bad und WC ausgestattet; sie bieten eine tolle Aussicht auf das Meer und die Strände aus feinstem Sand. Familiäre, aber höfliche Atmosphäre zeichnet auch das dazugehörige Restaurant aus. Im Sommer organisiert man Spiele und Feste, die ihren Höhepunkt in der Ferragosto-Nacht finden. Castelvetrano, Sciacca und das herrliche Selinunt sind nicht weit entfernt.

♦ 8 DZ und 4 3BZ, alle mit Bad und WC, Aircondition, Sat-TV ♦ DZ in Einzelbelegung € 60, DZ € 80, 3BZ € 100 (alle mit Frühstück ♦ alle Kreditkarten, Bankomat ♦ Parkplatz in unmittelbarer Nähe, kleine Haustiere willkommen, Betreiber stets anwesend ♦ Bar, Restaurant

🍴 Das angeschlossene Restaurant (40 Euro ohne Wein) ist nicht nur für Hausgäste geöffnet und wird für seine Fischküche sehr geschätzt.

Messina
Ganzirri

9 km vom Zentrum
7 km vom Hafen, 8 km vom Bahnhof

Villa Morgana

3-Sterne-Hotel
Via Consolare Pompea, 1965
Tel./Fax (+39) 090 / 32 55 75
info@villamorgana.it
www.villamorgana.it
Ganzjährig geöffnet

Wir befinden uns vor einem der beiden Seen von Ganzirri, die in die Meerenge von Messina fließen und Reihern, Kormoranen, Graureihern und anderen Zugvögeln Lebensraum bieten. Inmitten eines Parks mit Palmen, Feigenbäumen, Pinien, Agaven, Mandel- und Mandarinenbäumen steht dieses kleine Hotel. Es wurde im Zuge der Renovierung einer Villa aus den Siebzigerjahren geschaffen. Die Führung liegt in den Händen von Riccardo Morichetti und seiner Frau Federica. Im Erdgeschoss befindet sich eine geräumige, elegante Lobby mit Polstermöbeln, Holzdecke, Kamin und Marmortreppen. Die Zimmer sind ganz unterschiedlich gestaltet, von einigen lässt sich das prachtvolle Panorama ringsum bewundern. Die Benutzung eines langen Strandabschnitts ist im Preis inbegriffen. Das Frühstück präsentiert sich klassisch italienisch mit Kaffee, Milch, Schokolade, Honig, frischen Croissants und Kringeln sowie Keksen, die industriell und nach handwerklicher Methode erzeugt sind. Das Hotel verfügt über kein eigenes Restaurant, aber es bestehen spezielle Arrangements mit einigen Lokalen.

♦ 5 EZ und 10 DZ, alle mit Bad und WC, Aircondition, Telefon, TV ♦ EZ € 60–75, DZ € 80–100 (Aufpreis Zusatzbett € 15–20), (alle mit Frühstück) ♦ Kreditkarten: AE, CartaSi, MC, Visa; Bankomat ♦ 2 Zimmer behindertengerecht ausgestattet, Privatparkplatz, kleine Haustiere willkommen (€ 5 pro Tag), Rezeptionsdienst rund um die Uhr ♦ Frühstücksraum, Konferenzraum, Garten

Milazzo

2,5 km vom Zentrum
43 km westlich von Messina
Ausfahrt Acireale A 18 oder Catania A 19

Esperia

3-Sterne-Hotel
Via Tono, 128
Tel. (+39) 090 / 922 49 51
Fax (+39) 090 / 924 14 97
info@albergo-esperia.it
www.albergo-esperia.it
Ganzjährig geöffnet

Der Name des Hotels leitet sich vom altgriechischen Begriff »esperos« (Okzident) ab. Wir befinden uns hier nämlich im letzten westlichen Abschnitt des Tono-Strands, nicht weit vom Milazzos Zentrum. Die Zimmer und Apartments sind schallisoliert, die Einrichtung zeigt sich inspiriert von sizilianischen Orten und Mythen. An den mit Liegestühlen und Sonnenschirmen ausgestatteten Privatstrand darf man Haustiere mitbringen. Das kontinentale Frühstück wird in einem großen Raum und bei Schönwetter auch im Innengarten oder auf den Aussichtsterrassen serviert. Von hier aus lassen sich auf der einen Seite das Panorama der Äolischen Inseln und auf der anderen der Ätna bewundern.

♦ 10 DZ und 6 Apartments (2–4 Personen), alle mit Bad und WC, Aircondition, Minibar, Safe, Telefon, Sat-TV, Modemanschluss; Apartments mit Küche ♦ DZ in Einzelbelegung € 70, DZ € 85 (Aufpreis Zusatzbett € 25), (alle mit Frühstück); Apartments € 150, Frühstück € 5 ♦ alle Kreditkarten, Bankomat ♦ 2 Zimmer behindertengerecht ausgestattet, Privatgarage, kleine Haustiere willkommen, Rezeptionsdienst rund um die Uhr ♦ Frühstücksraum, Versammlungsraum, Terrassen, Garten, Privatstrand

Milazzo

41 km westlich von Messina
Ausfahrt Milazzo der A 20

Petit Hotel

3-Sterne-Hotel
Via dei Mille, 37
Tel. (+39) 090 / 928 67 84
Fax (+39) 090 / 928 50 42
info@petithotel.it
www.petithotel.it
Ganzjährig geöffnet

Umweltbewusstsein wird in dem kleinen Hotel mit Blick auf den historischen Hafen von Milazzo großgeschrieben. Die Bettwäsche aus unbehandelter Baumwolle wird mit biologischen Seifen gewaschen, die Luft wird gefiltert und ionisiert, die Matratzen bestehen aus Naturkautschuk, die Klimaanlage aus Plattenheizkörpern. Ein »Bio-Switch« vermeidet die Belastung mit elektromagnetischen Wellen während des Schlafes. Das gegen Vorbestellung geöffnete Restaurant bietet bodenständige Küche aus sorgfältig ausgewählten Rohstoffen (25 bis 30 Euro ohne Wein). Das Frühstück beinhaltet hausgemachte Kuchen, Konfitüren aus fairem Handel und frisches lokales Obst. Nur während der ersten drei Augustwochen steigt der Preis für ein Doppelzimmer auf 149 Euro.

♦ 1 EZ, 6 DZ, 1 3BZ, 1 4BZ, alle mit Bad und WC, Aircondition, Safe, TV, Modemanschluss ♦ EZ € 59–89, DZ € 89–129, 3BZ € 119–179, 4BZ € 149–209 (Aufpreis Zusatzbett € 15) ♦ alle Kreditkarten, Bankomat ♦ 2 Zimmer barrierefrei zugänglich, gebührenpflichtige Garage außerhalb des Hotels (€ 12–20 pro Tag), kleine Haustiere willkommen, Rezeptionsdienst rund um die Uhr ♦ Restaurant

Militello Rosmarino

119 km südwestlich von Messina
Ausfahrt Sant'Agata Militello der A 20, S.P. 161

Villa Rantù

4-Sterne-Hotel
Ortsteil Rantù
Tel. (+39) 09 41 / 72 86 48
Fax (+39) 09 41 / 33 77 11
info@villarantu.it
www.villarantu.com
Ganzjährig geöffnet

NEU

Das Hotel liegt im Parco dei Nebrodi gegenüber den eindrucksvollen Rocche del Crasto. Ursprünglich war das alte Gebäude zur Hälfte Ölmühle, zur Hälfte Residenz der Fürsten Lanza di Scalea. Obwohl es vollständig renoviert worden ist, sind diverse Originalelemente erhalten geblieben. Die Zimmer sind mit Arte-povera-Elementen rustikal eingerichtet. Die Betreiber blicken auf eine lange Erfahrung in ihrem Metier zurück. Pasqualino bereitet den Gästen einen freundlichen, professionellen Empfang, während Calogero in der Küche Fischgerichte und lokale Spezialitäten geschickt zubereitet (32 bis 42 Euro ohne Wein). Zum Frühstück gibt es Produkte lokaler Herkunft, frisch gepressten Saft aus biologischen Zitrusfrüchten und auf Wunsch Ricotta in Molke. Die Strände von Sant'Agata di Militello sind in zehn Minuten, der Maullazzo- und Biviere-See in 15 Minuten erreichbar.

♦ 9 DZ mit Bad und WC, Aircondition, Minibar, Sat-TV ♦ EZ € 45, DZ € 80 (Aufpreis Zusatzbett € 10), (alle mit Frühstück ♦ Kreditkarten: Visa; Bankomat ♦ 2 Zimmer barrierefrei zugänglich, Privatparkplatz, kleine Haustiere willkommen, Rezeptionsdienst rund um die Uhr ♦ Bar, Restaurant, Salon, Veranda

Modica

14 km südöstlich von Ragusa
Ausfahrt Modica Bassa der S.P. 194

Relais Modica

3-Sterne-Hotel
Via Campailla, 99
Tel. (+39) 09 32 / 75 44 51,
(+39) 339 / 312 39 57
Fax (+39) 09 32 / 75 44 51
info@hotelrelaismodica.it
www.hotelrelaismodica.it
Ganzjährig geöffnet

Von dem ganz zentral gelegenen Corso Umberto führt eine Treppe an der Ecke des Istituto Magistrale zu diesem anmutigen kleinen Hotel, einst ein Adelspalast aus dem frühen 19. Jahrhundert. Geführt wird es von Antonio Modica und seiner florentinischen Frau Francesca Baccolini. Die mit Stilmöbeln eingerichteten Zimmer weisen individuelle Grundrisse auf. Sie liegen in unterschiedlichen Bereichen und über mehrere Stockwerke des Gebäudes verteilt. Zum Frühstück bietet man Kaffee, Joghurt, Zerealien, Orangensaft, Zwieback, Saisonobst, Croissants aus einer Konditorei, Johannisbrotmarmelade, Kekse und Milchgebäck aus lokaler Erzeugung. Von einigen Zimmern und vor allem vom Dachgarten genießt man einen herrlichen Ausblick auf das historische Zentrum des Städtchens, das für seine Kulinarik und Süßwarentradition berühmt ist.

♦ 4 DZ, 3 3BZ und 3 4BZ, alle mit Bad und WC, Aircondition, Telefon, Sat-TV, Modemanschluss ♦ DZ in Einzelbelegung € 85, DZ € 85–110, 3BZ € 110–140, 4BZ € 120–160 (alle mit Frühstück) ♦ Kreditkarten: CartaSi, MC, Visa; Bankomat ♦ öffentlicher Parkplatz in der Nähe, Haustiere nicht erlaubt, Rezeptionsdienst 7–24 Uhr ♦ Frühstücksraum, Terrassen, Internetstation

Noto

3,5 km vom Zentrum
36 km südwestlich von Siracusa. Ausfahrt Cassibile der A 18, S.S. 115 in Richtung Siracusa-Rosolini

Terra di Pace

Agriturismo
Ortsteil Zisola
Tel. (+39) 09 31 / 83 84 72,
(+39) 347 / 381 60 97
terradipace@gmail.com
www.terradipace.eu
Ferien: Februar

Von Noto fährt man ein paar Kilometer auf der Strada Statale in Richtung Rosolini und biegt bei einem kleinen Votivaltar rechts ab, um zu diesem Agriturismo inmitten von Oliven-, Mandel- und Zitrusfrüchtebäumen zu gelangen. Die sechs hübschen Häuschen mit Veranda wurden nach bioarchitektonischen Kriterien renoviert, sie sind mit Fußböden aus sizilianischem Cotto und Massivholzmöbeln ausgestattet. In jeweils einer eigenen Küche können sich die Gäste ihre Mahlzeiten selbst zubereiten. Ein einladendes Schwimmbecken liegt im Schutz von Hecken. Vincenzo und Mariangela führen den Betrieb mit Leidenschaft und Einsatz, auch in kultureller Hinsicht. Auf einem großen Bereich im Freien, der überdies eine tolle Aussicht bietet, werden im Sommer Musik- und Theaterstücke aufgeführt, während in einem kleinen Raum unter anderem regelmäßig Yoga- und Tanztherapiekurse abgehalten werden. Auf Wunsch wird für die Gäste ein Frühstück zubereitet, das hausgemachte Konfitüren und Kringel beinhaltet. Gelegentlich bietet der Agriturismo Abendessen mit typisch sizilianischen Speisen.

♦ 6 Apartments mit Bad und WC, Aircondition, Küche ♦ DZ in Einzelbelegung € 42–57, DZ € 56–76, 3BZ € 84–114, Frühstück € 5 pro Person ♦ keine Kreditkarten; Bankomat ♦ 2 Apartments barrierefrei zugänglich, Privatparkplatz, kleine Haustiere willkommen, Betreiber immer erreichbar ♦ Veranstaltungsraum, Veranda, Kinderspielplatz, Schwimmbecken

Novara di Sicilia

72 km südwestlich von Messina
Ausfahrt Giardini Naxos der A18, A 20 in Richtung Falcone oder Barcellona, S.S. 185

Sganga Kondé King

Bed & Breakfast
Via Nazionale, 163
Tel. (+39) 09 41 / 65 05 26,
(+39) 338 / 142 42 18,
(+39) 345 / 619 62 50
Fax (+39) 09 41 / 65 04 05
Ganzjährig geöffnet

Die ehemalige Adelsresidenz der Familie Stancanelli im Zentrum von Novara di Sicilia, einem Städtchen im Herzen der Monti Peloritani, stammt aus dem 18. Jahrhundert. Sie hat im Lauf der Zeit schon viele prominente Besucher gesehen. 1934 wurde sie renoviert und mit zahlreichen Fresken verziert, die heute noch die mächtigen Gewölbe des Salons schmücken. Heute dient das Haus als Bed & Breakfast. Die Zimmer sind mit schönem alten Mobiliar eingerichtet. Das traditionelle Frühstück beinhaltet frische lokale Produkte (im Sommer gibt es Granita) und wird in der schönen Jahreszeit auch auf der großzügigen Terrasse serviert. Letztere steht den Gästen zudem zum Sonnenbaden zur Verfügung. Seit einiger Zeit gibt es in der Nähe eine Dependance mit weiteren sieben Zimmern.

♦ 6 DZ und 1 3BZ, alle mit Bad und WC, Minibar, TV ♦ DZ in Einzelbelegung € 30, DZ € 60, 3BZ € 90 (Aufpreis Zusatzbett € 30), (alle mit Frühstück) ♦ keine Kreditkarten ♦ öffentlicher Parkplatz in der Nähe, kleine Haustiere willkommen, Betreiber immer erreichbar ♦ Frühstücksraum, Leseraum, Terrasse, Sonnenterrasse

Paceco

5 km südöstlich von Trapani
Ausfahrt Trapani der A 29, S.S. 115

Baglio Costa di Mandorla

Agriturismo
Via Verderame, 37
Tel. (+39) 09 23 / 40 91 00,
(+39) 338 / 103 58 06
info@costadimandorla.it
www.costadimandorla.it
Ferien: Januar, Februar

Der Bauernhof der Familie Di Vita wurde gegen Ende des 19. Jahrhunderts errichtet. Er liegt inmitten einer Landschaft mit alten Oliven- und Obstbäumen und duftenden Jasminsträuchern. Die Gästeunterkünfte gliedern sich in sechs unabhängige Apartments, sie sind komplett renoviert und bestehen jeweils aus Schlafzimmer, Küche, Aufenthaltsraum und Hof. In einem Körbchen finden Sie alles, was zum Frühstück schmeckt: gute hausgemachte Konfitüren (ein Muss ist die Bitterorangenmarmelade nach altem Familienrezept), Brot, Süßspeisen und Kekse aus einer nahen Bäckerei. Überdies stehen den Gästen ein Schwimmbecken mit Sonnenterrasse, eine Bocciabahn und ein Barbecue-Bereich zur Verfügung. Man kann vor Ort verschiedene Produkte aus dem Betrieb kaufen, darunter natives Olivenöl extra. Die Umgebung bietet zahlreiche Ausflugsziele: das Naturschutzgebiet der Salinen von Trapani, das Stagnone- und Zingaro-Naturschutzgebiet, die Ägadischen Inseln, den Strand von San Vito Lo Capo, Erice, Segesta und Selinunt.

♦ 6 Apartments (2–7 Personen) mit Bad und WC, Küche, Veranda; einige mit Aircondition ♦ Apartments für 1–2 Personen € 80–90, für 3–7 Personen € 114–300 (alle mit Frühstück) ♦ Kreditkarten: MC, Visa; Bankomat ♦ Privatparkplatz, Haustiere nicht erlaubt, Betreiber immer erreichbar ♦ TV-Raum, Garten, Sonnenterrasse,Kinderspielplatz, Schwimmbecken, Bocciabahn

Palermo

In der Altstadt
500 m vom Hafen, 1 km vom Hauptbahnhof

BB22

Bed & Breakfast
Largo Cavalieri di Malta, 22
Tel. (+39) 091 / 611 16 10,
(+39) 335 / 790 87 33
Fax (+39) 091 / 611 16 10
info@bb22.it
www.bb22.it
Ganzjährig geöffnet

Der Palazzo Pantelleria aus dem späten 15. Jahrhundert bildet den prachtvollen Rahmen für das BB22, ein modernes Bed & Breakfast, zentral gelegen hinter der Piazza San Domenico. Erlesener Stil und Liebe zum Detail kennzeichnen seine Ausstattung, denn die freundliche Eigentümerin und Hausherrin Patrizia Marchetti ließ sich von den Eindrücken aus ihren zahlreichen Reisen inspirieren. Sie ist sehr um einen angenehmen Aufenthalt ihrer Gäste bemüht. Die sechs Zimmer und die Suite sind schlicht, aber geschmackvoll eingerichtet; eine Besonderheit der Suite ist die längliche Badewanne in der Mitte des Badezimmers. Auf Wunsch organisiert man originelle Aktivitäten wie einen Aperitif bei Sonnenuntergang, den man auf Schlauchbooten vor dem Strand von Mondello genießt, sowie Kurse für sizilianische Koch- und Backkunst, die Signora Marchetti persönlich abhält.

♦ 6 DZ und 1 Suite, alle mit Bad und WC, Aircondition, Telefon, Sat-TV ♦ DZ in Einzelbelegung € 80–90, DZ € 110–130, Suite € 170–210 (alle mit Frühstück) ♦ alle Kreditkarten, Bankomat ♦ öffentlicher Parkplatz an den Betrieb angrenzend, Haustiere nicht erlaubt, Betreiber immer erreichbar ♦ Bar, Frühstücksraum, Aussichtsterrasse

Palermo

In der Altstadt
300 m von der Piazza Marina, 1 km vom Hafen und vom Hauptbahnhof, 3 km vom Flughafen

Il Mezzanino del Gattopardo

Bed & Breakfast
Via Alloro, 145
Tel. (+39) 091 / 976 25 20,
(+39) 333 / 477 17 03
Fax (+39) 091 / 976 25 20
ilmezz.gattopardo@tiscali.it
www.bandbilmezzaninodelgattopardo.it
Ganzjährig geöffnet

In Palermos Altstadt gelangt man von der Piazza Marina und den mittelalterlichen Vierteln in die Via Alloro, eine einst bedeutende Wohnstraße. Hier hat der Architekt Mimmo Targia im zweiten Stock (im Mezzanin, um genau zu sein) eine Adelsresidenz aus dem 15. Jahrhundert in ein Bed & Breakfast verwandelt. Dank der umsichtigen Renovierung ist das gegenüber dem ehemaligen Hotel Patria gelegene Gebäude zu neuem Leben erwacht. Die mit Stilmöbeln eingerichteten Zimmer sind bequem und gemütlich. Den Gästen stehen Kühlschrank, Vorratskammer und Keller des Hausherrn jederzeit zur Verfügung. Zum Frühstück gibt es biologische Konfitüren, Brot, Süßspeisen aus der nahen Bäckerei und auf Wunsch Pikantes. Die Chiesa della Gancia, die regionale Pinakothek im Palazzo Abatellis, der aus dem 14. Jahrhundert stammende Palazzo Steri und die Chiesa San Francesco d'Assisi (13. Jahrhundert) sind nur einige der zahlreichen Sehenswürdigkeiten in unmittelbarer Nähe.

♦ 2 DZ mit Bad und WC, Aircondition, Minibar, Safe, TV (1 Zimmer mit Terrasse) ♦ DZ in Einzelbelegung € 50–70, DZ € 80–120 (alle mit Frühstück) ♦ Kreditkarten: Visa; Bankomat ♦ öffentlicher Parkplatz in unmittelbarer Nähe, kleine Haustiere willkommen (in einem Zimmer), Betreiber immer erreichbar ♦ Leseraum mit Bibliothek, Salon

Palermo

In der Altstadt
In der Nähe der Piazza Magione, 500 m vom Hauptbahnhof

La Dimora del Genio

Bed & Breakfast
Via Garibaldi, 58
Tel. (+39) 091 / 616 69 81,
(+39) 347 / 658 76 64
Fax (+39) 091 / 616 41 04
paolamendola@ladimoradelgenio.it
www.ladimoradelgenio.it
Ganzjährig geöffnet

Das kleine, historische Wohnhaus ist sehr gut erhalten. Es liegt ein paar Minuten vom Bahnhof entfernt im monumentalen Geschäftsviertel der Stadt, zwischen Piazza della Rivoluzione (wo sich die berühmte Fontana del Genio befindet) und Via Lincoln. Hier gibt es zahlreiche Palazzi, Kirchen und Denkmäler zu bewundern. Paola Mendola führt den Betrieb mit Sorgfalt und Aufmerksamkeit. Die Wände der mit schönen alten Möbeln eingerichteten Zimmer sind mit Fresken verziert. Jedes Zimmer verfügt über ein eigenes Bad auf dem Flur. Am Morgen erwartet die Gäste ein üppiges Frühstück mit sizilianischem Backwerk, Konfitüren und Fruchtsäften. Man kann es in einem der schönen Gemeinschaftsräume oder auf Wunsch im eigenen Zimmer einnehmen.

♦ 2 DZ und 1 3BZ, alle mit Bad und WC ♦ DZ in Einzelbelegung € 50–60, DZ € 80–90, 3BZ € 90–100 (alle mit Frühstück) ♦ keine Kreditkarten ♦ öffentlicher Parkplatz in unmittelbarer Nähe, bewachter Vertragsparkplatz (€ 15 pro Tag), kleine Haustiere willkommen, Betreiber immer erreichbar ♦ Frühstücksraum, Salon, TV-Raum

Palermo

In der Altstadt
1 km vom Hafen, 2 km vom Hauptbahnhof

Palazzo Pantaleo

NEU

Zimmervermietung
Via Ruggero Settimo, 74 H
Tel. (+39) 091 / 32 54 71,
(+39) 335 / 700 60 91
Fax (+39) 091 / 32 54 71
info@palazzopantaleo.it
www.palazzopantaleo.it
Ganzjährig geöffnet

Giuseppe Scaccianoce hat kürzlich den zweiten Stock eines Palazzo aus der Mitte des 19. Jahrhunderts in eine hübsche Unterkunft umgestaltet. Sie liegt im Herzen der Stadt zwischen Piazza Verdi, Piazza Castelnuovo, Teatro Massimo und dem Politeama. Die äußerst geräumigen und mit modernem Komfort ausgestatteten Zimmer sind mit klassischen und antiken Möbeln eingerichtet. Den Gästen stehen eine kleine Küche und ein gemütlicher Salon gleich neben der großzügigen Eingangshalle zur Verfügung. Auf der lichtdurchfluteten Terrasse mit Veranda wartet das Frühstücksbüfett. Sie haben die Wahl zwischen zahlreichen süßen und pikanten Köstlichkeiten, von denen viele von einer nahen bekannten Bäckerei stammen.

♦ 5 DZ und 1 Suite, alle mit Bad und WC, Balkon, Aircondition, Minibar, Safe, Telefon, Sat-TV, Modemanschluss ♦ DZ in Einzelbelegung € 80, DZ € 100, Suite € 140 (Aufpreis Zusatzbett € 30), (alle mit Frühstück ♦ Kreditkarten: AE, MC, Visa; Bankomat ♦ 1 Zimmer behindertengerecht ausgestattet, Privatparkplatz, kleine Haustiere willkommen, Betreiber immer erreichbar ♦ Küche, Salon, Veranda

Palermo

In der Altstadt
1 km vom Hafen, 1 km vom Hauptbahnhof

Posta

3-Sterne-Hotel
Via Gagini, 77
Tel. (+39) 091 / 58 73 38
Fax (+39) 091 / 58 73 47
info@hotelpostapalermo.it
www.hotelpostapalermo.it
Ganzjährig geöffnet

Die Familie Farruggio leitet dieses kleine Hotel seit gut 90 Jahren auf vorbildliche Weise, gleichsam als Synonym für freundlichen Empfang und Stil. Wir befinden uns in unmittelbarer Nähe des Teatro Biondo, und seit 1921 steigen hier Persönlichkeiten wie Totò, Macario, Gassman oder Fo ab. Der Palazzo aus dem 18. Jahrhundert liegt zwischen dem Archäologiemuseum Salinas und dem Oratorio di Santa Cita. Von der ursprünglichen Struktur ist wenig erhalten geblieben; das Portal, das in die Eingangshalle führt, wo einst die Kutschen der Honoratioren zufahren durften, ist intakt geblieben. Zu den gemütlichen Gemeinschaftsbereichen gehört auch ein Leseraum mit kleiner Bibliothek. Die Zimmer bieten jeglichen Komfort. Im Sommer kann man den Strand von Mondello mit seinen Einrichtungen nutzen (€ 10 pro Tag). Für einen privaten Autoabstellplatz sollte vorbestellt werden.

♦ 22 DZ mit Bad und WC, Aircondition, Telefon, Sat-TV ♦ DZ in Einzelbelegung € 50–95, DZ € 50–125, 3BZ € 68–170 (alle mit Frühstück) ♦ alle Kreditkarten, Bankomat ♦ einige Zimmer barrierefrei zugänglich, überdachter Privatparkplatz (€ 15 pro Tag), kleine Haustiere willkommen, Rezeptionsdienst rund um die Uhr ♦ Bar, Leseraum, TV-Raum, Internetstation, vertragsgebundener Strand

Palermo

In der Altstadt
1 km vom Hauptbahnhof, 2 km vom Hafen

Quattro Quarti

NEU

Bed & Breakfast
Corso Vittorio Emanuele, 376
Tel./Fax (+39) 091 58 36 87
www.quattroquarti.it
Ganzjährig geöffnet

Wir befinden uns im einst Cassaro genannten Stadtteil, wenige Schritte von berühmten Sehenswürdigkeiten (Piazza Pretoria, Kathedrale, Palazzo Reale und Teatro Massimo) und den historischen Märkten (Capo, Ballarò, Vucciria) entfernt. Der Wohnsitz des Marchese di Marineo aus dem 16. Jahrhundert wurde zwei Jahrhunderte später von den Fürsten Castelnuovo erworben, welche die Säle mit Fresken und Stuck von berühmten sizilianischen Künstlern schmücken ließen. Sie sind heute noch in voller Pracht zu bewundern. Seit 1874 gehört das Gebäude der Familie des derzeitigen Eigentümers, Bernardo Arone di Valentino. Er hat einen Teil davon zu einem Bed & Breakfast gemacht, das er mit Frau und Kindern mit Hingabe führt. Die geräumigen Zimmer verfügen über jeden modernen Komfort und sind mit altem Mobiliar aus Familienbesitz und erlesenen Stoffen ausgestattet.

♦ 2 DZ, 1 3BZ und 1 4BZ, alle mit Bad und WC, Aircondition, Safe, TV, WLAN ♦ DZ in Einzelbelegung € 80–110, DZ € 100–130, 3BZ € 130–150, 4BZ € 150–180 (alle mit Frühstück) ♦ alle Kreditkarten, Bankomat ♦ öffentlicher Parkplatz in der Nähe, Haustiere nicht erlaubt, Betreiber immer erreichbar ♦ Frühstücksraum, Leseraum

Palermo

In der Altstadt
300 m von der Piazza Marina, 1 km vom Hafen, 1 km vom Hauptbahnhof

San Gabriele

Bed & Breakfast
Via Alloro, 107
Tel. (+39) 091 / 252 54 76, (+39) 339 / 723 70 60, (+39) 328 / 619 17 61
info@bebsangabriele.it
www.bebsangabriele.it
Ganzjährig geöffnet

Die Via Alloro ist nach dem majestätischen Lorbeerbaum benannt, der bis zu Beginn des 18. Jahrhunderts im Garten dieses schönen Gebäudes stand. Heute befindet sich im ersten Stock der Adelsresidenz aus dem 17. Jahrhundert das Bed & Breakfast San Gabriele. Das Gebäude wurde im Jahr 2005 vollständig renoviert. Es liegt in der Nähe von eindrucksvollen Gebäuden wie Palazzo Steri, Palazzo Bonagia, Palazzo Abatellis, der charakteristischen Chiesa della Gancia und der monumentalen Piazza Marina. Die beiden mit viel Liebe zum Detail gestalteten Zimmer sind der Sonne und dem Mond gewidmet: Eines ist in den warmen Farben des Tages, das andere in kühlen Nachttönen gehalten. Das typisch italienische Frühstück setzt sich aus Süßigkeiten und lokalen Produkten zusammen. Die Gäste können eine Gemeinschaftsküche nutzen. Es besteht ein Zubringerservice vom und zum Flughafen.

♦ 2 DZ mit Bad und WC, Aircondition, Minibar, TV, WLAN ♦ DZ in Einzelbelegung € 35–45, DZ € 60–90 (alle mit Frühstück ♦ alle Kreditkarten, Bankomat ♦ öffentlicher Parkplatz in der Nähe, Haustiere nicht erlaubt, Betreiber immer erreichbar ♦ Frühstücksraum, Internetstation

Piazza Armerina

34 km südlich von Enna
Ausfahrt Mulinello der A 19, S.S. 117 bis

Gangi

3-Sterne-Hotel
Via Generale Ciancio, 68–70
Tel. (+39) 09 35 / 68 27 37
Fax (+39) 09 35 / 68 75 63
info@hotelgangi.it
www.hotelgangi.it
Ganzjährig geöffnet

Gleich neben dem Park im Herzen der alten Stadt steht dieser historische, sorgfältig renovierte Palazzo. Die komfortablen und geräumigen Zimmer zeichnen sich durch schlichte Eleganz aus. Das Hotel bietet zahlreiche Serviceleistungen, darunter eine Internetstation in der Lobby, ein Faxgerät oder einen kleinen, gebührenfreien Privatparkplatz. Ein gebührenpflichtiger öffentlicher Parkplatz befindet sich in der Nähe. Das Frühstück beinhaltet eine reiche Auswahl an frischem Obst, Fruchtsäfte, getoastetes Brot, Brioches, Joghurt, Zerealien, von Hand erzeugte Süßspeisen und Typisches für die Region (auf Wunsch auch Bioprodukte). Das Personal berät Sie zu den besten umliegenden Restaurants und zu Ausflugsmöglichkeiten. Die prächtige Villa del Casale liegt sechs Kilometer entfernt.

♦ 7 EZ und 11 DZ, alle mit Bad und WC, Aircondition, Minibar, Safe, Sat-TV, Modemanschluss ♦ EZ € 45–65, DZ in Einzelbelegung € 65, DZ € 75–95 (Aufpreis Zusatzbett € 25), (alle mit Frühstück) ♦ alle Kreditkarten, Bankomat ♦ Privatparkplatz, kleine Haustiere willkommen, Rezeptionsdienst rund um die Uhr ♦ Bar, Frühstücksraum, Salon, Internetstation

Piazza Armerina

1 km vom Zentrum
34 km südlich von Enna
Ausfahrt Mulinello der A 19, S.S. 117 bis

Giucalem

Bed & Breakfast
Ortsteil Bel Verde
Tel. (+39) 09 35 / 898 01,
(+39) 328 / 691 39 23
Fax (+39) 09 35 / 898 01
info@giucalem.com
www.giucalem.com
Ganzjährig geöffnet

Giuseppe und seine Mutter Maria führen dieses von Gemüsegärten umgebene Bed & Breakfast in einem weiten Tal am Rand von Piazza Armerina. Das gemütliche rustikale Gebäude wurde unter Beibehaltung seiner ursprünglichen Merkmale restauriert. Es liegt an der Straße zur knapp drei Kilometer entfernten Villa del Casale, die wegen ihrer berühmten Mosaike zum Weltkulturerbe zählt. Die fünf Zimmer verfügen jeweils über ein eigenes Badezimmer und Sat-TV. Giuseppe erzeugt hervorragendes biologisches natives Olivenöl extra, das man vor Ort kaufen kann. Maria bereitet eine köstliche Crema di limoncello (eine ideale Abrundung nach dem Abendessen), zahlreiche eingemachte Köstlichkeiten und schmackhaftes Pane cunzato (gewürztes Brot), welches das üppige Frühstück mit seinen vielfältigen Geschmacksnoten hervorragend ergänzt.

♦ 2 DZ, 1 3BZ, 2 4BZ, alle mit Bad und WC, Sat-TV ♦ DZ in Einzelbelegung € 40, DZ € 50, 3BZ € 65, 4BZ € 80 (alle mit Frühstück) ♦ keine Kreditkarten ♦ Privatparkplatz, kleine Haustiere willkommen, Betreiber stets anwesend ♦ Frühstücksraum, Leseraum, Internetstation, Garten, Sonnenterrasse

Piazza Armerina

34 km südlich von Enna
Ausfahrt Mulinello der A 19, S.S. 117 bis, Ausfahrt Piazza Armerina Sud

La Casa sulla Collina d'Oro

Bed & Breakfast
Via Mattarella
Tel. (+39) 09 35 / 896 80,
(+39) 333 / 466 88 29
Fax (+39) 09 35 / 896 80
info@lacasasullacollinadoro.it
www.lacasasullacollinadoro.it
Ganzjährig geöffnet

Ein schön renoviertes Haus aus dem späten 19. Jahrhundert bildet den Rahmen dieses Bed & Breakfasts mit erlesen eingerichteten Zimmern. Die großzügigen Gemeinschaftsbereiche umfassen einen Garten mit 1.000 Quadratmetern, zwei Salons (der größere verfügt über ein Panoramafenster) und eine Terrasse, von der man die Kathedrale und das aragonische Schloss bewundern kann. Das reichhaltige Frühstück wird in sehr familiärer Umgebung serviert und beinhaltet Mandelgebäck, Brioches, Kekse und Konfitüren, aber auch warmes Brot, das mit Öl und Pecorino verfeinert wird. Alle Produkte sind lokaler Herkunft. Die römische Villa del Casale und die Ausgrabungen von Morgantina, Philosophiana und Rossomanno liegen fünf Kilometer entfernt. Auf Anfrage organisiert man Führungen in italienischer, englischer oder deutscher Sprache. Es gibt einen Zubringerservice zum Flughafen oder Bahnhof von Catania.

♦ 5 DZ mit Bad und WC, Aircondition, Sat-TV (1 Zimmer mit Balkon, 2 Zimmer mit Garten) ♦ DZ in Einzelbelegung € 60, DZ € 80 (Aufpreis Zusatzbett € 20), (alle mit Frühstück) ♦ keine Kreditkarten ♦ Privatparkplatz, kleine Haustiere willkommen, Betreiber immer erreichbar ♦ Frühstücks-, Lese- und Konversationsraum, TV-Raum, Internetstation, Garten, Terrasse, Sonnenterrasse. Schwimmbad, Tennisplatz

Polizzi Generosa
San Giorgio

15 km vom Ortskern
83 km südöstlich von Palermo
Ausfahrt Tremonzelli der A 19, S.S. 120

Antico Feudo San Giorgio

Agriturismo · Strada Statale 120, km 46
Tel. (+39) 09 21 / 64 26 13, (+39) 09 21 /
60 06 90, (+39) 333 / 421 49 46,
(+39) 347 / 347 58 90,
Fax (+39) 09 21 / 64 26 13
info@feudosangiorgio.it
www.feudosangiorgio.it
Ganzjährig gegen Vorbestellung geöffnet

Dieser Agriturismo entstand 1994 auf dem ländlichen Anwesen der Familie Fatta della Fratta, nachdem das Terrain trockengelegt und die Gebäude sorgfältig renoviert worden sind. Neben der Gästebeherbergung konzentriert man sich hier auf biologische Landwirtschaft. Alle Zimmer verfügen über ein eigenes Bad. Die Mindestmietdauer für die großzügigen Apartments mit einem, zwei oder drei Schlafzimmern, Aufenthaltsraum und Bad beträgt drei Tage. Sie sind geschmackvoll eingerichtet und mit jeglichem Komfort versehen, einige verfügen über Kochnische und Minibar. Naturfreunde haben die Qual der Wahl unter den zahlreichen naturbelassenen Wanderwegen des Parco delle Madonie. Das Restaurant (22 Euro, Getränke inklusive) bietet Gerichte aus überwiegend im Betrieb erzeugten Produkten. Im Sommer kann man auf der Aussichtsterrasse speisen.

♦ 5 DZ und 9 Apartments (4–7 Personen), alle mit Bad und WC (einige Apartments mit Kochnische und Minibar) ♦ DZ in Einzelbelegung € 52–65, DZ € 80–100, Apartment € 140–175 (alle mit Frühstück) ♦ Kreditkarten: AE, CartaSi, MC, Visa; Bankomat ♦ 1 Apartment behindertengerecht ausgestattet, Privatparkplatz, kleine Haustiere willkommen, Betreiber immer erreichbar ♦ Restaurant, Leseraum, TV-Raum, Spielesammlung, Garten mit Spielplatz, Schwimmbecken, Bocciabahn, Bogenschießen, Tischtennis

Ragalna

300 Meter vom Zentrum
21 km nordwestlich vom Bahnhof Catania
Ausfahrt Catania der A 19, S.S. 121 und 284

Il Palmento dell'Etna

Bed & Breakfast
Via Rocca, 22
Tel. (+39) 095 / 62 09 77,
(+39) 338 / 344 57 94
Fax (+39) 095 / 765 51 69
info@ilpalmentodelletna.com
www.ilpalmentodelletna.com
Ganzjährig geöffnet

Dieses Bed & Breakfast entstand aus einer renovierten typischen Landvilla mit Mühle aus der zweiten Hälfte des 19. Jahrhunderts. Die Zimmer sind gepflegt in sizilianischem Arte-povera-Stil eingerichtet. Die Initiative für die Renovierung setzte Cettina Mazzamuto; ihre Mutter, Grazia Di Stefano, kümmert sich um den Empfang der Gäste. Auf dem Frühstücksbüfett finden sich hausgemachte Kekse und Marmeladen sowie lokale Produkte, darunter Honig und Süßspeisen aus einer Bäckerei. Gegessen wird auf der Aussichtsterrasse, im Garten oder in der Mühle. Ragalna liegt am Südwesthang des Ätna auf einer Seehöhe von rund 850 Metern; von hier schweift der Blick über das Simetotal bis zum Golf von Augusta und seine Umgebung. Die Landschaft zeichnet sich durch üppige, wild wachsende Vegetation, Wälder, große Höhlen und karge Böden in der Nähe des Kraters aus und ist ein beliebtes Ausflugsziel.

♦ 2 3BZ und 1 4BZ, alle mit Bad und WC, TV ♦ 3BZ in Einzelbelegung € 35–50, 3BZ in Doppelbelegung € 60–70, 3BZ € 80–90, 4BZ € 100–120 (alle mit Frühstück) ♦ keine Kreditkarten ♦ Privatparkplatz, kleine Haustiere willkommen, Betreiber immer erreichbar ♦ Frühstücksraum, Leseraum, Terrasse, Garten

Ragusa
Genisi

7 km vom Zentrum
Ausfahrt Santa Croce der S.S. 514

Le Cinque Vie

Agriturismo
Strada Provinciale 60 Ragusa-Santa Croce Camerina, km 6,7
Tel. (+39) 09 32 / 64 14 10,
(+39) 345 / 514 43 58
info@lecinquevie.eu
www.lecinquevie.eu
Ganzjährig geöffnet

Das ländliche Anwesen aus dem 19. Jahrhundert ist von jahrhundertealten Johannisbrotbäumen umgeben. Die Zimmer sind edel eingerichtet und mit allem Komfort ausgestattet. Die alten »dammusi« (typischen Steinhäuser des Ibleo-Gebiets) wurden unter Bedachtnahme auf ihre ursprüngliche Architektur renoviert. Sie bilden den Rahmen für die Gemeinschaftsbereiche und das Restaurant. Letzteres bietet hauptsächlich bodenständige Küche und ist nicht nur für Hausgäste geöffnet. Der Durchschnittspreis für eine Mahlzeit ohne Wein beträgt 20 bis 25 Euro. Das Frühstück beinhaltet Milch lokaler Herkunft, typisches Feingebäck, selbst gebackenes Brot und hausgemachte Konfitüren. Der Name »Cinque Vie« (fünf Wege) bezieht sich auf die Anzahl der Themenwanderwege dieser Umgebung. Sie wurden von den Betreibern angelegt und sind auf unterschiedliche Bedürfnisse ausgerichtet. Wir erinnern daran, dass die Strände ebenso wie die Barockstädte im Val di Noto (Weltkulturerbe) nicht weit entfernt liegen.

♦ 14 DZ, 2 3BZ, alle mit Bad und WC, Aircondition, Minibar, TV ♦ DZ in Einzelbelegung € 50, DZ € 80, 3BZ € 110 (Aufpreis Zusatzbett € 20), (alle mit Frühstück) ♦ alle Kreditkarten, Bankomat ♦ einige Zimmer barrierefrei zugänglich, Privatparkplatz, kleine Haustiere willkommen, Betreiber stets anwesend ♦ Bar, Restaurant, TV-Raum, Garten, Sonnenterrasse, Schwimmbecken, Tennisplatz

Resuttano
Ciolino

30 km nördlich von Caltanissetta
Ausfahrt Resuttano der A 19, S.P. 50

Monaco di Mezzo

Agriturismo
Ortsteil Monaco di Mezzo
Tel. (+39) 09 34 / 67 39 49,
(+39) 091 / 30 22 74
Fax (+39) 09 34 / 67 61 14
info@monacodimezzo.com
www.monacodimezzo.com
Ganzjährig gegen Vorbestellung geöffnet

Das Gut war über Jahrhunderte der Mittelpunkt des Lehens Monaco; noch heute kann man die schön restaurierte Kirche besichtigen, in der früher die Messe abgehalten wurde. 1855 wurde das Anwesen vom Baron Michele Pottino gekauft. Heute stützt sich der Betrieb auf traditionelle Landwirtschaft und die Beherbergung von Gästen. Der Bauernhof ist mit Zimmern, Apartments, einem Restaurant und einem Gemeinschaftsbereich mit TV-Raum und Salon ausgestattet. Das süße wie pikante Frühstück wird ebenso wie das Mittag- und Abendessen vielfach aus Zutaten eigener Erzeugung zubereitet. Produkte wie Wein, Öl, Käse, Eingemachtes, Wurstwaren und Rindfleisch landen nicht nur auf Ihrem Teller, sondern werden vor Ort verkauft. Die Halbpension kostet 69 bis 82, die Vollpension 74 bis 93 Euro pro Person. Sportlichen Gästen stehen ein Schwimmbecken, ein Tennisplatz und ein Reitstall zur Verfügung.

♦ 9 DZ und 6 Apartments (4–6 Personen), alle mit Bad und WC, Aircondition, TV, Modemanschluss; Apartments mit Kochnische ♦ DZ in Einzelbelegung € 60–70, DZ € 80–100 (alle mit Frühstück); Apartment € 160–300 (Frühstück € 6 pro Person) ♦ alle Kreditkarten, Bankomat ♦ 2 Zimmer behindertengerecht ausgestattet, Privatparkplatz, kleine Haustiere willkommen, Betreiber stets anwesend ♦ Bar, Restaurant, TV-Raum, Salon, Kinderspielplatz, Schwimmbecken, Tennisplatz, Reitstall

San Fratello

125 km südwestlich von Messina
Ausfahrt Sant'Agata Militello der A 20, S.S. 289

Il Vento dei Tre Santi

Agriturismo
Ortsteil Scalonazzo-San Giorgio
Tel. (+39) 09 41 / 72 60 27,
(+39) 347 / 554 09 11
Fax (+39) 09 41 / 72 60 27
piscanti@libero.it
www.ilventodeitresanti.com
Ganzjährig gegen Vorbestellung geöffnet

NEU

In dem Landwirtschaftsbetrieb pflanzt man Oliven, Gemüse und Obstbäume (darunter einige alte Apfel- und Kirschsorten) und erzeugt Trockenfrüchte. Der kürzlich renovierte Gebäudekomplex aus dem 19. Jahrhundert befindet sich am Fuße des Vorgebirges (Monte Vecchio), auf dem die Chiesa Tre Santi steht. Vom hier bewundert man eine Aussicht über die Äolischen Inseln und die Küste bis nach Capo d'Orlando im Osten. Die mit Arte-povera-Mobiliar eingerichteten Zimmer sind nach lokalen Früchten benannt (»fico«, »fico d'India«, »noce«, »gelso« – Feige, Kaktusfeige, Nuss, Maulbeere). Das Frühstück beinhaltet Kekse, Süßspeisen und Konfitüren aus Eigenproduktion. Im Restaurant wird traditionelle Küche geboten (25 Euro ohne Wein). Man organisiert Ausritte auf Pferden oder Eseln sowie Angelausflüge. Die tyrrhenische Küste liegt zehn Autominuten entfernt.

♦ 2 DZ und 2 4BZ, alle mit Bad und WC, Aircondition, Minibar, Sat-TV ♦ DZ in Einzelbelegung € 40–60, DZ € 60–80, 4BZ € 100–120 (alle mit Frühstück) ♦ keine Kreditkarten ♦ Anlage barrierefrei zugänglich, Privatparkplatz, kleine Haustiere willkommen, Betreiber immer erreichbar ♦ Restaurant, Leseraum, Garten

San Giuseppe Jato

22 km südwestlich von Palermo
Ausfahrt Palermo der A 19, A 20 oder A 29, S.S. 186 und S.P. 69

Casale del Principe

Agriturismo
Ortsteil Dammusi
Tel. (+39) 091 / 857 99 10
Fax (+39) 091 / 857 91 68
info@casaledelprincipe.it
www.casaledelprincipe.it
Ganzjährig geöffnet

Der originalgetreu renovierte Bauernhof ist heute ein schöner Agriturismo inmitten von Pappeln, Eschen und Eukalyptusbäumen. Ursprünglich, im 16. Jahrhundert, war die Casale del Principe jedoch ein Aussichtsturm. Im 18. Jahrhundert wurde das Anwesen erweitert, war zunächst Jesuitenkloster und wurde anschließend durch die Fürsten von Camporeale in einen Landwirtschaftsbetrieb umgewandelt. Die Unterkünfte liegen nun an den beiden Innenhöfen, in den ehemaligen Lagern und in der einstigen Kapelle; einige verfügen über eine eigene kleine Terrasse mit schönem Ausblick. Man organisiert regelmäßig geführte Wanderungen, Keramik- und Kochkurse. Im Speisesaal des Restaurants und im Gebäude davor genießt man traditionelle Gerichte aus lokalen Bioprodukten (eine Mahlzeit kostet 22 bis 25 Euro ohne Wein, die Halbpension 65 Euro und die Vollpension 80 Euro).

♦ 4 DZ und 3 Apartments, alle mit Bad und WC, Aircondition, Minibar, Sat-TV (einige mit Terrasse) ♦ DZ in Einzelbelegung € 50, DZ und Apartment € 100 (alle mit Frühstück) ♦ Kreditkarten: MC, Visa; Bankomat ♦ 1 Apartment behindertengerecht ausgestattet, Privatparkplatz, Haustiere nicht erlaubt, Betreiber stets anwesend ♦ Bar, Restaurant, TV-Raum, Salon, Garten, Kinderspielplatz

San Salvatore di Fitalia
Margello

5 km vom Ortskern
103 km westlich von Messina
Ausfahrt Rocca di Capri Leone der A 20, S.P. 155

Casali di Margello

Agriturismo
Ortsteil Margello
Tel. (+39) 09 41 / 48 62 25,
(+39) 335 / 842 94 87
Fax (+39) 09 41 / 48 69 28
info@casalidimargello.it
www.casalidimargello.it
Ferien: Januar, Februar, März

Pippo Costanzo und Antonina Ciminata haben aus einigen Bauernhäusern aus dem frühen 19. Jahrhundert einen Agriturismo geschaffen. Das Anwesen liegt im Fitaliatal zwischen Kastanienbäumen, Haselnusssträuchern und Zitrusfrüchtepflanzen. Die Gebäude wurden nach bioarchitektonischen Maßstäben unter Verwendung traditioneller Materialien renoviert: Cotto, Massivholz, Steine aus der Gegend und Schmiedeeisen. Die schönen, komfortablen Zimmer blicken auf den Hof. Im Eingangsbereich steht eine alte Ölmühle mit Mahlstein. Auch ein kleines ethnografisches Museum kann man besichtigen. Im regionaltypischen Restaurant (25 Euro inklusive Getränke) können Sie frische hausgemachte Pasta, im Betrieb gezogenes Gemüse sowie Fleisch vom schwarzen Schwein und von der Girgentana-Ziege, die hier frei lebend gezüchtet wird, genießen. Auf dem Frühstückstisch finden Sie hausgemachte Konfitüren, Crostate und Kekse.

♦ 2 DZ, 2 3BZ und 4 4BZ, alle mit Bad und WC, Aircondition, Minibar, TV ♦ DZ in Einzelbelegung € 55–70, DZ € 80–120, 3BZ € 120–140, 4BZ € 140–160 (alle mit Frühstück ♦ alle Kreditkarten, Bankomat ♦ 1 Zimmer behindertengerecht ausgestattet, Privatparkplatz, Haustiere nicht erlaubt, Betreiber immer erreichbar ♦ Restaurant, TV-Raum, Lese- oder Konferenzraum, 2 Schwimmbecken, Kinderspielplatz, Bocciabahn, Fußballwiese, Tischtennis, Wanderweg

San Vito Lo Capo

In der Altstadt
39 km nordöstlich von Trapani, Ausfahrt Castellammare del Golfo der A 29, S.S. 187 und S.P. 16

L'Agave

1-Stern-Hotel
Via Nino Bixio, 35
Tel. (+39) 09 23 / 62 10 88,
(+39) 328 / 084 83 26
Fax (+39) 09 23 / 62 15 38
lagavevito@libero.it
www.sanvitolocapohotel.it
Ganzjährig geöffnet

San Vito Lo Capo, ein berühmter Badeort, liegt wenige Kilometer von Ausflugszielen wie dem Zingaro-Naturschutzgebiet, Erice, Segesta, Calatafimi, Marsala, Selinunt oder Agrigento entfernt. Vito und Katia sind die freundlichen und bemühten Eigentümer dieses modernen Hotels in der Altstadt, ihre Zimmer sind mit Rattanmöbeln eingerichtet. Auf den Liegestühlen der Sonnenterrasse bewundert man die schöne Aussicht. Hier genießt man auch das reichhaltige Frühstück, bestehend aus Joghurt, Zerealien, Kaffee, Milch, Zwieback, Süßspeisen und Früchten, frisch oder eingemacht. Die Gäste können unentgeltlich Fahrräder, Liegestühle und Sonnenschirme für den öffentlichen Strand verwenden; für die Benutzung eines Privatstrands besteht ein spezielles Arrangement.

♦ 2 EZ, 5 DZ, 3 3BZ, 2 4BZ, alle mit Bad und WC, Aircondition, Telefon, Minibar, Safe, TV, WLAN ♦ EZ € 35–115, DZ € 45–130, 3BZ € 77–165, 4BZ € 98–200 (alle mit Frühstück) ♦ Kreditkarten: MC, Visa; Bankomat ♦ 2 Zimmer barrierefrei zugänglich, öffentlicher Gratisparkplatz vor dem Betrieb (im Sommer öffentlicher Parkplatz 1 Kilometer entfernt), Rezeptionsdienst rund um die Uhr ♦ Bar, Salon, Leseraum mit TV, Terrasse, Sonnenterrasse, vertragsgebundener Strand

Santa Flavia

800 Meter vom Bahnhof di Casteldaccia, 35 km vom Flughafen Punta Raisi
17 km südöstlich von Palermo
Ausfahrt Casteldaccia der A 19, S.S. 113

Villa Cefalà

Agriturismo
Strada Statale 113, 48
Tel. (+39) 091 / 93 15 45,
(+39) 349 / 555 69 30
Fax (+39) 091 / 94 16 16
info@tenutacefala.it
www.tenutacefala.it
Ganzjährig geöffnet

Nicht weit vom Golf von Solanto, den Ausgrabungen von Solunto, Bagheria und Monreale liegt dieses schlichte, elegante ländliche Anwesen, das von den Grafen Pilo di Capaci im Jahr 1778 errichtet wurde. Im Zuge einer Renovierung wurden die ursprünglichen Räumlichkeiten in Gästezimmer und Apartments umgestaltet und mit grundlegendem Komfort ausgestattet. Die Gästezimmer liegen in einem Gebäude mit Ausblick auf den Olivenhain. Die Apartments verteilen sich auf vier Gebäude, wobei jedes eine andere Aussicht bietet. So blickt man auf die Zitrusfrüchteplantagen, auf das Meer oder auf den Innenhof der Villa. Das stilvolle und gemütliche Restaurant bietet originell überarbeitete Traditionsgerichte (30 bis 35 Euro ohne Wein). Hier bietet sich die Gelegenheit, hauseigene Produkte zu probieren, darunter einen Nero d'Avola, natives Olivenöl extra und Zitrusfrüchtehonig. Es besteht die Möglichkeit, Fahrräder und Mofas zu mieten oder Ausflüge mit dem Schlauchboot zu unternehmen.

♦ 2 EZ, 3 DZ, 8 Suiten, 5 Apartments (4–6 Personen), alle mit Bad und WC, Aircondition, Minibar, Sat-TV; Apartments mit Kochecke ♦ EZ € 60–80, DZ € 90–120, Suite € 110–150 (Aufpreis Zusatzbett € 25–30), (alle mit Frühstück); Apartment € 135–230 ♦ alle Kreditkarten, Bankomat ♦ Privatparkplatz, kleine Haustiere willkommen, Betreiber immer erreichbar ♦ Restaurant, Garten, Schwimmbecken

Santa Venerina

23 km nördlich von Catania
Ausfahrt Giarre der A 18, S.P. 4

Tenuta San Michele

NEU

Agriturismo
Via Zafferana, 13
Tel. (+39) 095 / 95 05 20
Fax (+39) 095 / 95 47 13
agriturismo@murgo.it
www.murgo.it
Ganzjährig geöffnet

Der Betrieb der Familie Scammacca del Murgo liegt auf einer kleinen Anhöhe am Osthang des Ätna. Hier erzeugt man Qualitätswein, natives Olivenöl extra, Konfitüren und Marmeladen. Der alte Bauernhof mit Mühle wurde im Jahr 2001 renoviert und in eine Gästeunterkunft umgebaut, die einen angenehmen, entspannenden Aufenthalt verspricht. Die geräumigen, lichtdurchfluteten Zimmer verfügen über jeweils einen eigenen Zugang und eine auf die Wiese blickende Veranda. Die Einrichtung ist schlicht, aber gepflegt. Im ehemaligen Keller entstand ein gemütlicher Salon. Von den weitläufigen Terrassen genießt man einen prachtvollen Rundblick über den Ätna und das Meer. Im Sommer wird das Frühstück unter einer Laube mit Blick auf das Bovetal serviert. Das Restaurant bietet typisch sizilianische Küche und ist täglich mittags sowie zwischen März und November auch abends geöffnet. Es werden regelmäßig Weinverkostungen und Kellerführungen organisiert.

♦ 10 DZ mit Bad und WC, Minibar, Sat-TV
♦ EZ € 56, DZ € 92 (alle mit Frühstück)
♦ alle Kreditkarten, Bankomat ♦ Anlage barrierefrei zugänglich, Privatparkplatz, kleine Haustiere willkommen, Betreiber stets anwesend ♦ Restaurant, Salon, Terrassen, Laube, Garten, Schwimmbecken

Sciacca

In der Altstadt
62 km nordwestlich von Agrigento, S.S. 115 oder S.S. 624

Al Moro

Bed & Breakfast
Via Liguori, 44
Tel. (+39) 09 25 / 867 56,
(+39) 393 / 946 43 67
Fax (+39) 09 25 / 867 56
almorosciacca@libero.it
www.almoro.com
Ganzjährig geöffnet

Das kleine Seefahrerstädtchen Sciacca ist seit der Antike für seine Thermen bekannt und bezaubert mit einer der schönsten Altstädte Westsiziliens. Hier befindet sich auch dieses elegante Bed & Breakfast, das Nino Bentivegna, Fabio Recca und Massimiliano Trapani aus einem sorgfältig nach bioarchitektonischen Kriterien renovierten mittelalterlichen Gebäude geschaffen haben. Alle Zimmer sind in modernem, minimalistischem Stil eingerichtet. Die Gemeinschaftsbereiche verteilen sich im Erdgeschoss, darunter eine Leseecke, ein WLAN-Zugang, ein Innengarten, eine Vinothek, geschaffen aus einer alten muselmanischen Wohnstätte, sowie ein großer Frühstücksraum, der auch für kleine Veranstaltungen nutzbar ist. Auf dem Frühstücksbüfett finden sich unter anderem biologische Konfitüren und Honig, lokale Käse- und Wurstspezialitäten, warme Croissants, Saisonobst, frisch gepresster Orangensaft (im Winter) und glutenfreie Produkte. Die Gäste können die übrigen Mahlzeiten in einem nahen Restaurant einnehmen, mit dem die Vermieter ein spezielles Abkommen getroffen haben.

♦ 8 DZ, 3 3BZ, 2 Suiten, alle mit Bad und WC, Aircondition, Minibar, Sat-TV ♦ DZ in Einzelbelegung € 45–65, DZ € 70–100, 3BZ € 90–120, Suite € 120–160 (alle mit Frühstück) ♦ keine Kreditkarten ♦ öffentlicher Parkplatz in der Nähe, kleine Haustiere willkommen, Betreiber immer erreichbar ♦ Bar, Vinothek, Frühstücksraum, Leseraum, WLAN, Garten

Sciacca

62 km nordwestlich von Agrigento
Ausfahrt Castelvetrano der A 29, S.S. 115; oder Ausfahrt Caltanissetta der A 19, S.S. 640 in Richtung Agrigento, S.S. 115

Garibaldi Relais

NEU

Bed & Breakfast
Via Garibaldi, 39 B
Tel. (+39) 09 25 / 848 56,
(+39) 339 / 469 47 06
Fax (+39) 09 25 / 848 56
info@garibaldirelais.it
www.garibaldirelais.it
Ganzjährig geöffnet

Sciacca ist in Sizilien für seine Karnevalsveranstaltungen berühmt. Der Ort bietet sich als idealer Ausgangspunkt für Ausflüge an die Küste und in das Hinterland von Agrigento. Gleich neben der sehr zentralen Piazza Scandaliato befindet sich das gemütliche Bed & Breakfast in einem kleinen Gebäude aus dem späten 19. Jahrhundert. Die Inhaberin Signora Angela De Michele ist ausgesprochen freundlich – ganz im Zeichen der in Sciacca traditionellen Gastlichkeit. Die Zimmer sind auf drei Etagen verteilt, alle verfügen über einen Balkon und sind mit handgefertigten Holzmöbeln ausgestattet. Im Eingangsbereich dient ein kleiner Salon als Lese- und Plauderecke. In der schönen Jahreszeit können die Gäste auf der Aussichtsterrasse ein Sonnenbad nehmen. Zum Frühstück gibt es Kaffee, Milch, Schokolade, Tee, frisches Feingebäck, Joghurt, Säfte und Aufschnitt.

♦ 4 DZ, 2 3BZ, alle mit Bad und WC, Aircondition, Safe, Minibar, TV, WLAN ♦ DZ in Einzelbelegung € 45–65, DZ €70–100, 3BZ € 85–120 (alle mit Frühstück) ♦ Kreditkarten: CartaSi, MC, Visa; Bankomat ♦ öffentlicher Parkplatz in unmittelbarer Nähe, kleine Haustiere willkommen, Betreiber immer erreichbar ♦ Frühstücksraum, Leseecke, Terrasse, Sonnenterrasse

Siracusa
Renaura

4 km vom Zentrum
Ausfahrt Siracusa Sud der S.S. 115

Erbavoglio

Bed & Breakfast
Ortsteil Renaura
Strada Laganelli 8, interno 3
Tel. (+39) 09 31 / 614 61,
(+39) 338 / 965 39 19
sindona.erbavoglio@gmail.it
www.erbavoglio–siracusa.it
Ganzjährig geöffnet

Fährt man von Siracusa kommend die alte Staatsstraße in Richtung Avola-Noto, stößt man nach wenigen Kilometern auf die Wegweiser nach Canicattini. Folgen Sie diesen, queren Sie einen Bahnübergang und biegen nach rechts, um zu diesem in Grün eingebetteten Bed & Breakfast zu gelangen. Silvana Sindona hat dieses Gebäude ihrer Familie entsprechend restauriert. Aus den einst landwirtschaftlichen Lagerräumen sind gemütliche Zimmer mit Holzdecken und Cottoböden entstanden. Das Mobiliar ist von Hand geschreinert, jedes Zimmer ist individuell gestaltet. Rund um das Anwesen gedeihen Sukkulenten, Jasmin, Lavendel, Oliven- und Zitrusfrüchtebäume sowie Kaktusfeigen. In einer Baumschule kann man seltene mediterrane Pflanzen bewundern. Es werden auch Gärtner- und Naturheilkundekurse organisiert. Das Gartenhaus hält alles für ein Barbecue bereit und dient als Frühstücksraum: Es gibt Kaffee, Milch, Tee, hausgemachtes Joghurt, Brot mit Öl, Käse, Biomarmeladen, Kekse und von Hand erzeugte Süßspeisen; man kann auch in der Küche frühstücken.

♦ 1 EZ und 4 DZ, alle mit Bad und WC, TV (1 Zimmer mit Küche) ♦ EZ € 45–55, DZ in Einzelbelegung € 50–60, DZ € 58–75 (alle mit Frühstück) ♦ keine Kreditkarten ♦ Privatparkplatz, kleine Haustiere willkommen, Betreiber immer erreichbar ♦ Frühstücks- und Leseraum, Gartenhaus, Garten

Siracusa
Santa Lucia

1,7 km von der Altstadt Ortigia
1,8 km vom Bahnhof
Ausfahrt Siracusa Sud der S.S. 114 oder 115

Giuggiulena

Bed & Breakfast
Via Pitagora da Reggio, 35
Tel. (+39) 09 31 / 46 81 42
Fax (+39) 09 31 / 20 00 76
info@giuggiulena.it
www.giuggiulena.it
Ganzjährig geöffnet

Das Bed & Breakfast in einer Quergasse der Riviera Dionisio il Grande verfügt über eine eigene Garage mit sechs Plätzen. Die dreistöckige, renovierte Villa liegt hoch über dem Ionischen Meer, nicht weit von der Insel Ortigia, dem historischen Zentrum der Stadt. Die luftigen, hübsch eingerichteten Zimmer bieten alle eine schöne Aussicht. Die Gemeinschaftsbereiche sind großzügig angelegt. Auf der Sonnenterrasse kann man sich an schönen Tagen bräunen. Um den Empfang der Gäste kümmert sich die herzliche Sabrina Parasole. Sie hat den Betrieb nach der sizilianischen Bezeichnung für den Sandstein benannt, auf dem das Gebäude steht. Das Frühstück wird im lichtdurchfluteten Salon oder auf der Terrasse serviert und beinhaltet Espresso, Cappuccino, biologische Konfitüren, lokale Käsespezialitäten, Crostate mit Obst oder andere hausgemachte Süßspeisen, frisch gepresstem Orangensaft (in der Saison) und im Sommer Granita mit Brioche.

♦ 6 DZ mit Bad und WC, Aircondition, Minibar, Sat-TV, Modemanschluss (5 Zimmer mit Balkon) ♦ DZ in Einzelbelegung € 60–90, DZ € 80–110 (Aufpreis Zusatzbett € 25–35), (alle mit Frühstück) ♦ alle Kreditkarten, Bankomat ♦ 1 Zimmer behindertengerecht ausgestattet, Privatparkplatz, Garage, Haustiere nicht erlaubt ♦ Frühstücksraum, Leseraum, Terrasse, Sonnenterrasse

Siracusa
Ortigia

In der Altstadt
2,5 km vom Bahnhof
An der östlichen Strandpromenade

Gutkowski 🗝

3-Sterne-Hotel
Lungomare Vittorini, 26
Tel. (+39) 09 31 / 46 58 61
Fax (+39) 09 31 / 48 05 05
info@guthotel.it
www.guthotel.it
Ganzjährig geöffnet

Ein paar Hundert Meter vom charakteristischen, unter freiem Himmel abgehaltenen Markt von Ortigia und vor den Mauerresten der Befestigungsanlage Forte San Giovannello befindet sich das Hotel von Paola Pretsch. Die freundliche und kompetente Inhaberin hat das Haus nach ihrem polnischen Großvater benannt, der lange Zeit in Siracusa lebte. Der Ende der Neunzigerjahre eröffnete Betrieb besteht aus zwei angrenzenden Gebäuden, die einst von Handwerkern und Fischern bewohnt waren. Die Gemeinschaftsbereiche sind gemütlich und ruhig; in zwei kleinen Räumen findet man Bücher und Zeitschriften. Zum Frühstück gibt es neben Kaffee, Milch und Joghurt schmackhafte Honigsorten und Konfitüren, die nach handwerklicher Methode erzeugt wurden, frisches Obst und maschinell zubereitete sowie frisch gepresste Säfte. Den Gästen steht eine Bar zur Verfügung, die gewöhnlich auch abends geöffnet ist.

♦ 3 EZ und 22 DZ, alle mit Bad und WC, Aircondition, Minibar, Sat-TV ♦ EZ € 60–80, DZ in Einzelbelegung € 65–90, DZ € 85–110 (alle mit Frühstück) ♦ alle Kreditkarten, Bankomat ♦ 2 Zimmer behindertengerecht ausgestattet, Parkplatz in unmittelbarer Nähe, kleine Haustiere willkommen, Rezeptionsdienst rund um die Uhr ♦ Frühstücksraum, Versammlungsraum, Leseraum mit Internetstation

Termini Imerese

2,5 km vom Ortskern
38 km südöstlich von Palermo
Ausfahrt Termini Imerese der A 19

Antico Casale Impalastro *NEU*

Turismo Rurale/Ferienbauernhof
Ortsteil Impalastro
Tel./Fax (+39) 091 / 814 22 11
info@impalastro.it
www.impalastro.it
Ganzjährig geöffnet

Unterhalb des Naturreservats von Monte San Calogero sind in einem alten Gehöft aus dem späten 18. Jahrhundert ein biologischer Olivenanbaubetrieb und eine Gästeunterkunft vereint, die beide unter der Führung der Familie Aglieri Rinella stehen. Die Zimmer sind im Artepovera-Stil eingerichtet. Das traditionell gehaltene Frühstück beinhaltet unter anderem hausgemachte Süßspeisen. Im Restaurant werden typische Fleisch- und Fischgerichte aus lokalen Zutaten zubereitet (rund 28 Euro ohne Wein). Der öffentliche Strand mit Infrastruktur liegt 2,5 Kilometer entfernt. Reitsportfans finden nicht weit vom Betrieb ein Reitzentrum, das Gästen des Casale spezielle Konditionen bietet. Weitere Abkommen bestehen mit einem Thermalzentrum und einer Schönheitsfarm. Gehörlosen Gästen steht auf Anfrage ein Gebärdendolmetscher zur Verfügung.

♦ 1 EZ, 7 DZ, 1 3BZ, alle mit Bad und WC, Terrasse, Aircondition, Minibar, Sat-TV, Modemanschluss ♦ EZ € 50–70, DZ € 70–90, 3BZ € 90–110 (Aufpreis Zusatzbett € 20), (alle mit Frühstück) ♦ Kreditkarten: AE, CartaSi, MC, Visa; Bankomat ♦ 1 Zimmer barrierefrei zugänglich, Gratisparkplatz an den Betrieb angrenzend, Haustiere nicht erlaubt, Betreiber 6.30–24 Uhr anwesend ♦ Bar, Restaurant, TV-Raum, Terrasse, Garten

Tortorici

124 km südwestlich von Messina
Ausfahrt Capo d'Orlando Ovest der A 20, S.P. 155

Le Due Palme

Agriturismo
Ortsteil Pullo, 11
Tel. (+39) 09 41 / 43 07 78,
(+39) 320 / 828 84 80,
(+39) 333 / 732 99 44
info@agriturismoleduepalme.it
www.agriturismoleduepalme.it
Ganzjährig geöffnet

Familie Armeli baut Haselnüsse, Esskastanien, Kirschen, Äpfel, Birnen und Gartengemüse an und züchtet Schafe. Sebastianos und Carmelas Agriturismo liegt auf rund 800 Metern Seehöhe. Beide zeichnen sich durch unverfälschte, sympathische Gastlichkeit aus. Der Betrieb ist in die grüne Landschaft der Nebrodi-Berge mit Haselnusssträuchern, Obstplantagen und Nadelwäldern eingebettet. Die Komfortzimmer liegen in einer Landvilla aus dem frühen 20. Jahrhundert. Als Mittag- oder Abendessen (20 bis 25 Euro) wird traditionelle Küche serviert. Man kann auch Halbpension (50 bis 55 Euro pro Person) oder Vollpension (65 bis 70 Euro pro Person) wählen. Im Sommer wartet das reichhaltige Frühstück unter den beiden Palmen, die dem Betrieb seinen Namen geben. Es setzt sich aus hauseigenen Produkten zusammen, darunter Kirschen- und Pflaumenkonfitüre, Honig, Kekse und ein hervorragender Kranzkuchen mit Haselnüssen. Sportlichen steht 1,5 Kilometer entfernt ein Reitstall zur Verfügung.

♦ 1 EZ und 5 DZ, alle mit Bad und WC (einige Zimmer mit TV) ♦ EZ € 35–40, DZ € 70–80 (alle mit Frühstück) ♦ keine Kreditkarten ♦ Privatparkplatz, kleine Haustiere willkommen, Betreiber stets anwesend ♦ Restaurant

Trapani

In der Altstadt
In der Nähe des Doms, 250 Meter vom Hafen
600 Meter vom Bahnhof

Ai Lumi

Bed & Breakfast
Corso Vittorio Emanuele, 71
Tel./Fax (+39) 09 23 / 87 24 18
info@ailumi.it
www.ailumi.it
Ferien: Januar/Februar

Das Bed & Breakfast unter Leitung der Eheleute Rizzo liegt in einem schönen Palazzo auf dem Corso Vittorio Emanuele. Die Vorzeigemeile der Stadt ist eine Fußgängerzone und damit eine Oase der Ruhe. Eine wunderschöne, elegant eingerichtete Lobby führt zu den sehr schlicht gestalteten Zimmern, die fast alle über einen Balkon verfügen. Francesca sorgt für das Wohlbefinden der Gäste, damit diese sich wie bei Freunden zu Gast fühlen. Ihr Ehemann führt das nahe gelegene gleichnamige Restaurant, wo Gäste des Bed & Breakfasts einen Rabatt von 15 Prozent genießen. Morgens wird in einem Teil des Restaurants ein Frühstücksbüfett mit hausgemachten Kuchen und Konfitüren, Wurst, Käse, Brioches und Croissants aufgebaut. In den Apartments lässt sich das Frühstück auf Wunsch auch selbst zubereiten.

♦ 1 EZ, 4 DZ und 8 Apartments (2–5 Personen), alle mit Bad und WC, Airconditon, Minibar, TV, Modemanschluss; Apartments mit Kochnische ♦ EZ und DZ in Einzelbelegung € 30–50, DZ € 70–100 (Aufpreis Zusatzbett € 20–25), (alle mit Frühstück); Apartments € 130–165 ♦ alle Kreditkarten, Bankomat ♦ Parkplatz in unmittelbarer Nähe, Haustiere nicht erlaubt, Betreiber immer erreichbar ♦ Frühstücksraum

Trapani
Xitta

5 km vom Zentrum
Ausfahrt Trapani der A 29 dir, S.S. 115 in Richtung Marsala

Duca di Castelmonte

Agriturismo
Via Motisi, 3
Tel. (+39) 09 23 / 52 61 39
Fax (+39) 09 23 / 88 31 40
info@ducadicastelmonte.it
www.ducadicastelmonte.it
Ganzjährig geöffnet

»Zia« (Tante) Pina empfängt Sie mit den Kindern Laura und Totò in dieser alten Landresidenz. Einst gehörte sie den Baronen Curatolo, den Duchi di Castelmonte. Die Apartments sind elegant eingerichtet und bieten einen atemberaubenden Ausblick auf die Inseln oder den Monte Erice. Wo man heute wohnt, wurden früher Trauben und Oliven verarbeitet. Aus selbst angebautem Obst und Gemüse entstehen Saucen, Eingemachtes und Konfitüren. Diese Spezialitäten kann man vor Ort kaufen oder auch bei Tisch probieren. Auf den Zimmern findet sich alles für das Frühstück, einschließlich Keksen und Konfitüren aus Eigenproduktion. Man kann auch Halbpension für 60 bis 70 Euro buchen.

♦ 12 Apartments (1–6 Personen) mit Bad und WC, Aircondition, TV, Kochecke ♦ EZ € 70, DZ € 80–100, 3BZ € 120–150, 4BZ € 160–200, 5BZ € 190–225, 6BZ € 228–270 (alle mit Frühstück) ♦ alle Kreditkarten, Bankomat ♦ Anlage barrierefrei zugänglich, Privatparkplatz, kleine Haustiere willkommen, Betreiber immer erreichbar ♦ Restaurant, Kinderspielplatz, Schwimmbecken, Fußballplatz, Volleyballplatz, Bocciabahn, Tennisplatz

🍲 Signora Pina bereitet Schmackhaftes aus der sizilianischen Küche zu (20 bis 30 Euro ohne Wein), ein Muss ist davon Couscous di Campagna.

Trapani
Fontanasalsa

8 km vom Zentrum
Ausfahrt Trapani der A 29 dir, S.S. 115 in Richtung Marsala

Fontanasalsa

Agriturismo
Via Cusenza, 78
Tel./Fax (+39) 09 23 / 59 10 01,
(+39) 09 23 / 59 11 20
info@bagliofontanasalsa.it
www.fontanasalsa.it
Ganzjährig geöffnet

Der Agriturismo von Maria Caterina Burgarella inmitten von 60 Hektar Olivenhainen befindet sich auf einem Gut aus dem 18. Jahrhundert, das in der ausgedehnten Ebene zwischen dem Monte Erice und der Lagune des Stagnone liegt. Die hier erzeugten nativen Olivenöle extra sind für ihre Qualität bekannt. Die schlicht, aber elegant eingerichteten Gästezimmer sind mit dem wichtigsten Komfort ausgestattet und blicken auf den Garten mit Orangenbäumen oder auf den Hof mit der Ölmühle. In der schönen Jahreszeit können die Gäste das Schwimmbecken im Freien nutzen. Das Restaurant bietet Traditionelles mit kreativem Touch; eine Mahlzeit ohne Wein kostet 25 bis 35 Euro. Zum Frühstück gibt es vorwiegend Produkte aus Eigenerzeugung, üblicherweise Süßes, auf Wunsch auch Salziges. Wanderer finden hier zahlreiche Wege, denen man zu Fuß oder zu Pferd folgen kann.

♦ 2 EZ und 8 DZ, alle mit Bad und WC, Aircondition, Minibar, Telefon, Sat-TV ♦ EZ € 55–65, DZ in Einzelbelegung € 75–80, DZ € 100–120 (alle mit Frühstück) ♦ alle Kreditkarten, Bankomat ♦ 1 Zimmer barrierefrei zugänglich, Privatparkplatz, kleine Haustiere willkommen, Betreiber immer erreichbar ♦ Restaurant, Verkostungsraum, Salon, Garten, Schwimmbecken

Trapani

4 km vom Zentrum
Ausfahrt Trapani der A 29 dir

Podere San Giovanni

Turismo Rurale/Ferienbauernhof
Via Serro Mokarta, 56
Tel. (+39) 09 23 / 52 41 48, (+39) 348 / 762 11 46, (+39) 348 / 002 65 00
Fax (+39) 09 23 / 52 41 48
info@poderesangiovanni.com
www.poderesangiovanni.com
Ganzjährig geöffnet

Im Landwirtschaftsbetrieb der Familie Genovese werden Oliven und Wein angebaut. Der alte Bauernhof, in dem die Zimmer liegen, ist zwar mit allem Komfort ausgestattet, in seinen ursprünglichen Merkmalen jedoch unverändert geblieben. Die Zimmer und Suiten sind mit Decken aus sizilianischem Cotto und Sichtgebälk versehen, klimatisiert und verfügen über jeweils eigene Toiletten. Zwei Bocciabahnen, ein Garten mit einem Spielbereich für Kinder und eine Sonnenterrasse stehen den Gästen zur Verfügung. Sportliche können Räder mieten oder auch die Arrangements mit dem nahen Tennisclub und dem Reitstall nutzen. Im großzügigen, bequemen Restaurant wird das Frühstück serviert, bestehend aus Brioches, hausgemachten Keksen, Konfitüren, Kuchen und Crostate. Ansonsten kommen hier typische Speisen auf den Tisch, zubereitet mit hofeigenem Gemüse und Öl.

♦ 4 DZ, 3 3BZ, 1 Suite, alle mit Bad und WC, Aircondition, TV ♦ EZ € 40, DZ € 60–70, 3BZ € 75–100, Suite € 70–80 (alle mit Frühstück) ♦ alle Kreditkarten, Bankomat ♦ 1 Zimmer barrierefrei zugänglich, Privatparkplatz, Haustiere nicht erlaubt, Betreiber stets anwesend ♦ Restaurant, Leseraum, Versammlungsraum, Garten, Terrasse, Sonnenterrasse

Trapani
Guarrato

10 km vom Zentrum
Ausfahrt Trapani der A 29 dir, S.S. 115 in Richtung Marsala

Vultaggio

Agriturismo
Ortsteil Misiliscemi
Tel. (+39) 09 23 / 86 42 61, (+39) 347 / 669 60 59
Fax (+39) 09 23 / 86 51 07
info@agriturismovultaggio.it
www.agriturismovultaggio.it
Ganzjährig geöffnet

Misiliscemi, der Name dieses Ortsteils, leitet sich von der Sprache der ehemaligen arabischen Beherrscher ab und bedeutet »Land, in dem Wasser fließt«. Aufgrund des Grundwasserreichtums umgeben Zitronen- und Olivenhaine den in seiner Anlage leicht arabisch angehauchten Bauernhof der Familie Vultaggio. Er wurde 1935 auf einem kleinen Hügel errichtet und bietet eine schöne Aussicht auf die Ägadischen Inseln und auf Erice. Die sehr schlicht gestalteten Zimmer verfügen alle über ein Badezimmer und eine Wärmepumpenheizung. Das leckere und ausgiebige Frühstück besteht aus Süßspeisen und hausgemachten Konfitüren. Zudem wurde eine kleine Schönheitsfarm mit Sauna und Massage eingerichtet.

♦ 11 DZ und 2 Miniapartments, alle mit Bad und WC, TV ♦ DZ in Einzelbelegung € 35–50, DZ € 50–80 (Aufpreis Zusatzbett € 20), Miniapartments € 75–120 (alle mit Frühstück) ♦ Kreditkarten: CartaSi, MC, Visa; Bankomat ♦ Privatparkplatz, kleine Haustiere willkommen, Betreiber immer erreichbar ♦ Bar, Restaurant, TV-Raum, Garten, Kinderspielplatz, Bocciabahn, Sauna, Schwimmbecken

🍲 Das Restaurant bietet alle typischen Spezialitäten der lokalen Küche (25 Euro ohne Wein).

Troina

4 km vom Ortskern
65 km nordöstlich von Enna
Ausfahrt Agira der A 19, weiter in Richtung Troina, Abzweigung Sparacollo

A Mecca i Crisafi

NEU

Agriturismo
Ortsteil Crisafi
Tel. (+39) 338 / 727 39 88
Fax (+39) 09 35 / 65 43 23
ameccaicrisafi@tiscali.it
Ganzjährig geöffnet

Der kürzlich renovierte Agriturismo liegt auf 800 Metern Seehöhe, wenige Kilometer von der Ortschaft Troina entfernt. Die Zimmer sind in gepflegtem rustikalem Stil eingerichtet. Schon zum Frühstück serviert man zahlreiche Köstlichkeiten aus Eigenproduktion, darunter Brot, Focacce und typische lokale Süßspeisen wie Vastedda cu sammucu (pikant gefüllter und mit Holunderblüten bestreuter Fladen) oder Cudduruna (Fladen mit pikanter Füllung). In der Nähe der Anlage befindet sich in einer natürlichen Grotte eine hübsche kleine Kapelle. Vom Agriturismo tut sich ein herrlicher Rundblick auf, der vom Ätna über die Erei- und Nebrodi-Berge bis zu den Flusstälern des Salso und Simeto reicht. Es gibt zahlreiche Möglichkeiten für Ausflüge zu Fuß oder mit dem Mountainbike. Auf Wunsch können die Gäste bei den Arbeiten auf dem Bauernhof mithelfen.

♦ 2 DZ und 1 4BZ, alle mit Bad und WC, Aircondition, Balkon ♦ DZ in Einzelbelegung € 40, DZ € 65 (Aufpreis Zusatzbett € 30), 4BZ € 120 (alle mit Frühstück) ♦ alle Kreditkarten, Bankomat ♦ Anlage barrierefrei zugänglich, Privatparkplatz, Haustiere nicht erlaubt, Betreiber stets anwesend ♦ Restaurant, Leseraum, Garten, Veranda, Bocciabahn, Tischtennis

Troina
Cota

14 km vom Ortskern
75 km nordöstlich von Enna

Le Querce di Cota

Agriturismo
Ortsteil Cota
Tel. (+39) 09 35 / 65 48 88,
(+39) 339 / 843 05 36
Fax (+39) 09 35 / 65 48 88
info@lequercedicota.it
www.lequercedicota.it
Ganzjährig geöffnet

Die Agronomin Concetta Rundo betreibt diesen hübschen, von Eichen, Obstplantagen und Olivenbäumen umgebenen Agriturismo mit ihrem Mann und den Kindern. Um hierher zu gelangen, fahren Sie 2,5 Kilometer ab der Gabelung zwischen der Strada Statale 575 Paternò-Troina und der Strada Proviciale 55 in Richtung Gagliano Castelferrato. Es erwartet Sie ein dreistöckiges Landhaus aus dem späten 19. Jahrhundert mit Balkonen und Terrassen voller Blumen. Die Zimmer sind weitläufig und komfortabel, sie passen gut zum ländlichen Umfeld. Das schmackhafte Frühstück besteht aus getoastetem Brot, Marmeladen, Kuchen und hausgemachten Kringeln, Sie können es auf der Veranda oder in einem kleinen Speiseraum einnehmen. Produkte aus Eigenerzeugung sind auch Hauptdarsteller bei den anderen bodenständigen Mahlzeiten, die Sie unbedingt probieren sollten. Eine Mahlzeit ist für 18 bis 30 Euro zu haben, die Halbpension kostet 55 bis 60 Euro pro Person. Auf dem Bauernhof mit seinen Haus- und Hoftieren finden sich noch eine Ölmühle, eine Getreidemühle und andere original erhalten gebliebene Arbeitsräume.

♦ 6 DZ mit Bad und WC, Aircondition, TV
♦ EZ € 40, DZ € 70 (alle mit Frühstück)
♦ keine Kreditkarten ♦ 1 Zimmer barrierefrei zugänglich, Parkplatz an den Betrieb angrenzend, kleine Haustiere willkommen, Betreiber immer erreichbar
♦ Restaurant, Leseraum, Kinderspielplatz

Valderice
Sant'Andrea

9 km östlich von Trapani
Ausfahrt Trapani oder Dattilo der A 29, S.P. 187

Villa Pilati

Bed & Breakfast
Via Linciasella, 1
Tel. (+39) 09 23 / 59 27 49, (+39) 340 / 362 36 10, (+39) 333 / 322 58 01
Fax (+39) 09 23 / 59 27 49
info@bbvillapilati.com
www.bbvillapilati.com
Ganzjährig geöffnet

Die Villa ist umgeben von Zitronenhainen, jahrhundertealten Palmen und großen Wiesen, sie liegt im Ortsteil Sant'Andrea an der Straße nach Valderice. Das Gebäude wurde Ende des 17. Jahrhunderts von der Familie Pilati errichtet, einer der ältesten Adelsfamilien der Gegend. Anfang 2003 wurde es von einer direkten Nachfahrin, Maria Antonietta Aula, in ein Bed & Breakfast umgewandelt und erstrahlt nun wieder in altem Glanz. Die Zimmer präsentieren sich in geschmackvoller, einfacher Holzeinrichtung. Eine kleine Küche steht den Gästen stets zur Verfügung. Das Frühstück umfasst frisches Obst, Säfte und Marmeladen von Orangen und Zitronen aus Eigenanbau, Brot aus lokaler Erzeugung mit Öl der Olivensorte Nocellara, das ein Betrieb der Familie erzeugt, weiter Kekse, Konfitüren, Tee und Kaffee.

♦ 3 DZ mit Bad und WC, Aircondition, TV, WLAN ♦ EZ € 65, DZ € 85 (Aufpreis Zusatzbett € 15), (alle mit Frühstück) ♦ alle Kreditkarten, Bankomat ♦ Anlage barrierefrei zugänglich, Privatparkplatz, kleine Haustiere willkommen, Betreiber stets anwesend ♦ Entspannungs- und Leseraum, Garten

Villalba

51 km nordwestlich von Caltanissetta
Ausfahrt Ponte Cinque Archi der A 19, S.S. 121

Fattoria di Gèsu

NEU

Agriturismo
Ortsteil Belici
Tel. (+39) 09 34 / 67 48 69, (+39) 333 / 719 28 87
Fax (+39) 09 34 / 67 48 69
info@fattoriadigesu.it
www.fattoriadigesu.it
Ganzjährig geöffnet

Auf diesem Bio-Bauernhof baut man Hartweizen, Hülsenfrüchte und Gartengemüse von ausgezeichneter Qualität an; daneben bietet der Betrieb ruhige, angenehme Gästeunterkünfte. Sein Zentrum bildet ein schön renoviertes Gebäude aus der Mitte des 19. Jahrhunderts. Alle Zimmer sind mit einem autonomen Heiz- und Belüftungssystem ausgestattet und mit Massivholzmöbeln eingerichtet. Im Restaurant kommen typische Gerichte mit Zutaten aus Eigenproduktion und lokaler Herkunft auf den Tisch (festgelegtes Menü zu 30 Euro). Viele hausgemachte Produkte (Kuchen, Kekse, Säfte, Konfitüren) erwarten Sie auch auf dem Frühstückstisch. Lohnenswerte Ausflugsziele sind Castellana Sicula, Petralia Sottana oder Polizzi Generosa.

♦ 6 DZ mit Bad und WC, Aircondition, Sat-TV, Modemanschluss (einige Zimmer mit Kochnische) ♦ EZ € 27–39, DZ € 42–60 (Aufpreis Zusatzbett € 15–20), (alle mit Frühstück) ♦ keine Kreditkarten ♦ einige Zimmer barrierefrei zugänglich, Privatparkplatz, kleine Haustiere willkommen, Betreiber stets anwesend ♦ Restaurant, Salon, Veranda, Garten

Arzachena
Cudacciolu

29 km vom Hafen und vom Flughafen Olbia
27 km nordwestlich von Olbia, 48 km von Tempio Pausania

Da Tina

Bed & Breakfast
Ortsteil Cudacciolu
Tel. (+39) 07 89 / 808 08,
(+39) 328 / 747 58 09
Fax (+39) 07 89 / 808 08
er.borali@tiscali.it
Ferien: Oktober–April

Das Bed & Breakfast von Tina Borali bleibt eine ideale Adresse für Gäste, die einen ruhigen Aufenthalt in familiärer Atmosphäre inmitten der Natur schätzen, zugleich aber in der Nähe der berühmten Ausgrabungen von Arzachena, der einladenden Strände der Costa Smeralda und der landschaftlich wunderschönen Wälder der Gallura sein möchten. Die Eigentümerin führt ihren schlicht eingerichteten Betrieb auf freundliche, sympathische Weise und widmet ihren Gästen ihre volle Aufmerksamkeit, wie es sich für eine gute Gastgeberin gehört. Im Speiseraum kommt jeden Morgen ein gutes Frühstück (süß und pikant) mit Keksen, Käse und Wurst auf den Tisch, dazu gibt es heiße und kalte Getränke.

♦ 2 DZ mit Bad und WC, Balkon, Aircondition ♦ DZ in Einzelbelegung € 40–70, DZ € 50–80 (Aufpreis Zusatzbett € 25–30, alle mit Frühstück) ♦ keine Kreditkarten ♦ 1 Zimmer behindertengerecht ausgestattet, Privatparkplatz, kleine Haustiere willkommen, Betreiber stets anwesend ♦ Frühstücksraum, Park

Bosa

Im Zentrum
41 km vom Flughafen Alghero
11 km von Porto Torres, 63 km nördlich von Oristano, S.S. 292

Corte Fiorita

NEU

Albergo diffuso
Via Lungo Temo De Gasperi, 45
Tel. (+39) 07 85 / 37 70 58
Fax (+39) 07 85 / 37 20 78
info@albergo-diffuso.it
www.albergo-diffuso.it
Ganzjährig geöffnet

Das gepflegte Hotel Corte Fiorita liegt nicht weit vom Fluss Temo in der Altstadt. Es ist mit Textilien und Möbeln von lokalen Betrieben ausgestattet und wirkt dank einer umsichtigen Renovierung sehr gemütlich. Die Architektur aus dem 19. Jahrhundert blieb unverändert, und damit auch der ursprüngliche Charme des Gebäudes. Die geräumigen, lichtdurchfluteten Zimmer sind schlicht eingerichtet und mit jedem Komfort ausgestattet. Das Frühstücksbüfett wird in einem kleinen Raum mit unverputzten Steinwänden vorbereitet und bietet eine schöne Auswahl an Feingebäck von einer kleinen Konditorei sowie Wurst und Käse lokaler Erzeuger. Von den diversen Services erwähnen wir die Möglichkeit, Fahrräder auszuleihen oder an Führungen in das umliegende Gebiet teilzunehmen – auch im Boot.

♦ 1 EZ, 8 DZ, 9 3BZ, 2 Juniorsuiten und 5 Suiten, alle mit Bad und WC, Aircondition, Minibar, Telefon, Sat-TV, Internetanschluss (einige Zimmer mit Balkon); 1 Apartment (4 Personen) mit Bad und WC ♦ EZ € 45–90, DZ € 65–115 (Aufpreis Zusatzbett € 18–25), 3BZ € 83–147, Juniorsuite € 90–165, Suite € 92–168 (alle mit Frühstück); Apartment € 410–950 pro Woche ♦ Kreditkarten: CartaSi, MC, Visa; Bankomat ♦ Anlage barrierefrei zugänglich, öffentlicher Parkplatz außerhalb der Anlage, kleine Haustiere willkommen, Rezeptionsdienst 7–23 Uhr, Betreiber immer erreichbar ♦ Bar, Frühstücksraum, Leseraum, TV-Raum

Bosa

Im Zentrum
41 km vom Flughafen Alghero
11 km von Porto Torres, 63 km nördlich von Oristano, S.S. 292

Sa Pischedda

NEU

3-Sterne-Hotel
Via Roma, 8
Tel. (+39) 07 85 / 37 20 00
Fax (+39) 07 85 / 37 01 77
hap@tiscali.it
www.hotelsapischedda.it
Ganzjährig geöffnet

Dieses anmutige Hotel mit Restaurant ist die richtige Adresse für alle, die eine bequeme, gemütliche Unterkunft mit dem nötigen Komfort für einen erholsamen Aufenthalt suchen. Hier herrscht eine angenehm ungezwungene Atmosphäre, sodass man sich sofort wie zu Hause fühlt. Die Zimmer sind im Jugendstil eingerichtet und stehen im Einklang mit dem restlichen Gebäude, einem schönen renovierten Palazzo aus dem späten 19. Jahrhundert mit Deckenfresken und lichtdurchfluteten Arkaden. Da der Fluss Temo nicht weit vom Hotel entfernt ist, können die Gäste Bootsausflüge buchen oder Vögel beobachten. Gäste mit Halbpension (23 Euro ohne Wein) können im Restaurant essen. Das Frühstück ist traditionell und wird in einem eigenen hübschen Raum serviert.

♦ 14 DZ mit Bad und WC, Balkon, Airconditon, TV ♦ DZ in Einzelbelegung € 50–85, DZ € 70–120, 3BZ € 90–130 (alle mit Frühstück) ♦ Kreditkarten: CartaSi, MC, Visa; Bankomat ♦ 2 Zimmer behindertengerecht ausgestattet, Privatparkplatz, kleine Haustiere willkommen (nach Absprache), Rezeptionsdienst 8–24 Uhr ♦ Restaurant, Frühstücksraum, TV-Raum, Garten

Cabras

8 km nördlich von Oristano, S.S. 292

Villa Canu

3-Sterne-Hotel
Via Firenze, 9
Tel. (+39) 07 83 / 29 01 55
Fax (+39) 07 83 / 39 52 42
villacanu@tiscali.it
www.hotelvillacanu.com
Ferien: Dezember, Januar

Der kleine Ort Cabras lässt heute noch die Spuren seiner landwirtschaftlichen Vergangenheit erkennen. Davon zeugt unter anderem der große Mahlstein im reizenden Hof dieses Betriebs, der aus Gästeunterkünften und dem nicht weit davon entfernten Restaurant Il Caminetto besteht. Beide werden vom gleichen Betreiber geführt. Die geräumigen, geschmackvoll eingerichteten Zimmer blicken auf den Innenhofgarten und haben entweder einen Balkon oder direkten Zugang zum Garten, in dem man sich gut entspannen kann. Das Hotel bietet auch Halbpension für einen Aufpreis von 24 bis 28 Euro pro Person.

♦ 5 EZ, 16 DZ und 2 3BZ, alle mit Bad und WC, Aircondition, Terrasse, Minibar, Telefon, Sat-TV ♦ EZ € 50–75, DZ in Einzelbelegung € 63–95, DZ € 78–130, 3BZ € 98–165 (alle mit Frühstück) ♦ alle Kreditkarten, Bankomat ♦ 2 Zimmer behindertengerecht ausgestattet, Garage (2 Plätze) und öffentlicher Parkplatz angrenzend, kleine Haustiere willkommen, Rezeptionsdienst rund um die Uhr ♦ Bar, Restaurant, Frühstücksraum, Konferenzraum (10 Plätze), Innenhofgarten

🍲 Das Restaurant Il Caminetto ist 200 Meter vom Hotel entfernt und bietet regionale Küche. Eine Mahlzeit ohne Wein kostet 30 bis 32 Euro.

Cagliari

Im Zentrum
In der Nähe der Via Roma und des Palazzo Regio, 700 m vom Hafen

Cagliari Novecento

Zimmervermietung
Via Giovanni Maria Angioy, 23
Tel. (+39) 070 / 65 06 07
Fax (+39) 070 / 640 13 11
cagliarinovecento@libero.it
www.cagliarinovecento.it
Ganzjährig geöffnet

Wer Cagliari besichtigen möchte, ist hier richtig, denn der Hafen und die wichtigsten Sehenswürdigkeiten der Stadt sind nicht weit entfernt. Der Betrieb befindet sich im Zentrum, nicht weit vom historischen Castello-Viertel, von den Einkaufsmeilen in der Fußgängerzone und vom Marina-Viertel, wo Sie in einem der zahlreichen Lokale die typische Küche von Cagliari genießen können. Salvatore Carta ist der höfliche Gastgeber, der Sie in diesem schönen historischen Palazzo empfängt, in dem einige Fresken und ein Teil des Originalfußbodens erhalten sind. Die geräumigen, angenehmen Zimmer verfügen über ein eigenes Bad, Sat-TV, Aircondition, Telefon und Minibar. Frühstücken können die Gäste in der Konditorei an der Straßenecke.

♦ 2 EZ und 4 DZ, alle mit Bad und WC, Aircondition, Kühlschrank, Telefon, Sat-TV ♦ EZ € 60, DZ € 80 (Aufpreis Zusatzbett € 30, alle mit Frühstück) ♦ Kreditkarten: CartaSi, MC, Visa; Bankomat ♦ Parkplatz außerhalb der Anlage, Haustiere nicht erlaubt, Betreiber immer erreichbar ♦ Leseraum

Cagliari

2 km vom Zentrum
In der Nähe der Basilika Nostra Signora di Bonaria und des Poetto-Strandes

Cerdena Rooms

NEU

Bed & Breakfast
Via Milano, 1 B
Tel. (+39) 347 /837 55 04,
(+39) 347 / 837 55 07
info@cerdenarooms.com
www.cerdenarooms.com
Ganzjährig geöffnet

Der Betrieb im dritten Stock ist eine ideale Anlaufstelle für Gäste, die eine ruhige, familiäre Unterkunft suchen. Die bekannte Basilika Nostra Signora di Bonaria und der berühmte Poetto-Strand sind nicht weit entfernt. Die Altstadt ist zwar etwas weiter weg, aber mit öffentlichen Verkehrsmitteln gut erreichbar. Über die Eigentümerin Alice Pisceddu können Sie auch ein Auto mieten, das Ihnen bei Ihrer Ankunft übergeben wird. Die beiden sehr geräumigen Zimmer sind mit hübschen Arte-povera- und Schmiedeeisenmöbeln eingerichtet. Beide verfügen über ein eigenes angrenzendes Bad. In den Zimmern ist außerdem eine Sitzecke mit einem kleinen Tisch und Stühlen eingerichtet, wo man das meist süße Frühstück einnimmt. Sie können bei Ihrer Ankunft aber auch andere Vereinbarungen treffen. Im kleinen Gemeinschaftsraum, der den Zimmern zugewandt ist, befindet sich eine Bibliothek mit diversen Publikationen, Informationsmaterial und Prospekten, die den Gästen zur Verfügung stehen. Für Haustiere mittlerer Größe wird ein Aufpreis von 10 Euro pro Tag verrechnet.

♦ 2 3BZ mit Bad und WC direkt daneben gelegen, Aircondition, Minibar, TV, WLAN ♦ 3BZ in Einzelbelegung € 40–50, 3BZ in Zweierbelegung € 64–75, 3BZ € 80–90 (alle mit Frühstück) ♦ keine Kreditkarten ♦ bewachter Parkplatz 500 Meter entfernt, kleine Haustiere willkommen (nach Absprache), Betreiber immer erreichbar ♦ Leseecke

Cagliari

Im Zentrum
800 m von der Via Roma und vom Bahnhof, 1 km vom Hafen, 19 km vom Flughafen Cagliari Elmas

Il Giardino Segreto *NEU*

Zimmervermietung
Viale Sant'Ignazio, 16
Tel. (+39) 339 / 478 45 75
Fax (+39) 070 / 65 98 32
il-giardino-segreto@tiscali.it
www.il-giardino-segreto.it
Ganzjährig geöffnet

Dieses reizende Gebäude aus Stein ist von einem gepflegten kleinen Garten umgeben und grenzt an den Hof einer Wohnanlage an. Wir sind hier in einer der bedeutendsten Straßen der Altstadt von Cagliari, nicht weit vom Botanischen Garten und vom monumentalen Militärkrankenhaus San Michele. Der Betrieb verfügt über vier geräumige Doppelzimmer, die mit handgefertigten Stoffen und Keramik mit traditionellem sardischem Dekor eingerichtet sind. Dank der Lage abseits der Straße und der sorgfältigen Renovierung des Gebäudes ist für einen angenehmen Aufenthalt gesorgt, denn die zentral gelegene, aber vor dem Straßenlärm geschützte Unterkunft stellt eine wahre Oase der Ruhe dar. Die Zimmer sind mit jedem Komfort ausgestattet und verfügen über WLAN und Sat-TV. Das Frühstück wird von den Betreibern zubereitet und in einem kleinen Salon serviert. Sie wohnen in der Wohnung darunter und sind immer erreichbar. Je nach Saison bekommen Sie verschiedene Süßspeisen, Joghurt, Brot, Marmeladen, Fruchtsäfte und heiße Getränke.

♦ 4 DZ mit Bad und WC, Aircondition, Minibar, Safe, Sat-TV, WLAN ♦ DZ in Einzelbelegung € 70–75, DZ € 90–100 (Aufpreis Zusatzbett € 15, alle mit Frühstück) ♦ Kreditkarten: MC, Visa; Bankomat ♦ Parkplatz außerhalb der Anlage, Haustiere nicht erlaubt, Betreiber immer erreichbar ♦ Frühstücksraum, Internetstation

Cagliari

In der Nähe der Viale Poetto
6 km vom Hafen

Mare Poetto *NEU*

Zimmervermietung
Via dei Villini, 55 B
Tel. (+39) 070 / 38 08 90,
(+39) 347 / 354 02 90
info@marepoetto.it
www.marepoetto.it
Ganzjährig geöffnet

Das Mare Poetto liegt in einer der Straßen, die vom Lungomare Poetto, dem Strand der Bewohner von Cagliari, wegführen. Der Betrieb von Paolo Sorrentino zeichnet sich durch viele Farben aus: Zimmer mit Parkettböden, in lebhaften Farben gestrichene Wände und helle Möbel, die perfekt zum maritimen, sonnigen und unbekümmerten Ambiente passen. Das Gebäude aus weißem Kalkstein wurde kürzlich renoviert und verfügt über einen schönen Garten mit Bäumen, der mit Sitzgruppen und Sonnenschirmen ausgestattet ist. Hier kann man auch frühstücken. Den Gästen steht ein Barbecue-Bereich zur Verfügung, wo sie ihr Abendessen einnehmen können. Die drei Zimmer haben einen direkten Zugang zum Innenhofgarten und verfügen über jeden Komfort, darunter TV, Internetanschluss und eine Dusche mit Massagedüsen. Unter den Gemeinschaftsbereichen ist eine kleine Rezeption mit Bar und einigen kleinen Tischen zu nennen. Auf Anfrage stellt der Betreiber Fahrräder, Sonnenschirme, Liegestühle und Kanus zur Verfügung und kümmert sich um die Beschaffung von Mietautos.

♦ 3 DZ mit Bad und WC (Dusche mit Massagedüsen), Aircondition, Minibar, Sat-TV, Internetanschluss ♦ DZ in Einzelbelegung € 70–90, DZ € 90–120 (alle mit Frühstück) ♦ Kreditkarten: CartaSi, MC, Visa; Bankomat ♦ Anlage barrierefrei zugänglich, Parkplatz außerhalb der Anlage, Haustiere nicht erlaubt, Betreiber immer erreichbar ♦ Bar und Frühstücksraum, Garten

Cagliari

Im Zentrum
150 m vom Bahnhof, 500 m vom Hafen, 7 km vom Flughafen Cagliari Elmas

Sardinia Domus

Zimmervermietung
Largo Carlo Felice, 26
Tel. (+39) 070 / 65 97 83,
(+39) 338 / 161 30 81
Fax (+39) 070 / 65 97 83
info@sardiniadomus.it
www.sardiniadomus.it
Ganzjährig geöffnet

In einer historischen Straße zwischen dem Hafen, dem Bahnhof und der Piazza Yenne führt eine Treppe zu diesem Betrieb, der eine ganze Etage eines schönen historischen Gebäudes einnimmt. Die beiden Teilhaber Stefano Lai und Sandro Gaviano teilen sich die Räumlichkeiten und führen die beiden Betriebe Sardinia Domus und Cagliari Domus getrennt. Die angenehmen, lichtdurchfluteten Räume wurden durch den Einbau von Holzträgern und Bogen geschmackvoll renoviert; bunte Keramik belebt die Gästezimmer und die Gemeinschaftsbereiche. Es gibt eine kleine Leseecke, wo Sie Bücher über die Insel, Karten und Reiseführer für die Stadt und ihre Umgebung finden. Die Mahlzeiten können sie Gäste im nahen Restaurant Enò mit Weinbar einnehmen, mit dem ein Abkommen besteht.

◆ 1 EZ, 6 DZ und 1 4BZ, alle mit Bad und WC, Aircondition, Sat-TV, Internetanschluss ◆ EZ € 55–60, DZ € 85–100 (Aufpreis Zusatzbett € 5–10), 3BZ € 120–135, 4BZ € 140–160 (alle mit Frühstück) ◆ alle Kreditkarten, Bankomat ◆ gebührenpflichtiger Parkplatz in unmittelbarer Nähe, Haustiere nicht erlaubt, Betreiber immer erreichbar ◆ Frühstücksraum, Leseraum

Cagliari

Im Zentrum
Gleich bei der Viale Regina Elena, 1,2 km vom Hafen, 7 km vom Flughafen Cagliari Elmas

Villa Cao

Bed & Breakfast
Via Bacaredda, 126
Tel. (+39) 070 / 40 12 69,
(+39) 338 / 613 36 91
silvanacao@libero.it
www.villacao.it
Ganzjährig geöffnet

Das Bed & Breakfast liegt im Herzen von Villanova, einem historischen Viertel der Stadt in unmittelbarer Nähe des Theaters, des San-Benedetto-Marktes und des Konservatoriums. Das schöne Gebäude ist von einem großen Garten umgeben, einem raren Schatz in dieser dicht bewohnten Gegend. Er ist mit Sonnenschirmen, Liegestühlen und einer Veranda ausgestattet und kann von den Gästen benutzt werden. Die freundliche Eigentümerin Silvana stellt außerdem einen Grill und einen Backofen zur Verfügung, damit die Gäste Abendessen veranstalten und entspannte Stunden genießen können. Die geräumigen Zimmer sind schlicht und einfach eingerichtet und passen perfekt zum ungezwungenen, familiären Ambiente, das Sie während Ihres Aufenthalts genießen können.

◆ 1 EZ und 2 DZ, alle mit Bad und WC (beim EZ auf dem Flur), Aircondition, TV, WLAN ◆ EZ und DZ in Einzelbelegung € 45–50, DZ € 80 (Aufpreis Zusatzbett € 20, alle mit Frühstück) ◆ keine Kreditkarten ◆ Privatparkplatz, kleine Haustiere willkommen, Betreiber stets anwesend ◆ Frühstücksraum, Aufenthaltsraum, Leseraum, Garten

Codrongianos

48 km vom Flughafen Alghero Fertilia
18 km südöstlich von Sassari, S.S. 131, 40 km von Porto Torres

Funtanarena

3-Sterne-Hotel
Via S'Istradoneddu, 8–10
Tel. (+39) 079 / 43 50 48
Fax (+39) 079 / 21 61 79
info@funtanarena.it
www.funtanarena.it
Ferien: Oktober–März

Das schöne Hotel Funtanarena ist ein elegant renoviertes Herrschaftshaus aus dem 19. Jahrhundert, das nicht weit vom Zentrum entfernt ist. Ein großes Plus stellt der riesige Park mit Oliven- und Obstbäumen dar, der einen ruhigen und entspannten Aufenthalt der Gäste sicherstellt. Die Zimmer, von denen keines dem anderen gleicht, blicken alle ins Grüne. Ihr Name und ihre Einrichtung sind von der Natur und diversen Holzarten inspiriert. An das Hotel ist ein Restaurant angeschlossen, in dem lokale Küche serviert wird. Eine Mahlzeit ohne Getränke kostet zwischen 20 und 30 Euro. Das Frühstücksbüfett bietet Brioches, Marmeladen, heiße Getränke und Fruchtsäfte.

♦ 2 EZ, 3 DZ und 4 3BZ, alle mit Bad und WC, Telefon ♦ EZ € 36–70, DZ € 94–105 (Aufpreis Zusatzbett € 23–25), 3BZ € 128–143 (alle mit Frühstück) ♦ alle Kreditkarten, Bankomat ♦ 2 Zimmer behindertengerecht ausgestattet, Privatparkplatz, kleine Haustiere willkommen, Rezeptionsdienst 9–21 Uhr ♦ Bar, Restaurant, TV-Raum, Konferenzsaal (80 Plätze), Park

Dolianova

Im Zentrum
700 m vom Bahnhof
21 km nordöstlich von Cagliari, S.S. 387

Casa Mascia

Bed & Breakfast
Via Manzoni, 7
Tel. (+39) 070 / 74 34 81,
(+39) 347 / 620 42 08
Fax (+39) 070 / 74 34 81
casamascia@tiscali.it
www.casamascia.com
Ferien: Januar, Februar

Die Casa Mascia liegt im Zentrum von Dolianova und ist das Ergebnis der sorgfältigen Renovierung eines alten Herrschaftshauses. Die geräumigen Zimmer mit Sichtgebälk sind mit alten Möbeln eingerichtet; alle verfügen über ein eigenes angrenzendes Bad. Das Frühstück wird in einem hübschen Gemeinschaftsraum und im Sommer auch auf der Veranda mit Blick auf den Garten serviert, die mit Tischen und Stühlen für angenehme Stunden im Freien ausgestattet ist. Die ruhige Lage des Betriebs und die Professionalität der Eigentümer, die einen Teil des Gebäudes bewohnen, sorgen für einen entspannten Aufenthalt in familiärer Atmosphäre. Auf Wunsch zeigt Ihnen die Eigentümerin gerne bei einer Führung zu nahe gelegenen Betrieben den Reichtum der Gegend an Wein und gastronomischen Spezialitäten. Dort können Sie Käse, Wein, Honig und verschiedene traditionelle Süßspeisen kaufen. Wenige Meter vom Bed & Breakfast entfernt finden Sie ein Partnerrestaurant, in dem Sie für 11 Euro (ohne Getränke) Ihr Mittagessen einnehmen können.

♦ 3 DZ mit Bad und WC, Airconditon, Sat-TV ♦ DZ in Einzelbelegung € 35–40, DZ € 60–70 (Aufpreis Zusatzbett € 20, alle mit Frühstück) ♦ keine Kreditkarten ♦ Privatparkplatz, kleine Haustiere willkommen, Betreiber immer erreichbar ♦ Frühstücksraum, TV-Raum, Leseraum, Veranda, Garten

Guspini
Montevecchio

9 km vom Zentrum
18 km nordwestlich von Villacidro, S.S. 196, 26 km von Sanluri, S.S. 197

La Miniera Fiorita

Agriturismo
Ortsteil Montevecchio
Tel. (+39) 070 / 97 31 81, (+39) 070 / 97 31 67, (+39) 347 / 174 00 11
Fax (+39) 070 / 975 98 25
laminierafiorita@tiscalinet.it
www.laminierafiorita.com
Ganzjährig geöffnet

NEU

Dieses schöne Haus im typischen Stil der Bergregionen steht im ehemaligen Bergbaugebiet von Montevecchio auf einem Hügel, der den kleinen Ort Guspini überragt. Die Lage ist dank der wunderschönen, an Wäldern, Wander- und Spazierwegen reichen Hügellandschaft im Hinterland der Insel wirklich eindrucksvoll. Wir sind hier in herrlicher Natur, fern der bekannten Touristenpfade. Daher ist dieser Betrieb die richtige Adresse für alle, die sich nach Entspannung und Ruhe sehnen und einen weniger frequentierten, aber nicht minder faszinierenden Teil Sardiniens entdecken möchten. Der Agriturismo ist ein ideales Quartier für Freunde von Mountainbiketouren und verfügt über acht bequeme, geräumige Zimmer mit schlichter Einrichtung, aber mit dem nötigen Komfort für einen angenehmen Aufenthalt. Im Restaurant im unteren Stockwerk kann man traditionelle Küche probieren, die den Schwerpunkt auf Fleisch lokaler Herkunft legt, insbesondere Ziege, Lamm und Wildschwein.

♦ 8 DZ mit Bad und WC, Balkon, Aircondition, Minibar, TV, Internetanschluss ♦ DZ in Einzelbelegung € 53–67, DZ € 70–90 (Aufpreis Zusatzbett € 26–34, alle mit Frühstück) ♦ keine Kreditkarten ♦ Anlage barrierefrei zugänglich, Privatparkplatz, Haustiere nicht erlaubt, Betreiber immer erreichbar ♦ Restaurant, Park

Isola di Sant'Antioco
Sant'Antioco

1 km vom Zentrum
17 km südwestlich von Carbonia, 38 km von Iglesias, S.S. 126

La Rosa dei Venti

Bed & Breakfast
Via Goceano, 30
Tel. (+39) 07 81 / 82 80 10, (+39) 347 / 636 45 66
rosaventi@hotmail.com
www.rosaventi.it
Ganzjährig geöffnet

NEU

Diese schöne Villa ist für einen Aufenthalt in Meeresnähe optimal gelegen und ein idealer Ausgangspunkt für Tauchausflüge und schöne Spaziergänge zu Ausgrabungen aus der Nuraghen- und Römerzeit, die es auf der Insel fernab der Touristenpfade gibt. Das Haus von Signora Maria Tesse ist bis ins kleinste Detail gepflegt und verfügt über schöne, schlicht eingerichtete Zimmer, einen großen Aufenthaltsraum mit Kamin, in dem das Frühstück serviert wird, und einen schönen Garten. Im Freien hat man Tische und Stühle aufgestellt und so einen Sitzbereich für Gäste geschaffen, wo sie eine kühle Brise genießen und an schönen Tagen das Frühstück einnehmen können. Die Zimmer sind mit TV, Aircondition und sonstigem Komfort ausgestattet. Das Frühstücksbüfett setzt sich vorwiegend aus süßen Produkten der Region zusammen.

♦ 3 DZ mit Bad und WC, Aircondition, TV ♦ DZ in Einzelbelegung € 40–60, DZ € 80–120 (alle mit Frühstück) ♦ keine Kreditkarten ♦ Privatparkplatz angrenzend, Haustiere nicht erlaubt, Betreiber immer erreichbar ♦ Frühstücksraum, Aufenthaltsraum, Außenbereich, Garten

Jerzu

8 km vom Zentrum
28 km südlich von Lanusei, S.S. 198, 31 km von Tortolì, S.S. 125

Rifugio d'Ogliastra

NEU

3-Sterne-Hotel
Ortsteil Sant'Antonio, S.P. 13, km 5,300
Tel. (+39) 320 / 606 37 28,
(+39) 338 / 868 34 14
Fax (+39) 07 82 / 21 51 09
rifugiogliastra@tiscali.it
rifugiogliastra@tiscali.it
Ganzjährig geöffnet

Das Hotel mit Restaurant und Pizzeria ist ein Familienbetrieb und besteht aus mehreren kleinen Häusern. Die Gästezimmer verfügen alle über einen eigenen Eingang, Bad, Heizung und Internetanschluss und bezaubern mit einem schönen Ausblick auf den nahen Wald von Sant'Antonio. Wer sich einen Aufenthalt im Zeichen von Entspannung und Freiheit wünscht, ist in diesem Betrieb auf 400 Meter Seehöhe richtig. Die Strände sind rund 20 Kilometer entfernt, und auch die Nuraghe Serbissi ist nicht weit. Dies gilt ebenso für die verschiedenen Klippen zum Klettern mit mehr als 200 Steigen unterschiedlicher Schwierigkeitsgrade. Für Gäste, die gerne Sport in der Natur treiben, organisiert die Genossenschaft Tacchi d'Ogliastra Wanderungen und Klettertouren in der Umgebung. Es besteht die Möglichkeit, Halbpension für einen Aufpreis von 15 Euro pro Person zu buchen.

♦ 9 DZ, 10 3BZ und 2 4BZ, alle mit Bad und WC, Aircondition, TV, Internetanschluss (einige Zimmer mit Veranda) ♦ DZ in Einzelbelegung und DZ € 60–70, 3BZ € 80–90, 4BZ € 90–100 (alle mit Frühstück) ♦ alle Kreditkarten, Bankomat ♦ Privatparkplatz, kleine Haustiere willkommen, Betreiber immer erreichbar ♦ Bar, Restaurant, Frühstücksraum, Konferenzsaal (400 Plätze), Garten, Arkaden, Gartenhaus, Bocciafeld, Tennisplatz

Luras
San Leonardo

8 km vom Zentrum
10 km östlich von Tempio Pausania, S.P. 137, 35 km westlich von Olbia, S.P. 137

Funtana Abbas

Agriturismo
Strada Provinciale Olbia-Tempio
Tel. (+39) 079 / 66 90 00
Fax (+39) 079 / 66 94 55
funtana_abbas@live.it
www.funtanaabbas.net
Ganzjährig geöffnet

Das riesige Gut Funtana Abbas erstreckt sich über 300 Hektar und reicht bis zum Ufer des Liscia-Sees, wo man Bootsfahrten unternehmen und angeln kann. Die nötige Ausrüstung kann man an der Rezeption mieten. Der Agriturismo ist ein ideales Ziel für einen entspannten, komfortablen Urlaub in der Natur. Im Außenbereich des Betriebs können die Gäste das Schwimmbecken und die Fußballwiese nutzen und sich im Bogenschießen üben. Die sehr geräumigen Zimmer sind mit Arte-povera-Möbeln eingerichtet. Dies gilt auch für die Gemeinschaftsbereiche, die neben einem Leseraum und einem Konferenzsaal ein Restaurant umfassen, in dem man traditionelle regionale Gerichte genießen kann.

♦ 16 DZ und 4 Suiten, alle mit Bad und WC, Aircondition, Minibar, Safe, Telefon, TV, Internetanschluss ♦ DZ in Einzelbelegung € 52–78, DZ € 80–120, Suite € 120–140 (Aufpreis Zusatzbett € 28–42, alle mit Frühstück) ♦ alle Kreditkarten, Bankomat ♦ 2 Zimmer behindertengerecht ausgestattet, Privatparkplatz, kleine Haustiere willkommen, Betreiber stets anwesend ♦ Bar, Restaurant, Leseraum, Konferenzsaal (150 Plätze), Garten, Schwimmbecken, Fußballwiese, Bogenschießen

Olbia

9 km vom Zentrum
13 km vom Flughafen Olbia Costa Smeralda

Lu Aldareddu

NEU

Zimmervermietung
Ortsteil Plebi
Tel. (+39) 333 / 224 93 89
info.prenotazioni@lualdareddu.com
www.lualdareddu.com
Ganzjährig geöffnet

Der Betrieb der Familie Ladu befindet sich innerhalb eines alten Stazzu (ländlicher Familienbetrieb weitab von großen Orten) in der Gallura. Er wurde am Ende des 19. Jahrhunderts errichtet. Es handelt sich um ein schönes, renoviertes Landhaus, bei dem die traditionelle Granitfassade und das Dach mit Ziegeln und Sichtgebälk erhalten blieben. Das Haus verfügt über vier geräumige Gästezimmer und einige elegant eingerichtete Apartments mit dunklen Holzmöbeln und in verschiedenen Pastellfarben gestrichenen Wänden. Von den Gemeinschaftsbereichen erwähnen wir die große Küche und den Aufenthaltsbereich mit Leseraum und Kamin, einem schönen Billardtisch und einem Klavier, das den Gästen zur Verfügung steht. Der Betrieb liegt mitten im Grünen und ist von einem großen Garten, in dem im Sommer das Frühstück serviert wird, einem kleinen See, einem Waldstück und einem Obstgarten umgeben, die alle zum Betrieb gehören. Unter den angebotenen Services ist eine Waschküche mit zwei Waschmaschinen, die die Gäste benutzen können.

♦ 5 DZ mit Bad und WC (bei 2 Zimmern auf dem Flur), Aircondition, Minibar; 4 Apartments mit Kochnische ♦ DZ in Einzelbelegung € 40–60, DZ € 70–100 (alle mit Frühstück); Apartment € 300–700 pro Woche ♦ keine Kreditkarten ♦ Privatparkplatz, kleine Haustiere willkommen, Betreiber immer erreichbar ♦ Bar, Küche, Frühstücksraum, Lese- und TV-Raum, Billardzimmer, Park

Olbia
Pirazzolu

28 km nordwestlich vom Zentrum, S.S. 125 und S.S. 427
36 km vom Flughafen Olbia Costa Smeralda

Stazzu Pirazzolu

Bed & Breakfast
Ortsteil Pirazzolu, Strada Statale 427
Sant'Antonio-Arzachena
Tel. (+39) 07 89 / 807 15
Ferien: Weihnachten, Neujahr

Das große Plus dieses entzückenden Bed & Breakfast sind seine Einfachheit und die ruhige Lage auf dem Land. Giovanni Andrea betreibt den von einem Weingarten und einer Obstplantage umgebenen Betrieb mit Unterstützung seiner Familie. Die bequemen, gemütlichen Zimmer sind in ehemaligen Ställen und Geräteräumen untergebracht, die unter Beibehaltung ihrer ursprünglichen Merkmale renoviert wurden. Die Lage in der Nähe der berühmten Strände der Costa Smeralda bietet die Möglichkeit zu einem angenehmen Aufenthalt weit weg vom Trubel des Sommertourismus. Wenn Sie Spaziergänge mögen, sollten Sie die zahlreichen Wege durch die Wälder erkunden, die an vielen Stellen an eindrucksvolle, steil abfallende Granitfelsen heranführen. Zum Frühstück gibt es eine Auswahl von saisonalen Produkten aus eigener Erzeugung.

♦ 3 DZ mit Bad und WC, Aircondition, Balkon, TV ♦ DZ in Einzelbelegung € 30–35, DZ € 60–70 (Aufpreis Zusatzbett € 20–30, alle mit Frühstück) ♦ keine Kreditkarten ♦ 1 Zimmer barrierefrei zugänglich, Privatparkplatz, kleine Haustiere willkommen, Betreiber immer erreichbar ♦ Frühstücks-, Lese- und TV-Raum, Garten

San Vito

4 km von Muravera, S.S. 125, 69 km nordöstlich von Cagliari, 72 km von Arbatax

I Glicini

Bed & Breakfast
Via Nazionale, 187
Tel. (+39) 070 / 992 90 42,
(+39) 328 / 022 27 62
cp.iglicini@tiscali.it
www.bedandbreakfastiglicini.com
Ferien: Dezember, Januar

Im kleinen Ort San Vito finden Sie dieses schöne zweistöckige Herrschaftshaus aus dem frühen 19. Jahrhundert im typischen Stil des Campidano, der vom Ministerium für kulturelles Erbe als Kulturgut anerkannt wurde. Es ist nur ein paar Kilometer von der Küste und den Eichenwäldern der umliegenden Berge entfernt, von denen der Monte Narba mit seinen alten Minen hervorzuheben ist – sie sind einen kleinen Ausflug wert. Die Zimmer sind im typischen Stil der Gegend eingerichtet, geräumig und mit dem nötigen Komfort für einen ruhigen Ferienaufenthalt fernab vom Touristentrubel. Im Erdgeschoss finden Sie einen kleinen Frühstücksraum. Im Sommer können Sie das Frühstück auch an den Tischen einnehmen, die der Inhaber Cristiano unter schönen Arkaden mit Blick auf den Garten aufstellt.

♦ 4 DZ mit Bad und WC, TV (1 Zimmer mit Aircondition); 2 Suiten mit Bad und WC, Aircondition, Minibar, TV ♦ DZ in Einzelbelegung € 30, DZ € 60–70, Suite € 90 (alle mit Frühstück) ♦ keine Kreditkarten ♦ 1 Zimmer behindertengerecht ausgestattet, öffentlicher Gratisparkplatz in unmittelbarer Nähe, Haustiere nicht erlaubt, Betreiber immer erreichbar ♦ Frühstücksraum, TV-Raum, Garten

Sant'Antonio di Gallura
Mazzicrudu

3 km vom Zentrum
29 km nordwestlich von Olbia, S.S. 127 und S.S. 427

Lu Rotu

Bed & Breakfast
Ortsteil Mazzicrudu
Strada Statale
427 Sant'Antonio-Arzachena
Tel. (+39) 079 / 66 91 93,
(+39) 335 / 601 43 59
Ganzjährig geöffnet

Der Agriturismo liegt ruhig und abgeschieden in einer Gegend, wo die Natur noch nicht von städtischen Ansiedlungen zurückgedrängt wurde. Hier wurde rund um ein ländliches Wohnhaus aus dem 18. Jahrhundert dieser perfekt in die Umgebung integrierte Betrieb geschaffen. Die Zimmer sind zwar einfach, aber mit jedem modernen Komfort ausgestattet. Wer einmal richtig abschalten, in die Stille eintauchen und zwischen alten Bäumen und Granitgrotten spazieren gehen möchte, welche die 60 Hektar des Gutes durchsetzen, ist hier am richtigen Ort. Einst fanden dort Wanderer aller Art Unterschlupf, angefangen von den Hirten, die ihren Herden folgten, bis zu den Gesetzlosen auf der Suche nach einem Versteck. Die Eigentümer empfangen Sie mit ausgesuchter Freundlichkeit und sorgen für einen entspannten Aufenthalt. Das Frühstück ist hausgemacht und setzt sich aus typischem süßem Gebäck und Kuchen zusammen. Man kann auch Halbpension für 55 bis 65 Euro pro Person (alles inklusive) wählen.

♦ 6 DZ mit Bad und WC, Aircondition, TV ♦ DZ in Einzelbelegung € 35–70, DZ € 70 (Aufpreis Zusatzbett € 20–30, alle mit Frühstück) ♦ keine Kreditkarten ♦ Anlage barrierefrei zugänglich, Privatparkplatz, Haustiere nicht erlaubt, Betreiber immer erreichbar ♦ Frühstücksraum, Gartenhaus, Park

Santu Lussurgiu

33 km nördlich von Oristano, 103 km von Cagliari, 121 km von Porto Torres

Antica Dimora del Gruccione

Albergo diffuso · Via Michele Obinu, 31
Tel. (+39) 07 83 / 55 20 35,
(+39) 07 83 / 55 03 00
Fax (+39) 07 83 / 55 20 36
info@anticadimora.com
www.anticadimora.com
Ganzjährig geöffnet

Die Antica Dimora del Gruccione ist ein schönes Patrizierhaus aus Stein mit Bogen, Gewölben, Sichtgebälk, Schmiedeeisen, Stil- und modernen Möbeln. Als Albergo diffuso hat der Betrieb ein zentrales Gebäude, wo sich die Rezeption, die Speisesäle und die Zimmer befinden, und einige Dependancen, die den Gästen zur Verfügung stehen. Santu Lussurgiu ist ein kleiner, traditionsreicher Ort im Herzen des Montiferru, einer Bergregion mit sehr guter Küche und Wein. Die Zimmer wurden auf ganz unterschiedliche Weise renoviert, um das ursprüngliche Ambiente zu erhalten, bieten aber den nötigen Komfort für einen angenehmen Aufenthalt. Einige Zimmer sind auch mit einem Kamin ausgestattet. Im Betrieb gibt es ein Restaurant, das die landwirtschaftlichen Produkte der Gegend verwendet und damit auch die kleinen lokalen Betriebe fördert. Da das Hotel erweitert wurde, stehen seit Mai 2010 weitere vier bequeme Zimmer zur Verfügung (drei Doppelzimmer und ein Einzelzimmer).

♦ 3 EZ und 5 DZ, alle mit Bad und WC, TV (1 Zimmer mit Kochnische, einige Zimmer mit Airconditioning) ♦ EZ € 48, DZ € 84 (alle mit Frühstück) ♦ alle Kreditkarten, Bankomat ♦ 2 Zimmer behindertengerecht ausgestattet, Parkplatz in unmittelbarer Nähe, kleine Haustiere willkommen, Betreiber immer erreichbar ♦ Restaurant, Garten

Santu Lussurgiu

33 km nördlich von Oristano, 103 km von Cagliari, 121 km von Porto Torres

Sas Benas

Albergo diffuso
Piazza San Giovanni, 1
Tel. (+39) 07 83 / 55 08 70
Fax (+39) 07 83 / 55 21 00
nuova.armonia@tiscali.it
Ganzjährig geöffnet

Antonio Diego Are führt diesen schönen Betrieb, der aus Gästeunterkünften und einem Restaurant besteht. Im Lauf der Jahre wurde er durch die sorgfältige Renovierung einiger Adelssitze im Zentrum nach und nach erweitert. Das Ergebnis ist ein überaus angenehmes Hotel mit Zimmern, die auf Kieswege blicken und mit Massivholzmöbeln vom Tischler eingerichtet sind. Unter den Gemeinschaftsbereichen sticht ein schöner Speisesaal hervor, wo auch das Frühstück mit einer ansprechenden Auswahl an traditionellen lokalen Süßspeisen serviert wird. Im Restaurant kann man gekonnt zubereitete regionale Küche genießen. Für einen Aufpreis von etwa 20 Euro pro Person kann man auch Halbpension buchen.

♦ 18 DZ mit Bad und WC, Aircondition, TV ♦ DZ in Einzelbelegung € 50, DZ € 80 (alle mit Frühstück) ♦ alle Kreditkarten, Bankomat ♦ Anlage barrierefrei zugänglich, 2 Zimmer behindertengerecht ausgestattet, Parkplatz außerhalb der Anlage, Haustiere nicht erlaubt, Personal immer erreichbar ♦ Restaurant, Konferenzsaal (50 Plätze)

🍲 Das gastronomische Angebot ist strikt traditionell und gibt Fleisch lokaler Herkunft viel Raum. Eine Mahlzeit ohne Wein kostet 28 bis 35 Euro.

Sennori

Im Zentrum
9 km nordöstlich von Sassari, 18 km von Porto Torres

Funtana Noa

Bed & Breakfast
Via Roma, 95
Tel. (+39) 348 / 578 07 46
Fax (+39) 079 / 35 35 62
info@funtananoa.it
www.funtananoa.it
Ganzjährig geöffnet

NEU

Dieses schöne Bed & Breakfast liegt im Zentrum, nur wenige Schritte vom Springbrunnen entfernt, nach dem der Betrieb benannt ist. Die Zimmer sind geräumig und geschmackvoll eingerichtet, wobei sich sardischer Stil mit Ethnostil verbindet. Dieser Mix schafft eine so angenehme und besondere Atmosphäre, dass Sie sich sofort wie zu Hause fühlen. Der Empfang könnte besser nicht sein, denn die freundlichen und bemühten Eigentümer lieben ihre Arbeit so sehr, dass sie die Leidenschaft für ihr an landschaftlichen Schönheiten und unverfälschten Traditionen reiches Gebiet auch den Gästen vermitteln möchten. Von den Gemeinschaftsbereichen seien die schöne Veranda und der gepflegte Garten genannt, wo Sie angenehme Stunden im Freien verbringen und in der schönen Jahreszeit auch das reichhaltige Frühstück aus lokalen Produkten, Milch, Honig, Marmeladen, Süßspeisen und frischem Brot genießen können. Die Lage ist herrlich. Von hier aus kann man die bekanntesten Ausflugsziele einfach erreichen. Von der Veranda aus sieht man die Küste und den wunderschönen Golf von Asinara.

♦ 3 DZ mit Bad und WC, Terrasse, Airconditon, Minibar ♦ DZ in Einzelbelegung € 32–37, DZ € 50–60, 3BZ € 66–81 (alle mit Frühstück) ♦ keine Kreditkarten ♦ gebührenpflichtiger Privatparkplatz angrenzend, Gratisparkplatz 50 Meter entfernt, Haustiere nicht erlaubt, Betreiber immer erreichbar ♦ Frühstücks-, TV- und Leseraum, Veranda, Garten

Sinnai

Im Zentrum
14 km nordöstlich von Cagliari
S.S. 554 oder S.P. 15, Abzweigung nach Maracalagonis

Casa Anedda

Bed & Breakfast
Via Oristano, 38
Tel. (+39) 070 / 76 76 86,
(+39) 339 / 760 98 01
casanedda@tiscali.it
web.tiscali.it/casanedda
Ganzjährig geöffnet

Der Betrieb im Zentrum entstand im frühen 20. Jahrhundert und ist ein typisches Beispiel für ein Wohnhaus im Campidano mit einem zentralen Hof, einer Loggia, Mauern aus unverputzten Ziegeln und Dächern aus Holzträgern und Schilf. Durch eine sorgfältige Renovierung verwandelte sich der Landsitz des ehemaligen Grundbesitzers in einen Beherbergungsbetrieb, der heute von der Eigentümerin mit Unterstützung ihrer Kinder geführt wird. Der Hof und die mit Arte-povera-Möbeln eingerichteten Zimmer haben ihren alten Charme behalten. Dennoch fehlt es nicht an modernem Komfort: Den Gästen stehen eine Waschmaschine, ein Kühlschrank und eine Waschküche zur Verfügung. Eine besondere Erwähnung verdient das große Zimmer im oberen Stockwerk, in dem der ursprüngliche Fußboden aus unbearbeiteten Holzbrettern und das Sichtgebälk aus Wacholderholz erhalten wurden.

♦ 2 DZ und 1 4BZ, alle mit Bad und WC, Aircondition, TV ♦ DZ in Einzelbelegung € 30–35, DZ € 50 (Aufpreis Zusatzbett € 20), 4BZ € 60 (alle mit Frühstück) ♦ keine Kreditkarten ♦ 1 Zimmer behindertengerecht ausgestattet, Privatparkplatz teilweise überdacht, kleine Haustiere willkommen, Betreiber immer erreichbar ♦ Aufenthaltsraum mit Küche, Innenhof

Sinnai

22 km vom Flughafen Cagliari Elmas
21 km nordöstlich von Cagliari

Sa Meri 'e Domu

Bed & Breakfast
Via Colletta, 23
Tel. (+39) 349 / 556 83 53,
(+39) 389 / 150 64 23
sameriedomu@gmail.com
www.sameriedomu.it
Ganzjährig geöffnet

Das Bed & Breakfast ist eine kürzlich renovierte, für das Campidano typische Villa aus dem 17. Jahrhundert, deren ursprüngliche Struktur erhalten wurde. Der Betrieb wurde 2009 eröffnet. Die Originalfußböden sind noch vorhanden, die geräumigen, komfortablen Zimmer sind mit alten Möbeln eingerichtet. Außerdem sind sie mit gebührenfreiem WLAN (die Eigentümer stellen auch einen Laptop zur Verfügung) und Aircondition ausgestattet. Ein Zimmer verfügt über eine Dusche mit Massagedüsen. Unter den Gemeinschaftsbereichen sind ein schöner Aufenthaltsraum mit einem großen Kamin, ein einladender kleiner Salon, ein Leseraum und ein TV-Raum. Im weitläufigen Garten gibt es ein Gartenhaus mit Tischen und Stühlen, einen Holzkohleofen und ein Schwimmbecken, das an heißen Tagen Erfrischung bietet. Neben dem Betrieb wurden zwei Apartments für zwei bis drei Personen geschaffen, die beide mit einer Kochnische ausgestattet und mit historischen Möbeln eingerichtet sind.

♦ 3 DZ mit Bad und WC (bei 2 Zimmern auf dem Flur), Aircondition, WLAN; 2 Apartments (2–3 Personen) mit Kochnische ♦ DZ € 70–90 mit Frühstück; Apartment € 90–110 ♦ keine Kreditkarten; Bankomat ♦ Privatparkplatz angrenzend, Haustiere nicht erlaubt, Betreiber immer erreichbar ♦ Frühstücksraum, Aufenthaltsraum, Leseraum, TV-Raum, Gartenhaus, Garten, Schwimmbecken

Sorso

10 km südlich von Sassari, S.S. 200 und S.P. 25,
16 km von Porto Torres, S.P. 25 und S.P. 81

Piazzasanpantaleo

Bed & Breakfast
Piazza San Pantaleo, 14
Tel. (+39) 079 / 35 35 62,
(+39) 340 / 936 02 45
Fax (+39) 079 / 35 35 62
info@piazzasanpantaleo.it
www.piazzasanpantaleo.it
Ferien: Januar, Februar

Der zentral gelegene Betrieb ist ein schön renoviertes Haus mit eigenem Eingang für die Gäste. Die geräumigen Zimmer liegen im ersten Stock und sind geschmackvoll mit alten Möbeln und mit in Sardinien handgefertigten Wandteppichen eingerichtet. Die Betreiber bereiten Ihnen einen freundlichen, sympathischen Empfang und geben Ihnen wertvolle Tipps zu den zahlreichen Besichtigungsmöglichkeiten in der Umgebung. Das Frühstück wird in einem eigenen Raum oder auf der Terrasse serviert und ist sehr reichhaltig. Es gibt Marmelade, Joghurt, hausgemachte Süßspeisen, frisches Brot, Honig und saisonales Obst; wer Pikantes bevorzugt, erhält eine schöne Auswahl an lokalen Wurst- und Käsespezialitäten auf einem Brett. Sehr schön sind die Gemeinschaftsbereiche, darunter ein Mehrzweckraum im Erdgeschoss (wo Sie auch Ihr Essen einnehmen können), verschiedene Räume zum Lesen und Entspannen und die Terrasse mit schönem Ausblick auf den Kirchplatz und den eindrucksvollen Golf von Asinara.

♦ 3 DZ mit Bad und WC, Aircondition, WLAN (2 Zimmer mit Balkon) ♦ DZ in Einzelbelegung € 40–45, DZ € 60–70 (Aufpreis Zusatzbett € 15–18) ♦ keine Kreditkarten ♦ Gratisparkplatz 50 Meter entfernt, Haustiere nicht erlaubt, Betreiber immer erreichbar ♦ Frühstücksraum, Aufenthaltsraum, Salon, Leseraum, Terrasse

Tempio Pausania
Vallicciola

13 km vom Zentrum
Von Tempio Pausania auf der S.S. 392 in Richtung Oschiri

Villamassargia

15 km südöstlich von Iglesias, 20 km von Carbonia
Von Iglesias auf der S.S. 130 bis zur Abzweigung nach Villamassargia-Sirai

Vallicciola

3-Sterne-Hotel
Ortsteil Vallicciola
Tel. (+39) 079 / 63 17 36,
(+39) 347 / 763 78 74
Fax (+39) 079 / 200 90 85
albergovallicciola@gmail.com
Ferien: November–März

A Casa di Nonna

Bed & Breakfast
Via Centrale, 11
Tel. (+39) 07 81 / 744 03,
(+39) 328 / 067 80 22
Fax (+39) 07 81 / 744 03
deborap83@tiscali.it
www.acasadinonna.it
Ferien: Januar, Februar

Das Hotel liegt auf dem Gipfel des Monte Limbara, eines der höchsten Berge Sardiniens, der die gesamte Gallura beherrscht. Es wurde gegen Ende der 1950er-Jahre von Michele Piga eröffnet und hatte bis zur Wiedereröffnung im Jahr 2006 eine wechselvolle Geschichte. Heute führen Micheles Kinder den Betrieb. Die Landschaft mit den Wäldern, den Granitfelsen und der intakten Natur ist sehr eindrucksvoll und ideal für alle, die sportliche Aktivitäten im Freien und Spaziergänge lieben. Hier ist man weit entfernt von der Hektik des modernen Lebens und kann die Stille genießen. Das Hotel besteht aus einem Hauptgebäude mit Bar, Restaurant, wo eine bodenständige Mahlzeit für rund 30 Euro erhältlich ist, und elf Doppelzimmern. Sie sind zwar einfach eingerichtet, verfügen aber über den nötigen Komfort für einen angenehmen Aufenthalt. Im Park um das Gebäude wurden einige gemauerte Häuschen errichtet, in denen sich weitere sieben geräumige Zimmer mit eigenem Eingang befinden.

Der kleine Ort Villamassargia ist für die manuelle Erzeugung von Teppichen bekannt und befindet sich wenige Kilometer von der Provinzhauptstadt Iglesias, deren schöne Altstadt einen Besuch lohnt. Auch die eindrucksvollen Strände im Südwesten der Insel sind nicht zu weit entfernt. Der Betrieb wird von Debora Porrà geführt, die Sie in diesem schönen, sorgsam renovierten dreistöckigen Haus aus dem 19. Jahrhundert empfängt. Das gepflegte Mobiliar aus dunklem Holz und die handgewebte Wäsche tragen zu einem komfortablen Aufenthalt in familiärem Ambiente bei, in dem man sich sofort wohlfühlt. Der Frühstücksraum liegt im ersten Stock und ist ebenfalls im gemütlichen, ungezwungenen lokalen Stil eingerichtet. Dies gilt auch für den bequemen Leseraum mit TV. Der Hof dient als Außenbereich mit Tischen und Stühlen, damit die Gäste auch angenehme Stunden im Freien genießen können.

♦ 7 DZ und 9 3BZ, alle mit Bad und WC, Telefon, TV (5 Zimmer mit Balkon) ♦ DZ in Einzelbelegung € 35–65, DZ € 65–90, 3BZ € 90 (alle mit Frühstück) ♦ Kreditkarten: CartaSi, MC, Visa; Bankomat ♦ 2 Zimmer behindertengerecht ausgestattet, Privatparkplatz, kleine Haustiere willkommen (nach Absprache), Betreiber immer erreichbar ♦ Bar, Restaurant, TV-Raum, Park

♦ 3 DZ mit Bad und WC, WLAN ♦ DZ in Einzelbelegung € 40–50, DZ € 60–70 (alle mit Frühstück) ♦ Kreditkarten: MC, Visa ♦ Privatparkplatz, Haustiere nicht erlaubt, Betreiber stets anwesend ♦ Frühstücksraum, Lese- und TV-Raum, Außenbereich, Innenhof

Villanova Monteleone

34 km vom Flughafen
24 km südöstlich von Alghero, 41 km südlich von Sassari

Su Cantaru

Albergo diffuso
Via Nazionale, 331
Tel. (+39) 079 / 96 10 32,
(+39) 333 / 364 39 05
info@albergodiffusovillanova.it
www.albergodiffusovillanova.it
Ganzjährig geöffnet

Das Herrschaftshaus aus dem 19. Jahrhundert befindet sich in ausgezeichneter Lage im kleinen Ort Villanova, nicht weit von den herrlichen Küsten um Poligna. Neben dem Haupthaus dieses angenehmen Betriebs gibt es einen zweiten, kürzlich renovierten Gebäudeteil, in dem ein Apartment für sechs Personen geschaffen wurde. Die Zimmer sind schlicht und geschmackvoll mit traditionellen Möbeln und Stoffen eingerichtet. Vom Innenhof betritt man den Garten mit Tischen und Stühlen, der den Gästen zur Verfügung steht. Das Frühstück wird in einem eigenen Raum oder im Garten serviert und setzt sich aus hausgemachten Süßspeisen und Marmeladen sowie kalten und heißen Getränken zusammen.

♦ 7 DZ mit Bad und WC, Minibar, TV; 1 Apartment (6 Personen) mit Kochnische ♦ DZ in Einzelbelegung € 40–60, DZ € 76–96 (alle mit Frühstück); Apartment €120 ♦ keine Kreditkarten ♦ 1 Zimmer behindertengerecht ausgestattet, öffentlicher Gratisparkplatz in unmittelbarer Nähe, kleine Haustiere willkommen, Betreiber immer erreichbar ♦ Frühstücksraum, TV-Raum, Innenhof

Villanovaforru

10 km nördlich von Sanluri, 31 km von Villacidro, 48 km südöstlich von Oristano, S.S. 131

Sa Muredda

Zimmervermietung
Vico San Sebastiano
Tel. (+39) 070 / 933 11 42,
(+39) 338 / 304 71 60
Fax (+39) 070 / 933 11 42
samuredda@tiscali.it
www.samuredda.it
Ganzjährig geöffnet

Hier haben wir es mit einem anmutigen, traditionellen Haus zu tun, das sorgfältig renoviert wurde. In den Zimmern, von denen keines dem anderen gleicht, finden sich noch Einrichtungsgegenstände aus alten Zeiten. Die Zimmer sind alle nach Früchten oder Blumen in sardischer Sprache benannt: »Figu Niedda«, »Musiusu«, »Matta Nuxis«, »S'Aruta«. In den Gemeinschaftsbereichen schaffen landwirtschaftliche Geräte, sardische Teppiche, Schmiedeeisen- und Kupfergegenstände und viele andere handgefertigte Utensilien lokaler Herkunft ein gemütliches, familiäres Ambiente, durch das die Gäste in die Atmosphäre der Insel eintauchen können. Das Sa Muredda befindet sich im Herzen der Marmilla, wenige Kilometer vom örtlichen Naturmuseum und von zwei Naturparks entfernt. Letztere sind durch einen Sessellift verbunden, der einen schönen Ausblick bietet und bis zur Giara del Siddi führt.

♦ 3 DZ und 1 3BZ, alle mit Bad und WC, TV ♦ DZ in Einzelbelegung € 45, DZ € 68, 3BZ € 90 (alle mit Frühstück) ♦ keine Kreditkarten ♦ 1 Zimmer behindertengerecht ausgestattet, Privatparkplatz, kleine Haustiere willkommen, Betreiber immer erreichbar ♦ Frühstücksraum, Garten

VERZEICHNIS DER UNTERKÜNFTE

A

A l'hostellerie du Paradis
Eau-Rousse (Valsavarenche, Ao), 28
Abate masseria
Noci (Ba), 492
Abbazia
Monteveglio (Bo), 301
Abbazia, Locanda dell'
Furlo (Acqualagna, Pu), 389
Accornero
Ca' Cima (Vignale Monferrato, Al), 100
Acqua di mare
Bordighera (Im), 258
Acquaranda
Trevignano Romano (Rm), 439
Adler
Niederrasen-Rasun di Sotto (Rasen Antholz-Rasun Anterselva, Bz), 176
Adriano
Villa Adriana (Tivoli, Rm), 438
Afro, Da
Spilimbergo (Pn), 249
Agave, L'
San Vito Lo Capo (Tp), 592
Aggazzotti
Colombaro (Formigine, Mo), 299
Agnello d'oro
Genova, 266
Agnello d'oro
Bergamo, 107
Agriverde
Caldari (Ortona, Ch), 453
Aia, L'
Cassinetta di Lugagnano (Mi), 112
Aiole
Poggio Rosa (Castiglione d'Orcia, Si), 328
Airone, L'
Castelfranco d'Oglio (Drizzona, Cr), 117
Albara, L'
Villaganzerla (Castegnero, Vi), 190
Albarelli, Villa
San Polo d'Enza (Re), 310
Albaria, Villa
Marsala (Tp), 578
Alberata, L'
Collepepe (Collazzone, Pg), 374
Albergotto, L'
Madonna dei Monti (Grazzano Badoglio, At), 64
Albero bianco, L'
Trevinano (Acquapendente, Vt), 414
Albero nascosto, L'
Trieste, 251
Alberti, Villa
Dolo (Ve), 194
Aldareddu, Lu
Olbia, 611
Alfieri, Locanda
Termoli (Cb), 470
Alia, Locanda di
Castrovillari (Cs), 549
Alice, A casa di
Busto Garolfo (Mi), 111
Alice, La casa di
Cormons (Go), 234
Alloggio dei vassalli, L'
Napoli, 521
Alloggio della Villetta
Calci (Palazzolo sull'Oglio, Bs), 128
Alpenrose, Chalet
Cogolo (Pejo, Tn), 152
Altavilla
Bianzone (So), 109
Altopiano di Lauco
Lauco (Ud), 240
Amadeus
Torino, 92
Amalia, Villa
Falconara Marittima (An), 398
Amerigo, Da
Savigno (Bo), 311
Amici
Varese Ligure (Sp), 281
Amicizia
Cristo Fasano (Cassano delle Murge, Ba), 478
Amolara, Ostello
Amolara (Adria, Ro), 184
Anatra, L'
Cortile (Carpi, Mo), 289
Andrean, Ca' d'
Manarola (Riomaggiore, Sp), 277
Anedda, Casa
Sinnai (Ca), 614
Angeli, Agli
Gardone Sopra (Gardone Riviera, Bs), 119
Angeli, Gli
Venezia, 221
Angeli, Locanda degli
Madonna degli Angeli (Magliano Sabina, Ri), 428
Angolo del poeta
Bergamo, 108

Ansedonia, La locanda di
Ansedonia (Orbetello, Gr), 348
Antica casa le rondini
Colle di Buggiano (Buggiano, Pt), 324
Antica dimora del gruccione
Santu Lussurgiu (Or), 613
Antica dogana
Quarto Inferiore (Asti), 36
Antica filanda
Capri Leone (Me), 566
Antica locanda Arcos
Anticoli Corrado (Rm), 415
Antica locanda del contrabbandiere
Martelosio di Sopra (Pozzolengo, Bs), 130
Antica meridiana
Bricco Mollea (Vicoforte, Cn), 99
Antica pieve, L'
Montale (Levanto, Sp), 272
Antica scuderia del castello, All'
Susans (Majano, Ud), 241
Antica stallera
Cannobio (Vb), 47
Antica stazione ferroviaria di Ficuzza
Ficuzza (Corleone, Pa), 570
Antica torre
Cangelasio (Salsomaggiore Terme, Pr), 308
Antiche macine
Montalbano
(Santarcangelo di Romagna, Rn), 310
Antico asilo, L'
Serralunga d'Alba (Cn), 88
Antico borgo
Castellaro Lagusello (Monzambano, Mn), 125
Antico borgo
Caramanico Terme (Pe), 445
Antico borgo del Riondino
Trezzo Tinella (Cn), 95
Antico borgo, L'
Levanto (Sp), 272
Antico borgo, L'
Civitella in Val di Chiana (Ar), 332
Antico casale Impalastro
Termini Imerese (Pa), 596
Antico feudo San Giorgio
San Giorgio (Polizzi Generosa, Pa), 589
Antico frantoio oleario Bardari
Trunchi (Curinga, Cz), 550
Antico mulino
Scorzè (Ve), 211
Antico podere Propano
Saluzzo (Cn), 85
Antico Spedale del Bigallo
Bigallo (Bagno a Ripoli, Fi), 321
Antico tratturo, L'
Fara Filiorum Petri (Ch), 449

Antonella, Villa
Francavilla al Mare (Ch), 450
Anzivino
Gattinara (Vc), 63
Appidè, Masseria
Corigliano d'Otranto (Le), 481
Approdo, L'
Pizzolungo (Erice, Tp), 572
Apricus
Apricale (Im), 255
Arco ubriaco
Agrigento, 560
Arco, Locanda dell'
Cissone (Cn), 54
Arcoveggio
Bologna, 288
Aria di Langa
Montelupo Albese (Cn), 73
Arnica
Soraga (Tn), 156
Aromatario, L'
Neive (Cn), 76
Art Hotel Varese
Varese, 138
Artè Andria
Andria, 475
Arte, La locanda dell'
Napoli, 521
Astarita, Casa
Sorrento (Na), 532
Aurora
Bordighera (Im), 258
Aurora
Lezzeno (Co), 121
Azalea, Villa
Baveno (Vb), 40
Azzi locanda degli artisti
Firenze, 334
Azzurra, La locanda
Sanremo (Im), 280

Bad Bergfall
Geiselsberg-Sorafurcia
 (Olang-Valdaora, Bz), 175
Badia
Pesaro (Pu), 405
Baglio Costa di Mandorla
Paceco (Tp), 583
Baglio Fastuchera
Alcamo (Tp), 561
Bagnara, Locanda di
Bagnara di Romagna (Ra), 286
Baita, La

Pecol (Zoldo Alto, Bl), 225
Baitanella
Le Piane (Veglio, Bi), 97
Baladin, Casa
Piozzo (Cn), 83
Baldani, Palazzo
Sant'Angelo in Vado (Pu), 407
Bandino, Palazzo
Chianciano Terme (Si), 331
Bandita, La
Bettolle (Sinalunga, Si), 364
Bannata
Enna, 571
Barac, Cascina
San Rocco Seno d'Elvio (Alba, Cn), 34
Barba Bertu
Frassino (Cn), 62
Barbin
Conscenti (Ne, Ge), 274
Barin, Cascina
Toetto (Roddi, Cn), 85
Barone, Locanda del
San Vittorino (Caramanico Terme, Pe), 445
Baroni, Locanda dei
Vasto (Ch), 462
Basiliani, I
San Basile (Torre di Ruggiero, Cz), 557
Batis
Baia (Bacoli, Na), 504
Battibue
Fiorenzuola d'Arda (Pc), 298
BB22
Palermo, 584
B&B dei Papi
Viterbo, 441
B&B in villa
Belvedere (Montefalco, Pg), 378
Bed and bread
Milano, 123
Belforte, Villa
Tonco (At), 91
Bellavista
Cervo (Im), 263
Bellavista
Racciano (San Gimignano, Si), 356
Bellavista
Lama Mocogno (Mo), 300
Belvedere
San Rocco (Saludecio, Rm), 309
Belvedere, Al
Agugliano (An), 389
Benas, Sas
Santu Lussurgiu (Or), 613
Benelli, Podere
Oppilo (Pontremoli, Ms), 353

Berghaus Rosengarten
Welschnofen-Nova Levante (Bz), 181
Bergi
Bergi (Castelbuono, Pa), 567
Bianca Lancia dal Baròn
San Vito (Calamandrana, At), 44
Binterhof
Kastelruth-Castelrotto (Bz), 172
Biohotel Panorama
Mals-Malles Venosta (Bz), 174
Bizzarri, Palazzo
Serre di Rapolano (Rapolano Terme, Si), 355
Boatina, La
Boatina (Cormons, Go), 234
Bogliaco
Bogliaco (Gargnano, Bs), 119
Bologna, I
Rocchetta Tanaro (At), 84
Bon reveil, Le
Bard (Ao), 17
Bonaparte, Casale
Pianiano (Cellere, Vt), 423
Borg da ocjs
Borgnano (Cormons, Go), 233
Borghetti
Parona di Valpolicella (Verona), 223
Borgo antico
Sorino (Condino, Tn), 145
Borgo di Sumbilla
Campeggio (Monghidoro, Bo), 301
Borgo Maranzanis
Maranzanis-Povolaro (Comeglians, Ud), 232
Borgo ritrovato, Il
Montescaglioso (Mt), 541
Borgo, Il
Castellinaldo (Cn), 50
Borgo, La locanda del
Todi (Pg), 384
Borgonuovo
Ferrara, 296
Borro di sopra
Castel San Pietro Terme (Bo), 292
Bricchetto, Cascina
Trezzo Tinella (Cn), 95
Bricco dei Cogni
Rivalta (La Morra, Cn), 66
Bricco San Giovanni
Isola d'Asti (At), 65
Bricco, Il
Sant'Anna (Carrù, Cn), 48
Brolo di Ca' Orologio
Baone (Pd), 186
Bufalara, La
Grottole (Mt), 537
Buona Speranza, Cascina

Zanica (Bg), 139
Buonasera
Buonasera (Bagnoregio, Vt), 416
Busta, Villa
Busta (Montebelluna, Tv), 202
Butussi, Villa
Visinale del Judrio
   (Corno di Rosazzo, Ud), 237

Cacciani
Frascati (Rm), 424
Cagliari Novecento
Cagliari, 605
Cairoli
Genova, 267
Calesse, Il
Montorio (Quarrata, Pt), 354
Calypso Art Hotel
Paestum (Capaccio, Sa), 507
Camana, Villa la
Vedasco (Stresa, Vb), 90
Camelie, Le
Brissago Valtravaglia (Va), 111
Caminella, La
Bure (San Pietro in Cariano, Vr), 208
Camogliese, La
Camogli (Ge), 260
Camoscio
Rocca Pietore (Bl), 205
Campaniel, Al
Venezia, 219
Campi di Marcello, Ai
Panzano (Monfalcone, Go), 242
Campiglio Monte Lema
Dumenza (Va), 118
Campo fiorito
Vigo (Cavedine, Tn), 144
Campodoro, Casale
Massa Martana (Pg), 376
Canestrello, Masseria
Canestrello (Candela, Fg), 477
Canneviè, Hotel
Volano (Codigoro, Fe), 293
Canonica di Corteranzo
Corteranzo (Murisengo, Al), 75
Canonica, La
Pagno (Cn), 80
Canonico, Casa del
Piazza (Mondovì, Cn), 72
Canovaccio, Locanda del
Campiglia Marittima (Li), 325
Cant del gal
Sabbionade (Tonadico, Tn), 160

Cantaru, Su
Villanova Monteleone (Ss), 617
Cantinella, La
Ostra (An), 405
Canto del gallo, Al
Villanova (Bagnacavallo, Ra), 286
Canto del sole, Il
Cuna (Monteroni d'Arbia, Si), 347
Canu, Villa
Cabras (Or), 604
Cao, Villa
Cagliari, 607
Capannone, Il
Maresca (San Marcello Pistoiese, Pt), 359
Capezzagna, La
Ripa Teatina (Ch), 458
Capitano, Locanda del
Montone (Pg), 378
Capodacqua
Montegualtieri (Cermignano, Te), 447
Caponetti, Casa
Quarticciolo (Tuscania, Vt), 439
Caprioli di Sigliano, I
Scheggia di Montauto (Anghiari, Ar), 318
Capriotti
Rioni Sassi (Matera), 538
Capuccina, La
La Capuccina (Cureggio, No), 57
Caramia, Villa
Locorotondo (Ba), 485
Cardillo, Masseria
Bernalda (Mt), 536
Caremma, Cascina
Besate (Mi), 109
Carlotta, La
Gianola (Castel Boglione, At), 50
Carmine
Marsala (Tp), 576
Carolee, Le
Gabella (Pianopoli, Cz), 554
Carpe diem
Piana di Monte Verna (Ce), 524
Carpe diem
Montaione (Fi), 343
Carpe noctem et diem
Pollenzo (Bra, Cn), 42
Carpenè, Maso
Folaso (Isera, Tn), 147
Carrai, La casa dei
Pitigliano (Gr), 350
Carrera della regina
Spinazzola (Genzano di Lucania, Pz), 537
Carrobbio, Al
Cremona, 116
Carrone, Masseria

Carovigno (Br), 478
Cartino, Il
Acqui Terme (Al), 32
Casa al campo
Giustino (Tn), 147
Casa di campagna, La
Monteleone Sabino (Ri), 431
Casa in collina, La
Sant'Antonio (Canelli, At), 46
Casa rossa ai colli
San Giacomo (Ragogna, Ud), 246
Casaale
Collina di Sassi (Torino), 92
Casale
Racconigi (Cn), 84
Casale del cotone, Il
Cellole (San Gimignano, Si), 357
Casale dell'acqua rossa, Il
Monticchio Bagni (Rionero in Vulture, Pz), 543
Casale, Al
Codroipo (Ud), 232
Casale, Il
Posta Fibreno (Fr), 432
Casale, Podere
Vicobarone (Ziano Piacentino, Pc), 315
Casalora
Lora (Guarene, Cn), 64
Casanova
Casanova (Asciano, Si), 319
Casareggio, Cascina
Casareggio (Fortunago, Pv), 118
Casato, Il
Vasconi (Castelraimondo, Mc), 393
Cascina, La
Rovizza (Sirmione, Bs), 134
Cascina, La
Bossolaschetto (Bossolasco, Cn), 41
Case rosse, Le
Villa Verucchio (Verucchio, Rn), 314
Casentino
Poppi (Ar), 354
Caseria
Castelfranco in Miscano (Bn), 511
Casetta, Corte ex Tenuta Pule
San Pietro in Cariano (Vr), 208
Casina Vitale, Masseria
Ceglie Messapica (Br), 480
Casino Ridola
Matera, 538
Casite, Le
Trebiciano (Trieste), 251
Cassero, Locanda nel
Civitella Marittima (Civitella Paganico, Gr), 332

Cassinazza
Orsenigo (Co), 127
Cassiopea
Preazzano (Vico Equense, Na), 533
Castelbourg
Neive (Cn), 75
Castelletto, Il
Monteverde (Roma), 435
Castello
San Leo (Pu), 407
Castello
Pergine Valsugana (Tn), 153
Castello di Bubbio
Bubbio (At), 43
Castello di Luzzano
Luzzano (Rovescala, Pv), 132
Castello di Proceno
Proceno (Vt), 433
Castello di San Sergio, Il
Centola (Sa), 512
Castello di Septe
Castel di Sette (Mozzagrogna, Ch), 452
Castello ducale
Castel Campagnano (Ce), 510
Castello Sannazzaro
Giarole (Al), 63
Castello, Al
Asti, 36
Castello, Al
Novello (Cn), 78
Castello, La locanda del
San Giovanni d'Asso (Si), 358
Castello, Locanda del
Frontone (Pu), 399
Caterina, Villa
Levanto (Sp), 273
Cavalier d'Arpino
Arpino (Fr), 415
Cavallina, La
Polverina (Camerino, Mc), 393
Cavallina, La
Brisighella (Ra), 288
Caveja, La
Pietravairano (Ce), 525
Cecchin
Aosta, 16
Cefalà, Villa
Santa Flavia (Pa), 593
Centrale
Marsala (Tp), 577
**Centro caseario
e agrituristico del Cansiglio**
Tambre (Bl), 215
Ceramica, Albergo della
Villanova Mondovì (Cn), 101

Cerasella, Masseria
Pescocostanzo (Aq), 458
Cerchio e la botte, Il
Francavilla al Mare (Ch), 450
Cerdena Rooms
Cagliari, 605
Cernaie, Le
Rivisondoli (Aq), 459
Cerreta, La
Pian delle Vigne (Sassetta, Li), 361
Cerrosughero
Cerrosughero (Canino, Vt), 419
Certosa
Isola della Certosa (Venezia), 221
Charaban, Le
Saraillon (Aosta), 16
Cheli, Casa
Tassinaia (Pontassieve, Fi), 352
Chiara di Prumiano, La
Cortine (Barberino Val d'Elsa, Fi), 322
Chiocciola, La
Quartiere (Portomaggiore, Fe), 304
Chiocciola, Locanda della
Seripola (Orte, Vt), 431
Chiostro di Bevagna, Il
Bevagna (Pg), 371
Chittu, Ca' du
Pavareto (Carro, Sp), 261
Chiusa, La
Niccone (Umbertide, Pg), 387
Ciasa de gahja
Budoia (Pn), 229
Cicala
Caccamo (Pa), 563
Cicale, Locanda delle
Canale Monterano (Rm), 419
Cigno ligustico, Il
Pignone (Sp), 276
Cigno nero, Locanda del
Comago (Sant'Olcese, Ge), 281
Cigolotti, Villa
Basaldella (Vivaro, Pn), 253
Cimone, Agriturismo del
Canevare (Fanano, Mo), 295
Cinque vie, Le
Genisi (Ragusa), 590
Cinzianella, La
Corgeno (Vergiate, Va), 138
Ciriani, Casa
Guazzi (Abano Terme, Pd), 184
Cjanor, Casale
Casali Lini (Fagagna, Ud), 239
Cjase dai toscans, La
Cividale del Friuli (Ud), 231
Clarisse, Le
Amantea (Cs), 547
Clelia, Casa
Sotto il Monte Giovanni XXIII (Bg), 136
Clementine, Le
Badia Polesine (Ro), 185
Clementine, Le
Nunziata (Mascali, Ct), 578
Clodia, Villa
Saturnia (Manciano, Gr), 341
Coccole, Le
Guardiaregia (Cb), 466
Codole, Alle
Canale d'Agordo (Bl), 189
Col delle rane
Caerano di San Marco (Tv), 188
Colamarco
Castell'Umberto (Me), 568
Colavecchio, Tenuta
Putignano (Ba), 496
Collavini, Cascina
Traniera (Costigliole d'Asti, At), 56
Colle delle ginestre
Montenero di Bisaccia (Cb), 468
Colle Etrusco Salivolpi
Castellina in Chianti (Si), 327
Colle Regnano
Regnano (Tolentino, Mc), 409
Collepere, Villa
Collepere (Matelica, Mc), 402
Colleverde
Tufo (Urbino), 411
Collina d'oro, La casa sulla
Piazza Armerina (En), 588
Colline del gelso, Le
Rossano (Cs), 555
Colombaio di Santa Chiara, Il
Racciano (San Gimignano, Si), 358
Colombarotto
Alfiano Nuovo (Corte de' Frati, Cr), 115
Colombo, Masseria
Pandaro (Mottola, Ta), 491
Colonna
Frascati (Rm), 424
Combes, Les
Cheverel (La Salle, Ao), 22
Comignoli, Fattoria dei
San Martino in Colle (Perugia), 381
Compagnia, Locanda dalla
Riomaggiore (Sp), 278
Conte di Biancamano
Torino, 93
Contea, La
Neive (Cn), 76
Convento di Sandetole
Contea (Dicomano, Fi), 334

Convento San Colombo
Barisciano (Aq), 443
Convento, Al
Vezzano Ligure (Sp), 283
Coquus fornacis
Osteria (Serra de' Conti, An), 408
Corliano, Villa di
Rigoli (San Giuliano Terme, Pi), 359
Cornarea, Villa
Canale (Cn), 45
Corona
Ponte a Serraglio (Bagni di Lucca, Lu), 321
Corso 22
Piazza di Spagna (Roma), 434
Corte Bertoia
San Siro (San Benedetto Po, Mn), 132
Corte dei Francesi
Maglie (Le), 485
Corte del Conte, La
Carlongo (Goito, Mn), 120
Corte fiorita
Bosa (Or), 603
Corte Gondina
La Morra (Cn), 66
Corte Medaglie d'Oro
San Benedetto Po (Mn), 133
Corte rossa, Il casale
Borgo Sabotino (Latina), 427
Corte Salandini
Ponti sul Mincio (Mn), 130
Corte virgiliana
Pietole (Virgilio, Mn), 139
Corte, La
Correzzola (Pd), 192
Corte, La
Quartino (Calamandrana, At), 44
Cortese, Villa
Chiesanuova (Treia, Mc), 409
Cortile, Il
Cicciano (Na), 512
Costa Casale
Chiaromonte (Pz), 536
Costa d'Orsola
Orsola (Pontremoli, Ms), 353
Costa della Figura
Fontecorniale (Montefelcino, Pu), 403
Costa diva
Praiano (Sa), 528
Costa, La
Romagnano (Grezzana, Vr), 196
Costa, La
Perego (Lc), 129
Costabella
San Zeno di Montagna (Vr), 209
Costadoro
Bardolino (Ve), 186
Costanza, La Casa di
Scanno (Aq), 460
Coste, Alle
Cognola (Trento), 162
Country, Casa
Scaltenigo (Mirano, Ve), 199
Cristina, Villa
Castellina in Chianti (Si), 327
Cristofoli
Treppo Carnico (Ud), 250
Croara vecchia
Rivalta (Gazzola, Pc), 300
Crociferi
Catania, 569
Crosa, La
Vendone (Sv), 282
Cuccaro, Casa
Nocelle (Positano, Sa), 527
Cuccuini, La locanda
Aia (Cavriglia, Ar), 330
Cuney
Saint-Barthélemy (Nus, Ao), 23
Curbastra, La
Faenza (Ra), 294

Dalaip dei Pape
Tonadico (Tn), 161
D&D
Sasso (Nogaredo, Tn), 151
Darial
Tesero (Tn), 159
De Prati
Ferrara, 296
Della Corte
Benevento, 505
Dente del Gigante
La Palud (Courmayeur, Ao), 19
Deserto, Tenuta
Deserto (San Vito dei Normanni, Br), 498
Di Gèsu, Fattoria
Villalba (Cl), 601
Dimora del Genio, La
Palermo, 585
Dimora Del Prete di Belmonte
Venafro (Is), 471
Dimora Sant'Eligio
Napoli, 519
Dino
San Colombano (Scandicci, Fi), 361
Dinoabbo
Lucinasco (Im), 273
Ditirambo, Locanda del

Castro dei Volsci (Fr), 422
Divinahouse
Sorrento (Na), 532
12 granai, Masseria dei
Specchia Gallone (Minervino di Lecce, Le), 489
Dolce vite, La
Milano, 124
Dolcefarniente
Camerota (Sa), 507
Dolcemela
Ferrara, 297
Dolci grappoli, I
Larino (Cb), 468
Domus bernardiniana
Massa Marittima (Gr), 342
Domus Magna, Villa
Belvedere (Povoletto, Ud), 244
Donna Clementina
Castellaneta Marina (Castellaneta, Ta), 479
Dosila
Lasino (Tn), 148
Dubini, Cà
Mombello Monferrato (Al), 70
Duca degli Abruzzi
Pescasseroli (Aq), 455
Duca del mare
Massa Marittima (Gr), 342
Duca di Castelmonte
Xitta (Trapani), 598
Ducale, Palazzo
Andria, 476
Due camini
Baselga di Pinè (Tn), 141
Due cascine, Le
Mariano (San Marzano Oliveto, At), 86
Due Foscari, I
Busseto (Pr), 289
Due laghi, Tenuta
Rivodutri (Ri), 433
Due palme, Le
Tortorici (Me), 597
Due tigli, Casa
Visinale del Judrio (Corno di Rosazzo, Ud), 236
Due torri, Le
Spello (Pg), 383

E

Écureuils, Les
Homené Dessus (Saint-Pierre, Ao), 26
Edelweiss
Pré-Saint-Didier (Ao), 24
Effe
Marina di Carrara (Carrara), 326
Elce e il casale, L'
Colle Ionci (Velletri, Rm), 440
Enolocanda del tufo
Madonna delle Grazie (Dogliani, Cn), 59
Erasmo
Finalmarina (Finale Ligure, Sv), 266
Erbavoglio
Renaura (Siracusa), 595
Esperia
Milazzo (Me), 580
Ex convento San Giovanni Battista
Celleno (Vt), 422

F

Faè, Il
Borgo Frare (San Pietro di Feletto, Tv), 207
Fagiolino, Da
Cutigliano (Pt), 333
Falterona
Stia (Ar), 365
Farnie, Le
Sant'Anna (Altomonte, Cs), 547
Faro verde, Il
Basto (Valle Castellana, Te), 462
Fascinaro, Il
Casalvieri (Fr), 420
Fascino antico
Contrada Marrana (Martina Franca, Ta), 487
Fata turchina, La
Maglie (Le), 486
Fate corbezzole, Le
Fellette (Romano d'Ezzelino, Vi), 206
Fattori, Locanda dei
San Mauro Pascoli (Fc), 309
Fattoria sotto il cielo, La
Lago Pantano (Pignola, Pz), 542
Faula, La
Ravosa (Povoletto, Ud), 244
Federici, Villa
Bargni (Serrungarina, Pu), 408
Fenice, La
Rocca di Roffeno (Castel d'Aiano, Bo), 291
Ferro
Capo Granitola (Campobello di Mazara, Tp), 565
Feudo Sorba
Torre del Lauro (Caronia, Me), 567
Feudo, Masseria del
Caltanissetta, 564
Fichtenhof
Gfril-Cauria (Salurn-Salorno, Bz), 177
Filos, Il
Castellaro Lagusello (Monzambano, Mn), 126

Fior di bosco
Valfloriana (Tn), 164
Fiorano
Cossignano (Ap), 397
Fiordo, La locanda del
Furore (Sa), 514
Fiore, Villa
Torano Nuovo (Te), 461
Fiorenire
Castignano (Ap), 394
Fiorini, Maso
Isera (Tn), 148
Fiume-'A machina, La locanda del
Pisciotta (Sa), 526
Flipot
Torre Pellice (To), 94
Floriani
Lagolo (Calavino, Tn), 142
Fons Salutis
Fons Salutis (Agliano Terme, At), 32
Fontana delle pere
Massa Martana (Pg), 377
Fontanasalsa
Fontanasalsa (Trapani), 598
Fontanelle, Le
Poderi di Montemerano (Manciano, Gr), 341
Fonte del cieco, La
Gaiole in Chianti (Si), 336
Fonte Fulgeri
Arquata (Bevagna, Pg), 371
Fòo, Lo
Challancin (La Salle, Ao), 22
Foresta, La
Peschiera Maraglio (Monte Isola, Bs), 125
Foresteria della Basilica di Superga
Superga (Torino), 93
Foresteria delle vigne
Fontanafredda (Serralunga d'Alba, Cn), 88
Foresteria di San Leo, La
Trivigno (Pz), 544
Forestina, Cascina
Cisliano (Mi), 114
Fortuna, Locanda della
Oriolo dei Fichi (Faenza, Ra), 295
Fraina, Baita
Fraina (Cortina d'Ampezzo, Bl), 193
Frascje dai Spadons
Pradamano (Ud), 245
Frati, Ai
Pieve Fosciana (Lu), 349
Fratta, Villa
Sopracastello
   (San Zenone degli Ezzelini, Tv), 210
Freschi, I

Borgata Freschi
   (San Bartolomeo al Mare, Im), 280
Fuchiade
Fuchiade (Soraga, Tn), 156
Fundu, U
Dolceacqua (Im), 265
Funtana Abbas
San Leonardo (Luras, Ot), 610
Funtana Noa
Sennori (Ss), 614
Funtanarena
Codrongianos (Ss), 608

G

Gabilia
Gabilia (Caltanissetta), 563
Gajeta
Gaeta (Lt), 425
Gallo felice, Il
Martina Franca (Ta), 487
Gallotti, Palazzo
Battaglia (Casaletto Spartano, Sa), 509
Gambero rosso, Al
San Piero in Bagno
   (Bagno di Romagna, Fc), 287
Gambrinus, La locanda
San Polo di Piave (Tv), 209
Gangi
Piazza Armerina (En), 587
Garibaldi
Cisterna d'Asti (At), 54
Garibaldi Relais
Sciacca (Ag), 594
Garzette, Le
Lido-Malamocco (Venezia), 222
Gastaldo di Rolle
Rolle (Cison di Valmarino, Tv), 191
Gattamora, Masseria
Uggiano La Chiesa (Le), 499
Gelso rosso, Masseria del
Montursi (Gioia del Colle, Ba), 483
Genzianella, La
Bielciuken (Gressoney-Saint-Jean, Ao), 21
Genzianella, La
Selvapiana (Fabbrica Curone, Al), 61
Gerry, Da
Monfumo (Tv), 201
Ghiaccio Bosco
Ghiaccio Bosco (Capalbio, Gr), 325
Ghiro, Al
Pedersano (Villa Lagarina, Tn), 165
Ghirosveglio, Casa del
Bajardo (Im), 256
Gianna, La casa di

Gerace (Rc), 551
Gianni Franzi
Vernazza (Sp), 283
Giara, La
Scortica (Beverino, Sp), 257
Giardinetto, Il
Vercelli, 97
Giardini
Piode (Vc), 83
Giardino
Cernobbio (Co), 113
Giardino da Felicin
Monforte d'Alba (Cn), 73
Giardino degli ulivi, Il
Castel Sant'Angelo (Castelraimondo, Mc), 394
Giardino dei cavalieri, Al
Lentini (Sr), 575
Giardino dei semplici, Il
Manta (Cn), 69
Giardino dell'artemisia, Il
Champlan Dessous (Gressan, Ao), 20
Giardino di Vigliano, Il
Villazzano (Massa Lubrense, Na), 517
Giardino segreto, Il
Cagliari, 606
Giardino, Il
Dogliani (Cn), 60
Giata, Maso el
Aguai (Carano, Tn), 143
Giglio, Il
Montalcino (Si), 344
Gin
Castelbianco (Sv), 261
Gioco dell'oca, Il
Barolo (Cn), 40
Giovanni da Procida, Casa
Contrada Sant'Antonio (Isola di Procida, Na), 516
Giovanni da Verrazzano
Greve in Chianti (Fi), 337
Girardei, Mas dei
San Giacomo (Brentonico, Tn), 142
Girasole, Il
Camerano (An), 392
Giù al mulino
Faiano (Pontecagnano Faiano, Sa), 527
Giucalem
Piazza Armerina (En), 588
Giuggiolo, Al
Libolla (Ostellato, Fe), 302
Giuggiulena
Santa Lucia (Siracusa), 595
Giulia, Casa
Bovara (Trevi, Pg), 386
Glicini, I
San Vito (Ca), 612
Glicini, Villa dei
San Clemente (Castiglione a Casauria, Pe), 447
Gobbi, Villa
Castelnuovo Vomano (Castellalto, Te), 446
Golden pause
Toss (Ton, Tn), 160
Goldene Rose
Bruneck-Brunico (Bz), 168
Golfo dei poeti, Il
Rebocco (La Spezia), 268
Governatore, Ca' il
Pallino (Urbino), 411
Grande portico, Il
Motta (Costabissara, Vi), 193
Grande Rousse
Chanavey (Rhêmes-Notre-Dame, Ao), 25
Grani di pepe
Flaibano (Ud), 240
Granta Parey
Chanavey (Rhêmes-Notre-Dame, Ao), 26
Grappolo d'oro
Colle (Arba, Pn), 227
Grasso, Tenuta
Roccabascerana (Av), 529
Grener, Maso
Pressano (Lavis, Tn), 149
Greta
Mazara del Vallo (Tp), 579
Grivò, Casa del
Borgo Canal del Ferro (Faedis, Ud), 239
Grop, Il
Ovaro (Ud), 243
Grotte di Boldrino, Le
Panicale (Pg), 381
Guazzaura, Tenuta
Madonnina (Serralunga di Crea, Al), 89
Guerriera, Ca'
Sustinente (Mn), 137
Guiet, Ai
Baldissero Torinese (To), 38
Guinzano
Santa Cristina (Gubbio, Pg), 375
Guizze, Le
Lerino (Torri di Quartesolo, Vi), 216
Gutkowski
Ortigia (Siracusa), 596

#

Hamilton
Copanello (Staletti, Cz), 557
Helvetia, Villa
Grottammare (Ap), 400

Hirschenwirt
Jenesien-San Genesio Atesino (Bz), 171
Holzer
Sexten-Sesto (Bz), 179
Hotel de la Ville
Bereguardo (Pv), 107
Hotel des artistes
Napoli, 520
Hotel des roses
Poutaz (Antey-Saint-André, Ao), 15

I

Iervasciò
Ripatransone (Ap), 406
Ingrid
San Salvi (Firenze), 335
Intersenga, Cascina
Borgo Intersenga (Vignale Monferrato, Al), 100
Isetta
Pederiva (Grancona, Vi), 196
Isola di Caprera
Mira (Ve), 199
Isola di Mozia
Marsala (Tp), 577
Isola Maria, Cascina
Albairate (Mi), 104
Italia, Corte
Sorgà (Vr), 214
Italia, Da
San Salvo (Ch), 459
Ivan, Da
Fontanelle (Roccabianca, Pr), 308

J

Jägerhof
Walten-Valtina (Sankt Leonhard in Passeier-San Leonardo in Passiria, Bz), 178
Johanna II
Fortezza da Basso (Firenze), 335
Juval
Kastelbell-Tschars – Castelbello-Ciardes (Bz), 172

K

Kahnwirt
Sankt Martin-San Martino (Gsies-Valle di Casies, Bz), 171
Keber, Edi
Zegla (Cormons, Go), 233
Kef, Villa
Piscina (Camogli, Ge), 260

Kirchsteiger
Völlan-Foiana (Lana, Bz), 174
Kogoj
Medea (Go), 241
Kohlern
Kohlern (Bozen-Bolzano), 168
Kürbishof
Guggal (Altrei-Anterivo, Bz), 167

L

La Clusaz
La Clusaz (Gignod, Ao), 20
La Commenda, Cascina
Santa Margherita (Peveragno, Cn), 81
Labbruto
Monti del Duca (Martina Franca, Ta), 488
Ladinia
Pescul (Selva di Cadore, Bl), 212
Lago Laux
Laux (Usseaux, To), 96
Lago scuro
Stagno Lombardo (Cr), 136
Lago, Residenza del
Candia Canavese (To), 46
Lama San Giorgio
Rutigliano (Ba), 496
Lamiola Piccola, Masseria
Ostuni (Br), 494
Lané, Cascina
Baldichieri d'Asti (At), 37
Language and art
Ascoli Piceno, 391
Lauri, Villa
Neive (Cn), 77
Laurino
Cavalese (Tn), 143
Le Piane, Masseria
Cliternia Nuova (Campomarino, Cb), 465
Le Preseglie, Cascina
San Martino della Battaglia (Desenzano del Garda, Bs), 116
Lena, Maso
Predazzo (Tn), 154
Leprotti, I
Abbiategrasso (Mi), 104
Liberatore, Masseria
Mattinata (Fg), 489
Liberty
Canicattini Bagni (Sr), 565
Lillà
Terlago (Tn), 159
Lina, La
Bagnone (Ms), 322
Lino, Da

Solighetto (Pieve di Soligo, Tv), 202
Lischeto, Fattoria di
San Giusto (Volterra, Pi), 366
Lizzone, Maso
Dro (Tn), 146
Lodole
Lodole (Monzuno, Bo), 302
Lodron, Relais Palazzo
Nogaredo (Tn), 151
Logge dei mercanti
Monte San Savino (Ar), 346
Logge, Residenza le
Gubbio (Pg), 376
Lombardi, Villa
Camaiore (Lu), 324
Lovise
Costabissara (Vi), 194
Luci sul mare
Borgio Verezzi (Sv), 259
Lucia, Casa
Corsignano Vagliagli
(Castelnuovo Berardenga, Si), 328
Luma, La
Montecosaro (Mc), 403
Lumi, Ai
Trapani, 597
Luna di marzo
Volastra (Riomaggiore, Sp), 278
Luna sul Tevere, La
Torrita Tiberina (Rm), 438
Luna, La
Tirli (Castiglione della Pescaia, Gr), 329
Lupa, La
Piumazzo (Castelfranco Emilia, Bo), 292
Lupi, Casal dei
Maenza (Lt), 427
Lupinc
Prepotto-Praprot
(Duino-Aurisina - Devin-Nabrezina, Ts), 238
Lupo bianco
Olfino (Monzambano, Mn), 126
Lusernarhof
Luserna (Tn), 150
Lussana,Villa
Teolo (Pd), 215

M

M Club
Ravenna, 306
Macine del confluente, Le
Badalucco (Im), 256
Maddalena, Ca'
Pigno (Villafranca di Verona, Vr), 224
Maddalena, Ca'
Ca' Maddalena (Fermignano, Pu), 398
Maddalena, La
Quattro Castella (Re), 305
Madonna dell'Arco, Masseria
Martina Franca (Ta), 488
Madonna dell'Assunta
Guro Lamanna (Altamura, Ba), 475
Madonna della Neve
Madonna della Neve (Cessole, At), 52
Madonna delle Grazie
Città della Pieve (Pg), 373
Madonnina del Gran Paradiso, La
Cogne (Ao), 17
Madruzzo, Villa
Cognola (Trento), 164
Maggia, Cascina
San Polo (Brescia), 110
Magnas
Boatina (Cormons, Go), 235
Magnolie, Le
Fiorano (Loreto Aprutino, Pe), 452
Maiella, Villa
Guardiagrele (Ch), 451
Mair am Turm
Dorf Tirol-Tirolo (Bz), 169
Mair zu Hof
Ahornach-Acereto (Sand in Taufers-Campo
 Tures, Bz), 178
Maison des vignerons, La
Grand Vert (Donnas, Ao), 19
Maison verte, La locanda della
Cantalupa (To), 48
Malvarina
Assisi (Pg), 369
Mandorli, I
Bovara-Fondaccio (Trevi, Pg), 387
Mandra, La
Lamadacqua (Noci, Ba), 493
Mandrarita
Itri (Lt), 426
Maniero, La locanda del
Issogne (Ao), 21
Manzoni, Palazzo
San Zaccaria (Ravenna), 307
Marchese del Grillo, Locanda
Rocchetta (Fabriano, An), 397
Marciano
Siena, 363
Marconi
Sirmione (Bs), 135
Mare Poetto
Cagliari, 606
Margello, Casali di
Margello (San Salvatore di Fitalia, Me), 592
Margherita, Casa

Mantova, 123
Mari
Ponza (Isola di Ponza, Lt), 426
Maria Saalen
Saalen-Sares (Sankt Lorenzen-San Lorenzo di Sebato, Bz), 179
Marie-Thérèse
Montina (Torreano, Ud), 250
Marina piccola
Manarola (Riomaggiore, Sp), 279
Marmini, Villa
Volterra (Pi), 367
Marrucola
San Miniato (Pi), 360
Marsupino
Briaglia (Cn), 43
Martina, Cascina
Dogliani (Cn), 59
Marzago, Corte
Le Bugne (Valeggio sul Mincio, Vr), 218
Marzano, Palazzo
Briatico (Vv), 549
Masale, La
Pesciano (Todi, Pg), 385
Mascia, Casa
Dolianova (Ca), 608
Masoli, Casa
Ravenna, 306
Masoun dou caro, A
Marine (Perloz, Ao), 24
Masseria, La
Petriglione (Guglionesi, Cb), 467
Maurizio, Da
Cravanzana (Cn), 57
Mecca i Crisafi, A
Troina (En), 600
Mediterraneo
Amantea (Cs), 548
Melograno, Il
Pigno (Villafranca di Verona, Vr), 225
Melograno, Il
Pianello (Perugia), 382
Melograno, La locanda del
Moncalvo (At), 71
Memi, Ca' de
Piombino Dese (Pd), 203
Mercedes, Casa
Udine, 252
Meri 'e Domu, Sa
Sinnai (Ca), 615
Meridiana Ca' Reiné, La
Altavilla (Alba, Cn), 34
Meridiana, La
Casale (Pignone, Sp), 277
Meridiana, La

Moresco (Fm), 404
Meridiana, La
Fumane (Vr), 195
Mesogheo
Melizzano (Bn), 519
Mezzaluna
Nucifero (Palermiti, Cz), 554
Mezzanino del Gattopardo, Il
Palermo, 584
Mezzosoldo
Mortaso (Spiazzo, Tn), 158
Miele, Casa de
Ca' Noghera (Venezia), 220
Milic
Sagrado (Sgonico, Ts), 249
Minerva, Casa
Salerno, 529
Mingone, Locanda
Carnello (Arpino, Fr), 416
Miniera di Galparino, La
Città di Castello (Pg), 373
Miniera fiorita, La
Montevecchio (Guspini, Vs), 609
Miranda
Tellaro (Lerici, Sp), 271
Mirandolina
Tuscania (Vt), 440
Mirella
Contrada Terranova (Monopoli, Ba), 490
Miseno
Miseno (Bacoli, Na), 504
Mistrin, Maso
Sant'Antonio di Mavignola (Pinzolo, Tn), 153
Moiè
Padola (Comelico Superiore, Bl), 192
Molinello, Il
Asciano (Si), 320
Molini, Ai
Faedo (Tn), 146
Monacelle, Le
Rioni Sassi (Matera), 539
Monaco di Mezzo
Ciolino (Resuttano, Cl), 590
Monacone, Locanda del
Viarigi (At), 98
Monastero, Il
Ischia (Isola d'Ischia, Na), 515
Monsignorotti, Cascina
San Nicolao (Nizza Monferrato, At), 78
Montagna verde
Apella (Licciana Nardi, Ms), 339
Montaguglione
Rinaldi (Scandicci, Fi), 362
Monte Pù

Castiglione Chiavarese (Ge), 263
Monte Rosa
Sebrey (Varallo, Vc), 96
Montebellobio
Isola del Piano (Pu), 401
Montemarino
Manera (Borgomale, Cn), 41
Montepaolo
Montepaolo (Conversano, Ba), 480
Montepiano
Montasola (Ri), 429
Monterone
Ponzano Romano (Rm), 432
Mora, Casale della
Vignola (Mo), 314
Morgana, Villa
Ganzirri (Messina), 580
Mori, Case
San Martino Monte l'Abbate (Rimini), 307
Morlacchi
Perugia, 382
Moro, Al
Sciacca (Ag), 594
Moro, Aldo
Montagnana (Pd), 201
Morrone, Masseria
Ostuni (Br), 494
Motta, Casa
San Sisto (Poviglio, Re), 304
Muletto, Albergo del
Villanova d'Asti (At), 101
Mulino della Ricavata
Mulino della Ricavata (Urbania, Pu), 410
Mulino delle Tolle
Sevegliano (Bagnaria Arsa, Ud), 229
Mulino di Chicon, Il
Pavana (Sambuca Pistoiese, Pt), 356
Mulino in pietra
Cortogno (Casina, Re), 290
Muredda, Sa
Villanovaforru (Vs), 617
Muro torto
Foggia, 482
Musica, Ca' della
Venezia, 219
Musici, Locanda dei
Castagnole Monferrato (At), 49
Musignano
Stabbia (Cerreto Guidi, Fi), 330
Mustilli
Sant'Agata de' Goti (Bn), 531
MyLife
Conca d'Oro (Palagiano, Ta), 495
Myosotis, Villa
Bardonecchia (To), 39

N

Napolit'amo
Napoli, 522
Nardi, Casa
Colli Alti (Signa, Fi), 364
Narducci
Speziale (Fasano, Br), 482
Nascondiglio di Bacco
Borgo Miriam (Offida, Ap), 404
Neapolis
Napoli, 522
Nerina
Malgolo (Romeno, Tn), 155
Nicetta, Villa
Acquedolci (Me), 560
Nicobresaola
Custoza (Sommacampagna, Vr), 213
Nido del falco, Il
Monte San Martino (Mc), 402
Nogherazza, Tenuta di
Castion (Belluno), 187
Nongruella, Casa
Cergneu (Nimis, Ud), 242
Nonna Carla, Da
Sanico (Alfiano Natta, Al), 35
Nonna Martina
Agerola (Na), 502
Nonna Vittoria, Casa
Brecciarola (Chieti, Ch), 448
Nonna, A casa di
Villamassargia (Ci), 616
Nontiscordardime
Civitanova Marche (Mc), 396
Notre maison
Cretaz (Cogne, Ao), 18
Nova, La Ca'
Baffadi (Casola Valsenio, Ra), 291
Novecento
Pegognaga (Mn), 129
9 Muse
Canneto sull'Oglio (Mn), 112

O

Oberlechner
Vellau-Velloi (Algund-Lagundo, Bz), 167
Oberraut
Amaten (Bruneck-Brunico, Bz), 169
Oca giuliva
Montenero di Bisaccia (Cb), 469
Oca, Camere dell'
Pescocostanzo (Aq), 456
Oderisi
Gubbio (Pg), 375

Olimpia, Villa
Carpineto Romano (Rm), 420
Olivo
Rivalta (Brentino Belluno, Vr), 187
Ombra del pero, All'
San Donato (Mango, Cn), 68
Ombra della collina, L'
Bra (Cn), 42
Omero, Da
Passo dei Pecorai (Greve in Chianti, Fi), 337
Opera, Locanda dell'
San Giorgio di Mantova (Mn), 133
Orazio
Venosa (Pz), 544
Oriente
Lipari (Isole Eolie, Me), 574
Orsi, Casa degli
Montalcino (Si), 344
Orto di Lucania, L'
Montescaglioso (Mt), 542
Oryza
Desana (Vc), 58
Osteria dei segreti
Verdefiore (Appignano, Mc), 391
Osteria del maiale pezzato
Sinio (Cn), 90
Osteria reale
Gete (Tramonti, Sa), 533
Oteri, Villa
Miliscola (Bacoli, Na), 505
Ottocento, Tenuta
Carzello (Diano d'Alba, Cn), 58

Pace
Sambuco (Cn), 86
Pagan, Al
Pigna (Im), 275
Paistos
Paestum (Capaccio, Sa), 508
Palazzetto, Il
Palazzetto (Clavesana, Cn), 55
Palazzina Cesira
Montalcino (Si), 345
Palazzo di mezzo
Carrù (Cn), 49
Palazzo, Il
Lentini (Sr), 575
Palazzo, La locanda del
Barile (Pz), 535
Pallotta
Assisi (Pg), 370
Palme, Villa delle
La Spezia, 269

Palmento dell'Etna, Il
Ragalna (Ct), 589
Palombara, La
Cave (Conca della Campania, Ce), 513
Panareo, Masseria
Porto Badisco (Otranto, Le), 495
Pankeo
Crépin (Valtournenche, Ao), 29
Panorama
Albisano (Torri del Benaco, Vr), 216
Pantaleo, Palazzo
Palermo, 585
Paola, A casa di
Ravenna, 305
Paola, Villa
Matera, 541
Papa Mora, Cascina
Cellarengo (At), 51
Papaveri e papere
Caltana (Santa Maria di Sala, Ve), 211
Paradiso
Amandola (Ap), 390
Paradiso, Casa albergo
Orsara di Puglia (Fg), 493
Parco dei Monti Sibillini, Casale nel
Norcia (Pg), 379
Parco di Castro, Masseria
Speziale (Fasano, Br), 481
Parco, Il
Gavinana (San Marcello Pistoiese, Pt), 360
Parco, Locanda del
Morano Calabro (Cs), 552
Parco, Locanda del
Carovilli (Is), 465
Pascali, Palazzo
Comunanza (Ap), 396
Pascolo, Villa
Case Sparse di Villa (Costacciaro, Pg), 374
Pasina, Alla
Dosson (Casier, Tv), 189
Pastene, Le
Castello del Matese (Ce), 511
Pausini, Casa
Riva Ligure (Im), 279
Pavone, Villa del
Pescara, 455
Pellegrini, Corte
Campalto (San Martino Buon Albergo, Vr), 207
Perbacco
Sant'Angelo Limosano (Cb), 469
Pergola, La
Magliano Sabina (Ri), 428
Peri, Cascina dei
Colombiera (Castelnuovo Magra, Sp), 262

Pero selvatico, Il
Roccelletta (Borgia, Cz), 548
Peron, Casa
Venezia, 220
Perret
Bonne (Valgrisenche, Ao), 28
Peschio, Il
Pescocostanzo (Aq), 457
Petit dahu
Valnontey (Cogne, Ao), 18
Petit hotel
Milazzo (Me), 581
Petralta
Petralta (Monte Santa Maria Tiberina, Pg), 377
Piacentino
Bobbio (Pc), 287
Pian di Stantino
Ottignana (Tredozio, Fc), 313
Piana dei mulini, La
Colle d'Anchise (Cb), 466
Pianaccio, Il
Podere Pianaccio (Montale, Pt), 345
Piano, Al
Sarsina (Fc), 311
Piastrino, Il
Mazzantino (Vinci, Fi), 366
Piazza Garibaldi
Caltanissetta, 564
Piazza Nova
Ferrara, 297
Piazzasanpantaleo
Sorso (Ss), 615
Piccolo Chianti
Fontebecci (Siena), 363
Piccolo circolo garibaldino
Vasto (Ch), 463
Piccolo lago
Conche (Amatrice, Ri), 414
Piemonte
Milano, 124
Piemontese
Torino, 94
Pietrabruna, Residenza
Serra (Pamparato, Cn), 81
Pieve a Celle, Tenuta di
Pontelungo (Pistoia), 349
Pieve del Colle
Pieve del Colle (Urbania, Pu), 410
Pieve di Caminino
Caminino-Roccatederighi (Roccastrada, Gr), 355
Pieve, Hotel della
Pieve di Cento (Bo), 303
Pieve, La
Altidona (Ap), 390
Pieve, La
Semproniano (Gr), 362
Pieve, La
Dogliani (Cn), 60
Pignatelli
Napoli, 523
Pilati, Villa
Sant'Andrea (Valderice, Tp), 601
Pina, La
Rezzato (Bs), 131
Pina, Villa
Villazzano (Massa Lubrense, Na), 518
Pineta
Tavon (Coredo, Tn), 145
Pino Torinese
Pino Torinese (To), 82
Pinus, Villa
Ormea (Cn), 79
Pipetta, I
Legnaro (Levanto, Sp), 271
Pirona, Casa
Dignano (Ud), 237
Pironcelli, Dai
Montemarcello (Ameglia, Sp), 255
Piroscafo
Desenzano del Garda (Bs), 117
Pirro
Troia (Fg), 498
Pischedda, Sa
Bosa (Or), 604
Pitavin, Lou
Finello (Marmora, Cn), 69
Pixos, Casa
Pisciotta (Sa), 526
Pizzolungo, Tenuta
Erice (Tp), 573
Plaia, Tenute
Scopello (Castellammare del Golfo, Tp), 568
Plistia
Pescasseroli (Aq), 456
Podere dell'orso
Collealberti (Lorenzana, Pi), 339
Podere Pescia
Pescia (Castiglione del Lago, Pg), 372
Podere Rega
Paestum (Capaccio, Sa), 508
Podere San Giovanni
Trapani, 599
Poeta, La casa del
Pergusa (Enna), 571
Poggio Asciutto
Montagliari (Greve in Chianti, Fi), 338
Poggio dei pettirossi, Il
Bevagna (Pg), 372

Poggio del Castagno
Poggio del Castagno (Pitigliano, Gr), 350
Poggio della capanna
Viterbo, 441
Pompa, Locanda del
Campli (Te), 444
Ponticello, Al
Comacchio (Fe), 293
Porcara, Casa
Veglie (Le), 499
Porta vecchia 2004, La
Monopoli (Ba), 490
Portici
Santuario di Vicoforte (Vicoforte, Cn), 99
Portico, Il
Cherasco (Cn), 53
Portone, Il
Abbateggio (Pe), 443
Post
Glurns-Glorenza (Bz), 170
Posta
Montespluga (Madesimo, So), 122
Posta
Palermo, 586
Posta, Albergo della
Bracciano (Rm), 417
Posta, La
Cavour (To), 51
Povero Diavolo, Locanda del
Torriana (Rn), 313
Pozzetto, Al
Mure (Molvena, Vi), 200
Prà-sec'
Romagnano (Trento), 163
Prà, Baite di
Borzago (Spiazzo, Tn), 157
Pratomedici, Locanda di
Bigliolo-Pratomedici (Aulla, Ms), 320
Presa, La
Taglio di Po (Ro), 214
Presidenta, La
Olivola (Al), 79
Prestige
Lecce, 484
Primavera, La
Volterra (Pi), 367
Primula
Abetone (Pt), 318
Principe di Aragona
Aragona (Ag), 562
Principe Napolit'amo
Napoli, 523
Principe, Casale del
San Giuseppe Jato (Pa), 591
Prione, Locanda del
La Spezia, 268
Priori, Hotel dei
Narni (Tr), 379
Proserpina
Enna, 572
Puzelle, Le
Puzelle (Santa Severina, Kr), 555

Quarti, I
Quarti (Guarda Veneta, Ro), 197
Quartina, La
Mergozzo (Vb), 70
4 ciacole, Le
Roverchiara (Vr), 206
Quattro gigli
Montopoli in Val d'Arno (Pi), 347
Quattro quarti
Palermo, 586
Querce di Cota, Le
Cota (Troina, En), 600

Raganelle, Le
Diano Castello (Im), 264
Raggio, Il
Savignano di Rigo
(Sogliano al Rubicone, Fc), 312
Rainò, Villa
Gangi (Pa), 573
Rantù, Villa
Militello Rosmarino (Me), 581
Ratelé, Lo
Ville (Allein, Ao), 15
Real castello
Verduno (Cn), 98
Reale
Asti, 37
Rechsteiner
San Nicolò (Ponte di Piave, Tv), 203
Regina
Pinerolo (To), 82
Relais del Colle
Trivio (Ripatransone, Ap), 406
Relais Modica
Modica (Rg), 582
Renetta
Tassullo (Tn), 158
Residence verde
Lacco Ameno-Fango (Isola d'Ischia, Na), 515
Residenza delle rose, La
Viggianello (Pz), 545
Residenza sveva

Termoli (Cb), 470
Ressia, Casa
Altavilla-Ressia (Alba, Cn), 33
Restel de fer
Riva del Garda (Tn), 154
Ribo le villette
Malecoste (Guglionesi, Cb), 467
Riccio, Il
Montepulciano (Si), 346
Ridolfi, Cà
Gambellara (Ra), 299
Rifugio d'Ogliastra
Jerzu (Og), 610
Rifugio del lupo, Il
Dente San Nicola (Scanno, Aq), 460
Rifugio dell'anima
Bricchi (Monticello d'Alba, Cn), 74
Rifugio delle aquile
Acquachiara (Campli, Te), 444
Rifugio di Artemide, Il
Perinaldo (Im), 274
Riglarhaus
Lateis (Sauris, Ud), 247
Riserva di Martignanello, La
Campagnano di Roma (Rm), 418
Rocca Lorenzo
Pacentro (Aq), 454
Roccadia, Tenuta di
Carlentini (Sr), 566
Rocche Costamagna art suites
La Morra (Cn), 67
Röckhof
Sankt Valentin-San Valentino
  (Villanders-Villandro, Bz), 181
Roeno
Belluno Veronese (Brentino Belluno, Vr), 188
Roma
Cutigliano (Pt), 333
Romanda
Levico Terme (Tn), 149
Romano
Fori Imperiali (Roma), 435
Romantica Pucci
Bagnoregio (Vt), 417
Roncal, Il
Cividale del Friuli (Ud), 231
Roncolato
Carcera (Soave, Vr), 213
Rondinella, La
Cannero Riviera (Vb), 47
Rosa
Iseo (Bs), 121
Rosa Alda, Dalla
San Giorgio di Valpolicella
  (Sant'Ambrogio di Valpolicella, Vr), 210

Rosa canina, La
Monti Branzi (Lerici, Sp), 270
Rosa dei venti, La
Sant'Antioco (Isola di Sant'Antioco, Ci), 609
Rosa dei vini, La
Parafada (Serralunga d'Alba, Cn), 89
Rosa nel bicchiere, La
Polso (Soveria Mannelli, Cz), 556
Rosa, La casa
Pigna (Im), 275
Rosati, Locanda
Buonviaggio (Orvieto, Te), 380
Rose, Maso alle
Cavrasto (Bleggio Superiore, Tn), 141
Rosemarine
Maglie (Le), 486
Rosier, Le
Saint-Vincent (Ao), 27
Rossa, Ca'
Pegognaga (Mn), 128
Rossi, I
Pesciano (Todi, Pg), 384
Rotu, Lu
Mazzicrudu (Sant'Antonio di Gallura, Ot), 612
Rovere dalla riva
Arzene (Pn), 228
Rovere, Villa
Quistello (Mn), 131
Rua, La
Pescocostanzo (Aq), 457
Rugiada
Ca' Venier-San Giorgio (Porto Tolle, Ro), 204
Ruspante, Il
Castro dei Volsci (Fr), 421

S

S. Marco
Venezia, 222
Salon
Piano d'Arta (Arta Terme, Ud), 228
San Bastiano, Villa
Monsummano Alto
  (Monsummano Terme, Pt), 343
San Bernardo, Cascina
Magliano Alfieri (Cn), 68
San Carlo, Villa
Cortemilia (Cn), 56
San Cesario
San Cesareo (Rm), 437
San Domenico, Villa
Morano Calabro (Cs), 553
San Francesco, La locanda di
Viggianello (Pz), 545
San Frediano

Lucca, 340
San Gabriele
Palermo, 587
San Ginese
San Ginese di Compito (Capannori, Lu), 326
San Giorgio
Termoli (Cb), 471
San Giorgio
Castellero (Neviglie, Cn), 77
San Giorgio alla Scala
Trento, 163
San Giuseppe, Locanda
Amelia (Tr), 369
San Lorenzo
Alba (Cn), 35
San Lorenzo
Puos d'Alpago (Bl), 205
San Lorenzo
San Lorenzo (Fiuggi, Fr), 423
San Lorenzo Tre
Todi (Pg), 386
San Marco
Maderno (Toscolano Maderno, Bs), 137
San Marco
Vasto (Ch), 463
San Marco, Villa
Agrigento, 561
San Martino, Locanda
Cavizzana (Tn), 144
San Martino, Locanda di
Rioni Sassi (Matera), 539
San Matteo
Giarre (Ct), 574
San Mattia
Torricelle (Verona), 223
San Michele a Porta Pia
Porta Pia (Roma), 436
San Michele, Tenuta
Santa Venerina (Ct), 593
San Pancrazio di Hans Clemer, Locanda
Serre (Elva, Cn), 61
San Pietro Barisano
Rioni Sassi (Matera), 540
San Placido Inn
Catania, 570
San Ponzio, Cà
Vergne (Barolo, Cn), 39
San Sebastiano, Ca'
Castel San Pietro (Camino, Al), 45
San Tomaso
Treviso, 217
Sandi
Zecchei (Valdobbiadene, Tv), 217
Sant'Alfonso
Furore (Sa), 514

Sant'Anna
Argegno (Co), 105
Santa Brera, Cascina
San Giuliano Milanese (Mi), 134
Santa Caterina
Orta San Giulio (No), 80
Santa Caterina, Villa
Montalto Uffugo (Cs), 552
Santa Emilia de Vialar
Aurelio (Roma), 436
Santa Lucia
Sulmona (Aq), 461
Santa Maria Bressanoro
Santa Maria di Bressanoro
(Castelleone, Cr), 113
Santa Rosalia
Santa Rosalia (Savigliano, Cn), 87
Santarosa
Germaneto (Catanzaro), 550
Sapori di campagna
Frasca (Ofena, Aq), 453
Sardinia Domus
Cagliari, 607
Sassi San Gennaro
Rioni Sassi (Matera), 540
Sauris
Sauris di Sopra (Sauris, Ud), 248
Savoia, Ai
Torino, 91
Scacciapensieri
Buttrio (Ud), 230
Scalco, Locanda dello
Piazzo (Segonzano, Tn), 155
Scalzerhof
Palù del Fersina (Tn), 152
Scanna, Cascina
Cisliano (Mi), 115
Scaparone, Casa
Scaparone (Alba, Cn), 33
Scaraiazzo, Lo
Rummolo (Castelcivita, Sa), 510
Schindler, Villa
Manerba del Garda (Bs), 122
Schluff
Oberbozen-Soprabolzano
(Ritten-Renon, Bz), 176
Schneider
Sauris di Sotto (Sauris, Ud), 248
Scilla
Sovana (Sorano, Gr), 365
Scolari, Palazzo
Polcenigo (Pn), 243
Seiterhof
Toblach-Dobbiaco (Bz), 180
Seliano

Paestum (Capaccio, Sa), 509
Senatore, Il
Fiascherino (Lerici, Sp), 270
Sentiero della rosa, Il
Piana Romana (Pietrelcina, Bn), 525
Serena
Fermo, 399
Severino, Locanda
Caggiano (Sa), 506
Sganga kondé king
Novara di Sicilia (Me), 583
Sgariglia, Villa
Piagge (Ascoli Piceno), 392
Signaterhof
Signat-Signato (Ritten-Renon, Bz), 177
Signorini, Casale
L'Aquila, 451
Silenzio, Locanda del
Camoglieres (Macra, Cn), 67
Silvestro
Garda (Vr), 195
Silvio
Loppia (Bellagio, Co), 106
Solagna
Vas (Bl), 218
Solcalante
Punta Serra (Isola di Procida, Na), 517
Sole, Al
Castello di Godego (Tv), 190
Solestelle
Coscia (Guarene, Cn), 65
Sorgive-Le volpi, Le
Sorgive (Solferino, Mn), 135
Sosta, La
Cisano Bergamasco (Bg), 114
Sot la napa
Pesariis (Prato Carnico, Ud), 245
Spera
Spera (Tn), 157
Spiga, La
San Michele (Cherasco, Cn), 53
Stanze del sogno, Le
Benevento, 506
Statiano, Fattoria di
Micciano (Pomarance, Pi), 351
Stazzu Pirazzolu
Pirazzolu (Olbia), 611
Steinbock
Sankt Stefan-Santo Stefano (Villanders-Villandro, Bz), 180
Stella d'oro
Soragna (Pr), 312
Studiò di Piazza, Lo
Piazza (Mondovì, Cn), 72
Stullerhof

Stuls-Stulles (Moos in Passeier-Moso in Passiria, Bz), 175
Sughereta San Vito
Monte San Biagio (Lt), 429
Suisse
Bourg (Saint-Rhémy-en-Bosses, Ao), 27

T

Tana dei ghiri
Monte Quarin (Cormons, Go), 235
Tancia, Casale
Monte San Giovanni in Sabina (Ri), 430
Taverna sette effe
Fano Adriano (Te), 449
Tavernetta al castello
Spessa (Capriva del Friuli, Go), 230
Teatro, Albergo del
Spello (Pg), 383
Tempo perduto, Al
Bagolino (Bs), 106
Terra & vini
Brazzano (Cormons, Go), 236
Terra di pace
Noto (Sr), 582
Terra natia
Santa Maria degli Angeli (Assisi, Pg), 370
Terraliva
Buccheri (Sr), 562
Terrazza dei pelargoni, La
Ventimiglia (Im), 282
Terrazza, La
Bordighera (Im), 259
Terrazza, La
Lecce, 484
Terre bianche
Arcagna (Dolceacqua, Im), 265
Terre di Casalia
Paullo Chiesa (Casina, Re), 290
Terre di Traiano
Torre di Bocca (Andria), 476
Terza, La
Soave (Vr), 212
Thovex, Le
Thovex (La Thuile, Ao), 23
Tina, Da
Cudacciolu (Arzachena, Ot), 603
Tinti, Locanda
Diacceto (Pelago, Fi), 348
Titignano
Titignano (Orvieto, Tr), 380
Tizzano
Monteombraro (Zocca, Mo), 315
Tondino, Il
Tabiano Castello (Fidenza, Pr), 298

, Le
t'Agata sui Due Golfi
 (Massa Lubrense, Na), 518
orre normanna, La
Ariano Irpino (Av), 503
Torre, Alla
San Daniele del Friuli (Ud), 247
Torretta sul borgo, La
Grottammare (Ap), 400
Torretta, La
Casperia (Ri), 421
Torretta, La
Monteviginio (Canale Monterano, Rm), 418
Torrevecchia
Torrevecchia (San Pancrazio Salentino, Br), 497
Torricella, Masseria
Canale di Pirro (Castellana-Grotte, Ba), 479
Torriola, La
Pian di San Martino (Todi, Pg), 385
Toscana, Villa
Bibbona (Li), 323
Toscani da sempre
Pontassieve (Fi), 352
Tour d'Eau, Palazzo
Carunchio (Ch), 446
Tra arte e querce
Monchiero Alto-Santuario (Monchiero, Cn), 71
Tramonti
Campiglia (La Spezia), 269
Tranchina
Scopello (Castellammare del Golfo, Tp), 569
Trattoria del bivio
Cavallotti (Cerreto Langhe, Cn), 52
Tre archi, I
Pomarance (Pi), 351
Tre Fiumi
Ronta (Borgo San Lorenzo, Fi), 323
Tre oche, Locanda le
Molina di Ledro (Tn), 150
Tre rioni, I
Campiglia d'Orcia (Castiglione d'Orcia, Si), 329
Tre rose
Nesso (Co), 127
Trecento, Locanda dei
Sapri (Sa), 531
Trieste
Pontelongo (Pd), 204
Tripergola, La
Arco Felice (Pozzuoli, Na), 528
Tritone
Barcola-Miramare (Trieste), 252
Trulli Holiday
Alberobello (Ba), 474
Trulli San Leonardo
San Leonardo (Alberobello, Ba), 474
Tschötscherhof
Sankt Oswald-Sant'Osvaldo (Kastelruth-Castelrotto, Bz), 173
Turmbach
Berg-Monte (Eppan an der Weinstraße-Appiano sulla Strada del Vino, Bz), 170

U

Ugolini, Villa
Colle San Valentino (Cingoli, Mc), 395
Ulivi, Casale degli
Udine, 253
Ulivi, Gli
Torre (Cingoli, Mc), 395
Umana accoglienza, Casa dell'
Acerra (Na), 502
Unterwirt
Gufidaun-Gudon (Klausen-Chiusa, Bz), 173
Urbano V
Montefiascone (Vt), 430

V

Vagabondi, Locanda dei
Corneliano d'Alba (Cn), 55
Vagli, Fattoria di
Libbiano (San Gimignano, Fi), 357
Vajo, Al
Lazise (Vr), 197
Valdese, Casa
Prati (Roma), 434
Valdispinso, Cascina
Villa (Santa Vittoria d'Alba, Cn), 87
Valgrande
Runzi (Bagnolo di Po, Ro), 185
Valle dei cavalli, La
Piani di Carda (Atella, Pz), 535
Valle dell'aquila
Massarella (Settefrati, Fr), 437
Valle Ofanto
Rapone (Pz), 543
Valle, In
Lumignano (Longare, Vi), 198
Valle, La
Castelnuovo Magra (Sp), 262
Valletta, La
Bergamo, 108
Valletta, La
Ischitella (Fg), 483
Vallicciola
Vallicciola (Tempio Pausania), 616

Vassallo, Fattoria
Licata (Ag), 576
Vecchia Casa Montinari
Calimera (Le), 477
Vecchia fattoria, La
Sorbello (Decollatura, Cz), 551
Vecchia Lamia, La
San Vito dei Normanni (Br), 497
Vecchia quercia, La
Campigliano (San Cipriano Picentino, Sa), 530
Vecchia trainella, La
San Lorenzo Maggiore (Bn), 530
Vecchia, Casa
Lapedona (Fm), 401
Vecchia, Locanda la
Dolceacqua (Im), 264
Vecchio borgo
Bormio (So), 110
Vecchio casale, Il
Vatolla (Perdifumo, Sa), 524
Vecchio convento, Al
Portico di Romagna (Portico e San Benedetto, Fc), 303
Vecchio tagliere, Al
Nese (Alzano Lombardo, Bg), 105
Vecchio teatro, Al
Ortona (Ch), 454
Vecchio Tre Stelle
Tre Stelle (Barbaresco, Cn), 38
Vecje for, Al
Andreis (Pn), 227
Venica & Venica
Cerò (Dolegna del Collio, Go), 238
Vento dei tre santi, Il
San Fratello (Me), 591
Verde, Villa
Forio d'Ischia (Isola di Ischia, Na), 516
Verdeborgo
Grottaferrata (Rm), 425
Verdeoliva
Alvignano (Ce), 503
Verzè, Corte
Cambran (Cazzano di Tramigna, Vr), 191
Vescovane, Le
Longare (Vi), 198
Vescovo-skof, Al
Pulfero (Ud), 246
Vescovo, Ca' del
Porto Maurizio (Imperia), 267
Via col tempo
Pigna (Im), 276
Vicario, Osteria del
Certaldo (Fi), 331
Vigion, Da

Ghiare (Corniglio, Pr), 294
Vigna Ilaria
Sant'Alessio (Lucca), 340
Villa, La
Gravedona (Co), 120
Villa, La
Soverato Marina (Soverato, Cz), 556
Village
Villair (Quart, Ao), 25
Villaggio Vecchia Mottola
La Schiavonia (Mottola, Ta), 491
Villara, Casa
Casa Villara (Beverino, Sp), 257
Villino il Magnifico
Piazza Beccaria (Firenze), 336
Vineria Mirano
Mirano (Ve), 200
Viottolo, Il
Noci (Ba), 492
Visconti, I
Napoli, 520
Viticcio dei ronchi
Mizzole (Verona), 224
Vittorio
Porto Palo (Menfi, Ag), 579
Viva lo re
Ercolano (Na), 513
Volpaie, Le
Lamole (Greve in Chianti, Fi), 338
Volpi, Casa
Arezzo, 319
Vota
Vota (Nocera Terinese, Cz), 553
Vrille, La
Verrayes (Ao), 29
Vrona, Cascina
Monteu Roero (Cn), 74
Vultaggio
Guarrato (Trapani), 599

W

Wallenburg, Maso
Martignano (Trento), 162
Walser schtuba
Riale (Formazza, Vb), 62
Weiss
Tamion (Vigo di Fassa, Tn), 165

Z

Zeni, Baita
Transacqua (Tn), 161
Zunica 1880
Civitella del Tronto (Te), 448

VERZEICHNIS DER ORTE

A

Abano Terme (Pd), 184
Abbateggio (Pe), 443
Abbiategrasso (Mi), 104
Abetone (Pt), 318
Acerra (Na), 502
Acquachiara (Campli, Te), 444
Acqualagna (Pu), 389
Acquapendente (Vt), 414
Acquedolci (Me), 560
Acqui Terme (Al), 32
Adria (Ro), 184
Agerola (Na), 502
Agliano Terme (At), 32
Agrigento, 560, 561
Aguai (Carano, Tn), 143
Agugliano (An), 389
Ahornach-Acereto (Sand in Taufers-Campo Tures, Bz), 178
Aia (Cavriglia, Ar), 330
Alba (Cn), 33-35
Albairate (Mi), 104
Alberobello (Ba), 474
Albisano (Torri del Benaco, Vr), 216
Alcamo (Tp), 561
Alfiano Natta (Al), 35
Alfiano Nuovo (Corte de' Frati, Cr), 115
Algund-Lagundo (Bz), 167
Allein (Ao), 15
Altamura (Ba), 475
Altavilla (Alba, Cn), 34
Altavilla-Ressia (Alba, Cn), 33
Altidona (Ap), 390
Altomonte (Cs), 547
Altrei-Anterivo (Bz), 167
Alvignano (Ce), 503
Alzano Lombardo (Bg), 105
Amandola (Ap), 390
Amantea (Cs), 547, 548
Amaten (Bruneck-Brunico, Bz), 169
Amatrice (Ri), 414
Ameglia (Sp), 255
Amelia (Tr), 369
Amolara (Adria, Ro), 184
Andreis (Pn), 227
Andria, 475, 476
Anghiari (Ar), 318
Ansedonia (Orbetello, Gr), 348
Antey-Saint-André (Ao), 15
Anticoli Corrado (Rm), 415
Aosta, 16
Apella (Licciana Nardi, Ms), 339
Appignano (Mc), 391
Apricale (Im), 255
Aragona (Ag), 562
Arba (Pn), 227
Arcagna (Dolceacqua, Im), 265
Arco Felice (Pozzuoli, Na), 528
Arezzo, 319
Argegno (Co), 105
Ariano Irpino (Av), 503
Arpino (Fr), 415, 416
Arquata (Bevagna, Pg), 371
Arta Terme (Ud), 228
Arzachena (Ot), 603
Arzene (Pn), 228
Asciano (Si), 319, 320
Ascoli Piceno, 391, 392
Assisi (Pg), 369, 370
Asti, 36, 37
Atella (Pz), 535
Aulla (Ms), 320
Aurelio (Roma), 436

B

Bacoli (Na), 504, 505
Badalucco (Im), 256
Badia Polesine (Ro), 185
Baffadi (Casola Valsenio, Ra), 291
Bagnacavallo (Ra), 286
Bagnara di Romagna (Ra), 286
Bagnaria Arsa (Ud), 229
Bagni di Lucca (Lu), 321
Bagno a Ripoli (Fi), 321
Bagno di Romagna (Fc), 287
Bagnolo di Po (Ro), 185
Bagnone (Ms), 322
Bagnoregio (Vt), 416, 417
Bagolino (Bs), 106
Baia (Bacoli, Na), 504
Bajardo (Im), 256
Baldichieri d'Asti (At), 37
Baldissero Torinese (To), 38

Baone (Pd), 186
Barbaresco (Cn), 38
Barberino Val d'Elsa (Fi), 322
Barcola-Miramare (Trieste), 252
Bard (Ao), 17
Bardolino (Ve), 186
Bardonecchia (To), 39
Bargni (Serrungarina, Pu), 408
Barile (Pz), 535
Barisciano (Aq), 443
Barolo (Cn), 39, 40
Basaldella (Vivaro, Pn), 253
Baselga di Pinè (Tn), 141
Basto (Valle Castellana, Te), 462
Battaglia (Casaletto Spartano, Sa), 509
Baveno (Vb), 40
Bellagio (Co), 106
Belluno Veronese (Brentino Belluno, Vr), 188
Belluno, 187
Belvedere (Montefalco, Pg), 378
Belvedere (Povoletto, Ud), 244
Benevento, 505, 506
Bereguardo (Pv), 107
Berg-Monte (Eppan an der Weinstraße-Appiano sulla Strada del Vino, Bz), 170
Bergamo, 107, 108
Bergi (Castelbuono, Pa), 567
Bernalda (Mt), 536
Besate (Mi), 109
Bettolle (Sinalunga, Si), 364
Bevagna (Pg), 371, 372
Beverino (Sp), 257
Bianzone (So), 109
Bibbona (Li), 323
Bielciuken (Gressoney-Saint-Jean, Ao), 21
Bigallo (Bagno a Ripoli, Fi), 321
Bigliolo-Pratomedici (Aulla, Ms), 320
Bleggio Superiore (Tn), 141
Boatina (Cormons, Go), 234, 235
Bobbio (Pc), 287
Bogliaco (Gargnano, Bs), 119
Bologna, 288
Bonne (Valgrisenche, Ao), 28
Bordighera (Im), 258, 259
Borgata Freschi (San Bartolomeo al Mare, Im), 280
Borgia (Cz), 548
Borgio Verezzi (Sv), 259
Borgnano (Cormons, Go), 233
Borgo Canal del Ferro (Faedis, Ud), 239
Borgo Frare (San Pietro di Feletto, Tv), 207
Borgo Intersenga (Vignale Monferrato, Al), 100
Borgo Miriam (Offida, Ap), 404
Borgo Sabotino (Latina, Lt), 427
Borgo San Lorenzo (Fi), 323
Borgomale (Cn), 41
Bormio (So), 110
Borzago (Spiazzo, Tn), 157
Bosa (Or), 603, 604
Bossolaschetto (Bossolasco, Cn), 41
Bossolasco (Cn), 41
Bourg (Saint-Rhémy-en-Bosses, Ao), 27
Bovara (Trevi, Pg), 386
Bovara-Fondaccio (Trevi, Pg), 387
Bozen-Bolzano, 168
Bra (Cn), 42
Bracciano (Rm), 417
Brazzano (Cormons, Go), 236
Brecciarola (Chieti, Ch), 448
Brentino Belluno (Vr), 187, 188
Brentonico (Tn), 142
Brescia, 110
Briaglia (Cn), 43
Briatico (Vv), 549
Bricchi (Monticello d'Alba, Cn), 74
Bricco Mollea (Vicoforte, Cn), 99
Brisighella (Ra), 288
Brissago Valtravaglia (Va), 111
Bruneck-Brunico (Bz), 168, 169
Bubbio (At), 43
Buccheri (Sr), 562
Budoia (Pn), 229
Buggiano (Pt), 324
Buonasera (Bagnoregio, Vt), 416
Buonviaggio (Orvieto, Te), 380
Bure (San Pietro in Cariano, Vr), 208
Busseto (Pr), 289
Busta (Montebelluna, Tv), 202
Busto Garolfo (Mi), 111
Buttrio (Ud), 230

#

Ca' Cima (Vignale Monferrato, Al), 100
Ca' Maddalena (Fermignano, Pu), 398
Ca' Noghera (Venezia), 220
Ca' Venier-San Giorgio (Porto Tolle, Ro), 204
Cabras (Or), 604
Caccamo (Pa), 563
Caerano di San Marco (Tv), 188
Caggiano (Sa), 506

Cagliari, 605-607
Calamandrana (At), 44
Calavino (Tn), 142
Calci (Palazzolo sull'Oglio, Bs), 128
Caldari (Ortona, Ch), 453
Calimera (Le), 477
Caltana (Santa Maria di Sala, Ve), 211
Caltanissetta, 563, 564
Camaiore (Lu), 324
Cambran (Cazzano di Tramigna, Vr), 191
Camerano (An), 392
Camerino (Mc), 393
Camerota (Sa), 507
Caminino-Roccatederighi (Roccastrada, Gr), 355
Camino (Al), 45
Camogli (Ge), 260
Camoglieres (Macra, Cn), 67
Campagnano di Roma (Rm), 418
Campalto (San Martino Buon Albergo, Vr), 207
Campeggio (Monghidoro, Bo), 301
Campiglia (La Spezia), 269
Campiglia d'Orcia (Castiglione d'Orcia, Si), 329
Campiglia Marittima (Li), 325
Campigliano (San Cipriano Picentino, Sa), 530
Campli (Te), 444
Campobello di Mazara (Tp), 565
Campomarino (Cb), 465
Canale (Cn), 45
Canale d'Agordo (Bl), 189
Canale di Pirro (Castellana-Grotte, Ba), 479
Canale Monterano (Rm), 418, 419
Candela (Fg), 477
Candia Canavese (To), 46
Canelli (At), 46
Canestrello (Candela, Fg), 477
Canevare (Fanano, Mo), 295
Cangelasio (Salsomaggiore Terme, Pr), 308
Canicattini Bagni (Sr), 565
Canino (Vt), 419
Cannero Riviera (Vb), 47
Canneto sull'Oglio (Mn), 112
Cannobio (Vb), 47
Cantalupa (To), 48
Capaccio (Sa), 507-509
Capalbio (Gr), 325
Capannori (Lu), 326
Capo Granitola (Campobello di Mazara, Tp), 565
Capri Leone (Me), 566
Capriva del Friuli (Go), 230
Caramanico Terme (Pe), 445
Carano (Tn), 143
Carcera (Soave, Vr), 213
Carlentini (Sr), 566
Carlongo (Goito, Mn), 120
Carnello (Arpino, Fr), 416
Caronia (Me), 567
Carovigno (Br), 478
Carovilli (Is), 465
Carpi (Mo), 289
Carpineto Romano (Rm), 420
Carrara, 326
Carro (Sp), 261
Carrù (Cn), 48, 49
Carunchio (Ch), 446
Carzello (Diano d'Alba, Cn), 58
Casa Villara (Beverino, Sp), 257
Casale (Pignone, Sp), 277
Casaletto Spartano (Sa), 509
Casali Lini (Fagagna, Ud), 239
Casalvieri (Fr), 420
Casanova (Asciano, Si), 319
Casareggio (Fortunago, Pv), 118
Case Sparse di Villa (Costacciaro, Pg), 374
Casier (Tv), 189
Casina (Re), 290
Casola Valsenio (Ra), 291
Casperia (Ri), 421
Cassano delle Murge (Ba), 478
Cassinetta di Lugagnano (Mi), 112
Castagnole Monferrato (At), 49
Castegnero (Vi), 190
Castel Boglione (At), 50
Castel Campagnano (Ce), 510
Castel d'Aiano (Bo), 291
Castel di Sette (Mozzagrogna, Ch), 452
Castel San Pietro (Camino, Al), 45
Castel San Pietro Terme (Bo), 292
Castel Sant'Angelo (Castelraimondo, Mc), 394
Castelbianco (Sv), 261
Castelbuono (Pa), 567
Castelcivita (Sa), 510
Castelfranco d'Oglio (Drizzona, Cr), 117
Castelfranco Emilia (Bo), 292
Castelfranco in Miscano (Bn), 511
Castell'Umberto (Me), 568
Castellalto (Te), 446

Castellammare del Golfo (Tp), 568, 569
Castellana-Grotte (Ba), 479
Castellaneta (Ta), 479
Castellaneta Marina (Castellaneta, Ta), 479
Castellaro Lagusello
    (Monzambano, Mn), 125, 126
Castelleone (Cr), 113
Castellero (Neviglie, Cn), 77
Castellina in Chianti (Si), 327
Castellinaldo (Cn), 50
Castello del Matese (Ce), 511
Castello di Godego (Tv), 190
Castelnuovo Berardenga (Si), 328
Castelnuovo Magra (Sp), 262
Castelnuovo Vomano (Castellalto, Te), 446
Castelraimondo (Mc), 393, 394
Castiglione a Casauria (Pe), 447
Castiglione Chiavarese (Ge), 263
Castiglione d'Orcia (Si), 328, 329
Castiglione del Lago (Pg), 372
Castiglione della Pescaia (Gr), 329
Castignano (Ap), 394
Castion (Belluno), 187
Castro dei Volsci (Fr), 421, 422
Castrovillari (Cs), 549
Catania, 569, 570
Catanzaro, 550
Cavalese (Tn), 143
Cavallotti (Cerretto Langhe, Cn), 52
Cave (Conca della Campania, Ce), 513
Cavedine (Tn), 144
Cavizzana (Tn), 144
Cavour (To), 51
Cavrasto (Bleggio Superiore, Tn), 141
Cavriglia (Ar), 330
Cazzano di Tramigna (Vr), 191
Ceglie Messapica (Br), 480
Cellarengo (At), 51
Celleno (Vt), 422
Cellere (Vt), 423
Cellole (San Gimignano, Si), 357
Centola (Sa), 512
Cergneu (Nimis, Ud), 242
Cermignano (Te), 447
Cernobbio (Co), 113
Cerò (Dolegna del Collio, Go), 238
Cerreto Guidi (Fi), 330
Cerretto Langhe (Cn), 52
Cerrosughero (Canino, Vt), 419
Certaldo (Fi), 331
Cervo (Im), 263

Cessole (At), 52
Challancin (La Salle, Ao), 22
Champlan Dessous (Gressan, Ao), 20
Chanavey (Rhêmes-Notre-Dame, Ao), 25, 26
Cherasco (Cn), 53
Cheverel (La Salle, Ao), 22
Chianciano Terme (Si), 331
Chiaromonte (Pz), 536
Chiesanuova (Treia, Mc), 409
Chieti, 448
Cicciano (Na), 512
Cingoli (Mc), 395
Ciolino (Resuttano, Cl), 590
Cisano Bergamasco (Bg), 114
Cisliano (Mi), 114, 115
Cison di Valmarino (Tv), 191
Cissone (Cn), 54
Cisterna d'Asti (At), 54
Città della Pieve (Pg), 373
Città di Castello (Pg), 373
Cividale del Friuli (Ud), 231
Civitanova Marche (Mc), 396
Civitella del Tronto (Te), 448
Civitella in Val di Chiana (Ar), 332
Civitella Marittima (Civitella Paganico, Gr), 332
Civitella Paganico (Gr), 332
Clavesana (Cn), 55
Cliternia Nuova (Campomarino, Cb), 465
Codigoro (Fe), 293
Codroipo (Ud), 232
Codrongianos (Ss), 608
Cogne (Ao), 17, 18
Cognola (Trento), 162, 164
Cogolo (Pejo, Tn), 152
Collazzone (Pg), 374
Colle (Arba, Pn), 227
Colle d'Anchise (Cb), 466
Colle di Buggiano (Buggiano, Pt), 324
Colle Ionci (Velletri, Rm), 440
Colle San Valentino (Cingoli, Mc), 395
Collealberti (Lorenzana, Pi), 339
Collepepe (Collazzone, Pg), 374
Collepere (Matelica, Mc), 402
Colli Alti (Signa, Fi), 364
Collina di Sassi (Torino), 92
Colombaro (Formigine, Mo), 299
Colombiera (Castelnuovo Magra, Sp), 262
Comacchio (Fe), 293
Comago (Sant'Olcese, Ge), 281
Comeglians (Ud), 232
Comelico Superiore (Bl), 192

Comunanza (Ap), 396
Conca d'Oro (Palagiano, Ta), 495
Conca della Campania (Ce), 513
Conche (Amatrice, Ri), 414
Condino (Tn), 145
Conscenti (Ne, Ge), 274
Contea (Dicomano, Fi), 334
Contrada Marrana (Martina Franca, Ta), 487
Contrada Sant'Antonio (Isola di Procida, Na), 516
Contrada Terranova (Monopoli, Ba), 490
Conversano (Ba), 480
Copanello (Stalettì, Cz), 557
Coredo (Tn), 145
Corgeno (Vergiate, Va), 138
Corigliano d'Otranto (Le), 481
Corleone (Pa), 570
Cormons (Go), 233-236
Corneliano d'Alba (Cn), 55
Corniglio (Pr), 294
Corno di Rosazzo (Ud), 236, 237
Correzzola (Pd), 192
Corsignano Vagliagli (Castelnuovo Berardenga, Si), 328
Corte de' Frati (Cr), 115
Cortemilia (Cn), 56
Corteranzo (Murisengo, Al), 75
Cortile (Carpi, Mo), 289
Cortina d'Ampezzo (Bl), 193
Cortine (Barberino Val d'Elsa, Fi), 322
Cortogno (Casina, Re), 290
Coscia (Guarene, Cn), 65
Cossignano (Ap), 397
Costabissara (Vi), 193, 194
Costacciaro (Pg), 374
Costigliole d'Asti (At), 56
Cota (Troina, En), 600
Courmayeur (Ao), 19
Cravanzana (Cn), 57
Cremona, 116
Crépin (Valtournenche, Ao), 29
Cretaz (Cogne, Ao), 18
Cristo Fasano (Cassano delle Murge, Ba), 478
Cudacciolu (Arzachena, Ot), 603
Cuna (Monteroni d'Arbia, Si), 347
Cureggio (No), 57
Curinga (Cz), 550
Custoza (Sommacampagna, Vr), 213
Cutigliano (Pt), 333

D

Decollatura (Cz), 551
Dente San Nicola (Scanno, Aq), 460
Desana (Vc), 58
Desenzano del Garda (Bs), 116, 117
Deserto (San Vito dei Normanni, Br), 498
Diacceto (Pelago, Fi), 348
Diano Castello (Im), 264
Diano d'Alba (Cn), 58
Dicomano (Fi), 334
Dignano (Ud), 237
Dogliani (Cn), 59, 60
Dolceacqua (Im), 264, 265
Dolegna del Collio (Go), 238
Dolianova (Ca), 608
Dolo (Ve), 194
Donnas (Ao), 19
Dorf Tirol-Tirolo (Bz), 169
Dosson (Casier, TV), 189
Drizzona (Cr), 117
Dro (Tn), 146
Duino-Aurisina Devin-Nabrezina (Ts), 238
Dumenza (Va), 118

E

Eau-Rousse (Valsavarenche, Ao), 28
Elva (Cn), 61
Enna, 571, 572
Eppan an der Weinstraße-Appiano sulla Strada del Vino (Bz), 170
Ercolano (Na), 513
Erice (Tp), 572, 573

F

Fabbrica Curone (Al), 61
Fabriano (An), 397
Faedis (Ud), 239
Faedo (Tn), 146
Faenza (Ra), 294, 295
Fagagna (Ud), 239
Faiano (Pontecagnano Faiano, Sa), 527
Falconara Marittima (An), 398
Fanano (Mo), 295
Fano Adriano (Te), 449
Fara Filiorum Petri (Ch), 449
Fasano (Br), 481, 482
Fellette (Romano d'Ezzelino, Vi), 206

Fermignano (Pu), 398
Fermo, 399
Ferrara, 296, 297
Fiascherino (Lerici, Sp), 270
Ficuzza (Corleone, Pa), 570
Fidenza (Pr), 298
Finale Ligure (Sv), 266
Finalmarina (Finale Ligure, Sv), 266
Finello (Marmora, Cn), 69
Fiorano (Loreto Aprutino, Pe), 452
Fiorenzuola d'Arda (Pc), 298
Firenze, 334-336
Fiuggi (Fr), 423
Flaibano (Ud), 240
Foggia, 482
Folaso (Isera, Tn), 147
Fons Salutis (Agliano Terme, At), 32
Fontanafredda (Serralunga d'Alba, Cn), 88
Fontanasalsa (Trapani), 598
Fontanelle (Roccabianca, Pr), 308
Fontebecci (Siena), 363
Fontecorniale (Montefelcino, Pu), 403
Fori Imperiali (Roma), 435
Forio di Ischia (Isola di Ischia, Na), 516
Formazza (Vb), 62
Formigine (Mo), 299
Fortezza da Basso (Firenze), 335
Fortunago (Pv), 118
Fraina (Cortina d'Ampezzo, Bl), 193
Francavilla al Mare (Ch), 450
Frasca (Ofena, Aq), 453
Frascati (Rm), 424
Frassino (Cn), 62
Frontone (Pu), 399
Fuchiade (Soraga, Tn), 156
Fumane (Vr), 195
Furlo (Acqualagna, Pu), 389
Furore (Sa), 514

G

Gabella (Pianopoli, Cz), 554
Gabilia (Caltanissetta), 563
Gaeta (Lt), 425
Gaiole in Chianti (Si), 336
Gambellara (Ra), 299
Gangi (Pa), 573
Ganzirri (Messina), 580
Garda (Vr), 195

Gardone Riviera (Bs), 119
Gardone Sopra (Gardone Riviera, Bs), 119
Gargnano (Bs), 119
Gattinara (Vc), 63
Gavinana (San Marcello Pistoiese, Pt), 360
Gazzola (Pc), 300
Geiselsberg-Sorafurcia (Olang-Valdaora, Bz), 175
Genisi (Ragusa), 590
Genova, 266, 267
Genzano di Lucania (Pz), 537
Gerace (Rc), 551
Germaneto (Catanzaro), 550
Gete (Tramonti, Sa), 533
Gfril-Cauria (Salurn-Salorno, Bz), 177
Ghiaccio Bosco (Capalbio, Gr), 325
Ghiare (Corniglio, Pr), 294
Gianola (Castel Boglione, At), 50
Giarole (Al), 63
Giarre (Ct), 574
Gignod (Ao), 20
Gioia del Colle (Ba), 483
Giustino (Tn), 147
Glurns-Glorenza (Bz), 170
Goito (Mn), 120
Grancona (Vi), 196
Grand Vert (Donnas, Ao), 19
Gravedona (Co), 120
Grazzano Badoglio (At), 64
Gressan (Ao), 20
Gressoney-Saint-Jean (Ao), 21
Greve in Chianti (Fi), 337, 338
Grezzana (Vr), 196
Grottaferrata (Rm), 425
Grottammare (Ap), 400
Grottole (Mt), 537
Gsies-Valle di Casies (Bz), 171
Guarda Veneta (Ro), 197
Guardiagrele (Ch), 451
Guardiaregia (Cb), 466
Guarene (Cn), 64, 65
Guarrato (Trapani), 599
Guazzi (Abano Terme, Pd), 184
Gubbio (Pg), 375, 376
Gufidaun-Gudon (Klausen-Chiusa, Bz), 173
Guggal (Altrei-Anterivo, Bz), 167
Guglionesi (Cb), 467
Guro Lamanna (Altamura, Ba), 475
Guspini (Vs), 609

H

Homené Dessus (Saint-Pierre, Ao), 26

I

Imperia, 267
Ischia (Isola d'Ischia, Na), 515
Ischitella (Fg), 483
Iseo (Bs), 121
Isera (Tn), 147, 148
Isola d'Asti (At), 65
Isola d'Ischia (Na), 515, 516
Isola del Piano (Pu), 401
Isola della Certosa (Venezia), 221
Isola di Ponza (Lt), 426
Isola di Procida (Na), 516, 517
Isola di Sant'Antioco (Ci), 609
Isole Eolie (Me), 574
Issogne (Ao), 21
Itri (Lt), 426

J

Jenesien-San Genesio Atesino (Bz), 171
Jerzu (Og), 610

K

Kastelbell-Tschars – Castelbello-Ciardes (Bz), 172
Kastelruth-Castelrotto (Bz), 172, 173
Klausen-Chiusa (Bz), 173
Kohlern (Bozen-Bolzano), 168

L

L'Aquila, 451
La Capuccina (Cureggio, No), 57
La Clusaz (Gignod, Ao), 20
La Morra (Cn), 66, 67
La Palud (Courmayeur, Ao), 19
La Salle (Ao), 22
La Schiavonia (Mottola, Ta), 491
La Spezia, 268, 269
La Thuile (Ao), 23
Lacco Ameno-Fango (Isola d'Ischia, Na), 515
Lago Pantano (Pignola, Pz), 542
Lagolo (Calavino, Tn), 142
Lama Mocogno (Mo), 300
Lamadacqua (Noci, Ba), 493
Lamole (Greve in Chianti, Fi), 338
Lana (Bz), 174
Lapedona (Fm), 401
Larino (Cb), 468
Lasino (Tn), 148
Lateis (Sauris, Ud), 247
Latina (Lt), 427
Lauco (Ud), 240
Laux (Usseaux, To), 96
Lavis (Tn), 149
Lazise (Vr), 197
Le Bugne (Valeggio sul Mincio, Vr), 218
Le Piane (Veglio, Bi), 97
Lecce, 484
Legnaro (Levanto, Sp), 271
Lentini (Sr), 575
Lerici (Sp), 270, 271
Lerino (Torri di Quartesolo, Vi), 216
Levanto (Sp), 271-273
Levico Terme (Tn), 149
Lezzeno (Co), 121
Libbiano (San Gimignano, Fi), 357
Libolla (Ostellato, Fe), 302
Licata (Ag), 576
Licciana Nardi (Ms), 339
Lido-Malamocco (Venezia), 222
Lipari (Isole Eolie, Me), 574
Locorotondo (Ba), 485
Lodole (Monzuno, Bo), 302
Longare (Vi), 198
Loppia (Bellagio, Co), 106
Lora (Guarene, Cn), 64
Lorenzana (Pi), 339
Loreto Aprutino (Pe), 452
Lucca, 340
Lucinasco (Im), 273
Lumignano (Longare, Vi), 198
Luras (Ot), 610
Luserna (Tn), 150
Luzzano (Rovescala, Pv), 132

M

Macra (Cn), 67
Maderno (Toscolano Maderno, Bs), 137
Madesimo (So), 122
Madonna degli Angeli (Magliano Sabina, Ri), 428
Madonna dei Monti (Grazzano Badoglio, At), 64
Madonna della Neve (Cessole, At), 52

Madonna delle Grazie (Dogliani, Cn), 59
Madonnina (Serralunga di Crea, Al), 89
Maenza (Lt), 427
Magliano Alfieri (Cn), 68
Magliano Sabina (Ri), 428
Maglie (Le), 485, 486
Majano (Ud), 241
Malecoste (Guglionesi, Cb), 467
Malgolo (Romeno, Tn), 155
Mals-Malles Venosta (Bz), 174
Manarola (Riomaggiore, Sp), 277, 279
Manciano (Gr), 341
Manera (Borgomale, Cn), 41
Manerba del Garda (Bs), 122
Mango (Cn), 68
Manta (Cn), 69
Mantova, 123
Maranzanis-Povolaro (Comeglians, Ud), 232
Maresca (San Marcello Pistoiese, Pt), 359
Margello (San Salvatore di Fitalia, Me), 592
Mariano (San Marzano Oliveto, At), 86
Marina di Carrara (Carrara), 326
Marine (Perloz, Ao), 24
Marmora (Cn), 69
Marsala (Tp), 576-578
Martelosio di Sopra (Pozzolengo, Bs), 130
Martignano (Trento), 162
Martina Franca (Ta), 487, 488
Mascali (Ct), 578
Massa Lubrense (Na), 517, 518
Massa Marittima (Gr), 342
Massa Martana (Pg), 376, 377
Massarella (Settefrati, Fr), 437
Matelica (Mc), 402
Matera, 538-541
Mattinata (Fg), 489
Mazara del Vallo (Tp), 579
Mazzantino (Vinci, Fi), 366
Mazzicrudu (Sant'Antonio di Gallura, Ot), 612
Medea (Go), 241
Melizzano (Bn), 519
Menfi (Ag), 579
Mergozzo (Vb), 70
Messina, 580
Micciano (Pomarance, Pi), 351
Milano, 123, 124
Milazzo (Me), 580, 581
Miliscola (Bacoli, Na), 505
Militello Rosmarino (Me), 581
Minervino di Lecce (Le), 489
Mira (Ve), 199

Mirano (Ve), 199, 200
Miseno (Bacoli, Na), 504
Mizzole (Verona), 224
Modica (Rg), 582
Molina di Ledro (Tn), 150
Molvena (Vi), 200
Mombello Monferrato (Al), 70
Moncalvo (At), 71
Monchiero (Cn), 71
Monchiero Alto-Santuario (Monchiero, Cn), 71
Mondovì (Cn), 72
Monfalcone (Go), 242
Monforte d'Alba (Cn), 73
Monfumo (Tv), 201
Monghidoro (Bo), 301
Monopoli (Ba), 490
Monsummano Alto
    (Monsummano Terme, Pt), 343
Monsummano Terme (Pt), 343
Montagliari (Greve in Chianti, Fi), 338
Montagnana (Pd), 201
Montaione (Fi), 343
Montalbano
    (Santarcangelo di Romagna, Rn), 310
Montalcino (Si), 344, 345
Montale (Levanto, Sp), 272
Montale (Pt), 345
Montalto Uffugo (Cs), 552
Montasola (Ri), 429
Monte Isola (Bs), 125
Monte Quarin (Cormons, Go), 235
Monte San Biagio (Lt), 429
Monte San Giovanni in Sabina (Ri), 430
Monte San Martino (Mc), 402
Monte San Savino (Ar), 346
Monte Santa Maria Tiberina (Pg), 377
Montebelluna (Tv), 202
Montecosaro (Mc), 403
Montefalco (Pg), 378
Montefelcino (Pu), 403
Montefiascone (Vt), 430
Montegualtieri (Cermignano, Te), 447
Monteleone Sabino (Ri), 431
Montelupo Albese (Cn), 73
Montemarcello (Ameglia, Sp), 255
Montenero di Bisaccia (Cb), 468, 469
Monteombraro (Zocca, Mo), 315
Montepaolo (Conversano, Ba), 480
Montepulciano (Si), 346
Monteroni d'Arbia (Si), 347
Montescaglioso (Mt), 541, 542

Montespluga (Madesimo, So), 122
Monteu Roero (Cn), 74
Montevecchio (Guspini, Vs), 609
Monteveglio (Bo), 301
Monteverde (Roma), 435
Monteviginio (Canale Monterano, Rm), 418
Monti Branzi (Lerici, Sp), 270
Monti del Duca (Martina Franca, Ta), 488
Monticchio Bagni (Rionero in Vulture, Pz), 543
Monticello d'Alba (Cn), 74
Montina (Torreano, Ud), 250
Montone (Pg), 378
Montopoli in Val d'Arno (Pi), 347
Montorio (Quarrata, Pt), 354
Montursi (Gioia del Colle, Ba), 483
Monzambano (Mn), 125, 126
Monzuno (Bo), 302
Moos in Passeier-Moso in Passiria (Bz), 175
Morano Calabro (Cs), 552, 553
Moresco (Fm), 404
Mortaso (Spiazzo, Tn), 158
Motta (Costabissara, Vi), 193
Mottola (Ta), 491
Mozzagrogna (Ch), 452
Mulino della Ricavata (Urbania, Pu), 410
Mure (Molvena, Vi), 200
Murisengo (Al), 75

N

Napoli, 519-523
Narni (Tr), 379
Ne (Ge), 274
Neive (Cn), 75-77
Nese (Alzano Lombardo, Bg), 105
Nesso (Co), 127
Neviglie (Cn), 77
Niccone (Umbertide, Pg), 387
Niederrasen-Rasun di Sotto (Rasen Antholz-Rasun Anterselva, Bz), 176
Nimis (Ud), 242
Nizza Monferrato (At), 78
Nocelle (Positano, Sa), 527
Nocera Terinese (Cz), 553
Noci (Ba), 492, 493
Nogaredo (Tn), 151
Norcia (Pg), 379
Noto (Sr), 582

Novara di Sicilia (Me), 583
Novello (Cn), 78
Nucifero (Palermiti, Cz), 554
Nunziata (Mascali, Ct), 578
Nus (Ao), 23

O

Oberbozen-Soprabolzano (Ritten-Renon, Bz), 176
Ofena (Aq), 453
Offida (Ap), 404
Olang-Valdaora (Bz), 175
Olbia, 611
Olfino (Monzambano, Mn), 126
Olivola (Al), 79
Oppilo (Pontremoli, Ms), 353
Orbetello (Gr), 348
Oriolo dei Fichi (Faenza, Ra), 295
Ormea (Cn), 79
Orsara di Puglia (Fg), 493
Orsenigo (Co), 127
Orsola (Pontremoli, Ms), 353
Orta San Giulio (No), 80
Orte (Vt), 431
Ortigia (Siracusa), 596
Ortona (Ch), 453, 454
Orvieto (Tr), 380
Ostellato (Fe), 302
Osteria (Serra de' Conti, An), 408
Ostra (An), 405
Ostuni (Br), 494
Otranto (Le), 495
Ottignana (Tredozio, Fc), 313
Ovaro (Ud), 243

P

Paceco (Tp), 583
Pacentro (Aq), 454
Padola (Comelico Superiore, Bl), 192
Paestum (Capaccio, Sa), 507-509
Pagno (Cn), 80
Palagiano (Ta), 495
Palazzetto (Clavesana, Cn), 55
Palazzolo sull'Oglio (Bs), 128
Palermiti (Cz), 554
Palermo, 584-587
Pallino (Urbino), 411
Palù del Fersina (Tn), 152
Pamparato (Cn), 81

Pandaro (Mottola, Ta), 491
Panicale (Pg), 381
Panzano (Monfalcone, Go), 242
Parafada (Serralunga d'Alba, Cn), 89
Parona di Valpolicella (Verona), 223
Passo dei Pecorai (Greve in Chianti, Fi), 337
Paullo Chiesa (Casina, Re), 290
Pavana (Sambuca Pistoiese, Pt), 356
Pavareto (Carro, Sp), 261
Pecol (Zoldo Alto, Bl), 225
Pederiva (Grancona, Vi), 196
Pedersano (Villa Lagarina, Tn), 165
Pegognaga (Mn), 128, 129
Pejo (Tn), 152
Pelago (Fi), 348
Perdifumo (Sa), 524
Perego (Lc), 129
Pergine Valsugana (Tn), 153
Pergusa (Enna), 571
Perinaldo (Im), 274
Perloz (Ao), 24
Perugia, 381, 382
Pesariis (Prato Carnico, Ud), 245
Pesaro, 405
Pescara, 455
Pescasseroli (Aq), 455, 456
Peschiera Maraglio (Monte Isola, Bs), 125
Pescia (Castiglione del Lago, Pg), 372
Pesciano (Todi, Pg), 384, 385
Pescocostanzo (Aq), 456-458
Pescul (Selva di Cadore, Bl), 212
Petralta (Monte Santa Maria Tiberina, Pg), 377
Petriglione (Guglionesi, Cb), 467
Peveragno (Cn), 81
Piagge (Ascoli Piceno), 392
Pian delle Vigne (Sassetta, Li), 361
Pian di San Martino (Todi, Pg), 385
Piana di Monte Verna (Ce), 524
Piana Romana (Pietrelcina, Bn), 525
Pianello (Perugia), 382
Piani di Carda (Atella, Pz), 535
Pianiano (Cellere, Vt), 423
Piano d'Arta (Arta Terme, Ud), 228
Pianopoli (Cz), 554
Piazza (Mondovì, Cn), 72
Piazza Armerina (En), 587, 588
Piazza Beccaria (Firenze), 336
Piazza di Spagna (Roma), 434
Piazzo (Segonzano, Tn), 155
Pietole (Virgilio, Mn), 139

Pietravairano (Ce), 525
Pietrelcina (Bn), 525
Pieve del Colle (Urbania, Pu), 410
Pieve di Cento (Bo), 303
Pieve di Soligo (Tv), 202
Pieve Fosciana (Lu), 349
Pigna (Im), 275, 276
Pigno (Villafranca di Verona, Vr), 224, 225
Pignola (Pz), 542
Pignone (Sp), 276, 277
Pinerolo (To), 82
Pino Torinese (To), 82
Pinzolo (Tn), 153
Piode (Vc), 83
Piombino Dese (Pd), 203
Piozzo (Cn), 83
Pirazzolu (Olbia), 611
Piscina (Camogli, Ge), 260
Pisciotta (Sa), 526
Pistoia, 349
Pitigliano (Gr), 350
Piumazzo (Castelfranco Emilia, Bo), 292
Pizzolungo (Erice, Tp), 572
Podere Pianaccio (Montale, Pt), 345
Poderi di Montemerano (Manciano, Gr), 341
Poggio del Castagno (Pitigliano, Gr), 350
Poggio Rosa (Castiglione d'Orcia, Si), 328
Polcenigo (Pn), 243
Polizzi Generosa (Pa), 589
Pollenzo (Bra, Cn), 42
Polso (Soveria Mannelli, Cz), 556
Polverina (Camerino, Mc), 393
Pomarance (Pi), 351
Pontassieve (Fi), 352
Ponte a Serraglio (Bagni di Lucca, Lu), 321
Ponte di Piave (Tv), 203
Pontecagnano Faiano (Sa), 527
Pontelongo (Pd), 204
Pontelungo (Pistoia), 349
Ponti sul Mincio (Mn), 130
Pontremoli (Ms), 353
Ponza (Isola di Ponza, Lt), 426
Ponzano Romano (Rm), 432
Poppi (Ar), 354
Porta Pia (Roma), 436
Portico di Romagna
    (Portico e San Benedetto, Fc), 303
Portico e San Benedetto (Fc), 303
Porto Badisco (Otranto, Le), 495
Porto Maurizio (Imperia), 267
Porto Palo (Menfi, Ag), 579

Porto Tolle (Ro), 204
Portomaggiore (Fe), 304
Positano (Sa), 527
Posta Fibreno (Fr), 432
Poutaz (Antey-Saint-André, Ao), 15
Poviglio (Re), 304
Povoletto (Ud), 244
Pozzolengo (Bs), 130
Pozzuoli (Na), 528
Pradamano (Ud), 245
Praiano (Sa), 528
Prati (Roma), 434
Prato Carnico (Ud), 245
Pré-Saint-Didier (Ao), 24
Preazzano (Vico Equense, Na), 533
Predazzo (Tn), 154
Prepotto-Praprot
    (Duino-Aurisina Devin-Nabrezina, Ts), 238
Pressano (Lavis, Tn), 149
Proceno (Vt), 433
Pulfero (Ud), 246
Punta Serra (Isola di Procida, Na), 517
Puos d'Alpago (Bl), 205
Putignano (Ba), 496
Puzelle (Santa Severina, Kr), 555

#

Quarrata (Pt), 354
Quart (Ao), 25
Quarti (Guarda Veneta, Ro), 197
Quarticciolo (Tuscania, Vt), 439
Quartiere (Portomaggiore, Fe), 304
Quartino (Calamandrana, At), 44
Quarto Inferiore (Asti), 36
Quattro Castella (Re), 305
Quistello (Mn), 131

R

Racciano (San Gimignano, Si), 356, 358
Racconigi (Cn), 84
Ragalna (Ct), 589
Ragogna (Ud), 246
Ragusa, 590
Rapolano Terme (Si), 355
Rapone (Pz), 543
Rasen Antholz-Rasun Anterselva (Bz), 176
Ravenna, 305-307
Ravosa (Povoletto, Ud), 244
Rebocco (La Spezia), 268

Regnano (Tolentino, Mc), 409
Renaura (Siracusa), 595
Resuttano (Cl), 590
Rezzato (Bs), 131
Rhêmes-Notre-Dame (Ao), 25, 26
Riale (Formazza, Vb), 62
Rigoli (San Giuliano Terme, Pi), 359
Rimini, 307
Rinaldi (Scandicci, Fi), 362
Riomaggiore (Sp), 277-279
Rionero in Vulture (Pz), 543
Rioni Sassi (Matera), 538-540
Ripa Teatina (Ch), 458
Ripatransone (Ap), 406
Ritten-Renon (Bz), 176, 177
Riva del Garda (Tn), 154
Riva Ligure (Im), 279
Rivalta (Brentino Belluno, Vr), 187
Rivalta (Gazzola, Pc), 300
Rivalta (La Morra, Cn), 66
Rivisondoli (Aq), 459
Rivodutri (Ri), 433
Rocca di Roffeno (Castel d'Aiano, Bo), 291
Rocca Pietore (Bl), 205
Roccabascerana (Av), 529
Roccabianca (Pr), 308
Roccastrada (Gr), 355
Roccelletta (Borgia, Cz), 548
Rocchetta (Fabriano, An), 397
Rocchetta Tanaro (At), 84
Roddi (Cn), 85
Rolle (Cison di Valmarino, Tv), 191
Roma, 434-436
Romagnano (Grezzana, Vr), 196
Romagnano (Trento), 163
Romano d'Ezzelino (Vi), 206
Romeno (Tn), 155
Ronta (Borgo San Lorenzo, Fi), 323
Rossano (Cs), 555
Roverchiara (Vr), 206
Rovescala (Pv), 132
Rovizza (Sirmione, Bs), 134
Rummolo (Castelcivita, Sa), 510
Runzi (Bagnolo di Po, Ro), 185
Rutigliano (Ba), 496

#

Saalen-Sares (Sankt Lorenzen-San Lorenzo
    di Sebato, Bz), 179
Sabbionade (Tonadico, Tn), 160

Sagrado (Sgonico, Ts), 249
Saint-Barthélemy (Nus, Ao), 23
Saint-Pierre (Ao), 26
Saint-Rhémy-en-Bosses (Ao), 27
Saint-Vincent (Ao), 27
Salerno, 529
Salsomaggiore Terme (Pr), 308
Saludecio (Rm), 309
Salurn-Salorno (Bz), 177
Saluzzo (Cn), 85
Sambuca Pistoiese (Pt), 356
Sambuco (Cn), 86
San Bartolomeo al Mare (Im), 280
San Basile (Torre di Ruggiero, Cz), 557
San Benedetto Po (Mn), 132, 133
San Cesareo (Rm), 437
San Cipriano Picentino (Sa), 530
San Clemente
    (Castiglione a Casauria, Pe), 447
San Colombano (Scandicci, Fi), 361
San Daniele del Friuli (Ud), 247
San Donato (Mango, Cn), 68
San Fratello (Me), 591
San Giacomo (Brentonico, Tn), 142
San Giacomo (Ragogna, Ud), 246
San Gimignano (Si), 356-358
San Ginese di Compito (Capannori, Lu), 326
San Giorgio (Polizzi Generosa, Pa), 589
San Giorgio di Mantova (Mn), 133
San Giorgio di Valpolicella
    (Sant'Ambrogio di Valpolicella, Vr), 210
San Giovanni d'Asso (Si), 358
San Giuliano Milanese (Mi), 134
San Giuliano Terme (Pi), 359
San Giuseppe Jato (Pa), 591
San Giusto (Volterra, Pi), 366
San Leo (Pu), 407
San Leonardo (Alberobello, Ba), 474
San Leonardo (Luras, Ot), 610
San Lorenzo (Fiuggi, Fr), 423
San Lorenzo Maggiore (Bn), 530
San Marcello Pistoiese (Pt), 359, 360
San Martino Buon Albergo (Vr), 207
San Martino della Battaglia
    (Desenzano del Garda, Bs), 116
San Martino in Colle (Perugia), 381
San Martino Monte l'Abbate (Rimini), 307
San Marzano Oliveto (At), 86
San Mauro Pascoli (Fc), 309
San Michele (Cherasco, Cn), 53
San Miniato (Pi), 360

San Nicolao (Nizza Monferrato, At), 78
San Nicolò (Ponte di Piave, Tv), 203
San Pancrazio Salentino (Br), 497
San Piero in Bagno
    (Bagno di Romagna, Fc), 287
San Pietro di Feletto (Tv), 207
San Pietro in Cariano (Vr), 208
San Polo (Brescia), 110
San Polo d'Enza (Re), 310
San Polo di Piave (Tv), 209
San Rocco (Saludecio, Rm), 309
San Rocco Seno d'Elvio (Alba, Cn), 34
San Salvatore di Fitalia (Me), 592
San Salvi (Firenze), 335
San Salvo (Ch), 459
San Siro (San Benedetto Po, Mn), 132
San Sisto (Poviglio, Re), 304
San Vito (Ca), 612
San Vito (Calamandrana, At), 44
San Vito dei Normanni (Br), 497, 498
San Vito Lo Capo (Tp), 592
San Vittorino (Caramanico Terme, Pe),
    445
San Zaccaria (Ravenna), 307
San Zeno di Montagna (Vr), 209
San Zenone degli Ezzelini (Tv), 210
Sand in Taufers-Campo Tures (Bz), 178
Sanico (Alfiano Natta, Al), 35
Sankt Leonhard in Passeier-San Leonardo in
    Passiria (Bz), 178
Sankt Lorenzen-San Lorenzo di Sebato (Bz),
    179
Sankt Martin-San Martino
    (Gsies-Valle di Casies, Bz), 171
Sankt Oswald-Sant'Osvaldo
    (Kastelruth-Castelrotto, Bz), 173
Sankt Stefan-Santo Stefano (Villanders-
    Villandro, Bz), 180
Sankt Valentin-San Valentino
    (Villanders-Villandro, Bz), 181
Sanremo (Im), 280
Sant'Agata de' Goti (Bn), 531
Sant'Agata sui Due Golfi
    (Massa Lubrense, Na), 518
Sant'Alessio (Lucca), 340
Sant'Ambrogio di Valpolicella (Vr), 210
Sant'Andrea (Valderice, Tp), 601
Sant'Angelo in Vado (Pu), 407
Sant'Angelo Limosano (Cb), 469
Sant'Anna (Altomonte, Cs), 547
Sant'Anna (Carrù, Cn), 48

Sant'Antioco (Isola di Sant'Antioco, Ci), 609
Sant'Antonio (Canelli, At), 46
Sant'Antonio di Gallura (Ot), 612
Sant'Antonio di Mavignola (Pinzolo, Tn), 153
Sant'Olcese (Ge), 281
Santa Cristina (Gubbio, Pg), 375
Santa Flavia (Pa), 593
Santa Lucia (Siracusa), 595
Santa Margherita (Peveragno, Cn), 81
Santa Maria degli Angeli (Assisi, Pg), 370
Santa Maria di Bressanoro
   (Castelleone, Cr), 113
Santa Maria di Sala (Ve), 211
Santa Rosalia (Savigliano, Cn), 87
Santa Severina (Kr), 555
Santa Venerina (Ct), 593
Santa Vittoria d'Alba (Cn), 87
Santarcangelo di Romagna (Rn), 310
Santu Lussurgiu (Or), 613
Santuario di Vicoforte (Vicoforte, Cn), 99
Sapri (Sa), 531
Saraillon (Aosta), 16
Sarsina (Fc), 311
Sassetta (Li), 361
Sasso (Nogaredo, Tn), 151
Saturnia (Manciano, Gr), 341
Sauris (Ud), 247, 248
Sauris di Sopra (Sauris, Ud), 248
Sauris di Sotto (Sauris, Ud), 248
Savigliano (Cn), 87
Savignano di Rigo
   (Sogliano al Rubicone, Fc), 312
Savigno (Bo), 311
Scaltenigo (Mirano, Ve), 199
Scandicci (Fi), 361, 362
Scanno (Aq), 460
Scaparone (Alba, Cn), 33
Scheggia di Montauto (Anghiari, Ar), 318
Sciacca (Ag), 594
Scopello
   (Castellammare del Golfo, Tp), 568, 569
Scortica (Beverino, Sp), 257
Scorzè (Ve), 211
Sebrey (Varallo, Vc), 96
Segonzano (Tn), 155
Selva di Cadore (Bl), 212
Selvapiana (Fabbrica Curone, Al), 61
Semproniano (Gr), 362
Sennori (Ss), 614
Seripola (Orte, Vt), 431
Serra (Pamparato, Cn), 81

Serra de' Conti (An), 408
Serralunga d'Alba (Cn), 88, 89
Serralunga di Crea (Al), 89
Serre (Elva, Cn), 61
Serre di Rapolano (Rapolano Terme, Si), 355
Serrungarina (Pu), 408
Settefrati (Fr), 437
Sevegliano (Bagnaria Arsa, Ud), 229
Sexten-Sesto (Bz), 179
Sgonico (Ts), 249
Siena, 363
Signa (Fi), 364
Signat-Signato (Ritten-Renon, Bz), 177
Sinalunga (Si), 364
Sinio (Cn), 90
Sinnai (Ca), 614, 615
Siracusa, 595, 596
Sirmione (Bs), 134, 135
Soave (Vr), 212, 213
Sogliano al Rubicone (Fc), 312
Solferino (Mn), 135
Solighetto (Pieve di Soligo, Tv), 202
Sommacampagna (Vr), 213
Sopracastello
   (San Zenone degli Ezzelini, Tv), 210
Soraga (Tn), 156
Soragna (Pr), 312
Sorano (Gr), 365
Sorbello (Decollatura, Cz), 551
Sorgà (Vr), 214
Sorgive (Solferino, Mn), 135
Sorino (Condino, Tn), 145
Sorrento (Na), 532
Sorso (Ss), 615
Sotto il Monte Giovanni XXIII (Bg), 136
Sovana (Sorano, Gr), 365
Soverato (Cz), 556
Soverato Marina (Soverato, Cz), 556
Soveria Mannelli (Cz), 556
Specchia Gallone (Minervino di Lecce, Le),
   489
Spello (Pg), 383
Spera (Tn), 157
Spessa (Capriva del Friuli, Go), 230
Speziale (Fasano, Br), 481, 482
Spiazzo (Tn), 157, 158
Spilimbergo (Pn), 249
Spinazzola (Genzano di Lucania, Pz), 537
Stabbia (Cerreto Guidi, Fi), 330
Stagno Lombardo (Cr), 136
Staletti (Cz), 557

Stia (Ar), 365
Stresa (Vb), 90
Stuls-Stulles (Moos in Passeier-Moso in Passiria, Bz), 175
Sulmona (Aq), 461
Superga (Torino), 93
Susans (Majano, Ud), 241
Sustinente (Mn), 137

T

Tabiano Castello (Fidenza, Pr), 298
Taglio di Po (Ro), 214
Tambre (Bl), 215
Tamion (Vigo di Fassa, Tn), 165
Tassinaia (Pontassieve, Fi), 352
Tassullo (Tn), 158
Tavon (Coredo, Tn), 145
Tellaro (Lerici, Sp), 271
Tempio Pausania, 616
Teolo (Pd), 215
Terlago (Tn), 159
Termini Imerese (Pa), 596
Termoli (Cb), 470, 471
Tesero (Tn), 159
Thovex (La Thuile, Ao), 23
Tirli (Castiglione della Pescaia, Gr), 329
Titignano (Orvieto, Tr), 380
Tivoli (Rm), 438
Toblach-Dobbiaco (Bz), 180
Todi (Pg), 384-386
Toetto (Roddi, Cn), 85
Tolentino (Mc), 409
Ton (Tn), 160
Tonadico (Tn), 160, 161
Tonco (At), 91
Torano Nuovo (Te), 461
Torino, 91-94
Torre (Cingoli, Mc), 395
Torre del Lauro (Caronia, Me), 567
Torre di Bocca (Andria), 476
Torre di Ruggiero (Cz), 557
Torre Pellice (To), 94
Torreano (Ud), 250
Torrevecchia (San Pancrazio Salentino, Br), 497
Torri del Benaco (Vr), 216
Torri di Quartesolo (Vi), 216
Torriana (Rn), 313
Torricelle (Verona), 223
Torrita Tiberina (Rm), 438

Tortorici (Me), 597
Toscolano Maderno (Bs), 137
Toss (Ton, Tn), 160
Tramonti (Sa), 533
Traniera (Costigliole d'Asti, At), 56
Transacqua (Tn), 161
Trapani, 597-599
Tre Stelle (Barbaresco, Cn), 38
Trebiciano (Trieste, Ts), 251
Tredozio (Fc), 313
Treia (Mc), 409
Trento, 162-164
Treppo Carnico (Ud), 250
Trevi (Pg), 386, 387
Trevignano Romano (Rm), 439
Trevinano (Acquapendente, Vt), 414
Treviso, 217
Trezzo Tinella (Cn), 95
Trieste, 251, 252
Trivigno (Pz), 544
Trivio (Ripatransone, Ap), 406
Troia (Fg), 498
Troina (En), 600
Trunchi (Curinga, Cz), 550
Tufo (Urbino), 411
Tuscania (Vt), 439, 440

U

Udine, 252, 253
Uggiano La Chiesa (Le), 499
Umbertide (Pg), 387
Urbania (Pu), 410
Urbino, 411
Usseaux (To), 96

V

Valderice (Tp), 601
Valdobbiadene (Tv), 217
Valeggio sul Mincio (Vr), 218
Valfloriana (Tn), 164
Valgrisenche (Ao), 28
Valle Castellana (Te), 462
Vallicciola (Tempio Pausania), 616
Valnontey (Cogne, Ao), 18
Valsavarenche (Ao), 28
Walten-Valtina (Sankt Leonhard in Passeier-San Leonardo in Passiria-, Bz), 178
Valtournenche (Ao), 29
Varallo (Vc), 96

Varese Ligure (Sp), 281
Varese, 138
Vas (Bl), 218
Vasconi (Castelraimondo, Mc), 393
Vasto (Ch), 462, 463
Vatolla (Perdifumo, Sa), 524
Vedasco (Stresa, Vb), 90
Veglie (Le), 499
Veglio (Bi), 97
Velletri (Rm), 440
Vellau-Velloi (Algund-Lagundo, Bz), 167
Venafro (Is), 471
Vendone (Sv), 282
Venezia, 219-222
Venosa (Pz), 544
Ventimiglia (Im), 282
Vercelli, 97
Verdefiore (Appignano, Mc), 391
Verduno (Cn), 98
Vergiate (Va), 138
Vergne (Barolo, Cn), 39
Vernazza (Sp), 283
Verona, 223, 224
Verrayes (Ao), 29
Verucchio (Rn), 314
Vezzano Ligure (Sp), 283
Viarigi (At), 98
Vico Equense (Na), 533
Vicobarone (Ziano Piacentino, Pc), 315
Vicoforte (Cn), 99
Viggianello (Pz), 545
Vignale Monferrato (Al), 100
Vignola (Mo), 314
Vigo (Cavedine, Tn), 144
Vigo di Fassa (Tn), 165
Villa (Santa Vittoria d'Alba, Cn), 87
Villa Adriana (Tivoli, Rm), 438
Villa Lagarina (Tn), 165
Villa Verucchio (Verucchio, Rn), 314
Villafranca di Verona (Vr), 224, 225
Villaganzerla (Castegnero, Vi), 190
Villair (Quart, Ao), 25
Villalba (Cl), 601
Villamassargia (Ci), 616
Villanders-Villandro (Bz), 180, 181
Villanova (Bagnacavallo, Ra), 286
Villanova d'Asti (At), 101
Villanova Mondovì (Cn), 101
Villanova Monteleone (Ss), 617
Villanovaforru (Vs), 617

Villazzano (Massa Lubrense, Na), 517, 518
Ville (Allein, Ao), 15
Vinci (Fi), 366
Virgilio (Mn), 139
Visinale del Judrio (Corno di Rosazzo, Ud), 236, 237
Viterbo, 441
Vivaro (Pn), 253
Völlan-Foiana (Lana, Bz), 174
Volano (Codigoro, Fe), 293
Volastra (Riomaggiore, Sp), 278
Volterra (Pi), 366, 367
Vota (Nocera Terinese, Cz), 553

Welschnofen-Nova Levante (Bz), 181

Xitta (Trapani), 598

Zanica (Bg), 139
Zecchei (Valdobbiadene, Tv), 217
Zegla (Cormons, Go), 233
Ziano Piacentino (Pc), 315
Zocca (Mo), 315
Zoldo Alto (Bl), 225

Aus dem Italienischen übersetzt von Alexandra Hoi, Ilse Schager,
Michaela Spath und Monika Stuhl

Alle Angaben in diesem Führer sind gewissenhaft geprüft.
Preise, Öffnungszeiten usw. können sich aber schnell ändern.
Für eventuelle Fehler übernimmt der Verlag keine Haftung.

Die Originalausgabe dieses Buches erschien unter dem Titel
»Locande d'Italia 2011« bei Slow Food® Editore Srl, Bra (Cn), Italien.
Copyright® 2010 Slow Food® Editore
Copyright® 2011 GRÄFE UND UNZER VERLAG GmbH, München
HALLWAG ist ein Unternehmen der GRÄFE UND UNZER VERLAG
GmbH, München, GANSKE VERLAGSGRUPPE.

Alle Rechte vorbehalten. Nachdruck, auch auszugsweise, sowie die
Verbreitung durch Film, Funk, Fernsehen und Internet, durch
fotomechanische Wiedergabe, Tonträger und Datenverarbeitungssysteme
jeglicher Art nur mit schriftlicher Genehmigung des Verlages.

Produktionsbetreuung der deutschsprachigen Ausgabe:
Eva Henle, books in prog·ress, Wien
Projektleitung: Anne-Sophie Zähringer
Herstellung: Markus Plötz
Satz: Gabi Kratzer, DMSmedia, Salzburg
Karten: Touring Editore S.r.l.
Umschlaggestaltung: independent Medien-Design, Horst Moser, München
Umschlagfoto: © Doug Pearson/JAI/Corbis
Anzeigenmarketing Deutschland: Angelika Priewe, München,
Tel.: 0 89/710 56 770, E-Mail: priewea@gmx.de
Anzeigenmarketing Italien: Promo Media S.r.l., Giuseppe Stella,
Via Turazza 28, 35128 Padova (Italy), Tel.: +39 / 049 / 807 41 30,
E-Mail: info@promomediaint.it
www.dove-promomedia.com
Druck und Bindung: CPI – Ebner & Spiegel, Ulm

ISBN 978-3-8338-2255-1